埃及、希腊与罗马

Egypt, Greece, & Rome
Civilizations of the Ancient Mediterranean
Third Edition

古代地中海文明

Charles Freeman

[英] 查尔斯·弗里曼/著　李大维　刘亮/译　张强/审校

民主与建设出版社
·北京·

谨以此书纪念我的母亲维恩弗莱德（Winefride，1914—2006年）。1957年8月，她带我登上英国邓弗里斯郡的华德洛山（Wardlaw in Dumfries），探访当地的铁器时代要塞，使我就此迷恋上往昔的世界。同时，纪念我的父亲约翰·弗里曼（John Freeman，1913—1986年），他深爱着地中海及其周边生活着的各个民族。

第三版序言

本书的第一、二版分别于1996年、2004年出版发行。如今第三版面世在即,本人甚感欣慰。每次再版,该书都会得到作者查尔斯·弗里曼的大幅修订并收录最新的发现与观点。因而在介绍地中海及中东地区历史的书籍当中,该书始终独树一帜。

本人在前两版的前言中业已指出,作者既尽力叙述各时代的重大事件,又着力强调古人在文化、社会等领域的进步,还向读者展示了其结论所凭借的史料。对于不可尽信或存有争议的部分史料,他大胆地给出自己的明确结论,以免令读者感到无所适从。在历史书籍的撰写过程中,最困难的环节乃是介绍学术界对某一问题的研究现状。为此而笔耕不辍的各位同仁都必须时刻注意,既要及时补充激动人心的新发现,又要激发读者对该问题的深入思考。尽管历史研究的主旨在于对历史现象做出描述和解释,但历史学家这份工作的乐趣却不止于此,更在于探索以何种方式进行叙事和解释;此外,培养历史学家至少应与著书立说享有同等重要的地位。历史研究是一项与时俱进的创造性活动,永远不会有什么定论,因为现存史料并不完整,而且在随时增加。我们对历史的解读其实反映了我们对当前世界的理解,并会随着世界的变化而改变。历史哲学家R. G. 柯林伍德(R. G. Collingwood)指出,史学研究当中最有趣的部分并非"史实",而是"问题"与"答案",且这两者从来都不是一成不变的。

弗里曼这部内容广泛的著作因为其内在价值而在同类作品中脱颖而

出。作者汲取了古代史各领域的专家的成果；尽管他做出了自己的判断，并且明智而审慎地避开了专家们为了争辩而易于沉溺于其中的各种假设，他总是能够融汇各个领域最新颖的观点。正如上一代历史学家费尔南·布罗代尔（Fernand Braudel）在其讲述地中海以及世界历史的著作中所做的那样，弗里曼在此提醒每一位读者——无论专业研究者还是业余爱好者——都必须拥有广阔的视野。目前，规模最大的研究西方古代史的院校不再属于欧美，中国天津的南开大学已经后来居上。随着地中海与近东地区的历史在世界史中找到了它们的位置，随着远东地区开始接触西方的历史，我们的下一代比以往更需要一些指导性的佳作，例如弗里曼的这部融汇各领域研究成果的集大成之作。

奥斯文·墨瑞（Oswyn Murray）
牛津大学贝利奥尔学院退休研究员

第三版自序

公元前3世纪，活跃于亚历山大里亚（Alexandria）的著名作家卡利马库斯（Callimachus）留下著名警句"大书即大恶"（mega biblion, mega kakon）。此语在我提笔撰写这篇自序时始终萦绕在我脑海中。卡利马库斯说这番话可能只是为了挖苦其文坛劲敌——罗得岛的阿波罗尼奥斯（Apollonius Rhodius），抨击其史诗《阿尔戈英雄纪》（*Argonautica*）太过冗长拖沓。卡利马库斯奉行精英主义，和后来的E. T. 艾略特（E. T. Eliot）及庞德（Ezra Pound）一样下笔讲究。他一再强调，一部作品若具有过于庞杂的内容，其作者势必难以驾驭。然而，笔者还是要为自己的长篇大论声辩：古代地中海世界的历史是一个宏大的主题，我认为有必要力求详尽，以使该主题的价值能够充分呈现在读者面前。

幸运的是，我的努力得到了回报——牛津大学出版社正着手出版本书的第三版。对此我倍感欢欣。出版社还允许我追加50页的篇幅，令我不仅得以恢复在第二版中被砍掉的《古典文明的遗产》一章，还能够补充学术界自第二版发行以来所取得的重要成果。

在第二版面世后的10年里（子女们终于成年），我有机会广泛游历地中海，对意大利以及古典时代的希腊与土耳其进行更深入的研究。2005年，重获新生的《蓝皮旅行指南》（*Blue Guides*）丛书邀我担任历史顾问。对此我感到欣喜若狂，因为早在35年前我便与该丛书结缘：当时我从希腊的德尔斐（Delphi）写信给父母，称我借阅的《蓝皮旅行指南》几乎讲述了当地每一块石头背后的故事，诱使我在当地的古迹中花费了大量时间。该书作者斯图尔特·罗西特（Stuart Rossiter）真是为读者奉献了一部佳作。我于2008年有幸为该书第七版撰稿，对此我感到由衷的激动。我与《蓝皮旅行指南》的缘分使我深入思考这样一个问题，即如何把古代世界更好地呈献给读者，而思考的成果催生了本书的姊妹篇，即《古迹：揭示古典世界的五十处遗址》[①]。

本书将秉持一贯特色，兼具通俗性与综合性，既面向一般读者，又可供历史专业的学生作为基础读物。一般读者对历史书籍抱有极大的兴趣，而任何出版社都不会漠视这一巨大需求，但历史研究的专业化程度不断加深，论文数量与日俱增，今人已难以仅凭几部著作总览某一领域的全貌。为此，我特意把埃及、希腊、罗马与其他一些重要但不甚知名的文明放在一部书中，希望读者不仅能将本书当作一部通史，更可以查缺补漏。我希望读者能把各个历史事件与其时代背景关联起来。我为第三版新增了一些史料，重写或拆分了若干章节，并且额外增加了一两个专题。我曾在第二版各章节的末尾处列举一些介绍性的作品供读者参考，但在第三版中把这些书目合编为本书的"扩展阅读"，并且在原有位置代之以更加专业的著作。此外，我还重新修订了插图。希望这些努力能使本书在未来10年不至于过时。

查尔斯·弗里曼

2013年12月

[①] Charles Freeman, *Sites of Antiquity: Fifty Sites that Explain the Classical World*, Taunton, UK, 2009.

致　谢

本书是奥斯文·墨瑞大力推荐的结果，构思于1994年。奥斯文和我曾共事于另一个古典学项目，是他向牛津大学出版社古典部的负责人希拉里·奥谢（Hilary O'Shea）推荐了我。如今20年过去了，奥斯文正着手为本书第三版撰写序言。希拉里若未退休应仍在出版社担任原职。感谢此二人一如既往的支持。我相信，本书的再版有赖于牛津大学出版社古典部在国际学术界的崇高声誉。希拉里允许我为第三版增补"至多50页"的内容，而她的员工慷慨地未对我的文稿过多干涉。我必须承认自己有些过分，全书的内容最终竟达到了34.5万个单词！奥斯文还向我提供了考古学、文献学等领域令人激动的新成果。这些内容被我一并收录于书中。

本书的第一版要归功于多名顾问的支持，我希望再次向这些人致谢：阿弗里尔·卡梅伦（Averil Cameron）、约翰·德林克沃特（John Drinkwater）、艾米莉·库尔特（Amélie Kuhrt）、约翰·雷（John Ray）、约翰·里奇（John Rich）、奈杰尔·斯皮维（Nigel Spivey）和鲁斯·怀特豪斯（Ruth Whitehouse）。保罗·卡特利奇（Paul Cartledge）、约翰·雷和迈克尔·斯科特（Michael Scott）等人为新版提供了许多建议与信息。保罗·卡特利奇和阿兰·劳埃德（Alan Lloyd）阅读了正文的大部分内容并给予了富有见地的评论。我对此二人深感钦佩。我必须要特别感谢卡特利奇，因为他所支持的并非我一人，还有那些在学术殿堂之外为研究、介绍古代世界而辛勤耕耘的广大同仁。例如迈克尔·斯科特和理查德·迈尔斯（Richard

Miles）致力于制作与古代世界有关的纪录片。他们的热忱工作同样值得称道。

感谢读者对本书的厚爱，正是由此我才得以把研究继续下去。希望读者能一如既往地支持本书并为我们所探索的古代文明提供自己的真知灼见。安娜贝尔·巴伯（Annabel Barber）和汤姆·豪厄尔斯（Tom Howells）是《蓝皮旅行指南》编辑部的工作人员，曾"逼迫"我认真思考如何把重要遗址的历史背景介绍给具有一定文化素养的读者，令我从中受益匪浅。正如本人在自序中所说，以历史顾问的身份与45年前邂逅的丛书做如此近距离的接触真是令人激动。

本书第三版的出版工作本由牛津大学出版社的塔琳·达斯·尼夫斯（Taryn Das Neves）经办，待她返回南非后，安妮·罗斯（Annie Rose）和吉西·泰勒-黎塞留（Kizzy Taylor-Richelieu）接手了该工作。三人的卓越能力使繁复的工作变得井然有序，而我也很高兴见到文稿最终被印制成书。埃德温（Edwin）和杰基·普里查德（Jackie Pritchard）的审稿严格而富有见地。最终校订则由卡罗琳·麦克安德鲁（Carolyn McAndrew）完成。由于我更换了书中的一些配图，图片素材的收集整理便成为一项重要工作，弗·欧贝尔（Fo Orbell）以令人瞩目的能力搜集到了所需的每张图片，安妮·罗斯则将它们编入精心组织的目录以备检索，乔纳森·巴古斯（Jonathan Bargus）完成了最终的排版。衷心感谢上述各位的通力合作。

我在第二版的自序中曾提到，家母在89岁高龄时仍能与我一同造访萨顿胡（Sutton Hoo），游览当地的盎格鲁-撒克逊遗址。呜呼，斯人已逝，她终究无法目睹本书的第三版面世。然而，我依然要把本书献给我的父母，因为他们对古代世界的热情深深影响了我，促使我开始学习阅读，让我走上探索古代文明的道路。

目　录

第三版序言　　i

第三版自序　　iii

致　谢　　v

第1章　走近古代世界　　1

第2章　文明的诞生　　21

第3章　金字塔与权力　　49

第4章　稳定与扩张　　73

　　　　专题1　阿玛尔那信札　　101

第5章　新王国时期埃及的日常生活　　105

第6章　古代近东　　120

第7章　"陆地中间的海洋"　　140

第8章　青铜时代的爱琴文明　　150

第9章　新希腊的诞生　　166

第10章　"行游的英雄"　　187

　　　　专题2　萨福与抒情诗　　209

第11章　重装步兵与僭主　　213

第12章　古风时代希腊的手工业与创造力　　240

第13章　希波战争　262

第14章　希腊的生活方式　284

第15章　对超自然的体验　308

　　　　专题3　"自此之后一切皆有可能"　319

第16章　民主与帝国　324

第17章　对世界的反思　351

　　　　专题4　修辞术　383

第18章　列国争霸　388

第19章　亚历山大大帝与希腊世界的变革　412

第20章　冲突与创造　437

　　　　专题5　凯尔特人与帕提亚人　467

第21章　伊特鲁里亚人与早期罗马　474

第22章　罗马成为地中海的霸主　501

第23章　困境中的罗马共和国　526

　　　　专题6　来自共和国的声音　555

第24章　共和宪制的倾覆　563

　　　　专题7　共和时期的罗马妇女　584

第25章　奥古斯都与罗马帝国的建立　590

第26章　罗马帝国的巩固　612

　　　　专题8　阿芙洛狄忒城的塞巴斯提昂神庙　647

第27章　帝国的治理与防御　651

第28章　罗马帝国的社会经济生活　674

　　　　专题9　作为建造者的罗马人　697

第29章　希腊文化的繁荣　708

第30章　危机中的罗马帝国　722

第31章　早期基督教社群　753

第32章　君士坦丁及其后继者　780

第33章　基督徒皇帝　794

第34章　古典时代西方的崩溃　816

第35章　拜占庭帝国的出现　843

第36章　古典文明的遗产　868

扩展阅读　885

古代地中海各文明年代图表　894

大事年表　895

出版后记　937

第1章

走近古代世界

《使徒行传》曾经讲述使徒保罗前往罗马受审的故事（第27、28章）。这段记载是古代世界最生动的旅行记事之一。使徒保罗是罗马公民，行使了直接向罗马皇帝上诉的权利，因此需要从巴勒斯坦沿海城市凯撒里亚（Caesarea）渡海前往罗马。很可能在公元60年的秋天，保罗在一名百夫长的押解下踏上旅程。二人所搭乘的船只首先沿海岸线北上，抵达了古代著名的腓尼基港口城市西顿（Sidon）。之后，该船为了避开不利的风向而绕过塞浦路斯岛北岸，继而转向西航行，经位于今土耳其东南部的奇里乞亚（Cilicia）与潘菲利亚（Pamphylia），抵达了繁荣的港口城市米拉（Myra）。保罗一行在此换乘一艘由亚历山大里亚北上驶来的船。这艘船沿海岸线一路劈波斩浪抵达了小亚细亚西南角的尼多斯（Cnidus），但面对猛烈的逆风只得调头南下，沿克里特岛（Crete）南部海岸继续航行。此时已是深秋时节，保罗希望在此越冬。然而百夫长与船主另有打算，遂继续向西西里岛（Sicily）驶去。保罗的担忧得到了应验：暴风雨如期而至，船只在与狂风巨浪搏斗了14天后，终于设法在马耳他岛成功抢滩，但船尾已不堪再用。保罗一行只得滞留于此。适逢另一艘来自亚历山大里亚的船在此越冬。该船于第二年春季搭载保罗一行人再次启程，先抵达西西里岛东岸的叙拉古（Syracuse），而后绕过靴状的意大利半岛的足踝，沿海岸线北上抵达了部丢利（Puteoli，今称波佐利［Pozzuoli］），此地是来自亚历山大里亚的运粮船的卸货之处。保罗也登岸继续其罗马之行。

尽管地中海地区在过去的两千年间经历了沧桑剧变,但今人依然能搭乘船只追寻保罗的足迹,途经相同的风景与海岸线,并与相同的逆风搏斗。2007年,我们一行4人租赁了一艘长38英尺(约长11米)的帆船,体验了上述航程中的一段。我们计划从位于土耳其南部的费特希耶湾(Gulf of Fethiye)的戈西克(Göcek)出发,向西航行到尼多斯。当时是早春时节,海岸地区并没有焕发出春天的活力,而我们一路停泊的各个港湾也同样冷冷清清,除了我们再无其他船只。由于风向多变且若有若无,为了顺利前行,我们只好放弃完全不使用马达的念头。我们遇到的挫折丝毫不亚于两千年前,除非你是一个可以驱策百余桨手的达官贵人。

当我们向西航行时,很容易就看到了昔日文明的遗迹。我们在距离戈西克不远的墓湾(Tomb Bay)抛下了锚,并由此出发登上山坡,寻找开凿在山岩表面的荒墓。这就是古代吕西亚(Lycia)地区荒凉而多山的海岸线。重重山脉使吕西亚人与他们的内陆邻居相隔离,已使他们拥有了独特的语言和历史。他们曾奋起捍卫自己的自治权,相继与波斯人、希腊人和罗马人做殊死抗争。罗马人足够精明,给予吕西亚作为罗马帝国的一个行省的地位。各种古代遗迹散布在海岸边,独具吕西亚特色的尖盖石棺也随处可见。墓湾半坡的古墓可能属于吕西亚人的城市西拉(Cyra),该城曾在公元前6世纪至前5世纪繁荣一时。

在墓湾的西侧入口处坐落着安全的深水港——基兹魁鲁克(Kizilkuyruk)。该港一如它数千年来所做的那样,为我们的船提供了庇护。一条小路由港口向上通向一块狭小的平地,那里散布着古城吕达(Lydae)的断壁残垣。两座可能属于希腊化时代(见第20章)的古墓连同整座遗址一同静静地矗立在那里,正如土耳其境内无数人迹罕至、只能步行进入并极少受到发掘的古典时期的城市遗迹一样,可以勾起造访者无限的惆怅与幽思。我们可以轻松刮去浮土,发现过去的石板路面,可能就是该城市场(agora)上的人行道。该城极有可能是那些讲希腊语的城市的一员,在罗马的统治下繁荣发展(见第29章),并一直延续到拜占庭时代。该城几乎未见于任何文献,仅在2世纪的天文学与地理学学者亚历山大里亚的托勒密(Ptolemy of Alexandria)所著的《地理学指南》(*Geography*)中有所提及。

不仅只有马尔马里斯（Marmaris）这座现代港口城市能够提醒我们古代世界航海生活的艰难。瑟斯里马尼（Serce Limani，limani在土耳其语中意为港湾）虽看似一座完美的内港，但湾内并无古代遗迹。为何此处不曾有人定居？附近的一艘沉船给出了答案。其发现者名叫乔治·巴斯（George Bass），乃是水下考古的先驱，还曾打捞过著名的乌鲁布伦沉船（Uluburun shipwreck）——一艘属于公元前13世纪的船。港湾入口处的这艘沉船沉没于11世纪，是一艘拜占庭商船，沉没时满载着产自伊斯兰世界的玻璃器皿和产自拜占庭的金属制品。沉船的位置表明，它曾试图驶入港湾以躲避风浪，但被入口处至今仍盛行的不断变化的风向所困，并被推上了岸。所以经验老到的水手，尤其是那些操纵笨重的古代商船的海员，都对这座港湾避而远之。

在瑟斯里马尼西侧有一座条件远为优越的相邻海湾——博祖克布由（Bozuk Buju），在数个世纪中，它一直被那些庞大的希腊、罗马舰队当作集结地。其中最有名者当属"围城者"德米特里乌斯（Demetrius Poliorcetes）的舰队。在亚历山大死后，德米特里乌斯卷入了为争夺东方统治权而爆发的一系列战争。公元前305年，德米特里乌斯又向罗得岛发起了进攻，而这个海港就是他集结军队和攻城器械的地方。尽管这场围城战持续了一年之久，但罗得岛人笑到了最后，并为该岛的守护神赫利俄斯（Helios）建造了一座青铜巨像来庆祝这一胜利。这座巨大的塑像曾屹立在罗得岛海港的入口，被誉为世界七大奇迹之一。这便是著名的罗得岛巨像（Colossus）。博祖克布由当地保存最为完好的遗迹是坐落在海岬上的一座堡垒，其精心堆砌的石墙未使用丁点儿砂浆，但至今仍屹立不倒。该建筑可能同样修建于希腊化时代。站在这里极目远眺，无论海岸方向还是罗得岛方向的景色都一览无余，来犯之敌在到达之前很久可能就已经被发现了。

最终我们抵达了位于半岛尽头的尼多斯遗址。途中，我们经过一座纪念碑的崖式基座。这座纪念碑可能是为了纪念波斯帝国所雇用的雅典海军将领科农（Conon）在公元前394年所取得的那场胜利而建立的。当年他率领波斯舰队重创了斯巴达人。然而基座上的那尊巨型狮子雕像以及尼多斯的其他许多雕像，都已经在1859年被英国考古学家查尔斯·牛顿（Charles Newton）运往英国，现陈列于大英博物馆中。尼多斯对笔者而言是一个充满了回忆的地方，因为我曾在1968年参与那里的发掘工作（当时我20岁）。公元前4世纪，尼多斯人最初定居此地时，就修建了一条堤道把大陆与一座岛屿连接起来，从而制造出两座港口。即使较小的那个港口都足以容纳20艘战船，它被公元1世纪的地理学者斯特拉波（Strabo）称为战船港（Trireme Harbor，1968年时，每个黄昏我们都会坐在这里的海滩上欣赏落日）。较大的那座港口至今仍保留着当年所建造的防波堤。驶入这座港口，经过岸边那座古老的剧场以及向着卫城延伸的废弃的观众席时，会让人产生非常奇妙的体验。

尼多斯人当初建造两座港口的决定的确颇有远见。此举使当地有足够的空间供过往船只停泊。这些船会在此等待夏季盛行的北风（希腊人称这种风为meltemi）改变风向，从而为当地人带来不少商机。尼多斯城最著名（或在某些人看来最臭名昭著）的珍宝，当属雕塑家普拉克西特列斯（Praxiteles）公元前4世纪时雕刻的一座真人大小的阿芙洛狄忒（Aphrodite）女神裸体雕像。尽管把女神赤裸裸地展示在世人眼前震惊了整个希腊世界，但尼多斯的居民对此却反以为荣。它很快成了一个旅游景点。一名爱慕者竟然猥亵了这尊雕塑，甚至为了向围观的好事者炫耀而将其精液留在雕像的大腿上。此事令这尊雕像更加声名远播。这尊雕像早已消失在历史中。它可能在4世纪或5世纪时被运往北方的君士坦丁堡，并据信在那里毁于大火。尼多斯城北的一处倾斜的平地上曾发掘出一段环形石板路面，与古代的相关记载吻合，说明此处可能正是雕像最初的安放地点。

尼多斯曾经盛极一时。如今该城则是一个非常重要的考古遗址，因为它在衰败之后便被彻底遗忘了。其衰败可能是水源枯竭的结果，但贸易格局在7世纪与8世纪的改变可能是更重要的原因。古城至今仍静静地躺在山坡上。之前所提到的那个海岛上坐落着一个居民区，一些剧场和神庙则散布于大陆上的屋宇之间。古老的墙壁多数仍屹立不倒。尼多斯自然也涌现出许多著名人物。公元前5世纪的克特西阿斯（Ctesias）可能来自尼多斯人早期在海滨建立的某个定居点。此人是研究波斯与印度的历史学家，对印度做了西方世界已知最早的描述。欧多克索斯（Eudoxus，约公元前410—约前350年）是希腊世界中最伟大的数理天文学家之一。相传，他在地中海世界功成名就后，在该城建立了自己的天象台。此人是最早试图通过建立数学模型研究行星运动的天文学家。据某些人的观点，古代世界七大奇迹之一亚历山大里亚灯塔的设计者索斯特拉特（Sostratus），也把尼多斯城称作自己的母邦。

对研究古典文明的学者而言，浸淫于古代地中海世界的断壁残垣乃是一项最基本的体验。我们的先辈自15世纪起重新发现了那个世界。如今在雅典、罗马或其他古迹①访古探幽的旅行者无不是在追随他们的足迹（详见第36章）。然而，传统上对古代世界的学术研究并未把古迹列入研究对象，而是专注于研究古代文献。尽管拉丁语作为西方教会的官方语言被沿用至今，但直到14世纪，西塞罗（Cicero）的作品才重见天日，他的古典文风才开始受到推崇，而西塞罗式的拉丁语更成为学术交流的媒介。对拉丁语文献的研习（从16世纪起还有希腊语）成为知识精英的象征，并且成为任何一种传统教育的核心内容。"古典学"（the classics）由此诞生。

古典（classic）一词源于拉丁语词语classicus，其原意指参加森都里亚大会（comitia centuriata）的5个等级的罗马公民中"最高的那一等级"。该词不只可以指代那些历经时间洗礼的经典之作（"古典音乐"之"古典"即取此意），也可用于指代整个希腊-罗马文明，就如同希腊-罗马文明代表了人类文明的一座高峰。（实际上，在这个含义上使用该词的文字记载最早可追溯至公元2世纪。）然而，把社会地位与研习古典作品联系在一起，导致古典学教育成为一种高度程式化的"仪式"。年轻学者先通过荷马、维吉尔、德摩斯梯尼、西塞罗等人的作品入门，之后通过研读埃斯库罗斯、索福克勒斯、欧里庇得斯等著名古希腊悲剧作家作品，然后是阿里斯托芬以及泰伦提乌斯、卢克莱修、贺拉斯、尤维纳利斯等拉丁文学大家

---

① 参见：Charles Freeman, *Sites of Antiquity*, Taunton, 2009。

的作品得以登堂入室。再之后才是柏拉图、亚里士多德。希罗多德、修昔底德、色诺芬、恺撒、李维、撒路斯提乌斯等人的历史著作,同样也是必读经典。①

到了20世纪初,英国各公学(实为私立学校!)的考试体系已然僵化。温切斯特公学至今仍保存着我的叔祖父肯尼思·弗里曼的试卷。考试时间是1901年,他当时只有18岁。这些试卷中有12份考察了古典学,大多涉及文本的互译。神学试卷要求考生把使徒保罗的《哥林多前书》由希腊语译为英语。英语试卷则要求考生把莎士比亚的《亨利五世》选段译为希腊语诗歌或拉丁语挽歌。年轻的肯尼思非常流畅地翻译了修昔底德作品的某个选段,甚至可能获得了满分。(我虽然不清楚是怎么打分的,但他曾是一位名列前茅的学术新秀,在即将荣获剑桥大学的校长古典学高等奖章时英年早逝,年仅24岁。)试卷的其余考题大多集中于语言和语法的特殊用法(当笔者在20世纪60年代参加考试时,情况并无太大变化)。当时的古典学教育实际上并不涉及历史,也不涉及对古典文明更为宽广的理解。大学预科层次的课程也绝不会涉及柏拉图或亚里士多德的只言片语。学生们只有在升入牛津或剑桥大学后,柏拉图的《理想国》(*Republic*)或亚里士多德的《尼各马可伦理学》(*Nicomachean Ethics*)才会成为课程的重头戏。

由1500年至今,经典的数量鲜有增加(上述各位古典作家的作品均包括在内),并成为那些志在攀登学术高峰的古典学家们反复剖析的对象,其研究之精细令人瞠目结舌。肯尼思·多佛爵士(Sir Kenneth Dover,1920—2010年)——曾被公认为他那一代人中最好的古希腊学者(尤其是率先展开对古希腊人同性恋现象的严肃研究)——如此描述他对修昔底德的《伯罗奔尼撒战争史》(*The Peloponnesian War*)第6、7卷所做的校注工作:这项工作"总共耗费了六千多个小时,其中多数时间都被用于年代、语法、校勘等琐碎问题"。有一次,他"为了推敲某一常用介词在一个段落中的确切含义而逐一考察了修昔底德对该介词的全部600次使用"。

---

① 关于教学的全部课程,参见:Françoise Waquet, *Latin, or the Empire of a Sign*, London, 2001。

另据牛津大学杰出的古典学家贾斯珀·格里芬（Jasper Griffin）回忆，他曾在20世纪50年代选修了一门讲授欧里庇得斯某部悲剧的课程。这门课每周授课3次，并一直持续3个学期，竟然仍未讲到这部悲剧的尾声。可能有人会问，以如此痛苦的方式研习古典作品究竟意义何在？毕竟没有人能够想象一个英国学者会对一部俄国或法国历史文献付出如此大的热忱。近来学术界对希罗多德《历史》（*Histories*）的研究（近年来剑桥大学出版社与牛津大学出版社均出版了这部作品的一些学术评注作品）表明，仍然有众多学者怀着莫大的热忱去解码这位伟大的历史学家运用语言的艺术。

正如多佛在其著作中所指出的那样，这一切致使流传至今的古典作品因其稀有而被赋予了神圣的光环。曾于20世纪五六十年代率先把人类学的新风气引入剑桥古典学研究领域的学者摩西·芬利（Moses Finley）就抱怨"用拉丁语、希腊语书写的史料被奉为圭臬，适用于其他文献的批判标准对它们完全没有约束力"。另一种偏见甚至相信希腊人与罗马人特别重视书面文字。然而希腊-罗马文化主要是一种口述文化，更把雄辩术（rhetoric）奉为至高无上的技艺（见专题4）。哲学家柏拉图就曾注意到，任何人都无法与文本进行辩论："但若你向它们讨教……那么它们只能用老一套来回答你。"① 柏拉图为了强调自己的观点，总是以对话的形式提出命题，然后让对话者们就此展开讨论，直至双方的辩论深入至基本的哲学原则。

然而，传世的古典文献中只有相当小的一部分得到了充分的研究。而失传的作品不仅数量惊人，或许其中也有真正的文学瑰宝。古希腊科学史的顶尖专家杰弗里·劳埃德（Geoffrey Lloyd）就怀疑，古希腊人在科学和数学等领域最优秀的作品大多已经散佚，因为它们太过艰深晦涩，难以被后世的学者研究和传承。活跃于2世纪的医生与逻辑学学者盖伦（Galen）和天文学家托勒密均享有崇高的权威，以至于众多在他们之前问世的著作被认为不够出色，因而没有被保存下来。在古典时代晚期，早期拉丁作家著作的评注本据称有数百种之多，但如今已尽数佚失（而同时代

---

① ［古希腊］柏拉图著，王晓朝译：《柏拉图全集》第2卷，北京：人民出版社，2003年，第198页。——译者注

基督教作家的评注本则大多流传至今）。索福克勒斯被誉为西方文学史上最伟大的剧作家之一，但其创作的差不多130部剧作中仅有7部存世，不过5%强而已。这就像今人只能用《哈姆雷特》《第十二夜》或其他什么作品来研究莎士比亚一样。由此可见，我们对古代世界成就的认知是何等扭曲与片面。这让人不禁好奇，如果流传至今的是完全不同的文献，又会如何改变我们的认知——比如公元1世纪的历史学家塔西佗的《编年史》(Annals)流存至今的是后几卷而不是前几卷，抑或公元4世纪的历史学家阿米阿努斯·马尔切利努斯（Ammianus Marcellinus）作品的前面数卷而不是后面数卷被保留下来。

因此，希腊-罗马社会中的普罗大众的声音已被湮没。基思·布拉德利的《罗马的奴隶制与社会》①研究了罗马的奴隶制。但该书仅提到了一名被释放的奴隶，即哲学家爱比克泰德（Epictetus）。此人以亲历者的视角讲述了奴隶制对人类尊严的摧残。女性的声音同样是缺失的。除了古希腊的女诗人萨福（Sappho）有少量诗作传世外，直到基督教时代，才有女殉道者佩尔佩图阿（Perpetua）留下了一部日记。对于这些被剥夺了权利的群体的状况的评估只能通过解读留存下来的史料。

当今学术界更加重视古人在写作时所处的社会背景。这部分是因为越来越多的新史料在修道院的围墙之外被发现，而过去绝大多数的文献都来自修道院的藏书室。埃及的奥克西林库斯（Oxyrhynchus）曾出土大量的纸草文献（逾10万件残篇），其时间可追溯到希腊化时代和罗马统治时期。这些文献正被逐步整理出版，以供今天的研究者们研究使用。②这批文献的发现有助于学术界修正自文艺复兴以来所形成的对古代文献的僵化印象。在这批文献中，荷马史诗的残篇数量逾千，表明荷马史诗在整个希腊-罗马时代也都被奉为"古代经典"。这些残篇也展现了荷马史诗各种不同的版本如何到公元前2世纪末形成了定本。荷马并非唯一享有如此崇高地位的作家。悲剧作家欧里庇得斯的地位仅次于荷马。颇为

---

① Keith Bradley, *Slavery and Society at Rome*, Cambridge, 1994.
② 详见：Peter Parsons, *City of the Sharp-Nosed Fish: Greek Papyri beneath the Egyptian Sand Reveal a Long-Lost World*, London, 2007。

有趣的是，这批文献中最受欢迎的20位作家均活跃在公元前200年以前。换言之，奥克西林库斯的居民具备良好的文学修养，热爱"古典"文学。公元2世纪的普鲁塔克（Plutarch）可能会讥讽这些人为"蛮族"，但他那些精致的作品不出一代人的时间便会在这些"蛮族"当中得到阅读。

书籍为生活在埃及的穷乡僻壤的人们带去了慰藉。一封信中写道："若你已抄好这些书，给我送来，这样我们就有打发时间的东西了，因为这里找不到人闲聊。"奥克西林库斯出土的文献让今人不仅得以一窥"殖民地"文化，还给我们增加了大量背景知识。例如，埃斯库罗斯的《乞援人》(The Suppliants) 长期以来被认为是他的第一部悲剧，并通常被用于论证早期悲剧的写作特点，直至奥克西林库斯出土的一则文献显示该剧的创作时间较晚！这批文献还表明，古人正逐渐把若干张纸草装订成书册（codex），以取代传统的纸草卷轴。书册最早出现在公元1世纪，但当时采用这种装订方式的文本只有1.5%。这一比例在公元300年时上升到了50%，到公元500年时则达到了90%。书册逐渐淘汰了卷轴。（最近的研究表明，书册最早出现在罗马，但随后被埃及的基督教徒群体所采用。[①]）

我们将会看到，尽管埃及的气候对于保存纸草和许多其他东西很理想，但这里并非新史料的唯一来源。在公元79年与庞贝（Pompeii）一同毁于火山喷发的赫库兰尼姆（Herculaneum）古城中，有一座被命名为"纸草别墅"（Villa dei Papyri）的豪宅，其藏有大批已被火山灰的高温烤得焦黑易碎的哲学著作。这些书籍终有一天将得到学术界的解读。在英格兰北部哈德良长城附近的罗马要塞文多兰达（Vindolanda），当地的积水坑中出土了带字的木板，让我们得以聆听古人的声音。这些书写在木板上的信件不仅能让读者直观地了解公元1世纪末的边塞生活，更为研究当时的社会经济生活、军队组织、最为本土化的拉丁语言以及识字率提供了丰富的细节。

提供最多新史料的还是那些刻在石头、陶器或金属器皿表面的铭文。在类似文多兰达这样的个案中，铭文也可以被刻在木板上。目前已经公

[①] 参见：Roger Bagnall, *Early Christian Books in Egypt*, Princeton and Oxford, 2009。

开发表的希腊-罗马铭文可能已达50万篇之多。碑铭学如今已经发展成为一个独立的重要学术领域。它不仅关注古代铭文的发现、翻译和编纂整理，也注重在相对应的政治语境与社会语境下解读这些铭文，和其他文献一样。古代铭文具有极其重要的研究价值，不仅因其所涉及的内容远比正统的古典文学作品丰富，更因为大多数铭文在被发现时仍处于最初的环境中，例如公共建筑的墙壁上。一些铭文甚至成为今人了解整个文明的钥匙。现存于大英博物馆的罗塞塔石碑（Rosetta Stone）就是典型的例子。该碑的碑文用两种语言和三种字母刻成，从而成为破解古埃及象形文字的关键。许多铭文还具有直接的史料价值（例如1959年出土于特洛埃真［Troezen］的《地米斯托克利法令》，再如《雅典贡金清单》。对这两份文献的分析请分别参阅第13章和第16章）。另一些铭文则展现了城市生活的风貌、建筑物的落成时间或建造者的姓名与身份。（土耳其西南部的阿芙洛狄忒城［Aphrodisias］发现了大量此类铭文。）另一些铭文则更具私人性质（尽管任何"公共"铭文所具有的"私人"性质都需要加以谨慎判断）。例如著名的《图里娅赞》（Laudatio Turiae）反映了夫妻间的恩爱与承诺。这首拉丁语挽歌是公元前1世纪的一位丈夫为了缅怀亡妻图里娅而作，赞美了图里娅在动荡的内战时期所表现出的忠贞不渝。（她曾因不能生育提出与丈夫离婚，以便丈夫能与别的女子生育继承人，但被丈夫愤怒地拒绝。）[1]

考古学旨在复原古代的物质文化与建筑，并将它们当作解释古人的行为的证据。[2] 考古学家过去主要与石头、陶器、金属制品打交道，因为这几类物品在温带或热带气候下存世最多。近年来更多种类的出土文物被证明可以复原，尤其是反映动植物生长情况的考古材料，因而学术界对古代农业与饮食的认识正日益加深。考古学家一直担忧其研究对象的易受破坏性（考古发掘本身必然会对文物所处的环境造成破坏），中东地区的古

---

[1] 参见：John Bodel ed., *Epigraphic Evidence: Ancient History from Inscriptions*, London and New York, 2002。游历罗马的游客请一定要造访那座位于原戴克里先浴场上的以碑铭为主题的新博物馆。

[2] 参见：Colin Renfrew & Paul Bahn, *Archaeology: Theories, Methods and Practice* 6th edition, London, 2012。该书详细介绍了这里提到的内容。

迹近来频遭洗劫无疑再次提醒了我们这一点。实际上，古代的青铜塑像几乎已被尽数熔化。许多人这么做是垂涎于青铜的价值，其他人则把它们视作刺激基督徒神经的异教偶像。直到文艺复兴时期，由于文物价值或审美特质而保护某物品的冲动才再次在欧洲变成一股强大的力量，结果，古代艺术开始被理想化（见第36章）。有时候人类的破坏行为也会让考古学家有意外收获。例如焚毁古代近东地区的宫殿，就让堆积在档案库中的泥板档案受到大火烘烤成为泥砖，也因此得以存留！即便如此，考古学家仍然通常只能发现原本存在的东西的一小部分，而且不具代表性。

历史文献必然无法充分记录生活的方方面面，考古学家的工作因而不可或缺。房屋、街头巷尾的日常生活细节、公共空间的用途和建筑技术的进步只是其中的3个方面。沿罗马帝国边界进行的一系列发掘和勘测显示，罗马帝国在外敌的威胁下开始沿着边境修建连绵不断的防御工事。考古学家甚至还能在政治史领域发出自己的声音。例如对罗马广场（Roman Forum）的发掘表明，随着保民官（tribune）在公元前2世纪中叶的政治影响力越来越大，该广场留给公众集会的空间有所增加，而该空间在独裁官苏拉（Sulla）掌权时期相应地有所缩小，被让给了元老院。又比如，古希腊文献总给人留下这样的印象：众城邦在建成之初便有城墙环绕并拥有优雅的公共建筑。然而考古证据如今却颠覆了这一印象，因为城邦往往在设立百余年后才会建起第一道城墙，而为公共建筑预留的土地此时也总是处于闲置状态。

在一个典型的、未经发掘的遗址堆积层中，旧的堆积物总是被埋藏在新的堆积物之下。倘若能凭借出土文物——例如钱币——推断某个堆积层的年代，则出土于同一堆积层的陶器等文物也同样可以被推断出年代。出土于其他遗址的相似陶器也就可以用于为当地的堆积层断代。在研究前王朝时期的埃及与古代近东地区的分层坑洞时，上述原则尤其重要。在爱琴海北部的迈索内（Methone），人们最近发现了一个密封的堆积层，里面的公元前8世纪的陶器等物品让该遗址成为运用上述原则进行断代的教科书。

在各种考古证据中，钱币提供了最为有用的信息，并且可用于佐证或推翻文献等其他证据。罗马钱币在日耳曼尼亚地区被大量窖藏，与塔西佗在《日耳曼尼亚志》(Germania)中记载的窖藏构成的细节基本吻合。这些钱币的分布有助于今人勾勒出商路或军队的行军路线，其金属成分反映了铸造者及其资助者所能掌握的资源，其上的浮雕有助于今人了解那些可能已经消失了的建筑。罗马皇帝如何把钱币作为政治宣传工具就值得深入研究。2003年，在英国牛津郡的查尔格罗夫（Chalgrove）偶然出土的一枚钱币，可能为我们提供了证明一位罗马皇帝曾经存在过的唯一证据——公元271年，在罗马帝国的北方边境，曾有一个自号"图密善二世"（Domitian Ⅱ）的僭越者短暂称帝。①

水下考古是考古界尤为重要的进展。虽然水下考古花费不菲并时常伴有一定的危险性，而且在干燥的陆地上保存来自水下的文物又进一步增加了发掘行动的开销，但它仍具有广阔的前景，这不仅因为已定位的沉船众多，而且因为人们已经能够勘探更深的海底。比如在地中海，可勘探的深度已经达到了850米。乔治·巴斯是水下考古的先驱，他在美国得克萨斯州创立了航海考古研究所，在清除沉积物、制作船壳的三维图像、打捞沉重文物出水等领域摸索出了一整套先进的方法。通过开展水下考古，今人得以勾勒古代海上贸易的规模与方向。巴勒斯坦的凯撒里亚、埃及的亚历山大里亚等古代港口城市都将由此得到更全面的考察。②

随着科技的进步，研究人员能对证据进行更为精准的评估。碳-14定年法日臻完善，成为对易腐败物质进行断代的最佳手段，而其他测年方法亦层出不穷。例如，追踪金属制品中的元素可以精确判定该制品的原产地。分析银、铜、铅等矿石中的铅同位素，可得知矿石的具体产地。例如，有一种别具一格的"牛皮"状铜锭曾在青铜时代晚期广泛流通于爱琴海地区，其原料如今已被确定来自塞浦路斯岛。雅典人最初铸造钱

---

① 有关钱币学的更多内容，参见：Christopher Howgego, *Ancient History from Coins*, London and New York, 1995.

② 对水下考古的介绍，参见：*The Oxford Handbook of Maritime Archaeology*, Oxford and New York, 2011. 罗马帝国时期的海上贸易见下文第691—695页。

币所用的白银曾一直被认为产自雅典附近的劳里昂（Laurium），但如今其原料产地被证明为色雷斯（Thrace）。研究人员通过分析罗马双耳细颈瓶中的残留物，可确定瓶中当年贮存过何种液体，再把分析结果与瓶身上的私人印章进行比对，可进一步确定当年的贸易路线。（产自意大利科萨［Cosa］某处庄园的葡萄酒曾大量销往今法国的中部与南部地区，其所使用的双耳瓶的瓶口上就加盖有制陶工塞思提乌斯［Sestius］的名字作为印记。）以树木年轮为研究对象的树轮年代学（dendrochronology）是研究古代每一年气候变化的有效方法。例如公元前218年的气候被证明比较温暖，这有助于解释汉尼拔（Hannibal）为何能在这一年翻越阿尔卑斯山攻入意大利！

上述方法在为塞拉岛（Thera）的火山喷发进行断代时得到了充分运用，但也暴露出了某种不足。米诺斯文明的港口城市阿克罗蒂里（Akrotiri，该城也如庞贝那样得以完整地保存至今）因这次火山喷发而被彻底掩埋。这个问题并非单纯的历史问题——许多人把这次火山喷发与有关亚特兰蒂斯的消失的传说联系起来，继而引发了对于"失落的文明"的无穷幻想。火山喷发的时间最初被推定为公元前1500年。这一结论获得了陶器证据的支持。而在尼罗河三角洲的达巴土丘（Tell el-Dab'a，对该土丘的考古发掘请参见第4章）遗址，相同年代的堆积层中也发现了来自这场火山喷发的浮石。然而对采自爱琴海与塞拉岛的样本进行碳-14测定后发现，火山喷发的年代应该更早，即公元前1627年至前1600年之间，而且该结果的精确度高达95%。研究人员又对美国加利福尼亚州的狐尾松进行树轮年代学研究（火山灰扩散至整个大气层，从而影响到太阳照射，因而此次火山喷发能够波及如此遥远的地区），其结果也把火山喷发的时间定在了公元前1628年至前1626年之间。对安纳托利亚的树木进行的类似研究也得出了支持该日期的证据。研究人员随后对达巴土丘的样本进行碳-14测定，并且测得了一个较早的年代，最终令学术界达成共识，把火山喷发的时间确定为公元前17世纪的最后25年中。

对古典世界的考古发掘曾经只关注大型城市或希腊世界中的神庙的遗址。实际上，19世纪欧洲所谓的"考古工作者"大多专注于寻找大型遗址并将所发现的宝藏运回伦敦、巴黎、柏林等地的国立博物馆（1871年，德国商人海因里希·施里曼［Heinrich Schliemann］对特洛伊遗址的洗劫便是最具代表性的一例。德国人还于1875年至1881年间动用500余人在奥林匹亚［Olympia］从事发掘，由此确立了"大发掘"模式）。鉴于奥斯曼帝国当时已是风雨飘摇，德国人才得以在1880年晚些时候，将他们从土耳其境内的帕加马（Pergamum）发掘出的350吨文物悉数掠往柏林。

尽管此类行径很有价值——没有对于历史遗迹的大规模发掘，又怎么可能写出雅典或罗马的历史？——但把兴趣过多集中于某些著名的历史遗迹或历史时期，则让许多重要的研究领域乏人问津。学术界如今已把研究重心由城市转向了农村（毕竟农村才是大多数人口长期居住的地方）。野外调查（以所收集的地表遗址信息为基础）被证明是一种在广阔区域内确定定居点的性质的相对经济且高效的方法。罗马的不列颠学会（British School at Rome）在伊特鲁里亚（Etruria）南部实施了一次重要的野外调查。（现代的农业生产方式与新建筑正在破坏当地的古代地貌，这激发了此次调查。）此次及其他对共和国时期的意大利进行的调查的成果之一，是对传统文献给出的小农经济在公元前2世纪的意大利已经消失不见的观点发起了挑战。而对希腊的野外调查表明，古希腊农民的剩余产品是如此之少，波动又较为剧烈，所以古希腊的城市生活也同样朝不保夕。而有关橄榄树种植方面的证据也是判断政治稳定性的晴雨表，因为橄榄树的成长周期较长，所以只有当人们可以普遍预期橄榄树的成熟与收获时才会种植。

对古代城市遗址进行地球物理勘测对于定位建筑物遗迹尤其有效。对罗马帝国不列颠尼亚行省（Britannia）的第四大城市罗克斯特（Wroxeter）进行的勘测就是一个很好的例子。该城被废弃后再无人口迁入，而勘测结果证明绘制该城的轮廓是可行的，其手工业区、市场区在图上均清晰可见，甚至可以在不扰动土层的前提下，凭借电磁性信号反馈的差异找到该城毁于大火的证据。运用卫星遥感考古技术，可以对古代遗址进行更精密的分析，并在埃及与整个罗马帝国范围内发现更多的古代遗址。①

---

① 可参阅阿拉巴马大学伯明翰分校（University of Alabama at Birmingham）的莎拉·帕尔卡克（Sarah Parcak）的相关著作。

野外调查主要涉及文物的搜集与解释，故仍属传统考古学的范畴。然而在过去的30年里，考古学家在他们的目标上变得更有野心。传统的考古研究侧重积累证据并描述证据，然后把细碎的证据一点点拼凑起来，以形成一幅能够反映过去的图景。这种方法不可避免地会呈现出一幅静态的社会图景，而且在这样的图景中，人反而不如他们的遗留物重要。研究方法更加前卫的"新考古学"（该术语诞生于20世纪60年代的美国）遂应运而生。"新考古学"的学者把目光投向了传统上属于人类学的领域。他们关注特定社会环境下个体与其他个体、个体与外部世界的关系，尤其重视研究文化改变是如何发生的。他们与以狩猎、采集为生的原始部落共同生活，观察其生活方式，认为观察结果有助于解读古代类似社会所遗留的证据。他们首先提出若干假说，继而考察某些遗址，特意寻找能够支持或反驳这些假说的证据。最终，他们试图提炼出人类行为的某种"法则"。（例如，"在这样或那样的环境下，人类社会由狩猎与采集的生活方式转变为农业生活"。）

"新考古学"的学者专注于环境，坚信环境是社会变化的主要推动者。（比如，新的食物来源可能带来新的社会协作方式。）他们将重点放在分离并研究调节社会变化的不同"过程"（process），因而其研究方法赢得了"过程法"（processual）的绰号。近年来，一些考古学者，尤其是英国的考古学者（伊安·霍德［Ian Hodder］是他们的先驱）指责"过程法"过于强调功能性。他们认为对自然环境的强调实则低估了人类社会创造自身的价值并维护这些价值的能力，尤其是通过操纵那些对它们很重要的文化符号做到这一点的能力。这一崭新的研究方法也因此被称为"后过程法"（post-processual）。

在这些概念（并时常充斥着常人难以理解的术语）的重压下，人们有脱离考古学传统关注领域的危险。但某种综合性的理论或许已经出现，它对人类社会如何塑造其意识形态框架，而文化的改变又如何在这一框架下发生有了更为深刻的理解。今人由此才得以理解新任罗马皇帝如何利用过去的伟大皇帝的符号来确保自身的合法地位。例如君士坦丁（Constantine）就把那些为了纪念图拉真（Trajan）、哈德良（Hadrian）、马可·奥勒留（Marcus Aurelius）等皇帝而建的纪念碑上的浮雕，安装到他在罗马为自己所建的凯旋门上。

希腊世界的人们又是如何运用其文化符号的？安德鲁·斯图尔特在他的《古希腊的艺术、欲望与人体》[①]一书中给出了极佳的例子。该书思考了古代雕塑与绘画中的人体向观众传达特定政治理念和社会理念的方式。古希腊人曾以多种表现手法塑造哲学家、政治人物、战争英雄或"理想化的"公民，甚至裸体像也自有其文化语境。当古希腊人塑造英雄人物时，无论这位英雄是获胜的运动员，还是挑战僭主的勇士，健美的躯体都是他的"戏服"。保罗·赞克的《图像在奥古斯都时代的力量》[②]则着重探讨了艺术如何被用作宣传工具。赞克揭示了罗马皇帝奥古斯都如何利用罗马传统生活的特定图像——例如雄伟的公共建筑——把自己由罗马共和制度的破坏者伪装成共和制度的复兴者。奥古斯都的每一尊雕像均体现了上述目的，甚至其胸甲上的浮雕都要把他与过去维系在一起。和平祭坛（Ara Pacis）的浮雕也把他表现为一位淳朴的家长，让他如同其共和时代的祖先那样，向众神献祭。政治变革可以通过操纵具有强大情绪感召力的文化符号来实现。某些学者就此提出了认知考古学（cognitive archaeology）的研究方法，尝试依据那些具有文化意义的文物构建古人的心态（mentality）。

复原心态对古代史领域的历史学家而言是一项最为艰巨，或许也是最具吸引力的挑战。古人的思维受到了哪些因素的制约？这个问题尤为难解，因为今人在进入古人的精神世界时，不可能完全抛弃我们自身的偏见与文化上先入为主的成见。对一个雅典人而言，坐下来欣赏一出悲剧对他有何意义？他或者她，在多大程度上把这种体验当作一种感情的宣泄，抑或这一体验在何种程度上让他或她理解了这座城市所面临的伦理挑战？对一位公民而言，他在何种程度上真的感到自己是其城邦社群中的一分子——或者说，他的公共行为能成为戏剧的素材、一段美谈，从而令他在同胞眼中成为模范公民（见第29章琉善 [Lucian] 的例子）？

[①] Andrew Stewart, *Art, Desire and the Body in Ancient Greece*, Cambridge, 1997.

[②] Paul Zanker, *The Power of Images in the Age of Augustus*, Ann Arbor, 1998.

奥古斯丁（Augustine）创作《忏悔录》（*Confessions*）时已是4世纪90年代，为何能够剖析自己内心世界的作家迟至此时才在古典世界中出现？就一般情况而言，一个人又能够在何种程度上表达其感受，他又该如何应对自己的情感波动？理查德·索拉布吉的《情感与心灵的安宁：从斯多噶式焦虑到基督徒的诱惑》①即揭示了斯多噶学派的哲学家是多么在意公共生活的压力所带来的威胁，以及他们如何发展出应对这种威胁的手段。这部优秀的研究著作进而揭示了基督教徒如何把外界的影响转化为特定的诱惑。然而，基督教徒与同时代的异教徒的思维方式究竟有何不同？奥古斯丁的《忏悔录》能否作为基督教徒的思维有所不同的证据，还是说它只专属于作者一人？

某些学者试图通过现存的希腊罗马神话理解古人的心态。就连孩子都知道，这些神话题材丰富且形式多样。然而，学术界对于神话能否反映产生它的社会现实仍存有巨大争议。学者们对利用某个文明的神话去揭示普世性的意义仍心存疑虑，因为对一则神话的理解首先应基于产生该神话的特定语境。（换言之，弗洛伊德对取自戏剧《俄狄浦斯王》的俄狄浦斯神话的普遍化使用，必须要以怀疑的眼光加以审视，因为没有证据能够表明它反映了一种希腊的典型家庭行为模式，更不用说其他文化的了。）法国人类学家克劳德·列维-斯特劳斯（Claude Lévi-Strauss）及其号称结构主义学派的同道们提出，任何被观察的社会的世界图景都可以利用具有明确定义的客体和范畴来绘制（即"建构"），而客体和范畴的含义与意义则均可通过神话得到表达和确定。以 J.-P. 韦尔南（J.-P. Vernant）和 P. 维达-纳克（P. Vidal-Naquet）为代表的巴黎学派对希腊神话进行了尽可能详尽的解读，并穷究同一神话的不同版本在意义上的细微差别。不列颠学派则更加务实：他们认为，神话故事未必全都具有目的性，而故事的细节也未必全都具有意义。

然而，神话的确能在某些方面反映孕育它们的文化，并被那些分散在各地却保持着文化凝聚力的社群分享。在某些情况下，神话可为人类的

---

① Richard Sorabji, *Emotion and Peace of Mind: From Stoic Agitation to Christian Temptation*, Oxford, 2000.

行为做出合理解释。例如普罗米修斯诓骗宙斯的神话可以解释为什么古希腊人会在献祭后把肉分掉，而不是留给众神。其他神话，尤其是建城神话，也可能包含历史信息。神话还反映了人类在日常生活中遇到的两难困境（例如对家族的忠诚能否高于对城邦的忠诚）。把此类难题以一种"带有距离感"的方式呈现给受众，可能能让他们更易于理解与评判。然而很难说清神话究竟能对个人的日常行为产生多大影响。

彼得·布朗（Peter Brown）是目前研究古典时代晚期（Late Antiquity，即公元284—650年）心态问题的佼佼者，他于1971年首次出版《古典时代晚期的世界》[1]一书，该书在很大程度上改写了学术界对这一历史时期的研究。这部卓越的著作揭示了罗马社会在古典时代晚期的活力（尽管该书可能淡化了更广泛的政治背景），直至今天仍具有启发性。布朗尤其注重研究当时的宗教人物。他为奥古斯丁这位睿智且性格复杂的基督教知识分子所做的传记可能是此类作品中最直观的。[2] 他的研究深入探讨了这个时代"圣人"的出现，以及"身体"与"社会"之间的关系。

布朗近来凭借其著作《穿过针眼：公元350—550年，财富、罗马的衰落与西方基督教的形成》[3]达到了新的学术高度。在这部权威之作中，布朗把敏锐的目光投向了财富（大量聚积在社会精英手中）及基督徒对待财富的态度之间的关系。他尤其擅长把奥古斯丁、米兰的安涙罗修（Ambrose of Milan）、诺拉的鲍利努斯（Paulinus of Nola）等关键人物置于当时的社会背景下，悉心呈现出晚期罗马帝国社会的微妙蜕变，探讨了异教的传统财富观如何与基督徒的认识叠加在一起。布朗对现存史料进行仔细梳理，以呈现各种情感上的微妙之处。此前的学者从没有通过如此深入地审视知识分子与社会精英之间，以及两个群体内部的各种关系，来呈现知识分子与社会精英间的互动。

在本章的最后，笔者要为那些有意了解古代世界的读者推荐一本入门读

---

[1] Peter Brown, *The World of Late Antiquity*.

[2] Peter Brown, *Augustine of Hippo: A Biography*, 2nd edition, Berkeley and London, 2000.

[3] Peter Brown, *Through the Eye of the Needle: Wealth, the Fall of Rome, and the Making of Christianity in the West, 350-550 AD*, Princeton and London, 2012.

物。该书讲述的是巴克特里亚（Bactria，即中国史籍中的大夏），一个在亚历山大大帝征服东方后出现的希腊化王国，位于现今的阿富汗。弗兰克·霍尔特的《黄金之王的失落世界：探寻古代阿富汗》[①]充分发掘现有史料，介绍了巴克特里亚。最初只有少量由欧克拉提德大王（Eucratides the Great）铸造的钱币能够证明这个神秘王国曾经存在。欧克拉提德的在位时间可能是公元前2世纪上半叶。直至19世纪，一群狂热的探险者开始发掘遗址，并在阿富汗境内搜集到了更多的钱币（其中一枚是目前所发现的古代世界钱币中最大的金币，现存于巴黎的帝国图书馆，被称为欧克拉提德翁［Eucratidion］），他们不仅尝试确定历代国王的顺序（凭借钱币上的文字已识别出40多位国王），还通过这些国王在钱币上呈现自己的方式来分析他们之间的关系，甚至他们的个性。此时想象力无疑变得至关重要。以神化亚历山大大帝著称的苏格兰古典学家威廉·塔恩（William Tarn，1869—1957年）就曾靠着推测撰写过一部这个王国的历史，书中还包括没有史料记载的毁灭性战争。塔恩不知何故自信满满地认为自己的这部著作填补了历史记载的空白。

因此，霍尔特为我们上的第一堂课便是，为本身可能就未经过充分阐释的零星证据注入活力，根据有限的材料发明历史是一件多么容易的事。这是一个有力的观点。在研究古代史的任何阶段，史学家都在依赖有限的证据对历史进行解读，即便发现新的史料，也往往将之纳入已有的理论框架，而非对整个问题进行重新思考。与巴克特里亚有关的史料随着时代发展而逐渐增多。在阿富汗的考古发掘中，法国考古学家保罗·伯纳德（Paul Bernard）于1965年至1978年在今天的阿伊·哈努姆（Ai Khanoum）地区所进行的考古发掘尤其值得一提。阿伊·哈努姆（其古代名称至今不明）虽是巴克特里亚的边防要地，但因周边的沃野与矿产而繁荣一时。该城显然曾是一座重要城市，城中心充斥着精美的希腊式建筑与希腊语铭文，但霍尔特认为，某些学者延续塔恩的传统，有强调该城的"希腊性"、将之描绘为文明的灯塔的倾向。这些学者的研究在1979年被逆转，因为苏联人在这一年入侵了阿富汗，并且拒绝在其考古项目中延续所谓的帝国

[①] Frank Holt, *Lost World of the Golden King: In Search of Ancient Afghanistan*, Berkeley and London, 2012.

主义视角，他们倾向于以少数民族的视角重建该地区的历史，不再强调希腊人所带来的"文明"。政治不仅决定了描述历史的方式，甚至决定着复原过去的方式。过去总是被现在限定着。

似乎就在欧克拉提德大王统治的末年，即公元前145年前后，阿伊·哈努姆有可能落入了某个游牧部落入侵者之手。某些故事曾提到欧克拉提德大王在战争中惨败，但该遗址并没有它曾遭到破坏的相关证据支持这一点，它似乎更像是被遗弃了。由于发掘引来的猖獗盗挖行为，该城再次惨遭厄运。霍尔特愕然地记录了阿富汗的文化遗产自20世纪80年代以来所遭受的破坏，不断地有流言说，新发现的古代钱币窖藏被从发掘地点移走，在自由市场上一枚一枚地叫卖。

霍尔特最有趣的倡议之一，便是对流传至今的古币运用认知钱币学（cognitive numismatics）进行分析与研究。这一学科主要研究古代钱币的铸造者以及使用情况。例如，他指出，这些钱币的设计水平通常比较拙劣。甚至那枚巨大的欧克拉提德翁金币上的字母都排列得参差不齐。此外，钱币上的希腊语铭文存在很多错误，且始终未得到纠正。由此不难得出结论，铸币流程的监管不仅存在疏漏，还可能在某些国王统治时期内彻底陷入了瘫痪。这一现象究竟表明该王国正在衰败，还是突出反映了负责铸造钱币者有很多人不懂希腊语？这种认知方式使一系列新问题得到了探讨，有可能帮助我们更深入了解这个仍然神秘的古国。霍尔特的这本书启发我们，在任何时候，"过去"都只是建立在意识形态与推测的基础之上，通过对各类证据进行解释和拼接而构建的一座"临时建筑"。

古代地中海世界是一个巨大的文明复合体。而通过历史学家的双手对其进行重建显然是一项艰巨的任务，尤其是在新证据大量出现，并呈现出取代古典文献的主导地位的趋势的当下，更是如此。各学科的高度专业化导致各自为战，有让西方世界的根基的更广阔的图景变得支离破碎的危险。本书虽只是对地中海文明做一般概述，但仍希望能为读者还原一幅完整的古代历史画卷。

第2章

文明的诞生

古代近东,公元前5000—前1200年

有许多术语需要我们谨慎对待,而"文化"便是其中之一。该词的释义曾随着时代与语境的变化而有所不同。广义的文化指一个社会的传统与价值观,而且能以较为统一的形态被社会成员所普遍认同并世代相袭。而传统与价值观应包含一整套的知识和信念,既包括道德与行为的准则、艺术风格、人际关系的形态,又包括政府施政的方式,以及一个社会区别于其他社会的特殊的方面。

文化极少保持一成不变——当政治、经济等条件发生变化时,文化不可能不受到影响——但文化符号经常被统治者或统治阶级反复利用,以服务于重申权威或确立他们的合法性的目的,例如特定的神或仪式,或者对王权的描述。当一种文化受到威胁时,这些文化符号就变成了重要的战斗口号。然而,文化又常常陷入变革与延续的角力之中。在一些区域,例如环抱海洋的地中海地区,或者商路密布的地区,文化一直在交流与融合。外来文化要么受到欢迎并被接受,要么遭到坚决的抵制。文化既可以彻底崩溃,也可以改头换面,以一种面目全非的方式继续存在。先是罗马帝国的扩张,之后又是基督教与伊斯兰教的传播,令地中海世界的面貌发生了缓慢且巨大的转变,而生活方式也因此被重塑。对历史学家而言,对文化变迁的方式与原因做出解释是一项关键而极具挑战性的任务。倘若手头仅有少量侥幸得以传世的手工制品、陶器、金属制品等,而它们最初的用途、功能或仪式性的功用又无法得知,上述任务就变得尤为困难。

文化的定义难以明确，"文明"同样如此。学术界很难说清应该根据哪些条件把一种文化判定为文明。文明一词暗含文化与政治方面的优越感，埃及人、希腊人和罗马人正是怀着这种心态把自己区别于周边的"蛮族"。有鉴于每种文化都倾向于自视高人一等，因此本书首要要摆脱上述价值判断，以更加宽泛的方式为文明下定义，继而为本书所讨论的各种文化提供更合适的语境。政治与文化的稳定对"文明"的概念而言至关重要，这通常意味着国家（state）的存在，即由国王、宗教领袖或其他形式的政府声称拥有统治权的一片疆界明确的领土。从一开始，文明就与城市生活密不可分，尽管不同的城市维持其繁荣的基础有所不同。城市既可以是供奉某位神祇的宗教中心，也可以是统治者常常通过修建纪念性建筑展示其威严的场所。许多聚落的繁荣主要依赖贸易，于是成为商业中心、航运中心以及商路的交会点。城市的功能往往彼此重叠——一座都城既可以是港口，也可以让统治者利用这一地点所具有的古老的宗教意义获得权威。在贸易型城市，有充足的机遇供手工业者把原料制成纺织品、金属器具或供精英阶层享受的艺术品，因此手工业街区逐渐扩大，并总与集市毗邻。成品会被再次销售给行商。简而言之，文明总是表现为社会复杂性以及掌握专业化的技能。

城市的居民为了生存不得不绞尽脑汁。当需要向这么多的人口提供食物与水，并清理他们所制造的生活垃圾（还有遗体！）时，对城市日常生活的管理也就应运而生了。城市还需要规范各种交易规则，利用明确的权威、统治者、官吏甚至民众自身去建立秩序。城市还要保管档案，把信息转化为可永久保存、易于理解的形式加以储存，文字于是应运而生。书写记录的人（仓库管理员或书记员这一精英阶层）和书写的功用在不同文化中有所不同。城市凭借其建筑强化自身的地位。城墙既具有防御功能，又是实力的象征。（此论述在古代美索不达米亚肯定是正确的，当地统治者经常吹嘘自己摧毁了敌人的城墙，但考古证据显示他们并没有做到！）埃及和近东的许多例子业已表明，城墙上的浮雕还是展示一个统治者的权势或其所崇拜的神明的极佳载体。然而，统治者并非一座城市的全部。民众之间的互动促进了各种思想的交流与传播。活跃的文化交流由此展开，这也将成为本书的重要主题之一。

城市的生存离不开粮食的富余，大多数情况下，粮食来自城市周边的农田。文明与对余粮的控制紧密相关。积累粮食的方式五花八门：一个国家既可以通过其控制的银、铁、锡等珍贵资源交换粮食，也可以通过战争掠夺各种资源、以战养战。一个国家还可以发展出一套以国王为中心的高效的官僚体系，把剩余产品以赋税的形式输往宫廷（例如古埃及）。如何积累剩余产品来维持一个文明自身的生存与发展，对本书所涉及的所有文明而言，都是一个值得讨论的重要问题。

就地中海世界而言，文明的发祥地通常被认为是"古代近东"（Ancient Near East）。（上述古代文化的研究者普遍青睐这个术语，但现在更常使用"中东"或"近东"。）古代近东的范围在本书中指包括今天的土耳其，东至里海、南到现在的伊朗与伊拉克的广大地区。古代近东的西南部涵盖了今天的叙利亚、以色列、约旦和黎巴嫩。在本章与第6章所涉及的各个历史时期，美索不达米亚、巴勒斯坦、巴勒斯坦以北的腓尼基（今黎巴嫩）、叙利亚、位于今土耳其中部平原的安纳托利亚都曾孕育出重要的文明。位于尼罗河流域的埃及，虽然地理上相对封闭，却与上述地区保持着长期的交往。鉴于埃及文明存在诸多独特之处，故而本书将对其进行单独介绍。

该地区对古代世界中的其他文明以及当今世界都产生了巨大的影响。例如，这里诞生了最早的农耕文明，出现了最早的城市与神庙，以及相应的行政管理系统，并催生了最早的文字。字母就是在公元前1500年前后诞生于黎凡特（Levant）。目前已知最早的王国、帝国、金属制品、砖制建筑都出现在美索不达米亚地区。世界主要宗教中的3种一神教均诞生于该地区，即犹太教、基督教和伊斯兰教。古代近东地区各文明既不彼此隔绝，也未隔绝于其他地区，因而上述成果全都扩散到了整个地中海世界乃至更为遥远的地区。巴比伦的数学家和天文学家所取得的丰硕成果在公元前3世纪传入希腊世界，成为后世绘制行星运动轨迹的基础。即便如此，今人仍需小心谨慎，不要认为西方文明必然是由古代近东的文化孕育的。本书亦将重点强调两者在跨越数个世纪的交流中所呈现出的复杂关系。

近东地区的地形地貌变化万千，并且常常是险恶的。伊拉克南部遍布泥沼（近些年，伊拉克的大多数沼泽已被排干），约旦和叙利亚被大片沙漠覆盖，伊朗的高山则终年积雪。美索不达米亚（Mesopotamia，其词源为希腊语，原意即为"两河之间"）的南部是一片肥沃的平原，由底格里斯河、幼发拉底河的泥沙冲积而成。平原的北侧与东侧是连绵不断的群山，山中的积雪融化下泻，引发了上述两条河流一年一度的泛滥。近东地区还有多处高原。安纳托利亚高原的海拔高度在500米以上，伊朗高原的中央则是渺无人烟的沙漠。此外，在安纳托利亚的南北两侧以及黎巴嫩的沿海地区还分布着众多连绵不绝的山脉。如此差异显著的自然环境既孕育了先进的城邦，也孕育了游牧部落，而两者之间的关系又为该地区纷繁复杂的历史添加了新的变数。富有韧性的近东经济混合了农耕与游牧两种生产方式，前者促成了定居社会，后者则以养殖山羊、绵羊和牛为主。古代近东地区那些兴盛的城邦通常会牢牢控制周边的领土，并且通过对贸易的控制来巩固自身的地位，尤其是对那些早已运作数百年的贸易路线的控制。因为当地缺少易于防守的屏障，所以这些城邦大多很难长久昌盛，一两百年后便土崩瓦解。但可能正是由于上述文化变迁模式，该地区成了各类革新的源泉。

西方世界对古代近东的再发现始于19世纪。最初的探险者主要是来自欧洲的学者、士兵、外交官以及殖民地官员。他们在发现这些古代文明的同时，将之纳入所谓的西方文明的范畴。[①] 探险者们的动机虽各不相同，但主要的目的无外乎寻找证据证明《圣经》记载的历史真实性，以及为各自国家的博物馆搜集珍贵文物。豪尔萨巴德（Khorsabad）、尼姆鲁德（Nimrud）和尼尼微（Nineveh）的亚述宫殿遗址遭到洗劫，其浮雕被从墙壁上剥离运走，至今仍陈列于英法等国的博物馆中。

英国考古学家于19世纪下半叶取得了一项重大成果。他们在尼尼微发现了亚述国王阿舒尔巴尼拔（Ashurbanipal）的巨型图书馆，馆中收藏

---

① 爱德华·W. 萨义德在其《东方学》一书中对此进行了批判，参见：Edward Said, *Orientalism: Western Conceptions of the Orient*, London, 1978。

的泥板记载着美索不达米亚的文学作品。泥板上的楔形文字最终被英国人亨利·罗林森（Henry Rawlinson，1810—1895年）成功破译。破解这一谜团的关键则是一篇三语对照的铭文，它是由波斯国王大流士（Darius）下令雕刻于贝希斯敦（Behistun）的岩壁上的。近东地区的文献与复杂历史由此逐渐褪去了神秘的面纱。1872年的这一时刻尤其具有决定性意义：在大英博物馆研究亚述泥板的乔治·史密斯（George Smith）竟然发现了一段记述大洪水的文字。自此对《圣经》文本的研究被赋予了更广泛的文化语境。如今，泥板的数量仍在持续增加，而学术界对古人书写泥板时的语境也有了更深入的了解，因此极大地扩展了我们对于近东地区及其历史的认知与理解。

美索不达米亚的某些市镇拥有6000多年的有人居住的历史，堆积的古迹可谓不计其数。尼尼微的城堡遗址就极其巨大，据估计，如果用现在的发掘方法，还需6000年才能将该遗址发掘完毕。同样变得明显的问题是，对这类巨型遗址的集中发掘，会导致我们对美索不达米亚的文化产生错误的印象，尤其是在"寻宝"传统仍很强大、对珍贵文物的重视远超日常生活遗存的情况下。罗伯特·布雷德伍德（Robert Braidwood）等美国学者于20世纪40年代引入了更具人类学色彩、视野也更加广阔的新方法，迫使考古学家们聚焦于这样一个问题：古代美索不达米亚地区真实的生活究竟是什么样的？对更大区域的野外调查揭示了通常通过运河相连的城市与村落如何彼此联系。美国人罗伯特·亚当斯（Robert Adams）是该领域的先驱。他曾于20世纪60年代对伊拉克东部迪亚拉省的8000多平方千米的区域进行调查。而在城市里，对普通房屋的深入研究正在日益唤起人们对古人日常生活的兴趣。对伊拉克南部城镇阿布萨拉比克（Abu Salabikh）的发掘就是其中一例。该遗址可追溯至公元前三千纪，其规模相对较小，但保存完整。

近年来，大型灌溉工程和建筑项目对许多遗址造成了威胁。但对古代近东文明历史的破坏，还是主要来自2003年美军入侵伊拉克以及其他一些国家社会秩序崩溃所引发的社会动荡，破坏程度至今仍未可知。这直接导致了对古代遗址的大规模盗掘活动（据调查，伊拉克境内的各类盗洞

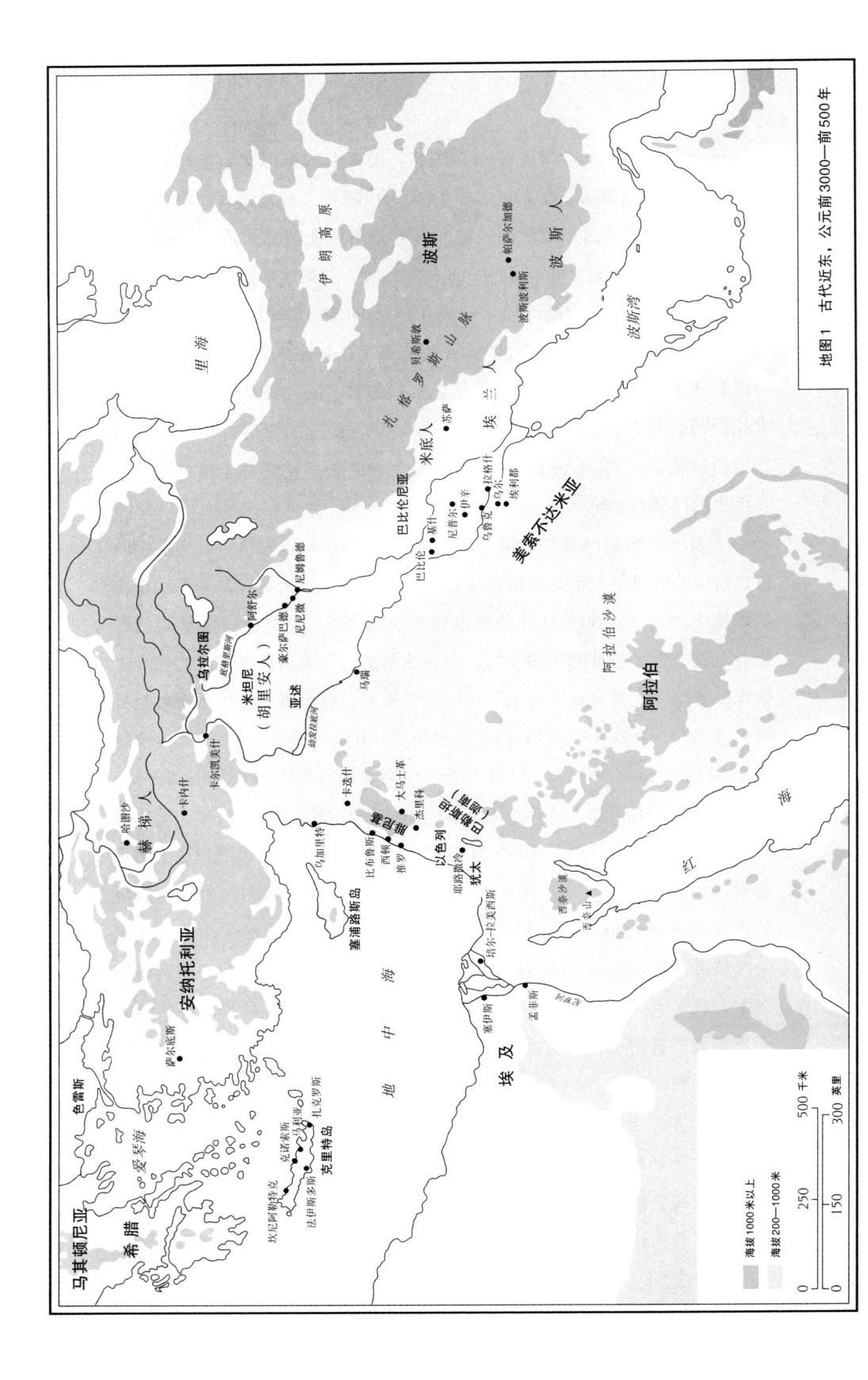

地图1 古代近东，公元前3000—前500年

已经累计破坏了约1500万平方米的遗址）。这一地区许多重要的博物馆都惨遭洗劫，甚至连埃及开罗博物馆中的图坦哈蒙（Tutankhamun）法老的一些宝藏也在2011年1月遭到损毁和哄抢。遗址更难得到保护。大量小型文物遭盗掘并被走私到境外，落入猖獗的文物贩子手中。对该地区的诸多古代文化而言，许多历史事件的前因后果与日常生活的各种细节仍然模糊不清，故而上述盗掘行为所造成的损失更是无法估量。许多重要的发掘工作如今都已陷入停顿，而且直到2012年，也就是我在写作本书的时候，考古发掘工作才重新在伊拉克境内展开。

美索不达米亚与最早的城市

美索不达米亚是一个较宽泛的术语，它所涵盖的地区包括幼发拉底河流域与底格里斯河流域。这两条河均汇入波斯湾。人类最早的城市国家就出现在美索不达米亚的南端。在阿卡德语（Akkadian，公元前2600年起通行于当地的一种语言，属塞姆语系）中，美索不达米亚的南部被称为苏美尔（Sumerum），故而在当地发现的早期文明与语言也都以苏美尔命名。然而，有几个历史概念需要澄清。首先，苏美尔语是一种使用单音节词汇的语言，与该地区的其他语言并无亲缘关系，其源头仍是未解之谜。其次，学术界很难用某方面的特质把苏美尔文化与近东地区的其他文化区别开来。有鉴于此，本文将用"苏美尔"一词泛指公元前3500年至前2300年间，由众多城市国家组成的古代近东世界。（如果想对本章的历史背景有更深入的了解，可参考本书的"扩展阅读"。）

仅凭第一印象，美索不达米亚平原看似难以孕育出能够稳定发展的文明。当地自然资源匮乏，既无木材，又无石料和金属。除了山中积雪融化而形成的一年一度的洪水，降雨十分有限。平原地势平坦，相距500千米的两地落差只有20米。当地河流因而频繁改道。当地居民受自然环境的影响，不得不通过修建沟渠和拦蓄洪水来提高灌溉的效益。一旦上述措施到位，加上河流可以带来大量肥沃的淤泥，当地农作物的产量比仅靠雨水灌溉的地区高4至5倍。正是上述条件催生了精英阶层。该阶层可能充当着组织者的角色。他们通过占有余粮养活自己，并以之交换那些当地缺乏的资源。简而言之，生存的需要激发了古人无穷的创造力。

在近东，那些由古代遗存堆积而成的小山成为古代遗址的标志。此类小山被叫作"tell"。埃利都（Eridu）就是这样的一处著名遗址。其位置虽靠近幼发拉底河，但被沼泽沙漠环绕。因此，埃利都的冲积土壤不仅适于经营农业、渔业，甚至还有一定规模的畜牧业。长年不断的流水在地表汇集为一个湖泊。该湖泊可能曾被赋予某种神圣的地位。20世纪40年代，考古人员在挖开土丘表层向下发掘时，发现了多座叠压在一起的神庙遗址。最终，在底层的沙质地基上，他们发现了一座用晒干的泥砖砌成的小型神庙遗址。这座神庙的建造年代令人震惊，大约为公元前4900年。之后的每一座神庙的规模都比前一座更大。最晚的几座神庙建于公元前第三个千年纪，建有巨大的平台，中央设有露天庭院，庭院四周建有房屋。该建筑的四角指向东南西北4个方向，墙体由泥砖砌成并有扶壁提供支撑。这个终结于公元前3500年的历史时期称为欧贝德（Ubaid）时期。此称谓来源于20世纪20年代在乌尔（Ur）附近被发现的欧贝德土丘遗址。（即使又发现了同时代更重要的遗址，对各个历史时期的命名也不会轻易更动。）

连续叠压的建筑遗址表明，古人一旦赋予某地重要的宗教意义，就会世世代代地强化这一意义。神庙的时代越晚规模就越大，说明神庙已成为宗教仪式的中心。祭祀者奉上了鱼（这可能再次强调了水具有孕育万物的神圣意义）和其他农产品，后者可能是供品，也可能是用于交换的商品。大批陶盘表明公餐是仪式的一部分。埃利都人崇拜的神可能名叫恩基（Enki）。这位神既是创世神，又是智慧的化身。可能正是因为如此，后来的巴比伦文献在提及埃利都的诞生时，称之为第一座城市，"圣城，他们［其他众神］的喜悦的居所"。

考古人员在毗邻神庙建筑群的地方发现了一片墓地。对墓葬的发掘表明，这是一片专属于精英阶层的墓地。最早的墓葬可以追溯至公元前3800年。这些墓葬中的陪葬品做工精美，有一些甚至产自比较遥远的地方，比如黑曜石珠子以及深蓝色的青金石。较古老的墓葬还被标识出来并加以保护。据此推测，精英阶层可能通过某种方式把他们与神庙的运转关联在一起，得以在死后享受某些特权和尊荣。埃利都作为美索不达米亚最南端的聚落，实际上主要是一个朝圣中心。当地与创世神话的联系，以及与沙漠中令人向往的永不停歇的供水的联系，共同维系着其崇高的地位，甚至现代的伊拉克政府仍将埃利都视为其文明的发祥地。最近对其他遗址的发掘表明，同一时期的其他中心地区也存在着类似的神庙。欧贝德文化在宗教活动方面具有某种统一性。该文化的陶器也都采用了相似的装饰风格。

埃利都还不能算是真正意义上的城市。其西北方的近邻乌鲁克（Uruk）才更符合城市这个词的定义。公元前3800年至前3200年是乌鲁克演变为城市的过程中极为重要的一个阶段。自公元前3500年左右起，乌鲁克的人口膨胀到了本地资源难以承受的地步。因此该城一定曾经支配过其他地区。而气候变化导致洪水规模变小，这致使更多肥沃的土地可以被开垦为农田。当地雄心勃勃的精英阶层抓住了这些机遇，而大批纪念建筑的拔地而起也反映了乌鲁克的崛起。在某些年代，这些建筑用石料和原始的混凝土建成，而在另一些年代则使用泥砖。这意味着当时出现了大批训练有素且能够长期施工的劳动力。当地出土了众多容量固定的斜沿碗，可能就是用于为工人发放商定的每日配给口粮的。

值得注意的是，每当古人对建筑进行翻新时，都会在建筑风格上做出改变——他们没有试图保持相同的建筑风格——但某些设计特征经久不衰，例如那些嵌在墙上和柱子上的迷人的彩色黏土锥。由此可见，乌鲁克人乐于创新。与此同时，其官僚管制技术也越发成熟。官员们各自持有滚筒形状的印章，其表面刻有特意选择的图案。他们利用滚筒轧过湿润的黏土时所留下的印迹，来宣示他们拥有哪些货物或对哪些货物负责。印章的做工展现了雕刻者的精湛技艺。一种原始形态的文字也在此时代被刻在了湿润的黏土上，用以记录商品、行政决议以及出工情况。某些符号是对有用物品本身的简单临摹，比如水、谷穗、容器的数目等（此类符号被称为语素符号［logogram］）。瓦卡石瓶（Warka Vase，"瓦卡"即乌鲁克遗址所在地的阿拉伯语地名）表面的图案表明乌鲁克社会井然有序。图案中的这些男子赤身裸体，肩扛各种盛装物品的容器，仿佛正在列队参加某种仪式。该仪式可能与女神伊南娜（Inanna）有关。这位女神掌管着爱与战争。某些滚筒印章上的图案则描绘了献俘的场面。

乌鲁克的城区面积最终达到了550公顷，相当于公元100年处于鼎盛时期的罗马城面积的一半。随着城市的发展，斜沿碗等独特的乌鲁克手工制品也在向周边地区扩散，其范围远远超出美索不达米亚南部地区，甚至远及安纳托利亚南部与叙利亚北部。乌鲁克还与埃及保持着贸易联系，其文化更成为当时正在争夺尼罗河谷地的各方势力竞相仿效的样板。这能让我们对乌鲁克社会的性质有怎样的理解呢？乌鲁克是否在机会主义的驱动下，从开发农业资源转变成为一个在北方建立殖民据点，以控制当地商路的帝国？毕竟乌鲁克曾设立哈布巴卡比拉（Habuba Kabira）、哈奇纳比特皮（Hacinebi Tepe）等聚落。前者位于幼发拉底河中游，后者则作为一块文化飞地，在安纳托利亚文化的重重包围下顽强地生存了400余年。抑或乌鲁克是一个经济结构上更为平等的国家，没有那么等级森严，因此比其竞争对手更善于组织和管理贸易，得以通过"倾销"余粮交换金属、奢侈品或奴隶？（奴隶制的踪迹几乎不可能通过考古手段追寻，但本书稍后会证明奴隶制实际上遍布整个古代世界。）方便出入的举行宗教仪式的建筑与城市中心巨大的开放空间表明，乌鲁克社会的氛围比较宽松。这与封闭的埃及神庙形成鲜明的对比。此外，乌鲁克社会也从未把复兴传统建筑风格作为延续其文化符号的一种手段。

由此可见，乌鲁克是一个勇于创新的社会，致力于维持并鼓励以商品交换为基础的经济模式，还可能在公共空间举行庆祝该活动的仪式。现存的"职业列表"显示了乌鲁克官员的等级，还有包括祭司、陶工、珠宝匠等等在内的特定职业。乌鲁克的首领是男、女执政官各一名，分别被称为"恩"（en）和"宁"（nin）。乌鲁克成功摸索出一条道路，使其经济活力维持了数百年，这可能是乌鲁克最伟大的成就。然而大约在公元前3100年，乌鲁克的对外贸易骤然消失，其原因可能是乌鲁克周边的水源开始枯竭，也可能是因为对土地的过度开垦导致了农村经济的崩溃，已无法养活城市。哈布巴卡比拉等位于边远地区的文化孤岛彻底消失，美索不达米亚北部更古老的文化传统复归，但城市生活此时已具雏形。随着乌鲁克的衰落，较小的城邦大量出现，利用附近的水源和周边的土地发展。

文字的使用此时成了美索不达米亚诸城邦的共同特征。如前所述，最早的文字以语素为基础，一个符号即表达一个词。在文字诞生的最初几百年间，就已经有2000多个语素符号被记录了下来，其中许多符号足以直观地表示其所指代的事物（例如以"谷穗"这个符号指代粮食）。这些符号既相对容易阅读，又便于操不同语言的群体相互理解，而后者正是作为贸易国家的乌鲁克最为关心的问题。公元前3000年前后，苏美尔语文献开始出现。前文已提到，苏美尔人的起源至今仍是未解之谜，其语言也与已知的任何一种语言均无亲缘关系。但苏美尔语言显然具有某种优势地位，所以在其出现后的几百年间，用苏美尔语书写的文本被认为优于用其他语言书写的文本。

随着苏美尔语的使用，出现了一项重要的发展，就是用相应单音节词（在苏美尔语中十分常见）来拼写含有多个音节的多音节词。在此不妨举个例子：苏美尔语中，"头"写作sag。一旦某个多音节单词含有sag这一音节，就可以用该符号与表示其余音节的符号的组合来拼写这个单词。苏美尔语由此开始向字母文字的方向演进，到公元前2300年，常用符号的数量虽下降至600余个，但词汇量反而有极大的提升。这种书写体系仍过于复杂。书记员必须设法澄清其所书写的sag究竟是表示"头"，还是另一个多音节单词的一部分。涉及经济事务的文本一如既往占据着绝对多数，但神学、文学、历史、法律等领域的文献也纷纷出现。书写者也不再用尖头芦苇笔（在泥板表面）划出笔画，而是用末端像楔子一样的笔一次成型地压出笔画。（拉丁语称楔形为cuneus，该文字由此得名cuneiform［楔形文字］。）这些字符逐渐摆脱了图形的特点，变得越发抽象。但更值得一提的是，此种变化在各城市都发生了，展现出了各城市间贸易联系的重要意义。乌鲁克西北方的舒鲁帕克（Shuruppak）曾出土一大批泥板。这些文献表明，乌鲁克周边的6座城市在这一时期曾紧密合作，甚至各自召集人手一同参与公共工程，还允许彼此的市民自由出入各自的领土。楔形文字可用于书写各种语言，一如拉丁字母至今仍被用于书写欧洲的各种语言。①

舒鲁帕克的文献表明当地社会比较保守。一位父亲教导儿子：不要饮酒或狎妓，甚至不能与无意迎娶的姑娘当众交谈；要尊重那些具有更高社会地位者；要保护自己的家人；要认真耕耘自己的土地。其他文献表现出对清单——鱼、鸟、植物、官职甚至数学术语的清单——的强调。众所周知，这些词汇清单是根据列举对象的地位排序的（高级官职排在低级官职的前面，绵羊则排在了所有动物的最前面，显示羊毛在舒鲁帕克社会中的重要性）。它们反映了对井然有序的社会的渴望，并把这种理想社会的观念灌输给所有接受过书写训练的人。因此，文字在这里已超越管理功能成为传播意识形态的工具。

轮子是诞生于公元前第四个千年纪晚期的另一项创新，起初可能只是为了高效地制作陶器，后来才被用于运输。一块公元前3000年左右刻写的泥板为后人提供了证明轮子存在的最古老证据。泥板上的形象颇似一个带有顶棚、装着4个实心轮子的厢式雪橇。人类在公元前3000年左右所取得的另一项重大技术突破就是冶金技术。美索不达米亚的居民在公元前3500年前后掌握了铜的冶炼后，又发现把铜和锡混合在一起可以得到更加坚硬的合金——青铜，从而掌握了青铜的冶炼。青铜铸造的刀刃更加锋利，能斩断农作物、树木、人体等各种目标。但青铜的优点远不止于此，不仅其熔点远低于铜，熔融的青铜的凝固点甚至比铜的更低，这使青铜的可塑性要好很多。公元前3000年至前1000年因此被称为青铜时代（后来铁器开始逐步普及）。青铜冶炼工艺传遍了整个欧洲，甚至在生铁取代青铜成为制造武器与工具的主要金属材料之后，青铜仍是铸造塑像或礼器的重要材料。公元前5世纪的希腊人就格外擅长铸造青铜塑像。

想要使用青铜就要获得铜和锡，它们现在变得很重要。居住在苏美

---

① 关于早期字母的系统知识，参见：Andrew Robinson, *Writing and Script: A Very Short Introduction*, Oxford, 2009；关于文字发展过程的广泛研究，参见：Dominique Charpin, *Reading and Writing in Babylon*, Cambridge, Massachusetts, and London, 2010。

尔地区的人们所需的锡可能进口自中亚。这涉及一个由多条繁忙商路交会而成的贸易网络。其中一些商路沿着河流朝着南北方向延伸，另一些则向东经伊朗高原边缘的苏萨（Susa）延伸至盛产青金石的阿富汗。木材和香草产自土耳其与叙利亚的山区，花岗岩和辉绿岩产自埃及，雪松木产自黎巴嫩的群山。苏美尔社会的富庶与精致，从英国著名考古学家伦纳德·伍利（Leonard Woolley）于20世纪20、30年代对乌尔城所谓的王室墓地遗址的考古发现中可见一斑。（伍利充分利用伊拉克在奥斯曼帝国崩溃后被英国托管的时机，把最精美的文物都运到了大英博物馆。）最奢华的墓葬大约建于公元前2500年。墓中安葬的男男女女生前显然受到世人膜拜（目前尚无确切证据能证明他们的身份是国王与王后），死后还被众多殉葬者的遗体所环绕。墓中还出土了大量精美的文物，例如镶嵌木制成的竖琴和里拉琴、棋盘、酒杯、金银首饰。最精美的文物当属乌尔军旗（Standard of Ur）。但它实际上是一个共鸣箱，一面描绘了战争场景，另一面则描绘了和平的景象，上面还镶嵌着贝壳和青金石作为装饰。墓中的精英人物与其周围的殉葬者的关系仍是学术界激烈争论的焦点。伍利曾精心构建出一套解释：在葬礼仪式中，王室的侍从遭到毒杀并被摆放在死去的主人身边。比较新的观点则认为，墓中央的人应具有某种特殊的宗教身份，所以其他人希望自己死时遗体能尽可能地靠近他们（后来基督教徒在入葬时，也希望尽可能靠近供奉圣徒或殉教者的圣地）。

美索不达米亚平原并不太平。在乌尔王室墓地出土的装饰品中，就有仪式用的黄金武器，这表明武功在当时受到极大的推崇。以拉格什（Lagesh）的秃鹫石碑（Vulture stele，可能与乌尔的王室墓地同属公元前2500年前后）为例，图案中的国王先是站在战车上，率领着一队戴头盔的士兵，之后又与士兵一起从战败的敌人身上踏过。城市的领导者未必全是军事领袖——某些用来描述他们的词语表明他们是宗教领袖或行政首脑——但各城市之间的竞争与冲突此时无疑日趋白热化。最早的军事领袖诞生于美索不达米亚北部，也就是后来的巴比伦尼亚（Babylonia），幼发拉底河与底格里斯河在此地距离最近。这里河床稳定，陆路畅通，因此成为兵家必争之地，并催生出新的领导模式。基什（Kish）恰好坐落在两条河流之间，在人类有记载的最早一批君主中，有一人就出自该城。他叫麦西里姆（Mesilim），公元前2600年左右在位。据记载，他是神的后裔，还曾仲裁过领土纠纷。

宫殿在城市中的地位此时变得越发突出。在基什，宫殿的入口处建有设防的塔楼，宫殿本身也被围墙保护着。有证据表明当地社会上的不平等现象日益严重，尤其富人与穷人的住宅有天壤之别。此外该城的口粮配给也可能根据领受者身份的尊卑而大为不同。文献中首次出现了关于奴隶的记载：女奴们在附属于神庙的作坊里从事纺织工作。法庭档案则记录了奴隶们对其身份提出异议。①

本书第1章曾提到碑铭学研究的一大发展趋势，就是不再对文献或铭文进行单纯的逐字翻译，而是将之视为一种公关行为，进行更细致的解读。在公元前第三个千年纪的晚期，苏美尔文献通常被刻在石板或雕像上，并放置于神庙中，以便向所有人展示。这些铭文勾勒出这样一幅社会图景：统治者被尊为众神所挑选的人，维护着所有人的和平安定与福祉，他尤其是灌溉工程的监管者；城市在其治理之下繁荣昌盛，人口也在他的"牧养"下稳步增长。（这种把统治者比喻为好牧人的做法在整个古代世界都反复出现，最终被基督教所吸收。）这或许只是一种理想化的图景，但第一批法典表明仁君治国或许也有某种真实性。现存最早的法典是由公元前2350年前后统治拉格什的乌鲁卡基那（Urukagina）颁布的，可能旨在约束官吏与富裕地主的权力。穷人因此在面对富人和官吏的淫威时受到了保护。而有证据显示苏美尔地区普遍存在着一套司法系统。当地往往设有法庭，并由德高望重的市民充当法官。

《吉尔伽美什》（Epic of Gilgamesh）提出了另一种观念，即国王是由

---

① 对这一时期各种与奴隶制相关的零星证据的综述，参见：Daniel Snell. "Slavery in the Ancient Near East", in Keith Bradley & Paul Cartledge (eds.), *The Cambridge History of World Slavery, I: The Ancient Mediterranean World*, Cambridge, 2011。

埃阿（Ea）①和地母神（Mother Goddess）创造的至高无上的存在。

> 埃阿开口对神母说道："你是伯勒特伊利，众位大神的女主人，你为凡人创造了一个男人。如今使他成为国王吧，为世人指点迷津。使他拥有甜美的性格、完美的面庞、健美的身体！"神母使他成了国王，世人的导师。众神命他为神而战，安努给了他王冠，恩利尔给了他王座，内尔伽勒给了他武器，尼努尔塔给了他华丽的颈饰，神母给了他威严的身姿，努斯卡为他任命了顾问，让他们垂手立于他的面前。②

王权神授的观念就此诞生，并且对后世产生了巨大影响。在此后的千百年里，希腊化时代的国王、信奉异教的罗马皇帝、信奉基督教的拜占庭皇帝，无不依据这一观念反复强调统治者系由神明选拔，且不论这些神明究竟属于异教还是基督教。当然，在任何情况下，战争的胜负才真正决定着统治者的生死。

阿卡德人

城市之间持续不断的冲突既令各城市元气大伤，也使南部平原面对外来入侵时不堪一击。大约公元前2330年，阿卡德的萨尔贡（Sargon of Akkade）征服了美索不达米亚南部，并成了人类有史以来第一位"大帝"。此人出身于北方一个操塞姆语的民族。（相传其母是一名女祭司，把尚在襁褓之中的萨尔贡放入柳条篮子投入河中，漂到下游的他因此得救。该传说显然与摩西的故事有诸多相似之处，揭示出此类传说是如何传遍近

---

① 埃阿又名恩基，是苏美尔神话体系中的水神；下文中的地母神即伯勒特伊利（Belet-ili），又名宁胡尔萨格（Ninhursag），是苏美尔神话体系中的众神之母，同时也是山神；引文当中，安努（Anu）为天空之神，恩利尔（Enlil）为风神，内尔伽勒（Nergal）为火神，尼努尔塔（Ninurta）为狩猎与战争之神，努斯卡（Nuska）是风神恩利尔的大管家。——译者注
② 根据安德鲁·乔治（Andrew George）的英译本自译，该引文实际上并非出自《吉尔伽美什》，而是出自安德鲁·乔治英译本的序言，是公元前7世纪时亚述帝国登基仪式所用的一首赞美诗，参见：Andrew George, *The Epic of Gilgamesh*, London and New York, 2003, xli.——译者注

东地区并被反复借用。根据另一个故事的记述,他在基什王宫中担任负责为国王斟酒的近侍时,依靠一场宫廷叛乱攫取了权力。)萨尔贡定都于阿卡德,其城址可能在今巴格达郊区、底格里斯河与迪亚拉河的交汇处。该城可能曾是商路汇集之地,从而吸引了来自世界各地的大量人口。被称为《阿卡德之诅咒》(Curse of Akkad)的一段文字写道:"外国人四处游荡,有如异域飞来的鸟群",猴子、大象、水牛、绵羊、野山羊等动物"在广场上熙熙攘攘"。该城在鼎盛时期拥有无数的金、银、铜、锡,以及"成块成块"的青金石,而后者乃是当时最为贵重的商品。

以这座繁忙的大都市为中心,萨尔贡创立了北起安纳托利亚、东至伊朗高原的庞大帝国。乌鲁克此时也被萨尔贡的军队征服,其城墙被拆毁,该城的统治者卢伽尔扎吉西(Lugalzagesi)也被掳往北方。乌尔的城墙同样遭到了破坏。萨尔贡及其后继者利用浮雕强化其王权。这些半人半神的征服者在画面中身形巨大,与细小的敌人形成鲜明的对比。(与那尔迈调色板做比较,见第55页)属于塞姆语族的阿卡德语此刻终于成为帝国的主要语言,同时也成为存世的楔形文字档案中最常见的语言。但苏美尔语仍然是祭司阶层与宗教文本所使用的独特语言。

阿卡德帝国存世的文献十分丰富。这也标志着人类历史中一个极其重要的时刻的到来——我们终于可以通过文字史料而不是单纯依赖考古发现去更全面地了解一个文明了。这些文献以一种独特的方式纪年,每一年都以当年发生的某起重大事件命名。尽管文献中频频提及阿卡德城,但该城的位置至今无法确定,而仅凭文物也难以区分出一种独特的阿卡德文化。虽然有关于战争与征服的传说,但今人对阿卡德帝国的政治架构的了解仍十分模糊。萨尔贡帝国的基础主要是个人的征服行为,因此历代国王需要不停地对国内外的敌人发动战争,以巩固其权威。许多证据表明,一些被击败的国王仍以行省总督的身份留任,但频繁的叛乱表明此方法收效甚微。帝国建立70年后,即萨尔贡的曾孙沙尔卡利沙瑞(Shar-kali-sharri)统治时期,库提人(Gutians)越过扎格罗斯山脉,摧毁了平原上的这座富庶城市,并最终导致了帝国的瓦解。《阿卡德之诅咒》即讲述了神灵恩利尔收回了对城市的庇护,以及库提人毁坏商路、驱散畜群:"建城以来的第一次,广袤的农田未产出一粒粮,蓄满水的池塘未产出一尾鱼,灌溉过的果园未产出一滴葡萄酒或糖浆。"

阿卡德帝国的崩溃令美索不达米亚南部的城市受益,令他们得以恢复独立(这也表明阿卡德人的统治并不是毁坏性的)。在经历数十年的苦难之后,苏美尔人迎来了最后一段极为荣耀的时光。在一个名叫乌尔那木(Ur-Nammu)的人及其子舒尔吉(Shulgi)的领导下,一个高效的官僚制国家出现在了美索不达米亚南部,即乌尔的第三王朝(约公元前2150—前2004年)。舒尔吉曾如此歌颂自己:"我纵身跃起时有如强壮的豹子,急速飞奔时有如纯种的良驹,[天空之神]安努的青睐给我带来了欢乐。"该王朝以雄伟的庙塔(ziggurat)闻名于世。这是一种巨大的由阶梯式平台组成的建筑,可以通过一条坡道拾级而上。庙塔可能象征着众神的家。把神殿建在远离任何可以想象到的洪水的高处,在心理上确保了所有人的福祉。庙塔的最上层结构如今虽已经彻底消失,但精心营建的塔体仍得以保持当年的气势。其表层由经过高温烘烤和沥青浸泡的砖块砌成,以提高塔体的强度。砖层间都铺有草席,既分散了砖层的重量,又能吸收潮气。庙塔体现着众神的主宰地位。国王则凭借众神的权威维护自己的统治。乌尔的《王家赞美诗》既强调了统治者对众神的尊敬,也强调了统治者每逢城市举办重大节庆时所应扮演的领袖角色。某些节庆的举办场所可能就在庙塔的顶端。与大多数宗教文献一样,这些赞美诗也以苏美尔语写成,甚至可能是一种仪式性的手段,用来在统治者和被统治者之间保持距离。此外,这些赞美诗的另一个吸引人之处就是它们在音乐方面的价值。

该时期存世的文献数量庞大、种类繁多。在该王朝的文学作品当中,有一首人类有史以来最古老的史诗,其主角是乌鲁克的武士国王吉尔伽美什。(虽然该史诗创作于该年代,但流传至今的则是几百年后的版本,因此无从得知这部史诗在流传中发生过怎样的变化。)《吉尔伽美什》讲述了发生在主人公吉尔伽美什与野人恩奇都(Enkidu)之间的故事。他们二人在经历一番恶斗后化敌为友,并结伴冒险。恩奇都因杀死了一头怪兽而遭到众神的报复,悲惨地死去。吉尔伽美什为此深深陷入对死亡的思考,并动身寻求永生之法。《吉尔伽美什》深受苏美尔人的喜爱，并被翻译为近东地区的其他语言，如赫梯语（Hittites）和胡里安语（Hurrians）。一些学者甚至认为该史诗也可能影响了荷马史诗的创作。（不仅《奥德赛》的开头部分与该史诗有相似之处，《伊利亚特》对永生这一主题的处理也与该史诗十分相似。）苏美尔人还流传着一则关于大洪水的故事，而在乌尔进行的考古活动也曾发现一个厚达2.5米的连续淤泥层，并被伦纳德·伍利认定为圣经中的大洪水遗迹。伍利的观点显然难以成立，因为美索不达米亚南部太过于接近海平面，不仅洪水频发，河流的频繁改道也经常导致城市被淹没或被遗弃。然而，舒鲁帕克的某位"智者"无疑记录了一场洪水，他则因乘上一艘方舟而得以幸免于恩利尔神的怒火。①

乌尔的王室墓葬表明某些女性具有较高的社会地位。该时期的另一则著名文献就讲述了一位名叫安海度亚娜（Enheduanna）的女祭司的故事。她曾接受萨尔贡的任命，在乌尔的宗教事务中担任重要职务。（她拥有"萨尔贡之女"的荣誉头衔。）后来，乌尔爆发了反抗阿卡德的暴动，恢复了当地神祇南纳（Nanner）的主宰地位，安海度亚娜也自然失去了其职务并被逐出了乌尔。她为了报复转而侍奉女神伊南娜，因为这位女神既是乌尔的邻邦乌鲁克的主神，又被阿卡德人视同于其女神伊丝塔尔（Ishtar）。此后，安海度亚娜设法回到乌尔，大力推动对女神伊南娜的崇拜。她宣称，众神之中最为高贵的天神安努已经做出裁决，让女神伊南娜取代当地神祇南纳，继续守护这座城市。稍晚的某些文献甚至暗示伊南娜女神经常与乌尔的国王交欢。这则故事表明，安海度亚娜之类的女强人能产生较大影响力，尤其是通过操弄众神，使之对自己有利。当然，女性作为一个整体，在当时并不享有任何特殊地位。与上述故事同时代的另一篇文献就把乌尔的织工列为所有工匠当中最低贱的一个群体，而这个群体恰恰主要由妇女和儿童构成，正如当今世界上的多数地方一样。

乌尔第三王朝对臣民的控制远比阿卡德帝国更彻底。中央政府经常强征劳动力。地方总督通过与君主联姻的方式来强化彼此的政治联系——

---

① 安德鲁·乔治所翻译的《吉尔伽美什》比较通俗易懂：Andrew George, *The Epic of Gilgamesh*, London and New York, 2003。

据记载舒尔吉有9个妻子,其中几个就来自地方上的名门望族。行省总督既充当法官,又监管水利系统,还获得了当地军事首领的支持。尽管在外交政策方面,阿卡德式的扩张策略已被外交谈判取代。

到公元前第三个千年纪末年,乌尔第三王朝开始衰落。土壤因每年一度的洪水泛滥而逐渐盐碱化,肥力大降。官僚系统变得过于复杂(芝麻油要被分为4个等级,而一只羊竟被分别登记在3块泥板上),这意味着个体正日渐丧失主观能动性。国家内部离心离德,当外部敌人出现时,这种感觉让国家变得脆弱。王朝的崩溃突然降临。埃兰人(Elamites)于公元前2004年洗劫了乌尔。《乌尔毁灭哀歌》(The Lamentation over the Destruction of Ur)便记载了城中的居民区被夷为平地的经过。那个理想的国度——河水灌溉着土地,农民在众神的保佑之下快乐地操持活计——与这场灾难形成了鲜明对比。当另一个强大的城邦伊辛(Isin)努力保持苏美尔最负盛名的宗教中心尼普尔(Nippur)不受外来攻击时,还发生了其他的冲突。

古巴比伦时代(公元前2000—前1600年)

在本节所讲述的这个时代,最重要的征服者是巴比伦城的国王汉谟拉比。由于巴比伦城遗址较古老的部分沉浸于水中,无法复原,因此巴比伦的早期历史难以得到考古证据的佐证,汉谟拉比的崛起也因此迷雾重重。早在公元前18世纪90年代,他可能就开始小心谨慎地统治着这个国家,并且凭借兴修水利、建造要塞、与其他国王结盟等手段逐步壮大实力。他于公元前18世纪60年代摆脱联盟的束缚,击败了伊辛、乌尔、尼普尔、乌鲁克等南部平原上的重要城市,从而成为该地区事实上的霸主。此后,他向东扩张至底格里斯河,控制了通往伊朗高原的商路,又于公元前1761年攻陷幼发拉底河北部的重要贸易城市马瑞(Mari),并拆毁了其城墙。汉谟拉比在洗劫马瑞后,向西一路推进到了强国延哈德(Yamhad)的边界。

汉谟拉比最著名的功绩是其法典。该法典被精美地雕刻在石碑上,由法国考古人员发现于苏萨。显然,它是在公元前13世纪被埃兰人当作战利品搬运至此的。（该石碑据信最初被安放在锡普尔城［Sippur］中一座供奉太阳神沙玛什［Shamesh］的神庙里。该城位于巴比伦西北部，是幼发拉底河流域的重要贸易城市。该石碑被移走表明此类石碑在当时具有重要的象征意义。）碑文用阿卡德书面语写成。与其他同类碑文一样，其用途是充当王室的宣传工具，而非用于颁布一部真正的法典。例如，在巴比伦的其他法律案例中，没有提到过这部法典。碑文实际上只是记录了一些汉谟拉比自以为高明的判决。他希望把自己塑造成为人民维护正义的仁君。（他自称："我是带来和平的牧者，我的权杖就是正义。"）汉谟拉比尤其注重展现其处理有关婚姻与继承权等问题的棘手案件的能力。

除了法典，汉谟拉比的另一项重要遗产是从战败的城市马瑞劫掠了大量宫廷档案。这些泥板多达2.5万块，大多数已被学术界整理发表。这批档案生动地再现了那些彼此争斗的贸易城邦朝不保夕的悲惨命运。它们为了抓住商机而不得不打开国门，但开放的商路又使其变得极为脆弱。在马瑞的档案中，不法之徒与游牧部落侵犯边境的记载比比皆是。由于边境地区难以得到有效控制，宫廷常常与边远地区的游牧民族进行交易，以土地和手工制品换取对方的效忠和军事支持。邻邦之间的关系主要通过一系列充满变数的盟约来维持，并利用王室间的联姻或货物交换加以巩固（例如马瑞最青睐锡）。与此同时，国家还必须促进经济发展。宫廷往往鼓励贸易，并对农作物的灌溉与纺织品的生产进行监管（王后甚至会亲自从事纺织）。除了王室，地产的所有者和商人也会协助国家维持繁荣。马瑞档案还详细记录了当地的宗教生活，例如"先知们"（在此套用以色列人的称呼）熟练使用动物肝脏占卜的技艺，甚至记述了在缺少目击证人的案件中如何用河水裁决的仪式来"证明"嫌疑人是否有罪：嫌疑人或由他选择的替身倘若能在河水中游过一段距离，便可证明其清白。档案还提及许多国家以及500余座城市的名字，其中一些至今从未见诸其他文献或考古材料。例如前文提到的延哈德，在档案中被置于十分重要的地位，其都城哈拉布（Halab）就位于今天的阿勒颇城的地下，但从未进行过考古发掘。这也再次表明人们对古代近东历史的研究仍处于起步阶段。

汉谟拉比的帝国瓦解后，巴比伦仍是一座重要的城市，并且在接下来的几百年间经历了数次复兴。现存的文献包括许多关于贷款与财产买卖的私人契约，这表明，与苏美尔社会相比，巴比伦社会赋予了经营活动更大的自由，而贸易活动的主体可以是个人，而非国家。地产的主人也可以自由开发其土地。反映这一时代的材料主要来自锡普尔城的档案。该城有一群被称为纳狄图（naditu）的女性。她们均出身于城中的较富裕家庭，聚居在一个名为gagum的封闭区域，并且结成了某种宗教社群。她们据说被许配给了当地的神祇沙玛什，但她们通过这种婚配关系获得的含混地位使她们能够公开参与商业活动。她们不仅从事土地和牲畜的买卖，甚至还通过中间人从事锡等大宗商品的贸易。无论她们与神具有何种关系，都无须过苦行僧式的生活。她们甚至还会用白银购买杜松油、桃金娘油以及其他香料。

在该历史时期所涵盖的几个世纪里，美索不达米亚不仅经济繁荣，在文化与智识方面也取得了丰硕的成果。在文学上，《阿特拉哈西斯》（Atrahasis，意为智慧超群）中的各种故事描绘众神的方式与《伊利亚特》颇为相似。两部作品中的众神都以抽签的方式来瓜分天空、陆地和海洋。巴比伦史诗《埃努玛·埃利什》（Enuma Elish，其创作时间众说纷纭，一说为公元前15世纪，另一说为公元前12世纪）讲述了众神创世的故事。诗中提到，海洋要先于天空和陆地被创造出来。古希腊哲学家米利都的泰勒斯（Thales of Miletus）可能在此基础上发展出了自己的宇宙观。

巴比伦人精通天文与数学。他们创造了一套太阴历，并以设置闰月的方式使之与太阳年保持一致。他们的计算结果十分精确。巴比伦天文学家西丹努斯（Kidinnu，约公元前380年）所推演出的朔望月周期甚至与实际值的误差不到一秒。巴比伦历法后来传到了犹太人中（"巴比伦之囚"的时代，见下文）。人们在公元前1800年至前1600年的泥板上发现了乘法、除法、平方和立方，甚至还有一些对数的计算。他们对2的平方根的计算值与实际值的误差不到0.000007。此外，他们已经发现了毕达哥拉斯定理（即勾股定理），比毕达哥拉斯的信徒们领先了千余年（尽管尚无证据表明巴比伦人能像希腊人那样通过推导的方式证明该定理）。工程与测量的实际需求同数学密切相关，而当时用于计算不同图形的面积与体积的说明也被保存至今。最令人震惊的创新是位值制记数法，即把两个数字排列在一起（例如在12中，"1"代表以10为基数的单位，"2"代表额外的单位）。巴比伦人以60为基数。例如，70就是1个基数单位加上10个额外的单位。由于60可被许多数字整除，便于使用，至今仍被用于计算角度和时间——1小时有60分，1分又有60秒。后来六十进制经印度-阿拉伯文明传入了西方。巴比伦人的另一项创造是提出了音阶的概念。此概念出现于大约公元前1800年，并且在公元前第一个千年纪通过腓尼基人传入希腊。

字母的发明

位于巴比伦王国以西的土地被称为迦南（Canaan），是巴勒斯坦地区的古称（"巴勒斯坦"的叫法最早见于希罗多德在公元前5世纪创作的《历史》一书）。对于西方世界十分重要的一项发明即将在此诞生，这便是字母。叙利亚与巴勒斯坦地区使用楔形文字与埃及圣书体文字的历史都可追溯到公元前第三个千年纪，但后者的流传范围要小得多。上述两种文字既不便于使用，又需要花费数年时间才能掌握。时间进入公元前第二个千年纪后，一些新独立的城邦陆续诞生于该地区，并且纷纷开始试验更简便的书写方法。其中一种文字发源于重要的沿海城市比布鲁斯（Byblos）。尽管写有这种文字的实物如今仅存十余件，但已足以表明这是一种含有约100个字符的音节文字。其中一些字符可能直接借鉴自埃及的圣书体文字。字母的演变最终还是要借助埃及的圣书体文字。埃及人早已发展出了一些单纯用于表示辅音的字符（例如他们会画一个"手"[ad]的字符来表示辅音d）。然而，埃及人止步于此，未把所有辅音字符挑选出来作为字母。迦南的某个民族在公元前1500年左右迈出了这关键的一步。这群革新者用埃及圣书体文字的单个字符表示本民族塞姆语中的辅音。例如"水"在塞姆语中读作maym。书写者只取了它的第一个辅音m，并在埃及圣书体文字中找出表示水的字符，恰好是一条波浪线，并用这个字符指代辅音m（M）。

　　同样，再以"房屋"为例，这个词在塞姆语中读作bet，书写者为了给辅音b找到一个字符，用埃及圣书体文字中表示房子的符号（一个对称的图形）指代辅音b（B）。一旦辅音能以文字的形式被记录下来，任何单词都能使用二十余个辅音字母中的几个加以表示。任何文明在领悟上述观念后，都不难创造出自己的符号来表示各个辅音。以叙利亚的沿海城市乌加里特（Ugarit）为例，当地人曾一直使用巴比伦楔形文字进行书写，但在掌握字母的概念后，便开始使用楔形符号代替巴比伦楔形文字。到公元前13世纪，当地人只使用22个辅音字母进行书写。学者们认为，大约在公元前1300年至公元前1000年期间，腓尼基人终于创造出了自己的字母，并且于公元前9世纪或公元前8世纪将之传授给了希腊人。希腊人可能主要使用字母记录诗歌，故而又加入了元音字母。

亚述人与赫梯人

　　一般认为巴比伦尼亚的北方边界是哈姆林山（Gebel Hamrin，意为红山）。当公元前第二个千年纪刚刚开始时，一个新兴的国家开始在山脉的另一侧崛起，这便是亚述。阿舒尔（Ashur）坐落于石灰岩峭壁上，并有作为天然屏障的底格里斯河环绕其四周。阿舒尔附近的土地肥沃，且可以轻易抵达一条翻越扎格罗斯山脉通往伊朗的商路。阿舒尔早期因作为贸易中心而繁盛一时，其商业触角一直向外延伸。安纳托利亚的白银、巴比伦尼亚的纺织品，甚至更东边的阿富汗的锡，都是令阿舒尔商人垂涎的目标。亚述早期的历代国王可能曾把阿舒尔作为与美索不达米亚南部各城市商队交易各种贵金属的中心。这些商队所支付的精美纺织品又被驮队输往北方的安纳托利亚，以换回更多的金属。此时的亚述国王虽然是重要的宗教人物（在正式文献中被描述为阿舒尔神①在人间的辅政者），但阿舒尔城的日常管理显然由一个委员会掌握。这个委员会由几个商业家族的首领组成。从税务到外交，与城市繁荣有关的一切事务都在委员会的控制之

---

① 阿舒尔城的主神，与城市同名。——译者注

下。在叙利亚北部和安纳托利亚的城市中，亚述商队均拥有自己的居住区，他们在当地所享有的权利则由阿舒尔的委员会与当地君主共同商定。安纳托利亚中部的卡内什（Kanesh）曾出土了一批有关其中一个居住区的楔形文字文献。这批文献可追溯至公元前1900年至公元前1830年，其内容表明当时的商业活动已经非常成熟。商人们不仅计算商品的价格、利润和货物周转率，甚至还发放信用贷款。对那些常驻安纳托利亚的商人而言，把妻子留在阿舒尔监管布匹的生产与收购是一种司空见惯的做法。身处异国他乡的商人娶当地女子为妻的行为是可以被接受的，只要他有能力赡养所有的妻室。而在阿舒尔，许多已婚女性似乎保留了自己所赚取的利润。

公元前18世纪初，安纳托利亚君主们的权力斗争干扰了当地的贸易网络。库萨拉（Kussara）的君主征服了卡内什，似乎标志着一个重要历史时刻的到来。库萨拉统治者似乎于公元前1830年前后接管了已化为废墟的哈图沙（Hattusas，今土耳其勃尕卡尔村［Boghazkoy］），并且把王室档案转移至此。哈图沙就此成为赫梯人帝国的发祥地。赫梯人自称赫梯之地的子民。"赫梯"是《圣经》中的用法，但其仅指公元前1200年赫梯人文明崩溃后沦为部落民族的时期。学术界直到19世纪晚期才意识到，《圣经》中的赫梯人在公元前第二个千年纪的后半叶曾建立过强大的帝国。赫梯人的许多方面至今仍然谜团重重，但由于哈图沙的考古发掘仍在源源不断地提供新的史料，对该帝国历史的认识也在不断被刷新。①

赫梯帝国的历史一般被分为两个阶段："古王国时期"为公元前1600年至公元前1400年；"新王国时期"则为公元前1400年至公元前1200年，此时的赫梯已成为古代近东历史舞台上的主要角色。但这种断代方式可能使人忽略这两个阶段不仅前后相连，其王室也是一脉相承。在赫梯的整个历史进程中，安纳托利亚腹地北部的哈图沙始终是该国的都城。当地乱石丛生，易守难攻，同时还拥有这片干旱地区最为宝贵的丰沛水源。古王国时期的档案表明，王室各支系间的争斗经常与赫梯帝国军事上的胜利或失

---

① 对赫梯的介绍，参见：Trevor Bryce, *The Kingdom of the Hittites*, Oxford, 2005; Trevor Bryce, *Life and Society in the Hittite World*, Oxford, 2004。

败相互交织、相互联系。赫梯诸王的坚韧不拔是赫梯帝国统治者最为显著的特征。国王们通常没有足够的兵力发动大规模战争,其附庸又总是不安分,还要时刻面对敌国在边境制造的摩擦。他们的生存更依赖于娴熟的外交手段与适时的妥协退让,而非扩张。

当时在古代近东地区,还有另外几个强国与赫梯并立。由鲜为人知的加喜特人(Kassites)所建立的王朝,曾在公元前1595年至前1155年控制着巴比伦尼亚。胡里安人于公元前15世纪在叙利亚北部建立了统一国家米坦尼(Mitanni),但其都城至今尚未被发现。在当时的西亚,只有新王国时期的埃及能与米坦尼抗衡。公元前15世纪末,赫梯在图达里亚一世(Tudhaliya I)的统治下开始扩张,米坦尼则成为首个牺牲品。盛产铜矿石的伊苏瓦(Isuwa)曾长期臣服于米坦尼,此时也落入图达里亚一世之手,而赫梯很快成为当时外交舞台上的重要角色。巩固赫梯帝国仍然任重而道远,直到苏庇路里乌玛一世(Suppiluliuma I)在位(约公元前1380—前1345年)时,赫梯才彻底征服米坦尼并在那里扶植了一个傀儡,使之成为其与亚述之间的缓冲区。亚述此时已实现复兴并成为伊拉克北部最强大的国家。赫梯还征服了安纳托利亚的大片土地并在此接触到诸多民族。其中的阿比亚瓦人(Ahbijawa)可能就是迈锡尼时代的希腊人(见第8章)。后来,赫梯向南扩张至叙利亚,并向幼发拉底河推进,于是与埃及人狭路相逢。两国间爆发了惨烈的卡迭什之战(Battle of Qadesh,公元前1275年)。作为战争的结果,两国在叙利亚南部共同划定了一条边界。

上述结果是赫梯典型的统治策略。赫梯的国王们一直通过在哈图沙(苏庇路里乌玛一世大幅提升了该城的防御能力)修建大型宗教建筑群来强化其半人半神的身份。赫梯帝国每赢得一块领土,国王便与失败的对手缔结一系列条约。条约不仅严格规定了双方的疆界,还通过讲述附庸国的君主幸运地获得"大王"(Great King)怜悯的经过,来强调大王至高无上的地位。附庸国的君主每年都必须亲自带着贡品前往哈图沙,汇报其治下所发生的各种骚乱,必要时还要向赫梯提供军队。大王还通过频繁巡视安纳托利亚的中部地区、主持各种重大节庆,来强调他与众神的紧密关系，从而强化他与人民的联系。国王在世时是众神的代表，死后则成为神。

赫梯人对周边文化也非常开放。都城哈图沙的王室档案馆保存着用8种语言写成的档案。赫梯是一个真正操多种语言的帝国（尽管印欧语系的涅西特语[Nesite]被指定为官方语言，即通常所谓的赫梯语），拥有多元的文化。赫梯人似乎在自由地借鉴周边的文化，并有可能再将其成果传播到地中海东部。赫梯人用楔形文字书写，他们对法律的理解应该也受到了巴比伦与其他地区法典的影响。他们的某些宗教信念——例如对强大的太阳女神的崇拜——显然也受到了美索不达米亚文明的影响。哈图沙曾出土过分别用阿卡德语、胡里安语和赫梯语书写的《吉尔伽美什》。胡里安人对赫梯的影响尤其巨大。赫梯最重要的史诗《库玛尔比》(*Kumarbi*)直接借鉴自胡里安人。（库玛尔比本就是胡里安人的神。）该史诗的显著特点是描述了众神的谱系：天空之神安努被其子"众神之父"库玛尔比推翻，成为国王的库玛尔比又被天气之神特舒卜（Teshub）推翻。古希腊诗人赫西俄德（Hesiod）在公元前8世纪创作的《神谱》(*Theogony*)中也讲述了类似的众神冲突的故事。而且，在这两部作品中都有一位父神被其子阉割，故而有人推测《库玛尔比》也流传到了希腊。

上述国家虽然命运各不相同，但仍具有许多共同之处。这些国家均有宫殿恢弘的首都，并且以之为中心统治或试图统治周边的领土。阿玛尔那土丘（Tell el-Amarna）、培尔-拉美西斯（Pi-Rameses）等埃及都城堪称此方面的典范（见第4章），而地中海的迈锡尼和梯林斯（Tiryns）的宫殿-城堡也同样遵循相同的模式。即使乌加里特这样的小邦也建有华美的宫殿群，并与同时期的其他城市一样拥有数量庞大的档案。这些城邦的另一个共同文化特征是使用战车。战车造价昂贵，马匹来之不易，因此战车成为专属于精英阶层的武器，之后荷马史诗中的英雄们在投入战斗时也都选择搭乘战车。然而，正是这种共同文化使各国保持了克制，例如赫梯与埃及在卡迭什之战结束后即停战划界。此外，大量证据表明，彼此敌对的国王之间也会交换礼物而商业往来全部依赖当时四通八达的贸易网络。

在赫梯称霸的年代,这种交往的广度可以从一项令人兴奋的水下考古发现中体现出来。有一艘来自位于今土耳其南部卡什(Kas)附近的乌鲁布伦城的商船被发现,其沉没的时间被推定为公元前14世纪晚期(树轮年代学与碳-14测年法的检测结果相互印证,均表明船只沉没的时间大约为公元前1304年)。该船可能是从黎凡特出发的货船。其计划中的航程可能沿黎凡特的海岸线向北,然后经塞浦路斯岛沿安纳托利亚的海岸线航行,接下来可能会驶向迈锡尼时代的希腊,而后顺风向南驶向克里特岛,最后经埃及返回黎凡特。然而这艘船意外地在安纳托利亚的近海遇难沉没。该船装载的货物种类繁多。货舱中装载着象牙、玻璃制品(玻璃虽早在公元前1600年便已出现,但此时仍是一种珍贵商品)、滚筒印章以及产自整个近东地区的各种陶器。此外,船上还载有塞浦路斯岛出产的铜锭与埃及南部出产的乌木,以及埃及、黎凡特甚至迈锡尼-希腊等地设计制造的青铜工具。货物当中铜和锡的数量恰与熔炼青铜所需的比例相符。种种迹象表明,当时的贸易活动已相当发达,具备灵活的商业智慧和成熟的信用体系。[①]

然而,如此复杂的贸易网络却在一百年后被破坏了。公元前13世纪末,地中海东部的各个文明相继遭遇灭顶之灾。迈锡尼时期的希腊城市虽城防坚固亦遭到破坏,而塞浦路斯岛的村镇也遭受了相同的厄运。哈图沙于公元前1200年左右被焚毁。尽管在叙利亚仍残留着一些由赫梯君主把持的割据政权,但故都哈图沙与部分安纳托利亚平原均被遗弃。赫梯文明就此瓦解。埃及似乎预先收到了警报,在尼罗河三角洲地区成功击退了来犯之敌。这些敌人不仅有利比亚人和"自北方来犯者",还有神秘的"海上民族"(Sea Peoples)。在随之而来的混乱中,埃及收缩至尼罗河谷地的核心地区。近东与地中海东部的经济网络就此全面瓦解,该地区由此进入所谓的黑暗时代。

埃及文献暗示,"海上民族"是某种入侵者,但对上述史料的进一步

[①] 对该沉船的详细介绍,参见:Colin Renfrew and Paul Bahn, *Archaeology*, 6th edition, London, 2012, pp. 370–371.

分析表明，这些四处游荡的团伙应该是秩序崩溃的产物而非其肇因。其他人则可能是埃及周边势力的雇佣军，受雇于利比亚人等民族。学术界如今正在探讨以下这些理论的可能性：该地区各民族间错综复杂的贸易关系已经变得超过合理限度；税收伤害了农村人口，而他们生产的粮食是文明的基础；这是一次相互关联的各种文化形成的系统的彻底崩溃。无论原因为何，这个从"黑暗时代"中诞生的"新"世界必定会与过去大不相同。（见第6、9章）

第3章

金字塔与权力

埃及的诞生，公元前3500—前1500年

罗马皇帝提图斯（Titus，公元79—81年在位）的形象曾经出现在罗马治下埃及行省的一座神庙的墙壁上。画面中的提图斯右手持权杖肃然而立。距此3000年前，埃及人就已经如此描绘当时的埃及法老那尔迈（Narmer）。对埃及女神伊西斯（Isis）的崇拜可追溯到公元前2400年，比罗马的崛起足足早了约2000年。后世对这位女神的崇拜依然热情不减，一度遍布罗马帝国（帝国的极西之地伦丁尼姆都曾建有一座伊西斯神庙），直到公元536年位于尼罗河上游菲莱岛（Philae）的伊西斯神庙才被拜占庭皇帝查士丁尼下令关闭，此时已是西罗马帝国"灭亡"60年之后了。简而言之，埃及宗教步入最蓬勃发展的阶段时，就已经比今日的基督教古老得多。埃及文明的诸多特征在金字塔建成的1000年前就已经形成。它们清楚地提醒我们埃及早期历史的悠久与连续性。这并不是说埃及社会始终保持着稳定——秩序井然的表象下面总是隐藏着恐慌与动乱——相反，某些力量持久地为埃及的生活注入活力与繁荣。

上述力量当中，最为持久的是尼罗河那独特的生态环境。尽管该地区曾一度雨量充沛，但河谷地区早在公元前3000年就已滴雨不下。灌溉用水全部来自尼罗河一年一度的泛滥，而洪水则大部分源自埃塞俄比亚山区的夏季降雨。洪水又带来了淤泥。现成的水源加上肥沃的土壤，使当地的粮食产量是那些靠天吃饭的地区的3至4倍。尼罗河有规律的泛滥是与水源、土壤同等宝贵的财富。尼罗河的河水在5月开始上涨，在7月

至10月间溢出河道，淹没河谷之中的漫滩。7月至10月因此被称为akhet，即"泛滥季"。河水自11月初开始回落。土地因淤泥而恢复肥力后，古人会标出地界并开始耕种。故而11月至来年2月被称为peret，即"土地重现的时节"。古埃及人一年中的最后4个月，即我们的3月至6月，正是收获的时节，故而得名shemu，即"收获季"。每当洪水来临，埃及农夫都会略带焦虑地查看水位——水位过低会导致粮食歉收，过高则会淹没村庄——但倘若他们足够幸运，尼罗河沿岸的农田将会获得丰收，生产出大量余粮，大约能达到健康膳食所需数量的3倍。余粮被卓有成效地收集起来，用于维持统治者、宫殿、手工业、大型工程——这些都可以算作古王国时期的埃及所取得的巨大成就。尽管埃及在之后的20多个世纪中也经历了数个动荡的时代，但上述成就得以世代相袭。

时至今日，游览埃及仍是一种非凡的经历。尽管金字塔早已通过各种图画与电影而为人熟知，但它们的规模，更重要的是，进入其内室所带给游客的震撼并不亚于4000年前。尽管阿斯旺大坝如今使一年一度的洪水泛滥成了历史，但沿尼罗河逆流向上的旅行仍令人感到，人们仿佛依旧如过去那样在沿岸的土地上耕作。在埃及南部的卢克索（Luxor）、埃德夫（Edfu）、阿布辛拜勒（Abu Simbel）等地的雄伟神庙，帝王谷以及女王哈特舍普苏特（Hatshepsut）的陵墓，至今仍保持着摄人心魄的魔力。读者倘若能透过19世纪探险者的视角来体验上述旅程，可能会感受到更大的冲击，例如阿米莉亚·爱德华兹（Amelia Edwards, 1831—1892年）的《尼罗河：溯河千里》[①]就格外富有感染力。

文明的开端

一则埃及最古老的创世神话把万物之始与太阳神拉（Ra）联系在了一起。太阳神拉射出精液，从中诞生了干燥之神舒（Shu）与湿润女神泰芙努特（Tefnut）。舒与泰芙努特又孕育出下一代神，即天空女神努特（Nut）与大地之神盖伯（Geb）。努特与盖伯又生育了4个子女：伊西斯与

---

① Amelia Edwards: *A Thousand Miles up the Nile*, London, 1877.

奥西里斯（Osiris）、塞特（Seth）与奈芙蒂斯（Nephys）。伊西斯与奥西里斯结为夫妇，并成为埃及最初的统治者。然而，塞特推翻了兄长的统治并将其尸体肢解。伊西斯尽心尽力地把亡夫的遗骸重新拼合，为他制作了新的阳具（原有的阳具已被鱼儿吞食），并且借此孕育出其子荷鲁斯（Horus）。荷鲁斯被伊西斯藏匿于沼泽之中，并在成年后推翻了塞特。奥西里斯也成为冥界之神以及重生的象征。塞特在此后的埃及神话中继续充当秩序的敌人。荷鲁斯则成为继承其位的历代法老的守护者。①

创世神话把埃及早期历史与信仰中的一些元素糅合在一起。"神的家族"是一个组合，其成员涵盖了尼罗河沿岸各个宗教中心所供奉的早期神祇，而荷鲁斯与塞特的冲突则可能折射出两个早期城邦之间明争暗斗的古老记忆。这再次表明埃及并非天然的统一国家。埃及拥有两个截然不同的生态圈。尼罗河河谷是一个狭长的区域，从尼罗河三角洲到阿斯旺附近的尼罗河第一瀑布，绵延近千米，但某些地方的宽度往往仅有几千米。北方的三角洲地区河网密布，到处都是鸟兽繁多的沼泽。尽管尚无史料能够表明三角洲地区曾产生独立的城邦，但考古学家正在从厚厚的淤泥下发现越来越多与早期文明有关的证据。埃及在约公元前3000年时完成首次统一，但埃及人在此后的很长时间里仍根深蒂固地认为埃及由两个不同的王国组成：一个王国位于北方的三角洲地区，另一个则位于南方的河谷地带。河谷地带被称为"芦苇之国"，三角洲地区则是"莎草之国"，且两地各自拥有不同的王权与守护神。

考古学者逐渐拼凑出了埃及在统一之前的历史脉络，这可能是该领域近来最重要的进展之一。埃及那些如今已成为沙漠的地区，在公元前5000年时仍有降雨。过着半游牧生活的牧人们平时游荡于广阔的土地上，在夏季则到绿洲躲避干旱。正如埃利都因其丰沛的水资源而变得神圣，在阿布辛拜勒以西100千米处的一条古老的贸易路线上的那布塔洼地（Nabta Playa，playa即意为水洼）也是如此。该地可能早在公元前第五个千年纪时即已成为祭祀中心，并且拥有埃及最早的石质纪念建筑——立起的石头

---

① 对埃及众神的详细介绍，参见：Richard Wilkinson, *The Complete Gods and Goddesses of Ancient Egypt*, London and New York, 2003。

地图 2　古代埃及

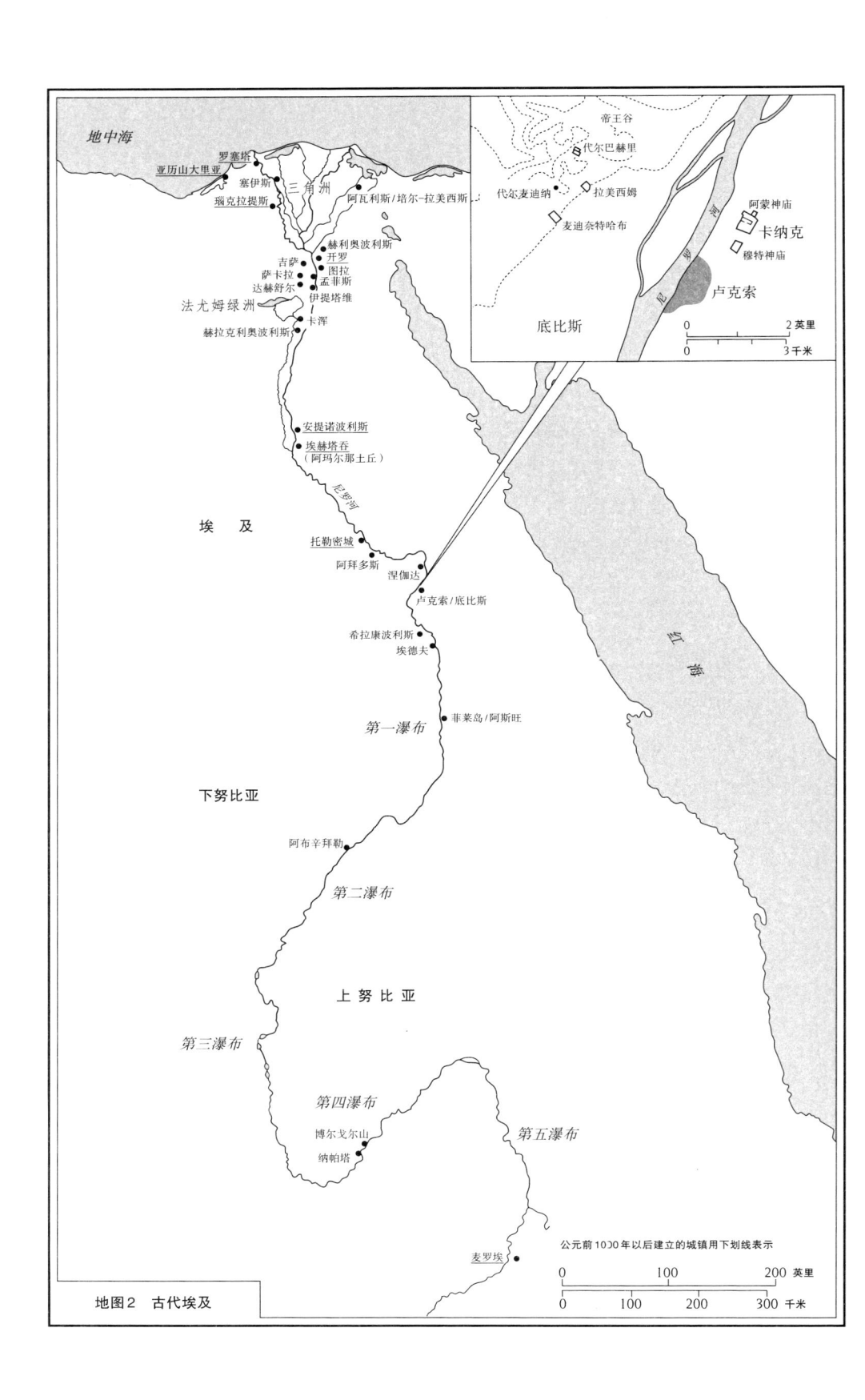

主图地点（自北向南）：

- 地中海
- 罗塞塔
- 亚历山大里亚
- 塞伊斯
- 瑙克拉提斯
- 三角洲
- 阿瓦利斯/培尔-拉美西斯
- 赫利奥波利斯
- 吉萨
- 开罗
- 萨卡拉
- 图拉
- 达赫舒尔
- 孟菲斯
- 法尤姆绿洲
- 伊提塔维
- 卡浑
- 赫拉克利奥波利斯
- 安提诺波利斯
- 埃赫塔吞（阿玛尔那土丘）
- 尼罗河
- 托勒密城
- 阿拜多斯
- 涅伽达
- 卢克索/底比斯
- 希拉康波利斯
- 埃德夫
- 第一瀑布
- 菲莱岛/阿斯旺
- 下努比亚
- 阿布辛拜勒
- 第二瀑布
- 上努比亚
- 第三瀑布
- 第四瀑布
- 博尔戈尔山
- 纳帕塔
- 第五瀑布
- 麦罗埃
- 埃及
- 红海

公元前1000年以后建立的城镇用下划线表示

0　100　200 英里
0　100　200　300 千米

插图（底比斯/卢克索）：

- 帝王谷
- 代尔巴赫里
- 代尔麦迪纳
- 拉美西姆
- 麦迪奈特哈布
- 阿蒙神庙
- 卡纳克
- 穆特神庙
- 卢克索
- 底比斯

0　2 英里
0　3 千米

可能对应着星辰的位置。当地有用牲畜献祭的传统,作为祭品的牲畜会被掩埋在"墓"中。有一种理论认为,这些牲畜的主人每年聚集在水边欢庆,并用牲畜献祭。随着当地因干旱逐渐化为沙漠,游牧部落被迫向尼罗河谷地迁徙。可能正是因为这种重大的转变,敌对群体间的竞争被激化,出现了各个能够彼此抗衡的等级社会。

埃及的统一

考古证据表明,公元前4000年前,这些早期聚落就已具备了后来的埃及文明的各项特征。在这一时期埃及南部的墓葬中,遗体已被摆成面朝西方侧卧的姿势,因为西方是夕阳的方向。墓中还留下了食物与狩猎工具,供死者在来世使用。二粒小麦、大麦和亚麻是当时的主要农作物,被大量种植。在公元前第四个千年纪的下半叶,河谷地区分散的农业聚落逐渐发展壮大。此时距埃及的第一次统一的时间尚有四五百年。诸如涅伽达(Naqada)、希拉康波利斯(Hieraconpolis)等聚落的扩张,可能反映了其地理位置的重要性,因为它们都处在通向东部沙漠金矿的商路上,但它们所在的地区同样适于多样化的农业经营。对希拉康波利斯的考古发掘至今已有百余年的历史。这个聚落在公元前3800年至前3400年间曾经历显著的扩张,城中可能有5000至1万名居民。在希拉康波利斯以北的涅伽达,早在公元前3600年就已出现有城墙的城镇,其巨大的墓地里散布着3000余座墓葬。因该地而得名的涅伽达文化在公元前3800年至前3000年曾扩散至整个上埃及(Upper Egypt)地区。这些城镇的崛起恰好与手工业水平的提高在时间上吻合,随葬品也变得越发丰富,出现了金器、铜器和各种石器。产自希拉康波利斯的陶器制作精美,其标准化的式样表明有一群能工巧匠正依照共同的范例进行批量生产。在这些奢侈品中还有装饰精美的权杖头。此类物品在埃及一直是权力的象征,并经常在希拉康波利斯那些较为奢华的墓葬中被发现。

埃及由于需要更优质的原材料而向更为广阔的世界敞开了大门。尼罗河谷地虽拥有取之不尽的泥土,可以制作陶器和泥砖,但缺乏木材。燧石是唯一唾手可得的石料(被用于制作精美的仪式匕首)。其他石料,如白色细石灰岩产自沿着河谷延伸的群山中，坚硬的花岗岩和闪长岩，以及金、铜与半宝石则不得不开采自周边的沙漠或从更遥远的地方进口。这就需要等级社会来组织队伍穿越荒凉的沙漠。当公元前第四个千年纪结束时，埃及人已和远在美索不达米亚的文明建立了联系。出土于埃及的滚筒印章和苏美尔文明的印章如出一辙，埃及泥砖墓的正立面可能模仿自苏美尔建筑或其刻在印章上的形象。埃及宫殿正立面壁凹与扶壁交替排列的设计同样出自美索不达米亚的神庙。考古学家在阿拜多斯（Abydos）出土的一批铭牌上发现了文字的雏形。这些铭牌来自公元前3100年的一座王室墓葬。这很可能说明文字在埃及与苏美尔地区同时发展，但埃及有可能更早。无论是苏美尔的楔形文字，还是埃及的圣书体文字，两者都遵循着同样的原则，即用表达某个词的读音的符号和其他符号的组合来指代这个词。

圣书体文字（Hieroglyphs），即"被雕刻出来的神圣文字"，衍生自埃及很早以前的陶器上的图案。文字的应用最初可能仅限于宫廷，用于记录国家的经济活动或记录法老的名字（被置于一种叫"塞拉赫"[serekh]的方框中），或被用于诸如那尔迈调色板（见下文）的正式纪念艺术作品中。然而，文字的出现具有重大意义，因为法老可以通过培植书吏阶层来维持王室的统治。

随着尼罗河沿岸的早期聚落逐渐发展壮大，彼此之间的冲突也加剧了。埃及的气候在公元前3300年以后日渐干旱，越来越多的人迁徙至尼罗河谷地，令这种争斗也随之愈演愈烈，并且引发统治者们对奢侈品资源、黄金、铜和硬质石料等的争夺。该时期的艺术作品对此有所表现。在希拉康波利斯第一百号墓的墓室壁画中，既有一名男性与两头狮子搏斗的场景，也有统治者把权杖高举在3名战俘头顶的画面。而墓中出土的两块调色板分别刻画了百兽之间的冲突与和谐（即狩猎调色板与战场调色板）。这个时期的统治者常被描绘为动物，比如公牛或狮子，仿佛他们需要借助某些象征力量与权力的形象使自己区别于凡人。荷鲁斯与塞特的故事很可能反映了发生在希拉康波利斯与涅伽达之间的真实斗争，因为前者正是荷鲁斯崇拜的中心，而后者恰好膜拜塞特。

埃及的统一可能并没有某个特定时刻，但相传正是在这一片混乱之中，一位名叫那尔迈的法老最终于公元前3000年之前成了埃及的主宰。目前尚无考古证据能够证明那尔迈的征服战争，因为一些遗址显示，它们平静地接受了被占领。某些学者认为统一的过程比今人设想的更加漫长，并认为一个年代更早的法老——"蝎子王"（Scorpion）——在建立具备某种统治秩序的国家的进程中扮演了重要角色。可能就在埃及统一之后不久，那尔迈的继承者们便把都城设在了孟菲斯。该城位于三角洲与河谷的交界处，具有重要的战略地位。三角洲这片新征服的土地也曾经拥有自己的重要聚落，但其规模就目前所知尚不能与上埃及的相提并论。三角洲东北部的法哈土丘（Tell el-Farkha）曾出土大量骨质人像，表明当地也曾存在较为先进的文化。但令人沮丧的是，由于现代开罗城不断扩建，三角洲地区最重要的聚落之一——玛阿迪（Maadi）——的遗迹几乎完全被抹去。早前的发掘显示，玛阿迪的文化特征与南方迥然不同，而与近东文化存在特别显著的联系。

那尔迈调色板是一件尤为值得一提的文物，它现在被陈列在开罗博物馆入口处最显眼的地方。英国考古学家于1897年至1898年的冬季在希拉康波利斯发现了它。当时它被古人小心翼翼地保存在了神庙的堆积物中。调色板上的法老起初并不为人所知，其名字由"鲶鱼"（nar）和"凿子"（mer）两个符号组成，此前从未见于其他文献。在调色板的正反两面，那尔迈分别头戴上埃及的王冠与下埃及的王冠。尽管他此时的敌人可能也包括利比亚人等周边民族，但他显然被刻画成了一名正在征服北方（三角洲）的南方君主。调色板的一面刻画了法老降伏敌人的场景：众多敌人已在这位法老的面前身首异处，而首级就堆在他的两脚之间。这一场面究竟是对真实战争的再现，还是仅仅代表了王权的象征，学术界仍存有争议。除史料价值外，该调色板也表明古埃及艺术的许多创作原则在这时就已成形。画面中人物形象的大小体现着其地位的尊卑。那尔迈的形象在该调色板刻画的所有人物中最大。在某个场景中，某位官员的形象虽小于那尔迈，但仍比那些随行仪仗人员要大得多。画匠与其说关注的是正确再现，不如说是传递细节，即使这意味着扭曲正常的视角。画面中，法老是侧脸，但其眼睛被画完整了，而双肩也是正着的。其双手和双脚同样得到了完整刻画。

荷鲁斯在古埃及历史中始终是法老们的保护神。这位神祇总是被刻画为隼的形象。开罗博物馆藏有一尊古王国时期的法老哈夫拉（Khafra，曾建造了现存第二大的金字塔，西方人更熟悉其希腊语名字Chephren）的巨型雕像，而荷鲁斯即被表现为一只栖息在法老背上的隼，并把其双翼安放在法老的双肩上。每位法老在其本名与其他头衔外，还有一个所谓的荷鲁斯名（Horus name）。进出国库的一切物品均盖有法老的这个名字，作为一种标记。此外，它还反映了法老的政治抱负——例如"和谐之使""为两片土地的心脏注入生机之人"。

王权此时已在埃及站稳脚跟。埃及历史由此被划分为若干个王朝。公元前280年，埃及祭司曼涅托（Manetho）奉托勒密二世之命编修古埃及历史，将之划分为30个王朝，即从那尔迈时代起，一直到公元前332年波斯的统治被亚历山大推翻。这种划分方式被历史学家沿用至今。（后来，历史学家又把波斯帝国对埃及的第二次统治称作第三十一王朝。）尽管曼涅托的王表确定了古埃及的大致年代和法老在位的先后顺序，但仍有一些问题悬而未决。王表使那尔迈的统一显得过于突兀，因为考古证据已表明这一进程其实更加漫长。此外，王表隐瞒了年代上的某些空白，把埃及历史描绘成了一系列传承有序的法老统治埃及的历史。当埃及衰落时，可能有多个王朝并立，但曼涅托却把它们按先后顺序排列，从而给历史学家造成非常大的困惑。曼涅托笔下的第七王朝至今仍处于重重迷雾之中，而第九王朝与第十王朝的王室可能只有一个，而非两个。

历史学家也曾运用其他手段协助断代，例如碳-14定年法、地层学（根据不同时代的陶器的风格来进行断代）和天文记录等，当然也离不开其他文献史料的佐证。实际上，历史学家从埃及人自身那里获得了额外的帮助。古埃及的一套历法是通过观测天狼星（埃及人称之为天狗星）的起落而制订的。天狼星每年有近70天的时间隐于埃及的地平线以下，并且在公历的7月19日左右随着朝阳一同升起。尼罗河很偶然地会在同一天开始泛滥，因此对埃及人来说，这标志着新的一年的开始。古埃及人的这种

"太阳历"的一年为365天又6个小时,换而言之,每4年就要添加额外的一天,以使历法与太阳的位置保持同步。埃及还有一种通过观测夜空中星辰运动而制订的历法。每当昼夜交替时,有可能观测到群星和地平线是以一种固定的模式在运动。古埃及人把群星分为36组,每一组从地平线升起到被下一组星辰代替,共历时10天。这样的一年就是360天。埃及人又额外加入5天分别作为5位神的生日,由此凑成了365天。但这种历法并没有包括那额外的6个小时。根据计算,古埃及的阳历与阴历大约在公元前2773年实现同步,然后随着时间的推移,阴历每4年就会比阳历落后1天。此后,古埃及人的历法系统便陷入两种历法不能相互吻合的局面,直到1460年(即365的4倍)后才再次重合。

上述误差对埃及学家而言却是宝贵的财富。某位罗马作家偶然提到,在公元139年,天狼星升起的日子恰好是"阴历"新年。由此向前逐次倒推1460年,可知之前的几次重合分别发生在公元前1322年、前2782年、前4242年。在个别情况下,古埃及文献也会记录下天狼星升起之日与阴历新年的间隔。塞索斯特里斯三世(Sesostris Ⅲ)①在位时,某份档案即提到天狼星升起于该法老在位第七年的第八个月的第十六天(这里是农历),由此可推算出这一年是公元前1866年。其他法老的在位时间也可通过上述方式计算得出。埃及的一部分年表由此得到重建。

学术界对历法误差、年代以及某位法老在年表中的位置等问题仍存有争议。古埃及的年表因而有所谓的"精密""普通""初级"三种版本。本书依据伊恩·肖在《牛津古代埃及史》第一章"埃及的年代学与文化变迁"②中所给出的年表进行编写,以避免在行文中出现年代混乱。

最早的几个王朝

文字的出现、国家的统一与都城孟菲斯的建立均标志着早王朝时期

---

① 与下文的塞努斯瑞特三世为同一人,塞索斯特里斯为希腊式的叫法,塞努斯瑞特则为埃及式的叫法。——译者注

② Ian Shaw, "Chronologies and Cultural Change in Egypt", in *Oxford History of Ancient Egypt*, 2nd Edition, Oxford, 2003.

（公元前3000—前2613年）的开始，即第一至第三王朝。① 这是世界上第一个稳定的君主国，与美索不达米亚混战不休的诸邦形成了对比。在近400年的时间里，一种王权模式开始成形。至公元前2500年，埃及人发展出了完整的王权神话，把国王阐述为太阳神拉的直接后裔：太阳神通常化为统治国家的王后的丈夫的模样来到王后面前，使她受孕，之后众神的信使托特（Thoth）向王后宣告她将产下太阳神之子。这对夫妇由此成为其继承人的"养父母"，而"儿子"得以继承"父亲"，没有中断。王后则长期被称为"使两位雄主合二为一之人"。传统上一直作为国王守护神的荷鲁斯也被吸收进这个神话，成为太阳神拉家族的一员，并继续保佑国王对抗混乱无序的化身——塞特。从本质上讲，国王具有人、神双重属性，其神性会透过凡人的躯体来展现。

新王登基时会举办一个名为kha的加冕仪式。这个词原本表示初升的旭日。国王也是在这个时刻获得其神名。然后，这个名字会与他的本名以及代表上、下埃及的符号——莎草与蜜蜂——一并被记录下来。每位国王在统治满30年后都会举办一种名为塞德节（sed）的庆典，他会先后戴上上埃及的白色王冠与下埃及的红色王冠，接受埃及各州重新宣誓的效忠。各州携带当地神明一同庆祝。作为仪式的一部分，国王还要绕着象征其全部领土的界石奔跑，似乎是为了证明其健康状况仍足以胜任统治。

仪式虽然重要，但并非万能。尽管从最早的时期起，埃及人就一直被灌输国王具有神性的理念，但其生死其实取决于他能否维护秩序（任何失序现象都会被视为国王已丧失众神支持的征兆），这自然离不开一支专业的官僚队伍。埃及的宫廷从很早便开始以实物的方式征收赋税，并且把征来的粮食储存在粮仓之中，以支付口粮的方式支持其工程项目和养活劳工。储备粮食也可以应对不时之需。政府还会逐年记录尼罗河泛滥时的水位，并据此预估当年的收成。这表明政府的管理已十分成熟。公元前2400年左右刻成的巴勒莫石碑（Palermo stone，该石碑现存于意大利西西

---

① 对这一时期的精彩介绍，参见：Emily Teeter (ed.), *Before the Pyramids: The Origins of Egyptian Civilization*, Chicago, 2011。

里岛巴勒莫市的一家博物馆，由此得名）就是一份逐年记录早期几个王朝大事的年表。这块石碑同时也展示了古埃及人如何利用象形文字系统性地记录过去。国王应该还控制着对外贸易，因为宫廷才是手工业的中心和原材料的主要消费者。

围绕在孟菲斯宫廷周围的各个行政部门建筑群被统称为大房子（Per Ao）。该称谓从大约公元前1400年起开始被用于称呼国王本人，并最终演变成了pharaoh（法老）一词。行政队伍以宰相（vizier）为首。宰相的职责是维护法律与秩序、监管所有建筑的施工。宰相之下还有大批其他官吏，例如"大门的长老""法令奥秘的首席解读者""两宝座的控制者"，但后者的具体职能已经无从查考。据推测，中央与各州之间存在着紧密的联系。各州的疆界应该沿袭自过去的城邦。倘若没有各州的支持，秩序无法得到维持，资源也无法被输送至宫廷。尼罗河沿岸出现了大量模仿宫殿正立面样式的陵墓。这清晰地表明，法老行政系统的影响力在当时已经遍及整个埃及。另据巴勒莫石碑的记载，法老每两年便沿尼罗河巡游一次，视察各项事务。

法老与官吏不仅仅在活着时需要资源。从最早的几个王朝开始，埃及人就坚信当法老去世时，其由神明所创造的灵魂（埃及人称之为"ka"）会离开躯体，在其父太阳神拉的陪伴下乘船升入天国。在每天从东方再次出现前，拉都是乘坐这艘船度过每个夜晚的。然而，若要使法老平安抵达目的地，就必须采取一些必要的措施：要妥善保管法老的遗体，在王陵中铭刻法老的名字，并供应充足的物资以满足灵魂在来世的种种需要，因为埃及人相信灵魂仍需摄入食物才能生存。

对埃及人而言，尽管每个人都以上述方式料理后事，但只有法老的灵魂才能正常地去往另一个世界，其他人的灵魂（在这个时代）只能待在墓穴里，或坟墓下方阴暗的地下世界中。那些曾经受到法老特别恩宠的官员也有可能和法老一道升入天国，所以官吏们常常在靠近王陵的地方为自己建造坟墓，希望作为法老在来世的侍从升入天国。通过这种精明的方式，法老可培植大贵族与官吏的忠诚。

起初，法老的遗体被安葬在用泥砖砌成的墓室里。随着时间的推移，墓室变得越发精致，而法老的遗体也被埋得越来越深，这可能是为了保护丰厚的随葬品。但遗体埋得越深就越容易腐烂（埋藏在较浅的沙土层中的尸体通常会因阳光的热量而迅速脱水），因此，埃及人为了保存遗体而发展出尸体防腐技术。赫特普赫瑞斯（Hetepheres）是第四王朝的一位王后，其子就是大金字塔的建造者胡夫（Khufu，希腊人称之为Cheops）。这位王后的内脏从公元前2580年左右一直被保存到了今天。但目前已知最古老的完整木乃伊只能追溯至第五王朝时期（约公元前2400年）。到新王国时期，木乃伊的制作已发展出一套复杂的仪式，并成为人们对古埃及文明最难以磨灭的印象之一。

早期的法老被安葬在上埃及的一座偏远城市——圣城阿拜多斯。法老们以此显示他们对南方出身的认同。典型的王陵有一间有木围墙的中央墓室，其四周则围绕着用于存放杂物的石室或埋葬官吏的坟墓。王陵的附近还有一个被圈起来的陵园，用以举行各种与历代法老相关的宗教仪式。尽管遭遇了数个世纪的盗窃与劫掠，但现存的物质材料足以证明这些王陵中曾堆满陶罐（盛装供墓主人在来世享用的食物与饮料）、工艺精美的各色石器——其中有些还用黄金作为装饰——以及黄铜或象牙材质的各种器物。此外，孟菲斯附近的大型墓地萨卡拉（Saqqara）也开始初具规模。学术界过去曾认为该地才是早期法老们的真正归宿，而阿拜多斯的王陵不过是衣冠冢而已。现在看来，萨卡拉的墓葬固然精美，但其主人其实只是一些高官。法老及其大臣们对奢华的来世生活的追求，竟然促进了早王朝时期古埃及艺术的蓬勃发展。

一旦挖出中央墓室的竖井，其四周的墓室也全部完工后，古埃及人就会在墓室上方的地面建起一座矩形建筑作为整个工程的尾声。这种建筑形似现代埃及人放在屋外的板凳，由此得名马斯塔巴（mastaba，即石室墓），早期的陵墓无论是否为王陵，其石室墓都模仿了宫殿的式样。埃及人一般还会建造一道假门，认为灵魂将由此出入墓室。他们还在假门后面安放一块石碑，在上面刻下死者的名字和头衔，通常还刻有死者在餐桌旁享用供品的场景。他们有时还在碑文中附上供品清单。古埃及的观念认为，即使墓中没有真正的食物，死者也可以通过阅读清单而变出清单里列出的食物，从而维持其灵魂的生存。

金字塔的建造

有迹象表明，上埃及在公元前2700年前后曾动荡不安，导致正在发展之中的王国摇摇欲坠。新出现在萨卡拉的王室墓地可能与这一剧变存在一定关联，因为萨卡拉远比阿拜多斯更靠近北方且紧邻"都城"孟菲斯，这似乎显示法老在埃及南部地区丧失了权威。最终，一位强有力的新法老哈塞海姆维（Khasekhemwy，约卒于公元前2686年）恢复了秩序，并为王国注入了新的活力。这种情形将在埃及历史上反复出现。在记录中，哈塞海姆维是第二王朝的末代法老，但第三王朝的继任法老们继承了这股新势头。公元前2650年前后，埃及发生了历史上极为罕见的建筑革命。第三王朝第二代法老佐赛尔（Djoser）的王陵便涉入其中，其所在地萨卡拉现在已经牢牢地被确立为王室墓地。佐赛尔的顾问伊姆霍特普（Imhotep）奉命主持王陵的建造，而建造工作通常在法老生前就已开始。伊姆霍特普起初沿袭了先前的形制，把王陵的地上结构建成了普通的石室墓，但他随后对它进行了扩建和加高，最终建成了一座6层的阶梯式金字塔。王陵的南面建有两座庭院，据推测是孟菲斯王宫庭院的复制品。较大的庭院曾被学术界认为复制自法老现身的广场。这座精心设计的广场供法老展示自身，可能最先用于举办他的加冕仪式，之后则用于举办其他重大节庆活动。较小的庭院则可能复制了用于庆祝塞德节的场所，还有仿建的供奉分别象征着上下埃及的两座宝座和各州的保护神的小圣坛。这一切仿佛表明，法老不仅要在金字塔下方的精美墓室里储备各种物资，还要在王陵附近建造各种设施以供自己在来世继续统治这个国家。

佐赛尔的陵墓建筑群不仅开了先河，并且还是世界上最早达到如此规模的石质纪念建筑（美索不达米亚的巨型神庙虽年代更早，却是用泥砖建造），其建筑表面采用了产自图拉（Tura）的细石灰岩。佐赛尔王陵的建造者显然仍未摆脱早期木质建筑的影响，例如入口柱廊的石柱表面刻有凹槽，使石柱貌似成捆的芦苇或经过雕琢的树干，完全复制了木质立柱的外观特征。这是已知的第一个保留在希腊建筑中的设计。该建筑群还引入了另一项革新。王陵中设有一间专门用于存放供品的小屋（serdab），其内壁被凿开一条缝，以便让内室放置的佐赛尔法老的雕像看到奉献给他的各类供品。佐赛尔法老的雕像正襟危坐，目视前方，并成为古埃及历史上所有此类作品的范例，尽管有些雕像的姿势是立姿或跪姿。但不管是什么姿态，法老们的形象都必须被表现为能够看到或者接受供品。这些人像是巨大的成就，因为在坚硬的石头上凿刻是极其困难的，这也体现在人像的四肢与身躯不是分离的这一点上。佐赛尔墓的浮雕也打破惯例，其中的法老形象不再是征服者，而是主持仪式的君主，例如其中一幅刻画了奔跑中的法老。这个场景可能是塞德节典礼的某个环节。法老地下墓室的周围建有大量隧道，隧道中堆积着数以千计的石质容器，其中一些还刻有来自更早的国王的铭文，这使佐赛尔仿佛被奉为过往历史的继承者。

学术界仍在继续猜测古人为何会采用这种革命性的设计。一种较简单的观点认为伊姆霍特普希望使建筑物显得更加宏伟，毕竟这座阶梯式金字塔竣工时高达60米。另一种观点则认为，法老被与星辰崇拜联系在一起，阶梯状的金字塔成为他登上天国的手段。年代稍晚的金字塔中的铭文为此观点提供了佐证，其中一句写道："为他［法老］架设一道阶梯，使他可以借此登上天国。"无论原因为何，这座阶梯式金字塔在之后的若干个世纪里持续激发着世人的崇敬之心，不仅成为广受欢迎的朝圣之地，还在落成的两千年后得到修缮。伊姆霍特普后来被奉为神明，成了工匠之神普塔（Ptah）的儿子。

佐赛尔的第三王朝宣告了早王朝时期的结束，而第四王朝的建立（公元前2613年）则开启了所谓的古王国时期。这一历史时期一直延续到了公元前2130年。整个古王国时期的历史被金字塔的建造工程主宰，而金字塔也成为人类历史上最伟大的行政管理成就之一。仅胡夫的大金字塔就使用了250万块石灰岩，平均每块重达2.5吨。1798年，拿破仑的埃及远征军中有一位数学家曾估算过吉萨（Giza）高原上3座金字塔所使用的石料数量，认为这些石料足够修建一道环绕法国的3米高围墙。无须赘言，古王国时期繁荣而稳定，权力完全集中于法老手中。①

在孟菲斯以南50千米处的美杜姆（Meidum），有一座"佐赛尔"样式的七层阶梯式金字塔的遗址，为我们揭示了阶梯式金字塔如何向角锥式金字塔过渡。这座阶梯式金字塔先是被加高到8层，最后被产自图拉的石灰岩所包裹，成为一座角锥式金字塔。此外，还首次出现了连接金字塔与河谷中神庙的坡道（在河谷的神庙中举行过葬礼仪式后，可以通过坡道直接把遗体送往安葬地）。该金字塔曾被认为属于第四王朝首位法老斯尼弗鲁（Sneferu），但真实情况可能并非如此，因为他曾在达赫舒尔（Dahshur）为自己建造了两座金字塔，并在美杜姆又建了一座。（斯尼弗鲁无疑是建造金字塔最多的法老。他为了维持这些工程的运转，在上埃及和三角洲分别设立了王室农场与牧场，以便为劳工提供粮食和肉类。工匠村遗址的发掘结果表明，劳工的膳食中富含蛋白质。）尽管斯尼弗鲁的金字塔从设计之初就采取了角锥式设计，但古埃及人尚有许多东西需要学习。这位法老兴建的首座金字塔就因为沙漠的地表不适于承重，于是为了防止整个建筑垮塌，施工者只得减小金字塔上层结构的倾斜角，以减轻金字塔的重量。这座金字塔因此得名"弯曲金字塔"。

对施工者而言，由阶梯式金字塔向角锥式金字塔的转变绝非易事，因为他们再也不能逐级建造金字塔。尽管造成这种转变的原因尚有待考证，但应该是由于宗教观念的变化。例如某些学者认为斯尼弗鲁可能支持太阳崇拜。但无论如何，斯尼弗鲁肯定是一个令人敬畏的统治者，其头衔表明他已把自己的权威等同于诸神的权威。与此同时，金字塔周围的建筑群也发生了一项重大转变，举行葬礼的祭庙由金字塔的北面移动到了东面，以迎接每天的第一缕阳光。金字塔的外形也可被视作撒向大地的阳光（这不禁令人联想到在赫利奥波利斯［Heliopolis］发现的一种类似物件。该城是太阳神崇拜的中心。当地人把一种名为benben的金字塔状石质建筑当作太阳的象征）。斯尼弗鲁的名字被王名圈（cartouche）所围绕，这种长圆形符号可能象征法老对阳光照耀下的万事万物的统治。王名圈后

---

① 对金字塔的全面介绍，参见：Mark Lehner, *The Complete Pyramids: Solving the Ancient Mysteries*, London and New York, 2008。

来被历代法老沿用，今人可据此在一大堆圣书体文字中迅速找到法老的名字。

斯尼弗鲁之子胡夫承袭了上述建筑风格，并且开创了在吉萨建造巨型金字塔的先例。另辟新址的行为也表明，他已决心要超越自己的父亲，而他是个专横的自大狂的形象也因此深入人心。（希罗多德就曾记载这样一则轶闻：胡夫为了筹集工程经费而把女儿送入娼门。这位公主也想出妙计，让每位顾客以一块石料为嫖资。她的生意如此兴隆，所赚取的石料竟然还可以为自己再建造一座小金字塔！）

吉萨高原上坐落着3座巨型金字塔，最大的一座属于胡夫，稍小的一座属于胡夫之子哈夫拉，最后一座仅有前两座的一半大小，属于在位时间不长的孟考拉（Menkaura）。各金字塔的墓室虽均已被发现，但在古代就都已被洗劫一空。（胡夫金字塔的墓室位置相对与众不同，并非位于地下，而是位于金字塔的中央。）金字塔的建造虽涉及多项技术，但整体的技术难度并不大。金字塔的选址十分重要，岩床既要足够坚固，可以承载金字塔自身的巨大重量，又要靠近河流，以便石料在河水泛滥时被运来。（用来建造一些金字塔的墓室和底层甬道的花岗岩石块每块重达50吨，产自数百千米之外的阿斯旺，但金字塔表层的石灰岩可就近开采。）胡夫金字塔建造在精心平整过的地基上，并在中央放置一堆较高的岩石。经测量，该金字塔的每条边都恰好为230米，整座建筑精确地朝向北方。古人可能通过观察北极星的起落位置解决了方向的问题。在金字塔内部，一条条通道从塔中央向四处辐射，指向天狼星等重要恒星。其巧妙的设计与精确的施工令人称奇。

使用坡道搬运石料是建造金字塔最切实可行的办法（埃及人直到罗马时代才学会使用滑轮）。考古人员所发现的大量碎石与灰浆可能就来自古代坡道。坡道的最佳坡度为1/12，即使特别沉重的石料此时也能被轻易拖曳到高处（某些石块的重量竟达200吨）。坡道应垂直于塔基建造，每当工作面升高一层，坡道就相应地加高加长以保持坡度不变。古人可能曾把石块固定在滑橇上，再把滑橇放置在滚木上，由一队队的劳工用绳索将之拖曳到指定位置。近来有研究小组在吉萨用同样大小的石块进行试验。

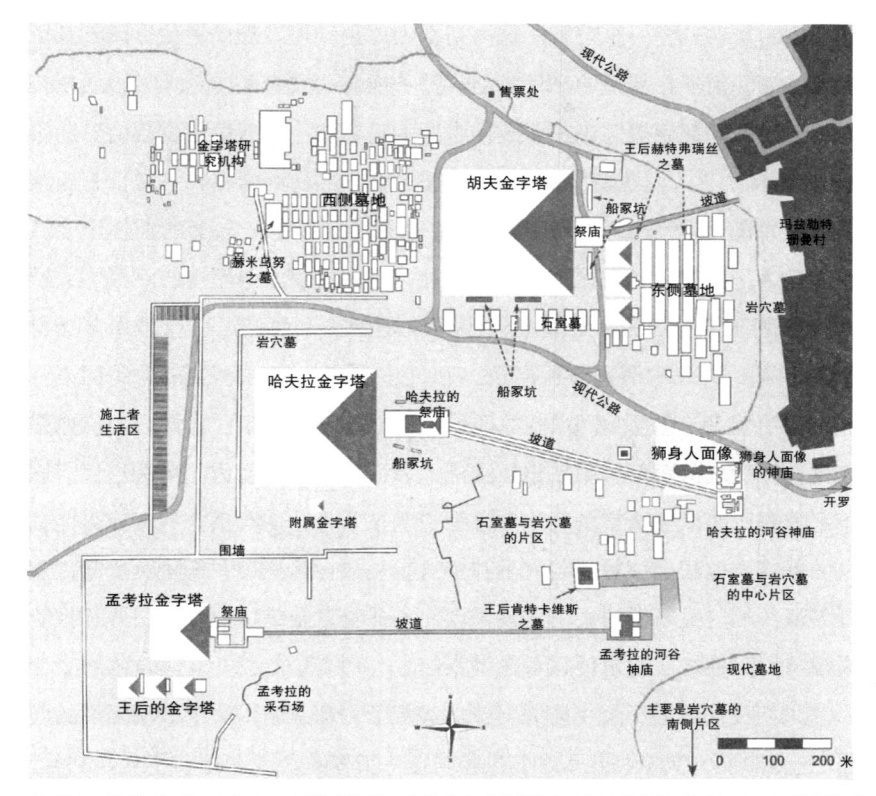

插图1　吉萨高原平面图。吉萨高原为沉重的金字塔提供了异常坚实的地基，石料则可在洪水泛滥时运来。请注意，河谷神庙是举办葬礼的场所，最终下葬则在金字塔内进行。王室成员和宠臣们的石室墓紧密地簇拥在金字塔的周围。

其结果表明，由2.5万人组成的劳工队只需20年即可完成胡夫金字塔的建造。

金字塔仅仅是整个陵墓建筑群的一部分。哈夫拉金字塔周围的遗迹表明，金字塔的东侧应另有一座祭庙，法老的遗体将在此举行最后的仪式，而献给法老的供品之后也被保存在此处。另外，建筑群还包括一条与祭庙相连的封闭甬道，其墙壁上刻有各式浮雕。该甬道延伸近600米，通向低处的河谷神庙。法老的遗体首先会被运至此处举行净化仪式，之后才会开启下葬前最后的旅程。

在胡夫金字塔的周围，自东向西排列着成排的旧式石室墓。金字塔东侧的墓地最受青睐，但可能仅供王室成员使用，普通官吏只能在金字塔的西侧为自己选择一个位置。这一切都无比生动地展现了地位远高于其臣民的法老如何安排舒适的来世生活。另一项与胡夫有关的重大考古发现是一艘奢华的葬礼用船，出土于金字塔旁的陪葬坑。这艘船被发现时已断裂成1200余片。人们花费了14年的时间，把它们重新组装成一艘带有船桨和甲板室的44米长的船。这艘船要么真的是用于运送法老的遗体的，要么就是为了让法老可以在来世与太阳神一道在黑夜之中航行的。

吉萨高原上的另一个著名巨型建筑是狮身人面像（也就是斯芬克斯像［sphinx］，该称谓来自希腊语，和许多用来描绘古埃及事物的词语一样，它可能源自埃及语中的shesep-ankh，意为"鲜活的形象"）。该像是古代世界最大的石像，用一整块露出地表的岩石雕刻而成。可能这块岩石质地较差，所以在金字塔的建造过程中未被开采。这尊狮身人面像可能描绘的是哈夫拉法老。狮子与太阳神崇拜有关，在传说中，狮子负责守卫着冥界最西端与最东端的大门。该像因而象征着对金字塔的守护，并且把哈夫拉与太阳神之子的角色联系在了一起。

人们往往惊骇于金字塔无与伦比的规模，却忽略了一个极端复杂的问题——当时的政府如何组织和管理参与这一工程的众多人员与物资。石料必须源源不断地被开采、切割、运输和摆放就位。金字塔的独特形状也必然产生特殊的技术要求。摆放底层石块时产生的任何微小误差，都会对上层石块的摆放造成无法忽视的影响。铺设金字塔的表层也需要特殊的专业技能。整个工程要持续数年，既需要组织管理者具有远见，也需要完全有信心获得充足的劳动力。胡夫金字塔的幕后主导者是一个名叫赫米乌努（Hemiunu）的人。他可能是胡夫法老的侄子。其等身雕像得以保存至今，正如人们所预期的，雕像显示他是一个有风度和自信的人。究竟是什么样的激励措施可以驱动如此多的人员在如此长的时间内从事如此艰苦的劳动，学术界至今众说纷纭。施工人员并非奴隶，而是普通的农民，据推测，每当一年一度的洪水淹没农田时，闲来无事的农夫便会被征发。这恰恰与大众的既有印象相反。这些人被编入若干个小队。为了维持士气，小队之间可能还会相互竞争。每班劳工可能要工作3个月。如何年复一年地组织人员顺利交凑与轮替显然是管理工作所面临的另一道难题。此外，人员伤亡想必时有发生，从背部劳损到被石头砸中不一而足。

建造金字塔的时代背景早已为人熟知。金字塔的源头可追溯到萨卡拉以及更古老的墓地。在吉萨当地，马克·雷纳（Mark Lehner）通过"千年计划"（Millennium Project）调查了金字塔建筑群以南1.2万平方米的地区，令我们对当时劳工的居住状况以及当时使用的施工技术有了更为深入的了解。即便如此，金字塔仍然为幻想家们提供了丰富的想象空间。由于金字塔的功用极少见于埃及人的文献记载，这鼓励了19世纪的幻想家们杜撰出无数荒诞不经的奇谈怪论，他们也因此被世人讥讽为"金字塔白痴"（pyramidiot）。他们演绎出各种故事，穿凿附会地用金字塔的测量数据来解释一切——从英制度量衡的起源到未来的历史轮廓。由于金字塔的位置与星象有关，于是其建造时间被推断为公元前12000年，有人甚至声称金字塔的建造历经了相隔数千年的两个阶段。大多数幻想家往往只把目光聚焦于吉萨的大金字塔，那些规模较小的金字塔则因为无法佐证其"理论"而被无视。

对于建造吉萨金字塔的动机，最简单的解释就是，法老们变得痴迷于始终维护其至高无上的地位，也就是宣示其神性，而建造雄伟的陵墓无疑是实现这一目标的最佳手段。然而，埃及的资源必然难以长期维持如此浩大的工程，第五王朝的法老便不再热心于建造巨型金字塔。金字塔的建造虽仍在继续，但其规模变得更小，更像是人间之物。第五王朝的某些法老把精力转移到为太阳神拉建造神庙上，并把位于尼罗河三角洲入口处的太阳神崇拜中心赫利奥波利斯的太阳神神庙当作模板。某些证据显示，神庙里的祭司正越来越多地插手政府事务（但也可能是大贵族正在转变为侍奉太阳神的祭司）。

古王国时期的衰落

第五王朝最重要的一个变化就是获得成功的官僚的权力的增长。法老大概为了保证其权威能够完全凌驾于其臣民之上，甚至是其他王室成员之上，刻意把许多行政岗位交给了平民出身的官吏。此类官吏早先多在王陵附近为自己建造坟墓，此时则往往另辟一处墓地。许多墓葬极尽奢华，其规模在以前是完全不能被接受的。在以前，所有的成就都被归于法老，而此时的官员则把功绩写入自传刻在其墓室的墙壁上，以证明自己有永远享用他人所献上的供品的权利。精美的墓室壁画描绘了墓主人所期望的优渥生活：在家有可口的美食与舒适的居住环境，田庄正在源源不断地供应着粮食和牲畜。由于墓主人的来世不再取决于他与法老的关系，一种崭新的信仰应运而生，其核心是死者与冥界之神奥西里斯的关系。奥西里斯起初被认为与农业和洪水每年的泛滥恢复土地肥力的能力有关，但此时却与死者的往生联系在了一起。据说，在坟墓之上的死者会因他们在人间的善行而被奥西里斯奖以"荣誉"。埃及语中的 imakhu（荣誉）一词也开始表示一个人对地位低于自己的人的尊重与保护，并成为古埃及社会伦理体系中的重要观念。至第五王朝末期，众多新崛起的官僚家族在各州巩固了其权势，并在当地建造陵墓。最重要的是，这标志着曾经至高无上的王权已经开始动摇。

第六王朝的瓦解可能由多方面因素造成，古王国时期亦随之结束。巴勒莫石碑的记载显示，该时期尼罗河水连年处于低位，并开始出现有关饥荒的描述。然而，今天的学者们已经注意到，那些声称亲历灾难并克服灾难的人往往会在文本中夸大自己所遭遇的苦难，而考古证据也无法证实农业生产是否出现衰退。王权的衰落得到了更好的证明。第六王朝的佩皮二世（PepyⅡ）的漫长统治（一般认为这位法老在位90余年，但其实际在位时间应该只有50—70年）使政治体制逐渐僵化。州里的贵族将职位世袭，并把个人尊荣置于对法老的忠诚之上。数个世纪以来一直被埃及统治的努比亚地区也出现了统治不稳的迹象，寻找黄金的埃及远征队遭到当地人的顽强抵抗。在此之前，如斯尼弗鲁这样的强大法老不断地掠夺当地的黄金、象牙和乌木。其他边境上也传来了游牧部落入寇的消息。衰败的迹象同样显现在佩皮二世大臣们的坟墓中：这些人已经在用泥砖而非石料来建造自己的坟墓了。

第一中间期

佩皮二世于公元前2175年前后死去，第六王朝不久亦随之覆灭。接下来的历史时期一般被称为第一中间期（公元前2160—前2055年）。这一时期的文献史料令学术界充满困惑。例如，曼涅托笔下所谓的第七王朝可能并不存在，而第八王朝在短短的20年间竟涌现出17位法老。由于王权衰微，埃及不可避免地分裂为许多小邦，让大批野心勃勃的贵族有了可乘之机。在中埃及（Middle Egypt）的赫拉克利奥波利斯（Heracleopolis），残暴的机会主义者亥提（Kheti）攫取了权力，并自命为古王国时期各王朝的正统继承人。尽管他的后人一直统治到第一中间期结束（在赫拉克利奥波利斯一共出现了18或19位法老，他们被合称为第九和第十王朝），但他们似乎从未完全赢得过臣民的效忠。与此同时，在埃及王国南方一个偏远小州的首府底比斯（Thebes），出现了一个对立的王朝。这个王朝的法老开始向南扩张并深入努比亚。尽管事后证明，被称作底比斯王朝的这一王朝的出现是第一中间期最重要的政治事件，但这个将要成为第十一王朝的王朝所取得的成功并不是必然的。

埃及社会此时最显著的变化是地方官员正在崛起为独立的政治力量。此时的行政体系已颇为完备，地方官员在维持政府运转方面积累了丰富的经验。他们乐于维护秩序。这不仅是为了维护其地位，也是为了使他们有机会为自己的来世置办坟墓与供品。在底比斯以南的埃尔摩阿拉（el-Mo'alla）所发现的一座地方大员的坟墓，就向我们展示了这些州统治者们的自信。这座坟墓属于一位名叫安赫梯菲（Ankhtifi）的官员。他既具有管理两位州长的"领主"地位，也扮演了"祭司们的监督者"的宗教角色。来自他墓中的"自传"大话连篇：

> 我是人类的起点，也是人类的终点；以前从没有人像我这样，将来也不会有；像我这样的人先前不曾降生，将来也不会降生。我的功绩不但超越了祖先，未来的一百万年里也没有人可以与我比肩。
>
> 是我把面包分给了饥饿之人，把衣服分给了无衣可穿之人；是我使素面之人得以装扮自己，使赤足之人穿上了凉鞋，使没有妻子之人有了妻子。是我在每场［危机中］挺身而出，保护了赫法特（Hefat）与霍尔莫（Hormer）这两座城镇，哪怕［当时］阴云密布，

大地［干涸，无数人死于］饥饿。

［当邻近的底比斯州陷入困境时，］是我带领着值得信赖的强大军队，顺流而下驻扎在底比斯的西岸……我这支值得信赖的军队在整个底比斯州寻找战机，但无人敢与之对垒。

直到最近，人们对第一中间期的描述无不充斥着悲观色彩。因为与这段历史相关的文献大多在描述当时的社会崩溃与民众的绝望。《伊浦味陈辞》(The Admonitions of Ipuwer)曾提到，整个世界上下颠倒，饥荒肆虐，穷人和富人的身份发生了逆转，"黄金与天青石、白银与绿松石、青铜与红玉髓全都挂在了女奴的脖子上，贵妇人却在绝望地奔走……儿童［对父亲］说：你不应该让我出生"。这段描述的问题在于难以得到考古证据的佐证。学术界近来的重新评估表明，中央政府的式微所形成的权力真空得到了随即而起的地方官员的有效填补。正如我们在安赫梯菲的例子中所看到的，他们毫不掩饰地宣布自己的成就。亥提在位时的一些例子同样对法老只字不提。由于文化与手工技艺由宫廷传播至地方，第一中间期甚至可被认为是一个成就颇丰的时期，尤其是因为它表明埃及社会可以创造性地应对变化。学术界更加深入地研究现有史料后发现，《伊浦味陈辞》可能创作于第一中间期之后，很可能为了证明中王国时期统治者的权力具有合法性而故意夸大当时的混乱，或者就是某个好吹牛的官员在吹嘘自己的功绩。

中王国时期埃及的复兴

公元前2055年左右，一位底比斯王子挥师北上，消灭了赫拉克利奥波利斯政权。他就是后来的第十一王朝法老——蒙图霍特普二世(Mentuhotep Ⅱ)。由于目前尚无考古证据表明当时曾发生旷日持久的战争，所以底比斯政权很可能以和平的方式接管了北方各州。埃及的再度统一标志着中王国时期的开始。蒙图霍特普二世先后为自己取过3个荷鲁斯名，这些头衔在一定程度上反映了埃及统一的过程：第一个头衔为"为两土地之心注入生机者"，表达了法老对统一埃及的渴望；第二个为"神圣的白王冠",鉴于白王冠是南方的王冠,该头衔仿佛强调了法老的南方血统;蒙图霍特普二世在位39年后再次更换了其荷鲁斯名,将其改为"两土地的统一者",以显示其统治彻底稳固。他还通过自封为神来巩固其胜利,并且在浮雕中穿戴着分属于不同神明的标志。

蒙图霍特普二世并未止步于统一埃及,他击退游牧部落的袭击以保卫埃及的边境,还恢复了对努比亚的控制。有感于富饶的努比亚曾一度脱离埃及的控制,蒙图霍特普二世以及其后的第十二王朝致力于彻底控制该地区及其居民,于是他们在第一瀑布至第二瀑布间的地区兴建了一系列要塞,以宣示其权力。蒙图霍特普二世死后被安葬在中王国时期最精美的纪念建筑之中。这个巨型陵墓建筑群坐落于底比斯西岸峭壁下的一个天然台地中,融合了新旧两种建筑风格(尤其是吸纳了民间的奥西里斯崇拜)。为标榜王室与更古老的埃及的联系,该建筑群建有一座河谷神庙、一座祭庙和一条长950米的甬道。甬道两侧排列着仿照奥西里斯模样制作的法老雕像。整个建筑群在露台与步道的反衬下显得越发宏伟,其四周还环绕着梧桐、红柳等树木。金字塔是整个建筑群中唯一缺少的建筑元素(但一些专家坚信祭庙的顶部曾建有一座小金字塔)。法老的遗体被安葬在峭壁的下方,沿主建筑群修建的陵墓安葬着他的6位后妃。考古学家还在附近发现了一座埋葬着60具阵亡者遗骸的坟墓。这些死者可能是在争夺埃及控制权的决战中罹难的英雄,故而被授予死后陪伴君王的殊荣。该建筑群进一步表明,埃及伟大的统治者有能力在展现其与历史的联系的同时,毫不妥协地展示其个性。与此同时,该建筑群还体现了石匠、工程师、建筑师在工程技术领域的进步。相较于宏大的规模,精巧的设计才是中王国时期建筑的首要特征。

然而随着时间的推移,底比斯再没有其他的王室墓葬了。公元前1985年左右,一个名叫阿蒙尼姆赫特(Amenemhat)的人攫取了政权,第十一王朝也由此被第十二王朝取代。阿蒙尼姆赫特一世本是一介平民,后来被提拔为宰相。其职业生涯早期的一段铭文曾吹嘘他是:"官员的总管、法庭的主宰、这整片土地上的事务的总管"。最终,他以法老的身份出现在众人面前,但其取得政权的过程至今仍是未解之谜。阿蒙尼姆赫特一世致力于开启一个新时代。当时,来自亚洲的威胁与日俱增,像底比斯这样的深处南方的战略总部不适合应对这一局面。出于战略考虑,他在中埃及孟菲斯城的南方另建新都伊提塔维(Itj-tawy,其全名为"征服两土地的是阿蒙尼姆赫特")。另建新都的举措还表明,这位法老决心与前朝所塑造的法老形象分道扬镳。他的王陵以及其他建筑表明设计者曾尝试不同的风格,但仍有一些建筑沿袭旧制。新都的建筑风格还表明,这位开明的法老既未排斥传统,又积极鼓励艺术创新。阿蒙尼姆赫特一世还创立了一项崭新的传统:他把自己的儿子立为共治者,以便权力在法老死后平稳移交。这项制度可以使权力更加平稳地转移至另一位法老手中,从而令第十二王朝能够在此后的两百年间继续掌握政权。

第4章

稳定与扩张

中王国与新王国时期的埃及，公元前1985—前1000年

稳定的时期

埃及的中王国时期（约公元前1985—前1795年）是一段和平的时期，而在当时的政治宣传中更成了埃及历史上伟大的时期之一。在中王国时期初期，作为地方首脑的州长，其墓葬与棺椁堪称现存最精美的文物之一。墓室墙壁上绘满了打鱼、狩猎和丰收的场景，因为州长们希望死后能继续享受壁画中的生活。陵墓的正立面均装饰着立柱。州长的墓葬在山坡上的位置也比低级官吏的墓葬更高。

然而这一片祥和的背后却潜伏着法老不惜一切代价维护统治秩序的决心。随着时间推移，陵墓的等级差别变得不那么明显，而较小的墓葬的数量增加了。相反，王室修建的纪念建筑彰显着自己的权威。例如法老塞努斯瑞特（Senusret，约公元前1956—前1911年在位）就在全国各个重要宗教中心大兴土木，以此来重新宣示王室的权威。法老所修建的这些公共建筑令当地的神庙黯然失色，事实上挑战了地方宗教精英的权力。与此同时，国家官员对州长施加了更为紧密的控制。州长也会被赋予某些特殊使命，比如保卫边境或组织远征，意在通过这些事务强调州长是法老的仆人。而且州长一旦外出执行公务，其在本地的权力基础便会随之萎缩，而国王的权威则会相应地增强。

中王国时期的法老们把其影响力扩展到了埃及的传统疆界之外很远

的地方。他们比以往更有效地控制了努比亚，尤其是塞努斯瑞特三世统治的时期（公元前1870—前1831年），他不但在当地修建了一系列的要塞，还建立了一套严密的监视系统。埃及人还利用一套由围堰与沟渠组成的灌溉系统，在尼罗河西侧的法尤姆（Fayum）绿洲开垦了大片土地。他们经海路和陆路越过西奈半岛的沙漠，与小亚细亚乃至整个东方进行了意义重大的首次接触。黎巴嫩沿海城市比布鲁斯是当时最重要的贸易中心，珍贵的雪松以及制作木乃伊所必需的树胶都是由此地源源不断地输往埃及的。比布鲁斯与埃及的交流如此频繁，以至于其统治者竟采用了埃及式的头衔和埃及人的象形文字。然而，当时埃及的许多文献史料都对亚洲人表现出了明显的敌意，比如塞努斯瑞特就曾自称"割开亚细亚喉咙的人"，而约瑟被其哥哥们卖给埃及人为奴的故事（见《创世记》第37章28—36节）可能也确有真实的成分。此外，埃及还与克里特岛存在着贸易往来。当然不宜过分夸大埃及在当时的影响力。尚无任何考古证据显示埃及受到来自海外的影响，而在幼发拉底河上游的马瑞遗址（毁于公元前1760年前后）中所发现的大量档案中，甚至没有提到过埃及。

中王国时期的行政精英具有惊人的工作效率。消极怠工是绝对不能被容忍的。每个官员都应该是多面手，刚刚还在领兵作战，马上就要组织远征队运输沙漠采石场的石料，之后又要在法庭上主持正义。政府小心翼翼地监管着社会生活的方方面面。王室船坞的木匠甚至要记录船上每块木板和每张羊皮的去向。距离都城数百千米之遥的努比亚边塞都能获得充足的驻军与给养。当工匠们被塞努斯瑞特二世调集到位于尼罗河与法尤姆之间的卡浑（Kahun）建造金字塔时，一座可容纳9000人、各种设施齐备的城镇立刻拔地而起。

中王国时期的法老们为了巩固其统治而发展出一套新的意识形态。其核心概念为玛阿特（Ma'at，这一概念常被人格化为女神的形象），即通过正义与正确的生活方式所带来的和谐。法老们自称其使命是通过有节制的作为来维持统治者与众神间的平衡关系，而这种平衡正是玛阿特得以存在的基础。某篇文献曾做过如下描述：尘世中法老，'他审判凡人、宽慰众神、建立秩序［即玛阿特］以取代混乱。他既向众神献上供品，又向受保佑的亡魂献上供品"。这自然也涉及慷慨与宽恕。古埃及有这样一则民间故事，其主人公西努赫（Sinuhe）原本是塞努斯瑞特一世的随从，因某件小事触怒了法老而逃往叙利亚避祸。若干年后，思乡心切的西努赫返回了埃及，完全听凭法老的发落。最终他不但得到了法老的宽恕，还被允许再次与王室成员居住在一起，甚至得以在王陵附近下葬。故事中的这种法老形象正是当时的统治者们所乐于宣扬的一种形象。与此同时，法老的雕塑也不再追求单纯的雄伟，而是透过传统的造型去展现法老本人的个性。然而即便如此，人们依然可以通过这些雕塑感受到法老们的无上权威。比如，塞努斯瑞特三世的雕塑虽然仍把这位法老塑造为传统的那种年轻而又阳刚的统治者形象，但其凝视的眼神中透露着严厉、执拗。

官僚们合力维持政权温和而公正的形象。在现存的某篇文献中，一位父亲如此训诫其子：

> 不要打倒官府之人，不要煽动正直之人。不要只注意衣着光鲜者，也要留意衣衫褴褛者。不要接受强者的奖赏，也不要为强者迫害弱者。

在这类被称为智慧书（Wisdom Literature）的作品中，有一些内容可追溯至更早的年代，但绝大部分文本无疑体现着中王国时期的道德风貌。

《能言善辩的农夫》（*Tale of the Eloquent Peasant*）是中王国时期最流行的民间故事，也展现了类似的观念。在故事的开头，一位农夫赶着一队驮满货物的驴子从三角洲前往尼罗河谷地。他突然被一个贪婪的地主拦住。地主诱使农夫把驴子领入自己的大麦田。当其中一头驴子开始啃食大麦时，地主就理直气壮地没收了农夫的驴子。故事的剩余部分主要讲述这个农夫如何依靠自己的能言善辩，从地方官那里得到了公正的裁决。在案件审理期间，农夫每天都能享受到口粮供应，他的妻子与此同时也能收到偷偷送来的粮食。尽管受委屈的农夫需要巨大的毅力，但这则故事真正的教育意义在于政府会为受压迫者伸张正义，甚至在他们遭受磨难时支持他们。

对想要做官的人而言，书写技能是最基本的要求。中王国时期的一部文献《对各职业的讽刺》(*The Satire of Trades*) 就建议其读者："当个书吏吧，你的四肢将变得光滑，你的双手将变得柔软。你将能身着白衣昂首阔步，而侍从们都要向你问候致意……"作者还对书吏之外的各职业进行百般挖苦。然而学习书写是一个颇为漫长的过程。据后世的一份埃及文献的记载，这一过程长达12年，因为古埃及的文字不仅有数百个符号需要自如运用，象形文字的书写也是一门艺术，就像中国和日本的书法一样。

埃及象形文字是一种真正的文字，主要用于书写那些镌刻在石头上的宗教文本。直截了当地说，单个象形文字就是书写者直接用图形表达其想要表达的内容，比如人的图形即代表人，金字塔的图形即代表金字塔。这些图形都对应某个音节，进而可用于表示多音节单词当中的相应音节，例如表示权杖的符号读作h(e)dj，任何包含h(e)dj音节的单词都可用该图形来表示该音节。某些图形符号被用于表示单辅音。但象形文字本身没有元音，所以表示权杖的符号实际上不仅可读作hedj，还可读作hadj、hidj、hodj或hudj。因此必须添加额外的图形符号来使单词的含义更加明确。例如权杖后面跟着一条项链表示白银。图形符号还可用于表达抽象的概念，比如用纸草卷轴表示书写，用扬帆航行的船表示沿尼罗河逆流而上，即向南航行；收起风帆的船表示顺流而下，即向北航行。[①]

存世的古埃及文献大多为行政与司法方面的日常文书。书吏们在书写时通常使用一种被称为祭司体（hieratic）的字体。祭司体起初只是对圣书体中最常用符号的简化，是一种速写体。但随着时间的推移，祭司体的笔画变得越发简练，从而成了一种与圣书体完全不同的文字。大多数文献都写在纸草上。纸草就是把一种沼泽植物的茎切成细条，黏合在一起，从而制成具有光滑表面的"纸张"。纸张的规格大体一致，长48厘米，宽43厘米。由若干张纸草拼接成的卷轴最长可达40米。古人主要以芦苇杆为笔，以木炭为墨，但在书写重要的词汇时会使用以赭石为原料的红

---

① 参见：Mark Collier and Bill Manley, *How to Read Egyptian Hieroglyphs*. London, 1997。

墨汁。

中王国时期的文献表明,古埃及人有一种为了学习本身而热爱学习的态度。一位出身卑微的父亲亥提对其子说道:"我要使你热爱书写胜过热爱自己的母亲,我要让你了解书写的美妙之处。书写比任何营生都要好,在世间没有什么能与之媲美。"中王国时期被视为埃及文学的古典时代,上文中所提到的那两则故事曾被埃及人世代传抄。然而文学文本只占大量传世的行政档案的一小部分。除此之外,处方、丧葬碑铭以及宗教仪式的相关记载也得以保存至今。

埃及在中王国时期的另一重大文化成就是珠宝制作。珠宝承担着许多功能,它既是地位与财富的象征,也是法老恩宠的证明。国王向宠臣赏赐礼物的传统延续至今。早在古王国时期,王室便已经开始向战斗中表现勇敢者授予颈饰作为奖励。珠宝还被认为具有魔力,可帮助人们抵御疾病和妖魔。诸如绿松石和青金石这类宝石也各自具有特殊意义。中王国时期王室女性的陵墓中出土了许多头饰与胸饰,展现了古代工艺大师那令人叹为观止的精湛技艺,其中最为人称道者便是珐琅工艺,即在金器上镶嵌宝石的工艺。

宗教自远古时代以来就维系着社会的等级框架和对共同体的认同。埃及人在意各种复杂的灵性力量,需要抚慰那些可以保佑他们远离动乱、破坏或日常生活中的种种不幸的神明。埃及人把众神纳入同一个谱系来维持其宗教观念的一贯性,而世间的冲突则被合理化为神明间的冲突。奥西里斯、荷鲁斯、塞特三位神祇的故事便是典型。政治分裂的威胁则可以通过把不同的神明相互融合来化解,例如来自北方赫利奥波利斯的拉便与来自南方底比斯的阿蒙(Amun)合二为一。埃及人常为灵性力量赋予人或动物的形态。例如拉便是一个鹰首人身的神祇(即向着太阳飞翔的鹰),头顶着象征太阳的圆盘;智慧之神托特生有朱鹭的头,手中握着书写工具;塞特总被塑造为一种鼻子细长、尾巴分叉、充满邪性的生物。

对中王国时期普罗大众的信仰而言,这是一个奥西里斯的时代。奥西里斯的神话讲述了这位神的死亡、受难和重生。重生为救赎者的奥西里斯会迎接那些恪守其规矩者前往另一个世界。该神话可能源于古代每年一度迎接万物复苏的仪式，许多古代文明都存在类似仪式。在中王国时期，阿拜多斯是奥西里斯崇拜的中心，因为自古以来就认为奥西里斯的遗体遭塞特肢解后，就是在这里被重新拼合的。各地的墓室壁画都会描绘墓主人的遗体在正式下葬前被送往阿拜多斯。对于造访阿拜多斯的朝圣者而言，在当地的公墓中为自己建造一座小型祭拜堂或衣冠冢已成为一项传统，以永久纪念生命的赐予者。此外，埃及人每年都会在当地的神庙中聚集，重演奥西里斯复活的神话。古埃及人会为奥西里斯举办一场"葬礼"，而奥西里斯的棺椁在"葬礼"期间将遭到"敌人"的袭击。之后便是这位神祇的重生，以及为神像被送还神庙而举办的盛大仪式。

奥西里斯会审判每个死者的灵魂。有文献记载了做一个好人的标准，同样强调节制与和自然世界保持和谐。死者不仅要保证自己从未杀人、通奸、渎神，从未剥夺幼儿的奶水，还要保证从未筑坝截流，从未把畜群驱赶出自己的牧场。这的确是一部人人心向往之的生活法则，规定明确且简单易行。行善者在来世能过上快乐且美好的生活，而作恶者的灵魂将被吞噬，本人也会被后世遗忘。此时的埃及人尚无永世接受惩罚的观念。这种观念会在后世那些不太宽容的宗教传统中大行其道。"原罪"观念此时还未出现。

每个社会的理想与其实际成就之间，都存在着巨大的鸿沟。中王国时期的法老们无论如何美化自己，无疑都是那种不会容忍任何反抗的可怕人物。今人所看到的文献全部出自当时的精英阶层之手。该阶层可能仅占全国人口的1%，也是这种强势统治时期最大的受益者，或者说是习惯于接受这种理念的人。中下阶层被征召起来承担各种徭役，例如当兵或服劳役，而试图逃避徭役者会被流放到帝国的边陲或押往采石场做苦力。学术界对当时农民的生活所知甚少。虽然我们清楚中王国时期的埃及曾对努比亚地区发动过野蛮的报复性远征，但我们几乎对于当时处于殖民统治下的努比亚人一无所知。即便如此，中王国时期无疑是古埃及文明的一个高峰。在经历了第四王朝的好大喜功后，这几个世纪中重新出现一种表现普通人生活情趣的趋势。用伽埃·卡伦德（Gae Callender）的话说，中王国时期"尽管是一个充斥着大量发明、宏图远志和大兴土木的时代，但对日常生活中最微不足道的器物和装饰品也有对细节的精心和优雅的关注"。正是这两方面的结合使这个时代充满了魅力。

希克索斯人与第二中间期

中王国时期可能与古王国时期一样，是逐渐衰落的。第十二王朝结束于公元前1773年，之后埃及经历了一系列法老的短暂统治。由于这些法老声称来自不同的家族，所以可能是几个家族轮番掌权。埃及逐渐丧失了对边境的控制，但巴勒斯坦此时正欣欣向荣，其移民如潮水般涌入了三角洲东部。在公元前18世纪末或前17世纪初，一股融合了埃及与亚洲文化特质并操塞姆语的精英统治成员占据了三角洲东部的阿瓦利斯城（Avaris）。该城的位置曾长期以来无人知晓，如今被确认为今天的达巴土丘遗址。这些外来者注意到了自己的外族血统，所以自称外邦酋长（Heqau-khasut）。上述称谓在古希腊语中演化为希克索斯人（Hyksos）一词并沿用至今。希克索斯人成为埃及历史中一段奇妙的插曲。

奥地利考古学家曼弗雷德·比塔克（Manfred Bietak）对达巴土丘遗址进行了专业的发掘。该城最初是由阿蒙尼姆赫特一世（Amenemhat I）建造，用于界定埃及与亚洲的边界。在中王国时期，该地可能既承担防御功能，又是贸易据点。贸易吸引了来自黎巴嫩、叙利亚、巴勒斯坦乃至塞浦路斯岛的移民，他们可能与当地的埃及人通婚。当地出土的手工制品种类繁多，例如产自米诺斯文明的陶器与珠宝，产自叙利亚的滚筒印章，使该城仿佛一座大都会。学术界对该遗址的断代尚存有激烈争议（由于很难把当地出土的手工制品同其他地区的年表联系起来）。该城可能于公元前1710年前后经历了一场瘟疫——考古人员发现大量遗体被草草埋葬在数个浅坑之中。

正当伊提塔维的第十三王朝走向衰败之际，阿瓦利斯城迎来了复兴，一个新崛起的富裕阶层控制了该城。第十三王朝最后一位能有效掌握政权的法老名叫索贝克霍特普（Sobekhotep），于公元前1725年前后在位。而在阿瓦利斯，一个名叫涅赫西（Nehesy）的人也建立了政权，并沿用了"两土地之主人"等法老的传统头衔。此人可能是埃及人也可能是努比亚人,他把自己与"当地"的神祇塞特联系在了一起。塞特通常被认为是混乱之神,但此时受到了新政权的推崇。涅赫西及其继任者们把埃及文化与叙利亚-巴勒斯坦文化的种种特色融为一体,并依靠对外贸易而盛极一时。其中一位统治者希安(Khyan,约公元前1610—前1580年在位)的宫殿最近被发现。据文献记载,阿瓦利斯当时进口的商品包括"马和战车、船只、木料、黄金、白银、青铜、青金石、绿松石、油脂、香料、蜂蜜和不计其数的斧头"。阿瓦利斯城迅速扩张,其规模比同时期任何一座巴勒斯坦城市都要大至少2倍。

希克索斯王国此后开始向南扩张,其中尤以希安最为渴望通过埃及的传统方式证明自己是全埃及的统治者。他把"坐拥尼罗河两岸的王"作为自己的荷鲁斯名,以宣示自己的雄心壮志。希安攻克了伊提塔维和孟菲斯,并且把孟菲斯以南200多千米处的基斯(Kis)划定为希克索斯王国与上埃及的边界。尽管阿瓦利斯是希克索斯王国的都城,但该王国对埃及北方的控制仰赖孟菲斯,因为孟菲斯直接扼守尼罗河,其地理位置比阿瓦利斯更具战略价值。阿瓦利斯的法老们通过穿越沙漠的小道与努比亚建立了联系。埃及的羸弱致使当地崛起了一个独立政权——库施王国(Kush)。库施王国的都城为克尔马(Kerma),该城兼具宗教中心与政治中心的双重身份,并在公元前1750年至前1500年曾凭借庞大的贸易网络而繁荣一时,其中自然也包括与北方诸国的密切交往。

曼涅托王表对这一时期的记载曾令学术界长期困惑不已,但如今已被一一破解。曼涅托笔下的第十四、十五王朝应该是以阿瓦利斯为都城的两个王朝,第十六、十七王朝则应是与前者并立、以底比斯为都城的两个王朝。后者虽自视为第十三王朝的直接继承者,但其政权面临着阿瓦利斯与库施的南北夹击,可谓孤立无援、命悬一线。底比斯政权在铭文中着重强调军事实力,但起初又无计可施,只得与希克索斯统治者并立。但有证据表明两个政权之间存在贸易往来。希克索斯法老阿波庇(Apepi)之女甚至可能嫁入了底比斯的王室。

然而,底比斯政权在公元前1550年后的某个时期巩固了自己的统治,并在挫败库施的入侵后向北方发动了进攻。第一场战事由第十七王朝的末代法老卡摩斯（Kamose，约公元前1555—前1550年在位）发动。阿波庇对此大感震惊，写信乞求库施国王帮助自己抵御来自底比斯的进攻，并许诺割让埃及南部的土地作为报酬，但这封信被卡摩斯拦截了。卡摩斯的继承者是一代雄主雅赫摩斯一世（Ahmose Ⅰ，约公元前1550—前1525年在位）。此人率军向三角洲进攻，在攻克孟菲斯后，继而切断了阿瓦利斯与巴勒斯坦的联系，以便下一步进攻阿瓦利斯。考古证据表明，希克索斯人仅装备有铜兵器，但底比斯军队则装备了更加坚硬的青铜武器。幸存的希克索斯人遭到驱逐，阿瓦利斯的大部分城区被彻底废弃。埃及人拆除了当地的要塞，代之以巨大的仓库。

雅赫摩斯一世的成就得到了埃及人的承认，他本人则被尊为第十八王朝的开创者。一系列新的宫殿在阿瓦利斯拔地而起，其米诺斯风格的壁画尤为著名。尽管这些壁画如今已支离破碎，修复工作需要耗费大量的时间，但它们使人联想起雅赫摩斯一世迎娶克里特公主的古老传说，而如今人们推断，这些壁画属于更晚的时期——公元前15世纪初。无论这些宫殿是否标志着埃及与其他地区的外交与贸易往来，都清晰地表明希克索斯人令埃及向古代近东和地中海东部敞开了大门，而当时也是这些地方的几个大国崛起的关键时刻。最终，雅赫摩斯一世向东攻入巴勒斯坦，划定了埃及与亚洲的边界，尔后又挥师南下，恢复了埃及对努比亚的控制。埃及就此进入新王国时期，不仅在此后500年间保持着繁荣与稳定，还发展成为一支在亚洲大肆扩张的强权。

迈进新王国时期

雅赫摩斯一世的辉煌胜利使埃及再次实现了统一与稳定。新王国时期（公元前1550—前1069年）的埃及拥有一种不同于以往的气质。希克索斯人虽开启了埃及与近东的交往，但被埃及的新统治者永久地指斥为异族篡位者，他们的罪行可以被用来激发埃及人的民族主义。埃及第一次组建了常备军，而阿瓦利斯的地方神塞特得到了新政府的认可，其毁灭性的力量被导向了埃及的敌人。图特摩斯一世（Thutmose Ⅰ，公元前1504—前1492年在位）兵锋直指幼发拉底河，并击败了位于叙利亚的米坦尼王国。

埃及确立了对巴勒斯坦各城市的控制后，当地君主便在埃及驻军的监视下，成为保卫新生的埃及帝国的工具。

新王国时期的法老同他们的前辈一样，在努比亚建立起严密的统治。图特摩斯一世据信击败了库施王国，并于胜利在望时在某处岩壁上留下了这样一段铭文："努比亚的弓箭手丧命于剑下，曝尸荒野；他们的恶臭充塞山谷……他们的残肢断臂堆积如山，连飞鸟都无法将之尽数带到别处。"埃及的势力范围向南延伸至尼罗河第四瀑布，可能甚至更远，远远超越了以往。此外，埃及还在一座平顶山博尔戈尔山（Gebel Barkal）山脚下的纳帕塔（Napata）建立了前哨。穿越沙漠前往埃及的商人可以把这座山作为地标。埃及人第一次能够直接掌控这些商路，从非洲中部大量进口富有异国情调的商品。埃及人大肆开采努比亚的黄金，以致当地的黄金资源在新王国时期末期便已完全枯竭。

新王国时期的埃及仍需要一些时间积蓄实力。雅赫摩斯一世虽取得了一系列的军事胜利，但直到他统治末期才重新开启图拉的石灰岩采石场。他所兴建的一切建筑均使用泥砖作为建筑材料。雅赫摩斯一世的继承者阿蒙霍特普一世（Amenhotep I，公元前1525—前1504年在位）虽把自己塑造为一个尚武的武士国王（其荷鲁斯名为"征服大地的公牛"），但证据显示他治下的20年却是一派和平安定的景象。种种迹象显示埃及恢复了繁荣——崭新的神庙在底比斯和努比亚拔地而起，各种原材料被用于支持艺术创作的复兴。该王朝把底比斯视为龙兴之地，而阿蒙则被尊为该王朝的守护神。底比斯的阿蒙神庙装饰有华丽的浮雕。在浮雕中，法老向神明献上供品，并转而接受祭司献上的供品。

第十八王朝之后出现了埃及历史上十分罕见的女王。王后的权力早在第十八王朝的初期即有显著加强。雅赫摩斯一世的母亲和妻子似乎都是女强人，在底比斯拥有各自的崇拜仪式。雅赫摩斯-奈菲尔塔利（Ahmose-Nefertari）是雅赫摩斯一世的胞妹和妻子，被宣布为阿蒙神的妻子，这使她得以直接控制阿蒙神庙的巨大财富。图特摩斯一世之女名叫哈特舍普苏特，嫁给了同父异母的兄弟图特摩斯二世。哈特舍普苏特虽未产下子嗣，但图特摩斯二世的侧室却生有一子。这个孩子在图特摩斯二世死后，于公元前

1479年继承了王位。哈特舍普苏特成为共治者。在许多早期浮雕中,哈特舍普苏特还尽职尽责地陪伴在举行王室仪式的年幼法老身旁,但她只是在等待时机。不久之后她便夺取了绝对权力,自命为图特摩斯一世的正统继承人。

在古代埃及,每位成功的统治者都必须使自己契合早已根深蒂固的王权意识形态。但对女性而言,这无疑是一道几乎无法解决的难题,所以哈特舍普苏特小心翼翼地塑造着自己的形象。她虽乐于表现其女性的身份,比如在某些雕像中,她甚至还采用了一个女性化的荷鲁斯名——"纯金的女荷鲁斯"。但在神庙浮雕等更加传统的语境中,她只得以男性形象示人——她不但身着男装,甚至还留着法老式的胡须!此外,哈特舍普苏特还编造故事以神化自己的血统。在代尔巴赫里(Deir el-Bahri),她建造的神庙的墙壁上详细记叙了阿蒙使王太后受孕的神话。这段耐人寻味的铭文写道,阿蒙幻化为图特摩斯一世的模样来到她的母亲床前,被王后搅得春心荡漾:"他的爱意传入了她的身体;王宫中弥漫着神圣的芳香。"哈特舍普苏特就此成了神的女儿。哈特舍普苏特在另一段铭文中甚至篡改历史,宣称正是她推翻了希克索斯人的统治,并正在致力于恢复埃及最初的纯洁。这个例子颇为有趣,展示了那些非正统继承人如何在传统的王权意识形态框架内塑造自己的形象。

哈特舍普苏特在位大约15年,其统治成功且稳定,也是一段和平的岁月,这或许是因为她无法完全信任军队,因此从不动用。她是新王国时期第一位对中埃及地区实施有效统治的君主,并在当地兴建了大量神庙。她在底比斯北部的卡纳克(Karnak)为阿蒙神庙修建了一道巨大的新大门,并以6尊她本人的巨型雕像作为装饰。哈特舍普苏特有一位名叫塞南姆特(Senenmut)的官吏为她效力。此人出身卑微,但步步高升,掌握了巨大的权力。(他因此不可避免地被视作女法老的情夫。人们甚至发现了画有女法老和她的情夫的当时的涂鸦。现存于大英博物馆的一尊雕像证实了塞南姆特与王室间的亲密关系。这尊雕像表现他怀抱着女法老唯一的孩子,也就是她与图特摩斯二世所生的女儿。)

塞南姆特天资聪颖,兴趣广泛,是那些在宫廷中身居高位者的典型代表。他的墓室装饰有天文符号，陪葬品中还有中王国时期的宗教文学典籍。作为女法老的首席建筑师，他最伟大的成就便是在代尔巴赫里为女王建造的祭庙。该庙就坐落在中王国时期的开创者蒙图霍特普二世陵墓的北边，很值得一游。一条坡道把谷地与陵墓的主建筑群连接起来。100座狮身人面像陈列在坡道的两侧。这些雕塑的面目均模仿了女法老。一连串石阶在石质柱廊的支撑下向上延伸，通向山腰处一个天然形成的盆地。旁边的祭拜堂供奉着阿蒙、图特摩斯一世以及哈托尔（Hathor），后者是埃及最受欢迎的女神之一，也是埃及王室的守护神。一条在山岩中开凿的走廊通往山体深处的内殿。尽管该建筑群不禁使人联想到蒙图霍特普二世的祭庙，但又有许多独到之处，并强化了对王室图腾的推陈出新。

哈特舍普苏特并未被安葬于此。她在代尔巴赫里后面的荒谷中为自己建造了两座陵墓。第一位如此营造陵寝的法老可能正是哈特舍普苏特的父亲图特摩斯一世（但有某些证据暗示阿蒙霍特普一世可能早已被安葬于代尔巴赫里）。这条山谷被今人称为帝王谷，里面散布着62座陵墓，墓主人几乎全都是王室成员。哈特舍普苏特之所以这么做，或许是因为她预感自己的遗体不会不受侵扰。①

哈特舍普苏特的建筑群中最著名的一组浮雕，讲述了埃及对蓬特（Punt）的一次远征，很可能是为了弥补这位女法老缺乏武功而做的宣传。（这组浮雕在当时必然会引起巨大的轰动。）神秘的蓬特早在古王国时期就已经出现在了埃及文献之中，可能就位于红海南部的非洲海岸，尽管人们未曾确认任何一处遗址。这组浮雕表现了穿越红海的航程，不仅描绘了蓬特的热带植物与树屋，还细致地描绘了蓬特女王那臃肿而丑曲的体态。远征的战利品包括用于制作焚香的芬芳植物以及乌木、琥珀金、短角牲畜等特产。商人们似乎在蓬特滞留了3个月，也许在等待顺风返程。哈特舍普苏特把具有外国风情的器物献给"其父"阿蒙神。相较于以往的法老，她对待阿蒙神庙更加慷慨。

文献对哈特舍普苏特的记载于公元前1458年戛然而止。有一种观点

---

① 关于帝王谷，参见：Nicholas Reeves and Richard Wilkinson, *The Complete Valley of the Kings*, London and New York, 1996。

认为，塞南姆特转而反对她，并帮助图特摩斯三世夺取了权力。纪念她的文字和艺术品起初并未遭到污损，但大约20年后，她的名字被系统性地从每一座纪念建筑上抹去，甚至连方尖碑的顶端都未遗漏。一旦开了先例，紧随其后的是对其雕像的破坏。对埃及人而言，让名字永存是确保死者进入来世的一种方式，所以哈特舍普苏特无疑遭遇了灭顶之灾。图特摩斯三世在全国到处清除哈特舍普苏特的痕迹，可能是为了发泄对这位强悍继母的愤恨，但更主要的目的可能是为了正本清源，重新构建一段聚焦于男性统治者的过去。

公元前1458年至前1425年，图特摩斯三世是埃及唯一的统治者，而埃及对亚洲的控制正受到威胁。此前曾被图特摩斯一世击败的米坦尼王国，现在开始与埃及争夺黎凡特地区的控制权。米坦尼试图通过煽动巴勒斯坦城市相互敌对来削弱埃及对该地区的统治。图特摩斯三世在亚洲发动了至少17场战事，并且骄傲地把战果镌刻在了卡纳克的阿蒙神庙的墙壁上。其中最著名的一战发生在米吉多（Megiddo）。当时他不顾将领们的群起反对（为了表现自己的用兵如神而有意强调了这一点），带领军队穿过一条十分危险的山路，突然出现在敌人背后并将之击败。卡纳克神庙的墙壁上详细记载着战利品的数量——已成为当时武士的标准装备的战车有894辆、200套甲胄、2000匹战马和2.5万头其他牲畜。他不仅重新确立了对巴勒斯坦的控制，并把这种控制又延续了400年。他还攻打过米坦尼本土，甚至乘胜渡过了幼发拉底河。他还大力强化对努比亚的统治，利用埃及的机构直接榨取当地的资源，致使当地土生土长的文化几乎被彻底根除。

图特摩斯三世在与王室相关的神话中被塑造成埃及最伟大的法老之一。他远非仅是一位成功的征服者。他敏锐地意识到自己作为一长串底比斯国王的继任者在历史上的地位，他的祖先名单被设立在卡纳克的神庙里，受到特别的尊敬。他富于修养与好奇心，不仅狂热地阅读古代经典，还亲自创作了一些文学作品。相较于前几位君主，他显然被叙利亚文化折服，并且有可能娶了3位叙利亚妻子。产自叙利亚的云石玻璃成了当时广受欢迎的奢侈品。他还把叙利亚的花草植物的标本带回了埃及，并在卡纳克神庙的墙壁上的植物学场景中描绘了它们。埃及与米坦尼的敌对关系使米坦尼的敌人纷纷前来联络：巴比伦送来了青金石，赫梯送来了的宝石、白银与木材。简而言之，此时埃及对待外部世界的态度更加从容和积极，而精英阶层的子弟甚至正在学习巴比伦的楔形文字。

埃及帝国在这个时代第一次用"法老"来称呼其统治者。对统治者的政治宣传与他们真实的所作所为之间存在有趣的反差。图特摩斯三世的继承者阿蒙霍特普二世（公元前1427—前1400年在位）热衷于把自己塑造为一个战争英雄。其荷鲁斯名为"力大无穷的强壮公牛"，使人联想到他那些徒步猎杀狮子、手刃叙利亚君主的传说。但实际上很多这类故事不过是在国内的自吹自擂。他在位的27年中，仅发动过两场针对叙利亚的战争。法老们逐渐开始意识到运用外交手段解决国际争端的重要性。阿蒙霍特普二世的继承人是图特摩斯四世（公元前1400—前1390年在位）。埃及在其统治下与米坦尼实现了和平。赫梯此时正崛起于米坦尼的北方。米坦尼对此深感忧虑，因此在加强对叙利亚北部的控制的同时，认可了埃及对巴勒斯坦的控制。正是在图特摩斯四世任内，武官的数目似乎正在减少而文官的队伍得到了进一步的扩充。后来的阿蒙霍特普三世（公元前1390—前1352年在位）迎娶了米坦尼公主，两国间的和平也进一步得到了巩固。这段时期的国际关系的真实情况可在阿玛尔那信札（Amarna letters）中略窥一斑（请参阅专题1）。

新王国时期的行政管理

新王国时期的行政组织早已广为人知。在法老之下，政府被划分为3个主要部门。第一个部门是王室，其规模可能十分庞大，相传拉美西斯二世（Rameses Ⅱ，公元前1279—前1213年在位）拥有160名子女。王室虽拥有崇高的地位，但其许多成员可能未被授予政治权力。想必是法老小心翼翼地不想让王室成员培养自己的势力。然而凡事总有例外，继承人可能会被授予军权，而王后或法老的长女也有其传统政治角色——阿蒙的最高女祭司。（埃及人坚信王后的长子乃是阿蒙的骨血。阿蒙神此时已取代了太阳神拉，因此该职位是她应得的，使其地位不可动摇。）国王通过王后，可以直接染指阿蒙神庙的财富。

　　政府的第二个部门负责管理努比亚与亚洲。除了生态环境与埃及非常类似的努比亚，埃及人在其他地方的殖民活动并不成功。埃及人生活的世界严重依赖尼罗河谷地那种波动并不剧烈的环境，故而很难适应国外的生活。埃及军队在抵达幼发拉底河时，曾对这条向南奔涌的河流倍感困惑，因为它与他们熟悉的尼罗河的流向截然相反。埃及人对此做出的最佳解释是，幼发拉底河是一条"水从下游流向上游"的河流！

　　最终，埃及依赖军事实力来维持其统治。在埃及历史上，法老们第一次组建了一支庞大的军队，兵力可能在1.5万至2万人之间。埃及军队被编为若干个步兵营和战车营，每个营都以一位神祇的名字命名。大多数兵员征召自埃及本土。但维持一支军队需要庞大的资金且不易管理，而且当兵从不是受欢迎的营生。实践中，多数法老都只是在其统治初期对亚洲或努比亚发动惩罚性的袭击，其目的不外乎政治宣传的需要或镇压叛乱分子，之后就返回宫廷，享受更安定的生活。埃及对附庸的统治通常也是间接的。埃及派驻当地的总督受使节与驻军的支持，通过附庸国的君主进行统治。总督的职责是维持秩序，收缴赋税、贡品与原材料。最成功的亚洲征服者图特摩斯三世开启了一项政策，把巴勒斯坦各附庸国的君主作为人质带回埃及，以确保他们的母邦保持对埃及的忠诚。

　　许多重要原材料都产自帝国治下各个地区。努比亚向来如此，而亚洲为帝国提供了大批战利品和重要商路。图特摩斯三世就曾占用米吉多平原收获的粮食。叙利亚的锡、塞浦路斯岛的铜和安纳托利亚南部的奇里乞亚出产的白银，都源源不断流入埃及，而且白银在埃及一直被认为比黄金还要珍贵。倘若神庙中的铭文真实可信，那么就有数以千计的战俘被带回了埃及。另有许多外国人在埃及充当画师、仆人、酿酒师和雇佣兵。亚洲的神祇也随着他们一道进入埃及。其中，马背上的女神阿斯塔特（Astarte）甚至被纳入了埃及的神话体系。

　　第三个部门负责内政。该部门又被细分为4个分支，分别管理王室地产、军队、民政、宗教等事务。每个分支均由一小组法老的顾问领导，他们总维持在20至30人的规模，通常由国王的亲信充任。整个埃及被分为两个行政区。上埃及以底比斯为行政中心；下埃及以孟菲斯为行政中心。国家治理的成败往往取决于统治者的性格。只有法老具有必要的精力维持横亘数百千米的尼罗河谷地中的各州政府的联系。地方的中心设有镇长，他们负责执行上司的命令，还负责收税。税率大约是收成的1/10。由军官、祭司和官吏组成的法庭负责审理刑事案件和层出不穷的土地纠纷。尼罗河为期4个月的泛滥常使田产边界难以辨认，自然会引发许多纠纷。

官员的坟墓越奢华，越能反映墓主人生前的成就以及与法老的亲近关系。比如阿蒙霍特普二世在位时期担任底比斯城长官的森奈菲尔（Sennefer），他自称"使法老心情舒畅之人"。森奈菲尔的精美陵墓至今仍保存完好，而阿蒙霍特普二世的大总管克纳蒙（Qenamum）就没有这么幸运了，其墓室的壁画在其死后全部遭到污损。这表明在仁政的平静表象下，充斥着嫉妒与相互倾轧。依照一项可追溯至古王国时期的传统，好的行政治理不但要公正、尊重继承权，还要赈济饥荒与贫困者、倾听穷人的呼声。但现实并非如此。根据文献记载，官吏在收税时态度粗暴，更没有任何证据能证明农民的生活有丝毫改善。尽管统治者希望维持一个秩序井然且运转良好的社会，但这绝非是一个"福利社会"。

统治者与神庙

在阿蒙霍特普三世的漫长统治下，埃及达到了国力的巅峰。以往的统治者尚与神明保持一定距离，而阿蒙霍特普三世则自视为神，某些浮雕甚至在表现他向自己奉献供品的场景！他把自己等同于'光芒四射的太阳"。让统治者等同于太阳神的做法标志着王室在意识形态方面有重大转变。他不仅启动了埃及历史上最雄心勃勃、最恢弘的建筑工程项目，更热衷于举办盛大的登基庆典，甚至在尼罗河沿岸建设了不计其数的港口，以方便他携王后泰伊（Tiye）在河上向臣民展现自己的风采。

上述策略的一个成果，就是出现了一批可以被列入古埃及最伟大艺术品之列的雕像。这些雕像制作于阿蒙霍特普三世统治的不同阶段。在尼罗河西岸就矗立着这位法老的两尊巨像，总重达到了720吨。这两尊巨像如今仍屹立在阿蒙霍特普三世那座宽敞的祭庙前，尽管该祭庙基本上已经解体了。阿蒙霍特普三世存世的各类建筑中，最宏伟者当数位于底比斯的阿蒙神庙和"众神之母"穆特（Mut）的神庙。底比斯是一座圣城，第十一、十二王朝以及之后的第十八王朝都是以此城为大本营，最终统一了埃及。阿蒙一直被视作该城的保护神。阿蒙是一位不可见的神明（"阿蒙"在埃及语中即意为"隐匿者"），但其"动物"形态被描绘为一个人。

　　阿蒙早在中王国时期就已经与传统的太阳神拉合二为一，形成了一位复合神——阿蒙-拉（Amun-Ra）。这种关系在阿蒙霍特普三世在位期间得到了进一步强调。阿蒙霍特普即位之初，最重要的阿蒙神庙位于卡纳克。第十八王朝早期的历代法老（包括哈特舍普苏特）在此建造了一个祭祀阿蒙的庞大建筑群。新王国时期所取得的一切胜利都被归功于阿蒙。阿蒙霍特普三世又在卡纳克以南3千米处的卢克索新建了一座雄伟的神庙，其墙壁上的浮雕描绘了众多武士国王的功绩。一条由小型狮身人面像组成的柱廊连接着上述两座神庙。对该柱廊的发掘工作至今仍在继续。

　　卢克索与卡纳克的神庙是专门为神建造的居所。这两座神庙通过数条漫长的步道与外界相连，道路两侧陈列着不计其数的狮身羊首阿蒙像（公羊是阿蒙的神兽）。神庙的入口处建有宏伟的石门。穿过它们，一连串的庭院和柱廊通向神殿。阿蒙霍特普三世为阿蒙神庙增建了一座"太阳庭院"，也就是一个柱廊环绕的阳光可以直接照射进来的露天庭院，以表示拉在阿蒙崇拜中扮演着更为重要的角色。神庙建筑群深处的庭院全部建有屋顶。当众人穿过前庭进入最为神圣的内殿时，天花板变得越发低矮，地板亦不断抬升，象征创世神话中万物之初的一座土丘。内殿室内的光线受到限制，神像几乎矗立于黑暗之中。①

　　法老在理论上是唯一具有完整神性者，唯有他能通过仪式供养并维持神明的灵魂。经过选拔的祭司只有在法老缺席时才能充当其代表。祭司在进入内殿前需要净身，所以必须在圣水池中反复洗涤身体和所使用的礼器（圣水池因而成为神庙的重要标识）。之后，祭司开启内殿大门上每夜护卫着阿蒙的封印，庄重地步入内殿。神像每天都会被涂抹油膏并围上干

---

① 对于埃及神庙的初步介绍，参见：Richard Wilkinson, *The Complete Temples of Ancient Egypt*, London and New York, 2000。

爽的亚麻布，并有人在神像面前诵读规定的祈祷词。

欧佩特大典（the great festivity of Opet）是民众参与底比斯神庙中各项宗教仪式的唯一机会。埃及人每年都会在尼罗河开始泛滥的喜庆时刻举行这一重要节庆。欧佩特大典把阿蒙霍特普三世在卢克索新建的神庙与卡纳克的神庙联系在了一起。众人把装饰着黄金与珠宝的阿蒙神像由卡纳克神庙抬出，安放在一艘神船上，再把神船抬到河边。神船将顺流而下，造访卢克索的阿蒙神庙。尼罗河两岸的围观者在神船经过时载歌载舞、挥舞旗帜或顶礼膜拜。

古埃及的神庙并不仅仅是现代意义上的宗教场所，还是国家行政系统的一部分。底比斯的阿蒙神大祭司既可以来自职业的祭司阶层，也可以由法老在其廷臣或将领中选拔。大祭司的职责既包括管理谷仓，又包括负责招募修建王室陵墓的工匠和其他一般公共工程。神庙拥有巨大的财富，其中大多来自法老的捐赠。法老可能希望由此得来的产品的一部分将被返还给国家。据估计，卡纳克的阿蒙神庙在新王国时期晚期曾占有2400平方千米的土地，几乎是埃及全部耕地的1/4，所控制的劳动力亦超过了8万人。底比斯的各阿蒙神庙每年的总收入接近200万袋谷物。

阿吞崇拜

然而，阿蒙霍特普三世做得过头了。在其统治的末期，也就是在公元前1350年前后，过于富有的神庙在经济和政治领域变成了法老的竞争对手。阿蒙霍特普三世在去世之前，似乎就已经开始疏远底比斯的神庙。他在孟菲斯培养其子阿蒙霍特普，并开始扶持埃及北部的宗教势力，例如萨卡拉的圣牛与赫利奥波利斯的太阳神。一种新的宗教崇拜在阿蒙霍特普三世的任期内出现，其崇拜对象是阿吞（Aten），也就是物理形态的太阳。阿蒙霍特普三世之子阿蒙霍特普四世（公元前1352—前1336年在位）拥有另一个更为人熟知的名字——埃赫那吞（Akhenaten），即"对阿吞有益之人"。这位法老妄图发动一场宗教和社会革命，把阿吞树立为唯一的神，以取代传统的埃及众神。①

对太阳神的崇拜在埃及宗教中根深蒂固。每次日出都被埃及人视为创世的象征性再现，而对太阳的崇拜在埃及控制下的中东地区也十分常见。埃赫那吞倘若仅强调阿吞神在埃及诸神中的地位，可能不至于引发巨大的骚动。无论他是否受到了其父的启发，他最终走上了一条史无前例又特立独行的道路。他把攻击的矛头对准了阿吞之外的所有神祇，尤其针对阿蒙神，同时又把自己树立为阿吞与凡人之间的唯一媒介。这种转变也体现在艺术形象的塑造上。阿吞被描绘为一个代表太阳的圆盘，辐射出一道道光线，光线的尾端是抚摸法老及其家人的手。王后娜芙蒂蒂（Nefertiti）的地位得到提升，于是法老夫妇看起来像是阿吞的双胞胎儿女，表明当时开始强调法老家庭成员的重要地位。

埃赫那吞发动这场宗教革命的动机尚不清楚。可能他受到其父的影响，他在父亲去世前可能是父亲的共治者（并非所有学者都赞同此说）。他也有可能是受到了母亲泰伊的影响。这位令人敬畏的王太后活到了埃赫那吞统治时期。他可能只想证明自己不是神庙势力的傀儡，或者创造一种属于自己的宗教。无论动机如何，他都为自己设立了一个遥不可及的目标。毕竟传统宗教信仰早已被深深嵌入埃及人的世界观中，他实际上是在挑战整个埃及的认知结构。

改革造成了巨大的冲击。许多神庙被关闭，其财产亦被没收。当土地直接转移到法老的手中时，国家的经济陷入了混乱。各种传统节庆被废除，以致农民无法掌握节令。随着埃赫那吞对阿蒙的攻击逐渐升级，不但阿蒙的名字，甚至"诸神"这类意指众神的字眼都被从神庙中彻底抹去。倘若埃赫那吞未得到军队的支持，如此剧烈的宗教革命应该永远不可能发生。

埃赫那吞建造的第一座阿吞神庙位于底比斯。它有自己单独的区域，内部拙劣的浮雕说明它是仓促建造的。事实证明，这座神庙过于靠近阿蒙神崇拜的大本营，所以埃赫那吞在继位5年后，顺尼罗河而下，迁都至中

---

① 参见：Cyril Aldred, *Akenaten, King of Egypt*, London and New York, 1991.

埃及的一片处女地，并把新都命名为埃赫塔吞（Akhetaten），但当地现在的地名——阿玛尔那土丘——则更加为人熟知。迁都之举表明法老渴望彻底摆脱来自埃及传统以及底比斯和孟菲斯的上层官僚，但应该还有其他因素促使他做出这一决定。阿玛尔那土丘东岸的峭壁上，有一个天然形成的隘口与一个山谷相连通。朝阳发出的第一缕阳光正好穿过隘口。阿玛尔那土丘的阿吞神庙气势恢弘，且与山谷位于一条直线上。阿吞崇拜更强调生活中的积极方面，比如白昼而非黑夜、光明而非黑暗、重生而非死亡。阿吞神庙的露天式设计也一反阿蒙神殿传统的封闭式设计。与埃赫那吞有关的浮雕与壁画大多描绘他沐浴在阳光下的场景，而代表阳光的线条末端总有一只小手在轻抚着法老。

阿玛尔那土丘的一座陵墓里仍保存有一首赞美阿吞的颂诗，其中一段写道：

> 你从天边升起，大地重现光明。
> 你是白昼的阿吞，照耀着万物。
> 你驱散黑暗，发出光芒。
> 两片土地一派欢腾。
> 众人醒来并起身，
> 是你唤醒了他们。
> 他们沐浴更衣，
> 高举双臂礼拜你的升起。
> 万物各司其职，
> 牲畜游荡于野，
> 草木吐露新芽；
> 鸟儿展翅离巢，
> 感激你的恩泽。
> 脚踏大地的走兽，
> 翱翔天空的飞鸟，
> 皆仰赖你的光芒。

> 你的升起使道路畅通，
> 使船只往来于南北。
> 河鱼在你面前跃起，
> 你的光芒直达海底。

这首热情洋溢的阿吞颂歌以俗语写成，与典雅的官方用语有很大差异。历史已经证明此诗极具影响力，尤其是以色列人那些赞美他们唯一的神——上帝——的诗歌可能就受此启发。然而，新宗教在埃及未能广泛传播，因为传统宗教已渗透到日常生活的方方面面，民众对于抛弃传统宗教缺乏动力。埃及的传统宗教在民间具有令人震惊的韧性。埃及形形色色的神明可以被赋予不同的身份和属性，从而满足形形色色的身体及精神需求。神明们或被组合在一起，或被合并为复合神，形成了一个内容丰富的神话体系，涵盖了从创世到来世的各个主题。用只有一种形态的单独一个物质实体去代替传统的众神，当时的埃及人显然无法承受如此剧烈的文化冲击，所以连那些在阿玛尔那土丘工作的工匠都保持着对传统众神的忠诚。

埃赫那吞的统治并未因为推广阿吞崇拜的失败而减色。作为一位强势的君主，他执着于宣扬自己是阿吞神与埃及之间的唯一媒介。他没收其他神庙的财产，以巩固自己的政治地位。他还牢牢控制着行政系统。能为埃及带来巨大文化变革者寥寥无几，埃赫那吞无疑是其中之一。许多艺术作品以一种相较于传统范式更加轻松、更加现实主义的方式描绘法老、王后及他们的家人。王室俨然已经取代神话中众神的家族，成为艺术家的创作主题。某些肖像甚至描绘出了法老独特的体貌特征，例如臃肿的腹部。相较于此前的法老肖像，这种手法无异于离经叛道。他还抛弃了自古以来应用于各种文本的古典埃及语，转而使用一种由他刻意创造的新语言。这种语言既保留了古典埃及语的某些特征，又借鉴了当时通行的口语，以进一步彰显其自身的身份。简而言之，此时的埃及对于传统的坚持有所放松，从而孕育出了更加自由的艺术风格。

阿玛尔那土丘远离尼罗河洪水的水位线。该城在埃赫那吞死后即被废弃。这意味着我们只能通过考古发掘来了解往昔的一切。[①]城区通过14块界碑划定，并经过精心的规划。足够丰富的古代遗存使今人能够准确定位宫殿以及与之相连的后宫、阿吞神庙和行政机构的位置。该城还曾建有多座园林，郊区坐落着行政官员的宅邸。工匠的村落建有完整的围墙，其居民在夜间不能外出。该村落不禁使人联想到更南边代尔麦迪纳（Deir el-Medina，见第5章）的工匠村落。

阿玛尔那土丘的规划展现了法老统治的本质。法老及其家人居住在易守难攻的宫殿中。宫殿则位于城市北部，远离其他城区。一条宽阔的大道连接着宫殿与举行各种典礼的场所。法老可以每日沿着这条大道出巡。在他途经之处，居民们会跟在他所乘坐的黄金战车后面欢呼致敬。法老最终会抵达另一座甚至更宏伟的专门用于展现王家威仪或接待外国使节的宫殿。这座宫殿的核心是一个巨大的庭院，庭院周围矗立着法老的巨型雕像。庭院的石板路面上描绘着外国人的形象。法老的战车每每碾过外国人的形象，可以提醒人们，这位法老正统治着一个庞大的帝国。法老夫妇还会在名为"露面之窗"的阳台上赏赐群臣。这样的场合也令公众有机会目睹法老的风采。埃赫那吞可能是一位强势且特立独行的君主，但新都的布局仍表明，为了令人敬畏和控制手下的官员，对统治者权力的呈现可谓费尽心机。

埃赫那吞于公元前1336年前后去世，埃及随即陷入了混乱。埃赫那吞的继承人名叫斯蒙卡拉（Smenkhara）。此人身份不明且在位仅短短数月（有可能是娜芙蒂蒂取了一个男性的名字斯蒙卡拉）。此后，埃赫那吞与另一名妻子所生的儿子——图坦哈吞（Tutankhaten）——继承了王位。他的名字表明阿吞崇拜此时仍是官方宗教。但不到一年时间，他便改名为图坦哈蒙（Tutankhamun），阿玛尔那土丘亦被废弃。这位年幼的法老发出了一道"复辟法令"，哀叹神庙的衰败以及众神抛弃了埃及。埃及经历了一场反对阿吞崇拜的政治风暴。贵族现在参照小型神庙的样式营造陵墓，仿佛是在向民众宣示他们对宗教的控制力。其陵墓中满是描绘传统神祇的雕

[①] 英国考古学家巴里·肯普（Barry Kemp）于1977年开始在此发掘。他对该城的详尽描述可参见：Barry Kemp, *The City of Akhenaten and Nefertiti: Amarna and its People*, London, 2012。

像与壁画。(奥西里斯作为最重要的葬礼之神的地位迅速得到了恢复。)随着埃赫那吞现在被认为是背叛人民、搅乱了宇宙秩序，他的前任们被给予了无与伦比的尊重。阿蒙则一跃成为全宇宙的至高神，可以化身为其他任何埃及神祇，而且任何信奉阿蒙者都可以亲近这位神。当时的文本中还出现了阿蒙"在远方注视着一切，在近处倾听着一切"的描写。阿蒙被认为能直接干预信徒的生活。

图坦哈蒙未及亲政便已去世，年仅19岁。其死因可能是脑出血或由腿部骨折引发的感染。然而，他的死亡也可能是人为造成的，为的是在他完全掌握权力前将之除掉。无论真相究竟如何，他得到了一位法老应有的风光大葬。纯粹出于偶然，他的王陵可能不久即被人遗忘并被后来隧道施工产生的碎石所掩埋，总之令他免于被盗墓贼所打扰，直到1922年英国考古学家霍华德·卡特（Howard Carter）才使之重见天日。图坦哈蒙陵墓中出土的大量精美的随葬品轰动了整个世界，而围绕这位英年早逝的法老所演绎出的各类凄美故事，更在20世纪20年代掀起了一股席卷全球的"图坦哈蒙热"。①

第十九王朝：最后一个伟大的埃及王朝

第十八王朝在图坦哈蒙去世时已是山穷水尽。埃及仍处在混乱之中，图坦哈蒙的遗孀——也就是他同父异母的姊妹——为了维持这个摇摇欲坠的政权，甚至可能尝试寻找一位赫梯王子作为她的丈夫。倘若此事属实，则她的计划被一位名叫霍伦赫布（Horemheb）的将领所挫败。霍伦赫布趁机夺取了埃及的最高权力。他自视为传统秩序的恢复者，并彻底抹除了埃赫那吞及其继承人的痕迹，自称其王位直接继承自阿蒙霍特普三世。此外他还修改官方档案，让自己成为第十八王朝的王室成员。在萨卡拉为自己建造的陵墓中，他将本人塑造为一位意志坚定的将军，而来自近东与努比亚的战俘则匍匐在其脚下听候发落。此外，他雷厉风行地整肃了宫廷中的腐败现象。他拆毁了埃赫那吞为阿吞神兴建的神庙，并把拆卸下来的建

---

① 关于该王陵的发掘和文物，参见：Nicholas Reeves, *The Complete Tutankhamun: The King, the Tomb, the Royal Treasure*, London and New York, 1995。

筑材料用于在卡纳克大兴土木。由于没有子嗣，他把王位传给了一位青年将领——第十九王朝的创立者拉美西斯一世。埃及在第十九王朝结束后便永远地失去了大国地位。

拉美西斯一世的家族来自三角洲东部，因而权力中心回到了埃及的北方。底比斯的祭司们可能收回了神庙，但在新王国时期的剩余年月中，从未被允许重建其政治影响力。拉美西斯家族并无王室血统，因而拉美西斯一世之子塞提一世（Sety I）于公元前1294年左右继承王位后，精明地试图掩饰这一点。他曾与69位先王出现在同一组浮雕中，最早的一位就是据传首次统一埃及的那尔迈。值得注意的是，哈特舍普苏特、埃赫那吞及其直接继承人则被刻意忽略。过往的历史必须要按王权的传统意识形态来重整。为了巩固自己的统治，并完成传统宗教的"复辟"，塞提一世在埃及各主要宗教中心广建神庙，其中最精美的一座位于阿拜多斯。上文提到的那幅刻有69位先王的浮雕就位于这座神庙的一条柱廊里。这座神庙若因循传统，应连接着一座奥西里斯神殿，但实际上它连接着7座神殿，也就是寓意众神共同支持这位法老。底比斯也享受到了特殊关照。卡纳克的阿蒙神庙增建了一座崭新的巨型立柱大厅。阿瓦利斯因成为法老在北部的陪都得以复兴，当地的塞特神庙也得到了重建。

埃及帝国此时面临着一个新敌人——赫梯帝国——的威胁。赫梯帝国在公元前14世纪晚期达到鼎盛，其势力不仅越过了安纳托利亚中部，还吞并了曾属于米坦尼王国的大部分领土，并且向南深入至黎凡特（赫梯的详情请参阅上文第2章）。两国在埃及北部爆发边界冲突已是在所难免，而且埃及早在塞提一世在位时期便不得不发动深入亚洲的新战役，以便重新控制那里。双方最著名的一场战役，就是公元前1275年左右爆发的卡迭什之战。卡迭什这个叙利亚城镇被埃及默认为埃及的帝国边界。当时在位的是塞提一世之子拉美西斯二世（约公元前1279—前1213年在位）。双方国王亲率大军，每一方都拥有大批的战车与步兵。尽管拉美西斯二世在埃及神庙的墙壁上宣传自己取得了压倒性的胜利，但流传至今的赫梯文献也有对这场战斗的记载。在赫梯人看来，埃及军队不过侥幸从赫梯的战车洪流中全身而退。实际上，两国的战争陷入了僵局。拉美西斯二世明智地意识到,在远离本土的地方与如此强大的帝国作战是十分危险的,于是在公元前1263年左右与赫梯缔结了盟约。盟约被雕刻在了银版上。该盟约也结束了拉美西斯二世的军事生涯。无论他如何吹嘘自己作为一个全能的埃及君主拥有至高无上的地位,但有证据表明两个帝国都尊重彼此的实力。①

拉美西斯二世大肆宣扬这场"胜利"的动机主要是为了巩固其政治地位。他宣称,无能的将领们是在他的激励下才投入战斗的。此外,他也通过更加传统的方式经营着自己的形象,自然也少不了大兴土木。至今仍屹立在埃及土地上的神庙遗址中,有近半数能追溯到他统治的年代。阿布辛拜勒神庙是拉美西斯二世最著名的遗产之一。由于阿斯旺大坝建成后所形成的纳赛尔湖将会淹没该神庙,因而联合国教科文组织于20世纪60年代对其实施了整体搬迁。拉美西斯二世之所以要在埃及势力范围的最南端建造如此雄伟的神庙,显然是想凭借那种令人恐惧的实力震慑他的努比亚臣民。山岩正面凿有4尊巨型的拉美西斯二世坐像,每尊高21米。略小一些的正室奈菲尔塔利的雕像和其他王室成员的雕像则被放置在上述雕像之间。神庙的内殿深入岩体达60米,内殿深处供奉着阿蒙-拉等众神的雕塑。拉美西斯二世也遵循阿蒙霍特普三世的先例,把自己塑造为众神当中的一员。这些雕像每年会被阳光照耀到两次,日期分别是冬至日之前与之后的第60天。他还沿着峭壁专门为王后奈菲尔塔利建造了一座较小的神庙。这些神庙如今被搬迁到了地势较高处,且依旧保持着昔日的魅力。

新王国时期埃及的衰落

为了荣耀位于三角洲的家乡,拉美西斯二世在阿瓦利斯附近建造了引人瞩目的新都培尔-拉美西斯(Pi-Ramses)。据铭文记载,新都建有大量鱼塘和粮仓,每天都有船只运来谷物,因而没有人会挨饿。该城虽位于内陆,但可以通过河道抵达。城市北部的开阔地可供外国工匠在此定居,例如经发掘发现,当地的一个战车作坊即由赫梯人经营。此外,考古人员

---

① 参见:T. G. H. James, *Ramesses II*, New York, 2003; Joyce Tyldesley, *Ramesses: Egypt's Greatest Pharaoh*, London and New York, 2001。二者皆为极好的传记。

还在此发现了供奉着叙利亚女神阿斯塔特的神庙，与供奉阿蒙、塞特、拉等传统埃及神祇的神庙比邻而立。以色列人可能就是因为拉美西斯二世在该城及其周边重要的物资集散地皮索姆（Pithom）大兴土木，而被吸引加入移民大军的。他们的境遇（可能与今天那些受到盘剥的外籍劳工相差无几）以及后来被"释放"或主动返回亚洲的故事，可能为《出埃及记》提供了素材。（"以色列"一词仅在埃及铭文中出现过一次，即拉美西斯二世之子麦伦普塔赫［Merenptah］消灭了一个来自迦南的名为以色列的部落。）

拉美西斯二世在培尔-拉美西斯城为自己建造了主宫殿。由于他在位已近30年，所以为筹办塞德节而建造了典礼大厅（Jubilee Halls）。他自然也不会忽视自己的后事。他按照传统在帝王谷建造了一座巨大的王陵。这座陵墓甚至可能是所有古埃及王陵当中最奢华的一座。他还在底比斯的尼罗河西岸建造了一座巨型祭庙，即拉美西斯祭庙（Rameseum），能让更多的人看到。与之配套的粮仓规模十分巨大，其库存可满足3400个家庭的一年之用。他为奈菲尔塔利建造的华丽陵墓还展现了这位好大喜功的君王温情的一面。

对培尔-拉美西斯的考古发掘已经证实当地的航道也被设计用作防御屏障，而且当地至少建有3座兵营。尽管法老正高调地公开炫耀王室的排场与自信，但早已有迹象表明埃及此时正变得越来越采取防御姿态。埃及与赫梯形成的僵局一定令他感到震惊。带有拉美西斯名字的铭文总有一个意味深长的细节：装饰法老名字的王名圈被刻得很深，仿佛拉美西斯担心自己的名字会被抹去一般。在拉美西斯二世去世后，埃及所承受的外部压力日益加剧。撒哈拉沙漠越发干旱，迫使那些渴望土地的游牧民族开始频繁袭击富庶的河谷地区。来自西部的利比亚人首次集结为一支精良的突袭部队，屡次突破埃及的防御。利比亚人的袭击可能与"海上民族"的入侵同时发生。"海上民族"可能也只是地中海地区大动荡的一种表现。

拉美西斯二世在位长达67年。期间他生育了不计其数的子女，其中许多先他而去。他去世后，其在世的最年长的儿子麦伦普塔赫继承了王位。但拉美西斯仍有众多子孙企图争夺王位，从而令帝国的稳定受到破坏。之后的第二十王朝也只有一个能力出众的法老拉美西斯三世（约公元前1184—前1153年在位）。拉美西斯三世以传统战略打击进犯沿海地区的敌人，并取得了一系列胜利。他还大兴土木，建造了许多精美的纪念建筑，例如在毗邻底比斯的麦迪奈特哈布（Medinet Habu）建造了一座巨型神庙。他在此大肆宣扬其击败"海上民族"的功绩，这一胜利也成了古埃及荣耀的最后一曲挽歌。

然而真相是无法掩饰的，他的王国显然正在走向崩溃。长期的穷兵黩武正在榨干埃及的资源，"海上民族"造成的破坏又使传统贸易路线陷入瘫痪。拉美西斯三世曾试图向祭司集团寻求支持，以巩固自己的政治地位。他向神庙大施恩惠，底比斯的阿蒙神庙受惠颇丰。他赠给神庙的耕地可能占埃及全部耕地的15%，换言之，神庙控制了埃及1/3的耕地。结果适得其反，法老丧失了作为税源的大片土地。在拉美西斯三世的晚年，越来越多的迹象表明埃及内部已危机四伏，而利比亚人的袭击又加剧了人们的不安。后宫中甚至有人曾密谋行刺。由于官僚机构罕见地陷入了瘫痪，在帝王谷工作的工匠竟未能按时领到口粮，遂组织了人类有史以来的第一次罢工。由于王室已经威严扫地，盗墓贼洗劫了帝王谷的一座座王陵。公元前1100年前后，代尔麦迪纳的工匠村落最终被完全废弃。

第二十王朝的后9位法老全部取名为拉美西斯。他们可能把希望完全寄托在了名字上，希望这个名字能扭转国运。然而他们都被证明无力扭转埃及的颓势。埃及衰败的部分原因在于许多法老在登基时便年事已高，在位时间太短，加之精力衰退，根本无法巩固自己的权力。第二十王朝历代法老的平均在位时间不足12年，与此相比，第十八王朝则接近20年。法老手中的资源正逐渐枯竭。努比亚的金矿此时已经枯竭。法尤姆等重要的农业产区则无力抵御利比亚人的袭击。年迈体衰的法老与捉襟见肘的资源使埃及的帝国开始分崩离析。拉美西斯六世（公元前1143—前1136年在位）统治时期，埃及丧失了对亚洲的控制。努比亚地区的人口随着金矿的枯竭开始下降，而当地的埃及官吏也于第二十王朝末期撤离。到公元前1060年，埃及已经退回到河谷地区的传统疆域内。

关于盗墓案件的文献生动地反映了埃及社会的崩溃。尽管盗墓活动一直存在，但规模在此时急剧扩大。底比斯西部的贫困居民在偷取神庙的粮食和盗墓方面最为出众，甚至连王陵也不放过，这标志着王室的权威已荡然无存。一个名叫阿蒙帕努弗尔（Amun-panufer）的石匠供认，他从第十七王朝某位法老与王后的棺椁中偷走了全部宝石并纵火烧毁了棺椁，然后与同伙瓜分了所有随葬品。文献中列出了经办案件的官员们追回的财物，包括黄金、白银、黄铜、青铜、亚麻布、木材和成罐的油。腐败也在四处蔓延。负责运粮的官员在船只停泊时监守自盗。原本为了维持秩序而训练的努比亚人部队，竟也卷入到盗墓和洗劫纪念建筑等犯罪活动中。当时的统治者在绝望之余，把拉美西斯二世等列位先王的木乃伊汇聚起来，集中安葬在了代尔巴赫里的一个隐秘之处。这取得了一定的成功，直到19世纪它们才被重新发现。

当时的一首起源于早期宴会歌曲的挽歌，捕捉到了新王国时期末期的情绪：

> 那些安息于金字塔中的远古的众神，与那些受祝福的高贵的逝者、祭拜堂的建造者，他们的安息之地早已消失，仿佛从未存在。无人从另一个世界返回，为我们讲述他们的境遇和他们的处境，宽慰我们，终有一天我们也会前往他们已到达的世界。

埃及人曾为良好的秩序与悠久的历史而备感自豪，所以对他们而言，当时无疑是一场浩劫。埃及虽然日后还会迎来复兴，但再不能像新王国时期那样繁荣和强大。

专题 1

阿玛尔那信札

　　致法老陛下，我的太阳和主宰：您的仆人，您脚下的尘土，舒瓦达奉上以下消息。我七次又七次地匍匐在我的太阳和主宰、法老陛下的脚下。我主法老陛下已准许我们与基尔图（Qiltu）开战。我已经奉命行事。基尔图本是赐予我的，我的城市将重新回到我的手中。阿布迪赫巴（Abdi-Heba）何以致信基尔图人，说"交出白银并追随于我"？望我主法老陛下明察，正是阿布迪赫巴把我的城市从我手中夺去。占领我的城市的拉巴亚（Lab'aya）已经死去，阿布迪赫巴却成了第二个拉巴亚，占据着我的城市。愿法老陛下为他的仆人做主。在法老答复他的仆人之前，我不会采取任何行动。

　　在新王国时期，埃及对巴勒斯坦维持着一种松散但持续的控制。舒瓦达（Shuwardata）是当地的一个附庸君主，统治着巴勒斯坦南部的一个小邦。巴勒斯坦的君主们彼此混战不休。舒瓦达自然也概莫能外。他的对手最初是示剑的拉巴亚（Lab'aya of Shechem）。待拉巴亚死后，耶路撒冷的统治者阿布迪赫巴又继续与舒瓦达为敌。但舒瓦达并未采取自卫措施，而是在等待埃及法老的答复。

　　这便是阿玛尔那信札中的世界。这批信件共计350封，于1887年出土于阿玛尔那土丘被废弃的埃赫那吞王宫的遗址，其年代可以追溯到约公元前1360年至前1335年。这些信件全部以当时通用于该地区的阿卡德语楔形文字写成。这表明当时没有任何势力能强大到坚持使用自己的语言（例如，即使由附庸国发往埃及的信件也未使用埃及语）。信件记录了阿蒙霍特普三世、埃赫那吞与古代近东统治者之间错综复杂、变动不居的外交往来，其中既包括当时的各大强国，也有巴勒斯坦地区各附庸国的君主。米坦尼是位于叙利亚北部底格里斯河与幼发拉底河之间的一个强国，曾一度是埃及的劲敌，但现存的信件表明当时的国王图什拉塔（Tushratta）已成为埃及的盟友，且两国王室间有联姻关系。赫梯与埃及的关系则阴晴不定，尤其在赫梯国王苏庇路里乌玛一世入侵了米坦尼并将之降为附庸后，前景更加不明。这种不稳定的双边关系最终导致埃及与赫梯在下个世纪里兵戎相见。然而赫梯当时还要面对另一个敌人——亚述，其国王阿舒尔乌巴里特（Ashur-uballit）决心要填补米坦尼留下的权力真空。亚述的举动又引发了另一股势力的忧惧，这便是加喜特人所建立的巴比伦王国。但阿舒尔乌巴里特之女与加喜特王子的联姻最终化解了双方的疑虑。

这些信件均为统治者个人之间的私人信件。因此当通信的某一方去世之后，其继承人必须重建双方的信任关系。当时各大国的国王从不惮于使用武力，但也明白使用武力会给各方带来疑惧。统治应该深谙适时妥协之道。阿舒尔乌巴里特先后写给埃及法老的两封书信，就充分展现了正在崛起的新兴势力如何谨慎地开展外交活动。在第一封信中，他刚刚宣示了自己的权威，并且谨慎地试探埃及的态度。他会得到埃赫那吞的平等对待吗？

致埃及君主：

这是亚述国王阿舒尔乌巴里特的消息。祝你一切安好，祝你的宫殿、你的土地、你的战车、你的将士安好。我派出使节，造访你和你的国家。迄今为止，我的前任从未给你写信，但如今我这么做了。我送给你一辆华丽的战车、两匹战马和一块真正的青金石作为礼物。请不要耽搁我所派遣的信使。希望他在转达了我的敬意之后尽快回到我身边。

这封措辞谨慎的书信丝毫未提及亚述国王本人的地位，更未按照地位平等的君王交往时的惯例索要回礼。然而，阿舒尔乌巴里特在第二封信中对自己的地位已充满自信，不仅自称"伟大的王"，还称呼埃及法老为"兄弟"，甚至敢于抱怨埃及法老所赠送的黄金不足以抵偿派遣使者的开销！

巴勒斯坦的附庸国则完全处于另一种地位。这片土地被山脉与峡谷分割得支离破碎，当地的任何一位君主都无法崛起为一股强大的势力。巴勒斯坦当时显然属于埃及的势力范围。埃及绝不会允许任何外部势力染指其霸权（卡迭什之战爆发的原因也正在于此）。埃及的统治相对宽松。当地的埃及官员与驻军的主要任务是保卫贡品的运输。埃及人常把巴勒斯坦的贵族带回埃及宫廷，并将之委任为重要城市的统治者，期待他们能保持对埃及的忠诚，例如阿布迪赫巴就曾经在埃及接受教育并被法老扶植为耶路撒冷的统治者。埃赫那吞似乎选择谨慎地行使其权力。各附庸国的君主间可以存在适度的争斗，但任何附庸国的扩张都受到严格限制。越界的拉巴亚正是因此才被埃及人俘虏，并被解往埃及听候发落，但实际上中途即被处决。正如舒瓦达在书信中所表示的那样，各附庸国的君主深知在开战之前最好先请示埃及法老。

统治者们之间的联姻、贸易、交换礼物展现出一种现实政治（realpolitik）原则。由于埃及在努比亚拥有丰富的黄金资源，而黄金又是当时最贵重的礼物，所以埃及人在外交活动中无疑占据了先机。联姻则是一件更加微妙的事情。埃及法老们虽拒绝把埃及公主嫁给外国人，但时刻准备着为王室成员迎娶外国公主支付聘礼。尽管外国公主在来到埃及时会带着大批随从，但当阿蒙霍特普三世试图再娶一位巴比伦公主时，巴比伦国王指责他把前一位巴比伦公主锁入深宫，使她在15年间音信全无。埃及因此只有把更多的黄金作为聘礼送往巴比伦，才能娶到另一位新娘。

这些谈判避免了国际间的无政府状态。"阿玛尔那"体系在避免战争方面取得令人瞩目的成就。尽管各大国的统治者常咄咄逼人地炫耀其实力，但他们可能都承认这仅是另外一种外交姿态，而任何紧张局势最终都可以通过外交磋商的方式得到缓和。他们已认识到，保持贸易正常运转事关所有国家的利益。尽管"阿玛尔那"体系从未促成一系列稳定的联盟,然而其运转状况仍令人称奇,因而该体系被许多历史学家视为国际外交的开端。[1]

---

[1] 参见:W. L. Moran (ed. and trans.), *The Amarna Letters, Baltimore*, 2000; Raymond Cohen and Raymond Westbrook (eds.), *Amarna Diplomacy: The Beginnings of International Relations*, Baltimore, 2000。

第5章

新王国时期埃及的日常生活

森奈扎姆（Sennedjam）是一位在帝王谷参与建造王陵的石匠，死于拉美西斯二世统治的第11年，所以应该曾为修建这位法老或其家人的陵墓出过力。森奈扎姆的墓于1886年在工匠村代尔麦迪纳被发现，且未遭盗掘。他与妻子伊奈菲尔（Iynefer）以及子女们的木棺仍完好地保存在地下墓室里，而该家族其他不那么重要的成员在下葬时仅裹有一层裹尸布。

墓室东边墙壁上的壁画十分精美，描绘了当时农业劳作的场面。壁画分别描绘了森奈扎姆与伊奈菲尔夫妇手持燧石镰刀，在田野中收割谷物、收获亚麻以及播种的情景。在壁画靠下的位置，结满椰枣与无花果的果园与开满鲜花的花园被一道灌溉用的水渠分开。画面中这对幸福的夫妇在劳作时却衣着讲究，显然他们并不是真正需要在农田里挥洒汗水的人，因为他们有一群沙布提（shabits）——一种手持工具的象征仆从的小型墓俑——会在冥界为他们劳作。而在闲暇时，这对夫妇会像另一幅壁画所表现的那样，玩一种名为塞奈特（senet）的棋类游戏来打发时间。

这些壁画展现了古埃及人心目中的理想生活，但这种和谐而富足的冥世生活只属于那些能够通过奥西里斯审判的人。古埃及的现实生活又如何呢？这毕竟是一个普通劳动者总会遭遇各种各样的不幸而尼罗河却不一定泛滥的世界。普罗大众的声音大多被时间所湮灭，但在《对各职业的讽刺》中，透过作者对那些不认真练习书写技巧的学徒的警告，我们可以一窥普通人的真实处境。文章如此写道：

记住农夫面对税册时的处境吧，毒蛇已经夺走他的一半收成，而河马又吞掉了另一半。田鼠横行，蝗虫肆虐、牲畜吃光秋苗，麻雀带来贫困。打谷场上仅存的收成又落入盗贼手中……税吏登上河岸登记租税，带着手持长棍与努比亚短棒的家丁。他们高喊"交出谷物"……尽管农夫早已一无所有。他们把他痛打一顿，头朝下投入井中……于是粮食都不见了。

森奈扎姆的冥世生活虽过于理想化，但他在现世的生活实际上要优于大多数埃及人，因为他有一技之长，并能领一份旱涝保收的口粮。他所居住的村庄代尔麦迪纳，是埃及境内考古发掘最充分的遗址之一，并为我们展现了新王国时期事业有成的工匠的日常生活画卷。

代尔麦迪纳村的村民

代尔麦迪纳村与底比斯的帝王谷毗邻，其居民坚信该村系第十八王朝法老阿蒙霍特普一世下令建立（即公元前1500年前后）。在此后的400年间，代尔麦迪纳居住着一支有技能的劳力，其中包括约70名工匠及其家人，另外还有一些辅助人员。代尔麦迪纳是一座人为形成的聚落，绝非那种居住着大批农夫的自然村落。无论收成如何，这里的村民都能得到稳定的食品供应。他们大多识字，毕竟他们要为陵墓镌刻铭文。这为考古人员带来了意外的惊喜。纸草本身价格低廉，一卷纸草大约相当于一双凉鞋。这使文本在具有读写能力的人群当中广泛流传成为可能，有一些卷轴就是当时的初学者抄写的古代文本。从20世纪20年代至1951年，法国东方考古研究所（French Institute of Oriental Archaeology）曾在此广泛发掘。代尔麦迪纳村为我们了解普通埃及人的日常生活与其所思所想提供了最为丰富的材料。

设立代尔麦迪纳村的唯一目的就是在荒凉的帝王谷开凿并装饰王陵。每位新法老在即位之初就会对自己的陵墓做出规划，而工匠们则开始着手开凿山岩、粉刷墓室、绘制壁画。此外墓中的各种陈设也需要开始制造。王后们另有自己的坟墓，与王陵相比要稍逊一筹，坐落在另一条山谷里。

一旦法老去世，工匠们会迅速为70天后的葬礼做好一切准备，然后便着手为即位者建造新陵墓。

由于这些工匠能够接触到王陵当中的机密与宝藏，所以他们与埃及社会的联系被切断。比如他们夜间就只能待在村庄的围墙之内。村庄的物资供给依赖于外界，粮食由当地神庙的粮仓提供，饮水则由村庄的运水工用驴子驮来。村民不与外界通婚，技艺由各家族世代相袭。这些家族的规模通常不会太大。据某次"人口普查"的记录，仅有一个家庭的成员数量达到了5人，甚至有几名男性都过着独居生活。子女成年后必须搬出父母的房子，要么组建自己的家庭，要么离开村庄。这个村庄最古老的墓地位于该聚落的东边，发掘显示夭折的婴儿都被正式安葬在了"婴儿区"，还有一个区域用来安葬青少年。

居住在代尔麦迪纳的工匠包括书吏、画师、木匠、石匠、雕工和粉刷匠，当然还有身无长技的苦力。此外，村庄还有自己的警卫人员和"家政人员"——信使、洗衣工、看门人以及磨面粉的女奴。在村子里，房屋均朝向主干道开门，建筑样式也千篇一律。每座房屋由前后相连的3或4个房间构成。第一个房间可能用于供奉祖先或保护神，第二个房间是客厅，通常有几根立柱、一个天窗，然后就是卧室，最后面是露天的厨房。房屋内还设有存放财物用的地窖（屋主常把自己的床摆放在地窖入口的上方），而屋顶也可用于生活或睡觉。屋内墙壁上设有壁龛，用于供奉家庭所崇拜的神祇。侏儒神贝斯（Bes）既保佑家族的兴旺，也可以保佑分娩的妇女，因此通常最为显眼。女神塔维瑞特（Taweret）也十分常见，其形象是一头怀孕的河马，护佑妊娠、分娩、哺乳的妇女。另一位比较常见的女神则是哈托尔，她是妇女与家庭幸福的守护神。值得一提的是，村外即建有一座哈托尔神庙。（哈托尔是太阳神之女，其形象集合了多种特质，既表现了慈母的柔情，也有雌狮保护幼崽时的狂暴，而其曼妙的身姿还象征着女性的性魅力。）神庙内的陈设颇为朴素，但十分精致，例如矮凳、木床、陶器以及用灯芯草编制的草席和提篮。

工匠每10天可以休息1天，到新王国晚期，假期可能延长到了2天。这些相当于"周末"的日子通常会被用来做一些自己的营生或自家的营建工作。许多工匠拥有成套的工具。他们精心装修自家的房屋并在门楣上刻下自己的名字。其后几个王朝统治时期，一处新的墓地出现在了村庄西侧的山坡上。这片墓地经过了精心的规划。普通工匠的墓簇拥着工头的墓（工匠们当时被分为两支队伍，每支分别负责建造王陵的一侧），并与工匠们在山谷另一侧建造的王陵遥相呼应。墓室或在山体中开凿或在地下挖成，整个家族共同使用一座墓室，但只有地位较高的家庭成员才配享用棺椁。作为坟墓一部分的祭拜堂一般用泥砖建成，常被粉刷为白色，顶部还建有一座微型金字塔，矗立于入口处。

当地出土的陶片上常写有文字，内容涵盖了日常生活的方方面面，从书信、卷宗、纠纷档案、赞美诗与其他文学作品的片段到祛除疾病的咒语，可谓无所不包。这些文献生动展现了村民的人生百态，例如遭妻子抛弃的丈夫、被蝎子蜇伤的工匠、生日聚会上的烂醉如泥、哀悼友人时的痛哭流涕，以及为了感谢诸神或某位法老而大摆筵宴。村庄里当然不可避免地会出现争吵与冲突（尤其是当墓中的物品被盗时）。这些争端一般交由村庄的议事会来解决。当有些事件陷入僵局时，村民们会举行仪式，由村庄中的长者抬着该村的创立者——已经被神化的阿蒙霍特普一世——的雕像在整个村子里游行。这个仪式似乎是为了凝聚共识。所以在仪式结束后，一名书吏就会起草最终裁决，并由长老们签字生效。惩罚可能十分严厉，比如杖责一百、苦役或刺字。在第十九王朝，某个名叫佩奈布（Peneb）的人曾被押往沙漠深处的矿山服苦役，因为他被指控假公济私、强迫劳工为其干活并与村民的妻子通奸。然而，一旦遭遇什么重大变故，例如赖以为生的口粮配给不能及时发放，村民们就会搁置分歧一致对外。[1]

生存技能

代尔麦迪纳的村民虽然衣食无忧，但仍会在闲暇之余利用手中的资源从事一些小买卖。他们必定互相帮助来修建自己的坟墓，或以物物交换的方式互通有无、换取额外收入，至少也能积攒一些粮食。拥有驴子的人则

---

[1] 有关代尔麦迪纳的介绍，参见：A. G. MacDowell, *Village Life in Ancient Egypt: Laundry Lists and Love Songs*, Oxford, 2001．

会把它们出租给送水工。时间较早的文献进一步展现了古埃及的经济生活的某些细节。例如在第十一王朝,农夫赫卡纳哈特(Heqanakhte)曾于公元前1950年给家人写过一些信。这些信件表明此人虽没有自己的土地,但积累了一些"资本",主要是一些铜、油、谷物、亚麻等物资,可在将来用于交换或支付租金。此外,赫卡纳哈特还有另外一份收入,因为他还是一个灵仆(ka-servant),负责看管蒙图霍特普二世时期的宰相伊皮(Ipi)的坟墓。如今,赫卡纳哈特已上了年纪并且喜欢抱怨。他虽已经把家业传给了儿子们,但还未打算彻底撒手不管。在他的儿子当中,有一个名叫梅利苏(Merisu)的,因为懒惰而遭到了父亲的呵斥:"埋头犁地,尽你最大的努力,照看好我的谷种,照看好我所有的财产。我要让你为此负起责任!……锄好我所有的土地,筛掉粮食中的杂质,把你的心思都放在农活上面。"赫卡纳哈特还抱怨梅利苏交来的大麦是干瘪的陈麦而非刚刚收获的新麦,也未能尽心照料最小的弟弟斯尼弗鲁——他是赫卡纳哈特最宠爱的儿子。他于是要求梅利苏犁完地就马上把斯尼弗鲁送回来。此外,赫卡纳哈特刚刚迎娶了娇妻优腾赫布(Iutenheb),但儿子们对这位年轻的继母态度轻慢,甚至出言不逊。这让赫卡纳哈特十分恼火。[1]

古埃及也一定存在大量的商机。古代壁画中描绘了从停泊的船只上卸下商品并在码头旁叫卖的商贩的形象。一份公元前1137年尼罗河上某艘货船的货物清单则显示了当时商品的琳琅满目——这艘船装载了大量盛满芝麻油和葡萄酒的罐子,以及橄榄、葫芦、食盐、清理好的鱼(至少有5000尾)和去了内脏的水禽,还有50卷纸草和110捆蒲草。这也佐证了乌鲁布伦沉船上的发现,即古埃及的日常商业活动主要以种类繁多但数量不大的商品为主。非正式的交易大多由所谓的舒提(shuty)负责经办。他们受雇于国家或神庙,但不放过任何中饱私囊的机会,把多余的物资囤积起来私下售卖。新王国时期的盗墓案件也表明,在销赃环节充当中间人的可能也正是这些舒提。

剩余产品的价值用德本(deben)这种重量单位来表示,1德本约合

---

[1] 关于赫卡纳哈特与其他埃及平民的日常生活,参见:John Ray, *Reflections of Osiris: Lives from Ancient Egypt*, London, 2001.

90克。古埃及人用相同重量的金、银、铜等贵金属来表示德本的价值。所选的金属越贵重,德本的价值也就越高,比如1德本白银就相当于约100德本黄铜。我们至今仍能读到书吏佩那瑙基特(Penanouqit)的交易记录。他出售了一头牛,估价为130德本黄铜,换回了以下商品:一件细亚麻布短袍,价值60德本;其他两件短袍各值10德本;用于制作项链的小珠子,价值30德本;最后还有价值20德本的粮食。埃及人从未发展出使用货币的交易手段(直到公元前400年左右埃及才引入货币)。

埃及人在数学领域奉行实用主义,主要致力于解决管理与建筑等方面的实际问题。他们虽未能把算术与几何区分开,但却运用这些知识解决了统计劳工薪水、农田面积、谷仓容积等诸多问题。(当洪水退去时,古人需要为农田重新划分地界,数学知识在此时显得尤为重要。)此外,埃及人还运用数学知识计算应征收的赋税,或施工所需泥砖的数量。早在公元前3500年,埃及人便已经掌握了加减乘除等基本运算,但直至3000多年后希腊人入主埃及,他们的数学知识才有了新的发展。莫斯科纸草(Moscow papyri)和林德纸草(Rhind papyri,现存于大英博物馆)是现存最重要的两份数学文献,主要记录了一系列应用题及其解答,涵盖了书吏日常工作的各个方面。例如其中有这样一道颇具代表性的题目,即如何在一群地位各不相同的人当中分配一定数量的面包或啤酒,其中一些人由于具有较高的地位能够比其他人得到更多的份额。埃及人不使用分子大于1的分数,这导致他们在表示分数时饱受困扰,例如他们得用$1/2+1/4+1/8$来表示$7/8$,而$6/7$则必须记为$1/2+1/4+1/14+1/28$。只有通过使用提前准备好的计算手册,古埃及人才能进行速算。

埃及人在几何方面的成就更加卓著。例如他们知道,当一个三角形各边边长符合3∶4∶5的比例时,与斜边相对的角一定是直角。当他们需要画一个直角时,可能会使用一根按上述比例打结的绳子。此外,埃及人还能计算出三角形的面积以及金字塔的角度。他们所推导的圆周率为3.16,与今天常用的3.1416已经十分接近。他们的长度单位是肘尺(cubit),长度与成年人的前臂大致相当,因而在象形文字中,表示肘尺的符号就是一只前臂。常用的测量土地的面积单位则是塞塔特(setjat),

1塞塔特即100肘尺见方的面积。

埃及人仅把数学作为解决实际问题的手段，这意味着他们从未发展出科学意义上的数学。数学史学者莫里斯·克莱因（Morris Kline）曾这样总结埃及人在数学领域的局限："几乎无数学符号，鲜有对抽象问题的自觉思考，未把一般方法转化为公式，缺乏证明的观念，甚至没有值得称道的证明方法，从而无法论证某个步骤或算式的正当性。"当埃及人被某些人描绘得高深莫测时，我们应时刻牢记上述冷酷的评价。他们虽在某些方面堪称智慧，但在另一些方面则仍停留在初级阶段。

家与家族

积累财富有许多诱因，尤其是在满足家庭的迫切需要方面。家庭是构成埃及社会的基本单元，许多壁画和雕像都刻画了夫妻相拥相抱的幸福模样。在新王国时期末期，动人的情歌表明当时两性之间存在着某种感情层面的平等关系。情歌中，女孩这样唱道："我日夜企盼你的爱，辗转反侧至天明，你的样貌让我的心再次焕发生机。我炽热的感情全部属于你，你的声音让我的身体充满了活力。"而另一个男孩也曾追忆自己的罗曼史，他不顾水中潜伏的鳄鱼，勇敢地游过水位暴涨的河流，去见心上人。而另一个女孩则诱惑她的爱人前往河边，答应让他偷窥自己沐浴更衣。此时已经出现年轻人应赡养父母的观念。某位书吏这样写道："报答你的母亲，毕竟她抚养了你。她需要多少面包，就给她多少面包。像她曾经背着你那样把她背起。整整三年，她让你吮吸着她的乳汁，也从未在你的秽物前退缩。"然而，代尔麦迪纳的证据也表明，家庭生活并非总是风平浪静。就像其他地方一样，不忠与嫉妒在埃及十分普遍。

当时的女性一般刚步入青春期就会出嫁，也就是12—14岁。男性可能迟至20岁左右才成家。那些精英阶层的子弟在这个年龄已开始在政府中供职了。在缔结婚约前，双方的家族可能都要向对方提供一些财物，这也正是埃及人积累财富的一个诱因。在王室内部，可能存在着亲兄妹之间的婚姻（伊西斯与奥西里斯的传说为上述做法提供了依据，当然也可能是该传说被改造，以便为上述做法提供依据）。然而，对普通埃及人而言，亲兄妹之间的婚姻几乎闻所未闻，但表兄妹或叔侄辈之间的婚姻则非常普遍。

女性一般遵循着现代人看来极其传统的生活方式。她们负责操持家务并肩负着生下一个能够传宗接代并打理家族墓地的男性继承人的重任。家庭主妇要么亲自动手，要么指挥仆人，碾制面粉、烘烤面包、纺织布匹。上述工作并不卑微，妇女也享有一定程度的权利。男性被特别叮嘱要把家事留给妻子，而女性不仅有权拥有并管理着自己的财产，当这些财产遭到侵占时，她们甚至可以提起诉讼。此外，遭丈夫休弃的妇女则有权继续得到前夫的赡养。

壁画中的女性通常肤色较浅。部分原因可能在于埃及壁画的创作习惯，但也可能反映出她们在室内的时间更长。（较浅的肤色表明女性不必在烈日下工作，暗示此人具有较高的社会地位。）女性不仅被描绘为在农田里协助丈夫劳作（如森奈扎姆墓的壁画所示），新王国时期晚期的铭文显示，她们还可以自由地外出旅行。然而女性独自谋生的例子比较罕见。这类女性可能在神庙里担任着低阶女祭司或唱诗班领队，但她们更可能的角色是在宴会上献艺的优伶，或在法老的寝宫里充当女官或杂役。（法老们拥有华丽的寝宫，有一幅壁画就描绘了拉美西斯三世在寝宫中休憩的场景。）埃及的社会面貌可能类似于地中海地区的其他民族，女性虽未在公共生活中占据主导地位，但仍在幕后发挥着不容小觑的影响。

抚养子女的开销并不算大。幼童在温暖的阳光下往往不需要穿衣服，并且只食用纸莎草的根部也能活命。然而儿童的死亡率依然很高，刚刚断奶的婴儿尤其如此。男孩14岁时，在经历包含割礼在内的一个宗教仪式之后，便标志着步入成年人之列。据第一中间期的一份文献记载，曾有120名男孩同时接受了割礼。这表明割礼是被整个社群所公认的最有意义的成年仪式。女孩一般留在家中，除了婚礼可能不必像男孩一样经历类似仪式。

男孩14岁时，可能已在父亲从事的行业里接受了一些训练，也可能是在神庙开设的学堂里接受正规教育。（有文献表明某些孩子早在5岁时便开始接受正规教育了。）对于立志成为官吏的学徒而言，学习是一个需要全力以赴的过程。一位书吏在给某个学徒的评语中曾这样批评道:"我被告知你荒废学业、耽于嬉戏,浑身酒气地在大街上游荡,还被人看见在墙头上玩杂耍……"学徒可能要花费12年才能掌握书吏的全部技能。(他们要学习的技能不止书写这一项,他们还必须掌握管理方面的许多具体知识,例如应供给士兵多少口粮,建造一条坡道需多少泥砖,搬运并竖起一尊石像需要多少人手。)

营建住宅是财富的一项重要用途。在埃赫那吞的都城阿玛尔那土丘,官吏的宅邸远比建在代尔麦迪纳的房屋更宽敞。这些房屋拥有一个长方形的院子,其面积足够容纳庭院和一间附属祭拜堂。主屋绘有彩色纹饰,某间房屋曾装饰有天蓝色屋顶与红棕色立柱,墙面以白色为主,但有一条绿色背景上画有蓝色莲叶的饰带。浴室等设施可使主人的生活更加舒适。沐浴者站在一块石灰岩石板上,而后用水冲洗自己的身体。此外房屋内还配有石质马桶。厨房位于主屋的后面,其附近建有存放粮食的库房。在一些壁画中,房子周围还有池塘以及被各种树木环绕的花园。房子的主人可以自己种植一些蔬菜,洋葱和韭葱是最受欢迎的品种。最受欢迎的水果则是葡萄、椰枣和无花果。中王国时期某遗址出土的种子中,既有罂粟、茉莉、羽扇豆、木樨草、天芥菜和鸢尾花等花种,也有豌豆、大豆、黄瓜和小萝卜等蔬菜种子。另外,希克索斯人也为埃及饮食做出了一定贡献,引入了苹果和橄榄。

精英阶层的生活方式需要大量的家政服务。一名富人外出时可能需要两名仆人的陪同,一名仆人携带着一张草席和一个用于驱赶苍蝇的掸子,另一人则提着他的一双凉鞋。抵达目的地后,仆人会为主人洗净双脚,换上干净的凉鞋。之后主人会坐在草席上,并有仆人在一旁驱赶苍蝇。在家时,保洁、烹饪和服侍用餐等工作均由仆人或战争中俘获的奴隶来承担。

精英阶层的社交生活颇为雅致。他们的宅邸拥有精美的陈设,家具上刻有兽首图案或镶嵌着象牙、乌木和琉璃。人们精心打理着自己的仪容。某位生活在新王国时期巅峰的第十八王朝、名叫图图(Tutu)的女子留下了一个化妆箱,里面装着她的粉底、眼影、一块调色板、一柄象牙梳和一双粉红色的皮凉鞋。宴会是上流社会生活方式的一个重要特征，具有一套精心设计的流程。主人会亲自在门口迎客。刚抵达的宾客庄重地向主人致以问候，而主人则热心地回礼并把来宾引入室内。来宾无论男女都可以坐下来享受美食。音乐是宴会不可或缺的元素。舞女们在簧管、笛子、竖琴和鲁特琴等乐器的伴奏下翩翩起舞。

埃及的医学

古代埃及人的寿命普遍较短，也应该比当今世界大多数地区的人的寿命都要短。尽管有许多骨骸不符合检测的条件，但学术界仍对大量符合条件的木乃伊进行了检测。研究表明，死亡率的高峰出现在3周岁，这也正是幼儿断奶并改食固体食物的阶段。平安度过儿童期之后，埃及人的平均预期寿命据估算仅为29岁，只有少数人能活过60岁。精英阶层的预期寿命虽然较长，但对26具王室木乃伊进行检测后发现，这些人中仅有1/3活过了50岁。许多埃及人可能因受污染的水源而感染各种寄生虫，他们的肺也饱受沙尘与烟尘（可能产生于炉灶与灯火）的折磨，肺结核同样十分普遍。古埃及人的牙齿磨损十分严重，可能因为面粉中夹杂着来自碾制谷物用的石头中的硅成分。此外牙龈发炎也比较常见。学术界在对骨骼进行检测后发现，埃及人罹患着各种令人痛苦不堪、变得越来越虚弱的慢性病。许多到了40岁的人患有脊柱骨赘病。这种赘生物的成因主要是脊椎过度负重。较富有的阶层的墓葬中未检测出有人罹患此类疾病，代之以高脂肪饮食所引发的动脉硬化。癌症较罕见，但这大概是由于当时很少有人能活到癌症高发的年龄。[①]

在《奥德赛》中，荷马曾赞美埃及的医学比世界上任何地方都更发达。希罗多德在3个世纪之后也对荷马表示了赞同。埃及的医生无疑有一定的造诣，这得益于大量的医学实践与对各种病症的细致观察。有一份古埃及的医学文献曾详尽描述了不同种类的蛇所造成的伤口以及各种症状，例如，"对于沙土色的眼镜蛇，倘若被咬的人在未被毒牙穿透的一侧有痛

---

① 参见：John Nunn, *Ancient Egyptian Medicine*, London, 1997。

感，而被咬的一侧无痛感，我能处理这种情况"——治疗手段无外乎催吐和放血。艾伯斯纸草（Papyrus Ebers）记载了700余种内科处方，并且按照发病器官分门别类，埃德温·史密斯外科纸草（The Edwin Smith surgical papyrus）收录了有关各类外伤与处理方法的经验性知识，其中包括现存有关大脑的最古老记载：倘若有颅骨在某起事故中开裂，你将看到这个器官的"褶皱仿佛坩埚中熔化了的铜水，你的手指在触摸时会感到有什么东西正在跳动，就好像儿童那尚未闭合的囟门"。该文献的其他章节则重点讲解如何处理关节脱臼。古埃及的医生似乎能够治疗骨折与开放性伤口。某些穿孔的颅骨上发现有愈合的痕迹，这表明患者在手术后曾成功存活。

然而，即便古埃及的医学成就堪称辉煌，医者仍往往不能及时有效地施救，因为他们对人体机能缺乏真正的理解。木乃伊的制作工艺虽使他们可以近距离观察人体，但他们把心脏视为人体的中枢，认为血液、唾液、尿液、精液等一切体液均由心脏流出。此外，他们坚信一切疾病均由体液流通不畅所致，而不畅的原因则常被归结为某位神明的愤怒。而让体液恢复顺畅流动，则依赖复杂的技术与药物，但多数手段对任何疾病都没有效果。他们常常在草药以及动物提取物中掺入其他物质，例如老鼠的粪便、尼罗河的泥浆甚至患者指甲缝里的泥土。绝大多数患者实际上纯粹是自然康复的，或者偶然使用了某种对症的药物成分（例如用发霉的面包——其中含有青霉素——来处理伤口感染）。

简而言之，古埃及医学实际上是一种奇怪的混合体，混合了经验性的积累与巫术（古埃及医学在处理蛇的咬伤时无疑是正确的，但在研究人体内部机理时则是彻底误入歧途的）。在他们看来，倘若不对病人吟诵一段咒语，任何治疗手段都不会生效。当然吟诵咒语可能相当于对患者施用安慰剂，因为与医生交谈的确有助于病人康复。某些看似不可理喻的规定其实有其合理之处。比如某医学文献要求医生必须在日出前采摘某种药用植物，看似毫无道理，但是像吗啡这类的生物碱成分在植物特定部位的含量的确随昼夜变化而发生显著变化。然而，埃及人缺乏对人体机能进行更深层次研究的动力，医学文献常被赋予神圣的地位，代代相传，不容置疑。比如埃德温·史密斯外科纸草虽属第二中间期（希克索斯时期）的文献，但所载内容在当时就已有近千年的历史。对古埃及人而言，越古老的疗法就越受推崇。公元前1世纪的希腊史家狄奥多罗斯（Diodorus）在游历埃及时曾提到，当地的医生只要严格遵照医学文献中的方法施救，即使患者医治无效身亡也不会受到非难，但如果他无视古代文献并造成了患者的痛苦，就可能被追究责任，甚至被判处死刑。

葬礼仪式

某些流传下来的宴会歌曲感叹生命的短暂与死亡的必然。这是一个十分恰当的主题，因为富裕阶层的生活虽然安逸且雅致，但仍难以掩盖这样一个事实——死亡总是不期而至。在第一个千年纪初期的某些文献中，人们请求众神保佑子女远离日常生活中的各种威胁，并罗列出可能遇到的危险。这其中当然有疾病，但也包括被倒塌的墙压死、溺亡、蝎蛇蜇咬乃至被鳄鱼吞食。在那些据信会对儿童造成伤害的原因中，还包括叙利亚人、努比亚人以及西部沙漠中的游牧部落。古埃及人甚至惧怕有人对自己说外语，可能是担心对方用自己听不懂的语言施咒。除此之外他们还有更多的神秘力量需要防范。某些神灵据信会在乡野中捕捉凡人并在村镇中杀死他们。他们还普遍恐惧赫卡（heka）这种神秘的力量。这种力量既可用于行善，也可用来作恶，因而可能会对自己的子女造成伤害。这些文献的出现其实与埃赫那吞改革带来破坏之后，新王国时期的埃及人开始变得越来越虔诚有关。当时的埃及人意识到，最终还是神明在保佑他们，而非某位强大的法老，所以必须向众神虔诚地祈祷。向神明求取神谕的行为也越来越普遍。

由于认识到死亡无法避免，埃及人从20岁时便开始为自己营建坟墓。如前文所述，新王国时期的坟墓包括建在岩壁前的一个庭院（以底比斯西侧群山之中的坟墓为例），在岩壁中开凿出的一系列耳室、大厅和用来摆放祭品的祭拜堂，以及一条通往地下墓室的甬道。墓室的大门上刻有警告性的咒语，以保护墓主人免受打扰。早期的墓葬中还立有相当于墓碑的石碑，以记录死者的名字与功绩。

埃及人通常会在墓中留下《通往光明之书》（*Book of Going Forth by*

Day），以引领死者前往奥西里斯的国度，书中记录了让死者得以被接纳的仪式。（该书还有另一个广为人知的名字——《亡灵书》[The Book of the Dead]，最早出现于中王国时期。）最精致的版本现存于大英博物馆，被称为阿尼纸草（Papyrus of Ani），其主人阿尼曾是拉美西斯二世时代的一名普通书吏和会计。纸草上的内容主要是咒语和祈祷词，还有表现通往最终审判的各个环节的插图。在这部书中，死者曾这样恳求奥西里斯接纳自己："现在我站在您的面前，冥界的主人啊。我的身体未犯下恶行，我从未被记录过撒谎，从无细微的过失。奥西里斯啊，愿我能像那些居于你的庙堂之上的幸运儿一般，成为一个被善良的神所青睐的人、一个被两片土地的主人所喜爱的人，得以在奥西里斯面前被证明无罪。"（《亡灵书》，第30条咒语）死者必须在42位法官面前为自己申辩。审判对个人道德的要求很高，而且覆盖了生活的方方面面。因此死者不仅要证明从未犯下偷盗或谋杀等罪行，还要证明从没有通奸或猥亵男童。此外也不得诋毁国王，损坏量器，非法闯入、侵占邻居地产。在审判的最后，豺狼神阿努比斯（Anubis）把死者的心脏——情感与智慧的源泉——放在天平上，而砝码是一根羽毛。死者倘若有罪，其心脏就会因为过重而导致天平倾斜，一头怪兽将会吞食死者的心脏；反之，死者便可通过一扇大门前往芦苇之原（Field of Reeds），相传那是一片郁郁葱葱的极乐世界，位于西方尽头。①

坟墓中的某些壁画还描绘了使死者由现实世界前往另一个世界的仪式。此类壁画当中，最精美的作品发现于奈菲尔塔利的墓中。她是拉美西斯二世的王后。1904年，意大利考古学家埃内斯托·夏帕雷里（Ernesto Schiaparelli）在底比斯的王后谷发现了该墓。由于这座陵墓被视为以奥西里斯为首的众神的居所，所以壁画中描绘众神迎接奈菲尔塔利的场景。在陵墓前室的一幅壁画中，奈菲尔塔利为奥西里斯献上了数量可观的面包、肉类和蔬菜等供品。在通向陵墓内室的楼梯间里，壁画描绘奈菲尔塔利已经掌握通往奥西里斯之国的每一扇大门的咒语。棺床四周的壁画描绘了奥

---

① 参见：Raymond Faulkner, *The Ancient Egyptian Book of the Dead*, London, 2010。

西里斯的各种化身，还刻有一篇铭文。铭文中，奥西里斯向奈菲尔塔利保证，她将永远居住在奥西里斯统治的神圣国度，而伊西斯、哈托尔、阿努比斯等其他神祇也将为这位王后提供庇护。①

假如死者的遗体未能得到妥善保存，上述转变过程就无法实现。事实上，对亡魂而言，再没有哪种命运比遗体无法复原更加凄惨。古埃及的防腐技术在新王国时期达到了巅峰。死者去世之后不久，其大脑和内脏就会被从体内移除，只有被视作身体内核的心脏仍留在体内。之后整具尸体被包裹在干燥的泡碱当中。这种矿物质产自三角洲以西的矿床，可吸干尸体中的水分。尸体在放置40天彻底脱水后，工匠会用亚麻布或锯末进行充填，以免尸体变形。内脏与吸收了死者体液的泡碱被分别存放。内脏会被装入专用的脏器罐（Canopic jars）中，由荷鲁斯的4个儿子为这些罐子提供庇护。然后，死者的遗体被用布条包裹起来。这是葬礼中极其重要的一个环节，历时达15天。下葬时，木乃伊的面部会被戴上一个面具，而法老的面具则由黄金打造。当时的人希望，灵魂在回到墓中时，可以通过面具认出自己的木乃伊。

制作完成的木乃伊将被放入棺材里（木乃伊源自阿拉伯语中mummiya［沥青］一词，但实际上沥青很晚才被用于制作木乃伊）。王室成员使用三重棺，最里面的一重是金棺，另外两重是鎏金的木棺。这具三重棺将被放入一具更大的石棺中。在新王国时期，普通人的棺材大多只用木料制成。但所有棺材都装饰有与葬礼仪式有关的文字。此外棺材的某侧通常会画有一双眼睛，应该是为了让棺中的死者可以观看日出。从死者去世到木乃伊制作完毕，整套流程必须在70天内完成。所以一旦某人突然死去，这70天便成为建造坟墓的工匠们仅余的施工时间。一些墓葬明显有赶工的迹象，例如有的石棺被密封在了墓井的底部。

古埃及的陵墓中还存放着大量各种器物，以供死者在冥世中使用。富有的精英阶层会力求无所遗漏。墓中会摆放桌椅、寝具乃至船只和战车。图坦哈蒙的陵墓是目前唯一一座被发现时大体上仍保存完整的王陵，

---

① 有关该墓的更多介绍，参见：John MacDonald, *House of Eternity: the Tomb of Nefertari*, London and New York, 1996。

除了石棺、三重棺以及黄金面具，墓中还有一个鎏金木质宝座，以及不计其数的布匹、书写板、棋盘、扇子和其他各色珠宝。

古埃及人极度担心自己在冥世从事体力劳动从而有辱身份。所以在新王国时期末期有一种常见的习俗，就是为死者提供365个沙布提人偶，以及36个充当工头角色的人偶，以使死者在一年中的每一天都有沙布提可供役使。这些沙布提人偶质地各异，陶土、琉璃、金属均可。此外，它们还配有各种劳动工具，例如锄头、装粮食的篮子、轭上的水壶。

古埃及人把如此多的财富转移到了封闭的坟墓当中，足以佐证当时的繁荣。埃及人巧妙地平衡着生者与死者的需求，这恰恰表明了埃及社会的稳定与成熟。古埃及社会与其他社会一样，在生活中充满了忧虑和恐惧，却发展出了应对不安与接受现实的方法，即各安天命。在新王国时期晚期，古代经典《普塔霍特普的教导》（*The Instruction of Ptah-hotep*）重新受到欢迎，文中提出这样的建议："不要自视为饱学之士，要像请教智者那样请教无知者，因为终极的卓越是不可能达到的，任何工匠都无法完全掌握他的技艺。"可能此处才真正体现了埃及人的智慧。

第6章

古代近东

公元前1200—前500年

新亚述帝国

> 我用剑击杀了三千敌人,掠夺了他们的财富、人口和牲畜,烧死众多战俘。我砍掉了他们当中一些人的手臂,又剁掉了另一些人的鼻子、耳朵和手脚。我挖出了许多敌兵的双眼,用将死之人堆积成一座山,又用首级堆成另一座山。我把敌人的首级挂在城市周围的树上,杀死他们未成年的男孩和女孩,蹂躏、破坏、焚烧这座城市,并且将之夷为平地。(引自J.欧特斯《巴比伦》[J. Oates, *Babylon*])

上述引文出自《王室年代记》(Royal Annals),成文于公元前910年至前649年。这段记载显示,一种有意为之的恐怖与毁灭战略深深根植于亚述人的军事文化中。即便近东始终处于一片血雨腥风中,亚述人的王国仍得以延续,其王室甚至能把谱系追溯到公元前16世纪。这赋予了亚述统治者毋庸置疑的正统性,并为该王国在公元前第二个千年纪后半期的中兴奠定了基础,而这几个世纪被称为中亚述时期(约公元前1400—约前1050年)。亚述自称是一个幅员辽阔的国家,这一历史神话贯穿其整个历史,所以亚述国王征服其他国家时,往往宣称是在收复故土。亚述是一个穷兵黩武的社会，不断地寻找"敌人"，即使这些敌人通常只是一些无足轻重的游牧部落。

公元前9世纪，亚述人的扩张进入了崭新的阶段。以阿达德尼拉里二世（Adad-Nirari Ⅱ）、阿舒尔纳西尔帕二世（Ashurnasirpal Ⅱ）和萨尔玛纳萨尔三世（Shalmaneser Ⅲ）为代表的国王们发动了一系列的战争。亚述的国王们宣称，作为主神阿舒尔（Assur）在人间的代表，亚述有权任意拓展其疆域。亚述人的兵锋因此西至叙利亚、黎凡特以及安纳托利亚南部，东至扎格罗斯山脚下。阿舒尔纳西尔帕二世的军队抵达了被他称为"大海"的地中海。在这一胜利的鼓舞之下，他在国内发动了一场艺术革命，于都城阿舒尔以北的卡勒胡（Kalhu，今尼姆鲁德）为自己营建了崭新的宫殿，并用大量精美的浮雕装饰宫殿的墙壁。对浮雕样式进行比较后发现，这些浮雕的灵感来自亚述富庶的附庸——卡尔凯美什（Carchemish）。亚述之后在豪尔萨巴德与尼尼微修建的宫殿也沿袭了这一风格。19世纪时，奥斯汀·莱亚德（Austen Layard）在尼尼微发掘出共计3千米长的浮雕，分布在王宫遗址的71间厅堂中。（为争夺该考古遗址的控制权，莱亚德和法国人展开了一场不见硝烟的较量，而后许多浮雕被匆忙运往伦敦，至今仍陈列于大英博物馆。而豪尔萨巴德宫殿的浮雕则被法国人据为己有，至今仍陈列于卢浮宫。）城市被亚述人攻陷并遭到洗劫，是亚述壁画经常表现的主题。（亚述人是攻城战的行家，其攻城技艺在希腊化时代之前一直无出其右。）但国王还以建筑师或屠狮勇士的形象出现，以显示其威力。这些浮雕虽是典型的政治宣传工具，但也生动翔实地再现了城市与乡村的日常生活。

约公元前1000年，生铁取代青铜成为制造武器的主要材料（生铁更加坚硬），但亚述人的优势主要在于骑兵，其马匹产自平原地区肥沃的牧场，体形更高大，速度也更快。公元前9世纪末，美索不达米亚的北部地区完全处于亚述控制之下，巴比伦的独立地位最初虽得到了亚述的承认，但如今该城也惨遭践踏。亚述趁着敌人的虚弱而繁荣起来。公元前853年，叙利亚各城邦组成联军与萨尔玛纳萨尔三世的亚述军队展开较量，迫使后者撤出叙利亚。但联军随即陷入分裂，亚述人于是重新夺回了战争的主动权。

公元前8世纪的前半期，亚述国运不济，帝国收缩至传统领土内。亚述最伟大的国王之一提格拉特帕拉沙尔三世（Tiglath-pilaser Ⅲ，公元前744—前727年在位）推进军事改革，他建起一支由步兵、骑兵和战车组成的职业化常备军。必须等待农作物收获或者山路上冰消雪融后才能开战的旧习俗已经被摒弃。新式军队的士兵可以经年累月服役，故而相较于旧式军队拥有巨大的优势。这也让亚述从一个成功维持其原始疆域的国家摇身一变，成为一个具有统治其他民族的自觉的帝国。在鼎盛时期，亚述帝国东起伊朗腹地，西至地中海，北至安纳托利亚南部，向南曾一度侵袭埃及境内。亚述采取多种统治手段。那些轻易屈服的民族成为其附庸，而那些顽强抵抗的地区被划为帝国直辖的行省，其人口常常被强行迁移到别处。据记载，萨尔贡二世（公元前721—前705年在位）就曾把27290名犹太人迁徙至叙利亚东北部。（宫殿的浮雕上记录着一队队被驱逐者的悲惨景象，他们把财物放在手推车上，妇女们抱着孩子。）诸如巴比伦这样不易受控制的国家，亚述人就采取一些较务实的政策，试图让巴比伦尼亚在接受亚述统治的同时，又不至于因压迫过重揭竿而起。即便如此，巴比伦城有时也会被洗劫。

亚述的宣战文告总是遵循一成不变的范式：亚述国王自称已经穷尽一切努力避免战争，但敌人的执迷不悟已激怒阿舒尔，所以国王必须肩负起神圣使命——以武力维护和谐。在对敌人进行恐怖的镇压后，亚述人还会精心编织一些神话，宣称被征服者因为自己的过错而被自己的神祇抛弃，甚至宣称这些神明已经借亚述人之手来宣泄自己的怒火。因而亚述人在围困耶路撒冷时（公元前701年），其指挥官曾向犹太宫廷宣称犹太人已经触怒了雅威（Yahweh），所以雅威将听凭犹太人接受命运的摆布。亚述人可能会在击败一座城市之后将其神像移走，而后再物归原主，以显示自然的和谐状态已经恢复。不仅如此，亚述国王和被征服民族的统治者在缔结和约时，会同时向亚述和当地的神祇起誓。倘若合约被撕毁，该行为将被视为疯狂之举，因为任何神志清醒的人都不会甘冒激怒众神的风险，而亚述国王将再次承担起消灭反叛者以取悦众神的责任。

倘若仅把镇压作为唯一的统治手段，亚述帝国肯定不会维持这么久。国王们把自己塑造为人民的慈父，关心所有人的福祉，并且会聆听他们的诉求。统治者会把战利品运回亚述本土，免费分发。阿舒尔巴尼拔（公元前668—前627年在位）是亚述最后一位伟大的国王。一封写给他的书信描述了战利品所带来的繁荣："老人舞蹈，青年唱歌，女人兴高采烈；妇女得以带着耳环出嫁，男孩和女孩接连降生，新生儿茁壮成长……久病之人恢复了健康，饥馑之民得以果腹，干裂的皮肤涂上了油膏，贫穷的百姓穿上了衣裳。"亚述人通过一系列精心设计的政策来扩大农业生产，例如在新领土上垦殖，并由国家出资向农民分发铁制农具。亚述人还会通过精心设计的强制迁徙政策，将大量人口转移至帝国人烟稀少的地区，以促进当地农业生产。在新的家园，那些遭强制迁徙者常被描述为亚述人，仿佛他们原有的民族身份已经被抹去了一般。统治阶层的共同价值观赋予了亚述帝国强大的凝聚力，正如同罗马帝国在几个世纪之后所做的那样。受宠的廷臣在整个帝国拥有土地，从而确保了他们乐于尽心保卫帝国。

在亚述帝国的最后一个世纪中，新都尼尼微（今伊拉克摩苏尔）拔地而起。此地原是一个规模较小的宗教中心。当时在位的国王是辛那赫里布（Sennacherib，公元前705—前681年在位）。他要求这座新都不仅要引人注目（他表示要兴建"一座举世无双的宫殿"，这在宫殿林立的古代近东地区可谓相当雄心勃勃），还要汇集最新的技术。城市的水利设施十分精巧，一些沟渠和堤坝甚至今天仍可以使用，它们不但灌溉了果园和花园，还把水引向周围的农田。（某些学者认为著名的"空中花园"可能就在尼尼微。①）与此同时，大量工匠被迁徙至此，为兴建宫殿以及城中的广场和大道挥汗如雨。辛那赫里布尽管可能与他的先人一样残暴，比如他曾在攻陷巴比伦城后，利用先进的工程技术引来洪水淹没了整座城市。但他并不仅是如此。尼尼微出土的浮雕表明，辛那赫里布对他治下的辽阔领土的情况抱有浓厚的兴趣。

辛那赫里布的继承人阿舒尔巴尼拔一反亚述帝王的传统形象，以学

---

① 参见：Stephanie Dalley, *The Mystery of the Hanging Gardens of Babylon*, Oxford, 2013。

者自许。他宣称："我能解答大多数复杂的乘法和除法，我解读过那些用苏美尔语与阿卡德语写成的晦涩难懂的泥板，也研究过大洪水之前刻在石头上的铭文。"阿舒尔巴尼拔最著名的功绩是建造了最早的图书馆，并且按照方便取阅的原则对书籍进行了编目。[①]该图书馆收藏的泥板会标注其来源，常常带有"世界之王、亚述之王阿舒尔巴尼拔之宫殿"的字样。许多泥板都是亚述军队战利品，掠自被征服的城市。此传统后来被罗马人发扬光大。罗马人每每在击败希腊城邦之后，便将其图书馆中珍藏的书籍文献洗劫一空。这座图书馆中的"藏书"可能仅供国王本人阅览，但人们也在其中发现了一些警告窃贼的文字，似乎表明图书馆也向其他读者开放。书目中所列出的书籍多达1500余种，其中既有占卜和宗教的文献，也有古代学者的著作，甚至还有苏美尔语-阿卡德语字典，以及《吉尔伽美什》这样广为流传的文学经典。藏书中占卜类的书籍显然占多数。此类作品常常警告当时的人们，一旦某些特定的步骤没有被遵守或发生了某种特定事件，某某后果将会降临，只有说服众神才能幸免。亚述人会小心翼翼地抄写这些文献以确保内容准确无误，这可能是由于许多文献的内容都与宗教仪式有关，因而必须保证准确无误。当时的图书管理员也会定期把常年困扰他们的问题在一些泥板上列出，作为读者必须遵守的注意事项，例如不要打碎泥板、不要把泥板投入水中、不要擦掉泥板上的字迹，以及所有时代的图书管理员都要面对的老大难问题——忘记还书！（1872年，乔治·史密斯正是在解读从该图书馆出土的泥板时，发现了一段关于大洪水的记载，从而开启了圣经研究的新纪元。）

在公元前7世纪后半叶的短短若干年内（公元前640—前610年），亚述帝国被米底人（Medes）与巴比伦人组成的联军击败，一个帝国就此突然从历史记录中彻底消失了。阿舒尔于公元前614年遭到洗劫，尼尼微也在公元前612年陷落。亚述帝国的突然崩溃仍是一个不解之谜。正如长期统治埃及的佩皮二世和拉美西斯二世，亚述也出现了一个长寿的国王——阿舒尔巴尼拔，他的精力不可避免地随着年纪的增长而逐渐衰退。阿舒尔

---

① 参见：Lionel Casson, *Libraries in the Ancient World*, New Haven and London, 2002。

巴尼拔去世后，王位竞争者之间发生了权力斗争并导致国力遭到削弱。正是在同一时期，巴比伦宣称独立，并且在纳波帕拉萨尔（Nabopolassar）的统治之下展开反击。但巴比伦与亚述的冲突自古不绝，因而这并不足以解释生存有道的亚述帝国为何会突然间灰飞烟灭。打破了平衡的似乎是米底人。衰落的亚述可能放松了对东方商路的控制，这对米底人的繁荣造成了负面影响，于是招致了米底人的报复。米底人与巴比伦人的联合显然令亚述吃不消。许多文献都显示，亚述帝国的突然覆灭对整个近东地区都产生了巨大的冲击。比如，希腊史家希罗多德在他那部主要记载希腊-波斯战争的名著《历史》中（也包括一部分米底人的发迹史），就提到了尼尼微城的陷落以及该城陷落成了波斯帝国立国神话的一部分。

新巴比伦帝国

巴比伦国王纳波帕拉萨尔（公元前626—前605年在位）从不吝于记录自己的胜利："我血洗了亚述的土地，使敌人的国土化为一片瓦砾和废墟。亚述人自从遥远的过去就统治着所有的民族，用沉重的枷锁奴役着大地上的人民。是我，使他们从阿卡德收回了脚步，是我，扔掉了他们的枷锁。"公元前625年至前539年，巴比伦作为一个独立的国家正处于鼎盛时期。公元前604年至前562年在位的尼布甲尼撒二世（Nebuchadrezzar Ⅱ）是该国最伟大的国王。他在卡尔凯美什给予亚述-埃及联军最后一击，并由此缔造了一个强大的帝国。埃及遭到遏制，犹太王国（Judah）亦被驯服，而腓尼基人的贸易重镇推罗（Tyre）也被攻陷。按照传说，对推罗的围困历时13年。

学术界目前虽然对这个新生的帝国如何统治所知不多，但巴比伦无疑成为展示王室威仪的中心。雄伟的城墙与城门层层环绕着该城。宽阔的大道从主神庙出发，经王宫一直向城外延伸，通往为举办庆祝新年的典礼而建造的建筑。这些建筑的墙壁上装饰有黄金、白银和青金石。相较于亚述宫殿浮雕所追求的潜移默化的宣传功能，巴比伦建筑的浮雕则完全体现了对美的追求。尼布甲尼撒二世希望这些建筑能够永存，因而砖块与其他建筑材料都经过精心筛选，至今仍然能被重复使用。依照规划，这些建筑坐落在庞大坚实的地基上，能够抵御幼发拉底河的洪水。幼发拉底河从巴比伦城中穿过，河上有一座优美的桥。

该城的中心建筑乃是一座供奉着神明马尔杜克（Marduk）的巨型庙塔。作为马尔杜克的崇拜中心，其地基遗迹至今尚存。建造这座庙塔共消耗了1700万块砖。《创世记》中所提到的巴别塔的原型可能就是这座庙塔。如同其他更古老的庙塔一样，建造该建筑的目的是为了连接尘世与天堂，把巴比伦城与另一个世界联系在一起。巴比伦的数学与科学曾繁荣一时，因此对历史事件与天文现象的记录也更为精确。该城后来虽被居鲁士征服，但由于波斯人的统治相对宽松，使当地文明又延续了数个世纪。

以色列地

在被亚述人和巴比伦人都征服过的众多民族中，就有以色列人（Israelites，该民族在更早的时代也被称为希伯来人）。以色列人的起源并不清晰。在公元前9世纪之前，除了以色列人自己的记载，几乎从未有文献曾提及该民族（只有埃及人在约公元前1200年时曾提到过以色列人），而希伯来圣经（Hebrew scriptures，内容和《旧约》一致）所记载的许多事件至今仍未有考古证据或文献史料能够佐证，这导致人们对以色列人的历史做进一步讨论非常困难。自从19世纪开始，许多西方学者先入为主地运用当时已发现的各种史料去佐证《旧约》的记载，以期通过《旧约》与人类历史之间的联系来证明基督教上帝的存在。以色列在1948年建国之后，花费了大量精力去寻找证据证明犹太人与这片土地的联系可追溯至大卫王等以色列诸王的时代。

这在很大程度上取决于希伯来圣经/《旧约》中包含多少可靠的史料。学者艾米莉·库尔特曾不偏不倚地评论："如同许多古代记录一样，[《旧约》]并未打算进行批判性的历史研究，而是汇集了一些故事，以阐释以色列民族与他们的神雅威之间的关系——雅威选择他们来实现其神圣计划。《旧约》是一锅大杂烩，在意识形态的驱动下加以编排，其中的故事被重新演绎为特定的历史经验和教训。"换言之，历史学家应当把希伯来圣经作为这样一种历史文本来加以解读——希伯来圣经透过对各种历史事件的记载,为"何为以色列人"这个问题提供了一种统一的理解,尤其是如何理解以色列人与他们的神雅威之间的关系。在这一点上,希伯来圣经仍然是一支近东民族描述他们自己是如何想象他们这个民族的出现的唯一记述。越来越多的学者支持以下观点:只有把最初的以色列人与当地其他民族并列,同时认识到他们实际上面临着许多相同的挑战,才能充分理解以色列的历史。①

按照《创世记》的记载,人类被创造出来之后,便进入了所谓的族长时代(the age of the Patriarchs)。以色列人的始祖亚伯拉罕(Abraham)带领其人民在近东地区迁徙。亚伯拉罕的孙子是雅各(Jacob),此人是第一个(在雅威的意志下)与"以色列"一词产生关联的人,他的12个儿子则成了以色列12个支派的祖先。雅各的儿子约瑟(Joseph)虽被卖到埃及为奴,但后来受到法老的重用并带领家人定居埃及。以色列人受到法老的压迫,于是在摩西(Moses)的带领下,穿越西奈半岛的沙漠(即著名的《出埃及记》所记载的事情),历经了40年的颠沛流离,最终抵达了"应许之地"——迦南。正是在此期间,雅威把"十诫"授予摩西,并成为以色列人与雅威所立圣约(Covenant)的一部分。约书亚(Joshua)最终带领以色列人进入迦南,结束了流浪生活。

公元前13、前12世纪,迦南由于动荡混乱而人口锐减。可能正得益于此,以色列人才能在当地站稳脚跟(对当地早期聚落的发掘成果仍难以解释),但他们依然生活在不安中。这就是士师时代(Age of Judge)。当时的以色列人既无中央政权,在宗教与文化方面也缺乏凝聚力。在此混乱时期,只有士师们作为军事领袖挺身而出,保卫以色列人的身份认同。以色列人早期的众多敌人当中,有一个民族被称为非利士人(Philistines),该民族可能只是动乱时局的另一个受害者,甚至可能真如某些学者所推测的那样,是定居在迦南西南沿海地区的"海上民族"。(希罗多德最先使用了"巴勒斯坦"一词,该词可能正是从"非利士人"演变而来的。)

---

① 参见:William Dever, *Who were the Early Israelites and Where Did They Come From?*, Grand Rapids, Michigan, 2006. 该书立足于以色列早期历史研究的最前沿,并对学术史进行了详细的回顾与介绍。

最终，以色列的12个支派共同推举出了一位国王并向其效忠。他们所推举的第一位国王名叫扫罗（Saul），之后是大卫和所罗门。大卫是以色列最杰出的国王，他把所有部落统合为一个国家，击败了非利士人，攻占了耶路撒冷城并定都于此。然而，除了希伯来圣经，同时期的文献和碑铭均未提及大卫。《列王记》赋予了所罗门"建造者"的形象，而考古证据在某种程度上也佐证了这一说法，因为迦南地区的许多城市在公元前10世纪时都有重建的迹象。即便如此，当时的以色列也似乎并没有在诸国中脱颖而出。

所罗门去世后，王国发生了分裂。北部的10个部落保留了以色列的国名，南部则成为犹太王国，耶路撒冷归后者所有。希伯来语称犹太王国的居民为yehudi，该词在希腊语和拉丁语当中分别演变成了ioudaios和judaeus，并且最终演变成了英语中的Jew。上述两个王国虽经常相互攻伐，但仍并立了两个世纪。公元前722年，亚述人吞并了北方的以色列王国，并将其居民迁往东方，从而抹杀了其民族身份。犹太王国虽得以幸免，但也沦为了亚述帝国的附庸。

以色列人以拥有丰富多彩的宗教文学作品而自豪，其中大多衍生自古代近东地区的大众或宗教文学遗产。例如《创世记》就与巴比伦的创世史诗《埃努玛·埃利什》有异曲同工之处，两者的神都是从太初的深渊中创造了世界（早期基督教继承了该说法，但后来转而认为世界诞生于"从无造有"[ex nihilo]），都用六天时间创造出世间万物并在第七天休息。前文也提到，大洪水的传说实际上起源于苏美尔，伊甸园则可能来源于美索不达米亚的传说，原系一处孕育着河流的乐园。在希伯来圣经中，《约伯记》的内涵虽最为深邃和犀利，但其中义人受苦的主题也可在巴比伦文学作品中找到类似例子。《圣经》所涵盖的题材相当广泛，既有以色列王国与犹太王国的历史，也有《雅歌》对男欢女爱的讴歌；既有《约伯记》的激昂，也有《诗篇》的狂喜。最初作为一系列文本的集合，其内容在600余年的时间（也有某些学者主张800年）里一直在不断演变，最终在公元前2世纪时才被编订成册，成为我们所说的希伯来圣经。

这些作品最显著的特点和共同的主题，都是有一位独一无二的神，即以色列民族的保护神雅威。正是这位神带领以色列人由埃及进入应许之地迦南,又通过摩西为他们颁布了"十诫"。雅威起初只被视为众神当中的至高神。以《诗篇》第82篇为例,雅威自称众神之首。后来,雅威信仰逐渐与以色列人的民族身份联系在一起,其他神祇则被视为敌人的神而受到鄙视。(成书于公元前8世纪的《何西阿书》即包含上述主题。)一个世纪之后,《申命记》既把雅威视作以色列这个民族的神,也把他视作耶路撒冷这个城市的神,而作者对社会公正的关注也交织于字里行间。在作者看来,众人皆兄弟,穷人尤其应得到关爱。伦理传统的发展是希伯来圣经的一个重要元素,并以对仪式纯洁性的关注为基础,这一点在《利未记》中得到了详细的阐述。

雅威崇拜的核心概念是"圣约"。"约"即使两个人羁绊在一起的契约,这在近东地区曾十分常见。在这一语境下,圣约指雅威与他的信徒——以色列人——之间的契约。以色列人最早的文献中把雅威刻画为以色列的保护神,并对其信徒不离不弃。然而从摩西的时代起,圣约存续与否取决于以色列人的行为。倘若以色列人背弃雅威,那么雅威就会惩罚他们。像《以赛亚书》和《耶利米书》等先知书,其主题就是对以色列人的警告——灾祸即将因他们的恶行而降临。先知的身份通常是由雅威所强加的(耶利米曾提到,自己是在雅威的"威逼利诱"之下,才同意传播以色列人即将遭受巴比伦人蹂躏的坏消息),许多先知都曾徒劳地尝试逃避雅威强加给他们的任务。

耶利米的预言成真。犹太王国在一众邻邦中一直维持着岌岌可危的独立,但尼布甲尼撒二世太过强大。公元前597年和前587年,耶路撒冷城两次被他攻破。据《列王记》记载,1万名居民被掳往了巴比伦。近来的研究表明,当地人口的下降可能并不像希伯来史料所记载的那样严重。但从民族心理的角度来看,此次流放是犹太人历史上一个十分关键的时刻,而雅威也由此被赋予了一个崭新的形象,即他是一个可以听凭其人民受苦的神。这段历史可能颇为凄惨,但从某种角度而言,此次流放也是破旧立新的时刻。正是在这一时期,早期的各种希伯来宗教文本被编订整理为一部文集。第一次离散使犹太人获得了流亡的经验,这还将在犹太人的历史上反复上演,即便在波斯人为犹太人收复耶路撒冷后,许多犹太人也未返回故国。况且,即便犹太教圣殿于公元前516年左右得到重建,耶路撒冷在此后的几百年间始终是一个相对落后闭塞的地方。①

犹太人创立了世界上首个长期存在的一神教。(埃及法老埃赫那吞的太阳神崇拜随着他的去世就消亡了。)《旧约》中收录的众多作品表明,对于唯有一个上帝这个观念,此时仍留有许多哲学层面的问题悬而未决。其中一些作品认为善和恶全部源于上帝。(《以赛亚书》中写道:"我是雅威,在我以外并没有别神。我造光,又造暗;我施平安,又降灾祸……")雅威既提供庇护,又睚眦必报,不仅消灭以色列人的敌人,也会因以色列人的冒犯而将之毁灭。以色列人从"巴比伦之囚"中吸取了教训:只有悔罪并接受公正的惩罚,才能重新与上帝订立圣约,修复与上帝的关系。有些文本寄希望于某位人间的君王会把新的圣约带给以色列人,例如《以赛亚书》和《耶利米书》都曾预言过这样一位弥赛亚(messiah),他将会带来永久的正义与和平。

在此,有必要把以色列人的一神教与古代近东其他民族的宗教做一番比较。当时的其他宗教多为多神教(polytheism),即信奉一群共存的神明。一旦某位神凌驾于其他神之上,该宗教即变为单一主神教(henotheism),例如新王国时期埃及崇拜的阿蒙神、波斯帝国崇拜的阿胡拉·马兹达(Ahura-Mazda)。至高神与其他神祇的关系多样,既可以像希腊的宙斯那样通过家庭的纽带加以联系,也可以吸收融合其他神明,还可以支配众神,使之居于从属地位。甚至为了表现至高神的法力无边,其他神明会被视作其某个化身。本书中那些成功的文明,大多采取务实的宗教政策,把自己的神视为至高神的同时,对其他神祇的存在持宽容态度。

腓尼基人

在这几百年间,黎凡特沿海地区同样经历了显著的变化。这里存在

---

① 参见:Simon Sebag Montefiore, *Jerusalem: The Biography*, London, 2011, New York, 2012。

着诸如比布鲁斯这样拥有数千年历史的城市。在公元前第二个千年纪,乌加里特、推罗和西顿都曾是重要的贸易中心。在公元前1200年之前,这些沿海城市与内陆城市在经济上联系密切,从而成为后者与外部世界间的中介。然而,在与"海上民族"联系在一起的大动荡时期,迦南人(以色列人用该词称呼居住于迦南的其他民族,以示区别)丧失了其大多数沿海以及内陆的领土。到公元前10世纪时,他们所控制的海岸线由原来的500千米减至200千米。他们的领土只剩下海滨与山脉之间的一个狭长地带,它们的海拔往往陡然升至3000多米。险峻的山峰不但为当地人抵挡住了来自东方的入侵,山上茂密的林木也为他们提供了丰富的木材资源。当地的城市大多坐落于海湾或浅湾的入口,而推罗和阿尔瓦德(Arvad)则坐落于海岛上,几乎坚不可摧。

后来,贸易逐渐恢复。据埃及官员维纳蒙(Wenamun)的记载,他曾于公元前1100年造访比布鲁斯城,为底比斯的阿蒙神庙寻购雪松木料。然而,由于埃及的国际地位正在下滑,维纳蒙受到了冷遇,在钱款尚未由埃及送达时,他甚至被比布鲁斯城拒之门外。他的记述表明,比布鲁斯的国王拥有一支由20艘货船组成的船队,并且在西顿附近还有50艘近海船只。虽然维纳蒙曾提到沿途有海盗,但当时已经有了一些商贸活动。

然而在拓展贸易网络方面发挥带头作用的城市却是推罗。该城对商业的态度相较于比布鲁斯更显灵活,负责为城市寻找商路的并非国王,而是几大贸易家族。公元前9世纪,推罗的商人通过代理人在巴比伦尼亚设立了商站。推罗曾一度声名远播。300多年以后,该城被巴比伦人攻陷。为此哀悼的以色列人的先知以西结(Ezekiel)曾经作文描述:"你居住海口,是众民的商埠;你的交易通到许多的海岛……你的境界在海中,造你的使你全然美丽……你便在海中丰富,极其荣华。"(这段对繁荣城市的描写如此深入人心,以至于被威尼斯人用来形容他们自己的城市!)《以西结书》第27章详细列举了许多与该城有贸易往来的民族,他们来自各个地方,从幼发拉底河以东到南方的阿拉伯半岛。

迦南人可能始终以经商为生,因为沿海地区的土地虽然肥沃,但不足以养活当地的人口。当亚述人要求这些城市上缴贡品,尤其是金属时，他们不得不从海外采购。公元前9世纪，迦南人正逐步探索地中海，并遇到了另一个贸易民族——希腊人。希腊人与迦南人在奥龙特斯河（Orontes）的入海口阿尔米那（al-Mina）共用一个商站，并通过此地与美索不达米亚建立了联系。希腊人的贸易活动当时尚不太发达，难以区分自己的贸易对象，便将其统称为腓尼基人。该称谓可能源于一种提取自贝类的紫色染料，而腓尼基人正是凭借该染料而闻名整个地中海。腓尼基人是近东文化集大成者，而他们与希腊人的交往将为西方世界的历史带来深远的影响（希腊人也与其他民族有所接触，例如自公元前8世纪开始，希腊的盾牌和头盔体现了亚述人的直接影响）。后续的故事请继续关注本书第9章与第10章。

公元前第一个千年纪时的埃及

在遭受亚述征服的众多国家当中，埃及距离亚述最为遥远。公元前1069年，拉美西斯十一世去世，埃及在此后相当长的一段时间内处于越来越分裂的状态（即所谓的第三中间期，约公元前1077—前664年），地方豪族，尤其是底比斯的祭司，不断巩固他们在本地的势力，并与王室分庭抗礼。与此同时，第二十一王朝出现在了三角洲地区，并且建都于距离培尔-拉美西斯城（当地的河道此时可能已经干涸）几千米处的塔尼斯（Tanis）。底比斯与塔尼斯这两个并立的权力中心为了宣扬各自的合法性而无所不用其极，从而掩盖了埃及早已陷入四分五裂的事实。在北方，利比亚移民成为一支重要的力量。其中一个名叫奥索尔康（Osorkon）的首领与塔尼斯的王室联姻，并且建立了新的王朝——第二十二王朝。利比亚人更不介意与人共享权力，割据政权由此遍布埃及各地。在公元前9世纪至前8世纪，当时的埃及有多达11名统治者竞逐权力。

分裂状态终归不可能长久。靠经商变得富裕的库施人（Kushites）重新建立了一个努比亚王朝，并向北扩张。他们把纳帕塔作为努比亚的都城。该城曾是新王国时期埃及势力所及的最远处。库施人继承了埃及的文化遗产与政治遗产，其统治者显然懂得如何充分加以利用。库施人最雄心勃勃的国王是皮安希（Piankhi，又称皮耶[Piye]）。公元前727年，他向北方的埃及发动进攻，并声称此战旨在代阿蒙神消灭其反叛者。在抵达三角洲之后，他又精明地在赫利奥波利斯的神庙中参加净礼，以此向太阳神拉表达自己的忠诚，因为这位神在北方始终比阿蒙更具影响力。之后，他被宣布为整个埃及的统治者，并建立了第二十五王朝。在纳帕塔，皮安希竖起胜利纪念碑，碑上的浮雕刻画了8名拜倒在法老面前的统治者。皮安希善于利用昔日的传统，甚至在纳帕塔为自己与家人建造了金字塔（但在形制上与孟菲斯的金字塔存在一些差异）。此外，他还依照流传数个世纪的传统，在底比斯把自己的妹妹任命为"阿蒙之妻"。皮安希的继承者们始终把其统治的合法性上溯至古王国或中王国时期，甚至更进一步，把埃及直接并入自己的王国。他们在孟菲斯、底比斯等古代宗教中心大兴土木，采用传统的王衔，用表现古王国时期主题的浮雕装饰这些神庙的墙壁。他们甚至再次把埃及的疆域扩展到了亚洲。

正是在这个埃及处于相对统一的时刻，亚述对埃及发动了入侵。亚述早已有征服埃及的野心，而埃及对巴勒斯坦的入侵更是进一步刺激了亚述帝国。公元前7世纪初，亚述国王阿萨尔哈冬（Esarhaddon）越过西奈半岛的沙漠，攻入埃及境内。公元前671年，孟菲斯城惨遭蹂躏，努比亚法老塔哈尔卡（Taharqo）被迫退往南方。公元前664/663年，亚述人再度来袭，兵锋直指底比斯。这座数百年来未遭侵犯的宗教中心惨遭洗劫。此次失败令库施人大失颜面，被迫退出埃及，返回努比亚的故土（该王国以麦罗埃城［Meroe］为中心，又延续了数百年）。

由于埃及距亚述人的本土过于遥远，他们无法长期维持对埃及的控制，因而不得不依赖一些当地的合作者。三角洲当时有一个叫普萨美提克（Psamtek，希腊古典作品称其为Psammetichus）的人，以小城塞伊斯（Sais）为中心割据一方。他被亚述人扶植为傀儡。普萨美提克与努比亚法老们一样善于利用埃及的传统。他把女儿尼托克里丝（Nitocris）送往底比斯，立她为"阿蒙-拉之妻"，以此巩固他对南方的统治。当时的艺术风格同样模仿古王国和中王国时期，而孟菲斯也被重新确立为埃及的首都。

通过一系列的外交与武力攻势，普萨美提克最终确立了对埃及全境的统治，建立了第二十六王朝（该王朝也被称作塞伊斯王朝［Saite Dynasty］，因该王朝的首都在塞伊斯而得名）。普萨美提克十分幸运。由于亚述的力量正在不断衰落，因而他名义上的宗主从未对他发起质疑。普萨美提克的统治超过50年，而他与其继承人还会共同见证埃及的统一、繁荣与文化上的复兴。贵族们重新建起豪华的陵墓，雄伟的神庙也再次拔地而起。埃及首次拥有了自己的海军（可能用于保卫埃及在巴勒斯坦的利益，装备有希腊式的桨帆船），并且有能力与地中海、黑海的其他贸易强国展开平等的商业谈判。该王朝非常欢迎外国人。公元前620年左右，希腊商人得到普萨美提克的允许，在埃及建立了一个贸易据点。这个商站位于尼罗河支流上的瑙克拉提斯（Naucratis），距该王朝的首都塞伊斯不远。埃及军队中随即出现了希腊雇佣兵的身影（此外也有腓尼基人、叙利亚人和犹太人，他们大多是难民，从被亚述占领的地区逃往埃及避难）。希腊人甚至沿尼罗河逆流而上1000千米，在拉美西斯二世的巨像的腿上刻下名字。正如我们前面说过的，希腊人开始作为旅行者在埃及四处游历，并且震惊于他们所见到的一切，某些希腊人甚至坚信他们的文明源于埃及人。

波斯帝国的崛起

公元前6世纪中叶，终于有一个帝国成功征服了包括埃及在内的整个古代近东地区，并且建立起了对上述地区的稳定统治。该帝国以阿契美尼德（Achaemenid）帝国广为人知，此称谓源于其王室传说中的祖先——阿契美尼斯（Achaemenes）国王。

该帝国的真正创立者是居鲁士二世（公元前559—前530年在位），此人堪称历史上最伟大的征服者之一。公元前7世纪末，居鲁士的祖先在波西斯（Persis，今伊朗的法尔斯省［Fars］）摆脱了埃兰人的奴役。（埃兰人的国家位于今伊朗西南部，尤其在公元前第二个千年纪时，曾是近东地区一支重要的政治力量。）然而，居鲁士来自另一支波斯民族，他们原本是一群逐水草而居的牧民，可能趁着埃兰人的衰落，从中亚迁徙到了伊朗高原。而在居鲁士的北方有另一个民族——米底人，他们控制着经由伊朗高原通往外界的肥沃谷地，并且刚刚在与亚述人的战争中展现了其强大的军事实力。公元前550年，米底人可能因担忧居鲁士的日渐壮大而向他发动了进攻。但米底人战败了，这令他们不得不为居鲁士效力，而其富裕的都城埃克巴坦那（Ecbatana）也被并入了波斯。米底人控制着的山区牧草茂盛，盛产良驹，此外当地还拥有更多的人口。居鲁士的王国在东西两个方向上的不断扩张令周边国家开始感到不满。而在安纳托利亚的西部，早在公元前7世纪便出现了一个统一的王国——吕底亚（Lydia）。其国王克罗伊斯（Croesus）在公元前6世纪40年代中期向波斯人发动了进攻，但同样铩羽而归，其都城萨尔底斯（Sardis）也被并入了已成为一个帝国的波斯。时至今日，站在萨尔底斯的岩石城堡下，朗诵希罗多德有关该城陷落的记载（《历史》第1卷，79—84节），仍令人感慨万千。接下来，安纳托利亚沿海那些富庶的希腊城邦也被迫臣服于波斯人。

居鲁士在征服安纳托利亚沿海地区的希腊人之后，随即又向遥远的东方进军，对中亚与阿富汗发动了一系列战争。最后，他将矛头指向了肥沃的美索不达米亚平原上的巴比伦尼亚地区。在经历了尼布甲尼撒二世的辉煌统治之后，巴比伦失去了一定的活力。最后一位国王纳波尼德（Nabonidus，公元前555年继位）原本只是一名普通的官员而非王室后裔，他的统治虽被贵族接受，但由于面临着各种的威胁，他花费多年的时间在国外四处征战，特别是在阿拉伯半岛。结果他被指责漠视马尔杜克神，因为每个新年纳波尼德都无法在巴比伦城为马尔杜克神举办的庆典上按时出席。公元前539年，巴比伦人在俄庇斯（Opis）被居鲁士彻底击败。居鲁士由此将帝国的西南边境一直推进到了埃及。

此时，居鲁士到了施展其政治才能的时候。他虽在俄庇斯使巴比伦人蒙受了惨重的伤亡，但成功使后者接受他为正统的统治者。他自称是在为巴比伦恢复传统秩序，因为纳波尼德背离宗教正统，已经令巴比伦的繁荣受到威胁。于是出现了以下场面："巴比伦的所有城民，苏美尔与阿卡德的所有君主、总督，他们都向居鲁士鞠躬行礼，亲吻他的脚，为他接受王位而兴奋，兴高采烈地向这位主人致敬，对他的名字顶礼膜拜。因为在他的帮助下，他们重新焕发生机，免于死亡与灾祸。"居鲁士得到了巴比伦精英阶层的拥戴。他借由巴比伦的落败，让以色列人从巴比伦的枷锁下获得了解放，从而被以色列人视为解放者。在犹太人的传统记述中，居鲁士与耶路撒冷圣殿的重建被联系在了一起。居鲁士还借机宣称他是在贯彻雅威的旨意。此外，他的新臣民当中还有腓尼基人，他们的水手将成为帝国海军的主力。

此时的阿契美尼德帝国东西相距4000余千米，南北相距1500千米，其领土的总面积约600万平方千米，人口据估计多达3500万。帝国各地的风土人情可谓千差万别。在许多情况下，控制如此辽阔的领土就已经不易，实施专制统治更是天方夜谭。而对巴比伦的处置也已经表明，居鲁士并没有选择专制的统治方式。只要当地人承认他本人——"万王之王"——至高无上的权威和波斯人的神阿胡拉·马兹达，当地的文化与宗教就可以自由地发展。赋税始终处于较低的水平——居鲁士的都城帕萨尔加德（Pasargadae）显然远不及巴比伦和亚述的都城那样奢华。在这座城市中，外国工匠可以自由展现自己的艺术风格：其宫殿体现了亚述的影响，各种石雕被希腊人注入了自己的风格，而居鲁士的陵寝则借鉴了安纳托利亚的形制。（一段希腊文史料描绘了该陵寝，称居鲁士的遗体被装敛入一具金棺，并覆盖着一张来自巴比伦的毯子。）

维持如此庞大的帝国高度依赖居鲁士个人的精力和魅力。在他去世后，其子冈比西斯（Cambyses）继承王位并征服了埃及与塞浦路斯，进一步扩展了帝国的版图。公元前525年，波斯军队攻入埃及，击败普萨美提克三世并围攻其都城孟菲斯。该城最终被攻陷，埃及最后一位土生土长的法老被掳往波斯都城苏萨（但也有一些文献称该法老在孟菲斯遭到处决）。埃及的文献表明，冈比西斯和他的父亲一样精明，深知迎合当地习俗的重要性。

塞伊斯的祭司崇拜太阳神拉的母亲女神奈特（Neith），冈比西斯就为他们修复了神庙并在此举行了隆重的祭祀仪式。他可能还启用了当地的精英阶层协助自己进行统治。亚述对埃及的侵略曾很快被普萨美提克化解，但如今埃及的历史却将进入一个崭新的阶段，在未来的数百年间，波斯人、希腊人和罗马人将会继续利用埃及人在过去数个世纪中所形成的向最高统治者效忠的传统,来帮助他们统治埃及。

公元前525年,波斯帝国的版图已覆盖整个西亚。当冈比西斯仍在埃及逗留时,波斯宫廷内部已经暗潮涌动。公元前522年,冈比西斯去世。在此之前不久,波斯将领大流士发动了一场政变。此次政变原本可能会使波斯帝国崩溃,但大流士证明了自己在军事与组织管理方面的天赋。他在不到两年的时间里平息了各地的叛乱,使帝国恢复了稳定。大流士似乎未给出任何理由,只是坚称自己是阿契美尼斯的后裔,就利用这一背景赢得了帝国核心区域的效忠。这可能是因为他比前任更多地依靠波斯贵族,并巩固了他们作为统治阶级的地位。他把自己的成就写入铭文,雕刻在伊朗西北部的贝希斯敦那80米高的岩壁上。铭文用3种语言写成:埃兰语、阿卡德语(文字通行于巴比伦与亚述)和古波斯语。其中古波斯语被大流士用来彰显其王权。(正如前文所述,英国学者亨利·罗林森在19世纪复制了该铭文,并且以此破译了阿卡德语。这是19世纪的一项重大考古发现。)此后,大流士在东方发动了更多的战争,控制了广阔的平原与山脉,这片土地覆盖了今天的阿富汗、巴基斯坦以及现代伊朗的东部。约公元前514年,大流士跨过达达尼尔海峡攻入色雷斯,与当地的西徐亚人(Scythians)进行了几次无足轻重的战斗。

大流士通过阿胡拉·马兹达使其统治合法化,这位神祇准备仁慈地统治大流士治下那些民族敬奉的较小的神祇。国王和神彼此强化着对方的合法性。例如大流士陵墓中的铭文中就写道:"伟大的神阿胡拉·马兹达,他创造了大地,创造了遥远的天空,创造了人类,创造了人类的欢乐。他使大流士为王,王者中的王者,领主中的领主。"这座陵墓以及其他稍晚的王陵里,都有浮雕描绘国王与神明相互举手致意的场景。一则有关大流士即位的神话提到王位觊觎者编造谎言使帝国陷入混乱,而神明和大流士则恢复了帝国的正义与良序。在另一篇王室铭文中,大流士自豪地宣称自己性情温和,使他能够公正且平和地把正义施予所有臣民。

波斯帝国被划分为20个总督辖区(satrapy),每一个辖区由一位总督负责管理。这些总督通常由帝国直接任命,且多为波斯人。此人会被授予一份王室田产,其一切产出被作为他的俸禄。本着宽待当地民族的精神,被征服民族的都城均被当作总督辖区的首府而得以保全，孟菲斯、萨尔底斯、埃克巴坦那、巴比伦均是如此。以贡赋形式征收来的财物一般就地保管。（例如亚历山大大帝的手下曾在巴比伦的城堡里发现了堆积如山的白银。）每个首府都保管着当地的行政档案。许多例子都表明，地方官员会写信调阅已归档的王室敕令。大流士在波斯波利斯（Persepolis）建造了华丽的宫殿，墙壁上的浮雕描绘了帝国臣民朝贡的队伍，每个民族的代表都身着各具特色的服饰，把当地的特产献给宫廷。（希罗多德《历史》第3章，90—94节曾详细列举了各民族所应缴纳的贡赋。）其中一些人甚至被允许佩带武器。在埃及治下，被征服民族一般矮人一等；在亚述的治下，他们则被彻底消灭；但在波斯治下，他们还能保持某种尊严。各地的语言都得到了尊重，许多公共铭文都像贝希斯敦铭文那样用几种语言写成，阿拉米语（Aramaic）则是政府部门通用的语言。这种效忠系统足够灵活，比如国王一般会用丰厚的礼物去收买那些偏远的部落民的忠诚，因为要保持帝国境内道路通畅，这些部落的忠诚就必不可少。

整个帝国的道路网络四通八达，纵横交错。著名的御道（Royal Road）是帝国交通的主干，由苏萨向西一直延伸到吕底亚的旧都萨尔底斯，且每个危险路段与枢纽都有重兵把守。信息能沿着御道以每天300多千米的速度传递。具有官方使命的旅客凭通行证可在沿途各驿站领到次日所需的口粮，而相关报告之后会被送往都城。该交通系统高效而安全，确保了各地的财富能被源源不断地输送到帝国的3座都城——帕萨尔加德城，帝国在公元前6世纪初的首都；波斯波利斯，波斯王室的发祥地；苏萨，曾是埃兰的古都，此时已被大流士设立为帝国的行政中心。一如既往地，王室随心所欲地从被征服的民族那里汲取各种资源与技术。当大流士在苏萨建造宫殿时，所使用的雪松木产自黎巴嫩，其他木料则产自阿富汗，青金石一如既往产自东方，黄金则产自萨尔底斯和巴克特里亚，埃及提供了最常见的贵金属——白银，象牙则从努比亚和印度被源源不断地运来。希腊人再次在雕塑方面发挥了专长，米底人和埃及人则是最佳的金匠和木匠，巴比伦人则负责烧造工程所需的砖块。

波斯帝国虽然有着无与伦比的效率与秩序，但不可能年复一年地维持绝对的和平。公元前499年，帝国西部的爱奥尼亚（Ionia）海岸的希腊城市爆发了大规模的叛乱。大流士不得不面对一个足以与波斯帝国一较高下的民族。在接下来的170年间，波斯帝国与它的希腊邻居间维持着一种一言难尽的关系。这一关系最终将以亚历山大大帝征服波斯帝国而告终。然而在讲述这个故事之前，本书首先要介绍一下希腊人以及他们的海洋——地中海。

第7章

"陆地中间的海洋"

作为古典世界摇篮的地中海

地中海及其毗邻的黑海与本书涉及的大多数古代文明具有密不可分的联系。整体而言,地中海(Mediterranean)——"陆地中间的海洋"——是一片近乎封闭的海域。地中海通向其他海域的通道仅有两条(如果直到1869年才开通的苏伊士运河不被算在内),即直布罗陀海峡与达达尼尔海峡。前者曾被古希腊人称为赫拉克勒斯之柱(Pillars of Hercules),后者则是古人前往黑海的航道。五百多万年前,地中海曾被完全封闭起来,在海水全部蒸发后成为一片荒漠。后来,海水从大西洋再次涌入,迅速注满了整个海盆。由于海水流入的通道有限,蒸发量大始终是一个问题。流入地中海的河流为之补充了部分水量,例如埃及的尼罗河、意大利的波河、法国的罗讷河(Rhône)以及一些较小的河流。此外,由于多瑙河等水系注入黑海的水量略多于黑海的蒸发量,因而地中海亦有4%的海水来自黑海。作为地中海的主要补水通道的直布罗陀海峡仅宽14千米,达达尼尔海峡的情形也相差不多,所以经上述两道海峡流入地中海的海流十分湍急,令驶离地中海的航程成为水手的一大挑战。公元前3世纪的希腊诗人阿波罗尼奥斯曾用史诗重新演绎伊阿宋与"阿尔戈"号的传说。他笔下的伊阿宋及其同伴,为了穿过达达尼尔海峡前往黑海,不得不全力划动船桨:"英雄们来到了蜿蜒的水路上的狭窄处,两边被嶙峋的悬崖夹持,回旋的水流则从下面冲打着船只。"[1]

---

[1] [古希腊] 阿波罗尼俄斯著,罗逍然译笺:《阿尔戈英雄纪》,北京:华夏出版社,2011年,第70页。——译者注

地中海周边的先民逐渐知晓了它有多大。公元前6世纪末的希腊地理学家赫卡特乌斯（Hecataeus）在不同的地方分别把地中海称为"大海"或"我们的海"。此外他还记述了由直布罗陀海峡出发，沿海岸线顺时针绕行至今天的摩洛哥地区的完整路线。罗马是第一个把地中海完全变为"内湖"的文明，罗马人也顺理成章地清晰认识到这片海洋是一个整体。比赫卡特乌斯晚出生5个世纪的罗马政治家西塞罗曾说道："长久以来，我们都把从大洋到本都（Pontus）的大海视为一个安全而封闭的港湾。"

地中海也塑造了大陆。公元1世纪初的希腊地理学家斯特拉波的著作是今人了解古人地理学成就最为翔实的史料。他指出："正是大海精确勾勒出大地的轮廓，是它创造了海湾、海盆、可以行船的海峡，又以同样的方式创造了地峡、半岛和岬角；当然，河流与山脉在此也发挥了自己的作用。"地中海东西宽仅3800千米，但蜿蜒曲折的海岸线却长达2.2万千米。沿海岸线散布着近千座港口，其平均间隔仅30至40千米，恰为船只在良好海况下一天的航程。中世纪绘制的海图上曾密布着它们的名字。"港口"一词的含义比较宽泛，从诸如亚历山大里亚这样的贸易中心，到希罗多德笔下迦太基（Carthage）商人会停靠卸货、看看当地人是否有足够的钱购买货物的任意一处海滩，不一而足。在地中海上航行，不难找到停泊休息、补充淡水的机会和各种商机。

许多河流可以直达内陆的码头，所以在可涉水通过的浅滩或航道的终点往往有大城市出现。亚得里亚海北端的古城阿奎莱亚（Aquileia）就是极好的例子，其最古老的码头遗迹大多已被发掘。由该城北上的陆路通道翻过阿尔卑斯山，进入北欧，最远延伸至盛产琥珀的波罗的海地区。琥珀对阿奎莱亚的手工业者而言是极为重要的原材料。前往不列颠诸岛的古人既无须经直布罗陀海峡北上，更无须挑战波涛汹涌的比斯开湾（Bay of Biscay），而是取道罗讷河逆流而上，进入莱茵河谷地，再到达北海。在地中海东部，尼罗河与奥龙特斯河也为船只提供了深入内陆的航道，内陆丰富的资源亦促进了整个流域的经济发展。地中海东部的沿海地区与古代近东诸文明均有密切联系，乌鲁布伦沉船所装载的货物就可以佐证这一点。

欧洲大陆伸入地中海的主要半岛有3个，分别是伊比利亚半岛（今西班牙和葡萄牙）、意大利半岛①和希腊半岛②。其中，希腊半岛向海洋进一步延伸，形成了密布于爱琴海的各个岛屿。上述半岛把地中海分隔得支离破碎，形成一个个内海，例如亚得里亚海、第勒尼安海。各内海均拥有自己的历史，其周边各民族曾围绕着制海权而争斗不息。在第勒尼安海，希腊人、迦太基人、伊特鲁里亚人（Etruscans）曾在公元前5世纪大动干戈；在同一时期的爱琴海，希腊人也正在形成自己的小世界。柏拉图曾把爱琴海比作池塘，把爱琴海周边的各希腊城邦比作簇拥在池塘周围的青蛙。

上述3座半岛均以山地为主。希腊3/4的陆地被山脉覆盖，耕地相对稀少——色萨利地区（Thessaly）已是全希腊最大的平原。③事实证明山地地貌十分重要，不但制约着耕地的规模，令人们散居于彼此隔绝的小村落，更使他们为了旅行而不得不借道海洋。希腊半岛的南部是伯罗奔尼撒半岛（Peloponnese），当地直到20世纪30年代也仅有1/6的土地可以耕种。意大利可谓坐落于亚平宁山脉山脊上的国家，波河把山脉的北段拦腰截断，河谷成为意大利土壤最肥沃的地区。在西班牙，沿海肥沃的平原与内陆起伏的群山形成了鲜明对比。另一方面，山地也决定了农业的生产方式。地中海地区的降雨通常集中于冬季而非夏季，易于破坏表土。农夫们不得不修筑梯田以保持水土。

在地中海地区，不仅各季节的降水量差异巨大，不同年份的降水量也相差甚远。举一个发生在现代的例子。爱琴海北部的城镇卡瓦拉（Kavala），即古代的尼亚波利斯（Neapolis），20世纪60年代时年降水量波动剧烈，最高可达897毫米，最低仅有252毫米，且有研究显示，当地在古典时代的气候与今天相差无几。这意味着古人在丰年收获的粮食远超所需，在凶年又不得不忍饥挨饿。由于每年的收成无法预测，所以每年都必须努力生产以储备尽可能多的粮食，农夫更需要为此充分发挥创造力。

---

① 即亚平宁半岛。——译者注
② 希腊半岛并非准确的地理概念，在此专指巴尔干半岛南部希腊人居住的部分。——译者注
③ 面积仅约1.4万平方千米。——译者注

这一点逐渐被田野考古所证实。葡萄、橄榄、谷物是地中海地区最重要的3种农作物，经常被同时种植，以避免因某种作物歉收而蒙受损失。大麦耐寒且产量稳定，比小麦受欢迎。小麦则更有营养，因而更受精英阶层的青睐。无论是在平原、河谷，还是在山地，种植者都是在经历无数次试验与失败后，才找到了各种作物的最佳搭配。假如一位农夫有幸得到更多的土地，最明智的做法是使几处田产分处不同环境，从而增加获得丰收的机会。不难发现，特别富裕的农夫总是在相距甚远的不同田产之间来回奔波。大地产经济则纯粹是一种浪费（但大地产可以彰显主人的显赫地位，在罗马帝国时代尤其如此）。

黑海常被视为地中海东部的一片死水。然而，一旦达达尼尔海峡的激流被征服，航路被打通，黑海便能提供重要的资源。黑海北岸属大陆性气候，当地盛产谷物，且作物歉收的几率远低于地中海地区。南岸的气候则与地中海相近。故而当希腊商人在公元前8世纪抵达这里时，黑海当地早已存在经济交换。

地中海是否应被看作一个独一无二的生态环境，孕育出了其他地区无法孕育出的文明与文化？有一部著作把对上述问题的思考提升到了新的高度，这便是布罗代尔的《菲利普二世时代的地中海和地中海世界》。该书于1949年在法国出版，是20世纪最优秀的历史著作之一，以法语修订版为基础的两卷本英译本亦于1972—1973年出版。布罗代尔在学术生涯之初就深深迷恋上了地中海，但直到被关入德国战俘营，他才完成了这部著作的初稿。布罗代尔认为，地中海并非浑然一体，而是由一片片环环相扣的海组成。这使他对各种自然环境进行个别考察。该书的过人之处在于，作者对构成地中海自然环境的各种基本要素的长时段审视。在书中，他先分析山脉与平原，再转而描述地中海本身，之后探讨经济背景，最后才着手叙述16世纪的历史事件。布罗代尔文笔优雅，旁征博引的同时又不失对材料进行缜密分析，因而特别能引起读者的共鸣。此外，他提出了长时段（la longue durée）的概念——历史在环境的制约下徐徐展开，令该书成为法国年鉴学派的代表作。

由佩里格林·霍登与尼古拉斯·珀塞尔合著的《破败中的海洋：地中

海历史研究》①是另一部研究地中海世界的重要论著,但其观点颇具争议性。这部著作主要聚焦于古代与中世纪。霍登和珀塞尔虽然追随布罗代尔的脚步,继续强调环境的重要性,但他们更侧重强调地中海世界是由沿着漫长海岸线分布的一系列微区域(microregion)所组成,而各个微区域的开发都要面对当地独特的生态环境。书中所提出的微区域这一概念,既包括耕地与牧场,也包括林地与湿地。湿地在地中海世界农业研究中往往受到忽视。诚如作者所指出的那样,湿地不仅孕育了多种多样的动植物,所提供的水资源亦比降雨稳定可靠。此外,人们还可用沟渠将水排走,创造可通行的内陆。正是由于微生态(microecology)的千差万别,令古人必须具备五花八门的技术才能充分开发当地的资源,所以两位作者对地中海世界的农民的创造力和适应力大书特书。由于各个社群为了生存而不得不彼此往来,作者又引入了联系性(connectivity)这一概念,认为联系性是一切属于地中海的历史(history "of" the Mediterranean,区别于仅仅碰巧发生在地中海海岸的历史 [history "in" the Mediterranean])所不可或缺的要素。联系性这一概念虽强调了文化间的持续交流,而书中也提供了数量可观的史料加以佐证,但这种无疑很重要的联系性是否为地中海所独有?巴里·坎利夫的《面向海洋:大西洋及其各民族》②认为联系性同样存在于大西洋沿岸各民族之间。由此可见,联系性在任何沿海地区都是常态。黑海的两个生态圈之间必然也存在着类似的联系性。联系性这个概念既难以准确定义,又无法描述这种交流的范围以及变化起伏,人们自然无从判断地中海地区的联系性与大西洋沿岸地区的联系性有何不同。

有一种批评意见认为,霍登和珀塞尔未能认识到城镇化在地中海经济中的重要性。这两位作者认为,"当时并不存在那种能够自动影响其居住者观念与行为的城市空间"。诚然,地中海地区至少有80%的人以务农为生,其产品支撑着整个经济。除了坐拥大片土地的精英阶层,余者大多在文献史料中难觅踪影,但田野考古与调查正在逐步纠正古代文献史料过于侧重

---

① Peregrine Horden & Nicholas Purcell, *The Corrupting Sea: A Study of Mediterranean History*, Oxford and Malden, Mass., 2000.

② Barry Cunliffe, *Facing the Ocean: The Atlantic and its Peoples*, Oxford and New York, 2001.

城市生活的倾向。然而，城市的重要性不可否认。希腊人更喜欢居住于村落中而不是田间农舍，而他们的城市也是宗教生活与政治生活的中心。简而言之，希腊文明根植于城邦（poleis）。当希腊人向地中海西部殖民时，城市是他们在充满敌意的土地上立足的唯一手段。大都市甚至改变了原有的贸易格局。罗马城吸纳了大量来自埃及和北非的谷物，雅典等海上势力需要爱琴海北部的木材，而封锁达达尼尔海峡则标志着雅典在伯罗奔尼撒战争中的彻底失败。况且任何一座拥有精英阶层的城市都拥有一批需要消耗各种原料、为精英制造奢侈品的工匠，所以这些城市都不得不加入到贸易网络之中。就此而言，城市的确可以被视为地中海经济的重要元素。

如果地中海世界的生活是由联系性主导的，那么人们可能会期待存在长时期的稳定关系。然而，彻底的崩溃时有发生。公元前1200年，地中海东部的贸易网络土崩瓦解，各文明间的交往彻底陷入停顿，直到三四百年后才恢复联系的信心。随着西罗马帝国覆灭，类似的情形在公元500年后再次发生，而重建信心与恢复贸易的过程又耗费了数个世纪。公元前1世纪，罗马爆发了数次内战导致经济衰退，海盗也利用北部海岸的许多小海湾趁机猖狂活动。历史学家应对地中海世界中人类生活的瞬息万变有清醒的认识，而在这片海域生存的不易，也必须始终被置于更加宽泛的政治背景下加以理解。

以上观点出自历史学家大卫·阿布拉菲亚研究地中海历史的最新力著——《大海》[①]。阿布拉菲亚与布罗代尔、霍登、珀塞尔等人针锋相对。他提出，时间确实带来了巨变，而诸如亚历山大、恺撒、奥古斯都这类历史人物的个人决定会产生重大影响。亚历山大摧毁了一个由城邦构成的传统希腊世界，而其后继者们在地中海东部建起一个个帝国。在地中海西部，汉尼拔的失败导致了迦太基帝国的毁灭，从而为罗马的扩张提供了舞台。奥古斯都巩固了其养父恺撒的胜利，并把秩序带给了因公元前1世纪的罗马内战而四分五裂的地中海世界。罗马史家苏维托尼乌斯（Suetonius）曾讲述过这样一则故事。一艘商船在坎帕尼亚（Campania）

---

① David Abulafia, *The Great Sea*, New York, 2010.

海岸附近与行将就木的奥古斯都相遇。船上的商人与水手纷纷为奥古斯都祈福，因为"正是由于他，他们才得以生存，能够自由航行，总而言之，他们所能享受的一切自由与荣华富贵都拜他所赐"。政治活动在地中海制造了一场场动乱与崩溃，又一一将之驯服。

即便如此，霍登和珀塞尔仍曾强调这样一个问题：资源分布的不均衡是刺激贸易发展的主要因素，因为地中海各文明或文化都无法自给自足。如果谷物是当时最基本的营养来源（谷物可能提供了2/3的膳食营养），那么通向更富庶地区的路线，尤其是那些有充沛降水的产粮区——埃及、西西里岛和意大利南部、黑海，后来是北非等更优质小麦的产区——的路线应始终是最重要的古代商路。古代近东凭借其四通八达的贸易网络提供着奢侈品与纺织品，爱琴海北部出产木材，塞浦路斯出产铜，伊特鲁里亚（位于意大利中部）出产银、铜和铁，塔特索斯（Tartessus，位于西班牙南部的加的斯的内陆腹地）出产白银（在当时用于向亚述纳贡）。当不同地区出现丰收或歉收时，必然会促成频繁的粮食交易。

在地中海上航行总是充满了挑战。由于冬季潮湿而多风，10月至来年3月，海上几乎没有一艘船。即使如今气候更加温暖而稳定，但夏季海面上骤然发生的风暴仍令人心惊肉跳（是从海岸上看！），而地中海的天气也总给人变化无常之感。在荷马史诗中，海神波塞冬曾试图用风暴消灭奥德修斯："一峰巨浪从高处冲砸下来，以排山倒海般的巨力，打得木船不停地摇转，把他远远地扫出船板，脱手掌握的舵杆。凶猛暴烈的旋风汇聚荡击，拦腰截断桅杆，卷走船帆和舱板，抛落在远处的峰尖。"（《奥德赛》，5.313）[1] 最终，奥德修斯被冲上海岸，奄奄一息。

然而，夏季的大多数时间里，地中海的洋流与盛行的风向相对较稳定，且没有潮汐变化，所以固定的贸易航线得以成功建立。然而，古人还得等待最佳的时机，因为风力必须够强、够稳，才能使船只逆着洋流的方向前进。地中海的古代海船大多采用四角帆，适于乘风前进。在地中海东部，主要风向是由北向南，所以从雅典到罗得岛只需要3天，再用4天便

---

[1] ［古希腊］荷马著，陈中梅译：《奥德赛》，广州：花城出版社，1994年。——译者注

可以抵达埃及，返程却需花费两倍的时间。研究表明，在16世纪，从威尼斯到巴勒斯坦平均耗时43天，返程则需93天。若由雅典北上，前往黑海的谷物产地，就必须挑战达达尼尔海峡入口那向南奔腾的激流，因此极为耗时，古人每年仅能往返一次。其他航线同样困难重重。经爱奥尼亚海前往西西里岛的航线总是充满挑战，因为即使在盛夏时节，航程也会因不期而至的逆风而中断。爱奥尼亚海与亚得里亚海的交汇处尤其考验水手们的技艺。在地中海西部，每当西风来临时，直布罗陀海峡根本无法通行，船只必须等上两三个月，直至风向改变。假如货物较轻，经陆路绕过海峡转运至大西洋反而更加快捷。

货物越重，货船就越应该利用洋流，而非与洋流搏斗。这一点对那些满载金属或石料的船只尤为重要。若有读者对古代货船的运载能力感到好奇，可参考罗马万神殿（Pantheon）大门处高约12米的花岗岩立柱。这些立柱均由埃及的阿斯旺运至此地（古人可能还计划运输更大的立柱）。在陆地上与海底沉船中发现的考古证据显示，在青铜时代晚期，运载金属的船只通常先经塞浦路斯岛前往小亚细亚，再经爱奥尼亚海前往西西里岛并最终抵达西班牙沿岸。由北非出发向西前往直布罗陀海峡的船只，则应先向北前往西班牙沿岸，而后再折向西。若要向东驶往西西里岛，则通常先沿北非的海岸线航行，而后再调头向北前往撒丁岛，最后经撒丁岛从西面靠近西西里岛。若只看地图，今人难免以为北非沿岸的迦太基城的港口是为了吸引向西航行的腓尼基船只，但真实情况恰恰相反，船只只有从地中海西部返航时才会途经迦太基。迦太基能够从母邦腓尼基独立的原因可能也正在于此。一些港口因多条航线经由而变得极为重要并繁荣一时，例如远离西班牙海岸线的伊维萨岛（Ibiza），或西西里岛附近的摩提亚岛（Motya）。位于爱琴海中央的圣岛提洛岛（Delos），因东西南北的航线都由此经过而受益。

人类在地中海活动的历史非常悠远。早在公元前11000年，无畏的水手就已登上米洛斯岛（Melos）寻找黑曜石，因为这种火山岩比燧石更适于制作锋利的刀刃。当时的航海技术还很原始，船只可能用芦苇制成。但当时是一个寒冷的时期——水被冻在山顶，较低的海平面使更多的土地露出水面。航行因此比后来更容易。西西里岛与克里特岛早已有人定居。但在克里特岛上的出土文物显示，当地的定居者起初与海外世界几乎毫无接触。马耳他岛的情况大体类似，最早的定居者可能在公元前5700年从西西里岛迁徙至此务农。到公元前4000年时，岛上已发展出独具特色的文化。公元前3500年，当地相继出现了大型纪念建筑和供奉地母神的神庙，其年代比埃及的金字塔还要古老。岛上各社群之间可能相安无事，甚至直到公元前2500年左右才开始使用金属。公元前16世纪中期，岛上的文明才被另一群可能同样来自西西里岛的移民所征服。

首条真正意义上的商路的出现，应是受到了青铜贸易的刺激。铜和锡按适当比例混合可冶炼出青铜。无论是制作奢侈品还是制作武器，青铜都表现出巨大的优越性。所以这项技术一旦被人类所掌握，铜和锡自然成为当时的人们四处求索的商品。现存的一些古老岩画显示，当时的海船完全用桨推进。希腊本土东南部的基克拉泽斯群岛（Cyclades）是青铜贸易的枢纽。当地出土的基克拉迪人偶（Cycladic figures）是欧洲艺术中最独特、最吸引人的遗产之一。此类人偶有些是双臂交叉的全身像，有些则是只有鼻子高高隆起的扁平头像。它们常常演奏着类似小提琴的乐器。这种人偶是陪葬品，具体用途至今不明，但其制作时间跨越了12个世纪，自公元前3000年起一直延续至公元前1800年。它们可能是带领死者前往另一个世界的向导，或者是奏乐的伙伴。

特洛伊（Troy）也是当时贸易不断发展的获益者之一。由于特洛伊城被希腊人攻陷的传说脍炙人口，所以该城的形象曾在西方人的史诗或想象中反复出现。传统观点认为，这一事件发生在公元前12世纪。特洛伊的遗址如今处于内陆，但该城曾经位于海滨，毗邻一座在荷马创作史诗的时代已被淤塞的海港。公元前3000年，特洛伊还只是一个村落，但在公元前2500年时已经发展成为一座设防城市，并建有瞭望塔。当地人口的来源庞杂，有些被商机吸引而来，有些则是等待进入达达尼尔海峡的水手，还有一些人开发着城市周边的沃野，以获取羊毛和木材。公元前2500至前2300年，城市的发展进入第二个阶段，即通常所说的特洛伊二期文化（Troy Ⅱ）。当地出土了工艺精湛的金饰与金银器皿，并被特洛伊遗址最早的发现者施里曼视作特洛伊王妃海伦的珠宝。(施里曼的推断晚了至少1000年,而他把所谓的"普里阿摩[Priam]宝藏"以走私的方式偷偷运出奥斯曼帝国也无助于其名声[①]。)

与古代近东的大都市相比,特洛伊并不出众,当地居民甚至还不会写字。在当时的贸易网络中,特洛伊基本上只是一个占据了重要战略位置的商品中转站。勒莫诺斯岛(Lemnos)的波里奥克尼(Poliochni)知名度虽远不及特洛伊,但充分利用其位于爱琴海北部贸易网中心的有利位置,依靠其港口、优质淡水与肥沃的土壤繁荣一时。该城出现的时间肯定远远早于特洛伊,且被视为欧洲已知最古老的城市。该城在公元前第三个千年纪的末期毁于地震,特洛伊二期文化恰在同一时期毁于大火,始终未能恢复昔日的繁荣。至公元前2000年,贸易中心已向南转移到了克里特岛。地中海世界的历史即将迎来一个崭新的重要阶段。[②]

[①] 相关轶事可参见: Caroline Moorehead, *Lost and Found: The 9,000 Treasures of Troy: Heinrich Schliemann and the Gold that Got Away*, New York, 1997。

[②] 参见: Cyprian Broodbank, *The Making of the Middle Sea, A History of the Mediterranean from the Beginning to the Emergence of the Classical World*, London and New York, 2013。该书是一部颇具新意和开创性的研究著作,为更深入的研究者提供了许多新的基础史料。

第8章

青铜时代的爱琴文明

公元前2000—前1100年

米诺斯文明

克里特岛位于地中海东部的中央,与埃及、近东、希腊本土和地中海西部的交通都十分便利。岛上土地肥沃、绿树成荫,在公元前第三个千年纪的末期,已出现若干个城镇。大约公元前1950年,部分城镇中出现了雄伟的"王宫"建筑群。此类"王宫"既包括巨大的庭院和多间公用房间,也建有库房,用以存放谷物、酒类、油料等剩余产品。"王宫"的管理者用泥板记录着库存物资,留下一份份清单。泥板上的文字起初是一种克里特式的象形文字符号,后来逐渐演变为一种岛上独有的音节文字,被学术界称为线形文字A(Linear A)。虽然有15个字符的发音已被学术界掌握,但用这种文字书写的语言目前仍未被破译。

克里特岛上的文明被称为米诺斯文明,得名自当地一位名叫米诺斯(Minos)的国王。传说中他是宙斯的儿子,克里特岛则被交给他统治。这类传说可能反映了克里特人对远古时代的某些记忆,在历经数个世纪的流传后又被古希腊人所吸纳。米诺斯文明的发现十分偶然。英国考古学家阿瑟·埃文斯(Arthur Evans)被当地出土的几枚人工雕刻的石质印章所吸引,于是从1900年开始在岛上的克诺索斯(Knossos)地区进行挖掘,并很快发现了一个宫殿建筑群。米诺斯文明就此重见天日。克诺索斯位于远离海岸的一处高地上,我们如今知道,它是一个古老的聚落,其历史可追溯到公元前第五个千年纪，并因此享有某种特殊地位。早在"王宫"建成之前，克诺索斯就已是举办公共宴会的地点。此地显然具备某种神圣性，在当时还是一个相当成熟的文明的中心，而这个文明的工艺水平与地中海东部地区不相上下。埃文斯对自己的发现兴奋异常，他写道："近来在克里特岛的发现为欧洲文明打开了新的视野，同时也为我们重新审视以希腊-罗马为代表的古典世界，乃至我们所生活的现代世界，提供了新的视角。"法、意等国的考古人员随后在岛上的其他地点展开考古发掘。其中对马利亚（Malia）和法伊斯多斯（Phaistos）两地的发掘显示，米诺斯文明的影响已经遍及整座岛屿。

埃文斯宣称这些雄伟的建筑就是王室的宫殿，于是推测米诺斯文明正如后世所传说的那样，由国王进行统治。他对建筑物的想象和他所做的重建工作，从那时起就影响了人们对克诺索斯的印象。[①]这也是岛上所有重要遗址都被称为王宫的原因，即使没有任何考古（或其他）证据能证明米诺斯文明中存在国王，但"王宫"这一称呼却被沿用至今。直到更晚的时代，某些史料（线形文字B泥板）中才出现了对领袖人物的记载，而早期米诺斯社会的集权程度并不高。对当地墓葬的发掘显示，社会的核心是氏族或大家族。对"王宫"周边城镇的发掘也表明，那里有许多受各独立的家族控制的仓库。学术界对这些仓库与中央建筑群的关系尚无定论。这些仓库是否被一些精英阶层的大家族所控制？房屋的布局是否表明，内室只有一小撮人有权进入，而庭院则用于公共集会？宗教在协调社区活动中扮演了什么角色？是否有一个居于支配地位的阶层管理着"王宫"并记录下了库存物资？这些物资是不是仪式参与者所缴纳的供品？诚然，现有史料表明，这些物资并非如学术界最初所推测的那样产自本地，而是从更遥远的地方带来"王宫"的。

"王宫"式的雄伟建筑以及复杂的行政管理系统，使人不禁联想到埃及与近东。尽管有证据表明，来自东方的商品与东方的艺术风格的确对当地产生了一些影响，但没有外来文化输入的迹象，而当地所谓的"王宫"

---

① 参见：J. Alexander MacGillivray, *Minotaur: Sir Arthur Evans and the Archaeology of the Minoan Myth*, London and New York, 2000。

与外国同类建筑间并不存在联系。克里特社会的存续依赖于对当地乡村的有组织剥削。这种模式只能经过相当漫长的时间才能形成。可能正是这一点使克里特人领先于爱琴海地区的其他社群。"王宫"出现的时间恰与当地人在山顶建造神庙的时间重合,表明岛上的各处宗教场所已形成网络,这也可能标志着精英阶层通过占据有利位置对农村形成控制。

这也是一个拥有大批能工巧匠的社会。当地历史的早期阶段(所谓的旧王宫时代 [Old Palace Period],即公元前 2000—前 1600 年)所制作的卡玛莱斯式陶器(Kamares ware,以在 19 世纪首次出土的地点命名)堪称古希腊最精美的陶器之一。这类陶器器壁薄如蛋壳,表面装饰有用白色、红色、橙色颜料绘成的线条流畅的抽象图案。卡玛莱斯陶器产于克里特岛中部的平原,曾被大量运往"王宫"。此外,这种陶器的风格多变,间接表明这个社会曾经富有活力与创造力。印章多用碧玉或水晶制成,上面刻有鸟兽、昆虫等图案。在马利亚,盗墓贼从墓地中挖出大批精致的黄金器物,多数最终出现在了大英博物馆。但考古人员在同一地点又发现了一个漂亮的吊坠,表现一对蜜蜂面对面地举着一块蜜饼。

在米诺斯文明的印章上,研究人员发现了帆船的图案(在更早的时期,地中海上的船只仅用桨推进)。米诺斯文明的精英阶层可能通过与爱琴海沿岸以及地中海东部地区开展进出口贸易来巩固其地位。在塞浦路斯岛曾出土过米诺斯文明制造的商品。这表明该岛在当时就已成为前往东方的中转站。在爱琴海圣托里尼岛(Santorini,古称塞拉岛)的阿克罗蒂里,考古人员发现了大量反映当时贸易往来的证据。当地曾有一个繁荣的商业城镇,人口在 8000 至 1.2 万左右。公元前 17 世纪后半叶,岛上经历了一场浩劫,数次地震以及伴随而来的火山喷发摧毁了该镇。城镇废墟被火山灰掩埋。最近的水下考古证明,这次火山喷发是最近一万年以来最猛烈的一次。有关失落的文明亚特兰蒂斯的传说可能反映的正是这场浩劫。

在阿克罗蒂里,有些房屋的残垣断壁至今仍有两三层楼高,且屋内的地板仍完好无损,墙壁上覆盖着壁画,描绘了动物、花卉。这无疑体现了米诺斯文明的影响。其中最著名的一幅壁画名为《船》,是对该镇风貌最古老的记录。画面中,村落沿海岸线依次排列,海上则散布着船只与海豚，以及往来的客商，岸边也挤满了各色人等。据推测，画面中的这些房屋属于从事远洋贸易的商人，而《船》所描绘的，正是他们与海外的交往。最近，由克里斯托·杜马（Christos Doumas）主持的一项发掘计划在斯皮里冬·玛利纳托（Spyridon Marinatos）的前期工作的基础上，发现当地人使用的计数方式与计量单位均来自米诺斯文明，而进口自克里特岛的商品也呈现出增长的趋势。具体到陶器，舶来品所占的比重不超过2%。该岛与埃及以及地中海东部同样保持着接触，这足以表明阿克罗蒂里并未依附于克里特岛，而仅仅是在利用由贸易所带来的商机。

公元前1600年左右，米诺斯文明的"王宫"被毁。学术界一度认为这是塞拉岛火山喷发造成的，但后来发现早在王宫被毁之前，这次火山喷发所形成的浮石就已经落到了岛上并被当地人收集起来。现在推测，这场灾难主要是由某次地震所引发的火灾造成的，但地震及这场灾难发生的时间仍是学术界激烈争论的焦点。然而"王宫"迅速得到了重建，且规模更加宏伟，这显然表明米诺斯社会内在的繁荣与稳定。宫殿的墙体中现在被植入了木支柱，以增强抗震性能。这些建筑仍以庭院为中心，但位于第二层的公用房间均建造得十分宽敞，与巨大的台阶连接。这些房间中最富丽堂皇的，当属所谓的"王家寓所"。埃文斯在"王家寓所"中有诸多考古发现，其中有一把被当作"王座"的座椅。这把椅子在当时可谓独一无二（但也可能是迈锡尼文明时代增设的）。在克里特岛东端的扎克罗斯（Zakros），当地首次建起了这种新式"王宫"。而在距旧"王宫"所在地法伊斯多斯不远的哈及亚特里阿达（Hagia Triadha），有旧"王宫"被新"王宫"取代的迹象。

"王宫"墙壁上的壁画十分精美。克诺索斯"王宫"的壁画更是如此，其中一些描绘了行进中的队伍，一些则描绘了头发飘逸、袒胸露乳的女性形象，还有一些描绘了充满鲜花与动物的大自然。其中最著名的壁画描绘了一种名为跳牛的运动——参加者无论男女都要纵身跃过横冲直撞的公牛。参与跳牛运动者首先站上高台，当公牛向他们冲过来时跃向牛背，并要在牛背上完成一个空翻动作。有证据显示，该运动一般在庭院内进行。但如果考虑到观众，这项运动更有可能是在一座带有泥土场地的运动场中举行，事后这些公牛会被带回庭院用于献祭。（跳牛无疑是某种宗教活动。后来的希腊人留下了关于牛头怪米诺陶［Minotaur］的传说，认为它是米诺斯之妻帕西淮［Pasiphae］与公牛所生的后代，被关在王宫地下的迷宫里。）

新王宫时代（公元前1600—前1425年）秩序井然、经济繁荣。在古尔尼亚（Gournia）等大型城镇中，用鹅卵石铺成的弯曲街道两旁，各种房屋鳞次栉比。克诺索斯的人口可能已达1.7万。城中某些房屋的规模与"王宫"无异，表明它们是精英阶层的宅邸。在乡村地区则出现了庄园。这些庄园大多是农庄，但有一些则可能是供城中的富豪在乡间静养的别墅。精英阶层的存在让能工巧匠有了用武之地，例如制作工艺精美的石器、雕工细腻的印章以及奢华的金器。著名的三收者石罐（Harvester Vase）以坚硬的石头为原料，装饰图案中的农夫正精神抖擞地前往农田收割庄稼。雕刻者成功捕捉到了农夫们的动作与同志情谊。伯罗奔尼撒半岛的瓦斐奥（Vaphio）出土的一批金杯无疑也产自克里特岛，其装饰图案刻画了古人捕捉公牛的场景：有的公牛被人用蛮力制服，有的则屈服于母牛的诱惑。

米诺斯社会无疑弥漫着浓厚的宗教氛围，但目前还很难对之有更进一步了解。当地虽没有如埃及那样的大型神庙，但宗教场所分布广泛，例如"王宫"中设有举办祭祀活动的房间。在一些与世隔绝的山顶上也建有神庙。克里特岛南部的迪科特山（Mount Dikte）上的卡托西姆（Kato Syme）的名声最为显赫也最持久。上述地点可能是古人的"朝圣地"，而在此出土的文物常刻有用线形文字A书写的程式化的铭文（其内容尚未破译）以及相关的神庙的名称。（一项有趣的发现是，山峰上的神庙随着时间的流逝而变得不再重要，其中一些甚至被彻底废弃。）献祭使用的瓶子、神像等礼器大多十分轻便，不禁令人怀疑仪式的主持者居无定所，随身携带着礼器奔波在多座神庙之间。在古代，任何形式的权威都应通过仪式加以体现——政治活动与宗教活动没有什么太大区别。埃文斯在克诺索斯"王宫"中发现的"王座"更像是水盆，供人在举行宗教仪式前净手；其使用者也并非埃文斯想象中的男性统治者，而是高级女祭司。透过壁画或其他文物均可以强烈感受到当时的女性在宗教活动中扮演着重要的角色。比如有一幅画就描绘了妇女们为某个特殊的祈祷仪式而收集用作供品的番红花的场景，特别吸引人。

当地人通过献上祭品和还愿用的供品来膜拜各种神祇。他们崇拜的神祇大多为女神。其中有一位女神经常出现在壁画中。她坐在王座上，地位显然高于其他神明。双刃斧（起源于美索不达米亚）是力量的象征。在克诺索斯，蛇和牛在宗教仪式中具有某种象征意义。在某个小型的乡村神庙曾出土一尊"罂粟女神"的雕像（因塑像的头顶装饰着3颗罂粟种子的雕刻而得名），表明当时的宗教仪式中可能使用鸦片作为致幻剂。近年来，米诺斯文明的宗教仪式中较为黑暗的一面也开始浮现。在克诺索斯的某个房间中出土了大量儿童的骨骸。这些儿童可能是宗教仪式中的祭品，他们的肌肉被从骨头上剔下。在此之前不久，在阿内摩斯佩里亚（Anemospelia）发现的一座山间神庙中，祭坛上摆着一具被捆绑着的年轻人的尸骸，旁边还摆着一把青铜匕首。该神庙由于在地震中被掩埋，故而完整地保存至今。是否曾有一群人将这名年轻人杀死献祭，徒劳地尝试消弭这场灾祸，抑或这名年轻人仅仅是被送来圣所接受治疗？

米诺斯人当时与爱琴海南部的基克拉泽斯群岛以及近东地区保持着贸易往来。他们使用的石料分别产自埃及、伯罗奔尼撒半岛以及爱琴海中的米洛斯岛；大块的铜锭产自阿提卡的劳里昂矿山（后来由于成为雅典最主要的白银产地而闻名）。在埃及底比斯的一座墓室的壁画中，克里特人献上布匹作为贡品。而米诺斯的陶器不仅在埃及有出土，整个叙利亚-巴勒斯坦的海岸地区都曾发现它们的踪影。在某些情况下，有更确凿的证据可以证明米诺斯人曾在埃及出现。在尼罗河三角洲的达巴土丘，出土的壁画描绘了公牛与跳牛者的形象，这证明在公元前15世纪初，当地曾存在一个由来自米诺斯文明的商人或工匠组成的社区。爱琴海地区存在三座拥有城墙的城镇——米洛斯岛上的费拉科庇（Phylakopi）、凯阿岛的阿及亚伊莲娜（Agia Eirene on Kea）和埃吉纳岛的科罗纳（Kolonna on Aegina）——这三座城镇中的建筑与克里特岛如出一辙，三地均使用线形文字A书写，其陶器也模仿了克里特岛的风格。

那么，历史上是否存在过一个米诺斯帝国呢？诚然在古典作家的记忆中确实有这样一个帝国。例如希腊史家修昔底德就坚信，米诺斯王建立了最早的海军并利用它控制了基克拉泽斯群岛（《伯罗奔尼撒战争史》卷一，第4节）。然而，当前的证据更倾向于主张米诺斯商人通过克里特侨民在地中海东部沿海地区以及其他一些岛屿上建立起社区，并与各地的文明保持着稳定的互动。在克里特岛上没有发现任何证据能够证明米诺斯人是野心勃勃的扩张主义者或帝国主义者。

米诺斯文明在现代也拥有大批仰慕者。五彩斑斓的壁画、欢乐而有教养的人民、和平且秩序井然的社会、旖旎的自然风光，以上种种元素结合在一起，展现出一派世外桃源的风光。女考古学家雅克塔·霍克斯就曾出版《诸神的黎明》①一书，认为克里特岛上的米诺斯文明本质上是一个"女性化"社会，并与北方那些更加"男性化"的文化形成了鲜明对比。诚然，当地有关母系社会的证据多于其他古代文明，但并不证明米诺斯人本质上很温和。1981年，在阿内摩斯佩里亚的遗址中发现了用人献祭的证据，米诺斯文明的黑暗面也逐渐浮出水面，并给学术界带来了极大震撼。另有证据显示，战争在米诺斯文明中的重要性远超学术界之前的想象，因为大批制作于公元前1750年左右的刀剑被发现。无忧无虑、热爱和平的米诺斯人可能最终不过是20世纪的人们的美好幻想。

迈锡尼文明

在公元前1450年至前1425年之间，克里特岛的宫殿经历了另一场浩劫。克诺索斯的宫殿虽幸免于难，但其周边地区就没有这么幸运了，不但建筑毁于大火，甚至在一段时间内被遗弃了。当这里再次出现人烟时，一种新的文化出现了。举例来说，在克诺索斯附近的塞洛波洛（Sellopoulo），当地的墓室在形制上与希腊本土比较相似。此外，当地的碑铭使用被称作线形文字B（Linear B）的文字。这种文字与线形文字A虽属同一时代但差别极大。目前学术界仍在讨论当时究竟发生了什么事。

---

① Jacquetta Hawkes, *The Dawn of the Gods*, London, 1968.

也许是一场地震摧毁了这些宫殿，进而引发了火灾，抑或两个敌对的政治中心爆发了冲突。在此后的某个时刻，外来者登上了克里特岛，他们可能是征服者，但也可能只是碰巧占据了这些已化为废墟的宫殿。在克里特岛的南部，当地的重要港口科摩斯（Kommos）就未曾遭受任何破坏，说明入侵者可能是在此登陆后摧毁了宫殿。这些外来者可能曾把克诺索斯当作大本营，但在之后的公元前1400年至前1200年间的某个时候，它本身遭到了摧毁。这些入侵者就是迈锡尼人（Mycenaeans），他们创造了希腊本土已知最古老的文明。

如今，游览伯罗奔尼撒半岛上的迈锡尼城堡遗址仍是令人兴奋的体验，尤其当你赶在其他游客之前抵达。山坡上突然出现的古代遗迹会令人感到震撼不已。该城深处内陆，当地的土壤也并不肥沃，与荷马笔下那个"满是黄金"的城市相去甚远。然而这里确实有黄金。1876年，转行从事考古的德国商人海因里希·施里曼在城堡厚重的石墙后发现了一圈石板。其下有6座竖井墓（如今被称为环形墓圈A）。这几座墓均为长方形的深坑，有的墓坑合葬着多名死者。每座墓中都堆满了丰富的随葬品，例如金杯、大量武器以及令人惊叹的面具。这些令游客发出阵阵惊叹的随葬品如今都被陈列于雅典的国家博物馆的迈锡尼展厅。施里曼当时完全沉迷于荷马史诗之中，对特洛伊战争的真实性深信不疑，想当然地认为迈锡尼便是那些远征特洛伊的希腊人的首都，而他发现的墓葬和面具就属于希腊人的领袖阿伽门农。

实际上，上述墓葬远远早于特洛伊战争任何可信的推定年代。这些墓葬与当地另一组更加古老，但随葬品略显逊色的竖井墓（发现于1951年，被称为环形墓圈B），其年代或许能追溯到公元前1650年，而且直到公元前1500年时其墓穴仍被人反复使用。这些墓葬起初因文化形态上的差异而被认为属于后来迁徙至此的居民。然而研究人员后来发现，当地更为古老的石墓与竖井墓的墓室构造颇为相似，而且近来对这些墓葬中的陶器进行研究后发现，这些陶器完全延续了当地更加古老的陶器的风格。迈锡尼文明直接起源于当地已经毫无疑问。然而学者们仍无法解释，为什么在这样一个既无港口又缺乏农业资源的地区，会毫无征兆地出现这样一个灿烂的文明。

　　精英阶层内部的整合可能是上述问题的答案。在美塞尼亚（Messenia）发现的竖井墓和圆顶墓（tholos tomb，一种有穹顶的陵墓）表明，某些家族刻意与普罗大众保持距离，并通过这些独立的陵墓使自己成为血缘关系团体。迈锡尼墓葬中的遗骨涵盖了男性、女性和儿童。其中，成年人的骨骼十分健壮，死者的平均寿命约为38岁。这些人的体格表明他们应当属于精英阶层，而对陵墓的反复使用也表明他们希望把权力一代代传下去。在环形墓圈A的出土文物中，有一件黄金制成的覆盖物覆盖在一名儿童身上，显然表明这个儿童的身份相当高贵。

　　在希腊的若干地区，都分布着迈锡尼人的聚落，例如伯罗奔尼撒半岛东部的阿哥斯平原（迈锡尼遗址即坐落于此）、伯罗奔尼撒半岛西部的美塞尼亚以及希腊本土的阿提卡与彼奥提亚（Boeotia）。而随着对彼奥提亚地区的戈拉（Gla）和奥尔科美努斯（Orchomenos）等遗址的研究工作日益深入，尤其近年来对今底比斯城[①]地下古迹的发掘工作不断开展，令迈锡尼文明的中心位于伯罗奔尼撒半岛的传统观点日益受到挑战。上述聚落的出现表明，当地的领导者正在因地制宜地开发其领地，以期得到更多的油、酒、羊毛、亚麻、皮革等剩余产品，继而通过海外贸易，用上述产品交换能够彰显其地位的奢侈品。迈锡尼人的文化成就虽然远逊于米诺斯人，但某些地区早在公元前1600年时便已开始引进米诺斯的商品与工匠，而米诺斯的艺术风格也成为他们借鉴与模仿的对象。

　　由于盛产银、铜、铅等金属的阿提卡的劳里昂矿山被迈锡尼人所控制，他们与地中海地区展开了更广泛的交往。对出土于迈锡尼的铜与银进行检测后发现，当地的银和铜确实产自劳里昂。但更能说明问题的是，米诺斯人的铜也来自劳里昂。随着自信与需求的增长，迈锡尼人开始在爱琴海沿岸寻找所需的资源，例如制作青铜武器的铜和锡、制作贵重器皿的金银、产自北欧的琥珀以及产自东方的青金石和染料。米诺斯人可能扮演着中间商的角色。不断向外扩张意味着对武功的讴歌成为精英阶层取得其地

[①] 此处指位于希腊本土彼奥提亚地区的底比斯，与埃及的底比斯同名，请读者阅读本书下文时注意区分。——编者注

位的另一条途径。伯罗奔尼撒半岛东部的登德拉（Dendra）出土过一件著名的青铜胸甲，似乎是为了满足荷马式英雄的个人决斗的需要而设计的。竖井墓中出土的武器当中有一柄短剑，适于在近身格斗中挥刺，并且有在战斗中使用过的痕迹。阿克罗蒂里的一幅壁画显然描绘了一群组织严密的迈锡尼战士。（头盔上装饰用的野猪獠牙泄露了他们的身份，因为迈锡尼的墓葬中就出土过此类头盔的实物。）画中的这些战士可能是雇佣兵，被善于投机的迈锡尼领袖提供给那些相互敌对的爱琴海地区的城邦。

公元前15世纪，迈锡尼人的身影显然早已遍布整个地中海东部。雇佣兵可能成为一支自行其是的扩张力量。在同一时期，迈锡尼人征服了克里特岛并吸收了当地的文化。迈锡尼的手工制品，尤其是陶器，扩散到了整个基克拉泽斯群岛。此外，在安纳托利亚的城市米利都，出现了被高墙环绕的迈锡尼聚落。米洛斯岛上的费拉科庇虽富于米诺斯风情，但迈锡尼人也为其修筑了城墙。按照出土过迈锡尼陶器的地点进行推测，迈锡尼人的贸易网络西起撒丁岛、意大利和马耳他岛，东至黎凡特的沿海地区（当地出土过迈锡尼陶器的地点有90个，绝大多数位于沿海）与埃及。公元前1400年以后，迈锡尼人与塞浦路斯的贸易出现大幅增长。在埃及，有20处遗址曾发现过迈锡尼陶器，其中一些地点甚至深入尼罗河流域。阿玛尔那土丘也出土了疑似绘有迈锡尼雇佣兵形象的纸草。然而，线形文字B泥板中从未提及商人这一阶层，大部分的运输任务可能主要由来自地中海东部的航海者担任。

至公元前14世纪，迈锡尼人已成为手艺精湛的工匠，尤其擅长加工青铜、象牙和金银。他们还是颇有造诣的建筑师，从公元前15世纪起，圆顶墓开始流行，仅在迈锡尼就有9座存世。其中最壮观的一座被施里曼称作阿特柔斯（Atreus）的宝库，这位阿特柔斯就是传说中迈锡尼的开国君主，其子即荷马笔下的阿伽门农。如今学术界认为该墓建于约公元前1350年。一条36米长的甬道通向了墓室的大门。墓室的门楣就重达100吨。为了减轻压力，门楣上有一个三角形的开口。墓室的圆形穹顶高13米，主室外还有一间独立的墓室。

迈锡尼人早在直接接触克里特岛之前，应该就已注意到了线形文字

A的存在。大约公元前1400年时，他们已使用一套类似的音节字符书写自己的语言。这套字符被学术界命名为线形文字B。这两种文字常被戏称为"表兄弟"。这种语言究竟是什么，曾是长期困扰研究者的问题。学术界推测其为希腊语的前身。1939年，在伯罗奔尼撒半岛西南部的皮洛斯（Pylos）当地的宫殿中，出土了大量刻有文字的泥板。泥板的整理与编目工作也随即紧锣密鼓地展开。1952年，考古界取得了20世纪最重要的一项成果。从少年时代就痴迷于语言学和密码学的青年建筑师迈克尔·文特里斯（Michael Ventris）提出了一种令人震惊的假说。文特里斯声称已掌握了一些符号的发音并破译了一些词语，并且发现这些词语与荷马史诗所保存的早期希腊语词语十分相似，其中"牧人"'金匠""青铜匠""马驹"等词与古典希腊语中的相应词语完全一致。尽管他的理论并未立刻被所有人接受，但下一年中，皮洛斯又出土了一批写满线形文字B的泥板，其中一块是各种家具的清单，上面画着一个三足盆的图案。旁边的线形文字B符号依照文特里斯的理论应读作TI-RI-PO，在表格的前面，一对类似的容器则被读作TI-RI-PO-DE。这两组符号与荷马时代的希腊语词语tripod（三足盆）的单数、复数形式完全匹配。此时几乎没有人会质疑文特里斯，但尽管新出土于皮洛斯的一组泥板已经证实了文特里斯的理论，一小撮顽固不化的老学究竟然声称上述证据是文特里斯为支持其理论而故意伪造的！[①]

　　古人说希腊语的时间比第一批荷马史诗文本竟然早了500年，这一发现令学者们感到十分振奋。随着线形文字B被解读，尤其是皮洛斯出土的大批用这种文字书写的泥板被解读，有关古希腊宗教的新史料逐渐出现在世人面前。尽管学术界早已知晓宙斯起源于印欧文化的事实，但首次在泥板中发现了其他希腊神祇的名字，例如阿芙洛狄忒、战神阿瑞斯、阿波罗与波塞冬。这些泥板表明，波塞冬是皮洛斯当地的主神，而且尤为有趣的是，数百年后的荷马仍提到皮洛斯人用黑牛向波塞冬献祭。另有一位女神名叫波特尼亚（Potnia），其字面意思为"强有力的女神"，某块用线形文

---

① 有关这一事件的详情，参见：John Chadwick, *The Decipherment of Linear B*, Cambridge and New York, 1990。也可参见：Margalit Fox, *The Riddle of the Labyrinth*, New York, 2013。

字B书写的泥板曾将之称为"阿塔纳（Athana，泥板上原文如此）的波特尼亚"，《伊利亚特》则称之为"雅典（Athens）的波特尼亚"，显示雅典与这位女神的联系可追溯到很古老的时代。此外，学术界近来意外发现了酒神狄奥尼索斯（Dionysus）的名字。在干尼亚（Chania）的一座宙斯神庙中，信众曾为狄奥尼索斯献上了蜂蜜，而皮洛斯乡间的一座祭坛也与他有关。

这些用线形文字B写成的泥板还清晰地表明，当时已经有许多与农业生产相关的固定节庆，在节庆上，牲畜、酒以及乳酪都会被送上公餐的餐桌。有越来越多的证据表明，葬礼在迈锡尼人的社会中颇为重要，例如壁画的残片、带有图案的陶瓶、存放骨灰用的陶瓮（larnakes）都有描绘葬礼的场景。画面中，妇人剪掉了头发，脸上带有伤痕，簇拥在由马匹牵引的棺架周围。古人常在坟墓附近举行会餐，而牵引棺架的马匹则可能被用作祭品。社群的普通成员则被安葬在开凿于山岩中的墓室里。迈锡尼的一次田野调查曾发现27处墓地和250余座墓葬。这些墓葬均为家族墓，有时一座墓葬中的死者可多达20人。当地人会对祖先给予持久的尊敬。

每一地的宫殿或城堡都各自统治着各地的领土，迈锡尼、梯林斯、雅典和皮洛斯无不如此。（施里曼曾误认为迈锡尼是全希腊的首都，但该城可能只是在众多平等的城市中占据着首要位置。）宫殿以大殿（megaron）为中心，其中央设有火塘，王座位于大厅的一侧。入口的前厅在立柱的衬托下显得十分庄重。大殿四周是供日常生活使用的房间。皮洛斯的宫殿中甚至建有一座浴池。同米诺斯文明一样，迈锡尼宫殿的墙壁上也用壁画进行装饰。这里的统治者是谁？线形文字B泥板提到了在米诺斯社会中从未出现过的一类人物——瓦纳克斯（wanax）。他们在特定的领土内享有权威。这些泥板表明，瓦纳克斯负责任免官吏和主持宗教仪式。自公元2世纪的希腊旅行家波桑尼阿斯（Pausanias）开始，皮洛斯便被认定为荷马笔下的英雄涅斯托尔（Nestor）的家乡，直到今天，皮洛斯的宫殿遗址仍被归到涅斯托尔名下。荷马曾提到，涅斯托尔经常主持用公牛献祭的仪式。在迈锡尼，考古人员发现了一座举行宗教仪式用的重要建筑。该建筑由多间房屋组成，由一条装饰有壁画的走廊与宫殿相连，从而把宗教仪式与统治者联系在了一起。在这里还出土了用于摆放供品的祭坛，以及供人膜拜的神像与小型雕像。

当地另有一个被称为总管（lawagetas）的官吏，负责监管桨手、战士等各种人群，因而可能相当于将军。某些宫殿中另建有第二座大殿，可能就是他的会客厅。迈锡尼的宫殿中还建有各种作坊。迈锡尼人的陶器做工尤其精美。用于储运橄榄油的马镫罐（stirrup jar）、用于储存大宗商品的陶瓮（pithoi）以及用于饮酒的杯子是最常见的器型，其设计与样式虽借鉴自米诺斯文明，但亦被赋予了当地的特色，富有活力，尤其是用花环、玫瑰花环和螺纹、张牙舞爪的章鱼等花纹以及一些较粗糙的人物场景进行装饰，比如武士（迈锡尼出土的著名陶瓶上即描绘了一队行进中的士兵）或海上的水手。迈锡尼印章的图案表明米诺斯式的自然题材不受欢迎，而能够彰显声望的战车、跳牛运动等图案受到追捧，似乎急于上位的迈锡尼的酋长们需要从被他们取代的米诺斯文明中借用一些文化符号。另一个被他们借用的符号就是作为权威象征的米诺斯双刃斧。

村镇在城堡周围发展起来。迈锡尼在鼎盛时期可能有6500名居民。皮洛斯城的城区在相邻的盎格利安诺斯山（Englianos）的山脊上绵延了1千米。各政治中心的统治者都凭借令人印象深刻的官僚系统控制着当地的贸易与手工业生产。在某些地方，官员的头衔可以被直接译为"收集者"，他们有优先获得各种资源的特权。皮洛斯曾出土若干"收集者"的档案，涉及向工匠移交青铜和管理羊群等事务。在这个时代，农业生产的规模急剧扩大，橄榄的种植尤其如此。古人通过建造水坝蓄水或者挖掘沟渠排水，极大地改善了对水资源的利用。这些技术对于希腊这样的干旱地区十分必要。纺织品生产的各个环节可能完全处于"收集者"的掌控下。克里特岛曾出土了一些当时的账目，上面记载了从600余个羊群收集羊毛的情况。这些羊毛会被分发给女工进行纺织和染色。每个羊群的主人都要把羊毛作为贡赋上缴到中央。另据记载，仅在一个收获季节，便有770余吨谷物被作为"赋税"运往克诺索斯。在克诺索斯，另一个"收集者"可能负责监管香水的生产。各政治中心之间应该存在着贸易联系（迈锡尼的一份档案记载了运往底比斯的布匹），加之不同地区的官员使用着相似的头衔，表明各城处在同一种政治经济体制下。各城镇之间的接触逐渐加深，它们可能最终联合起来对爱琴海乃至更遥远的地区发动了突袭。正如荷马的记述，阿伽门农就是一群酋长的首领，而这些酋长也都有自己的人马。

然而侵略成性的迈锡尼军阀们此时受到了挑战。公元前13世纪，迈锡尼城镇的防御工事变得更具规模。当地人用在采石场中经过粗略切割的天然石灰岩堆砌出坚固的城墙。彼奥提亚的戈拉的城墙特别长，但迈锡尼和梯林斯的城墙则高耸于参观者头上。迈锡尼城堡的城门正是著名的狮子门（Lion Gate），其巨大的门楣上方装饰着两只蹲坐在一根石柱两侧的狮子浮雕。这表明酋长们在竞相炫耀自己的财富与权威，但显然防御问题也变得越发重要。因此，迈锡尼与梯林斯都把城墙向外延伸，以便让更多的居民区受到城墙的保护（迈锡尼人十分重视其竖井墓，因而也将之围在了新城墙之内）。城堡中增设了蓄水池和仓库。精心设计的通道可帮助守军将入侵者分而歼之。到公元前1200年时，迈锡尼的城墙上增设了暗门，以便让防守者对敌阵发动突然袭击。古人曾在科林斯地峡建起防御性的高墙，可能是为了抵御来自北方的入侵者。相较于典型的迈锡尼堡垒，皮洛斯的宫殿虽更具生活气息，但其城墙也得到了重建，以加强防御。

有证据显示，当时整个地中海世界的局势都变得日趋动荡。今天已无法厘清公元前1200年至前1100年间诸多历史事件的先后顺序。在伯罗奔尼撒半岛东部，有一些宫殿因为地震和随之而来的大火化为了废墟，但城市的毁灭并非同时发生。雅典等城市虽基本上完好无损（根据从一处经过持续重建的地点发现的有限证据判断），但其他政治中心却经历了摧毁-重建-再次被摧毁的过程。皮洛斯在公元前1180年左右遭到攻击，当地的宫殿虽遭焚毁，但一些线形文字B泥板因受到大火烘烤而得以保存至今。这些泥板记录了当地人为抵御来犯之敌所做的仓促准备：按照一种解读，瞭望哨被派往海岸，青铜从神庙被转移到城中，黄金也被集中了起来。甚至有迹象显示，他们为取悦众神而用活人献祭。然而一切都是徒劳，宫殿彻底被毁。

有学者曾提出，迈锡尼文明在公元前12世纪中期曾短暂复兴，但随即在另一波打击下灰飞烟灭。在某些情况下，难民确实曾带着他们的文化逃亡他处（例如，近来的考古结果显示，优卑亚岛上勒夫坎迪［Lefkandi on Euboea］的居民可能逃往了卡尔息狄斯半岛［Chalcidice Peninsula］）并将之完整地保存下来。在梯林斯，当地的聚落在公元前12世纪也实现了复兴，这表明新的精英家族取代了旧的家族。无论如何，迈锡尼文明依赖强力的领导与高效的管理，这两点在公元前1100年时已不复存在。与之一同逝去的还有文学、壁画艺术、石质建筑以及打造金银器的精湛技艺。20世纪60年代，威廉·麦克唐纳（William MacDonald）曾在伯罗奔尼撒半岛的美塞尼亚以及厄利斯（Elis）的南部开展田野调查。其结果表明，直至公元前1200年，当地的活跃聚落仍有195个，但在这之后却减少到了16个。

学术界曾围绕着迈锡尼文明崩溃的原因进行了激烈的讨论。传统观点认为，"海上民族"的掠夺导致了这一结果。但该观点似乎已显得过于简单化，因为"海上民族"本身可能是这次崩溃的受害者之一，而非始作俑者。入侵埃及沿海地区者与从海上威胁皮洛斯者未必属于同一个民族。越来越多的学者开始认同这样一个观点，即迈锡尼城市的经济结构过于复杂，以至于随着人口膨胀而无力继续维持经济繁荣。由于资源日渐稀缺，迈锡尼人开始自相残杀，并且引发了剧烈的"系统性崩溃"，也就是一场令各方都没有得到好处的内战。

在后世的希腊人当中曾流传着这样一个传说，即迈锡尼文明毁于来自西北方的入侵者——多利亚人（Dorians）——之手。几乎没有考古证据能够支持上述说法，但在某些公元前12世纪的遗址中，考古人员近来发现了一些经过抛光的陶器，并推断这些蛮族陶器（Barbarian Ware）可能属于那些来自北方的入侵者。简而言之，在公元前12世纪至前11世纪时，这些数量锐减的贫穷破败的聚落究竟是由新迁入的移民所建，还是属于适应了新环境的旧居民，学术界尚无定论。但依据现有考古证据，更多人倾向于后一种可能。

迈锡尼文明崩溃后的历史时期传统上被称作黑暗时代，从公元前1100年一直持续到公元前800年后一个崭新的希腊世界浮出水面为止。然而，考古学家们通过孜孜不倦的发掘，发现"希腊的黑暗时代"正如人类历史上的其他"黑暗时代"一样，当时的生活并非像现代人所推测的那样凄惨。诚然，迈锡尼文明已分崩离析，城乡各地人口凋蔽，但昔日的传统仍在继续，只是人们的生活水准已大不如前。

附：爱琴海地区青铜时代的断代问题

从公元前3100年至公元前1100年左右，也就是铁器出现之前的这2000年，是爱琴海的青铜时代。笔者在叙述该时代时，刻意回避了其中的年代问题。因为年代问题必然牵扯如何确定一种文化向另一种文化过渡，还涉及对克里特、希腊本土、爱琴海沿岸的各种文化类型进行相互比较和分类，更需要建立适当的年代系统，以涵盖这一时期所发生的每一次文化过渡。以公元前1635/1625年至前1480/1470年的这段历史时期为例，克里特岛上的米诺斯晚期文化IB（Late Minoan IB）就大致相当于希腊本土的赫拉斯文化晚期IIA（Late Helladic IIA）。描述这些历史时期的术语过于复杂且根深蒂固，学术界很难将之推倒重来。笔者强烈推荐初学者从埃里克·克莱因主编的《牛津青铜时代爱琴文明手册》中由斯图亚特·曼宁撰写的"年代与术语体系"[1]这一章入门。然而，无论这一术语体系已变得多烦琐，随着新的遗址不断被发现，评价文化变迁的方法不断推陈出新。高年级的学生若要深入研究爱琴海的青铜文明，就注定要掌握各文化类型的时间与分期，并了解各类分类系统的不足。

---

[1] Stuart Manning, "Chronology and Terminology", in Eric Cline (ed.), *The Oxford Handbook of the Bronze Age Aegean*, Oxford, 2010.

第9章

新希腊的诞生

公元前1100—前700年

移民浪潮

公元前5世纪，希腊史家希罗多德把希腊人定义为一个通过共同的文化、宗教、语言、风俗团结在一起的民族。当希罗多德开始写作时，希腊人的民族认同感正因波斯人的入侵而空前高涨，他可能因此夸大了希腊各地在文化上的一致性。实际上，在文化的共同性的前提下，希腊人保持甚至鼓励多元性。这一点早在公元前8世纪时就已非常明显。希腊人虽没有近东文明所积累的巨大财富，但当近东文明陷入一片混乱时，希腊人则证明了他们具备随机应变的能力，适应力强。他们创造出一种更富有创造力与活力、思想也更活跃的文化。[①]

迈锡尼文明瓦解后，其遗民遍布整个希腊与爱琴海地区。许多传说都曾提到希腊人从本土向东方迁徙，但后世各种不同但相互可以理解的希腊方言的分布状况帮助学者们大致还原了这段历史。在一些像阿卡迪亚（Arcadia）山区或塞浦路斯岛之类的偏远地区，人们使用所谓的阿卡迪亚-塞浦路斯方言。这种方言可能正是迈锡尼希腊语的遗存。塞浦路斯岛上的方言必然是躲避公元前12世纪大动乱的难民带来的。而在迈锡尼文明昔日的中心伯罗奔尼撒半岛，多利亚方言基本上占据了主导地位。根据

---

① 除了本书第9—12章外，读者还可进一步阅读以下两本书来更好地审视直至公元前479年的希腊文明：Jonathan Hall, *A History of the Archaic Greek World, ca. 1200-479 B.C.E.*, Malden, Massachusetts and Oxford, 2007；Robin Osborne, *Greece in the Making, 1200-479 BC*, London and New York, 2009。

后世的希腊传说，来自北方的多利亚人摧毁了迈锡尼世界的各个城堡。这类传说在后世如此深入人心，以至于多利亚人不同于其他希腊人的印象在希腊世界中保持了数个世纪。多利亚人的出现和起源至今仍是未解之谜，几无考古学证据能加以解释。多利亚方言继而出现在了克里特岛，并且跨越爱琴海南部，传播至小亚细亚的西南端以及罗得岛。

另一种与众不同的方言是所谓的爱奥尼亚方言。该方言最初出现在伯罗奔尼撒东北方的阿提卡，以及与之毗邻的优卑亚岛。按照雅典人的传说，他们的家乡在公元前12世纪时几乎没有受到那场浩劫的影响。即使没有迹象显示当地曾遭受大规模破坏，考古证据仍表明当地的文化发生了改变，例如火葬代替了土葬，陶器的风格亦有所变化，铁器在此时出现。公元前10世纪时，一群说爱奥尼亚方言的移民迁徙至小亚细亚，并在海岸的中部建立了殖民地。该地区后来被称为爱奥尼亚。另一种方言——伊奥利亚方言（Aeolic）——则从彼奥提亚与色萨利平原传播到了小亚细亚北部的海岸。上述移民潮的结果就是无数的希腊人聚落密布于爱琴海沿岸。这些聚落依靠在爱琴海上穿梭往来的商人、工匠以及游吟诗人来维系彼此的联系。

铁质武器的出现是这个时代最重要的发展。对历史学家而言，这标志着人类由青铜时代过渡到了铁器时代。此变化的起因可能是锡的供应被切断，但也可能是因为整个贸易网络的崩溃，令控制锡矿贸易的精英阶层垮台。（希腊人仍可从塞浦路斯岛获取冶炼青铜所需的铜。）一旦锡矿贸易陷入停顿，希腊人在本土发现铁矿相对容易，但他们尚需突破某些技术瓶颈才能把铁矿石冶炼成比青铜更坚硬、用途更广泛的生铁。最终，同更远的东方一样，生铁取代了青铜，被广泛用于制造武器与日常生活用品。（最古老的冶铁技术诞生于安纳托利亚，公元前12、前11世纪在叙利亚北部逐步发展成熟。亚述人曾因为使用铁器而盛极一时。）

一般认为，"黑暗时代"是一个相对落后且凋敝的时代。但近年来通过对一些遗址进行更为深入的考古发掘，这种认知开始受到挑战。最具代表性的遗址当属勒夫坎迪。这个繁荣一时的希腊聚落就坐落在优卑亚岛的岸边，与希腊本土隔海相望。该遗址可追溯到公元前2000年，公元前12

世纪时曾一度被遗弃，又于公元前1100年时获得重建。这个社群在公元前825年陷入衰败。当地的墓葬中出土了不少黄金，佐证了勒夫坎迪昔日的富庶。这些黄金主要来自东方的贸易，而交易的对象以塞浦路斯岛以及黎凡特沿海的腓尼基诸城为主。

在勒夫坎迪，最出人意料的发现是一位"英雄"的墓葬。这位当地领袖使用了现在已经普遍的火葬，与妻子合葬在了一起，后者的尸体周围装饰着黄金。墓室呈拱形，后来被一座土丘覆盖。该墓葬建于公元前1000年至前950年之间。尤为值得一提的是，墓中还有4匹马的骨骸。它们显然是用来牵引驷马战车（quadriga）的。驷马战车在当时是社会地位的象征，因为车辕两侧的骏马并不牵引战车，它们的存在纯粹是为了显示主人的财富。

驷马战车在整个古典时代始终是地位的象征。描绘乘坐战车的众神、英雄或贵族时，他们的战车一般由4匹马牵引。荷马史诗中的英雄自然也不例外。我们在后文会看到，古希腊体育赛会在本质上是贵族活动，而驷马战车竞赛通过伊特鲁里亚人传入罗马，最终演变为罗马竞技场上一项娱乐大众的体育项目。凯旋的罗马将领会乘上驷马战车在罗马城内游行以庆祝胜利。罗马皇帝们也同样以乘着青铜驷马战车的凯旋者形象出现在凯旋门的拱顶上。如今仅有一组真实大小的古代青铜驷马塑像存世，现陈列于威尼斯的圣马可大教堂（St Mark's Basilica），其制作时间或许能追溯到公元2世纪或3世纪。

勒夫坎迪几乎仍然是独一无二的，可能是早年迈锡尼军事首领们逗留的罕见定居点。但其他遗址的发掘工作也正在进行。在今天希腊中部的福基斯州的卡拉普迪（Kalapodi in Phocis），德国考古研究所（German Archaeological Institute）发现了一座迈锡尼文明的圣所。在被称为"黑暗时代"的数个世纪中，该圣所一直是当地举办节庆的场所，消耗了大量家畜、野味以及各种作物。公元前950年左右增建的一座高台则可能用于敬拜或摆放还愿奉献物。这些还愿奉献物往往是金属制品，说明金属加工工艺正逐渐普及。在克里特岛，一批新的聚落在乡间发展壮大。这些聚落通常地势险要，既可以开发周围肥沃的土地，又控制着附近的出海口。当希腊本土仍与世隔绝时,这些聚落却刺激了贸易网络的发展。

腓尼基人的扩张也刺激了贸易的发展。正如本书第6章所述,他们可能需要通过贸易来筹措献给宗主国亚述的贡品。早在公元前10世纪晚期,他们就出现在了地中海的西部。从公元前850年起,来自优卑亚岛的希腊商人也加入了他们的行列。公元前825年,黎凡特北部海岸的奥龙特斯河河口处出现了一座名为阿尔米那的商站。该商站明显长期受到希腊的影响(至于这种影响究竟来自在当地生活的希腊人社群,还是来自与希腊人有商业来往的黎凡特商队,目前尚无定论)。东方为希腊提供了奢侈品、纺织品、象牙雕刻品、由贵金属铸造的物件以及铁矿石与其他金属。贸易活动的复兴只能被解释为希腊和爱琴海地区由于社会大环境趋于稳定、农业剩余产品积累的增加,整个地区经济欣欣向荣所造就的成果。为了交换这些奢侈品,希腊人可能把从北方掳来的奴隶贩运至东方。然而,希腊人最重要的舶来品乃是字母,于公元前9世纪或前8世纪初从腓尼基人的故乡引入。

公元前8世纪的"文艺复兴"

希腊在公元前8世纪似乎一夜之间出现了"文艺复兴"。随着越来越多的考古证据的出现,学者们对希腊人在公元前1100年至前800年的活动有了更多新的认识,令上述观点似乎受到了挑战。然而,仍有许多证据有力地表明,希腊本土在社会、经济、文化等方面均经历了一系列剧烈的变革。公元前850—前750年,地中海南部的气候可能变得更湿更冷,使得农业产量有所提高。从某个层面来看,此次变革体现为人口的大幅增长,例如在阿提卡,坟墓的数量显著增加(但也可能由于当时的居民中有更大的比例被允许正式下葬)。公元前1000年,雅典大约有1500名居民;但到了公元前700年,其人口据估计已增至5000人。自公元前12世纪起就被抛荒的土地此时重新得到开垦。随着经济日渐繁荣,金属加工行业也实现了复兴。而造船数量的增长也反映出了希腊人与外部世界的联系正在恢复,并变得越来越密切。公元前9世纪时希腊出产的陶器在希腊以外的地方很少被发现。然而公元前8世纪时,希腊陶器已遍布地中海地区。出土此类陶器的地点竟多达80余个。

在黑暗时代早期,希腊几乎没有什么能支撑精细手工业的资源。纺织业应该具有十分重要的地位,但当时的布匹如今早已难觅踪迹。然而,陶器能够保存至今。当时最精美的陶器产自雅典及其周边的阿提卡平原。在所谓的原始几何陶时代(Protogeometric Age,公元前1050—前900年),雅典陶器不仅器型突然增大,而且完全摆脱了迈锡尼风格的长期影响。典型的陶瓶不仅直径有所增加,装饰图案也变得更加规整而少了拼凑的感觉。画工在绘制装饰陶器颈部的半圆形条纹时使用了圆规,以确保图案的工整。这种装饰风格虽扩散到了希腊的某些地方,但未能遍及整个希腊。几何陶时代(Geometric Age)始于公元前900年左右,同样发端于雅典。此时的陶器以直线图案为主(可能借鉴了纺织品的图案)。画工热衷于用线条分割陶器表面。到公元前9世纪中期,许多陶器的表面都使用几何图案进行装饰,比如锯齿形、万字形与五花八门的镶边图案。这种装饰风格虽再次传播到了其他地区,但包括优卑亚岛和基克拉泽斯群岛在内的许多爱琴海沿岸地区均未受其影响。此时的陶器几乎摒弃了人物形象,只有勒夫坎迪出土的一件陶器例外。那是一尊制作于公元前10/9世纪的陶制半人马(centaur)。这种半人半马的生物虽在后世的古希腊艺术中十分常见,但这一形象的古老还是令人惊愕不已。

直到公元前8世纪中期,人物图案才再次出现在陶器表面,但仅限于一种类型的陶器,即雅典迪普隆门(Dipylon Gate)墓地出土的大型丧葬用陶。制作此类陶器的画工即所谓的迪普隆大师(Dipylon master)。此人可能最早于公元前770年时便已经开始从事这项工作。他把人物形象插入装饰图形中,一件作品中的人物可能多达100个。画中的人物似乎只出现在与死亡有关的场景中,例如送葬者聚集在死者身旁哀悼,武士正在海上或陆上奋力搏杀。此类陶器十分巨大,其高度往往超过1.5米。这种陶器充当了死者的纪念碑。当地贵族利用这种当时唯一可以利用的纪念艺术形式来彰显自己的功绩。迪普隆大师的创作可能受到了东方文化的启发,因为在东方,描绘人物或动物的饰带随处可见,包括金属手工艺品。虽然迪普隆大师的作品仍遵循着几何陶时代的创作习惯(人物高度抽象化且按照对称原则排列），但仍被认为是一次进步——古希腊的一种主要艺术表现形式就此诞生，即在精美陶器的表面活灵活现地描绘真实事件或神话传说。迪普隆大师无疑是一位艺术上的开拓者。但他所代表的这种艺术风格在公元前725年前后骤然消失。然而自公元前700年起，人物形象再次出现在陶器的表面，并得以一直延续。①

字母的传入在这个时代同样具有重要意义。线形文字B曾是最早用于记录希腊语的文字系统，按照音节进行书写，各种字符总计达80余个。另一方面，在公元前15世纪时的地中海东部地区，当地塞姆语族文化已开始使用字母。公元前8世纪，某个地方的希腊社群率先采用了腓尼基人的字母，使希腊文字发生了变化。这一过程要么发生在大陆上的阿尔米那这样的城镇，要么发生在地中海东部的罗得岛、塞浦路斯岛或克里特岛，但也有可能是优卑亚人在伊斯基亚岛（Ischia）设立的商站皮塞库萨埃（Pithekoussai），因为希腊人、腓尼基人、撒丁岛人和伊特鲁里亚人曾在此杂居。（笔者在1966年造访此地时，曾见到一块公元前8世纪初的陶片，上面竟有希腊语涂鸦！）迈索内也再次为学术界提供了新的证据。

文字的某些功用是显而易见的，尤其当一个社会的流动性越来越强时。例如用个人的名字标记财物的所有权、记录商业往来的账目、登记商品的明细。对于上述用途，辅音字母完全可满足基本需要，因为需要的词汇数量相对有限，且语言也不必优雅流畅。然而，意义重大的一项转变是希腊人用书写希腊语时并不需要的一些腓尼基辅音字母来表示元音，于是原来的"ld"此时可以成为"lad""led""lid""lod""lud"。文字所能记录的语音变得更加丰富，并且终于可以表示任何形式的语言了。保存至今的公元前7世纪的文字史料（仅雅典一地就发现了150余例）表明书写在当时很快就被应用到了各种场合，例如标记某物的所有者，或用于题写公共铭文、神庙的献辞（这是最主要的用途）和瓶画的题记等。在某些宗教场所，文字被添加到献给神明的陶器上，仿佛这些文字本身具有某种神圣的意义。除此之外，文字还被用来镌刻墓志铭，以保存对逝者的记忆。

---

① 关于此类工艺品与古代仪式的联系，参见：Susan Langdon, *Art and Identity in Dark Age Greece, 1100-700 B.C.E.*, Cambridge and New York, 2008。

然而，文字最重要的一项用途是记录诗歌，对此而言，新加入的元音字母是不可或缺的。皮塞库萨埃的希腊商站出土了一个产自罗得岛的陶瓶，瓶上的文字是最古老的希腊语铭文之一——这3行的韵文宣称该瓶属于涅斯托尔，并许诺瓶中的饮料可激发饮用者的性欲望。该陶瓶制作于约公元前720年，而涅斯托尔是荷马史诗中的一位英雄。这可能说明韵文的作者早已熟知《伊利亚特》与《奥德赛》这两部伟大的史诗。尽管尚不能确定荷马史诗是否在公元前8世纪时已被整理成文字，但巴里·鲍威尔[①]仍主张希腊人正是为了记录荷马史诗才引入字母。鲍威尔的主张虽引发了广泛的争议，但公元前8世纪的希腊社群一定希望以一种可以永久保存的方式记录这两部史诗。这是世界文学历史上的一个伟大时刻。

荷马

如今学术界已普遍接受了这样的观点，即《伊利亚特》与《奥德赛》最初以歌曲的形式流传，并经历了数个世纪的演变。在希腊世界，游吟诗人凭借其惊人的记忆力，以及用诗句打动人心的高超技巧，游走于千家万户的厅堂之间。20世纪前半期，著名美国学者米尔曼·帕里（Milman Parry）在研究了巴尔干半岛各民族后，发现当地流浪艺人的技艺是何等令人敬畏，又是何等精妙。他发现，一个波斯尼亚穆斯林能背诵的诗句，相当于《伊利亚特》与《奥德赛》总和的两倍。事实上，研究者在研究过亚洲与非洲的史诗后，发现荷马史诗的篇幅相对较短，但歌手的表演并非单纯凭借记忆。对流传至今的各种传统节目进行记录整理后，可以发现表演者拥有改编故事的杰出能力。他们从不会千篇一律地重复故事，而是不断翻新故事的主题。

歌手的素材来自民间记忆，但歌曲同样也受到听众塑造。因为歌手的生计取决于能否引起听众的兴趣，让他们在篝火旁一连待上几个小时甚至几夜，所以及时捕捉听众的反馈并作出适当的改编，便成为这些歌手的本能。对某些文化而言，最主要的需求就是聆听该民族创立者的英雄传

---

① Barry Powell, *Homer and the Origins of the Greek Alphabet*, Cambridge, 1991.

说。苏美尔人的《吉尔伽美什》、查理曼（Charlemagne）时代的《罗兰之歌》(Song of Roland)及其他史诗、亚瑟王与圆桌武士的传说，和荷马史诗一样属于共同的传统。当人们首次用文字整理记录这些史诗时，已距离它们声称所描述的事件数百年之久，史诗的情节与真实的事件早已相差万里。（《罗兰之歌》最早成书于1150年前后，根据研究发现，它对它声称记录的发生在8世纪的事件做了大量的歪曲。）因此，我们必须这样看待身为游吟诗人的"荷马"，即现存的荷马史诗仅仅是他所表演过的诸多内容的一部分，也是诸多可能的版本中的一种。这有助于解释这部史诗的即兴性。

　　学者帕里所展示的，是这部史诗内在的连贯性以及史诗中的每一首歌曲的结构如何随着时间而逐渐固定下来。歌手严重依赖于一些程式化的表达，例如"捷足的阿喀琉斯"，或固定的诗句——"当垂有玫瑰色手指的黎明女神升上天际之时"——这类套话既符合韵律，又可反复运用，尤其是当歌手需要借机暂停一下来思考情节的下一步发展时。诗歌对韵律与感染力的追求制约着创作，所以当歌手选择某词填补套话之间的空白时，优先考虑的是韵律，而非它们是否很有意义。诗人的首要任务并非讲述一个连贯的故事，而是用沉稳、庄重且抑扬顿挫的诗句对情感持续产生冲击。

　　因此，古人朗诵史诗时必定饱含情感色彩，对一个现代听众来说这是难以体验到的。英国戏剧导演彼得·布鲁克（Peter Brook）专门将他的作品带到世界各地的传统文化中表演。据他回忆，他的剧团曾于1970年在伊朗的一个偏远农村巡回演出。当地仍然保留着传统的塔兹耶（Ta'azieh）表演。这是一种讲述伊斯兰教早期先知的殉教故事的神秘剧。布鲁克所观看的那次演出由一名乐师领衔表演。当他开始吟诵时，布鲁克写道："他表现出的感情并非自己的。我们仿佛听到了他父亲、祖父乃至历代祖先的声音。他两腿分开，直愣愣地站在那里，完全沉浸在自己的表演中。此刻他就是那个角色的化身，他就是那个在我们的戏剧中最令人难以把握的角色——'英雄'。"随着表演的继续，角色迎来了早已被观众所熟悉的结局——死亡，围观的村民逐渐沉浸在剧情中。"我看到有的人嘴角在颤动,有的人用手或手帕捂住了嘴,人们的脸因一阵阵的悲恸而扭曲。起初是那些老人,后来就连孩子与自行车上的年轻人也不禁发出了呜咽声。"当一个社群完全认同它的传统时,就出现了布鲁克接着所说的"内心的共鸣"。在黑暗时代的希腊,听众们可能也有相同的体验。

  一部史诗往往经历数个世纪的演变才实现了内容的连贯紧凑,并在某个时刻成为整个社群文化遗产的一部分,接着就激起了人们将之完整无误地记录下来并传诸后世的强烈愿望。在某个时刻,《伊利亚特》和《奥德赛》的最终编订者,即一位或一群"荷马",为了让行文更加流畅连贯,补写了一些承上启下的章节,从而使这两部史诗的条理更加清晰。荷马的真实身份至今仍是未解之谜,而且可能永远没有答案。M. L. 韦斯特(M. L. West)是研究该时期的文学的领军人物。他认为荷马这个名字是后人附会的,《伊利亚特》应是某位诗人毕生的心血,但《奥德赛》的作者则另有其人。根据传统的说法,荷马是希俄斯岛(Chios)人,或出生于附近的海滨城镇士麦那(Smyrna)。但最近的研究显示,荷马史诗的定本所使用的爱奥尼亚方言,是一种西爱奥尼亚方言,极有可能源自优卑亚岛,而非爱琴海东部地区的聚落。史诗中的某些词语与套话被学者们追溯至迈锡尼时代,甚至可能与近东史诗存在某些联系。这也是韦斯特研究的一个课题。[①]但人们仍然习惯使用"荷马"这个名字来描述两部史诗的"作者"。[②]

  古人因何而萌生了用文字记录荷马史诗的渴望?游吟诗人在一个由贵族首领与他们的扈从所构成的世界中四处游历,而《奥德赛》描绘的就是这样一个世界,奥德修斯在法埃亚基亚人(Phaeacians)的国王的大厅里受到了热情款待。可能是因为公元前8世纪时,世界发生了剧烈变化,令贵族们感到其传统受到了威胁,从而让他们成为用文字保卫文化遗产的最初推动者。元音字母的出现使整个过程变得更加容易。

[①] 参见:M. L. West, *The East Face of Helicon: West Asiatic Elements in Greek Poetry and Myth*, Oxford and New York, 1999。
[②] 有关荷马的深入研究,参见:Jasper Griffin, *Homer on Life and Death*, Oxford, 1980; R. Fowler ed., *The Cambridge Companion to Homer*, Cambridge, 2004。

尽管《伊利亚特》与《奥德赛》的主题存在着显著的差别，但仍是同一个故事的两个片段。这是一个讲述希腊人（荷马称之为亚该亚人［Achaeans］）为了夺回被特洛伊国王普里阿摩之子帕里斯（Paris）诱拐的斯巴达国王墨涅拉俄斯（Menelaus）之妻海伦，渡海攻打特洛伊的故事。希腊的英雄们经历了10年的战斗、围城与施展诡计，攻陷了特洛伊。幸存的希腊英雄们于是踏上了归途，去与日思夜想的妻儿团聚。①

传统观点认为特洛伊战争发生在迈锡尼时代，远远早于荷马史诗首次成文的公元前8/7世纪。一群迈锡尼酋长带领手下对小亚细亚沿海地区发动入侵，显然与迈锡尼社会的扩张性密不可分。特洛伊经济繁荣，扼守着黑海的南大门，对贪婪的希腊武士而言也确实是潜在的目标。甚至有证据显示，该城在迈锡尼人扩张势头最猛的公元前15世纪以及稍后的公元前12世纪时，数度遭到破坏。②

然而，目前尚无证据能证明迈锡尼人果真与该城的毁灭有关（至少有一次毁灭几乎可以肯定是由地震造成的）。更有可能的是，史诗的核心保存的是有关迈锡尼时代的更为一般的记忆。在那个时代，男人们会远离家乡作战，而劫掠和围城则是日常生活的一部分。而且，史诗中的许多元素远远晚于迈锡尼时代。公元前8世纪晚期，优卑亚岛上相互敌对的希腊城市间爆发了勒兰托斯战争（Lelantine War），撕裂了整个希腊世界。荷马和他的听众们应该对这场战争记忆犹新。因而这场战争便与古老的民间记忆交织在了一起。如果说营造情感冲击力的需要决定了史诗的形式，那么荷马史诗所反映的社会背景就不一定是对某个特定的时代的精确描绘，而是不断把当时的经验与青铜时代的记忆糅合在一起所形成的混合物。

荷马在《伊利亚特》中所描绘的是一个充斥着暴力的世界，并用一种骇人的方式加以呈现。史诗主要讲述了希腊人与特洛伊人在特洛伊城下持续的战斗。史诗由怒火中烧的希腊英雄阿喀琉斯（Achilles）拉开序

---

① 摩西·芬利曾深入研究史诗中的世界，参见：Moses Finley, *The World of Odysseus*, New York, 2002。该书初版虽发行于1954年，但仍不失为一部经典著作。

② 有关该问题的基本史料，参见：Barry Strauss, *The Trojan War*, New York and London, 2007。

幕。他在希腊联军的统帅阿伽门农的逼迫下放弃了到手的战利品——一位少女。但问题的根本在于荣誉与声望。在高傲的阿喀琉斯看来，阿伽门农并不具备至高无上的权威，而服从这样一个人的命令让他觉得受到了羞辱。荷马让听众或读者直面这样一个问题：在随时都有人丧命的情况下，愤怒且倔强地抵抗权威是否正确？按照荷马的叙事，希腊人果然在之后的战斗中一败再败，武士们相继命丧沙场。为了让角色更加栩栩如生，诗人还为每一名阵亡者杜撰了完整的背景（诗人艾丽斯·奥斯瓦尔德［Alice Oswald］在挽歌作品《纪念碑》［Memorial］一诗中精彩地探索了该手法）。荣耀与尊严固然需要捍卫，但怎么做才更好？荷马本人并未表明自己的观点，而是让他笔下的人物反思随后的事件给他们带来的两难困境。这是伟大的文学作品所具有的标志，而许多人更把《伊利亚特》视为最伟大的作品。[1]

因此，这是一个权威还没有固化的时代，《伊利亚特》给出了一个特定的情况。财富和高贵的出身虽为个人提供了良好的平台，但社会地位仍要通过在战场上展现勇气来换取。在战场外，酋长们必须依靠鼓励或说服他人才能获得或维持其地位。此时尚无民主可言，但无论是在备战还是在伊萨卡（Ithaca）[2]更和平的环境下，长者在民众集会上发言时，民众仍希望了解行动的宗旨并可以受到指引加入行动。因而在这两部史诗中，演说均发挥了极为重要的作用。这些演说往往出现在因辩论而展开的对话中。这种形式为古希腊悲剧提供了先例，并通过它们进而影响了整个西方戏剧传统。荷马史诗中既有面向一群需要被说服的人发表的正式演说，如《伊利亚特》第1卷中阿喀琉斯与阿伽门农的争执；也有私密场合中的对话，如奥德修斯和妻子佩涅罗珀（Penelope）间的私房话。

闷闷不乐的阿喀琉斯非但拒绝加入战斗，甚至希望友军遭受惨败。最终，当特洛伊人在普里阿摩之子赫克托尔（Hector）的带领下把希腊人赶回海边时，阿喀琉斯这才勉强同意把自己的铠甲借给挚友帕忒罗克洛斯（Patroclus）。帕忒罗克洛斯命丧沙场，而非希腊人的惨败，促使阿喀

---

[1] 笔者非常喜欢企鹅古典丛书中由罗伯特·菲格尔斯（Robert Fagles）翻译的荷马史诗英译本（1991年和1996年），而伯纳德·诺克斯（Bernard Knox）为该书所写的前言同样十分精彩。
[2] 荷马史诗中的一座希腊城镇，奥德修斯即为该城的统治者，但其具体位置尚无定论。——译者注

琉斯展开了复仇。荷马写道:"此人全然不顾礼仪,心胸狂蛮,偏顽执拗,像一头狮子,沉溺于自己的高傲和勇力,扑向牧人的羊群,撕食咀嚼。"(《伊利亚特》,24.40)在战斗中,阿喀琉斯如机器一般,冷酷无情地斩杀当面之敌。诗中虽称赞赫克托尔如烈火燎原般势不可挡,但他仍被阿喀琉斯所杀。他的尸体被阿喀琉斯用战车拖着示众。特洛伊的命运在这一刻就已注定。但这一为所有希腊人所知晓的结局并非《伊利亚特》对战争最后几天描述的重点。阿喀琉斯在胜利后陷入了沉思,却被深夜只身来访的特洛伊国王普里阿摩打断。这位年迈的父亲请求赎回儿子的尸体。对阿喀琉斯而言,当他与这位老人坐在一起时,荣耀来自暴力与杀戮的神话便已破灭,他也终于理解了战争的悲惨。阿喀琉斯早已得知自己即将阵亡的命运,而普里阿摩的出现使他认识到,自己的死也将给年迈的父亲造成巨大的打击。

在《奥德赛》的故事中,战争已经结束,希腊联军的一位首领奥德修斯也踏上了返回故乡伊萨卡的路途。在史诗的开头部分,奥德修斯忠诚的妻子佩涅罗珀在伊萨卡王宫遭到一群粗野的追求者的纠缠。这些人都企图强娶她为妻。佩涅罗珀依然对奥德修斯从特洛伊平安归来抱着一线希望。她并不知道,奥德修斯虽然还活着,但已落入了女神卡吕普索(Calypso)的圈套。宙斯最终说服这位女神放过奥德修斯,但他的船只又被怀恨在心的海神波塞冬击沉。奥德修斯被海浪冲到了法埃亚基亚人的国度。一个名叫瑙西卡(Nausicaa)的女孩将他救起。这个女孩正是当地国王阿尔基诺斯(Alcinous)的女儿。奥德修斯受到了盛情款待。作为回报,他讲述了离开特洛伊后所经历的种种奇遇,例如被独眼巨人库克洛普斯(Cyclops)捕获、被塞壬(siren)诱惑、在巨型海怪斯库拉(Scylla)与大漩涡卡律布狄斯(Charybdis)之间航行。在法埃亚基亚人的悉心照料下,奥德修斯逐渐康复,并启程返回了伊萨卡。在踏上伊萨卡的土地后,他伪装成乞丐,但渐渐被故人们所识破,其中就有他年迈的保姆和忠犬阿尔古斯(Argus)。在一场血腥程度堪比《伊利亚特》的混战后,奥德修斯杀死了所有追求其妻子的追求者,并在一场表现中年人爱情的动人场景中,与佩涅罗珀破镜重圆。

荷马史诗的世界里有众多超越常人的英雄，其中一些是众神的直系后裔。当他们抵达战场时，可凭一己之力扭转整个战局。（像阿喀琉斯、赫克托尔这类驾着驷马战车进入战场的"大英雄"，拉车的战马都拥有名字，还会在主人死后俯首哀悼。）阿喀琉斯似乎能一口气杀死数以百计的敌人。然而英雄也会死去。英雄与不朽的众神的区别就在于此。在《伊利亚特》的故事中，赫克托尔与帕忒罗克洛斯战死沙场，而阿喀琉斯的死亡也得到了预言。而且在荷马的笔下，死去的英雄只留下一个模糊的影子，而非在冥世中继续生活。

在《伊利亚特》的故事中，荣誉最为重要，即面对战争的恐怖时要保持个人的尊严。在3个世纪之后，上述观念得到了悲剧作家索福克勒斯的继承与发扬。"高贵者"指的是在战斗中表现出勇气、力量与技艺的勇士。他必须在长大成人到遭遇死亡这段时期内取得英雄的地位，而许多人的这段时期都非常短暂。生命的脆弱也是荷马史诗的主题之一。然而，这些英雄不似英国人这般喜怒不形于色，他们的困境让情感的释放更加激烈。所以当挚友死去时，他们会放声痛哭，更会为妻儿在自己死后孤苦无依而潸然泪下。（这种现象曾令后世的柏拉图困惑不已，在他看来，情感流露会削弱理性的灵魂。）

荷马史诗的吸引力部分在于，他能够呈现一个和平的世界，而不只是充斥着战乱的世界。在这个世界里，井井有条的家庭生活才是常态。甚至在战争期间，特洛伊仍保持着文明的气息。普里阿摩的宫殿"建有宽敞的门廊和打磨光滑的柱廊"，地窖中则藏有数不尽的财宝。城中的居民礼貌而友善。而在《奥德赛》的故事中，荷马用更多的笔墨描述了贵族如何在气派的大厅里款待宾客，当地的领主们就是在这里通过会餐、互赠礼品等方式维系着彼此的关系。礼品的种类包括青铜大锅、精美的纺织品和金银器等奢侈品。客人奥德修斯受到了热情款待——在女仆的侍奉下沐浴更衣和进餐。随后，国王带着敬意倾听客人的故事，安排客人在门廊就寝，然后与家人回到他们自己的卧室。

在这些家庭中，妻子具有重要的影响力，是她们在操持家务，看管仓库，抚养子女，督促女奴纺织、磨面。英雄们虽希望身旁美女环绕，但他们对自己尊贵的妻子充满敬意。例如佩涅罗珀与丈夫在感情生活中基本上是平等的，两人在同房前亲密交谈，像当时贵族年轻男女一样相亲相爱（但佩涅罗珀之子忒勒玛科斯［Telemachus］对母亲不够尊重）。阿瑞忒（Arete）是法埃亚基亚之王阿尔基诺斯的妻子。根据荷马的描述，她丈夫对她的尊敬举世无双："人们，包括她所钟爱的孩子，她的丈夫和全城的属民，全都尊她爱她，过去如此，现在亦然——城民们看她，如同敬视神明，向她致意，当她行走城区街坊。不仅如此，她还心智聪颖，通达情理。"（《奥德赛》，7.30）

然而，在这样一个充斥着暴力的动荡年代，女性无疑只能依赖其丈夫的庇护。赫克托尔的妻子安德洛玛克（Andromache）早已对驱动男人打仗的因素了然于心。她告诫丈夫："你的骁勇会断送你的性命。"在《伊利亚特》的故事中，最令人动容的一幕是安德洛玛克向丈夫讲述自己在他死后的悲惨下场——她将被当作俘虏拖走，成为某个希腊酋长的奴隶，甚至沦为其泄欲工具。奥德修斯的妻子佩涅罗珀同样无依无靠。其子忒勒玛科斯虽即将成年，但仍不足以保护母亲远离那些纠缠不休的追求者。她只能依靠自己的计谋来拖延时间，直至奥德修斯在儿子的帮助下把这些人尽数诛杀，问题才真正得到解决。她始终保持着自己的忠贞与地位。对这种在挑衅与诱惑面前坚守自我的女性形象的颂扬，也是荷马的伟大成就之一。

史诗对大自然的描绘，与战争和和平的场景相互映衬、相互交织。荷马也从未忘记捕捉日常生活的韵律以及海洋、阳光和星空。当希腊军队在特洛伊城外点燃篝火宿营时，荷马这样写道：

> 就这样，他们精神饱满，整夜围坐在进兵的空道，伴随着千百堆熊熊燃烧的营火。宛如天空中的星宿，遍撒在闪着白光的明月周围，放射出晶亮的光芒；其时，空气静滞、凝固，高挺的山峰、突兀的石壁和幽深的沟壑全都清晰可见——透亮的大气，其量不可穷限，从高天泼泻下来，凸显出闪亮的群星——此情此景，使牧人开怀。就像这样，特洛伊人点起繁星般的营火，在珊索斯河（Xanthus）

的激流和海船间。(《伊利亚特》, 8.553)

在《奥德赛》这首表达追求卓越的诗歌中, 奥德修斯迫不及待地想要踏上返回伊萨卡的最后一段旅程:

> 奥德修斯频频回首, 看视闪光的太阳, 巴望它赶快下落, 急切地盼想回程, 像一个农人, 盼吃食餐, 赶着酒褐色的耕牛, 拖着制合坚固的犁具, 整天翻土田中, 太阳的下落使他舒展眉头, 得以回家吃饭, 挪动沉重的腿脚。(《奥德赛》, 13.30)

众神在荷马史诗中所扮演的角色关键而又暧昧。荷马把众神描绘为一个居住在奥林波斯山的大家族:宙斯和他的妻子赫拉(Hera),以及他们的子女——战神阿瑞斯、工匠之神赫淮斯图斯(Hephaestus)——和宙斯的私生子女——如阿波罗、雅典娜等。然而,众神经常钩心斗角。在《奥德赛》的故事中,雅典娜是奥德修斯的保护神,而宙斯的兄长波塞冬则对他恨之入骨。《伊利亚特》中的众神更加分裂——赫拉与雅典娜强烈敌视特洛伊人,但阿波罗却站在他们一边。众神还会为了达成自己的目的而不择手段——赫拉曾色诱宙斯,使他陷入沉睡,以便她实施自己的计谋。这也为史诗增添了悲剧色彩,毕竟一旦众神行动起来,凡人便无能为力。但这也增加了人类个体塑造与众神无关的伦理立场的可能性。荷马史诗中多次出现英雄为了做出最佳选择而反复权衡利弊的描写。他们甚至可以随心所欲地抨击众神,例如阿伽门农就曾痛斥宙斯对凡人的残忍。

荷马对欧洲文学最大的贡献,或许是提供了一种把个人的尊严置于众神意志之上的人物范式。基督教时代来临后,上述精神逐渐被人遗忘,在此后的文学作品中,挑战上帝成了令人无法接受的行为。在荷马史诗中,凡人与众神之间几乎不存在距离感,这使得角色能够拥有更加复杂的内心世界,从而让作品更加精妙。然而,众神终究为凡人的行为设置了边界,一旦越界便不再姑息。妄自尊大(hubris)作为一种可怕的罪行,一定会招致惩罚。在《奥德赛》靠近结尾的那血腥的一幕中，奥德修斯屠杀了所有追求其妻子的贵族，但仍宣称自己是正义的。因为这些人没有对旁人表现出适当的尊敬，百般欺凌孤苦无依的佩涅罗珀，无耻地利用她的殷勤好客，所以他们的种种恶行早已逾越了"神法"的边界，受到诛杀乃是出于众神的意志。

对后世而言，荷马仍然是一位伟大的道德导师。埃及奥克西林库斯遗址的垃圾堆中出土了大量纸草文献，其中抄写荷马史诗的有数千张之多，位居各古典作家之首。在公元前5世纪的雅典，男孩们要用心学习这些史诗。这不仅是传承一种文化遗产，还要基于不同的语境去理解诗中所描绘的各种关系，从中学习得体的举止。以特洛伊战争为题材的悲剧把希腊的神话与戏剧联系在了一起。直到罗马时代，荷马史诗依然保持着强大的感染力。荷马不朽的天才体现在他赋予自己笔下的英雄完整的人性，而这些角色所面对的道德困境对于三千年后的读者仍具有现实意义。拜荷马所赐，"特洛伊战争"这个意象早已融入欧洲文明的血液，成为一切战争叙事的原型（archetype），也是所有因暴力而产生的道德困境与危险的原型。

赫西俄德

在宗教事务上，希腊人已经摆脱了更原始的传统中那种对神明可悲的依赖，并且走得更远。这一点在与荷马同时代（均生活在公元前700年左右）的诗人赫西俄德的诗作中就有所体现。与荷马不同，他为后人留下了关于他生平的一些信息。赫西俄德的父亲从海外迁回了希腊本土的彼奥提亚，他本人也出生在那里。由于家族的田产不多，所以当赫西俄德与弟弟继承家业后，兄弟二人很快就因为多寡不均而发生了争执。赫西俄德给人的印象是一个愤世嫉俗又消极悲观的人，这两点被他的务农生活所强化，他还对女性抱有根深蒂固的偏见。

在赫西俄德现存的作品中，《神谱》的创作时间最早。按照赫西俄德本人的说法，该作品的主旨是"说说他们如何产生：诸神和大地，诸河流、怒涛不尽的大海、闪烁的群星、高高的广天，以及他们的后代、赐福的神们"(《神谱》)①。在荷马的笔下,奥林波斯众神仿佛一直就存在着,但赫西俄德想要追溯众神的起源。他所依据的材料并非希腊的传统神话,而是东方的创世神话,因此他的故事中存在诸多与之相似之处。赫西俄德首先讲述了狂暴的初代众神——天神乌拉诺斯(Uranus)与大地女神盖娅(Gaia)——充满了暴力的关系。后来,他们的儿子克洛诺斯(Cronos)斩断了乌拉诺斯的生殖器,乌拉诺斯的生殖器落入了大海,漂浮在血液与精液之中,而同时爱神阿芙洛狄忒便诞生于这一团混合物之中。(人们在观看波提切利[Botticelli]的名画《维纳斯的诞生》时可能不会想到这种诞生方式。维纳斯是罗马人对阿芙洛狄忒的称呼。)奥林波斯众神均为克洛诺斯的子嗣,他们在宙斯的带领下,与乌拉诺斯和盖娅的子女——泰坦——进行战斗,并最终赢得了最高统治权。《神谱》中还穿插着一些其他神话,例如普罗米修斯(Prometheus)为凡人盗取火种。根据赫西俄德的说法,宙斯向凡人实施报复的手段之一便是创造了女人。赫西俄德探究了荷马从未触及的人类心灵深处的阴暗面。

赫西俄德的另一部诗歌风格迥异。这便是著名的《劳作与时日》(*Works and Days*)。该诗提出了这样一个观念,即历史的发展经历了5个不同的阶段——黄金时代、白银时代、青铜时代、英雄时代以及黑铁时代,也就是令人苦闷的当下。他特意以自己与弟弟的土地纠纷为例,认为这个时代道德沦丧,富有的地主控制着土地并肆意欺凌穷苦的农民,而农民却无力抵抗。(有人认为,赫西俄德借鉴了东方的智慧书文学传统,把他们兄弟二人呈现为善与恶的化身。整部作品具有浓厚的宗教色彩。)然而,希望总是存在的,公正(dike)仍是可能的。宙斯虽然经常被认为对受苦的人漠不关心,但赫西俄德认为他是公正的守护者。凡人只有努力劳动,才能与众神共同建设一个井然有序的社会(这使人不禁联想到埃及中王国时期的文学作品)。然而,这终归比荷马提供的任何人生哲学都更加

---

① 赫西俄德作品的中文译本目前已有张竹明与蒋平的合译本和吴雅凌译本,其中吴译较新较全,本文均采用其译法。参见:[古希腊]赫西俄德著,吴雅凌译笺:《劳作与时日笺释》,北京:华夏出版社,2015年;[古希腊]赫西俄德著,吴雅凌译笺:《神谱笺释》,北京:华夏出版社,2010年。——译者注

乐观，并且预示着一个崭新的时代正在临近——在即将到来的城邦时代，公正或许能够成为现实。

《劳作与时日》主要记述了田间生活，许多内容都是对农业耕作的建议，例如如何选择农作物、何时收割以及如何度过农闲时间。（诗人之所以把上述内容包含在内，可能是为了阐明高贵者应过有序的生活的观点，尤其是通过了解如何正确地耕种土地。）某些证据虽目前仍存有争议，但可能表明人口的增长导致了农业生产方式的转变——贵族的大牧场正逐渐消失，取而代之的则是赫西俄德式的精耕细作。在动荡的年代，畜群是积蓄财富最理想的方式，因为家畜可以被圈在某个安全的地方，但农田里的大麦却不能这样（这种作物最适应希腊干燥的土壤）。另一方面，成群的家畜固然能体现一个人的社会地位，但不能高效地为人类提供卡路里，因为牲畜并不能完全吸收所吃的饲料，但谷物则可以被人类更充分地消化吸收。越来越多的人因此改种谷物，并在潜移默化中削弱了传统的贵族生活方式。此外，橄榄树需要数年才能成熟并结果，橄榄树的大规模种植本身就是社会稳定的象征。

城邦的出现？

上述转变可能比学术界所设想的更加简单，因为当时贵族对农民的控制并不太强。实际上，当时的人们对于向某人提供定期服务抱有根深蒂固的成见。在荷马史诗中，因为没有土地而受雇为别人干活的雇农被视为最悲惨的阶层，其生活比死亡只略微好一些。结果，希腊人大多可自由迁徙，加之人口增长，更大的村庄、城镇或城市往往通过不受限制地合并邻近的村落而涌现出来。农民需要寻求庇护时，会撤退到附近地势较高的地方，例如雅典卫城（Acropolis）和科林斯卫城（Acrocorinth），在希腊语中，acros意为最高。但早在公元前900年，基克拉泽斯群岛的某些地方就已建起了城墙。今土耳其的伊兹密尔（Izmir），古称士麦那，其城墙兴建于公元前850年左右。公元前8世纪晚期，希腊出现了首批带有硬化路面的街道（例如在克里特岛的法伊斯多斯）。这些城镇的规划可能借鉴了黎凡特沿海的腓尼基城市。

正是上述进步加速了城邦（希腊语为polis，其复数形式为poleis）的诞生。许多学者都把城邦视为希腊人在此后数百年间最基本的社会单位与政治单位。城邦的第一层含义是指一座城市的物质实体，也就是城内的建筑物以及环绕着城市的城墙。对印欧语系中其他语言进行比较研究后，人们发现城邦一词最初的意思可能是"要塞"，修建城墙的举动显然表明了防御的重要性。越来越多的考古证据表明，到公元前6世纪末，四成以上的希腊城镇已经建起了城墙。这一趋势在基克拉泽斯群岛表现得尤为典型。然而，一个真正的城邦所扮演的角色远非一座要塞那么简单。亚里士多德在公元前4世纪提出了更广为接受的观点：城邦是一个公社，其成员主要生活在城市之中，并依靠周边的土地来养活整个公社。公社需要设法管理，这便产生了政治（politics）。亚里士多德的观点无疑反映了他那个时代繁忙的政治生活。然而，公元前8世纪的"要塞"究竟在什么时候演变为公元前5世纪和前4世纪的那种政治公社，仍是一个难以回答的问题。

直到最近，学术界仍相信个别城邦的建城神话，按照这些传说，城邦在建城伊始便拥有了成熟的市民共同体以及各种相应的建筑。与此相反，考古证据表明，城邦的建立是一个远为循序渐进的过程，而建城神话如今被认为是后世将一个城邦的身份合理化，并将其公民身份理想化。在公元前8世纪和前7世纪，希腊人对各自城邦的认同感还不强。希腊各地相继形成了一些族群（ethne），其成员共享某种共同的文化与身份，甚至可能召开了族群集会，但并没有把他们的城市聚落放在首要位置。例如斯巴达始终由许多分散的村落组成。市场最早出现于公元前8世纪，原本是用于召开各种集会的空地，但几乎没有城邦在公元前6世纪前有足够的资源在市场上兴建公共建筑。也只有到了这个世纪，城市中才陆续出现了一些城市文明的迹象，诸如喷泉、有硬化路面的街道。

来自黑暗时代的证据日渐增多，显示许多城邦实际上都起源自迈锡尼时代的聚落，而且这些聚落从未遭到废弃。由此可见，城邦原本都是要塞，作为最安全的聚居中心而延续了数百年。公元前8世纪，繁荣的新时代到来，充满自信的人们以要塞为中心扩建了城市聚落。然而，此时的社会尚无某种机制能使人聚敛大量财富或豢养武装力量镇压其同胞。安德罗斯岛的扎戈拉（zagora）可能不是一座典型的聚落，但其规划十分严整，可能曾划分为两个城区。地势较高的城区房屋相对在下方斜坡上的另一个城区的房屋更加宽敞。这表明当地虽有精英阶层，却没有居于主导地位的领袖人物。由此可见，城邦虽是由青铜时代的古代聚落随着人口增长有机发展而来的，但城邦逐渐形成一套自我管理的办法。上述证据还表明，扎戈拉的精英经常陷入两难境地：一方面试图保持他们作为贵族阶层的地位，超越了地方的狭隘；另一方面又想要在社群内获得领袖地位。

城邦必然十分关注自己的身份问题，所以纷纷寻找各自的保护神。雅典和斯巴达均相中了雅典娜，萨摩斯岛（Samos）相中了赫拉，科林斯和优卑亚岛的埃雷特里亚（Eretria）则相中了阿波罗。各地居民先为保护神建起了祭坛，后来又兴建了神庙。神庙的样式起初与贵族的大厅无异，但柱廊等设计的引入使神庙变得更加雄伟。萨摩斯岛的赫拉神庙建造于公元前8世纪，是早期神庙的典型。该神庙起初是一座狭长的建筑，神像位于大殿的最深处。后来，整座神庙被改造成了一座由木立柱支撑的矩形大殿，立柱的基座则为石质，而神庙周边的土地被划为圣域（temenos）。该词也来自线形文字B的泥板中。神庙成了一座城市的骄傲。于是到公元前7世纪，各城市为了相互攀比，竞相建造更加宏伟的神庙。正在形成之中的城邦具有一个重要的特征，即倾力建造神庙而非宫殿。这表明城邦中的宗教势力与政治势力泾渭分明。后来出现的僭主（tyrant）为了提升其地位，最常用的手段就是出资建造神庙，从而模糊了政治与宗教间的界线。

古希腊宗教在公元前8世纪时最重要的一个发展，就是一些远离城市且与任何城市都没有关联的宗教中心的地位开始急剧上升。这些宗教中心中最负盛名的有3处：位于爱琴海中央的阿波罗的诞生地提洛岛、以神谕闻名的德尔斐和每4年都会举办赛会的奥林匹亚。上述宗教中心小心翼翼地保持着自己的独立性，并且对每个城邦都充满了警觉。例如奥林匹亚由附近的厄利斯负责管理，但并非受其完全控制。德尔斐的监管则由一些城邦共同负责。这些城邦组成了所谓的近邻同盟（Amphityonic League）。这些宗教中心在调解城邦间的争端、缓和阶级矛盾方面发挥了重要的作用。例如德尔斐的神谕被认为是阿波罗通过其女祭司发布的，既可用于调解城邦间的争端，也可为城邦的新宪制背书。神谕的另一个重要功用是提议设立新的殖民地。此举旨在化解城邦内部不可调和的党派斗争，把冲突的各方隔开（把其中一方遣送至海外！）。在奥林匹亚，贵族们（只有他们才有闲暇进行体育训练）在赛会上战胜本阶级的其他成员，并以此为手段维护自己的地位。奥林匹亚圣地出土的雕像上留有许多题词。在这些献词之中，赛会的优胜者在提到自己时，往往只强调自己的出身，而对自己的城市只字不提。丰厚的供品也可以维护他们的社会地位。

由于神庙中的祈求者和赛会的参与者带来了大量供品，所以这些宗教中心的出土文物十分丰富，其影响力在公元前8世纪的急剧扩大也可轻而易举地被描绘出来。例如，德尔斐的阿波罗神谕所曾出土了数百尊用作供品的青铜像，其中仅有1尊制作于公元前9世纪，但超过150尊制作于公元前8世纪。通常认为，奥林匹亚赛会在公元前776年首次举行，但当地在此之前应该就有纪念宙斯的节庆。公元前8世纪，以青铜三足盆为代表的供品数量出现了激增。

受到全希腊膜拜的神庙的接连出现，与这个流动性越来越强的时代密不可分——希腊世界在公元前8世纪迅猛扩张，日趋成熟的希腊文化产生了难以估量的后果。

第10章

"行游的英雄"

更广阔世界中的希腊人,公元前800—前600年

东方化革命

希腊本土的自然条件决定了希腊人会把目光投向东方。希腊半岛的数条山脉均由西向东不断延伸,形成爱琴海中的无数岛屿,而这些岛屿又成为横跨爱琴海的商路的基石。希腊最优良的港口全部位于东海岸。对希腊人而言,东方充满了诱惑,因为希腊人在本土不仅生活寒酸,而且只有通过艰辛的劳作,才能从土地中收获一丁点儿剩余产品。随着贸易的恢复,希腊人也重拾信心,与东方的互动和合作顺理成章,这反过来也对希腊文化的发展造成了巨大影响。

学术界对上述影响的认识经历了一个漫长的过程。19世纪时,人们尚认为古代希腊人在种族与文化方面保持着纯洁性,因而忽视了东方诸文明对希腊的影响。1912年,丹麦学者弗雷德里克·波尔森(Frederik Poulsen)率先注意到了东方对古希腊艺术的贡献;60年代,约翰·博德曼的《海外的希腊人》[①]一书对该主题进行了深入探索。1980年,奥斯文·墨瑞率先提出了"东方化时代"的说法,此术语并非单纯指古希腊艺术领域的革命,而是指整个古希腊社会的蜕变;1984年,德国出版了沃尔特·伯克特(Walter Burkert)的《东方化革命》(*The Orientalising Revolution*)一书。

"东方化"是希腊人与东方各民族持续交往数个世纪的结果。早在公元

---

① John Boardman, *The Greeks Overseas*, London and New York, 1999.

前9世纪，东方式的装饰图案便出现在了克里特岛的陶器上。最晚到公元前600年时，埃及对希腊的建筑艺术与雕塑艺术产生了极大的影响。这种影响有些来自前往西方避难的东方工匠，有些则来自各种商品，包括如今早已腐烂消失的各类纺织品。这些商品或由商队贩运至希腊，或由本地工匠仿制而成。同时，希腊人还可能通过与东方的直接交流进行学习。由于古希腊人受东方文化影响的方式不一而足，所以很难厘清东方究竟对希腊文化产生了怎样的影响。在埃及，法老可以创造出别具一格的宫殿建筑风格并不断加以强化，但在希腊，由于没有哪个政权有能力居于主导地位，所以各地区吸收借鉴东方文化的方式五花八门，而在吸收与借鉴的基础上产生一种更具一致性的希腊文化则需要漫长的时间。加之东方文化缺乏稳定性，近东地区的文明更迭十分频繁，因此更难以追溯古希腊人究竟与哪些文化发生过交流。

对希腊人而言，最重要的直接影响无疑来自腓尼基人。希腊人对这个民族既有敬畏也有猜忌，所以荷马形容他们"以航海者与骗子而闻名，用他们的船带来了成千上万的小玩意儿"。至公元前9世纪时，腓尼基人已在黎凡特沿海地区建起了不少城市，并且开始驶向地中海的深处。公元前9世纪晚期，腓尼基人建成了其有史以来的首个殖民地——塞浦路斯岛东南部的基提翁（Kition）。他们此时远比希腊人老练、自信，能够在伯罗奔尼撒半岛与意大利海岸之间自由往来，其向西展开冒险的时间可能领先希腊人数代人。传统上认为，公元前814年，腓尼基人在北非海岸建立了他们最重要的殖民地——迦太基；此外，他们还于公元前8世纪在西班牙的南部海岸建立了大量贸易据点。腓尼基人还是造船专家。虽然相关证据尚不充分，但五十桨战船（pentekonter）与三列桨座战船（trireme）可能都是腓尼基人的发明。

来自优卑亚岛的商人，最早与腓尼基人进行试探性的合作，并向东方渗透。这些商人最初来自优卑亚岛的勒夫坎迪（见第9章），埃雷特里亚、卡尔基斯（Chalcis）等城的商人紧随其后。罗宾·福克斯的《行游的英雄》[①]一书讲述了这些优卑亚人的故事。作者肯定了他们在打通地中海

[①] Robin Lane Fox, *Travelling Heroes*, London and New York, 2008.

这一创举中所扮演的角色。福克斯的批评者们认为他夸大了优卑亚人的作用，并质疑为何荷马史诗没有赋予优卑亚人更重要的地位，毕竟《奥德赛》的主题就是向西航行。然而，若抛开上述两点，福克斯的书提供了有关这段历史的丰富史料，并让读者对这些遗址的地理分布有了敏锐的认识。目前尚不清楚优卑亚人用哪些产品交换金属与奢侈品。叙利亚北部出土了一些生产于公元前 925 年前后的优卑亚陶器，但奴隶可能才是最有可能的出口商品，而他们很难留下能被考古学家察觉的痕迹。至公元前 825 年时，优卑亚人可能已在奥龙特斯河的阿尔米那站稳了脚跟。在这个贸易据点中，可以同时发现希腊人、腓尼基人、塞浦路斯人以及其他民族的商人对当地的影响。阿尔米那还提供了经叙利亚北部城镇前往美索不达米亚的最短马车路线。此外，可能正是在阿尔米那，希腊人学会并引入了腓尼基字母。

如果希腊人在探索东方，那么可能有更多的"东方人"正在涌向西方。自公元前 9 世纪起，腓尼基等近东民族开始日益感受到亚述扩张造成的压力（见第 6 章）。公元前 877 年，亚述人首次抵达地中海沿岸。公元前 720 年左右，阿尔米那被亚述攻陷。公元前 677 年，腓尼基人最主要的城市之一——西顿——被彻底摧毁。公元前 7 世纪，亚述人又攻入了埃及。亚述人的档案曾记录了几次由希腊人发动的报复性袭击。这些袭击者可能是一些以奇里乞亚（位于土耳其南部）为基地的希腊海盗。上述剧变的结果之一便是东方的工匠纷纷作为难民逃到了希腊。

有关与东方的这种接触的考古证据随处可见。按照传统，每位奥林匹亚赛会的优胜者都要向奥林匹亚的神庙献上一口大锅。在当地出土的东方风格的青铜器远远超过了古代东方世界的任何一处遗址。这些铸有兽首装饰的大锅源于叙利亚北部的亚述或幼发拉底河以东的乌拉尔图（Urartu）王国。此外，这里还出土了叙利亚或埃及（如前文所述，埃及商品可能是通过腓尼基中间商行销于地中海地区）风格的珠宝首饰和印章，以及产自红海的贝壳和产自腓尼基的银碗。希腊重装步兵（hoplite）的圆盾以及其头盔上的马鬃形装饰物也与亚述步兵的装扮十分类似。最大宗的商品必定是各种纺织品，但由于易于腐坏，已经难觅其踪迹了。

古希腊人很快就开始模仿这些具有东方风情的精美商品。在多数情况下，这种借鉴一目了然。例如许多大锅上的"王者"肖像与亚述都城的人物浮雕风格相似。希腊人后来在制作神像时，宙斯往往手握闪电，波塞冬则手持三叉戟。此类形象可能脱胎于叙利亚-赫梯地区的战神像。这类神像的右手也持有武器。希腊虽无狮子，但狮子的形象现在出现在了古希腊艺术中。奇美拉（chimaera）是希腊神话中的一种怪物，其形象融合了狮子、母山羊、毒蛇等动物的特征，这种怪物与赫梯存在某些渊源。特里同（Triton）①则可能直接起源于美索不达米亚。古希腊人大量使用植物的叶子作为装饰图案，其中就有荷叶、棕榈叶形饰带。公元前8世纪晚期，还是在东方文化的影响下，希腊的陶器艺术开始向另一种异国情调转变。杰弗里·胡尔维特形象地总结道："无数公元前7世纪的容器的边缘，都有野猪、野羊、野狗、野鸡、狮子、斯芬克斯和狮鹫（griffin）②进行着永不停歇的大游行。"③

新的技术也随着商品与工匠一同进入希腊。无论希腊人认为腓尼基人有多么狡诈，他们都必须承认后者拥有高超的工艺水平。在荷马史诗中，为帕忒罗克洛斯的葬礼所举办的赛会的奖品，就是一只腓尼基工匠打造的银碗。荷马形容这些工匠"多才多艺"（polydaidaloi）。腓尼基工匠擅长锻造青铜器和银器。失蜡铸造法也从东方和埃及传入了希腊，其步骤如下：首先用石蜡制造一个模型，然后用黏土把石蜡模型包裹起来加热，待石蜡熔化并排出后，便留下一个用于灌注青铜的空心黏土模具。希腊还出现了象牙加工行业。但希腊人始终认为象牙是一种神秘的物质（他们对大象或象牙的描述令人难以置信）。彩陶在进口的奢侈品当中也占有举足轻重的地位。

来自东方的影响并未局限于艺术领域。之前已经提到，文字可能是来自东方的最重要的礼物。希腊人曾习惯于正襟危坐，但在公元前8世

---

① 海神波塞冬之子，上半身为男性，下半身是鱼。——译者注
② 古希腊神话中的一种怪兽，前半身是鹰，后半身是狮子。——译者注
③ 参见：Jeffrey Hurwit, *The Art and Culture of Early Greece, 1100-480 BC*, Ithaca, NY, 1987；另参见：Ann Gunter, *Greek Art and the Orient*, Cambridge and New York, 2009，后者侧重于希腊艺术与亚述的关联。

纪，他们更喜欢斜倚在卧榻上进餐或饮宴，此习惯可能源于巴勒斯坦。在希腊神话中，阿多尼斯（Adonis）是阿芙洛狄忒钟爱的一位美少年，在狩猎时死于野猪之口。对他的崇拜仪式却源于腓尼基城市比布鲁斯，原本是当地为纪念植物之神一年一度的死亡而举办的典礼（该典礼可能最先传到了崇拜阿芙洛狄忒的塞浦路斯岛，再从那里传到了希腊）。卡西俄斯山（Mount Kasios）位于黎凡特沿海的阿尔米那附近，从塞浦路斯岛仍依稀可见，据传是宙斯大战长有100颗头颅的怪物——堤丰（Typhoeus）——之处。这些只是大量根植于东方的神话故事的一部分。而这种借鉴在赫西俄德的作品中也随处可见。古希腊神话中的冥界与美索不达米亚史诗《吉尔伽美什》中的那个泥泞而昏暗的世界十分相似。亚述有新建筑奠基时在地基中埋下贵金属与宝石的传统，在克里特岛的坎尼阿勒特克（Khaniale Tekke），公元前800年左右的墓中也发现了从叙利亚迁徙至当地的金匠埋下的黄金。此习俗后来在希腊世界广为流传，后来在提洛岛和以弗所修建的神庙下也埋有类似物品。

　　与上述事物一同传入希腊的还有商业术语。众多塞姆语词语进入了希腊语，最终又进入了英语。例如当时用来包裹商品的sakkos（囊，演化为英语单词sack）这个词。这类词语还有krokas（番红花，演化为英语单词crocus）、kannabis（大麻，演化为英语单词cannabis）和kinnamomon（肉桂，演化为英语单词cinnamon）。希腊的重量单位mina（迈纳）源于阿卡德语单词mana。希腊人用来修砌立柱底座的泥砖（plinthos）最早出现在美索不达米亚。这个词最终演变成英语中的立柱plinth（底座）一词。英语中的scene（场景）源于希腊语词语skena，意为剧场中的布景，而这个词又源于亚述人的maskanu（帐篷）一词。

　　学术界一度对探究古希腊文化的东方渊源抱有过度的热情。有些学者甚至认为，这个时代的希腊不过是东方世界的附庸。诚然，古希腊不及东方文明富庶，航海技术也落后于腓尼基人，但几乎在所有方面，希腊人都将所学到的知识化为己用。古希腊的艺术、文学、宗教和神话可能均受到东方的影响，但归根结底它们还是希腊式的。希腊人虽借用了字母，但加入了元音，从而使语言的表达更加灵活。荷马可能从美索不达米亚借鉴了一些史诗的文学元素，但《伊利亚特》与《奥德赛》作为文学作品，毫无疑问产生于希腊世界。迪普隆大师画笔下的山羊、鹿等动物形象可能借鉴自东方，但这些图案又全部服务于他的几何图案设计。在制陶方面，希腊人并没有什么需要向东方学习的。希腊人是一个充满自信的民族，他们通过吸收与借鉴创造出了一种独一无二的文化。

西方的聚落

公元前8世纪，优卑亚人还把目光投向了西方。然而，西行的航路并非坦途。他们有两条路线可选。一条路线经陆路穿过科林斯地峡，再沿科林斯湾向西航行，另一条则是沿礁石密布的伯罗奔尼撒南部的海岸线航行。然而无论选择哪一条路，为抵达意大利南岸，他们都必须横渡大海，但这段航程的长度不必被过分夸大。① 更精通航海的腓尼基人可能再次为希腊人指明了道路。公元前9世纪末，腓尼基人可能已在撒丁岛站稳脚跟。那里蕴藏着丰富的铜、锡、铅和铁等矿产。此外，也有迹象表明，腓尼基人在公元前8世纪初就已出现在了意大利南部。可能就在这个世纪的中叶，优卑亚人也为了寻找金属而跟随腓尼基人的脚步，开始涉足地中海西部。撒丁岛似乎是一座资源宝库，但腓尼基人在当地显然已经站稳脚跟，所以优卑亚人只得前往意大利西海岸的岛屿伊斯基亚。他们在该岛的皮塞库萨埃建立定居点，与来自意大利本土的人们开展贸易。到公元前750年时，该定居点可能已经全面建成。

皮塞库萨埃的居民以希腊人为主，但有证据表玥，腓尼基人等东方商人在当地的人口中也占有一定的比例。该城的运作模式几乎完全复制了撒丁岛和西班牙的腓尼基贸易据点。皮塞库萨埃的情况使人不禁联想到了腓尼基城市加迪尔（Gadir，今西班牙城市加的斯）：两者都邻近重要的资源，但其地理位置又相对封闭，从而得以保全自己。皮塞库萨埃主要经营产自意大利中部或更远地区的矿石（锡矿石可能产自今天的英国，经法国进入意大利）。希腊人很快就开始与伊特鲁里亚人正面交锋（见第21章），

---

① 由科林斯湾入海口至意大利南岸的航程约为270千米。——译者注

而后者此时已在罗马以北地区形成了松散的部落联盟。

希腊人对其航海技术越发自信，其财富与人口也日益增长。因此，他们开始为了其他原因而旅行，主要是为过剩的人口寻找新的家园。希腊人的贸易据点（emporia）与殖民地（apoikiai）在理论上是两种截然不同的聚落。在殖民地里，来自母邦的移民居于主导地位并统治着其他居民。但实际上这两种聚落的界线十分模糊。诸如阿尔米那和埃及的瑙克拉提斯这样的贸易城镇肯定只能归入贸易据点之列，因为这些地方的希腊人在政治上不具有独立地位，且只能做贸易。皮塞库萨埃的地位大致介于贸易据点与殖民地之间，它虽由希腊人控制并经营贸易，但他们也依靠向外邦人兜售自己的技艺谋生。公元前725年左右，就在皮塞库萨埃落成之后不久，意大利海岸边的库迈（Cumae）又出现了另一座聚落。对库迈而言，最重要的资源是其耕地、卫城以及平缓的海滩。其居民据传主要来自优卑亚岛的卡尔基斯城，因而该聚落完全可被归为殖民地。

库迈是一座理想的殖民地，拥有一个优良的港口或可以避风的港湾，以及足以养活定居者的土地。公元前730年至前580年，大批希腊移民在地中海世界中四处迁徙，他们的目标就是寻找像库迈这样的新家园，在找到理想的定居点前他们都不会停下脚步。作为大迁徙的结果，东起黑海西至今天的法国和西班牙海岸，希腊人的身影在整个地中海地区中随处可见。催生上述过程的因素，可能是希腊本土的人口膨胀，而小亚细亚地区的希腊城市也出现了类似现象，但程度稍逊（尚无考古证据可以证实希腊人口增长最迅猛的地区与最热衷殖民的城市之间存在关联）。然而，贸易无疑仍是推动移民的重要因素之一。许多殖民地在贸易路线上，即使能够自给自足，也开发当地的资源，并与当地土著交换商品。

按照希腊人的风俗，儿子们会平分家族的田产，正如19、20世纪的法国在类似继承体系（由拿破仑主导建立）的作用下，产生了一个只拥有少量田产的小农阶层，仅在个别年份有剩余产品。这些农民坚韧、勤劳又极度保守，可以理解的是，他们对任何能改善命运的可能性都持怀疑态度——这是他们为什么会成为优秀战士的一个原因。人口的增长只能使他们的未来更加惨淡，所以海外殖民地便成了希腊人的最佳选择，而农民又

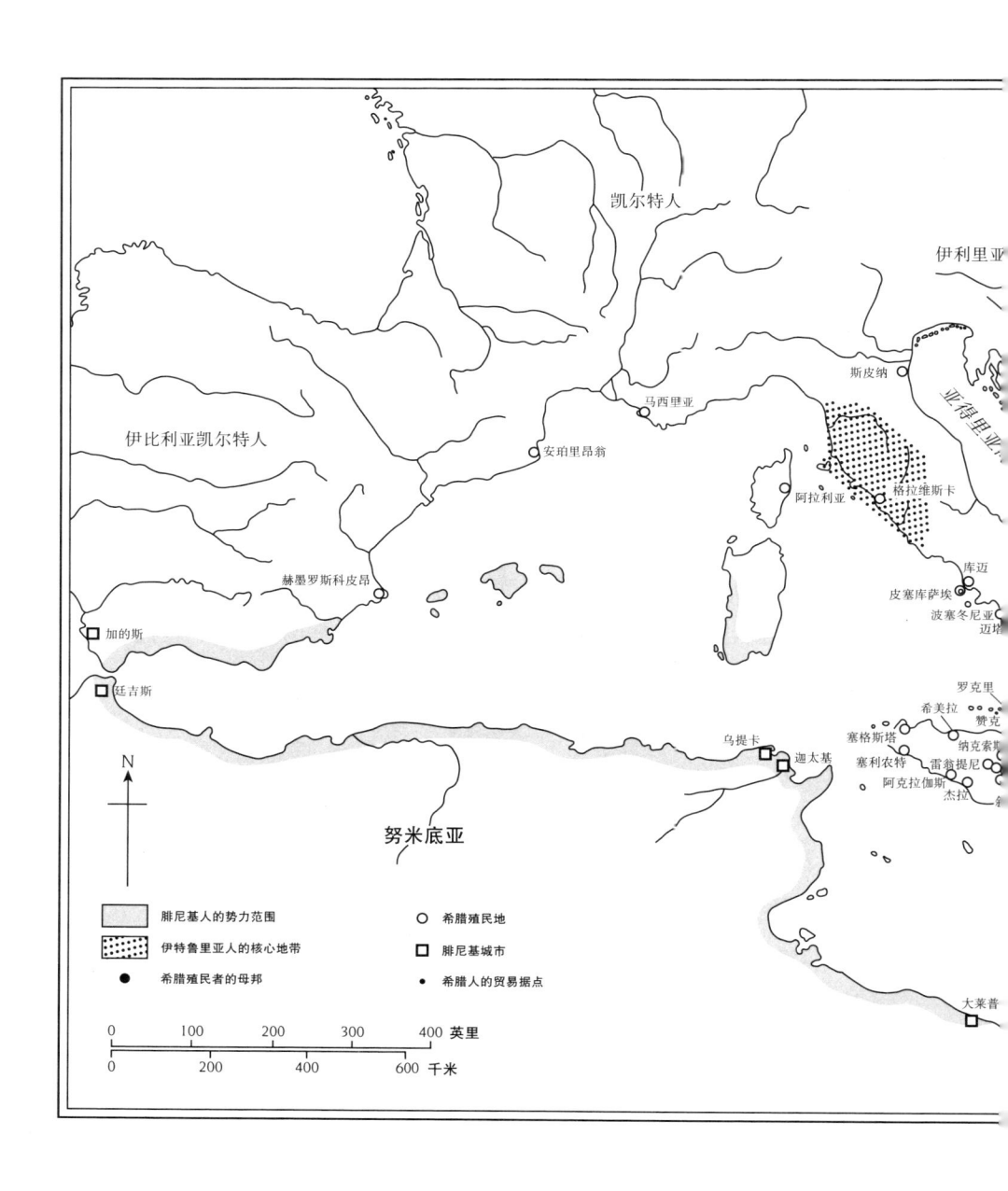

地图：地中海西部，标注了凯尔特人、伊利里亚、伊比利亚凯尔特人、努米底亚等区域，以及斯皮纳、马西里亚、安珀里昂翁、阿拉利亚、格拉维斯卡、库迈、皮塞库萨埃、波塞冬尼亚、迈塔、罗克里、希美拉、赞克、纳克索斯、塞格斯塔、塞利农特、雷翁提尼、阿克拉伽斯、杰拉、乌提卡、迦太基、加的斯、廷吉斯、赫墨罗斯科皮昂、大莱普提斯等城市。

图例：
- 腓尼基人的势力范围
- 伊特鲁里亚人的核心地带
- 希腊殖民者的母邦
- 希腊殖民地
- 腓尼基城市
- 希腊人的贸易据点

比例尺：0–400 英里 / 0–600 千米

地图3 地中海的希腊人与腓尼基人，公元前800—前600年

西徐亚人
萨尔马提亚人
塔奈斯
欣勒比亚
忒拉斯
潘提卡彭
狄奥多西亚
伊斯特鲁斯
卡拉提斯
黑海
法锡斯
奥德苏斯
墨森布瑞亚
阿波罗尼亚
色雷斯
西诺普
阿米苏斯
特拉佩祖斯
拜占庭
赫拉克利亚
卡尔西顿
埃庇丹努斯
阿布德拉
卡尔息狄斯
萨索斯岛
阿比杜斯
西基昂
弗卡埃亚
基拉岛
卡尔基斯
麦加拉
埃雷特里亚
亚该亚
科林斯
雅典
米利都
阿尔米那
斯巴达
帕罗斯岛
塞拉岛
法赛里斯
塞浦路斯岛
基提翁
比布鲁斯
西顿
推罗
昔兰尼
尤斯配利德斯
瑞克拉提斯

是海外殖民的最佳人选，毕竟他们在希腊已掌握了谋生的技艺，地中海里的许多地方和他们的家乡自然条件一样好，甚至更好。

　　后来的希腊文献在谈到殖民地（原意为"家中之家"）一词时，仿佛殖民地通常是由母邦一手建立的。最早的那些殖民活动是否有组织、有计划，目前尚无定论，毕竟公元前8世纪时城邦在希腊多数地区才刚刚出现。移民的原因可能充满了偶然性，可能是由土地纠纷所引发的，但后来城邦确实常常承担起了组织殖民活动的责任，有时甚至强行把过剩的人口派往海外。（塞拉岛曾因遭遇旱灾而派出一批并不情愿的殖民者去海外殖民。当他们因殖民失败返回故乡时却被母邦拒之门外。）城邦的凝聚力意味着同一批殖民者彼此熟识，甚至可能早就结成了各种亲属关系。典型的殖民队伍由一两百名年轻男性组成。（希腊人从腓尼基人那里引入了五十桨战船，出海时以两到三艘战船为一组，每艘船至少乘载50人。）以塞拉岛的殖民活动为例，拥有两个或更多儿子的家庭必须出一人参加殖民。这显然是解决土地短缺问题最公平的办法，也标志着在公元前7世纪晚期，城邦的权威已得到了其居民的普遍承认。（塞拉岛的殖民活动发生在公元前630年。）殖民者抵达目的地后，仍与母邦保持着联系。他们通常只从母邦进口陶器，并且保持着从家乡带来的宗教仪式与生活习惯。塞拉岛人最终在北非的昔兰尼（Cyrene）建立了殖民地，其建城的誓约宣布，塞拉岛的任何公民将来移居至此时，都将自动获得昔兰尼的公民权并有权占有那些尚未分配的土地。殖民地一词似乎意味着政治上受到母邦的控制，但除了科林斯曾始终努力维持其对殖民地的牢固控制外，其他希腊城邦的海外殖民地大多很快就获得了独立。

　　与殖民活动相关的一套仪式逐步发展起来。实施殖民的城市会提供一名领队。此人通常具有贵族或近似贵族的身份。领队的第一项任务便是前往德尔斐请示神谕，祈求阿波罗就建立殖民地的地点做出指示。向西出发时这一步骤更是必不可少。现存的一份神谕写道："在你的路上，这里是未经开垦的塔菲亚索斯（Taphiasos），那里则是卡尔基斯：之后是神圣的土地库瑞特斯（Kouretes），接下来是埃基那德斯（Echinades）。左侧是大海。即便如此，我希望你不要错过拉基尼亚海岬（Cape Lakinian）、神圣的克里米萨（Krimissa）和埃萨罗斯河（River Aisaros）。"凭借此类指示，殖民者带着取自母邦的"圣火"踏上了旅途。所谓的圣火实际上可能只是一些余烬。殖民者在抵达目的地后，将用这些余烬引火，尔后举行首次献祭，以此巩固他们与母邦之间的精神联系。（某些情况下，这些所谓的神谕可能是后人为解释当初的选址而编造的神话。）

根据几个世纪后的古典作家普鲁塔克的说法，阿波罗会向领队指示"沿途的地标、行动的时机、大海彼岸众神的圣所，以及安葬着英雄的秘密地点，那是从希腊出发的远航者难以发现的"。领队的任务似乎是评估那些有吉兆的地点。这些地点可能与先前的探险活动具有某种关联（"安葬着英雄的秘密地点"）。殖民者一定会把选定的地点与古代某位神话人物联系在一起。例如，据说赫拉克勒斯（Heracles）驯服怪物戈吕翁（Geryon）的地方在西西里岛，所以该传说被用于解释在此选址的缘由。然而无论预兆的内容如何，最终选择某个地点还是纯粹为了满足生存的实际需要。最佳的地点总是拥有优良的港口、肥沃的土地、爱好和平或者易于征服的土著，以及易守难攻的高地。领队将为新城划定边界、规划用于建造神殿的区域，并为殖民者分配土地。领队的地位十分稳固，以至于他死后常常会被当地人当作英雄加以膜拜。例如，在麦加拉胡伯拉（Megara Hyblaia），当地人在市场附近建起一座规模不大的英雄祠（heroön）来举行此类仪式。与领队一同到来的殖民者的子孙，将一直作为当地的统治阶层，与新移民在地位上有所区别。

希腊人的殖民地起初均位于西方，而且在公元前8世纪时，绝大多数殖民地仍是由优卑亚人建立的。纳克索斯（Naxos）位处海岬，背靠肥沃的河谷，是绕行意大利南端的船只登上西西里岛的第一个登陆点。公元前734年左右（出自公元前5世纪的希腊史家修昔底德的记载），卡尔息狄斯人在此设立了殖民地。此外，他们还在公元前8世纪末建起了一批殖民地：其中，雷翁提尼（Leontini）由于深处内陆而缺乏贸易上的重要性；卡塔纳（Catane）与赞克勒（Zancle）均位于西西里岛东北海岸；利基翁（Rhegium）位于意大利海岸，扼守着战略要道——墨西拿海峡（Strait of Messina）。然而，西西里岛上地理条件最优越的地点却被科林斯人占据着。他们于公元前733年前后建立了殖民地叙拉古。该城拥有岛上最好的港口，有取之不竭的水源——阿莱苏撒泉（Arethusa），且邻近肥沃的耕地。考古证据表明，科林斯人以暴力手段征服了当地的土著西库尔人（Sicel），强行在当地人的聚落上建造希腊式建筑。建于公元前6世纪初的阿波罗神庙清晰地表明了希腊人的主宰身份。叙拉古最终将会成为希腊世界最富庶的城市。

公元前735年，麦加拉人建立了麦加拉胡伯拉。当地土著对移民的到来十分欢迎。这些土著被称为胡伯拉人，该称谓源于当地的统治者胡伯隆（Hyblon）。这与叙拉古形成了鲜明的对比。总体而言，希腊人与土著居民的关系错综复杂。许多时候，双方会开展合作。例如在西西里岛的西南端，希腊人建立的殖民地塞利农特（Selinunte）与当地埃吕米安人（Elymians）的都城塞格斯塔（Segesta）达成了一系列协议。这两座城市不但是重要的贸易伙伴，还彼此通婚。由于希腊人主要定居在海滨，他们自然要与内陆的各个民族建立联系。土著居民因此受益并开始使用产自希腊的商品，导致研究人员经常难以区分土著聚落与希腊人聚落。希腊文化和希腊语言开始占据主导地位，而且常常很早的时候就产生了影响。在《奥德赛》里，法埃亚基亚人新建了一座有城墙环绕的城市（可能指科孚[Corfu]），向民众分配土地，还划出了用于建造神庙的区域。这使人不禁联想到在胡伯拉麦加拉的考古发现。当地的集会地点（agora，该词后来仅表示市场）在建城之初便被划定，较小的民居则围绕着这一区域呈网格状排列。此布局是否反映了居民最初的社会关系或亲族关系，学术界尚无定论，但他们显然需要在新的家园重塑其共同身份。社群过了几年才积攒出建造公共建筑的资源，其中之一就是挨着集会地点的英雄祠。意大利南部的迈塔彭图姆（Metapontum）的情况则恰恰相反。希腊人在此起初可能与土著杂居，公元前6世纪后半叶，该社群将周围的土地辟为农场，并开始种植橄榄树。与此同时，他们对城市进行了重新规划，建了一座用于公共集会的会场（ekklesiasterion）。至此，一个"希腊味"并不明显的聚落成了一座自给自足的城邦。

公元前6世纪之前，大型公共建筑在希腊以西的大部分地区尚未出现,但在希腊本土以及爱琴海地区确实出现了。到了此时,西西里岛上的希腊人展开了建造神庙的激烈竞赛。位于西西里岛南部最西端的希腊城市塞利农特在公元前580年至前480年间享受了近百年的和平与繁荣,他们建造了3座面朝城东的巨型神庙,以炫耀自身的雄厚实力。在更东边的希腊城市阿克拉伽斯(Acragas),该城沿山脊建造了许多神庙,以这种引人瞩目的方式向来访者展示自己的力量。位于西西里岛西部的塞格斯塔为了说服雅典人协助他们对抗塞利农特,在山坡上的制高点建造了一座气势恢弘的希腊神庙,希望以此证明希腊文化已经取代了土著埃吕米安人的文化。时至今日,这座神庙仍然耸立在原地。

由于优卑亚人牢牢控制着墨西拿海峡,之后的殖民者只得沿着意大利半岛的海岸线继续航行。来自伯罗奔尼撒西北部的亚该亚人在意大利东海岸相继建立了苏巴里斯(Sybaris)、克罗同(Croton)和迈塔彭图姆等殖民地,并且有可能经由一条以苏巴里斯为起点的陆上通道,在意大利西海岸建立了波塞冬尼亚(Posidonia,该城的拉丁语名为帕埃斯图姆[Paestum],因拥有现存最精美的一座希腊式神庙而闻名)。在意大利半岛的脚背处,斯巴达人建立了他们唯一一座殖民地——他林敦(Tarentum),其首批定居者全部是斯巴达女人在丈夫外出服兵役时生下的私生子。(他们的出身令他们被剥夺了在斯巴达领取份地的权利。)他林敦与斯巴达保持着紧密的联系,当地人一直沿用着母邦的陶器与宗教仪式。

随着希腊人在地中海西部地区站稳脚跟,他们与腓尼基人之间的关系开始破裂。腓尼基人在西方最重要的殖民地是迦太基,坐落于北非沿海地区。腓尼基人由此出发,在西西里岛西岸建立了几处殖民地。公元前580年,当一群来自罗得岛的希腊人企图在腓尼基人的飞地上定居时,希腊人与腓尼基人爆发了冲突。随着双方不断向西扩展,矛盾也在不断加剧。腓尼基人沿着北非海岸向外扩张,很快在西班牙沿海地区定居。公元前8世纪时,腓尼基人在那里成为一股不可小觑的力量。在殖民浪潮的末期,当小亚细亚沿岸的希腊城邦弗卡埃亚(Phocaea)的殖民者也开始向西方进发时,他们发现地中海西部地区的很大一部分已对他们关上了大门。

弗卡埃亚人来到意大利半岛的西部海岸，与伊特鲁里亚人做了几笔交易，尔后成功抵达了法国南部海岸。他们最重要的一座聚落是马西里亚（Massilia，今法国马赛），兴建于公元前600年前后。此外，他们还在西班牙北部沿海地区建起了一个殖民地——安珀里昂翁（Emporion，今西班牙安普利亚斯［Ampurias］）。弗卡埃亚人的到来引起了伊特鲁里亚人和腓尼基人的警觉。在公元前6世纪40年代，弗卡埃亚人的母邦被波斯人攻陷后，新一波移民如潮水般涌向西方。他们在科西嘉岛建立了阿拉利亚（Alalia），从而使后续的移民可以绕开伊特鲁里亚人的地盘。伊特鲁里亚人由于贸易受到影响而怒不可遏，与腓尼基人联手，试图把弗卡埃亚人逐出阿拉利亚。除此之外，文献还记载了多次冲突。到公元前500年时，希腊人、伊特鲁里亚人和腓尼基人在地中海西部地区各自巩固着自己的势力范围。由于腓尼基人对传统商路的封锁，希腊人被迫开始向亚得里亚海沿岸进发。海底的无数沉船证明这片海域凶险无比。

依靠马西里亚的希腊殖民地，希腊人可经由附近的河谷与高卢（Gaul，今法国）的凯尔特人开展贸易。俯瞰位于巴黎东南侧的塞纳河（Seine）的拉索瓦山（Mont Lassois）此时变得尤为重要。产自更遥远的北方的锡矿石和其他商品首先汇集于此，之后或输往意大利北部，或向南经罗讷河输往马西里亚。1953年，考古人员在拉索瓦山维镇（Vix）的古代墓地中发现了一位凯尔特王室女性的墓葬，并出土了一尊迄今为止最大、最精美的希腊青铜调酒钵（crater，一种勾兑葡萄酒用的容器）。该调酒钵高1.64米，顶盖等附件均保存完好，其把手是一个女子的小雕像。容器表面用战士、战车的浮雕以及单独铸造的蛇发女妖戈耳工进行装饰。该调酒钵可能产自斯巴达。鉴于其巨大的尺寸，它不可能是普通的商品，我们只能猜测它是送给当地领袖——很可能是一个女首领——的外交礼物，用来缔结或巩固双方的贸易关系。

希腊人对高卢的凯尔特人造成了重要影响。罗马史家查士丁（Justin，活跃于公元3世纪）曾这样写道：

高卢人从希腊人那里学到了更加文明开化的生活方式，摒弃了原来的野蛮风俗。他们开始耕种自己的土地，并且为自己的城镇修建城墙。他们甚至习惯了遵守法律，而不再依靠武力，同时他们也习惯了种植葡萄和橄榄。他们在修养与财富方面的进步是如此显著，以至于高卢仿佛已经成了希腊的一部分，而非希腊人在高卢进行了殖民。

希腊人造成的影响应该不及文中所描述的那样广泛，并且仅局限于双方有直接接触的地区。因为凯尔特人对自己的文化十分自豪，他们把产自希腊与东方的象征物加入其仪式中，却不会允许让这些象征物改造自己的社会。（有关凯尔特人的更多介绍，见专题5）。希腊人固然在意大利、西西里岛乃至更遥远的地方建立了众多殖民地，但这并非帝国主义行径，更多的只是一种基于双边合作的商业行为（公元前5世纪的雅典才真正称得上是帝国主义国家）。由于殖民者来自一些希腊的小聚落，所以人数规模有限，无力征服当地那些根基深厚的土著部落。然而，无论双方存在怎样的互动，希腊的物质文化与希腊语言在当地开始发挥主导作用，各殖民地也自视为广阔的希腊世界的一部分，并全身心地投入这场殖民运动。在德尔斐与奥林匹亚，到处散布着西方的殖民地所建造的金库。甚至可以说，地中海西部的希腊城市是如此繁荣和富庶，反倒成了希腊本土那些欠发达城市的学习榜样。

爱琴海北部、黑海以及利比亚的希腊聚落

当希腊人源源不断地涌向西方时，多才多艺且精力充沛的优卑亚人也从故乡出发，沿着色萨利的海岸线向北航行，抵达了马其顿和色雷斯。他们的首要目的可能是获取木材，因为木材对造船业可谓十分重要，而希腊本土的木材供应已陷入短缺状态。他们还在当地种上了葡萄。在一座由马其顿尼亚向爱琴海延伸的三叉戟形状的半岛上，来自卡尔基斯的殖民者建立起众多聚落，所以该半岛至今仍被称为卡尔息狄斯半岛。朝着黑海入口的方向继续向东，希腊人的扩张遭到了当地土著——色雷斯人——的一些抵抗。

近来，最引人瞩目的考古活动当数对古城迈索内港口的发掘。该城坐落在塞尔迈湾（Thermaic Gulf），位于今希腊塞萨洛尼基市（Thessalonica）以南35千米处。这是一座天然的避风港，对爱琴海上南北往来的商船而言是一个理想的停泊处，并且毗邻盛产木材的地区。据记载，公元前733/732年，一群埃雷特里亚人被逐出科孚岛后，在当地建立了殖民地。不知何故，他们于建城之初在城中开挖了一口竖井，但又放弃了这项工程。这口被废弃的竖井之后被各种杂物填满。再后来，竖井被一个平台盖住，从而也为我们留下了一个"时间胶囊"。从位于井底年代最为古老的堆积物开始推算，这些杂物所属的年代从公元前730年延续到公元前690年，横跨近40年。其中至少有191片带有铭文、涂鸦、所有者标志的陶片。多数陶片仅有少量表示所有者的简单符号，有25片带有字母。而在一只属于某个哈克山德罗斯（Hakesandros）的双耳酒钵（skyphos）的表面上，甚至有从某篇文章中摘录的片段。按照器型判断，这些陶片大多就产自塞尔迈湾当地，另外一些则来自东方商人，或许甚至还有腓尼基人。这些陶片为研究字母在该地区的早期应用提供了关键证据。此外这些证据还表明，埃雷特里亚人的这座殖民地刚一建成便成了一个贸易中心。

公元前7世纪初，希腊人正在朝着黑海的入口——达达尼尔海峡——推进。雅典以西的海滨城市麦加拉可能走在了最前列。他们在海峡的亚洲一侧建立了该地区最早的殖民地——卡尔西顿（Chalcedon）。可能由于土著居民的顽强抵抗，麦加拉人只得先放弃在自然条件更加优越的欧洲部分建立殖民地，所以直到公元前660年左右拜占庭（Byzantium）才得以建立。拜占庭的地理位置可谓得天独厚，它地处海岬，是天然的良港，城市的南面有大海作为屏障。该城控制着黑海的入海口并拥有丰富的渔业资源。一千年后，罗马皇帝君士坦丁也在此建立起了帝国的东都——君士坦丁堡，即今天的伊斯坦布尔。

黑海地区并未立刻对希腊人表示欢迎。沿岸的各民族均对希腊人表现出了敌意，其中就包括因使用活人献祭而恶名昭彰的色雷斯人和西徐亚人。黑海北岸蕴藏着丰富的资源，但冬季格外寒冷。某些文献虽宣称希腊人早在公元前8世纪便在此定居，但此说法尚未得到考古证据的支持，很可能直到公元前7世纪，希腊人才在当地建立了首批聚落。早期的殖民者最有可能来自麦加拉或小亚细亚的米利都，尤其是后者此时正面临着吕底亚人扩张的威胁。一旦聚落建成，其居民便可开发当地的资源，例如鱼类、土地、皮革和奴隶。（直到公元前5世纪后期，产自黑海北岸的谷物才成了雅典的主要进口商品。）希腊人通常与当地人杂居。希罗多德（《历史》，4.108）就曾描述希腊定居者在今天的乌克兰境内与当地的布狄尼人（Budini）共同生活的情景。在黑海沿岸地区，希腊文化如同在地中海西部那样，逐渐占据了主导地位。这一地区最大的城市是格洛努斯（Gelonus），其居民受到当地人的同化，开始讲一种混合着希腊语和西徐亚语的语言，但他们有希腊式的神庙并庆祝狄奥尼索斯节。考古人员甚至在俄罗斯内陆的河谷上游发现了希腊商品。而西徐亚人也像伊特鲁里亚人那样，其艺术风格深受希腊人的影响。西徐亚国王斯库勒斯（Scyles）极度沉湎于希腊生活方式，并因为参与酒神狂欢而被愤怒的同胞所杀。

在北非的沿海地区，来自塞拉岛的殖民者为寻找满意的地点而进行了大规模勘察，最终于公元前630年左右在昔兰尼建立了殖民地。该殖民地非同寻常，因为罕有身处内陆地区的殖民地能运转良好。（另一个例子是西西里岛的雷翁提尼。）此现象表明希腊人与当地土著的关系必定是融洽的。但这种良好关系并未持续太长时间。当希腊人试图有步骤地迁入更多的定居者并掠夺当地人的产业时，双方爆发了大规模冲突。然而，昔兰尼得以幸存，进而发展成为希腊世界最富有的城市之一。除了绵羊、马匹、谷物等自然资源，当地还垄断着一种神奇的植物——罗盘草（silphium）。这种植物如今早已灭绝，但在古代被视为灵丹妙药，价格极其昂贵。（在一只制造于公元前550年前后的斯巴达酒杯上，描绘了一个统治者亲自监督工人称重和包装罗盘草的场景。根据图画中所标注的文字，这个统治者应该就是昔兰尼的统治者阿尔克西拉斯［Arkesilas］。）

对昔兰尼的考古发掘显示，希腊人曾与当地人通婚。各聚落的首批定居者很可能全部为男性。虽然女性可能会跟随男性从母邦迁徙至此，但定居者更可能直接迎娶当地的女性。昔兰尼诗人卡利马库斯的诗句就描绘过系着腰带的希腊战士与金发的利比亚人共舞的情形。此外，在古代墓地中也发现了利比亚人有宗教活动的证据。希罗多德曾提到，昔兰尼的妇女遵从埃及人的传统忌食牛肉，这表明这些妇女是当地的土著。结合上述史料，我们不难发现，通婚现象在当时极为普遍。实际上，除此之外我们也几乎想不到任何扩充殖民地人口的其他办法。①

勒兰托斯战争与科林斯的崛起

如前文所述，推动早期殖民大潮的地方是优卑亚岛，尤其是岛上的埃雷特里亚与卡尔基斯。这两座城市在这一过程中发挥了尤为重要的作用。然而在公元前8世纪末，这两座城市的关系却突然破裂。冲突的焦点可能是勒兰托斯平原的控制权。这片富饶的平原就位于两座城市之间，这场战争也由此而得名勒兰托斯战争。古人对这场战争的记述支离破碎，甚至有可能如特洛伊战争一样是由后人建构的，但许多传说都提到希腊世界的众多城市卷入了这场战争。这至少说明希腊各邦之间积蓄了大量矛盾，而勒兰托斯战争使这些矛盾公开化了。

勒兰托斯战争一直被视为希腊古老贵族间的战争。优卑亚贵族是贸易活动的主要受益者，现在贵族当中的英雄要通过战斗解决争端。根据一种颇具中世纪骑士风范的说法，交战双方甚至约定不使用属于平民的武器——弓箭、标枪等远程武器（此说法仅见于很久之后的地理学家斯特拉波的著作）。考古人员在埃雷特里亚曾发现公元前720年左右的一位英雄的陵墓。死者的骨灰用织物包裹着，与各种珠宝一同放置于一口青铜大锅中，大锅的周围摆放着大量刀剑和矛头，甚至还发现了一匹殉葬的战马的骨骸。这不禁使人联想到荷马笔下的英雄——帕忒罗克洛斯——的葬礼。《伊利亚特》可能不只吸收了各种有关迈锡尼文明的民间传说，还从这场战争中汲取了大量素材。

战争结束时，两个主要城市筋疲力尽，现在，它们保留的影响力似乎在地中海的不同区域发挥着作用。埃雷特里亚开始与麦加拉、米利都等城市结盟，共同组织对黑海的殖民，而卡尔基斯则与科林斯建立了联系。

---

① 有关昔兰尼的更多研究，参见：Philip Kenrick, *Cyrenaica*, London, 2013, chapter 6。

实际上，科林斯在战后成了希腊各邦的新领袖。过去一直受到优卑亚人庇护的贸易据点阿尔米那在勒兰托斯战争期间被亚述人夷为平地。该城后来虽得到了重建，但考古证据显示，占据主导地位的陶器样式已经不再是优卑亚风格，而是科林斯风格。

科林斯并不是一座古老的城市。当地拥有肥沃的土壤，地势险要的科林斯卫城俯瞰着整座城市。但在公元前8世纪前，当地仍只有一座座村落。科林斯此后便开始飞速发展。在勒兰托斯战争期间，科林斯可能从埃雷特里亚的盟邦麦加拉手中夺取了科林斯地峡（但相关证据非常薄弱）。该城不仅因此获得了木材和牧场，更重要的是控制了连接东西方的重要通道，以及伯罗奔尼撒半岛前往北方唯一的陆上通道。由于沿着伯罗奔尼撒半岛礁石密布的海岸线航行相当危险，所以许多航海者更愿意拖曳着船只和货物经陆路穿越科林斯地峡（当地人特意为此建造了滑道［diolkos］，部分遗迹至今仍保存完好）。科林斯的统治阶层为巴基斯氏族（Bacchiadae），由大约两百个家庭组成，且从不与其他氏族通婚。该氏族推选一名族人担任议长（prytanis），任期一年。科林斯人享受了50余年的稳定发展，能够充分利用其地位。

工匠在希腊比较保守的地区是受人轻视的群体，但巴基斯氏族反其道而行之，对工匠极为欢迎，充分发挥了他们的聪明才智。当地最重要的行业是造船业，在海滨造船场工作的工匠可能以外邦人为主。跃跃欲试的殖民者们似乎可以向科林斯人租赁船只，但科林斯同样善于建造速度飞快的战船。他们的五十桨战船船身更加修长并移除了甲板，向前凸出的龙骨装有撞击敌方船只用的青铜冲角。凭借着这样的战船，科林斯人有能力袭击任何商船。而且正如前文所述，科林斯与其殖民地保持着紧密联系，因此公元前7世纪晚期的科林斯似乎可以被称作科林斯帝国。

无处不在的科林斯陶器也充分展现了科林斯的霸主地位。在公元前7世纪，这种陶器曾如洪水一般席卷了整个希腊世界，以至于学者们对其器型了如指掌，甚至能凭借遗址中出土的此类陶器来精确推断该遗址的年代，误差往往小于25年，甚至不超过10年。这些陶器大多是杯子、罐子、香水瓶（香水则进口自东方）之类的日常生活用品。陶器上的装饰图案为东方艺术图案的传播提供了一些最好的证据。当时，科林斯对东方的回应远比雅典强烈。从公元前725年起,所谓的原始科林斯式风格(Proto-Corinthian style)的陶器开始出现。这种陶器大量使用动物、树叶、花朵或玫瑰形图案作为装饰。人物肖像虽较少见,但制作于公元前650年左右的基吉陶瓶(Chigi Vase)独树一帜,生动地描绘了希腊重装步兵的形象。这些重装步兵同样是希腊世界的一种新生事物。当时的另一项技术创新是黑绘工艺——首先在陶土坯件上用黑色漆釉画出各种图案的大致轮廓,再用线勾勒出图案的细节,待陶器烧制完成后,乌黑色的图案正好与胎体的颜色形成了对比。黑绘工艺可能受到了东方金属器具制作工艺的启发。科林斯独占这项工艺长达百余年,之后雅典才掌握了其中的诀窍(雅典的黑绘陶器主要以赭红色为底色)。科林斯在陶器业的主宰地位一直延续到了公元前6世纪,但不知何故,其地位最终被雅典所取代(见本书第12章"雅典陶器的复兴"一节)。

公元前7世纪中叶,另一个东方国度对希腊人敞开了大门。为摆脱亚述的统治重获独立,埃及法老普萨美提克先后对希腊雇佣兵和商人表示了欢迎。对希腊人而言,埃及最吸引人之处莫过于尼罗河谷地有充足的富余粮食可供出口。纸草和亚麻布同样具有吸引力。希腊人则把油、葡萄酒、白银输往埃及。对埃及人而言,白银由于较稀缺反而比黄金更加珍贵。希腊人获得许可,在三角洲的西部、尼罗河支流上的瑙克拉提斯建立贸易据点。该城可能在公元前620年便已开始运作。很快,希腊人就开始遍布埃及各地。其中不仅有商人,也有对埃及文化充满敬畏的观光者。女诗人萨福的哥哥就曾以商人的身份造访埃及。(据说他爱上了瑙克拉提斯城的一名价格昂贵的妓女。)埃及被希腊人视为传统智慧的源泉,某些希腊人甚至误以为埃及是希腊文化的发源地。

阿尔基罗库斯与边疆生活

公元前7世纪的世界是一个变动不居的世界。希腊人在各民族与各势力间周旋的同时,不断开疆扩土,变得越发自信。除了堆积如山的陶器和少量青铜器奢侈品,这个时代的少数人有幸使自己的作品流传千年,从而为这个久远的时代注入了生机。诗人阿尔基罗库斯(Archilochus)就是其中一位。他生动地描绘了新殖民地的生活。他是一个私生子，来自相对贫瘠的帕罗斯岛（Paros，后来因盛产大理石而闻名）。公元前7世纪初，他与父亲连同一众殖民者前往爱琴海北部的萨索斯岛（Thasos）进行殖民。

阿尔基罗库斯发现当地的环境原始而严酷。本地的色雷斯人和敌对的定居者时刻威胁着殖民地的安全。这里绝非一个追求英雄功业的世界，生存才是第一要务。他曾提到自己在逃跑时丢弃了盾牌，这对荷马笔下的英雄而言无疑是一种闻所未闻的耻辱。他也毫不隐瞒对那些趾高气扬、胡须刮得干干净净的指挥官的鄙夷。在殖民者危机四伏的日常生活中，脚踏实地的坚强战士才更值得尊敬。

阿尔基罗库斯的情感朴实而直接。他对另一名定居者吕冈贝斯（Lycambes）的女儿萌生了爱意，但这桩婚事遭到了吕冈贝斯的拒绝。他立刻直截了当地咒骂：

> 被浪冲上海滩，
> 但愿他赤裸地来到萨尔密德索斯，被
> 头顶蓄长发的色雷斯人
> 抓住——从此，他将饱尝无数的苦难，
> 口嚼奴隶的面包——
> 使他在冰霜中冻得僵硬。愿他身上粘满
> 海面上漂浮的水草，
> 牙齿打颤，脖子直挺，像条狗，口朝下，
> 躺在那里，精疲力竭，
> 面冲潮头，口吐浪水，
> 我但愿能目睹这一切，
> 他曾对我不义，用脚践踏了庄重的誓言——
> 昔日，当他仍是朋友。①

---

① ［德］恩斯特·狄尔主编，王扬译：《古希腊抒情诗集》，上海：上海人民出版社，2018年9月，第479—480页。——译者注

不仅如此,他甚至四处宣称,这对父女不堪忍受他的恨意与羞辱,双双自杀。

公元前8世纪至前7世纪是飞速变化的时代。贵族的传统价值观遭到了新世界的挑战,进取精神与好运备受重视。希腊世界的扩张为那些在家乡忍受贫穷煎熬的人们提供了新的机遇。希腊人很好地把握住了这些机遇。彼时还对各种东方文化范式来者不拒的希腊人,开始把自己的文化传播到了地中海地区的每个角落。随之而来的便是更多的令人兴奋的商机。这种成就感反馈到了希腊本土,影响着每座城市的市民。这些市民即将结成一个个政治共同体,逐步登上历史舞台。

专题 2

萨福与抒情诗

阿尔基罗库斯把诗歌带入了一个崭新的世界，即抒情诗（lyric）的世界。所谓抒情诗，最简单的说法无非是一种在里拉琴（lyre）伴奏下演唱的歌曲。抒情诗一定起源于现在已经消失的反映黑暗时代日常生活的歌曲，即在婚礼、丰收、劳作等场合演唱的歌曲。抒情诗与现实世界联系紧密，这与史诗形成了鲜明对比。史诗的故事背景常被设定为往昔的世界，而那个世界里的主角是众神与英雄。诗人还可以借抒情诗发出自己的声音。文学评论家彼得·康拉德（Peter Conrad）如此评说道："抒情诗的主角不是做出某事的人，而是经历某事的人……如果说史诗是一种社会行为，那么抒情诗就是个人的证词，抒情诗是史诗的内在层面，它见证了英雄人物那隐藏在铠甲之后的脆弱内心。"这番话不禁使人联想起阿尔基罗库斯以及他丢弃盾牌的举动。这似乎是西方文学中首次出现个人的声音。

7世纪为什么是抒情诗的时代，可能并没有一个原因。这可能表明当时是一个混乱的时代，那些曾被游吟诗人反复传颂的集体记忆已经被粉碎。诗人由于缺乏可资借鉴的共同文化，只能求诸个体。诚然，阿尔基罗库斯直接抒发了自己的内心感受，无暇顾及各种礼仪和道德规范。他的诗是一个人独力与充满敌意的世界相抗争的心声。

古典学学者莱斯利·柯克（Leslie Kurke）等人对阿尔基罗库斯进行了更加深入的分析，试图厘清演唱抒情诗的场合，因为，无论阿尔基罗库斯个人遭受了什么挫折，这些抒情诗一定是唱给乐于接受的观众的。其中一种场合是高雅的会饮（symposium）。这是一种有15名左右的挚友（hetairoi）参加的小型聚会，标榜贵族式的欢愉与放纵、东方的奢靡以及精致的生活方式。公元前6世纪至前5世纪的一些瓶画就以会饮作为主题，画中的人物纷纷打扮成吕底亚人的模样，因为吕底亚人据说在所有东方民族当中最为奢靡。然而，这个阶层逐渐感到城市中崛起的"中产阶级"正向他们所珍视的生活方式发起攻击。比如活跃于公元前6世纪初的抒情诗人阿尔卡埃乌斯（Alcaeus），他来自莱斯沃斯岛上的密提林（Mytilene in Lesbos），曾对所谓的暴发户大事挖苦，讽刺他们利用虚伪的承诺接管了城市，并妄图驱逐诗人所属的贵族阶层。公元前6世纪的麦加拉人塞奥戈尼斯（Theognis）则哀叹粗鄙的外人如今取代贵族成了"高贵者"。他们"隐退"到会饮的私人世界中就很能说明问题——过去，他们会通过主持公共聚餐来维持其社会地位。

然而，抒情诗人也会辱骂这些衣着光鲜、傲慢自大的人。广场是公民集会和公开辩论的地方，与会饮的封闭世界截然相反。抒情诗人色诺芬尼（Xenophanes）就曾取笑那些身披紫色长袍、涂满刺鼻的油膏、梳着华丽的发型在广场上漫步的贵族。诗人暗示这样的贵族对社会毫无贡献，这不禁使人联想到阿尔基罗库斯对那些趾高气扬的指挥官的讥讽。公元前7世纪的斯巴达诗人提尔泰奥斯（Tyrtaeus）在一首挽歌中也曾表达类似的思想：倘若一个男人不能勇敢地直面战场上的血雨腥风，那么贵族们所津津乐道的一切——财富、高贵的出身、悦耳的嗓音、赛会的冠军头衔——都会显得一文不值。

简而言之，透过抒情诗这种媒介，人们可以发现两种社会文化正在进行着激烈的交锋。贵族因其粗鲁和矫揉造作而失去了公民的尊敬，历史也在从贵族社会向一个由公民所组成的政治社群实施统治的社会过渡。在这个新的社会里，坚毅果决才是最令人称道的美德。抒情诗恰恰为此过渡时期提供了一幅栩栩如生但略嫌支离破碎的图景（许多抒情诗如今已残缺不全）。

倘若感官描写这一特征有助于我们判断何为精英阶层的抒情诗，那么作为抒情诗人中的佼佼者，萨福的作品必然会占据一席之地。公元前

620年前后，她出生于莱斯沃斯岛的一个贵族家庭。前文提到的阿尔卡埃乌斯是她的同乡，也是同时代人。萨福的家族曾一度被流放到西西里岛。她回到家乡后，可能曾负责教导那些献身阿芙洛狄忒崇拜的少女。这些少女在出嫁前将在此度过人生中的一个过渡阶段。不难想象，该群体的成员之间会产生强烈的感情羁绊，甚至可能掺杂着性的暧昧。但也有故事提到萨福曾与人结婚并产下一女。据传，萨福因被所爱的男子拒绝而跳崖自杀。萨福死于公元前570年左右。

萨福激起了后人无穷的好奇心，既因为她的诗，也因为她对性的敏锐感受。正如前文所述，19世纪的学者们先入为主地否认东方文化对希腊的影响。这种针对东方文化的成见不止于此。他们心目中的古希腊人不仅拥有纯洁的文化，还过着纯洁的性生活。他们无法想象古希腊人面对双性恋曾如此泰然自若，于是对相关史料要么做出错误的解读，要么视而不见。具体到萨福，牛津大学的古典学家理查德·詹金斯（Richard Jenkyns）引述了一些19世纪的学者面对萨福有可能是女同性恋者时的反应。一位学者直截了当地下了结论，"毫无疑问，萨福是莱斯沃斯岛上一位广受尊敬的人"；另一位学者则信誓旦旦地试图捍卫着她的贞洁，"尽管她对美貌与聪慧有着敏锐的洞察力，但她更喜欢远离其他欢愉，自觉地过着正直的生活"。

萨福的诗歌仅有一首得以完整保存至今。这是一首献给阿芙洛狄忒的赞美诗，诗人用轻松亲昵的口吻，乞求女神抚慰她对另一名女性的相思之苦。她乞求女神伸出援手，因为她的感情已成一团乱麻。这是典型的萨福风格，她怀着炽热而坦荡的感情径直向读者走来。她的脆弱是她的一大魅力。（例如一段残诗写道："不可抗拒的/又苦又甜的/使我的四肢/松弛无力的/爱，像一条蛇/使我倒下。"[①]）在她最著名的一首诗歌中，萨福描述了当她目睹一个少年追求她所心仪的一名女性时，自己内心的感受：

在我看来那人有如天神，
他能近坐在你面前，

---

① ［古希腊］萨福著，罗洛译:《萨福抒情诗集》，天津：百花文艺出版社，1989年，第72页。——译者注

> 听着你甜蜜谈话的声音,
> 你迷人的笑声,我一听到,
> 心就在胸中怦怦跳动。
> 我只要看你一眼,
> 就说不出一句话,
> 我的舌头像断了,一股热火
> 立即在我周身流窜,
> 我的眼睛再看不见,
> 我的耳朵也在轰鸣,
> 我流汗,我浑身打颤,
> 我比荒草显得更加苍白,
> 我恹恹的,眼看就要死去。
> 但是我现在贫无所有,只好隐忍……①

萨福对大自然的感受如同她对人的感受一样,基于感官描写。在如今被称为2号残篇(Fragment Ⅱ)的一首诗歌中,她招呼阿芙洛狄忒来到一处果园,清凉的泉水流淌在苹果树之间,果园一旁的牧场开满了山花,并且伴有轻轻拂过的微风。理查德·詹金斯指出,萨福常结合意境用拟声词或拟态词营造慵懒的气氛,例如以 keladei 形容潺潺的流水,以 tethumiamamenoi 形容献祭时的烟雾缥缈,以 aithussomenon 形容透过树叶的斑驳阳光。

萨福无拘无束地发出了女性的声音,这在当时可谓绝无仅有。正如我们在荷马史诗中看到的一样,贵族妇女被给予了一定的社会地位,但萨福仍然是一个边缘人物,她的生活完全被其他女性(在这里是年轻姑娘)占据着。最终,婚姻要求她们必须离开这个与世隔绝的小圈子,因此她们也必须抛弃彼此之间曾经保持的那种亲昵关系,年轻时的自由苦乐参半,而萨福无疑是最擅长记录其中的失落和未满足的欲望的诗人。

---

① [古希腊]萨福著,水建馥译:《古希腊抒情诗选》,北京:人民文学出版社,1988年,第120页。——译者注

第11章

重装步兵与僭主

城邦的出现

重装步兵

> 父老和青年都会一齐失声痛哭,
> 全城人民都会为他沉痛举哀,
> 他的陵墓,他的儿子,他的儿子
> 的儿子和后代将在人间显耀,
> 他的好名声,他的名字不会磨灭,
> 即使他已身在地府也将不死,
> 因为他为疆土为儿孙坚持战斗,
> 英勇作战,毁于凶猛的战神之手。[①]

这首诗的作者是斯巴达诗人提尔泰奥斯,赞扬了那些为保卫城邦而阵亡的战士。正如我们将要看到的,尽管斯巴达可能异常地痴迷于战争,但实际上每座希腊城邦都十分关注自己的存亡。城邦之间既为争夺平原而战,也为争夺商路而战,还为保卫边界而战。由于大多数城邦尚无太多财富,因而在战时会遇到特殊的问题。城邦无力组建常备军,于是农民在战

[①] [古希腊]荷马等著,水建馥译:《古希腊抒情诗选》,北京:商务印书馆,2013年,第46页。——译者注

时不得不拿起武器参加战斗。结果，较富有的农民，或许全城最富裕的那三分之一人口逐渐演变成了重装步兵。在希腊语中，重装步兵一词写作hoplite，该词可能源于一种名为hoplon的盾牌。这种盾牌十分沉重，中央有一个臂环可以套在士兵的前臂上，盾牌边缘则有供握持的把手。然而，hoplite更可能单纯表示全副武装者。重装步兵应自备全套的"制服"，包括青铜头盔、盾牌、胸甲、护胫以及一把剑和一柄长矛（在训练和作战时，他们可能还会雇佣几名仆从）。在现存的此类盔甲与武器当中，较早的一些制作于公元前720年至前650年。前文提到的基吉陶瓶现存于"朱莉亚别墅"（Villa Giulia），也就是罗马的伊特鲁里亚博物馆（Etruscan Museum），也制作于公元前650年，其表面的装饰图案就描绘了重装步兵们相互厮杀的战斗场面。因此，战争的主角由贵族英雄向重装步兵的转变应该就始于此时。

在投入战斗时，一排排的重装步兵组成一个方阵（phalanx）。而当方阵向前推进时，每排士兵要么把盾牌扣在一起并把长矛举过头顶，要么左手持盾，把长矛夹在右腋下。合作是至关重要的，因为每名士兵都依赖身旁的战友用盾牌提供掩护。方阵伴随着笛声向前推进。队伍中发出阵阵令人毛骨悚然的呐喊，其战斗力应该严重依赖方阵的冲击力。骑兵也只有在攻击方阵的侧翼时才会派上用场，因为马匹很容易受到伤害，骑手也由于没有马镫而很容易被从马背上击落。重装步兵能够轻易击败传统的旧武士，与之抗衡的唯一办法就是同样组建一支由重装步兵组成的军队。正是基于这一原因，重装步兵从公元前7世纪开始逐渐风靡整个希腊世界。

基吉陶瓶虽描绘了两个整齐划一的方阵如何相互冲杀，但有研究者对重装步兵能否如现代军队一样统一着装提出了质疑。并非每个人都能负担得起相同质量的武器装备，同样，很有可能的是，想要维护自身地位的贵族会在方阵的最前列战斗。斯巴达诗人提尔泰奥斯就认为战死在前排的年轻人特别光荣。英雄主义不再通过荷马史诗中随处可见的单人对决来表现，而是在方阵中为他人树立良好的榜样。提尔泰奥斯曾这样描写在方阵前列作战的情形："且让他和敌人脚碰脚，盾撞盾，羽饰蹭羽饰，军帽擦军帽，胸膛抵胸膛……"[1]他认为奋勇向前有助于保护身后的人，而且也没有哪种行为比在战场上死于背后的伤口更加可耻，因为这意味着抛弃战友逃走。提尔泰奥斯也描写了那些身份不太高贵的重装步兵，身处弓箭的射程之外还用盾牌保护自己。（通常后方会部署一部分重装步兵担任预备队，以填补阵线中的缺口，但这些士兵很难赢得他人的尊敬。）方阵中后排的士兵必然被认为不如前排的战士精锐，且有迹象表明，那些斗志不高的士兵会被部署在方阵的中央，这样他们就不得不在身后战友的督促下奋勇向前。

重装步兵间的战斗规模通常不大，双方各自仅仅有数百兵力。决战的主要目的是向邻邦炫耀军力，且重装步兵也无力攻占对方的城市。一旦两军交锋，士兵们会奋力冲撞，用武器向对方猛刺猛砍，直到其中一方退出战斗。（从解剖学的角度讲，人体最脆弱的部位是腹股沟和颈部，而盾牌恰恰无法遮挡腹股沟。）然后，获胜的一方会劫掠对手的庄稼。规模较大的战斗十分罕见。公元前479—前474年，斯巴达人只进行了至多4场大规模战斗。而公元前431—前404年，也就是伯罗奔尼撒战争期间，修昔底德仅记录了两场大规模战斗。第一次曼提尼亚之战（First Battle of Mantineia，公元前418年）被他描述为"一段时间以来规模最大的战役"，交战双方可能共投入了1.8万人。然而，似乎仅有约1400人阵亡（获胜的斯巴达一方阵亡300人左右）。

根据修昔底德的描述，斯巴达人的习俗是在战斗中长期艰苦地作战，但不会花费太多时间追击逃敌，而这本是大量杀伤敌人的良机（显然因为全副武装的重装步兵实际上很难进行长距离行军）。重装步兵这种战斗方式并不单纯以杀戮为主要目的，更主要还是为了宣示对城邦的认同以及为之感到自豪。公元前2世纪的希腊史家波里比阿（Polybius）探讨了罗马人击败希腊人的原因。根据他的记载，希腊人"事先公开相互通报战况，告知对方进军时间、进军方向，乃至布阵地点"。换句话说，这种战斗方式是高度仪式化的。（公元前5世纪末，这些规则将逐步瓦解，见第18章。）

---

[1]《古希腊抒情诗选》，第47—48页。——译者注

有战斗力的重装步兵必须经过良好的训练。在冲锋的过程中，一旦有人跌倒，或是把自己的长矛与别人的搅在一起，都会在密集的方阵中造成混乱。士气尤为重要，所以参战的军队都会用各自的方式鼓舞士气，这与现代足球队在赛前的举动颇为相似。根据修昔底德的记述，在曼提尼亚之战前，斯巴达人"高唱战歌，互赠勉励之辞，以唤起对往昔英雄壮举的记忆"。但提尔泰奥斯却认为，羞耻感才是最重要的力量，而斯巴达人尤其如此。斯巴达人宁愿战死沙场，被人用盾牌抬回斯巴达，也不愿为了苟活而逃命并遭到整个社群的唾弃。

后来的一些文献认为，并肩作战有助于形成一种共同的阶级意识，孤立了贵族，从而有助于创建一个公民社群。亚里士多德在著作中就阐发了这样的观点。然而，如果战争实际上是很少的，那么重装步兵的战斗经历不太可能产生巨大的政治影响。而且，只要贵族能够保持他们在重装步兵方阵中的地位，那么他们和重装步兵就没有必要发生冲突。然而另一方面，斯巴达等城邦则过于尚武，因此通过战斗维护社会地位的观念被深植于这些城邦的政治进程中。

僭主

贵族的威望首先建立在领袖作为武士能在战场上建立功业的理念之上，其次则源于他们对土地的控制（因为没有土地武士就无法维持其身份地位）。高贵的出身同样十分重要，贵族阶级的各个氏族就是以血缘为纽带而联合在一起的。公元前7世纪，希腊人的世界进一步分崩离析，新的聚落不断涌现，贸易也在稳步增长。这样的世界释放出新的能量，令贵族势力遭到了削弱。对于这些新生政治势力的挑战，一些城市设法以和平方式予以化解。例如科林斯的巴基斯氏族就是这样一个自成一体的群体，他们以"赫拉克勒斯的后裔"为纽带紧密团结在一起，并通过氏族成员共同担任官员的方式，维持着对当地的统治。当政府被掌握在贵族议事会或少数几个家族手中时，贵族可以通过吸纳新成员的方式扩大统治阶层的队伍。这些新成员既可以是富有的市民，也可以是承担兵役的军人。

然而，许多城邦内部的紧张局面并未缓解，爱琴海地区的情况尤其严重。在公元前650年之后的百余年间，一些野心家利用民众对贵族的不满，颠覆了许多城邦的政府。他们就是所谓的僭主。科林斯是首个施行僭主政体的城邦，其邻邦西库昂（Sicyon）与麦加拉则紧随其后。雅典的首位僭主是庇西特拉图（Peisistratus）。在经历数次失败之后，他终于在公元前546年永久夺取了政权。爱琴海诸岛上也有众多城邦建立了僭主政体，例如萨摩斯与纳克索斯。此外，小亚细亚沿海地区的爱奥尼亚城市也大多如此。

在希腊语中，tyrannos（僭主）一词也源自东方语言，可能来自吕底亚。该词起初可能仅表示统治者，但随着民主政治在希腊的发展，任何形式的一人统治都变得令人厌恶，故该词被希腊人赋予了暴君的含义并被沿用至今。鉴于希腊人引入这样一个外来词，他们可能已注意到僭主不同于以往任何形式的君主，如世袭的国王（basileus）。在现存极为有限的史料中，希腊人对僭主形象的描绘常常较为刻板、负面，认为他们缺乏自律精神且刚愎自用，与理想公民所应具备的协作精神形成了鲜明对比。而僭主的放纵也体现在性行为上。根据记载，他们与亡妻交媾或与母亲乱伦。一旦上述刻板印象被树立起来，就会被投射在后世的统治者身上，例如在公元前4世纪，马其顿统治者腓力二世（Philip II）与亚历山大就曾被雅典人打上僭主的标签。这也不禁使人联想到遇刺身亡的恺撒。然而，一旦认识到这种刻板印象是后来才树立起来的，很明显的是，在公元前7世纪至前6世纪时，并非所有僭主都特别专制。许多僭主都为自己的城邦增添了荣耀，并且资助艺术创作。但有证据表明，随着时间的推移，僭主确实易于变得越发暴戾。

僭主的崛起是由多种因素造成的。海外的新聚落产生了一种不同的社会模式，一种证明了贵族并非不可或缺的社会模式（虽然某些西方城市发展出了贵族阶层），从而为野心家提供了机遇。贸易的增长以及新利益群体的崛起加剧了社会的紧张。有趣的是，僭主们的发迹史虽已无法考据，但他们未必来自新崛起的富裕阶层。某些僭主反而是贵族出身，只不过由于这样或那样的原因而被现政权排挤。在小亚细亚的爱奥尼亚城市中，僭主可能只不过是相互冲突的贵族派系的其中一个的领袖。而其他一些例子则表明，僭主在夺取政权之前具备一定的军事背景，在这种情况下，他们可能是重装步兵的直接代表，或者至少能够号召旧部向自己效忠。此外，亚里士多德还注意到僭主大多善于辞令，且具有"通过诋毁高贵者而赢得民众信任"的能力。因此，僭主们具有一些共同点：他们意志坚定，时刻准备利用传统的或非传统的方式，以违反宪制的方式夺取政权。这表明，当时的贵族式寡头政治拒绝让路，没有其他实现政治变革的替代方法。但推翻旧政权的过程往往会造成巨大的破坏。公元前640年左右，塞阿戈奈斯（Theagenes）在成为麦加拉的僭主后，大肆屠戮城中富人的牲畜。据记载，暴民曾冲入贵族家中，要求主人设宴款待！难怪萨福与阿尔卡埃乌斯在诗中说贵族不得不逃离该城。

科林斯的库普塞鲁斯（Cypselus）是文献记载最丰富的僭主之一。公元前7世纪中叶，科林斯的巴基斯氏族开始走向衰落。他们失去了对殖民地克基拉（Corcyra，位于今科孚岛）的控制，且无力遏制阿哥斯（Argos）、麦加拉等邻邦的崛起，逐渐丧失了民心。根据传说，库普塞鲁斯的母亲虽出身于巴基斯氏族，但由于腿脚残疾而被迫嫁给氏族之外的人，库普塞鲁斯也由此被剥夺了分享政治权力的机会。这可能是他决心进行报复的原因之一。另外一些记载则显示，当时的科林斯人正急需一场胜利鼓舞士气，于是身为指挥官的库普塞鲁斯成功赢得了民众的支持。无论真实情况究竟如何，公元前657年前后，库普塞鲁斯推翻了巴基斯氏族的统治，流放了该氏族的全体成员，并将他们的土地分配给了自己的支持者。

库普塞鲁斯以一种现实的态度对待权力。如同大多数僭主一样，他意识到他需要赢得众神的支持，或者至少要让人看到他正在赢得众神的支持。此外，他在德尔斐和奥林匹亚敬献了大量供品。他正在家乡大力兴建神庙，以彰显他与家人的荣耀。多利亚式建筑曾广泛流行于希腊本土和希腊世界的西部，其许多特征正是源于科林斯（这可能是该城与埃及进行接触的结果）。库普塞鲁斯之子培里安德（Periander）在30年后和平继承了其父的权位。这对父子成功地促进了科林斯的经济繁荣。科林斯人在爱琴海北部和亚得里亚海建立了新的殖民地。相较于其他城邦，科林斯与殖民地的联系更加紧密，它们使用相同的钱币，甚至由科林斯派出长官进行治理。埃及是科林斯的重要贸易伙伴之一，两地的关系也十分密切。培里安德甚至为自己的侄子取名为普萨美提库斯，以纪念当时的埃及法老普萨美提克。

如同希腊世界的其他僭主政权一样，库普塞鲁斯及其后继者与其他僭主保持着密切联系。僭主们仿佛组成了一个具有排他性的俱乐部，并且在夺取政权或维持政权的过程中相互协作。僭主们的私人友谊有时甚至会超越城邦间的积怨，科林斯僭主培里安德与米利都僭主斯拉苏布卢斯（Thrasybulus）的友谊就是一例。这可能体现出僭主统治的脆弱。但与世人的成见不同，某些僭主非但未曾肆意妄为，反而认可法治。科林斯湾附近的西库昂的僭主奥尔萨戈拉斯（Orthagoras）是一名罕见的从底层崛起的僭主。据文献记载，奥尔萨戈拉斯是一名厨子的儿子，其声望来自他先后身为战士和指挥官时所展现出的过人品质。其家族的统治延续了较长时间。奥尔萨戈拉斯之孙克里斯提尼（Cleisthenes，此人的孙子与之同名，并且在雅典的民主化进程中发挥了关键作用），其武功甚至超过了其祖父，不但扩张了城邦的领土，还向日益强大的阿哥斯发起了挑战。此外，克里斯提尼也深知该如何在泛希腊世界中塑造自己的形象。他曾在德尔斐赛会（公元前582年）与奥林匹亚赛会（公元前576年）的驷马战车比赛中获得优胜。实际上，克里斯提尼正在把自己塑造为一名贵族。而他的统治似乎过于克制，以致他与僭主的刻板印象格格不入。故此，亚里士多德曾称赞这个家族"温和善待臣民，并在诸多方面用法律约束自己"。

萨摩斯岛的"僭主"波吕克拉泰斯（Polycrates）与前者较为相似。此人于公元前538—前522年在位。这段时光与其说是独裁统治，倒不如说是这座岛的辉煌时刻。波吕克拉泰斯募集了一群重装步兵，推翻了已经名誉扫地的贵族。除了关闭摔跤场这一传统的贵族集会场所，他并未采取进一步的镇压措施。他建造的一系列建筑曾赢得希罗多德的赞叹。他在正对着港口处建起了一道长堤以增加对船只的保护，并在城市的地下敷设长千余米的暗渠，用于从附近的水库引水。波吕克拉泰斯赢得了大多数居民的支持，只有少数快快不乐的贵族除外，其中就包括被驱逐到意大利的哲学家毕达哥拉斯（Pythagoras）。此后，波吕克拉泰斯试图在爱琴海建立霸权，但他的抱负激起了多方的警觉，既包括希腊本土的斯巴达与科林斯，也包括波斯。后者十分担心希腊人的势力在小亚细亚沿海坐大。最终，波吕克拉泰斯被一名波斯总督诱至小亚细亚活捉，不仅被折磨致死，还被曝尸于与萨摩斯岛隔海相望的地方。对他的人民而言，波吕克拉泰斯可能非但算不上暴虐，反而在努力为他们创造一个帝国。但在其他希腊人的眼中，他就是一个暴君。

僭主政治终究不能长久维持。据说库普塞鲁斯曾自由地穿行于科林斯城内的大街小巷，但其继承人培里安德就不得不纠建一支私人卫队。他还被视为邪恶僭主的典型。根据希罗多德的记述，培里安德曾犯下许多暴行。他杀害了自己的妻子。此外，他在攻陷巴基斯氏族设在克基拉的据点后，竟试图阉割俘获的300名贵族青年。（目的是把受辱的他们当作礼物送给自己的盟友——吕底亚国王阿吕亚泰斯［Alyattes］。）当该家族的僭主统治传到第三代，也就是传至普萨美提库斯时，早已注定要失败。大约公元前582年，普萨美提库斯遇刺身亡，距他继承王位不过4年。在邻邦西库昂，僭主统治同样在公元前555年被推翻。公元前550年，僭主统治在希腊本土已基本绝迹，只有庇西特拉图家族在雅典的统治延续到了公元前510年。僭主统治在小亚细亚存在的时间则要更长一些。

僭主虽积极鼓励贸易并为城邦带来了荣耀，但从未成功创造出能使人们世世代代向之效忠的意识形态。一旦僭主蜕变为小独裁者，或者民众领袖的光环随着时间流逝而逐渐褪去，希腊人的传统就难以继续容忍僭主统治。从许多角度来看，僭主统治是那些追求可以超越所有同辈的荣誉的贵族最后的极致尝试。由于他们从未尝试过更具进步性的政策，如重新分配土地或颁布宪制，因而他们常常无法长期维持民众的支持。随着僭主统治的崩溃，一群决意为城邦服务的市民将接过僭主遗留的政权。

这是一个关键时刻。僭主被打倒后，希腊的城市生活可能又退回到了党派林立的内战状态。实际上，取代僭主的常常为寡头政治，乃至民主政治。正如前文所述，城邦并非单纯指城市，而是指由全体公民组成的共同体。公民通过兵役、亲缘、年龄和婚姻等关系建立起某种共同的经验，又经过一轮又一轮的集会使公民（或者至少是成年男性们）的凝聚力不断强化，而僭主既无力瓦解这种凝聚力，又难以将之化为己用。城邦的政府自然应以公民的一部分或全体作为统治基础，并且由此诞生了寡头政治（oligarchy，源于两个希腊语单词，oligos［少数的］与archos［统治者］）和民主政治（democracy，亦源于两个希腊语单词，demos［民众］与kratia［权力］）。市民们自然也会把自己与外邦人明确区分开来。作为一个完全由男性组成的群体，它自然会区别并排斥女性；作为一个由自由人组成的群体，它也自然会毫无禁忌地通过强化奴隶制来巩固其地位。正如摩西·芬利所指出的："古希腊历史的一大特征就是自由与奴役携手并进……"僭主的恶行无疑有一些是被夸大了，但它们无疑对于界定民主派大有裨益。

斯巴达

　　重装步兵作为一个社会阶层，可以适应不断变化的政治条件。这在当时希腊本土最重要的两个城邦——斯巴达和雅典——表现得最为典型。二者均非典型的城邦。它们以不同的方式控制的资源远远超过了其他较小的城邦，令它们有能力在更广阔的舞台上大展拳脚。公元前5世纪时，它们均在希波战争中发挥了主导作用，但随后或许是不可避免地又陷入了你死我活的冲突，并且引发了公元前431—前404年的伯罗奔尼撒战争。斯巴达虽赢得了战争的胜利，但数年后即因国力损耗而崩溃。①

　　在大众的想象中，尤其是在雅典人那里，斯巴达被视为一个保守而刻板的社会，热衷于维持民众的秩序，并认为在战斗中获取胜利高于一切。斯巴达的教育仅限于严苛的军事训练和爱国主义灌输。斯巴达的这种刻板印象一直维持到了19、20世纪。在法国大革命期间，当革命者为他们的"美德共和国"（Republic of Virtue）设计崭新的教育体制时，就选择以斯巴达作为模板。英国的公学也从斯巴达汲取了不少灵感。公学把体罚和粗野的运动作为教育的一部分，认为这有助于培养矜持而意志坚定的公

---

① 关于斯巴达的更多介绍参见：Paul Cartledge, *The Spartans: An Epic History*, London, 2002。

民。① 因此希特勒对斯巴达的欣赏恐怕并不出人意料。斯巴达人的这幅形象可能过于刻板，但有限的史料使学术界难以还原历史的真相。

斯巴达坐落在伯罗奔尼撒东南部俯瞰着埃夫罗茖斯河（Eurotas）的一组低矮的山丘上。其直接控制的领土被称为拉哥尼亚（Laconia）或拉西第蒙（Lacedaemonia），后一称呼甚至曾出现在线形文字 B 的石板上。斯巴达地势险要，直到罗马时代才建起城墙。该城邦起源于星罗棋布的村落，也从未如其他希腊城邦那样热衷于修建雄伟的公共建筑，因此在当地从未发现任何著名建筑的遗址，只有一片荒野。当这些村落联合起来组成城邦时，其中的两个统治家族必定达成了某种妥协，结果就是斯巴达长期由两位世袭的国王共同执政。这些国王在很大程度上利用了有关英雄赫拉克勒斯的后代的神话，据传后者在所谓的多利亚人入侵时夺回了他们在拉哥尼亚的古老领土。国王曾享有各种传统权力与特权，但到公元前 6 世纪时，军事指挥官与宗教领袖成为他们最重要的社会角色。此外，斯巴达还有一个由 30 人组成的长老议事会（gerousia），成员多为显贵，而国王也是该议事会的成员。长老由全体公民以口头表决方式推举的 60 岁以上者担任。如同大多数其他希腊城市一样，斯巴达也设有公民大会，但可能仅扮演顾问的角色，即听取国王或长老的提案并对提案表达拥护或反对。

从某个时刻起，斯巴达开始征服周边的村落。被征服者成为"边民"（perioikoi，字面意思为"住在周边的人"，多居住于较为贫瘠的山地），他们虽完全依附于斯巴达，但仍居住在自己的村落里，并且享有某种程度的自治，还能够自由地从事手工业。边民被视作更广泛的拉西第蒙共同体的一部分，甚至组成部队配合斯巴达人作战。但他们与那些组成斯巴达的核心村落相距遥远，没有被给予任何政治权利。公元前 8 世纪，斯巴达向西越过泰格特斯山（Taygetus），前往美塞尼亚寻找更多的土地。斯巴达扩张的动机至今仍是未解之谜。美塞尼亚虽拥有大片土地，但斯巴达在拉哥尼亚的土地已足以养活自己，更何况吞并美塞尼亚后，反而会出现一段难以防守的边界。斯巴达人的主要意图可能是要通过获胜的战争明确并强

---

① 理查德·詹金斯曾专门著书探讨维多利亚时代的英国人对古希腊的观感：Richard Jenkyns, *The Victorians and Ancient Greece*, Oxford and Cambridge, 1980。

化其身份认同。经过20年的战争，斯巴达终于在公元前8世纪末完成了对美塞尼亚的征服。传统上一般认为斯巴达人严酷对待当地居民——希洛人（helot），即"被掠夺者"。直到公元前6世纪时，希洛人仍处于斯巴达人的奴役之下，根据描述，他们一直对他们的主人构成威胁。斯巴达如今成了希腊最大的城邦，领土多达8000平方千米，占整个伯罗奔尼撒半岛面积的四成。西西里岛的叙拉古虽是希腊人的第二大城邦，但领土面积仅相当于斯巴达的一半。

斯巴达对美塞尼亚的控制显然自最初就不太稳固，这不仅由于当地人不会轻易接受被奴役的命运，也因为斯巴达的扩张引起了邻邦的警觉，其中就包括位于斯巴达东北方的阿哥斯。一些古代文献显示，阿哥斯可能是最早运用重装步兵作战的城邦（已知最早的重装步兵头盔即发现于此，制作于公元前725年前后）。而据一些相对较晚的文献记载，公元前669年，阿哥斯军队可能正是凭借着装备的优势在胡西阿埃（Hysiae）重创了斯巴达军队。如果真如此，斯巴达应该元气大伤，因为有史料显示，美塞尼亚也趁机揭竿而起。斯巴达为再次征服美塞尼亚又花费了20年的时间。

可能正是在这一时期，斯巴达为应对上述危机而转型为寡头政体。但唯一的证据只是普鲁塔克的一段记载。普鲁塔克生活的时代距此时已有数百年，因此很可能参考了亚里士多德对斯巴达政治制度的研究。普鲁塔克记载了传说中斯巴达立法者——莱库古（Lycurgus，此人可能并不真实存在）——的一段宣示（rhetra），而且相传这段宣示得到了德尔斐神谕的认可。宣示的内容虽晦涩难懂，但从内容推测，公民大会可能被赋予了某种制定政策的权力，但当公民大会的这一权力遭到滥用时，国王和长老议事会仍有权推翻公民大会的决定。此外，它并未提到公民大会的另一项权力，即每年从全体公民中选举5人出任监察官（ephoroi），负责维持城邦的日常秩序，尤其是负责监督国王的一举一动。当监察官们坐在自己的办公席上时，有权不向国王起立致敬。他们每月定期向国王宣誓效忠，而国王则承诺尊重城邦的法律。简而言之，这是一种具有权力制衡机制的宪制，国王、长老、监察官与公民大会各司其职。这在当时的希腊堪称首创。

伴随着政治制度的变革，斯巴达的社会也发生了变化。城邦要生存，就必须组建自己的重装步兵部队，而斯巴达在此方面具有其他城邦难以企及的优势：由于边民和希洛人可以满足城邦的经济需求，所以斯巴达全体男性公民就能够完全脱离生产，成为专业的战士。在其他城邦均只能依赖较富裕的少数公民充当重装步兵的时代，斯巴达的全体男性公民都可以凭借公民权成为重装步兵。有证据表明，上述变革是在贵族的监督下完成的。重装步兵那纪律森严的密集方阵完全不同于旧贵族式的武士战团，但斯巴达人对二者的称呼却是相同的。在斯巴达，每个举行公餐的食堂会有15个人用餐，该数字恰与贵族会饮的出席人数相同。因此，某种形式的贵族文化似乎仍占据着主导位置。无疑，一旦第二次美塞尼亚战争结束，斯巴达人就放松下来享受和平与繁荣的生活，这就是它给人们留下的印象。该城邦与东方存在着广泛的贸易往来，当地出产的一种青铜调酒钵则一直传播到了法国和俄罗斯南部。（此类调酒钵是当地贵族享受欢娱的重要象征，前文提到的维镇调酒钵可能就产自斯巴达。）公元前7世纪的奥林匹亚赛会完全被斯巴达选手所主宰。与此同时，长老议事会被完整保留下来，并且仍在斯巴达的政治中扮演着重要角色。

然而好景不长，斯巴达社会受到的压力逐渐使贵族的生活方式难以为继。人们可以从斯巴达人描述自身所使用的词——平等者（homoioi）——上感受到这一点。被他们征服的人永不停歇地反抗，这令斯巴达人在恐惧中团结一致。整个城邦于是高度军事化，男性公民自诞生起，就将按照政府的规划度过一生。斯巴达只要求公民为国效力，完全无视公民的个性，将重装步兵式社会推向了极致。公元前6世纪，在斯巴达的阿尔忒弥斯·奥尔西亚神庙（Artemis Orthia），人们敬献的重装步兵人偶出现了显著的增加。公民对城邦的另一项义务是按月缴纳公餐所需的口粮，这与农业的集约化齐头并进，城邦的土地虽归斯巴达人所有，但由希洛人负责耕种。于是通过上述方式，斯巴达人建立了一个以残酷剥削他人为基础的奉行平等主义的社会。（第14章将对斯巴达社会做进一步介绍。）

意料之中，如此保守的社会逐渐自我封闭。公元前570年以后，有据可查的奥林匹亚赛会冠军中便没有了斯巴达人。由于斯巴达的经济越发趋向于自给自足，贸易也随之萎缩。甚至当银币在希腊世界早已广泛流通时，斯巴达仍坚持以生铁作为货币。斯巴达人还把过去理想化了，公元前6世纪时，他们甚至自认为与特洛伊战争中的希腊领袖阿伽门农具有渊源。斯巴达的政制被赋予了神圣的地位，以保护它免遭任何改革，它所带来的良好秩序（eunomia）被视为其最伟大的成就。例如，包括斯巴达国王继位仪式在内的各项仪式均与希腊世界其他地方有所不同，国王的葬礼也格外奢华。

斯巴达需要通过无休止的军事动员来维持其公民的士气（现代极权主义国家也是如此）。但它也难免遭受失败。公元前560年前后，斯巴达与阿卡迪亚南部的忒革亚（Tegea）爆发了脚镣之战（Battle of the Fetters，因为斯巴达人出征时均携带奴役忒革亚人的脚镣，故此得名），但在战斗中落败的一方却是斯巴达。它不得不采用更加克制的方式——忒革亚最终被征服时，仍被允许保持独立，未像过去那样被斯巴达吞并。公元前6世纪40年代，斯巴达终于一雪阿哥斯的前耻，并且把势力扩展到了伯罗奔尼撒东部，成为半岛上最强大的城邦。甚至科林斯都准备承认斯巴达的主宰地位，因为几百年来一直是伯罗奔尼撒东部最强大城邦的阿哥斯也是科林斯的劲敌之一。伯罗奔尼撒北部各邦受到鼓励与斯巴达结盟。由于斯巴达自身已消灭了出现僭主统治的可能性，因此它帮助那些由僭主统治的城邦推翻僭主，并强迫它们采用斯巴达式的寡头政治。

斯巴达在伯罗奔尼撒北部的地位日渐稳固，便将扩张的目标瞄准了科林斯地峡对面的希腊本土，并且继续推动各邦以寡头政治取代僭主统治的战争。公元前524年，斯巴达人在科林斯海军的支援下，试图推翻萨摩斯岛的僭主波吕克拉泰斯，但战争以斯巴达失败告终。公元前510年与前508年，斯巴达两次对庇西特拉图家族统治下的雅典进行武装干涉，其动机并非单纯出于对当地僭主统治的憎恶。斯巴达和希腊各邦都越来越意识到，波斯的势力已不可小觑。埃及、吕底亚、西徐亚等各民族虽纷纷向斯巴达遣使求援，但斯巴达却无力帮助他们抵御波斯的扩张。采取君主政体的波斯与希腊世界的僭主间存在着天然的盟友关系，而斯巴达则自视为希腊各邦独立与自由的最强大保卫者。

在外界看来，斯巴达可能很强大，但实际上它的力量是有限的。诸多因素导致斯巴达无法实施强有力的对外政策。首先，斯巴达没有强大的海上力量，这限制了它在希腊本土以外活动的能力。其次，斯巴达的内部十分脆弱，因为希洛人与其他希腊城邦的奴隶不同，他们至少在美塞尼亚具有共同的文化和受压迫的经历。对斯巴达人而言，当军队出国作战时，一旦后方发生暴动，城邦将面临灭顶之灾，所以任何一位斯巴达的领袖都不会忽视这一威胁。

还有一个与斯巴达的领导层有关的问题。当一位国王率军离开伯罗奔尼撒追求军事荣誉时，城邦中精心维持的权力平衡便面临着被打破的危险。这一点在克里昂米尼（Cleomenes）在位时（公元前520—前490年）表现得尤为明显。此人一旦率军离开斯巴达便越来越独断专行。公元前510年后，他试图专横地影响斯巴达对雅典及其统治家族的政策，甚至它的盟邦都拒绝听命于他。公元前494年，他对正在复兴的阿哥斯实施了决定性的打击，其手段异常残忍（据说他在一片树林中把6000个阿哥斯人活活烧死），甚至连斯巴达人都担心他的妄自尊大会为城邦招致众神的报复。面对另一位国王德马拉图斯（Demaratus）的反对，克里昂米尼迫使他退位。克里昂米尼在最终返回斯巴达后不久就去世了，据猜测可能是受到了寡头们的清算。从这时起，斯巴达人将不愿意让国王离开他们的视线。

斯巴达的力量在另一方面受到了限制，那就是它不可能控制住整个伯罗奔尼撒半岛。斯巴达与北部各城市结盟的政策表明它已经清楚地认识到了这一点。然而，斯巴达若要越过科林斯地峡进行扩张，就必须经过盟邦的领土。起初，克里昂米尼认为盟友会简单地听命于他，他通常照此行事，但在公元前506年，当他再次谋划向雅典发动进攻时，科林斯等城市却纷纷加以抵制，迫使斯巴达人做出了妥协。最终斯巴达人不得不加入一个历史学家所谓的伯罗奔尼撒同盟（Peloponnesian League）。斯巴达显然在同盟中居于主导地位，因为在整个同盟中，它的军队最强大也最训练有素。但该同盟还设有一个由全体加盟城邦组成的委员会，且每个城邦均拥有一票。委员会于是有权以多数票否决斯巴达提出的军事提案。（公元前

440年，斯巴达的公民大会通过了对雅典宣战的提案，但该提案随即被同盟委员会驳回。）这个同盟是国际合作的早期范例。它之所以能够长期存在（一直到公元前366年），是因为单个成员无力与斯巴达抗衡，而斯巴达则越发依赖同盟的人力资源。

公元前6世纪的雅典

正如前文所述，公元前510年，克里昂米尼曾对雅典发动远征，旨在推翻庇西特拉图家族在雅典的僭主统治。在一个多世纪的时期中，雅典一直是斯巴达的主要敌人，起初是由于僭主政治，后来则是因为雅典成了希腊世界民主政治的主要倡导者。这两种政治制度都对寡头政府所标榜的良好秩序具有侵蚀性，而寡头政治恰恰是斯巴达及其盟邦最为推崇的制度。

考古学家在高耸于雅典城中的卫城的遗迹中发现，人类在此定居的历史可追溯到公元前5000年，且卫城所处的小山曾是迈锡尼人的一座要塞。公元前12世纪，当迈锡尼文明崩溃时，雅典及其周边地区（即阿提卡）在这场浩劫中幸存了下来。卫城中一直有人居住，所以后世的阿提卡居民会为其血统纯正与历史悠久而自豪。此外，阿提卡还是爱奥尼亚人向外迁徙的跳板。无论雅典与爱奥尼亚各邦的联系是客观存在的，还是仅存在于想象中，都深深影响着雅典的对外政策，且这种影响一直持续到了公元前5世纪。

阿提卡的面积虽不及斯巴达，但作为由单一希腊城邦所控制的领土已十分可观。阿提卡的面积为2500平方千米，这片土地主要由3块平原组成，各平原之间有山脉分隔。阿提卡以南为海洋，西北方则是基萨埃隆山脉（Cithaeron）与帕尔内斯山脉（Parnes）。这些天然的屏障把阿提卡与其他地区隔离开来。然而阿提卡的统一可谓来之不易。厄琉西斯（Eleusis）是西部平原上最大的城镇，曾与雅典有过无数次交锋。直到公元前7世纪初，雅典才真正成为阿提卡的主宰。即便如此，作为一个城市，当时的雅典仍然比较落后。该城虽在几何陶时代领先于希腊各邦，但公元前750年时，随着科林斯、斯巴达等城邦的崛起，雅典则蜕变为普通的海外贸易城市。阿哥斯、埃吉纳岛均与雅典展开了激烈的竞争：阿哥斯位于伯罗奔尼撒东部沿海地区，占据着优异的地理位置，而埃吉纳岛与阿提卡隔海相望，当时已成为重要的贸易和海上力量。埃吉纳还一度控制了该岛与阿提卡之间的萨龙湾（Saronic Gulf），并且在公元前5世纪之前一直是雅典的劲敌。

阿提卡人只得把目光投向内陆。公元前6世纪，当地乡村的人口出现了显著增长。阿提卡并不十分富庶（柏拉图曾有如下描述："肥沃松软的土壤全被冲走，正如久病之人，皮包着骨……"），但拥有多种多样的资源，例如木材（可用于建造船只或加工木炭）和牧场，以及较肥沃的平原地区的土壤。对公元前6世纪土地开发情况的研究表明，坐落在高地上的城镇曾经十分繁荣。阿卡尔纳埃（Acharnai）是阿提卡规模仅次于雅典的一个聚落。该城把当地的林木资源加工成了木炭，而木炭是当时城市居民唯一能够用来烹饪和取暖的燃料。阿卡尔纳埃一度非常富有，雅典的重装步兵许多都来自此地。对低洼地带的城镇而言，橄榄是其主要农作物。至公元前6世纪时，雅典已有多余的橄榄供出口海外。阿提卡还拥有优质黏土，可用于制作精美的陶器。此外，当地还拥有两种重要的资源，但当时尚未得到充分的开发。其一是彭特利库斯山（Pentelicus）的优质大理石。另一种则是雅典最为重要的资源——劳里昂矿山储量丰富的白银。但直到公元前6世纪末，雅典人才有能力大批量开采白银（但小规模的开采可追溯至迈锡尼时代）。由此可见，雅典的经济结构十分复杂并涵盖了诸多领域。农民和工匠既为自给自足而生产，也为满足邻邦对其产品的需求而生产。随着经济发展越发成熟，他们还瞄准了海外市场。

雅典的缔造者是一位名叫忒修斯（Theseus）的传奇英雄。据传说，他不但像其他英雄那样有诸多丰功伟绩，而且足智多谋。对雅典人而言，忒修斯最具英雄色彩的成就是使雅典摆脱了克里特的奴役。传说中，雅典曾被迫向克里特国王米诺斯贡献14名少年。他们会被当作祭品，献给潜伏在克诺索斯迷宫里的牛头怪米诺陶。忒修斯成功杀死了这个怪物，而这一刻也真正标志着雅典的独立，因此成为钱币或陶器上经常出现的题材。返回雅典的忒修斯在卫城为自己建造了宫殿，并且坚持要求阿提卡平原上各个聚落的长官及议事会服从雅典单一的公民大会。目前尚无考古证据或其他文献能够证实上述说法，甚至连忒修斯是否真实存在都是未解之谜。但后来的雅典人一直把忒修斯尊为雅典民主之父。

实际上，公元前8—前7世纪的雅典仍处于贵族的统治之下。贵族们分为60多个氏族，其成员拥有高贵的出身和庞大的地产。雅典的首脑是3名执政官（archon），从上述氏族的成员中以选举的方式产生，并且在一年任期结束后加入一个全权负责城邦各项事务的议事会。该议事会以其集会地点得名战神山议事会（Council of Areopagus）。各氏族均拥有自己的传统领地，彼此间的冲突也在所难免，于是有人开始试图创立一个更加稳定的政府。公元前632年左右，一位名叫塞隆（Cylon）的贵族试图夺取雅典的政权，他的行动得到了邻邦麦加拉的支持（因为麦加拉的僭主塞阿戈奈斯是塞隆的岳父）。塞隆试图以攻占卫城的方式夺取政权，但未能争取到市民的广泛支持。在其政敌阿尔克迈翁氏族（Alcmaeonid clan）的煽动下，塞隆的追随者被尽数诛杀，即使他们已经得到了既往不咎的保证。阿尔克迈翁氏族也由于这一亵渎神灵的行径而被逐出了阿提卡，就连其祖先的遗体也被挖出来扔到了国境之外。对该家族的诅咒则世世代代沿袭下来。

由此可见，贵族未必都能像科林斯的巴基斯氏族那样维持一个稳定的政府，而且，与希腊其他许多城市相比，雅典贵族阶层受到了新的经济和社会压力的威胁。亚里士多德和普鲁塔克描述了上述压力，但他们生活的时代都晚得多，因而这段历史的诸多细节目前仍模糊不清。他们的记载在某种程度上表明，对外界影响极为开放的雅典市民群体与更为闭塞的乡村地区间存在着尖锐的冲突。土地的开发利用也对雅典造成了一定压力。雅典人遵循着希腊人的习惯，在诸子间分配遗产，这必然导致土地会不断遭到分割。随着地块越变越小，小土地所有者在社会上也逐渐被边缘化。而这些田产可能又与某种封建义务捆绑在一起，其收成的六分之一甚至六分之五要缴纳给贵族。这项义务最初可能只是为了报答贵族的庇护而支付的酬金，但如今已令人深恶痛绝。债务缠身者的处境更加凄惨，可能会沦为奴隶，甚至被债主卖到海外。此时的雅典社会似乎正在发展为一个封闭的系统，其大多数成员将既无人身自由，也无法自由地参与各种经济活动，而这样的未来也必将扼杀任何政治进一步发展的可能。

因此，雅典面临的危机涉及社会的多个层面，矛盾既存在于各个贵族派系间，也存在于贵族与相对贫困的小土地所有者间。公元前621年，德拉古（Draco）受命为雅典起草一部法典，以缓和当时的紧张局面，但这次尝试非常拙劣。根据传统文献的记载，德拉古法典极为严苛（英文中形容残忍严酷的draconian一词就来源于此），且偏向贵族的利益。这种看法是有一定的道理的。小偷小摸即被处以死刑，负债者会被判为债主的私有财产。然而，该法典的颁布终究是社会的一大进步（贵族出身的法官不能再肆意歪曲法律为自己谋利）。此外，德拉古法典还把杀人案进一步区分为故意杀人和过失杀人，换而言之承认了证明过错的必要性。按照传统习俗，杀人者无论是否出于故意，都必须为杀人行为承担责任。如今，一个由51名德高望重者组成的委员会将负责对每起杀人案做出裁决：意外致人死亡者会被无罪释放；至于故意杀人者，遇害者所属的氏族有权进行报复。此外，案件从审结到执行留有一个缓冲期，有助于避免针锋相对的仇杀，而之前贵族间经常爆发血腥的争斗。

梭伦改革

然而，公元前600年之后不久，德拉古法典显然并不能缓和雅典内部的紧张局势，采取紧急措施避免内战成了雅典人的当务之急。公元前594年，梭伦（Solon）被任命为执政官，全权负责改革雅典的法律和政治制度。然而，他取得这一任命的具体经过并无任何记录。根据一些稍晚的史料记载，梭伦虽出身高贵，但家境一般，据说他当过商人并游历广泛，甚至去过埃及。他曾鼓动雅典人从邻邦麦加拉的手中夺取了近海岛屿萨拉米斯（Salamis），并因此而声名鹊起。

梭伦曾作诗记述自己的经历。这些诗歌虽然生动，但如今大多残缺不全。在今人看来，梭伦此举似乎是以隐晦的方式撰写个人回忆录，但在公元前6世纪，诗歌是当时唯一的文学体裁（稍后散文才出现在了爱奥尼亚），对一位政治家来说，他以这种方式记录他的功绩是完全合适的。现存的300余行诗句充分表明，梭伦不仅视野开阔，还具有良好的人文修养。而且他在诗中也提到了自己的政治观点：在他看来，雅典的一切问题都源于富人的贪婪。此外他也提到，民众在公共集会上曾催促他出任僭主，以消灭贵族的特权。然而，梭伦自命高瞻远瞩且诚实正直，所以拒绝成为僭主并表示将照章办事。他面前的道路并非坦途，能为社会带来稳定的改革方案必然不能兼顾所有人的利益。稍有不慎，有权有势者就会咬牙切齿，而穷人则彻底灰心丧气。梭伦后来曾表示，自己在履职时的处境有如被一群猎狗包围着的孤狼。

　　实际上，梭伦具备高超的政治手腕，并且有可能是西方历史上的首位政治家。他可能受到荷马笔下足智多谋的奥德修斯的启发。梭伦虽宣称将致力于为穷人谋求福祉，一旦真正掌握了政权，他立刻转变立场，自命为贵族与穷人的调停者。他自比高悬于众人之上的盾牌，不让任何一方的荣誉受到轻视。他抨击富人们的贪婪："市民饱受欺凌，唯一的心愿就是企盼富人们的鲁莽毁掉这座伟大的城市。"关键在于，梭伦意识到了应以"公正"这一抽象原则来指导自己。他认为人类有能力实现"公正"，而他的最终目标则是良好秩序：

> 秩序女神昭示万物之有序与适恰
> 常用锁链束缚不义之人，
> 使粗糙变平滑，制止贪婪，令暴戾畏缩，
> 让祸害的茂盛枝桠干枯，
> 使弯曲的判决平正，抑制傲慢之举，
> 制止引发骚乱的行为，以及惨痛的
> 内部纷争带来的怒火。在她的统御之下
> 人间万物皆恰如其分、审慎有度。①

　　政治学可能就诞生于这一刻。这门学问坚信人类能够根据某些外在的价值观，就共同生活的方式达成共识。梭伦强调，人类的行为会对社群造成或好或坏的影响，但社群也能营造某种环境，令不当的行为受到抑制，同时让人焕发出全新的活力。

---

① 该诗译文引自张巍：《Eunomia：梭伦的理想政制》，《历史研究》，2014年第1期。——译者注

梭伦首先把自己的任务定为摧毁贵族的特权地位。所有形式的债务一律被废除。梭伦甚至宣称将赎回那些被卖往异国为奴的雅典人。把一部分农产品上缴给贵族的传统也被废止。当穷人们将那些记载着地租的石碑挖出并打碎时，梭伦感到十分欣慰。此时虽仍贫富不均，但至少再无雅典人必须忍受其他雅典人的奴役了。接下来，梭伦要使政府向更广大的市民阶层开放。在这方面，梭伦的稳重以及良好的判断力再次发挥了重要作用。他意识到过于激进的改革可能会导致社会动荡，或引发贵族势力的反扑。因此他把全体居民按照财产多寡划分为4个等级。最富裕的等级为五百斗级（pentakosiomedimnoi），其土地每年的产出不少于500斗谷物、油或酒。该等级囊括了过去的贵族并有所扩大。次一级为骑兵级（hippeis），其土地每年的产出不少于300斗上述产品。此称呼表明该等级的成员有能力为自己配备战马。再次一级为牛轭级（zeugitai），其土地每年的产出不少于200斗上述产品。相应地，他们也有足够的财富把自己武装为重装步兵。最低一级为日佣级（thetes），其成员只有少量土地或根本无地可种，因而无力置办武器装备，也就无法充当重装步兵。

城市每年任命9名执政官。各部落先从五百斗级成员中选出40人备选，而后以抽签方式决定最终人选。五百斗级的庞大规模以及抽签的选举方式意义重大。这些措施确保了新富裕起来的市民能够以数量优势胜过那些以血统高贵自居的贵族。中间的两个等级也得到了担任低级职务的机会。但日佣级仍无权担任公职。他们还要再等上100年，直至雅典人在希波战争中孤注一掷地扩充海军而大量雇佣他们充当桨手时，日佣级才会最终争取到在民主政府中担任职位的权利。

然而，日佣级作为雅典公民仍发挥着重要作用，因为他们可以参加公民大会。实行过贵族政治的社群大多保留着这一传统组织，其权力是对重大提案表示赞同或否定。可能正是梭伦扩大了该组织的权力，使之有权受理愤愤不平的市民对法庭判决或执政官施政提出的申诉。此举开创了陪审团制度的先河，而陪审团正是古典时代雅典城市生活的一个重要特征。梭伦创建了一个由400人组成的议事会，监督公民大会的各项事务。四百人大会与公民大会后来成了雅典民主制度的核心权力机构，但这并非梭伦的初衷。完全的民主在当时是不可想象的事情。梭伦原本计划把四百人大会当作一个制动器，以确保民众通过公民大会释放的强大民意不至于危及城邦的稳定。他曾委婉地表示，人民已被给予了"他们所需要的一切特权"。战神山议事会此时仍保留着一定职能，负责捍卫法律、监督执政官并统揽全局。即使贵族的影响力因新富阶层广泛参与政权而受到了冲击，但他们的势力仍十分强大，只不过勉强接受了权力遭到削弱的局面。当时贵族的坟墓前安放着一种被称为青年像（kouros）的男性裸体雕塑，可能就是一种无言的抗议。

同样重要的是，在进行政治制度改革的同时，梭伦还颁布了新的法典。这部法典被刻写在木板上，木板又被安装在一个可以旋转的架子上，以使所有人能都看到木板上的内容。这套装置直到300年后仍然完好无损。在一个半文盲的群体里，上述举措本身就具有十分重要的意义，因为它在城市中给予了法律某种公共空间。这部法典并非某个人心血来潮的结果，而是这个社会崭新的参考标准。梭伦曾强调，每个人都将受到法律的平等对待。他十分精明地把这些改革措施与该城的保护神雅典娜联系在一起。尽管女神会保护那些把社群置于首位者，但法律必须由社群制定，而不是由众神赐予。该法典几乎涵盖了人类所有的行为，从谋杀、卖淫、流浪到邻里之间划分地界等日常事务，都做出了相应的规定。有趣的是，法典当中还包含一些经济政策。例如，禁止谷物出口的规定，显然是为了不让贪婪的土地所有者把粮食这种珍贵的商品销往邻邦，从而保障了贫困公民的利益。再者如举家迁徙到雅典的手工业者会被授予公民权。

据传，梭伦在任期结束后（可能为公元前590年），赴海外游历了至少10年。他并不确定自己的改革措施能够得以维持下去。当时根本无法看出梭伦能留下持久的政治遗产。他坚持树立法律至上的原则，而僭主恰恰总是要凌驾于法律之上，所以他的原则对僭主观念构成了直接威胁。此外，他还向世人证明，由人类制定的法则有能力为社会带来和谐。构建公正社会这一概念，并找到一种有分寸的方法加以实践，是他的一项杰出成就。自由主义的传统即由此诞生。

但在一开始，梭伦的担心不无道理。他离开雅典之后不久，政局即陷入了混乱。贵族的党派斗争引发了剧烈的冲突，甚至在某些年间连执政官都无法选出。（英语中的anarchy［无政府状态］一词即来源于希腊语词语anarchia，其原意为无执政官状态。）据史料记载，贵族依据地方效忠关系分成了平原派与海岸派两大派别。正是无休无止的内斗令庇西特拉图脱颖而出成为一名僭主。此人的发迹史曲折而坎坷。在公元前560年之后的15年间，他数次独揽大权，又数次遭到放逐。直到公元前546年，庇西特拉图终于巩固了自己的权位。公元前528年，他将僭主之位传给了自己的两个儿子——希庇亚斯（Hippias）和希帕卡斯（Hipparchus）。

庇西特拉图的僭主统治

庇西特拉图攫取权力的具体经过虽已无从考证，但仍折射出导致僭主出现的若干因素。此人最初以军事指挥官的身份登上历史舞台，并在对抗麦加拉的战争中获胜。正是这场胜利最终使战略要地萨拉米斯岛被确认为雅典的领地。此外，他还曾成功夺回了位于达达尼尔海峡的殖民地西基昂（Sigeum），雅典由此确立了对这条重要商路的控制权。此后，庇西特拉图开始以各种方式巩固自己的势力。根据后世希腊作家的记述，庇西特拉图与一个被称为山岳派（"山里人"或"山那边的人"之意，一般泛指贫困者）的政治派别有关。相较于平原派和海岸派，山岳派不那么支持土地所有者（但另一些史家认为，"山岳"可能如"平原""海岸"一样，单纯指该派别的地域色彩）。此外，庇西特拉图还善于造势，据说他竟敢把一名本地的少女打扮成雅典娜的模样，并和她一同骑马前往雅典的市场区。他还广泛结交其他僭主，比如纳克索斯僭主吕戈达米斯（Lygdamis）。此外，他也与底比斯等城市密切往来。他在某次流亡时，曾在马其顿避难，并在那里积累了足够组建一支雇佣军的财富。而当他结束第二次流亡返回雅典后，他在雅典人中争取到了大量支持者，从而彻底击败了敌对的贵族党派。庇西特拉图拥有军事胜利赋予的个人魅力，善于与穷人打成一片，还具备坚强的意志，在关键时刻毫不忌惮使用武力，正是这些因素使他最终登上权力的顶峰。

有关庇西特拉图僭主统治的记载虽十分有限，但已足以表明此人是一位精明而温和的统治者。他可能掌控着人事任免的大权。但从残缺不全的执政官名单来看，贵族并未被排斥在政权之外。从社会文化的角度来看，此时的雅典仍是一个由贵族主导的社会，当地出产的陶器仍以贵族们钟爱的神话与英雄主义题材做装饰。梭伦的改革措施并未遭到颠覆，而且庇西特拉图同样对贸易和手工业持鼓励态度。雅典取代了科林斯，成了地中海地区陶器贸易的新主宰。然而最精美的雅典陶器并不见于雅典，而是出现在意大利半岛伊特鲁里亚人的墓葬中。当地人大量进口雅典陶器作为陪葬品。公元前6世纪中叶，雅典首次发行了自己的钱币。起初雅典使用的白银产自色雷斯，距当年庇西特拉图流亡时的据点不远。不久，劳里昂矿山成了雅典白银的主要来源。当雅典对进口谷物的需求日益增长时，正是这些白银提供了有力的资金保障。公元前6世纪末，雅典银币的设计图案趋于固定：正面是雅典娜的头像，背面则是象征这位女神的神鸟——猫头鹰。该设计一直延用了300多年。

雅典的繁荣使庇西特拉图父子有了改造这座城市的机会。他们自然希望强化雅典对周边乡村的主宰地位，因为其政敌在乡村地区颇有根基。但庇西特拉图父子的野心远不止于此。他们还打算把雅典建设为重要的宗教中心。要么在庇西特拉图首次掌权前，要么在他首次掌权期间，他创立了4年一度的大泛雅典娜节（Greater Panathenaea，但也有可能还存在其他创办人）。当地虽然早就存在为雅典娜举办年度庆典的传统，但如今每4年就会举办一次格外盛大的游行和赛会。比赛的奖品为盛满阿提卡橄榄油的双耳细颈瓶。此举显然是仿效公元前6世纪时在希腊风行的各类新式赛会。后来，赛会增设了一个诵读荷马史诗的比赛项目，可能希望借由对荷马的推崇来向整个希腊世界展示雅典在文化方面的优越性。

同样是在庇西特拉图统治时期，雅典卫城被改造成了一座艺术宝库。吊诡的是，如今我们能了解庇西特拉图的这项成就，还要拜公元前480年对卫城进行了大规模破坏的波斯人所赐。波斯人撤退后，雅典人把雕塑碎片收集起来，填埋在卫城的几个大坑中。被破坏的神庙的石柱则被回收再利用，要么用于建城墙，要么用作新神庙的柱基，从而留下了大批有切割痕迹的石块供当今学者研究。但即便如此，公元前6世纪时卫城各建筑的建造顺序已难以考证。公元前560年左右，卫城当中可能已建有一座供奉雅典娜的神庙。该神庙可能建于庇西特拉图首次掌权期间，此后当地又于公元前520年开始建造另一座雅典娜神庙。两座神庙之间竖立着一批少女像（korai），是雅典人以个人身份献给雅典娜的礼物。[①] 卫城的所有建筑中，最宏伟的当属位于卫城东南一道山脊上的宙斯神庙。该神庙可能开工于庇西特拉图诸子掌权时期，但直到600多年后才最终完工。

考古学家正试图弄清公元前6世纪末在雅典其他区域的建筑修建计划，但发现难以判断哪些是庇西特拉图的成就，哪些则应归功于他的儿子们。据信希庇亚斯与希帕卡斯建造了一座供奉奥林波斯十二主神的神庙（其地基仍存于市场区，且雅典到阿提卡各村镇的距离均以此神庙为起点进行测量）。他们还建造了一座拥有9个喷口的喷泉（至今仍未被找到）。此外，他们还于同一时期在市场东南角建造了另一座喷泉，已经被人们发现。流淌着清水的喷泉取代了不流动且常常受污染的水井，以及使用拥有厚重接合部的烧制陶管连接而成的排水管道，标志着一种更为雅致的城市生活的出现，而且同时期的其他城市也取得了类似的成就。

然而，此时的僭主统治似乎已丧失了活力。与科林斯的情况类似，第二代僭主已经难以维持前一代的民望。海外也吃了败仗，西基昂落入了波斯人的手中。公元前514年，希帕卡斯遇刺身亡，颇具讽刺意味的是，他当时正在担任泛雅典娜节的司礼官。（事件的起因似乎是希帕卡斯向一个名叫哈尔摩狄奥斯［Harmodius］的少年求爱，但遭到拒绝。恼羞成怒的希帕卡斯于是竭力阻挠这名少年的姐妹参加庆典。这件小事已足以让这名少年及其同性伴侣阿里斯托革顿［Aristogeiton］对之痛下杀手。亚里士多德后来写道，最为通常暴露出僭主缺乏节制的地方就是他们的淫欲，这也是他们垮台最为普遍的原因。）希帕卡斯死后，希庇亚斯变得越发严酷并处决了他的政敌。公元前510年，雅典人在斯巴达重装步兵的帮助下，终于彻底推翻了僭主统治。希庇亚斯被迫流亡，从此居住在仍由波斯控制的西基昂。虽无任何史料能够表明雅典当时曾爆发大规模起义，但雅典人仍隆重纪念公元前514—前510年间所发生的一系列事件，并将之视作这座城市的解放。他

[①] 参见：Jeffrey Hurwit, *The Athenian Acropolis: History, Mythology, and Archaeology from the Neolithic Era to the Present*, Cambridge and New York, 1999, chapter 6。

们甚至为哈尔摩狄奥斯与阿里斯托革顿铸造了青铜塑像。当这组塑像于公元前5世纪70年代遗失后雅典人又重新制作了一组。至今仍有一组罗马时代的复制品存世（现存于那不勒斯考古博物馆）。这组青铜塑像是古典艺术中表现英雄题材的佳作，二人赤裸的身躯突出表现了他们的英雄主义。

克里斯提尼改革

庇西特拉图父子使雅典保持了还是一个共同体的感觉，并通过在市中心的山岩上大兴土木来提升这座城市的威望。他们曾使贵族俯首听命，但没有把这个阶级彻底摧毁。在乡村地区，贵族势力盘根错节地存在于胞族（phratry）之中。学术界对胞族的性质仍存有大量争议。它们似乎是那些彼此沾亲带故的土地所有者形成的一种松散联合，这些土地所有者往往是某个贵族氏族的成员或支持者。判断某人是否拥有公民身份的唯一依据，就是看此人是否为某个胞族的成员，因而胞族成员身份也成了一种受到严密保护的特权。当僭主统治被推翻后，贵族阶层立刻开始反弹，可能部分由那些刚刚结束流亡、从海外返回者所主导。在此期间，胞族中任何成员只要被认定为僭主的同情者，都会遭到清洗，被剥夺公民身份。而雅典似乎重新回到了贵族的统治之下，党派对立又重新回到了舞台。贵族分子的首领名叫伊萨戈拉斯（Isagoras），此人计划惩处僭主们的支持者，并剥夺了新迁入阿提卡的移民的投票权，希望借此恢复传统的贵族统治。

伊萨戈拉斯很快便受到了克里斯提尼的挑战。克里斯提尼是阿尔克迈翁氏族的一员（他也是科林斯僭主克里斯提尼的孙子）。在庇西特拉图父子统治的最后几年，克里斯提尼一直流亡海外，并于公元前510年跟随斯巴达人回到了雅典。由于他的家族仍然遭受着古老的诅咒，所以他从贵族那里得不到任何支持。但他显然是一个胸怀大志且雄辩的人，于是便开始动员广大公民支持自己。伊萨戈拉斯向斯巴达国王克里昂米尼求援。公元前508年，克里昂米尼率军抵达雅典，克里斯提尼及其支持者被迫流亡。但入侵者试图发动一场政变，以便让伊萨戈拉斯的300名支持者能够掌握雅典的权力。雅典人被这一阴谋所激怒，他们坚定不移，把克里昂米尼和伊萨戈拉斯赶入了卫城并迫使他们投降。这当然是一场真正的人民革命，但倘若没有克里斯提尼的政治智慧,这场革命未必能建立起一个稳定的政府。克里斯提尼以胜利者的姿态返回雅典,他计划瓦解各胞族的政治权力并在公民中间实现真正的平等,还设法把雅典人的爱国热情导入以民主为核心的崭新政治体制中。克里斯提尼不仅具有敏锐的政治直觉,还肩负着重振阿尔克迈翁氏族的使命。

克里斯提尼改革令人印象深刻的一点是其激进的本质。他深知,若姑息乡村地区宣扬保守主义,反对被斯巴达的入侵所激怒的更加激进的城镇人口,必定会酿成大祸。克里斯提尼在公元前508—前507年间迅速采取了行动。他似乎直接绕过胞族,设立了一种全新的政治单位——德莫(deme)。整个雅典被划分为140余个可能以血缘为纽带的德莫。(德莫在创建之初可能也和居住地有一些关联,该词常被译为"村庄",但德莫中的一个成员无论后来迁徙到何处,仍然属于原来的德莫。)德莫被赋予了维持地方秩序的责任,因而其成员直接参与了行政工作。各德莫纷纷编制成员名单,对18岁以上的男性进行登记。为粉碎地区势力,克里斯提尼还把阿提卡重新划分为城市、海岸、内陆三个区域。每个区域内的德莫都被编入更高一级的组织,即三一区(trittys)。整个过程的最高潮是克里斯提尼从每个区域各选一个三一区并将之编为一个部落,从而把整个阿提卡整合为10个部落。这10个新组建的部落取代了爱奥尼亚人的4个传统部落。各部落每年选出50人(通过抽签)去参加梭伦建立的四百人大会,只不过此时扩充到了500人。五百人大会(Boule)仍负责监督公民大会,但其权力势不可挡地增长,因为它可以在公民大会休会期间灵活应对各种紧急事态。

通过组建部落,克里斯提尼还创造了组建国家军队的手段。学术界对公元前6世纪的雅典军队所知甚少。但鉴于其以胞族为纽带,当时的军队中必然具有贵族式武士战团的一些元素。但如今来自不同区域的人们要以新组建的部落为单位接受军事训练。每个部落都要提供1000名重装步兵与少量骑兵(阿提卡的土地不够肥沃,养不了很多马)。由于城邦成了士兵们唯一的纽带,军队的士气得到了大幅提高。希罗多德曾注意到,自由的民众正在以庇西特拉图时期闻所未闻的方式释放着巨大能量:"一旦他们得到自由,每个人都渴望为了自己而尽其所能。"雅典开始向萨拉米斯岛和优卑亚岛殖民，成为公元前5世纪晚期出现的雅典帝国的先声。自公元前501年起，一项并非由克里斯提尼所发起的改革规定每个部落还要再提供一名将军（strategos），其人选由公民大会在自愿参选的候选人中选举产生。将军一职与其他公职有所不同，可连选连任，因而逐渐变成了城邦中最具威望的职务，甚至执政官与之相比都要略逊一筹。将军的地位日渐上升，实际上恰好凸显了其他雅典官员相对缺乏权力（斯巴达与雅典形成了鲜明的对比，其国王和监察官对公民拥有强大的影响力）。然而，这也是雅典的公民大会和五百人大会能够巩固自身权力的原因之一。

现存与克里斯提尼改革有关的史料仍有许多空白，而且有可能是古人有意为之，以使此次改革看起来像是公元前461年的民主革命的奠基石。克里斯提尼无疑是政治史上比较罕见的一位改革家。他为建设一个更加公平的社会设计了一个合理的计划，并成功地实施和维持了这一计划。任何不那么富有远见的民粹主义改革者很可能会挑动城镇居民去反对以乡村为基础的贵族阶层，这无疑只会引发内战。克里斯提尼在乡村地区推动民主，从而赋予公民参与地方治理的机会，也确保了乡村能完全被纳入雅典的民主制度。（一些碑铭显示，农村居民满怀热情地接受了这一挑战。）

公民大会是此次改革的主要受益者。如今，民主派取代贵族，开始把持大会成员的遴选程序。尽管满怀信心的贵族代表仍然主宰着大会的辩论，但贵族的人口基数有限，无法形成一个强有力的政治派别。随着胞族与旧有的部落逐渐失去影响力，雅典的公民如今终于可以通过公民大会和五百人大会平等地参与城邦事务（但执政官一职仍是从最富裕的阶层中遴选）。雅典人甚至创造了isonomia一词，用以表述"法律面前人人平等"这一如今已成为常识的原则。此外，在军中共同服役的经历必然使公民们情同手足。改革的下一步则是实现彻底的民主，也就是把各项事务的决定权全部集中到公民大会，尽管这未必是克里斯提尼的初衷。（见第16章）1993年，欧洲各国共同选择以克里斯提尼改革作为民主政制在欧洲出现的起点，隆重纪念2500周年。[①]

[①] 对梭伦与克里斯提尼的更多介绍，参见：Paul Cartledge, *Ancient Greek Political Thought in Practice*, Cambridge and New York, 2009。

第12章

古风时代希腊的手工业与创造力

专家们当初为希腊陶器分类时,把制造于公元前620—前480年(即东方化时代和古典时代之间的时期)的陶器通称为古风陶器(Archaic ware,其中archaic一词源于希腊语中的archaios,意为古老的)。后来,"古风"一词的含义逐渐扩大,先是泛指该时期的所有文化成果,后指代这一历史时期。传统观点把古风时代视为古典时代的序曲,仿佛前者预示着后者的到来。但该观点其实具有一定误导性,因为这两个时代间并无必然联系,而古风时代的文化成就本应获得单独的评价。

古希腊人虽然一直受到来自东方的影响,但在古风时代逐渐确立了自己的发展模式。古风时代带给后人最主要的感受,或许就是秩序与控制正在逐渐到来。杰弗里·胡尔维特写道:"古风时代艺术发展最主要、最经久不衰的动力,来自为了理解自然而对自然的形式化、模式化与重塑。"这一点体现在当时的雕像日益趋向写实主义风格,瓶画上对事物的描绘也更加节制。于是科林斯陶瓶上杂乱无章的动物图案逐渐被错落有序的神话人物取而代之。此外,爱奥尼亚的沿海地区掀起了一场知识方面的革命,希腊人率先系统地运用理性思维来认识和理解物质世界。上述变革均与第11章所讲述的政治变革同步发生。比如梭伦与克里斯提尼在解决社会生活中的实际问题时,都运用了"公正"这一抽象概念,这与本章将要讲述的这场文化变革的精神高度契合。

最早的钱币

公元前6世纪，希腊世界的财富急速增长，这既得益于贸易往来的成倍增加，也得益于城市的稳定与繁荣，尤其是爱奥尼亚沿岸及意大利的城市。传统上，钱币的出现被视为这种商业蓬勃发展的标志。钱币便于携带、储存及兑换，至今仍是每个经济体的基本元素，直到20世纪末才受到电子支付的挑战。相较于以物易物的贸易形式，钱币的优势显而易见。这不禁使人回想起埃及书吏佩那瑙基特的那笔交易。为售出一头牛，他不得不收下对方支付的多种物品。以物易物的交易必定格外烦琐。

希罗多德曾把钱币的发明归于吕底亚。这个富有的国家位于安纳托利亚西部，与爱琴海东岸的希腊城邦比邻。现代的考古活动佐证了希罗多德的说法。以弗所阿尔忒弥斯神庙的奠基窖藏中曾出土了大批古代钱币。鉴于该城彼时正处于吕底亚的控制之下，所以这些钱币充分展现了吕底亚钱币的发展历程。这些钱币的铸造时间略晚于公元前600年，其中包括标准大小的金属块。一些金属块的一面有徽记，另一些则两面都有徽记。吕底亚国王可能每年付给雇佣兵一个金属块作为酬劳（质地为琥珀金，即一种天然形成的金银合金）。这便是钱币的雏形，即一种薄薄的具有标准规格、带有国家徽记的圆形金属片。当希腊人开始铸造钱币时（在贸易岛屿埃吉纳始于公元前595年左右，雅典始于公元前575年左右，科林斯的时间略晚），钱币的两面均有徽记。这充分表明，希腊人是在吕底亚人的铸币工艺发展成熟后，才引入了这一做法。由于希腊人没有统一的度量衡，所以各地发行钱币的规格也不尽相同。

钱币起初主要用于政府的财会统计，例如向官员和雇佣兵支付薪俸，或者支付修建公共建筑的经费。领到钱币的人可用之支付税款、罚金或港务费。然而，贸易岛屿埃吉纳很早就接受了钱币，这说明商人们很快就认识到了钱币的优点。公元前550年之后，希腊人开始用白银铸造钱币。由于希腊的白银资源丰富，而且比琥珀金更易于标准化加工，因而琥珀金很快就退出了流通领域。埃吉纳岛使用的白银可能进口自锡弗诺斯岛（Siphnos）。随着白银的价值获得认可，人们开始囤积白银，所以在埃吉纳岛贸易伙伴的遗址中都发现了大量该岛发行的钱币，范围遍及小亚细亚和埃及，甚至远至西西里岛的塞利农特。然而雅典钱币的流通范围比任何一个希腊城邦都广。钱币上的徽记（埃吉纳钱币与雅典钱币的徽记分别是龟和鸮）也成了城邦炫示自身身份的另一条途径。有趣的是，在爱奥尼亚，各希腊城市在发行钱币时采用了统一的规格。钱币正反两面的图案均使用冲压工艺制成，其背面图案统一，正面则是各城市的徽记（欧元采用了同样的设计理念）。然而，此举究竟是当地人在波斯日益增加的压力下所表现出来的一种政治姿态，还是单纯为了扩大此类钱币的流通范围，如今已无从考证。

钱币的诞生其实比人们想象的更加简单，因为当时的市场已经在规范度量衡，并确立了包括金属在内的各种商品的相对价值。梭伦在雅典颁布的法典就包含与此有关的条文。当时也出现了监管市场以确保公平交易的官员。可见，钱币的出现与上述历史发展趋势高度契合。铸造钱币的城市或王国以其徽记为钱币的重量与成色做担保，而钱币正反两面图案的完美设计也确保其图案不易被人刻意污损。显然，每种钱币仅在其发行地更易于流通。除了埃吉纳岛的钱币，古风时代的各种钱币大多都仅在发行它的城市及周边地区有发现。可见，钱币的作用无非是为了更加便捷地确定贵金属的重量，从而避免那些漫长甚至可能危及和平的争端（例如敌对城邦商人之间的争吵）。

如今，越来越多的学者开始对钱币改变了交易的观点提出质疑，认为钱币应该只是在某种程度上方便了交易。然而钱币的出现还是标志着另一项重大的社会转变。金银在过去集中于贵族手中，是贵族阶层交换礼物时的首选。但在古风时代，城邦开始掌握金银资源，同时传世的大量银币也表明，每个公民如今都能通过一定渠道获取金银。而且，人们逐渐意识到某些东西具有普世价值。此观念虽诞生于贸易领域，但后来出现在了多种哲学思想之中。此外，出土的钱币必然有助于考古学家对遗址断代，而且钱币也是反映政治变革的重要证据。

埃及对希腊神庙与雕塑的影响

纵使钱币并未在商业的蓬勃发展中发挥主要作用，但古风时代无疑是一个日益繁荣的历史时期。比较有成就的城市纷纷通过修建神庙来炫耀其财力，并骄傲地把神庙视为展示城邦风貌的窗口。希腊神庙起初比较简陋，里面摆放着供人膜拜的偶像（最古老的偶像通常为木质）。但随着殿堂变得更加精致，屋顶不断向外延伸，于是出现了专门支撑屋顶的立柱。已知最早的四边拱廊（peristasis）出现在以弗所的阿尔忒弥斯神庙。这是一座木结构建筑，建于公元前8世纪末，并在落成100年后被吕底亚国王扩建。这座神庙的长度达到了115米。

以弗所的阿尔忒弥斯神庙开启了希腊人在地中海东部建造巨型宗教建筑的先河。公元前575年至前560年，萨摩斯岛的居民建造了一座献给赫拉的庞大圣所。穿过雄伟的大门，巨大的神庙位于祭坛旁（祭坛通常位于神庙外，以便更多的人员能够参加献祭，露天环境也利于献祭产生的烟雾消散）。神庙长100米，宽50米，建有两层柱廊，两侧各有21根立柱，前方与后方各有8根和10根立柱。作为一座典型的希腊神庙，该神庙有一条很长的门廊通向供奉神像的内殿（cella）。小亚细亚沿海地区的迪迪玛（Didyma）建有一座阿波罗神庙。该神庙在公元前6世纪重建时，由于计划过于庞大，导致始终未能完工。从这座神庙通往米利都的道路两侧，布满了斯芬克斯雕像。波吕克拉泰斯在担任萨摩斯岛僭主时，曾再次扩建赫拉神庙。希罗多德曾对这一成就大加赞赏。此举激发了统治雅典的庇西特拉图家族的争强好胜之心，于是他们也在雅典卫城建造了数座神庙。

这些地中海东部的神庙均采用了具有涡卷装饰的爱奥尼亚柱式（Ionic order）。所谓建筑法式就是可供他人模仿的建筑范式，也是古风时代建筑领域的一项杰出成就。爱奥尼亚柱式似乎是希腊人的独创，但其叶状装饰表明其受到了东方的影响。在希腊本土和地中海西部，多利亚柱式（Doric order）则占据着主导地位。此类立柱以一块方形石板作为冠板，整体设计更加简洁。地中海西部的城市更加富有，也更热衷于炫耀其财力，于是常常在山脊上建造成群的多利亚柱式神庙。西西里岛西部的塞里努斯（Selinus）有4座公元前6世纪的神庙，波塞冬尼亚则有2座，至今保存完好。

这些巨型神庙的发展究竟受到了哪些外来文化的影响？希腊人自己

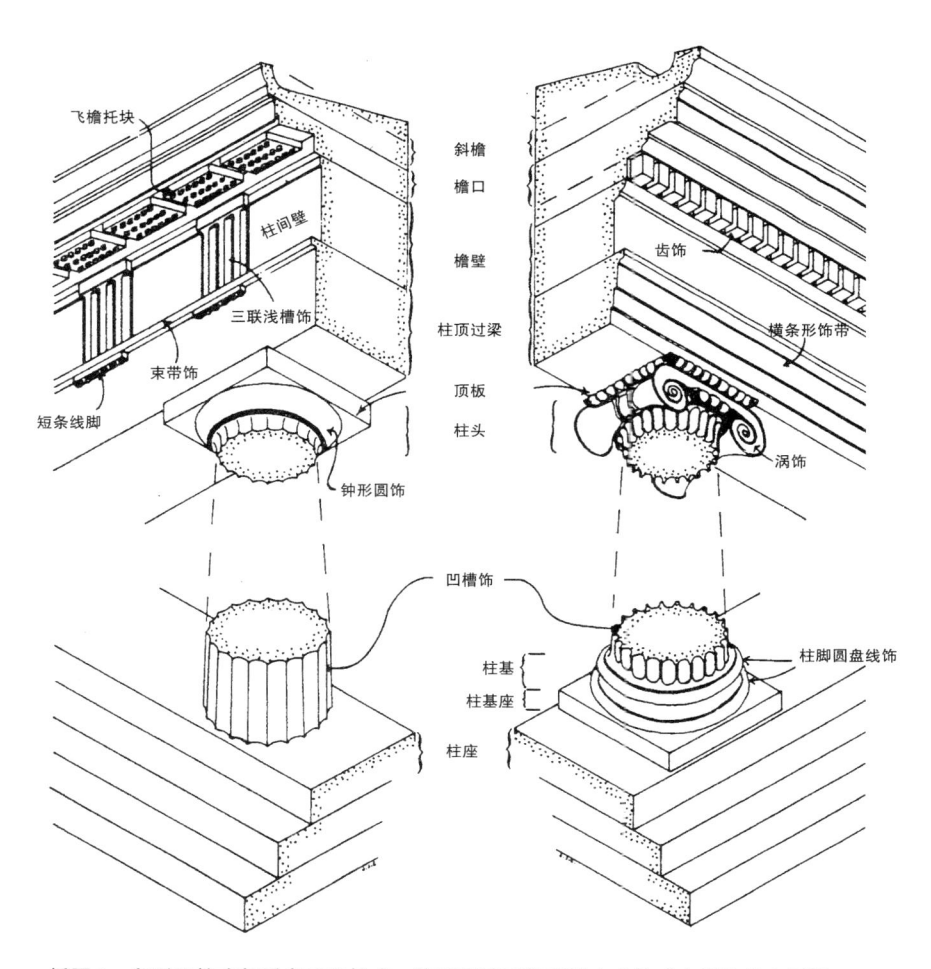

插图2　**多利亚柱式与爱奥尼亚柱式**。该图展示了这两种古典柱式之间的根本区别。

摸索出了建造石质建筑的技艺。早在公元前8世纪末,科林斯人便已开始开采石灰岩。公元前7世纪初,科林斯出现了以石灰岩为墙体的神庙。然而,埃及可能给予了希腊人发展石质建筑的更具雄心和创造力的灵感。埃及法老普萨美提克一世(公元前664—前610年在位)敞开国门,从而鼓励首批希腊人以商人或游客的身份涌入了埃及。他们不可避免地直接接触到了埃及宏伟的石质纪念建筑。例如,吉萨的金字塔与希腊人的贸易据点瑙克拉提斯相距仅120千米。希腊游客可能甚至有机会见证普萨美提克一世本人那些正在兴建的宏大工程项目。有趣的是,瑙克拉提斯的居民多为爱奥尼亚人，而对宏大建筑的偏好似乎主要存在于爱奥尼亚的城市中。以弗所的阿尔忒弥斯神庙的双层柱廊可能借鉴了埃及人那石柱林立的神庙。提洛岛成排的大理石狮子像几乎直接借鉴了埃及神庙神道两侧的石像，而提洛岛有可能转而影响了迪迪玛。

爱奥尼亚人可能并非唯一借鉴埃及文化的希腊人。多利亚柱式的多数装饰元素似乎直接源自早期的希腊木结构建筑（例如三联浅槽饰［triglyph］就是房梁末端的石质复制品），但把代尔巴赫里哈特舍普苏特神庙的阿奴比斯神殿的柱子与奥林匹亚的赫拉神庙（建于公元前590年）、科林斯的阿波罗神庙（建于公元前540年）的柱子比较一下，就不难发现许多古希腊装饰元素明显源于埃及，例如弧度为1/4圆周的凹弧形装饰——凹弧形线脚（cavetto）。把上述装饰元素引入希腊的则可能是科林斯商人。

埃及对希腊的影响还体现在雕塑领域。公元前7世纪，小型陶俑或青铜俑在希腊逐渐普及。此类人俑通常留着假发一般的发型，具有三角脸和扁平的颅骨，保持着一种双足并拢的僵硬姿势，目视前方。学者们用古希腊传说中的一位雕塑家——代达罗斯（Daedalus）——来为这类人俑命名，但和其他许多东西一样，其真正的发源地却是东方。公元前7世纪后半叶，希腊工匠开始用大理石制作真人大小的代达罗斯式雕像。其中较知名的一尊是来自纳克索斯的尼坎德尔所献之青年像（Dedication of Nikandre），可能早在公元前650年就刻成了。另一尊同样知名的雕像则制作于公元前630年，被学术界称为欧塞尔女神像（Auxerre goddess）。这座雕像虽出土于法国，但原产地可能是克里特岛。杰弗里·胡尔维特写道："尼坎德尔所献之青年像的起源比较复杂：其造型延续了［希腊］本地的大型木雕传统，风格则是流行的东方化样式，结构比例又是埃及式的。可能正是希腊人在埃及的经验赋予了雕刻者灵感与自信，从大型木制雕像转而创作大理石雕像。"

大理石成了此时更受青睐的雕刻材料（直到青铜铸造工艺日臻成熟时，情况才发生了改变），也是建造神庙及其他重要建筑的理想材料。据推测，希腊人可能是从埃及人那里学会了如何加工大理石的，因为埃及产的石料主要是质地相当坚硬的花岗岩与闪长岩。希腊人使用的大理石多产自纳克索斯，尽管帕罗斯岛的大理石品质更佳，很快就成了最抢手的。此时最常见的雕像类型是青年像，即一种真人大小（甚至更大）的男性裸体大理石像。其经典的造型是向前迈出左腿。这类雕像用整块石料雕刻而成，人物比例与埃及的雕像类似。但青年像多为裸体像（埃及的雕像都穿着衣服），且姿态也更加轻松自然，尽管在公元前650—前500年的150年间，青年像的风格几乎毫无变化。

青年像常常作为墓碑竖立在具有宗教意义的地方，但也是献给众神的供品。理查德·内尔在其《希腊雕塑中古典风格的诞生》[①]一书中，再现了公元前6世纪时阿提卡半岛的阿纳维索斯（Anavysos）的乡间风情，指出当地竖立着许多青年像，它们被用来标示墓地，也有可能是家族地产。青年像表现的人物都是贵族。他们对其功绩颇为自豪。例如某尊青年像的底座上写着："请停下脚步，向死去的克洛伊索斯（Kroisos）的墓碑致哀吧，某日他被暴怒的阿瑞斯击杀在方阵的前列。"（请注意，斯巴达诗人提尔泰奥斯极为推崇"方阵的前列"。）克洛伊索斯这个名字源于吕底亚，并非希腊人固有的名字，因此这个死去的战士生前的生活方式应该是我们前文描述过的东方贵族式的。阿纳维索斯可能正是高傲的阿尔克迈翁家族的领地。由于青年像展现了一种完美的躯体，因此，通过英雄主义的行为，现实中从战场上找回的血肉模糊的尸体被转化成了理想化的人体。然而，正如理查德·内尔继续提到的，在阿提卡半岛顶端——苏尼翁（Sounion）——的神庙中也出土了14尊大型青年像的残片，这说明青年像还可以作为古人还愿的供品。此外，一些青年像表现的是象征秩序与理性的神祇阿波罗。在彼奥提亚某座阿波罗神庙的遗址中就出土了120尊青年像。

青年像的踪迹遍及希腊本土（但在伯罗奔尼撒半岛极少发现）和爱奥尼亚群岛，甚至远至西西里岛。在萨摩斯岛的赫拉神庙入口处，矗立着一尊真人3倍大小的青年像，仿佛正在迎接来访者进入这片圣地。这是某

---

① Richard Neer, *The Emergence of the Classical Style in Greek Sculpture*, Chicago, 2010.

个莱西斯之子伊克斯（Iches, son of Rhesis）于公元前580年左右以个人名义敬献的供品。和其他地方一样，这里的雕像也与贵族的自我展示有关。一旦某个贵族失势，他所敬献的青年像也会随之消失。可以说，青年像既是处于权力巅峰的"英雄们"追求不朽的努力，也是受到威胁的贵族精英的绝唱。青年像为超越尘世提供了某种可能性，而几个世纪后的基督教徒同样坚信，那些血肉模糊的殉教者已经通过他们的死亡获得了升华，其精神与肉体都已臻于完美状态。

描绘女性的青年像被称作少女像。少女像虽也被用作墓碑，但更常见的用途是献给神庙当供品。少女像与青年像的共同特征是那一抹著名的微笑，即"古风式微笑"，给后人留下一种他们脱离了日常生活的印象。在这里，与青年像一样，少女像已经超越了尘世。她们衣着考究，手捧供品——小鸟、鲜花或苹果。少女像表面本有彩绘，并且以色调的变化表现衣服的褶皱。目前尚不清楚古人为何把少女像用作还愿的供品，但某些少女像的服饰不禁使人联想到女神所穿的长袍。另一些雕像据说表现了女性应有的矜持，因为外衣把她们的躯体包裹得严严实实。① 公元前510—前480年，雅典卫城中的大批少女像实际上是由男性敬献的，其用意可能是为了宣扬他们理想当中的贵族女性形象。某些少女像刻有名字。其中一个在阿提卡东部穆里纽斯（Myrrhinous）的墓地中出土，制作于公元前550年左右，上面的名字叫弗拉西克莱亚（Phrasikleia），她在出嫁前就已夭折，可谓名副其实的少女。此外，萨摩斯岛的赫拉神庙中也出土了带有人名的少女像。公元前480年以后，少女像就消失了。

公元前6世纪下半叶，用失蜡法铸造大型青铜像的工艺也日臻完善。现存最早的青铜像是一尊出土于比雷埃夫斯港（Piraeus）的青年像，铸造于公元前525年左右（或稍晚）。这件雕塑表明希腊人已解决了青铜像铸造及组装方面的技术难题。失蜡法这项技术可能来自重要的贸易中心萨摩斯岛，但其雏形可能来自埃及和近东。与其他发明一样，失蜡法迅速传遍了整个爱琴海周边地区。失蜡法需要工匠先用黏土塑造一个模型，并在

---

① 参见：Andrew Stewart, *Art, Desire and the Body in Ancient Greece*, Cambridge, 1997.

模型外面包裹薄薄的一层石蜡，之后在石蜡外层再覆盖一层黏土，并用长钉子穿过石蜡，以固定内外两层黏土。然后，对整体进行加热，以使黏土烧结成块，并使石蜡熔化流出。最后，向两层黏土之间的空隙注入熔化的青铜。失蜡法是铸造工艺的重大进步，因为实心青铜像在冷却阶段容易开裂，而且由于太重而不易于运输。此外，青铜具有足够的延展性，可以实现人物手臂抬起的姿势，以及其他大理石像无法实现的姿势。即使在铸造过程中出现差错，青铜像也可以回炉重铸，而破损或有瑕疵的大理石则无法重复利用。

希腊人随即开始铸造精美的青铜像。据古代文献记载，散布于雅典等重要城市以及希腊世界各主要地点的青铜像曾数以千计，但只有少数能逃脱被熔毁的命运，以至于我们无从窥测当时的盛况。（存世的青铜像要么是被刻意藏匿，要么因故沉入海中而被重新发现。）德尔斐驭手像（Delphi charioteer）、阿忒米西翁宙斯像（Zeus from Artemisium）与里亚切武士像（Riace warriors）是少数保存至今的公元前5世纪的青铜雕像，更是名副其实的艺术杰作（里亚切武士像可能掠自德尔斐当地一座庆祝马拉松大捷的雅典纪念碑）。青铜的反光性远胜大理石，青铜像经过数月的打磨抛光后获得的光泽将更具视觉冲击力。

古风时代时，那些在整个希腊世界都闻名遐迩的著名神庙附近出现了大批由希腊各邦建造的金库，作为供品或虔诚的证明，它们是该时代最吸引人的建筑。此类建筑往往结构简单，无非是一座长方形大理石建筑，其正立面竖有两根立柱。最著名的是帕纳塞斯山（Mount Parnassus）山坡上的德尔斐，也就是人们向阿波罗女祭司皮媞亚（Pythia）祈求神谕的地方。当地至今仍残存着雅典、西库昂（位于伯罗奔尼撒北部）、锡弗诺斯岛所敬献金库的雕塑或墙体残片。这些金库的饰带上刻着取材于希腊神话的各种浮雕。由于盛产金银，锡弗诺斯岛十分富有，所以为感谢众神的眷顾于公元前530年左右奉献了一座金库，其精美程度无出其右。这座金库所用的大理石材产自锡弗诺斯岛当地，也有些产自纳克索斯与帕罗斯岛。墙体饰带的浮雕兼具两种风格，南侧与西侧的沿用了传统的爱奥尼亚风格，另外两侧则采用当地的阿提卡风格且更富创新精神。东侧的饰带上有一辆按照焦点透视法雕刻的战车，不禁使人联想到同一时代的雅典瓶画。饰带浮雕描绘的是什么神话题材常常模糊不清，它们似乎描绘了3个神话中的场景：第一个场景描绘了帕里斯的裁决（赫拉、雅典娜、阿芙洛狄忒让帕里斯裁决谁是最美丽的女神）；第二个场景中，众神正在讨论战败的特洛伊人的命运；第三个场景描绘了众神与泰坦的战争。其中，众神与泰坦的战争是当时备受青睐的题材，因为这一神话象征着善良战胜邪恶、希腊人战胜野蛮人。

雅典陶器的复兴

公元前6世纪，雅典的瓶画表明希腊人对神话题材的兴趣与日俱增。正如前文所述，表面常绘有杂乱无章的动物图案的科林斯陶器曾在公元前7世纪一度占据着主导地位，并完全取代了雅典的几何陶。公元前6世纪初，甚至连雅典人都按照科林斯的风格生产陶器，让动物图案杂乱地分布在陶器表面。然而，到公元前570年时，雅典人重新控制了自己生产的陶器的风格。著名的弗朗索瓦陶瓶（François Vase，以发现者命名，在古代曾被出口至意大利）即制作于此时。其制作者克雷提亚斯（Cleitias）在这个陶瓶的表面上绘制了超过200个人物图案，还绘有一组毫不相干的蹦蹦跳跳的动物图案，绕陶瓶一圈，令人不禁联想到科林斯陶器的风格。但瓶画中的大多数人物形象相互关联，描绘了围绕英雄阿喀琉斯生平的神话故事，例如阿喀琉斯的双亲珀琉斯（Peleus）与忒提斯（Thetis）的婚礼，以及阿喀琉斯为纪念其挚友帕忒罗克洛斯而举办的赛会。

此时的陶器装饰图案同步出现了两个发展趋势。其一，画师的作品开始出现统一的主题。至公元前6世纪30年代，技艺高超的埃克塞基亚斯（Exechias）等画师开始着力于描绘某一个场景，例如阿喀琉斯与荷马史诗中的另一位英雄埃阿斯（Ajax）掷骰子的场景，再者如载着酒神狄奥尼索斯的船只的桅杆生出葡萄藤的场景。其二，画师开始转向神话题材，而表现日常生活的精美陶罐很少见。与金库墙壁上的情况相似，陶器表面的世界也只属于众神和英雄。传统观点认为，这些陶器主要供贵族在会饮时使用，因此反映了贵族的审美情趣。会饮使用的陶器具有不同的种类：

双耳细颈瓶（amphora）用于盛葡萄酒，水瓶（hydria）用于贮水，调酒钵（krater）用于调酒，而宾客们则使用精美的双柄杯（kylix）品尝美酒。

公元前525年前后，制陶业还经历了另一项发展。传统的黑绘工艺是在赭红色表面用黑釉绘制人物。如今反过来，工匠开始用黑釉涂抹背景，而用橙色或红色来表现人物。在雅典人安多基德斯（Andokides）经营的制陶作坊中，某位画师率先在陶瓶上同时绘制赭红色与黑色两种人像，但绘画风格并没有发生任何变化。这位画师也因该作坊而得名安多基德斯画师（Andokides Painter）。普西亚斯（Psiax）是在该作坊工作的另一名画师。他注意到，黑釉人像的细节必须用锐利的工具刻在黑色轮廓上，类似方法也可以用于赭红色人物，于是艺术表达的可能性也随之大大拓展。普西亚斯引发了陶器装饰风格的革命。公元前5世纪末，雅典活跃着一批所谓的先锋画师，他们充分利用当时所获得的创作自由进行了大胆的艺术探索。图案中的人物细节不但更加精致，且每个人物都焕发了新的生机，在陶器的表面奔跑、跳跃和翻滚，某些人物甚至按照透视关系被放大或缩小。艺术史学者J. J. 波利特（J. J. Pollitt）写道："无论从技术角度来看，还是从观念角度来看，透视法的发明都是艺术史上最深刻的变革。"但当时的陶器依然只描绘神话或贵族生活的场景。所以如果仅凭这些陶器去了解古希腊世界，根本不可能意识到这个世界实际上完全依赖农民的劳动。

上一段中提到的"新的生机"，恰好可以用来概括接下来所要发生的历史。在青年像制作史的最后30年，人物的造型越发轻松自然。在神庙里，木雕越来越少，其他质地的雕塑则更有效地利用了它们被给予的空间，例如神庙的山形墙。在奥林匹亚的宙斯神庙中，制作于公元前460年前后的参赛者浮雕表明，制作者真正捕捉到了参赛者的感受与情绪。新的时代即将到来。借用公元前5世纪的哲学家普罗泰戈拉（Protagoras）的著名说法，在这个新时代，"人是万物的尺度"。尽管出现这种变化的原因是一个争论不休的话题，它经常被与希腊反抗波斯的胜利联系在一起，在雅典则还被与民主的胜利联系在一起，但是，若没有一场智识方面的革命，上述改变显然不会发生。这场革命也被视为西方哲学的诞生。

（见专题3）

西方哲学的诞生

根据希罗多德的记载，公元前585年的某次日食曾导致天昏地暗，从而让正在交锋的米底人与吕底亚人中止了厮杀，并惊恐万分地缔结了和约。然而，另一件事同样引人注目。在爱奥尼亚人的城市米利都，泰勒斯据称成功预言了此次日食。由于现有的史料残缺不全，学术界很难断定泰勒斯是否真的预言了这次日食，还是在事后对日食的原理作出了解释。正如下文即将提到的那样，泰勒斯的宇宙观不足以为他提供一种预测日食的方法，他可能只是在转述巴比伦人所积累的天文学资料。然而，这一刻常被视为希腊哲学的诞生。至少在亚里士多德看来，泰勒斯乃是希腊哲学之父。当然，预测日食通常不被视为哲学，但此处这个词乃是指更广泛的意义上的"爱智慧"[①]以及对智慧本身的求索。这些思想者受到社会与文化背景的影响，许多人仍执着于论证"神明"这一观念。今人已难以重现他们的观点。因此在伟大的苏格拉底（活跃于公元前430年至前390年）之前，就已经存在一批形形色色的哲学家，但如今他们被统称为前苏格拉底哲学家（Presocratic）。马丁·韦斯特（Martin West）曾写道，前苏格拉底时代的哲学"并不是由一系列领航员引导、向着某个特定目的地行驶的一艘船，可以由某位领航员设定这条航线，下一位又设定另一条。它更像由许多小船组成的船队，驾驶者们既非从同一个起点出发，也未必同时出发，甚至没有共同的终点；某些小船成群结队，另一些则受到了其他船的影响，还有一些驶出了他人的视线"。[②]

希腊哲学在爱奥尼亚的兴起并不能被简单归结于某一个原因。公元前6世纪，小亚细亚沿海城市在希腊世界当中最为繁荣。米利都更是其中的佼佼者，且与其他许多城市一样，由僭主统治。当米利都的僭主被

[①] 英语中的哲学（philosophy）一词源于希腊语，原意即为"爱智慧"。——译者注
[②] 下列著作均为了解前苏格拉底哲学的入门读物：Catherine Osborne, *Presocratic Philosophy: A Very Short Introduction*, Oxford, 2004; A. A. Lang (ed.), *The Cambridge Companion to Early Greek Philosophy*, Cambridge and New York, 1999; Robin Waterfield (ed.), *The First Philosophers: The Presocratics and Sophists*, Oxford and New York, 2009。

推翻后，城市便陷入了内战。其中一个派系被称作"永远的水手"（The Perpetual Sailors）。这表明了以下事实：许多米利都人必定曾远赴异国他乡经商，例如埃及或其他富饶而高度发达的东方国度。米利都人赫卡特乌斯撰写了已知最早（约公元前500年）的论述地中海的地理学著作。由此可见，米利都人有机会观察不同的文明，并从周边民族的智识传统中汲取养分，从而撼动了成见，令新的思维方式得以出现。

杰弗里·劳埃德详细阐释了"新的思维方式"在城邦中诞生的情形。在他看来，城邦仿佛一个辩论的战场，公民们会在公民大会或法庭上展开激烈的争论，所以为了不让争论升级为内战就必须对参与者加以约束。因此人们为了在不破坏社会秩序的前提下规范并赢得辩论，就必须提炼出那些能让辩论在某一基础上顺利展开的最基本原则。例如在争论某个被告是否应被定罪时，人们可能不得不转而讨论一系列并不与之直接相关的问题，例如何为"公正"、如何检验证据、何种惩罚最为恰当。由于辩论的获胜者能够赢得声望，因此辩论者们不断提升自己的逻辑推理能力，并在有朝一日将之运用于其他"哲学"语境。劳埃德向读者表明，法庭辩论中的"证人"一词如何成了科学讨论中的"证据"一词的词根，而盘问证人时所使用的术语如何被用来描述对一个理念或假说的检验的。①

观念可以争论且无须担忧是否会触怒神明，这些对于理性的发展至关重要。希腊哲学的显著特点便是漠视权威。杰弗旦·劳埃德在《智慧革命》②一书中指出，对前人著作的批判在埃及与近东闻所未闻，但在希腊却非常普遍。然而，要挑战昔日的"权威"，就要详细说明实现这一目标的合乎逻辑的方法，因而探索真理（truth）和确定性（certainty）的方法也就变得十分重要（对在特定哲学语境下何为真理和确定性的讨论同样十分重要）。

早期的哲学家主要关注对宇宙本质的理解。其中有三位米利都哲学家的名字流传了下来，他们是泰勒斯、阿那克西曼德（Anaximander）和阿那克西美尼（Anaximenes）。此三人据说都是实干家。泰勒斯曾投

---

① 参见：Geoffrey Lloyd, *Magic, Reason and Experience*, Cambridge, 1979。
② 参见：Geoffrey Lloyd, *The Revolutions of Wisdom*, Berkeley, 1987。

身政治，并掌握一些工程技术，据传他曾测量过金字塔的高度，以及太阳与月亮的大小。（根据侍女对泰勒斯的调侃，他也是心不在焉的教授的原型，曾在全神贯注观察星星时不慎跌入大坑。）阿那克西曼德曾为当时已知的世界绘制过一幅地图。阿那克西美尼以其对日常事物的细致观察而闻名，他曾观察船桨划过水面时水面如何泛起点点粼光。简而言之，此三人都是公众人物，都曾参与政治，处理公共事务。事实上，哲学对他们而言可能只是业余爱好或者展示自我的方式。当然亚里士多德也可能只是强调了他们思想中预示了自己的想法的一面，而忽略了他们的其他活动。

有关这些早期哲学家的思想的记载支离破碎，而且围绕这些史料的争论也从未停息。但这几人可能具有共同的信念——世界，也就是宇宙（kosmos），受制于某种神圣的力量，这种力量也赋予世界一个有序的根基。此观念与荷马笔下由众神主宰的世界有着天壤之别。但目前学术界尚不清楚此观念起源于何处，东方神话可能也是其源头。事实证明，这是他们的推测的基础。

泰勒斯以预测日食而闻名，还可能是第一位探索宇宙起源之谜的学者。在他看来，水是万物之本，陆地则漂浮在水上。在埃及和塞姆语族各民族的创世神话中，世界虽同样自水中诞生，但泰勒斯选择水作为世界的本原可能还是基于水对于人的生命具有不言而喻的重要性。泰勒斯可能主张万物源于水，但并不确定他是否主张万物最终还能分解为水，还是说这种转变是不可逆的。尝试为自然规律给出唯一的、合理的陈述被视为西方文化演进的关键一步，其含义仍激励着无数的科学家与哲学家。

泰勒斯的推测直接引出了一个难题，即一种物理上的存在如何转化为另一种看似截然相反的存在（例如水如何转化为火）。阿那克西曼德便主要致力于解决这一问题。然而能够注意到这一问题且尝试寻求合理的答案，这一行为本身就已意义非凡。阿那克西曼德想象有一种无定形且永恒的物质存在，并称之为无定（Boundless）。无定不只是万物的本原，还包围着大地并维持着万物的平衡。他似乎相信，水、火永远不能相融，正如同干和湿等对立事物一样，实际上是相互冲突的。无论何时，总会有一方占主导地位，只有高于一切的力量——无定——能够维持着万物的秩序。此观念不禁使人联想到了城邦中的党争，不同党派虽彼此对立，但某种超然于党派之上的抽象理念可以被用来维持城邦的和平。

阿那克西曼德的另一个贡献是提出了大地是空间中一个稳定且静止的物体。泰勒斯认为大地漂浮于水上，但却留下一个巨大的难题——水又漂浮于何物之上。阿那克西曼德认为，没有理由认为处于中央的物体会移动，因为它不能同时向相反的方向移动，因此将始终悬浮在中心。倘若这真是阿那克西曼德的观点（毕竟这只是亚里士多德在200年后的转述），那么这便是最早在自然科学领域运用充足理由律的例子（即每个事实必须有一个解释它为什么是这样的理由的原则）。

阿那克西曼德并未解释无定如何转化为其他物质。无定与它之外的物质世界是否存在界限？还是说无定以某种形式等同于物质世界？第三位米利都哲学家阿那克西美尼对此给出了答案。阿那克西美尼认为世界本质上是由一种可自由转化的物质——气——构成，物质世界的万物均源于气，气能转化为风，然后转化为云或水蒸气。水蒸气转变为水，然后转变为冰，提供了进一步转变的例子。岩石之类的坚硬物体是因为其所含有的气更加紧密。在阿那克西美尼看来，气也具有某种非物质性，无论它临时嬗变为何物，气本身都是永恒存在的。由于气是维持生命的重要物质，所以气具有特殊地位。阿那克西美尼显然借鉴了当时流行的一种观点。这种观点认为人之所以死去是因为气离开了人体。

倘若宇宙果真源于某一种实体，那么如何解释本原单一性与万物多样性的矛盾？而且任意一个现实世界的观察者都能感受到永不停歇的变化，这又该做何解释？赫拉克利特（Heraclitus）率先注意到了多样性与无序的问题，而他也是早期哲学家当中思想最为复杂者之一。如同其他几位前辈一样，他也是爱奥尼亚人，来自米利都北方的以弗所。以弗所在文化上属于爱奥尼亚的希腊城邦，虽然名义上先后处于吕底亚与波斯的统治之下，但依然能够参与希腊世界的事务。赫拉克利特活跃于公元前500年前后，并自视为引领哲学新思潮的先锋。如何调和自然界中那种处处可以看到的变化与决定其存在的内在稳定规律之间的矛盾，成为他最痴迷的问题。

如今，赫拉克利特的作品仅有百余残篇传世。他似乎不像其他哲学家那样喜欢用连贯的散文或韵文表达思想，而是偏好短小精悍且敏锐的观察记录（这不禁使人联想到现代哲学家路德维希·维特根斯坦）。赫拉克利特的许多残篇晦涩难懂，他的同时代人也这么认为。它们给人的印象是，赫拉克利特故意试图打破传统观点、炫耀自己的才华。毫无疑问，时人将他视为一个不安分的讨厌鬼。赫拉克利特探讨了他在现实世界中所观察到的种种矛盾——鱼可以喝盐水，但是人非但不能喝盐水，反而会因为喝太多盐水而丧命。两种截然相反的特性可以共存于同一事物中。一条道路同时通向高处和低处。当一个人连续几天踏入某条河流时，由于河水的流动，他是否踏入的是同一条河流？赫拉克利特注意到，在很多情况下，一个概念只有存在与之相反的概念时才能够被人理解。例如，人们只有当"和平"这一概念存在时才能理解"战争"，"健康"与"疾病"的关系也是如此，而昼与夜、冬与夏等相反的概念也是相互依存的。赫拉克利特为火赋予了特殊的地位，他多次提到，火是构成世间万物的基本元素，即使火焰的变化十分剧烈。在他看来，火是一种能够产生变化的力量，正如同黄金既是一种实现变化的手段（因为黄金可以通过交换转化为其他商品），又可以作为衡量价值的一般等价物。

赫拉克利特向其读者保证，火虽然看似带来了混乱，但多样性在本质上是统一性的组成部分。既然冲突最终将带来秩序，那么截然相反的事物虽然带来了对立，但一切都将被神圣的力量所调和。这种力量就是逻各斯（logos），而此时的逻各斯即等同于火。赫拉克利特认为，"逻各斯就是昼和夜、冬和夏、战争与和平、丰收和饥馑"，"万物都是根据逻各斯产生的"。逻各斯最初不过是指书面或口头上的词语，赫拉克利特是第一个赋予这个词更重要意义的人。赫拉克利特还认为，人们虽然无法界定逻各斯的本真，但某些人能够比其他人更加接近逻各斯的含义（他本人当然就是其中之一！）。就最高的层次而言，逻各斯指代神圣的法则，该法则适用于万物并超然万物，按照他的说法，正如同城邦的法律高于城邦中的每个个体。于是当使徒约翰在《约翰福音》的开篇使用逻各斯一词时，希腊哲学完成了一次最成功的"政变"。

　　赫拉克利特乐于从他能观察到的周围世界中得出他的想法。他在某残篇中写道："凡是可以通过观察与聆听得到的东西，我最珍视。"与赫拉克利特生活在同一时代的竞争对手巴门尼德（Parmenides）所采取的方法截然不同。公元前515年左右，巴门尼德出生在意大利南部城市埃利亚（Elea）。这是一座由爱奥尼亚城市弗卡埃亚的流亡者建立的城市。巴门尼德摒弃了对物质世界的观察，转而独自走上一条只基于理性寻找真理的道路，他可能是在有意挑战赫拉克利特。这个争论在哲学史上持续存在，巴门尼德首先提出，物质世界只由头脑中能构思的东西组成，有且仅有这样的世界存在。（该理论对于石块等真实存在的事物还适用，但对于人类能够想象出来却并不存在的东西则没有太大帮助，例如独角兽。我们只能推测巴门尼德并未打算在其理论体系中囊括独角兽之类的事物。）不能够被思考的事物根本不存在，因此不能也不必被言说。巴门尼德进而提出，岩石等真实存在的事物只能以其当前的状态存在。不能设想任何之前或之后的状态，因为那样它就不会像现在这样存在，不存在的东西就不能被言说。以此类推，一切存在的事物都是不变的，存在于永恒的当下。巴门尼德还进一步提出，由于"无"不可能存在，物体之间不可能有空隙——所有存在的事物是作为一个不可分割的实体连在一起的。于是，根据逻辑得出的推论便是世界是由一个不变的实体构成的。但这一结论直接与人的感官经验相悖，并在理性与观察之间制造了一道鸿沟。

　　巴门尼德的学生芝诺（Zeno）继续探究了巴门尼德的推理所揭露出来的悖论。芝诺提出的命题之一是"飞矢不动"。虽然就感官而言，箭矢显然在运动，但芝诺却通过逻辑证明飞矢是静止的。芝诺的论证过程如下，静止的万物占据着"与自身相等的空间"，而在每一个瞬间，飞矢都占据着"与自身相等的空间"，所以飞矢始终是静止的。另一个与之类似的命题是"在赛场中赛跑的选手永远不可能到达终点"，因为他首先要跑完赛程的前一半，但在此之前先要跑完前四分之一，以此类推，选手首先要跑完八分之一、十六分之一……所以他永远不可能跑完全程。

巴门尼德已经向我们展示，从一个无可辩驳的起点出发，有可能通过演绎的方法来证明一些偶然的真理。这是哲学论证方法发展完善的关键一步。他的结论本身就令人深感不安，并激发了整个希腊世界的进一步思考。例如柏拉图就承认曾受到巴门尼德的影响，主张存在着只有通过理性才能接近的实体——理型（Form）。

对巴门尼德学说的一种回应是更仔细地探问到底是什么构成了物质对象。来自西西里岛的阿克拉伽斯的恩培多克勒（Empedocles）是一名交际广泛的贵族，生活节俭而又极度自负，甚至可能自诩为神明。他致力于重新把感官认知作为知识的有效来源。他认为，事物并非如巴门尼德所主张的那样一成不变，而是根据构成这些事物的水、火、气、土四大元素的不同比例而呈现出不同的形态。树木、鱼鸟、凡人乃至众神均由上述四种元素以不同配比构成。同时他又主张存在"爱"与"斗争"这两种力量共同推动不同事物的分解和重组，只有四大元素永远保持不变。恩培多克勒并未止步于此。他又提出四大元素的持续交融偶尔会导致一些奇异的组合，其中一些会因机缘巧合得以不断繁衍，从而得以延续。恩培多克勒受到了亚里士多德的嘲讽，因为后者认为进化过程应该是有序的。但恩培多克勒的洞察力最终却赢得了达尔文的高度赞赏。进化过程背后是否蕴藏着潜在的规律性，表现为不同的物种拥有眼睛、毛发等共同特征，这个问题至今仍是人们讨论的焦点。

也有人对物质对象的构成问题给出了另一种解释，认为物质可以分解为许多微小到不能再分解的微粒。（希腊语称此微粒为atomos，英文中的atom［原子］一词即来源于此。）原子的概念由公元前5世纪中叶的留基伯（Leucippus）率先提出。此人来自爱琴海北部的小城阿布德拉（Abdera），该城也是由来自爱奥尼亚的移民建立的。留基伯彻底摒弃了巴门尼德的观点，他认为物体之间可以存在虚空，"无"是可以存在的（无论那时还是现在，这都是开展一场哲学辩论的一个很好的陈述）。若上述观点成立，那么物质就无须联结为一团无差异的东西。同时物体也由于拥有了可通过的虚空而可以运动。德谟克利特（Democritus）也来自阿布德拉，比留基伯生活的时代稍晚。二人共同主张物质世界由原子构成的观点。他认为，原子属于同一种物质，只是具有不同的形状与大小，它们虽在虚空中随机运动，但形状或大小相同的原子趋向于彼此吸引，从而形成物质对象（德谟克利特甚至推测某些原子具有能使彼此钩在一起的钩子）。因此现在的世界就是这样形成的。一切事物都由相同的物质构成，但由于构成这些事物的原子形状不同而呈现出不同的形态。原子在向下运动的过程中有时会发生"偏转"，相互碰撞在一起的原子则形成新的事物。原子论者认为"偏转"是随机的，从而使他们与其他早期的宇宙论者截然不同。原子论者不认为原子背后存在其他引导力量，存在的只是原子本身以及原子间的虚空。这便是最早的较成熟的唯物主义世界观，它主张在人类能够凭感官直接感受到的物质世界之外不存在任何实体，这也使原子论者成了马克思最青睐的希腊哲学家。

毕达哥拉斯的观点与前者截然不同。他也是爱奥尼亚人，出生于萨摩斯岛，可能在公元前525年前后被迫流亡到了意大利南部。虽然后世流传着许多关于毕达哥拉斯的传说，但今人对他的生平仍知之甚少。他显然极具人格魅力，不但吸引了一批虔诚的追随者，甚至在他死后很久，这类追随者群体仍然存在，而意大利南部各城市也在他们的启发下出现了许多类似的群体。事实证明，根本不可能准确区分毕达哥拉斯本人的教诲与毕达哥拉斯学派后来添加的内容。例如，毕达哥拉斯定理与他本人可能并无直接联系（巴比伦人在数百年前很可能就已发现该定理）。

灵魂转生极可能是毕达哥拉斯本人的主张。他似乎相信灵魂是一种可脱离肉体的永恒的实体。肉体仅仅是灵魂临时的居所，所以灵魂会随着一具肉体的死亡而移往下一具肉体。但灵魂移往何种肉体取决于其在之前每具肉体中的所作所为，因为灵魂不仅永生不灭，还具有理性，并需要对其行为负责。灵魂必须时刻注意不被肉体的欲望征服，不然就会在下一具肉体中受苦。同样，正确的行为将确保灵魂移往一具能过上快乐生活的肉体。毕达哥拉斯学派的成员均奉行禁欲主义，但与其他禁欲主义者有所不同，他们从未切断自己与外部世界的联系。实际上，该学派的许多成员都曾积极地投身于政治，尽管他们的信条中的苦行成分常常招致反对。虽然尚无直接证据可以证明毕达哥拉斯与数学有关联，但"万物皆由数所规定"这一理论常被归于他的名下。拨动琴弦时，共鸣箱就会发出一个音符；若将琴弦的长度减半，则音高提高八度。几种金属以某一比例混合可以得到新的合金。"完美的"人体比例可以通过数学计算得到。通过上述事例，能否认为所有物理结构背后都隐藏着数学形式？柏拉图接受了这一可能性，并认为一个理性的灵魂可以领悟其中的奥秘，因此数学将成为他对有抱负的哲学家的教育的核心课程。①

上述希腊早期思想家的各种观点令人振奋，但也令人深感不安，尤其是巴门尼德的推论中的看似荒谬之处，可能会让人把哲学视作一种智力游戏而已。可能有人会说，如果"真理"这个概念真的存在的话，也是某种相对的东西，它完全依赖于个体观察者不全面的感官认识，或取决于他们构建其理性推论的方式。公元前6世纪，另一名爱奥尼亚人色诺芬尼（Xenophanes）便在一段有关众神的陈述中阐述了类似的观点：

> 凡人们以为诸神是诞生出来的，穿着衣服，并且有着同他们一样的容貌和声音……倘若牛、马、狮子都能像人一样画画和塑像，马会画出或塑成马形的神像，牛会画出或塑成牛形的神像，它们都会各自照着其模样。②

倘若我们赞同色诺芬尼的观点，就等于承认众神是人类思维活动的产物，那么很快就会有人认为善与正义等概念可能也同样是人类思维活动的产物。一个更加根本的问题就摆在了世人的面前：人类究竟能否就善、正义、神明等事物的本质达成某种共识？这个问题将成为公元前5世纪末至前4世纪初，以苏格拉底和柏拉图为代表的希腊哲人们所致力探讨的命题。

评价早期希腊哲人们的成就不能脱离其语境。当时的人们尚未发展出理性思维。理性思维是人类社会的一个内在要素，在每一种文化中都能找到。在人类历史的早期阶段，人们就已经在聪明地操纵自然环境。在《奥德赛》中，奥德修斯在船只沉没后与海浪奋力搏斗。他对如何平安抵达岸

---

① 有关毕达哥拉斯对西方文明的贡献，参见：Kitty Ferguson, *Pythagoras*, London, 2010。
② 译文摘自叶秀山、王树人总编：《西方哲学史（学术版）》第2卷，南京：凤凰出版社，2005年，第206页。——译者注

边进行了一番权衡：径直游向岸边会被岩石撞得粉身碎骨，但沿海岸线迂回一段距离则需要冒着被大风吹走的危险。面对着不断变化的自然环境，人类为了生存，始终在多种选择之间反复权衡，并自觉地选择最佳的方案。

古希腊哲学的成就，就是超越了对于日常问题的权衡，认识到有一种独特推理方式可以被运用到抽象问题上。埃及人和巴比伦人在处理建筑、税务等实际应用问题时已经发展出一些运算过程。公元前1600年前后，这些运算更是在巴比伦人手中发展出最终的形式。但他们不曾以抽象的方式运用数字。此项突破要由希腊人来实现。尽管直到公元前300年左右，欧几里得的《几何原本》(Elements)才对数学知识进行了系统性的总结与梳理，但早在公元前5世纪时，希腊人显然已经开始以数学家的方式进行思考，能够运用公理、定理、定义、证明。以这种方式可以制定一般的原则，进而被应用于解决其他领域更为广泛的问题。此外，抽象思维能力也推动了智识的发展，其影响范围并不局限于数学、自然科学、形而上学、伦理学乃至政治学都在其列。公元前6世纪末，雅典的克里斯提尼改革大获成功，其关键在于把各个社群整合成人为设立的三一区。该方案必然是以抽象思维设计出来的。

上述成就有一个意义深远的影响，那就是希腊人可以不受阻碍地探索问题。古希腊哲学的成功源于广泛针对各类问题进行批判性与论证性研究。当代英国著名哲学家伯纳德·威廉姆斯（Bernard Williams，1929—2003年）指出：

> 古希腊人几乎开创了哲学的所有重要分支：形而上学、逻辑学、伦理学、语言哲学、政治哲学、艺术哲学以及知识论。[威廉姆斯在此只列举了现代哲学家仍在关注的领域，他还应该再加上当时仍包含在古希腊哲学范畴内的数学与自然科学。]他们不仅开创了这些研究领域，还提出了这些领域中许多至今仍被认为是基本命题的问题。

值得指出的是，威廉姆斯主要关注古希腊人善于提出问题的这一面。

古希腊人并不总能有效地解答这些问题。这是有原因的。首先，他们的推测往往远远超前于其感官认知所能达到的水平。我们必须对这一事实保持清醒的认识。例如，古希腊天文学家在观察天体时除了使用自己的肉眼没有其他任何方法。（虽然他们发明了测量角度的工具，但使用这些工具仍离不开裸眼。）亚里士多德的自然发生说主张生命可以凭空出现。这个错误认识直到17世纪都一直影响广泛。这很大程度上源于他无法观察到微小的事物。（亚里士多德的同事泰奥弗拉斯托斯［Theophrastus］指出亚里士多德忽略了微小的种子，从而对自发生成的概念彻底产生了怀疑，这简直是一个教科书一般的例子，说明没有一个希腊哲学家能幸免于他的同事的批评。）然而，希腊哲学尤为重要的一项成就是，它认识到，尽管感观认知有不足之处，但仍然是至关重要的。公元前5世纪的哲学家德谟克利特曾触及这一问题的核心。在一篇"思想"与"感观"的对话中，他写道："可怜的思想啊，你从我们（即感官）这里获得了证据，又想抛弃我们吗？我们被抛弃，你也便垮台了。"

简而言之，公元前6世纪的希腊世界培育了多种形式的求知欲与创造力。古风时代应该被视为一种特定的心态扎根的时代，这或许就像上文所提到的，是由充满矛盾的城邦生活所致。这种心态涉及摆脱那些仍然处于众神的阴影下的文化所强加的限制，无拘无束地寻求对现实世界的理解。虽然当时的希腊世界四分五裂，但这个世界中的各个城邦却依靠有限的资源顽强地生存下来，而它们的生命力即将经受严峻考验。这个考验来自东方，来自人类有史以来幅员最为辽阔的帝国——波斯帝国。

第13章

希波战争

> 这些人把永不泯灭的威望带给了自己的祖国，
> 当他们用死亡的黑云裹住了自己，
> 然而死者并没有死去，因为美德从上面赐予
> 荣耀，把他们从哈迪斯的宫殿带回。
>
> ——凯奥斯岛的西摩尼得斯，
> 《悼普拉提亚之战中阵亡的斯巴达人》，作于公元前479年[1]

公元前6世纪40年代，爱奥尼亚被波斯征服。此前当地曾有许多繁荣而自信的城市，他们的海军实力在希腊世界首屈一指，其商队曾深入埃及腹地，也曾向东越过吕底亚。他们与东方的接触曾结出了许多重要的文化成就，其中就包括史诗与哲学。然而这些城市在政治上却比较保守，许多仍处于僭主的统治之下。波斯人居鲁士在征服当地后继续利用僭主维持对这片新领土的统治。但许多爱奥尼亚人作为难民向西逃亡，他们带来的技艺促进了希腊本土与意大利各个城市的发展。

各城都有自己的宿敌。其中米利都长期与纳克索斯为敌，后者乃是基克拉泽斯群岛的战略要冲。当时的米利都僭主阿里斯塔戈拉斯（Aristagoras）向波斯人展开游说，宣称纳克索斯可被用作进一步征服爱琴海的垫脚石。

---

[1] Simonides of Ceos, *On the Spartan Dead at the Battle of Plataea*。译文见《古希腊抒情诗集》第四卷，第1523页。

他此举应该是想利用波斯实现自己的野心。但波斯的指挥官却向纳克索斯通风报信，部分导致该计划失败。阿里斯塔戈拉斯愤恨波斯的背叛，转而联合雅典反抗波斯。鉴于希腊世界对僭主统治日益反感，他甚至放弃了僭主身份，并宣布米利都的公民将在法律面前人人平等。

阿里斯塔戈拉斯的希腊同胞立刻做出回应。爱奥尼亚城市基于共同的文化基础以及日常的商业往来，彼此间自古以来就有兄弟之谊。它们共同忍受着波斯的横征暴敛，同时苦心经营的贸易网络也因波斯的扩张而遭到破坏。（以希腊人在埃及的贸易据点瑙克拉提斯为例，该城主要由爱奥尼亚人经营，但自公元前525年后，希腊陶器在当地突然中断，有可能表明希腊人对当地的占据出现中断。）如今，爱奥尼亚诸邦纷纷推翻其僭主，并联合起来共谋反抗波斯。

首先，它们向希腊本土寻求援手。虽然此时斯巴达正专心对付阿哥斯，但雅典与优卑亚岛的埃雷特里亚却因各自与爱奥尼亚之间的古老渊源倍感自豪。公元前498年，20艘雅典战船与5艘埃雷特里亚战船驶过爱琴海，加入了庞大的爱奥尼亚舰队。爱奥尼亚人向内陆城市萨尔底斯发动了一场远征，并在波斯人重新夺回优势之前焚毁了该城。此次突袭极具鼓动作用，并点燃了从达达尼尔海峡到更南端的小亚细亚海岸各城市反抗波斯的烈火，甚至塞浦路斯岛的希腊城市都在一年的时间里暂时摆脱了波斯人的枷锁。

波斯军队兵分三路发起反击，但直到公元前495年时仍未能完全掌控局面。然而希腊人要想取胜也绝非易事。在希罗多德看来，主要问题在于爱奥尼亚人的懦弱与懒散，来自各城市的重装步兵各自为战，几乎不可能组成一支足以粉碎波斯人的大军。反抗仿佛陷入了僵局，直到波斯人在公元前494年决定进攻米利都，因为该城是这次反抗的大本营。爱奥尼亚人集结舰队保卫米利都，但在近海岛屿拉德（Lade）附近战败。波斯人攻陷了米利都。随着抵抗力量的核心消失，其余城市也陆续投降，暴动就此平息。

一番野蛮的报复之后，大流士精明地放松了希腊城市身上的缰绳。根据希罗多德的记载，这些城市甚至能够自由地组建民主政府。但爱奥尼亚精神却已烟消云散，各城市自古风时代以来的繁荣也一去不复返。如今，最大的问题变成了大流士会不会入侵希腊本土。主动权在波斯手中，因为大流士此前曾远征色雷斯，并控制了爱琴海北岸的广大区域，进而向南推进到了奥林波斯山。此外，波斯能调动埃及人与腓尼基人的舰队。但希腊人由于内部纷争而四分五裂，雅典与埃雷特里亚的干涉行动又给大流士提供了口实。但根据希罗多德的记述，大流士入侵希腊并非单纯的报复之举，更是为了满足其征服欲。大流士派遣使者向希腊各城市劝降，但斯巴达和雅典都处死了大流士的使者。此等亵渎神灵的行为使得战争已不可避免。

波斯的这次远征由两人负责指挥，一个是米底人达提斯（Datis），另一个是大流士的侄子阿尔塔弗尔奈斯（Artaphrenes）。300艘三列桨座战船云集奇里乞亚，大批人员与马匹在此登船。这两位统帅可能从未计划攻击雅典之类的重要城市，爱琴海中部的岛屿应该才是他们的真正目标。之后他们可能继续西进并登陆优卑亚岛。雅典的前僭主希庇亚斯此时已有80岁，也加入了该舰队，想伺机恢复其在雅典的统治。[①]

公元前490年初夏，达提斯开始沿着小亚细亚南部的海岸线进军。希腊人起初毫无警觉，在他们看来，波斯大军显然应该先沿着小亚细亚的海岸线北上，然后经塞浦路斯岛转向色雷斯，在作战季接近尾声时才能抵达。然而，波斯人直接向西渡过爱琴海，对希腊人发动突袭并攻占了纳克索斯，神圣的提洛岛也遭遇了同样的命运，随后波斯舰队驶向优卑亚岛并围攻埃雷特里亚。一周内，埃雷特里亚遭到背叛，被波斯攻陷。

时值夏末，波斯人占据着上风。其部队井然有序，声势浩大。（实际上，他们在沿途成功拉拢到了更多的仆从军。）他们在希腊人的领土上站稳了脚跟，并建立起与帝国本土相连的补给线。随后几天，波斯人向希腊本土进发，未受抵抗便在雅典东北40千米处漫长的马拉松（Marathon）海滩成功登陆。希庇亚斯引导波斯人在此地登陆自有其道理：时光退回到50多年前，他与其父庇西特拉图也是在此登陆的。此外，当地不仅有充

[①] 有关希波战争的可读性高的介绍，参见：Tom Holland, *Persian Fire: The First World Empire and the Battle for the West*, London and New York, 2005。

足的牧草与淡水，一旦双方在此交战，还有足够的空间供近千名波斯骑兵纵横驰骋。

与此同时，雅典人通过烽火得知波斯人业已登陆，立即派遣一位名叫腓底庇德斯（Phidippides）的长跑健将到斯巴达求援。他"于次日"抵达斯巴达。当他返回雅典时，已在不到48小时内奔跑了240多千米。然而，他带回的消息却令人失望：斯巴达人要等待宗教活动结束，一周后才能派出援军。此时，雅典军队共有约9000名重装步兵，以及1000名来自普拉提亚（Plataea）的援军。雅典军队于是向北进发，在波斯军队的对面扎下营寨。波斯军队的兵力两倍于雅典，并有骑兵与弓箭手协同作战。雅典人于是就马上发起进攻还是固守待援展开了激烈的辩论。雅典十将军之一的米泰亚得（Miltiades）曾在色雷斯领教过波斯军队的战术。他成功迫使辩论的双方达成一致：只要条件十分有利，就必须果断发动进攻。

波斯人应该计划先利用弓箭手与骑兵撕开雅典重装步兵的阵形，然后趁其阵脚大乱之际让步兵加入战斗。对希腊人而言，唯一的胜算便是迎头痛击波斯步兵，寄希望于重装步兵可以在协同与士气方面彻底压倒对手，因此最佳的进攻时机只能选在波斯骑兵不在战场上的时候，同时还要在发起冲锋前尽可能地靠近波斯步兵。日复一日，雅典人小心翼翼地向前缓慢推进。公元前490年的9月17日，波斯骑兵终于消失在视野中。他们有可能趁夜间从战场上暂时撤退，让马匹饮水休息，但在返回战场时出现了延误。也有可能他们已奉命南下，直接向雅典发起进攻。

巧合的是，当天轮到米泰亚得担任指挥官。在成功说服具有最终决定权的军事执政官卡利马库斯后，他立刻率领全军发起了进攻。米泰亚得把军队一字排开，并着重加强了两翼，然后毫不迟疑地下令冲锋。希腊人飞奔着冲向敌军，以求在波斯的弓箭手扰乱重装步兵方阵的队形之前与敌人交锋。双方混战在了一起。但当波斯军队看似在阵线的中央占据上风时，希腊人却从背后对他们进行包抄，并将波斯人一举击溃。之后的战斗变成了一场屠杀。当波斯人逃向海滩或周围的沼泽时，折损了大约6400人。雅典方面仅阵亡192人。这些阵亡者至今仍长眠在战场附近的一个土

古希腊地图

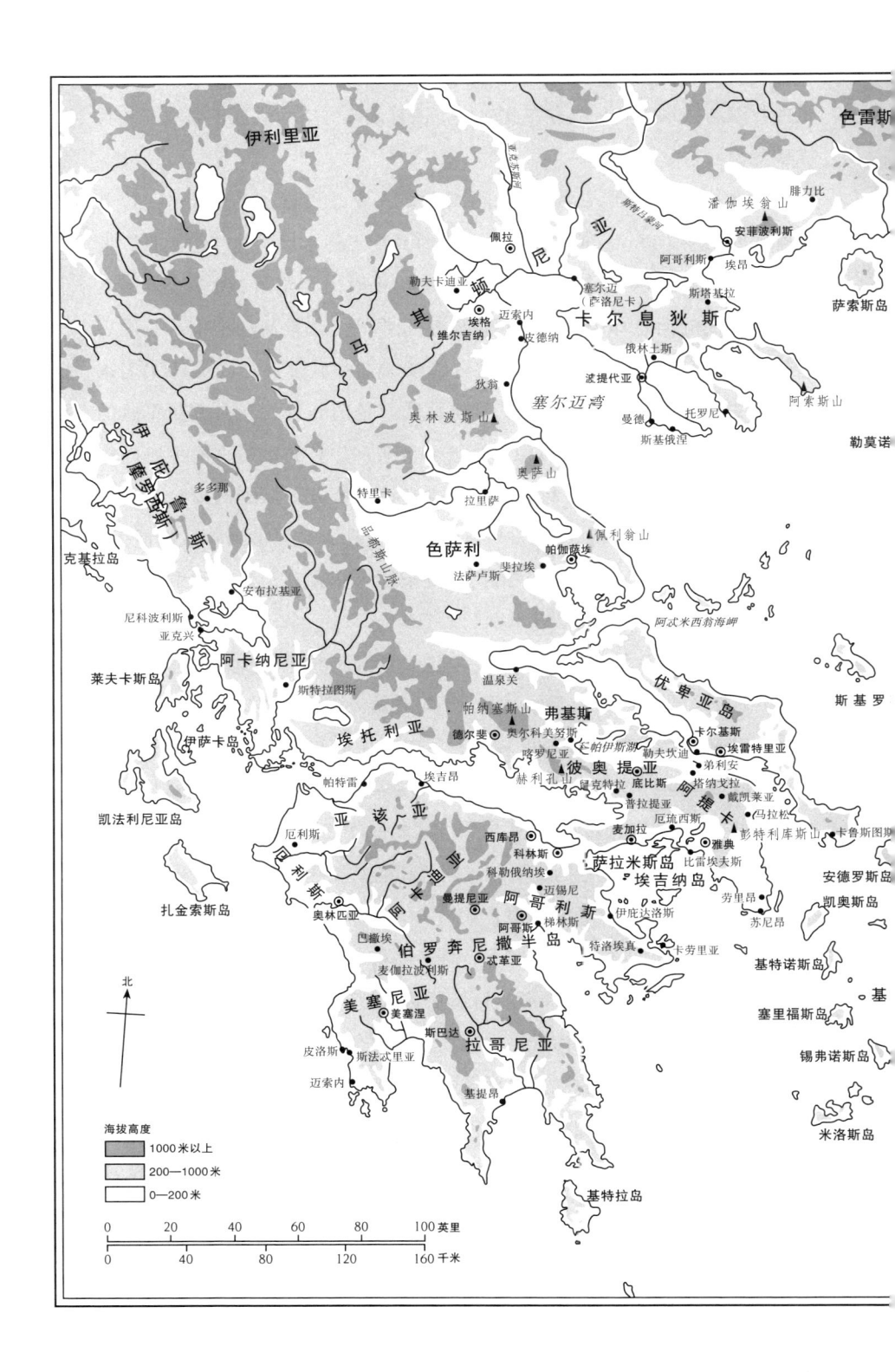

海拔高度
- 1000米以上
- 200—1000米
- 0—200米

比例尺：0—100英里 / 0—160千米

北

主要地区与地名：

色雷斯、伊利里亚、马其顿、伊庇鲁斯（摩罗西斯）、色萨利、阿卡纳尼亚、埃托利亚、弗基斯、彼奥提亚、阿提卡、亚该亚、阿卡迪亚、阿哥利斯、伊利斯、美塞尼亚、拉哥尼亚、伯罗奔尼撒半岛、卡尔息狄斯、塞尔迈湾

山脉与海岬：

奥林波斯山、奥萨山、品都斯山脉、佩利翁山、帕纳塞斯山、赫利孔山、潘伽埃翁山、阿索斯山、阿忒米西翁海岬

城市与城镇：

佩拉、勒夫卡迪亚（萨洛尼卡）、塞尔迈（萨洛尼卡）、埃格（维尔吉纳）、迈索内、皮德纳、阿哥利斯、埃昂、安菲波利斯、腓力比、斯塔基拉、俄林土斯、波提代亚、曼德、托罗尼、斯基俄涅、狄翁、多多那、特里卡、拉里萨、法萨卢斯、帕伽萨埃、尼科波利斯、亚克兴、安布拉基亚、斯特拉图斯、帕特雷、埃吉翁、德尔斐、奥尔科美努斯、喀罗尼亚、温泉关、卡尔基斯、埃雷特里亚、弟利安、普拉提亚、底比斯、塔纳戈拉、戴凯莱亚、马拉松、雅典、彭特利库斯山、比雷埃夫斯、麦加拉、萨拉米斯岛、埃吉纳岛、伊庇达洛斯、劳里昂、苏尼昂、西库昂、科林斯、科勒俄纳埃、曼提尼亚、阿哥斯、迈锡尼、梯林斯、特洛埃真、卡劳里亚、奥林匹亚、巴撒埃、麦伽拉波利斯、忒革亚、美塞涅、斯巴达、斯法克里亚、皮洛斯、迈索内、基提昂

岛屿：

萨索斯岛、勒莫诺岛、斯基罗岛、优卑亚岛、安德罗斯岛、凯奥斯岛、基特诺斯岛、塞里福斯岛、锡弗诺斯岛、米洛斯岛、基特拉岛、扎金索斯岛、凯法利尼亚岛、伊萨卡岛、莱夫卡斯岛、克基拉岛

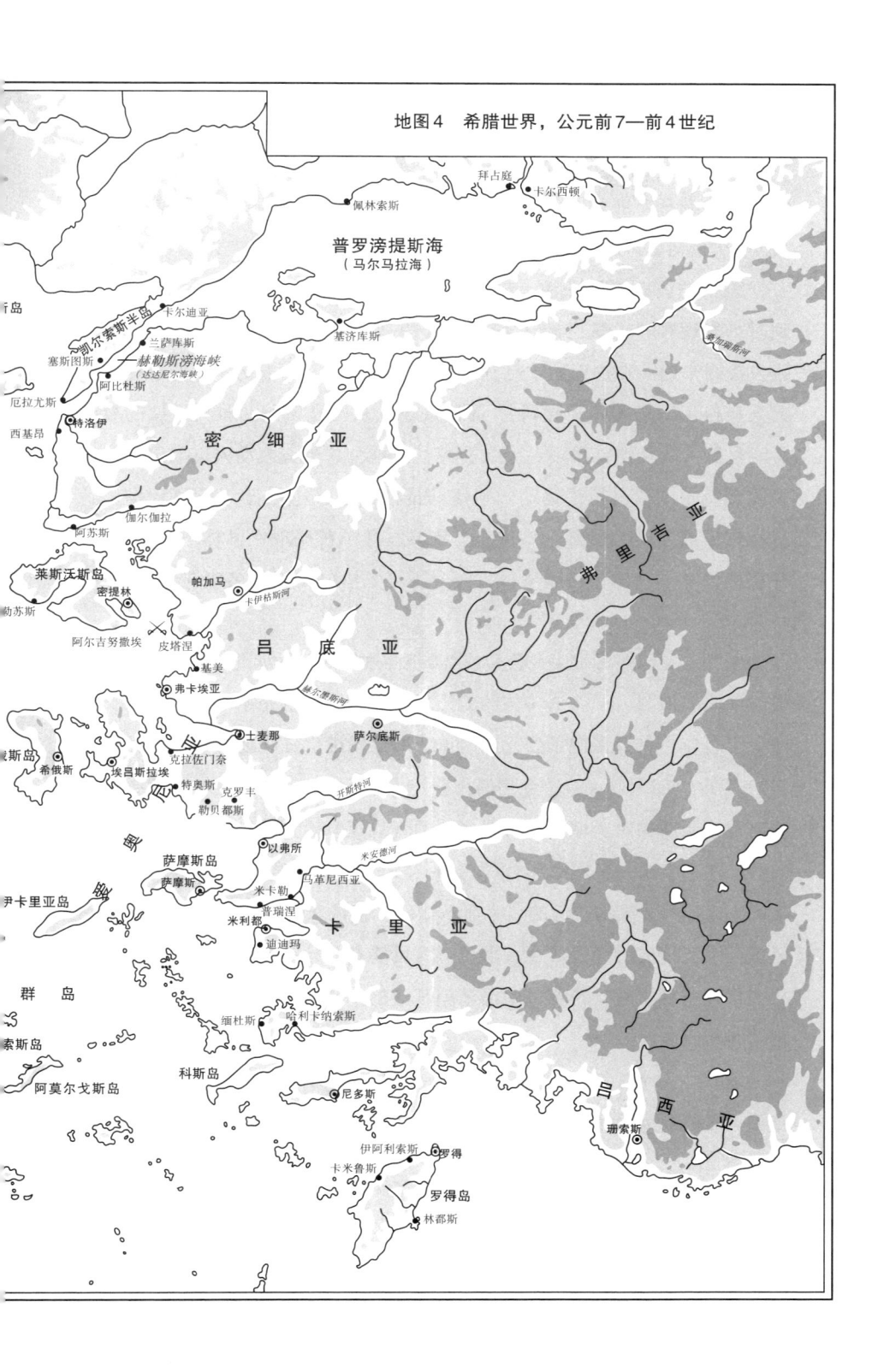

地图 4　希腊世界，公元前 7—前 4 世纪

丘下面。考古学家近来在伯罗奔尼撒半岛兴建于2世纪的赫罗狄斯·阿提库斯①（Herodes Atticus）的豪华庄园中发现了一份名单，上面记载着来自雅典厄勒刻泰斯部落（Erechtheis）的22名阵亡者的名字。此名单原本与另外9个部落的阵亡者名单一同安放在上文提到的土丘前。②

残余的波斯军队孤注一掷，试图从海上突袭雅典。然而，当他们赶到时，发现雅典军队已经从40千米外的马拉松返回，并严阵以待。斯巴达人姗姗来迟，在一天后才赶到。面对着尸横遍野的战场，他们也称赞雅典人赢得了一场彻底的胜利。（腓底庇德斯从马拉松跑回雅典报捷的故事可能是后人的杜撰。虽不免令人遗憾，但这个故事如此动人，以至于人们为此创造了现代马拉松运动。现代马拉松运动长达42千米的赛程也正是从马拉松到雅典的距离。1896年，雅典举办了首届现代奥林匹克运动会，并首次设置了马拉松长跑项目，而冠军得主恰好是一位名叫斯皮罗斯·路易斯［Spiros Louis］的希腊人。）

我们之所以能对发生在公元前490年的这场战争做如此详细的描述，要得益于此战被载入了希罗多德的《历史》一书，这也是第一部真正意义上的历史著作。希罗多德于公元前5世纪80年代出生在小亚细亚沿岸的哈利卡纳索斯（Halicarnassus，今称博德鲁姆［Bodrum］），该城是一座已被并入波斯帝国版图的希腊城市。希罗多德的背景充分诠释了一个含义变动不居的概念"希腊性"在公元前5世纪时的含义。严格地说，希罗多德是波斯的臣民，而他的父亲与叔父的名字显示他们一家是卡里亚人（Carians），即小亚细亚沿海地区的土著居民。卡里亚人可能有与希腊人通婚的历史。然而从文化的角度来看，希罗多德是名副其实的希腊人，他甚至不会说希腊语之外的其他语言。③

现代人对希罗多德的生平所知甚少。可能由于母邦处于僭主的统治之下，他被流放到萨摩斯岛。公元前464年，他可能作为解放者的一员

---

① 公元2世纪时的希腊贵族、罗马元老，与米泰亚得有一定的亲缘关系。——译者注
② 参见：Peter Krentz, *The Battle of Marathon*, New Haven and London, 2010。
③ 参见：J. A. S. Evans, *Herodotus: Explorer of the Past*, Princeton, 1991；John Gould, *Herodotus*, Bristol, 2002；Nino Luraghi (ed.), *The Historian's Craft in the Age of Herodotus*, Oxford and New York, 2001。

返回了家乡。应该就在此后不久，他开始在希腊世界及波斯帝国境内游历。《历史》读起来不免使人感觉像一部游记。该书的前半部分强调他所造访过的各个地区之间的文化差异，而后半部分则叙述了希腊与波斯的一系列战事。晚年的希罗多德已经造访过希腊本土的大多数重要城邦，甚至可能曾在雅典朗诵过其作品，但其最终归宿却是意大利南部的图里伊（Thurii）。该城是雅典设立的殖民地。公元前425年前后，希罗多德在此地辞世。

公元前5世纪40年代，希罗多德开始撰写《历史》时，自称是为了"使希腊人和蛮族的那些值得赞叹的丰功伟绩不致失去它们的光彩，特别是把他们发生纷争的原因记载下来"。希罗多德的叙述文笔生动，扣人心弦。笔者最近曾和一个研究小组站在萨尔底斯城堡底下，在那里为他们朗读了希罗多德作品的片段，其中讲述了公元前546年，波斯人如何找到一条通往该城堡的路，并进而攻下该城。能够在事件发生的2500年后仿佛身临其境，真是一次令人难忘的经历。然而，希罗多德首先想要穷究战争爆发的原因，并承诺将做出不偏不倚的调查。因此他选择了哲学家们早先使用的"探询"（historia）一词作为书名，非常贴切。《历史》（牛津大学与剑桥大学的出版社都在着手出版该书的译本）展示了希罗多德用各种方式证明自己是一位深思熟虑的作家。古典学学者理查德·杰布（Richard Jebb，1841—1905年）在很早以前就盛赞希罗多德是"欧洲散文界的荷马"。

在人类对过往历史的研究历程中，希罗多德的著作是一个崭新的起点。倘若环顾同时代其他文明如何呈现历史，希罗多德的成就无疑会显得更加突出。以犹太人为例，他们的民族史大致也编写于此时，但他们对过去的记述不过是一部犹太人与雅威的关系史，而政治事件则被解读为以色列人遵守或违抗雅威的命令所产生的结果。再以埃及人为例。前文（见第3、4章）曾多次提到，对过去的记述乃是法老的禁脔，法老能够通过操纵历史来维护其统治地位。他们通过加工历代法老的事迹，让对过去的记载等同于对无数世代相袭的秩序保卫者的记载，而新的统治者也会加入这长长的队列。对维护政治稳定而言，对往昔进行公正客观的记载并不是必需的，换言之，真相并不重要。

相较而言，希腊人使用神话的方式与之类似，甚至更为灵活。神话不仅仅是过去流传下来的娱乐故事，人们会堂而皇之地利用神话为其政治目标服务。例如前文曾提到，希腊人在解释他们定居西西里的缘由时，会求助于讲述赫拉克勒斯功业的神话故事。同样，各城邦的建城神话也把民众与他们的领土联系在一起，并以这些神话来支持他们在此定居的权利。希罗多德的另一项成就便是对神话的真实性提出了质疑。保罗·卡特利奇指出，在《历史》中，希罗多德至少有3次仅仅是为了拒绝神话而讲述它们，因为它们不足以构成寻找真相的基础。希罗多德甚至批评那些轻信奇谈怪论的人，称他们头脑简单。为此卡特利奇写道："换句话说，屹立在此的是'信奉科学'的历史学家希罗多德，他声称自己掌握了这片新的知识领域。"举例来说，在《历史》的第二卷，希罗多德分析了尼罗河为何每年泛滥。他运用理性和经验性的证据，对众多解释进行了评判，并嘲笑其中一种解释是诗人们创造的神话。[①]这并不是说希罗多德无视宗教的力量。他在整部《历史》中都高度重视宗教习俗如何塑造历史事件参与者的行为，甚至可能准备承认某些事件存在神意的干预（例如，他在记述马拉松之战时，就留下了有关雅典建城英雄忒修斯显灵并带头冲锋的传说）。

《历史》也暗含着宣传性的信息。其目的之一是颂扬希腊人战胜具有压倒性力量的波斯帝国的胜利。同时，希罗多德就自由国家与专制国家的差别以及无边的傲慢所引发的后果得出了适当的结论。希罗多德认为，希腊人的优越性体现在他们能在政治事务中彼此协作、生活朴素并崇尚自由，这也是他们获胜的关键。

无论希罗多德是在什么样的框架内写作，他都尽力兼顾双方，不断提出问题，力求还原真相。他能重视其他民族的风俗。即使他在为希腊世界写作，他的眼界使他明白，希腊的生活方式并不一定比其他人的更优越。（《历史》中有一则小故事，称大流士治下的希腊人和印度人分别向这位波斯统治者介绍了各自民族的丧葬习俗，最后他们对彼此的习俗表示了厌恶。）希罗多德甚至努力避免笔下的人物脸谱化。比如波斯国王薛西斯

[①] 参见：Rosalind Thomas, *Herodotus in Context: Ethnography, Science and the Art of Persuasion*, Cambridge, 2000。

（Xerxes）的形象就并非一个单面的食人恶魔，而是被塑造为一个野心过度膨胀的凡人。可以说，希罗多德最宝贵的财富就是他那广博的学识，以及无限的求知欲。

正是求知欲驱使希罗多德进行深入的研究。他对波斯帝国进行初步的研究时，就已经试图将之作为一个整体加以理解，因此用大量篇幅来记述波斯对巴比伦尼亚、埃及、黎凡特海岸以及黑海地区的一系列征服战争。他和许多希腊旅行者一样对埃及着迷，单独用《历史》的第二卷讲述这个国度。虽然他的著作中有各地的地形地貌、民间传说和奇闻轶事，但他最终仍把这些形形色色的材料整合到一个宏大的战争叙事中。这不禁使人联想到荷马奠立的史诗传统。希罗多德和荷马的著作都远远超出了叙述历史事件的范畴。希罗多德的继承者修昔底德把历史写作局限在了政治史领域，直到近年来总体史（total history）开始风靡，希罗多德的成就才得到了世人更充分的认识。[①]希罗多德也像荷马那样，创造出一种超越向单个城邦效忠的希腊人身份认同。他依据共同的血缘、语言、宗教和风俗来定义希腊人，时至今日这仍是我们理解希腊人的一种有效方法。而且通过与波斯人进行对比，希罗多德进一步明确了希腊人的含义。

公元前480年，波斯人发动了第二次入侵，这也是《历史》中最为气势磅礴的部分的内容。大流士已于公元前486年去世，此前埃及的暴动使他无暇对希腊发起新的进攻。薛西斯比较顺利地继承了其父大流士的王位，但他器量褊狭，远不及其父，并试图以波斯君主的身份直接统治臣服于波斯的各民族，而非像大流士那样遮遮掩掩地沿用埃及法老或巴比伦国王之类的地方头衔来进行统治。薛西斯虽然几乎毫无作战经验，却执着于用武力解决希腊人这个大麻烦，遂于公元前484年开始筹备规模更大的入侵。

薛西斯计划组建一支规模庞大的陆军，然后在海军的支援下，穿越小亚细亚，进入色雷斯，最后南下希腊。波斯此前虽在马拉松惨败，但在欧洲的领土未受丝毫影响。此类宏大的战略计划常常是后勤人员的噩梦，但波斯人的计划十分周密。例如，阿索斯山（Mount Athos）周边海域经

---

① 参见：J. S. Marozzi, *The Man Who Invented History, Travels with Herodotus*, London, 2008。

常风暴肆虐，不利于航行，所以波斯人花费两年时间在半岛上挖了一条可供两条三列桨座战船并排航行的运河，以绕开这一海域。再者，将亚洲大陆与欧洲大陆一分为二的达达尼尔海峡以狂风呼啸、海况恶劣闻名。海峡两岸的阿比杜斯（Abydos）与塞斯图斯（Sestus）之间的宽度为2.5千米。波斯人用粗大的缆绳连接海峡两岸，进而建造了两座浮桥。然而，浮桥不久即被飓风卷走。薛西斯为此大发雷霆，命人鞭挞海水，并将脚镣投入海中，仿佛他奴役了大海一般。后来，波斯人建起了第二架浮桥，并在桥面铺满木板，以避免过桥的牲畜因看到脚下的海面而受惊。在希罗多德和埃斯库罗斯（其悲剧《波斯人》[*The Persians*] 首演于公元前472年）看来，这些准备工作，尤其是妄图奴役大海的行为，是典型的妄自尊大，必然会触怒神明，并招致众神的惩罚。

希腊人此次不能再指望战场上出现幸运的转机。薛西斯从帝国的各个角落调集了20万大军，10倍于马拉松战场上的波斯军队；海军亦拥有600艘三列桨座战船，可能是之前的2倍。（根据希罗多德的记载，波斯军队的兵力是170万陆军与1300艘三列桨座战船。但他可能有意夸大了敌军，以强调希腊人面临着极为艰巨的困难。）任何一个城邦都绝不可能独力抵挡波斯的大军，所以希腊人必须团结一致。但这显然并非易事，因为希腊各邦互有仇隙。例如雅典与埃吉纳是宿敌，而斯巴达与阿哥斯亦是如此。此外，北部的许多城邦直接被波斯人的声势吓坏了，到公元前481年时已经向薛西斯的使节表示顺服。与此同时，许多城邦中的贵族党派都希望波斯获胜，以趁机从公民大会手中夺回权力。德尔斐所供奉的神祇阿波罗曾受到大流士的特别青睐，因此当地的神职人员认为最好明哲保身，并相应地解读神谕。（地米斯托克利 [Themistocles] 是雅典当时的领袖，为了说服雅典人相信神谕是有利于他们的，他不得不对神谕做出另一番解读。）

公元前481年10月，斯巴达率先号召希腊人共商抵抗大业。对希腊人而言，当时有两项任务最为紧迫，其一是如何实现资源的统一调配，其二是如何警告那些貌似已经臣服于波斯人的城邦。30余个城邦在科林斯地峡举行集会，同意搁置彼此间的争端，接受斯巴达作为陆上武装力量与海上武装力量的最高统帅。此外，大会还宣布，凡是主动投降波斯的城市将被没收一切财产，其中的十分之一将被敬献给德尔斐的神谕所。即便如此，许多城市仍未参与随后的战事，例如阿哥斯就坚决不与斯巴达并肩战斗，而克基拉虽承诺提供船只，但始终没有兑现。叙拉古可能是当时希腊世界中最富有的城市，也同意派出一支庞大的援军，但要求希腊人必须尊其僭主盖隆（Gelon）为最高统帅。这个提议被拒绝了。结果，盖隆发挥了自己的作用，于第二年挫败了迦太基对西西里的进攻。这次进攻很可能是在波斯人的默许下发起的。

雅典宽宏地接受了斯巴达的领导（但也有证据显示，其他城邦不会接受雅典单独的领导）。雅典在马拉松的胜利业已证明其军队具有很高的战斗力，而自公元前490年起，该城又开始全力建造一大支三列桨座战船舰队。建设这支舰队的灵感来自地米斯托克利。此人是出身于吕科米德斯家族（Lycomids）的没落贵族。他于公元前493年首次当选执政官后，就把建设海军视作重中之重。他成功争得了支持，在有防御的比雷埃夫斯修建一个港口，以取代原本位于海滩的旧港法勒隆（Phaleron）。（比雷埃夫斯也只有在此时才能成为备选的地点，因为该地的入海口一直受制于萨拉米斯岛，而该岛直到公元前6世纪才被雅典吞并。）公元前482年，雅典的劳里昂银矿新发现了一条储量丰富的矿脉。地米斯托克利说服公民大会，将这笔收入全部用于建造海军，而非按照传统分配给全体公民。为了达到此目的，地米斯托克利巧妙地利用了雅典人对埃吉纳由来已久的恐惧心理，但其真实动机显然是为了让雅典有能力抵抗波斯的下一轮入侵。截至公元前480年，雅典舰队已拥有了200多艘三列桨座战船。

20世纪80年代，工程师复原了三列桨座战船"奥林匹亚"号（Olympias），显示古代水手的训练必须一丝不苟。桨手被分成上、中、下三列，下两列从外面是看不见的。虽然无论在同一排面的桨手之间，还是在位置最高的那列桨手与甲板上的同伴之间，如何协同都是一项巨大的挑战，但并非无法实现。1987年，配备170名桨手的"奥林匹亚"号进行了测试，其航速达到了9节，[①]并能够在1分钟之内完成180度的转向。倘若没有良好的团

[①] 国际通用的航速计量单位，1节=1海里/小时，1海里折合1.852千米。——译者注

队协作意识，这种战船不可能被成功操控。

公元前480年春，决心抵抗的城邦在科林斯地峡召开第二次会议，此时薛西斯已经准备好进入欧洲。据希罗多德记载，身着各自民族的服饰、手持各式武器的波斯人、米底人、印度人、阿拉伯人、埃塞俄比亚人、利比亚人和吕底亚人组成了一支五光十色的大军。波斯军队的中坚号称不死军（Immortal），为数1万。希腊人之所以如此称呼这支部队，是因为不死军永远保持1万人的规模，每阵亡一名士兵便立即用另一名士兵填补空缺。波斯的海军同样是临时拼凑而成的，其主力是腓尼基人和埃及人，另有从爱奥尼亚各邦征用的大批支援船只。希腊人即将发现自己要同其他希腊人交锋。

协调如此多的民族共同作战注定是一项艰巨的任务，尤其他们当中的许多人应该对波斯并无忠诚可言。另一项任务的难度与之相比可能难分伯仲，那就是在作战季结束前率领这支大军毫发无损地进入欧洲大陆。作战季通常在10月结束，之后不仅风暴将越发频繁，入侵者也将无法劫掠到足够的粮食，因为农民已把收获的粮食消耗了许多。波斯陆军显然将沿着海岸线与海军齐头并进。因为若不控制沿海地区，水手们就无法上岸补充淡水，而倘若希腊人能从海上登陆并威胁陆军的后方，陆军的安全就无从谈起。

希腊人原本计划北上，在开阔的色萨利平原与波斯人会战。主动迎敌的策略具有很多优点，尤其是可以让希腊本土最精锐的色萨利骑兵为希腊军队所用。他们也派遣了一支小部队前往北方。然而，至少有3条道路需要防守，希腊军队的侧翼可能会被轻易包抄。此外，色萨利贵族的忠诚也是个问题。最终，希腊人一致同意在温泉关（the pass of Thermopylae）首次尝试阻挡波斯军队的步伐。该隘口位于特拉基斯城（Trachis）以东的群山与大海之间，在某些地段，山道仅有2米宽，是理想的防御地点。然而，此地对许多伯罗奔尼撒城市而言仍过于靠北，他们更倾向于在科林斯地峡组织防御。8月中旬，当薛西斯抵达温泉关时，许多希腊人正在参加奥林匹亚赛会，而宗教传统再次束缚了斯巴达人的手脚。只有斯巴达国王列奥尼达（Leonidas）毅然率领300人的卫队奔向了战场。然而，即使加上驰援的盟军，防守温泉关的兵力也只有六七千人。

希腊人还必须面对另一个威胁，即波斯舰队可能会直接南下，绕过温泉关，截断守军的退路。希腊人可能早在公元前481年就一致同意在优卑亚岛北端的阿忒米西翁海岬与波斯舰队交锋，因为当地的海滩比较平整，便于船只出动，即使战局恶化，守军也能轻易从优卑亚岛平安撤回希腊本土。但这个战场最大的缺点是海面过于开阔，希腊舰队容易遭到数量庞大的波斯舰队的合围。无论如何，希腊人为准备海战做足了功夫。雅典把200艘三列桨座战船全部投入到这次行动中。鉴于每艘战船需要200名水手，这意味着雅典一次就投入了4万人。1959年，人们在特洛埃真发现了所谓的"地米斯托克利法令"的一份复本（该复本刻写于公元前3世纪，可能是对法令原文的精确复制，或对一批法令的编辑整理），如果我们相信它记录了雅典人的备战活动，那么早在公元前481年秋，雅典的士兵就已被编入各艘战船，整个冬季在熟练的桨手身边受训。此外，来自伯罗奔尼撒半岛的70艘三列桨座战船加入了雅典的舰队。舰队的指挥官是斯巴达平民欧吕比亚德斯（Eurybiades）。因为斯巴达有一项禁忌，禁止国王在海上指挥作战。

整个夏季，波斯人都在希腊北部徘徊，一面消耗刚成熟的粮食，一面巩固其补给线。当他们向希腊南部进军时，时间已经到了8月初，天气开始发生变化。波斯舰队在沿着海岸线开赴优卑亚岛时遭遇了持续4天的暴风，许多战船在马革尼西亚（Magnesia）海岸搁浅或沉没。在阿忒米西翁海岬集结的希腊人发现残存的波斯战船正前往帕加西蒂科斯湾（Pagasetic Gulf）休整，但他们也失望地发现，敌方舰队的实力仍远胜于本方。

薛西斯率军抵达了温泉关，并决定于当月17日发动海陆联合进攻。他计划把舰队一分为二，一队在阿忒米西翁海岬与希腊海军直接对峙，另一队由200艘精锐战船组成，准备迂回绕过优卑亚岛东岸，而后沿海峡北上，会同前者夹击希腊舰队。然而，等待波斯人的则是另一场灾难：17日深夜，波斯舰队绕行到优卑亚岛东南角时，暴风骤起，整支舰队200艘战船被迫前往一处背风海岸。剩余的波斯舰队最终在19日发动了进攻，但胜负已无关大局。

与此同时,薛西斯于17日向温泉关发动了第一次强攻。双方在当日与次日均投入了最精锐的部队,在狭窄的山道入口展开了激烈厮杀。若说斯巴达人的战术有何高明之处,那就是他们非常善于佯装败退然后突然回身掩杀追兵。但在18日,薛西斯遇到一名希腊告密者,得知有一条山路可以绕过隘口。他立刻充分利用了此情报。当晚是一个月圆之夜,数千名不死军沿山脊强行军,试图包抄守军。防守的福基斯人听到了敌人踩踏落叶的声音,虽奋起抵抗但被击退。列奥尼达在次日一早便得知继续坚守隘口已经无望,于是遣散友军,自己则率领卫队留在原地面对不可避免的结局。19日夜,战斗结束,斯巴达部队被全歼。后来,温泉关立起一块纪念碑,其上有一段令人动容的铭文:"异乡的过客啊,请带话给斯巴达人,说我们忠实地履行了诺言,长眠于此。"[①]

随后,波斯大军源源不断地经温泉关南下,现在被孤立在北方的希腊舰队撤退了。阿提卡由于北方边界过于漫长而难以防守,希腊军队退至科林斯地峡的另一侧,数以千计的希腊人正在当地紧急修筑防御墙。雅典完全暴露在了敌人面前,但其大部分人口已被疏散。倘若某种对"地米斯托克利法令"所记载各个事件发生时间的解释无误,那么疏散工作系有意为之,是战略退却的一环,并有可能早在公元前481年秋便已付诸实施。9月27日,波斯人进入了几乎被放弃的雅典城。次日早晨,剩余的波斯舰队在航行300多千米后,由帕加西蒂科斯湾驶抵雅典附近的法勒隆的宽阔海滩。在海滩上休息的水手们看到雅典卫城陷入一片火海时想必非常开心。此时卫城已被洗劫一空,留下来的少数抵抗者也遭到了屠戮。薛西斯看似已经取得了胜利。

希腊舰队如今把基地设在了萨拉米斯岛。但此地易受攻击。薛西斯在抵达海滩后所下达的第一批命令就包括修建一条横穿海峡的堤道。若该堤道在南面封锁了希腊舰队的去路,波斯舰队就可以封锁厄琉西斯湾的西面入口,从而把整个希腊舰队困在湾内。此外,希腊人的时间也所剩无

[①] 有关这场战斗及其留给西方历史的遗产,参见:Paul Cartledge, *Thermopylae: The Battle that Changed the World*, London and New York, 2007。

几：岛上有8万名士兵，外加从雅典撤退的难民，岛上的食物显然维持不了多久。指挥舰队的斯巴达人欧吕比亚德斯因此想把现在剩下的379艘三列桨座战船撤往科林斯地峡。

在随后展开的辩论中，地米斯托克利是欧吕比亚德斯的主要反对者。他清醒地认识到，放弃雅典最后一片领土，将为城邦带来灾难性的后果。他以手中的雅典舰队为筹码，要挟欧吕比亚德斯——倘若后者胆敢下令撤退，他便带领雅典人退出希腊舰队。最终，欧吕比亚德斯不得不做出妥协。之后，地米斯托克利施展了令他闻名的过人计谋。他深知只有速战速决才能挽救萨拉米斯岛，而他必须让波斯人按照希腊人预想的方式进行战斗：若能在狭窄的水道内以逸待劳，希腊战船便可以充分发挥其冲角战术的优势。这意味着他必须设法诱使波斯舰队逆流而上，进入萨拉米斯海峡。

地米斯托克利巧妙利用了薛西斯的野心与企图。他派遣一名奴隶向薛西斯诈降，谎称希腊舰队由于士气低落、分歧严重，正准备趁夜向西逃窜。这果然激发了薛西斯一举全歼希腊舰队的企图。9月28日深夜，薛西斯派遣一支由埃及船只组成的分队前往海湾的西端，等待希腊舰队自投罗网。与此同时，在海湾的东端，波斯舰队于午夜经海峡驶进湾内。地米斯托克利现在需要诱敌深入。29日拂晓，70艘希腊船只组成的分队奉命向北航行，仿佛正在逃窜一般，这一切完全被波斯人看在了眼里，也包括正端坐在山腰宝座上观战的薛西斯。主要由腓尼基人组成的波斯舰队倍受鼓舞，把所有战船排成13排，一窝蜂冲向海湾深处。到下午时分，桨手们已经在海上连续划桨达12个小时，当他们不屈不挠地逆流而上时，水道越来越窄，船只甚至无法调头撤退。此时，他们惊恐地发现，希腊舰队的主力从岸边的隐蔽处突然杀出，而且船上的希腊人士气高昂、精力充沛。与此同时，海上突然刮起猛烈的南风，掀起了巨浪，甲板较高的腓尼基战船开始剧烈摇摆，并把侧舷暴露给雅典三列桨座战船的青铜冲角。

在悲剧《波斯人》中，埃斯库罗斯借波斯信使之口描述了这场海战：

> 一艘希腊战船发起冲锋，把一条腓尼基海船弯翘的尾部捣得

稀烂，其他船舟也都投入战斗，对着各自的目标紧逼。初始，波斯的舰队还能稳住阵脚，但是，当它们捅入狭小的海口，不能互为接应，船船相撞，铜脸的尖头刺捅自己的伙伴。其时，木桨纷纷断损，舰队乱作一团。希腊战船抓住时机，围住我们，从四面发起攻击，我们的船舱底朝天，人员看不见海水，周边铺满碎裂的板块，到处是漂浮的尸体，阵亡的将士塞堵起丛聚的芦苇，水边的海岸。可怜我们的舰队，所剩的船员其时乱摇桨杆，人人惊慌失措，夺路逃命……①

据一则史料记载，波斯人损失了200多艘战船，而希腊人只损失了40艘。尽管埃吉纳人与科林斯人的表现同样引人瞩目，但雅典人却将萨拉米斯海战的胜利据为己有，并声称他们代表希腊人民赢得了胜利。凯奥斯岛的西摩尼得斯在一首抒情诗中写道：

这些人的英勇行为将孕育出永不磨灭的荣耀，只要众神还在向勇敢者分发奖励，因为是他们用双脚以及迅捷的船只，使全希腊免于目睹那受奴役的一刻的到来。

实际上，战争还远未结束。尽管希罗多德把萨拉米斯海战视为这场战争的关键，②但波斯陆军仍完好无损，并占据着希腊本土相当大的一部分地区。波斯海军虽遭遇惨败，但实力仍超过希腊海军，只是为了越冬而撤退到爱琴海东部比较安全的萨摩斯岛和锡米岛（Symi）。薛西斯也为了越冬而返回波斯，但将其营帐留在了希腊，并任命麾下将领马多尼乌斯（Mardonius）负责指挥。这意味着薛西斯有可能在来年春季带着更多的生力军卷土重来。与马多尼乌斯一同留在希腊越冬的部队有10万之众，仍

---

① ［古希腊］埃斯库罗斯著，陈中梅译：《埃斯库罗斯悲剧集》，北京：华夏出版社，2008年，第82页。——译者注
② 另有观点相似的当代著作，参见：Barry Strauss, *The Battle of Salamis: The Naval Encounter that Saved Greece - and Western Civilization*, New York and London, 2005。

超过了希腊人所能够拼凑的全部兵力。

战事陷入了僵局。伯罗奔尼撒人躲在科林斯地峡的防御工事后面，坐视雅典人在萨拉米斯岛艰难度日，完全没有向北出击的意愿。然而一旦战争于来年夏季继续进行，伯罗奔尼撒半岛将很容易受到波斯海军的攻击。

正是斯巴达人的这一顾虑成了雅典人手中的王牌。与此同时，波斯试图拉拢雅典，提出与之结盟，并允诺归还阿提卡和已化为一片废墟的雅典。许多雅典人都对波斯的条件怦然心动（雅典的邻邦底比斯更是早已投向波斯一方）。根据希罗多德的记载，雅典人以著名的说法回绝了波斯人的提议，他们称希腊人具有共同的文化、宗教、语言和风俗，而作为希腊人的一分子，他们不可能背弃上述共同遗产。然而，雅典人接受波斯提议的可能性始终令斯巴达人坐卧不宁。公元前479年夏，雅典人派遣一个高规格的使团前往斯巴达，提醒后者只有派出援军才能维持雅典的忠诚。斯巴达人对于在远离伯罗奔尼撒半岛的地方作战心存顾虑，既担心希洛人会趁机暴动，又担心阿哥斯乘虚而入，因为有传言称阿哥斯已被马多尼乌斯收买，一旦斯巴达军队北上，便会对斯巴达发动进攻。最终，在斯巴达的摄政波桑尼阿斯的率领下，5000名斯巴达重装步兵、5000名边民和3.5万名希洛人悄悄越过科林斯地峡。雅典也派遣8000名重装步兵加入了斯巴达人的队伍。

薛西斯虽未返回希腊，但马多尼乌斯也是一员宿将。波斯最大的优势是骑兵，但薛西斯却从未充分发挥其威力。马多尼乌斯狠狠地蹂躏了阿提卡的土地，使雅典人颗粒无收，然后撤退到了北方的彼奥提亚，因为那里的地势更加开阔，适于骑兵驰骋。希腊人尾随其后。双方进行了一系列复杂的调遣，以寻求可以充分发挥各自优势的战场。此时，希腊军队已经汇集了20余个城邦的重装步兵。马多尼乌斯最初坚持寻找开阔的战场，希望分散希腊军队的兵力，而希腊人专注于占据高地，以利用地形抵消波斯骑兵的优势。最终，在小城普拉提亚附近，希腊人为了更好地保障食物与饮用水而撤离，但马多尼乌斯轻率地把希腊人的撤退误判为溃败，遂率部追击，结果突遭坚决抵抗，尤其是斯巴达分队的。当天的战斗结束时，马多尼乌斯本人及其精锐尽数战死，波斯军队的金库也落入希腊人手中。一支波斯军队急速逃回亚洲，甚至在他们抵达时战败的消息还未传来。斯巴达人在普拉提亚取得了决定性的胜利，而雅典人在此役中没起什么作用。也正是因为这个原因，雅典的宣传家们从未歌颂过希波战争中这场最关键的战役。

自从在萨拉米斯岛经历了令人沮丧的惨败后，残存的波斯舰队一直在爱琴海东岸按兵不动。他们不敢再向希腊本土出击，因为爱奥尼亚城市可能会在他们起航后再次揭竿而起。由于腓尼基人在萨拉米斯海战中伤亡惨重，希腊船只此时成了波斯舰队的主力，但波斯人很难完全信任他们。如今，希腊舰队反而越过爱琴海扫荡波斯舰队。他们发现敌船就停靠在米卡勒（Mycale）的海滩上，并且毫无迎战的意志，于是轻而易举地将之尽数击毁。

希腊人至此已彻底取得胜利。舰队欢天喜地继续北上，把萨摩斯、希俄斯、莱斯沃斯等岛屿拉入了同盟。雅典舰队的下一个目标是达达尼尔海峡，计划摧毁薛西斯建造的浮桥，以便切断滞留在欧洲大陆的波斯军队的退路、防止他们得到有效的增援。然而当雅典舰队赶到时，可能是暴风的缘故，浮桥早已坍塌。与此同时，斯巴达舰队已经返回了家乡，而雅典舰队则继续解放这片区域，因为这里是雅典进口谷物的必经之地。雅典人还在卡尔迪亚（Cardia）发现了牵引浮桥的巨型绳索，遂将之当作战利品拖回了雅典。

研究希腊史的专家约翰·赫灵顿（John Herington）曾写道："公元前480年至次年的希波战争对希腊人的想象力造成了独特的影响。在公元前5世纪，希腊人在创作抒情诗、壁画、雕塑和悲剧时，始终固守用神话题材来表现他们眼中的现实生活的传统。希波战争成为唯一的例外，因为他们很快认为这场战争具有同样的示范意义和普遍品质，与自远古传承的神话无异。"学术界传统上把希波战争视为西方"文明"的重要转折点。苏格兰哲学家约翰·斯图尔特·密尔（John Stuart Mill）甚至认为，即使对英国历史而言，马拉松之役也比黑斯廷斯之役[1]更重要。

---

[1] 英国历史上的重要一役，公元1066年，诺曼底公爵威廉在此击败盎格鲁-撒克逊联军，从而确立了诺曼人对英格兰的统治。——译者注

尤其是，希波战争被认为开启了古典文明。然而，我们需对此说保持警醒。在波斯入侵之前，古希腊文化的各种基本要素早已存在。城邦模式根深蒂固，政治生活高度成熟。高超的手工艺能够加工各式各样的原料。诗歌传统已高度发达，而戏剧也在公元前6世纪诞生于雅典。在爱奥尼亚，抽象理论的构建已经奠定了基础。由此可见，希波战争并未创造古希腊文化，只是帮助该文化更加明确地定义了自己，并帮助希腊人，尤其是雅典人树立了自信。

希波战争也使旧的贵族价值观有复苏的迹象，即对所谓的美德（arete）——荣誉、勇气与男性气概——的追求。马拉松之战的129名阵亡者的坟丘至今仍矗立在原地，尽管已被改头换面。有人认为帕特农神庙（Parthenon）的著名饰带所表现的场景即众神在迎接这些英雄。雅典人为了纪念胜利，在市场的大画廊（Stoa Poikile）中装饰了一幅表现这场战斗的画作。此外，雅典人还在卫城为雅典娜竖立了一座13米高的神像，并用一部分战利品在德尔斐建造了一座金库，以向整个希腊世界宣传雅典的成就。若干年后，大约在公元前450年，一组青铜像被安置在了金库前，人物均取材于昔日雅典的神祇或英雄，既有雅典娜，也有常常和雅典民主政治到来联系在一起的忒修斯。马拉松之战的指挥官米泰亚得也被加入其中。著名的里亚切武士像可能就来自这些雕塑。这两尊真人大小的青铜像具有极高的工艺水准，被罗马人当作战利品掳走，并于1972年在意大利近海重见天日。

随着波斯人的第二次入侵被挫败，雅典再次把荣耀据为己有。西摩尼得斯创作了一首短诗，以悼念在普拉提亚阵亡的雅典人：

> 如果说光荣地死去属于美德的一大部分，命运把它超于一切地分给了我们，因为我们曾努力争取给希腊戴上自由的花冠，如今身卧于此，享有不朽的荣誉。①

---

① 《古希腊抒情诗集》，第1523页。——译者注

尽管诗人们曾鼓吹为城邦而死死得其所（例如斯巴达的提尔泰奥斯），但是西摩尼得斯（此人并非雅典人，而是来自凯奥斯岛）首次把牺牲生命和保卫自由联系在一起。20世纪中不计其数的战争回忆录证明此观点对欧洲而言仍是一笔宝贵的遗产。

希波战争的胜利还带来了另一个结果——维护"自由"的理念成为希腊人思想中的一个基本要素。例如，希罗多德曾重现了雅典指挥官在马拉松战场上的对话。对话的双方是米泰亚得与卡利马库斯。后者时任军事执政官，并在投票表决是否立刻进攻时投下了赞成票。因为米泰亚得对他说道："卡利马库斯，现在一切听凭你的决定，要么让雅典受到奴役，要么让雅典获得自由，并为子孙后代留下堪比哈尔摩狄奥斯与阿里斯托革顿［即公元前514年刺杀僭主希帕卡斯的二人］的荣耀。"（雅典人事后果真在卫城为卡利马库斯竖起了纪念碑，其残片最近被陈列在了卫城博物馆。）米泰亚得所说的自由具有两层含义：既指一个主权独立的国家可以通过其公民处理自身的事务、不受外部势力的干涉，也指公民在自己的城邦中自行其是的自由。同样的观点在德马拉图斯（Demaratus）与薛西斯的对话中也有所体现。前者是被流放的斯巴达国王，他在对话中把波斯国王的专制统治与斯巴达人的自由，即一种只受到法律制约的自由，对立起来。即使斯巴达所谓的自由根本容不下个人权利与个人自由，但以下结论仍不失公道：希腊人生活在宪制之下，而波斯人则生活在君主随心所欲的独裁统治之下。

然而，上述对立容易滋生种族主义倾向。公元前5世纪末，科斯岛的希波克拉底（Hippocrates of Cos）在诋毁蛮族时声称亚洲诸民族在精神上懈怠且怯懦，并把原因部分归结为气候，部分归结为他们甘受暴君的奴役："即使一个人生来勇敢而坚强，他的性格也被这种形式的政府给毁掉了。"亚里士多德欣然接受了这一观点，并在分析奴隶制时，把"精力充沛且头脑聪明"的希腊人与亚洲诸民族进行对比。[①]

另有一点也需要澄清。希波战争常被后人视为希腊人真正获得"希

---

① 参见：Edith Hall, *Inventing the Barbarian: Greek Self-Definition through Tragedy*, Oxford, 1991。

腊人"这一共同身份的重要时刻。对在大战中发挥了重要作用的那些城邦而言，此观点可能不假，但当时爱琴海地区的城市不下700座，真正抵抗波斯者不过三四十座。希波战争的胜利无疑具有重要意义，但仅仅从希腊人对抗蛮族的角度来看待这一问题就过于简单化了。这可能是胜利者的宣传所刻意营造的。

波斯没有被突然排除出希腊世界之外。战败可能是波斯的耻辱，但还没有直接威胁到帝国的存亡。尽管我们以后见之明知道波斯自公元前479年即陷入长期的衰落，但该帝国在当时仍是希腊人恐惧和争取的对象。实际上，双方在接下来的25年间仍处于战争状态。与此同时，希腊人的内部纷争在公元前5世纪至前4世纪从未停息，每一方都渴望获得波斯的资金支持。在之后几十年里，米底主义（medism，希腊人始终把米底人与波斯人混为一谈）一词被用于谴责对手有亲波斯的倾向，或仅仅是亲贵族的倾向，并成了一种政治上的战斗口号。然而当时无人能够预见，军事天才亚历山大将会在170年后崛起于希腊世界的边远地区马其顿。他不但会为希腊人一雪薛西斯入侵之辱，还将把这个曾踩躏过希腊的帝国彻底摧毁。

第14章

希腊的生活方式

> 其时菊蓟发华,鸣蝉坐树端,从双翅间泻下嘹亮歌声,天酷暑,山羊最肥酒最美,妇女最动情,男子最虚弱,因为烈日晒烫头顶膝盖,皮肤烤得发干。我欲到一处石荫下,放上美酒、奶饼,山羊回奶前的最后乳浆,林中育肥的未产过崽的母牛和头生的山羊的嫩肉……
>
> ——赫西俄德:《田工农时》,第582—592行①

古典时代令人印象深刻的文化变迁以及有关希波战争的戏剧性描述虽令人陶醉,但绝大多数希腊人的生计实际上都依赖于使人劳累至极的农活,尤其希腊本土严酷的自然环境更会令农人沮丧。为了维持城市的运转,古希腊九成的人口别无选择,只能从事田间劳作。这部分希腊人几乎被历史遗忘,不但文学作品几乎从未提及他们,他们在土壤表面的活动也难以被考古学家察觉。农业活动在希腊语的古典文献中几乎从不存在,直到20世纪70年代,田野调查的发现才为我们再现了古代希腊世界的农业活动。②

---

① 《古希腊抒情诗选》,第16页。——译者注
② 参见:Robin Osborne, *Classical Landscape with Figures*, London, 1987; chapter 5, "The Countryside" in Christopher Mee, *Greek Archaeology: A Thematic Approach*, Oxford and Malden, Massachusetts, 2011; 对古希腊经济的概述,参见:Walter Scheidel (ed.), *The Cambridge History of the Greco-Roman World*, Cambridge and New York, 2007, chapter 12–14。

在希腊世界，家庭（oikos）是生产、储存和消费的基本单位。（对家庭及其所有物进行管理和经营被称为oikonomia，也就是英语中economy［经济］一词的来源。）oikos的词义较宽泛，既可以指实际的房屋本身，也可以指包括家人与奴隶在内的全体家庭成员，甚至还可以指代房屋及其周边的地产。古希腊最常见的土地所有形式是父死子继的小地块（kleros），业主及其家人可能是此地块上仅有的劳动者，但拥有一两名奴隶协助主人劳作的情况也很常见。每个家庭最少需要5公顷土地才能勉强度日，较富裕的土地所有者能拥有25公顷（这个数据出自雅典田野调查的结果）或45公顷（这个数据来自斯巴达，由于斯巴达的公民数量稳步减少，单个业主所占有的土地越来越多）的土地。那些规模较大的地产通常为了在不同的环境下实现效益的最大化而被分割为较小的地块。直到罗马时代，希腊才出现真正意义上的大庄园。

在希腊，每年有两段时间为农忙期。9月至11月是收获橄榄与葡萄的季节，同时还要为来年翻耕土地、播种谷物，因此这几个月中没有任何宗教节庆，连雅典的公民大会也很少召开。谷物收割的时间是来年的5月或6月。因此，希腊人每年也有两个较长的农闲期，其一是早春时节，另一个是7月至9月的夏秋之交，此时成熟的谷物已收割完毕。希腊世界的重要赛会均在上述农闲期举办。其中，科林斯地峡赛会（Isthmian Games）在春季举办，其余的赛会则在秋季。农闲期也是作战的时节。前文所述的希波战争就发生在秋季。波斯军队于公元前480年秋攻入希腊，因为此时有大批余粮可供劫掠。各城邦也可以在农闲时征调人力畜力大兴土木。位于厄琉西斯的农业女神德墨忒尔（Demeter）的神庙的记录显示，该神庙的施工几乎完全在农闲期间进行，尤其是在收获后，因为此时使用耕牛不会耽误农活。据史料记载，只为拖曳一根大理石立柱，被征调的耕牛就达66头。

就整体而言，希腊的土壤比较贫瘠。希腊人为了开垦农田破坏了大片森林，这无疑进一步破坏了生态环境。柏拉图就曾提到阿提卡的山林在他生活的时代遭受了严重破坏。一旦树木被砍伐殆尽，水土流失就会加剧。但无论古今，希腊农夫所面对的首要问题还是永远也无法预测的降水。如果要保持土壤中的水分，只有频繁地翻耕和锄草，才能保证丰收，但当时的农具还比较原始，上述工作想必会令当时的农夫累得直不起腰。古希腊的犁以木料制成，犁头可能以生铁打造，但这种犁只能在土壤表层划出浅浅的沟而不能翻土，所以农夫们必须再额外进行一次翻耕作业。虽然耕牛的应用有助于降低劳动强度，但收割各类作物、谷物，采摘葡萄和橄榄，仍必须由农夫亲自完成。

城邦的领土被称为 chora，通常包含多种地形地貌——平原、可以改造为梯田的山坡与不适宜耕种而用作牧场的山坡，以及荒芜的山地。各城邦都有不同的土地组成情况，需要因地制宜地谋划生存之道。例如，某项针对公元前5世纪末的雅典贵族群体财产状况的研究表明，他们的地产散布于整个阿提卡。然而，田野调查的结果也表明，在公元前5世纪至前4世纪，小地块正逐渐得到整合，以实现规模经济；人们在这些地块上放养牲畜，并把它们的粪便用作肥料。这可能意味着，此时出现了更集约化的农业经济，也可能是更以市场为导向的农业经济。也正是在此时，乡村地区的人口密度达到了顶峰。

然而，古希腊不同地区的聚落的规划存在显著的地区差异。富于创造力的农夫会探索实现土地最大效益的办法。生存不仅意味着农夫要生产过剩的粮食，也意味着要保护好出产粮食的小地块。田野调查的结果表明，乡村地区总是密布着许多哨塔。这些哨塔的用途并不十分明确：有些可能是瞭望塔（针对邻邦的袭击设立的早期预警系统），有些则可能是保存贵重物品的坚固房间，还有一些可能仅仅是土地所有权的标志物。现存的少量证据表明，哨塔附近的农庄拥有打场用的庭院、圈养牲畜的畜栏以及存放物品的储藏室。某些农庄甚至可能完全由奴隶打理，而业主则住在城里，只是偶尔回来视察一下。对今伯罗奔尼撒半岛的阿尔戈利斯州南部进行的一项研究显示，当地在古代只有不到一半的人口长期居住于乡村——城市生活果然更加令人向往。

单从食物所含的热量来看，谷物是当时最重要的营养来源，大麦则是最普遍的粮食作物，因为大麦生长所需的降雨量只有小麦的一半。（小麦面包因此成为一种奢侈品，主要出现在贵族会饮的桌子上。）对新石器时代希腊农业的研究表明,当时每公顷土地可出产1吨粮食。尽管某些证据表明古典时代土地的单位产量有所提高,但阿提卡每年仍存在巨大的粮食缺口。也正是因为如此,对公元前5世纪的雅典而言,通往爱琴海北部和黑海等产粮区的商路变得非常重要。橄榄是希腊种植最广泛的作物,其发达的根系以及细长的叶子很适应当地炎热、低降雨量的气候。橄榄油可用于烹饪与照明,甚至可以当肥皂用,被大量出口到克里米亚与埃及等不种植橄榄的地区。希腊人经常把橄榄树与葡萄藤混合种植,葡萄种植是古希腊的另一大经济支柱。

牲畜同样是古希腊农业经济的基本组成部分。人们可以在高地或城邦的边境地区放养山羊和绵羊。由于放牧不会受到土地所有权的制约,因此畜群可以四处游荡。一旦这些牲畜被献祭,则将成为人们最主要的蛋白质来源,羊毛和羊皮则成为制作服装的原材料。当时,山区的一些村庄完全以制作织物、皮具与奶酪为生。

农夫在日常生活中必须精打细算,通过省吃俭用来积攒少量积蓄,因为他们要为女儿支付嫁妆,要为公餐缴纳所需物资,还要用来交换陶器、食盐、鱼和金属。倘若有关反映公元前5世纪小地块得到整合的证据为真,那么盈余应该来自农产品的销售。例如,改造梯田十分消耗人力物力,人们可以据此推断,当时的农夫必定受到了某种商业刺激,想要提高土地产量。

手工业、作坊与贸易

采矿业是古希腊最重要的产业之一。希腊人在本土即可开采铁矿石,并将之熔炼锻造成各种工具和武器。金银等贵金属被城邦用来支付大额支出,例如雇佣军的报酬。尤其自公元前6世纪末起,金银开始被铸造成钱币,用于日常商业生活中的橄榄油交易。阿提卡的银矿非常有名,因为它为雅典成为政治强权和海上强权奠定了基础。考古人员认真细致地考察了该矿山的遗迹,并在劳里昂周边区域发现了近2000座矿井。某些矿道绵延数千米,超过120米深。据公元前4世纪的史料记载,有200名雅典人持有采矿的特许权。他们先大量贷款(某个案例记录的借款利息为12%),

然后从奴隶主手中租借大批奴隶下井采矿。根据色诺芬的记载,某个承包商手中有1000名奴隶可供出租,这些奴隶往往承受着雇主的残酷压榨,以至于寿命十分短暂。采矿业中最繁重的工作是矿石的粉碎和淘洗。当年的洗矿场如今已被找到。在干旱的地区,所需的水来自蓄水池中贮存的冬季雨水。

爱琴海北部地区的卡尔息狄斯半岛与罗多彼山脉(Rhodope massif)的白银储量远在雅典之上,此外,希腊人手中的唯一一处金矿也位于此地。公元前4世纪,该地区的贵金属产能达到顶峰,单矿每年便能生产价值1000塔兰特(talent)[①]的贵金属,而雅典同时期的白银总产量仅为每年65塔兰特。这些矿山后来落入马其顿之手。地处希腊世界北部边陲的马其顿能在国王腓力二世的领导下于公元前4世纪迅速崛起,与之不无关系(见下文第18章)。就整个希腊世界而言,大规模的开采,加之熔炼金属又需要大面积砍伐森林烧制木炭,两者对当地环境产生了极大的影响。以塞浦路斯岛为例,古人为熔炼铜矿而破坏的森林至今未能复原。

手工业在希腊世界的分布十分广泛。大多数手工业所需的羊毛、铁矿石、黏土等原料均来自当地,而其产品也只面向周边区域。一项研究发现,古代的雅典有170个不同的行业。所有商品都是小批量生产,而工艺流程至今已无人知晓。在已知的雅典作坊当中,最大的一家雇佣着320名工人,生产盾牌。演说家德摩斯梯尼(Demosthenes)的父亲拥有两间作坊,其中的刀具作坊使用30名奴隶,制造床的作坊使用20名奴隶。在雅典制陶业聚集地凯拉米克斯区(Ceramicus)工作的制陶工可能不超过200人。希腊人从未把对科学的理解应用在创造更高效的生产方法方面,甚至连钱币的制造工艺都很原始:古希腊的钱币都是逐个压铸而成。纺织品往往由纺织工在家中加工完成。

到公元前6世纪,商路变得异常繁忙。一边出售自己运输的商品一边采购当地的商品是其中的窍门(乌鲁布伦沉船就是如此),但如今人们难以考证当时贸易的形式与规模。属于该时期的沉船并不像之后时代的沉船

[①] 通行于古代地中海世界的一种重量单位。在古希腊,1塔兰特约折合26千克。——译者注

那么常见。可能的大宗商品——奴隶、牲畜、粮食、木材——的痕迹早已消失。但很明显，当时的商业活动是规模很小的自由买卖，由个人筹备自己的航程。公元前5世纪中叶，雅典无疑已是一座繁荣的城市，而拜占庭（位于黑海入海口）、罗得岛和科林斯也成为重要的贸易中心。到公元前4世纪，有关借贷的史料有所增多。雅典也为投资人提供一些法律保护。雅典长期坚持用官方的计量标准评估商品，甚至试图将其度量衡标准推广到整个"雅典帝国"。

谷物是地中海地区贸易规模最大的单一商品。粮食经海路从黑海、埃及、意大利等产粮区输往总是缺粮的地区。然而，随着木材需求的增加以及森林破坏的加剧，控制木材资源逐渐成为重要的经济战略目标。雅典为此大力向爱琴海北部沿海地区扩张（殖民地安菲波利斯［Amphipolis］就位于森林繁茂的山区）。控制当地丰富的森林资源也是雅典人在公元前415年远征西西里的动机之一。由于斯巴达渴望建设一支强大的舰队以抗衡雅典，波斯人于是对其开放了弗里吉亚（Phrygia）的森林。

金属矿石同样也很重要。研究人员有时能够定位它们的产地。例如，雅典最初制造钱币时所用的白银实际产自色雷斯，而非雅典的劳里昂矿山。陶器贸易，或者更确切地说，高档陶器的贸易现在已经得到了很好的研究。运粮船在雅典卸下粮食后满载着陶器离开。（英语中的ceramic［陶器］一词即源于希腊语单词keramos，后者的意思即为陶器，雅典的凯拉米克斯区也源于该词。）雅典的黑釉陶由此大量销往了爱琴海北部的萨索斯岛。不同的市场必然有不同的口味。在公元前6世纪，雅典曾针对伊特鲁里亚市场专门生产过一种陶器：为尊重当地人的裸体禁忌，瓶画中的运动员穿上了兜裆布，而制造此类陶器的工匠也由此而得名兜裆布派（Perizoma group）。另外，此类陶器也不再绘制古希腊传统的会饮题材，转而绘制伊特鲁里亚当地葬礼的场景。在西班牙和法国南部，雅典的黑釉陶格外流行。还有为北非市场生产的独特器皿克尔诺斯杯（kernos）——一个陶质基座上连接着几个盛放供品的小容器。希俄斯岛曾把葡萄酒储存在双耳细颈瓶中销往海外。现存的陶瓶表明，公元前6世纪时希俄斯葡萄酒的市场重心在地中海西部，但在公元前5世纪转移到了东部，因为雅典人逐渐培养出了对希俄斯葡萄酒的偏好。

因此,随着生产者和运输者不断适应新的需求,出现了大量的商业机会。根据雅典喜剧诗人赫尔米普斯(Hermippus)的描写,公元前5世纪末时,五花八门的商品源源不断流入了雅典,例如昔兰尼的罗盘草、达达尼尔海峡的鲭鱼和其他鱼类、埃及的帆布与纸草绳索、利比亚的象牙。与此同时,市场上还销售各色水果,例如罗得岛的葡萄干和无花果干、优卑亚岛的梨子和优质苹果、帕伽萨埃湾(Gulf of Pagasai)的榛子和杏仁、腓尼基的椰枣。此外,迦太基也为希腊提供了毛毯和刺绣坐垫。当时人们的生活已颇为精致。①

希腊世界中的女性

希腊人对女性的态度很矛盾。他们承认女性是安定生活的中心角色,因为生育子女、打理家务均由女性负责。倘若一名雅典妇女拥有公民身份,并嫁给一位公民,那么她的子女就有权继承公民的特权,妇女因此在社会中拥有重要的地位。然而希腊人又把女性视为"他者",认为女性的天性充满了激情,高度情绪化、暴戾以及不可信任。公元前5世纪的雅典男性可能会认为,家庭主妇足不出户才是明智和谨慎的做法。②

古希腊戏剧充分展现了男性对女性的幻想与恐惧。有大量证据表明,希腊人认为女性具有强烈的情感,而剧作家们正是通过操纵这些情感来探索人类行为的边界。强势的女性角色在古希腊悲剧中比比皆是,例如美狄亚(Medea)、淮德拉(Phaedra)、安提戈涅(Antigone)、厄勒克忒拉(Electra)。这些人物全面展现了人类的情欲、狂妄、怨毒,而由于受到文化传统的制约,这些情感可能很难被赋予剧中的男性角色。然而,剧作家们也能够对女性的境遇表达一些同情。欧里庇得斯曾借美狄亚之口讲出了以下著名台词:

---

① 参见:Léopold Migeotte, *The Economy of the Greek Cities: From the Archaic Period to the Early Roman Empire* (trans. Jane Lloyd), Berkeley and London, 2009。

② 参见:Susan Blundell, *Women in Ancient Greece*, Cambridge, Massachusetts, and London, 1995;Sarah Pomeroy, *Goddesses, Whores, Wives and Slaves: Women in Classical Antiquity*, New York, 1995。

在一切有理智、有灵性的生物当中，我们女人算是最不幸的。首先，我们得用重金争购一个丈夫，他反会变成我们的主人；但，若不去购买丈夫，那又是更可悲的事。而最重要的后果还要看我们得到的，是一个好丈夫，还是一个坏家伙。因为离婚对于我们女人是不名誉的事，我们又不能把我们的丈夫轰出去。一个在家里什么都不懂的女人，走进一种新的习惯和风俗里面，得变作一个先知，知道怎样驾驭她的丈夫。若这事做得很成功，我们的丈夫接受婚姻的羁绊，那么，我们的生活便是可羡的；要不然，我们还是死了好。一个男人同家里的人住得烦恼了，可以到外面去散散他心里的郁积，不是找朋友，就是找玩耍的人；可是我们女人就只能靠着一个人。他们男人反说我们安处在家中，全然没有生命危险；他们却要拿着长矛上阵：这说法真是荒谬。我宁愿提着盾牌打三次仗，也不愿生一次孩子。①

（最后一句台词应该道出了一些实情，通过检查古代希腊人的骨骼可以发现，成年男性的平均寿命为45岁，成年女性的平均寿命只有36岁［更详尽的分析可能让上述数据有所提高］。生育导致的过早死亡最有可能是导致这个差别的原因。此外有证据表明女婴比男婴更容易死亡。）

无论女性在希腊的真实境况如何，她们自己几乎未留下只言片语，即使悲剧中的女性角色也是由男性扮演的。简而言之，雅典的主妇们围坐在狭小且可能气味难闻的室内时究竟有何感想，今人根本无从知晓。或许，她们会为自己的公民身份、为作为将成为公民的孩子的母亲而感到满意。但另一方面，她们也可能向往那些高级妓女（hetaira）的自由自在，因为后者可以出入会饮场所，有时甚至与贵族青年建立较为稳固的关系。然而这些高级妓女的辉煌往往转瞬即逝，她们的生计完全依赖于相貌和魅力。她们极易怀孕（妓女的子女永远不会被承认为公民，但也有例外：阿

---

① ［古希腊］欧里庇得斯著，罗念生译：《欧里庇得斯悲剧二种》，北京：人民文学出版社，1979年，第13页。——译者注

斯帕齐娅［Aspasia］是伯里克利的情妇，伯里克利后来通过颁布特殊法令使两人的儿子获得了公民权）和生病，而且一旦情夫娶妻成家，她们就会遭到抛弃。涅埃拉（Neaera）是雅典文献中记载最为详细的一名妓女：此人生来是女奴，但努力挣扎终于迎来回报——崭露头角的政客斯特法诺斯（Stephanos）试图迎娶她为合法的妻子，让她之前与别人所生的几个女儿获得公民权。斯特法诺斯的政敌为了败坏他的声誉，向法庭揭露了涅埃拉的生活，她的隐私因此被统统公之于众，某些细节显然表明她曾遭受过性虐待：她的某个情夫甚至曾在会饮场合当众与她交媾，"向围观者炫耀其特权"。

上述事例表明，雅典男性可以随意进行性活动。色纳尔库斯（Xenarchus）是公元前4世纪的剧作家。根据他的描述，城中的娼妓"袒露着双乳晒太阳，时刻准备进行性活动"。一边是家庭主妇坚守贞洁，另一边是背街小巷上无处不在的性活动，两者并行不悖（这不禁令人联想到维多利亚时代的英国）。一个雅典人曾如此比较"贞洁"的家庭主妇和那些依靠卖身为生的女子："情妇用来使自己心情舒畅，侍妾用来每日服侍我们的身体，妻子用来生养合法的子女并忠诚地守护这个家庭。"

每个雅典女性都有一名监护人（kyrios），在婚前由某个男性亲属充当，婚后则是她的丈夫。除了衣物和首饰，女性的财产由监护人代为保管，她只能以自己的名义进行那些最微不足道的交易。对一名中规中矩的雅典女性而言，婚姻是其一生当中最大的转变：她们一般在刚刚结束青春期后，就嫁给一名年长的男性，进入一个陌生的家庭。索福克勒斯在某个剧本的残篇中描绘了当时妇女的体验：

> 在我看来，未婚女孩在娘家享受着凡间最甜美的时光，因为童贞会永远保护这些孩子的平安与快乐。然而，一旦我们进入青春期并开始懂事，就会被推出家门并标价出售，远离祖宗的神祇与父母。有些姐妹嫁给了陌生人，另一些则嫁给外邦人；有些嫁入平淡无趣的家庭，另一些则与丈夫势同水火。初夜过后，我们便开始受到丈夫的役使，自此只能唯唯诺诺。

虽然上述文字以及几乎所有对女性处境的评论都出自男性之手，但这无疑清楚地表明，女性与男性不同，出嫁就是某种形式的流放。梭伦曾建议男性的适婚年龄为28岁至35岁，因为此时男性刚刚越过体能的巅峰，应该恰当地规划家庭的未来了。妻子比丈夫小10岁至15岁，这个年龄差可能是故意设置的，目的是确保男性在家庭中的支配地位，因为丈夫们在结婚时已经足够成熟，并已经适应了公共生活；至于妻子，根据某份史料的说法，她们被"严密地监管，以使她们尽可能少地看到、听到和了解外界的情况"。当时的医学理论也认为，产妇越年轻，分娩越安全（相反，男性越年长，精子越有活力），而且认为交媾是解决女性青春期情感剧烈波动问题的最佳方式。

与大多数传统社会一样，爱情在择偶时几乎无足轻重。婚姻伴侣通常是从彼此认识的相对较小的家庭圈子中选择的。新娘的家族要支付一笔嫁妆，而嫁妆的交割意味着婚约的缔结。此后嫁妆将完全由新郎支配。族内通婚的一个重要功能是避免财产外流。正常情况下，财产由男性继承。但假如某个家庭只有女儿可以继承家产，她便获得一种名为epikleros（希腊语称家产为kleros）的独特身份并继承家产。为避免该女性的家产落入其他家族，她将被嫁给和她关系最近的男性亲戚（通常是嫁给某位叔父）。即使该女性当时已婚，只要还没有子嗣，仍可与族内成员再婚，以保住家产。

正如同希腊人一生当中的其他重要时刻一样，婚礼必然也涉及一些仪式。新娘沐浴更衣后，被新郎偕同挚友迎上马车，前往新郎家中。婆母向新娘送上祝福。只有完成一整套接纳新娘进入夫家的礼节后，新人才能步入洞房。妻子的主要职责是生育子女，一旦产下一名男婴，她在夫家的地位将大大提升。在雅典的一宗诉讼案中，一个求婚者说道："当孩子降生后，我开始信任她并让她掌管一切，相信我和她已结成了最亲密的关系。"尽管没有子嗣的婚姻可以解除，但女性也有权向过于寡廉鲜耻的丈夫提出离婚。

希腊家庭如何布置他们的住宅如今已无据可循。然而，在希腊北部的俄林土斯（Olynthus）的一座于公元前348年被腓力二世夷为平地的城镇遗址中，考古人员发现了许多房屋的地基。这些民宅几乎与外界隔绝，房屋的外墙上只开有少量的窗口。男性的居室（andron）靠近房屋的正门，便于主人就近接待访客，同时避免女眷的生活区域遭人误闯。私人住宅是神圣而不可侵犯的——在希腊悲剧中，女性迈出家门之时总是剧中最紧张的时刻，而闯入一户民宅并惊扰到房中的女眷会被视为严重的冒犯。较大的住宅中设有庭院，女性在温暖的日子里可在庭院中纺织缝纫，家里的油、葡萄酒和粮食也都存放于庭院中。这些为女性预留的空间使主妇得以在打理日常事务的过程中发挥重要作用。在阿里斯托芬的喜剧《公民大会妇女》（Ecclesiazusae）中，富有魅力的女主人公普拉科萨戈拉（Praxagora）乔装成男性，提议"把国家的权柄交给妇女，连同金钱和自己的家园"。① 而欧里庇得斯笔下的一名女性角色也说道："女性比男性更优秀，她们掌管着房屋，守卫家中从海外运来的货物。没有主妇，房子里就无法整洁和兴旺。而与众神打交道时——我敢说这是最首要的事情——我们亦发挥着最重要的作用。"②

有一些场合，主要是宗教节庆，妇女可以因为自身的性别而参与。希腊最盛行的节庆塞斯摩弗洛斯节（Thesmophoria）就完全由女性参加庆祝。在雅典，该节庆会持续3天，所有的女性届时都从男性的视野中消失，聚集到举行节庆仪式的圣所。仪式上会用乳猪献祭。但也有一些把生殖器形状的物品扔进泥土里并把前几年的祭品的遗骸从地下重新挖出的仪式。上述环节可能表明该节庆有生殖崇拜的元素，尽管人们会在节前禁欲一段时间。在与节庆相伴随的一些仪式中，女性以下流的语言咒骂男性。相传曾有男性因搅乱这一宗教仪式而遭阉割。沃尔特·伯克特在其《希腊宗教》③一书中总结道："该节庆的核心是家庭的解体、两性的隔离以及女性社会的构建；一年当中至少有一次这样的机会，女性宣示她们的独立性、责任感及她们对社群的繁衍和土地的丰产的重要意义。"可

---

① ［古希腊］埃斯库罗斯等著，张竹明、王焕生译:《古希腊悲剧喜剧集：阿里斯托芬喜剧（下）》，南京：译林出版社，2015年，第400页。——译者注
② 参见：Lisa Nevett, *House and Society in the Ancient Greek World*, Cambridge and New York, 1999.
③ Walter Burkert, *Greek Religion*, Oxford and New York, 1991.

以认为，塞斯摩弗洛斯节的社会功用在于让女性在这一年的剩余时间里所遭受的压迫合理化。古希腊还有另外一些属于女性的节庆，例如1月的哈罗阿节（Haloa）和7月的斯基拉节（Skira）。两个节庆都与农业生产具有一定关系（比如斯基拉节就与丰收后打谷有关），这表明当时的人们承认女性确保了土地的丰产。纪念狄奥尼索斯的节庆最为放纵。欧里庇得斯的悲剧《酒神的女祭司们》(The Bacchae)即描写了该节庆。剧中的妇女在舞蹈中陷入癫狂状态，把前来打探情况的底比斯国王彭透斯（Pentheus）撕成了碎片。[1]

斯巴达的女性比雅典的女性享受着更多的自由（至少在外人看来如此）。她们的丈夫专注于军事训练并经常外出作战，这可能让她们在处理日常生活中的各类问题时，有了更大的自主性。此外，她们可能独自掌管着嫁妆，令她们有能力拥有自己的土地。（亚里士多德曾宣称斯巴达四成的土地归女性所有。）然而，城邦赋予她们的主要任务无疑还是生育男孩。为了胜任这一使命，她们被要求接受体能训练，以锻炼强健的体格。（她们均赤身裸体接受训练，这被其他希腊人视作寡廉鲜耻。）生育3个以上男孩的母亲会被授予特权。

奴隶制

在许多行业中，如建筑、采矿、制造和种植，奴隶承担了大部分劳动。奴隶制在古代世界广泛存在，具有悠久的历史。正如荷马向我们清楚展示的，战俘及其家人的结局通常就是沦为奴隶。在《伊利亚特》中，安德洛玛克就预见到自己将在丈夫赫克托尔死后沦为奴隶。奴隶是希腊人少数几种能用来交换东方文明生产的奢侈品的商品之一，于是奴隶贸易的历史就此开始。奴隶的主要产地起初是色雷斯（总体而言，来自黑海地区的奴隶都备受欢迎），后来转移至小亚细亚的内陆。到公元前5世纪末，来自叙利亚的奴隶售价最高，显然因为他们更加聪明。

希腊人为自己蓄奴逐渐变得普遍起来。最终许多城市有三成左右的

---

[1] 参见：Sue Blundell and M. Williamson (eds.), *The Sacred and the Feminine in Ancient Greece*, New York and London, 1998。

人口由奴隶构成。当时没有人与奴隶制无关，就连希腊人在战争中被其他希腊人俘虏，也会沦为奴隶。修昔底德曾记载过几次此类事例：在那些战败的城市里，男性遭处决，妇女和儿童则沦为奴隶。①

奴隶的使用与希腊人自认为优越的意识密不可分。在希腊人看来，服侍他人是有失身份的事情，因此公民通过使用奴隶既强化了自己作为自由人的身份，也强化了自己作为希腊人的身份。他们也通过奴隶使自己从劳动中解放出来，从而有更多的闲暇参与政治活动。然而，他们需要为奴隶制的存在寻找一些借口。亚里士多德在《政治学》(*Politics*)中探讨了该问题。在他看来，奴隶制是自然秩序的一部分，社会上本该存在施行统治的精英和承担劳作的奴隶，而文明开化的生活方式就仰赖奴隶制（虽然他承认有些人不同意这一观点）。他写道："能够运筹帷幄的人天生就适于做统治者和主人，那些能够用身体去劳作的人是被统治者，而且是天生的奴隶……后者更加强壮，更能胜任必需的各种劳务，前者虽不能胜任这些劳务，却胜任公民生活。"②然而，亚里士多德必须要从体格方面为奴隶更胜任劳务寻找依据，这就使他除了从种族的角度来定义统治者和奴隶之间的地位差异，几乎别无选择。亚里士多德写道：

> 在寒冷地带居住的人群和欧罗巴各族的居民都生命力旺盛，但在思想和技术方面则较为缺乏，所以他们大都过着自由散漫的生活，没有什么政体组织，也缺乏统治邻人的能力。亚细亚的居民富于思想而且精于技巧，但在灵魂方面则惰性过重，故大多受人统治和奴役。至于希腊各族，正如位于这些地方的中间地带一样，兼具了二者的特性。因为希腊人既生命力旺盛又富于思想，所以既保持了自由的生活又孕育出了最优良的政体，而且只要能形成一个政体，它就具有统治一切民族的能力。③

---

① 参见：Keith Bradley and Paul Cartledge (eds.), *The Cambridge History of World Slavery, i: The Ancient Mediterranean World*, Cambridge, 2011, chapters 2–9.

②［古希腊］亚里士多德著，苗力田主编：《亚里士多德全集》第9卷，北京：中国人民大学出版社，1997年，第4页。——译者注

③《亚里士多德全集》第9卷，第243页。——译者注

因此，根据亚里士多德的观点，奴隶就应当做奴隶，因为他们是异邦人。事实上，他们许多来自"蛮族"，因此在为希腊主人工作之前便已经遭遇许多创伤。奴隶的家庭通常会被拆散，而沦为他人财产的经历必然造成剧烈的心理冲击。此外，日复一日的奴役生活所造成的心理冲击更是无法估量。奴隶主家庭内部的某些仪式与惯例为奴隶提供了些许庇护。主人的家庭会举行仪式，宣示欢迎奴隶来到新家（希腊语称该仪式为katakhusmata，在此仪式中，奴隶会得到一个新的名字，以作为新生活开始的标志）。在雅典，得益于梭伦颁布的法律，不公正地殴打奴隶会被视为妄自尊大，杀害奴隶的行为不仅会败坏凶手的名誉，更会败坏整个社群的名声。色诺芬在《家政论》（Oeconomicus）中写道，照料生病的奴隶乃是雅典主妇的一项职责。奴隶主还可以通过发表公开声明的方式释放奴隶。这些惯例以及天然的利他主义思想可能使奴隶的生活不那么无法忍受，但我们不能对奴隶的境遇过分乐观。阿里斯托芬的喜剧表明，无故粗暴对待奴隶的现象十分普遍。男人和他们的女奴发生性行为是可以容忍的，一份法庭档案表明，这不足以证明主妇的不忠是正当的。即使雅典有不提及一名释奴曾经为奴的惯例，但被解放的奴隶在雅典仍被视为异邦人（metics），无权参与政治活动与宗教节庆。

  奴隶制具有多种形式。动产奴隶，即奴隶主直接占有奴隶是最常见的形式。但也存在其他奴役方式，例如斯巴达的希洛人。根据修昔底德的一段记载，斯巴达国王布拉西达斯（Brasidas）曾召集700名希洛人支援作战，而奖励便是赋予他们自由，并允许他们自由迁徙。这表明希洛人通常被束缚在土地上，被视为国有奴隶，而非属于个人。希洛人与其他动产奴隶不同，他们是希腊人，居住在传统上属于他们的土地上，并拥有自己的社群，他们也被允许保留一部分农产品（剩余部分上缴给斯巴达）。从另一方面讲，希洛人的生活十分悲惨。普鲁塔克曾写道，"让[希洛人]永远顺从的最好办法，就是用永无休止的艰辛劳动粉碎其精神"。每届监察官在当选后都要举行一个对希洛人宣战的仪式。希洛人当中看似具有领袖潜力者会被有计划地清除。斯巴达对年轻人的军事训练中就包含这样一个环节——将他们安置在乡村，让他们随意杀死他们遇到的任何希洛人。

斯巴达很可能只是一个例外。古希腊并不存在类似西印度群岛或美国南方那样的鲜明的奴隶制经济。在古希腊，拥有一技之长的奴隶可以和自由人甚至公民共同劳作。根据一份史料的记载，在参与建造雅典厄瑞克忒翁神庙（Erechtheum）的86名工匠当中，公民与异邦人各24名，奴隶为20名。这些奴隶干着石匠与木匠的工作，并领着与自由人相同的报酬。另一则史料记载，一艘三列桨座战船的桨手中有100名奴隶，而这些奴隶的主人同样是这艘船上的桨手。一个对现实颇为不满的雅典人（即所谓的老寡头①）曾悻悻地表示，在街头已经无法分辨奴隶与自由人。然而，奴隶究竟能在多大程度上在这种相对宽松的社会环境中获得某种独立感，我们就不得而知了。

大批奴隶在希腊人的家庭中充当仆人，而拥有一两名奴隶无疑也是许多雅典人的心愿。但即便如此，可能只有半数雅典人真正拥有奴隶。在雅典，奴隶能凭借其技能和能力取得一定的地位。奴隶的售价也体现了他的技能水平，其技能甚至能使他重获自由，以换取他继续为其主人提供服务。奴隶主与奴隶之间有时甚至会产生某种感情联系，虽然这种关系既不平等又十分脆弱。身无长技的奴隶将成群结队地在农田、作坊甚至矿井里工作。他们更不安全，没有机会保留任何个人身份，而且似乎受到了苛刻的待遇。尤其在矿井里，奴隶更不过是一种消耗品。此外，普通妓女中的大多数也是奴隶。

贵族遗风

在古风时代，古希腊社会最重要的变化是贵族势力与地位的衰落。当时各城市均使用重装步兵作战，贵族丧失了证明自己是英勇的武士的机会，其建立在农业财富基础上的威望又受到了商业财富的挑战。至公元前

---

① 古希腊作家色诺芬传世的作品中有一篇名为《雅典政制》的文章，但学者普遍认为其作者并非色诺芬本人。由于该文的作者对雅典民主持批判态度，所以这位不具名的作者被后世的学者以"老寡头"（Old Oligarch）相称。——编者注

7世纪，贵族大地产与粗放的畜牧经济已经消失。身为麦加拉贵族的著名诗人塞奥戈尼斯在创作于公元前550年左右的一首诗作中表达了这个阶层自觉正遭受整个社会围攻的心态：

> 库尔诺！我们的城市一切如故；尽管城中之人已经不同：那些人过去不曾懂得我们的法律和规矩，用山羊皮斗篷裹着其肋骨，像野鹿一样生活在我们的城外，如今他们却变成了城市的主人；而昔日的贵族如今却表现得如同懦夫。何其令人蒙羞的光景啊。

百余年后，阿里斯托芬以昔日的金银币与当时贬值的青铜钱币进行对比，表达了对贵族式生活的同情："对于市民，也是一样，那些我们知道的、出自好的家庭的、高尚的、有名声的、讲道理又有道德的人，那些在音乐、舞蹈和体育的熏陶下长大的人，我们不去尊重他们；而对那些刚移居到这儿的、满身铜臭的、外乡的、红头发的、自以为聪明的聪明人，我们却提供给了他们一切；而以前呢，这城邦是连垃圾都不曾轻易接受的。"[1]

高贵的出身是成为高贵者（agathoi）的重要条件，而成为高贵者也意味着拥有健壮的体魄和高超的作战技巧。余者则是下贱者（kakos）。高贵者需要财富，因为财富是其维持地位的唯一手段。但对下贱者而言，财富具有诱使人堕落的强大力量（因为他们既未曾接受过善用财富的教育，也决不会用财富把自己转变为高贵者）。对塞奥戈尼斯而言，不同阶级之间通婚是非常可憎的念头。高贵者必须保持其血统的纯洁性。

高贵者究竟应该如何维持其地位？一种方式是用符号性的裸体青年像标示其坟墓。但仍健在的贵族需要一种更直接的方式。荷马式的老派武士竞技此时已成为过去，贵族开始热衷于参加其他形式的竞技——赛会（agones）——来证明自己。公元前6世纪初，赛会开始在整个希腊世界流行。四年一届的奥林匹亚赛会此时按官方说法已有200年历史，但其实际的历史可能更加久远。该赛会可能起源于为纪念宙斯而举办的节庆。在坐

---

[1]［古希腊］阿里斯托芬著，罗念生译：《地母节妇女、蛙》，上海：上海人民出版社，2006年，第171页。——译者注

落着宙斯神庙的圣域周围，建有举办战车竞赛的赛车场（stadium）、体育馆（gymnasium）以及摔跤比赛的场地。附近还建有一座祭坛。在赛会期间，100头公牛将被作为祭品献给宙斯。献祭产生的灰烬从未被清理。灰烬逐年积聚，祭坛也随之变得越发雄伟。

至公元前6世纪，赛会最终固定为9个项目——赛跑、赛车、拳击、摔跤和五项全能。参赛者在距离赛会召开还有一个月时，汇聚到负责举办赛事的厄利斯城。距离赛会召开还有两天时，在当地官员的带领下，参赛者、马匹和战车组成一支盛大的游行队伍前往会场。赛会为期5天，不计其数的观众届时会蜂拥而至。裸身参加赛跑的风俗此时早已根深蒂固，因为裸体是英雄人物的"戏服"。在各项赛事进行的同时，传令官、号手也会展开角逐。这些又与著名演说家的演讲、宴会、献祭活动交织在一起。在赛会的最后一天，由各项赛事的优胜者组成的游行队伍将前往

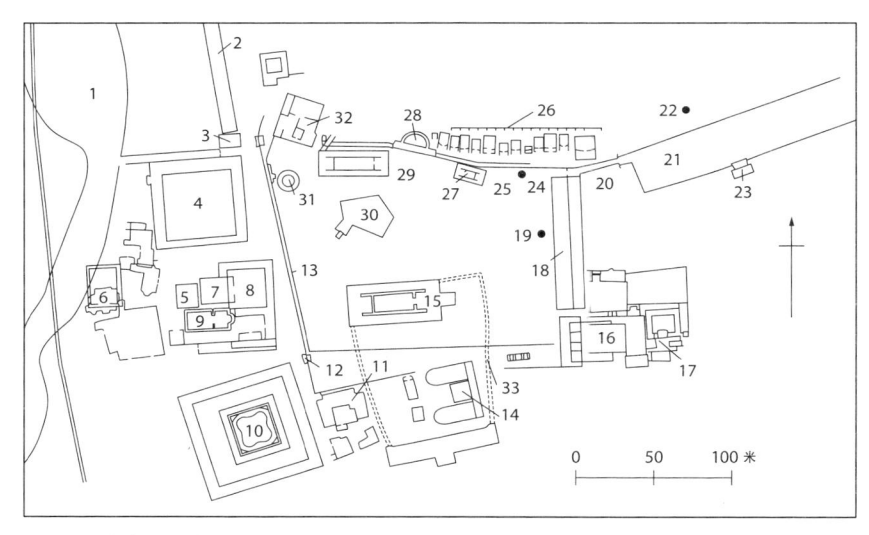

图例：1.克拉狄俄斯河；2.体育馆；3.大门；4.角力学校；5.英雄祠；6.浴场；7.庭院；8.住宅；9."斐迪亚斯的工作室"；10.运动员宿舍；11.会所；12.游行队伍入口；13.围墙；14.议事大厅；15.宙斯神庙；16.尼禄的房间；17.罗马浴场；18.多利亚柱廊；19.荣誉纪念碑；20.秘密入口；21.赛车场；22.祭坛；23.裁判席；24.地基；25.阶梯看台；26.金库；27.母神庙；28.水神庙；29.赫拉神庙；30.佩罗普斯墓园；31.腓力二世祠；32.会合处

插图3 奥林匹亚平面图。 此地主要是祭祀宙斯的圣所，宙斯神庙居于整个封闭区域的中心。由于该圣所面向全体希腊人开放，各城市纷纷贡献自己的金库，用来保存本邦奉献的宝物。当地每逢赛会便会拥挤得水泄不通。

宙斯神庙，在此戴上用橄榄枝编成的桂冠，并迎接树叶与鲜花的洗礼。（最后一届奥林匹亚赛会举办于公元395年。此后地震导致阿尔费乌斯河［Alphaeus］改道，赛会场地被淤泥掩盖，并逐渐被人遗忘。奥林匹亚遗址自公元1766年被发现以后，大部分已得到了发掘。）

公元前6世纪时还有另外3个赛会：公元前582年在德尔斐首次举办的皮提娅赛会（Pythian Games），首次举办于公元前581年的科林斯地峡赛会，以及公元前573年在阿哥利斯（Argolis）首次举办的尼米亚赛会（Nemean Games）。尽管当时每年都会有一两个重要赛会，但赛会的大门实际上仅向那些有闲暇接受专业训练的人敞开，因此机会几乎全部留给了贵族阶层。各赛会的奖品也一如奥林匹亚赛会那样微不足道：科林斯地峡赛会与尼米亚赛会的奖品分别是用松枝叶和野芹菜编成的冠冕。赛会的优胜者可在会场竖立雕像。当希腊旅行家波桑尼阿斯在公元2世纪造访奥林匹亚时，曾看到当地仍保存着数百座此类雕像。

在众多活跃于赛会世界的诗人中，底比斯贵族品达（Pindar，公元前518—前438年）因其诗歌复杂而精美的风格受到全希腊贵族的推崇，所以优胜者纷纷委托他创作颂诗。品达坚信贵族的优良血统使他们天生优于常人，赛会的胜利者更获得进一步的升华，从而接近众神和往昔的英雄，所以他们的成就也如黄金一般熠熠生辉："黄金宛如夜里闪烁的火焰，胜过一切财富的荣光。若要为奖品放声歌唱，我们找不到比奥林匹亚更伟大的赛会，正如在白昼时找不出比那金色天空中的太阳更加夺目的星辰。"（品达：《奥林匹亚颂，其一》）莱斯利·柯克在《赞美中的生意：品达与社会经济的诗学》[①]一书中揭示了贵族如何将赛场上的成功转化为他在城邦里的社会地位，各城市甚至派赛会优胜者赤手空拳走上战场，仿佛他们已经成了保佑该城不可战胜的护身符。再以雅典贵族阿尔西比亚德斯（Alcibiades）为例，在公元前416年的奥林匹亚赛会中，他至少参加了7场战车比赛（这是唯一允许使用他人参赛的项目，这里是驭手）。回到雅典后，他利用自己在赛场上的成功恣意操纵公民

---

① Leslie Kurke, *The Traffic in Praise: Pindar and the Poetics of Social Economy*, Ithaca, NY, 1991.

大会。他曾对那些易受蛊惑的听众说道:"曾几何时,希腊人以为我们的城市已在战争中完蛋了,但如今他们认为雅典比现实中的雅典更为强大。这都拜我作为雅典的代表在奥林匹亚赛会上的精彩表现所赐。我参加了7次赛车,并取得了第一名、第二名和第四名……按照传统,这些成就会带来荣耀,事实也的确如此,它们必然会让雅典的强大给人留下深刻印象。"

正如胜利能带来神圣的荣耀,失败会带来耻辱。品达在为一名摔跤手创作诗歌时,描写了失败者所蒙受的羞辱:

> 如今你已经第四次走下场来,败者倒在你的脚下;
> (你对他们而言就是灾星)
> 皮提娅的盛宴属于你;
> 无人能像你一样收获这么多来自家乡的欢呼。
> 至于他们,当他们见到母亲时,
> 身旁没有甜美的欢笑和动人的喜悦,
> 在远离敌人的偏僻街道上,
> 他们缩成一团,灾难已经紧紧咬住了他们。

从令人激动的赛场回到家中,贵族们将回归会饮的私人世界。此类纵酒狂欢往往带有一些仪式化的色彩。会饮起源于昔日的军事首领在大厅举办的宴会,此时却演变成了一种高雅且颇具仪式感的场合。在餐厅里,男人们斜倚在依墙而设的卧榻上。卧榻的数量至少有7张,至多有15张,但总是保持奇数。每张卧榻通常坐两人。有一人是整场会饮的主持人,负责调酒,同时督促侍者把调好的酒斟满每位客人的酒杯。实际上,会饮是影响陶器的设计与装饰的主要因素。希腊人用水瓶盛水,用双耳细颈瓶盛酒,用钵调酒,而来宾则用双柄杯饮酒。要弄清会饮与最受欢迎的陶器装饰图案间究竟存在何种关联,是非常困难的。但会饮至少与以下两类主题必然存在着联系,一类是酒神狄奥尼索斯的生活,一类是传统的神话题材。

来宾可在会饮中享受多种形式的欢愉——美食、美酒、清谈和性。这里有众多奢侈物品，比如香水、蜂蜜、鳗鱼和上等葡萄酒，尤其是来自曼德（Mende）或萨索斯的。会饮上还有可提供歌舞表演的高等妓女，而非单纯供来宾发泄性欲。来宾在会饮期间也会做一些小游戏，例如一种名为科塔博斯（kottabos）的游戏，要求参与者将杯中的酒渣弹向目标或喜爱的情人。会饮通常在音乐与歌声中结束——陶盆经常使用赤身吹奏阿夫洛斯管的艺伎形象作为装饰，而阿夫洛斯管能使人联想到狄奥尼索斯与放纵。（与之相反，里拉琴通常象征着矜持。在瓶画中，受人尊敬的女性往往端坐着弹奏里拉琴。）最终，醉醺醺的参与者们闹哄哄地冲向大街，一夜的狂欢就此结束。

在希腊，音乐与生活全面交织在一起。牛津大学的古典学学者罗莎琳德·托马斯（Rosalind Thomas）主要研究古希腊的表演文化。她曾列举古希腊诸多音乐表现形式的一部分："节庆时献给众神的赞美诗、献给阿波罗的颂歌、赞美赛会优胜者的凯歌，此外还有游行队伍所唱的歌曲（prosodia）、赞美个人的歌曲（encomia）、葬礼或婚礼上演唱的歌曲（epithalamia）、供少女演唱的歌曲（partheneia），以及挽歌。"公开朗诵诗歌和表演戏剧通常也都有音乐伴奏，因此诗人的工作并非简单地遣词造句。品达曾强调："花环如同枷锁一般套在头顶，向你追索神圣的债务：要使她婉转的嗓音与里拉琴的琴声融合在一起，以及双簧管的蜂鸣；还要填入适当的词句。"品达的作品以合唱的抒情诗为主，萨福的作品则主要是里拉琴伴奏的独唱抒情诗。音乐为语言赋予了感情基调，但如今已难以再现。哲学家柏拉图充分注意到了这一点。当他提出需要规范诗歌（因为它引起了情感）时，他也把舞蹈与合唱归入其中。

音乐还是传统教育的核心。在雅典，教育本是针对贵族文化的启蒙。掌握里拉琴的弹奏技巧对于塑造人格具有重要意义。某份文献中提到："教里拉琴的教师也要注意学生的克制和良好的品行。一旦他们能够弹奏该乐器，就应该教授他们吟唱适合的诗人的作品，使之成为课程的一部分，并将韵律与曲调烙入男孩的脑海，以便让他们少一些狂野，在言语和行动上多一分协调。"文学和体育教育与音乐教育同步进行。此三项教育的初衷都是要促进少年在体格与品行方面的发展。体育有助于塑造完美的身躯，苏格拉底曾言："多么耻辱啊，一个人在老去之前从未见识过其身躯本可以拥有的力与美。"此外，学生一旦掌握了读写能力，将开始用心学习诗歌，尤其是荷马史诗，以吸收其中的道德价值观。

出席会饮可能也是贵族青少年启蒙教育的一部分。作为身份的标志，他们被允许坐在卧榻上，但不能斜倚。当葡萄酒调制完毕后，他们还要负责斟酒。由于竞赛此时已变成贵族生活的必需品，会饮中诞生了另一种形式的竞赛——未婚的成年男性竞相对少年施展其性魅力。许多瓶画都堂而皇之地描绘了此类场景。

人类学家发现，成年男性与少年发生性行为的现象存在于许多古代社会中，这通常是男孩加入战士社群前的启蒙教育。在某些例子中，来自较年长的男性的精液会被认为象征着整个社群的力量，通过这种方式被传递给了下一代。少年通常被要求在此关系中充当被动的一方。然而，这种关系在雅典并不那么容易被观察到。此类关系无疑受到了严格的约束，追求者（erastes）追求被爱慕者（eromenos）时，求爱仪式具有严密的规定。少年被要求行事庄重，既不能接受任何物质回报，也不能轻易屈服于追求者的殷勤。（这是柏拉图在《会饮篇》中提出的理念。）性的成分在此类关系中可能受到了约束，而被爱慕者可能实际上也并未被插入体内。大卫·科恩在论文《法律、社会管控与同性恋》[①]中探讨了雅典对性行为的管控。他认为，在雅典，少年还不完全算是社群中的男性成员，他们可能被未满适婚年龄的成年男性当作了女性的替代品，而向少年求爱的仪式也与向女性求爱的仪式非常相似。少年在面对无理的性要求时有权得到保护，而其家人也会时刻保持警惕，确保他免遭追求者的侮辱。

在此我们必须澄清上文所述性行为与同性恋的区别。对希腊男性而言，在同性恋关系中无论是自愿扮演被动的一方，还是因为受人钱财而扮演该角色，都是自贬身价的行为。至少在雅典，上述行为会导致公民权被剥夺。

---

① David Cohen, "Law, Social Control, and Homosexuality", in *Law Sexuality, and Society*, Cambridge University Press, 1991.

某幅幸存的表现公元前5世纪60年代初希腊人在欧里梅敦河（Eurymedon）大胜波斯人的瓶画表明，胜利者有权向战败者施行性羞辱（鸡奸）。

男性通常在婚后即停止了与少年发生性行为，而成年的同性情侣在希腊人看来是十分荒唐的。公元前6世纪，诗人弥涅墨斯（Mimnermos）因雄风不再而哀叹道："没有黄金的爱情，哪有生活和欢乐？死去吧，既然我已无缘享受暗结的爱情、交心的礼品、床帏的欢好，这一切都是青春的花朵，青年男女心爱的东西。一旦痛苦的老年来到，人的形体变丑，情怀变恶，种种不幸的忧虑永远萦绕心头，虽然还看见阳光心情也不舒畅，总是受到孩子们嫌恶、妇女们轻贱，这是神给老年人所做的痛苦安排。"①

在雅典这样的城邦中，许多持保守观点的贵族对民主的到来态度消极且厌恶，这是可以理解的。苏格拉底的友人、史家色诺芬曾写道："民众打倒了雅典的运动员和缪斯女神［指代音乐］的学徒。"贵族成员以不同方式适应民主政治。为了保持对公民大会的影响力，他们要么利用众人对贵族由来已久的尊重，要么利用他们在赛场上的胜利（比如阿尔西比亚德斯）。换言之，他们接受了政治变革的现实，并设法与之共存。另一些贵族则积极捍卫寡头政治，或者如柏拉图那么极端，对民众参与政治展开了极其精密的批判。对民主政治进行理性批判的传统将成为希腊政治哲学的重要元素。②

由于婴幼儿生病夭折的例子比比皆是，再加上战争、海难、疾病等因素的影响，古希腊的人口死亡率必定很高。人们对从青年向老年的过渡有强烈的认知。公元前7世纪，来自克罗丰（Colophon）的诗人弥涅墨斯就如此写道：

青春花期短暂，
最多只像太阳照在地上那样长。

---

① 《古希腊抒情诗选》，第65页。——译者注
② 参见：Josiah Ober, *Political Dissent in Democratic Athens: Intellectual Critics of Popular Rule*, Princeton and London, 1998。

> 这段好时光一旦从你身边逝去，
> 霎时间死了倒比活下去好。①

即使如此，仍有许多希腊人活到了老年。梭伦曾宣称，42岁至56岁是男性智力与口才的巅峰期。柏拉图活到了80岁，悲剧作家索福克勒斯不仅活到了91岁，而且在去世前一年仍有剧本问世。修辞学者高尔吉亚（Gorgias）据说活到了100多岁，并把长寿归因于简朴的饮食。（古希腊的日常膳食以油、谷物和水果为主。这样的饮食结构无疑十分健康，时至今日，希腊男性仍然拥有全欧洲最长的平均寿命。）有些人甚至从做祖父母中找到了乐趣。某块竖立于公元前5世纪的墓碑属于一位名叫安法瑞忒（Amphareté）的老妇，碑文写道："我正抱着宝贝的外孙女，我曾抱着她一起沐浴阳光，如今我们均已逝去，我仍将她抱在膝头。"

面对死亡也是如此。对那些早逝的人来说，他们渴望高贵地死去，这样他的葬礼就可以在所有应得荣誉下公开举行。希腊人更看重身后的名声，而不太重视对遗体的保存。葬礼仪式往往比较简单且富于感染力。遗体先被洗净，并涂以橄榄油，然后用两层布包裹起来。众人还会为死者守夜并唱挽歌。最后，送葬队伍将死者运往墓地下葬。死者的坟墓竖有一块石碑进行标识，如果负担得起，还会竖一尊死者的雕像。②

在阿芙洛狄忒城的一块公元2世纪的墓碑上，铭刻了一首缅怀埃皮克拉德斯之子埃皮克拉德斯（Epicrates，此人与其父同名）的诗作。该诗表明贵族文化在古典时代结束后又延续了数百年。

> 这块碑石歌颂的是埃皮克拉德斯之子，
> 埃皮克拉德斯，他躺在这坟丘之下，
> 正值青年。[体育馆的]灰尘已被抛在身后，
> 还有他曾演奏过的里拉琴与荷马的诗句，

---

① 《古希腊抒情诗选》，第63页。——译者注
② 参见：Robert Garland, *The Greek Way of Death*, 2nd edition, Ithaca, NY, 2001.

以及长矛和装有精美提梁的柳木圆盾,
如今已布满蛛网的马鞍,
弓箭与标枪。最令人惋惜的,
是这位声名良好的青年去往了地府。

第15章

对超自然的体验

希腊人的精神世界

这是众人的一场赛跑,也是众神的一场赛跑,两者由同一位母亲[根据传说是地母盖娅]赋予了生命。但一股力量将两者分开,前者一无所有,对于后者,黄铜色的天空永远是他们的坚固城垒。然而我们凡人与不朽的众神拥有一些共性,在智慧与力量方面。尽管我们不知白昼将带来什么,也不知夜幕降临后路在何方,但命运已写就我们必须奔跑到终点。

——品达:《尼米亚赛会颂歌,其六》

品达是古希腊的一名贵族,用诗歌热情赞美着古希腊竞技场上的冠军,认为自己笔下的冠军在获胜时已接近众神。这提醒我们,在希腊世界,众神与凡人之间的界限并不固定。众神从未通过降下不容置疑的启示来与人类保持距离。在古希腊,既无教会这样的机构化的宗教组织,亦无传播教义的神圣典籍,更没有所谓的祭司群体——一群与众人分离,有权威阐释何为正确的观念或行为的男女。但希腊人也有一种强烈的感觉,觉得在他们的生活中的许多不同层面上都弥漫着某种神圣的、超自然的力量。各城均设有圣所,人们在那里为整个社群的健康举行各类祭祀仪式。城市的守护神将为城市带来各种福祉,例如雅典娜即为雅典的守护神。阿里斯托芬在喜剧《云》中曾借合唱队之口说道:"传说这城邦时常有一些荒谬的见解,但好在众神把你们的错误变成了良好的结果。"①

在希腊人的世界图景中，奥林波斯山上的12位神祇占据着中心位置。这些神明的起源各不相同。其中一些神的名字已经见诸迈锡尼时代的线形文字B泥板，甚至可追溯到更古老的时代。例如众神之父宙斯即起源于前希腊时代的印欧文化。其他的许多神明从表面上看与近东的那些神明相似。爱神阿芙洛狄忒即相当于苏美尔人的伊南娜，或塞姆语族人的阿斯塔特，可能由近东经塞浦路斯岛传入希腊。阿波罗可能也源于非希腊文明。另一些神可能源于希腊，但也融合了诸多东方神明的元素。总而言之，每位神祇在定型时都是具有多种元素的复合体。

根据希罗多德的记载，荷马与赫西俄德在缪斯女神的帮助下，首先"把诸神的家世交给希腊人，把它们的一些名字、尊荣和技艺交给了所有的人，并且说出了它们的外形"。②但正如荷马史诗的世界观中的大多数元素形成于更古老的时代，这一进程实际上亦是如此。按照希腊神话，奥林波斯众神最终成了一个家族，共同生活于山顶的家中。诸神都永生不死，且无须像凡人那样进食。（赫拉是宙斯的妹妹和妻子；海洋与地震之神波塞冬虽被描绘为中年人的模样，但并不比宙斯更年长。）按照大多数神话的说法，宙斯与诸神均具有亲缘关系。雅典娜是从宙斯的脑袋里蹦出来的，狄奥尼索斯诞生于宙斯的大腿。狩猎女神阿尔忒弥斯虽然也起源于东方，但此时被吸收进了这个家庭，成了宙斯与勒托（Leto）的女儿，阿波罗则成了她的双胞胎兄弟。阿芙洛狄忒的身世也被篡改为一个较晚时代的传说，于是她成了宙斯与女神狄俄涅（Dione，该词乃是Zeus［即宙斯］一词的阴性形式）的女儿。

将奥林波斯众神并入一个家族的做法固然使众神的关系更加明确，但也增加了众神间爆发冲突的可能。与此同时，这些神明也涵盖了人类世界的方方面面，例如天气的变化与各种自然现象、作物的收成、人类的爱

---

① ［古希腊］阿里斯托法涅斯著，罗念生译：《云》，北京：商务印书馆，1938年，第40页。——译者注
② ［古希腊］希罗多德著，王以铸译：《历史》，北京：商务印书馆，1997年，第135页。——译者注

欲和繁衍（阿芙洛狄忒）、手工业（赫淮斯图斯与雅典娜）、战争（雅典娜与阿瑞斯）、追求智慧（阿波罗）和家中的火塘（赫斯提娅[Hestia]）。总而言之，凡人生活的重要领域无一不在众神的监管之下。与此同时，众神的角色并非一成不变。希腊神话的成就及功能之一就是提供不断发展完善的故事脉络，使新出现的宗教需求和愿景被照顾到。当时并不禁止崇拜多位神明，所以就精神层面而言，古希腊人的精神世界相对宽容和自由，也为个人探索适合自己的精神路径提供了足够的空间。

人类日常生活中的重要事物的起源同样与众神有关。普罗米修斯为凡人带来了火种，谷物和酒分别是德墨忒尔与狄奥尼索斯送给凡人的礼物。这些神话在当时尽人皆知，从荷马史诗起就融入了希腊文学与修辞学的血液之中，受过教育者都耳熟能详，直到公元前5世纪的雅典悲剧。希腊的神话传说存在许多流变，因为当时的希腊人会毫不犹豫地对神话进行改编，以适应当地的需要。绝大多数城邦和社群的公共行为都能通过这些神话得到解释。例如德尔斐自称是阿波罗杀死巨蛇皮同（Python）的地方，故而成为这位神祇发布神谕之地。雅典人把忒修斯尊为雅典民主制度的建立者，将其传说与城邦的历史交织在了一起：公元前476年，雅典人在斯基罗斯岛（Scyros）"发现"了忒修斯的遗骨，并将之带回雅典安葬。此外，雅典还举行一种名为奥斯考弗里亚节（Oschophoria）的节庆，少年在节庆上会被打扮成女子的模样。因为传说中，当忒修斯把一群少女当作祭品送往克里特岛时，曾有两名少年乔装打扮混入其中。古希腊神话非常博杂，只有最博学者方能将帕加马那座巨型祭坛饰带上雕刻的神祇、巨人、英雄和事件一一对号入座。这座祭坛建造于公元2世纪，现保存于柏林。

古希腊并非只有奥林波斯众神。赫西俄德曾提及一个更古老的神族——泰坦巨人（Titan），这些巨人被其领袖克洛诺斯的儿子宙斯打败。还有一些神也属于这一失落的时代，例如大地之母盖娅、天空之神乌拉诺斯、混沌之神卡俄斯（Chaos）。盖娅的女儿们是复仇女神厄律尼斯（Erinyes），她们无情地报复那些弑亲的凶手。此外，还有哈迪斯（Hades）等冥界诸神（chthonic gods，源于希腊语词语chthonios，意为

"在地下"），相较于奥林波斯山上的众神，他们具有更多黑暗与病态的意味，故此为他们举行的仪式和祭祀也大为不同。在奥林波斯神族当中，狄奥尼索斯的成员身份摇摆不定，他既是酒神，同时也是狂饮与纵欲等行为的保护神。雅典有两个戏剧节均为纪念他而举办。

  英雄介于众神与凡人之间。某些英雄是半人半神，但余者都是凡人。他们以非凡的功绩赢得了殊荣，他们的圣地受到世人的尊崇。（亚历山大在进攻波斯之前，曾在特洛伊为传说中的阿喀琉斯与埃阿斯之墓献上祭品。）赫拉克勒斯是半神当中最著名的一位，由宙斯与美貌的凡间女子阿尔克墨涅（Alcmene）所生。有关赫拉克勒斯力大无穷的传说很快就出现了很多，并在讲述他完成十二伟业的神话中达到了顶峰。相传他曾杀死自己的孩子，为了赎罪而接受了12项挑战，其中许多都与伯罗奔尼撒半岛的尼米亚地区的某些特定地点有关，例如他曾在此杀死一头异常凶猛的狮子，而两年一度的尼米亚赛会就是以赫拉克勒斯之父宙斯的名义举办的。在奥林匹亚的宙斯神庙的柱间壁上，希腊人精心描绘了赫拉克勒斯的伟业。这些伟业使赫拉克勒斯得以成为真正的神，所以墙壁上的另一些场景刻画了赫拉克勒斯升入奥林波斯山时的情形。

  众神最关心的事情并非凡人的福祉，而是他们之间的纷争和自己的事情。虽然众神可为凡人或其心仪的城市担任保护神，但他们同样也会主动表现出敌意。古希腊剧作家欧里庇得斯就充分利用了这种矛盾。在《特洛伊妇女》（*Trojan Women*）中，众神分别加入了交战双方；而在《希波吕图斯》（*Hippolytus*）中，忒修斯误解了其子希波吕图斯，误以为他在勾引自己的继母淮德拉，于是对他施以诅咒。该诅咒使希波吕图斯因坐骑受到波塞冬释放的海怪的惊吓而被拖行至死。在荷马史诗中，许多英雄都死于神明与之反目。某个神想要保护某人或某城的企图还有可能被另一个神破坏。（《伊利亚特》中，赫拉不断向宙斯求欢，趁其疲惫不堪、陷入沉睡之际实施自己的计划。）众神并不总是能相互控制，例如在埃斯库罗斯的悲剧《俄瑞斯忒亚》（*Oresteia*）中，当复仇女神执意要对弑母的俄瑞斯忒斯（Orestes）实施复仇时，雅典娜与阿波罗竟无法制止。

  然而，尽管希腊人从不认为众神会关注人类的行为，但仍存在一种共识：众神会惩恶扬善。在悲剧《俄狄浦斯王》(Oedipus Tyrannus)中，作者索福克勒斯借合唱队之口说道："如果有人不畏正义之神，不敬神像，言行上十分傲慢，如果他贪图不正当的利益，做出不敬神的事，愚蠢地玷污圣物，愿厄运为了这不吉利的傲慢行为把他捉住……做了这样的事，谁敢夸说他的性命躲避得了天神的箭？"①希腊人公认某些美德或恶行会引起诸神特别的关注。妄自尊大既指为彰显自己的荣耀而羞辱他人，也指某人像对待奴隶一样对待自由人（薛西斯在达达尼尔海峡鞭打海水的行为即属此类），还指那种以神自居的狂悖。鲁莽（ate）是指头脑发热、不计后果的行为，常常是当事人受到了诸神的蛊惑而做出的。当时认为，众神会惩罚那些忤逆父母、违反主客之道、不尊重乞援者和死者的行为，而背弃誓约是令诸神格外愤怒的行径。诸神也是某些品行的褒扬者，例如美德、卓越和善意。宙斯在赫西俄德的笔下成了公正的施予者，梭伦则援引雅典娜支持其改革。此外希腊人还相信，虔诚且合乎规范的祭祀应得到众神的回报。

希腊人毫无顾忌地利用雕塑和瓶画来描摹众神的形象。但在公元前4世纪，普拉克西特列斯创作了真人大小的阿芙洛狄忒裸体雕像，在当时仍被认为是严重的伤风败俗之举。然而受这件作品的启发，各种姿态的阿芙洛狄忒裸体雕像很快就遍布希腊各地。在供奉各种神祇的庙宇中，神像能唤起凡人强烈的崇敬之心。据传，雅典卫城厄瑞克忒翁神庙中的"城邦守护神"雅典娜（Athena Polias）木质雕像乃是从天而降。雕塑家斐迪亚斯（Pheidias）创作的巨型雕像赢得了整个希腊世界的喝彩，尤其是用黄金与象牙装饰的帕特农神庙的雅典娜像与奥林匹亚的宙斯像。后者更是被誉为古代世界七大奇迹之一。

在精美雕像的装点下，神庙成为城市引以为傲的象征。许多神庙都坐落于受人瞩目的地点，例如帕特农神庙和西西里岛阿克拉伽斯城（今阿格里真托 [Agrigento]）山脊上的神庙；有些神庙位于城中不那么显眼的地方，还有一些则远离城市。在伯罗奔尼撒半岛的巴撒埃（Bassae），

---

① [古希腊] 索福克勒斯著，罗念生译：《索福克勒斯悲剧二种》，北京：人民文学出版社，1961年，第92页。——译者注

当地有一座用大理石建造的"施援者"阿波罗神庙（Temple of Apollo Epikouros）。该神庙如今虽已被防护棚完全遮蔽起来，但先前有幸到此一游的人们想必永远不会忘记这座与世隔绝的大理石建筑与不远处起伏的山峦交相辉映的壮丽景象。神庙有时也可用作界标。曼提尼亚是伯罗奔尼撒半岛中部的一个城邦，被其他城邦环绕，该城邦就曾在边界建造了一圈圣所。

神庙的事务由祭司主持，祭司的性别通常取决于他们所侍奉的神祇的性别，但也有例外。他们的职责是维持圣所内的秩序并主持各种仪式。有些神庙的祭司来自某一特定的家族，其他神庙则仅要求祭司的家族具有一定地位。此外，祭司无须是精通宗教事务的专家，他们应该只是单纯出于兴趣而选择了该职业，例如传记作家和哲学家普鲁塔克就曾在德尔斐担任祭司。①

尽管人人都可在途经圣所时入内祈祷，但祭司通常会主动祈祷。在《伊利亚特》的开篇就有一段著名的祈祷词。克鲁塞（Chryses）乃是阿波罗的一名祭司，因受到阿伽门农的羞辱而祈求神灵施以报复，他一边诵读着阿波罗的各种称号，一边历数自己曾献上的各色祭品：

> 听我说，卫护克鲁塞和神圣的基拉的银弓之神，强有力地统领着忒奈多斯的王者，鼠神，若，为了欢悦你的心胸，我曾立过你的庙宇，烧过裹着油脂的腿件，公牛和山羊的腿骨，那就请你兑现我的祷告，我的心愿：让希腊人赔报我的眼泪，用你的神箭！（《伊利亚特》，1.37—42）

没有其他活动比献祭更能定义希腊人与神明之间的关系。他们向天上的众神或尘世中的英灵献上水、酒或焚烧祭品。因此献祭通常具有严格的仪式规范。若以动物作祭品，则必须是家养的绵羊、山羊或公牛。祭品跟随着喧闹的游行队伍被牵往祭坛，而后举行某个仪式，营造祭品是欣然

---

① 关于女祭司的情况，参见：Joan Connelly, *Portrait of Priestess: Women and Ritual in Ancient Greece*, Princeton and London, 2009。

赴死的印象。此举可能是由于古希腊人已具有为宰杀牲畜的行为寻求宽恕的意识。宰杀祭品的流程也要遵循传统：先把大麦颗粒撒向待宰杀的祭品，再用祭祀专用的小刀剃掉祭品额头上的毛发，再割开其咽喉。祭品死后会被肢解和烘烤。内脏——心、肺以及被认为产生爱恨之情的肾脏——会被传给众人品尝，而精肉给众人提供了丰盛的大餐。烘烤过程中产生的香味才是众神所需要的。

献祭通常是重大节庆中所举行的各种仪式的一个环节。自公元前6世纪起，雅典设立泛雅典娜节（Panathenaea），每年都会隆重庆祝（每4年举办一次大泛雅典娜节），以向对手炫耀实力。仪式中最重要的活动就是经市场一路向上前往卫城的盛大游行。之后雅典人来到厄瑞克忒翁神庙，向"城邦守护神"雅典娜神像进献特别织就的女式长袍（peplos）。帕特农神庙饰带上的浮雕细致刻画了游行的队伍，队伍中有战车、骑手与徒步行进者，还有长老、乐师以及跟在用于献祭的牛群后面的携带着水罐的男子，而少女们则携带着供品和香炉。饰带一直延展至神庙的东立面，那里以神话主题为主。画面中克里斯提尼所创立的十部落的创始英雄肃立在端坐着的奥林波斯众神身旁。在立面浮雕的中央，一位男子和一位少女正在折叠献给女神的长袍。

当雅典人在卫城用100头牛献祭之后，城邦的将军、官员以及游行的民众将在一些专门的房间会餐。剩余的牛肉则分发给全体公民。分发的依据是各个德莫参加游行的人数。之后雅典人会举行赛会。每届赛会的奖品均为1400只盛满橄榄油的双耳细颈瓶，而驷马战车项目的冠军可以独得140只。这些陶瓶十分受到珍视，所以当瓶子破损后，获奖者会加以修补而非当作垃圾丢掉。目前发现的此类陶瓶达300余只，许多都是从墓葬中出土的。①

按照献祭的惯例，众人将祭品的肉分而食之，为众神留下腿骨、尾巴等残余。一则神话解释了该传统的由来。相传普罗米修斯主持了首次献祭。

---

① 有关该节庆的细节，参见：Jenifer Neils (ed.), *Goddess and Polis: The Panathenaic Festival in Ancient Athens*, Princeton and London, 1992。有关雅典宗教的概述，参见：Robert Parker, *Polytheism and Society at Athens*, New York and Oxford, 2007。

他试图欺骗宙斯，因此把最好的肉藏匿于内脏之下或其他更恶心的部位中，仅仅把用脂肪包裹的骨头献给了宙斯。宙斯并未上当，他收下了骨头，然后指使赫淮斯图斯创造出一位名叫潘多拉（Pandora）的女子。潘多拉带着一个储物罐来到大地上。尽管她被禁止打开它，但终于败给了自己的好奇心。罐中的罪恶与疾病统统被释放出来，只有"希望"被留在了罐底。凡人从此便可以在献祭时将肉留下，但将终生忍受生活的辛劳。

农神节（Thesmophroia）是希腊世界传播范围最广的节庆。该节庆起初是为了纪念德墨忒尔，因为这位女神能保佑粮食丰收、牲畜繁殖。绝大多数节庆都根植于乡村生活，并与一年当中的农业生产节奏具有紧密联系。丰收是人们最为欢乐的时刻，因为收割的结束意味着人们可以开始享受一段时间的闲暇。城邦可以创造或改造一个节庆，以纪念其共同身份，例如雅典的此类节庆称作阿帕托里亚节（Apatouria），各胞族届时会聚集在一起，一边接纳新生儿，一边把年满16岁的少年介绍给众人。因此该节庆可被视为雅典的成人礼。酒神节与农神节似乎与通过纵酒与纵欲，或让女性受支配的地位逆转来颠覆传统有关。一旦人们在规定的时间与尺度下释放其反抗意识，可能会在这一年剩余的时间里更安分守己。

自公元前464年起，雅典最隆重的仪式是一年一度的阵亡将士葬礼。新发现的阵亡者遗骨会被运回雅典火化。民众抬着骨灰在街道上游行，游行队伍中还有一副空棺材，用来纪念那些在国外失踪的人。在一次可能代表公元前439年在萨摩斯战事中的阵亡者的演讲中，伯里克利把年轻生命的凋零比作"一年之中被夺去了春季"。这是一个雅典人反思其成就的日子，更是强化雅典人作为希腊霸主自豪感的日子。公元前431年，伯里克利曾在这一悼念仪式上发表演说。这篇演说成为对雅典成就的最高礼赞。

既然众神的意图总是令人难以捉摸，那么古希腊人想要通过神谕来检视某项计划能否成功的想法也就在情理之中了。神谕可能不会提供明确的答案，但一个模棱两可或积极的答复至少会带给人们一些安慰或信心。许多计划的成功可能正是由于参与者们坚信自己得到了神灵的护佑。

德尔斐的阿波罗神谕是最著名的例子。相传德尔斐是阿波罗击败巨蛇皮同的地方。此地的阿波罗圣所被认为处于世界的中心，它坐落在帕纳塞斯山上的高处，俯瞰科林斯湾。整个希腊世界甚至希腊世界之外的人们都乘船到此求取神谕。（现代化的交通手段使游客难以体会此地的海拔高度和偏僻。建议读者沿小路由现代的村落徒步下山，如此回望神庙才能领略那种与世隔绝的壮美。）神庙禁地的洞口上摆放着一个三脚架，被称为皮提娅的女祭司就坐在这个三脚架上，对阿波罗神谕进行解读并将之转达给来访者。在这人声嘈杂的建筑群附近有一座体育场，四年一度的皮提娅赛会即在此举办。德尔斐并不受某一座城市的控制，而是受一个由多个城邦组成的委员会的管理，其成员来自希腊中部与伯罗奔尼撒半岛北部。

求取神谕是一件严肃的事情，需要献祭并获得神祇欢迎提问者的征兆。来访者的问题可谓五花八门。据普鲁塔克记载："人们询问能否获胜，是否应当结婚，是否适宜航行、务农、去国远游。'即将出发的殖民者也会前来咨询最佳的殖民地点。各城邦会在政治问题上寻求指导，如咨询如何解决与邻邦的争端，或咨询宣战的后果。神谕并非胡言乱语，而是一个完整的句子甚至一段韵文，但仍需有人对其进行解读。圣所内通常有专人解读神谕，但其解读有时会被无视，例如在波斯入侵时，地米斯托克利就曾巧妙地曲解德尔斐神谕，以说服雅典人支持其反击计划。对神谕的误读经常会招致灾祸，例如斯巴达人就曾误以为某个神谕预示他们将击败忒革亚，但实际上却预示了他们的失败。那些得偿所愿者，尤其是那些在战争中获胜的城市，会奉献一座金库或供奉其英雄的英雄祠，以此向他们的希腊同胞炫耀他们的成功。

医疗之神阿斯克勒庇俄斯（Asclepius）也吸引了整个希腊世界的朝圣者。他们满怀希望地来到他的神庙求医问药。阿斯克勒庇俄斯本是阿波罗之子。睿智的半人马喀戎（Chiron）为他接生后，便将自己的医术倾囊相授。阿斯克勒庇俄斯被视为一位平易近人的神，前来求助者先按照传统献上祭品，而后便可在神庙附近的一个神圣区域（adyton）内就寝。阿斯克勒庇俄斯经常在来访者的梦中现身，并提出治疗的建议。这位医药之神最负盛名的神庙分别位于科斯岛和伯罗奔尼撒半岛东部的伊庇达洛斯（Epidaurus），后者也成了许多社会活动的举办场所。伊庇达洛斯拥有希腊目前保存最完整的剧场，同时还保存着竞赛的跑道，另有一些房间曾用于进餐或哲学辩论。作为补充手段，神庙还会提供一些当地的药方。当地还曾出土过一些外科手术器械，这表明寻求救治的人们并不只是简单地向神祈祷。

若有人寻求更强烈的精神体验，秘仪（mystery cult）可满足其需要。其中最著名的是厄琉西斯秘仪（Eleusinian Mysteries）。该秘仪起源于珀尔塞福涅（Persephone）的传说。相传她曾被哈迪斯劫往冥界，后又获准返回其母丰产女神德墨忒尔的身边。这一神话象征着万物在一年之初的复苏。每年9月，秘仪的信徒便在雅典附近的厄琉西斯举行一种秘密仪式。新成员的加入仪式会在所谓的秘仪大厅（Hall of Mysteries）中举行。秘仪大厅其实就是建在一个被奉为圣地1000多年的地方的一座神庙。尽管该秘仪由雅典主导，而且作为秘仪序幕的游行也始于雅典，但仍对异邦人甚至会说希腊语的奴隶一律开放。相传最早的一批信徒当中就有赫拉克勒斯。而在接下来的数百年里，罗马人把参加这一仪式视为地位的象征。

希腊人并未生活在惧怕众神的愤怒的恐惧中。他们从不认为自己追求个人幸福（eudaimonia）的权利会受到任何限制，反而会嘲笑那些变得过于虔诚的人。普鲁塔克虽身为祭司，但也认为一名来到神庙沉迷于"护身符与咒语，敲着鼓乱跑乱撞，搞淫邪的净化和祭祀仪式，在神殿中进行蛮族式的苦修与禁欲"的人自损人格。在悲剧《酒神的女祭司们》中，欧里庇得斯曾对宗教狂热的致命后果提出警告，因为宗教狂热不仅会扭曲人们对现实的感知，还会引发不理智的暴行。某些人更对众神持怀疑态度，其中就包括智者。当哲学家阿布德拉的普罗泰戈拉（约公元前490—前420年）被问及对众神的看法时，他曾给出如下答复："至于神，我没有把握说他们存在或不存在，也不敢说他们是什么样子。"他继而表示凡人短暂的一生实在不足以解答如此深奥的问题。当然，普罗泰戈拉并未明确否定众神的存在，但他清楚地认识到，深入探讨该问题会面临诸多困难。就此而言，他是那个时代典型的理性主义者。公元前6世纪末，首次有人公开宣称神话常常是荒谬的。哲学家色诺芬尼（约公元前570—前475年）抱怨道："荷马和赫西俄德使众神犯下了每一桩在凡人这里是可耻的或有违道德的罪行：偷窃、通奸和相互欺骗……"而此人最著名的论断之一，便是认为每个民族所塑造的神祇都反映着该民族自身的经验。

在希腊世界,很少有人敢于否认众神的存在,或否认城邦的生活受到神明的监督。柏拉图在其晚期作品《法律篇》中描述了当时的传统观念:"若一个好人为众神做出牺牲,通过祈祷和祭品与神保持不断的交往,为众神做种种礼拜,那么这将是他能奉行的最好和最高尚的方针。这是适合于他的性格的行为,其他的都不行,而且这也是他得以过幸福生活的最有效手段。"[①] 希腊人虽然并不总是认为众神会善待世人,但仍怀着轻松的心情与众神生活在一起。

---

① [古希腊] 柏拉图著,张智仁、何勤华译:《法律篇》,上海:上海人民出版社,2001年,第124页。

专题 3

"自此之后一切皆有可能"

古典艺术的创立，公元前 500—前 460 年

约翰·温克尔曼（Johann Winckelmann，1717—1768 年）是 18 世纪最负盛名的艺术史家。此人出生于普鲁士的一个鞋匠家庭，年轻时便通过阅读荷马史诗萌生了对古希腊的兴趣。后来，他走上学术道路，31 岁时成了德累斯顿某个贵族的藏书阁的管理员，并在此撰写了他个人第一篇以古希腊艺术为主题的论文——《对古希腊绘画与雕塑的思考》（*Reflections on the Painting and Sculpture of the Greeks*, 1755）。而后，他皈依天主教并前往罗马，最终成为梵蒂冈图书馆的管理员。温克尔曼在其最负盛名的著作《古代艺术史》（*A History of the Art of Antiquity*, 1764）中发展出了一套阐述艺术与历史之间的关系的理论，并凭借该理论赋予古希腊艺术至高无上的地位。"在希腊的艺术杰作当中，行家和效仿者不仅发现了自然最美的一面，还发现了一些超越自然的东西，即美的一定之理想形式。"[①]

然而，对温克尔曼而言，古希腊艺术并非一成不变，而是经历了发展与衰落。古希腊艺术崛起于古风时代，在公元前 5 世纪的古典时代达到巅峰（用温克尔曼自己的术语说，是崇高 [sublimity]）。在他看来，"崇高"的艺术作品具有"高贵的单纯和静穆的伟大"。古典时代（传统上指公元前 479—前 323 年）的艺术作品由此被奉为圭臬，成为后世评判其他

[①] 注意温克尔曼的这一论述所受到的柏拉图的影响。参见：Alex Potts, *Flesh and the Ideal: Winckelmann and the Origins of Art History*, New Haven and London, 1994。

时期的艺术的标准，直至20世纪。

公元前6世纪至前5世纪，也就是由古风时代向古典时代的过渡时期，古希腊艺术的风格所经历的变化首先可以在雕塑上看到。古风时代雕塑最常见的表现形式是青年像。此类造型呆板的男性雕像常被竖立于坟墓前或被当作供品。人物的姿态显然受到埃及的影响，躯干部分也未表现出真实的人体特征。公元前6世纪期间，有迹象显示青年像的人物姿态正变得越发自然，但直到公元前5世纪初，雕塑领域才发生了真正的革命。学术界如今常以克里托斯男孩雕像（Critian boy）作为这次剧变的开端。该大理石雕像发现于雅典卫城，其创作者据推测是活跃于公元前5世纪90年代至60年代的雅典雕塑家克里托斯（Critius）。专家确信该雕像创作于公元前480年之前，所刻画的是在泛雅典娜节庆中赢得少年竞走比赛的卡里阿斯（Callias）。该雕像与传统的青年像并无太大差异，但人物保持了男孩真实的站姿，未拘泥于对英雄人物的传统表现手法。雕像的左腿承担着身体的重量，右腿略微向前迈出，略为放松。然而人物造型的自然化并未牺牲对人体的理想化。艺术史专家肯尼思·克拉克（Kenneth Clark）曾评价克里托斯男孩雕像是"艺术史上第一尊美丽的裸体雕像"。希腊艺术史权威约翰·博德曼评价道："这是古代艺术史上一次至关重要的变革——生命得到了刻意的观察、理解和模仿。自此之后一切皆有可能。"

至于艺术领域为什么会爆发这场从风格化到写实化的革命，目前只有少量的线索。其一是青铜成了雕塑的首选材料。如前文所述，至公元前6世纪末，铸造组装青铜像所涉及的技术难题已被解决，一些早期的例子已经证实了这一点。尽管自此以后，青铜像成为古希腊雕塑艺术的主流，但几乎所有的青铜像最终都被熔化，令我们很难一窥全貌。但为数不多保存至今的青铜像已足以佐证当时青铜像的数量之庞大与质量之上乘（例如里亚切武士像、德尔斐驭手像，以及发现于阿忒米西翁海岬附近沉船中的宙斯巨像是其中的佼佼者）。青铜的可塑性远胜于大理石，因而铸造青铜像与雕刻大理石像所需的工艺迥然不同。2012年，一场名为《青铜》的精彩展览在伦敦的皇家艺术研究院举行。该展览清楚地证明经过打磨抛光的青铜像可呈现出纯白色大理石所缺乏的各种各样的美学效果。

这场革命也表明希腊艺术开始专注于对人体的表现。在此之前，艺术家仅关注少数成为英雄者，如今他们却把表现人体之美本身作为目标。观众在欣赏里亚切武士像时，很难对其所具有的强烈的感观性视若无睹。然而，艺术家对感观性的关注在数年间便逐渐消退，转而更加关注作为一种理想的人体。活跃于公元前5世纪至前4世纪的雕塑家波吕克雷图斯（Polycleitos）出生于阿哥斯。他把美学与数学结合起来，认为完美的人体一定能够精确地反映理想的数学比例，而这样的数学比例是可以被发现的，其作品之一持矛者像（Doryphoros）就体现了上述思想（该作品起初为青铜像，现存的大理石复制品制作于罗马时代）。倘若将这种思想发挥到极致，所有雕像将会拥有千篇一律的完美比例，但希腊人无法对人类经验的多样性视而不见。这一时期的艺术作品无不体现着艺术家在塑造人体时不断地在抽象的理想化与对现实的描摹之间的苦苦求索。这可能是其具有审美吸引力的原因之一。

温克尔曼声称，希波战争后自由与生机勃勃的社会氛围造就了古典时期艺术的"崇高"。克里托斯男孩雕像所表现出的节制与自我克制，体现了一座伟大的城邦对于其伟大成就的自信。此时的雅典不仅已经实现了民主，还在马拉松与萨拉米斯两次击败了波斯人。

然而，必须要注意的是，人们在解读一件艺术作品时很容易从中读出人们希望从中看到的东西。尽管如此，古希腊的创作氛围确确实实发生了改变，艺术家们热衷于再现他们的观察而非墨守自别处借鉴的成例，因为现实值得观察。这可能不过是使用青铜为材料进行创作时发生的变化，但它可以反映出人的地位得到了提升（按照公元前5世纪哲学家普罗泰戈拉的说法，人成了"万物的尺度"）。

基于观察的艺术在神庙的雕塑作品中也有所体现。尽管个别雕塑可能仍然是私人赞助者的供品（赛会的优胜者是特别受欢迎的主题），但神庙也为公众资助的雕塑作品提供了展示空间。神庙的山形墙尤其提供了一个需要特殊的构图技能的空间。公元前6世纪，为了用装饰图案将山形墙填满，古人进行了最初的尝试。其做法是在山形墙的中央放置一个大型雕塑，然后用毫无关联的其他素材填满剩余的角落（克基拉的阿尔忒弥斯神庙完工于公元前580年，山形墙中央是蛇发女妖戈耳工的浮雕）。随着时间的推移，山形墙装饰图案的设计变得更加有序。到公元前6世纪末，埃吉纳岛的阿法埃娅神庙（Aphaea）西侧山形墙的主题已经是取自特洛伊战争的单一场景。

在奥林匹亚，建造于公元前5世纪上半叶的宙斯神庙主宰着圣所，其山形墙上的浮雕同样体现着古典时代雕塑的崭新气象。这种气象在克里托斯男孩雕像上已初见端倪。在奥林匹亚博物馆近来举办的一次展览上，这些浮雕充分展现了希腊艺术的强大魅力。神庙东侧的山形墙刻画了由宙斯主持的一场战车竞赛即将开始的场景，对阵的双方分别为奥伊诺马俄斯（Oinomaos）与佩罗普斯（Pelops）。前者是皮萨（Pisa）的国王，而后者一旦获胜，将迎娶前者的女儿希波达米娅（Hippocamia）。尽管奥伊诺马俄斯因为拥有神驹而看似胜券在握，但正如观看者所知道的那样，其车轴早已被佩罗普斯用蜂蜡替换，结果车毁人亡。佩罗普斯亦因使用诡计而受到诅咒。这一诅咒既导致了希波达米娅的自杀，也为佩罗普斯的后代带来了无尽的不幸。阿特柔斯便是他们二人之子，而他的家族成员就包括命运多舛的阿伽门农。该神话之所以在此得到描绘，是因为希腊人传统上认为佩罗普斯就葬于奥林匹亚。（埃斯库罗斯对该故事进行了艺术加工，参见其悲剧《俄瑞斯忒亚》）。

在上述浮雕中，不仅人物的姿态相较于古风时代更加自然，而且每个角色都仿佛拥有自己的感情与意识，对即将发生的一切有所察觉。此外，浮雕中的人物形象与场景设计相对简洁，反而更显生动。而东侧山形墙中的那位"预言家"就被经常拿来佐证上述论断。在西侧山形墙上，阿波罗正在注视着半人马与拉皮斯人（Lapiths）的混乱冲突，但秩序在此场景中已经压倒了无序，因为阿波罗的表情显示他早已超然于身旁的骚乱。上述雕塑可能来自雅典，而雅典也将成为神庙雕塑艺术进一步发展的舞台——雅典的帕特农神庙将会成为古希腊神庙雕塑艺术所无法逾越的巅峰。

我们在欣赏古典时代的艺术作品时，不能脱离更广泛的政治、宗教和社会语境。古希腊各城邦均在当地以及具有泛希腊意义的宗教场所展示成就：表彰英雄的业绩、庆祝胜利或向希腊同胞发表声明。这一切目标都可通过纪念性艺术作品来实现。然而，我们所面临的困难在于无法确定创作者想通过其作品传递何种信息，以及关于人类他们又发表了什么样的声明。以里亚切武士像为例，这两位武士是否在展示胜利者的自信，它们是否是雅典为纪念马拉松之战而铸造的，所以才会像那些献给德尔斐或奥林匹亚的雅典雕像一样，带着雅典人典型的傲慢与自大？抑或其色情的韵味是刻意为之，就如把肉欲隐藏在袍服之下的雅典胜利女神（Nike）神庙中的胜利女神像那样？①

---

① 此观点出自：Andrew Stewart, *Classical Greece and the Birth of Western Art*, Cambridge and New York, 2009。该书将纪念性艺术作品置于公元前5世纪的文化语境进行了讨论；另参见：Richard Neer, *The Emergence of the Classical Style in Greek Sculpture*, Chicago and London, 2010。该书是近来广受好评的一部论著，主张古典时代的艺术风格并非革命性的演进，而是对古风时代的升华。

第16章

民主与帝国

公元前5世纪的雅典

提洛同盟

希波战争结束后,雅典满目疮痍。卫城那些兴建于公元前6世纪的神庙与雕像毁于波斯入侵者之手。在接下来的30余年里,雅典人始终没有清理这堆废墟,以示铭记波斯人的亵渎恶行。但他们清理了城中最古老的"城邦守护神"雅典娜神庙,以恢复献祭。许多古风时代的雕像则被安放在了新建造的防御墙上。然而无论经历了怎样的浩劫,希腊人终于迎来了战争的胜利。雅典不仅元气未伤,反而充满了对胜利的自信以及对复仇的渴望——他们已经准备把与波斯的战争继续下去。[1]

然而,公元前479年时,希腊人尚未完全取得胜利。波斯的大举入侵虽然再度失败,但其帝国仍完好无损,并迅速恢复了元气。希腊人只能在他们的城邦避难,仍然很脆弱。爱琴海沿岸和小亚细亚西海岸的各小邦急需新的保护者。斯巴达由于在普拉提亚之战中扮演了关键角色获得了这个机会。然而斯巴达笨拙的外交手腕很快就令它疏远了其他希腊人。雅典则通过一系列同盟条约建立了一个同盟。加盟的各城邦将拥有"相同的朋友与敌人"。由于绝大多数加盟城邦都是爱奥尼亚人,雅典将同盟的金库设在了爱琴海中部的提洛岛。该岛不仅是阿波罗的出生地,更是爱奥尼亚人

---

[1] 关于本章的时代背景以及社会背景,参见:Loren J. Samons Ⅲ (ed.), *The Cambridge Companion to the Age of Pericles*, Cambridge and Now York, 2007; Christian Meier, *Athens: A Portrait of the City in the Golden Age*, London, 1998; James Davidson, *Courtesans and Fisheakes*, London, 1997。

的精神圣地。该同盟因此被后世称为提洛同盟（Delian League）。根据最初的规划，提洛同盟的成员地位平等，并根据自身的实力为同盟贡献数量不等的资金或船只。

雅典理所当然地成了同盟的主宰。雅典在公元前480年拥有180艘三列桨座战船，到公元前431年时有300艘。每艘三列桨座战船都需要200名体格健壮的桨手。与之相比，不仅斯巴达（从未加入该同盟）根本没有海军，同盟中的其他成员也都没有配备两艘三列桨座战船所需的桨手。事实证明，雅典利用一切机会扩大在同盟中的影响力，甚至使用无情的手段。修昔底德曾记载了提洛同盟早期的一些活动，这也是现存唯一的史料。他指出，雅典的动机完全是自私自利的，向波斯复仇并索取赔偿只是借口（proskhema），其真实目的无非是要控制该同盟。（修昔底德及其著作会在本书第18章进行详尽讨论。）诚然，雅典在经济上有很强的理由要维持它在爱琴海上的影响力。但当时雅典还并非如我们一度认为的那样，极端依赖从黑海进口的粮食（这种依赖直到公元前5世纪末才出现）。最近的研究表明，雅典人只是更欣赏这些进口谷物的品质。然而，雅典严重依赖造船和维护船只，爱琴海西北沿岸的色雷斯的银矿与木材便有了莫大的吸引力。根据修昔底德的记载，当基克拉泽斯群岛中最大的岛屿纳克索斯于公元前476年试图退出同盟时，雅典"背信弃义地征服了该岛"，并坚持让纳克索斯从现在开始必须用缴纳黄金而非提供战船的方式履行其同盟义务。数年后，围绕一座金矿，爱琴海北部的萨索斯与雅典爆发了一场贸易纠纷，并在雅典的重兵包围下被迫签署城下之盟——其城墙被推倒，海军投降，每年还要缴纳贡金。

同盟的军队由客蒙（Cimon）指挥。此人的父亲便是在马拉松率领雅典军队发动冲锋的将军米泰亚得。客蒙利用来自波斯的威胁塑造同盟与维持同盟的团结，同时与斯巴达保持友好关系，以消除来自伯罗奔尼撒半岛的威胁，从而方便雅典在爱琴海放手扩张。他指挥的首场战斗发生于色雷斯的斯特吕蒙河（Strymon）河口。当时波斯人仍控制着当地的埃昂城（Eion）。之后雅典又攻打了优卑亚岛南端的卡鲁斯图斯（Carystus），因为该城在战争期间投靠了波斯。客蒙最为人所称道的一场胜利是在欧里梅敦河大败波斯舰队（事实上主要由腓尼基船只组成）。此战发生于约公元前469年至前466年之间，波斯人的舰队不仅被完全摧毁，波斯帝国也完全丧失了在爱琴海发动进攻的能力。很可能在公元前468年前后，客蒙又在凯尔索斯半岛（Chersonese）对波斯人和色雷斯人发起了新的攻势。然而上述战斗可能只是为了满足雅典的利益——埃昂周边的地区拥有丰富的木材资源，所以据记载，雅典在攻克该城后即试图继续深入内陆。斯基罗斯岛拥有良港，雅典人在肃清当地的海盗后便在此长期驻扎。

贵族势力的回潮

梭伦打破了雅典世袭贵族制的束缚，建立了一个公民在法律面前人人平等的国家，尽管只是在理论上如此。克里斯提尼新成立的部落提供成员组成五百人大会，负责起草将提交公民大会审议的事务。但公民大会的权力仍受战神山议事会的严格制约。这个议事会由卸任执政官组成，他们大多出身于贵族家庭。公元前501年，雅典还设立了10个将军职位，其人选由全体公民选举产生。将军的地位因希波战争而大幅提高，而且将军一职不同于其他公职，可连选连任，因此成了胸怀大志的政客们竞相角逐的目标。由于当选为将军者往往出身于较富裕的阶层，因此在公元前5世纪初，贵族实际上仍对雅典保持着强大的影响力。

贵族赞助的对象并不仅限于私人性质的会饮。雅典的名门望族还通过在城邦内外资助各类建筑来彰显雅典的荣耀。例如声名显赫的阿尔克迈翁家族曾在德尔斐用大理石重建了一座阿波罗神庙。客蒙也是雅典的一名重要资助者。他曾把英雄忒修斯的骨骸迎回雅典，并将之供奉在市中心的忒修斯祠中。大画廊中装饰着表现雅典胜利的画作。这些画作出自著名画家萨索斯的波吕戈诺图斯（Polygnotus of Thasos）之手。这座柱廊可能是客蒙的姻亲献给雅典的礼物（其地基于1981年重见天日）。

尽管雅典的贵族势力仍在城邦中享有巨大的影响力，但来自民众的压力正日益加大。现存的陶片放逐法（ostracism）的记录显示，公民有权在一年一度的陶片放逐活动中投票，他们会在陶片上写下应被流放者的名字，而流放的时间长达10年。这种陶片（ostraka）有一些得以保存至今，上面的名字几乎囊括了每一个贵族派领袖，客蒙的名字自然也在其中。通过拼凑陶片上的证据不难发现，任何对波斯采取温和路线的人都会立刻丧失民心。

另一股势力也登上了历史舞台。在萨拉米斯海战中居功至伟的桨手主要出身于日佣等级（thetes），即雅典公民中最贫穷的等级。提洛同盟的贡金和阿提卡矿山的白银使雅典海军得以长期雇佣成百上千的桨手。桨手们挤在甲板下方的舱室内，挥汗如雨地进行着操练，以掌握驱动笨重的三列桨座战船的技巧。可以想象，这些人现在认识到了自身拥有巨大的政治潜力。（亚里士多德认识到了两者间的关系，称伯里克利"将雅典转变为海上强权，结果使群众有勇气在政府的所有领域把更多的东西掌握在自己手中"。）

因此，不足为奇的是，地米斯托克利作为雅典海军的缔造者，与争取更大民主权利的运动密切相关，但贵族们可能试图强行发起一场用陶片放逐法将他流放的运动。在公元前470年前后20年间的陶片放逐投票中，地米斯托克利的名字频频见于陶片，频率远超他人。但在偶然发现的写有他的名字的170片陶片上，笔迹只有14种，表明投票者——可能是文盲——只是被派发了这些陶片。贵族终于取得了胜利。他们捏造证据，污蔑地米斯托克利是亲波斯分子，而战神山议事会亦采信了这些证据。公元前471年地米斯托克利被逐出了雅典。

民主革命

公元前461年，即地米斯托克利被放逐十年之后，民主派终于迎来了复仇的时刻。此前，斯巴达于公元前464年遭受毁灭性的地震，希洛人也乘机揭竿而起。客蒙决心维持与斯巴达的友好关系，遂率领4000名重装步兵赶往伯罗奔尼撒半岛，支援斯巴达。事情出了很大的差错。似乎斯巴达担心雅典人可能实际上要帮助希洛人，因而把客蒙等人送回了雅典。这对雅典而言简直是奇耻大辱。当时的雅典出现了一位激进的演说家——厄菲阿尔特（Ephialtes）。尽管学术界至今对他的身份仍一无所知，但他激起了民众对客蒙、整个贵族以及援助斯巴达的政策的不满情绪。当客蒙回到雅典时，民众已经投票将他流放。这成了历史的转折点。雅典与斯巴达的关系破裂，从而为30年后的伯罗奔尼撒战争埋下了种子。

厄菲阿尔特决心再进一步，更果断地将雅典的权力从贵族转移到民众手中。他编造了一则神话，声称雅典原本就是一个民主的城邦，但被后来崛起的贵族势力所颠覆，如今雅典人民重新夺回权力的时机到来了。厄菲阿尔特把矛头指向了负责监督雅典宪制的战神山议事会，指控议事会的某些成员腐化堕落，最终成功地剥夺了该议事会的绝大多数权力。战神山议事会所具有的弹劾被控叛国的公民的传统职能被移交给了公民大会、公民陪审团和五百人大会，但该议事会也保留了一些权力，并将这些权力保持了数百年。（其中一项就是对新传入的宗教信仰进行评估，所以五百年后使徒保罗不得不在议事会上主张要宽容他的信仰，但没能成功。）如今雅典的权力转移至公民大会，城邦中的大部分事务是由多数票决定的，而五百人大会在公民大会不开会的时候管理日常行政事务。

厄菲阿尔特未能见到其政见付诸实施便遇刺身亡，死状十分惨烈。凶手可能是那些心怀不满的贵族寡头。但他的死却为雅典历史中最杰出的一个人物成长为民主派领袖提供了空间。这个人便是伯里克利。伯里克利出身于一个富裕的贵族家庭，所以20岁出头时便有能力资助埃斯库罗斯创作悲剧《波斯人》，以讴歌雅典在希波战争中取得的胜利。学术界很难确定究竟是什么因素促使伯里克利变得如此激进，但肯定涉及个人恩怨。公元前463年，伯里克利领导了针对比他年长20岁的客蒙的起诉案。就母系而言，伯里克利的叔外祖父是崇尚民主的克里斯提尼，伯里克利的民主思想可能来源于此。伯里克利的母亲属于阿尔克迈翁氏族。该氏族在公元前7世纪时受到诅咒被逐出雅典，因而其成员的心中可能始终萦绕着一种被主流社会排斥的感觉。此外，来自小亚细亚的哲学家克拉佐门奈的阿那克萨戈拉（Anaxagoras of Clazomenae）造访雅典时，曾对少年伯里克利产生了一定的影响。但这段经历究竟在多大程度上使他变得激进尚无定论。无论刺激来自何处，伯里克利似乎只是相信权力可以进一步转移到人民手中。

公元前461年，伯里克利终于迎来了机会。他此时已过而立之年，还是十将军之一，这使他有机会填补厄菲阿尔特的死留下的权力真空。而他所面对的挑战则是如何操纵善变的公民大会以达到其目的。因为公民大会显然对手中的新权力具有过于清醒的认识。①

民主实践

公元前5世纪50年代，雅典民主制度的新结构得到了巩固。公民大会现在可以就许多议题进行立法、课税和监督财政支出，还全面参与对外政策的制定。公民大会定期召开。在一年的10个月中每月举行4次。月初的首次例会一般有固定的议程，其中就包括粮食供应状况和城邦防务等固定议题。此外，公民大会还可以临时召开紧急会议。由于只有年满18岁的男性公民可出席大会，妇女、异邦人、奴隶均被排除在外，所以所谓的公民大会实际上只是精英的权力机构。拥有参会资格的公民虽有3万人，但公民大会设在雅典西部的普尼克斯山（Pnyx）的会场仅能容纳6000人，即使经过公元前400年左右的扩建后也仅能挤下8000人。实际上，居住在偏远乡村的务农者自然难以参会。

当开幕仪式结束后，公民大会的主席首先发问："有谁希望在大会上发言？"原则上任何人此时都可起立发言，但有勇气发言者总是为数不多。到会者在听完提案者的演讲后，按照多数票原则进行表决（举手）。这些再加上适当的掌声和质问，必定就是大多数公民参与民主活动的全部。当时的雅典并不存在现代意义上的政党。各党派的领袖必然有亲信支持，但仍缺少可靠的多数选票，也没有办法组织持续的支持。

伯里克利是一位出色的演说家。他必须做到这一点，毕竟没有人能免受会众的吵闹的打扰。雅典最著名的演说家德摩斯梯尼首次在公民大会发表演说时，就差点儿被会场的喧闹声压倒。而在伯罗奔尼撒战争期间，大会的辩论经常失控，一时冲动做出的决定很快就让人后悔。在伯里克利的时代，会场环境虽然更安静一些，但想要吸引听众，仍需要大量的修辞技巧。尽管伯里克利常被其批评者指责过于冷漠，但他在听众面前却充满

---

① 参见：Donald Kagan, *Pericles of Athens and the Birth of Democracy*, New York, 1991。该书探讨了伯里克利在掌权期间所扮演的各种角色。

活力，其演说雄辩有力，遣词造句都经过仔细的推敲。他在从政初期曾成功为水手和陪审员争取到了津贴。此举想必为他赢得了大批民众的支持。

尽管学术界对伯里克利在公元前5世纪50年代所取得的成就所知甚少，但他逐渐扩大了自己的政治影响力。修昔底德就对伯里克利颇为仰慕。他曾提到伯里克利起初"对民众表现得颇为驯服，仿佛舵手迎合风浪一般，屈从于群众的意愿"，但随着伯里克利越发自信，其态度也越发强硬，甚至会对民众发怒，并迫使他们屈从于其意愿。修昔底德曾如此写道："他从不会被迫奉承民众，相反，他的声望如此之高，以至于可以用自相矛盾触怒他们。"当雅典遭遇灾难时，他居然巧妙地将之粉饰为雅典的胜利。他以良好的幽默感回应一切对他的攻击，即使是对其头型的无礼嘲弄。他与阿斯帕齐娅的关系使他饱受攻讦。阿斯帕齐娅来自米利都，是一位睿智且大胆敢言的女性，在伯里克利离婚后成了他的伴侣。

伯里克利虽然受到了诸多挑衅，但从未试图破坏其所创立的民主体制或滥用权力，仅有一次例外：他设法令他与阿斯帕齐娅所生的儿子获得了雅典公民权。而按照他本人推行的法律，只有双亲均为雅典公民者才能获得雅典公民权。当伟大的雕塑家斐迪亚斯因被指控挪用制作雅典娜神像的黄金而身陷囹圄时，他无法做任何事情。他也无力阻止一项调查他本人滥用公帑行为的动议。这项动议可能与对斐迪亚斯的指控一起被提出，但他似乎驳回了指控。然而，正是由于他拒绝破坏体制，才使雅典的民主政治不仅在他生前能够熠熠生辉，还挺过了激烈而残酷的伯罗奔尼撒战争，从而成为他最重要的遗产。

当公民大会休会时，由五百人大会代行其职权。该大会拥有500名成员，即由雅典10个部落各选出50人组成，任期一年，每人最多当选两次（而且不得连任）。具体人选的产生则通过抽签的方式。在一年中的绝大多数时间里，五百人大会都在自己的会场举行集会。有证据表明，该机构的成员多为有钱有势者，大概由于这些公民有足够的经济基础担任没有薪俸的公职。

五百人大会的职责是监督城邦的运行，更重要的职能乃是为公民大会准备待议事务并确保公民大会的决议得到执行。任何议题在公民大会上提出前，都必须先经过五百人大会的讨论。公元前339年，马其顿国王腓力二世向希腊进军的消息传到雅典时，民众们虽纷纷涌入公民大会的会场，但仍不得不等候五百人大会的磋商结果。有学者曾认为，五百人大会通过筛选议题和制定议程来制约公民大会，尽管其人员构成始终处于变化之中，这无疑将阻碍该机构获得持久的影响力。此外，当五百人大会休会时，各个部落的50名成员将轮流待命。这些成员被安排住在圆形会场（Tholos）里，由城邦支付津贴。这座会场就在市场上，毗邻五百人大会的主会场。①

至公元前5世纪中叶，雅典已成为一座富裕的大都市。其公民数量只占总人口的少数，而奴隶为数不少（整个阿提卡大约有25万居民，其中奴隶可能有10万人之众）。此外，雅典还有成千上万的异邦人（英语中metic［异邦人］一词就源于希腊语中的metoikoi，本义指移居者）。这些人虽不能拥有土地，也不能成为雅典公民，但因其手艺而受到欢迎，他们构成了雅典重要的劳动力来源。（帕特农神庙的施工人员有四成是异邦人。）公元前451年，伯里克利推动立法，对取得雅典公民权的条件做出了限制：只有双亲均为雅典公民者才能获得雅典公民权。由此可见，公民权仅仅在一个更小且经过筛选的群体中传承，民主派可能是希望以此措施打击贵族，因为贵族历来有从外邦娶妻的习俗。（如前文所述，伯里克利在其婚生的儿子死后，设法破例为其情妇阿斯帕齐娅所生的儿子小伯里克利授予了公民权，颇具讽刺意味。）

雅典每年有不少于600个行政职务需要填补，其城邦事务的复杂性从中可见一斑。除了十将军，一切职位均以抽签的方式产生，凡是信誉良好且年满30岁的公民均可参选。将军这一职位对个人能力具有特殊要求，故而由公民大会按简单多数原则表决产生，可连选连任。伯里克利自公元前443年起每年都当选。十将军虽负责对雅典的军务进行集体领导，但会指定其中一人全权负责某项战事。其他的官职，上至九执政官（最初是城邦的最高长官，当时仍然负责管理节庆、祭祀和司法）、财务官，下至狱

---

① 圆形会场的地基已被考古人员发现。对近年来的各种考古成果的梳理，参见：John Camp, *The Archaeology of Athens*, New Haven and London, 2004。

卒，甚至最卑微的清洁工，所有职位最终全部变成了带薪职位。

当选者在上任前需接受审查，并需要站在一块石板上宣誓。（该石板于1970年被重新发现。）在任期结束时，所有公职人员都要向五百人大会下属的一个委员会提交一份账目以备审查。但任何公民随时都可以对公职人员提出控告。伯里克利的儿子抱怨这项权利只会助长敌意（人们后来发现他对父亲的成就怀有敌意）：

> 他们[雅典人]对待同胞的恶毒与善妒远胜于他们对待外人。无论是公共集会还是私人聚会，他们都是最喜好争吵的一群人，他们时常相互控告，他们宁愿互相利用，也不愿相互协作谋取利益。

然而，为了维持公共服务的水准，此种程度的问责制度显然必不可少。

被指控犯下过错者需要在雅典的市民面前进行辩护。雅典并不存在独立的司法机构，全体公民都有执法的责任。他们既是法官又是陪审员。尽管战神山议事会仍负责谋杀、渎神等案件的审理，但由普通公民组成的陪审团负责审理绝大多数案件。每年有6000名公民会当选陪审员，每起案件的陪审团都从这些陪审员中选出。陪审团的规模视案件的严重程度而定，最大的陪审团可拥有2001名成员，即使普通的陪审团也至少拥有500名成员，因此被告根本无力向如此多的陪审员行贿。陪审员的工作实际上是全职的，而且每年需工作200天。伯里克利注意到了陪审员所承受的经济负担，因而早在公元前5世纪50年代便为之设立了薪俸。

雅典的法庭并非真正意义上的刑事法庭，因为后者按照明确的法律条文为被告定罪。在雅典，每个公民都可以笼统地指控他人"违法"。"不敬神"这种泛泛的指责最受雅典人青睐。这些指控实际上往往是政治斗争的延伸。检控者的目的是通过提出一系列指控来败坏对方的声誉，所以特别热衷于指控某人不敬神，或者举止失当、无法履行公民义务。一份典型的指控词如此写道："就在最近，他[某个叫提马尔库斯的人]曾在公民大会上公然赤身裸体，且他的躯体早已因酗酒与纵欲无度而令人作呕，以至于令正人君子无法直视。"被告中还包括娼妓的儿子、战场上的懦夫以及在同性恋关系中处于被动的一方。还有一名不幸的被告被指控在女儿去世时未表现出足够的悲伤（因为好的父亲应该表现得悲痛欲绝，而只有好父亲才能成为好公民）。任何人都不难把这种互泼脏水的行为视同儿戏。阿里斯托芬的喜剧就讽刺了一个陶醉于陪审员生活的人，他在法庭过夜，在家中则储备着堆积如山的小石子以备投票表决之用。（但这些诉讼所留下的证词为今人探讨雅典人的价值观提供了丰富的史料。）

雅典民主制度的负担也颇为沉重。据估算，如果市政、陪审团、五百人大会等机构的所有公职都被填满，每年需要5%—6%的年满30岁的雅典公民任职。由于绝大多数职位禁止重复任职，因此每个公民在一生当中总要担任某种公职：苏格拉底虽然想要彻底避免参与政治生活，但也曾在五百人大会供职；剧作家欧里庇得斯出了名的不善交际，但他也曾担任过雅典驻叙拉古的使节。与现代大多数民主社会不同，政治在雅典是一个人自然的存在方式。无论是操作三列桨座战船、出席公民大会，还是对悲剧演出的热衷，雅典公民所表现出的公民意识是其他地方的民众无法企及的。

用大理石美化城市

雅典人对雅典的改造充分体现了他们对母邦的使命感。公元前5世纪50年代，推迟重建的声音在雅典人当中逐渐减弱，而且他们决心让城市的风貌与其民主成就相称。在这些崭新的建筑当中，较重要的一座是前文提到过的圆形会场，即五十人议事会的会场，坐落在五百人大会主会场的旁边。在这些建筑后方的西侧高地上坐落着火神赫淮斯图斯的神庙。他也是铁匠和手工业之神。这座神庙俯瞰着市场，并与卫城遥相呼应。赫淮斯图斯神庙至今仍是保存最完好的古希腊神庙，反映了手工业对雅典而言日益重要（赫淮斯图斯之所以受到雅典人尊崇还有另一个原因——正是他手持利斧劈开宙斯的头颅使雅典娜得以降生）。

公元前5世纪下半叶，雅典人最辉煌的成就是重建卫城。这座巨大的城堡早在迈锡尼时代便是该地区的宗教中心与防御据点。在波斯人入侵前，雅典人就已经开始着手翻新卫城中的主要神庙。这些工程自然随

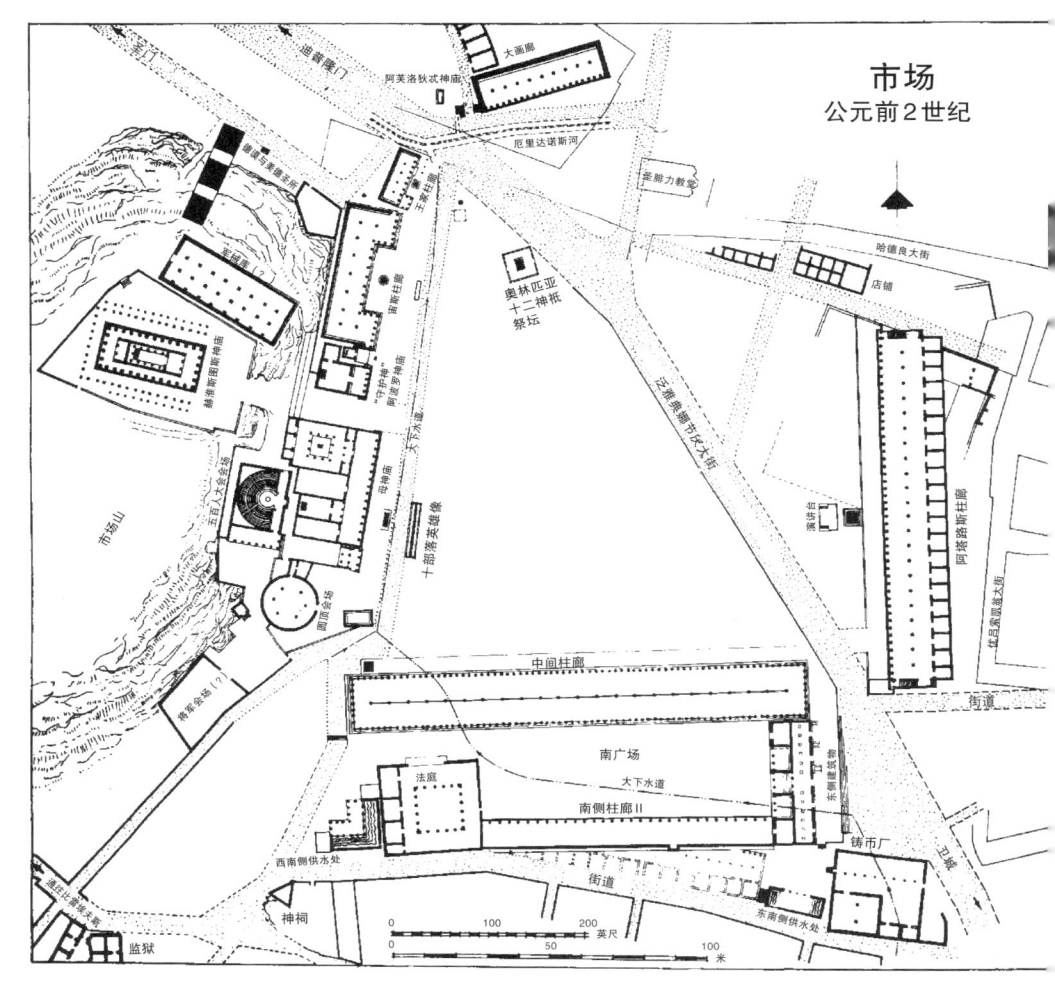

插图4 雅典的市场。市场在公元前6世纪早期得到修整，并逐步建起了规整的公共建筑，其中包括官员公民大会所使用的建筑。较大的柱廊为希腊化时代增建的。泛雅典娜节庆的游行路线刚好穿过广场通往城。西侧的高地上还有供奉赫淮斯图斯的神庙。

着战争的爆发而中止。那些未完工神庙中的所有立柱均被拆除，用于修建卫城的城墙，可能是以此来警示雅典人记住这次入侵。其余的建筑材料则于公元前5世纪70年代被地米斯托克利用于修建环绕雅典的城墙（此工程后来进一步延伸，成为连接雅典与比雷埃夫斯港的长墙［Long Walls］，从而使雅典坚不可摧）。卫城的地面上此时仅留下了光秃秃的神庙地基，所以庆祝泛雅典娜节的游行队伍每年在登上卫城后只能看到一派凄凉的景象。①

公元前457年，重建卫城的项目正式启动。首个项目是巨大的"守城武士"雅典娜（Athena Promachus）青铜像。该神像的制作经费来自从波斯人手中夺取的战利品，很可能是为了纪念客蒙10年前在欧里梅敦河所取得的胜利。"守城武士"雅典娜青铜像高30英尺（折合9.14米），就连远在苏尼翁海岬的人都能看到青铜像手中的长矛所发出的闪光。这座塑像也是雅典最杰出的雕塑家斐迪亚斯完成的最早的委托作品之一。

在接下来的10年里，这尊塑像一直孤零零地耸立着，直到伯里克利决定必须在原址上重建"处女"雅典娜（Athena Parthenos）神庙。该神庙计划采用彭特利库斯山出产的上等大理石为材料，并使用大量雕像作装饰。资金是摆在雅典人面前的最大难题。由于提洛同盟的金库此时已经转移到了雅典，伯里克利明目张胆地挪用金库里的公款作为工程经费。对伯里克利的批评者而言，此举实在是太过分了。普鲁塔克记载了雅典人的愤怒："希腊真是受了奇耻大辱，她显然正遭到暴君的专制统治。她眼见自己迫不得已献出的军费，竟被用来把我们的城市装饰得金碧辉煌，活像一个摆阔气的女人似的，浑身戴满贵重的宝石、雕像和价值累万的庙宇。"②伯里克利则辩解道，雅典只要能够履行诺言为盟邦提供保护，就有权随意处置这些公款。

神庙的建造始于公元前447年。斐迪亚斯从一开始便参与了这项工

---

① 参见：Jeffrey Hurwit, *The Athenian Acropolis: History, Mythology and Archaeology from the Neolithic Era to the Present*, Cambridge and New York, 1999.
② ［古罗马］普鲁塔克著，黄宏煦主编，陆永庭、吴彭鹏等译：《希腊罗马名人传》，北京：商务印书馆，1990年，第473页。——译者注

作，而其最大的贡献便是雅典娜巨像。这尊以黄金和象牙制成的神像矗立在神庙的正中。为建造这座巨像，仅黄金就用掉了1吨，这在当时足以打造一支由300艘三列桨座战船组成的舰队，而总的花费足以建造7尊"守城武士"雅典娜神像。巨像的一只手上站立着胜利女神，另一只手持有一面盾牌。盾牌表面的浮雕描绘了人格化的雅典与神话中的敌人战斗的场景，象征雅典击败波斯。巨像的前方设有一座水池，水面反射出巨像的倒影（神像表面镶嵌着斐迪亚斯精心切割的象牙薄片，水池的水汽可以使象牙片保持光泽）。民众从宏伟的大门走入帕特农神庙（Parthenon）时，一定会被眼前闪闪发光的景象所震撼。

围绕着这尊40英尺（折合12.19米）高的巨像，一座神庙拔地而起。该神庙是在前一座帕特农神庙的原址上重建的，残存的一些大理石得以被重复利用，但雅典人还需要从16千米外的彭特利库斯山的采石场开采2万吨石料。人们总是把神庙设计得金碧辉煌、气势恢弘。帕特农神庙的台座是微微隆起的，周围的立柱也微微向内倾斜，而且外层立柱比内层立柱的倾斜的角度略大。如果这些立柱向空中延伸，它们最终将会在远高于神庙的地方交会于一点。设计师意识到直线会引发视觉误差，因此对建筑物的线条做了精妙的调整。此外，雅典人的建筑技术也颇为先进。20世纪初修缮帕特农神庙时使用了会腐蚀大理石的铁质构件，但古希腊人早在公元前5世纪时就已经知道用铅包裹铁质构件以避免此类现象的发生。[①]

雅典人用了5年的时间才使神庙的墙体达到了预想高度。在此之前，柱间壁和矩形浮雕早已开始雕刻，并最终安装在柱顶过梁上。参观者从地面上就可以清楚地欣赏浮雕的内容。这些浮雕刻画了人类与半人马之间的战争。半人马的形象显得十分狰狞，而人类在战斗中则表现得克制且镇定。因此，这里表现的是已经摆脱了情绪的控制的人性，而情绪有可能动摇或摧毁那些屈服于它的人。这一主题也出现在了同时代有关节制的哲学中。斐迪亚斯曾被某些研究者认定为这些浮雕的创作者，但此

[①] 对帕特农神庙的介绍，参见：Mary Beard, *The Parthenon*, 2nd edition, London, 2010。该书对新建的卫城博物馆也有许多介绍。另参见：*The Parthenon: From Antiquity to the Present*, Cambridge and New York, 2005。

人在公元前438年之前一直忙于制作神庙内殿的巨像，因而不大可能有时间创作这些作品。即便如此，斐迪亚斯应该在很大程度上参与了神庙的整体设计，尤其是神庙中的那些雕塑。他每天都坚守在施工现场，一座巨像完工之后，第二座便立即开工（奥林匹亚的宙斯像是他创作的第三座巨像，当时仍在构思之中）。

帕特农神庙与希腊本土的其他神庙类似，实质上是一座多利亚风格的建筑，但最终的装饰，环绕内柱廊的饰带，采用了爱奥尼亚风格。在这里，雅典可能是在向她的爱琴海东部的爱奥尼亚属民致意。饰带最初的设计不像它最终的样子那么奢华，但施工者和赞助者的信心日渐高涨，并最终促成了这一结果。饰带的主题是泛雅典娜节庆的游行。尽管有迹象表明，它被呈现为一个过去的神话场景，但它或许仍是为了颂扬马拉松战场上的英雄。（尽管这一理论很有吸引力和独创性，但它必须选择性地计数。如果人数要相符，看起来像英雄一般的战车驭手就要被排除，与此同时，司礼官和马夫必须被包括在内。）在西侧、北侧、南侧的饰带浮雕中，游行队伍的方向都指向了神庙的东立面，游行队伍当中既有骑手与战车御手，也有徒步者，作为祭品的牛群后方跟随着老人、乐师以及携带着水罐的男子。驷马战车在队伍中尤为醒目，通常象征着其主人乃是神祇或精英。由此可见，此时的希腊公民自认为可以与众神比肩，或至少享有贵族的荣誉。

公元前432年，神庙的雕刻工作全部完成。神庙山形墙上的浮雕表现了雅典娜与该城之间的特殊关系。东侧的山形墙表现了雅典娜的诞生，西侧的山形墙则表现了雅典娜战胜波塞冬，成为雅典保护神。公元2世纪初的作家普鲁塔克造访雅典时，距离神庙落成已过去近500年，但仍为这座建筑感到震撼。他写道，帕特农神庙"没有受到岁月的摧残……仿佛在建造时都被注入了永不消逝的活力与永不衰老的灵魂"。

雅典人在建造帕特农神庙的同时，还在卫城的西端建造了一条颇具气势的神道，即著名的普罗皮来门（Propylon）。公元前432年，也就是在伯罗奔尼撒战争爆发前夕，这项工程戛然而止，伯里克利也未能在有生之年看到其完工。又过了很长一段时间，"城邦守护神"雅典娜神庙得以重建，并成为膜拜不同神祇的场所，因而其建筑格局必须适应这一目的。整

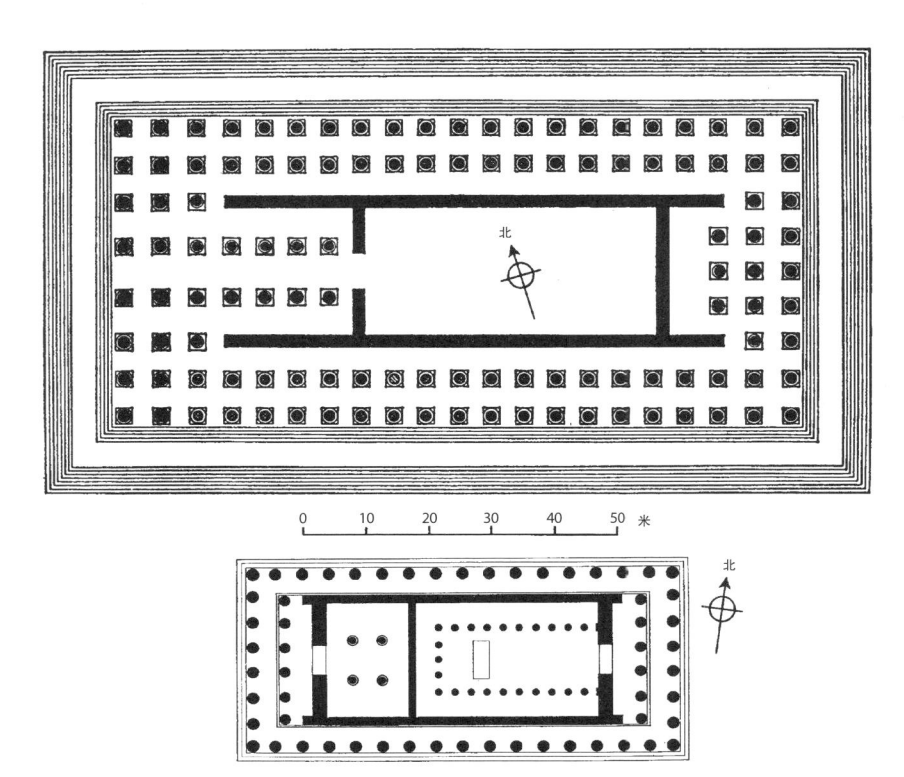

插图5 雅典的帕特农神庙和以弗所的阿尔忒弥斯神庙。 帕特农神庙（下图）尽管雄伟壮观，并且是最大的多利亚式神庙，但爱奥尼亚人的巨型神庙更加宏伟，例如公元前4世纪时建于以弗所的阿尔忒弥斯神庙。爱奥尼亚人可能直接受到埃及的巨型神庙的影响。

个建筑群完工后被称为厄瑞克忒翁神庙，以纪念神话中的雅典国王厄瑞克透斯（Erechtheus）。雅典卫城当中最精美的神庙"胜利女神"雅典娜（Athena Nike）神庙位于卫城的西南端。历史总是充满了讽刺：就在神庙落成的公元前404年，雅典在伯罗奔尼撒战争中惨败于斯巴达之手。

雅典帝国

雅典成为一个羽翼丰满的帝国也支撑了这座城市的骄傲。以客蒙为代表的克制政策遭到抛弃，雅典在处理海外事务时变得越发蛮不讲理。公元前461年之后，保护自己免受斯巴达的进攻成为雅典的当务之急。随着与旧盟友决裂，雅典必须迅速行动。公元前460年，雅典与斯巴达的宿敌阿哥斯结为同盟。雅典的下一步计划是控制科林斯地峡（此地是斯巴达入侵雅典的必经之路）。适逢毗邻该地峡的麦加拉为了对抗科林斯而向雅典靠拢，雅典便趁机接管麦加拉，并在此驻扎了军队。雅典此后开始收拾其另一个宿敌——埃吉纳岛。该岛距雅典的海岸线仅数千米，两地一直是贸易上的竞争对手。雅典人利用提洛同盟的军队围攻埃吉纳岛，并最终于公元前458年将该岛纳入同盟。伯里克利在此事中再度发挥了重要作用（此人总是小心翼翼地在可能的情况下调遣盟邦的军队，从而免于在公民大会上公布雅典的伤亡数字）。

就在雅典向西主动出击的同时，提洛同盟的军队也向东发动了一场大规模远征。塞浦路斯岛成为远征的目标之一，因为这个岛屿是靠近小亚细亚海岸线的战略要地，却尚未加入该同盟。远征军于公元前5世纪60年代末抵达塞浦路斯。公元前459年，远征军得知埃及爆发了反抗波斯的起义后，便对作战计划做了调整，因为不只波斯在埃及的统治可能会受到削弱，尼罗河谷地的粮食资源对雅典更具有难以抗拒的诱惑。摆在面前的良机不容错过，雅典军队于是在三角洲地区驻扎下来，并占领了孟菲斯。但公元前454年是雅典人的凶年，他们被波斯彻底赶出了埃及。尽管现存的史料支离破碎，但雅典至少有250艘战船连同大多数船员一起沉入海底。毫无疑问，雅典此时不得不转入守势，并很快把提洛同盟的金库转移到了雅典。毕竟位于爱琴海中央的提洛岛过于危险。

在公元前5世纪50年代，雅典还在希腊中部进行了一系列战斗（这些战斗如今被统称为第一次伯罗奔尼撒战争）。上述战斗的目标各不相同：有些是为了控制科林斯地峡，以封锁伯罗奔尼撒半岛；有些则是为了逼迫科林斯加入雅典一方，而非斯巴达的阵营；还有一些是为了占领色萨利的肥沃平原，因为该地区有希腊最好的战马。（此外当地还扼守着通往希腊北部的陆上通道，后者拥有丰富的木材与矿产。）这些战斗最终引发了雅典与斯巴达的首次正面交锋。公元前457年，斯巴达派兵北上支援其母邦多利斯（Doris）[①]对抗后者邻邦福基斯。当获胜的斯巴达军队南返

[①] 多利斯被认为是古希腊的4个主要部族（其他3个部族为伊奥利亚人、亚该亚人与爱奥尼亚人）之一——多利安人——的发源地，所以作为多利安人一支的斯巴达人把多利斯视作母邦。——编者注

时，雅典城中开始流传城中的反民主派正在联络斯巴达军队的流言。雅典人于是在提洛同盟的支援下，派兵越过阿提卡边界前去应战。在塔纳戈拉（Tanagra）之战中双方均蒙受了巨大的伤亡，但斯巴达人得以全身而退，他们的生还足以使多利安人宣称"战胜了阿哥斯人、雅典人和爱奥尼亚人"。但雅典人在两个月后便控制了几乎整个彼奥提亚平原，仅当地最大的城邦底比斯仍不肯就范。

雅典在埃及的惨败应该影响到了其后来在希腊中部地区进行的其他战斗。最终，事实也证明雅典不可能对如此广袤的区域维持长期的控制。公元前5世纪40年代初，彼奥提亚平原西部各城市就挣脱了雅典的控制，而雅典派出镇压的军队也于公元前447年在科罗尼亚（Coronea）遭遇了决定性的失败。优卑亚岛与麦加拉也起兵反抗。雅典最终失去了对麦加拉的控制。这些失利不仅对雅典造成了沉重的打击，也使雅典容易受到斯巴达的直接攻击。（斯巴达也确实发动过进攻，但不知何故很快便撤出了阿提卡。）公元前446年冬，雅典与斯巴达正式缔结了和约（即所谓的《三十年和约》），相互承认彼此的盟友。很明显，双方在之后的任何冲突中都可能形成僵局，雅典无力防御其漫长的边界，但斯巴达也无法真正击败依托长墙组织防御的雅典。

尽管上述和约结束了雅典在希腊中部的扩张，但它令雅典在不受斯巴达干扰的情况下放手在爱琴海地区建立了一个帝国。直到公元前449年，雅典一直能把波斯的威胁作为一种逼迫提洛同盟当中实力较弱的城邦就范的手段。公元前451年，客蒙结束了10年之久的流放，返回雅典。精力旺盛的他继续指挥一支雅典军队，在塞浦路斯与波斯对抗。然而他的身故令雅典在公元前449年与波斯缔结和约（即所谓的《卡里阿斯和约》）成为可能。学术界目前对该和约仍有一些争议，因为修昔底德从未提及它的存在，而最早提及该和约的史料属于公元前4世纪。但无论如何，在公元前5世纪剩余的时间里，文献史料再未提到雅典与波斯有进一步的敌对行动。

此外，据文献记载，提洛同盟成员向现在位于雅典的同盟金库缴纳贡金的记录在公元前448年出现了空白。如果同盟继续存在的意义已经消失，而且同盟成员拒绝继续缴纳贡金，则上述中断的发生便不难理解。有证据表明，雅典可能试图组建一个规模更大的同盟，并在商讨细节时暂停了各城邦缴纳贡金的义务。但面对雅典公然将权力扩展到更广泛的希腊世界，斯巴达无法继续坐视不理，并导致雅典的计划流产。公元前447年，雅典重新开始收缴贡金，但金额与公元前449年相比已大幅缩水，显然某些城市对于重新开始缴款犹豫不决。公元前446年，雅典重新掌控了局面，所收缴的贡金也恢复到了正常水平（即每年600塔兰特）。自此之后，雅典俨然成为一个帝国，理所当然地向其臣民索要贡金。公元前5世纪40年代的某份文献曾提到"雅典人控制的各邦"。公元前446年，优卑亚岛起兵反抗。岛上的卡尔基斯城在被雅典重新征服时不得不承诺仅忠于雅典。此外，上述文献丝毫未提及提洛同盟。可能在公元前5世纪40年代期间，同盟议事会也不再召开。因此，所有的证据都表明，雅典现在决心凭自己的力量统治整个爱琴海地区。

此时雅典的帝国似乎囊括200多个城邦。实际上，爱琴海的所有岛屿都是该同盟的一员。雅典人的势力范围从罗得岛沿着小亚细亚的海岸线一直延伸到达达尼尔海峡，并深入黑海地区。在北方，从色雷斯南部直至卡尔息狄斯半岛的广大地区也处于雅典的控制之下。毗邻雅典的优卑亚岛各城邦以及埃吉纳岛也都依附于雅典。贡金对各城邦而言并非沉重的负担，而且在公元前445年之后还做了进一步下调，这可能是由于雅典与波斯、斯巴达均维持着和平。就平均而言，每个城邦仅负担2塔兰特的贡金，其数目少于雅典人维持一艘三列桨座战船一年的正常开销。

雅典以多种多样的手段确保其对帝国的控制。一个间接的方式是在臣服的各邦公民当中扶植代表雅典利益的名誉使节（proxenoi）[1]。此外雅典还把拓殖制度（原意是指为公民在海外分配土地并保留其公民权的一种制度）强加给一些关键城市。在这些殖民地中，较贫穷的雅典人通常在分配土地时得到了优先考虑。（据普鲁塔克记载，伯里克利此举还有另一个

---

[1] 古希腊各邦通常招揽其他城邦的公民担任常驻当地的外交代表，期间的一切费用由本人自理，城邦只授予他各种荣誉头衔作为报酬。担任这种名誉使节者往往与他所代表的城邦有很深的渊源。比如本章中一再提到的客蒙，就是斯巴达在雅典的名誉使节，他也一直主张亲斯巴达的政治路线。——编者注

动机,那就是借此摆脱城邦中的不务正业之徒。)以莱斯沃斯岛为例,当地曾于公元前5世纪20年代发生暴动,雅典没收了岛上居民的土地,并将之分配给雅典公民。此外,雅典为了鼓励人们前去定居,还承诺定居者可以役使当地人作为劳力。由于蜂拥而至的雅典人数量太多,以至于他们不得不通过抽签的方式来分配土地。

据史料记载,在色雷斯、凯尔索斯半岛(位于达达尼尔海峡北部海岸)、纳克索斯岛和安德罗斯岛,至少有24座城市接受了雅典的拓殖制度。雅典显然是希望借此加强对上述城市的控制,因为它们要么有反抗雅典的历史,要么具有极大的战略价值。也有证据表明,较富裕的雅典人在海外获得了土地,有可能是由国家分发的。此举除了维持雅典的统治地位,也有收买不满的贵族派的意图。

许多史料也提到了其他雅典占主导地位的标识。例如雅典曾试图打造一个以雅典娜崇拜为核心的文化共同体。当举办大泛雅典娜节庆典时,提洛同盟中的每个城市都被要求派代表携一头母牛、一面盾牌和一顶头盔来参加这一盛会,并加入庆典游行。(此举有助于强化一个古老的观念,即雅典是所有爱奥尼亚城市的母邦。)此外,可能于公元前445年颁行的《币制法令》(Coinage Decree)要求同盟成员只能使用雅典的度量衡和银币。此举既保证了雅典银矿的繁荣,同时也使雅典得以充分发挥其独特的银币的宣传功用。所有城市的重大司法案件也都要提交雅典审理。与此同时,雅典还大力在各城邦扶植民主派颠覆寡头统治。例如爱奥尼亚城市埃吕斯拉埃(Erythrae)早在公元前5世纪50年代即被强加了一套"民主"宪制;萨摩斯岛在公元前440年至前439年间曾反抗雅典的霸权,但失败后亦遭遇相同的命运。有一些证据表明,这些城市的民主派在巩固地位时能够获得雅典的支持,而当地的普罗大众也普遍相信雅典会帮助他们对抗富有的寡头。这种信念可能正是雅典能够长期维持帝国稳定的原因之一。

公元前5世纪40年代至30年代的某些史料还显示,雅典在其贸易利益需要的地方逐步巩固其地位。公元前443年,雅典先在意大利半岛的脚背处设立了一座殖民地图里伊(图里伊建于苏巴里斯的旧址之上,后者早在公元前510年即被邻邦摧毁),之后与墨西拿海峡意大利一侧的利基

地图5 鼎盛时期的雅典帝国，公元前440—前430年

翁结为同盟。这表明雅典对富庶的地中海西部的兴趣与日俱增。与此同时，雅典还在爱琴海北部的埃昂城的上游安菲波利斯设立了一座新的城镇，可以控制附近的水道。当地不仅盛产木材，该城还可通往潘伽埃翁山（Mount Pangaeon）的金矿。安菲波利斯获得了一种神秘感，类似于商业中心新加坡给大英帝国的感觉。所以公元前424年斯巴达攻占该城对雅典造成了沉重的打击。

从许多方面来说，雅典帝国是一个保守，甚至倾向于守成的帝国，因为它缺乏扩张的内在动力。尽管该帝国在一些地区占据了土地，但却从未像后来的贸易帝国威尼斯那样处心积虑、毫无顾忌地大规模剥削当地的资源。在帝国内部，财富似乎从臣服各邦的富人流向了雅典的富人和桨手。雅典帝国的主要意图可以被视为想要维持其对商路的控制。然而，雅典在爱琴海地区的霸权维持了75年，从其范围来看，更是一项了不起的成就。

雅典依靠其帝国建立起了庞大的资金储备。据修昔底德记载，雅典的金库在巅峰时曾掌握着9300塔兰特的财富。但由于组织一次攻城战将会耗费3年的贡金，因此雅典在面对各城邦的反抗时又格外脆弱，而且一旦某个城邦的反抗获得胜利，雅典至上的神话也将破灭。当萨摩斯岛于公元前440年起兵反抗时，以伯里克利为首的十将军曾悉数被派往当地镇压。尽管雅典在付出一定代价之后得以再度征服萨摩斯，而且也没有其他城市加入反叛，但臣服者们在内心深处无疑怀有强烈的愤恨。数十年后，雅典于公元前377年试图重新组织一个海上同盟，但它不得不承诺绝不会沿袭之前的任何强迫行为——既不会占据其盟邦的领土，也不会收缴贡金。只有这样，爱琴海地区的城邦才同意加入。

不断变化的雅典民主政体

公元前5世纪30年代是雅典人抱持乐观主义的最后一个伟大的时代。公元前431年，雅典与斯巴达再度爆发战事（详见笰18章），还遭遇了一场可怕的瘟疫。在雅典达到才智和实力的巅峰之后，人们很难想象雄伟卫城的阴影下爬满垂死之人的景象。尽管战争中互有胜负，但雅典还是在公元前404年输掉了战争。获胜的斯巴达颇为大度，没有为了羞辱雅典人而拆毁其城墙。

民主政治在雅典将会一直维持到公元前322年，本节将探讨该制度在不同的历史语境下如何运作。如今学者们对这个时代的深入了解主要拜大量出土文献所赐，尤其是石碑上的铭文。仅在阿提卡就有2万多份铭文存世。在公元前5世纪的雅典，"政治性"铭文尤其丰富，其中就包括以地米斯托克利法令为代表的各种法令，以及合约、墓志铭、贡金清单。公元前4世纪的雅典又有记载各项法令的铭文500余篇存世。希腊史专家詹姆斯·惠特利（James Whitley）曾如此评价这些碑铭："它们是民主观念的纪念碑，其雕刻与竖立是公共问责制度的展现——雅典城邦公共品格的一种外向性、可持续以及可见的象征。"然而，无论是对石碑进行准确的断代与翻译，还是了解碑文所载法令颁布时的背景，对研究人员而言都是异常艰辛的工作。H. B. 马丁利（H. B. Mattingley）等学者已摸索出了一套颇为细致的分析方法，通过分析单个希腊字母的书写随着时间推移所发生的变化来推断碑铭雕刻的年代。

这些碑铭反映出了有关雅典的民主政治的哪些信息？如今我们知道，雅典政治家的互动仍在推动某些事件的发展。存世的演说辞总计达150多篇。其中一些是用于练习演说的范文，均出自伊索克拉底（Isocrates，公元前436—前338年）这样的著名演说家之手，另一些则是真正的法庭上的演说辞，其创作意图是煽动听众以达成某种目的（详见专题4）。无论如何，雅典人需要记录辩论的结果，并为其喝彩。他们还把贡金清单雕刻在立柱上，以便为帝国做某种宣传，即便清单上所记载的款项不过是每年献给雅典娜的贡金的1/60。

除了各类碑铭，我们还有修昔底德对公元前5世纪最后几年的记载（详见第18章中对修昔底德的论述），并由此得以在一定程度上还原各个政治事件的年表。由于第二次伯罗奔尼撒战争的爆发以及公元前431年的大瘟疫，雅典公民大会在绝望中将矛头指向了伯里克利，他们剥夺了伯里克利的将军职务并课以罚金（根据修昔底德的记载，"民众像一贯那样"马上再次选他为将军）。公元前429年夏，伯里克利去世，死因可能是与瘟疫相关的某种难以治愈的疾病。

一批新政治领袖在伯里克利死后迅速崛起。由于其政敌常指责他们为了自己的利益操纵公民大会的情绪，因而这批领袖也被称为煽动家（demagogue）。修昔底德对这些煽动家颇为敌视，甚至认为雅典输掉战争的原因之一，就是缺少一个像伯里克利那样的人物。由于贵族对这些暴发户的成见由来已久，因而修昔底德对煽动家的描述很可能是严重扭曲的。另一份重要史料是《雅典政制》，其作者传统上被称为老寡头，此人同样刻薄地嘲讽过普通大众的无知与粗野："事实就是如此，任何人只要愿意就可以起立发言，哪怕此人再声名狼藉，他都能为自己以及臭味相投之徒谋得好处。"在这些煽动家当中，克里昂（Cleon）、希帕波鲁斯（Hyperbolus）和克里奥丰（Cleophon）是最著名的几位，而这些人也的确不是依靠土地的贵族，而是工商业者。例如克里昂拥有一家制革作坊，希帕波鲁斯则经营着一家制作提灯的作坊，克里奥丰的本业是制作里拉琴。煽动家们无意谋求将军的职务，而是把精力全部集中于在公民大会中争取支持。但他们又与尼西阿斯（Nicias）、阿尔西比亚德斯等贵族出身的将军争夺权力。

据修昔底德记载，此时的公民大会反复无常。最著名的一个例子发生于公元前427年，当时公民大会就如何处置造反的密提林进行辩论。最初，有人在大会上发表了一通极具煽动性的演说，鼓动大会下令处死所有造反的男丁，把妇女和儿童贬为奴隶。雅典人之后派出一艘三列桨座战船传达该法令。然而，公民大会于次日恢复了冷静，并推翻了之前的决议（传达新法令的战船在千钧一发之际赶到了密提林，避免了惨剧的发生）。另一个著名的例子发生于公元前406年。雅典在阿尔吉努撒埃（Arginusae）海战中获胜，但几名将军因没有救援落水的水手而遭到了指控（他们辩称当时猛烈的风暴令打捞工作无法展开）。有许多人提出各种方案为这些将军定罪，而且其中一些方案显然违背了雅典的宪制。参与公民大会的群众无视正常的司法程序，高呼把决定权交给人民。返回雅典的6名将军于是被悉数处死。公民大会后来再次为这一严苛决定懊悔不已（并假惺惺地对"强迫"民众做出此选择的演说者进行了谴责），但一切已于事无补。

雅典的民主政治曾两度遭到颠覆。公元前411年，雅典在西西里的远征以惨败收场，公民大会将其权力让渡给一个新成立的四百人议事会，但该议事会仅存在了4个月便被废黜。重新召开的公民大会则将其成员资格限定为较富裕的5000名公民。但次年雅典即全面恢复了昔日的民主制度。另一次颠覆发生于公元前404年，伯罗奔尼撒战争的胜利者斯巴达在雅典扶植了一个由30人组成的委员会，即所谓的三十僭主。该委员会由于只能依靠一支700人的斯巴达驻军，因而不得不实施恐怖统治，并可能处死了1500名左右的雅典人。公元前404/403年冬季，雅典民主派在底比斯的支持下发动政变，占领比雷埃夫斯并推翻了三十僭主的统治。恢复后的民主政治一直维持到公元前322年，才被马其顿人推翻。这段历史见证了民主政治内在的适应能力。

公元前4世纪的雅典民主政治所表现出来的一些特点，与前一个世纪相比有了一些微妙的不同。整个城邦表现得可能比先前更加清醒，原因则是伯罗奔尼撒战争以及三十僭主时期的惨痛经历，尤其是公民大会的朝令夕改。雅典人此时重拾对传统法律（nomos）的尊重。公元前410年至前399年，这些法律条文被编纂成法典，并雕刻在一座柱廊的墙壁上，供全体雅典公民参阅。从此以后，无论是修正现有法律，还是引入新的法律，都必须按照一套经过改良的程序进行。雅典成立了一个立法机构——立法委员会（nomothetai），其成员为五百人大会的全体成员和从本年度陪审员名单中遴选出的1001人。对现有法律的任何修正将首先提交公民大会审议，然后交由人数少得多的立法委员会讨论，并按照简单多数原则决定是否接受公民大会的决议。这项改良措施既维护了民主参与的原则，又使公民大会的决议可以得到重新审视。尽管公民大会仍然有权颁布法令（psephismata），但要么适用范围受到限制，要么有效期较短暂。任何人提出与现行法律相抵触的提案时，若未执行上述程序将会受到起诉，其提议法条也会被宣告无效。此人将遵照传统被交给陪审团进行审理，因而陪审团现在实际上在裁定公民大会的法令是否有效。

战神山议事会仍由卸任执政官组成，是一个不经选举产生的机构。但有证据表明，该议事会重新焕发了活力，并在公元前4世纪的民主政制中发挥着重要作用。由于执政官职位此时已经取消了对竞选者的财产限制，因此其成员所代表的社会阶层与100年前相比更为广泛。公元前403/402年，公民大会通过一项法令，决定由战神山议事会负责监督官员的司法活动。公元前4世纪40年代，战神山议事会获得了一项巨大的权力，可以自行对有受贿、叛国或颠覆民主嫌疑的政治领袖进行审判，之后将判决结果交予陪审团确认。此外，还有证据显示，在公元前4世纪下半叶，战神山议事会会干预并废除公民大会的选举结果。

摩根斯·汉森的《德摩斯梯尼时代的雅典民主》[①]一书是目前研究这

[①] Mogens Hansen, *The Athenian Democracy in the Age of Demosthenes*, 2nd edition, London, 1999.

一时期的雅典民主问题最为全面的专著。该书认为，雅典人认为这些变化是合理的，理由是它们仅仅是在恢复从梭伦和克里斯提尼时代以来的雅典传统法律而已。雅典人的看法当然是荒谬的，但正如公元前461年的情形，诉诸过去的某些祖先之法是带来政治变革的唯一途径。汉森写道："与许多希腊人一样，雅典人对'黄金时代'念念不忘，此种信念认为昔日的任何事物都更加美好，于是改良的道路不是大踏步前进而是后退。"其结果就是雅典人保持了对他们的民主政治的信心，直至该制度于公元前322年被推翻。由于公民大会的权力受到了制约，公元前4世纪的雅典的民主政治就许多方面而言比公元前5世纪更加成熟，美国的国父们从雅典人对法律与法令的区别中受到了启发，也区分了宪法和法律，后者由国会通过并受宪法约束。约西亚·奥伯（Josiah Ober）对政治语言的使用进行了极具洞察力的研究，证明公元前4世纪的雅典在没有牺牲任何公元前461年所确立的理念的前提下，实现了政治体制的平稳运行。

19世纪的法国政治思想家托克维尔曾把雅典的民主政治描述为"奴隶主贵族政治"。尽管前工业时代的经济让人们总是拥有更多的闲暇，农闲时节尤其如此，但可以认为，如果没有奴隶制以及来自帝国和贸易的收入，民主政治将无法存活。贸易的收入或许是更为重要的，因为它可以让雅典为参与立法、行政和陪审的公民支付薪水。雅典人相信，或者他们让自己被伯里克利说服，认为他们比其他城邦的公民更优秀（尽管古希腊还有很多民主城邦，但他们的宪制没有存活下来）。公元前431/430年冬季，伯里克利在每年一度为阵亡将士举办的葬礼仪式上如此说道（即所谓的葬礼演说）：

> 你们要记着，雅典之所以在全世界享受最大的名誉是因为它从来不向困难低头；而在战争中，它比任何其他国家牺牲了更多的生命和劳动，因此获得了历史上所从没有过的最大强国，这样的强国后世将永远记着的，纵或现在我们被迫而屈服的时候到了（因为一切东西生成就要衰坏的）；但同时你们也还要记着：在希腊一切国家

中,我们所统治的希腊人人数最多;在对抗他们的联合军队和对抗他们个别国家的大战役中,我们是站得很稳的;我们住在一个各方面设备完美和希腊最大的城市中。……目前的显耀和将来的光荣会永远保存在人们的记忆中。你们要保卫将来的光荣,不要现在做出不光荣的事情来。①

然后他赞美了雅典的和谐、公民间的相互包容,雅典人对法律的尊重以及对正义的认知。

伯里克利在这里宣示的是他的城邦所具有的崇高理想。事实上,他所做的无异于将曾经为个别贵族所珍视的价值观和成就传递给雅典的全体公民(想想帕特农神庙饰带上的驷马战车)。然而,伯里克利的话正表明人们第一次开始怀疑这些理想能否实现,正如在修昔底德的笔下,遭遇瘟疫的城邦根本不是一个相互支撑的团结社群。伯纳德·诺克斯(Bernard Knox)一针见血地指出,这篇演说表明此时的雅典人如同索福克勒斯笔下的英雄一样,"痴迷于不可为之事"。

毫无疑问的是,雅典民主政治所要求的持续的参与是现代思想难以接受的。伯里克利曾在阵亡将士葬礼上有过如下表述:"一个不关心政治的人,我们不说他是一个只注意自己事务的人,而说他根本没有事务……"这一观念与现代政治思想存在令人震惊的反差。当代人权思想的核心是如何在国家权力面前保护个体的权利(指每一个人,而不仅限于享有公民地位的人),但雅典人肯定很难理解这样的概念。他们唾弃那些逃避公共生活者。(英语中idiot[愚人]一词就源自希腊语中的idiotes,原指那些把个人的快乐置于公共责任之上,因而忽视了一切真正重要之事的人。)雅典公民并非不受保护。他们可以在陪审团面前为自己辩护,但陪审团的裁决或陶片放逐的表决结果将具有终审的效力,在民意之上也没有一个更高的原则可诉诸。苏格拉底和从阿尔吉努撒埃海战凯旋的将军们便为此付出了生命的代价。尽管我们可以轻易指出雅典民主政治的缺陷与自相

---

① [古希腊]修昔底德著,谢德风译:《伯罗奔尼撒战争史》,北京:商务印书馆,1960年,第148页。——译者注

矛盾之处，但它仍是这个世界上唯一曾成功运转并长期维持的直接民主制，因此是独一无二的。雅典民主维持了将近140年。在如此动荡的时代，这本身就是一项引人瞩目的成就。

第17章

对世界的反思

从埃斯库罗斯到亚里士多德

阿曼德·丹古尔（Armand D'Angour）在其精彩的著作《希腊人与新鲜事物：古希腊想象和经验中的新奇》①中认为，在古希腊，创新是建立在口头和书面辩论的尖锐性上的。这一过程在公元前5世纪的雅典达到了高潮（参见该书第9章）。诚然，雅典到处洋溢着文化的气息。该城富裕而包容，整个希腊世界的知识分子都对雅典心向往之。他们连同那些在雅典传播着各种观念的人们被统称为智者（sophist），该称谓原本是指在生活中把求知欲与实用技能结合在一起。苏格拉底称智者们传授着"那种足以使一个人胜任管理一处田产或统治一座城市，照料他们的父母或得体地迎来送往的智慧与美德"，但智者所涉猎的范围实际上更加宽泛。许多抵达雅典的智者来自其他民主城邦，因此他们习惯于陶醉在自由辩论之中。尽管他们以传授修辞术为主业，但其贡献却远不止于此。这些智者不从属于某个学派，天性上不墨守成规，随时准备对社会上的各种公认观点发起挑战，并在辩论中检验自己的三寸不烂之舌。阿里斯托芬曾在喜剧《云》中嘲讽了这股新思潮。他写道："我不曾欺骗你们，把同一个剧本演了又演；总是想出一些新的情节来表演，它们各自不同，并且十分巧妙。"②

---

① Armand D'Angour, *The Greeks and the New: Novelty in Ancient Greek Imagination and Experience*, Cambridge, 2011.
② ［古希腊］埃斯库罗斯等著，张竹明、王焕生译：《古希腊悲剧喜剧全集：阿里斯托芬喜剧（上）》，南京：译林出版社，2015年9月，第275页。——译者注

由于柏拉图对智者的抨击，他们的形象在接下来的一个世纪中开始变得越来越不堪。柏拉图拥有崇高的理想，认为哲学只应服务于哲学本身，因而他认为某些兜售修辞术的智者是在自贬身价。此外，柏拉图在哲学层面也与智者们有深刻的分歧。他常常指责智者们陶醉于辩论的过程，无论选择论题的哪一方都可以滔滔不绝，但他们并没有发现表象之下的真理，因为后者独立于情绪与修辞。然而，柏拉图让他的英雄苏格拉底免于指责。他在创作哲学对话录时，把苏格拉底塑造成一个持柏拉图式观点的人物，指名道姓地挑战上个世纪的智者们。

柏拉图的抨击对象之一见于对话录《普罗泰戈拉篇》（*Protagoras*）。普罗泰戈拉出身于色雷斯的阿布德拉，此人常被视为雅典智者之父。他最早可能生于公元前490年，在游历希腊各地后，于公元前5世纪40年代来到雅典。据记载，普罗泰戈拉在雅典曾收取高昂的学费传授修辞术。对于任何想在公共生活中发迹的人而言，演说都是一项备受青睐的技艺，因此他在精英阶层的年轻人当中找到了巨大的市场。

普罗泰戈拉远非如此简单的人物。公元前444年，他曾受命于伯里克利，为意大利南部的雅典殖民地图里伊起草宪制。他对知识问题也深感兴趣，可惜他的作品只有少量片段存世，且晦涩难懂。普罗泰戈拉最著名的一句话便是："人是万物的尺度：是存在者存在的尺度，也是不存在者不存在的尺度。"我们难以为这句话找到完整的语境，但普罗泰戈拉指出了个人应亲自体验或解释这个世界，因此对某人而言是热的，可能对另一个人而言却是冷的。尽管他也赞同某人的体温升高可能是由于他在发烧，但他对于是否存在衡量冷热的客观标准持开放态度。把人置于万物的中心，同样意味着对神明力量的贬低。普罗泰戈拉在这个问题上表现出了怀疑论者的立场。他认为人的一生过于短暂，不足以解决这类问题。

其他智者更进一步，主张众神可能仅存在于人类的想象之中。例如凯奥斯岛的普罗迪库斯（Prodicus，约公元前465—约前395年）认为，众神可能源于人对自然的体验，它们不过是日月、江河、水火等自然现象的人格化。雅典诗人克立替阿斯（Critias）在其剧作《西绪弗斯》（*Sisyphus*）中阐发了上述主题。残存的片段写道："我坚信某个头脑精明而深邃的人，为了世人的利益创造了对诸神的敬畏，以便有什么东西可以震慑邪恶之徒，即便他们是在暗中策划、传布与实施恶行。"换言之，众神纯粹是人类为了控制社会而发明的一种手段。

柏拉图所攻击的另一个目标见于其《高尔吉亚篇》(Gorgias)。真实的高尔吉亚其人曾作为西西里的雷翁提尼城的使节，于公元前427年来到雅典寻求结盟。此人很快便展现出了过人的演说技巧。据说他的演说"风格新颖"，紧紧抓住了年轻听众的心。高尔吉亚的《论自然》(On Nature)仅见于后世作家一些引用的片段。该文探讨了两个重要问题：世界是否只是幻影，而人类之间就各自对世界的认识能进行何种程度的交流。由于存世史料的缺乏，我们难以弄清此人如何展开论述，但他显然证明自己有能力将这些哲学命题玩弄于股掌之间，并对各种成见发起挑战。他的演说辞《颂赞海伦》(The Encominum of Helen)更加著名。在文中，他以更惊世骇俗的方式抛出以下论点：海伦虽抛弃了丈夫墨涅拉俄斯，与帕里斯私奔至特洛伊，但其行为在道德上是无可指摘的。他为海伦的行为列出了若干种可能的理由，每一条都能免除她的道德责任：她受到了命运的驱使；她受到了暴力挟持；她被帕里斯的甜言蜜语所欺骗；她可能真的坠入了爱河。在该文的末尾，高尔吉亚可能已经准备承认他的说辞并不是很具有说服力，因此留下了一个悬而未决的问题，即修辞在多大程度上仅仅是一种说服的手段。柏拉图在对话中所挑战的也正是高尔吉亚的这一看法。

柏拉图对智者们的指摘如今看来显得过于刻薄。他们精力充沛地出现在雅典，通过挑战各类成见迫使人们自己进行思考。智者思辨的基础是在潜在的、不变的自然秩序(phusis)和习俗(nomos)之间做出区分。智者们也面临着自己的窘境，在自然秩序与习俗之间，他们无法确定究竟哪一方制约着另一方，更无法确定习俗是否是自然秩序的一种公开表达。智者们对语言也很感兴趣，研究词义在不同语境中的变化尤其令他们着迷。他们因此也常被视为语言学的奠基者。普罗迪库斯以其对语言的细致分析而受人尊敬。此人还率先指出了正确使用词语的重要性。

智者们坚定不移地主张，知识分子绝不可因哲学生活而脱离现实世界。厄利斯的希庇亚斯来自意大利南部，是曾经造访雅典的一位智者。他吹嘘自己在游览奥林匹亚时，身上的一切穿戴，包括随身携带的油瓶，均是自己做的。他是典型的博学之士。现存的残篇表明，他的贡献涵盖了天文、算术、语言、历史、诗歌、音乐，甚至包括考古学。实际上，智者是一群极度自信者，他们的乐趣就在于争论一切问题。

关于古希腊思想的传统叙事中，智者常被列入一个单独的章节，仿佛他们与当时希腊文化生活的其他方面毫不相干。然而，我们只要阅读希罗多德的作品，看他探讨尼罗河泛滥的成因，或比较埃及人与希腊人在生活方式上的不同，才会发现智者无疑是当时雅典人文环境的典型代表。[①] 修昔底德在撰写《伯罗奔尼撒战争史》时，严肃地将推动历史事件发展的动力归结为人类自身的活动而非诸神的干预，其实也遵循了同样的传统。至于智者思想在何种程度上影响了伟大的雅典悲剧作家埃斯库罗斯、索福克勒斯和欧里庇得斯的作品，可能是最有趣的话题之一。

戏剧节

雅典是一个拥有共同经验的社群，而当时再没有哪项活动比观看戏剧演出更能体现集体精神。戏剧节的举办是为了纪念丰产与纵欲之神狄奥尼索斯。全希腊的人都会在此节庆期间把社会规则抛在脑后，尤其是妇女，会抓住这个机会在松林中纵情狂舞。按照传统，狄奥尼索斯的崇拜仪式要求参与者变换身份且佩戴面具。然而，在雅典，这个节庆变得愈发正式。在每年春季举办的大酒神节（Great Dionysia）上，游行队伍先抬着狄奥尼索斯神像以及阳具雕像（象征着神可以接受的性放纵），前往卫城脚下的剧场，然后与其他城市的来访者一道欣赏诗人们的激烈角逐。（据估计，大酒神节的参加者可达1.4万人，其中包括1200名演员和歌手，可能是希腊世界中奥林匹亚赛会以外规模最大的群众集会。）大酒神节作为一种宣传活动具有额外的重要性，因为届时来自帝国各地的贡品会被敬献给这座城市，十将军也会到场向神献上祭酒。除了大酒神节，雅典人还会在每年的1月举办规模较小的勒那亚节（Lenaea），但由于季节原因，来自

[①] 参见：Rosalind Thomas, *Herodotus in Context: Ethnography, Science and the Art of Persuasion*, Cambridge and New York, 2000。

其他城市的出席者寥寥无几。总而言之，戏剧在当时是宗教信仰、民主自豪感与创造性思维相互融合的产物。

悲剧是雅典戏剧艺术最杰出的代表。①希腊语中的 tragoidia（悲剧）一词起源不明，其字面意思为山羊之歌（goat song），可能与用山羊献祭或以山羊作为奖品的传统有关，此说法虽然独到但没有说服力。戏剧可能兴起于公元前6世纪末，当时阿提卡的边境小城厄琉特赖（Eleutherae）被雅典吞并。该城原本有一个重要的节庆，以纪念"身披黑山羊皮的"狄奥尼索斯。当小城被吞并后，该节庆的举办地似乎转移到了雅典。雅典人在公共场合表演该节庆的各项仪式，以纪念雅典与厄琉特赖的合并。不知从何时开始，合唱队中的一名成员离开队列，开始站在合唱队的旁边，向周围的观众解说各项仪式的意涵。在雅典悲剧作家埃斯库罗斯的推动下，这种表演形式继续演进，引入了第二名"演员"，使演员得以表现更复杂的场景，而合唱队则负责介绍故事的主线，或对情节进行评论。索福克勒斯又在舞台上引入了第三名演员，从而使角色之间的关系可以更加复杂多变。

至公元前5世纪，戏剧节的流程已经成形。每届戏剧节均以20首酒神赞歌（dithyramb）拉开序幕。所谓的酒神赞歌是一种抒情歌曲，由50人组成的合唱队演唱。雅典的10个部落各派出两支合唱队，分别由成年男子和少年组成。然后上演的便是悲剧。每年有3名诗人被选中，分别向戏剧节提交主题相关的3部作品（即三联剧［trilogy］）。每个三联剧的演出结束后，会上演一部萨堤尔剧（satyr play）。萨堤尔是狄奥尼索斯的跟班，胯下长有巨大的阳具。这种神话中的生物在希腊人眼中象征着放荡不羁。最后，在戏剧节的第四天，5名诗人分别向观众献上一部喜剧。上述演出的费用全部由合唱队领队（choregos）们承担。一些富裕市民会很乐意追逐这项殊荣。这种赞助模式颇具贵族风范，一直延续到了民主时代。J. K. 戴维斯（J. K. Davies）是研究古典时期的历史学家，他认为戏剧节把上流社会的抒情诗歌与充满乡土气息的酒神节仪式合二为一，使新获得公

---

① 参见：Pat Easterling (ed.), *The Cambridge Companion to Greek Tragedy*, Cambridge and New York, 1997。

民权的公民群体得到了迫切需要的娱乐享受。

阿提卡南部的索里科斯（Thorikos）坐落着雅典最古老的一座剧场，其历史可以上溯至公元前5世纪早期。其圆形舞台（orchestra）供演员演出，舞台的后方设有布景（skene），更衣间就隐藏在布景的后方。半圆形的看台（theatron）供观众欣赏演出，石质观众席是后来增设的。（英语中的orchestra［管弦乐团］、scene［场景］、theater［剧场］等词语都源于希腊语。）狄奥尼索斯剧场（Theatre of Dionysus）坐落于卫城的南坡，是公元前4世纪首座为观众提供石质观众席的剧场。同时代还有另一座巨型剧场坐落于埃庇达洛斯（Epidaurus），其1.4万个座位中最高的也能享受到完美的音响效果。尽管雅典的剧场现存的观众席是罗马时代的复制品，但游客仍可在狄奥尼索斯剧场中吟诵一段当年曾在此上演的戏剧片段。演员在演出时按照传统需佩戴面具。许多面具都高度程式化，以使观众能轻易区分各类角色。此外，整个阿提卡地区还散布着不计其数的小型剧场，用于重复上演和复排剧目。

悲剧通常取材于那些人人耳熟能详的神话故事，只有少数作品取材于当时的历史事件，例如埃斯库罗斯的《波斯人》。作者可以对神话故事进行改编以符合自己的目的，但必须确保观众知道一些剧中的主要角色及大致情节走向。悲剧的主题通常表现凡人与众神之间充满痛苦的关系。其中的凡人角色常常陷于各式各样的困境之中：他们要么犯下不可饶恕的大罪，要么必须在两种同样光荣但不相容的决定中做出抉择。然而无论哪一种情形，主人公都会触犯神圣的准则并走向毁灭。剧作家在他们所描绘的令人望而生畏的两难境地中不会偏向任何一方。埃斯库罗斯在《波斯人》中曾对波斯人做了不偏不倚的刻画，哪怕观众周围的废墟就是波斯人8年前的杰作。但凭借作者高超的创作技巧，这个令人心有余悸的故事得以用娓娓道来的方式呈现在观众面前。

古代戏剧中的音乐如今已难以复原。曲调与唱腔因为依赖表演者之间口耳相传，故而绝大部分已经彻底失传。音乐（music一词源于希腊语中的mousike，意为属于缪斯女神的技艺）是戏剧节的基本元素。酒神赞歌主要由歌曲和舞蹈构成，悲剧和喜剧的表演也有笛子伴奏。索福克勒斯其实成名于其演唱和舞蹈。相传在萨拉米斯海战大捷后，他曾在献给阿波罗的颂歌中担任领唱。

埃斯库罗斯

雅典的悲剧作品当中只有极小的一部分得以传世，而且所有流传下来的剧本几乎全部出自三位作家之手。在这三位作家之中，埃斯库罗斯（公元前525—前456年）被誉为古希腊悲剧之父。此人是一位公众人物，曾在马拉松战场上浴血奋战，很可能还参加过萨拉米斯海战。他可能对正在到来的民主时代满怀热情，因为城邦在其剧作中经常占据着中心位置。据说他曾创作过80部剧本，但如今仅有6部晚期的作品存世（另一说为7部），其中的《波斯人》又是现存唯一的以同时代历史事件为题材的作品，而《俄瑞斯忒亚》则是现存唯一保存完整的三联剧。

埃斯库罗斯是一个怀有极大宗教热忱的人，并坚信万事万物间存在着和谐。和谐的创造与维护由众神负责，任何对和谐的破坏都是对众神的冒犯。破坏和谐的罪行包括对自然的破坏、妄自尊大以及在战争中违反神圣的战争法则，但凡人并不总是清楚哪些行为是众神所要求的。正如埃斯库罗斯在《乞援人》(The Suppliants)中写道："宙斯的意愿总让人无法揣测：它闪烁在每个角落，甚至在黑暗里面，含藏不定的命运，凡人弄不明白……"[①]悲剧的肇因就隐含在凡人无意中破坏了平衡当中。

为使情节更加曲折，埃斯库罗斯让剧中的众神诱使凡人犯下错误，例如其笔下的薛西斯就是因为受到宙斯的鼓惑才大举入侵希腊的。尤为可悲的是，凡人会被众神推入两难境地，为了维护某项原则就不得不打破另一项。以《七将攻忒拜》(Seven against Thebes)为例。厄忒俄克勒斯（Eteocles）作为剧中的忒拜（即底比斯）之王，肩负着保卫城市免受攻击的神圣职责，但攻打该城的敌人当中恰有一人是他的兄弟。这个人物若要履行其神圣的义务，就必须犯下手足相残的罪行，因此他无论作何选择都只会迎来毁灭。

---

① [古希腊]埃斯库罗斯著，陈中梅译：《埃斯库罗斯悲剧集》，北京：华夏出版社，2008年，第9页。——译者注

埃斯库罗斯亦是一位成功的诗人，自戏剧开篇部分起，他便成功地营造出一种灾难即将来临的气氛。在三联剧《俄瑞斯忒亚》的第一部《阿伽门农》的开场部分，一名哨兵正在夜幕中搜寻表明特洛伊终于被希腊人占领的火光信号。这本该是成功与喜悦的时刻，但哨兵此时却感到莫名的不安。接下来，观众了解到，阿伽门农只有以其女伊菲革涅亚（Iphigenia）献祭，才能让舰队启程。（实际上，所有观众早已熟知此神话，但这正是索福克勒斯的独特处理手法，以吊起观众的胃口。）然而，有更多的苦难正等待着阿伽门农——其妻克吕泰涅斯忒拉（Clytemnestra）疯狂地爱上了一个名叫埃癸斯托斯（Aegisthus）的男子，并在阿伽门农返家后谋杀了他。尽管阿伽门农的杀女罪行已招致了报应，但克吕泰涅斯忒拉又犯下了杀夫的罪行。她与情夫篡位后，其手上仍沾满了丈夫的鲜血。该剧的主题在埃斯库罗斯的剧本中比较常见，即一桩罪行将引发另一桩罪行。在三部曲的第二部《祭酒人》（*The Libation Bearers*）中，作者曾如此写道："凡滋养众生的土地吮吸了鲜血，淤血难消散，必滋生复仇的苗裔。"[①]在该剧中，阿伽门农与克吕泰涅斯忒拉所生的儿子俄瑞斯忒斯结束流放后返回了家乡。他感到有责任为父报仇，于是杀害了自己的母亲克吕泰涅斯忒拉与其情夫埃癸斯托斯。罪孽因此转移至俄瑞斯忒斯的身上。他逃往德尔斐求取神谕，以求洗清罪孽，但其母克吕泰涅斯忒拉的亡魂一直在催促复仇女神追赶他。

在三联剧的最后一部《善好者》（*Eumenides*）中，埃斯库罗斯给出了最终的解决办法。在一场审判中，阿波罗与复仇女神针锋相对，对俄瑞斯忒斯的行为表示了支持，认为俄瑞斯忒斯是在伸张正义。阿波罗做出如此判断的依据源于希腊人的一种古老观念，即认为人的孕育完全依赖于男性的精子，子宫不过是精子在发育过程中所用的容器。阿波罗说道："……并不是被称为母亲的人生儿女，她只不过是抚育新播下的种子。是受胎者生育，母亲如主人与宾客，保护幼苗……"[②]因此，在阿波罗看来，克吕泰涅斯忒拉谋杀亲夫，毁灭了那些有可能降临的生命，其罪远比俄瑞斯忒

[①]《古希腊悲剧喜剧全集：埃斯库罗斯悲剧》，第382页。——译者注
[②] 同上，第491页。——译者注

斯的弑母更加深重，因为母亲与那些可能诞生的生命没有关系。

在众神审判俄瑞斯忒斯的法庭上，控辩双方势均力敌。雅典娜投下了决定性的一票，使俄瑞斯忒斯被判无罪。尽管雅典娜的理由引发了批评家们无尽的讨论，但也许这最终是为了维护良好的秩序、克制和仁慈，以对抗复仇女神不可遏制的愤怒。雅典娜还赞美雅典是高贵者安居乐业之地，她说道："只要人民应有的敬畏虔诚，国家和城市便有了维护支柱，其他民族都没有这种保障，无论斯提亚人或在佩洛普斯国土。"① 由此可见，该剧所给出的最终解决方案与城邦政府的获益是分不开的。

埃斯库罗斯笔下的角色都很强大，但这些人物远算不上有个性，因为他们要么成为埃斯库罗斯展示其华丽辞藻的载体，要么是推动情节最终导向悲剧式或和谐的结局的工具。埃斯库罗斯的主要成就是其语言，其台词极富激情与气势，很好地契合了作者最为关注的主题——城邦的自豪感与神圣的正义。

索福克勒斯

公元前468年，一名不到30岁的后生晚辈在大酒神节的戏剧竞赛上击败了57岁的埃斯库罗斯，他便是索福克勒斯（公元前496—前406年）。此结果无疑具有某种政治色彩，因为雅典的贵族此时仍具有很大的影响力，他们选择了索福克勒斯，以代替同情民主的埃斯库罗斯。埃斯库罗斯于次年扳回一局，再度夺取了戏剧竞赛的头奖。

索福克勒斯虽属较年轻的一代，但在许多方面他都比埃斯库罗斯望向一个更早的时代。他把故事的焦点由城邦与社群转向了男女个人。正是他在悲剧中引入了具有较强独立精神的女性角色。鉴于雅典绝大多数女性都被束缚在家庭中，此举无疑颇具革命性。索福克勒斯常把故事的时代背景设定为古风时代，其笔下的英雄人物因此效忠于其氏族与亲人，而非城邦。他笔下的诸神冷酷且僵化，对凡人而言完全不可理喻。索福克勒斯所塑造的人物往往具有某种性格缺陷，并因此导致无可避免的毁

---

① 《古希腊悲剧喜剧全集：埃斯库罗斯悲剧》，第493页。——译者注

灭。索福克勒斯也全方位地展现了凡人所承受的苦难。他笔下的俄狄浦斯在自毁双目后重新出现在舞台上的那一刻，便象征了这一点。

安提戈涅是同名悲剧《安提戈涅》(*Antigone*) 的女主人公。她生活在一个氏族的宗族义务占主导地位的亲族制度 (kinship system) 中。她在寻获亡兄波吕尼克斯 (Polynices) 的遗体后，必须按照神圣的习俗为之举行葬礼。但由于波吕尼克斯是城邦的叛徒，故而国王克瑞翁 (Creon) 下令禁止为他举行葬礼。安提戈涅怀有强烈的道德信念，勇敢地为亡兄举行了葬礼，按照仪式将泥土撒在波吕尼克斯的尸体上。安提戈涅本人因此遭到逮捕并被判决活埋。在行刑前的最后一刻，克瑞翁试图改变决定，但为时已晚——安提戈涅已在羁押期间自杀身亡，而克瑞翁的妻子和儿子也相继自杀，因为后者乃是安提戈涅的未婚夫。事到如今，真正的悲剧人物反而成了克瑞翁自己。该剧可能试图告诫观众，顽固地坚持某种绝对化的价值观并非最佳的生活之道。索福克勒斯曾表示，逆风行船永远不会抵达目的地。

索福克勒斯最负盛名的作品是《俄狄浦斯王》(*King Oedipus*)。该剧与《安提戈涅》形成了鲜明的对比。安提戈涅被她自己的良知所困，而俄狄浦斯则尽其所能逃避弑父娶母的命运。但在这部叙事节奏受到精心控制的戏剧中，俄狄浦斯发现自己的所作所为正一步步将自己的恐惧化为现实。他的母亲——也是他的妻子——伊娥卡斯塔 (Jocasta) 得知真相后自缢身亡，而自知罪大恶极的俄狄浦斯见到母亲的尸体后便挖出了自己的双眼。(其他希腊神话没有探讨过此类乱伦与弑父的主题。弗洛伊德对俄狄浦斯颇有影响力的解读过于牵强，他认为俄狄浦斯在潜意识中具有弑父情结，但俄狄浦斯自出生就被遗弃，甚至根本不知道所杀之人乃是其父。)

索福克勒斯在80多岁时创作了我们所知的他的最后一个剧本《俄狄浦斯王在科洛诺斯》(*Oedipus at Colonus*)，讲述了失明后的俄狄浦斯那悲惨且"罪孽"深重的晚年。剧中的俄狄浦斯已经时日无多，于是在生命的最后几天，前往位于科洛诺斯（该地也是索福克勒斯本人的出生地，近来已被雅典的郊区覆盖）的神圣墓园中迎接死亡。虽然众人唯恐避之不及，但俄狄浦斯的女儿们仍然陪伴他走完了人生的最后一程。索福克勒斯借这一幕表达了如下观点，即有尊严地死去是对神秘莫测的命运唯一适当的回应，即使众神也不能剥夺凡人的尊严。这对欧洲文学的人文主义传统的形成具有重要意义。

当索福克勒斯从事创作时，雅典正处于一段悲惨的岁月中：雅典不仅饱受瘟疫的肆虐，更在作家晚年时臣服于斯巴达的强权。可能正是由于上述经历，这位作家才在其剧本中多次强调苦难的不可避免。对于作为政治实体的雅典，索福克勒斯并未表露太多的热情。他认为民主政治所解决的问题和它造成的问题一样多，而当个人真正有所求时，民主政治却又无法提供支持，例如排斥俄狄浦斯的众人当中就有一个代表着城邦。

欧里庇得斯

活跃于公元前5世纪的第三位雅典悲剧作家是欧里庇得斯（公元前484—前406年），尽管此人仅比索福克勒斯年轻几岁，但他们二人却仿佛来自两个完全不同的世界。索福克勒斯把目光投向了民主制度尚未出现的时代，而欧里庇得斯则坚定不移地关注着公元前5世纪末那个动荡不安的雅典。欧里庇得斯给人留下的印象是一个喜怒无常且遁世离俗的天才，对公共生活毫无兴趣（相传他常在萨拉米斯的一个山洞里创作剧本）。此人一生共创作了80部剧本，其中有18部传世。尽管欧里庇得斯曾多次被选中为戏剧竞赛献上悲剧作品，但他未能像索福克勒斯那样获得巨大的成功，仅获得过5次头奖，而索福克勒斯是20次。[1]

欧里庇得斯对众神的处理最能体现他的时代性。在他所生活的时代，人们开始质疑众神与人类的关系，甚至对神明的存在都产生了怀疑。即使众神存在，其本质是什么？他们为何听任恶行发生？为何僭主可以飞黄腾达，而虔信之人却要受苦？尽管众神表面上是无情的，他从未像索福克勒斯那样使剧中的人物过多地受到神明力量的摆布，甚至让角色对众神反唇相讥。例如在《疯狂的赫拉克勒斯》（*Heralces*）中，一个角色曾发出如

---

[1] 对此人的介绍，参见：J. Michael Walton, *Euripides, our Contemporary*, London and Berkeley, 2009。

此的呐喊："你是糊涂神一个，不然就是生来不公正。"① 这是欧洲戏剧历史上的一个重要时刻。欧里庇得斯认为，倘若众神已经抛弃了凡人，把他们交给命运摆布，那么众神就应该受到质疑。

结果，欧里庇得斯旗帜鲜明地把戏剧的焦点放在了人物本身以及人物的相互关系上。这些人物茕茕孑立，往往成为自身情绪的牺牲品。在《美狄亚》(Medea)中，女主人公美狄亚被其冷酷且精于算计的丈夫伊阿宋所抛弃。美狄亚于是计划杀害自己的丈夫与孩子（为避免自己的两个孩子死于他人之手）。在美狄亚这个人物身上，理智与情感之间的冲突一直在持续，直至美狄亚犯下可怕的罪行。以家庭生活为题材的戏剧就此诞生，其探讨的问题与索福克勒斯和埃斯库罗斯所关心的公共话题迥然相异。美狄亚与索福克勒斯笔下的人物大不相同。安提戈涅始终坚信自己的行为是正确的，无论其后果如何；俄狄浦斯始终受到命运的左右，根本无从选择。美狄亚明知其行为是错误的，但就是无法抗拒复仇的欲望以及对爱情的痴迷，于是在感情推动下铸成大错。《希波吕图斯》的主人公希波吕图斯热衷独身，这在真实的古希腊社会生活中颇为罕见。希波吕图斯的继母淮德拉疯狂地爱上了他，却遭到严词拒绝。她最终自杀了，但就在她死前，扭曲的情感让她宣称希波吕图斯曾对自己表露有违伦理的爱欲。希波吕图斯因此受到了父亲忒修斯的诅咒——他的战车被撞得粉碎，本人亦随之丧生。

欧里庇得斯的作品打破了雅典悲剧的传统：无论剧中的人物如何受到他们自己都无法厘清的某种情感的推动，他们都是独立的个体，都要为其行为承担后果。欧里庇得斯并不只着眼于个人情感。由于当时战火仍在雅典周边肆虐，他对权力和政治暴力的本质与运用也进行了深刻的思考。当雅典人攻占米洛斯岛并大肆屠杀当地居民时，欧里庇得斯创作了《特洛伊妇女》来描写战争的狂暴。在《海伦》(Helen，创作于公元前412年)一剧中，被带往特洛伊的并非真正的海伦，而是一个"神遣的影像"②，也就是说特洛伊战争的交战双方不过是在争夺一个幻象。该剧上演时正值雅

---

① 《古希腊悲剧喜剧全集：欧里庇得斯悲剧（中）》，第261页。——译者注
② 《古希腊悲剧喜剧全集：欧里庇得斯悲剧（上）》，第551页。——译者注

典远征军在西西里岛覆灭。欧里庇得斯凭借其洞察力与想象力，一直在探索表象背后的东西，试图质询人类行为的真正动机。

欧里庇得斯能够在表现人类种种扭曲的激情与表现田园牧歌式的美与抒情之间自如切换，这体现了他的天才之处。他在晚年时离开雅典前往马其顿前创作了其最后一个剧本——《酒神的女祭司们》。该剧的背景被设定在山林之间。该剧中的合唱队对山野生活的讴歌尤其令人印象深刻。然而该剧的主旨却是要探讨宗教狂热所释放出来的激情的本质：剧中，一位母亲及其同伴在纪念狄奥尼索斯的仪式中陷入癫狂，并将自己的儿子撕成了碎片。

欧里庇得斯的剧作一直颇为流行。在奥克西林库斯出土的纸草文献中，他的作品最受追捧。有意思的是，在现存最早有关默读的记载中，阅读的文本就是欧里庇得斯的剧作。

阿里斯托芬与喜剧

喜剧是悲剧的对立面，古希腊语中的 komodia 一词的本义是"狂欢"或"骚乱"，意味着情绪的发泄。喜剧的出现远远晚于悲剧。喜剧在公元前486年的大酒神节戏剧竞赛上首次上演，但迟至公元前442年，勒那亚节戏剧竞赛中才开始出现喜剧。喜剧作家们常在作品中公开嘲弄他们的竞争对手。现在可以确信喜剧起源于西西里岛上的希腊人城市，而最古老的喜剧可能来自某个叫埃庇卡摩斯（Epicharmus）的人对特洛伊战争故事别出心裁的改编。此时阿里斯托芬还未出生。[①] 在雅典，喜剧其实是民主政治的一个基本元素，因为喜剧作家可以大胆地讽刺现实生活中的方方面面，从众神到当时的政客，从哲学家到其他剧作家，可谓百无禁忌。在雅典面临着来自外部的巨大威胁时，阿里斯托芬许多辛辣的讽刺就显得尤为振聋发聩，并颠覆了伯里克利式的冷酷的要求公民尊奉爱国美德的城邦形象。

尽管人们对阿里斯托芬（约公元前450—前385年）知之甚少，但可

---

① 关于古希腊喜剧的发展，参见：Kathryn Busher (ed.), *Theater Outside Athens: Drama in Greek Sicily and South Italy*, New York and Cambridge, 2012。

以推断他是土生土长的雅典人,其政治态度倾向于精英主义,乐于对任何代表着新价值观或不那么高雅的生活方式的人物大加嘲讽。在阿里斯托芬创作的年代,雅典正处于战争之中,但他本人却对和平充满渴望,因而在其笔下,往昔的生活总是比当下更加文明且高尚。他的政治观点难以概括,因为他嘲讽的对象范围太广。但他显然十分怀念民主政治初创的日子,认为那时的"人民"比后来的更加理智。阿里斯托芬也有贵族的通病,常常挖苦他人的出身,例如他曾嘲讽欧里庇得斯是菜贩之子(但有证据表明后者实际上出身于十分富裕的家庭)。再比如在喜剧《骑士》(*The Knights*)中,后伯里克利时代的重要政治人物克里昂被写成一名奴隶,而他的主人则是一个出尔反尔的蠢老头德摩斯(Demos,喻指民众),只有在得到施舍时才会开心。此外,欧里庇得斯也因背弃悲剧的创作规则而受到阿里斯托芬的嘲弄。

阿里斯托芬的《云》(*The Clouds*)讽刺了当时的哲学家。该剧创作于公元前423年,雅典人此时正渴望和平的到来。剧中的斯瑞西阿得斯(Strepsiades)是个生活放荡的农夫,他听说哲学家有本事使糟糕的事情显得很美妙,便决心让其子学习这项本事,用以对付债主。该剧的部分情节发生在一座名为思想所(Thinkery)的学园里。那里的学生们进行着各式各样毫无意义的智力训练。他们还被告知宙斯并不存在,而在天上负责打雷下雨的乃是云神。斯瑞西阿得斯指出:"只要你肯给钱,他们会教你辩论,无论有理无理,你都可以在辩论中取胜。"[①] 苏格拉底也是剧中人物之一,坐在一个用于观测云神的吊筐里。阿里斯托芬很熟悉智者们辩论的话题,但也认识到了这些人的缺陷。知识分子真的有多大的成就吗?他们是否在用其才智掩饰其论证中的薄弱之处?

和阿里斯托芬的大多数剧作一样,《云》的故事背景设定在了当时的雅典,不过,阿里斯托芬的剧本常常把情节搬到一个难以辨认的世界中去。《鸟》(*The Birds*)可能是阿里斯托芬最杰出的作品,创作于一个令人焦虑的时刻——雅典的西西里远征军即将启程,前途未卜。阿里斯托芬创

[①]《古希腊悲剧喜剧全集:阿里斯托芬喜剧(上)》,第238页。——译者注

造了一个由鸟类组成的国度，夹在人间与神界的中间。由于人类献祭时飘向众神的烟雾被鸟类拦截，众神因此被迫接受鸟类的至高无上的地位。在《吕西斯特拉忒》(*Lysistrata*)中，希腊妇女把拒绝与丈夫同床作为武器，迫使男人们停止了战争。《蛙》(*The Frogs*)把悲剧本身当作了主题：由于欧里庇得斯与索福克勒斯此时均已谢世，狄奥尼索斯只得前往冥府把欧里庇得斯带回人间，以便让大酒神节可以继续举办。但埃斯库罗斯对此提出了反对意见，并在与欧里庇得斯的辩论中获胜。埃斯库罗斯被认为是传统道德的更好的捍卫者——此结果无疑体现了阿里斯托芬的个人好恶。

故事简介显然不足以展现阿里斯托芬作品中的奇妙人物、精妙的一语双关以及彻头彻尾的喧闹，或他的许多作品所具有的抒情品质。无论合唱队要装扮成鸟、云、黄蜂还是青蛙，他们都会在演出时穿上各色戏服，以增加演出的欢闹色彩。阿里斯托芬把最练达的机智与最恣意的粗鄙完美地结合在一起。在整个希腊世界，再无其他喜剧作家能与之比肩，而且直到最近才有戏剧界人士感到能够忠实再现阿里斯托芬的剧作。

然而，至公元前5世纪末，雅典越发难以容忍人们对宗教的自由思考。公元前413年，雅典派往西西里的远征军全军覆没；公元前404年，雅典在伯罗奔尼撒战争中彻底败给斯巴达。在这样一个瘟疫肆虐、败仗连连的时代，雅典人也不太可能保持乐观。保守分子很自然地把这一连串的灾祸视为众神对轻视神明者的报复。早在公元前5世纪30年代，公民大会就曾颁布法令，鼓励民众检举揭发下列两种人：第一种是妄议城邦宗教活动者，另一种就是宣扬"理性"看待诸神者。智者普罗泰戈拉正是因此被迫逃离了雅典，并在前往西西里岛的途中遭遇海难。

苏格拉底

前文曾提到，《云》一剧的中心人物不是别人，正是雅典当时最著名的哲学家苏格拉底。公元前469年，苏格拉底生于雅典，相传他曾在伯罗奔尼撒战争中作为重装步兵英勇作战，除此之外，他终生几乎不曾离开雅典。苏格拉底几乎从不参与政治活动，并宣称自己这么做是因为不愿在原则问题上妥协。他是一个遁世且以自我为中心的人，并试图断绝一切人际交往。(相传他曾纹丝不动地站着沉思了一个昼夜。)这使他在一个推崇参与公共生活的城市里特别容易招致批评。①

苏格拉底本人并未创作任何作品,现代人对他的了解主要来自三方面的史料。其一是阿里斯托芬在喜剧《云》中对他的刻画,尽管该剧可能为了追求喜剧效果而歪曲了苏格拉底的形象,但也有学者认为该剧至少可靠地表明苏格拉底对个人的宗教信仰怀有一定的兴趣。另一部分史料出自色诺芬的《回忆苏格拉底》(*Memorabilia*),记录了色诺芬与苏格拉底的私人交往。其中讲述苏格拉底受审的部分可能来自当时的庭审记录。但除此以外,柏拉图的作品才是目前研究苏格拉底最主要的史料,更是研究苏格拉底哲学思想的唯一材料。柏拉图所提供的这些材料虽内容丰富且广泛,但也存在着很大的局限性。柏拉图比苏格拉底年轻40岁,所以当他们开始交往时,已是苏格拉底的晚年。尽管柏拉图笔下的苏格拉底总是直接开口发言,但其中哪些内容真正出自苏格拉底之口,哪些又是柏拉图的杜撰,此问题常常难以回答。(柏拉图的作品记载了由苏格拉底主导的对话,因而被称为对话录。按照其创作时间的早晚,可以将这些对话分作3类——早期、中期和晚期对话。尽管苏格拉底几乎出现于每一篇对话中,但一般认为,中期和晚期的对话实际反映的是柏拉图本人的观点。此外,柏拉图在对话录中对自己并未做任何史实性的描述。)

苏格拉底是柏拉图心目中的英雄。在柏拉图的描绘中,苏格拉底是一个只为哲学而生的人,他探寻真理且不求物质回报,并最终为捍卫信念慷慨赴死。苏格拉底的思想主要关注灵魂的本质以及灵魂如何寻求"善"(the good)。他认为,灵魂并不只是没有实体的精神,它是一个人的性格,是此人人格当中不可缺少的一部分。此外,灵魂可被尘世的种种诱惑所腐蚀,所以要为自身寻求"善",而"善"可以通过理性把握。一旦"善"被发现,灵魂便能认出"善",并自然而然地受到"善"的吸引。实际上,苏格拉底把哲学的研究方向由探究物质世界的奥秘转向个人对自我的认知。据记载,苏格拉底曾表示,为坚守符合个人推理的结果的信念而孤独

---

① 参见:Bettany Hughes, *The Hemlock Cup: Socrates, Athens and the Search for the Good Life*, London and New York, 2011。该书为读者全面介绍了苏格拉底的生平与思想。

一世远优于牺牲自己的正直成为众人中的一员。这成为哲学史中一个崭新的起点。有鉴于此,所有早于苏格拉底的思想家被全部归为前苏格拉底哲学家。

在苏格拉底看来,探究"善"的第一步是认清一个人当前的生活具有哪些局限性,而这意味着对社会习俗的重新思考。("未经省察的人生没有价值",① 可能是苏格拉底最著名的一句话。)在一篇典型的对话中,苏格拉底首先会允许某人就勇敢或友谊之类的话题充分阐发观点,之后他会打断对方,指出某个展现友谊的具体事例其实不足以用来理解友谊的本质。

在一篇对话中,苏格拉底与身为将军的拉凯斯(Laches)就"什么是勇敢"展开了讨论:

> 苏格拉底:我要想知道的并不只是重装步兵中的勇士,也包括骑兵和一切兵种中的勇士;而且不只是战争中的勇士,也包括海难中、疾病中、贫困中、治国中的勇士;此外,我想知道的不只是与痛苦、与恐惧做斗争的勇士,也包括与欲望和情欲做斗争的勇士,不管是在固守阵地的斗争中,还是在调转身来的斗争中。拉凯斯啊,这些方面的斗争都有勇士。
>
> 拉凯斯:非常正确,苏格拉底。
>
> 苏格拉底:这些人都是勇敢的,不过有些人是在快乐中表明自己勇敢的,有些人是在不快中、有些人是在欲望中、有些人是在恐惧中表明自己勇敢的,而另一些人,我认为他们则在这些情况中表明自己怯懦。
>
> 拉凯斯:当然。
>
> 苏格拉底:这两种品质中的每一种是什么,我问的就是这个。你就试着先说说勇敢吧,它在上述的哪些情况之下是相同的。我说的你懂吗?

---

① [古希腊]柏拉图著,严群译:《游叙弗伦·苏格拉底的申辩·克力同》,北京:商务印书馆,2003年,第76页。——译者注

拉凯斯：还不大懂。①

苏格拉底首先假设这世上存在"勇敢"的概念，而此概念有待于理智去发现。发现过程会引导人们了解什么是真正的勇敢，它在某种程度上超越了普通人所秉持的观点，因为这种知识可以得到理性的辩护。然而，苏格拉底在对话录中很少能获得这样的知识，他甚至认为自己的职责并非是提供此类知识，因为知识只能由个人去发现。（换言之，知识是不可传授的。）《泰阿泰德篇》（*Theaetetus*）中的苏格拉底曾有过如下表述："我在智慧上是不生育的；众人责备我尽发问题，自己却因智慧贫乏，向无答案提出。责备得对啊。"②在其他场合，苏格拉底也曾表示，他的智慧之处在于他是唯一知道自己无知的人。

与苏格拉底对话，必定是一种既具启发性又令人沮丧的体验。在柏拉图的《会饮篇》（*Symposium*）中，酣醉的阿尔西比亚德斯的一番话就佐证了这一点。阿尔西比亚德斯是一位以自我为中心的贵族，我们后文还会再度提及此人。

我一听到他的讲话就心跳不已，眼泪夺眶而出。我们也看到许多别的人也是这样。我听伯里克利等大演说家讲话时虽觉得精彩，却从来没有听他讲话时的那种经验，没有神魂颠倒，不能把握自己，有如处在奴隶状态之中。我觉得心情激动，认为现在这样活着还不如不活。就是现在我也完全知道，我只要一听就不免那样激动。他逼我承认自己还有许多缺点，由于关心雅典的事务，却放松了自己的修养。③

公元前5世纪末是一个动荡不安的年代，苏格拉底也不可避免地被卷

---

① ［古希腊］柏拉图著，王太庆译：《柏拉图对话集》，北京：商务印书馆，2004年，第123页。——译者注
② ［古希腊］柏拉图著，王太庆译：《泰阿泰德、智术之师》，北京：商务印书馆，1963年，第35页。——译者注
③ 《柏拉图对话集》，第344页。——译者注

入麻烦中。公元前403年，民主派推翻三十僭主的统治，重新夺取了城市的领导权。阿尔西比亚德斯等贵族此时名誉扫地，苏格拉底部分由于与他们有瓜葛而遭到怀疑。尽管苏格拉底明确表示，自己只是认为民众的意见不及知识分子的理性思考，但他越表现得自认为无知，对其推崇智识精英政治（intellectual elitism）的指控就越令人信服。公元前399年，他的敌人们对他提出"腐蚀青年"和"忽视城邦所膜拜的神祇"两项罪名，它们可能是捏造的，但表明一种令人不安的气氛正弥漫在雅典这座崇尚共同价值观并对宗教事务异常敏感的城市中。更何况，苏格拉底应该还涉足了某种私人性质的宗教崇拜，此举在当时极不明智。

根据柏拉图在《申辩篇》（Apology）中的记载，苏格拉底在审判过程中似乎毫无妥协之意，始终坚持其观点，最终令旁听者更加愤怒。苏格拉底干脆拒绝按照成例行事，暗示他肩负着破坏他人的错误想法的使命，甚至应当得到城邦的支持（城邦应向他终生免费提供食物！）。五百人大会以280票对220票的结果宣布苏格拉底罪名成立。尽管这并不意味着死刑一定会被执行，但苏格拉底却拒绝以流放代替死刑。按照柏拉图的说法，苏格拉底在平静中死去，当毒芹的效力逐渐发作时他仍在与众人分享其所思所感（尽管毒芹实际上会使死亡的过程异常痛苦）。柏拉图在《斐多篇》（Phaedo）中为我们讲述了苏格拉底人生中的最后几天，也在西方的文化史与政治史上留下了一个永不磨灭的形象。"苏格拉底之死"引出了一些引人深思的问题——社会与个人、流行观念与"真理"和知识之间的关系与矛盾——它们时至今日仍是经久不衰的话题。公正地说，这是苏格拉底的光荣。

柏拉图

苏格拉底留下了这样一个问题，即他所讨论的诸多概念——其中就包括善、美、勇敢和友谊——能否得到令所有人都满意的阐释。苏格拉底的崇拜者柏拉图（公元前429—前347年）勇敢地担负起这项挑战。柏拉图虽系贵族出身，但若将其哲学立场全部归因于他的出身，未免有失公允。然而柏拉图基于其个人经验，对民主政治充满质疑，尤其是在他的青年时代，雅典的民主派统治往往被与受辱于斯巴达联系在一起。苏格拉底的受审可能是柏拉图人生的转折点。柏拉图眼中的民主政治等同于暴民的专政，其决定或唯利是图，或感情用事。更何况民主实践意味着政治与道德的价值标准都是相对的，受制于当时的社会氛围。柏拉图坚信，倘若能够厘清诸如善和正义之类概念的绝对意义，人们即可凭借这些概念对特定政策做出判断，进而为城邦营造一种更好的政治基础。但摆在他面前的关键问题是这些绝对意义究竟在哪，而人类的理性又是否能够把握它们。[1]

柏拉图在其"中期对话"《美诺篇》(Meno)中曾探索某种解决之道。在这篇对话中，苏格拉底向一个奴隶少年传授正方形面积的计算方法。(按照面积的计算方法，当边长增加1倍时，正方形的面积会增加3倍。)这个少年就象征那些没有接受过正规教育者。最终苏格拉底不容置疑地引导这名少年经过各种论证，掌握了这一必然的结论。苏格拉底，或者说柏拉图本人的观点十分明确，就是要证明正方形面积计算方法就是永恒的真理，而每个灵魂（柏拉图认为灵魂是不朽的）实际上都曾经知晓这些知识，这名少年的经历实际上是灵魂回忆已经遗忘的知识的过程。

柏拉图进而提出，能以如此方式回忆起来的知识并不限于数学公式，诸如美、善、勇敢之类概念都是永恒的实体，都可以通过理性来理解。柏拉图所使用的术语常被翻译为理型，例如"美或勇敢的理型"。一个人只有经过对某种理型的本质进行长期思索，才能领会它（按照苏格拉底的方式，对理型的方方面面进行思考，直至领会理型的本质）。理型具有高下之分。某些理型更易于领会，而"善"的理型则居于一切理型的顶点。在其著名的"洞穴之喻"中（出自《理想国》），当被解放的囚徒们调动理性时，柏拉图使他们先看到了物体在水中的倒影，而后才看到物体本身，继而看到了星空和太阳（即"善"）。

因此，哲学家的目标是理解理型。鉴于理型是完全脱离于人类思想而客观存在的实体，相对于人们通过感官所感知的这个变化不定的世界，

---

[1] 参见：David Melling, *Understanding Plato*, Oxford and New York, 1987。

理型才是永恒存在的"实在"（reality）；那些能够正确理解这些理型的少数人必然会就这些理型是什么达成一致。换言之，"善"的理型对那些洞悉了其含义的人而言具有完全相同的含义。苏格拉底哲学的目标是对人生的自我发现，柏拉图在此基础上又向前迈进了一步。由于理型是超越个体的存在，所以个人的那些不能印证理型的知识从定义上讲都是有缺陷的。（柏拉图在《理想国》中曾写道："如果我们要真正研究天文学，并且正确地使用灵魂中的天赋理智的话，我们也就应该像研究几何学那样来研究天文学，提出问题解决问题，而不去管天空中的那些可见的事物。"[1]）

柏拉图的理型理论存在许多悬而未决的问题。造成如此局面的部分原因在于柏拉图在多篇对话录中都使用了此概念，但这些对话各自的语境和所探讨的问题各不相同。柏拉图在提到理型时，大多数是指美、善、勇气等"正面"理型，但他从未回答，是否存在丑、恶、懦弱之类的负面理型。（柏拉图在所谓的《第七封信》中表示，理型之说"对于形状和表面也适用，无论是直的还是弯的，它同样也适用于所有人造物体与自然物体，适用于水、火，以及其他相类似的东西，适用于每一动物，适用于每一性质，适用于所有主动和被动的状态"。[2]）此外，柏拉图也从未明确回答桌椅、床之类现实存在的物体是否也具有理型。是否存在一张完美的桌子，它具有一种理想的形式，能包含一切桌子的特征？还有一些概念也难以用理型加以描述。例如"大"这个概念，我们能否认为"大"的理型就是比有尺寸的某物更大的任何物体？有些学者甚至主张，柏拉图已经意识到了这些问题无法解决，因而在其后来的作品中彻底放弃了理型理论。从不故步自封也正是柏拉图的一大魅力。在《高尔吉亚篇》这类篇幅较长的对话中，柏拉图会让每个角色充分表达其观点，即便这些人在面对苏格拉底不停的诘问时往往不堪一击。

在柏拉图的"中期对话"中，最著名的当属《理想国》。该文进一步阐发了他对理型如何被用于构建一个理想国家的理解。柏拉图首先抛出这样一个前提，即个人的幸福取决于城邦的幸福。换句话说，个人无法凭

---

[1] ［古希腊］柏拉图著，郭斌和、张竹明译：《理想国》，北京：商务印书馆，1986年，第293页。——译者注
[2] 《柏拉图全集》第四卷，第98页。——译者注

自身拥有真正的幸福，而只能作为更大的社群的一分子才能拥有真正的幸福，而社群的功能则是把善和公正等构成好政府的关键概念付诸实践，但必须建立在对于各种理型的正确理解的基础上。由于只有少数个人拥有足够的智慧与闲暇去领会理型，故而政府必须交由他们管理。柏拉图背弃了民主政治。他在一段名言中曾把民主政治比作没有船长的航船，并主张以某种形式的精英政治取而代之。

柏拉图把余下的大众置于何地？比照他对灵魂这一概念的认知，民众被划分为若干等级。柏拉图与苏格拉底一样，把灵魂视为在人体之外的某个维度中的永久存在。他认为灵魂由3个要素构成：理性思考的能力、血气（驱动灵魂的力量）和欲望。（灵魂能否被分割，既是弗洛伊德理论体系的核心问题，也一直是哲学领域的重要问题。）对于任何寻求把握理型本质的人来说，理性的力量应该逐步压倒血气和欲望。整个社会也可照此方式划分——理性之人即哲学家，血气旺盛者可充当武士，余者都不过是自身欲望的猎物，因而只配成为劳工。柏拉图曾在《理想国》中轻蔑地表示："一种人是声色的爱好者，喜欢美的声调、美的色彩、美的形状……然而，他们的思想不能认识并喜爱美本身。"[①]若要培养未来的哲学家，无论男女，都必须在血气旺盛的儿童当中选拔。这些孩子首先需要接受体育锻炼和艺术指导，以塑造其性格，之后接受数学与辩证法的训练，以使这些年轻的哲学家一旦领会理型后就能够捍卫它们。整个过程非常漫长，受训者年满30岁后才能获准为国家服务，而哲学家对理型的理解能力在50岁时才能达到巅峰。

尽管柏拉图在《理想国》中对最终出现的理想国的性质并未做太多论述，但它应该是一个毫无生趣的威权政府：由于好的政府必然不能受到情绪的左右，所以诗歌与音乐都将遭到禁止；儿童交由政府集中抚养；人们的性生活将受到管控以实现优生优育的目的；统治者应满足于对真理的发现与实践，而不是满足个人的私欲；这样的城邦中不会再有党争（因为统治者一旦掌握了正义和勇敢等理型，就无须对它们的本质继续进行

---

① 《理想国》，第218页。——译者注

争论）。

柏拉图的理想国只是一种理想，这种国家与现实中可能存在过的任何国家都大不相同，而柏拉图本人也在唯一一次涉足政治时付出了代价。他曾在公元前388年造访西西里岛，目的可能就是要进一步了解毕达哥拉斯的学说，因为当时意大利南部仍存在着信奉毕达哥拉斯学说的社群。（哲学家社群的念头深深吸引着柏拉图，并激励他在雅典成立了学园［Academy］。）他见到了狄翁（Dion）并被后者深深吸引。后者是叙拉古统治者狄奥尼修斯（Dionysius）的姻亲。狄翁吸收了柏拉图的哲学思想，所以在20年后，当狄奥尼修斯之子小狄奥尼索斯（Dionysius II）即位时，狄翁曾计划将之按照柏拉图的理念塑造为一位"哲人王"。花甲之年的柏拉图为此再度踏上了西西里岛，但小狄奥尼修斯并不想依从柏拉图的理念，最终柏拉图与狄翁被迫逃离了西西里。柏拉图在其最后一部作品《法律篇》（*The Laws*）中终于提出了一整套制度。这套制度对生活的方方面面都提出了严苛的要求，例如严厉的贞操观、对儿童的持续监督、对一切同性恋行为的禁止。这套制度展现了柏拉图一以贯之的对人类本性的悲观态度，而他在西西里的遭遇无疑强化了这种态度。然而，政治艺术始终是柏拉图学说的核心内容，尽管他本人极少参与雅典的政治生活，但其门徒当中却有多人被其他城邦聘请为顾问。

数学家与哲学家阿尔弗雷德·怀特海（Alfred Whitehead）曾写道，西方哲学"不过是在为柏拉图作注脚"。柏拉图的遗产无疑具有深远的影响，后世为他立传者曾称他为"神圣智慧的传授者"，甚至在他死后将他奉若神明（一些神话甚至认为柏拉图是神的子嗣！）。所有那些坚信在物质世界之外还有一个体现着价值的实在的人无一例外秉承了柏拉图的衣钵。而上述观念经过新柏拉图主义者以及圣奥古斯丁等人的加工，被引入了基督教。这也是一个至关重要的分野。围绕着绝对的道德是否存在这一问题，人们分成了针锋相对的两大阵营。

柏拉图的遗产对于基督教神学具有格外重要的意义。后文还会再次提到。在基督教兴起之初的几个世纪里，柏拉图主义是最具影响力的哲学思想，并影响了基督教神学的发展。一旦基督教信仰的真理在公元4世纪得以巩固，便如同柏拉图的理型一样，被认为是无可置疑的。在柏拉图的灵魂理论中，"理智时刻处于更为感官性的部分的威胁之下"的论断决定了基督教的苦行主义，甚至富丽堂皇的教堂也从中获得了合理的解释，教会认为它们在尘世中向世人展示了世界之外的"真正的"美。

柏拉图的政治思想遗产不可避免地充满争议。"我们的终极目标是什么？是和平地享受自由与平等，是接受永恒的正义的统治，其法律既不是刻在大理石上，也非石头上，而是刻在每个人的心中——不论是早已遗忘它们的奴隶［参照《美诺篇》］，还是反对它们的暴君。"这番话非常符合柏拉图主义的传统，却出自罗伯斯庇尔在法国大革命的高潮时刻所做的演说。这篇演说的主旨是为恐怖政策赋予正当性，以镇压一切反对建立美德共和国者。所以著名哲学家波普尔（Karl Popper）在其著作《开放社会及其敌人》（The Open Society and its Enemies）中才会指出柏拉图代表了一种对民主传统的直接威胁，并认为任何宣称有权将其理念强加给社会的统治精英都是柏拉图的继承人。

波普尔的指责或许过于苛刻了。柏拉图主义诚然会导致独裁统治，但也会导向对独裁统治的批判。例如，在一个多数人支持通过种族灭绝维护种族纯洁性的国度，除了对"公正""人权"等抽象概念进行理性的阐释，又有什么其他方法能为异议背书？面对公众集会上一时的群情激奋，难道必须加以维护的基本价值观就不复存在了吗？（《美国联邦宪法》及其尊崇的《权利法案》显然接受这样的真理存在。）在教育领域，相较于依赖灵光乍现，经缜密思维训练而产生的成果难道不是更显著吗？民主政治已解决人类面临的一切问题的想法自大而幼稚，就此而言柏拉图无疑仍对人类政治与道德思考具有巨大的影响力。人们也不应忘记，正是柏拉图创立了辩证法这种重要的论证方法。

柏拉图另一项具有持久影响力的遗产是其学园。此称谓源于学园附近的一片纪念英雄阿卡德摩斯（Academus）的林地（现在已被雅典的郊区覆盖）。公元前4世纪80年代，第一次从西西里岛返回雅典的柏拉图建立了学园。学园虽是一个封闭的小圈子，但向整个希腊世界的年轻人敞开大门。这些青年在被接纳为学生之前，需要展现出学习哲学的潜力与决心。公元前367年，一名来自马其顿的斯塔基拉（Stageira）的18岁青年成了学园的一名学生。此人出身于医生家庭，加入学园时可能已经初步掌握了诊视乃至解剖等医学技能。此外，他可能拥有一些财富，据推测来自其家族的田产。相传此人体格羸弱，喜好考究的衣着。他就是科学史和哲学史上最著名的人物之一，亚里士多德。[1]

亚里士多德

亚里士多德陪伴在柏拉图身边20多年，但他在作品中对这段时光几乎只字不提。他应该吸收了柏拉图的许多观念，而且始终坚信理性思考是智力活动的最高形式，但此人思维活跃、兴趣广泛，因而不可能只满足于做柏拉图的门徒。亚里士多德的天性与柏拉图迥然不同。当柏拉图总是关注在物质现实之外可以发现什么东西时，亚里士多德则为现实世界中那些可见的事物着迷，尤其是为通过观察可以获得什么知识着迷。拉斐尔在梵蒂冈创作的壁画《雅典学园》（创作于1510—1511年）便很好地表现了师徒二人的这种差别——在画面中，柏拉图望向天空，而亚里士多德则把目光投向大地。

柏拉图的作品引人入胜、易于阅读、议题很好把握，而亚里士多德的作品则更为复杂。后者的作品可能源自其课上的讲义。这些讲义原本保存于雅典的一座图书馆中，公元前1世纪80年代被罗马人当作战利品掠走。来自罗得岛的希腊哲学家安德罗尼库斯（Andronicus）搜集整理了这些讲义，从而形成了亚里士多德存世的40部主要著作。安德罗尼库斯把亚里士多德探讨存在的作品放在了探讨物理学（physics）那一卷的后面。由于在古希腊语中，"在……之后"写作meta，因而形而上学（metaphysics）一词的字面意思就是"物理学之后"。亚里士多德的作品常常需要后人加入大量评注，因而许多对亚里士多德作品的评注，尤其是阿拉伯世界的，

---

[1] 参见：Jonathan Barnes, *Aristotle: A Very Short Introduction*, Oxford and New York, 2001; Jonathan Lear, *Aristotle: The Desire to Understand*, Cambridge and New York, 1988; Jonathan Barnes (ed.), *The Cambridge Companion to Aristotle*, Cambridge and New York, 1995; Geoffrey Lloyd, *Aristotelian Explorations*, Cambridge and New York, 1996。

本身就是重要的哲学著作。

　　亚里士多德于公元前347年离开了雅典。可能此时的他已经对柏拉图学派的学说感到不满。最初的几年，他在爱奥尼亚沿海地区从事教学与研究工作，后来被马其顿国王腓力二世招揽回国，担任13岁的王子亚历山大的家庭教师。这对师徒虽然都是公元前4世纪最伟大的历史人物，但这段关系可能对双方均未造成长久的影响。亚里士多德于3年后返回了家乡斯塔基拉，又于公元前335年返回了雅典。亚里士多德在雅典建立了属于自己的学校，即吕克昂（Lyceum），该学校可谓世界上首座研究院，其科研工作的广度与质量在古代世界中只有亚历山大里亚的那些学园可以媲美。公元前323年，亚历山大之死使雅典的反马其顿情绪再度高涨，亚里士多德被迫从雅典逃到了优卑亚岛，并于次年离世，时年62岁。

　　亚里士多德的著作涉猎领域极广。其最重要的成就是创立了逻辑学，并建立了动物学（zoology）这一学科。其现存的作品几乎涵盖了人类现有知识体系的每一个方面，其中既包括语言、艺术、伦理、政治、法律等社会科学学科，也包括动物、生物、天文、化学、物理等自然科学学科。亚里士多德紧扣变化与因果关系、时间、空间和连贯性之类的主要哲学命题。除了他建立的系统的逻辑学，他还把注意力投向了形而上学与知识论。亚里士多德把知识明确划分为不同的门类，并将之分为理论性学科与应用性学科，前者包括数学和形而上学这样以探寻真理为主要目标的学科，而后者包括伦理学、政治学这类指导实践的学科与关注生产劳动的学科。

　　亚里士多德最具魅力的品质之一是他把自己视为一个不间断的学术传统的一部分。每当他着手研究某个命题时，首先会把前人对该命题的贡献进行总结（前苏格拉底时代的诸多哲学学说得以流传至今全有赖于此），并将注意力集中于前人所遗留的问题。与柏拉图不同，亚里士多德并不试图调和自己的结论以迎合某种先入为主的框架，而是在发现它们时就认真对待它们，从来也不假设有简单的答案。（杰弗里·劳埃德在《探寻亚里士多德》[Aristotelian Explorations]一书的第三章《模糊的本质》中，曾讲述亚里士多德在面对水母、海绵、海葵、竹蛏时找到了一种区分动物和植物的方法，他在这个问题及其他问题上展现了他的独创性和开放性。）此外，亚里士多德似乎更在意公众的看法，其作品中时常夹杂着某些临时性或迎合性的见解，因而比柏拉图的作品更加难以理解。

理性是早期希腊哲学的基本组成部分。巴门尼德与柏拉图甚至把它奉为探索真理的不二法门。然而当时无人系统性地思考什么才是有效的论证。若无此项研究，数学与自然科学的发展将大大受到制约。亚里士多德最伟大的成就之一，便是他认识到了这个问题，并创造了一套逻辑体系。该体系在此后将近2000年里几乎没有受到任何挑战。这套逻辑系统的美感与权威性全部来自它的简洁。

首先，亚里士多德认为知识的基础在于命题（proposition），即所有人都会赞同的陈述。命题由主项（subject）和对主项进行描述的谓项（predicate）组成。例如命题"猫有四足"，由主项"猫"与谓项"四足"组成。与此同时，人们还可以提出许多其他命题，例如"没有猫有五足""有些猫是黑色的""有些猫不是黑色的"。亚里士多德认为，几乎所有论述都能分解为几个这样的简单命题。（后世的哲学家发现这是一种过于简单化的方法。）

一旦理清这些命题之后，其中的主项与谓项可用字母代替，例如"所有A都是B"或"有些C是D"，从而使命题的形式更具普遍性，并可以用于描述哲学家想要处理的多种情况。接下来，亚里士多德在《前分析篇》（*Prior Analytics*）中探讨了如何把命题用作演绎推理的基础。例如，从"A是B"与"所有B都是C"这两个命题中，可以得出符合逻辑的结论——"A是C"。（以更具体的人物为例，由"苏格拉底是人""所有人都会死"这两个命题可以推导出结论——"苏格拉底会死"。）亚里士多德将上述例子称为三段论（syllogism）。他在《前分析篇》中写道："三段论是一种论证，其中只要确定某些论断，某些异于它们的事物便可以必然地从如此确定的论断中推出。"[1] 他还在该文中探讨了那些不能合理地进行演绎推理的例子。（例如从"猫有四足""狗有四足"这两个命题不能推导出结

---

[1]《亚里士多德全集》第1卷，第84页。——译者注

论"猫是狗"。现今任何一名具备基本逻辑学知识的学生想必都能明白其中的原因。）

亚里士多德对动物学的影响同样延续了2000余年。《动物志》（*Zoological Researches*）是一部具有里程碑意义的著作，其中的绝大多数野外观察都是他在小亚细亚访学期间完成的。他在此汇总了自己对各种动物的观察，这些动物中既有巨大的大象，也有弱小的田鼠，既有凶猛的鬣狗，也有温顺的绵羊。除了近距离的观察，亚里士多德还以解剖作为补充手段。比如他想要了解鸡胚胎的发育情况，便搭建了一个鸡舍，每天取一枚孵化中的鸡卵进行比较，以探究胚胎在发育不同阶段的变化。然而亚里士多德有时也会犯一些错误，或误信一些不太准确的传言，但总体而言，《动物志》仍是一部巨著。但该作品终归只是一部资料汇编，亚里士多德从未创造出能进一步深入研究动物的实验方法，并坚信只有在某种动物的天然栖息地进行观察，才能真正发现此种动物的本质。

亚里士多德实际上主要奉行经验主义。他喜欢搜集并解释那些存在于现实世界并亲眼可见的事实。他也会思考某一物体究竟包含着哪些知识。以椅子为例，亚里士多德会思考椅子究竟为何物，他认为恰当的分析方法不能只关注椅子的质地（例如木头）、它所拥有的之所以把它归类为椅子的特殊形制，还要探究椅子的制作者及其用途。他会区分椅子的本质特征（没有这些特征就不能被称为椅子）和颜色之类的偶然属性。在此问题上，亚里士多德再次背离了柏拉图。以一把白色的椅子为例。在柏拉图看来，白色是一种永恒存在的理型。但亚里士多德的观点则更加务实，白色只是某把椅子所具备的一种性质，并不能脱离椅子独立存在，其存在依赖于这把椅子。（与此类似，亚里士多德认为灵魂是人不可分割的一部分，灵魂就像印章在蜡板上留下的印记一样深植于人体内。该观点又与柏拉图针锋相对，后者把肉体和灵魂比作航船和水手，两者既可相互协作，也可完好无损地相互剥离。）

正如上文所述，亚里士多德的研究手段并不仅限于观察。他不会单纯地描述一把椅子，而是满怀兴趣地探讨围绕着椅子的存在所引出的一系列哲学命题。例如椅子能否变成其他事物，其过程如何；此变化是由该事物的内在动力驱动，还是需要借助外力；椅子之所以为椅子，其原因何在。当亚里士多德看到动物时，他会痴迷于探索这些动物为何具有某种特征。对于鸭子为何有蹼，亚里士多德就给出了自己的解释：鸭子肩负着一种角色，即成为鸭子，而蹼是实践这一角色所必不可少的；而人类最重要的特征是其理性思考的能力，因而人类存在的最高形式便是将这项机能发挥到极致。亚里士多德似乎认为大自然具有某种潜在的目的，即幸福（eudaimonia），也就是每种生物通过正确运用其特质来实现自我。

不可避免地，亚里士多德会花费大量心血探索人的特定本质以及人类在世间所扮演的角色，并且在伦理学与政治学领域做出具有重大意义的研究。上文已经提到，亚里士多德把理性的发展视为人类存在的最高目标。但与柏拉图不同，他从未明确表述过人类该如何运用理性。尽管理性在某种程度上与卓越道德的实现有关，但亚里士多德在《伦理学》（Ethics）中认为，人类只运用理性不可能达到善。相反，一个人是通过从小被培养善良的性情而变得善良的。一旦培养了这种性情并向着行善的方向成长，那么日常生活中的善举则取决于其周遭的环境。在这里，理性扮演的角色似乎是确定应该行善的情形。最终的结果是，在合理的道德行为整体框架内实现善良的品格。所有人都应该追求的最高境界是幸福，这是建立在最大限度地运用自己的理性去追求卓越道德的基础上的。

让每个人单独承担求索幸福的工作是不够的。亚里士多德曾有一句至理名言——"人是社会动物"（或常常被翻译为"人是政治动物"）。幸福的一个方面便是与周围的人和谐相处。作为一名经验主义者，亚里士多德充分注意到了希腊城邦所面临的政治问题。在一部已经佚失的著作中，他曾描述了158座城邦的政治制度。尽管亚里士多德最青睐民主政治，但他所谓的民主政府只是在有限的意义上的，即对那些拥有财富与财产者平等开放的政府。受希腊传统的影响，他十分鄙视商人和体力劳动者，认为他们无权参与政府。此外，亚里士多德对妇女权利漠不关心，并积极为奴隶制辩护。他认为城邦的目的是追求幸福，并通过国家的力量实现这一目的，特别是要把重点放在年轻人的教育上。亚里士多德在《政治学》（Politics）中如此写道，"不能认为每一位公民属于他自己，而要认为所有公民都属于城邦";①"为大多数人所认可的东西就必然是最终目的、是公正"。②在亚里士多德的理论中丝毫看不到现代人权思想的影子。

亚里士多德对妇女和奴隶的态度表明他也是时代的产物。他的观点在很多方面都很传统地遵循了恩培多克勒的学说,坚信物质世界是由火、水、土、气四大元素构成的。倘若他仅依赖自己的观察,他永远无法建立此说。(但他对恩培多克勒的学说也有所改进,认为每种元素又受到了其内部包含的冷热干湿等对立状态的影响。)与此同时,亚里士多德也接纳了前人的地心说。杰弗里·劳埃德指出,亚里士多德的研究方法常以提出假说为开始,并通过观察加以验证。亚里士多德谈不上对问题追本溯源,然后在此基础上成一家之言,所以他并非真正意义上的原创型思想家。然而,亚里士多德的著作数量惊人。他是第一个深入探究自然科学的学者,他所开创的学科几乎涵盖了物质世界的每个方面。对于物质的存在与目的这类宏大的命题,亚里士多德即使无法做出明确的回答,仍不惮于提出关键问题。

亚里士多德式的经验主义观察方法在其他思想家那里也结出了丰硕的成果,其中以泰奥弗拉斯托斯尤其值得一提。此人不仅继承了亚里士多德在吕克昂的领袖地位,甚至敢于质疑其恩师亚里士多德的观点。泰奥弗拉斯托斯最著名的作品是《植物志》(Enquiry into Plants)和《植物之生成》(On the Causes of Plants),研究范围极广且富于探索精神,其中甚至包含最古老的植物分类系统。作者本人也由此被尊为"植物学之父"。奇里乞亚人狄奥斯科里迪斯(Dioscorides)也延续了亚里士多德的学术传统(此人活跃于公元1世纪),在积累了大量关于各种植物药效的资料后,写成《药理》一书。其拉丁语译本在中世纪被用作医药手册,所记载的药方直到16世纪才受到质疑。除此之外,泰奥弗拉斯托斯与狄奥斯科里迪斯还被视为博物学的奠基者,并且被许多草药学著作绘在卷首插页上致敬。

尽管拥有如此多的成就,亚里士多德的个人影响起初却出乎意料地有限。在希腊化时代,狄奥斯科里迪斯等人虽延续了亚里士多德开创的研

---

① 《亚里士多德全集》第九卷,第271页。——译者注
② 同上,第213页。——译者注

究方法，但亚里士多德在当时的哲学家中并不有名。古典时代晚期，柏拉图那种更抽象的哲学理论在当时更受青睐，而基督教会的领袖们也批评亚里士多德，称他过于专注自然世界，对天堂中永恒的存在漠不关心。重新发现亚里士多德的是阿拉伯人，并对他的天才大加赞赏。也正是通过阿拉伯人的翻译介绍，亚里士多德的哲学思想才重新回到西方世界。从12世纪到15世纪，亚里士多德关于自然科学的著作主宰了中世纪的欧洲，即便这些著作大多是由阿拉伯语译成拉丁语的。而在罗马天主教学术传统中，托马斯·阿奎那（Thomas Aquinas）也坚决捍卫亚里士多德的权威。

由此可见，公元前330年的希腊人在思维方式上刚刚经历了一场革命。然而这场革命的性质至今仍很容易被低估。刘易斯·沃尔珀特在其《科学的非自然性》[①]一书中令人信服地指出，以科学的眼光审视世界远非一种理所应当的观念。当时人们的一切努力都旨在让日常事务正常运转，而不是去猜测世界更为广泛的本质。要突破传统思维的局限，需要一种特别好斗的心态，而这种思维方式无论诞生于法庭还是诞生于公民大会或其他什么地方，都是希腊人的重要贡献。

人们有时认为，希腊人首倡理性思考，从而压抑了人类的自然感受，否定了情感对人类的价值。然而本章已表明，此观点至少不适用于雅典人。尽管柏拉图可能会坚持认为理性具有重要意义，但与其同时代的欧里庇得斯在《酒神的女祭司们》中对非理性的力量进行了思考。希腊人为我们理解人类意识中的理性与非理性均做出了卓越的贡献。（古希腊人把记载理性论述的散文称为逻各斯，而那些不以阐释真理为目的并以韵文为主的故事、神话和传说被称为mythos，英语中的myth［神话］一词即来源于此。）倘若公元前5世纪至前4世纪的雅典的气氛并不是好斗的和竞争性的，上述重大突破究竟还能否出现，这的确是一个值得深思的问题。

可以说，整个西方的知识传统都建立在柏拉图与亚里士多德的遗产之上。理查德·塔纳斯（Richard Tarnas）在《西方思想的激情》[②]一书中曾

---

① Lewis Wolpert, *The Unnatural Nature of Science*, London, 1992.

② Richard Tarnas, *The Passion of the Western Mind*, New York, 1991.

有如下表述：

    这两套部分互补又部分对立的原则［柏拉图主义与亚里士多德主义］持续不断地相互作用，构成了希腊精神遗产中某种深刻的内在张力，使之并不固化且极富创造性，进而引发了一场极度活跃且能够延续近2500年的演进。一套原则中形而上的唯心主义，与另一套原则中世俗的怀疑主义，二者为彼此提供了至关重要的制衡。他们令彼此免于陷入教条主义的窠臼，他们又共同为层出不穷的新知识的出现增添了无尽的可能性。

专题 4

修辞术

　　荷马笔下的英雄人物不仅需要善于战斗,还要善于演说,能够说服同伴为自己效力乃是领导力的标志。正如荷马史诗所表明的,希腊人深信演说艺术不仅能鼓舞士气,还能提供娱乐以及唤起人们的关注。作为一门指导公开演说的艺术,修辞术成为希腊政治生活与文化生活不可或缺的元素,之后罗马人也继承了这一传统。

　　鉴于希腊城邦纷纷成立公民大会,公共演说有了新的用武之地。但希腊并不只有政治辩论(这类演说被称作审议性演说[deliberative speech])。在古希腊城邦中,法庭也为政治斗争提供了舞台。控辩双方在法庭上展开辩论,争辩被告是否犯下损害城邦利益的罪行。法庭上的这种发言被称为庭辩性演说(forensic speech),被认为是与审议性演说不同的一类演说。控辩双方的目的是说服法庭上的陪审团。更普遍的则是仪式性质的演说,最著名的当属伯里克利于公元前431/430年冬季在雅典阵亡将士葬礼上的讲话,热情地颂扬了雅典的伟大。当雅典举办节庆时,人们还会举办演说竞赛,其中一些参加者会朗诵荷马史诗之类当时人们耳熟能详的名篇。杰弗里·劳埃德曾详尽研究过希腊科学的起源,他认为正是演说者为说服听众而进行的辩论有力地推动了理性论证的发展。柏拉图曾指出,形成文字的材料令人难以反驳,你来我往的辩论更有成效。

　　有一个事实非常显而易见,即使在民主的雅典,像伯里克利这样的"贵族"仍能凭借其社会地位使众人乐于倾听其主张,但越来越多的人认为演说是一种需要学习的技能。公元前327年，演说家高尔吉亚从西西里来到雅典，为其母邦雷翁提尼辩护。此人向雅典人展示了操纵听众的技巧。他在走进剧场时向听众高呼"随便给我一个命题"，之后便围绕着听众所提出的任何命题展开论述。高尔吉亚深知，词语在基本的词义之外还具有情绪的感染力，而演说者可以善加利用。他在为特洛伊的海伦辩护时便强调了这一点："语言对灵魂的影响力不亚于药物对身体的作用。不同的药物会让身体排出不同的体液，有些药物抑制病灶的扩散，另一些则能送命。语言也是如此，有些话语能带来痛苦，有些使人快乐，有些则令人感到恐惧，有些能让听者重拾信心，有些则具有蛊惑人心的魔力，可以腐蚀和控制灵魂。"然而这也是修辞术的问题所在。正如雅典人就如何处置密提林所展开的辩论（公元前427年），以及在阿尔吉努撒埃之战后对众将军的审判（公元前406年），公民大会的情绪可能都受到了"训练有素"或毫无原则的演说者的操纵。因此在喜剧《云》中，阿里斯托芬设置了"正理"与"歪理"这两个角色，并让两者展开辩论。结果后者利用语言陷阱取得了胜利。

后来，修辞术成为古典教育中最重要的科目之一，并延续了数百年。古希腊人意识到修辞术带来了道德与哲学层面的挑战。修昔底德在《伯罗奔尼撒战争史》中记载了那场事关密提林命运的辩论。其中一个名叫狄奥多图斯（Diodotus）的发言者在其演说中强调了深思熟虑的讲话的重要意义：

> 匆忙和愤怒是阻碍我们得到善良主张的两个最大的障碍——匆忙通常是和愚笨连在一起的，而愤怒是思想幼稚和心胸狭窄的标志。凡是主张言词不是行动指南的人若不是一个笨伯，就一定是一个有私人利害关系的人：若他认为可以通过别的媒介来说明尚不可知的将来的话，那么他一定是一个笨伯；若他的目的是想说服你们去作一些可耻的行为，他知道他不可能为了一个坏的主张而做出好的演说来，因此他利用一些恶意的诽谤来恐吓他的反对者和听众，那么他是一个有私人利害关系的人。……善良的公民不要只想威胁那些

反对他的人，而应当用公平的论据来证明他的主张。一个贤明的国家虽然不一定要给予最好的顾问以特殊的荣誉，但一定不要剥夺他们已经享有的荣誉；当一个人的意见没有被采纳时，他不应当因此而受到侮辱，更不应当因此而受到处罚。①

公元前4世纪早期，最具影响力的修辞术教师是伊索克拉底，此人曾强调演说者在道德层面上的正直的重要性。演说者不仅有责任完善其品性，以赢得听众的尊敬，同时还要对自己所论述的问题具有充分的理解：

> 进一步说，任何希望说服别人的人，都不会忽视道德，恰恰相反，他会在同胞公民中专心致力于谋求一个最受人尊敬的名声。谁不知道言辞的效果有着巨大的不同吗？一个有着良好名声的人发言时要比一个生活有污点的人发言时更受重视；从生活出发的论据比仅仅从言语出发的论据更具说服力。因此，一个人对说服他人的渴望越强，就会越热情地努力奋争荣誉，以使自己的同胞对他更为尊敬……他们还知道可能性、证据以及所有形式的劝说都只是演说的一部分，只能在特定情况下才有用处。②

由此可见，修辞术不仅是一门实用性的技艺，还是展现良好教养的最佳手段。然而，对伊索克拉底的同时代人柏拉图而言，修辞学没这么重要。因此柏拉图在《高尔吉亚篇》中大肆贬低修辞术，称之为一种利用语言的情绪感染力来扭曲真相的小把戏。然而，亚里士多德撰写了修辞学领域最有名的著作《修辞学》(*Rhetoric*)。由于亚里士多德本人就是一名演说家，因而能够提供实际的建议，但他更对修辞术作为说服工具的一面抱有兴趣："由言辞而来的说服论证有三种形式，第一种在于演说者的品格，第二种在于使听者处于某种心境，第三种在于借助证明或表面证明的论证

---

① 《伯罗奔尼撒战争史》，第210页。——译者注
② [古希腊] 伊索克拉底著，李永斌译注：《古希腊演说辞全集：伊索克拉底卷》，长春：吉林出版集团有限责任公司，第407页。——译者注

本身。"① 一个人不仅需要学习如何演说，还需要反思优秀的演说究竟意味着什么。至于演说的风格，演说者有责任使其观点清晰、言语得体、繁简得当。

修辞术不可避免地受到需要它的语境的影响，而雅典就刺激了一批最伟大的演说家的诞生，其中就包括德摩斯梯尼。此人的事迹留待后文详述。德摩斯梯尼为我们展示了修辞术作为一种实用性极强的技艺，要想取得一定成绩需付出何等的努力：他早年的公开演说均以失败收场，于是为了让口齿更加清晰而把小石子含在口中练习讲话。然而，修辞术终归是一种用于说服与鼓舞的技艺。伊索克拉底在其晚年曾向马其顿国王腓力二世发表过一篇演说，鼓舞了后者要把作为一股文明力量的希腊文化传向亚洲。

如果民主政体需要具有说服力的演说者，那么君主政体就催生了颂辞（panegyrics）。颂辞是一种高度仪式化的演说，用于颂扬统治者，出现于希腊化时代。另一方面，罗马共和时代的演说者仍需要争取公民的支持，或在法庭上说服陪审团。西塞罗既是罗马的修辞术大师，也是第一位依靠演说技巧而非靠军功获取政治地位的罗马人。他的《反腓力辞》（*Philippics*）更是审议性演说的绝唱，之后罗马帝国的出现极大地削弱了政治演说的重要性。

然而，公开演说的技巧并不会就此消失。哈利卡纳索斯的狄奥尼修斯（Dionysius of Halicarnassus）是一名居住在罗马的希腊人，活跃于公元前1世纪下半叶。此人重新唤起了人们对伊索克拉底、德摩斯梯尼这些公元前4世纪的伟大演说家的记忆，并为修辞术在那之后的衰落而痛心疾首。修辞术终于变成了传统教育的标准科目，其价值也成了昆体良（Quintilian）在《雄辩术原理》（*Institutio Oratoria*，成书于约公元95年）中所探讨的主题。这部著作不仅在罗马帝国时期产生了重要影响，甚至在文艺复兴时期古典学术复苏时仍被奉为圭臬。公元2世纪，修辞术在希腊人当中作为传统文化的一部分再度复兴，但同时肩负着一个特殊目的，即

---

① 《亚里士多德全集》第9卷，第338页。——译者注

代表自己的城市向罗马皇帝请求某种恩惠。老底嘉的米南德（Menander of Laodicea）大约生活在公元4世纪初，是对后世影响最大的修辞术教师。此人为各种各样的演说制定了规则，其中包括向皇帝或城市发表讲话的正确方式（颂辞）。除此以外，基督教布道（sermon）是另一个发表演说的重要场合。公元4世纪末，诸如米兰的安波罗修或"金口"圣若望（John Chrysostom）这样的布道大师，成功地把修辞术变成塑造基督教徒社群的主要工具。人们会时常忘记，奥古斯丁本人在皈依基督教之前也曾是为米兰代言的演说家。①

---

① 参见：Erik Gunderson (ed.), *The Cambridge Companion to Ancient Rhetoric*, Cambridge and New York, 2009; George Kennedy, *A New History of Classical Rhetoric*, Princeton and London, 1994。

第18章

列国争霸

公元前431—前338年

雅典帝国的巩固使斯巴达日渐不安。由于没有能与雅典抗衡的海军，所以当伯里克利于公元前440年镇压萨摩斯岛的叛乱时，斯巴达只能袖手旁观。然而在经历了一连串事件后，雅典将科林斯推向了斯巴达的阵营，从而导致力量平衡发生了改变。克基拉岛（又称科孚岛）原是科林斯的殖民地，但后来与科林斯爆发了冲突。雅典向克基拉施以援手，其动机可能是为了阻止克基拉庞大的舰队与科林斯的联合在一起，或者雅典已有意在地中海西部再开辟一个基地。公元前432年，雅典与科林斯围绕着爱琴海北部的波提代亚城（Potidaea）再次爆发了冲突。该城既是科林斯在卡尔息狄斯半岛的殖民地，同时也是雅典帝国的一个加盟城邦。雅典试图使该城推翻由科林斯任命的长官，却激起了当地的叛乱，迫使雅典展开一场代价高昂的攻城战进行报复。科林斯终于忍无可忍，其派往斯巴达的使团甚至出言嘲讽斯巴达面对步步紧逼的雅典竟然束手无策。

斯巴达这次做出了反应，因为此时正值打击雅典的有利时机：雅典的3000名重装步兵正在波提代亚作战，而斯巴达不仅能得到科林斯的支援，正遭受雅典某种贸易封锁的麦加拉也乐于向斯巴达提供帮助。按照斯巴达的计划，它将通过鼓动其盟友底比斯进攻雅典的盟邦普拉提亚挑起战争，然后斯巴达军队将以迅雷不及掩耳之势冲过科林斯地峡，出其不意地攻下雅典。战争就此爆发，但斯巴达人很快意识到他们已经成为挑起这场战争的罪魁祸首。而且随着战局的恶化，斯巴达人越来越焦虑不安，因为他们相信他们正在为自己的恶行遭受众神的惩罚。

这场战争更准确地说是第二次伯罗奔尼撒战争——第一次伯罗奔尼撒战争指公元前5世纪50年代至40年代早期所爆发的一系列战事。但如此表述也不够严谨，因为这场战争虽从公元前431年持续至公元前404年，但双方曾于公元前421年签订《尼西阿斯和约》停战，所以这场战争被分成了截然不同的两个阶段。雅典这样的海上强权如何击败位于内陆的斯巴达，而缺乏有效海军力量的斯巴达又该如何攻陷防守严密的雅典城，成为这场战争的根本问题。在战争的最初几年，双方均针对对方的领土发动了一系列收效甚微的袭击。斯巴达军队几乎每年都要蹂躏阿提卡（但实际上无法向雅典城发起进攻，因为雅典受到长墙的保护，而且保持着通往大海的畅通通道，能够获取补给）。雅典也对伯罗奔尼撒半岛沿海地区发动了数次袭击，还对斯巴达的盟友麦加拉也发动了一次袭击，或许是希望能在希洛人当中掀起暴动，以及削弱斯巴达盟邦的战争意志。雅典人深知应对斯巴达入侵的最佳方式就是撤退到长墙后面，忍受敌人破坏阿提卡的农田，所以城市里聚集着很多人，这导致公元前431年爆发的瘟疫以惊人的速度在城中传播。[①]

修昔底德

修昔底德（约公元前460—约前399年）详尽描述了这场瘟疫的恐怖。在早期医学史上，这段记载颇为经典。它详细描述了患者的症状与痛苦，以及那些患病者得知自己无药可救后经历的心理崩溃。雅典社会也陷入瘫痪，甚至正常的宗教仪式也被放弃。作为一名不可知论者，修昔底德注意到那些虔诚者与那些不虔诚者一样饱受瘟疫的折磨。伯里克利甚至一度丧失了将军职位，并因"欺骗"民众而被课以罚金。他虽重新当选，但也于公元前429年死于瘟疫。修昔底德用这一番悲惨的描写为其笔下气势恢弘的历史篇章拉开了序幕。修昔底德的这部力作也成为公元前5世纪最伟大

[①] 对于这场战争的经典介绍，参见：Donald Kagan, *The Peloponnesian War*, New York 2003。该书是他的4卷本巨著的删节本。

的文化成就之一。①

修昔底德虽出生在雅典，但其父亲的名字表明其家族发源于色雷斯。修昔底德曾在战争期间服役。但在担任将军时，他因未能阻止斯巴达人攻占雅典在安菲波利斯的重要前哨基地而遭到流放。尽管战争仍在继续，但他因此有机会走访斯巴达，并为其著作搜集材料。修昔底德于公元前404年之后的某个时间去世，他的书也只写到公元前411年。修昔底德的著作因此更像是历史记录，而非历史研究。

修昔底德的描写栩栩如生，对战争的许多描述使读者经久难忘。（我仍然记得自己14岁那年首次读到他对西西里远征的描述时的那种震撼，至今难以忘怀，尽管我当时的希腊语水平并不怎么样。）与现存的其他史料相比，修昔底德的记载是如此详细而又如此权威，以至于后世对这场战争的印象大多来源于此。修昔底德也为其记述之准确颇感自豪。他曾嘲笑希罗多德等作家是"诗人"，因为他们在使用证据时很随意。修昔底德试图用编年史的体例逐年叙述这场战争，其所采用的编排方式已十分科学，而他也高调地宣称要撰写一部能流芳百世的作品。直到最近才有人对修昔底德的作品进行了严肃的批判性分析（例如修昔底德对伯里克利的描述到底是不是太过于美化，对克里昂的态度又是否过于刻薄，西西里远征是否真如修昔底德所认为的那样是整个战争的转折点——对上述问题的分析可参阅上文中所提到的唐纳德·卡根［Donald Kagan］的相关著述）。修昔底德对交战双方的文化背景与社会背景兴趣索然，也对制约双方实际决策的经济现实状况缺乏兴趣。无论如何，若无修昔底德的作品，有关这场战争的任何叙述都无从谈起。其作品仍将是研究这一历史时期最重要的史料来源，也仍将是一部引人入胜的历史作品。

无论多么超脱的史家，在撰写历史著作时也难以摆脱其思想的局限性。修昔底德是一个典型的生活在公元前5世纪的希腊人。人是"万物的尺度"，所以修昔底德在思考战争的起因与进程时，众神并没有在其中起

---

① 参见：Robert Strassler, *Landmark Thucydides: A Comprehensive Guide to the Peloponnesian War*, New York, 1996；Donald Kagan, *Thucydides and the Reinvention of History*, New York 2009，后者是学术界最新的批判性研究成果。

到直接作用。他致力于独自探究战争的起因，探讨城邦间的敌意在不同层面如何滋生。这种对人类的动机、恐惧以及影响人类决策的各种因素的执着探索，使修昔底德的作品超越了单纯的叙事。

修昔底德对人类的行为并不抱有幻想，他曾生动翔实地记述了人们在压力之下所表现出的惊人的残忍。20世纪的历史恐怕不会令修昔底德感到丝毫震惊。修昔底德特别擅长指出当权者是如何操纵文字的。例如他曾在《伯罗奔尼撒战争史》第5卷中记载了一场著名的辩论。辩论的双方是米洛斯人与雅典人。后者当时正试图强迫前者加入雅典帝国。修昔底德展现了雅典人是如何肆无忌惮地利用其实力优势的。雅典代表对倒霉的米洛斯人说道："你们和我们一样，大家都知道，经历丰富的人谈起这些问题来都知道正义的标准是以同等的强迫力量为基础的；同时也知道，强者能够做他们有权力做的一切，弱者只能接受他们必须接受的一切。"① 修昔底德在此揭示，现实是由握有权力者构建的。此观念对哲学家和社会科学研究者都极具思辨意义。

修昔底德对这场战争做了超然的分析，这并不意味着他毫无道德立场。比如，著名的伯里克利葬礼演说固然在赞颂雅典的自信，却出现在修昔底德有关大瘟疫的叙事中，俨然在提醒读者雅典的霸权是何等脆弱。而他在记述雅典人就是否严惩参与公元前427年叛乱的密提林城居民所爆发的激烈辩论时，亦曾表现得忧心忡忡，而其中狄奥多图斯的演说更成为言论自由的赞歌。修昔底德曾以很大的篇幅记述公元前416年雅典人在米洛斯岛犯下的暴行（当地男性全部被处决，妇女和儿童则沦为奴隶），并把雅典人在西西里的全军覆没安排在此事之后，以彰显这是他们应得的惩罚。

战争的经过

在这场战争的最初几年，交战双方陷入了僵局，任何一方都没有足够的资源或计谋以获得一场决定性的胜利。雅典人曾试图控制彼奥提亚

---

① 《伯罗奔尼撒战争史》，第414页。——译者注

平原。但在公元前424年，他们在弟利安（Delium）遭到了底比斯及其盟友的迎头痛击，不得不彻底放弃了这一企图。然而，雅典人在前一年曾收获了一场意想不到的胜利，幸运地打破了僵局。他们在袭击伯罗奔尼撒半岛时，成功摧毁了一支用于掩护伯罗奔尼撒半岛西岸的斯法忒里亚（Sphacteria）岛驻军的斯巴达舰队。（在俯瞰整个纳瓦里诺湾［Navarino Bay］的皮洛斯山顶王宫，大地与海洋一览无余，此地也是通过朗诵修昔底德的名篇怀古的绝佳场所。）当地的驻军仅有120名斯巴达人（以及一些支援部队），他们的投降所造成的轰动效应不仅震撼了斯巴达，也震撼了整个希腊世界。斯巴达人宁死不屈的美名就此毁于一旦。斯巴达已准备承认战争的失败。如果不是一位名叫布拉西达斯的斯巴达将军在公元前424年至前422年间接连攻克了位于卡尔息狄斯半岛和爱琴海北部的多座雅典城市，甚至包括雅典人在当地的重要据点安菲波利斯，斯巴达可能早已投降认输。

雅典人发动反击，挽回了一些颜面，而布拉西达斯也在战斗中阵亡。双方此时都希望停止这场战争。公元前421年，双方签订了《尼西阿斯和约》，并一致同意放弃在战争期间取得的战果。该和约得名于一位虔诚而内敛的雅典将军，正是他促成了和约的签订。然而，安菲波利斯摆脱了雅典的控制，选择独立，引发战争的各种根本问题也丝毫未得到解决。

起初，斯巴达显得比雅典更加脆弱，其兵员正在不断减少，这也是斯法忒里亚岛的惨败会具有如此重大影响的原因之一。斯巴达对伯罗奔尼撒半岛的控制力也大不如前，其盟友科林斯就由于它所丧失的领土未包含在《尼西阿斯和约》之内而拒绝签署和约。在雅典，一名善于说服人的年轻贵族阿尔西比亚德斯于公元前420年首次当选为将军。在他的领导下，雅典开始直接干涉伯罗奔尼撒半岛的事务，并与半岛上的两个重要城邦——阿哥斯和厄利斯签订了共同防御条约。（前者是斯巴达的老对手，后者负责主办奥林匹亚赛会，曾在公元前420年禁止斯巴达选手参赛。）斯巴达必须予以回击。公元前418年，摊牌的时刻终于到来了。在斯巴达以北阿卡迪亚平原上的曼提尼亚城下，爆发了一场人类历史上规模最大的重装步兵决战，即曼提尼亚之战。曼提尼亚人、阿哥斯人以及一支雅典援军组成了9000人的联军，却被兵力略少的斯巴达人及其盟友彻底击败。直到30年后，伯罗奔尼撒半岛各邦才敢再次挑战斯巴达的霸权。

尽管严格来说雅典与斯巴达并未重开战端，但雅典在伯罗奔尼撒半岛扩大影响的盘算受了挫。在停战期间，雅典与斯巴达都对谋求独立的"盟友"进行了野蛮的镇压，并做出了一些令人发指的暴行。正是在此期间，按照雅典公民大会的无情指示，米洛斯岛的所有男性居民遭到处决，妇女和儿童沦为了奴隶。

雅典的下一步行动是向西扩张，对西西里岛以及意大利南部发起远征，以巩固雅典作为地中海强权的地位。该计划又是阿尔西比亚德斯的手笔。阿尔西比亚德斯的性格颇为复杂。唐纳德·卡根形容他"像个被宠坏的孩子，恣意妄为、反复无常、态度粗暴"，但他对雅典的男女都具有不可思议的吸引力。他还和苏格拉底过从甚密，因而头脑更加敏锐。修昔底德认为，阿尔西比亚德斯的动机在很大程度只是为了满足私欲——他既渴望能够成为一名指挥官，又想趁机攫取地中海西部的财富。

摆在雅典人面前的首要问题是如何在西西里取得一个立足点。由于雅典的远征必然会引发诸如叙拉古这样富裕且城防坚固的城市的反抗，这个问题变得更加棘手。然而雅典人自信满满，已经在讨论如何征服整个西西里岛，因为他们不仅过分夸大了西西里各城市间的不和，对于煽动土著西凯尔人造反也寄予了厚望，还一厢情愿地以为塞格斯塔城能如约提供丰富的资源支持远征军。（为了打动雅典人，塞格斯塔人曾建造一座雄伟的神庙。今天从东面进入该城的游客仍能看到这座神庙。）但就在舰队启程前夕，雅典全城的赫尔墨斯神像都离奇地遭到破坏。这种石像就是一根雕刻有赫尔墨斯头像与勃起的阳具的大理石柱，一般被用作界石与路标，而勃起的阳具则象征着好运。民众的反应歇斯底里，四处捉拿肇事者。这表明，无论城中的精英表面上多么推崇知识，雅典仍是一座极其迷信的城市。一些贵族遭到追捕（阿尔西比亚德斯后来也在西西里的战场上接到了返回雅典受审的命令），但对此事的调查并未得到令人满意的结果。整座城市都因这种不祥之兆而惶惶不可终日。

修昔底德对西西里远征的描述极其精彩，值得阅读原著。他的记载开始于对公元前415年由134艘三列桨座战船与5000名重装步兵组成的远征军的华丽描述。然而远征军抵达西西里后发现塞格斯塔只有少量资源，而与叙拉古的直接冲突已经不可避免。远征军由3位将军共同指挥，其中就包括阿尔西比亚德斯。他们就即刻发起进攻还是坐等友军支援，抑或炫耀一下武力后马上打道回府有不同的意见。阿尔西比亚德斯不久就被召回国接受"渎神"罪的调查，但在途中叛逃至斯巴达。阿尔西比亚德斯的家族一直与斯巴达保持着密切联系，他本人甚至一度代表斯巴达在雅典的利益。但由于他毫无忠诚可言，最终促使波斯人应斯巴达的要求，于公元前404年将之处决。阿尔西比亚德斯刚刚离开西西里，远征军就与叙拉古爆发了直接冲突，指挥官之一的拉马库斯（Lamarchus）在叙拉古城下的一场小规模战斗中阵亡，仅留下尼西阿斯指挥全军。生性谨慎的尼西阿斯极力避免直接挑衅叙拉古，因为这个可怕的敌人拥有优越的地理位置、丰富的资源以及防守严密的港口。尼西阿斯发现自己陷入了窘境，撤回雅典必将蒙受耻辱，但他又不愿冒险攻击如此强大的敌人。

实际上，如果雅典人意志再坚定一些，就有可能会赢得胜利，因为其舰队不仅占据着海上的主动权，还攻占了叙拉古的港口，围困城市的高墙也正在建造。然而，雅典人还是错失了机会。斯巴达指挥官吉利普斯（Gylippus）成功率领一支斯巴达部队进入叙拉古，使当地人大受鼓舞。尽管雅典也为远征军派来了援军，并将雅典半数海军集结于此，但对叙拉古发起的陆上进攻还是以失败告终。当雅典人决定从叙拉古港口撤退时，进出港口的航道又早已被叙拉古舰队封锁。

以下这段文字可以算作修昔底德最扣人心弦的描写之一。修昔底德描绘了雅典重装步兵聚集在海岸边，观看这场决定其未来命运的海战时情绪上的波动：

> 当战斗正在进行中而没有达到结果时，他们的身体向这边和那边摇摆，这表现他们心中充满了恐惧，焦虑万分，忽然觉得达到了安全的境界，忽然又觉得濒临毁灭的边缘。所以当战斗的结果还未决定时，从同一支雅典军队中可以同时听到各种不同的声音——悲

伤和欢呼,"我们胜了"和"我们败了"的叫喊,以及一支大军在危急时刻一定要发出的其他各种不同的感叹。船上士兵们的情绪也是很相同的。战斗支持了一个长久的时候;最后,叙拉古人和他们的同盟者粉碎了雅典人的抵抗,大声叫喊和欢呼,追逐雅典人,把雅典人明显地、坚决地赶回到了海岸边。现在除了在水上已经被俘虏的舰船外,整个船队都跑到岸边来了,有些向这个方向跑,有些向那个方向跑,舰船上的人从舰船上向军营里逃跑。至于陆上的军队,犹豫的时候已经过去了,现在有一个冲动使他们全体不能抑制,为着他们的遭遇而大声哭嚎和呻吟;有些人跑去帮助他们的舰船,有些人跑去防守他们所保存下来的那部分城墙,而大部分开始想到他们自己,怎样才可以安全逃生。①

指挥官曾试图集结雅典人剩余的战船再次出击,但引发了士兵的哗变,从陆路撤退成了唯一的选择。修昔底德再次展开其扣人心弦的叙事。阵亡者的尸体被丢弃在战场上,无人埋葬,伤员们因为害怕被抛弃而徒劳地尝试跟上行军的队列,肢体健全者则被抛弃战友的罪恶感所折磨。撤退中的雅典人处境悲惨。他们在途中既无法得到食物,又时刻面临斯巴达人与叙拉古人的袭扰。终于到达一条小河时,饥渴难耐的重装步兵冒着敌人的箭雨蜂拥至水边饮水。这条河很快就变成了满是鲜血的泥沼。雅典人最终在此停止了抵抗。幸存者像牲口一样被驱赶至叙拉古,之后又被关押在城市周边的采石场中,那里的条件惊人地恶劣。尼西阿斯被俘后遭到处决。

西西里远征对雅典而言无疑是一场灾难,葬送了4万条生命和半数的舰队。雅典的民主政治也遭遇了严重的危机,在公元前411年被一个由400人组成的寡头政府推翻。这个新成立的寡头政权倾向于同斯巴达媾和。雅典帝国也面临着此起彼伏的反抗。尽管密提林的反叛遭到了镇压,但对希俄斯岛的封锁却以失败收场,雅典被迫放弃了对该岛的控制。优卑亚岛

---

① 《伯罗奔尼撒战争史》,第549页。——译者注

也于公元前411年揭竿而起,并加入了斯巴达的阵营。然而,西蒙·霍恩布洛尔(Simon Hornblower)等历史学家如今认为,修昔底德夸大了兵败西西里的重要性,可能部分是为了营造文学效果。实际上雅典仍有能力继续战斗。当四百人政府试图代表雅典与斯巴达媾和时,被雅典民众推翻,并以半民主的五千人政府取而代之。雅典海军不仅自始至终忠于民主政治,而且陆续造了新战船。尽管遭遇某些城邦的背叛,但雅典帝国大体上仍完好无损,抵抗的意志仍然令人惊讶地强烈。

然而战争再度陷入僵局,双方都无力施予致命一击。斯巴达采纳阿尔西比亚德斯的建议,在戴凯莱亚(Deceleia)建立了一个设防基地。此地位于雅典城和它与彼奥提亚的边界之间,从而使斯巴达军队可以常年控制和蹂躏阿提卡地区。斯巴达人还诱使雅典的奴隶逃亡。逃跑的奴隶据记载多达2万人。这虽对雅典的人力资源造成了沉重打击,但还不足以摧毁这座城市。要结束这场战争就必须寻找新的资源。

当时唯一能够提供大量资源的国家只有波斯。实际上从公元前5世纪20年代开始,无论是雅典还是斯巴达,都希望能够获得波斯的支持。然而,雅典亲手葬送了自己的机会,极不明智地支持两名波斯总督造反。从公元前411年起,斯巴达开始源源不断地得到波斯的资金支持去组建自己的舰队。作为回报,斯巴达默许了波斯人在希波战争之后一直追求的目标,即重新控制小亚细亚的希腊城市。斯巴达从此再也不能标榜自己是为解放希腊而战。

在这场战争的最后几年(公元前411—前404年),斯巴达海军与训练有素的雅典海军陷入了苦战。前者虽然刚组建不久,却拥有充足的资源。斯巴达此时的计划是封锁雅典经达达尼尔海峡的海上粮食运输线。雅典十分依赖这些粮食。一支斯巴达舰队于公元前411年攻占了拜占庭。然而雅典人并没有被彻底击垮,反而在公元前411年和前410年先后取得两场重大胜利。公元前410年,斯巴达甚至主动求和,但遭到了雅典的拒绝。起初,雅典人似乎因他们的顽固获得了回报,不仅于公元前408年重新夺回博斯普鲁斯海峡的战略要地拜占庭,还于公元前406年在阿尔吉努撒埃(位于莱斯沃斯岛附近)获得了另一场胜利。但这场胜利随即因为雅典公民大会的一个荒唐判决而蒙上了阴影：获胜的雅典海军将领因为没有在战斗结束后救助己方落水人员而被判处死刑，公民大会丝毫不考虑他们是为了躲避一场即将到来的风暴才不得已抛弃同胞的。

即便如此，最终的胜利对雅典而言依然遥不可及。斯巴达人总是能够获得充足的资源重建其舰队。公元前405年，斯巴达舰队在吕山德（Lysander）的指挥下攻占了达达尼尔海峡中的拉穆普萨库斯城（Lampsachus）。该城的港湾为斯巴达舰队提供了一个避风港。雅典舰队虽到此试图挑战斯巴达舰队，但只能停泊在海峡对面的阿埃戈斯波塔马（Aigospotamae）。此地没有任何港口，这使雅典舰队完全暴露在了敌人面前。雅典人日复一日地向斯巴达人挑战，但后者始终拒绝出战。吕山德注意到，雅典人每次返回海峡对面后，战船就被水手们留在岸边，无人看守。他于是发动了一场完全出乎雅典人意料的奇袭。雅典舰队的180艘战船中有170艘被斯巴达人俘获。当噩耗传到雅典时，绝望的哭嚎马上从比雷埃夫斯港传遍了整座城市。由于达达尼尔海峡现已被斯巴达控制，雅典人开始陷入饥荒，不得不在公元前404年向斯巴达投降。作为战败者，雅典人的长墙被拆毁，舰队也几乎被彻底解散。此外，作为胜利者的斯巴达还在雅典扶植了一个由30人组成的政府。出乎所有人的意料，雅典被全面击败了，但斯巴达并未彻底摧毁这座城市，可能是担心此举会导致该地区出现力量真空。

吕山德

此时的斯巴达所面临的问题是能否充分利用自己的胜利。在击败雅典后的10年里，吕山德一直是斯巴达政坛中的重要人物。尽管斯巴达的军事行动传统上由两位国王当中的一位负责指挥，但吕山德却是异常情况。此人虽然出身良好，但家境贫寒，相传他通过讨好国王而获得了权力。一旦他有机会染指权力，成为爱琴海上的"海军司令"，他便开始不择手段地利用手中的权力。吕山德在爱琴海各城邦中扶植其支持者主政（这其中就包括雅典的三十僭主），他还与小亚细亚的波斯副王小居鲁士成了朋友。吕山德甚至还要干涉远至叙拉古与埃及的事务，并曾为叙拉古的僭主狄奥尼修斯一世提供支持。①

尤为引人注目的是，吕山德鼓励众人将他当作"英雄"崇拜，这在希腊历史上闻所未闻。吕山德在德尔斐城中那条通向圣所的圣道入口处竖立了海军将领群像，以纪念其胜利。为了美化自己，这位海军司令及其同僚的雕像与诸神的雕像混杂地摆放在一起。（罗马时代的旅行家波桑尼阿斯公元2世纪造访此地时，这组纪念群像仍耸立在原处，但如今早已不见踪迹。）在爱琴海的另一边，萨摩斯岛的居民为摆脱雅典的统治而欢欣鼓舞，甚至设立了吕山德节来纪念这位解放者。公元前398年，吕山德似乎还在阿格西劳斯（Agesilaus）登上斯巴达王位的过程中发挥了巨大的作用，后者之前一直因跛足而被认为不适于继承王位。

然而吕山德的地位并不稳固。斯巴达在爱琴海只能获得有限的支持，它完全不具备雅典在公元前5世纪70年代所具备的那些优势。此外它与爱琴海世界在文化与宗教方面既没有太大联系，也对发展这种联系毫无兴趣。另外，斯巴达向波斯妥协以换取支持，也被许多希腊人视为无耻至极。吕山德于公元前402年进一步卷入了波斯的权力斗争，资助小居鲁士与当时在位的波斯国王阿尔塔薛西斯二世（Artaxerxes II，公元前404—前359年在位）争夺王位。然而，这场内战未能实现吕山德的野心，小居鲁士本人也丢掉了性命。（小居鲁士麾下的希腊雇佣军不得不长途跋涉返回沿海地区。色诺芬在其《远征记》[*Anabasis*]中记载了此次行动，而这部作品也成了希腊文学史上最精彩的冒险故事之一。）此次失败对吕山德是一次沉重打击，不仅使其本人的信誉受损，还使斯巴达丧失了波斯的资金支持。公元前396年，阿格西劳斯终于用行动证明他是一个有主见的君主，而非吕山德的傀儡。他向波斯发动了一场远征，旨在解放处于其统治下的小亚细亚各希腊城市。

科林斯战争

波斯人此时在爱琴海地区掌握了主动权。他们鼓动底比斯和科林斯

---

① 《剑桥古代史》第6卷是唯一一部全面叙述此历史时期的历史著作。此外读者也可以参考其他更加通俗的作品，参见：Micheal Scott, *From Democrats to Kings*, London, 2009。

反对斯巴达。这两个斯巴达的前盟友对伯罗奔尼撒战争的结果早已心怀不满，因为他们未能从中得到任何好处。这就是所谓的科林斯战争（公元前395—前386年），交战双方在陆地上进行了一系列非决定性的战斗，吕山德在战争头一年的一次战斗中丧生（相传吕山德死后，有人在他位于斯巴达的家中找到许多详细记录着政变计划的文件，称他准备推翻斯巴达的君主政体，并以"卓越之人"组成的政府取而代之）。双方在海上的战斗更具意义。波斯舰队由一个来自雅典的雇佣兵科农指挥，在爱琴海海域摧毁了斯巴达舰队。随后，科农率舰队来到雅典。雅典人为斯巴达在爱琴海的霸权被粉碎而欣喜若狂，不顾科农背后的势力。他们利用波斯的资金重建了长墙，甚至尝试重建雅典帝国。

在许多方面，科林斯战争都可以被视作伯罗奔尼撒战争的延续，而且波斯人再次成为决定战争胜负的关键。阿尔塔薛西斯二世此时意识到，复活的雅典帝国将有损波斯的利益，尤其会危及波斯对亚洲各希腊城市的统治。他于是转而支持斯巴达。公元前386年，斯巴达与阿尔塔薛西斯二世签订《大王和约》（King's Peace），斯巴达再次默认波斯对小亚细亚各希腊城市的控制。而作为回报，阿尔塔薛西斯二世则保证每一座希腊城市都可以保持独立，并通过向斯巴达提供资金支持来履行这一保证。斯巴达和阿尔塔薛西斯二世都是这场战争的赢家：斯巴达此时拥有了充足的理由和资源来瓦解其敌人所组成的联盟——底比斯与雅典的同盟；阿尔塔薛西斯二世不仅令波斯帝国复兴，还化解了雅典帝国可能对波斯发动的挑战。

斯巴达的衰落与底比斯的胜利

由于斯巴达冷酷无情，所以它的任何"胜利"都不能长久。比如斯巴达为了重申它在伯罗奔尼撒半岛的领导地位，摧毁了曼提尼亚城。公元前382年，斯巴达犯下了最致命的失误，派兵干涉其宿敌底比斯的内部纷争。斯巴达人简单粗暴地直接占领了底比斯。此举遭到了整个希腊世界的谴责，甚至连亲斯巴达的历史学家色诺芬都无法为之辩护。（色诺芬是一个雅典贵族，遭流放后移居斯巴达。）最终，斯巴达驻军于公元前379年被赶出底比斯。但斯巴达人未吸取任何教训，又愚蠢地向雅典发动攻击并遭到惨败。

斯巴达的短视甚至刺激了雅典"帝国"的重建，而这本应是任何明智的战略家所须竭力避免的结果。雅典宣称其动机是"让斯巴达人听任希腊人和平地享受自由与自治"，并召集盟友加入其阵营。但许多城邦对上一个雅典帝国仍记忆犹新，因而不愿加入。雅典被迫承诺不摊派贡金，不干涉盟邦内政，不在盟邦内部强设定居点。（当雅典不可避免地再度向盟邦索取金钱时，他们用"份额"［assessment］代替了"贡金"的称呼。）最终，包括底比斯在内的70座城邦加入了所谓的第二次雅典同盟（公元前378—前377年）。

然而，很明显，此时的雅典比它在公元前5世纪时要弱得多，任何大规模的军事行动都会对其资源造成沉重的压力。因此即将让斯巴达蒙羞的城邦并非雅典，而是底比斯。底比斯于公元前379年重获独立后，便开始重建其在彼奥提亚平原的地位。公元前371年，底比斯坚持代表所有彼奥提亚城邦与斯巴达缔约，而斯巴达则以破坏《大王和约》为名对底比斯发动了进攻。但斯巴达军队随即在留克特拉（Leuctra）之战中遭到惨败，1000多名斯巴达人遗尸战场。此战震动了整个希腊世界，不仅令斯巴达对伯罗奔尼撒半岛的统治顷刻间土崩瓦解，也令斯巴达就此沦为一个二流城邦。斯巴达的社会日渐僵化，公民群体日益萎缩，加之他们对待希腊同胞冷酷无情，意味着斯巴达的虚弱早晚会暴露出来，一旦遭遇像留克特拉之战那样的全面失败，就再也无法挽回局面。

在接下来的10年里，底比斯一直主宰着希腊各邦，尽管这并非因为底比斯有多么强大，而是因为其他城邦的虚弱。底比斯的胜利仰仗于其领袖埃帕米农达（Epaminondas）的政治军事才能。他深受毕达哥拉斯哲学的影响，是一个清心寡欲、刚直不阿的人。西塞罗曾将埃帕米农达尊为最伟大的希腊人。普鲁塔克也曾为他立传，但可惜未能流传下来，否则后世的读者可能也会赞同西塞罗的评价。他与同僚佩罗皮达斯（Pelopidas）依靠一支300人的部队的支持。这支部队不但训练有素，而且完全由一对对同性情侣组成，即所谓的圣军（Sacred Band）。底比斯的势力向北一直延伸至色萨利，而向南则延伸到伯罗奔尼撒半岛，使斯巴达毫无复兴的机会，科林斯、麦加拉等城市实际上已成为其附庸。雅典对底比斯的敌意是如此强烈，以至于它与斯巴达结成了同盟，共同遏制底比斯的扩张。底比斯也开始组建舰队，与雅典抗衡。公元前364年，底比斯攻陷了它在彼奥提亚平原上最大的竞争对手——奥尔科美努斯，并将该城的男性居民全部处决，幸存的妇女和儿童则沦为奴隶。底比斯的野蛮统治与其他城邦毫无二致。

斯巴达的崩溃所带来的最重要后果，便是美塞尼亚人恢复了独立。尽管长期遭到压迫和流放，"美塞尼亚人"这一身份认同却得以延续。美塞尼亚的流亡者们在底比斯将领埃帕米农达的号召下纷纷返回故土。公元前369年，一座崭新的城市在美塞涅（Messene）拔地而起。该城坐落于伊索迈山（Mount Ithome）的山坡上，四周环绕着雄伟的城墙。这座繁荣的城市实际上也是一座堡垒，用来防止斯巴达在伯罗奔尼撒半岛西部卷土重来。近年来对美塞涅城市遗址的发掘与保护堪称此类工作的典范，其保存完整的城市中心广场遗址也为它赢得世人的赞誉。城中的竞技场亦被再度用于举办文化庆典。

公元前362年，底比斯与斯巴达-雅典联军在伯罗奔尼撒半岛的曼提尼亚交战。埃帕米农达于此役阵亡，而佩罗皮达斯早在两年前即已去世。底比斯崛起的关键是其出色的领导人，所以底比斯自此开始逐步走向衰落。交战的双方在相互承认彼此战果的基础上缔结了和约，但底比斯对其"帝国"的控制却逐步受到侵蚀，因为连绵不断的战争耗尽了它的资源。色诺芬在其《希腊史》（Hellenica）中曾如此评价这场战争："曼提尼亚之战结束后，希腊呈现出比之前更加混乱和不稳定的局面。"

公元前4世纪时期城邦的脆弱

公元前5世纪，由于雅典与斯巴达分别在爱琴海与希腊本土维持着各自的霸权，希腊世界尚处于相对稳定的历史阶段。然而到了公元前4世纪，这种局面结束了。斯巴达一败涂地，底比斯的霸权转瞬即逝，而雅典亦无力再继续维持一个帝国。一份公元前4世纪50年代的文献充分暴露了当时雅典船坞管理的松懈与腐败，不仅各种设备有借无还，帆布、绳索等物资也严重短缺。随着斯巴达的崩溃，第二次雅典同盟已失去继续存在的意义，但雅典的反应与百余年前如出一辙，用更加野蛮的手段加强它对盟邦的控制。然而，雅典这次遭遇了广泛的反抗，并在公元前357年爆发了所谓的同盟战争（Social War），许多城邦脱离了同盟，其余城邦也逐渐摆脱了雅典的控制。与此同时，马其顿国王腓力二世也在爱琴海北部逐步蚕食雅典的利益。

历史学家W. G. 朗西曼曾撰文指出，[1]希腊各城邦都未能演化出一个以冷酷的经济帝国主义引导国家的精英阶层，而这恰恰是在某个广阔区域内维持霸权所必不可少的。从这个方面来说，民主政治对野心有抑制作用，因为民众不会允许富人成为一股难以驾驭的政治力量。柏拉图确实在《理想国》中指责伯里克利，认为他四处发放津贴的做法会使民众变得贪婪而懒惰，但与民主所带来其他益处相比，这种批判实在不足道。与此同时，希腊城市从未打破其宪制中的保守主义成分，公民权作为一项特权，被小心翼翼地保护着。罗马正与之相反，甚至奴隶都可以获得解放并被公民群体吸纳。更为显著的区别或许在于，罗马能将它所击败的敌人转化为盟友，并以服兵役为代价授予对方公民的各项权利。（见第21、22章）古希腊史家波利比阿曾试图解释罗马为何能在公元前2世纪击败希腊人。他认为罗马的上述措施使罗马拥有了近乎无限的人力资源；任何希腊城市都未曾采取过类似措施，在许多情况下，其公民数量只能随着时间推移而逐渐减少，例如斯巴达在希波战争期间尚能提供8000名重装步兵，但在一个世纪后只能拼凑出1200人。

斯巴达与雅典的霸权相继瓦解，从而在希腊留下了一个由弱小城邦组成的纷乱世界。希腊人对此的回应之一是泛希腊主义（Panhellenism），主张希腊人应当求同存异，为实现更宏大的目标而联合起来。泛希腊主义发端于公元前5世纪反抗薛西斯，而波斯帝国的持续袭扰则让泛希腊主义始终保持着活力。其最狂热的倡导者是雅典演说家伊索克拉底（公元前

---

[1] W. G. Runciman, "Doomed to Extinction: The *Polis* as an Evolutionary Dead-End", in O. Murray and S. Price (eds.), *The Greek City from Homer to Alexander*, Oxford: Oxford University Press, 1990.

436—前338年）。他大肆鼓吹用优越的希腊文化去教化世人（即使此人口中的希腊其实往往单指雅典）。然而任何此类共同目标都显得过于虚无缥缈。第二次雅典同盟的经验表明，各城邦此时都发展出一种对外部势力操纵保持高度警惕的心态，无论这种操纵来自希腊人还是异族。而且，经年累月的战争已经榨干了希腊各邦的资源，这导致在公元前4世纪时，债务与土地兼并成为一个普遍的问题。许多城市都陷入由党派之争所引发的动乱（stasis）之中。在希腊世界四处游荡寻找生计的穷人、难民以及失地农民不断增加。

此时的希腊出现了一个新职业供身强体壮者选择，这就是雇佣兵。公元前4世纪，希腊最显著的变化之一就是大规模运用雇佣军。甚至波斯人也越发依赖雇佣军，例如他们曾于公元前404年利用雇佣军镇压埃及人的大规模反抗。埃及人也用雇佣军予以还击，其规模在公元前343年已达到3.5万人。雇佣兵被训练为能够长年作战的职业士兵，只要雇主能够付得起钱。在同一时期，可能是受到了色雷斯的影响，轻盾步兵（peltast，此称谓源于其手中所持的用皮革作蒙皮的小盾牌）开始发展起来。这些士兵身穿更加轻便的甲胄与靴子，并配备了更长的长矛。轻盾步兵比笨重迟缓的重装步兵更具战斗力（科林斯在公元前390年就是利用轻盾步兵大败斯巴达军队的），但重装步兵仍然是各城邦军队的核心。

在雇佣军崛起的同时，希腊还经历了其他一些军事变革。雅典演说家德摩斯梯尼曾对此有如下描述：

> 在过去，斯巴达人如同其他地方的人一样，在夏季花费四五个月用重装步兵和公民兵入侵并蹂躏敌国的领土，而后他们再回归本职；他们是如此老派，以至于从未用金钱从任何人那里换取优势，而他们的战斗是公平而光明正大的。如今你们想必已经看到了，绝大多数灾难都是由叛徒造成的，没有任何一场灾难是由堂堂正正的战斗造成的。另一方面，你们都听说过［马其顿的］腓力二世的所向披靡，但这不是因为他麾下有重装步兵方阵，而是因为他有游击兵、骑兵、射手、雇佣兵以及诸如此类的部队……几乎不用我告诉

你们,对腓力二世而言,冬季和夏季没有什么不同,没有任何季节能迫使他无所事事。

由此可见,此时的战场已被新型的职业军队主宰。他们能够长年作战,而不必受传统战争惯例的约束。当时的另一项重要军事变革是攻城技术的发展。传统意义上的战斗只是为了争夺土地,城市通常不会成为攻击目标。但从公元前4世纪开始,战争变得更加残酷,而城市成为进攻的直接目标。之所以发生这样的转变,既有利用所掠得的战利品支付雇佣军报酬的想法,也有彻底荡平敌人的目的。希腊世界的所有城市此时都已设防,例如前文提到的美塞涅,从建城之初就建造了高大的城墙。在阿提卡北部的吉弗托卡斯特罗(Gyphotokastro,即古代的厄琉特赖),建于公元前4世纪的雄伟城墙至今仍俯瞰着通向彼奥提亚的山路。

叙拉古僭主狄奥尼修斯与色萨利僭主伊阿宋

较小的希腊城市没有足够的资源参与这种新式战争。到了公元前4世纪初,形势已十分明朗,只有那些意志坚定、说一不二的领袖才能脱颖而出,因而独裁在当时成为一种潮流,并最终改变了整个希腊世界。尽管斯巴达国王阿格西劳斯已经预示了这种可能性,但同时代的叙拉古却出现了一位更加成功的独裁者,来应对已经占据西西里西部的迦太基人的步步紧逼。此人便是狄奥尼修斯。狄奥尼修斯的独裁始于公元前405年。其统治令人不由得联想到更早时代的希腊僭主们。此人原本是一名普通士兵,但通过不断动员叙拉古投入对迦太基的战争来巩固其地位。双方在40年间至少爆发了4次战争,其中有3次是由狄奥尼修斯挑起的。这些战争并没有取得任何具有决定性意义的战果,而迦太基人对西西里西部的控制也仍很稳固。在动员希腊人的过程中,狄奥尼修斯展现了其冷酷之处。他如此热衷于压制其他权力中心,并把战败的希腊居民置于叙拉古的直接统治之下,这可能并非基于个人野心,而是统一国家的需求。比如公元前387年,他就攻陷了希腊城市利基翁。狄奥尼修斯的权威得以扩展至西西里岛上希腊人控制的所有地区,以及意大利本土的几乎每一座希腊城市。

意大利为狄奥尼修斯提供了银、铜、锡、铁与木材等自然资源，以及大量雇佣兵。他的部下不仅来自西西里与意大利的希腊城市，也有来自希腊本土、意大利北部和中部，乃至伊比利亚半岛的雇佣兵。这些人装备精良，不仅有铠甲，还使用着各种他们最为熟悉的武器。狄奥尼修斯因此面临着严峻的财政问题。他为此肆无忌惮地从神庙中搜刮金银、滥发钱币、抄没敌人的家产，甚至为了劫掠伊特鲁里亚人的金库而攻打他们的城市。

狄奥尼修斯的统治带有强烈的个人色彩。他绝非一个赳赳武夫这么简单。公元前405年，他首次与迦太基人签订条约，自称叙拉古的统治者。狄奥尼修斯还以政治联姻的方式巩固其地位。（有一次，据说他从叙拉古与意大利各迎娶了一个新娘，并在同一天举办了婚礼，入了洞房。）而他的7名子女又多与其他家族联姻，从而形成了一个庞大的个人关系网。狄奥尼修斯与盟友们交往时所使用的措辞也体现了其统治的个人色彩。例如雅典与之缔结的条约中写道，"任何人从海上或陆上向狄奥尼修斯，或他的后裔，或他统治的任何地方，发动战争时"，雅典将向狄奥尼修斯提供援助。我们从他象征王权的穿戴——金冠和紫袍——中也能看出这一点，但他唯一的正式头衔仍是"全权将军"，而且他的形象也从未出现在钱币上。

狄奥尼修斯从未忘记他是一名希腊人，也从未忘记西西里是更广泛的希腊世界的一部分。他不仅主持会饮，还创作诗歌与悲剧，甚至派遣战车参加奥林匹亚赛会。在科林斯战争中，狄奥尼修斯曾派遣大批战船支援斯巴达，使之在对抗雅典时占据了优势。然而，狄奥尼修斯在晚年时又转而支持雅典，并最终与雅典在公元前368年签订了和约。次年他向雅典的勒那亚节献上了其剧作《赎回赫克托尔》(The Ransoming of Hector)。悲剧竞赛的评委十分知趣地将该剧评为第一名。相传狄奥尼修斯为了庆祝这一胜利而狂饮至死。

倘若狄奥尼修斯能击败迦太基，地中海西部的历史可能会就此改写。首先，这会让狄奥尼修斯在意大利自由地扩张。正是在他统治期间，原本主宰意大利中部数百年的伊特鲁里亚人开始走向衰落。甚至罗马的扩张都可能会受到扼制。事实上，叙拉古正是在狄奥尼修斯死后放弃了扩张政策，这才使罗马能够巩固其在意大利的地位。虽然叙拉古直到公元前212年才被罗马攻陷，但不到100年的时间里，意大利的希腊城市已经纷纷落入罗马的手中。

狄奥尼修斯的例子表明，意志坚定的个人有机会夺取权力，得以动员财富与资源，尤其是利用职业化的雇佣军，来缔造一个强大而统一的国家。其他人很快便群起效仿。色萨利于公元前4世纪70年代末落入了伊阿宋的手中，此人是一名出生于斐拉埃（Pherae）的贵族。色萨利是一片富饶的平原，并拥有许多大庄园。当地自古以来就由选举产生的君主统治，这种君主被当地人称为塔戈斯（Tagos）。伊阿宋自立为塔戈斯，并组建了一支国家军队。他让色萨利短暂地成为希腊最强大的城邦，直至他遇刺为止。色诺芬曾记录了伊阿宋的一段演说。伊阿宋赞扬了一支精心挑选的雇佣军的美德，这支军队经过了艰苦的训练，如果对战争表现出兴趣，就会得到丰厚的报酬。

马其顿王国

伊阿宋在其演说中，曾把一个名叫马其顿尼亚的地方列为进攻目标。该地区位于色萨利的北方，拥有肥沃的土地。伊阿宋希望利用马其顿尼亚的木材建造一支舰队，并让他治下的各民族充当水手。然而历史证明，马其顿才是那个在公元前4世纪中叶征服世界的国家（马其顿尼亚是一个地理概念，通常用来指代马其顿所在的这一地区）。正如伊阿宋所认识到的那样，马其顿尼亚土壤肥沃，雨量充沛，一旦这些资源被调动起来，其战争潜力将十分巨大。马其顿尼亚的中央地区是埃马西亚平原（Emathian plain），位于爱琴海的北岸。尽管该平原由于遍布泥沼而无法供人居住，但其周围的坡地上拥有丰沛的水源，因而早在史前时代即有人定居。马其顿尼亚还拥有一些冲积平原，比如位于东部的斯特吕蒙河流域的平原，当地的聚落同样汇聚在平原周边的坡地上。越深入马其顿尼亚的内陆，其地形便愈发崎岖。在西边，品都斯山脉（Pindus Mountains）成为马其顿尼亚与西边的摩罗西斯（Molossis，即后来的伊庇鲁斯［Epirus］）之间的天然屏障。①

马其顿尼亚缺乏天然的统一性，它的许多边界并不明确，特别是其东部与北部的边界。马其顿政权的存亡取决于国王能否抵抗周围的强敌——北面的伊利里亚（Illyria），东面的色雷斯，南面的色萨利，西面的摩罗西斯。雅典人也像伊阿宋那样，为了寻找相同的原材料而不断对马其顿尼亚的海岸线进行试探。马其顿尼亚居民的构成至今不明。虽然像德摩斯梯尼这样傲慢的雅典人会讥讽"马其顿人在过去就算当奴隶都卖不出好价钱"，但其中一些居民可能操某种希腊方言（究竟有多少马其顿人讲希腊语，这是当今学术界的一个充满争议的话题），且有证据表明当地存在希腊式的宗教信仰。从宗教的角度探讨马其顿人是否与希腊人同种，其实毫无意义。② 真正值得注意的是，只要有效地加以利用，马其顿尼亚产出的大量资源就可以令这个国家表现出可畏的实力。

马其顿的君主们展现了惊人的生存技巧。至公元前4世纪，马其顿的王室已有300多年的悠久历史，其统治可能得益于王室总能成功地保卫王国的腹地免受入侵。马其顿国王自称其家族发源于希腊的阿哥斯，但一般认为此说法诞生于公元前5世纪上半叶，是当时的国王亚历山大一世为了与希腊世界拉近关系而杜撰的。奥林匹亚赛会的裁判团完全接受了此说法，并对马其顿王室与马其顿人区别对待——前者可以参加这项赛会，而后者则被拒之门外。马其顿的君主统治可能依赖于历代国王的个人品质。他们以个人身份直接订立国际条约，军队则完全听命于国王。当腓力二世参加一个泛希腊的节庆时，他就仅代表其本人，而不代表其国家。

马其顿国王腓力二世

腓力二世于公元前360年或前359年继位为王。正是在此时，马其顿的君主与资源才彼此结合为一股令人生畏的扩张力量，并在不到50年的时间内彻底改变了希腊世界的面貌。在19世纪，人们对腓力二世的了

---

① 参见：E. Borza, *In the Shadow of Olympus: The Emergence of Macedon*, Princeton and London, 1990。
② 对此问题的讨论，参见：Patrick Geary, *The Myth of Nations*, Princeton, 2002。

解只来自希腊史料，尤其是德摩斯梯尼的演说辞。当时英国的自由主义者通常把他描绘为一个破坏了古希腊自由主义传统的暴君。其子亚历山大的功绩也令他相形见绌。然而，德国的历史学家们对他更加同情，将他与德国的俾斯麦相提并论，认为他是一个政治强人，为周围分散、虚弱的城邦带来了秩序。近年来，腓力二世作为一名重要的历史人物得到了世人的承认。若无他创立的基业，亚历山大可能永远无法取得那样的成就。①

作为一个历史悠久的王朝的正统继承者，腓力二世明显不同于当时的其他希腊独裁者。在马其顿尼亚，他有充足的资源组建一支雇佣军。雇佣军的优势在于他们可以被塑造为一支不受过去的战争惯例制约的军事力量。腓力二世证明自己是一位杰出的指挥官，既能激励部下，又能创新发明。无论他的骑兵还是步兵，均装备着一种被称作萨里沙（sarissa）的长矛，它使战士们能从更远的距离刺杀敌人。传统的重装步兵显然无法与他们抗衡。由于这种较长的长矛使步兵处于相对安全的位置，因此他们不仅可以放弃笨重而昂贵的甲胄，还能以更快的速度行军、更方便地调动。一旦步兵在对方重装步兵的方阵中撕开一个缺口，骑兵就可由此突破对方的防线。这支纪律严明、灵活机动的军队出现于公元前350年，为腓力二世与其子亚历山大此后30年的征服战争奠定了基础。腓力二世还对攻城战术做了重大改进，例如投石机的研制就受到了腓力二世的支持。

腓力二世的敌人形形色色、为数众多，他的军事力量显然远不足以击败所有的敌人。他在继位之初的主要任务是确保边境的安全，为此不得不与各个民族与文化打交道，其中既有南方优雅的希腊人，也有北方粗野的部落首领。腓力二世聪明地把军事力量与外交手段结合起来。他意识到与马其顿尼亚传统领土的北部和西部接壤的地区难以长期占领，因此从不在这两个方向上进一步扩张，而是与当地统治者联姻。他为此从伊利里亚、摩罗西斯（即亚历山大那个令人敬畏的母亲——奥林匹娅斯

---

① 参见：Ian Worthington, *Philip II of Macedonia*, New Haven and London, 2007，该书是一部杰出的人物传记。

〔Olympias〕——的国家）和色雷斯各迎娶了一个妻子，在色萨利则娶了两个。腓力二世在东线表现得更富进取心。他在公元前357年攻占了安菲波利斯（对该城的考古发掘表明，一名马其顿贵族被派来管理当地的希腊居民），从而把斯特吕蒙河流域完全纳入了马其顿王国的版图。腓力二世由此成功地控制了色雷斯南部的丰富矿藏。那里的财富首次得到了充分利用，被腓力二世用于维持其雇佣军。

事实上，可以说，由于长期维持一支军队需耗费大量资源，这促使腓力二世随后实施扩张政策。雅典自从在伯罗奔尼撒战争中丢失了安菲波利斯之后，就再也没能夺回该城，而腓力二世又在塞尔迈湾先后从雅典人手中夺取了两座城市——公元前357年，他攻占了皮德纳（Pydna），公元前354年攻占了迈索内（腓力二世在攻打迈索内时，被箭矢射瞎了一只眼睛）。尽管雅典于公元前357年向马其顿宣战，但此时的雅典正忙着与其他敌人作战，根本无力保护其治下的各城市。腓力二世此时控制了卡尔息狄斯半岛两侧的海岸。公元前348年，他开始攻打半岛。同年，他洗劫了半岛上最大的城市，也是希腊北部最重要的城市俄林土斯。雅典虽许诺为该城提供援军，但只有一小股部队成功抵达。该城被彻底夷为平地后，便再没有人定居当地，但这也为我们留下了有关古希腊房屋规划的最佳范例。当地出土的物品中还包含一些刻有腓力二世名字的箭头。至此，爱琴海东北部地区的反腓力二世势力已荡然无存。

同一时期，马其顿人向其南方邻居色萨利渗透。公元前352年，腓力二世控制了色萨利。他充分利用与色萨利贵族们所订立的盟约，为自己组建了一支骑兵部队，还成为色萨利诸邦的共主塔戈斯。接下来，腓力二世向南扩张。在此过程中，运气发挥了与机遇同等重要的作用。希腊世界的圣地德尔斐原本由希腊中部多个城邦所组成的近邻同盟管辖。公元前356年，福基斯因单独占领德尔斐而与同盟的其他成员之间产生了冲突。福基斯还面临着底比斯与色萨利的反对。腓力二世被卷入了这场冲突。他选择使用外交手段，利用反对福基斯的诸邦将之逐出了德尔斐。在之后的决议中，马其顿被近邻同盟接纳，而腓力二世则成为下一届皮提娅赛会的主持人。

雅典对接下来的和平感到非常不安。因为雅典不但要承受丢失爱琴海北部前哨所带来的羞辱，还必须直面马其顿向东进一步扩张对雅典的生命线——达达尼尔海峡——所造成的威胁。雅典有史以来最伟大的演说家德摩斯梯尼从公元前352年就开始不断警告雅典人要警惕腓力二世的野心，并号召他们进行抵抗。然而雅典又能做些什么？第二次雅典同盟在公元前355年便已经解体，而雅典此时的财政状况亦捉襟见肘，根本无力在北方与腓力二世这样的强敌战斗。当围绕着德尔斐的争端逐渐升级时，雅典又因为支持福基斯而与底比斯交恶。公元前346年，雅典只得抛弃福基斯，颇为勉强地接受了腓力二世的盟约，即使雅典人已经认识到这将损害他们的大国地位。

腓力二世可能真的想与雅典维持和平，尤其是因为他要利用雅典的舰队实现其新的计划——入侵亚洲。然而，雅典人越来越为向日益强大的腓力二世卑躬屈膝而感到羞耻。德摩斯梯尼（公元前384—前322年）充分利用了雅典人的这种心态。德摩斯梯尼的个人经历颇为坎坷：他七岁丧父，其家产也被监护人无耻地挥霍一空；为了索回所剩无几的财产，他苦练演说技巧，而其早年的不成功尝试充分证明要征服雅典的听众是何其艰难。无论如何，德摩斯梯尼最终还是获得了成功。他的那些号召民众抵抗蛮族入侵者（即腓力二世）的演说，无疑代表着古希腊演说艺术的巅峰。然而，演说终归只是演说。身为民主派领袖的德摩斯梯尼不可避免地卷入了雅典内部的政治斗争。为了使反复无常的公民大会持续支持自己，他需要动用一切必要的手段，所以其演说中对各历史事件的描述未必真实。即便如此，这些演说仍然是捍卫民主自由、反抗暴君最为有力的慷慨陈词。（或许可以把德摩斯梯尼的修辞技巧与丘吉尔的作类比。）

腓力二世与希腊人在后续的摩擦中究竟孰是孰非，这是难以说清的。腓力二世正在蚕食雅典在达达尼尔海峡的利益，并逐渐加强对色雷斯的控制。这为德摩斯梯尼提供了口实，使他可以在演说中不断渲染马其顿的威胁。然而，德摩斯梯尼执意证明腓力二世侵略成性、背叛盟约，同样也是一种挑衅，极有可能让腓力二世丧失与雅典保持和平的信心。公元前340年，腓力二世的军队已逼近达达尼尔海峡的关键港口——拜占庭，此举足以使德摩斯梯尼说服雅典人于同年向马其顿宣战。腓力二世随后马上俘获了雅典的一支运粮船队，并开始向希腊本土进军。在彼奥提亚地区的喀罗尼亚（Chaeroneia），雅典重装步兵在底比斯人的支援下与新式的马其顿军队展开了正面交锋。这场战斗的结局将决定希腊世界未来的命运。

第19章

亚历山大大帝与希腊世界的变革

公元前338年8月4日爆发的喀罗尼亚之战，成为决定希腊历史走向的时刻。当时已是腓力二世在位的第20年，他不仅集中了手中的资源，使其军队日臻完善，还控制了希腊北部，包括那些非希腊民族。雅典面临着来自黑海的粮食供给被掐断的危险，终于向马其顿宣战。底比斯也站在了雅典一方。腓力二世率军南下，在喀罗尼亚平原遭遇并摧毁了由重装步兵组成的雅典-底比斯联军。仅雅典方面就有1000人阵亡，2000人被俘。在腓力二世的淫威下，几乎所有城邦都加入了他所组建的科林斯同盟（League of Corinth），只有斯巴达拒绝就范。腓力二世不出意外地当选为该同盟的领袖。各城邦被禁止自行其是，其政府亦被亲马其顿分子把持。尽管希腊人可能尚未察觉，但腓力二世已成为希腊事实上的最高领袖，独立城邦的时代结束了。

其实，伟大的雅典演说家伊索克拉底早已预见到了腓力二世的这一地位。公元前380年，伊索克拉底在为奥林匹亚赛会撰写的献辞中就曾宣称，团结分崩离析的希腊世界的唯一办法，就是让全体希腊人在一位领袖的领导下向波斯发动一场"民族"远征。他在生命的最后几天目睹了腓力二世在喀罗尼亚的胜利，并向他表示祝贺。腓力二世实际上创立了一套崭新的政治系统。在这一模式里，权力的运行完全仰赖君主自身的卓越以及贵族和军队对他的效忠。此模式虽然与整个希腊世界格格不入，但在之后的200年里，它将被证明是当时最成功、最具活力的统治模式，甚至可以说为罗马的皇帝们树立了榜样。

国王与军队和将领的关系首先取决于他们能否在战争中不断取胜,因为胜利能带来声望和战利品。腓力二世虽然已经40多岁了,但他决心将胜利的势头保持下去,于是开始执行其所有计划当中最具野心的一项——入侵波斯。时机似乎已经成熟——波斯当时爆发了争夺王位的内乱,而其治下的埃及和巴比伦也相继爆发起义。腓力二世重提150多年前的希波战争,虚情假意地宣称他有权领导希腊人,对薛西斯当年侵略希腊、亵渎众神的暴行复仇。公元前336年,由1万名马其顿士兵组成的先头部队已经渡过达达尼尔海峡,开始沿着亚洲海岸线进军。

少年亚历山大

腓力二世的战绩无论有多么辉煌,都无法与其长子和继承人亚历山大相提并论。亚历山大的母亲乃是摩罗西斯的公主奥林匹娅斯,为人相当强势。亚历山大的母系可以追溯至阿喀琉斯,而其父系则可以追溯到赫拉克勒斯,因此他自认为集英雄气概之大成。他童年时就痴迷荷马史诗,甚至从那时起,他就认为自己生活在一个可以令英雄任意驰骋的半幻想世界中。后世的记载显示,当时最著名的知识分子亚里士多德曾担任其家庭教师,但对此二人邂逅的成果则鲜有史料提及。亚历山大充满自信,具有无穷的好奇心,对一切都无所畏惧。他显示出了作为名将所应具备的一切潜质。亚历山大年仅18岁时,就已被腓力二世任命为骑兵指挥官,参加了喀罗尼亚之战,并毫不迟疑地宣称此役的胜利至少有一部分要归功于他。[①]

在这种情形下,父亲与正处于青春期的儿子难免爆发冲突。公元前337年,腓力二世与克莉奥帕特拉(Cleopatra)成婚,后者不仅出身于马其顿贵族家庭,还是腓力二世唯一一位具有纯正马其顿血统的妻子。父子

---

① 比较权威的亚历山大传记,参见:Paul Cartledge, *Alexander the Great: The Hunt for a New Past*, London and New York, 2004; A. B. Bosworth, *Conquest and Empire: The Reign of Alexander the Great*, Cambridge and New York, 1988; Peter Green, *Alexander of Macedon, 356–323 BC: A Historical Biography*, London, 1974。

二人此时爆发了令人震惊的争吵。亚历山大显然担心会出现血统比他更纯正的弟弟，在腓力死后更有可能成为王位的继承人。亚历山大被迫暂时流亡，即使他回来后，他的身份仍然不确定，尤其是克莉奥帕特拉此时已有孕在身。

公元前336年10月，亚历山大的机会毫无征兆地突然降临。当时腓力二世正在主持女儿的婚礼。他把自己与奥林匹娅斯所生的女儿嫁给摩罗西斯的国王，也就是她的舅父，以进一步巩固马其顿与摩罗西斯之间的联盟。婚礼被设计成一场展示马其顿实力的盛会。腓力二世可能有些大意，竟然独自走在盛大的游行队伍之中，身旁未布置贴身护卫。突然一名贵族青年疾步上前将其刺伤，而此人恰恰就是腓力二世的贴身护卫之一。行刺的原因至今不明（相传与同性恋伴侣间的嫉妒心理有关）。腓力二世随即死去。

腓力二世的葬礼在马其顿的故都埃格城（Aigai，今维尔吉纳［Vergina］）举行。该城的历史非常悠久，其最古老的墓葬可追溯至公元前11世纪，在公元前6世纪至前5世纪，此地已成为马其顿王国重要的文化中心，并与希腊许多重要城邦保持着密切的联系。公元前5世纪末，马其顿国王阿克劳斯（Archelaus）迁都佩拉（Pella），但埃格仍保留了它作为圣地的角色。当时还流传着这样的传说——只要马其顿的国王被归葬于此，其王朝就不会断绝。

1977年，考古人员发掘了埃格城陵墓中的一座人造封土堆，并在封土堆下发现了4座奢华的墓葬。其中一座已经被盗。墓室的墙壁上装饰着壁画，描绘了冥王哈迪斯绑架珀尔塞福涅的故事。这幅壁画显然出自杰出的希腊画师尼科马库斯（Nicomachus）之手。其余墓葬均完好无损，其中堆满了黄金。有一间墓室建造得比较仓促，里面的石棺中发现了一名中年男性的遗骸。此人的一个眼眶有负伤和痊愈的痕迹。与之相邻的墓室显然是后来增建的，里面葬着一名20岁左右的女性。男性的遗骸被置于一口金棺之中，周围的陪葬品显示了其武士身份。此人是否就是遇刺身亡后被亚历山大匆忙下葬的腓力二世？而附近的年轻女子是否就是腓力二世最后一位妻子、被亚历山大的母亲奥林匹娅斯谋杀的克莉奥帕特拉？另一间相连的墓室年代可能略晚，里面安葬着一名女性和一名儿童，也许就是公元前311年被谋杀的亚历山大的遗腹子与其母罗克珊娜（Roxane）。正如我们将要看到的，亚历山大本人的遗体未能归葬埃格，而传说似乎应验了，王室的血脉果然随即断绝。

如今已无从考证亚历山大是否事先已得知有人将行刺腓力二世，但他肯定因此受益，只要他行事足够果决。亚历山大迅速处决了那些对其继承人身份有所怀疑者。奥林匹娅斯也从家乡伊庇鲁斯返回了马其顿，谋杀了克莉奥帕特拉及其产下的女婴。亚历山大可能通过宣称延续腓力二世的政策并与所有人分享战利品而赢得了贵族和军队的支持。亚历山大控制了国内局势后，还需要对付各邻邦，因为希腊人、色雷斯人、伊利里亚人都想抓住机会重申他们的独立地位。亚历山大派遣一支军队南下，以震慑在希腊各邦中最具影响力的雅典和底比斯，迫使他们承认由他继承其父在科林斯同盟中的领袖地位。尔后，他又在一系列战斗中击败了色雷斯人和伊利里亚人。当亚历山大身处马其顿尼亚北疆时，底比斯起兵反抗。亚历山大总是对背叛很敏感，无论是真实的背叛还是想象中的。他以惊人的速度南下（仅用12天的时间便行军500千米），直到距离底比斯城仅剩3小时路程时才被发现。底比斯城虽仓促组织抵抗，但仍被亚历山大一举攻陷。底比斯城有6000人被杀，3万人沦为奴隶。整座城市被摧毁了，仅神庙得以幸免。上述战事仅仅持续了数周时间，令希腊人无比震惊。亚历山大虽然钟爱荷马笔下英雄们的世界，但对作为希腊文化底色的自由精神嗤之以鼻。

远征波斯

亚历山大既已控制了希腊世界，便将目光投向了东方。先前由腓力二世派往波斯的马其顿军队此时已陷入危机。波斯的新主大流士三世（Darius Ⅲ）已经稳住了阵脚——他镇压了埃及和巴比伦的起义，而他的将领们也已经把马其顿人赶回达达尼尔海峡。在这些将领当中，最著名的就是希腊雇佣军的指挥官——罗得岛的门农（Memnon of Rhodes）。亚历山大重复了其父的策略，大肆宣传这是一场希腊人的复仇之战。此口号由喀罗尼亚之战的胜利者喊出就已十分滑稽，而底比斯的毁灭者继续高呼这一口号则更加讽刺。

继续推动反波斯战争的决定其实就是蛮干。自公元前5世纪开始，波斯帝国便陷入了持续性的衰落。各地的总督变成了世袭职位，地方豪族趁机巩固其小朝廷。虽然中央丧失了通过任免官员为行政治理注入活力的可能，但波斯仍十分强大，拥有庞大的军队和可观的资源，而广袤的国土会令来犯之敌陷入孤立无援、全军覆没的境地。亚历山大在即位之初便把希腊置于脑后，其实很不理智。因为当时希腊各邦大多对马其顿心怀愤懑，所以马其顿军队的半数要留下来维持秩序。此外，亚历山大尚无继承人，一旦他意外死去，马其顿尼亚及其各领地可能会陷入混乱的状态。

亚历山大的脾性使他甘冒上述风险。征服波斯对亚历山大实在太具有诱惑力，令他无法错过。此外，征服波斯也是他向父亲麾下众将证明自己的绝佳机会，而且这些人早已为入侵做好了准备。他父亲所创立的这支军队仍然完好无损，其中坚被称为伙友骑兵（Companions），是一支约1800人的精锐骑兵部队，其指挥官通常都是国王的心腹。伙友骑兵可以得到一支兵力相当且训练有素的色萨利骑兵的支援，若再加上其他雇佣兵，亚历山大麾下骑兵的总兵力可达5000人。步兵则以3000名纪律严明的马其顿士兵为中坚，他们装备有萨里沙长矛和轻甲，以密集的方阵行军，并可根据地形需要列成不同的阵势。方阵可以得到轻装步兵的支援。据记载，其中包括来自色雷斯山区的标枪兵、来自克里特岛的弓箭手以及伊利里亚人，他们全都能在艰险的地形作战。亚历山大麾下可能还有7000名按照传统方式装备和作战的重装步兵。这些人来自希腊各地，但在战争开始后便销声匿迹，可能是因为亚历山大难以信任他们，尤其是他可能要与大流士三世麾下的希腊雇佣军正面交锋。总而言之，马其顿人与雇佣兵和希腊"盟友"共同组成了一支3.7万人的大军。这支军队的兵力虽远不及当年入侵希腊的薛西斯的那一支，但指挥得当便能发挥极强的战斗力。亚历山大的大军还配备了各种攻城机械，其中包括腓力二世改良过的扭力投石机。为配合此次军事冒险，军中还配备了测量员、工程师、建筑师、科学家和一名历史学家——卡利斯提尼（Callisthenes）。腓力二世生前部署的先头部队还有1万人在达达尼尔海峡对岸接应亚历山大。

为了支付这支军队的报酬，亚历山大不得不掏空了马其顿的国库，而且只有不断发动新的战争才能满足军队对战利品的需求。然而把军队与亚历山大凝聚在一起的纽带并不只有金钱。马其顿君主传统上享有的忠诚得到了强化，因为亚历山大在领导才能方面展现出了过人的魅力，例如他在每场战斗中都冒着极大的风险在前线厮杀。

对此后的一系列战役的记述均源自罗马时代的史料。最重要的5份史料无一早于公元前1世纪末。阿里安（Arrian）与普鲁塔克为亚历山大作传时，已是公元2世纪早期，距离亚历山大去世已有三四百年。尽管这些作家确实采用了更早的史料，其中包括卡里斯提尼等亲历者的作品以及亚历山大部将托勒密的回忆录。但事实证明，对这些史料进行甄别和评价已近乎不可能完成的任务。（阿里安的作品一度极受欢迎，导致他所依据的那些早期史料遭到了抛弃并散佚殆尽。）历史学家博斯沃斯（Bosworth）曾对这些史料做了巨细靡遗的考据，指出流传至今的亚历山大事迹其实被许多后世的传说层层包裹着。这些传说的影响如此深远，以至于历史学家威廉·塔恩在1948年写道："亚历山大让文明世界转向另一条轨道。"[①] 今天的历史学家对帝国主义式的政治宣传更加敏感，因而在评价亚历山大的成就时更加克制。博斯沃斯的冷静分析在此时就特别有影响力。

征服波斯帝国的西部

公元前334年春，亚历山大的大军开拔。从一开始，亚历山大就意识到在特洛伊附近的亚洲本土发动一场战役所具有的荷马史诗性质。亚历山大刚踏上亚洲的土地，就向被他奉为祖先的阿喀琉斯表达了敬意。此时特洛伊人也成了"荣誉希腊人"，与来自希腊半岛的希腊人一道对抗蛮族。当时坐落于特洛伊原址上的聚落也收到了各色礼物。

亚历山大随即迎来了首场战斗。当地的波斯将领们已在格拉尼库斯（Granicus）河的对岸排兵布阵。该河由于河岸很高而成为一道难以逾越

---

① 参见：William Tarn, *Alexander*, Cambridge, 1948.

地图6 亚历山大大帝的历次战役

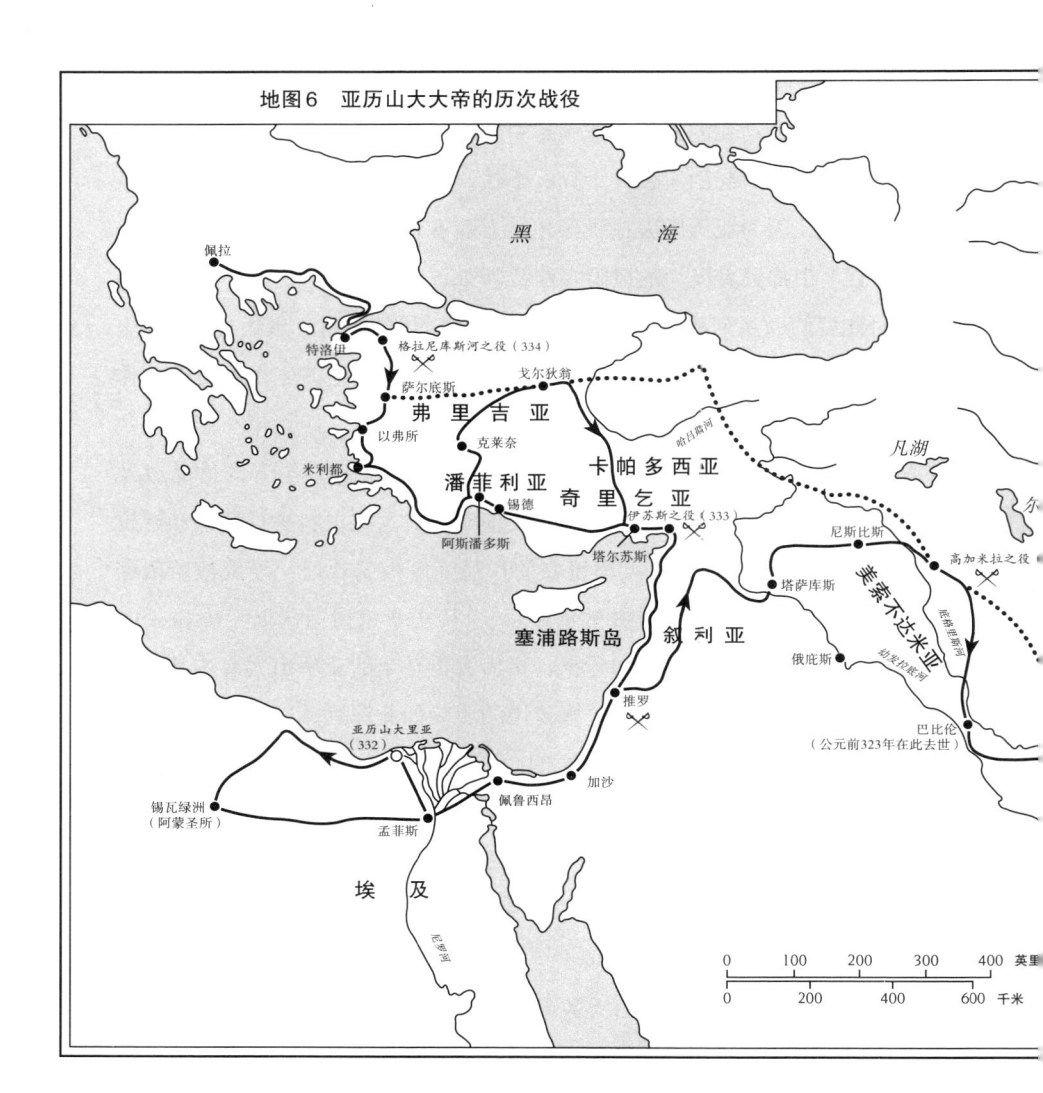

- 佩拉
- 特洛伊
- 格拉尼库斯河之役（334）
- 萨尔底斯
- 戈尔狄翁
- 弗里吉亚
- 以弗所
- 克莱奈
- 卡帕多西亚
- 凡湖
- 米利都
- 潘菲利亚
- 奇里乞亚
- 锡德
- 阿斯潘多斯
- 伊苏斯之役（333）
- 塔尔苏斯
- 尼斯比斯
- 高加米拉之役
- 塔萨库斯
- 塞浦路斯岛
- 叙利亚
- 美索不达米亚
- 俄庇斯
- 推罗
- 亚历山大里亚（332）
- 加沙
- 巴比伦（公元前323年在此去世）
- 佩鲁西昂
- 锡瓦绿洲（阿蒙圣所）
- 孟菲斯
- 埃及
- 尼罗河
- 黑海
- 哈吕斯河
- 底格里斯河
- 幼发拉底河

比例尺：0 100 200 300 400 英里 / 0 200 400 600 千米

地图图例

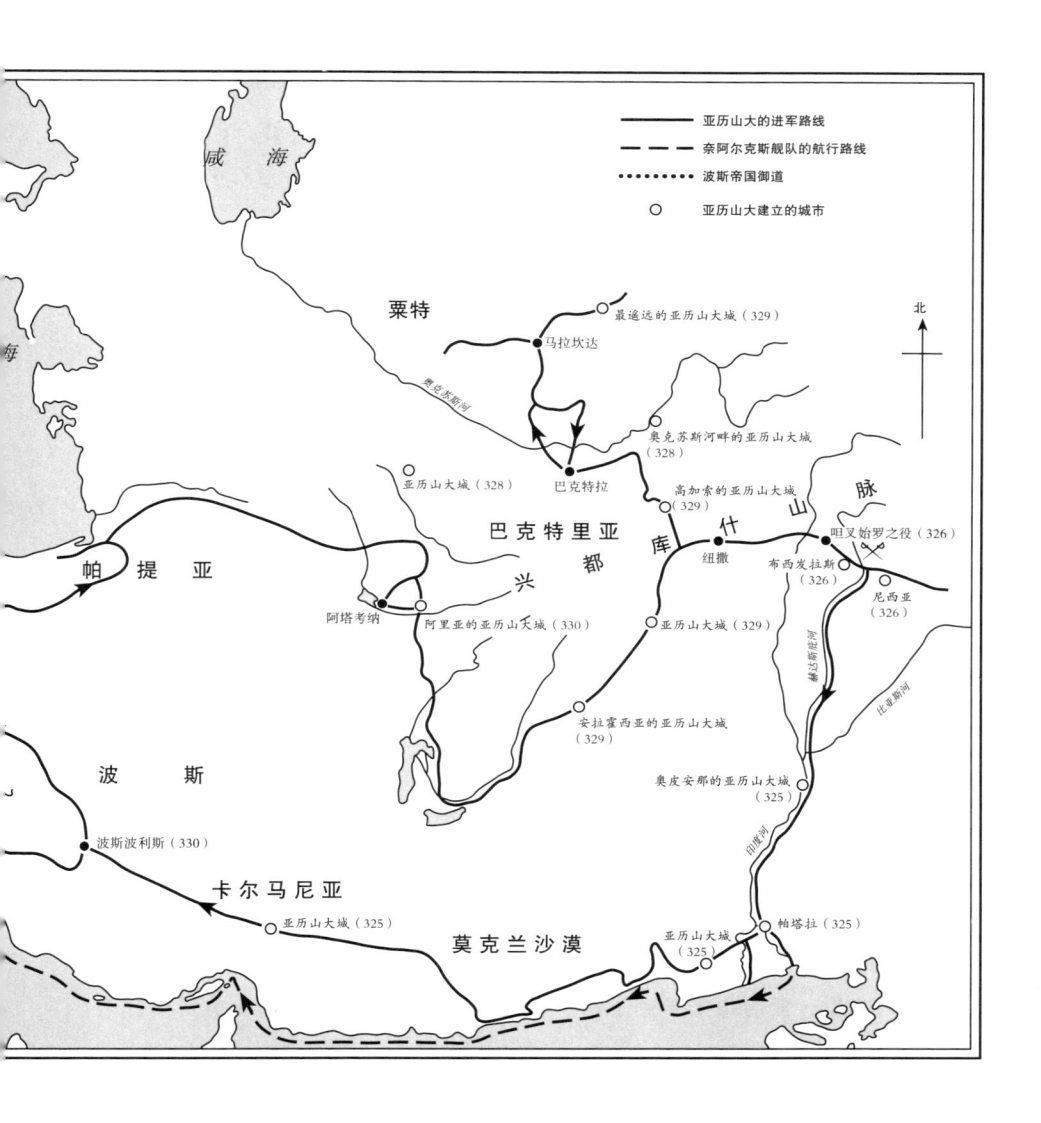

- ——— 亚历山大的进军路线
- - - - 奈阿尔克斯舰队的航行路线
- ······ 波斯帝国御道
- ○ 亚历山大建立的城市

北

咸海

粟特

最遥远的亚历山大城（329）

马拉坎达

奥克苏斯河

奥克苏斯河畔的亚历山大城（328）

亚历山大城（328）

巴克特拉

巴克特里亚

高加索的亚历山大城（329）

库什山脉

咀叉始罗之役（326）

纽撒

布西发拉斯（326）

尼西亚（326）

帕提亚

阿塔考纳

阿里亚的亚历山大城（330）

兴都库什

亚历山大城（329）

安拉霍西亚的亚历山大城（329）

波斯

波斯波利斯（330）

奥皮安那的亚历山大城（325）

印度河

卡尔马尼亚

亚历山大城（325）

莫克兰沙漠

亚历山大城（325）

帕塔拉（325）

比亚斯河

的障碍。波斯人必定希望利用自己的骑兵逐一消灭渡河的马其顿人。然而，马其顿骑兵的先头部队设法渡过了这条河，并在亚历山大与骑兵主力渡河时挡住了波斯人的冲锋。亚历山大随即率众发动冲锋，但战局一度陷入被动，他本人也险些在肉搏战中丧命，幸而得到伙友骑兵的将领"黑人"克利图斯（Cleitus the Black）的援助，波斯骑兵也逐渐被击退。马其顿步兵随后加入了战斗，并包围了波斯人。马其顿人的武器和纪律被证明具有巨大的优势，战斗于是变成了单方面的屠杀，几成的波斯步兵只能束手就戮。其中就包括许多希腊雇佣兵。这些人曾想要投降，但亚历山大决心杀一儆百，给其他希腊人一个教训，因而拒绝饶恕他们。

格拉尼库斯河之役的胜利具有决定性意义，令小亚细亚沿海地区门户大开。亚历山大先是向南，占领了古代吕底亚王国的首都、行政中心萨尔底斯，之后又陆续占领了几座重要的沿海城市——以弗所、普瑞涅（Priene）以及拥有天然良港的米利都（现在港口已经彻底淤塞）。当地的波斯驻军在进行短暂的抵抗后便纷纷溃败并遭到屠杀。亚历山大深知必须控制这些港口城市，以防波斯人趁他深入内陆时利用这些港口在爱琴海展开反击。这些城市得到了一定程度的解放，他免除了它们向波斯纳贡的义务，并鼓励它们成立民主政府。他曾承诺向普瑞涅捐赠一座"城邦守护神"雅典娜神庙。这一承诺被雕刻在一块石碑上得以留传至今（现保存于大英博物馆）。然而，亚历山大还是忍不住插手这些城市的内部事务，而原本向波斯缴纳的贡赋此时变成了对亚历山大远征的"赞助"。

之后，亚历山大来到了希罗多德的家乡哈利卡纳索斯。负责指挥当地波斯驻军的正是罗得岛的门农。他刚刚被大流士三世任命为西部战线的总指挥，并且已经做好了抵抗的准备。双方沿着城墙展开了血战，马其顿人损失惨重。最终波斯人撤退至两座能从海上获取补给的城堡中继续抵抗。由于缺少得力的海军，亚历山大被迫撤退，他确保大后方安全的计划亦随之失败。哈利卡纳索斯又抵抗了18个月，而波斯舰队在此期间能够在爱琴海上自由航行。直到公元前333年门农去世，加之大流士三世抽调当地部队增援东部战线，波斯军队才彻底丧失了对爱琴海大片海域的控制，再也无力威胁希腊本土。

亚历山大在此留下了失败的耻辱（后世的史家，如阿利安等人纷纷为他掩饰），而后便向东穿过富饶的潘菲利亚平原，进抵富庶的阿斯潘多斯（Aspendos，如今以建于公元2世纪的剧场和引水渠闻名于世）。该城最初是一座希腊城市，但仍被迫向亚历山大支付了大笔贡金。亚历山大留下部分兵力平定此地，然后率兵向北穿越皮西迪亚（Pisidia）的多岩山隘和高地，抵达了弗里吉亚的首府克莱奈（Celaenae）。公元前333年3月，亚历山大终于抵达了土耳其中部平原的城市戈尔狄翁（Gordium）。在此发生了一个极具传奇色彩的故事，以至于任何讲述亚历山大生平的作品都无法将之忽略。戈尔狄翁当地有一辆古代大车，用一个极其复杂的绳结把车辄与车辕绑在了一起。一则预言称解开此结者将成为整个亚洲的主人。故事中，亚历山大起初同样一筹莫展，但他失去耐心后便挥剑斩断了绳结。这一"成就"作为这次远征得到神助的证据而被大肆宣传。

即使经过了一整年的征战，并取得了一场压倒性的胜利，亚历山大仍只徘徊在波斯帝国的边陲地区，而波斯的心脏地带和大流士三世本人仍旧遥不可及。在广袤的安纳托利亚高原上，亚历山大的部队开始缺粮，而庄稼要到8月份才能成熟。此外还有消息称，大流士三世已经集结兵力准备大举反击。对亚历山大而言，唯一的生机是再次南下，进军更加富庶的奇里乞亚平原。这意味着部队要首先穿越卡帕多西亚（Cappadocia）的多岩高地，然后再强行突破一条狭长的山路，才能进入沿海平原。由于奇里乞亚平原的庄稼即将成熟，当地的波斯指挥官急于赶在亚历山大之前毁掉庄稼，导致山路实际上处于无人防守的状态。亚历山大因此得以迅速通过。亚历山大在波斯人作出反应前，便已占领了奇里乞亚首府塔尔苏斯（Tarsus）。尽管这是他们攻陷的第一座可以洗劫的波斯城市，但士兵们的欢乐心情因亚历山大患病的消息而蒙上阴影。亚历山大在河里洗澡后发起了高烧，并在生死线上徘徊了数日。

亚历山大全军上下当时一定备感焦虑。因为大流士三世在整个春季和夏季都在征发士兵。波斯军队以波斯人和米底人为主，但某份史料声称其中还有3万余名希腊雇佣兵。大流士三世的兵力虽已无从考证，但肯定轻松超越亚历山大，况且大流士三世也是一员宿将，对于粉碎入侵者充满信心。当波斯军队由巴比伦向奇里乞亚进发时,大流士三世恬然自得,甚至带着王室金库、王后与后宫嫔妃一同行军。

9月份,两军在奇里乞亚平原东端、伊苏斯湾(Gulf of Issus)的顶端遭遇。根据开战前的部署,大流士三世试图进军至亚历山大和他的补给线之间,最终在流入海湾的皮纳鲁斯(Pinarus)河后面集结了他的军队。对波斯人而言,此地绝非理想的战场,因为从山脚到海边的空间太过狭小,波斯人无法充分部署、发挥其数量优势。马其顿人率先发动了进攻。骑兵被部署在了战线的右翼,直接面对波斯步兵,而亚历山大一如既往地冲在骑兵队伍的最前方。马其顿的进攻取得了成功,波斯步兵开始向后撤退,亚历山大于是率领骑兵左转包抄大流士三世所处的中军。古城庞贝的一座民宅中曾发现了一幅精美的马赛克镶嵌画(现保存于那不勒斯市的考古博物馆),再现了亚历山大与大流士三世在伊苏斯战场上狭路相逢的一幕。然而战局的发展远远谈不上一帆风顺:波斯骑兵亦发动冲锋,击退了马其顿人左翼的色萨利骑兵,正在渡河的马其顿步兵亦因此而乱作一团。

在此千钧一发之际,马其顿骑兵冲垮了大流士三世的卫队,从而扭转了战局。大流士三世逃离了战场,波斯人的士气随即一落千丈,部队开始瓦解。波斯骑兵在逃命时甚至踩死了许多己方步兵。相传波斯此役有10万人丧命,而马其顿方面仅阵亡500人。这一战果显然被夸大了,但很容易从中感受到胜利的辉煌。波斯王室的辎重车队与王室女眷全部落入亚历山大之手,大流士三世的母亲也在其中。亚历山大如对待自己的亲属和财产一般悉心保护所俘获的波斯王室女眷和财物。亚历山大也第一次有能力慷慨赏赐他的部队。

大流士三世因为此次惨败而意志消沉,并第一次提出议和。他向亚历山大传达消息,准备友善地对待亚历山大并与之结盟,但绝不会割让任何领土。亚历山大拒绝议和,声称只有当大流士三世作为臣民来到他面前时,他才会与之交谈。这对波斯国王而言是无法忍受的羞辱,大流士三世开始拼凑另一支军队。与此同时,亚历山大决定暂不深入内陆,而是继续沿叙利亚海岸线南下埃及,因为埃及乃是波斯帝国最富庶的地区。然而,与进军埃及同等重要的事情是控制整条海岸线,以阻止波斯将之用作反攻希腊的基地,尽管波斯舰队当时已被亚历山大麾下最杰出的统帅之一"独眼"安提柯(Antigonus the One-eyed)击败。

许多腓尼基城市最初对亚历山大表示了欢迎。然而,公元前332年2月,当亚历山大抵达推罗城下时,却吃了闭门羹。推罗是一座建在距海岸不远的岛屿上的古城。城中的神庙供奉着该城的守护神墨尔卡特(Melqart)。亚历山大把墨尔卡特视同于自己的"祖先"赫拉克勒斯,因而要求入城祭祀。在遭到拒绝后亚历山大下令攻城。这几乎是一项不可能完成的任务。该岛不仅守备森严,还能从海路得到增援。在7个月的时间里,亚历山大为了突破城墙而费尽心机,不但部署了大量兵力,还建造了可以浮在海面上的攻城塔。城破之后,推罗市民受到了残酷的惩罚——8000守军战死,另有2000人被钉在了十字架上。由于幸存者四散逃亡,亚历山大只得由内地迁入新的居民。

围攻推罗的行动表明亚历山大存在人格缺陷。他开始把自己视为一种"超人"的存在,一种不受人类行为规则约束的存在。这种信念可能部分来自他的父亲腓力二世。腓力二世于去世前一年在奥林匹亚为他本人及其家族兴建了一座圆形家祠——腓力二世祠(Philippeion),其中就陈列着他与家人的雕像,自然也包括亚历山大的。由于这座家祠就位于献给宙斯的圣所中,腓力二世此举可以说是一种亵渎。亚历山大也把自己视为半神,这一观念在他进军埃及时得到进一步强化。他小心翼翼地回应埃及文化,发现自己备受深深憎恨波斯的统治的埃及人欢迎,他们把他视作埃及的解放者。他很快被授予了法老的古代尊称——上下埃及之王、太阳神拉之子,并在孟菲斯举办了隆重的加冕典礼。

然而,亚历山大对希腊众神的兴趣远大于对埃及众神的兴趣。公元前331年初,他经过一番艰苦的行军,穿越利比亚沙漠,来到锡瓦绿洲(Siwah)寻求阿蒙的神谕。尽管阿蒙只是当地的一个神祇,但当时的希腊人一般将之完全等同于宙斯。而且在与祭司的私下交谈中,他坚信宙斯已承认自己是他的儿子。(普鲁塔克如此讲述这个故事:祭司由于母语并非希腊语,在向亚历山大问候时,误将paidion[孩子]说成了paidios,于是亚历山大兴高采烈地认为祭司是在以"宙斯之子"[pai Dios]称呼自己。）这段经历显然呼应了当时那些在马其顿尼亚流传的有关亚历山大乃是神祇之子的传说。（在不同的史料中，奥林匹娅斯的怀孕被分别归因于巨蛇或闪电。）

亚历山大与部将们的距离感越来越大。大流士三世在战争失利的折磨下，愿意把幼发拉底河以西的土地割让给亚历山大，并愿意为其家人支付大笔赎金。亚历山大的部将们乐于接受此条件，因为马其顿可以迎来和平，并巩固急剧扩张得来的领土。然而，亚历山大拒绝了。他继续羞辱大流士三世，并迫使这位波斯君主将战争继续下去。这可能是因为他感到只有直接取代大流士三世，才能使自己成为正统的波斯统治者，而只有这个原因才能解释他为何执意追杀大流士三世。

羞辱大流士三世

大流士三世新组建的军队几乎完全由来自帝国中部和东部的骑兵组成。（步兵战斗力太弱，几乎可以忽略不计。）据阿里安的记载，波斯骑兵有40万之众。此数字显然不足信，较为实际的估算则为3.7万人，但仍是亚历山大全部骑兵的5倍。大流士三世率军向北进入亚述，驻扎在扎格罗斯山脉脚下的高加米拉（Gaugamela）平原。当地的地形可以最大限度发挥骑兵的优势。亚历山大亦尾随而至，于公元前331年9月抵达战场。这应该是平生最令亚历山大胆战心惊的局面。在经过休整之后，亚历山大仍像从前那样排兵布阵：步兵位于中央，马其顿骑兵在右翼，色萨利骑兵在左翼。

10月1日，战斗随着亚历山大亲率骑兵包抄波斯人的侧翼而爆发。波斯人立即反击，亚历山大只得投入越来越多的兵力迎击。当波斯人投入更多的兵力时，亚历山大一直等待的战机出现了，因为波斯人战线的中部与左翼间出现了一个缺口。伙友骑兵在步兵的支援下发起冲锋，亚历山大率部杀入了缺口。转瞬之间，战局就发生了天翻地覆的变化，波斯军队被分割成了两段。大流士三世再次临阵脱逃，亚历山大在其身后狂追了30多千米才停下脚步。当大流士三世逃走的消息传遍战场后，原本在右翼进展顺利的波斯军队也随之崩溃。亚历山大再次获得了一场压倒性的胜利，他终于可以当之无愧地为被称作"亚洲的主人"。

马其顿人此时虽身处波斯帝国富庶的心脏地带，但对手已经无力再组织有效的反抗。亚历山大的大军一路南下，穿过美索不达米亚平原，进抵巴比伦。亚历山大在当地如同在埃及那样被视作解放者。巴比伦是一座繁华的城市，其财富此时落入了亚历山大之手。在这座东方最富庶、最精致的城市里，亚历山大的将士们放松了下来。此后便是向着帝国各个重要城市的胜利进军，它们对亚历山大的军队毫无防备。波斯帝国的第二都城苏萨未做抵抗便宣告投降，当地的总督出城觐见亚历山大，并献上了竞赛用的骆驼和大象作为见面礼。苏萨城中的金银总值达4万塔兰特。（这是一笔天文数字般的财富，毕竟当时只要两三个塔兰特就能使一个人非常富有。）这当中也包括150年前从希腊掠得的战利品。此外还有100吨紫色布料。这仅仅是个开始。大军此后转向东南方，翻越积雪覆盖的高山，抵达了波斯帝国的精神中心——波斯波利斯。

经过波斯帝国统治者几百年的积聚，波斯波利斯城内的财富十分庞大。仅大流士三世的寝宫里就藏有8000塔兰特的黄金。亚历山大放任手下恣意掠夺，把该城的财富洗劫一空，以至于现代考古人员竟未在遗址中发现任何金银。成群结队的骆驼及其他驮兽载着战利品离开此地。其中一些被运回苏萨，大军则带着剩余的部分继续前进。被亚历山大掠走的财富的总价值可能高达12万塔兰特，即使鼎盛时期的雅典帝国也需要300年才能聚敛如此多的贡金。起初薛西斯的王宫仍保持完好，但在公元前330年5月，这里同样遭受了灭顶之灾。相传，雅典交际花塔伊斯（Thais）在与马其顿众将饮酒作乐时，挑唆马其顿人焚毁了这座宫殿，以报复波斯人当年对雅典的破坏。本世纪，在该遗址工作的考古人员发现了被烧得焦黑的屋顶木材残骸。

亚历山大此时一心要捉拿大流士三世，后者已逃至米底首府埃克巴坦那。亚历山大跟着他到了那里，并追赶着他一路向东急行军。大流士三世的四处逃窜令其地位亦受到不断削弱。他以前从未到访过帝国的东部，而当地的总督们也不会效忠于这样一个有如丧家之犬的君主。巴克特里亚的总督贝苏斯（Bessus）联合一名曾参加高加米拉之战的骑兵将领把大流士三世囚禁。就在亚历山大的骑兵追上大流士一行人之前，他被这些谋逆者刺死。亚历山大不久即赶到现场，接管了这位阿契美尼德王朝末代君王的遗产。大流士三世的遗体被运回波斯波利斯下葬。亚历山大取得了他的胜利，尤其是因为他可以声称权力从一个死去的战败敌人手中转移到了他自己的超大人格上。

远征东方

亚历山大越深入东方，自己的地位也越加不稳固。因为亚历山大麾下的将士们已经取得了他们之前根本不敢想象的辉煌胜利，对继续向未知世界进军毫无兴趣。将领们之间的关系日益紧张，而他本人对此也越来越不耐烦。公元前330年秋，亚历山大指控才能出众但为人骄横的骑兵将领菲洛塔斯（Philotas）密谋行刺。全军被迫投票支持拷打并处决菲洛塔斯。菲洛塔斯的父亲帕尔迈尼昂（Parmenion）本是腓力二世手下的一员宿将，并一贯反对亚历山大的肆意妄为，他也在亚历山大的授意下被暗杀。骑兵部队被逐步重组，以削弱个别将领的权力。亚历山大开始更多地依赖当地的雇佣兵，而不再向马其顿写信索要援军。

此后两年间，战争的性质已明显不同于以往。亚历山大已经抵达了波斯帝国最边远的省份，也就是巴克特里亚和粟特（Sogdiana），大致相当于今天的阿富汗。他的部下们因此不得不承受着新的强烈的压力。公元前329年4月，大军忍受着冻伤和缺氧，翻越了兴都库什山脉。此后，为了抵达奥克苏斯河（Oxus），他们又不得不在沙漠中行军80千米，许多人在河边因为突然过量饮水而丧命。亚历山大的新对手就是之前囚禁大流士三世的贝苏斯。他自立为波斯的新君主。最终，贝苏斯被俘，并被押解至巴克特拉城（Bactra），鼻子和耳朵被削去。这是波斯人对篡位者的传统刑罚。此后他被解往埃克巴坦那处决。

但该地区并未被一举平定。当地豪族对亚历山大的入侵满怀愤恨。当亚历山大沿着波斯帝国的东北边界作战时，南方的巴克特里亚总督辖区爆发了大规模暴动。此地是游击战的理想战场。暴动四处蔓延，亚历山大不得不在此后的两年里四处镇压叛乱者。他一如既往地展现了其灵活性与创造力。在征讨那些不断袭扰马其顿军队的游牧武士时，他的弓箭手和标枪手得以大显身手。由于战术得当,即使当地最坚固的堡垒也被亚历山大攻克。一个名叫阿里亚玛泽斯(Ariamazes)的贵族以为躲在深山的要塞中便可高枕无忧。但亚历山大只用400名善于攀登的士兵便一举拿下了要塞。亚历山大对该地区的征服只留下一片惨绝人寰的景象:在那些被攻占的城市里,男性遭屠杀,女性和儿童沦为奴隶。1万名步兵和3500名骑兵被留在巴克特里亚维持秩序,并在当地建立了一系列的军营。亚历山大也采取了更具有建设性的措施——向3万名当地青年传授希腊语,并对他们进行军事训练。在此后的数百年里,巴克特里亚始终是一块希腊文化的飞地。亚历山大还在当地为自己物色了一个妻子——罗克珊娜。她是当地贵族奥克斯夏特斯(Oxyartes)之女。尽管两人的关系在传说中被理想化,但亚历山大一心扑在征伐上,不会陷在浪漫的关系中。

在战事的压力与亚历山大的个人性格缺陷的共同作用下,他的宫廷中出现了严重的问题。公元前328年秋,大军在马拉坎达(Maracanda,即今撒马尔罕)休整。亚历山大与骑兵将领克利图斯在一次酒宴上爆发了激烈的冲突。后者曾在格拉尼库斯河一战中救过亚历山大一命。据传,亚历山大在酒宴上遭到克利图斯的奚落,于是在盛怒之下抄起一件武器杀死了克利图斯。

此次冲突掩盖了更深层的裂痕。马其顿的王权基于一种个人对国王的忠诚以及一种深厚的同志关系:国王并不脱离其将领,而是经常和他们一起大吃大喝。波斯传统的君主制则完全不同:国王讲究奢华的排场,即使最资深的大臣也只是国王的臣民。跪拜礼(proskynesis)是臣民在君主面前所行的礼节,最能象征这种君臣关系。一直独断专制的亚历山大开始要求众人对他行此大礼。此前当亚历山大把胜利全部归功于自己时,马其顿的将领们早已心怀不满,如今他们又要被迫接受此种仪式的羞辱,心中自然更加忿恨。在他们的公开反对下,亚历山大只得做出让步,但对立情绪非但没有消退,反而险些酿成大祸:一些亚历山大最亲近的侍从们竟密谋行刺,并在阴谋暴露后被全部处死。随军的历史学家卡里斯提尼也因此事而受牵连。他曾最旗帜鲜明地谴责跪拜礼。

亚历山大拒绝班师的态度又进一步加剧了这种对立。在他面前还有印度尚未被征服。尽管印度此时是一个未知的神秘世界，但在名义上曾是波斯帝国的一部分。当年在高加米拉战场上，大流士麾下就有来自喀布尔（Kabul）河谷的战象。希腊人当中亦流传着一些神话，认为赫拉克勒斯和狄奥尼索斯均起源于印度。在功业上要与上述两位神祇比肩的野心驱使着亚历山大继续前进。公元前327年，大军通过兴都库什山脉的山路，然后穿过喀芬河谷（Cophen valley，今喀布尔河谷）。亚历山大再次一路制造恐怖：任何抵抗的城市都会被攻陷，城中的男性居民被屠戮殆尽。因为喀芬河谷是连接印度与西方的走廊，因此必须不惜动用一切手段守住。仅有被希腊人称作纽撒（Nysa）的城市得以幸免，因为当地人宣称这里是狄奥尼索斯的诞生地。

印度富庶的各王国此时全部处在亚历山大兵锋之下。公元前326年春，大军为渡过印度河举办了盛大庆祝活动和竞技赛会。亚历山大在呾叉始罗（Taxila）受到了当地统治者的欢迎，但对方的动机显然是要利用马其顿人击败更东面的那些与他敌对的君主。此计奏效了。一位名叫波鲁斯（Porus）的君主在印度河的支流杰赫勒姆河（Jhelum）一线（希腊人称之为赫达斯庇河［Hydaspes］）布阵，亚历山大在听闻波鲁斯准备抵抗他后立即率军东进，以免季风与融化的雪水使河流难以通过。

赫达斯庇河之战是亚历山大最辉煌的胜利之一。此战最大的挑战在于如何在波鲁斯军队的严密防守下渡河。亚历山大在一场雷雨中率部成功渡河，而且几乎未遇到任何抵抗。他需要面对的是2万名步兵与2000名骑兵，此外还有一大群能轻易冲垮马其顿阵型的战象。马其顿骑兵向印度人猛冲过去，把他们赶向马其顿步兵方阵。马其顿步兵以极为严明的纪律前进。当战象冲过来时，马其顿人会在方阵中故意留出一条路让战象通过，然后乘机用手中的萨里沙长矛对着战象攒刺。受伤的战象发狂后转身冲入己方阵线，踩踏挡在路上的每一个人。此战随即变成了单方面的屠杀，仅有少数印度人逃出了马其顿人的包围。波鲁斯被生擒，当时他坐在一头大象上，身受重伤，几乎孤身一人在战场上。亚历山大被其勇气和仪表所折服，允许他继续统治自己的王国。

为了追求下一场胜利，亚历山大督促部下继续前进，因为传说东方还有富庶的国家。然而印度洋的季风来临了。当大军抵达希发西斯河（Hyphasis，今称比亚斯河［Beas］）时，滂沱大雨已持续了70天，而军队也处在哗变的边缘。亚历山大人生中第一次接受了失败。他宣称祭祀结果已表明众神不希望他继续前进，并宣布了撤军的决定。全军上下为此而欢呼。这欢呼想必令亚历山大永生难忘，也永远不会原谅。

班师

亚历山大并未经已被征服的波斯帝国东部地区返回，而是派出一支舰队沿印度河南下，因为他决心探索南方的海洋。当远征军于公元前326年11月出发时，尽管印度河的水位正在回落，但旅途仍然危机四伏。沿途的部落一致表现出敌意，其城市成了必须攻克的关隘。一场攻城战中，亚历山大在一段城墙上孤军奋战时被一支箭射中胸口，险些丧命。亚历山大一直未能痊愈。与此同时，只有使用恐怖手段才能让受到惊吓且筋疲力尽的军队幸存下来。当地对于入侵者的仇恨是如此强烈，以至于留下的马其顿驻军后来都被消灭了。

公元前325年7月，大军抵达了印度河的河口。继续向西就要穿越莫克兰（Makran）沙漠。那里狂风肆虐、飞沙漫天。过去曾有军队在此全军覆没。但亚历山大可能是在想要超越前人的野心的驱使下，率军开始穿越沙漠。穿越莫克兰沙漠的行程花费了60天。当大军最终抵达霍尔木兹海峡北侧的卡尔马尼亚（Carmania）总督辖区时已支离破碎、士气低落。但由此前往波斯波利斯及波斯帝国腹地的行程就相对较短了。马其顿舰队在奈阿尔克斯（Nearchus）的指挥下沿水路前进。奈阿尔克斯出身于克里特，是亚历山大的童年伙伴。他此行非常成功，在没有损失一艘船的情况下探明了航路，并抵达底格里斯河。亚历山大备受鼓舞，开始梦想着另一个伟大的航海计划——环绕非洲航行，甚至计划征服地中海西部。

管理帝国

亚历山大现今31岁。尽管他熬过了高烧和箭伤，但每一次的伤病必然会削弱他卓越的体魄，而与将领们的豪饮也进一步损害了他的健康。然而，他面前还有一项艰巨的任务——巩固这个新征服的帝国。每当他获胜后，那些宣示效忠于他的波斯总督被允许留任原职，一些马其顿人则被派到他们身边负责税收和军事。然而，由于掳获的战利品足以满足军需，亚历山大从未对政府的运转情况予以足够重视。因而当他率军离开后，腐败与压迫现象开始蔓延。公元前325/324年冬，亚历山大进行了一次暴风骤雨式的整肃——绝大多数波斯人被解除职务，马其顿人取而代之。与此同时，驻守米底的马其顿将领们被当地的贵族指控犯有强奸或亵渎圣物等罪名，因而被亚历山大召回并处决。亚历山大的反常举措与日俱增，导致恐怖气氛弥漫整个帝国。

马其顿人可能很想知道他们在新帝国中居于何等地位。公元前324年2月，亚历山大抵达苏萨，以波斯国王的姿态出现在众人面前。他像波斯国王那样身穿有白色条纹的紫色短袍，头戴波斯的王冠。大流士的波斯卫队经过重组，与亚历山大的马其顿卫队共同执行卫戍任务。此前接受马其顿式军事训练的3万名巴克特里亚青年也来到了苏萨。他们是一支令人印象深刻的部队，也使损失惨重的马其顿将士感受到了潜在的挑战。然而亚历山大似乎仍然相信马其顿人具有种族优越性，并认为此优势可通过与波斯血统的融合进一步加以传播。他又为自己物色了两名波斯妻子，其中一个是大流士三世之女。而在另一场奢华的婚礼中，他令90名将领迎娶了波斯贵族之女。此策略饱受非议，几乎没有哪段婚姻能够长久维持。

公元前324年春，亚历山大由苏萨前往波斯湾，又沿底格里斯河溯河而上，抵达了美索不达米亚。在内陆沿海小城俄庇斯，他宣布所有因年龄或伤病而不宜继续服役的马其顿人都可以复员，并允许他们返回故土。这是一个明智的举动，因为这些人已经离家10年，在新的作战季开始前，需要用来自马其顿的新军取代这些老兵。然而在当时的情势下，这些老兵却以为自己遭到了抛弃，愤怒的叫骂声此起彼伏，他们甚至挖苦亚历山大应该跟他的老爹宙斯并肩战斗。亚历山大的情绪再次失控。13名带头闹事者被处死，他们的位置则由波斯人取代。当哗变被平息后，局势开始缓和，双方的情绪亦逐渐平复。1万名老兵被解除现役，但每个人在被送回故土时都带着一份体面的报酬。

亚历山大变得越发专横。在公元前324年的奥林匹亚赛会上，他所发出的一封信被当众宣读。他在信中宣布，希腊半岛所有的流放者都有权返回其母邦。由于政治动乱、权力争斗以及其他变故，当时有成千上万的人被逐出自己的母邦。（仅赶到奥林匹亚聆听这封信的流亡者就有2万人。）亚历山大应该是希望通过此举博取民望，但他事先并未咨询各城市的意见，而流亡者的回归会破坏各城邦的政治、经济稳定。亚历山大再次暴露了他与政治现实的脱节。

在夏季高温的驱使下，亚历山大带领大批随从北上，抵达了凉爽的扎格罗斯山脉。他的目的地是米底首府埃克巴坦那，那里有波斯国王古老的夏季行宫。当地的总督以无与伦比的排场迎接他的到来，并举行了隆重的宴会和赛会。在一次狂饮之后，一位名叫赫费斯提翁（Hephaestion）的将领倒地不起。在亚历山大的伙友中，他是为数不多仍与亚历山大保持着亲密关系的人之一，尤其是在经历重重困苦之后。亚历山大深受打击，下令处死了赫费斯提翁的医生，并在赫费斯提翁的遗体旁不吃不喝哀悼了3天。当时的人们都认为他在效法阿喀琉斯哀悼帕忒罗克洛斯的例子。公元前323年初，亚历山大一行抵达了巴比伦，他为这位陨落的英雄举办了盛大的祭祀，同时下令在巴比伦为他建造一座巨大的纪念碑。

亚历山大对赫费斯提翁的哀悼表明，在人生的最后几年里，他可能越来越脱离现实。无论他是否真的相信自己是神，他显然把自己与神祇的各种符号联系在了一起。巴比伦发行的钱币将亚历山大描绘为手持闪电的形象，而闪电则是宙斯的象征。在宴会上，亚历山大身穿紫色长袍，头戴象征宙斯与阿蒙的羊角。据一份文献的记载，他面前还焚烧着各种香料。有材料表明，亚历山大曾下令让希腊各城邦尊他为神（雅典还为此开会辩论，但结果已无从可考）。可以肯定的是，亚历山大以一种希腊世界前所未闻的方式宣扬着众神对他的支持。这种方式也为之后的希腊化君主与罗马皇帝所效法。

亚历山大留在了巴比伦，并酝酿着征服阿拉伯半岛的计划。此半岛的富饶程度据说无法想象，而对该地区的勘察也表明，在当地定居是可行的。公元前323年的头几个月，一座足以容纳1000艘战船的巨大军港出现在了幼发拉底河，从帝国各地征调的人员也开始集结。甚至有传言称，一旦亚历山大征服了阿拉伯半岛，他将向西征服地中海。来自希腊、利比亚、迦太基、伊特鲁里亚，甚至据说还有西班牙的使节如潮水一般涌向巴比伦，向亚历山大表达敬意。

然而，这个疯狂的行动却戛然中止。公元前323年5月末的一个夜晚，亚历山大正与伙友们开怀畅饮。相传他在最后一轮喝干了一个容量为12品脱①的酒钵。一份史料称他骤然倒地死去，但这则史料更可能意在证明他遭人投毒。其他史料则提到亚历山大之后的几天一直处于弥留之际。然而无论亚历山大的真实病情如何，他于6月10日去世了。消息传至雅典时，人们甚至不敢相信。一位名叫德马德斯（Demades）的雅典政治家甚至表示，倘若亚历山大真的已经死去，那么整个世界应该早已闻到他的尸臭了。雅典人为了表示庆祝立即发起一场暴动（这也体现了亚历山大与希腊世界已经疏远至何种地步），但随即遭到马其顿军队的镇压。第二年，即公元前322年，雅典的民主政治终于走到了尽头。

希腊-马其顿世界的诞生

亚历山大的帝国只是他个人征服的产物。这个帝国从未建立起一套组织架构来把马其顿尼亚、埃及、波斯和印度这样彼此差异如此之大的元素整合为一个具有凝聚力的统一体。亚历山大甚至没有一个现成的继承人。临终前，当被问及打算传位给谁时，亚历山大只是以"给最强者"作答。

合法的继承人是其同父异母的弟弟——阿里达乌斯（Arrhidaeus），但此人有智力缺陷。罗克珊娜此时正有孕在身，后来产下一名男婴。这个孩子被拥立为亚历山大四世（Alexander Ⅳ），但始终只是一个傀儡。亚历山大的将领们不可避免地陷入了长达20年的权力斗争。资深的骑兵将领佩尔狄卡斯（Perdiccas）起初成为掌控大局的人物。公元前320年，佩尔狄卡斯去世后，"独眼"安提柯取而代之。他曾于公元前333年被任命

---

① 英制液体容量单位，12品脱折合7升。——译者注

为弗里吉亚的总督。安提柯一直努力保持对帝国的全面控制，直到公元前301年兵败身亡。

在所有争夺亚历山大帝国遗产的人当中，最精明的当数托勒密。他在亚历山大死后被任命为埃及行省的总督。当其他将领忙于争夺帝国其余部分的统治权时，托勒密则在巩固他对埃及的控制。他还设法掌握了亚历山大最神圣的遗物——受过防腐处理的亚历山大的遗体。他将遗体安置在孟菲斯（后又转移至亚历山大里亚）。公元前305年，羽翼已丰的托勒密正式称王，而他所建立的王朝一直延续至公元前30年。在亚洲，塞琉古（Seleucus）作为胜利者脱颖而出。他曾负责指挥亚历山大的精锐部队。他也在公元前305年称王，并以阿波罗之子自居。然而塞琉古的王国难以管辖，其治下的民族与文化过于多元，希腊人、波斯人、巴比伦人自不待言，东方诸行省更充斥着形形色色的人民与文化。事实证明这个王国无法长期维持统一。塞琉古王国不断丧失领土，并最终龟缩至叙利亚北部的狭小区域内。公元前64年，其末代国王向罗马投降。

马其顿王国是亚历山大的继承者们建立的第三个王国，也是最负盛名的一个，而且也是唯一一个以马其顿人为主体的国家。在马其顿进行的惨烈战争直到公元前276年才宣告结束，"独眼"安提柯之孙安提柯·贡那特（Antigonus Gonatas）取得了控制权。他在埃格城建造了宏伟的宫殿，王室陵墓可能也是他建的。他开创的王朝始终掌握着政权，直到公元前2世纪罗马人占领了马其顿尼亚。然而亚历山大的连年征战已使马其顿元气大伤，那些跟随他东征西讨者要么客死异乡，要么移居异国，要么成了雇佣兵，真正返回家乡者寥寥无几。

亚历山大的另一项遗产，是他在行军途中所兴建的城市。其中有12座可能在他去世前即已建成。埃及的亚历山大里亚落成于公元前331年春，注定要成为地中海世界最大的城市之一，而其他那些以亚历山大为名的城市不过就是些兵营，用以监视那些新近征服的人民。此类城市绝大多数位于底格里斯河以东，那里原本就罕有像样的城市。例如高加索的亚历山大城（Alexandria in Caucaso）位于兴都库什山脉，城中驻扎着3000名希腊-马其顿士兵，还有一些自愿来此定居者，以及一些被留下的伤兵，另有

7000名当地人为他们充当劳工。这样的城市距离希腊有数千千米之遥，又处于充满敌意的当地人的包围中，各种不便可想而知。许多城市被放弃，但有些城市（如阿伊·哈努姆）则作为希腊文化的飞地延续了数代人。①

遗产

> 他用武力征服了那些不能通过理性的劝说而团结者，把来自各地的人们汇聚成了一个整体，犹如各种美酒被倒入友爱之杯（loving cup），无论他们原本拥有什么样的生活、品性、婚姻和社会习俗。他命令他们把有人居住的世界视作其祖国，把驻军视为其卫城和卫兵。

这首赞颂亚历山大功绩的诗歌出自古代作家普鲁塔克之手，在今日各种亚历山大的传记中仍不时被引用（例如前文提到过的威廉·塔恩所撰的传记），仿佛这首诗是在陈述事实。然而，正如其他许多古典文本一样，这首诗自有其用意。这样的诗句不过是当时的作家为了追求修辞效果而惯用的手法。从普鲁塔克的其他作品，包括他为亚历山大作的传中可以清楚地看出，他自己并不相信这种奉承。尽管如此，亚历山大作为文明传播者的形象却得以流传，并使无数人相信亚历山大的确为东方的蛮族带来了更优越的西方文明。在18世纪的启蒙运动中，法国哲学家伏尔泰就曾如此评价道："这样一个人口不多但自由高贵的民族凌驾于一切奴性深重的民族之上，可能是人类当中最荣耀的事情。"

亚历山大在他那个时代的文化母体（cultural matrix）中是如何看待自己的？这其实是一个无法回答的问题。亚历山大当然继承了马其顿的遗产，但他也深深被希腊的文化遗产所吸引，并沉浸在希腊作家的杰作当中，其近臣中也不乏希腊人。就观念而言，他对波斯发动的远征是为了报

---

① 参见：Robin Waterfield, *Dividing the Spoils: The War for Alexander the Great's Empire*, Oxford and New York, 2011. 该书讲述了这段复杂的历史。

复波斯在公元前5世纪所犯下的暴行,属于泛希腊主义的范畴。亚历山大虽然准备把掳获的希腊艺术品归还雅典,却从未想过恢复希腊人的自由,而且,至少在雅典,他因为对希腊的蔑视而遭到痛恨。所以伏尔泰那番亚历山大把先进文明引入东方的高论,其实毫无根据。希腊文化确实向东方缓慢渗透,并持续了数代人的时间,但这并非什么高瞻远瞩的策略,而只是亚历山大征服的副产品。

亚历山大对于希腊、马其顿与波斯的文化融合又有何构想?这个问题同样难以作答。这三个群体彼此猜忌,而他们之间的尊卑问题亦始终无法得到圆满解决。因此建立一个三族和谐共处的政府简直难以想象。尤其考虑到亚历山大坚持自视为神,以及他的偏执与狂想,都为他的决断蒙上了阴影。亚历山大最直接的遗产是一个不稳定的帝国,轻易地分裂为数个独立的王国,当然,这很大程度上是因为他未能做出有序的权力继承安排。亚历山大所创造的乃是一种君主制的政体模式,其基础是绝对权力、神圣血统的光晕和炫耀性的挥霍。这是他给继任的希腊化君主们树立的典范。

亚历山大也成了"世界征服者"形象的原型。这不仅是因为他取得了令人瞠目结舌的军事成就,也因为他利用他最喜爱的雕塑家吕西普斯(Lysippus)的杰作将自己的形象浪漫化,使这个原型得以留传后世。亚历山大要求吕西普斯把自己塑造成没有胡须的样子,以表现他的年轻与活力;他的姿势亦经过了精心设计,其头部微微仰起,双目凝视远方(所谓的"深情凝视")。公元前1世纪,罗马的将领庞培效仿亚历山大,也为自己的名字添加了"伟大的"的名号。他还模仿亚历山大的举止(有一尊胸像甚至模仿了亚历山大的发型)。图拉真率领罗马军队抵达幼发拉底河河口后,曾哀叹不能像自己的偶像亚历山大那样继续挥师东进。君士坦丁在罗马帝国的新都君士坦丁堡就任时,所发行的钱币上的皇帝形象就模仿了亚历山大式的"深情凝视"。1100多年后,君士坦丁堡的征服者奥斯曼苏丹穆罕默德二世(MehmedⅡ)也是阿里安的《亚历山大传》的狂热读者。他曾吹嘘,亚历山大自西向东征服了亚洲,而他自东向西征服了亚洲。由此可见，成为第二个亚历山大始终是后世的军事家们难以释怀的梦想。①

最终，我们无法认识真实的亚历山大。无论从哪个角度来说，他都是一个"超人"。他充满了无法抑制的好奇心与冲动，一直在探索人类的极限，其传记作家阿里安用"热望"（pothos）一词来形容这一点。对许多人而言，这样的热望只能停留在幻想当中。然而，亚历山大从父亲手中继承了训练有素的军队与高超的军事指挥技巧，从而使他获得了人类历史上的罕见机遇，能在如此广袤的区域中实现其热望。他也格外地幸运：当他率领部下冲锋陷阵时，每一次负伤、每一次遇险都足以令他丧命。然而，正如所有摆脱了日常规则束缚的人，他很容易沉迷于自己是半神的念头中，并在受挫时表现出不受道德约束的冷酷无情。他也许曾被亚里士多德激发出其性格当中迷人、知性的一面，但这一面早已泯灭了。对于那些本来会成为他的臣民的人而言，他的死可能反倒是福音。即使这一刻来临得如此之早，亚洲与地中海东部的世界仍然被他的征服所撼动，并迎来了一种全新的统治模式。

---

① 对亚历山大形象的讨论，参见：Andrew Stewart, *Faces of Power: Alexander's Image and Hellenistic Pollitics*, Berkeley and London, 1993。

第20章

冲突与创造

希腊化世界，公元前330—前30年

所谓的希腊化时代，上起亚历山大统治时期（公元前336—前323年），下至公元前30年罗马征服埃及，长达300余年。从亚历山大去世到罗马崛起，这段历史曾长期被斥为一段颓废的插曲。但如今这段历史则被视为希腊历史中最具魅力的时代之一：希腊人与外族频频互动，在艺术领域勇于创新，对科学保持着广泛的兴趣，因而在智识、社会、文化等领域均取得了长足的进步。

这个时代属于君主制。当时的希腊-马其顿世界（随着时间的推移，这两种文化之间的差异逐渐消失，出现了一种相对同质的希腊文化）疆域广袤，存在着众多不同的种族、文化和派系，除君主制外，实际上其他任何政府组织形式都不太可能掌控如此复杂的局面。不可避免地，与城邦时代相比，这个时代的氛围已然大不相同。尽管希腊本土上的许多城邦依旧是重要的政治文化中心，但政治权力却掌握在那些通过瓜分亚历山大帝国得以自立为王的政治强人手中。[1]

希腊化君主

典型的希腊化君主必定是一名军事将领，其领土往往被称为"用矛

---

[1] 参见：Andrew Erskine (ed.), *A Companion to the Hellenistic World*, Malden, Massachusetts, and Oxford, 2005；Graham Shipley, *The Greek World after Alexander, 323–30 B.C.*, New York and London, 2000。

赢得的土地"。各国军队的总兵力达8万人，其中绝大部分是雇佣军。这一规模直到近代才被超越。王国之间的边界变化无常，相互敌对的君主常常为边界问题爆发冲突。公元前3世纪，托勒密王国与塞琉古王国为争夺叙利亚至少爆发了5次战争。（托勒密王朝虽占据着富庶的埃及，但来自地中海地区的木材等其他资源仍对这个王朝不可或缺，所以它才执着于控制叙利亚。）除了王朝间的冲突，希腊人还时常遭到外族的攻击，例如马其顿王国就不得不抵御入侵其北部边境的中欧各部落。公元前3世纪初，"凯尔特"战团（见专题5）曾南下袭击希腊，并于公元前279年洗劫了德尔斐。直到公元前277年，马其顿国王安提柯二世才成功抵抗了他们，为自己保住了马其顿王国。加拉太人（Galatians）是凯尔特人的一支，定居于安纳托利亚高原的中部。公元前238年，阿塔罗斯一世（Attalus I）击败了加拉太人，从而为自己赢得了巨大的声誉，也为他在小亚细亚西北部的帕加马自立为王奠定了基础。①

　　阿塔罗斯的后人编撰了一段史诗般的历史来支持阿塔罗斯王朝的胜利。他们宣称其血统可以追溯至赫拉克勒斯之子忒勒福斯（Telephus）。赫拉克勒斯在当时一直是标志性的人物。为了纪念阿塔罗斯的功绩，他们在都城帕加马兴建了一座宙斯祭坛，并成为当时最大的雕塑作品，其饰带长达百米。在浮雕中，阿塔罗斯王朝的君王们被塑造成了众神，而与之战斗的巨人则象征着加拉太人。忒勒福斯的功绩同样也出现在了浮雕之中。著名雕塑《垂死的高卢人》（Dying Gaul，高卢人是罗马人对凯尔特人的称呼）也是同一时期在帕加马铸造完成的一尊青铜雕塑。（现存的大理石雕塑是罗马时代的复制品，保存于罗马卡庇托利欧博物馆［Capitoline Museum］。）

　　塞琉古王朝的君主们是最备受骚扰的统治者，因为他们面临着保住亚洲东部大片土地的挑战。国王们作为统治者的合法性往往令人难以信服。他们所信奉的神是阿波罗，但大多数臣民对这位神却颇为陌生。尽管国王们的生死存亡最终取决于他们的军事实力，但他们往往不能胜任。纵观塞琉古王国的历史，就是一部不断丧失领土的历史。自塞琉古一世从亚

---

① 参见：Stephen Mitchell, "The Galatians: Representation and Reality', in Erskine (ed.), *A Companion to the Hellenistic World*。

历山大帝国攫取大片领土开始，这个王朝的历代统治者当中仅有两人不是死于战争。公元前3世纪中期，巴克特里亚取得了独立，使塞琉古王国丧失了对远东的控制。但我们至今仍对巴克特里亚的历史知之甚少。[①]在塞琉古王国遥远的北方，帕提亚人的统治者阿尔萨息（Arsaces）成了当时举足轻重的人物。他麾下的骑兵弓马娴熟，正向着南方高歌猛进。安条克三世（Antioch Ⅲ，公元前223—前187年在位）在东方发动了一系列战争，为塞琉古王国在亚洲多少挽回了一些声望，使其王朝又延续了百余年。然而在公元前2世纪初，帕提亚人已经进抵幼发拉底河流域。至该世纪末，随着罗马的扩张以及犹太民族主义运动的兴起，塞琉古王国仅保有叙利亚的一小块领土。最终，该王国于公元前64年被"伟大的"庞培所灭。

希腊化时代的君主统治着形形色色的民族，因此他们需要积极争取各民族的支持。手段之一就是用物质手段收买民心。向民众提供"面包和竞技"的传统就始于此时。对于上层人士，君主们则通过各种恩惠加以拉拢。这些人在宫廷中被称作国王的"朋友"，可能来自希腊世界的任何一个角落。他们通常身怀某些技艺，可以是诗人、医生、哲学家或管理者。他们聚集于宫廷中，逐渐被同化为廷臣，而宫廷本身也成了文化和展示的中心。托勒密王朝的统治者们定居于亚历山大里亚。在这座亚历山大建造的最成功的城市中，他们十分懂得如何动用自己手中富余的资源来宣传自己。例如公元前275年，托勒密二世在亚历山大里亚举办了一次狄奥尼索斯庆典，场面之盛大可谓无出其右，现场到处闪烁着黄金的光芒。这光芒可能来自盛满美酒的巨大调酒钵，也可能来自120个僮仆所托举的用来盛放供品的盘子，或游行队伍当中的镀金神像。此外，游行队伍中还混杂着犀牛、大象、长颈鹿等奇珍异兽。人们扛着象征酒神狂欢的巨大阳具，在装饰着金色缎带和花饰的街道中穿行。在为贵宾建造的巨型凉亭中，包括卧榻在内的一切陈设皆由黄金打造。

由此可见，宫廷是一个极尽奢华的场所，尤其是它的建筑环境。君主们喜好的品位就是异国情调与气势恢弘。亚历山大里亚是当时的大都会，极

[①] 参见：Frank Holt, *Lost World of the Golden King: In Search of Ancient Afghanistan*, Berkeley and London, 2012.

尽奢华，这完全维系在其繁忙的港口以及埃及的大量财富上。但该城也是整个希腊化世界的文化中心，古代世界最大的图书馆即坐落于此。在帕加马，阿塔罗斯家族的国王们建造了大型公共建筑群。当人们向王宫拾级而上时，露台和神庙一个接一个，眼前的壮丽景象甚至给人某种压迫感，但无疑彰显出了王室的威仪。在该城的剧场中可以俯瞰周围乡野的绝佳景色。

希腊化世界中的城市

建立城市是希腊化的关键。建设新城市的传统源自马其顿人怀柔被

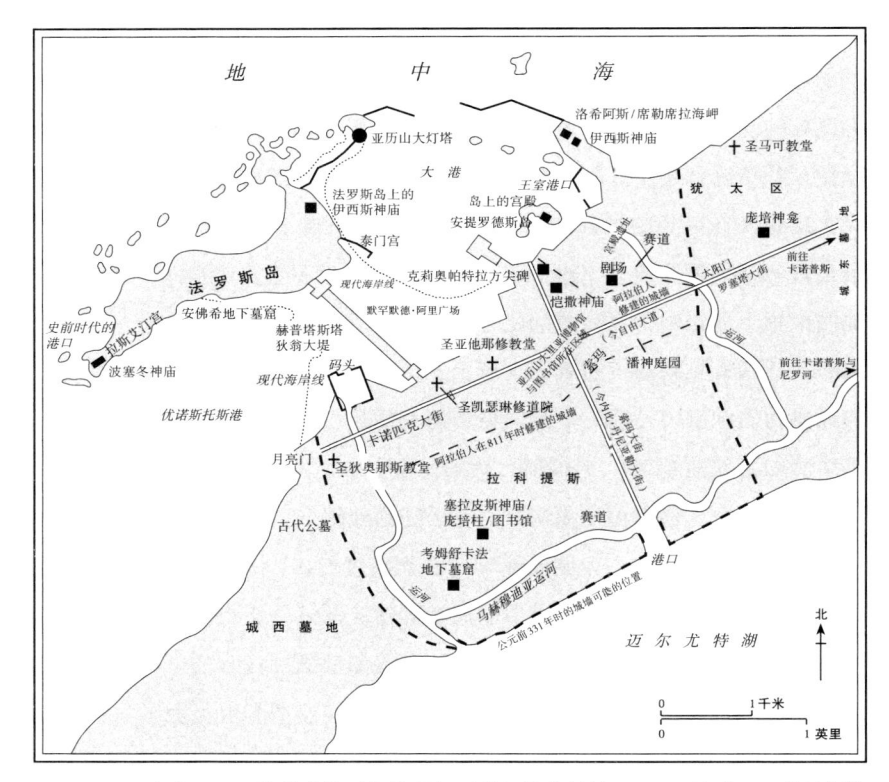

地图7 亚历山大里亚，从希腊化时代的国都到基督教主教辖区。亚历山大里亚曾是托勒密王朝的都城，坐落于海滨的王宫以及周边的亚历山大图书馆都彰显出该城是一个重要的赞助中心。它是希腊数学与科学的中心，还通过出口埃及的盈余谷物成为地中海东部的重要港口。图中可以看到著名的亚历山大灯塔（Pharos）。福音书作者之一的马可相传就葬在亚历山大里亚，从而令该城成为重要的基督教城市。4世纪时，身为该城主教的圣亚他那修（图中也标出了他的教堂）曾有过一段备受煎熬的履职经历，但他也因捍卫尼西亚信经而备受尊敬。城中的犹太社区也很重要，产生过斐洛（1世纪早期）这样的杰出的哲学家。

击败者的策略，并被腓力二世与亚历山大所延续。塞琉古王国在原属波斯帝国的各个地区大力建设新的城市，其范围涵盖了叙利亚和巴勒斯坦地区、美索不达米亚平原、波斯湾沿岸乃至今天的阿富汗地区。有些是新城，例如底格里斯河畔的塞琉西亚。像巴比伦、苏萨这样的古城，其居民此时受到希腊人或马其顿人的管辖。尽管许多城市经历漫长的发展才初具规模，但到了公元前3世纪，大批冒险者、商人以及政治难民大量涌向东方。这些人抛弃了对母邦的忠诚，变成了新世界的居民。其他地区也出现了一批新城市，例如位于马其顿沿海地区的帖撒罗尼迦，建成于公元前316年。此外，希腊人还在红海沿岸设立了许多贸易港口。

通常情况下，这些城市的规划均采用典型的棋盘式布局。这不只是对数学比例的机械应用，而是最为实用的规划方案，因为建筑物通常是矩形的（举例来说，几座房屋常常围绕着一个矩形的庭院），而效果也不一定是千篇一律的。公元前4世纪，普瑞涅在小亚细亚西部沿海的一处高地上拔地而起，成为希腊化时代城市规划的一个绝佳范例。城市的街道沿山坡通往各个公共建筑。卫城的制高点上建有一座"城邦守护神"雅典娜神庙，它融合了爱奥尼亚与多利亚式建筑元素，颇具创新性。（由于该城自罗马时代起就再未增添新的建筑，因此至今仍是旅游的好去处。）这些新建的城市虽然远离希腊，但它们成了对希腊文化的微缩展示。甚至连亚历山大设立的军事聚落都建有剧场和体育馆。到了公元前2世纪，当殖民活动变得更加流行时，像在阿富汗北方边境的阿伊·哈努姆发掘出的城市遗址中，人们不仅发现了巨大的剧场和体育馆，甚至还有图书馆和马赛克镶嵌画。在那里出土了写有希腊哲学著作的纸草手稿，体育馆的石柱上还铭刻了来自德尔斐神谕所的道德箴言。

若提到与设立聚落有关的文献，芝诺档案（Zenon archive）可谓举世罕有。该档案包含2000余份文件，详细记录了公元前3世纪埃及地产经营的方方面面。这片地产位于尼罗河与法尤姆绿洲之间，是托勒密二世赏赐给某位宠臣的礼物，而芝诺是其经营者之一。农田本身和与之毗邻的小城腓拉德尔菲亚（Philadelphia）均采用了矩形布局。农田中有整齐的灌溉渠道，各个地块分别种植着葡萄、橄榄、小麦，甚至罂粟。腓拉地图中文字标注：

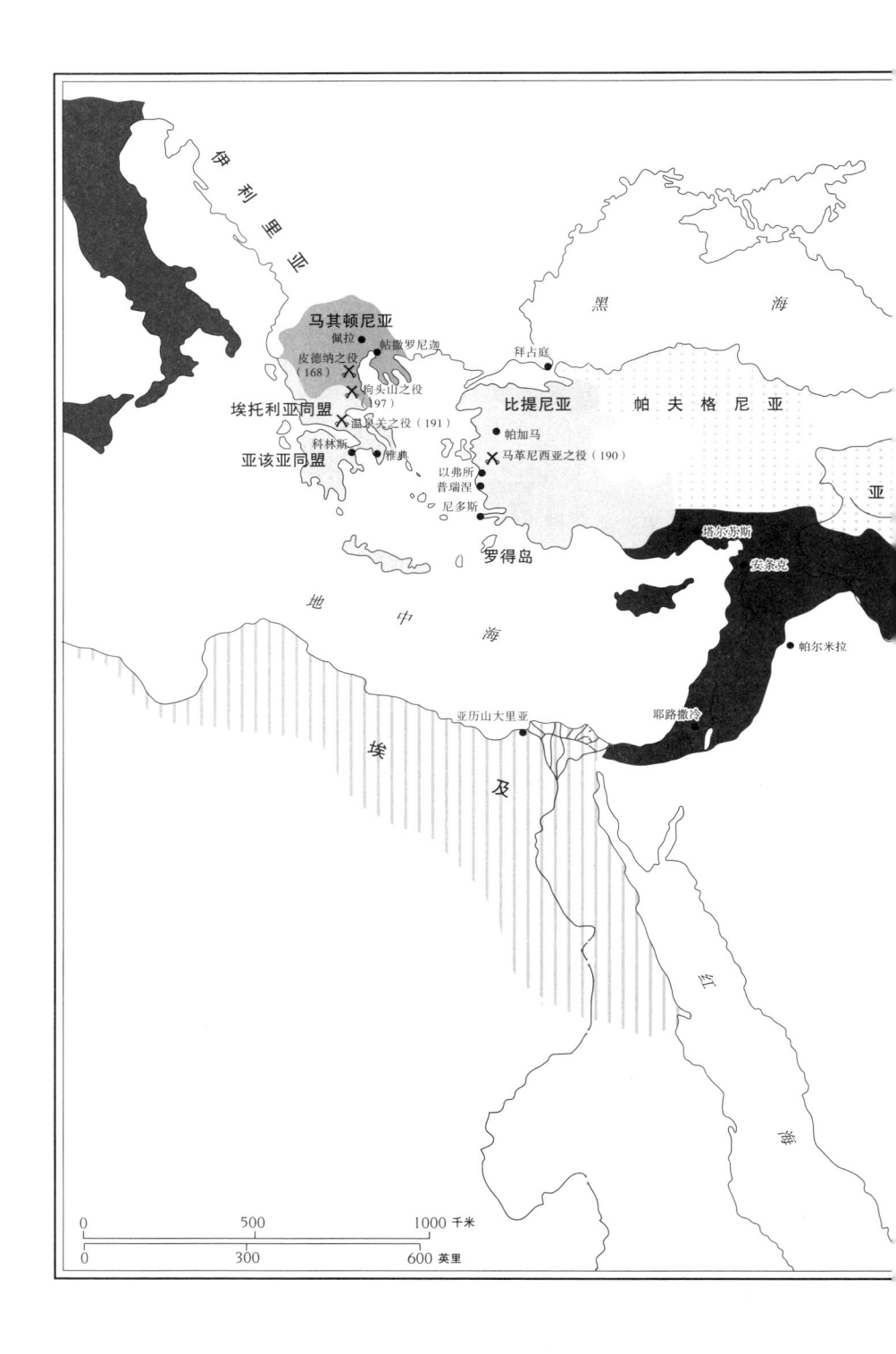

- 伊利里亚
- 马其顿尼亚
- 佩拉
- 帖撒罗尼迦
- 皮德纳之役（168）
- 狗头山之役（197）
- 埃托利亚同盟
- 温泉关之役（191）
- 亚该亚同盟
- 科林斯
- 雅典
- 拜占庭
- 比提尼亚
- 帕夫格尼亚
- 帕加马
- 马革尼西亚之役（190）
- 以弗所
- 普瑞涅
- 尼多斯
- 罗得岛
- 塔尔苏斯
- 安条克
- 地中海
- 黑海
- 帕尔米拉
- 亚历山大里亚
- 耶路撒冷
- 埃及
- 红海

比例尺：0　500　1000 千米／0　300　600 英里

地图8　希腊化时代各王国，公元前190年

希腊-巴克特里亚王国

塞琉古王国

河畔的
苏萨
（埃兰的塞琉西亚）

波斯湾

独立希腊城邦	希腊-巴克特里亚王国
安提柯王国（马其顿尼亚）	帕加马王国
塞琉古王国及其附庸国	希腊化的非希腊人政权
托勒密王国及其依附者	非希腊国家

德尔菲亚既有供奉希腊神明的神庙，也有供奉埃及神明的神庙，甚至还有供奉着托勒密王朝历代国王的神庙。此外当地也像阿伊·哈努姆那样，建有剧场和体育馆。

体育馆是希腊文化的标志性符号，但它并不只是用于体育锻炼的场所。体育馆通常附设讲堂、图书馆等设施，可开设修辞、哲学等课程。在一座城市中，最受人青睐的体育馆往往只为特定的对象服务，雅典等古老的城市更是如此。许多人都排队等候成为这些体育馆的会员，而且候选者还必须经过仔细的审查，以确定他们是否合适。以土地作为收入来源的自由公民是最受青睐的候选者，而商人则受到明显的歧视，表明更传统的地主憎恨商业这种崭新的致富途径。

腓力二世与亚历山大使攻城战术臻于完美，任何城市都无法抵御一次意志坚定的攻击。公元前146年，罗马人为了警告希腊人抵抗罗马扩张的下场，轻而易举地将繁荣的港口城市科林斯夷为了平地。然而，对希腊化时代的统治者而言，摧毁希腊文化的中心（即城市）毫无意义，所以实际上国王和城市之间必须要有融洽的关系。明智的国王会在口头上表示尊重某城的城邦传统（作为君主制统治意识形态的一部分，国王会吹嘘自己维护了该邦的独立），而城市也保持着旺盛的活力。我们很幸运，大量当时的铭文被保存至今。这些铭文记录了城中的重大事件、对赞助者的褒扬，以及兴建新建筑的财务安排。尽管民主式的公民大会仍在继续召开，但国王任命的官员却掌控着城市的日常管理（维持粮食供给始终是第一要务）。此外城市还会向邻邦派遣使节，以解决双方的争端。各城市也充分意识到，彼此之间的战争非但毫无意义，还会招致君主们令人不快的关注，所以通过仲裁解决分歧变得越来越普遍。

希腊本土的各城邦并不正式属于任何一个希腊化王国，各邦已充分认识到结为同盟抵御外来者的好处。在希腊中部，埃托利亚同盟（Aetolian League）通过成功抵御凯尔特战团的入侵加强了同盟的凝聚力。该同盟于公元前279年拯救了德尔斐，之后吸纳了近邻同盟的大多数成员。该同盟是真正意义上的联邦：所有到了服兵役年龄的男性每年参加两次集会。联盟设有最高长官一名（通常是一名将军）和一个由各城市代表组成

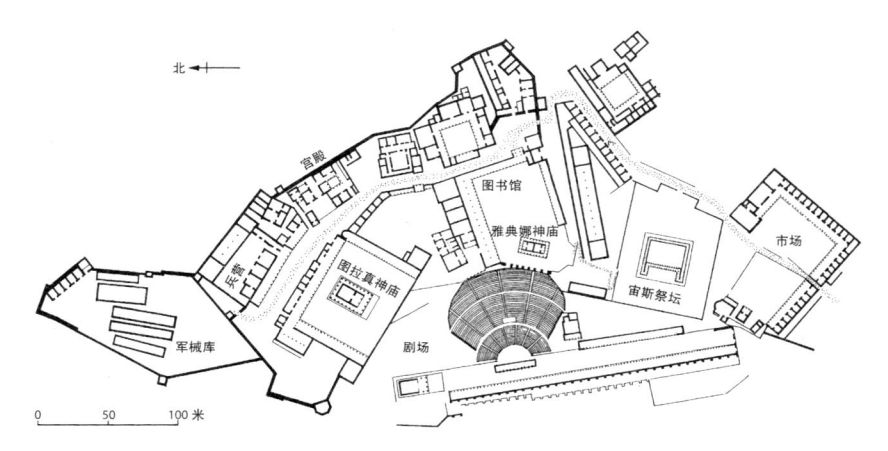

插图6 帕加马的卫城。除了神庙建筑，帕加马的卫城还反映出希腊化时代君主对防御（如军械库与营房）和文化事业（如图书馆与剧场）的关注。但和先前的希腊式卫城略有不同，城中还建有一座王宫。

的议事会。该同盟拥有强大的实力，并在公元前3世纪晚期成为罗马人对抗马其顿国王腓力五世的利器。

亚该亚同盟（Achaean League）是当时的另一个重要同盟，起源于伯罗奔尼撒半岛北部各邦数百年以来形成的传统合作关系。该同盟的权力结构与埃托利亚同盟相同，由一名将军与几名骑兵指挥官负责军事，公民大会则负责审议共同的对外政策。但该同盟实际上缺乏凝聚力。亚该亚同盟原本是一个反马其顿同盟，但受到斯巴达的威胁时又转而向马其顿寻求保护。当看清时局后，该同盟又于公元前200年转而效忠罗马。然而，朝秦暮楚并未带来好的结局，罗马还是在公元前146年摧毁了这个同盟。

雅典在希腊化时代的大部分时间里维持着独立，但该城在公元前3世纪遭遇了一场经济危机。尽管细节难以确定，但粮食价格的上涨和橄榄油价格的下跌（由于出现了新的橄榄油产区）可能令雅典出现了严重的贸易逆差。久负盛名的雅典陶器早在公元前4世纪时质量就已大不如前，被更时髦的银器所取代。此外，亚历山大的征服为希腊世界带来了大量的贵金属，导致银价下跌，甚至令雅典在公元前3世纪一度关闭了银矿。然而，雅典依旧是道德哲学的中心（亚历山大里亚则是自然科学与数学的中心）。作为亚里士多德的追随者，泰奥弗拉斯托斯曾吸引2000多名学生前来就学。公元前3世纪时的一位游客曾抱怨雅典街道的局促，但周边国家的君主们仍对雅典出手大方，使该城获益匪浅。例如托勒密王朝的国王曾出资兴建一个圣所，用于供奉埃及神明伊西斯和塞拉皮斯；帕加马国王阿塔罗斯二世曾在此求学，后来他沿市场的东侧建造了一座长逾百米的柱廊。（该柱廊如今已得到重建，并成为一座博物馆，用以展示在市场出土的文物。）

希腊化时代的宗教

宗教崇拜是表现统治者和城市相互适应的一个有趣的舞台。因循亚历山大开创的先例（吕山德的例子更早），君主作为众神的宠儿获得了崇高的地位，这一点很快就被人们接受了。这些君主积极强调他们与众神的联系，尤其是与某位特定神祇间的联系。托勒密家族选择了酒神狄奥尼索斯，阿塔罗斯家族选择了雅典娜，马其顿王室则选择了赫拉克勒斯——赫拉克勒斯也被认为是亚历山大的祖先。此外，各个王朝的先王们也相继成为精心构建的统治者崇拜的对象。[1]

为了呼应统治者的这种诉求，各城市纷纷创立具有当地特色的仪式来膜拜君主。尽管这些仪式背后的推动力量已难以考证，但刻意的奉承显然是这些仪式的重要元素，这是一种确保防止国王不悦的做法。但最重要的是，国王可能是真正促成这一切的那个人。已故的西蒙·普莱斯（Simon Price）作为该领域的先驱，一直主张国王是促成统治者崇拜的最关键因素。"围城者"德米特里是"独眼"安提柯之子，曾在公元前4世纪末短暂控制雅典。雅典人显然清楚如何讨好这位统治者："最全能的神祇波塞冬与阿芙洛狄忒之子，向你致敬。其他诸神要么远离我们或对我们不闻不问，要么根本不存在或对我们漠不关心；但你无处不在，并非是在话语之中或石头上，而是真正地存在，因此我们才向你祈祷。"即使统治者从未自视为神，但他们依然可以享受传统上只属于神明的种种荣耀。

---

[1] 参见：Angelos Chaniotis, "The Divinity of Hellenistic Rulers", in Erskine (ed.), *A Companion to the Hellenistic World*.

对国王的崇拜仍基于传统宗教的框架，仪式通常在神庙中举行，也包括牺牲与祭酒。在埃及，托勒密王朝的国王被纳入了传统的君权神授的框架。著名的罗塞塔石碑上刻有用圣书体、世俗体、希腊语这三种文字写就的铭文，因而成为后世破译象形文字的钥匙（破译工作最终由法国人商博良于19世纪20年代完成）。其碑文记录了孟菲斯的祭司于公元前196年献给托勒密五世的致谢词。托勒密五世在铭文中既被称为神，也被称为众神之子。在当时的宗教氛围里，被神化的统治者成为一种媒介，用以调节凡人与众神、凡人与半人半神的统治者或英雄的关系，通常对凡人和神祇都有好处。尽管此类崇拜仪式的情感与精神语境已难以复原，但这些仪式迅速传遍整个希腊化世界的事实证明它们能够满足重要的需求。

希腊人与其他民族

在希腊本土与马其顿尼亚之外的地方，希腊人的城市实际上陷在波斯人、印度人、埃及人、犹太人和凯尔特人等土著民族的汪洋大海中。尽管希腊人与当地人的复杂关系已难以考证，但两者的区别仍十分明显。例如，在埃兰的塞琉西亚（Seleucia-on-the-Eulaeua）原本是波斯帝国的都城苏萨，但人们没有发现任何不具有希腊血统的公民（法律意义上的）的记录。在塞琉古王国，直到三代人后才首次起用非希腊人在政府中任职；在托勒密王朝治下的埃及，第一位学习当地语言的统治者据传是该王朝的末代女王克莉奥帕特拉七世，而该王朝的都城亚历山大里亚的正式名称是"埃及的亚历山大城"，此称谓充分体现了该城与当地文化的隔绝状态。

尽管存在法律上的限制，但文化间的社会界线必然不会泾渭分明。伴随着在整个地中海世界以及遥远的东方穿梭的商人、使节、雇佣兵和朝圣者，希腊的风俗和价值观迅速传播。古典时代泾渭分明的各种希腊语方言此时也融合成为通用希腊语（koine）。希腊语在这个具有高度流动性的世界中也成为通用语言（见下文第29章）。许多其他民族的人需要掌握一定程度的希腊文化来谋生。土著雇佣兵若要参加希腊化国家的军队，就必须掌握一点希腊语，而且这种经验将伴随终生——即使已经退役，他们也往往以希腊人的方式料理后事,用希腊语铭文装饰其坟墓,以显示他们文化等级的提升。

至于统治者与被统治者的关系,埃及为探讨该问题提供了最佳的例证,因为当地干燥的气候使大批纸草文献得以保存至今。当时大批希腊人拥入尼罗河沿岸定居。文献显示其来源地超过200个。通常,希腊人垄断了公民身份所带来的各项特权,亚历山大里亚也把埃及本地人拒之门外,除了那些为该城提供服务者。然而,希腊人又对灿烂悠久的埃及文明保持着敬意。在亚历山大里亚以外的聚落,希腊人其实常常与埃及人杂居并相互通婚;在亚历山大里亚,埃及艺术与希腊艺术的风格相互融合。托勒密王朝的国王们则常常被描绘为传统的埃及法老形象。越是深入埃及的南方,希腊文化的影响力就越小。在底比斯,那些古老而富有的家族往往固守着传统,例如沿用其古老的法律体系。

除了与现有的机构密切合作,托勒密家族别无选择。由于他们需要足够的岁入来维持都城的运转以及抵御塞琉古王朝这样的敌人,所以法老时代的行政治理体系被完整地保留下来,剩余农产品也得以源源不断地输往国库。但结果是,这个无所不管且令人反感的官僚系统在当地人中激起了广泛的不满。公元前3世纪初,上埃及脱离了托勒密王朝的统治,并接受了来自努比亚的"法老"。托勒密王朝孤注一掷地试图挽回对埃及的控制,允许受过希腊式教育的埃及人进入行政机构,并对神庙这一埃及自古以来最具独立性的组织做出了让步。各位国王不敢挑战底比斯的祭司集团,并出资在菲莱岛和埃德夫兴建新的神庙。然而,巨大的文化鸿沟是难以逾越的。至克莉奥帕特拉七世在位时,埃及已经分崩离析。这位工于心计的女王只有向恺撒、安东尼等罗马军事强人求援,才能维持其权力(见下文第24章)。①

文化发展

希腊世界的同质性通过节庆和赛会得到了加强。奥林匹亚赛会、科

---

① 关于希腊化时代的埃及,参见:Roger Bagnall and Dominic Rathbone, *Egypt from Alexander to the Early Christians: An Archaeological and Historical Guide*, Los Angeles, 2005; Alan Bowman, *Egypt after the Pharaohs, 322 BC to AD 642*, Berkeley and London, 1986。

林斯地峡赛会、德尔斐赛会等传统赛会仍在继续举办，但一些君主或城市热衷于创办新的赛会，以提高其威望或带动当地的贸易发展（各国对现代奥运会主办权的激烈竞争可谓这一传统的延续）。他们甚至期望新赛会的声望能与奥林匹亚赛会比肩（这类赛会被当时的人称作类奥林匹亚赛会［isolympios］）。某些赛会的举办是为了纪念已故的国王（例如在亚历山大里亚举办的托勒密赛会是为了纪念托勒密一世），另一些赛会则是为了纪念某次胜利。例如埃托利亚同盟在德尔斐创办了一个新的赛会，以纪念该同盟在公元前279年击败凯尔特入侵者。（神谕所遭劫的冲击效应必定引起了广泛的共鸣，因为成功击退敌人得到了长久的纪念。）据文献记载，在少数情况下，其他民族的选手也会参赛，并在赛车、田径等项目中夺冠。罗马人也开始参加科林斯地峡赛会。公元前189年以后，希腊沦为罗马的势力范围，新的节庆纷纷涌现，以表达对罗马的敬意。

尽管传统的宗教崇拜仍保持着原有的风貌，但这终究是一个人们在精神上动荡不安的年代，于是机遇或运气被人格化为提喀（Tyche），人们像膜拜奥林波斯众神一样膜拜这个半神圣的实体。人们对秘教崇拜的兴趣也与日俱增，而且其中一些来自希腊世界以外的地方。女神伊西斯源于埃及，地母神库柏勒（Cybele）源于安纳托里亚，两者相继传入希腊世界（继而传入罗马），并各自发展出复杂的入会仪式。至于希腊人的传统神祇，崇拜德墨忒耳的厄琉西斯秘仪以及对狄奥尼索斯的崇拜仍然具有旺盛的生命力。尽管世界动荡不安，但人们对精神生活不断增加的选择持积极和开放的态度。只要不公开嘲笑神明，而且无碍于公共秩序，人们就享有选择以各种方式探索其精神世界的自由。然而在东方各王国中，此类关系更加复杂，也更加有趣。许多统治者根据自己的目的改造了希腊的宗教，例如印度孔雀王朝的统治者阿育王（公元前304—前232年），以及公元前255年脱离塞琉古统治的巴克特里亚人。

在任何一个流动性强、充满活力的世界里，雄心勃勃的人都知道如何赚大钱。目前没有任何证据能够证明此时的地中海世界比以往更加富有。连绵不断的战争可能反而使许多地方更加贫穷，大众的生活一如既往地依赖自给自足，丰收与否也只能听天由命。然而，无论财富源自何方，不管是来自土地所有权，还是贸易收入，抑或是从亚历山大东征所带来的贵金属中分一杯羹，这些财富都在向少数人集中。公元前200年以后，贸易规模可能出现大幅增长。多数贸易依靠较小的舡只（对沉船的调查显示，多数船只的排水量在50吨左右，最大则可达165吨）沿着海岸线航行，寻找任何潜在的市场。公元前225年之前，钱币的流通范围并无明显扩大的迹象。但有证据表明，此后新的铸币厂和钱币大量增加，这说明人们对钱币这一交换媒介的需求正在与日俱增。

尽管粮食、葡萄酒、橄榄油等大宗消费品构成了商品的主体，但较小的手工制品种类也越来越多，并见缝插针地码放在货舱的角落里。禁止公开炫耀财富的传统在民主时代的雅典曾具有强大的影响力，但此时已有所松动。一个典型的有教养的家庭，不仅以自家的墙绘自豪（风景画最受青睐），还会用马赛克镶嵌画装饰会客厅，并在厅内陈列许多白银或青铜制成的小型工艺品。

私人住宅变得更加舒适，反映出以家庭生活为中心的趋势。女性被给予了更多的关注，流传至今的各式各样的冠冕、头饰、耳环和项链等首饰可以佐证这一点。当时的婚约只有少量留存至今，上面显示妻子在丈夫把其他女性带回家或与其他女性生下子女时，有权提出离婚。人们在墓志铭中尽情倾诉丧妻之痛，显示了夫妻间的感情，或者至少表面上如此。此类情况在公元前5世纪的雅典闻所未闻。莎拉·波默罗伊的《女神、娼妓、主妇与女奴》[①]曾提到"雅致的浪漫礼仪"正逐渐成形。当时的瓶画中，男欢女爱的场景被转移到了更加私密的场合和舒适的床榻上（公元前5世纪时，许多此类场景发生在大庭广众之下）。社会上层的女性在公共生活中享有更高的地位，女性担任公职的例子亦不难找到。普瑞涅的一名贵妇甚至向该城捐献了一座蓄水池以及与之配套的引水渠。女性现在似乎可以从事信贷业务以及土地、奴隶的买卖，甚至为奥林匹亚赛会提供参赛的马匹。公元前4世纪初，就有一名斯巴达妇女名下的战车赢得了战车竞赛的冠军。

---

① Sarah Pomeroy, *Goddesses, Whores, Wives and Slaves*, New York, 1975.

城里的富裕市民逐渐失去了战士、政治家等传统社会角色。但作为回应，他们当中的许多人成了其城市重要的赞助者。他们资助各种赛会、公共建筑和雕塑。这项传统延续了数个世纪，并留下了令人瞩目的成果，在现存的古城遗址中仍有迹可寻。例如罗得岛就有一项悠久的传统：岛上的富裕阶层在饥荒时会帮助穷人渡过难关。资助的动机各不相同，也难以做出评价。毫无疑问，富裕阶层的捐赠行为中显然有通过公开炫耀财富提高个人社会地位的因素，但新富阶层可能是想消除潜在的社会动乱以保卫自己的地位（通过提供"面包和竞技"），或者甚至有意囤积粮食并在饥荒时分发以获利。统治阶层偶尔还会对穷人进行动员。例如斯巴达国王克里昂米尼三世（Cleomenes Ⅲ）立志重新控制伯罗奔尼撒半岛，但由于公民数量的锐减，不得不解放大批希洛人，并把他们编入由公民组成的军队。

希腊化时代的艺术

今人可以通过雕塑艺术来感受这个纷繁复杂的时代所独有的精神风貌。最受欢迎的是青铜像，可悲的是，它们太容易被熔化，往往只有罗马时代的大理石复制品得以传世。如果说公元前5世纪流行宁静的理想形态和匀称的比例，那么此时的艺术风格则浮夸到近乎怪诞。2012年，伦敦的皇家学会主办了一场题为《青铜》的展览。在第一层的展厅中，一尊公元前3世纪（或公元前4世纪）的起舞的羊人像最为引人瞩目。该作品充分展现了那个时代的勃勃生机。在建筑领域，这是一个有着丰富叶饰的科林斯柱式大行其道的时代（最早使用科林斯柱式的建筑当属公元前5世纪末兴建于巴撒埃的阿波罗神庙），但赞助人亦可根据自己的口味混合使用古典风格。

创作者对刻画人物重新产生了兴趣。此时的人像更多地反映了日常生活——正在拔出刺入足底的荆棘的男孩；身着长袍和斗篷、腼腆地不敢抬头的女孩。创作者尽情刻画着人物的各种姿态，专注于表现人物的动作。有一尊表现纵马奔驰的少年形象的青铜雕像便是这种表现运动中的人物的绝佳例子。该作品发现于阿忒米西翁海岬附近的海域，现存于雅典的国家博物馆。这一时期人物雕像的造型往往并不是平稳的站姿，而是摊开四肢的躺卧。创作者此时喜欢描绘的神话人物名叫赫耳玛芙洛狄忒（Hermaphrodite），此人同时具有女性的身体和男性的生殖器。相传一个宁芙（nymph）爱上了赫耳墨斯与阿芙洛狄忒之子赫耳玛芙洛狄图斯（Hermaphroditus）。在她的祈求下，众神允许他们两者永远结合在一起，于是雌雄同体的赫耳玛芙洛狄忒就此诞生。女性的胴体也同时出现在雕塑作品中。（女性的胴体早就是瓶画的常见题材，并在公元前4世纪初成为绘画题材。）已知最早的女性人体雕像是我们前文提到的普拉克西特列斯创作的著名的阿芙洛狄忒女神像。此后，仪态万千的阿芙洛狄忒女神像大量涌现，其中一些羞怯而端庄，另一些则明目张胆地搔首弄姿。①

可能是受到富裕阶层生活方式的刺激，个人肖像应运而生。个人肖像最初出现在该时期的钱币上，但之后又发展出青铜肖像和大理石肖像。各大城市的市场中陈列着数以千计的雕像，以纪念那些著名的人物和当地的赞助者，其中包括国王、哲学家、剧作家和运动员等。数百年来，通往城市的街道沿途竖立着不计其数的纪念碑。在希腊化时代，纪念碑变得更加精致，分布范围也更广。在某些城市的公共场所，人们仿佛置身于由雕塑组成的森林中。

就文学史而言，尽管当时的文学作品大多已散佚，但希腊化时代仍是一个成就斐然且影响深远的时代。亚历山大里亚和帕加马的图书馆在当时无疑独占鳌头。亚历山大里亚的图书馆由托勒密王朝的前两代国王建造，于公元前3世纪上半叶落成，馆中收藏了近百万卷图书。该图书馆的馆员立志收集所有已知作品，甚至包括烹饪书籍。为了搜罗书籍，无数书肆遭到洗劫，在亚历山大里亚停靠的船只也无法幸免。雅典保存的埃斯库罗斯、索福克勒斯和欧里庇得斯等作家的正式手稿也被借走且从未被归还。当时荷马的地位有如莎士比亚之于今天的有教养者。在这样一个时代，亚历山大图书馆为保存古典文学作品所做的贡献远远超过了任何私人机构。由于托勒密二世希望其图书馆能拥有希伯来语书籍，《希伯来圣经》

---

① 关于希腊化时代的艺术，参见：Lucilla Burn, *Hellenistic Art: From Alexander the Great to Augustus*, London, 2004; J. J. Pollitt, *Art in the Hellenistic Age*, Cambridge and New York, 1986; R. R. R. Smith, *Hellenistic Sculpture: A Handbook*, London, 1991。

在他的资助下被译成了希腊语，即七十子译本（Septuagint）。

亚历山大里亚的图书馆是目前已知世界上第一座按字母顺序陈列书籍的图书馆（尽管只顾及书名的第一个字母）。博学的馆长卡利马库斯（约公元前310—约前240年）编写了一部书目，按照作品的题材将藏书划分为历史、哲学、抒情诗等门类。博物馆是该城另一处重要的文化设施（博物馆［museum］一词本义为"缪斯女神的居所"，指孕育艺术与知识之处）。该博物馆由托勒密一世（Ptolemy Soter）下令建造，吸引着全希腊世界的学者云集于此。被拒之门外者则讽刺这里是酗酒与从事无聊研究的中心。例如斐利亚修斯的第蒙（Timon of Phlius）曾讥讽道："在埃及这片通行多种语言的土地上，许多人以卖弄文墨为生，在缪斯的鸟笼——博物馆——里争吵不休。"他重拾传统的论调，讽刺知识分子本质上是对社会毫无贡献的累赘。但无论如何，亚历山大里亚的图书馆与博物馆为保持古希腊文化的活力与完整性发挥了至关重要的作用。

帕加马图书馆试图挑战亚历山大图书馆的地位。阿塔罗斯王朝的国王欧迈尼斯二世（Eumenes Ⅱ，公元前197—前160年在位）为搜罗书籍也采取了一些极端手段。据文献记载，雅典人曾把亚里士多德的手稿藏在地沟里，以免落入欧迈尼斯二世之手。相传欧迈尼斯二世最终搜罗到了20万卷纸草手稿，而且考古人员也的确在帕加马遗址中找到了当年用于存放手稿的建筑。站在残垣断壁间，可以依稀分辨出那3间用于存放卷轴的房屋，以及供读者展开手卷在阳光下阅读的柱廊，这是一种感人的经历。帕加马的挑战激怒了托勒密王朝的统治者，后者下令禁止埃及向帕加马出口纸草。帕加马的应对之策使后人获益匪浅。纸草虽然在埃及干燥的气候下可以长期保存，但在潮湿的气候下很快就会腐烂。为了抄录书籍，阿塔罗斯王朝的国王们只得使用羊皮纸（用山羊皮、绵羊皮、牛犊皮等制作）。英语单词parchment（羊皮纸）源自拉丁语词语pergemena，其字面意思就是"帕加马的纸"。羊皮纸更经久耐用，在此后的数百年里一直被用作抄录与传播各式各样手稿的载体。如果普鲁塔克的记述无误，亚历山大图书馆在这场较量中赢得了最终的胜利。按照他的记载，马克·安东尼为了取悦克莉奥帕特拉七世，把帕加马图书馆的藏书悉数运往了亚历山大里亚。

亚历山大图书馆最终还是消失得无影无踪。据记载，自公元前1世纪起，到公元7世纪埃及被阿拉伯人征服，该图书馆经历了数次破坏和火灾。近期的考古工作已经可以确定多间讲堂的遗址。希腊化时代文献的散佚是文学史上的一大灾难。这一灾难既发生在亚历山大里亚，也发生在意大利南部等地区。尽管据信当时有大批史籍问世，但如今只有波利比阿的作品片段存世（见下文第22章）。存世的作品主要是诗歌，而悲剧等大类则全部佚失。

罗马诗人对希腊化时代诗人的大量借鉴更佐证了散佚作品数量的庞大。普劳图斯（Plautus）、泰伦提乌斯等罗马剧作家就严重依赖希腊喜剧作家米南德（Menander，公元前342—前292年），对其剧本中的桥段尽情加以改编。米南德也有一些作品传世，其中包括近来在埃及的一堆纸草文献中发现的一部基本完整的剧本。此人被尊为新喜剧大师。所谓的新喜剧发源于公元前4世纪晚期的雅典，继而风行整个希腊-罗马世界。这类喜剧迎合了中产阶层的趣味，其中心人物往往来自富有家庭，被卷入各类错综复杂的阴谋和巧合中，例如被拐骗来的男孩正是自家失散已久的儿子，或者在节日夜晚受强暴而怀孕的大家闺秀，为掩盖这一丑闻匆忙找到的结婚对象正是孩子的父亲。新喜剧对政治漠不关心，只关注与金钱和婚姻有关的故事，而且往往拥有皆大欢喜的结局，哪怕最棘手的问题都能够得到圆满解决。实际上，莫里哀、谢立丹、卡洛·哥尔多尼、王尔德和萧伯纳等近现代剧作家的作品中都不难发现米南德的影子。

希腊化时代的诗人们沉湎于建立在友谊、乡愁和学术基础之上的个人小天地。他们的诗歌是自觉的文学创作，例如在诗人卡利马库斯悼念其友人赫拉克利图斯（Heracleitus）的诗作中就有所体现：

  人说赫拉克利图斯故去，
  引动我热泪流，
  想当年我两人常在谈话间送夕阳下山。
  如今你这哈利卡涅克人久已化成灰。
  但你那些如夜莺般的联珠妙语还活着，

冥王能捉走一切却捉不走它们。①

卡利马库斯是当时最具影响力的诗人，尤其受到卡图卢斯、奥维德等罗马诗人的喜爱。此人博学多闻，前文曾提到，他为亚历山大图书馆编写了120卷书目，据说还创作了800卷其他作品。卡利马库斯毫不掩饰地以一种文化精英的姿态追求优雅的文学品位与精致的学术，从而为此时的诗歌创作奠定了基调："我鄙视所谓的新史诗：我不能容许这种为了吸引群众而不惜使用各种伎俩的创作潮流。见异思迁的花花公子令我厌烦；我不喝街道上的水，不能忍受任何公共场合的东西。"若他能对现代的肥皂剧发表一番尖刻的批评，想必一定值得一读。卡利马库斯有6首颂歌存世。他的作品经过了精心打磨，仅供几个知己彼此传阅。他所创作的一些警铭诗（epigrams），例如上文引用的哀悼朋友的小诗，主要为了抒发其个人情感，其中也包括他对少年的爱慕之情。卡利马库斯那渊博的学识、多才多艺和敏捷的才思，令他成为当时诗人的典范。他也是在荷马之外当时被引用最为频繁的诗人。他的代表作如今均已散佚。虽然这些作品曾被抄录并保存到了中世纪，但据信在1204年第四次十字军东征期间，与君士坦丁堡的皇家图书馆一道毁于战火。②

诗人之间的关系往往并不那么融洽。卡利马库斯可能就与罗得岛的阿波罗尼奥斯（约公元前295—前215年）不和，而后者同样是亚历山大图书馆的常客。卡利马库斯积极倡导短小精悍的箴言，而阿波罗尼奥斯则复兴了史诗这一文学形式，用宏大的篇幅记述了阿尔戈英雄的冒险故事。两人对于诗歌创作的分歧可能加剧了两人的不睦。阿波罗尼奥斯的《阿尔戈英雄纪》因生动刻画了美狄亚对伊阿宋的深情而成为名篇。著名古典学学者罗宾·莱恩·福克斯（Robin Lane Fox）如此评价道："古希腊人对深陷热恋中的女子最为精彩的刻画。"这部史诗直到中世纪时仍备受人们喜爱。维吉尔（Virgil）在其史诗《埃涅阿斯纪》（Aeneid）中对主人公埃涅阿斯

---

① 《古希腊抒情诗选》，第273页。——译者注
② 对该时代希腊诗歌的介绍，参见：G. O. Hatchinson, *Hellenistic Poetry*, Oxford and New York, 1988; Richard Hunter, "Literature and its Context", in Erskine (ed.), *A Companion to the Hellenistic World*。

（Aeneas）与腓尼基女王狄多（Dido）的爱情描写，可能就受到了阿波罗尼奥斯的启发。

希腊化时代对欧洲文学的另一个重要贡献是田园诗（pastoral poetry）。活跃于公元前3世纪上半叶的忒奥克里托斯（Theocritus）通常被视为田园诗之父。他出身于叙拉古，并在受到托勒密王朝的招揽前一直在意大利南部生活。忒奥克里托斯的诗歌可能取材于意大利南部牧人所吟唱的传统歌谣。在他所营造的世界里，牧人们在变换的四季与肥沃的原野中相互逗趣，要么与姑娘打情骂俏，要么悼念死去的同伴。尽管人生终将如幻影一般破灭，但他们仍在草地上、在柏树丛中纵情做爱。忒奥克里托斯曾在诗中记述达弗尼斯（Daphnis）如何引诱一位姑娘。前者是西西里民间传说中的一位牧人，频频出现在田园诗中。

> 这对爱侣分享着共同的欢乐，愉悦无比；
> 爱神如约而至，带来了神秘的礼物。
> 达弗尼斯把碧蓝的斗篷铺在地上，
> 用玫瑰花瓣点缀着婚床。
> 当他们相互依偎着躺下，
> 他尽情嬉戏，喘着火热的气息，
> 擦拭着二人额头上芳香的汗珠。
> 姑娘最先起身，满面桃红，
> 低垂双眸看着草地上的印痕，
> 然后飞快跑向她的羊群。
> 新郎终于从回味中醒来，
> 快活地吹着笛子向家走去。

然而幸福转瞬即逝，达弗尼斯也在相思之中死去。忒奥克里托斯对此感慨万千，他也因此成为英国诗人约翰·弥尔顿在创作挽歌《列西达斯》（*Lycidas*）时所模仿的对象：

可是啊，沧海桑田，如今你走了，
如今你走了，永远不再回来！
痛悼你，牧羊人，森林和荒漠岩洞
虽长满百里香和到处攀缘的藤萝，
全回荡着哀悼哭泣。①

叙拉古诗人摩斯库斯（Moschus，活跃于公元前150年左右）也把田园生活当作了心灵的庇护所。

当海风打破宁静，波涛激荡着碧海，
我对大地的爱便无以复加；
宁静而安详的微笑深深地吸引着
我那不平静的思绪。
当海洋深处再次发出咆哮，
当海面上汇集无数浪花，当巨浪卷起，
凄凉的景象使我想到家乡的土地和密林，
风声喧闹，松树发出甜美的旋律。
是谁的房子在孤独地吠叫，
是谁在海中操劳，捕捞游荡的鱼儿，
此人真是抽到了倒霉的一签。
我却要把酸软的四肢摊开在水下，
潺潺流水为精神带来的是安宁，而不是搅扰。

科学与数学

希腊人在智识方面的特点造就了他们在数学和自然科学领域的成就。他们天生充满了好奇心，不愿相信事物的发展由众神在背后推动。因此他们普遍认为人类有能力理解自然世界的运行规律。希腊人普遍认识到了理

---

① [英] 弥尔顿，金发燊译：《弥尔顿抒情诗选》，长沙：湖南文艺出版社，1996年，第215页。——译者注

性的重要性，他们思考为什么论点会成立或不成立，或思考如何按照逻辑从前提推导出某个新的结论。受过良好教育的希腊人乐于搜集和考察证据。可能最为关键的一点是，希腊人并不迷信权威，任何论点都必须接受不断积累的新的经验性证据和理性的检验。

当然，只有精英阶层能够参与此类智力活动，但任何相信精英阶层可以在不受政治、宗教、社会这些更广阔的背景的影响，独立发展出科学式客观性的观点都可以被视作无稽之谈。当时不存在名为"科学"的独立学科，更不存在只从事科学研究的专业人士。即便如此，古希腊学者取得的成就所涵盖的领域已颇为广泛，而且在克服形形色色的困难时展现出了令人瞩目的才智。这些人类历史中最伟大的一些大脑曾思考过的科学命题，有的至今仍无人能洞悉其中的奥秘。下列学科的名称全部源于希腊语：光学、声学、力学、化学、医学、地理学、地质学、天文学、生物学和心理学。①这一切可以佐证希腊化时代所取得的成就。

在当时的科学和数学研究领域，国际大都会亚历山大里亚无疑是研究活动的中心。托勒密王朝积极鼓励科学研究。当时最伟大的3名数学家全部以亚历山大里亚作为根据地：欧几里得（活跃于公元前300年左右）、阿基米德（公元前287—前212年），以及佩尔格的阿波罗尼奥斯（Apollonius of Perge，活跃于公元前200年前后），尤其后二人曾被著名科学史学者杰弗里·劳埃德誉为"最高级别的原创型天才"。欧几里得的《几何原本》可能是有史以来最伟大的数学教科书。此人的研究方法是先提出一些所有人都必定接受的公理，从而构成论证的基础，之后通过合理的论证，系统化地从这些公理中推导出各个定理。《几何原本》的简洁和使用的方法使其成为后世所有数学研究的基础。在欧几里得成就的基础上，阿基米德成为首位能够精确计算圆周率的数学家，设计出了测量圆的面积的巧妙方法。此外他还推导出计算球体体积的公式。实际上他也是流体静力学的奠基人。总而言之，阿基米德对数学的贡献比历史上任何数学家都要

---

① 参见：Jacques Brunschwig and Geoffrey Lloyd (eds.), *Greek Thoughts: A Guide to Classical Knowledge*, Cambridge, Massachusetts, and London, 2000；David Lindberg, *The Beginnings of Western Science*, 2nd edition, Chicago and London, 2007；Stephen Bertman, *The Genesis of Science*, New York, 2010。

多（其崇拜者伽利略曾称他是"超人"）。阿波罗尼奥斯的贡献主要在几何领域，他对圆锥曲线的研究可以与当今最顶尖的数学家比肩。

一般而言，这些早期的数学家们不得不与技术上的局限性做斗争，然而安提基特拉机械装置（Antikythera mechanism）的发现则表明用于描绘星象的机械在当时已十分成熟。虽然早在1900年时，安提基特拉机械装置便在安提基特拉岛附近的一艘沉船中被发现，但这个令人震惊的机械装置的复杂性直到最近才被认识到。该机械装置可能制作于公元前1世纪早期，表面刻有希腊语的文字信息（但似乎是根据巴比伦的记录编写的）。尽管这种由30余个齿轮组成的装置目前仅发现了一件，但其结构的复杂性和精密性显示此类装置至少存在某种原型，只不过早已全部遗失。一些文学作品也曾零星提及类似装置。对安提基特拉机械装置的研究正在稳步推进，人们已经发现该装置还具有更多的功能。

安提基特拉机械装置证明天文学是当时成果最丰硕的研究领域，其发现也远远超越当时的一般认知，例如萨摩斯岛的阿里斯塔克（Aristarchus of Samos，活跃于约公元前275年）曾提出地球环绕太阳运行，但他未能说服希腊化时代的主流天文学家，而且主流学者在此后的1700年里始终对地球是宇宙中心的观点坚信不疑。公元前3世纪，厄拉托瑟尼（Eratosthenes）计算出了地球的周长，其方法是在某一天的正午，在尼罗河上两个地点，对太阳的投影进行测量和比较。其具体的计算结果虽难以确证，但可能与真实数据的误差在300千米以内。（希腊人毫不犹豫地接受了地球是圆的。）

在当时的天文学界，最具影响力的人物就是上文曾提到的数学家阿波罗尼奥斯（他的权威性自公元前2世纪起开始确立）。此人把地心说当作其一切理论的前提。对古希腊的天文学家而言，这似乎是对遥远恒星间的恒定关系的最好解释，而且根据亚里士多德的理论，地球是宇宙天然的中心，吸引着世间万物，正如重力现象所昭示的那样。阿波罗尼奥斯以地心说为前提，构建了一整套解释行星运动规律的天体系统。他认为这些行星各自以圆形轨道运转，而这些轨道的圆心又全部沿着另一条圆形轨道运动；第二条轨道的圆心有时在地球所处的位置，有时却在其他地方。该天体系统可以更容易地解释许多天文现象,例如季节长短的变化。阿波罗尼奥斯的理论经尼西亚的希帕卡斯(Hipparchus of Nicaea)进一步完善,最终在公元2世纪被古代最伟大的天文学家托勒密(127年至145年活跃于亚历山大里亚)所采纳。希帕卡斯本人同样取得了令人瞩目的成就:他最早发现并定义了分点岁差。由于地球并非一个精确的球体,所以地轴时刻处于轻微的摆动之中。这意味着它作为恒星观测台,位置始终在轻微地变动。这种地轴摆动的周期为2.6万年。最早发现此现象并最先计算出其变化速率的正是希帕卡斯。

与天文学重视运算的传统正好相反,古希腊的医药学把观察置于首位。现存最古老的古希腊医药文献大概有60余种,成书于公元前430年至前330年之间,通常被认为是由公元前5世纪时居住在科斯岛的希波克拉底所作。目前并无证据能够证明此人曾撰写过此类文献,而且文献中的一些术语显然产生于更晚的时代。例如这些著作中所提到的医神庙(Aesclepium),其实兴建于希腊化时代,其遗址至今仍保存在科斯岛。但医学界的某些准则仍被认为与希波克拉底有关,例如:患者应被当作一个整体看待;大多数疾病是自愈的;简单的膳食有益于健康;医生要把治愈患者放在第一位,而不是个人的安危荣辱或聚敛财富。①

在被归入希波克拉底名下的著作中,最具影响力的当数《论神圣的疾病》(On the Sacred Disease),它探讨了癫痫病这种神经疾病。癫痫在当时被认为是众神对个人的直接干涉。但《论神圣的疾病》指出,癫痫是一种自然发生的病症,病灶位于大脑中,并有明确的病因,可能是遗传性的,如果及早使用药物治疗可能会被治愈。这部著作挑战了那些兜售这种疾病的"魔法"疗法的人,证明只有训练有素的医生才能治疗这种疾病。现代医学可以说发端于此。

在医学领域,任何严肃的成果都依赖于对各种有关人体机能的经验性信息的搜集。希腊人习惯于在祭祀活动之后分割作为祭品的动物,并在一定程度上把所掌握的解剖学知识应用到人体上。相传活跃于公元前3世纪

---

① 对古希腊医学较全面的介绍,参见:Vivian Nutton, *Ancient Medicine*, London and New York, 2004。

60 年代的卡尔西顿的希罗菲卢斯（Herophilus of Chalcedon）和凯奥斯岛的埃拉西斯特拉图斯（Erasistratus of Ceos）迈出了重要的一步——他们把活生生的囚犯作为观察对象，从而获得了关于人体机理的第一手资料。他们的研究方法包括解剖观察对象，甚至可能进行了活体解剖。此二人率先观察到人体的神经系统，并掌握了感觉神经与运动神经的区别。他们距离全面了解血液循环的原理也仅有一步之遥。最先对十二指肠进行描述与命名的也是希罗菲卢斯。这些人与古希腊的其他科学家一样，不可避免地受到了实验设备的制约：他们只能用裸眼进行观察，因此无缘发现细菌和病毒，从而对病因的解释仍受到四体液说的限制。即便如此，他们的成果仍然为盖伦奠定了成功的基础。后者是古希腊最伟大的医生，在公元 2 世纪时成为生理学研究的先驱。

支撑上述成就的是这些"科学家"永无止境的好奇心。在希腊化时代，这种好奇可以被视为一种探索未知世界的激情。亚历山大的远征在东方发现了大量极具异域风情的民族和文化，随行的"科学家"也向希腊人介绍其经历，激发了人们对地理学的极大兴趣。在此后的 300 年间，旅行家们进一步探索了他们所能到达的每一个地方。而其中最著名者当数皮西亚斯（Pytheas）。此人是一名船长，公元前 320 年左右由马西里亚（今马赛）出发，经直布罗陀海峡驶入大西洋后转而北上，环行不列颠群岛一周，甚至到达了夜晚仅有两三个小时的一个地方，也就是位于北纬 65° 左右的某地。皮西亚斯是一位真正的冒险家，同时也是一名数学家和天文学家，他的航海活动可能并不追求商业利益，而纯粹是为了探索世界。一些旅行家向东抵达了印度的恒河，另外一些旅行者则南下抵达了索马里，并在当地为托勒密王朝的军队带回了战象。这些旅行家的另一项成果是帮助美塞尼亚的狄凯埃阿库斯（Dicaearchus of Messenia）于公元前 300 年前后绘制完成了人类首张世界地图。该地图绘有一条纬度线。至公元前 3 世纪末，厄拉托瑟尼又绘制了一幅带有经度线的地图。

哲学家

哲学本身并不是一种能被定义的活动，但智识生活的本质是对过上

"美好生活"意味着什么的热情讨论。雅典依然延续着数百年以来的文化吸引力，柏拉图与亚里士多德各自创办的学园仍在运转。新的观念迅速抓住了热衷于辩论者的想象力。哲学家们纷纷探索崭新的辩论方式。一些勇于开拓者创立了新的学派，而求学者们可以辗转于不同学派寻求启迪。[①]

希腊化时代最主要的两位哲学家是伊壁鸠鲁（Epicurus）和芝诺，他们分别出生于萨摩斯岛和塞浦路斯岛，先后来到雅典传授其哲学思想。他们都试图在这个令人焦虑的时代为个体寻找存在的意义。伊壁鸠鲁自公元前307年移居雅典起，直至公元前271年去世，都在雅典生活。他认为众神对世界的影响几近于无。伊壁鸠鲁追随唯物主义哲学家德谟克利特的脚步，坚信世界由原子构成，人也由原子构成，死后则再次分解为原子，重新组成其他事物；所有可以被习得的知识必须以对世界的观察与体验为基础；人存在的唯一目的就是确保自己能在世间快乐地生活。

然而伊壁鸠鲁并非在宣扬毫无节制地追求感官愉悦，而是指追求心灵的宁静，免于各种痛苦。他曾经说过："哲学若不能排解灵魂的痛苦便毫无用处。"达到此境界的关键在于摆脱对死亡的恐惧，注重日常生活的快乐。在这些快乐中，友谊和理性尤其受到伊壁鸠鲁的推崇。"快乐的生活不源自推杯换盏与寻欢作乐，不源自肉体的欢愉，不源自鱼或餐桌上的其他佳肴，而是来自理性。"伊壁鸠鲁提倡摆脱忙碌与竞争性的生活，此论调颠覆了古希腊的传统价值观，因为传统上古希腊社会对一个人的评价主要基于个人在公共生活中的成就。伊壁鸠鲁哲学在当时并未受到重视。然而，伊壁鸠鲁的哲学思想不仅在罗马共和国末年大行其道，对我们今天的生活也产生了巨大的影响。就在最近，伊壁鸠鲁著作的一个意大利语译本创造了百万册的销量。

芝诺（约公元前333—前262年）是斯多噶学派（Stoics）的创立者，该学派得名于芝诺的授课地点，即雅典市场北侧的大画廊。然而最能体

[①] 对希腊化时代哲学发展的介绍，参见：A. A. Long, *Hellenistic Philosophy: Stoics, Epicureans, Sceptics*, 2nd edition, London, 1986。下列两部则揭示了古代斯多噶派哲学之于今天的意义：Tad Brennan, *The Stoic Life: Emotions, Duties and Fate*, Oxford and New York, 2005; William Irvine, *A Guide to the Good Life: The Ancient Art of Stoic Joy*, New York and Oxford, 2008。

1、2. 这些用于仪式的调色板是反映王权在埃及走向统一后（公元前3100—前3000年），其性质发生改变的重要证据。在战场调色板（图1）中，国王被刻画为一头狮子，一种吞噬敌人的自然力量。该调色板可能曾被用作宣示战争的胜利。一百年后，在那尔迈调色板（图2）中，那尔迈以人的形象出现，他的敌人跪倒在他的脚边。他的左侧是负责为他洗脚的侍从，强调了地位的尊卑。以隼的形象出现的荷鲁斯栖息在纸莎草茎上。纸莎草是那尔迈所征服的三角洲地区的象征。在调色板的背面，生有蛇颈的豹形怪兽形象源于美索不达米亚，体现了当时埃及与近东地区之间的交往。

3. 这些还愿用的人偶制作于公元前2900年至前2400年。当精英阶层无法亲自参与祭祀时，就使用这些人偶作为自己的替身。此类人偶适用的祭祀仪式已经失传，但它们通常身着官员的服饰，摆出一副虔敬的神态。

4. 这块写有楔形文字的泥板出土于尼尼微的阿舒尔巴尼拔图书馆，记载了史诗《吉尔伽美什》的一部分。当这片泥板于1872年被首次释读时曾引起轰动，因其包含有巴比伦人对大洪水的记述，且与《创世记》的记述非常类似。泥板制于公元前7世纪。

5. 乌尔军旗。乌尔军旗的实际功能至今仍存在争议，但仍是伦德纳·伍利爵士在乌尔王室墓地中最令人激动的发现之一。其制作的年代为公元前2600—前2400年。各行图案表现了战时与和平状态下的苏美尔王室。此面的主题为和平，描绘了宴饮的场景以及各种待宰杀的牲畜。

6. 著名的汉谟拉比法典，制于约公元前1760年，出土于苏萨。这座石碑可能被掠夺至此，而其最初的安放地点应为幼发拉底河畔的锡普尔。作为一种政治宣传工具，法典收录了国王为其臣民主持公道的案例。碑文用阿卡德语书写。

7. 在出土的亚述浮雕中，亚述国王阿舒尔巴尼拔二世正在攻打一座敌城。一辆敌人的战车在阿舒尔巴尼拔二世前方翻倒，但阿舒尔神为国王提供了庇护。

8. 波斯波利斯曾是波斯帝国礼仪意义上的首都。其巨大的宫殿由大流士于公元前515年开始建造。大殿的浮雕表现了臣属于帝国的各民族进贡的场景，显示了帝国的多元性。

9

10

9. 孟考拉、哈夫拉与胡夫三位法老所兴建的三座大金字塔。详见内文插图"吉萨高原平面图"。

10. 大金字塔建造者胡夫之子——哈夫拉。他除了效仿其父建造金字塔外，还在坡道附近建造了巨大的狮身人面像。这座石像用一整块露出地表的巨大石灰岩雕刻而成。在通往河谷祭庙的甬道中，矗立着23尊用整块片麻岩石材雕刻而成的哈夫拉雕像，每一尊都有隼形的保护神荷鲁斯蹲踞在其身后。图中的雕塑就是其中之一。

11. 哈特舍普苏特的祭庙，也是她兴建的建筑中最精美的一座，坐落于尼罗河西岸的代尔巴赫里。祭庙坐落在一系列的高台之上。浮雕描绘了她在统治期间取得的成就。她并未安葬于此，因为她意识到自己的统治受到广泛的反对，所以这么做可能太过显眼。该神庙的立柱可能成为希腊工匠模仿与借鉴的对象，他们在此基础上创造出了多利亚柱式。

12. 中王国时期以其精美的珠宝而闻名。这件华丽的项链制于公元前19世纪，属于第十二王朝法老阿蒙尼姆赫特三世之女奈菲鲁普塔赫（Neferuptah）。她的名字意为"创造之神普塔赫的美人"。此物出土于她那座尚未被盗的陵墓。

13. 奥西里斯神主持对死者的审判。死者的心脏被阿努比斯放在天平上，用道德和秩序之神玛特的羽毛进行称量。如果心脏因死者的罪恶而过重，就会被怪兽阿米玛特（Amemait，意为吞噬者）吞食。图中，死者正在为自己申辩并等待裁决。本图选自《阿尼纸草》，制于约公元前1250年。阿尼是底比斯的一名书吏。这些"亡者之书"被放置在墓中，写满了各种帮助死者获得永生的咒语。森奈扎姆墓中也有出土。

14. 森奈扎姆墓壁画。森奈扎姆与妻子通过了审判，得以在神话中的极乐世界——雅鲁（Iaru）——耕种那里永远肥沃的土地。图中，森奈扎姆正在耕地，他的妻子则在播种亚麻或小麦。壁画绘于公元前13世纪，发现于底比斯西岸的代尔麦迪纳。

15. 埃赫那吞（公元前1352—前1336年在位），意为"对阿吞有益之人"，他通过推动崇拜唯一的神——太阳神阿吞，掀起了一场有关王权观念的革命。浮雕对他本人形象的描绘也有别于传统，他的家庭成员与他一同沐浴在太阳神的恩泽中。但这场革命未能持续下去，传统的祭祀模式在他死后便恢复了。请注意浮雕中供品的种类。

16. 较为传统的拉美西斯二世（约公元前1279—前1213年在位）的形象。他是一名老练的宣传家。浮雕表现了他在叙利亚战事中痛击敌人的场景。请注意他的形象与胆怯的敌人在大小上的对比。该浮雕出自阿布辛拜勒神庙。

17. 图坦哈蒙下葬时所戴的面具，可能是其宝藏中最知名的一件。20世纪20年代，图坦哈蒙陵墓的发现曾在全世界掀起一股"图坦哈蒙热"。

18. 这件精美的小型雕塑同样出自图坦哈蒙墓，表现了少年图坦哈蒙被女神蒙科瑞特（Menkeret）托起的场景。

19. 圣托里尼岛的阿克罗蒂里城因火山喷发（可能是公元前1628年）而被掩埋，却令许多壁画得以保存至今。这幅壁画表现了船只驶入港口的场景。

20. 迈锡尼人是尚武的民族。制作这样一顶头盔需要使用至少60只野猪的獠牙，因此该盔应属于一名精英成员。头盔制造于公元前15世纪。

21. 迈锡尼陶器的装饰风格热情奔放，正如这个陶罐上的章鱼花纹所示。陶罐制作于公元前14世纪。

22. 迪普隆大师制作的葬礼用陶罐。之所以如此称呼这些工匠，是因为此类陶器出土于雅典的迪普隆门，制造时间为荷马时代（即公元前750年左右）。陶罐上的绘画表现了典型的葬礼与哀悼场景。

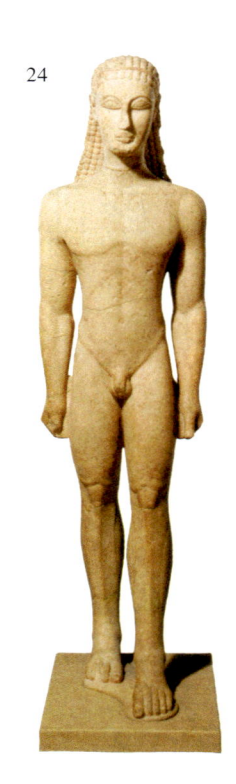

23、24、25．希腊雕塑艺术诞生于公元前7世纪。欧塞尔女神像（图23）的真正产地可能是公元前630年左右的克里特岛，其体态与发式均体现了东方对希腊艺术的持续影响。公元前600年时，最重要的人体雕塑样式是青年像，即竖立在贵族坟墓旁的男性人体雕像（图24）。但值得注意的是，制作于约公元前480年的克里托斯男孩像（图25）展现出某些简单却极具革命性的变化。美术史学者约翰·博德曼因此写道，"自此之后一切皆有可能"。

26、27. 希腊神话中的英雄人物一般孔武有力，而赫拉克勒斯的传奇功业更是常见的艺术主题。例如这件公元前6世纪的黑绘陶瓶上，赫拉克勒斯正与尼米亚雄狮搏斗（图27）。但也有表现真实英雄的作品，例如在公元前514年刺杀雅典僭主希帕卡斯的哈尔摩狄奥斯和阿里斯托革顿（图26，这件雕塑是罗马时代的复制品）。

28. 埃克塞基亚斯是公元前6世纪雅典最杰出的瓶画家之一。在他的这幅作品中，特洛伊神话中最伟大的两位英雄——埃阿斯与阿喀琉斯——正在掷骰子，并把盔甲摆在一旁。这幅画表现了漫长战争中的短暂和平。

29. 公元前6世纪，贸易开始变得越发重要。画面中，昔兰尼的国王阿尔克斯里阿斯正监督罗盘草的打包与装船。据称包治百病的罗盘草是昔兰尼的主要出口商品，自然也出现在了其钱币上。

30. 米泰亚得之盔。米泰亚得曾在马拉松指挥雅典军队大败波斯人，并把头盔献给了奥林匹亚的宙斯。这件希波战争时代的珍贵文物在考古发掘中得以重见天日。

31. 希波战争成为了持续不断的东西方冲突的象征。此处是一只制作于约公元前460年的双柄杯，杯底使用一名希腊重装步兵击败一名波斯武士的图案作为装饰。

32. 出土于德尔斐的战车驭手青铜雕像，以纪念一场战车竞赛的胜利，由西西里岛杰拉城（Gela）僭主波吕扎罗斯（Polyzalos）于公元前474年进献。该雕像在一次地震中坠入裂隙，并于1896年被法国考古人员发现。注意人物平静的表情，胜利仿佛令他超越了凡俗世界。

33. 正如这幅创作于约公元前530年、表现激烈赛跑场面的瓶画所表现的那样，希腊贵族的世界被体育竞技所主宰。作为一种展现贵族有别于"大众"的方式，体育赛会出现了。

34、35. 体面的雅典女性（图34），比如雅典的已婚公民，总被表现为身处井井有条且颇具文化气息的环境中，并远离公共生活。但表现高级交际花（图35）的画作则不受上述成例约束。音乐、宴饮与袒露的胴体形成了会饮的基本元素。

36. 胜利女神浮雕，雅典卫城西南侧的胜利女神神庙栏杆上的众多浮雕之一，也是最精美的雅典卫城雕塑之一，制作于公元前427年至前424年。人物服饰的褶皱展现了人物曼妙的身体曲线。

37. 帕特农神庙至今仍是希腊神庙建筑艺术的典范，并在公元前5世纪30年代以惊人的速度拔地而起。其著名的浮雕饰带至今仍有一些保存在雅典，而非伦敦，例如图中这些疾驰的骑手就出自该神庙西侧的饰带。

38. 德尔菲神谕所位于帕纳塞斯山一处风景宜人的地点。图中的立柱属于位于圣域中心的阿波罗神庙。女祭司发布神谕之处就在该神庙的下方。图中左侧是一座剧场。

39. 公元前6世纪末，剧场这种建筑开始在希腊慢慢兴起。至公元前4世纪时，大型剧场开始出现，比如图中的伊庇达洛斯城剧场。该剧场可容纳1.5万名观众。观众无论身处何处，都能清楚地听到舞台上所说的每一句台词。建筑技术之成熟令人惊叹。

40. 伯罗奔尼撒半岛西部城邦美塞涅的城墙。公元前4世纪，攻城技术的飞速发展令每一座城市都必须修筑高大的城墙。公元前369年，美塞涅便修建了周长9.5千米的城墙。

41. 众多民族与希腊人比邻而居，许多都吸纳了希腊的文化与艺术风格。这把梳子上就出现了身着希腊服饰的西徐亚人形象，尽管西徐亚人来自黑海沿岸。图案可能表现了西徐亚人中一个兄弟阋墙的古老传说。此物出土于克里米亚半岛的一座古墓，证明所谓的"蛮族"也懂得欣赏精美的奢侈品。梳子上的狮子形象尤其值得注意。这把梳子制作于公元前5世纪至前4世纪。

42. 苏格兰画家大卫·罗伯茨（David Roberts，1796—1864年）为我们描绘了早期欧洲探险家眼中的埃及。在这里，并非所谓的"蛮族"接受了希腊文化，而是希腊人适应了埃及的古老文化。图中是菲莱岛上的伊西斯神庙的门廊。该神庙由托勒密家族建造（大约建于公元前3—前2世纪），作为其领土最南端的标志。

43. 对古代世界的再发现伴随着学术研究与掠夺。就学术研究而言，1798年拿破仑远征埃及时就有大批科学家与艺术家同行，并对这个国家进行了第一次细致的测绘。他们的报告于1809年开始出版，最终成为20卷的巨著。图中是法国人所见到的狮身人面像，当时仍半埋于黄沙之中，大金字塔则位于其后方。罗塞塔石碑（见图47）的释读带来了埃及学的一次空前发展。

44. 考古学家奥斯汀·亨利·莱亚德（1817—1894年）因发掘尼尼微而举世闻名。图中，他正监督工人把辛那赫里布王宫中的带翼公牛巨像拆卸、放倒。该图出自1853年出版的《尼尼微与巴比伦废墟中的发现》(Discoveries in the Ruins of Nineveh and Babylon)。他的许多发现被运至伦敦的大英博物馆。

45. 海因里希·施里曼在迈锡尼与特洛伊的发掘实质上就是一次寻宝行动。他受到对古代世界浪漫想象的强烈驱动。这幅插画出自1878年他对发掘环形墓圈A的记载，著名的黄金面具即于此出土。施里曼将之与阿伽门农和特洛伊战争联系在了一起。

46. 几个世纪内，古人一直在某些受青睐的地点反复大兴土木，其建筑遗迹相互叠压最终形成了一个个土丘（阿拉伯语称之为tell），也成为美索不达米亚地区考古的一大挑战。这张摄于1934年的照片展现了伦德纳·伍利在乌尔的X坑（Pit X）所进行的发掘工作。150名劳工移走了大约1.3万立方米的土石。

47. 罗塞塔石碑。1799年出土于尼罗河三角洲的罗塞塔，记载了公元前196年3月37日的一道王室敕令。托勒密王室试图由此建立与祭司集团的联系，进而重申其对埃及的控制。罗塞塔石碑的重要性在于碑文以3种文字书写，即圣书体、世俗体（一种通行于埃及民间的字体）和希腊文。法国人商博良分别在3种文本中识别出托勒密王室的名字——托勒密与克莉奥帕特拉，令释读圣书体成为可能（1821年），也让大量古埃及文本可以被世人阅读。

48. 伊特鲁里亚人擅长制作精美的赤陶雕塑。"卧榻上的夫妇"便是其中的代表,制作于公元前6世纪,发现于切尔韦泰里的班狄塔西亚墓葬群。

49. 经修复后的因格希拉米古墓(Inghirami Tomb),发现于伊特鲁里亚古城沃尔泰拉,现陈列于佛罗伦萨考古博物馆。伊特鲁里亚人的陵墓十分豪华,且每一辈人下葬时都会为自己准备石棺加入进来。许多墓室一直使用到公元前1世纪末,当时伊特鲁里亚诸城已完全融入罗马。

50. 公元前333年伊苏斯之战中的亚历山大。他在这场决定性的战斗中击败了波斯统治者"万王之王"大流士。这幅马赛克镶嵌画发现于庞贝遗址的"起舞的农牧神之家",创作于公元前100年左右。

51. 维尔吉纳(即马其顿古都埃格城)宝藏是近几十年来最重大的考古发现之一。图中这件装饰华美的金匣盛放着用紫色布料仔细包裹的遗骨。这位死者很可能就是马其顿国王腓力。金匣装饰有马其顿星。

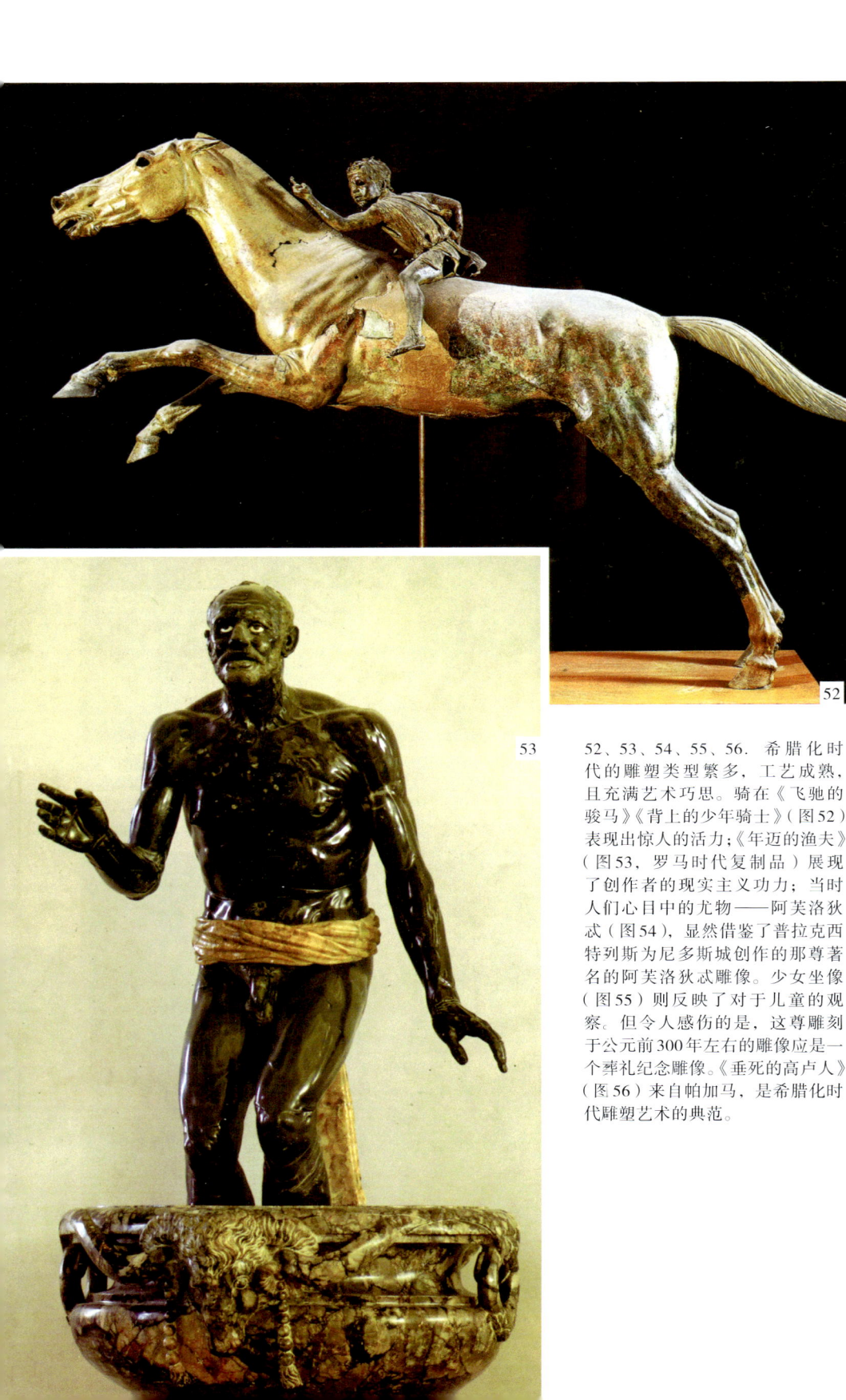

52、53、54、55、56. 希腊化时代的雕塑类型繁多，工艺成熟，且充满艺术巧思。骑在《飞驰的骏马》《背上的少年骑士》（图52）表现出惊人的活力；《年迈的渔夫》（图53，罗马时代复制品）展现了创作者的现实主义功力；当时人们心目中的尤物——阿芙洛狄忒（图54），显然借鉴了普拉克西特列斯为尼多斯城创作的那尊著名的阿芙洛狄忒雕像。少女坐像（图55）则反映了对于儿童的观察。但令人感伤的是，这尊雕刻于公元前300年左右的雕像应是一个葬礼纪念雕像。《垂死的高卢人》（图56）来自帕加马，是希腊化时代雕塑艺术的典范。

54

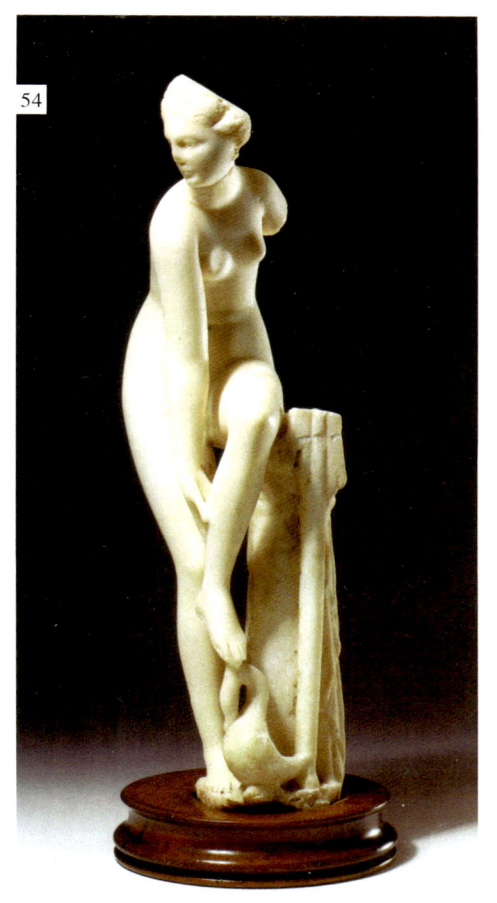

55

56

57. 帕加马的大宙斯祭坛复原图（19世纪绘制）系帕加马国王阿塔罗斯为了庆祝战胜凯尔特人以及纪念创立城邦的英雄忒勒福斯而建。1880年，德国人将这座祭坛拆卸后偷偷运出奥斯曼土耳其帝国，运往柏林，仅浮雕就重达350吨。此系希腊文物最后一次遭到大规模掠夺。

58. 意大利的帕莱斯特里那（Palestrina）神庙中的马赛克镶嵌画《尼罗河》，创作于公元前2世纪末。画面中，尼罗河正在泛滥，四周景色宁静，两岸物产丰饶，应该是埃及托勒密王朝的一件政治宣传品。这幅马赛克镶嵌画对于环境史研究也具有重要意义。

59. 公元前3世纪,罗马首次加工产自印度的玛瑙。雕刻者会巧妙地利用玛瑙的不同色泽。这件作品可能是公元前1世纪托勒密王朝委托制作的,表现了埃及在国王治下的繁荣景象。画面左侧是人格化的尼罗河形象,手持着丰饶角;伊西斯女神位于画面中央,斜倚着一只斯芬克斯以及他的儿子荷鲁斯神;荷鲁斯正在播种;风神在众人物的头顶飞过。

60. 图中的这枚第纳瑞斯银币,系由公元前90—前89年同盟战争中反抗罗马的"意大利人"发行。银币正面首次出现"意大利亚"一词;背面则是8名勇士,聚拢在一头猪(将要被献祭)的周围,象征着各邦宣誓效忠于反抗罗马的联盟。

61. 一尊十分写实的恺撒胸像，发现于罗马附近的图斯库鲁姆城的广场。这尊雕像表现了恺撒坚韧不拔的性格特点。无论作为军人还是政治家，他都是一个不达目的决不罢休的人。

62. "第一门"立像。这尊奥古斯都雕像于19世纪在里维娅别墅遗址中被发现。创作者把奥古斯都塑造为一位身着戎装、英气勃勃的统帅与征服者。奥古斯都胸甲上的浮雕为帕提亚国王向罗马送还军旗，意在宣扬奥古斯都已一雪公元前53年卡莱之役的耻辱。胸甲上的其他浮雕也在宣扬他的各种胜利以及神明的恩宠，尤其是太阳神阿波罗。上述特点令这尊雕像成为现存罗马皇帝个人形象宣传集大成者。

63. 阿芙洛狄忒城的塞巴斯提昂神庙，由当地的两大家族出资修建，是一座献给尤利乌斯－克劳狄乌斯家族的纪念建筑，以宣扬历代罗马皇帝的丰功伟绩。图中这组浮雕的工艺虽称不上精湛，但颇具象征意义。浮雕表现了克劳狄乌斯对不列颠的征服。虽然他本人并没有亲临战阵，但这次胜利仍是其执政生涯中的一大成就。浮雕向行省民众展现了罗马帝国广袤的版图和荣耀。

64. 著名的图拉真纪功柱，公元113年左右图拉真为纪念达契亚战争的胜利而下令建造。罗马皇帝个人形象的塑造严重依赖武功。图中的罗马士兵正在把敌人的头颅献给图拉真，其他场景则表现了罗马军队强盛的军容。

65. 主持宗教仪式是"贤帝"的应有之义。所以图中的马可·奥勒留正在卡庇托山的朱庇特神庙前主持祭祀仪式。公元176—180年间，出现了一系列表现罗马皇帝职责的浮雕，而图中这幅就是其中之一。这些浮雕表现了人们对皇帝的期许：他的职责还包括举行凯旋仪式和宽恕俘虏。

66. 公元4世纪初，皇帝们开始以半人半神的面目示人，并为自己建造巨型雕像。图中这个巨大的君士坦丁头像，系一座君士坦丁巨像的头部，原本矗立在罗马克广场旁的马克森提乌斯会堂中。这尊巨像高达12米。

67. 罗马斗兽场（Colosseum），得名于原本在附近矗立的尼禄巨像（colossal）。当地最初只是一片沼泽。罗马斗兽场仅用10年（公元70—80年）便宣告完工，可容纳5万—8万名观众，主要用于角斗及其他表演。圆形竞技场（amphitheatre）发端于意大利南部，后为各行省所效仿。

68. 万神殿是最伟大的罗马建筑之一，兴建于哈德良统治时期。万神殿的穹顶用混凝土浇筑而成，穹顶壁的厚度自下面上不断减小，以减轻其重量。这幅油画创作于18世纪，时值罗马式建筑再度风靡欧洲。油画展示了万神殿巨大的内部空间。

69. 法国尼姆附近的嘉德水道桥，高50米。这座引水渠展现了古代工程师高超的技艺。渠体未使用水泥，而是利用石材自身的重量来使引水渠立起。为了确保水流自然流动，引水渠坡度下降十分平缓。

70. 公元121年哈德良修建的"长城"，以抵御北方的部落入侵不列颠尼亚行省。长城由辅军把守。长城沿线设有堡垒和瞭望台。

71. 这只巨大的银盘（missorium）可能是为了庆祝狄奥多西登基10周年而制作。银盘上，狄奥多西正在向一位官员颁发委任状，他的身旁是其子阿卡狄乌斯（后来统治东部）和共治者瓦伦提尼安二世。银盘的最下端是丰饶的象征——地母神忒勒斯（Tellus）。这种表现皇帝权力的构图方式后来被基督教艺术所吸收，用来表现基督的威仪。

72. 被任命为执政官的人可以通过一副雕刻精美的记事板（diptych）来向同僚宣示自己的上任。在图中这副记事板上，鲁弗斯·金纳狄乌斯·普罗布斯·欧瑞斯特（Rufus Gennadius Probus Orestes）手握用于发令战车竞赛开始的方巾（mappa circenses），身旁是人格化的罗马与君士坦丁堡。记事板上镌刻着鲁弗斯的姓名与官职。然而在鲁弗斯上方出现了东哥特国王阿塔拉里克（Athalaric）与其母的形象，道出了西罗马帝国早已灭亡的事实。

73. 一幅6世纪的马赛克镶嵌画中的查士丁尼大帝。拉文纳的圣维塔大教堂中的这幅马赛克镶嵌画是为了纪念他光复意大利。画面中的查士丁尼手持一只祭盘，盘中装着圣餐用的面包。他似乎正在一群神职人员的簇拥下步入教堂。请注意查士丁尼身后的一位执事手持着一本精美的福音书。一旁护卫的士兵的盾牌上也装饰着凯乐符号（Chi-Rho），这表明在当时，战争的胜利被与基督教紧密联系在一起。

74. 君士坦丁堡的圣索菲亚大教堂，建成于6世纪60年代，是古代世界最后一座大型建筑。按照当时人的描述，教堂巨大的穹顶犹如悬浮在空中，而夜里教堂的烛火甚至可以从海上观察到。1453年君士坦丁堡被攻陷后，圣索菲亚大教堂被改造为一座清真寺。这幅1852年的版画描绘了当时圣索菲亚大教堂内部的样子。

75、76、77. 基督教早期的成功，部分源于基督的形象与[传]统象征符号的成功融合。"好牧羊人"形象的基督（图75）[是]对东方艺术乃至古风时代希腊艺术中类似形象的借鉴。基[督]也被描绘成脚踏野兽、技坚执锐的罗马武士形象（图76，[出]自拉文纳的一幅马赛克镶嵌画）。(《诗篇》第91篇曾提到"[脚]踏少壮狮子和大蛇"。)"庄严基督"的形象（图77）则在罗马圣普正珍教堂的马赛克镶嵌画中首次出现。基督的艺术形象大量借鉴了异教神话，而且为了让基督更威严，还为他[加]上异教哲学家式的浓密胡须（当时基督已被称作"真正的[哲]人"）。上述例子表明基督已经完全融入了当时的语境，甚[至]可以被描绘为罗马军团的统帅。在图77中，使徒保罗出现[在]基督的左手边，显示公元4世纪时使徒的地位开始不断提高。

78. 圣埃格尼斯教堂中的圣埃格尼斯。这座教堂坐落于罗马城外一座基督徒的地下墓穴之上。彼得·布朗写道:"圣埃格尼斯的形象,傲然矗立于深不见底的黄金海洋里,俯瞰着由大理石立柱构成、有如蜂巢般精巧剔透的后殿。"圣埃格尼斯无惧罗马官员的淫威,战胜了尘世的浮华。但7世纪早期的艺术家则把天堂中的她描绘为一位拜占庭公主。她的身旁是为他兴建教堂的两位教宗。

79. 中世纪罗马天主教会最著名的历史神话之一，便是所谓的"君士坦丁献土"：教宗西尔维斯特一世治愈了罗马皇帝君士坦丁的麻风病，并使之皈依基督教，自己则被授予统御西方的权威。在整个中世纪，这个故事（被记录在一份伪造的文件中）一直被用来佐证教皇至高无上的权威。四殉道堂的圣西尔维斯特小堂中的壁画就描绘了这一幕。

80. 基督教的兴起也带来了圣髑崇拜的风气。这件珠光宝气的十字架是拜占庭皇帝查士丁二世（568—574年在位）送给罗马教宗约翰三世的礼物。

81

82

81、82. 19世纪对于古典世界的挪用达到了一种登峰造极的地步。图81中,巴伐利亚国王路德维希一世(1825—1848年在位)站在当时新建成的绘画陈列馆(典型的古典建筑风格)前,欣赏他所收藏的希腊艺术品。画面中还出现了早在1768年便已去世的艺术史权威约翰·温克尔曼,他正在向国王介绍古希腊艺术。画家雅克-路易·大卫则专注于运用浪漫主义风格来表现古典英雄主义题材。在图82中,他用一种高度戏剧化的方式来呈现斯巴达国王列奥尼达率领麾下的300勇士慨然赴死的那一幕。为了完美地呈现这些勇士,他笔下的斯巴达勇士们甚至展现出某种暧昧的同性之美。

83、84．在其他语境下并不合适表现的骄奢淫逸场景，却与古代世界相得益彰。图83是埃德温·朗（Edwin Lang）创作的《埃及盛宴》。画面中，古埃及的达官显贵们汇聚一堂，一边推杯换盏，一边检视一具已经被层层包裹的遗体，旁边还有舞姬助兴。朗对古代东方怀有异乎寻常的热情，并经常描摹大英博物馆中收藏的各色埃及文物。劳伦斯·阿尔玛-塔德玛爵士则是再现古代世界奇观的大师。图84是他1899年创作的油画《卡拉卡拉浴场》，成功地把古代世界的奢靡之风与壮观的罗马浴场一同呈现给观众。

85. 拿破仑建造的卡鲁索凯旋门。凯旋门是罗马皇帝武功的象征。拿破仑显然借鉴了罗马的君士坦丁凯旋门的形制,并在拱顶上也安置了一组驷马战车青铜雕像,而驷马战车是皇帝武功的另一种象征。但罗马凯旋门上的驷马战车已全部不知所踪。

86. 威尼斯圣马可大教堂的驷马青铜雕像,是现存最伟大的古典青铜雕像之一,起初可能被安放在凯旋门上,制作时间应为公元2、3世纪。1204年,威尼斯人从君士坦丁堡掠走了这组雕像。1798年,拿破仑又将之掠往巴黎,并安放在卡鲁索凯旋门上,直到1815年才被归还给威尼斯。

87. 多纳托·伯拉孟特设计的坦比哀多礼拜堂，据称就坐落在使徒彼得殉道处。自16世纪初起，古典建筑开始再度风靡欧洲。该礼拜堂借鉴了希腊罗马圆形神庙的设计，更成为后世众多古典风格的穹顶式建筑所借鉴模仿的对象。

88. 照片中的这座建筑是公元前2世纪时帕加马国王阿塔罗斯捐赠给雅典的那座柱廊的复制品。柱廊一般沿着市场而建。原建筑就坐落于雅典的市场旁，既可以避暑纳凉，也可以作为经商和办公的场所。著名的斯多噶学派（Stoicism）便得名自stoa（柱廊）一词，因为这一派的学者经常在柱廊中集会和讨论问题。

现芝诺哲学思想的作品却出自其追随者克里西普斯（Chrysippus，约公元前279—前206年）之手。他于公元前230年左右成为斯多噶学派的领袖。克里西普斯才思敏捷、著作颇丰。他的一名仰慕者声称收藏了他的700余部手稿。他的著作涵盖斯多噶哲学的方方面面，并对该学派所提出的许多哲学命题进行了更为深入的讨论，例如所有物质实体间的联系的本质、历史事件背后的驱动力是什么（逻各斯、理性的力量抑或神明？）、命运的作用、自由意志（free will）在多大程度上存在。

斯多噶学派也认为世界完全由物质构成，可以通过直接观察与理性思考认识世界。就上述两点而言，该学派与伊壁鸠鲁学派并无分歧。然而，两个学派真正的分歧在于，伊壁鸠鲁学派认为世界是不断变化的，构成世界的原子不断通过重新排列呈现出崭新的形态，而斯多噶学派则把世界视为永恒的单一实体，整个宇宙会根据自身的目的随着时间的推移而演进到最终形态，即终极的善。人类是正在展开的宇宙的固有的一部分，而不是与之分离的。重要的是要接受这样一个事实，即个人既是整体的一部分，也有责任为未来的展开做出自己的贡献。一方面，斯多噶学派认为人类无力改变任何事情，所以人类应坦然接受痛苦与快乐；但另一方面，他们又认为根据人类的真正本质，有责任过一种有德行的生活。一个成熟的斯多噶主义者会关注自身在社会中的角色，经常感到自己有责任承担公共义务。斯多噶主义在罗马尤其具有影响力，并且是最早融入早期基督教信仰的希腊哲学流派之一。

哲学家卡涅阿德斯（Carneades，公元前214—前129年）出生于昔兰尼，同样移居雅典，并最终成为柏拉图学园的领袖。此人痴迷于探讨人类所获取的知识是否可靠，因而被归入了由厄利斯的皮浪（Pyrrho of Elis，约公元前360—约前270年）所创立的怀疑论一派。皮浪曾追随亚历山大东征，并吸收了东方哲学的许多特点。怀疑论者注意到人类难以对自然世界的任何事物做出定论，因为理性难免出现纰漏，而感官有时又会受误导。公元前155年，卡涅阿德斯曾随一个使团造访罗马，请求罗马人豁免此前强加给雅典的一笔罚金。在此期间，他做了两场演讲，前一场详尽论述了何为公正，但后一场却逐一驳斥前一场的观点，令听众大受震撼。然而，怀疑论的弱点也正在于此：尽管怀疑论使辩论更加犀利，但也使哲学家们再无立场可言。实际上，怀疑论者也承认自己必须按各种惯例生活。而他们所留下的重要遗产在16世纪随着科学思想新方法的崛起而再度复兴。

希腊化时代的犹太人

斯多噶学派把逻各斯或神圣的理性视为引导或塑造世界命运的力量。相较于此，正如本书第6章所提到的，犹太人则信奉一位更具人性的单一神祇。波斯统治者对犹太人比较宽容，《圣经》也对波斯人给予了积极正面的记述。然而，在亚历山大去世后的120年中，巴勒斯坦地区处于托勒密王朝的统治之下，因此犹太人与埃及人一样，饱受这个由外族人主导的官僚国家之苦。他们于是又展开了新一轮流散，其足迹开始遍及整个地中海世界。在巴勒斯坦之外，最大的犹太社区位于亚历山大里亚城。此外，得益于塞琉古王国的宽容态度，犹太社区不仅广泛分布于亚洲，还向北延伸到了黑海地区。侨居生活必然使部分犹太人逐渐疏远了传统的犹太教，开始希腊化，甚至遗忘了希伯来语。犹太教的律法书（Torah）[①]与希伯来圣经被翻译成了希腊语（即七十子译本）。在耶路撒冷周边的山区——犹地亚地区（Judaea），希腊式教育日益流行，而传统的犹太人学校也受到了希腊体育馆的挑战。

然而犹太人无论身居何处，无论希腊化的程度有多高，都始终聚居于犹太社区并保持着自己的宗教信仰。200年后诞生在奇里乞亚的塔尔苏斯的使徒保罗也生活在这种大环境中。他不只是一名希腊化的犹太人，还拥有罗马公民权。亚历山大里亚的斐洛（Philo of Alexandria，约公元前20—公元50年）与保罗是同时代人。作为当时最著名的犹太人哲学家，斐洛与保罗在智识方面鲜有共同之处。斐洛把希腊哲学与犹太教信仰相互融合，可能对早期基督教思想产生了重要影响——在《约翰福音》的开

---

① 《旧约》的前5卷合称律法书，即《创世记》《出埃及记》《利未记》《民数记》《申命记》。——译者注

篇，基督被等同于希腊哲学中的逻各斯。①

公元前200年，犹地亚地区的统治者换成了塞琉古王朝。此前，托勒密王朝从不把推动希腊化进程作为一项国策（当地的希腊化主要借助统治者对被统治者潜移默化的影响）。塞琉古王朝则更加咄咄逼人地强行推广希腊文化。富裕的犹太人更容易接受，但安条克四世（公元前175—前163年在位）做得太过分。他于公元前168年试图入侵埃及，却遭到罗马的羞辱。之后，他又试图以希腊文化传统为核心，将他治下不断缩小的王国重新团结起来。他随即因为缺乏资金而盯上了耶路撒冷圣殿的金库。安条克四世对犹太教一神论信仰的悠久历史与韧性一无所知。他不仅禁止犹太人举行宗教仪式，还于公元前167年把耶路撒冷圣殿献给了宙斯。犹太人于是在犹大·马加比（Judas Maccabaeus）的领导下开展了一场游击战争。公元前141年，塞琉古王朝被迫承认犹地亚地区的独立，犹大的兄弟西门（Simon）成为犹太王国的统治者。其王国成功地在南北两个方向进行扩张，其北方边界一直推进到了加利利地区（Galilee）。正统的犹太民族主义也在与希腊化势力的斗争中得以巩固和存续。耶稣就诞生在这样一个社会里，而基督教也由此传播到保罗所生活的希腊化犹太人群体中。②

结局

尽管安条克三世等国王努力谋求塞琉古王朝的复兴，但在公元前3世纪末，希腊化的各个王国已开始逐步失去活力。前文已经提及，塞琉古王朝与托勒密王朝业已衰落，若此时在地中海西部未能崛起一个统一且意志坚定的大国，希腊世界可能会再度分裂成一堆弱小的城邦。希腊人虽早在公元前5世纪就已经听说过罗马这座城市，但直到公元前280年才第一次领教了罗马的真正实力。伊庇鲁斯国王皮洛士（Pyrrhus）当时率领一支希腊化的军队在意大利作战，协助他林敦抵御罗马的扩张。到公元前241年，整个西西里岛只有叙拉古尚未被罗马控制。尽管罗马此时尚未表露对

---

① 对斐洛的介绍，参见：Kenneth Schenck, *A Brief Guide to Philo*, Louisville, 2005。
② 对希腊化时代犹太人的介绍，参见：Erich Gruen, "Jews and Greeks", in Erskine (ed.), *A Companion to the Hellenistic World*。

希腊的兴趣，但从公元前229年起，来自崎岖的伊利里亚海岸的海盗令罗马对希腊的关注与日俱增，公元前219年，罗马一举剿灭了这些海盗，并顺势成为伊利里亚沿海地区的宗主国。罗马的扩张引起了马其顿国王腓力五世的警觉。舞台已经搭好，而这两股势力即将展开的较量不仅将改变古代地中海地区的历史，更将改变整个世界历史的走向。

专题5

凯尔特人与帕提亚人

奥地利小镇哈尔施塔特（Hallstatt）坐落在一片湖光山色中。19世纪中叶，当地发现了一片面积巨大的史前墓地。尽管其中最早的墓葬可追溯至大约公元前1100年，但在约公元前700年后，当地的丧葬习俗发生了显著的改变。后期的墓葬埋的是贵族武士，每座木质墓室中都有一辆四轮大车以及全套的挽具陪葬。墓主人的身旁有大量指环、扣子、护身符等饰物。墓室中的陶器和琥珀表明当地人与欧洲南部和北部地区均有贸易往来。此外墓地里还出土了大量铁器，说明铁在当时得到了广泛应用。

古希腊人把这些人称为凯尔特人（keltoi），而罗马人则称之为高卢人。哈尔施塔特墓葬群是第一批与他们相关的考古学发现。然而，所谓的凯尔特人或高卢人，指的究竟是某个特定的民族，还是泛指希腊-罗马文化之外的一切文化？令人震惊的是，18世纪之前，在不列颠诸岛上从未有人自称凯尔特人。但如今，威尔士人、苏格兰人和爱尔兰人全都认同其凯尔特人的身份，而所谓的凯尔特文化更是大行其道，在音乐领域尤其如此。作为某些人眼中的"最古老的欧洲人"，凯尔特人究竟源自何方？能否依据文献或考古证据勾勒出一个身份明确、具有连贯性的凯尔特民族？

在公元前第一个千年纪，形形色色的部落在其军事首领的领导下，占据着中欧与西欧。如我们上文所述，其中一支被称为哈尔施塔特人。所谓的哈尔施塔特时代持续了大约300年（公元前750—前450年）。哈尔施塔特人经由今天的法国中部与西班牙中部不断向西扩散，其中一些部落甚至在约公元前500年越过英吉利海峡，抵达了不列颠的南部。哈尔施塔特文化的一大特征是墓葬中经常堆积着各种黄金饰品、胸针、珠宝以及角杯。哈尔施塔特人的聚落多位于塞纳河、莱茵河、多瑙河等河的河谷，从而方便他们顺流而下抵达出海口。这些部落随即与希腊人、伊特鲁里亚人等地中海民族建立了联系。一条以希腊殖民地马西里亚为起点沿着罗讷河延伸的商路尤其获利颇丰。哈尔施塔特人的精英阶层能够提供的商品有黄金、锡和皮革，可能还有一些奴隶。希腊人则向他们出口陶器和葡萄酒。哈尔施塔特人对葡萄酒的需求非常大。据记载，他们甚至会用一个奴隶来交换一双耳细颈瓶的葡萄酒。在少数情况下，希腊人可能赠送一些贵重的物品作为外交礼物，比如著名的维镇调酒钵。根据古典作家的记载，正是马西里亚周边地区的居民自称凯尔特人。

随着哈尔施塔特各地酋长的重要性与日俱增，他们开始在山顶上筑堡以自保。法国勃艮第地区的拉索瓦山、德国南部的霍伊纳贝格均属于这种情况。这些城垒的围墙均用泥砖砌成，并建有棱堡。这在当时的欧洲北部可谓前所未有的创举，必定是受了地中海地区防御工事的启发。哈尔施塔特人的工艺品亦日益成熟。当地工匠们一方面因循了自青铜时代流传下来的各种装饰图案，另一方面又吸收了自希腊和亚洲传入的形制与符号。

公元前5世纪中叶，哈尔施塔特文化的精英阶层受到削弱。该文化的北方边陲地区，即马恩河与摩泽尔河沿岸，一些文明程度略低的部落似乎与伊特鲁里亚人建立了联系。伊特鲁里亚人发现通往西欧的商路已被希腊人封锁，所以只能经陆路与北方开展贸易。上述区域最具吸引力的商品之一就是产自洪斯吕克-埃菲尔山区（Hunsruck-Eifel）的高品质铁矿石。当地人已经意识到自己不仅手握重要资源，还控制着金、铁、锡、盐以及琥珀等商品的贸易路线。财富的增长对这些部落的影响颇大。他们不仅积累了大量精美的手工艺品，更掌握了金属加工工艺。最终这些部落发展出另一种崭新的文化，即拉坦诺文化（La Tène culture），得名自瑞士某个湖滨小镇。拉坦诺文化的艺术虽独具特色，但大体上仅限于制作金属饰物与珠宝。仪式用武器和私人饰品上都装饰有复杂的抽象图案，并与人头或被奉为神明的鸟兽等神圣符号交织在一起。尽管某些研究者试图从拉坦诺文化的艺术风格中寻找来自希腊、西徐亚乃至波斯的元素，但拉坦诺文化的艺术显然独树一帜且具备极高的辨识度，因此其装饰图案至今仍十分流行。

拉坦诺文化的精英阶层是否最终把哈尔施塔特文化一扫而光？或者拉坦诺文化切断了哈尔施塔特文化的商品供应，从而导致了后者的经济崩溃？尽管学术界对上述问题尚未得出明确结论，但自公元前450年起，拉坦诺文化已经占据了主导地位，并且走上了扩张的道路。拉坦诺墓葬的特点是用更加轻便的双轮战车陪葬。此类战车显然借鉴自伊特鲁里亚人。拉坦诺文化向其他地区扩张的原因，可能是受到了北方日耳曼部落的压力，但当地墓葬显示（一些古代文献也提到），人口的快速增长可能也是原因之一。此类迁徙活动大多只是年轻武士发动的劫掠活动，他们通过不断壮大其战斗团体，掠夺更多的战利品，来提高自身的地位。在某些情况下，劫掠会演变为定居。例如公元前5世纪初，拉坦诺文化的一些部落陆续翻越阿尔卑斯山，进入意大利北部，并与一些更早来到此地的哈尔施塔特文化的定居者相互融合。再者如公元前3世纪，加拉太人穿过马其顿尼亚与希腊，在安纳托利亚中部地区定居。凯尔特人聚落的规模往往不大，以精耕细作的农业生产为主。他们还组成各种战团，以劫掠者或雇佣兵的身份南下，最远可至罗马乃至西西里。在安纳托利亚，帕加马王国的阿塔罗斯王朝也是在击败加拉太人之后才取得了统治地位。

许多古典文献都对"凯尔特人"的历史有所反映，这就是他们的背景。"凯尔特人"一词起初指生活在马西里亚周边地区的居民，后来则泛指生活在欧洲的"蛮族"。有证据表明这些人使用一种通用语言，这令"凯尔特人"具有某种内在的统一性。人名、地名和铭文等证据表明他们当中至少存在3种方言：通行于西班牙的凯尔特伊比利亚语（Celtiberian）；通行于高卢的高卢语（Gaulish）；通行于意大利北部的山南高卢语（Lepontic）。这3种方言如今均已消亡，现在被统称为大陆凯尔特语支（Continental Celtic）。但这个概念是后世（18世纪）创造的，不过是后人为制造所谓的凯尔特人认同所采取的一种手段罢了。这种做法导致史料被过度解读，把大陆上各个族群用语言联系在一起，形成了评论家口中所谓的凯尔特兄弟关系。

在古代语境下,那些与希腊人、伊特鲁里亚人和罗马人对阵的"凯尔特人"是令人生畏的武士,既善于奔袭和设伏,也善于在正面交锋时大造声势。公元前225年,罗马人在忒拉蒙(Telamon)之战中取得了对凯尔特人的决定性胜利。关于凯尔特部落在此战中的表现,古典作家波利比阿曾有如下描述:

> 因苏布雷人(Insubres)及波伊人(Boii)穿着长裤以及轻披风,但站在整个军队最前的位置的盖沙泰人(Gaesetae)则是因为渴求荣耀及无畏的精神,完全脱掉这些衣物,赤身裸体,身上除了武器别无他物。罗马人对凯尔特军队的精彩布阵以及制造出来的刺耳噪音觉得沮丧气馁。在凯尔特的行伍之间有无数的号角和喇叭同时吹响,而且当全军发出战吼,从中响起混杂的音响,听起来不像是来自号角和士兵,而是同时发自周围的乡间地带。除此之外,在阵前裸体战士的样子及动作形成令人害怕的景象。他们都是体格极佳,处于英年之时,而那些在引导队伍中的人也大肆以黄金项链和黄金手镯装饰。①

公元前1世纪的古典作家斯特拉波也曾如此描述凯尔特人仿佛孩子般的天性:

> 除了生性坦率而狂热,他们还像小孩子般喜好吹牛和打扮。他们佩戴着黄金饰物,脖子上套着项链,手臂和手腕上套着镯子。地位较高者身穿染色的长袍,上面点缀着黄金。正是这种虚荣心使他们获胜时盛气凌人,而失败时又垂头丧气。

至此,本文尚未提及不列颠诸岛上的"凯尔特人"。公元前1世纪,恺撒在著作中认为不列颠岛南部海岸的居民来自高卢,但考古学证据令此

---

① [古希腊]波里比阿著,翁嘉声译:《罗马帝国的崛起》,北京:社会科学文献出版社,2013年,第228页。——译者注

说有很多争议。在某些情况下，语言学证据的确支持移民说，例如英格兰北部的巴里西人（the Parisii）可能与法国北部塞纳河流域的巴里西人具有一定关联（两个部落的陪葬品也具有某些相似性）。然而，就整体而言，学术界倾向于放弃传统的移民扩散说，转而认为不列颠诸岛的当地居民通过广泛的贸易接触并接受了拉坦诺文化，以维护其精英阶层的统治地位。尽管他们也接受了凯尔特人的语言，但绝大多数布列吞人（Britons）说一种被称为海岛凯尔特语（Insular Celtic）的凯尔特语方言。尽管海岛凯尔特语这一术语也是18世纪时才首次使用，但的确可以指代许多种至今仍有人使用的语言。随着时间的推移，原本发音为"k"的辅音在不同的语种中分别演化成了"qu"和"p"，海岛凯尔特语也据此被划分为了Q-凯尔特语（Q-Celtic）和P-凯尔特语（P-Celtic）。P-凯尔特语可能曾广泛流行于不列颠的大部分地区，如今仅存在于威尔士语中（以及欧洲大陆上的布列塔尼语）；Q-凯尔特语则存在于爱尔兰、马恩岛（Isle of Man）以及苏格兰西部的盖尔语中。正是这种语言（以及使用该语言写成的各种神话与传说）在很大程度上奠定了现有的凯尔特兄弟关系的感觉。例如有学者认为爱尔兰史诗《夺牛长征记》（*Tain Bo Cuailnge*）中的许多元素都可追溯到公元前第一个千年纪的后期（但此说存在争议）。

　　凯尔特人并不总是依赖劫掠为生，尤其是在希腊化各王国以及罗马逐渐拥有了抵御的能力之后，因此农业依旧是各部落经济生活的核心。然而，在公元前2世纪，凯尔特人社会有了进一步的发展，许多社群聚合为大型市镇（oppida）。某些证据表明，在外部压力越来越大的时候，这些市镇的形成是为了保护商路，但它们的出现也体现了当地越来越繁荣与稳定。凯尔特人还铸造了钱币，其形制则参考了希腊与马其顿的钱币。尽管市镇多以贸易为主业，但在许多情况下也支持当地手工业生产或自然资源开采。在此类市镇中，最重要的一座当数多瑙河上游的曼兴（Manching）。该城位于开阔的平原上，占地约375公顷，不仅开采当地的铁矿，还冶炼铜与青铜，出产高质量的陶器。

　　越来越强大的罗马逐渐有能力向凯尔特人发起进攻。凯尔特人最终被击败，导致精英武士阶层的衰落，尽管一部分人被编入了罗马军队的辅助部队。在古罗马史家塔西佗的笔下,高卢人被骄奢淫逸所俘虏,彻底堕落了。凯尔特人的许多神明被迎入了罗马的万神殿,而许多显赫的凯尔特家族在不到两代人的时间里便纷纷改用罗马姓氏。自18世纪以来,民族主义者似乎复兴了那些残存在欧洲偏远地区的凯尔特文化遗产。

目前根本不可能证明哈尔施塔特/拉坦诺文化、凯尔特语言和形形色色的人群之间具有某种内在联系,毕竟凯尔特语言具有海岛与大陆两种方言,而那些讲凯尔特语的人既有受拉坦诺文化影响的非凯尔特人,也有四处迁徙的凯尔特部落。希腊人和罗马人还曾把中欧与西欧的一切民族统称为凯尔特人。而凯尔特人与莱茵河-多瑙河流域的日耳曼人虽然被区分开来,人们却很难说清他们到底有何区别。①

帕提亚人

本书的第20章讲述了塞琉古王国的故事以及其王室长期面对的各种压力,该王国的西部如何被罗马逐步肢解将在第21章中讲述。塞琉古王国在东方所遭遇的劲敌就是帕提亚人。当罗马吞并亚洲西部后,帕提亚人便成了罗马人最顽固的敌人。帕提亚人的帝国维持了400余年。

公元前3世纪末,在塞琉古王国偏远的北方省份帕提亚,一个名叫阿尔萨息的部落首领历经多年征战后,将帕提亚各部纳入自己麾下。阿尔萨息的力量主要来自他的骑手们,他们既可以充当重骑兵,也可以充当弓骑兵。尽管阿尔萨息的政权当时仍臣服于塞琉古王国,但他显然拥有后者无法匹敌的实力。志得意满的阿尔萨息建立了自己的王朝,并在赫卡托姆皮洛斯(Hecatompylos)建造了新都。

帕提亚人不得不同时面对来自东、西两个方向的敌人,因此又历经百余年的苦战才真正建立起自己的帝国。米特里达梯一世(Mithridates I,公元前171—前138年在位)是第一位宣布脱离塞琉古王国的帕提亚君主。他曾率军向南深入美索不达米亚平原,但由于受到了来自东方的威胁,不得不放弃了先前的战果。他对当时在波斯盛行的希腊文化持宽容态度。

---

① 有关该问题的详细介绍,参见:Barry Cunliffe, *The Celts: A Very Short Introduction*, Oxford and New York, 2003; Simon James, *The World of the Celts*, London and New York, 2005。

（他甚至在钱币上把祖先阿尔萨息描绘成阿波罗的模样。）他的继承人米特里达梯二世（公元前123—前88年在位）不仅夺回了帕提亚人的发祥地，还把帝国的西部边界推进至幼发拉底河，而且也征服了许多东方的游牧民族。

帕提亚帝国至此真正诞生。米特里达梯二世是一个老练的统治者，他充分利用其帝国的地理位置，成为两大劲敌的中间商。这两个敌人分别是东方的中国和西方吞并了塞琉古王国的罗马。中国当时正处于汉朝的统治之下，为了满足防御需要，乐于用丝绸换取帕提亚人的良马（中国人是当时唯一知晓如何养蚕缫丝的民族，这个秘密直到公元6世纪才被西方人所掌握）。帕提亚与中国互派使节：前者把鸵鸟卵和魔术师作为礼物送往中国的宫廷，而后者于公元前106年向西方派遣了首支商队。

罗马人渴求丝绸而帕提亚人却控制着丝绸贸易的陆上通道，即著名的丝绸之路。公元前92年，罗马人与帕提亚人举行了首次正式会晤，地点在幼发拉底河流域。罗马人的代表是后来成为罗马的独裁官的苏拉。苏拉误以为帕提亚使节是前来表示归顺的，因而态度极其傲慢。帕提亚的使节由于没有抗议苏拉的傲慢态度而被国君斩首。罗马将领庞培犯下了相同的错误，他把帕提亚君主称作国王，而不是波斯统治者的传统头衔"万王之王"。公元前53年，帕提亚人在卡莱（Carrhae）之战中一雪前耻。公元前34年，他们又击败了马克·安东尼，再次取得了胜利。（见第24章）至公元前1世纪末，帕提亚帝国达到了鼎盛时期。罗马皇帝奥古斯都明智地承认了帕提亚与罗马地位平等，并满足于帕提亚人归还了在卡莱之战缴获的罗马鹰旗。然而，罗马与帕提亚间的冲突又持续了数百年，直至后者于公元3世纪初覆灭。

第21章

伊特鲁里亚人与早期罗马

> 众神和我们的祖先选择这块土地作为我们的城址,绝非没有道理——空气有益健康的山丘,为我们带来内陆地区产品的河流;我们的位置处在意大利的中心,距海岸不远;便于从事海外贸易的海岸,但又不易招致外邦舰队的袭击——所有这些优势使这块土地成为一座注定成就伟大的城市最为理想的城址。
>
> ——李维:《建城以来史》,卷5

罗马史家李维(公元前59—公元17年)在公元前29年开始写作他的罗马史。此时,罗马取得的一切成就似乎都会因内战的混乱和罗马人的堕落而丧失。他回溯光荣的过去,认为那时候罗马似乎毫无疑问是一座"注定成就伟大"的城市。然而,即便它拥有各种优势,这座城市的崛起仍是一个漫长的过程。先民在罗马的山丘上定居后,至少又过了700年,这座城市才由拉丁姆平原(Latium)上相对较小的国家,发展成为公元前4—前3世纪时意大利半岛的主宰。

意大利的地理条件

然而,当罗马最终取得这一成就时,这是一项了不起的成就。控制意大利半岛最大的障碍是一条山脉——亚平宁山脉。亚平宁山脉纵贯意大利半岛1000千米,宽度通常在50—100千米,在一些地区其海拔近3千米。亚平宁山脉中散布着一些肥沃的盆地,可以供养一定数量的人口,但山脉令这些群体彼此分隔、与世隔绝。意大利因此一直是一个多元、具有强烈乡土观念和多种成熟方言的国家。即便在20世纪，意大利语对许多"意大利人"来说仍是第二语言。

亚平宁山脉周边是沿海平原。其中，意大利北部的波河谷地土地最为肥沃，也构成了意大利境内70%的低地。进一步向北，阿尔卑斯山将意大利半岛与欧洲大陆隔开。事实上，阿尔卑斯山并非看起来那样不可逾越。1991年，人们在阿尔卑斯山高海拔地区发现了一具公元前3300年的古人遗体——"冰人"。这一发现表明，在远古时代就已经有人徒步翻越阿尔卑斯山。"凯尔特"部落也在人口过剩或部族斗争等因素驱动下，在公元前6—前5世纪成功翻越阿尔卑斯山，在波河河谷定居。正是这些坚韧的民族（罗马人称他们为高卢人），而非阿尔卑斯山，成为罗马向北扩张的主要障碍。

在实现他们的"天定命运"前，罗马人还有许多民族需要征服。亚平宁山脉周边最肥沃的土地都分布在意大利半岛的西海岸。这里的土壤富含火山灰，有充足的降水，而台伯河与亚诺河（Arno）之间的地区拥有地中海中部地区最为丰富的矿物质沉积。这里的海岸线犬牙交错，为远航者提供了天然的避风港。自公元前8世纪起，来自东方的商人，尤其是希腊人和腓尼基人，开始深入内陆地区收购矿石。他们的供货商是当地的伊特鲁里亚人。伊特鲁里亚人依靠贸易的利润变得富有。

伊特鲁里亚人

总有一些人被伊特鲁里亚人吸引，并把伊特鲁里亚人描述为一个充满神秘色彩的民族。例如，小说家D. H. 劳伦斯（D. H. Lawrence）在罹患结核病且病入膏肓之际，开始完全沉湎于自己所幻想的伊特鲁里亚世界中。20世纪20年代中期，他曾在伊特鲁里亚人废弃的墓室间徘徊，想象伊特鲁里亚人的生活：

> 他们在那些率性的世纪中创造的成就，像呼吸一样自然和率性。他们自由地呼吸，为充实的生活感到欢愉。甚至在陵墓中也是如此。

这些陵墓是伊特鲁里亚品质的完美展现：率性、自然、充实的生命、没有必要让心灵或灵魂追随特定的方向。死亡对伊特鲁里亚人来说是美好生活的继续，所以要与珠宝、美酒和伴奏的长笛为伴。①

事实上没有证据能支持劳伦斯有关伊特鲁里亚人是一个自由且随性的民族的想象。那么，为什么他们给后人留下了这样的印象？那些消失的文明总有一些吸引后人的元素。许多伊特鲁里亚城市早已化为废墟，因而成为寻古探幽的胜地。诗人普罗佩提乌斯（Propertius，活跃于公元前1世纪）描述了公元前396年时被罗马人攻陷的伊特鲁里亚城市维伊（Veii）的荒凉：

> 维伊，你曾拥有古老王冠，
> 你的广场上矗立着黄金御座！
> 如今你的城墙回荡着牧羊人的牧笛声，
> 你的废墟中摇摆着夏日的谷物。

此为乔治·丹尼斯（George Dennis）英译。丹尼斯可以称得上是19世纪最擅长伊特鲁里亚人题材的作家，其著述至今仍有参考价值。

伊特鲁里亚人的语言（伊特鲁里亚语与意大利半岛的奥斯坎语［Oscan］、翁布里亚语［Umbrian］和拉丁语［Latin］不同，不属于印欧语系）通常被认为是晦涩难懂的，这更为这个民族增添了神秘色彩。不过，人们对于这种语言的解读还是有所突破。"伊特鲁里亚语"借用了优卑亚希腊人使用的字母，许多文本已经可以识读，但并不是文本中的每一个词都可以被解读，而且那些看起来像是讲述显贵家族的事迹的文献有很大一部分已经佚失了。希罗多德曾转述伊特鲁里亚人起源于东方的传说，更为这个民族增添了某种神秘色彩。这个传说中可能包含某些真实成分。尽管依据目前所掌握的考古证据来看，一个比较有说服力的看法是伊

---

① 节选自劳伦斯的《伊特鲁里亚人各地》，1932年出版（当时作者已逝世）。

特鲁里亚文明起源于意大利本土，是原始伊特鲁里亚社会的继承与延续，但目前有一些基因证据显示，伊特鲁里亚定居者，包括他们的牲畜，可能来自东方，他们与当地原住民发生了融合。例如，相对封闭的穆尔罗（Murlo）地区曾是古代伊特鲁里亚文明的中心，当地人口所具有的一种基因变异仅在今土耳其地区发现过。有关这些外来人口的数量仍是一个难以回答的问题。但更有挑战性的是，他们到达意大利的时间可能远早于公元前1200年。

然而伊特鲁里亚人最令人着迷之处，在于他们拥有发达的文明、高超的手工业技艺以及一些令人惊叹的成就，尤其是在雕塑方面。直到最近，考古学者才能对伊特鲁里亚人及他们所取得的成就做出更准确的评价。现在我们已经清楚，早在公元前1200年，伊特鲁里亚地区的原始农业经济开始出现分工和精耕细作，对猪、山羊、绵羊的依赖渐渐增强。由于已经有能力供养更多的人口，所以至公元前900年，伊特鲁里亚人开始在分散的村落中聚居。这些村落往往位于地质结构以凝灰岩（一种松软的火山岩）为主的高原上。这是当地的一种典型地貌。每个村庄附近都有自己的墓地。仅依靠那些刻有简单装饰图案的双锥型黑陶骨灰瓮，就可以判断出哪些墓葬属于这个时代。①

19世纪50年代，在今博洛尼亚附近的微兰诺威（Villanova），人们首次对公元前9世纪的遗址进行了考古发掘，这一时期的文化也因此得名"微兰诺威文化"。后来成为伊特鲁里亚世界的大型城市——维伊、塔尔奎尼亚（Tarquinia）、乌尔西（Vulci）和切尔韦泰里（Cerveteri）——全部直接由早期的微兰诺威村落发展而来。在微兰诺威文化的后期，人们开始在山丘上建设聚落（菲耶索莱［Fiesole］以及著名的沃尔泰拉［Volterra］），并向北进入波河河谷。当希腊人、腓尼基人在公元前8世纪首次抵达伊特鲁里亚时，他们发现第勒尼安海早已充斥着伊特鲁里亚商人。他们沿着意大利海岸航向早已与地中海东部地区诸民族建立起稳定的商业联系的撒丁岛（第勒尼安海之名源于希腊语中对伊特鲁里亚人的称

---

① 对伊特鲁里亚文化的介绍，参见：Sybille Haynes, *Etruscan Civilization: A Cultural History*, London, 2000。

呼）。然而，由于伊特鲁里亚人对外族过分戒备，所以早期的外族商人只能在海岸附近与他们接触。

　　伊特鲁里亚人向来自东方的客商出口金属矿石。在梅塔利费雷山（Colline Metallifere）那些富含矿产的山丘上，出现了波普罗尼亚（Populonia）和维图罗尼亚（Vetulonia）这样的大型伊特鲁里亚城市，盛产铜、铁和银。当地的矿藏已经得到了充分的开采，而伊特鲁里亚贵族则开始用金属交换产自东方的各种商品——陶器和金属工艺品。对当地墓葬的考古发掘佐证了这一点。其中，奎拉封塔尼（Quattro Fontanili）的墓葬群得到了最充分的考古发掘。这是南方重要城镇维伊的墓地，该城是最早与东方建立直接联系的城镇之一。约在公元前760年后，墓葬中的出土文物显示铁器日益普及，并成为贵族身份的一种标识，比如铁制的头盔、佩剑、盾牌、战车和马衔，以及宴会用具。妇女则使用珠宝陪葬。伊特鲁里亚人在这个所谓的"东方化"时期受到了广义上的东方文化的影响，包括腓尼基和叙利亚，而不仅仅限于希腊（主要是科林斯）。东方人在伊斯基亚岛上建立的皮塞库萨埃是一个国际大都会。

　　伊特鲁里亚社会以氏族的形式组织。每个氏族都有自己得到氏族成员认同的首领。氏族之间的战斗应该包括氏族首领间的马上决斗，并有轻装的扈从支援。伊特鲁里亚人虽然从希腊引进了少量重装步兵的甲胄，但没有有力的证据可以证明当时的伊特鲁里亚人采用方阵，并像希腊人那样，交战双方各派出相同数目的战士进行战斗。伊特鲁里亚式的战争是个体之间的战争。罗马的凯旋仪式（参见本章末）就可能源于伊特鲁里亚人的祝捷仪式。获胜的首领通过这一仪式在公众面前强化其权威。一些史料还提到了伊特鲁里亚国王。有可能每一个聚落都有自己的最高统治者。按照后世罗马人的一则记载，这些人"头戴金冠，手持顶端饰有雄鹰的权杖，身着镶有金边的紫色短袍，肩披带有刺绣装饰的紫色斗篷，端坐在象牙御座上"。

　　地方贵族之间的斗争导致更加固定、防御也更加严密的聚落的出现。凝灰岩高地已经能够提供不错的防御，但大概从公元前700年开始，出现了用凝灰岩块砌成的围墙（切尔韦泰里遗址便是一例）。修建大型城墙的传统逐渐形成，并在公元前5—前4世纪伊特鲁里亚城市面临罗马人和凯尔特人的双重威胁时达到顶峰。对这一带早期墓葬的发掘表明，少数贵族精英的文化生活日益受到希腊的影响。希腊字母大致在公元前700年被采用，读写能力成为精英阶层的地位象征。无论是塔尔奎尼亚的伊特鲁里亚贵族墓室中的装饰，还是出土自波吉奥奇维塔泰（Poggio Civitate）的铭牌，上面的绘画和浮雕都反映了伊特鲁里亚人热衷于宴饮和狩猎的生活方式。在宴饮场景中，参与酒会的一对对夫妇斜倚在卧榻上，玩着雅典式的科塔博斯游戏。但伊特鲁里亚男子选择与他们的妻子共饮，而不像雅典人那样与娼妓厮混。这是对希腊早期贵族生活方式的缅怀，是奥德修斯与其妻佩涅罗珀的生活方式，而非民主时期雅典的生活方式。

古希腊的评论家，特别是公元前4世纪的史家塞奥彭普斯（Theopompus），对于妇女在公共场合露面感到十分震惊，因而批评伊特鲁里亚社会的淫糜，竟然允许妇女像男人那样追求男人、少年，甚至其他妇女。实际上，伊特鲁里亚上层妇女受到尊重和敬爱，她们外出时乘坐各种车辆，身着华服出席各种赛会（也包括战车竞赛，这项希腊运动后来受到罗马人的狂热追捧）。铭文中既给出了孩子父亲的名字，也有母亲的名字。一种带有黄金饰带的凉鞋就被希腊人称作"伊特鲁里亚"。

伊特鲁里亚人墓室中的壁画使劳伦斯想当然地认为，伊特鲁里亚人过着一种宴饮与狩猎交替进行的生活。但是伊特鲁里亚人的真实生活并非如此，贵族阶层也一样。例如，宴饮场面可能体现了逝者对冥世生活的憧憬（埃及人也是如此），抑或是在记录进入亡者世界前的最后盛宴（公元前4世纪，伊特鲁里亚人的宴饮壁画中常出现恶魔以及其他象征冥界的符号，这种趋势可能与来自罗马的威胁日益增大有关）。同样，希腊陶器广见于晚期伊特鲁里亚墓葬中（现存的阿提卡陶瓶中，80%出自这些墓葬），可能因为希腊陶器往往与冥世相联系，也承载着那些生前做出英雄壮举者对于不朽的渴望，所以因12项伟业而获得永生的赫拉克勒斯显然颇受伊特鲁里亚人的推崇，否则他的故事就不会频繁出现在雅典陶匠为迎合伊特鲁里亚人而专门制作的陶器上。

随着伊特鲁里亚人财富的积聚，他们开始向南扩张。他们的影响力

地图 9(a) 罗马及其盟邦，公元前3世纪

图例：
- 罗马领土
- 拉丁盟邦领土
- 盟邦领土

主要地名与战役（标注年份）：
- 阿里米努姆（268）
- 菲尔蒙皮西努姆（264）
- 斯波勒提乌姆（241）
- 哈德瑞亚（289—286）
- 科萨（273）
- 乌尔西
- 塔尔奎尼亚
- 奥斯提亚
- 罗马
- 埃色尔尼亚（263）
- 鲁西利亚（321）
- 费雷恩图姆（328）
- 卡勒斯（334）
- 坎尼之役
- 贝内文图姆（268）
- 维努西亚（291）
- 布伦迪西乌姆（224）
- 他林敦
- 帕埃斯图姆（273）

地图 9(b) 伊特鲁里亚人与罗马人的意大利

区域名称：山南高卢、威尼提亚、埃米利亚、翁布里亚、达尔马提亚、拉丁姆、萨莫奈、坎帕尼亚、阿普利亚、卡拉布里亚、卢卡尼亚、布隆提埃姆、科西嘉岛、撒丁岛、西西里岛

主要地名与年份：
- 梅狄奥拉努姆（米兰）
- 维罗纳
- 阿奎莱亚（181）
- 克雷莫纳（218）
- 曼图亚
- 帕塔维乌姆（今帕多瓦）
- 普拉森提亚（218）
- 斯皮纳
- 马尔扎伯托
- 拉文纳
- 比萨
- 菲耶索莱
- 沃尔泰拉
- 阿里米努姆（268）
- 安科纳
- 波普罗尼亚
- 阿雷提乌姆
- 伊古维乌姆
- 特拉西梅诺湖之役（217）
- 菲尔蒙皮西努姆（204）
- 科尔托纳
- 维图罗尼亚
- 克鲁西乌姆
- 佩鲁西亚
- 阿斯库鲁姆（241）
- 哈德利亚（289—283）
- 沃尔西尼
- 斯波勒提乌姆
- 科萨（273）
- 乌尔西
- 法莱里
- 阿尔巴弗森斯（303）
- 格拉维斯卡
- 塔尔奎尼亚
- 派尔吉
- 切尔韦泰里
- 维伊
- 罗马
- 科尔菲尼乌姆
- 埃色尔尼亚（263）
- 鲁西利亚（321）
- 阿拉利亚
- 奥斯提亚
- 普莱奈斯特
- 阿皮努姆
- 弗雷格来（328）
- 坎尼之役（216）
- 维特里亚（494）
- 安提乌姆（338）
- 敏图而奈（295）
- 卡普亚
- 贝内文图姆
- 维苏威火山
- 维努西亚（291）
- 布伦迪西乌姆（244）
- 库迈
- 诺拉
- 尼阿波利斯
- 庞贝
- 伊斯基亚岛
- 皮塞库塞
- 那波利
- 蓬泰卡亚诺
- 帕埃斯图姆（273）
- 他林敦（122）
- 图里伊（194）
- 克罗同（194）
- 公元前241年。罗马海军在此取得对迦太基人的最终胜利
- 埃加德斯
- 利帕拉
- 帕诺尔姆斯
- 公元前260年罗马在此取得迈利海战胜利
- 麦撒那
- 塞格斯塔
- 黎里贝乌姆
- 希美拉
- 廷达利斯
- 利特翁
- 塞里努斯
- 阿克拉伽斯
- 埃特纳火山
- 森图利派
- 恩纳
- 托罗门尼翁
- 卡塔纳
- 雷翁提尼
- 杰拉
- 叙拉古
- 卡马里纳
- 埃克诺姆斯海岬，罗马于公元前256年在此取得海战胜利
- 乌提卡
- 迦太基

海拔高度：
- 1000米以上
- 200—1000米
- 200米以下

比例尺：0 — 100 英里；0 — 150 千米

（北）

延伸至整个坎帕尼亚平原。这是一片物产丰富的土地，也是与希腊人的地盘交界的地方。公元前725年左右，在意大利本土的库迈已经出现了一座希腊殖民地。伊特鲁里亚人也在发展自己的沿海中心城市。随着贸易和手工业的地位日益重要，那些位于山顶处的伊特鲁里亚人城市开始扩张，例如沃尔泰拉（这些海拔较高的地区远离遍布沼泽的平原，从而免受疟疾之苦）。拉丁姆地区的城镇，包括扼守台伯河的罗马，此时皆受到伊特鲁里亚人的控制。同时，伊特鲁里亚人的影响力也在向东扩散。有证据表明，在翁布里亚出现了城镇，而那里的居民使用伊特鲁里亚字母记录自己的独特方言（比如公元1444年发现于古比奥城［Gubbio］的尤古比亚铜表［Iguvine tablets］上铭刻了一系列有关宗教的文字，至今仍被保存在该城的博物馆中）。与此同时，自希腊人开始在翁布里亚定居，伊特鲁里亚工匠从他们那里掌握了加工金银、象牙的技艺。①

伊特鲁里亚人创造出了布凯罗黑陶（bucchero）。这是一种表面经过抛光的黑色陶器，公元前650年后远销西班牙、法国沿岸。在公元前6世纪，手工艺品的贸易随着希腊移民的涌入而获得了新的发展。据记载，公元前6世纪中叶，一位名叫德马拉图斯的贵族从僭主统治下的科林斯逃亡，并在伊特鲁里亚地区做起了自己的生意。可能是在他的影响下，伊特鲁里亚人开始把原本运用在金属表面的浮雕工艺运用到陶器表面，赤陶得到了发展。赤陶最初用于装饰神庙。伊特鲁里亚人后来创作了许多漂亮的"雕塑"作品，例如出土自塔尔奎尼亚的"卧榻上的夫妇"以及一组骏马雕像。上述杰作现在保存于当地的博物馆。

更为吸引人的是在穆尔洛镇附近的波吉奥奇维塔泰发现的一处巨大的建筑群遗迹（建于公元前650—前575年）。这处重要的遗址呈现了伊特鲁里亚人最古老的居住方式：他们把住宅与手工作坊修建在一起。该建筑群在公元前6世纪初曾毁于一场大火，后按照方形围屋的样式进行了重建，其中央是一片庭院。这一建筑群的规模在当时的地中海世界可谓无出其右。这座建筑有可能是氏族首领的居所，要么就是当地的宗教中心或政治

---

① 对希腊人和伊特鲁里亚人之间的文化联系的全面阐述，参见：John Boardman, *The Diffusion of Classical Art in Anquity*, Princeton and London, 1995。

中心。其精美的装饰体现了希腊文化和微兰诺威文化的双重影响。当地人学习希腊人在屋顶铺设瓦片，而山形墙顶饰（acoteria）则起源于伊特鲁里亚，以人物为主，有男也有女。建筑上还有用赤陶制作的饰带，图案完全以贵族生活为主题，如马上的武士、赛马、可能由一对新婚夫妇及其侍者所组成的游行队伍、宴会，以及一排端坐的人物及其随从。

李维说，伊特鲁里亚人较之其他任何民族都更加笃信宗教。对这样的说法我们难以置评，但是伊特鲁里亚人的宗教仪式确实非常重要，而且圣所的遗址显示，向神灵寻求帮助在伊特鲁里亚人的日常生活中是一种司空见惯的现象。伊特鲁里亚人创造了一种多神信仰体系，这些神明来自多个渠道，有些来自当地，有些来自希腊（三分之二的奥林波斯神祇都能在伊特鲁里亚神话中找到相对应的角色）。每一位神在天界都有自己的位置。诸神的欢喜或不满可以通过观察鸟儿的飞行、闪电或者任何异象得知。占卜师负责解读各种征兆，然后主持恰当的仪式安抚神灵。

占卜师会在高地上一块专门划出的圣域内履行他的职责（罗马人称之为templum，即temple［神庙］一词的词源）。大概早在公元前600年，伊特鲁里亚人开始在毗邻圣域的地方建造神庙。这些神庙因袭希腊人的风格，但是建筑物的正立面装饰更加华丽，且正门是唯一的出入口。神庙的台基（podium）较希腊神庙的更高，占卜师可能站在台基的边缘占卜。塔尔奎尼亚的女王祭坛（Ara della Regina）神庙是此类建筑后期的代表。这座神庙始建于公元前4世纪上半叶，坐落在一个长77米宽34米的台基上，四周丘陵环绕。这里早在几个世纪前就已成为祭祀活动的中心。罗马人完全沿用伊特鲁里亚神庙的形制，其中最为典型的便是卡庇托山（Capitoline Hill）上供奉朱庇特（Jupiter）、朱诺（Juno）和密涅瓦（Minerva）的神庙。罗马人自公元前6世纪晚期开始在卡庇托山上大兴土木。当时他们仍处在伊特鲁里亚"国王"的统治下。罗马人在很大程度上借鉴了伊特鲁里亚人的信仰，并小心翼翼地维护着伊特鲁里亚人的占卜规则（disciplina）。

伊特鲁里亚的城市生活在公元前6世纪—前5世纪初进入全盛时期。每座城市虽然彼此独立，但存在一个由12座城市组成的联盟，它们的代表每年都会举行会议。这一想法可能受到了泛希腊节庆的启发。对城市中心区域进行规划的想法可能也借鉴自希腊人。城市间完善的道路和桥梁显示出伊特鲁里亚人先进的工程技术。对内陆城市而言,经济的繁荣令那些受益于贸易和相对和平的环境的阶层不断壮大。随着大量拥有精良武装的市民加入城市的武装力量,贵族领袖的权威受到削弱,一个更为平等的社会开始出现。墓葬习俗反映了这种变化。在切尔韦泰里,自公元前500年左右开始,个人兴建的陵墓被一种具有统一规划的墓地群所取代。这些陵墓整齐地沿着道路排列,墓室的正立面都用凝灰岩雕刻成房屋的样式。整片墓地俨然成为一座供死者居住的城市。家族墓地被大量较小的墓葬环绕。这些墓葬可能属于依附该家族的仆人或扈从。

伊特鲁里亚人对沿海地区的控制并不稳固。随着希腊人为躲避波斯人的扩张而形成新的迁徙浪潮,伊特鲁里亚人的霸权在公元前550年左右开始受到威胁。位于科西嘉岛东部阿拉利亚地区的弗卡埃亚人殖民地尤其是一大威胁。公元前540年,伊特鲁里亚人在一些腓尼基人的支持下,在海上打败了弗卡埃亚人,迫使他们放弃了该殖民地。但是,弗卡埃亚人在法国南部地区仍有据点,他们在那里对伊特鲁里亚人实施了贸易封锁。与此同时,迦太基人(迦太基系腓尼基人建立的殖民地,亦是他们向地中海世界殖民扩张的跳板)在撒丁岛以及西西里岛的西海岸站稳了脚跟,并逐渐把伊特鲁里亚人逐出了海洋。考古学家在切尔韦泰里的派尔吉港(Pyrgi)发现了一组有两种文字的金铭牌。其内容是切尔韦泰里的一个统治者——提弗瑞·维里阿纳斯(Thefarie Velianas)——给腓尼基女神阿斯塔特的献词。阿斯塔特女神相当于伊特鲁里亚神话体系中的尤尼(Uni,相当于希腊女神赫拉、罗马女神朱诺)。这表明,提弗瑞·维里阿纳斯是一位来自腓尼基的僭主,他的统治显然是外部势力强加给切尔韦泰里的。伊特鲁里亚人还受到西西里岛的希腊僭主的威胁。公元前525年左右,伊特鲁里亚人使用本族雇佣兵攻打希腊城邦库迈的努力以失败告终。公元前474年,叙拉古僭主希耶罗(Hiero of Syracuse)又在库迈附近的海域打败了一支伊特鲁里亚舰队。公元前5世纪时,山地民族萨莫奈人(Samnites)开始频繁袭扰平原地区,并把伊特鲁里亚人赶出了坎帕尼亚平原。

随着迦太基人开始控制第勒尼安海，伊特鲁里亚人的海滨城市走向衰落。内陆城市包括克鲁西乌姆（Clusium，该城的一位首领拉尔斯·波塞纳［Lars Porsenna］曾是罗马早期的强敌之一）、菲耶索莱、科尔托纳（Cortona）、沃尔西尼（Volsinii，今奥尔维耶托［Orvieto］）和维伊等，一直保持着繁荣，主要是因为他们成功地开发了他们的土地（维伊周边地区发现了公元前5世纪的大型灌溉系统遗存）。12个城邦组成的联盟仍然存在，但缺乏任何政治活力。公元前5世纪末，维伊城遭到罗马的进攻，没有任何城邦伸出援手。

伊特鲁里亚人现在只能翻越亚平宁山脉，在波河河谷进行贸易。公元前500年左右，在今位于亚平宁山脚下的马尔扎伯托镇（Marzabotto）附近，伊特鲁里亚人建立了一座新城。该城市有精心规划的街道，公共区域与居住区域有明显的区分，再次反映了希腊式城市规划的影响。今天的拉文纳（Ravenna）、里米尼（Rimini）和博洛尼亚等城市也同样建立在当年的伊特鲁里亚古城的基础上。位于波河三角洲的斯皮纳城（Spina）是最成功的伊特鲁里亚贸易城市之一。该城的建筑规划与后来的威尼斯相似，以木桩支撑，各建筑之间有桥梁和运河相连。城中的居民不仅有伊特鲁里亚人，还有大量的希腊人，从而使这座伊特鲁里亚城市看起来像一座希腊城市，而且，人们在当地遗址中发现了大量阿提卡陶瓶，数量超过其他伊特鲁里亚城市。然而，居住于此的伊特鲁里亚人也受其他多种外力的威胁，包括港口的淤塞以及阿尔卑斯山以北的"凯尔特"战团南下。有证据显示，新的定居者曾与伊特鲁里亚人通婚，并开拓了与欧洲北部的诸多部族进行贸易的新商路（催生出了拉坦诺文化）。但位于意大利中部的伊特鲁里亚诸城陷入了稳步的衰落，最终在公元前3世纪为罗马所毁灭。

伊特鲁里亚人势力的衰落，是导致意大利于公元前5—前4世纪陷入动荡的一个因素。在北部，凯尔特人部落占据了波河河谷，并不断南下劫掠。各个山地民族则开始频繁侵扰平原地区。虽然人口压力可能驱动这些民族频频进犯，但也可能因为他们在充当雇佣兵的过程中掌握了一定的军事技术，所以有了攻打富裕的希腊或伊特鲁里亚城市的信心。至公元前5世纪，意大利西南部的希腊城市几乎都已被攻陷。

罗马的建立

在当时那个混乱骚动、变幻莫测的世界中，拉丁姆平原上一个并不起眼的聚落——罗马——自公元前4世纪开始成为意大利半岛上的重要力量。事实证明，罗马早期的历史很难重建。后世的罗马史家们从希腊和罗马史料中汲取各种传说，来构建各自的罗马建城神话。一则希腊传说称，特洛伊城陷落后，特洛伊人埃涅阿斯逃至拉丁姆定居。其后人世代统治着阿尔巴隆迦城（Alba Longa）。罗马诗人维吉尔便以这个故事为蓝本，创作了史诗《埃涅阿斯纪》。还有一个传说，称一对双胞胎男孩——一个叫罗慕路斯（Romulus），另一个叫雷穆斯（Remus）——被遗弃在台伯河岸边，幸运地得到一匹母狼哺乳，后被牧羊人捡到，抚养成人。卡庇托博物馆中最著名的一件展品就是一尊精美的青铜母狼雕像。这尊雕像最初被认为是伊特鲁里亚人在公元前5世纪时的作品。（一般认为，母狼身下那两个嗷嗷待哺的婴孩是文艺复兴时期才加入的，甚至母狼雕像也被许多学者认定是中世纪的作品，这个罗马早期最经典的象征符号因此大打折扣。）在这则传说中，罗慕路斯在一怒之下杀害了兄弟，之后建立了罗马城。埃涅阿斯的传说与罗慕路斯兄弟的传说被糅合在了一起。于是罗慕路斯和雷穆斯便成了阿尔巴隆迦某个统治者的女儿与战神马尔斯结合后产下的后代。在罗马民族的历史神话中，公元前753年被奉为罗马元年。这个历史神话如此受到珍视，以至于一千年后罗马皇帝"阿拉伯人"菲利普（Philip the Arab）亲自赶往罗马主持盛大的建城千年庆典。[①]

当然关于这座城市起源的记载应该为数不少，但流传至今的寥寥无几。最早的史料来自公元前3世纪末的法比乌斯·皮克托（Fabius Pictor）的作品，现仅存残篇。他强调罗马继承了希腊的衣钵，毕竟当时希腊文化仍然占主流地位。第一批保存较为完整的罗马史著作可追溯到公元前1世纪。其中最重要的是提图斯·李维（Titus Livius）的。李维生于帕塔维乌姆（Patavium，今帕多瓦）。在他执笔写作时，罗马的共和体制正在被屋

---

① 对罗马早期历史的更详尽介绍，参见：T. J. Cornell, *The Beginnings of Rome: Italy and Rome from the Bronze Age to the Punic Wars*, London and New York, 1995。

大维（即未来的奥古斯都）改变（见本书第25章）。李维写作的目的是歌颂正在消逝的共和国，他用戏剧化的叙事讲述罗马的历史，尤为强调其史诗感。无论是高卢人闯入罗马并屠杀在院子里静静地穿着长袍等待他们的庄严的元老，还是罗马人获悉战报时的情绪剧烈变化，抑或与汉尼拔鏖战的惨烈景象，李维高超的叙事技巧仍然可以令今天的读者们折服。（我已有30多年的时间没有重温过李维的作品了，但他对坎尼之役后罗马士兵们的无助与恐惧的描写，令我至今记忆犹新。）然而，作为一部历史著作，李维的记载有局限性。由于他旨在为共和政制辩护、对地理的描述不甚准确、对早期史料的运用过于随意，他的作品可信度不高。现代历史学家有必要发掘各种零星的记载、执政官年表、名门望族世代相传的族谱以及各种考古证据，才能拼凑出罗马早期的历史。即便如此，罗马历史中目前仍存在着若干近乎空白的时期（例如，公元前390—前350年）。

台伯河流经罗马时，河道被河中心的岛屿（台伯岛）一分为二。河道由于变窄使架桥成为可能。罗马城的起源或许最早可以追溯到公元前10世纪。当时的罗马只是一些散布在几座低矮的山丘上（即著名的罗马七丘）的村落。蜿蜒的河道为罗马提供了一个优良的码头，货物在此装船可运往南北各地。罗马附近有萨宾（Sabine）部落。根据古代传说，罗马男子曾掠萨宾妇女为妻。不过，这两个民族的关系未必像传说中那么恶劣。罗马生产的食盐很早便销往萨宾部落，乃至翁布里亚地区。这个时代的一些墓葬被保留了下来，其位置就在后来的罗马广场（Forum，最初只是市场，但后来成为举办各种重大仪式的场所）。直到公元前8世纪，这里一直是一片墓地。死者的遗体在此处被火化，骨灰则被安放于骨灰瓮中。

公元前8世纪，即传说中罗马建城的时代，便有证据显示希腊商人已经到达了罗马。不但有产自优卑亚和科林斯的陶器被发现，在埃斯奎利诺山（Esquiline）上的一座公元前7世纪的墓葬中，人们发现了一个科林斯风格的陶瓶，上面还镌刻着其所有者的姓名——克忒克托斯（Ktektos）。自罗马建立伊始，它便向希腊诸神敞开了大门。在罗马的伏尔甘（Volcanus）圣所中，人们发现了一个献给伏尔甘的陶瓶。陶瓶产自公元前6世纪的雅典，瓶身上绘有赫淮斯图斯，而罗马神话中的伏尔甘就是希腊神话中的火神与工匠之神赫淮斯图斯。考古学证据还表明，罗马与大多数成功的商业城市一样，吸引了大量的外来者。这些人或来自意大利，或来自东方。外来人口对罗马早期的兴旺贡献良多。同时，罗马继续与散布在台伯河与阿尔巴山区（Alban Hills）之间的拉丁姆平原上的其他30多个群体共享一种"拉丁"文化。这些群体拥有共同的语言、共同的节日以及共同的起源传说（它们都自称是阿尔巴隆迦城的殖民地）。这些群体的成员都享有所谓的拉丁权。这一权利允许他们与其他群体的成员合法通婚或订立商业契约，只要迁徙到另一群体即可获得该群体的公民权。

公元前8—前7世纪，拉丁姆平原上发生了某些社会变化，许多方面与伊特鲁里亚正在经历的变革类似。尽管只有一些并不完全可靠的零星证据，但当时的社会应该以氏族为基础不断整合，同时一些个人开始成为贵族领袖。催生这类变化的因素可能是他们与外部世界的贸易，以及伊特鲁里亚人在当地不断增加的影响力。

王政时代的罗马

自公元前8世纪至公元前6世纪末，罗马由一些"国王"统治。我们对这些早期统治者知之甚少，他们的名字及事迹无疑更像传说。王位并非世袭。每一位新国王似乎都必须在30个氏族共同出席的库里亚大会（comitia curiata）上获得罗马人民的拥护。大会召开之前还要举行占卜仪式，以确保国王得到了诸神的眷顾（占卜仪式成了罗马所有政治和宗教活动的一部分）。在这之后，国王才获得了至高统治权（imperium）。这是一种神圣的权威，可以确保国王拥有政治、军事和宗教权力。至高统治权的象征符号是法西斯（fasces），即中间插着一柄斧头的一束挺棒。国王出行时，扈从会执法西斯为其开道。法西斯源于伊特鲁里亚人，而当时伊特鲁里亚的影响可谓无处不在。例如，塔克文一世（一般认为他在公元前616—前579年在位）据说是从伊特鲁里亚移居罗马的，并设法让罗马人拥立他成为国王。在他统治时期，罗马出现了首批公共建筑。罗马广场被铺上石板，广场周围兴建了举行宗教仪式的建筑，包括神庙与圣所，以及一处清理出来供公民集会的开阔场地。豪华住宅的遗迹显示，罗马城由贵族精英统治。(不过,当时的罗马仍然保持着拉丁文化的主体地位。在罗马广场上所发现的黑色石板[Lapis Niger,据传这个地方埋葬着那位养育罗慕路斯和雷穆斯兄弟的牧人]的下方,发现了公元前6世纪的铭文。铭文用拉丁语而非伊特鲁里亚语撰写。)

据传,公元前579年塔克文被谋杀,他的继承者塞尔维乌斯·图里乌斯(Servius Tullius)用武力夺取了王位。他可能是一个拉丁人,而非伊特鲁里亚人。很明显,这是罗马的一段动荡不安的时期:塞尔维乌斯与希腊僭主(见第11章)相似,利用民众对贵族精英的不满攫取了权力。有证据表明,塞尔维乌斯通过授予农村居民公民权,扩大了公民群体。他更重要的一项举措是建立了一支由自备武装的公民组成的军队。这便是罗马的第一个军团。据记载,其兵力为4000名步兵和600名骑兵。士兵们被编为百人队(centuries,每个百人队可能有96名士兵)。可能在塞尔维乌斯统治时期,罗马人在罗马城外的战神校场(Campus Martius)以百人队为单位集会成为一项传统,即后来的森都里亚大会(comitia centuriata)。森都里亚大会逐渐成为罗马的最高权力机关,拥有宣战与媾和、同外邦缔结条约,以及对宪制修正案进行表决的权力(共和时代,森都里亚大会成为选举执政官[consul]和大法官[praetor]的机构)。

公民群体的扩大对罗马后来的成功十分关键。在希腊,公民身份附着于城邦成员身份,且被视为一种特权,绝不允许外邦人染指。罗马在接受新公民时同样非常慎重,直至外来者能够证明他们对罗马的忠诚后(并且在某种程度上被罗马化了)才会被授予公民身份。即便如此,较之古代世界的其他城邦,罗马无疑对扩大公民群体持最为开放的态度。令希腊人震惊的是,即使释奴的后代也可以理所当然地成为罗马公民。罗马的公民群体因此迅速膨胀。由此引发的一个后果是,公民集会的规模太大以至于雅典式的民主很快变得不切实际。所以那些参加公民大会的罗马人,其权利只限于对那些准备好的议题做出表决。

罗马共和国的建立

塞尔维乌斯希望创建受到民众广泛支持的君主统治,这很快就失败了。他的继承者——"高傲者"塔克文（Tarquin the Proud，传统上认为公元前534—前509年在位）——的统治暴虐专横，最终在公元前509年被愤怒的贵族推翻。据传，压倒王政统治的最后一根稻草是一位叫卢克莱提娅（Lucretia）的女子。卢克莱提娅遭到塔克文之子的强暴，她不愿受到强奸犯对她通奸的虚假指控的羞辱，选择了自杀（后世的许多欧洲画家都曾以卢克莱提娅受强暴和自杀为题材进行创作）。权力斗争随之爆发。与此同时，罗马附近的伊特鲁里亚城市克鲁西乌姆的统治者拉尔斯·波塞纳可能趁机进攻罗马。根据一则传说，波塞纳在桥头被一位叫霍拉提乌斯（Horatius）的罗马人所阻止。这则传说因英国历史学家麦考雷（Macaulay）所著的《古罗马叙事诗》一书而深入人心。但是也有证据显示，波塞纳可能一度占领了罗马。

然而，最终的结果是，罗马成了一个牢牢受到贵族阶层操纵的共和制城邦。罗马贵族并不一定反对伊特鲁里亚人。事实上，伊特鲁里亚文化仍然在一段时期内持续影响着罗马。罗马贵族阶层宣称他们保护罗马人免受暴君的荼毒，这也成为他们合理化其政治特权地位的核心意识形态。罗马人自此尤为警惕那些试图通过操纵民众获得权力者。

贵族阶层对僭主的恐惧可以从他们新建立的政府体制中看出来。本来由国王独占的最高统治权，现由两名执政官分掌。执政官任期为1年，不得连选连任。执政官有干涉同僚施政的权利。最高统治权的核心是军事指挥权。可能自这时开始，罗马军团被改编为两个更小的军团，由两位执政官分别指挥（这时每个百人队的编制为60人，而非100人）。最高统治权仅在罗马的城界（pomerium）——城市的中央神圣区域——以外生效，除了举行凯旋仪式，任何人不得率领全副武装的士兵进入罗马城。[1]

执政官由森都里亚大会选举，但选举结果仍然需要得到库里亚大会的正式批准。公职的竞选十分激烈。由于不能向全体民众发出呼吁（可能会在精英阶层中激起对僭主的恐惧），选举的胜利依赖候选人如何精明地操纵票数。参加森都里亚大会的公民按照财产的多寡进行划分，富裕阶层

---

[1] 对罗马共和体制更为详尽的介绍，参见：J. A. North, "The Constitution of the Roman Republic", *A Companion to the Roman Republic*, N. Rosenstein & R. Morstein-Marx (eds.), Oxford, 2006。

的士兵，特别是骑兵，享有优先投票权，其票数足以压倒贫穷的等级。希望担任执政官者，必须在更有影响力的公民中获得支持。他可以利用自己的威望（auctoritas）——通过军功获得的权威和地位——及其家族的社会地位来达到这一目的。但候选人还严重依赖自己的门客。这些人用选票换取候选人的保护和青睐。（竞选执政官者通常身穿漂白了的托加长袍，久而久之候选人便被称为candidati，源自拉丁语中白色［candidus］一词，并演化为英语中candidate［候选人］一词。）

随着城市发展，罗马开始设立其他官员。财务官（quaestors）是主管财政的官员，最初为2名，自公元前421年起每年选举4名，后进一步扩充至20名。监察官（动词censere的字面意思为评估）负责审核公民资格，可能主要是进行兵员登记。与其他公职不同，监察官每5年任命一次，大约每18个月就要对公民名单进行一次修订。监察官一职具有极高的权威，后来只有卸任执政官才有资格担任。大法官最初为执政官享有的称号，自公元前366年起成为一个单独的职位，专门负责司法事务。只有大法官和执政官有权统率军队。

公职的任期多为1年，且森都里亚大会的主要职能仅限于投票（而非讨论），有关政策制定的讨论越来越成为元老院的专属事务。元老院最初是国王的顾问团队。大多数元老都来自古代贵族家族，并垄断了罗马的神职。王政倒台后，元老成为执政官的顾问，似乎每年由执政官亲自遴选，但后来这一权力转移到了监察官手中。公元前4世纪末，一位名叫阿庇乌斯·克劳狄乌斯（Appius Claudius）的监察官试图从传统的世家大族以外遴选元老。此举激起了元老们的愤慨。作为回应，高级官员卸任后自动获得元老身份由此成为一种惯例，并可以终身保持元老身份。元老院因此囊括了大批具有丰富政治经验者，能够在动荡的时局下保证罗马的政治运作维持高度的稳定性和连贯性。元老院会议由大法官或执政官主持。元老院除了以元老院决议（senatus consultum）的形式表达其意见外，鲜有正式的权力。虽然元老院决议只是一种建议，不具有任何法律约束力，但仍然会被视作具有法律约束力的文件而受到尊重。公民大会一般只是在听取元老院的意见后就某项立法进行表决。

公元前5世纪，世家大族巩固了他们对政府的控制。公元前485—前445年，90%的执政官都是贵族。然而，他们日益增长的权力很快开始受到平民（plebs）的挑战。平民占罗马公民的大多数，根据法律或传统，他们都被排除在高级公职和元老院之外。平民的不满源于对土地的渴求、经济拮据（这是一个不断爆发战争的时代）和债务，但当时一定有一些更富裕的领导者有空闲时间组织愤怒的平民反对贵族。平民争取政治地位和公共资源的斗争持续了200余年。平民的斗争武器是从城市撤离，很可能是撤至阿文丁山（Aventine Hill），并在那里组织属于自己的集会——平民会议（concilium plebis）。平民会议选举平民自己的官员——保民官（tribunes），人数最终达到了10人。保民官被认为神圣不可侵犯，拥有代表普通公民阻止官员滥用权力的权利。

一些名门望族因缺乏男性继承人而消亡。公元前509年，罗马记录在册的世家大族共有132个，至公元前367年时已减少到81个。由于贵族阶层式微，他们不得不适应来自平民的压力。虽然早在公元前471年贵族即已承认平民会议有权存在，但直到公元前287年才承认其决议（plebiscita，后演变为英语中的plebiscite［公民投票］一词）具有法律效力。公元前5世纪中叶，平民的骚动导致了《十二铜表法》的起草与颁布，此系罗马法的第一份公开表述。高级官职逐渐向平民开放。公元前409年，首批平民财务官被任命。公元前342年以后，两位执政官中通常有一位是平民出身。公元前172年，首次出现两位执政官都由平民担任的情况。

平民并未在罗马掀起社会革命。尽管他们的确取得了一些胜利，例如公元前4世纪末时债务奴隶制（nexum，这是一种以债务人的人身自由为担保的债务契约）被废止。然而实际结果是，较为富裕的平民被吸收到统治阶层中，成为高级官员和元老。平民能够担任官职，这令出身卑微者也有了进入元老院的可能（拉丁语中的novus homo［新人］就指那些家族中首位担任高级官员者），但这样的人相对较少，所以由少数贵族家族把持的寡头政治在罗马继续得到了巩固，甚至保民官亦从富裕阶层中选拔。虽然平民会议在经济萧条时可以表达民众的不满，但它从来没有发展成为一种有凝聚力的长期反对派。

城邦的凝聚力还需要通过宗教仪式来维持。城邦的宗教仪式主要在卡庇托山举行。罗马第五位国王老塔克文（Tarquin the Elder）在卡庇托山上兴建了首座朱庇特神庙。此后，高级官员在就任时都会前往这座神庙献祭，元老院每年的首次会议也在这里召开，获胜的将军在凯旋仪式结束后也会把战利品送到这座神庙中保存。公元前4世纪起，卡庇托三主神（Capitoline Triad）的说法开始出现，即朱庇特、朱诺和密涅瓦。朱诺是上古意大利女神、妇女和婚姻的守护者及丰饶之神，被当时的罗马人尊崇为朱庇特之妻。密涅瓦是守护工匠的意大利女神。这两位女神在朱庇特神庙中拥有各自的神龛。罗马另一位重要的神明，毫无疑问就是战神马尔斯。3月（March）即得名于马尔斯，也被罗马人视为一年之始，因为3月意味着冬季的结束与作战季的开始。罗马人举行各种繁复的宗教仪式来膜拜上述这些神明。这些仪式均由出身于名门望族的祭司主持。罗马人的日常宗教活动则围绕着林林总总的神明或精灵展开。许多神明源于家庭生活，反映了一个在很大程度上依赖农业经济的群体的各种需求——比如灶神维斯塔女神（Vesta）、保护家宅的地灵拉尔兄弟（Lares）或橱柜中的神祇佩纳特斯（Penates）。

罗马的扩张

贵族与平民的融合以及罗马社会相对平缓地转变为共和体制，在很大程度上是为了应对外部的持续压力。在王政时代，罗马便已是一个在军事方面很成功的城邦。至公元前509年，它统治着大约800平方千米的土地，是拉丁姆平原的三分之一。罗马的人口据估计在2万至2.5万之间，远胜其他拉丁城邦，与意大利南部的大型希腊城市不相伯仲。然而王政覆灭后不久，罗马就受到了周边拉丁部族的挑战。这些部族对罗马的持续扩张一直保持着警惕。公元前499年，罗马在瑞吉鲁斯湖（Lake Regillus）之战中打败了这些拉丁部族，但这场胜利由于拉丁姆平原不断遭到山地民族的侵扰而黯然失色。公元前493年，罗马同意与各拉丁城邦一道抵御这些入侵者。

艾奎人（Aegui）与沃尔西人（Volscii）是最为难缠的两个敌人。他们向一些偏远的拉丁人聚落发起了一连串的袭击，对拉丁姆平原的经济生活造成了严重的破坏，以至于罗马在公元前5世纪中叶出现了一个修建公共建筑的空白期。即便处于艾奎人和沃尔西人势力之间的赫尔尼西人（Hernici）成为罗马的盟邦，但罗马直到公元前5世纪末才得以恢复拉丁姆平原的秩序。随着形势更加稳定，罗马开始向其宿敌之一，一度繁荣的伊特鲁里亚城市维伊发难。维伊位于罗马以北15千米处。这座繁荣的城市坐落在小丘之上，易守难攻。其前哨基地费德奈城（Fidenae）扼守着台伯河的上游，如果逆流而上，距罗马只有9千米。凡此种种，使维伊成为罗马垂涎的目标。根据传说，维伊在经历了10年的围城后才在公元前396年陷落，堪比史诗般的特洛伊战争。

对后世的罗马人而言，攻陷维伊城是罗马崛起而变得伟大的起点，也标志着罗马人吸纳异族神明（evocatio）的传统开始形成。罗马人当时从维伊引入了伊特鲁里亚神祇朱诺，并在严格的控制下，通过把她和朱庇特联系起来，建立了对她的崇拜。公元前312年，赫克鲁斯（Hercules，即希腊神祇赫拉克勒斯）被从东方引入，成为罗马神祇"战无不胜的"赫克鲁斯（Hercules the Invincible）。公元前291年，阿波罗之子医药之神阿斯克勒庇俄斯被罗马人引入，并在台伯岛为之修建了一座神庙（那里今天仍建有一所医院）。罗马宗教发展出一系列互相关联的崇拜活动与节日，与之相关的各种仪式是神圣不可侵犯的。对希腊人和罗马人来说，体育竞技在这些节日中扮演着重要角色。帕拉丁山（Palatine）西边谷地中的大赛车场（Circus Maximus）已经开始举办战车竞赛。公元前329年，罗马人还修建了供战车出发的永久性大门。各类比赛为精英阶层提供了一个公开展示的场合，他们会根据地位的尊卑落座，但其他观众也能表达他们对个别元老的支持或反对。比赛于是成了某种形式的政治论坛。

罗马之所以能够战胜维伊，可能得益于它所具有的伊特鲁里亚城市难以企及的动员能力。战争使罗马的步兵和骑兵得以扩充。更贫穷的等级开始被征召入伍，因参战而无法耕种自己田地的士兵（只有拥有土地者才有资格参军）每天都会领到现金津贴（stipendium）。由于这些贫困者无力负担全套甲胄，他们用一种防御面积更大的长方形盾牌（scutum）代替希腊重装步兵通常使用的小圆盾。

在这种新的局势下，公元前390年，罗马城遭到一群凯尔特武士的"洗劫"，这可能不过是一群南下投奔叙拉古僭主狄奥尼修斯的雇佣兵无意中带给罗马人的暂时的挫折。即便如此，这一事件激发了后人的无穷想象。李维把此事描绘为罗马人所经历的一场空前浩劫，令人不由得联想到800年后（410年）罗马城的那次陷落。罗马对这次灾难的反应之一，就是在公元前4世纪初修建了所谓的塞尔维乌斯城墙（Servian Wall），其部分遗迹至今保存完好。长达11千米的雄伟城垣充分显示了罗马在重大的建筑项目上所能注入的能量。

虽然有关这一时期的罗马原始史料没有被保存下来，但显然罗马的势力正是在这一时期得到了巩固。罗马把维伊的500多平方千米土地正式并入罗马的疆域（ager Romanus）。罗马继续向周边部落发动一些小规模的战争。考古证据显示，罗马人在公元前380—前350年加强了台伯河口的奥斯提亚城（Ostia）的防御。此举反映出罗马对海洋的兴趣日益增强。当然要再过100年才会有罗马舰队从这个港口驶出。成功的贸易对罗马社会经济的促进作用可能和军事征服同等重要。

自公元前343年开始，罗马进入一个战争更加频繁的新时代。罗马人与萨莫奈人之间的短暂战争为这个时代拉开了序幕。萨莫奈人是最强大、组织性最好的一支内陆山地民族。至公元前4世纪中叶，萨莫奈人成为意大利最大的政治群体，其领土一度或许达到了1.5万平方千米。萨莫奈人有发达的农业体系、坚固的山地要塞，以及一段辉煌的扩张史（意大利南部的两个主要民族——卢卡尼亚人[Lucanians]和布鲁提亚人[Bruttians]——都是早期萨莫奈移民的后裔）。罗马在坎帕尼亚诸城的请求下，于公元前343年向萨莫奈人宣战。萨莫奈人迅速被击败。但是令坎帕尼亚诸城感到愤怒的是，罗马竟然与萨莫奈人媾和。正是从这时开始，拉丁城邦也开始憎恶罗马的傲慢统治。罗马于是突然发现自己已经被强敌——拉丁人、坎帕尼亚人以及再次与之为敌的沃尔西人——包围。罗马打败了这些敌人，作为军事强国的声誉得到了证实。

这场战争结束后，公元前338年的解决方案显示了罗马人的政治韬略。罗马的敌人并未被彻底消灭，而是被纳入一个"联盟"，其范围从台伯河一直延伸到那不勒斯湾，囊括了所有沿海平原地区。联盟中所有城市都奉罗马为盟主，同意在罗马有需要时提供军事支持。一些距罗马较近的拉丁城市丧失了独立地位，被并入罗马。例如沿海城市安提乌姆（Antium）必须将战船的船艏（rostra）砍下，并被当作战利品安放在罗马公民大会的讲坛（rostrum，该词在英语中仍指讲坛）上。这些拉丁城邦的居民享有全部的罗马公民权，能够在罗马的公民大会上投票。其他拉丁城邦的居民在罗马仍享有拉丁权，可与罗马人通婚、进行商业交易，但相互之间不行。他们并不具有罗马公民身份，但仍享有自治权利。

对那些准备默认罗马霸权的城邦来说，这种制度为它们提供了一些机会，甚至使它们能够分享战利品。此外这一制度还为这些城邦提供了与罗马进一步合作的机会。例如，在处理被罗马打败的非拉丁群体时，罗马人针对沃尔西人和坎帕尼亚人发展出无投票权的公民权（civitas sine suffragio）这一概念。作为罗马公民身份的一种形式，它要求具有这一身份的群体履行罗马公民的义务，尤其是服兵役，但不享有公民权利，例如投票或竞选罗马官职的权利。这样的城市都被称为自治城市（municipium）。最迟至公元前2世纪末，自治城市的居民都被授予了全部的公民权利。

此外，罗马开始设立殖民地（colony，该词源于拉丁语中的colere［耕种］一词）。每个殖民地的居民，无论罗马人或拉丁人，都已放弃罗马公民权，只享有拉丁权以及组织自治政府的权利。这些殖民地的居民显然有保卫自己的动力，这无形中也强化了罗马的霸权。许多殖民地都建立在易受攻击的战略要地。两个早期殖民地——卡勒斯（Cales）和弗雷格莱（Fregellae）——都建立在利里斯河（Liris）河谷，扼守着罗马通往重要的自治城市卡普亚（Capua）的必经之路。另一个殖民地——建于公元前312年的利里斯河间殖民地（Interamna Lirenas）——兴建于同一地区，其遗址近年来已得到考古发掘的确认。这些殖民地可用于安置退伍的士兵或者转移过剩人口，并被证明是传播罗马生活方式的极佳方式。一些殖民地，例如意大利东北部的阿奎莱亚，独立发展成为重要城市。

同盟者在罗马史料中往往被一笔带过，但它们同样重要。至公元前250年，罗马与意大利境内的150余个群体缔结了同盟条约。这些社群要么是罗马的手下败将，要么臣服于罗马的武力恫吓。准确地说，同盟者在政治上完全保持独立，但他们必须为罗马的战争提供兵员。事实上何时开战以及需要多少兵员完全由罗马决定。在许多重要的战争中，比如公元前295年的森提努姆（Sentinum）之战，同盟者提供了罗马军队半数以上的兵力。理论上，同盟者的士兵拥有与罗马士兵平等分享胜利果实的权利。

公元前338年解决方案的精髓是其灵活性。罗马可以几乎不需要付出任何代价地从其盟友处获得大量的生力军，在不损及那些被打败的拉丁城邦独立地位的同时，充分削弱了其反抗意愿。无论如何，大多数拉丁城邦都是由贵族集团控制的，他们需要依靠罗马的支持以维持其统治。因此新征服的广阔领土从未成为罗马的负担。它发展出一套治理和控制的制度，该制度在之后的几个世纪中被证明具有惊人的弹性。

罗马很快再次陷入了战争。罗马在弗雷格莱建立了新殖民地，招致萨莫奈人的攻击。罗马历时40余年才获得了战争的胜利（传统上，这次萨莫奈战争分为两个阶段：公元前327—前304年为第二次萨莫奈战争；公元前298—前290年为第三次萨莫奈战争）。这是一场在地形崎岖的山区展开的游击战。当罗马军团冒险离开平原时，遭受了一系列耻辱的失败。罗马人采取了更为成功的长期战略，在萨莫奈人的周边建立了一个稳固的同盟（公元前327年，尼阿波利斯成为第一个与罗马结盟的希腊城市），把萨莫奈人的核心地区分割包围。罗马的第一条军用大道——阿庇亚大道（Appian Way）——便是该策略的产物。阿庇亚大道连接着罗马和卡普亚，由时任监察官的阿庇乌斯·克劳狄乌斯于公元前312年督造。罗马人还发展出新的作战技巧，以适应在山地丘陵地区战斗的需要。由于希腊重装步兵的阵型无法适用于复杂地形，罗马军团被分为较小的分队（maniple），每个分队包括两个百人队。罗马士兵的装备则变得更加轻便，标枪（pilum）和短剑（gladius）成为每个士兵的标准配备。

罗马势力向意大利中部高地的扩张，标志着第二次萨莫奈战争进入了尾声。公元前304年，罗马公元前5世纪时的敌人——艾奎人——在一场持续50余天的战事中被彻底消灭，因为每当一个要塞被罗马攻陷后，其中的居民都会被屠戮殆尽。公元前298年，萨莫奈人再度与罗马爆发战争。这一次，他们拉拢了大批同盟者，包括凯尔特人、伊特鲁里亚人和翁布里亚人。这些民族均反感罗马的侵略行为。公元前295年，罗马同上述民族组成的联军在翁布里亚的森提努姆展开决战。这是意大利土地上前所未有的一场大战，罗马人及其同盟者投入的兵力大约有3.5万人。若不是罗马人设计令伊特鲁里亚人和翁布里亚人离开了主战场，他们极有可能被打败。罗马人最后获得了一场艰苦卓绝的胜利，粉碎了敌人的联盟。公元前293年，萨莫奈人在阿奎洛尼亚（Aquilonia）展开了一场孤注一掷的战斗，却被彻底击败。罗马开始肃清意大利中部残存的反抗力量。被打败的社群成了自治城市或同盟者。在某些情况下，它们的土地被分配给来自罗马的定居者，而当地的居民则沦为奴隶（罗马人认为，战败者处于胜利者的绝对支配下，所以若没有被杀，就可能沦为奴隶）。

随着罗马控制了意大利中部以及凯尔特人被罗马与伊特鲁里亚城市组成的联盟包围，罗马人开始把目光转向意大利南部。这里的希腊城邦正陷入衰落。自公元前3世纪80年代开始，一些城邦为抵御土著居民的侵扰而向罗马求援。罗马的反应令意大利南部最为繁荣的城市他林敦开始警惕罗马势力的介入。公元前282年，罗马的一支舰队（这是文献中首次提到罗马舰队）因闯入他林敦的水域而受到攻击。罗马随后反击，他林敦差点就被攻陷。在绝望中，他林敦向伊庇鲁斯国王皮洛士求援。皮洛士是一位野心勃勃的统治者，正在四处寻找大展宏图的机会，于是他率领2万精锐登陆意大利。这是罗马人首次面对希腊化世界的军队。面对如此经验丰富且实力强大的敌人，罗马似乎不堪一击。虽然在公元前280年的赫拉克利亚之战（the battle of Heraclea）和公元前279年的奥斯库鲁姆之战中（the battle of Auseculum）罗马人均被击败，但皮洛士在这两场战斗中各折损了数千精锐（这就是"皮洛士式的胜利"这一典故的由来）。同盟者坚定地站在罗马一方。即便有雇佣兵的支援（希腊城市的财富可以为皮洛士提供数以千计的士兵），皮洛士认识到他无法迫使罗马人退出战争。在公元前275年的贝内文图姆（Beneventum）之战中再度受挫后，皮洛士退出了意大利。公元前272年，罗马征服他林敦。至比，罗马完全控制了意大利南部。从今天的比萨（Pisa）到里米尼（公元前268年，罗马在此建立了殖民地阿里米努姆［Ariminum］）一线以南的土地已尽数为罗马控制。公元前241年，法莱里城（Falerii）试图反抗罗马的统治，但仅6天它便得到了惨痛的教训。

罗马对大多数被征服的土地的直接影响仍然有限。至公元前264年，占意大利面积20%的土地被纳入罗马的疆域。绝大多数被罗马直接吞并的地区，其当地居民要么沦为奴隶，要么遭到屠杀，从而方便罗马人建立自己的聚落。约有2万—3万名罗马成年男性分到了可以耕种的土地，根据记录，在公元前334年到前263年间，另有7万余人可能举家迁往罗马新建立的19个殖民地定居。其中一些殖民地的辖区超过5000平方千米。然而，这些殖民地和聚落的周边存在着许多仍然保持着当地固有的风俗习惯和语言的城市和文化。虽然新的罗马大道很快将穿越平原和山区，但直到200年后，拉丁语才成为半岛上的主要语言。同时，乡土意识和地方传统仍然十分强大。

胜利的荣光

公元前1世纪初，罗马的一位劲敌——本都国王米特里达梯六世（Mithridates Ⅵ）——如此评价他的对手："他们自称他们的祖先被母狼的奶水养育，因而整个种族都有狼的野心，他们嗜血如命、贪婪无比，渴望着权力和财富。"没有任何一个前工业社会能够像罗马一样，在如此之长的时间内，动员如此高比例的男性人口投入战争。据估计，通常情况下，罗马大致有9%—16%的男性公民常年在军中服役。在危机时刻，这一比例更高达25%。罗马的军事优势不仅建立在庞大的人力资源之上，还在于罗马人既在战争中无比残暴（据波里比阿的记载，罗马人在攻陷一座西班牙城市后大肆屠杀居民，甚至连狗都不放过），也会相对慷慨地对待战败者。这种刚柔相济成为罗马帝国主义在未来几个世纪中的战略的底色。

在罗马，军事胜利被理想化了。战争被认为是正义的。在萨莫奈战争期间，罗马人仿效希腊人对胜利的膜拜，为一系列神祇——胜利女神（Victoria）、"胜利的"朱庇特（Jupiter Victor）、战争女神（Bellona Victrix）以及"战无不胜的"赫克鲁斯——修建了神庙。最早的罗马银币正面有战神马尔斯的形象（养育罗慕路斯和雷慕斯的母狼经常被与战神马尔斯联系在一起，据说罗马城外的马尔斯神庙四周有狼群活动），这种银币的铸造可能与修建阿庇亚大道有关。罗马的宗教信仰也融入了政治生活中。罗马人上阵前都要请求神谕和举行祭祀。他们会把战利品献给神明以及装饰新神庙，这些神庙非常多，事实上不是每一座神庙都能得到妥善维护。250 年后，奥古斯都曾吹嘘自己至少修复了 82 座神庙。

对一位征服者的最高褒奖就是凯旋仪式。获胜的将军可以向元老院申请，让他的最高统治权延伸至城界以内，以便他能够率领他的士兵列队穿过罗马城，然后向卡庇托山上的朱庇特神庙献祭。在举行凯旋仪式的当天，胜利者头戴桂冠，其装扮甚至与朱庇特相仿（希腊诗人品达说，运动员在获得冠军的那一刻变得神圣，那么获胜的罗马统帅当然也具有了神性）。在由高级官员和元老、用于献祭的公牛、战利品和战俘组成的队伍之后，他自己在亲友的簇拥下乘坐战车行进。战车的后面则是凯旋的大军。士兵有权呼喊贬低其统帅的口号（在恺撒的一次凯旋仪式上，士兵们曾大肆宣扬他年轻时是同性恋关系中被动一方的传闻）。当队伍行进至卡庇托山时，战俘会被当众处决。随后，将军登上山顶，将自己的桂冠安放在神像的膝上。①

凯旋仪式是罗马军国主义的一个重要特征，可以从许多层面加以分析。凯旋者在这一天中近乎神明。对簇拥在其左右的亲人而言，这也是一个可以分享荣誉的时刻。然而，仪式本身被赋予的意义是确保一切都处在城邦的严密控制下。元老院一直在防范任何企图把凯旋仪式作为政治资本攫取权力的个人（元老院后来规定，只有在战场上杀敌 5000 名以上者才有资格举行凯旋仪式）。在这个意义上，凯旋仪式是通过让个人野心得到狂欢式的表达来抑制它的方式。死亡同样被融入这个仪式中。不仅凯旋者得到了他只是一介凡人的提醒，国家通过在仪式高潮时处决战俘表达了它

---

① 玛丽·比尔德对罗马凯旋仪式的历史做了颇具颠覆性的解读，参见：Mary Beard, *The Roman Triumph*, Cambridge and London, 2007。

对战败者拥有生杀予夺的权力。同样重要的是，随着罗马在海外的扩张，凯旋仪式成为一种机制，让希腊人和其他被征服民族的奇珍异宝源源不断地流入这个在公元前3世纪早期文化上仍与地中海世界隔绝的城市。

　　罗马的崛起在很多方面都是不同寻常的。亚历山大大帝之所以能在很短的时间内征服大片土地，是因为他才华横溢地通过少数几场经过严密策划的会战搅乱了敌对的帝国。但罗马则与之不同。罗马人的征服行动持续了几十年。这不仅因为他们拥有坚韧的士兵，还因为他们在政治和联盟方面采取务实的态度。早期的传说表明，罗马十分乐于从特洛伊人、希腊人、拉丁人和萨宾人处追溯其起源，因此，从来没有形成排他的拉丁人身份，特别是在公民权方面。这意味着罗马周边的民族能够被吸纳进入同盟，或建立其他形式的政治、经济联系。而各城市的世家大族都面临着民众的挑战，这种焦虑应该是促使这些贵族之间形成某种凝聚力的重要因素。不仅如此，在罗马，这些世家大族已经准备开始接纳平民，于是出现了一种兼具稳定性和灵活性的政治体制。具有其他文化背景的释奴被吸收到罗马公民群体中，则进一步稀释了存在一种罗马"种族"的感觉。这也成了罗马进一步扩张的基础。

第22章

罗马成为地中海的霸主

公元前265年,在意大利北部,罗马的进一步扩张受到了凯尔特人(尽管这里和下文都用到了"凯尔特人"这个术语,但读者应该意识到它所带来的问题,参见专题5)的阻碍。在意大利半岛的其他地区,尽管当地的城市和居民仍保留着固有的文化和语言,但已没有任何城邦或民族敢于挑战罗马及其同盟者的大军。就此而言,罗马的确成了意大利的主宰。然而,向意大利半岛之外的地区扩张似乎还不现实:罗马没有建立海军,而且已经同地中海西部的主要强权——迦太基——缔结条约,承认了其海上霸权。不过,在未来的120年里,罗马将会成为地中海世界的主要势力,从西边的西班牙到东边的小亚细亚和爱琴海,到处都将有罗马的利益存在。

第一次布匿战争

一个并不重要的事件促使罗马迈上了称霸地中海世界的道路。一群自称马麦尔提尼斯人(Mamertines,得名自奥斯坎语中战神马尔斯的称谓)的意大利雇佣军占据了扼守墨西拿海峡的麦撒那城(Messana,即今天的墨西拿城[Messina])。公元前265年,叙拉古的统治者希耶罗试图驱逐他们。一部分马麦尔提尼斯人向迦太基求援,另一部分人则向罗马求援。元老院举棋不定。元老们不愿纵容叙拉古,也不愿冒与之直接爆发冲突的风险,但若迦太基占据麦撒那,将会威胁罗马对墨西拿海峡的控制权。该海峡在罗马征服了意大利南部之后变得重要起来。这一问题被提交给森都里亚大会进行讨论。执政官们发表了演说，强调罗马所面临的威胁以及获得丰厚的战利品的前景（这一点在决策中变得越来越重要），公民大会于是要求城邦付诸行动。这是罗马历史上已知唯一一次由罗马公民群体而非元老院提议发动的战争。

面对罗马的反应，迦太基马上撤走了在麦撒那的驻军。罗马于是占据了该城。虽然迦太基同叙拉古是宿敌，但是罗马占领麦撒那一事足以促成两者结为联盟。当迦太基与叙拉古联军围攻麦撒那城时，第一次布匿战争（the First Punic War，公元前264—前241年）不可避免地爆发了（Punicus 一词是拉丁语中对迦太基人的称谓，意指迦太基融合了腓尼基文化与非洲本土文化而形成的文化）。

迦太基因地处交通要冲而积累了大量的财富。这座城市最初只是腓尼基人于公元前9世纪建立的殖民地，坐落在北非海岸的一个半岛上。公元前7世纪，由于大部分腓尼基沿海的城市先后被亚述人、埃及人和波斯人蹂躏，迦太基开始成为一座独立的城市，并成为地中海西部那些前腓尼基殖民地贸易与交往的中心。迦太基对这些城市的影响日益加强，并向北非、西班牙、撒丁岛、西西里岛以及其他地中海西部岛屿扩张。虽然他们在西西里岛上被叙拉古以及其他希腊城邦屡次击败，但仍在与希腊人的竞争中成功地保卫了自己的利益。在北非，迦太基统治着约三四百万属民。在西班牙南部，它占据了一些当时已知蕴藏最丰富的银矿。迦太基的财富不仅来自金属贸易，还在于它成功地开发了北非、西西里岛西部等地的沃野。迦太基的船员经验丰富。有报告显示（未经证实），非洲大陆沿岸都曾发现过迦太基人的船只，甚至北至不列颠与爱尔兰。①

迦太基最关注的问题是如何维护其商业帝国。由于罗马没有海军，自然构不成任何威胁。但随着西西里成为两国斗争的焦点，罗马与迦太基早年的协议现在没有了意义。迦太基占据西西里岛西部已有150年的历史，并决心保住自己的地盘。在布匿战争的头3年（公元前264—前261年），战事也主要集中在西西里西部。罗马获得了一些胜利。罗马还成功地离间

---

① 参见：Richard Miles, *Carthage Must Be Destroyed: The Rise and Fall of an Ancient Civilization*, London and New York, 2010。本书是以迦太基视角研究古代历史的佳作。

了叙拉古与迦太基，使希耶罗成了自己的盟友，并占领了富裕的阿克拉伽斯城。该城因在山脊上修建了一系列宏伟的神庙而闻名，当时被一队迦太基驻军所控制（该城的希腊居民约2.5万，皆被罗马人卖为奴隶）。然而，这场战争最终以不分胜负告终。只要迦太基掌握着制海权，罗马征服西西里沿海城市的机会就十分有限。在占领阿克拉伽斯后，罗马立刻决定建造一支舰队。

此举无疑是罗马人的自信心与对胜利的渴望的最好写照。罗马没有海军传统，无建造战船的经验，更无训练有素的船员。据波里比阿记载，罗马人用一艘搁浅的迦太基五列桨座战船作为模板，建造了首批100艘战船。船员则在陆地上接受训练。希腊人在训练新船员方面功不可没，并且是当时罗马海军的骨干力量。五列桨座战船最早起源于叙拉古。甲板下每一组的桨手的座位都被设置为上下两层，上层坐2人，下层坐3人。这种战船的船体十分巨大，并不适宜使用冲角战术撞沉敌船，但可以运载更多的士兵实施接舷战（人们在海洋考古中发现了此类战船的遗存，表明当时罗马人的造船技术相当成熟）。罗马战船比迦太基的更笨重，他们的水手无疑也缺乏经验，但罗马战船上安装了一具可以像吊车悬臂一样自如转动的木质舷梯。当接近敌船时，就放下舷梯钩住敌船，方便士兵登上敌船厮杀。罗马人根据舷梯的形状，昵称它为"乌鸦"（corvus）。

至此，罗马有能力在海上作战，甚至可以深入到迦太基帝国的腹地。公元前260年，罗马与迦太基的舰队在西西里岛迈利城（Mylae）附近海域首次交锋，罗马获胜。"乌鸦"令自负的迦太基人措手不及。紧接着，公元前256年，罗马在埃克诺姆斯海岬（Cape Ecnomus，位于西西里岛南部海岸）取得了一场压倒性的胜利，俘获和击沉80余艘迦太基战船。上述两次海战中，"乌鸦"均功不可没。只要罗马人避免两船接近时被撞击，他们就可以登上敌人的甲板，然后俘获敌船。北非的大门已经洞开。尽管罗马的补给线要在海上延伸600千米，罗马军队仍然于公元前256年在非洲登陆，开始向迦太基进军。迦太基雇用了斯巴达人克桑提普斯（Xanthippus）来训练他们的军队，并利用骑兵包抄罗马的步兵，在公元前255年打败了罗马入侵者。此时一场更大的灾难袭击了罗马：前往非洲救助残军的舰队被海上的风暴吞噬，损失了数千名训练有素的桨手。公元前249年，罗马再遭重创，先在西西里岛西海岸的德雷帕那（Drepana）海战中失利，不久又因风暴损失了几乎所有剩余的战船。

战争至此演变为一场消耗战。其间最具标志性的战事是罗马军队对西西里岛西部沿海城市黎里贝乌姆（Lilybaeum）长达9年的围困。如其银币的成色不断降低所示，迦太基的资源开始枯竭，而罗马则能够一直从叙拉古的庞大财富中获得补充。不过，罗马的进攻却被这场战争中唯一表现出色的将军——迦太基的哈米尔卡（Hamilcar）——一一挫败。面对哈米尔卡的不断袭扰，罗马人只能龟缩在营垒之中。至公元前242年，罗马已是强弩之末，但仍孤注一掷，利用公民的个人捐款组建了一支新舰队。次年3月，这支舰队在埃加德斯群岛（Aegades Islands）附近海域与迦太基仅存的一支舰队发生了激战。这支迦太基舰队满载着运往西西里岛的补给品，且水手未经系统训练。罗马因此获得大胜，迦太基战船几乎全被击沉或俘获。这场海战最终决定了战争的胜负（近10年来最激动人心的一项考古成果就是在这场海战的战场发现了沉没战船的青铜撞角）。迦太基已经无力保住西西里。在之后的和平条约中，迦太基将西西里割让给罗马。叙拉古继续作为罗马的一个独立盟邦存在。

行省管理体制的出现

第一次布匿战争的胜利证明，罗马是地中海世界中的一股坚韧且果决的势力，现在在意大利之外有了立足点，其海军传统也正在迅速成熟。在不到3年的时间内，罗马利用迦太基雇佣兵的暴动，从迦太基人手中夺取了科西嘉岛和撒丁岛。此举即便在很多罗马人看来都毫无公道可言。但在这样一个信心十足、四处扩张的国家中，机会主义开始甚嚣尘上。占领海外领土对罗马提出了一个新的挑战。首先就是如何保护这些领土免遭迦太基的反攻，因此有必要在每个岛上驻扎军队。其次，罗马必定开始注意到，可以借助这些地区已有的税收体制令当地的财富源源不断流入罗马，至少在西西里如此。罗马最初统治这些地区所使用的方式不得而知，但是自公元前227年开始，罗马每年选举的大法官增加到4人，其中2人被选派为总督，一位管辖西西里，另一位管辖撒丁岛和科西嘉岛。根据罗马的政治传统，当高级官员前往罗马以外的地区履职时，会被元老院授予明确的职责（provincia），例如安抚某个部落。被派往海外的高级官员也会被赋予特定的职责，通常是征收贡赋或保卫某个地区。provincia一词逐渐开始指代某个特定的地区，而非高级官员前往某个地区时所肩负的任务，并演变为英语中的 province（行省）和 provincial（行省的，虽然在英语中仍然能找到该词的原意）。

第二次布匿战争

公元前225年，意大利中部地区面临凯尔特战团的威胁。罗马在忒拉梦之战（the Battle of Telemon）中大败凯尔特人，乘胜征服了波河河谷，并于公元前218年在克雷莫纳（Cremona）和普拉森提亚（Placentia）两地设立了殖民地。然而罗马对波河河谷的统治并不稳固。这一点在公元前218年意大利遭受哈米尔卡之子汉尼拔入侵时表现得尤为明显。

被罗马击败后，迦太基人在哈米尔卡的领导下，在西班牙积极建设了一个新的帝国。目前尚不清楚此举是为了弥补失去的土地，还是为下一次战争积累资源。罗马的传统盟友马西里亚城很明显地意识到了迦太基的威胁。罗马需要马西里亚城协助他们抵御凯尔特人。可能出于这个原因，罗马与迦太基签订条约，规定迦太基人不得向埃布罗河（Ebro）以北扩张。但在此期间，罗马又和埃布罗河以南的城市萨贡图姆（Saguntum）结盟，显示了罗马人对迦太基复兴的担忧。汉尼拔继承父业后，在公元前219年一举攻克了萨贡图姆城。他可能认为罗马已经默许他在埃布罗河以南自行其是。罗马却马上表示了抗议。双方显然都不在乎再次发动战争，于是第二次布匿战争（公元前218—前202年）爆发了。

罗马最初的计划非常有野心，准备同时向西班牙和非洲发起进攻。时任执政官的普布利乌斯·科尔内利乌斯·西庇阿（Publius Cornelius Scipio）率领水陆大军沿海岸线向西班牙北部挺进，试图在那里一举击败汉尼拔。然而汉尼拔同样选择了主动出击，开始进攻意大利本土。他希望借此羞辱罗马，切断其与同盟城市的联系。汉尼拔率军向东，首先越过比利牛斯山,之后向阿尔卑斯山进发。这一行军线路恰好与罗马人相反,避开了罗马军队。罗马统帅西庇阿做出了一个大胆的决定——由自己的弟弟格奈乌斯(Gnaeus)率一部分兵力继续进军西班牙,他本人则立即回师,在意大利北部迎战汉尼拔。

汉尼拔生来就要被培养为伟大之人。他的父亲哈米尔卡是一位精力充沛且睿智的统帅,更是一位富于远见的政治家。他对迦太基做了改革,还是希腊文化的推广者。事实上,汉尼拔受教于来自斯巴达的老师,从小便仰慕亚历山大的丰功伟绩,恰如古代世界中那些渴望建立功勋的人一样。汉尼拔的军队与其他迦太基的部队一样,主要由雇佣兵组成。然而,他在训练部队的过程中,放弃了标准的希腊重装步兵方阵战术,将军队改编为更小、更灵活、以族裔为基础的作战单位。机动灵活的骑兵,加上汉尼拔在战术上的天才,为他的成功奠定了基础。[1]

汉尼拔翻越阿尔卑斯山的具体行军路线至今仍没有定论。学者们近年来倾向于认为汉尼拔的大军取道克拉维尔山口(Col de Clavier)。这是一场严峻的考验。汉尼拔的士兵们不但要面对充满敌意的当地部落的袭扰,而且稍有不慎就会从冰雪覆盖的悬崖峭壁上跌落(汉尼拔还携带着数头战象)。他在行军途中折损了约三分之一的兵力,只有2.5万人最终抵达波河平原。当地凯尔特人把他视为他们的解放者,表示热烈欢迎。汉尼拔与罗马的首次交锋发生在罗马新建殖民地普拉森提亚以西的特里比亚河(Trebia)。罗马人在此役中损失了一半以上的兵力,而意大利北部地区也落入了汉尼拔手中。次年,即公元前217年,汉尼拔出现在意大利中部。他引诱罗马大军进入特拉西梅诺湖(Trasimene)与群山之间的狭长平原,大肆屠杀罗马人。在这场灾难中,执政官盖尤斯·弗拉米尼乌斯(Gaius Flaminius)以及1.5万名官兵阵亡。唯一值得欣慰的是,罗马在意大利中部的同盟者——拉丁姆、翁布里亚、伊特鲁里亚等地的城市——仍然坚定地支持它。这些地区的居民素来恐惧凯尔特人,而且认为汉尼拔麾下那些暴戾的雇佣兵与蛮族没有差别,这种看法使他们继续

---

[1] 关于第二次布匿战争,参见:Robert O'Connell, *The Ghosts of Cannae: Hannibal and the Darkest Hour of the Roman Republic*, London and New York, 2010。

忠于罗马。

在类似汉尼拔战争这样的危机中，罗马宪制允许任命一位任期被限定为6个月的独裁官（dictator）。昆图斯·费边·马克西穆斯（Quntius Fabius Maximus）被选为独裁官。他认为，对付汉尼拔这样的战术大师，唯一适用的策略是避免正面交锋，通过不断与敌人周旋消耗其有生力量（即后来广为人知的"费边战术"）。避而不战的策略对罗马人而言过于陌生，以致费边最初得不到任何支持。公元前216年，费边的独裁官任期结束后，被两位新当选的执政官取代。罗马人又回归到直接对决的传统策略上来。根据一份文献记载，元老院组建了8个军团，每个军团有5000人，加上同盟者的军队，总计8万人。这支大军向意大利南部的阿普利亚（Apulia）地区挺进，而汉尼拔的部队当时正在这里四处劫掠、搜集给养。汉尼拔将罗马军团引入坎尼附近的开阔平原，因为他深知这样的地形可以让他的骑兵充分发挥优势。罗马人希望纯粹凭借人数优势就足以取胜，把步兵排成密集的阵列，意图一举击溃汉尼拔部署在阵线中央的凯尔特人和西班牙人。然而，虽然迦太基军队的阵线中央不断后撤，但并没有溃散，而罗马人则发现他们已经被安排在两翼的非洲步兵所包围，迦太基骑兵也把罗马骑兵逐出了战场。在这次惨败中，只有1.45万名罗马士兵得以生还。

坎尼会战的胜利令汉尼拔巩固了他在意大利南部的势力。此役后，他最大的收获便是得到了意大利第二大城市卡普亚城。坎帕尼亚地区的一些城市或向他投诚，或被他攻克。汉尼拔有向罗马城进军的机会，但是他一直未付诸行动。他一定认识到，征服罗马与在战场上击败一支罗马军队是完全不同的两件事，而且也没有证据表明汉尼拔试图摧毁罗马。汉尼拔似乎一直在执行最初的作战方针，即使罗马蒙羞、驱散其盟友，可能希望以此迫使罗马交出西西里岛和撒丁岛，退回拉丁姆地区。

坎尼惨败的消息震惊了罗马城。罗马人很难摆脱诸神已经抛弃罗马的绝望感。他们甚至前往德尔斐请求神谕，以修正其祭祀仪式，重新获得神明的信任。他们也举行了献祭来安抚诸神。仪式中，一对高卢人和一对希腊人在广场上被活埋。然而，罗马人的神经还是紧绷着的。后世的历学家波里比阿将这一时期称作罗马人在历史上意志最坚定的时刻。汉尼拔曾派人向陷入绝望的战俘家属索要赎金,但元老院拒绝做出任何让步。不仅如此,元老院马上从城市的青年中征召士兵,组建了4个新军团,并释放了8000名奴隶服役。由于罗马具有本土作战的优势,费边战术成为罗马人的指导战略(费边在坎尼会战后不久便连续两年出任执政官,并在公元前209年再度当选)。虽然罗马在意大利南部失势,但意大利中部地区仍然保持着忠诚。依靠这些盟友庞大的人力资源,罗马军队能够得以重建。最重要的是,汉尼拔手中没有重要的港口。公元前212年,汉尼拔虽然攻入他林敦城,但罗马人一直据守着能够控制港口的城堡,直至公元前209年费边收复并洗劫了该城。公元前212年,罗马开始围攻卡普亚。次年,汉尼拔向罗马进军,以解卡普亚之围。汉尼拔看到罗马城的防御如此严密后便知难而退,卡普亚也落入罗马手中。汉尼拔转为守势,每年冬季都不得不退往意大利南部。为了打破僵局,汉尼拔孤注一掷,让弟弟哈斯杜鲁巴(Hasdrubal)自西班牙率军驰援。但哈斯杜鲁巴行至意大利北部时,遭到两位罗马执政官的截击,在公元前207年的梅陶罗河之战(Battle of the river Metaurus)中被击败。这是意大利本土爆发的最后一场大规模的遭遇战。此战之后,汉尼拔只能困守意大利南部。

  与此同时,第二次布匿战争中最重要的一战在西班牙爆发。无论对罗马还是迦太基而言,西班牙都是一片穷山恶水,不仅地形复杂,而且各土著部落十分敌视外来者(迦太基人对待西班牙土著部落尤其不友善),各种反抗十分常见。最初罗马人节节获胜。直到公元前211年,迦太基人的三支部队会师,而罗马军队分别由格奈乌斯·西庇阿(Gnaeus Scipio)及其兄弟普布利乌斯·西庇阿(Publius Scipio,公元前217年受元老院指派支援格奈乌斯·西庇阿)指挥。在接下来的战斗中,罗马遭受惨败,两位执政官阵亡,几乎丧失了对西班牙的控制。这一局面直到普布利乌斯·西庇阿之子普布利乌斯·科尔内利乌斯·西庇阿(即著名的大西庇阿)临危受命,才扭转了战局。他也打破了只有担任执政官或大法官者才能掌军的先例,因为他目前还没有担任过上述公职。

  西庇阿可能是到此时为止最有才华的指挥官。他年富力强、极具个人魅力且敢想敢做。公元前209年，西庇阿率部涉水渡过潟湖，出其不意地占领了新迦太基城。（西庇阿声称海神尼普顿在梦中赐予了他这一胜利，所以人们纷纷传言他受到了神明的启示。）该城作为后勤基地具有极高的战略价值。公元前206年，西庇阿在伊里帕（Ilipa）取得了一场决定性的胜利，迫使另一座具有重要战略意义的港口城市加的斯投降。这标志着迦太基在西班牙彻底失势，以及罗马在伊比利亚半岛的霸权开始确立，该霸权将持续数个世纪。西庇阿在士兵们的欢呼声中获得了统帅（imperator）的头衔。这一头衔是军队在获胜后即刻授予其指挥官的荣誉称号。西庇阿获得了足够的政治资本，在他返回罗马后，于公元前205年当选为执政官，尽管他事实上连大法官都不曾担任过，而大法官的履历一般被视作竞选执政官的前提。

西庇阿马上主张直接向非洲进军。那些反对他的人既担心他的个人权力过度膨胀，也考虑到汉尼拔仍然盘踞在意大利，所以主张当务之急是击败汉尼拔。然而，西庇阿仍于公元前204年率军在非洲登陆。他在那里获得的第一场胜利迫使迦太基人召回了汉尼拔（尽管汉尼拔自9岁起［公元前237年］便再未返回故乡）。公元前202年，西庇阿与汉尼拔在扎马（Zama）平原展开决战。罗马骑兵首次在胜利中扮演了重要角色。西庇阿的骑兵把迦太基骑兵逐出了战场，罗马步兵因此能够防住迦太基部队的进攻，直到追击敌人的罗马骑兵返回战场，从后方向迦太基军队发起致命一击。汉尼拔的军队被歼灭，战争实际上结束了。

根据双方签订的和约，迦太基的领土只限于非洲，并禁止向外扩张；它还要向罗马赔偿1万塔兰特，分50年偿清。罗马继承了迦太基在西班牙的帝国。加入迦太基阵营的叙拉古城在公元前212年被罗马攻陷并遭到洗劫。其中最为著名的牺牲者便是科学家阿基米德。他所设计的各种战争机器曾延缓了城市的沦陷。元老院授予西庇阿"阿非利加征服者"（Africanus）的称号，以表彰其功绩。

平定西班牙及意大利北部

意大利被汉尼拔蹂躏了16年，遭受了巨大的破坏。第二次布匿战争的一个遗产就是令罗马人始终对来自意大利北部的入侵者心有余悸。无论如何，罗马还是赢得了战争，这一胜利在很大程度上要归功于元老院，尤其是其不可动摇的决心。在之后的50年里，元老院的威望达到了顶点。不仅如此，罗马并未对任何同盟者做出丝毫让步，更以严厉的措施惩罚了那些在战争中背叛自己的城市。卡普亚受到的惩罚尤为严厉。该城被剥夺了作为自治城市的一切权利，其所有土地被宣布为罗马的财产。罗马还下令强行驱逐坎帕尼亚的大量居民，虽然这一政策可能并未得到严格执行。与此同时，在意大利北部，罗马最终征服了凯尔特人。自公元前201年到前190年，元老院不断委派一名或两名执政官前往北部征战。凯尔特人的两个主要部落——波伊人和因苏布雷人——遭到了无情的打击。因苏布雷人向罗马投降而得以幸存，波伊人则坚持反抗，导致他们最富饶的土地被罗马没收，他们存在过的痕迹也被完全抹除，以致从比之后在意大利西北部再也找不到任何拉坦诺文化的遗迹。罗马定居者彻底取代了波伊人。在意大利的西北部，利古里亚人（Ligurian）也被罗马人征服。至公元前180年，意大利北部终被罗马控制。这一地区的社会经济逐渐走向繁荣，而建立于公元前181年的殖民地阿奎莱亚，将成为罗马帝国最富庶的城市之一。这里至今仍保存着记录第一代移民垦殖事迹的铭牌（现存于当地博物馆中）。

罗马在西班牙的统治也得到了巩固。公元前197年后，罗马每年增选两位大法官管理西班牙，并将之分为两个行省。位于东部沿海地区的被称作近西班牙行省（Hispania Citerior），位于南部沿海伸向内陆的被称作远西班牙行省（Hispania Ulterior）。西班牙的局势最初似乎很稳定，于是驻扎于此的两个军团撤回了罗马。但这是一个严重的误判。不久之后，西班牙的部落便揭竿而起。在此后的20年间，罗马通过不间断的镇压，才在内陆地区建立起稳固的统治。罗马对西班牙的投入并不大。西班牙的重要性明显不如意大利或之后被征服的希腊。在多数年份里，有4个军团共计约2.2万人驻扎在西班牙，另有同等数量的盟军也被部署在这里。除了想要维持秩序，罗马确保西班牙稳定的一个主要的诱因是掠夺当地的银矿资源和奴隶。提比略·塞姆普洛尼乌斯·格拉古（Tiberius Sempronius

Gracchus）做指挥官时，带回了4万磅（约合18吨）白银举行凯旋仪式。西班牙的银矿由监察官分包给当地的承包商。这些承包者很快便将西班牙变成了罗马帝国最富有的原材料产地。就连领导以色列反抗塞琉古统治的犹大·马加比都曾听说罗马"在西班牙地方所行的一切，怎样占领那里的银矿金矿"。(《圣经·玛加伯上》8:3)

公元前2世纪50年代，西班牙再次发生动乱。当时仍保持独立的一个民族——卢西塔尼亚人（Lusitanians）——入侵了罗马领土，从而引发了战乱。和平最终得以恢复，但过程极为血腥，罗马将领抓住这一机会大肆劫掠那些尚未被征服的地区。将整支民族贬为奴隶已司空见惯。至少有一座城市惨遭屠城——在公元前151年投降后，考卡城（Cauca）的2万名男性居民被屠杀。罗马在山区无疑陷入了苦战，传到意大利的各种报告也令人深感不安，不但影响到了征兵，也极大地削弱了民心士气。直到公元前133年，西班牙的最后一座要塞——努曼提亚（Numantia）——才被罗马历史上最杰出的指挥官之一西庇阿·埃米利阿努斯（Scipio Aemilianus，小西庇阿）率领6万大军攻克。小西庇阿为庆祝胜利，赦免了50名居民，但余者被全部卖为奴隶，城市也被夷为平地。

罗马对希腊事务的干涉

在这些颇为棘手的战争仍在继续进行时，罗马又开始卷入东方事务。公元前215年，汉尼拔曾与马其顿国王腓力五世（Philip V）结盟。罗马随即派出一支规模不大的舰队前往希腊。不过，罗马仍主要依靠马其顿的宿敌埃托利亚同盟牵制腓力五世。公元前205年，罗马与马其顿签订了和约，但是许多元老认为腓力五世并未得到足够的惩罚。所以当公元前201年，帕加马国王阿塔罗斯在罗得岛的支持下亲赴罗马寻求帮助以抵抗腓力的入侵时，元老院欣然同意。还有些元老将进攻马其顿看作掠夺财富、充实罗马国库的机会。于是，尽管罗马人早已不堪战事所累，元老院仍说服不愿开战的公民大会向马其顿宣战。罗马发动战争的官方借口是保护希腊的自由不受马其顿侵犯。罗马认识到希腊诸邦与之前所征服的那些部落不同，有高度成熟的文明，当时它似乎没有吞并希腊的意图。①

这场战争被委托给提图斯·昆克提乌斯·弗拉米尼努斯（Titus Quinctius Flamininus）领导。他在与汉尼拔的战斗中证明了自己的能力，因此在公元前198年当选执政官，当时年仅30岁。之后弗拉米尼努斯成功地将自己在希腊的指挥权又延长了3年（他之后的两位执政官都需要留在意大利，而且这一时期开始出现不断延长个别将军的任期并赋予其更大职责的趋势），而且当他在那里时，他有权自主解释罗马的政策。公元前197年，弗拉米尼努斯在色萨利的狗头山（Cynoscephalae）大破腓力的军队。次年他又趁受邀主持公元前196年度科林斯地峡赛会的时机，宣布罗马有意撤出希腊，让希腊及小亚细亚沿岸城市重获自由与独立。希腊人得知这一消息后欢欣鼓舞。但此举实际上非常精明。从此以后，每个城市都依赖于罗马的保护，于是曾在希腊化世界各城市间穿梭的使节开始云集罗马。弗拉米尼努斯从那些怀有感激之情的希腊城邦里获得了无数荣誉。

罗马现在与希腊世界建立了直接联系，并将之视为其势力范围，即便它从没有正式宣告这一点。塞琉古王国在付出代价后认识到了这一点。埃托利亚同盟试图控制被腓力放弃的一些城市，于是向塞琉古国王安条克三世寻求支持。安条克三世恰好致力于复兴他的王国，便在公元前196年越过海峡，进入曾一度属于塞琉古王国的色雷斯地区。此举引发了罗马人的怀疑，所以他们警告安条克三世不得再前进一步。公元前192年，安条克同意支援埃托利亚同盟，于是率小股部队挺进希腊本土。罗马随即做出了强有力的回击。公元前191年，安条克在温泉关被罗马人以两倍于己的兵力轻松击败。次年他在小亚细亚的马革尼西亚再次被罗马击败。此地距吕底亚的旧都萨尔底斯不远。

罗马军队进入了亚洲，但除了一些偶尔的劫掠行动外（罗马发动了一次旨在征服加拉太人的战役，因为后者曾支持安条克三世），罗马并未表现出兼并领土的兴趣。虽然罗马的影响力已经遍及整个爱琴海地区，但

---

① 关于这段历史的介绍，参见：Erich Gruen, "Rome and the Greek World", in Harriet Flower (ed.), *The Cambridge Companion to the Roman Republic*, Cambridge and New York, 2004。

其主要目标仍是通过扶植依附于自己的同盟来控制这一地区。罗马剥夺了安条克三世在爱琴海沿岸的所有领土，将其势力驱逐出了爱琴海，并限制他只能在托罗斯河（Taurus river）以东活动。安条克三世的海军也被解散。小亚细亚的沿海城市重获独立，其余的土地被罗得岛和帕加马王国瓜分。后者现在成为小亚细亚最大的国家。

此后的20年间相对平静，直到公元前179年马其顿国王腓力五世去世，其子珀尔修斯（Perseus）即位。珀尔修斯试探性地重建马其顿与希腊的关系。罗马虽然乐于支持希腊各小城邦自行其是，但不能容忍希腊出现可与之抗衡的权力中心。公元前172年，罗马军队在希腊登陆，迫使珀尔修斯卷入一场始料未及的战争。珀尔修斯曾取得一些优势，然而罗马依靠其人力资源与出色的动员能力再次获得了战争的胜利。公元前168年，珀尔修斯的军队在马其顿沿海城市皮德纳被罗马歼灭。

在皮德纳之战结束后所签署的协定中，罗马首次向希腊施加了直接影响（为彰显其胜利，罗马甚至在德尔斐奉献了一座纪念碑）。从这个意义上来讲，公元前168年是一个转折点。马其顿被划分为4个独立的共和国，每个国家都由罗马提名的代理人统治。这些国家彼此之间只能进行有限的交往，但至少罗马人没有将其变成直接管辖的省份。其他城邦受到了严厉的处罚。由于曾援助过珀尔修斯，伊庇鲁斯的摩罗西斯人的城市纷纷遭到洗劫。一则史料称，共计有15万的居民被卖为奴隶。罗得岛在这场战争中未向罗马提供任何援助，其商业地位因此受到罗马建立的自由港——提洛岛——的削弱。提洛岛发展为古代世界最重要的奴隶市场之一，每天有1万笔交易。公元前168年，塞琉古国王安条克四世未经罗马的同意便入侵了埃及。他突然发现自己要与一位罗马使节当面对质。这位名叫盖尤斯·波皮利乌斯·莱纳斯（Gaius Popillius Laenas）的使节在惊愕不已的国王的脚下画了一个圈，声称后者唯有同意签署和约并撤军才能走出那个圈。安条克四世只得屈服。一些国王甚至遭受过更大的屈辱。据波里比阿记载，公元前166年，比提尼亚国王普鲁西阿斯二世（Prusias II of Bithynia）在造访罗马时扑倒在元老们面前，称呼他们为"拯救众生的诸神（Saviour Gods）"。波里比阿评论道，"在此之后，任何人都无法在厚颜无耻与奴颜婢膝方面超越他了"。而帕加马国王欧迈尼斯（Eumenes）到公元前168年一直是罗马的忠实盟友，却在自己的国家遭到一位罗马官员的羞辱——此人竟然鼓励欧迈尼斯的臣民公开贬低他们的国王。

罗马最终征服希腊已经指日可待。公元前150年，马其顿爆发了一场起义，导致这个曾由腓力二世和亚历山大大帝统治的王国沦为一个罗马行省（公元前148年）。罗马对亚该亚同盟也越来越恼怒。亚该亚同盟曾与斯巴达陷入斗争，而后者的独立得到了罗马的保证。罗马还声称，科林斯、阿哥斯等城市也有退出亚该亚同盟的自由。亚该亚同盟意识到，已经到了生死攸关的时刻，必须做最后一搏。但是他们的希望迅速被公元前146年的执政官卢基乌斯·穆米乌斯（Lucius Mummius）扼杀。他打败了亚该亚同盟的军队。元老院效仿200年前亚历山大摧毁底比斯城的做法，挑出它的一个城市科林斯，将之夷为平地。数个世纪以来，科林斯一直是爱琴海地区主要的贸易港口，自此被废弃了百余年。

同样的命运已经降临到迦太基。迦太基虽然于公元前202年失去了所有海外领土，但并不意味着它的繁荣走到了尽头：迦太基的贸易线路延伸至红海和黑海。考古发现表明，公元前2世纪，迦太基城可能更为繁荣，据估计有大约20—30万人口。然而，迦太基城的军事实力很弱，自50年前接受罗马强加给它的和平后，其居民完全没有战争经验。当一支迦太基军队在公元前150年被召集起来对抗邻国努米底亚的国王马西尼萨（Massinissa）时，它被悉数歼灭。

迦太基组建军队一事却被罗马当作发动战争的借口，尽管这是因为罗马不断纵容马西尼萨反对迦太基才导致了迦太基人的反击。这场战争没有战略上的考量，完全是因为元老院中的强硬派无法容忍宿敌迦太基作为一个繁荣的城邦继续存在。经过3年的围攻，迦太基最终被攻陷，而指挥这场战争的恰好是小西庇阿，他是大西庇阿的养孙。迦太基城被夷为平地，至少有5万名居民被卖为奴隶。这片土地不但被诅咒，还被撒上盐，使之永远成为不毛之地。然而，对许多罗马人而言，这不是一场光荣的战争。甚至据说小西庇阿曾感叹，迦太基的命运可能在某一天也会降临到罗马的头上。迦太基的领土成了罗马的新行省——阿非利加行省。

因此，在数年之间，地中海世界的力量平衡随着迦太基帝国的覆灭和希腊化国家的臣服而发生了变化。罗马在西班牙、非洲和希腊建立了行省。公元前133年，帕加马王国的末代君主在遗嘱中把自己的国家馈赠给罗马，帕加马由此成为亚细亚行省。罗马毁灭迦太基和科林斯这两座古代世界的贸易重镇，标志着罗马帝国主义进入了一个更加傲慢的新阶段。

波里比阿与《通史》

作为上述历史事件的同时代人，希腊史家波里比阿（约公元前200—约前118年）深深为罗马的胜利所折服，开始写作《通史》（Universal History）来解释这一切发生的原因。这是唯一留存至今的一部希腊化时期的著作。波里比阿出生于亚该亚同盟的麦伽拉波利斯城（Megalopolis），是一个才华横溢的贵族青年。公元前170年，波里比阿成为亚该亚同盟的一名骑兵指挥官。但在皮德纳之役后，他与同盟的千余名贵族作为人质一并被押往意大利。波里比阿并没有像其他难友那样，因即将被流放到伊特鲁里亚地区的边远城市而焦虑不安，而是设法前往罗马，并与小西庇阿（后来的迦太基和努曼提亚的征服者）成为朋友。很快他便有机会接触罗马的名门望族，同时也与希腊保持着联系。

波里比阿也是一个行动者。他在流亡的岁月中广泛游历了意大利、非洲、西班牙、高卢，穿越了直布罗陀海峡。他跟随小西庇阿，见证了迦太基的毁灭。公元前150年，他被允许返回希腊。公元前146年，罗马羞辱了亚该亚同盟，波里比阿受命解决随后的事务。他取得了巨大的成功，受到了亚该亚同盟的许多城市的表彰。麦伽拉波利斯的一则铭文就称赞了波里比阿平息罗马人的愤怒的方式。因此，波里比阿尤为适合写作罗马征服希腊的历史。他还将两次布匿战争的经过也纳入了其著作。

波里比阿的严谨治史态度令他成为伟大的希腊史家中的一员。他无疑坚信罗马理应战胜希腊。同时必须谨记，他筛选的史料严重偏向他的那些罗马贵族朋友。他认为，军纪严明的罗马军队、不屈的战斗意志，但最重要的还是罗马平衡的混合宪制，使罗马人具有了压倒性的优势。从这个意义上讲，罗马的胜利是可以理解的。然而，与此同时，波里比阿也认为机运（Tyche）在历史事件的演进中总是扮演着重要角色。他通过详细分析历史事件，试图证明机运对罗马获得胜利何等关键。波里比阿在探究历史真相的过程中一丝不苟，似乎非常喜欢采访那些过往事件的亲历者。

战争的动机与帝国主义

波里比阿试图解释罗马为什么如此善战。但他首先必须解释罗马究竟是在怎样的动机的驱使下一次又一次地卷入战争。这个问题对波里比阿而言或许更难解答。一种传统观点认为罗马主要是一个防御性的强权，仅仅对事件做出被动回应而非主动挑起战争。根据这一观点，迦太基人、马其顿的腓力、入侵的凯尔特人都是威胁罗马的势力，罗马必须予以回应，正如罗马早年身处强敌环伺的拉丁姆平原，必须对各种威胁做出回应。这种观点受到威廉·哈里斯的质疑。他在其《罗马共和时期的战争与帝国主义》[①]一书中指出，罗马社会天生具有侵略性：对贵族精英而言，战争是通向政治成功的主要渠道，是个人获取荣誉和社会地位的唯一方式；同时，胜利的果实——战利品和奴隶——带来了奢华的生活和社会地位，这些都使战争具有吸引力。在意大利，没收战败者的土地令罗马可以把过剩人口安置在罗马城以外的地区，从而让社会矛盾得以缓和。再者，罗马期望同盟者承担的义务仅限于在战时提供兵员，因此罗马要维持对盟友的优势也只能依赖频繁的战事。在政治、经济、社会等多方面因素的综合作用下，罗马的好战性得以形成，这也解释了为何罗马很少处在和平中。

罗马无疑是一个军国主义国家——它不但能够动员庞大的军事力量，而且毫不介意使用这种力量，只要卷入战争就要战斗至最后，而战争的结果也通常有利于罗马。布匿战争表明，投降从不是罗马可以考虑的一个选项。然而，我们不能因为罗马拥有无可匹敌的战争机器以及大量发动战争的诱因，就认定罗马所卷入的每一场战争都是由罗马蓄意挑起的。前文讲述的事件证明，情况更为复杂。在卷入同迦太基的战争后，罗马人便处在

---

① William Harris, *War and Imperialism in Republican Rome*, Oxford, 1979.

了要么获胜要么受辱的境地。第一次布匿战争后,罗马认识到迦太基人可能会复仇,所以采取积极的策略加以应对。从这个意义上讲,罗马巩固对地中海西部的控制可以被视为防御性的。

然而同样真实的是,对于自己所划定的势力范围的任何轻微或可感知的威胁,罗马都表现出异常的敏感,并马上发动战争进行报复。这就是它卷入希腊事务的原因。很难衡量个人对荣誉和财富的渴望究竟在罗马的政策制定过程中占多大比重。对于凯旋者,胜利固然无比享受,但也没有证据表明,罗马试图在海外领土上建立永久性的统治。罗马帝国似乎是一点点地成长为一个庞然大物的,至少在希腊,当实在没有办法在该地区维持最高权威之前,罗马是不愿意将之吞并的。

自公元前148年至前133年,许多迹象表明罗马开始蓄意羞辱其敌人并决心吞并更多的领土。马其顿和希腊被吞并,迦太基被摧毁,富裕的帕加马王国以赠予的方式被罗马继承。至此,罗马拥有了一个需要悉心保卫和治理的地中海帝国。而且在接下来的250年中,这个帝国还会继续膨胀,仿佛不存在极限。然而,这个过程还有许多不成熟的地方。通常情况下,被征服者的地位问题从未完全解决,而他们被罗马击败后能保持何种程度的独立也没有得到澄清。帝国几乎没有明确界定的边界,而未被征服的民族仍活跃在罗马帝国的边疆地区,帝国的绝大多数领土也没有得到有效的治理。罗马征服的疆域越广,就越意味着军事指挥权的性质会发生根本性的变化,因为军团必须面对各种不同的挑战,而指挥官们则年复一年地在遥远的地区征战,唯恐丧失他们在夏季获得的战果。在近东的历史上(见第2、6章),那些迅速崛起的帝国往往几十年后便土崩瓦解。罗马会重蹈覆辙吗?[①]

东方的影响

罗马的一系列胜利对本土产生了极大的影响。不仅大量的财富和数十万的奴隶涌入了意大利,罗马这座城市还向发达的东方文化敞开了大

---

① 关于这一问题进一步的深入分析,参见:Arthur Eckstein, "Conceptualising Roman Imperial Expansion under the Republic: An Introduction", in N. Rosenstein and R. Morstein Marx (eds.), *A Companion to the Roman Republic*, Oxford, 2006。

门。罗马历来是多种文化汇聚之地,其中自然包括对希腊文化的学习。这种学习要么以伊特鲁里亚人为媒介,要么直接通过意大利南部已被征服的希腊城市。公元前212年叙拉古的陷落导致希腊艺术品首次大规模流入罗马。历史学家普鲁塔克不无夸张地写道,"在此之前,罗马充斥着蛮族人的武器和血腥的战利品,它不仅不知道,也没有见识过如此精美绝伦的优雅器物"。凯旋仪式上所展示的战利品不仅具有势不可当的冲击力,也标志着罗马与希腊以及希腊文化的关系进入了一个新的阶段。罗马在东方的一系列战事中,从希腊本土带回了第一批财宝——雕花盘、带有嵌饰的家具、舞女以及烹饪也是一门艺术的观念。皮德纳战役的胜利者埃米利乌斯·保鲁斯(Aemilius Paullus)将马其顿王室图书馆中的全部藏书送给儿子作为礼物。此外,他还带回了大量雕塑与绘画,以至于凯旋仪式的游行队伍花了3天才展示完这些战利品。

希腊文化的影响很快在罗马城中开始显现。马其顿征服者昆图斯·梅特鲁斯(Quintus Metellus)在公元前148年修建的柱廊是罗马城内首座永久性的希腊式建筑。不久之后,希腊艺术家们开始为他们的罗马赞助人复制希腊风格的雕塑。在罗马,大理石建筑取代了凝灰岩块建筑,精美的金属雕塑取代了赤陶塑像。罗马最早的大理石神庙兴建于公元前2世纪40年代,虽然它仍保留着伊特鲁里亚式的高台基以及带有装饰的正门,但其装饰已经以希腊风格为主。希腊的建筑法式也日益流行。罗马洗劫科林斯后,大量的青铜装饰品流入罗马,并成为收藏家的最爱。公元前2世纪,罗马的面貌因为新建的3条引水渠、一批巨型神庙以及城中首次出现的贵族豪宅而大为改观。罗马在台伯河左岸、阿文丁山的南面兴建了巨型仓廪——埃米利亚柱廊(Porticus Aemilia)。它长487米,宽60米,共有294根廊柱。"埃米利亚"来自捐修并世代维护该建筑的军人家族,这也是名门望族在公众面前维持其声望的一种手段。(完全因为罗马人发明了罗马混凝土[opus caementicium],建造这类建筑才成为可能。罗马混凝土首次出现于公元前200年左右,是一种用石灰与砂石混合而成的砂浆,并加入了碎石以增强其凝结力。)

希腊文化渗透到罗马人生活的方方面面。公元前186年,罗马城首次举办希腊式体育赛会。举办者是大西庇阿的兄弟，他曾击败安条克三世。希腊戏剧被李维乌斯·安德罗尼库斯（Livius Andronicus）于公元前3世纪末引入罗马。西西里和意大利南部的希腊上流社会尤为热衷希腊戏剧。李维乌斯·安德罗尼库斯是希腊人，公元前272年他林敦遭罗马洗劫后，当时还只是一个儿童的他可能被带到了罗马。普劳图斯（约公元前250—前184年）生动地将大量希腊戏剧改编为一系列情节紧凑的音乐喜剧。剧中充斥着各类程式化的角色，包括被拆散的情侣、神气活现的士兵或者比主人更有智慧的奴隶。

这一时期最著名的诗人当属昆图斯·恩尼乌斯（Quintus Ennius，公元前239—前169年）。他通晓希腊语、奥斯坎语和拉丁语，创作了讲述罗马历史的叙事诗《编年史》，将希腊史诗这种文学体裁引入了罗马文学。它那阴郁的基调吸引着知识阶层，并成为罗马学童了解祖先功绩的标准读物。继普劳图斯之后，泰伦提乌斯（约公元前193—前159年）将希腊喜剧搬上了罗马舞台。他的作品更尊重原作，整体上也比普劳图斯的作品更有艺术性。

因此，到了公元前2世纪中叶，罗马上流社会的大部分人都非常了解希腊人的生活方式，并可能在各种场合下见过希腊人。罗马人仿效希腊生活方式的热情程度因人而异。还有很多罗马人清醒地认识到罗马的传统价值体系受到了威胁。这套传统价值体系根植于罗马人对于罗马早期历史的模糊记忆——那个时候，典型的罗马公民都以一小片土地为生，过着节俭的生活。（最为经典的形象是可能纯属传说中的英雄辛辛那图斯[Cincinnatus]。公元前5世纪，罗马人与艾奎人爆发战争，辛辛那图斯临危受命，担任独裁官，但16天后战争胜利他便回乡务农。）在战争中，罗马人要表现出大无畏的勇气，即德性（virtus）；在家中，则要懂得虔敬（pietas），即按照礼法的要求举行各种祭祀活动，以取悦诸神，保佑家庭和城邦；对于门客，要恪守信义（fides），而且永远不被贿赂所腐蚀。这些美德合起来构成罗马人所谓的尊荣（dignitas），以及一个人的地位，罗马人将在为城邦服务的过程中实现他们的最大价值。伟大人物的葬礼被认为是一种启迪下一代人承袭古代美德的教育手段，逝者的子嗣在葬礼上往往会历数其父的美德。"他完成了智者穷尽一生所追求的10件至大至善之事",公元前221年,昆图斯·卡埃基利乌斯(Quintus Caecilius)在其父大祭司长(pontifex maximus)卢基乌斯的葬礼上如是说道:

> 他渴望,成为最优秀的勇士、最雄辩的演说家,以及最英勇的统帅;被赋予最重大的职责,被授予最高的荣誉;拥有最高的智慧并成为元老院中的佼佼者;用诚实的手段获得大量财富;养育众多儿女;成为城邦中最杰出之人。

许多罗马人担忧这些传统美德会受到外来的希腊文化的威胁。普鲁塔克对征服叙拉古的马克鲁斯(Marcellus)颇有微词,因为他"使此前惯于农耕和征战的罗马人……耽于阴柔和安逸的生活方式……追求休闲且空洞的清淡,影响了公民们对艺术和艺术家的看法,甚至为这些事情浪费了一天中最好的时光"。在波里比阿的《通史》中,有一个著名的段落描述罗马人的堕落:

> 一些年轻人将他们的精力挥霍在与少年的爱情上,另一些人则挥霍在高级妓女身上,还有一些沉迷于音乐表演和宴饮,并为此靡费无数的金钱,因为在与珀尔修斯和马其顿人的战争中,他们在希腊人的引导下迅速地学会了希腊式的奢侈作风。穷奢极欲与放荡不羁自此在青年中蔓延,他们中的许多人随时准备好付1塔兰特招个娈童,或是付300德拉克马买一坛产自本都的咸鱼。

罗马人担忧此类行为会摧毁这个民族强健的体魄,而不正确的财富观会导致腐败和挥霍。为遏制这种现象,罗马先后颁布一系列法律来限制宴饮的花销。与此同时,一个著名的例子就是一位保守派元老在公元前2世纪50年代时坚持将一座剧场的座位全部拆除,因为这位元老认为站着看戏才更具有男子气概(直至100年后,在庞培主持下,罗马才修建了第一座石质剧场,即便如此,庞培仍不得不把这座剧场伪装成一座下面有排列成半圆形的台阶的神庙）。公元前155年，一批雅典哲学家造访了罗马（怀疑主义哲学家卡涅阿德斯也在这批人当中）。当哲学家们的哲学辩论可能被用于消解罗马帝国的正当性时，他们开始受到罗马人的讥讽。而早在公元前186年，罗马就已经掀起过一场针对巴库斯狂欢（Bacchanalian Orgy）的参与者的猎巫运动，该狂欢活动相当于为纪念狄奥尼索斯而举行的狂欢庆祝活动。

老加图

老加图（Marcus Porcius Cato，公元前234—前149年）是反对这一潮流的旗手，也是那个时代最有趣、最复杂的历史人物之一。加图生于罗马附近的小城图斯库鲁姆（Tusculum）。他在一位贵族护主的帮助下，凭借其卓越的能力，赢得了公元前195年的执政官一职。同年，加图在西班牙担任军事统帅，建立了功绩，返回罗马后举行了凯旋仪式。之后，加图随同罗马军队前往希腊，在温泉关之战中击败了安条克三世。作为备受尊敬的卸任执政官，加图在公元前184年被选为监察官。监察官是罗马最具声望的职位。加图恢复了该职位在罗马的传统角色，成了公共道德的捍卫者。在此后的35年间，加图成为抵制希腊思想与奢侈生活方式、腐化堕落行为的旗手。加图晚年日益不满迦太基继续存在，所以他经常重复的一句话是"迦太基必须毁灭"。这一立场有助于在罗马营造彻底摧毁迦太基的政治氛围。加图是第一位用拉丁语书写罗马历史的作家，他的《论农业》（De Agricultura）是现存最早的农学论著。该书尽管将罗马早期的农业生活理想化了，但支持当时新出现的商业化农业经营模式。加图在公共事务上狭隘、睚眦必报，但他给予了儿子无微不至的关爱，这在一定程度上弥补了他的形象。他曾为儿子编写了一部罗马史，并亲自用大号字体抄写，以便儿子阅读。他也从未错过与儿子一同沐浴的机会。

然而，加图并不只是一个心胸狭隘的传统卫道士。他曾访问希腊，虽然当时他还是一个士兵。加图对希腊文化的了解不深，但其作品中有迹象表明他曾阅读过荷马、德摩斯梯尼和色诺芬的作品。加图也向罗马捐献了一座长方形会堂（basilica）。该会堂是一种有多种用途的会场，可被用作法庭、交易所和市场，显然取法自希腊式柱廊。也许，他担忧的并不是希腊本身，而是担忧那些接受希腊生活方式的人失去了自我控制。

埃里克·格伦在《罗马共和时期的文化和民族认同》[①]一书中较为全面、客观地评价了罗马人和希腊人的关系。他强调，罗马人经常利用希腊文化来维护自身的文化身份。例如，希腊的神像经常被罗马人供奉在自己的神庙中。罗马人也拒绝因袭希腊的某些风俗，比如裸体锻炼。此举可能体现了维护罗马精英阶层尊严以及公序良俗的目的。类似事例还有公元前186年罗马取缔巴库斯崇拜。此举并非因为这一崇拜起源于希腊，而是因为罗马反对其狂乱的音乐、放纵的舞蹈与伤风败俗的男女聚会。这些行为挑战了传统的权威观念，也威胁到国家对宗教事务的控制。因此，我们在这里发现了一个矛盾，一方面，被征服的民族因他们的"软弱"受到征服者的蔑视，但另一方面，他们在思想领域所取得的成就又让征服者钦佩不已。处理这一矛盾的方式之一，就是想当然地认为思想严肃、生活简朴的阿提卡人与骄奢淫逸的小亚细亚希腊人不是一类人，后者才是腐化堕落的代表。

元老院政治的伟大时代

老加图一直念念不忘的国家稳定，在他生前并没有受到任何威胁。第二次布匿战争结束后的半个世纪内，元老院在维持贵族式寡头政治方面获得了巨大的成功。"阿非利加征服者"西庇阿和弗拉米尼努斯的生涯表明，在海外征战的指挥官可以获得巨大的个人影响力。两人在西班牙和希腊所受到的对待与国王无异。第二次布匿战争结束后，对功名利禄的渴望令各种公职的选举日趋激烈。然而，元老院成功地抑制了这类野心。公元前180年的一部法律规定了担任大法官、执政官者的最低年龄，而且规定卸任两年后才有资格再次担任上述官职。公元前2世纪50年代，卸任执政官禁止再次担任执政官。指挥官可以举行凯旋式，展示战利品，但不能将

[①] Eric Gruen, *Culture and National Identity in Republican Rome*, Ithaca, NY, 1992.

之转变为长期的政治权力。

虽然元老院在这些年间保持着巨大的威望，但仍有证据表明公民大会也积极地参与政治。罗马当时大概有25万公民，只有少部分人能参加各类公民大会，但这些公民大会对其享有的立法和选举的权力十分看重。公民大会还审理个人提告的案件，这类案件在该时期日益普遍。控告一位指挥官侵吞战利品或敲诈更多的贡金，已经成为竞选中常见的政治斗争手段。然而，无论现实的征服有多么残酷，有关"正确行为"的一些理念仍然存在。

民众骚乱的迹象

然而，公元前2世纪50年代后，元老院的声望每况愈下，对野心勃勃的个人的抑制能力似乎也减弱了。公元前148年，征服迦太基的战争陷入僵局时，曾在西班牙和阿非利加立下战功的小西庇阿在一位保民官的支持下当选执政官一职，并获得了统率军队的权力。该保民官曾威胁，如果小西庇阿无法获得统帅权，他会动用否决权中止执政官选举。虽然西庇阿的年龄不符合要求且未担任过大法官，但元老院仍无力阻止这一任命。公元前142年，西庇阿力压元老院支持的候选人，当选监察官。据说，激动的群众簇拥着小西庇阿，为他的当选欢呼雀跃。法律虽然禁止第二次担任执政官，但为了结束西班牙的战事，小西庇阿同样在民众的支持下，于公元前134年再次当选执政官。公元前143年，阿庇乌斯·克劳狄乌斯·普尔克（Appius Claudius Pulcher）举行了凯旋仪式，尽管元老院此前拒绝授予他举行凯旋仪式的特权。

上述情况可能反映了民众越来越有可能发生骚乱。西班牙战事的结束似乎遥遥无期，那里的士兵的平均服役期已达6年，群众的不满情绪日益高涨（民众迫切呼吁任命新的统帅以尽快结束战争，即便该候选人严格说来不具备统率军队的资格）。罗马军队征召士兵变得更加困难，执政官与保民官的关系也更加紧张：前者要求增加兵力，而后者则代表人民，反对再次征召公民从军。罗马的政治中心仍然位于罗马城中心的一小块区域，但大众的参与还是成为历史事件中永不缺席的背景，即便他们只能对发言者发出支持或反对的声音。

过去一般认为，导致公元前 2 世纪罗马民众与贵族之间矛盾激化的原因是当时农业生产经营方式发生了变革，特别是按照商业原则经营的大地产（latifundia）的出现以及大量使用奴隶，令罗马的小农经济衰落，进而引发失地公民的不满。然而，史料难以支撑这种看法。我们可以根据监察官登记的公民（男性公民）数量评估意大利人口及其增减状况。文献方面，例如老加图有关农业的论著提供了一些有限的信息，但人们已经通过田野调查追溯农业聚落模式的变化，补充和拓展了这方面的知识。然而，意大利的地理情况差异极大，并且山区群体与平原群体、罗马化与未罗马化的土著居民之间，也存在着巨大的差异，所以不大可能从这些资料中得出普遍性的结论。目前就我们所知而言，土地兼并现象在公元前 2 世纪前就已经出现，因此它既不新鲜，也不突然。不仅如此，这些富裕的地主更倾向拥有一些中等规模的地产，而非大地产。他们的经济活动包括种植谷物、葡萄和橄榄树，开辟产出多种水果的果园。这并不是无情的商业化。贸易的发展反而为处于元老贵族之下的各阶层提供了更多的机会（元老家庭鄙视此类营生），也为某些产品，特别是坎咱尼亚地区生产的葡萄酒，带来了新的出口市场（从一些简单的变化中即可看出贸易的增长，例如为了方便长途运输，当时出现了更为坚实耐用的双耳瓶）。传统观点认为，大量奴隶拥入了乡村地区（有一种估计认为拥入的奴隶达到了 200 万人）。这种观点现在已被修正，没有明显的证据证明意大利当时存在奴隶制经济，尽管大多数农庄确实使用奴隶与短工，和佃农一同劳作。①

因此，目前的观点是，土地的紧张并非主要是由于在商业的压力下小农的土地被兼并造成的。农村人口的增加可能同样是导致土地短缺的主要原因。与公元前 2 世纪时相比，公元前 1 世纪的战争和土地没收（见第 23、24 章）所造成的破坏无疑更为突然。"拉动"罗马城迅速扩张的因素，现在似乎也成为"推动"乡村贫苦居民迁移的动力。这些人受城市中的各种经济机会的吸引，纷纷迁移到城市中。一项统计表明，公元前 2

---

① 有关这一时期农业经济的最新的研究，可参考：Nathan Rosenstein, *Rome at War: Farms, Families, and Death in the Middle Republic*, Chapel Hill, NC, 2004。

世纪初期罗马城约有20万人口,两个世纪后的奥古斯都时期已经达到了100万人。这成为矛盾滋生的温床。公元前144年,罗马匆忙地尝试改善城市的供水情况;公元前138年,城市的粮食供给又陷入危机。有关群众骚乱的记载相当有限,但代表民众意志的保民官在这些年间似乎开始变得更加活跃,正如我们看到的与征兵有关的情况。公元前139年,一位保民官成功通过一部法律,将秘密投票制度引入年度的高级官员选举。这成为罗马的首部选举法。公元前133年,信心得到恢复的保民官将把罗马共和国引向政治危机。

罗马货币简介

罗马最早的货币单位是阿斯(as),用于公元前3世纪初发行的铜币,重量为1磅(324克)。此时距希腊人首次使用铸币已过去了300年。罗马铸造钱币可以被认为是其受到的希腊文化影响的一部分。此后不久,罗马的首批银币面世。大约在公元前214年,铜币和银币的比价被确定:1第纳瑞斯(denarius)的银币等于10阿斯的铜币。后来,铜币的重量逐渐减小,演变为一种重54克的铜币。同时,第纳瑞斯也被贬值(公元前141年),以便与16阿斯保持等价。由于阿斯不断贬值,罗马开始铸造一种新币——塞斯特斯(sestertius),价值2.5阿斯。后来,1塞斯特斯等于4阿斯。塞斯特斯被广泛用来衡量财富或发放年俸,例如士兵的军饷。由于罗马在战争中获得大量银币,并且控制了马其顿尼亚的银矿,第纳瑞斯开始被大量铸造。至公元前2世纪中叶,罗马每年铸造的第纳瑞斯相当于许多希腊城邦一个世纪铸造的银币的总和。直到公元3世纪,第纳瑞斯一直是地中海世界的通用货币。①

---

① 参见"罗马货币"词条:*The Oxford Classical Dictionary*, revised 3rd edition, Oxford, 2003。更多的细节和总体背景介绍,参见:Christopher Howgego, *Ancient History from Coins*, London and New York, 1995。

第23章

困境中的罗马共和国

公元前133—前55年

格拉古兄弟对元老院政治的挑战 [①]

社会改革家在罗马政治中并不多见，这就使得格拉古兄弟——提比略·格拉古和盖尤斯·格拉古（Gaius Gracchus）——针对公元前2世纪末意大利所面临的一系列社会经济问题所做出的改革尝试尤其引人注目。格拉古兄弟生于贵族家庭，祖上有5人担任过执政官。他们的母亲——科尔内莉亚（Cornelia）——正是大西庇阿之女。她是一位可敬的女性，生育了12名子女，但仅有3人成年。科尔内莉亚孀居后，把全部希望寄托在两个儿子身上，而这对年龄相差9岁的兄弟也将成为罗马共和国历史上最接近希腊改革家梭伦与克里斯提尼的政治家。

公元前134年12月，提比略·格拉古当选保民官。罗马宪制的灵活性让提比略·格拉古的贵族身份没有成为他担任该职位的障碍。保民官的传统权力使提比略不仅可以通过平民大会颁布法律，亦可代表人民否决任何官员的政策或元老院决议。平民大会才是真正意义上的公民大会——据记载，公元前188年，平民大会在册的选民有258 318人，其会场设在卡庇

[①] 有关该时期的罗马共和国，参见：Nathan Rosenstein and Robert Morstein-Marx, *A Companion to the Roman Republic*, Oxford, 2006; Harriet Flower, *The Cambridge Companion to the Roman Republic*, Cambridge and New York, 2004. 前者的史料更丰富，分析也更深入，后者则更加可靠。对该时期的简明扼要的概述，参见：Mary Beard and Michael Crawford, *Rome in the Late Republic*, London, 2000.

托山的山麓或山顶,就位于罗马城中心。只要具有坚定的信念,保民官完全能够制造或抵制政治变革。提比略开始利用他的权力实施土地改革,他推动改革的动机很难说清。他的批评者认为他是一个利用民众不满为自己谋取利益的人。但提比略宣称,他改革的目的十分单纯,无非是想恢复和巩固罗马小土地所有者的地位。他强调罗马的小土地所有者在大地产的压迫下濒临破产,正在丧失服兵役的资格(拥有土地是公民参军的前提条件)。

提比略土地改革计划的重点是为公民分配公地(ager publicus),即国家拥有的土地(许多公地最初是被罗马征服的意大利城市的土地)。理论上,每个公民被分得的土地不得超过500尤格(相当于120公顷),但是许多罗马公民以及一些同盟者社群成员占有的土地远超此数。提比略提出,他们应该交出多占的土地,以换取国家对他们的剩余土地的所有权的承认。交出的土地将被划分为小块(每份的面积约30尤格,合7公顷)在贫民中分配,获得者拥有不可剥夺的权利。因此,他们能够保护自己的土地不被邻近的富人购买,并且有资格服兵役。土地再分配的整个过程由三人委员会监督。

从政治角度看,该提议的精明之处在于没有威胁到私人财产的观念。那些失去土地的人都是多占土地者。但是,利用平民大会推动激进政策注定会引起不安,尤其是该法案影响到了富有的土地所有者。然而,近年的研究显示,真正的问题不是分配不均而是土地已经稀缺。真正的大地产并不多见,大多数地产的规模都是中等水平,所以没有额外的土地可供分配。这使改革无论如何都不具备可行性。提比略的一意孤行使事态的发展变得无法收拾。他对元老院的感受毫不在意,并打破惯例,不向元老院征求对该提议的意见。不仅如此,他还罢黜了一位反对其改革的保民官同僚。这个时候,又传来了帕加马王国的末代国王将王国遗赠给罗马的消息。提比略建议把帕加马王国金库中的财富作为补助金分发给领取份地者,并且提出由平民大会来决定帕加马岁入的分配,而非元老院。此提议严重冒犯了元老院的传统角色,因为元老院一直是负责外交事务的机构。提比略最具挑衅性的举动是宣布竞选下一届保民官。这又是一个明显违背惯例的举措，他或许想通过承诺进一步推动改革来掩饰这一点。

提比略继续维护他在平民大会中的影响力。平民大会举行集会时，大量的贫民涌入罗马城投票，但他已经自绝于统治阶层。罗马人把惯例摆在第一位。精明的罗马政治家像希腊的政治家一样，通常宣称他们的改革无非是恢复事情的本来面目。寻求共识已成为政治家的本能。提比略未免操之过急。公元前133年夏的某一天，在平民大会开始讨论他是否具备连任保民官的资格时，提比略与元老院之间的矛盾达到了顶点。平民大会在卡庇托山召开。与此同时，元老院在附近的信义女神（Fides）神庙集会。随着各种有关平民大会议程的混乱报告传到元老院，大祭司长西庇阿·纳西卡（Scipio Nasica）催促主持会议的执政官以企图建立僭主统治的罪名处决提比略。执政官拒绝动用武力，但西庇阿·纳西卡相信自己的提案是公正的，并聚集起一批支持者拥向卡庇托山。双方爆发了激烈的战斗，使用棍棒互殴。在这场骚乱中，大约有300人被打死，其中就包括提比略。据说，他被一名敌视他的保民官用板凳击中头部而死。罗马历史上的首次民众改革运动被扼杀了，但是暴力镇压只能败坏反改革者的名誉。同时代的历史学家撒路斯提乌斯（Sallust）写道："这是贵族们开始滥用特权，而人民也开始滥用自由的时刻，每个人都在想方设法为自己捞取好处。"

虽然提比略的改革失败了，但是土地分配委员会得以继续存在。委员会成员之一是提比略的弟弟——盖尤斯·格拉古。我们无从得知土地分配委员会在重新分配土地方面取得的实际成果如何，但鲜有证据表明意大利的土地所有关系发生了明显的变化，而随着帝国的扩张，许多富裕的罗马人开始投资海外的地产。[①] 土地稀缺的情况依旧存在。在意大利内外争夺土地所有权的新群体涌现了——该群体包括有野心的释奴以及没有罗马公民身份的意大利人。后者认为受到那些拥有罗马公民身份者的歧视，涉及重新分配土地时尤其如此。公元前125年，格拉古兄弟的盟友执政官弗尔维乌斯·弗拉库斯（Fulvius Flaccus）建议罗马应授予同盟城市公民权。

---

① 近年来对该艰深领域研究状况的评估，可参考：William V. Harris,"The Late Republic", chapter 19 in Walter Scheidel, Ian Morris, and Richard Saller (eds.), *The Cambridge Economic History of the Greco-Roman World*, Cambridge and New York, 2007; paperback edition 2013。

这一建议没有得到任何结果，但激起了意大利同盟城市获得罗马公民身份的强烈渴望。它们因希望落空而产生不满，后来将成为罗马的一个主要威胁。

公元前124年，盖尤斯·格拉古当选公元前123年的保民官。总的来说，盖尤斯比他的兄长更令人敬重。他富有活力，也极具个人魅力，更是一位口才出众的演说家。按照普鲁塔克传世的《盖尤斯·格拉古传》的记载，盖尤斯在演讲时会在讲坛上来回走动，也会在情绪激昂时撕扯自己的托加袍；在工作中，他身边总聚集着一群富有激情的专业人士。盖尤斯也是比哥哥更精明的政治家。当选保民官后，他最初实施的一些改革举措是为了巩固自己的权力基础。由于便宜的谷物对于穷困者不可或缺，盖尤斯建立了一套大量收购、储存谷物，并以固定价格出售以稳定粮食价格的系统，从而保护贫民免受投机商盘剥以及由歉收引起的价格波动的影响。为缓解存量土地不足的问题，他试图在意大利开辟新的殖民地，并推进其兄的土地改革。

盖尤斯的立法表明，他试图将权力从元老院转移到公民大会。为了孤立元老院，他讨好骑士（equites）阶层。骑士阶层最初指能够自备马匹充任骑兵的罗马公民，但现在已由财富标准来决定。骑士阶层垄断了国家的包税合约（罗马禁止元老成为包税人）。由于罗马在富庶的帕加马王国设立了一个新的行省——亚细亚，盖尤斯保证骑士阶层在罗马可以通过拍卖获得这一新行省的征税权。在意大利本土，他发起了修路计划，该计划对骑士阶层的包税人非常有吸引力。更大胆的是，他还允许骑士阶层参加公元前149年为限制行省总督滥用职权而设立的特别法庭的审理工作。由于骑士阶层通常是这类诉讼的被告，所以他们在涉及自身的案件中担任法官，事实上有助于提高骑士阶层在国内的地位。在平民大会所颁布的其他法律中，盖尤斯承认和扩大了民众的一些权利。盖尤斯的成功可以从他如愿以偿连任保民官一事中反映出来。他并没有像其兄提比略那样遇到阻力。

盖尤斯的成功只是暂时的。他再次遇到了意大利同盟城市反对土地分配委员会工作的难题。盖尤斯许诺授予罗马周边的拉丁城邦罗马公民权，也许诺授予其他同盟城市拉丁权，包括那些移居到罗马领土上的居民，希望以此来笼络这些城邦。这是一项具有前瞻性的政治构想，若在当时付诸实施，或许可避免公元前91年罗马与同盟城市之间爆发破坏性的同盟战争。然而真正支持盖尤斯改革主张者甚少。无论穷人还是富人，罗马公民都没兴趣分享公民权。元老院也十分清楚，一旦新的公民大量增加，势必令他们难以继续控制选举。盖尤斯前往行省以推进他的另一个计划——在原来的迦太基城附近建立一个名为朱诺尼亚（Junonia）的大型殖民地。元老院则支持一个与之针锋相对的计划，即在意大利设立更多的公民殖民地。后一个计划显然更让罗马公民感兴趣，而盖尤斯的权力基础开始坍塌。他所提出的赋权法案未能通过，他试图第三次出任保民官的努力失败了。

如果没有官职，任何罗马人都容易受到攻击，即便是盖尤斯这种有能力的人也不例外。公元前122年，当元老院试图撤销盖尤斯提出的建立朱诺尼亚殖民地的法案时，盖尤斯似乎率领支持者前去抗议。在随后爆发的冲突中，执政官奥皮米乌斯（Opimius）的随从被杀。元老院抓住机会，支持奥皮米乌斯为其随从报仇，并将盖尤斯的做法夸大为对国家的攻击。在罗马历史上，元老院首次通过了一项紧急决议（senatus consultum ultimum），敦促执政官采取一切办法确保国家不受威胁。盖尤斯及其支持者被迫撤退到阿文丁山。这里传统上是"人民"集会的地点，但已然无法为盖尤斯提供庇护。奥皮米乌斯残酷的镇压导致3000多平民丧生。他用与盖尤斯头颅等重的黄金悬赏其头颅。事件最终以一种令人哭笑不得的方式收场。据说斩获盖尤斯头颅者出于贪婪，将脑髓挖出并灌入铅液以增加头颅的重量。奥皮米乌斯后来被控谋杀罗马公民，但未受到审判。

仅在几年前，波里比阿还在《通史》中褒扬罗马的宪制，以及贵族（元老院）、君主（执政官）和民众（公民大会）三者间的权力制衡。现在，和谐的表象被完全打破。元老院的权威形同虚设，以致只有诉诸暴力才能加以维护。平民大会开始成为取代元老院的另一个权力中心，但易被有野心的保民官操纵，即使保民官们在盖尤斯死后暂时陷入了沉寂。骑士阶层也获得了一种新的身份，它体现在司法审判中、森都里亚大会上，以及选举执政官和大法官的过程中。罗马之外的意大利同盟者最初燃起了获得罗马公民权的希望，但之后又被无情地粉碎，酝酿了新的不满情绪。格拉古兄弟改革的失败无疑是罗马共和政治史的分水岭。

马略与罗马的防御

任何重建国家的和谐以及元老院威信的尝试，都受到罗马持续扩张的阻碍。仅在公元前133年这一年中，罗马便占领了西班牙的努曼提亚，而帕加马王国的全部领土也被馈赠给罗马，后来成了亚细亚行省。在北方，罗马的商人跨越了阿尔卑斯山，进入高卢。为了保护他们，罗马在管理上必须跟进。至公元前120年，一个由道路和城镇组成的网络开始形成。这些城镇主要是殖民地，或沿着海岸延伸至西班牙，或沿着罗讷河这样的河流向内陆延伸。这些城镇构成了新建的山南高卢（Transalpine Gaul）行省。往南，与意大利隔海相望的阿非利加行省首次出现了意大利的定居者。现代航空勘测显示，当地有一处绵延160千米的区域，极有可能是公元前2世纪末罗马为其公民规划的份地。

在统治广阔领土的过程中，罗马难免遇到挑战。在被征服的土地上，罗马并未推行具有连贯性的政策。罗马强调的只是控制海岸线，以确保船只的顺利通行、贸易的扩张和军团的部署。罗马商人现在具有向新市场渗透的资源和信心，经常到未被罗马征服的地区活动。但罗马的内陆边界尚未划定，所以这些商人很容易受到未被征服的部落的攻击。没有人能够保证罗马会在他们陷入危险时及时保护他们。

即便是在被吞并的地区，当地的统治者在与罗马打交道时，他们的地位仍不明确。有些地区被授予附庸国的地位，其统治者被允许自行其是，但他们总是处于罗马人的监视之下。很难说清这些附庸国采取何种举动就会冒犯罗马，尤其是罗马的反应受到国内陷入派系斗争或互相竞争的军事指挥官急于建功立业的影响的时候。危机是不可避免的，它们又与罗马日益恶化的政治局势交织在一起，从而使这个时代成为罗马历史上极不稳定的一个阶段（也是令历史学家最为痴迷的时代之一）。

一场新的危机爆发于公元前111年，它也引发了其他尚未解决的矛盾一并爆发。与罗马阿非利加行省交界的附庸国努米底亚被一个名叫朱古达

（Jugurtha）的篡位者窃取。在权力斗争中，一些意大利的商人被杀。这些商人在骑士阶层中的支持者要求元老院采取行动，但元老院犹豫不决。根据罗马史家撒路斯提乌斯的记载（他的《朱古达战争》[History of the Jugurthine War]具有明显的道德说教意味），这主要是因为朱古达以巨资向罗马元老行贿。不过，元老院也极有可能不愿意在如此遥远和陌生的土地上发动一场战争。只有当朱古达明显无视罗马的权威时，元老院才最终决定发动战争（公元前110年）。

罗马于是陷入了另一场战争。然而战事进展缓慢，令骑士阶层与全体人民均对操纵这场战争的元老院日益不满。公元前107年，公民大会提名自己的候选人盖尤斯·马略（Gaius Marius）竞选执政官。马略出身骑士等级，年近半百，有丰富的政治和军事经验。马略不仅赢得了选举，还效仿此前小西庇阿在公元前147年的先例，利用公民大会的支持确保他获得在阿非利加行省的指挥权。他曾经在那里服过役。马略由此规避了由元老院指派行省军事指挥权的传统。接下来，马略没有按照以往的程序征兵，而是招募志愿者。他还打破了几个世纪以来的惯例，吸纳无产者从军。公元前105年，马略击败了朱古达。在为庆祝这一胜利所举行的凯旋仪式上，被铁链锁着的朱古达跟在马略的战车后面游街示众。

阿非利加并不是罗马治下唯一受到威胁的地区。公元前113年，传来了两个日耳曼部落入侵的消息——辛布里人（Cimbri）和条顿人（Teutones）在经历了长途跋涉后，似乎漫无目的地从欧洲中部进入今法国境内，并开始不时地袭扰罗马的土地。罗马驻军屡战屡败。公元前105年，罗马又在阿劳西奥（Arausio）惨败，意大利的门户已经向入侵者洞开。所幸日耳曼人并未乘胜长驱直入。马略似乎成为挽救罗马的唯一希望。公元前104年，他再次担任执政官。之后他打破了所有先例，连续4次担任执政官。公元前102年，在普罗旺斯的阿克韦-塞克斯提亚（Aquae Sextia）之战以及公元前101年意大利北部的韦尔切莱塞（Vercelles）之战中，马略击败了日耳曼人。至此，连元老院都把马略视为民族的救星。

马略面临的问题是如何安置他的士兵。那些没有土地的士兵显然不可能被轻易遣散。马略于是在公元前103年的一个保民官卢基乌斯·阿普列乌斯·萨图尔尼努斯（Lucius Appuleius Saturninus）的支持下，承诺这些士兵将在阿非利加分得土地。萨图尔尼努斯自己的盘算是，借助这一议题获得民众的支持（以重振保民官在格拉古改革失败后日渐式微的影响力）。他利用马略旧部云集罗马的机会威慑其反对者，迫使平民大会通过了为马略士兵分配土地的法案。这一法案不仅惠及马略麾下那些从意大利各盟邦中募集的士兵，甚至规定意大利的土地也在分配之列。该法案遭到了元老院的激烈反对。冲突开始升级，萨图尔尼努斯被动用私刑的暴徒杀害。马略的士兵不仅没有分得意大利的土地，就连马略本人也遭到流放，成了不被信任的人物。暴力再一次渗透到了罗马的政治体制中。

马略的经历表明，一个人只能担任一次执政官的规则可以在危机时刻被坚定的公民大会推翻，而元老院根本无力阻止。马略的新式军队同时标志着一个重要的发展。若士兵没有土地，他们在征战结束后就只能指望其指挥官个人的恩惠。指挥官可能受此鼓励，利用老兵逼迫国家分配土地，正如萨图尔尼努斯代表马略所进行的尝试。元老院在认识和解决这个问题时表现得十分失败，而压制任何试图推动改革的保民官又只能让潜在的紧张局势无法得到缓解。

同盟者的叛乱

马略在军事上取得的巨大成功也激化了另一个问题。他在北方的战事中极度依赖同盟者的支持，而同盟者也深知这一点。当然，它们与罗马的同盟关系也使自己获益匪浅。同盟城市分享了这个新帝国的繁荣。例如，坎帕尼亚比罗马还要发达，当地的城市早在剧院、浴场、长方形会堂以及竞技场传入罗马前，就已经拥有了这些建筑。萨莫奈领土上的皮耶特拉邦丹泰（Pietraboondante）以及罗马附近的普莱奈斯特（Praeneste）都建有雄伟的神庙。同盟城市的财富部分来自海外贸易。他们的商人在海外似乎与罗马人是平等的，受到相同的对待。然而如前所述，在意大利，同盟者仍受到歧视。同盟城市要遵照罗马的要求提供军队。绝大多数同盟部队固然乐于为保卫意大利而战，但他们日益厌恶在诸如西班牙这样的异国他乡服役。在意大利，同盟者见证了罗马势力的稳步扩张。被罗马没收的土地上居住着罗马公民,罗马的道路穿越整个半岛,罗马殖民地深入同盟者的腹地。个别罗马官吏经常轻视当地人——例如,一位执政官曾命人鞭笞当地的官员,因为当地的浴池既没有被及时清空,而且清洁打扫的速度也没有让这位执政官的妻子满意。

同盟城市的上层人士寄希望于获得罗马公民权。罗马公民权将使他们获得通过平民大会参与治理帝国的机会,并可以像罗马人一样无惧高级官员的淫威。他们的希望很快因罗马统治阶层的不让步而破灭。公元前95年,罗马通过法律,赋予监察官甄别并驱逐那些伪造罗马公民身份者的权力。该法案引发了强烈的不满情绪。公元前91年,该年度的一名保民官李维乌斯·德鲁苏斯(Livius Drusus)在公民大会中提议把公民身份授予同盟城市的上层人士。这一举措因为有助于创造一个更大且更富裕的公民群体以制衡大量的穷人,所以受到了更多的支持,但许多人认为德鲁苏斯这么做仅仅是为了增强自己的权力基础。公元前91年10月,德鲁苏斯遭到暗杀。

同盟者争取公民权的希望再度破灭,这成为他们发动叛乱的催化剂。同盟者对罗马的积怨如此之深,以致罗马的12个主要盟邦在公元前91/90年冬共同举事,其中以罗马的宿敌萨莫奈人最为积极。他们联合起来,组成了名为意大利亚(Italia,该词最初仅指卡拉布里亚地区[Calabria],当地的居民被希腊人称为Itali,现在该词被用来指称同盟者组成的新国家)的国家,定都于罗马东部的科尔菲尼乌姆城(Corfinium)。该城受阿布鲁佐地区诸多山脉(Abruzzi mountains)的保护。一个有趣的现象反映出罗马文化的影响之深。这些分裂主义者建立了一个由2位执政官、12名大法官和元老院组成的政府来治理国家,而他们仓促铸造的货币明显模仿了罗马钱币,即便钱币上铸有这个国家的人格化形象。同盟者集结了一支10万人的大军来保卫这个新生的国家,其中许多士兵都参加过罗马的历次战争,拥有丰富的战斗经验。

罗马虽然征召了15万名士兵,但在战争的第一年,面对意志坚定、组织严密的反抗者,罗马仍不得不处于守势。这是一场爆发在这个新兴帝国核心地带的巨大危机,与历史上那些摧毁古代近东地区新兴帝国的危机非常相似。罗马决定妥协。公元前90年,罗马将公民权授予那些仍然忠

地图10　公元前91年,同盟战争爆发时罗马及其同盟者的疆域

于自己的同盟城市,可能也包括那些同意放下武器的城市。随着时间的推移,反叛者的阵营开始分化,罗马击溃了残余的叛乱军队。萨莫奈人像早年一样,是最难缠的对手。但战争结束时,意大利的许多地区经济衰败、土地荒芜,成千上万的民众伤亡。最终,当和平到来时,罗马公民权拓展到了波河以南的全部社群。意大利再次获得了统一,但考虑到战争所带来的撕裂与难以轻易抚平的伤痛,其代价不可谓不高昂。

苏拉

同盟战争(The Social War,其中social来自拉丁语的socii[同盟者]

一词）在意大利南部持续的时间最长。反叛者们试图寻求外部势力的帮助，并与罗马的一个新强敌取得了联系。这个敌人便是本都国王米特里达梯。本都位于黑海沿岸，多山，但土地肥沃。米特里达梯和亚历山大一样狡黠、工于心计且激情澎湃，只是不具备后者的军事天赋。米特里达梯在长期的统治中（公元前120年开始），注意到了罗马骑士阶层的日益骄纵以及他们对亚洲的大肆压榨，也察觉到了罗马统治者的自负，毕竟在此前的80年间他们从未在东方受到真正的挑战。

罗马人不明智地鼓动本都的邻居比提尼亚的尼科美德（Nicomedes of Bithynia）进犯本都。可能正是此事导致米特里达梯决心采取行动。而罗马当时陷入同盟战争无暇他顾，可能也是他挑选时机考虑的因素。公元前89年，米特里达梯入侵比提尼亚王国，次年又直指亚细亚行省。他鼓动当地的希腊居民屠杀意大利公民及其家人，据说一夜之间便有8万名意大利人丧命。这也反映出当地人对罗马的憎恶之深。亚洲的希腊人视米特里达梯为救星，开始在他的旗下聚集。在雅典，民主派受米特里达梯支持发动了政变。米特里达梯战争再次暴露出罗马的海外领土易受攻击。

罗马亟需一位执政官收复失地，于是这样一个人便在公元前88年被选为执政官，他就是卢基乌斯·科尔内利乌斯·苏拉（Lucius Cornelius Sulla）。苏拉出身于一个古老但并不怎么显赫的家族。同盟战争期间，他作为指挥官在意大利南部获得了成功，这是他成名的主要理由。当他即将启程前往东方时，发现自己的地位受到保民官普布利乌斯·苏尔皮基乌斯（Publius Sulpicius）的威胁。苏尔皮基乌斯制定了一个计划，要将新获得罗马公民权的同盟者公民分配到现有的罗马部落中去，无疑是希望在自己有需要的时候能够获得这些新公民的支持。为了获得马略对其计划的支持，苏尔皮基乌斯向此时已经70岁的马略许诺，将协助他取代苏拉成为东方的指挥官。罗马对海外挑战的回应再一次与国内政治交织在一起。[①]

苏尔皮基乌斯的计划明显背离了罗马宪制，因为马略甚至都不是这一年的执政官。若这一计划成功，苏拉必将蒙受奇耻大辱。因此他别无选

[①] 有关苏拉，参见：A. Keaveney, *Sulla: The Last Republican*, 2nd edition, London and New York, 2005。该书是一部标准的，抑或过于为苏拉辩护的传记。

择，只能奋起捍卫自己的尊严。他说服麾下的军团随他向罗马进发。这是一个具有深远影响的决定。苏拉的挫折感是可以理解的，但此举则大逆不道。罗马军队首次越过了神圣的城界，开进了罗马，以镇压其他罗马人。苏拉的大军未遇到有效抵抗，只有罗马居民在屋顶向军队投掷石块。苏拉获得了胜利。他在元老院通过一项决议，宣布苏尔皮基乌斯、马略和他们的支持者为公敌。马略逃亡阿非利加，他知道自己在那里会受到旧部的欢迎。苏尔皮基乌斯被一个奴隶出卖并遭到杀害。苏拉在残忍地镇压残余的反对力量后，最终启程前往亚洲。

然而，当苏拉离开后，意大利立刻发生了新的动荡，仍然是因为如何分配新公民。公元前87年的执政官卢基乌斯·科尔内利乌斯·秦那（Lucius Cornelius Cinna）试图恢复苏尔皮基乌斯的提议，但受到苏拉提名的另一名执政官的阻挠。秦那被迫逃离罗马，向马略寻求支持。随后两人率军返回并围攻罗马。他们占领罗马后，一同担任了公元前86年的执政官。这是马略第七次担任此职。马略不久后便去世了，而秦那则成功地连任4届执政官。虽然尚不清楚秦那施政的细节，但在他的治理下，罗马保持了稳定。苏拉被宣布为公敌。

在亚洲，苏拉虽然被"正式"地剥夺了统帅权，但以严酷著称的他重新确立了自己的权威。他夺回了雅典并屠杀了支持米特里达梯的希腊人。比雷埃夫斯港也被烧毁，大量财富遭到掠夺，包括一座大图书馆和尚未完工的宙斯神庙的廊柱。在亚洲，苏拉摧毁了重新占领的城市，并课以巨额罚金。随着罗马在亚洲展开大规模的反击，米特里达梯在希腊城市中失去了人气，不得不交出他所征服的全部土地，撤回自己的王国。

这对苏拉来说已经足够。这场胜利让他可以名正言顺地返回罗马报仇雪恨。公元前83年，苏拉一踏上意大利的土地便发动了内战，支持马略的城市和部落均遭到无情的镇压，其中就包括萨莫奈人。随后，苏拉开始系统化地清洗残余的反对者。秦那已经在公元前84年的兵变中被杀。2000—9000名骑士和元老被列入公敌名单，任何人都可以杀害他们并领取赏金。这些人的土地被没收，并分配给苏拉的老兵，这导致意大利再次出现大范围的动荡。公元前82年，苏拉再次率军进入罗马，自命为独裁官。独裁官的任期一般只有6个月，但苏拉的任期没有明确的时间限制。为庆祝"胜利"，苏拉发行了钱币。

然而，苏拉不仅仅是一个满腹怨恨的僭主。他有一项以恢复元老院的权力和威望为基础的宪制改革计划。他将元老院成员由此前的300人增至600人。新增的300名元老来自骑士等级。这使苏拉有机会让元老院满是忠于他的人。与此同时，骑士等级丧失了担任陪审员的权利。这一权利从现在开始仅为元老阶层所拥有。为防民众领袖的崛起，苏拉要求恢复竞选官员的各种传统限制。任何人在未满39岁之前不得担任大法官，未满42岁之前不得担任执政官。通常认为40岁以上者野心已经开始衰退。他还规定，任何人不得在10年内两次就任同一官职。最后，苏拉规定，任何担任保民官者不得再担任其他高级官职，从而使保民官这一职位不再成为担任更高级官职的垫脚石；保民官在未得到元老院同意前，也不得通过公民大会颁布法案。在新的体制完全建立后，苏拉出人意料地辞去了职务。他在公元前78年去世。

在这些年间，暴力已渗透到政治体制中，并且开始侵蚀它：军队开始在罗马城内作战，宪制被武力颠覆，意大利因大规模没收土地而人心惶惶。在这样的大环境下，苏拉恢复元老院的权力不过是虚伪的，尤其是因为他把许多经验丰富者排除在外。元老院因此马上就处在重重压力之下。保民官开始寻求恢复原有的权力，并在有些时候与执政官产生冲突。他们最受群众欢迎的政治活动就是反对司法腐败。苏拉的元老法庭充斥着明目张胆的巨额贿赂行为。民众骚乱也因多年来谷物价格居高不下而时有发生。罗马还面临着直接的挑战。公元前78年的执政官雷必达（Lepidus）与其同僚执政官失和，转而支持伊特鲁里亚失地民众争取土地的斗争；马略的前支持者昆图斯·塞多留（Quintus Sertorius）返回西班牙（他此前曾在那里担任总督），从当地土著农民中获得了大量的支持，以致元老院失去了对该行省的控制。

庞培的崛起

这显然是一个绝望的时刻。苏拉的元老们无法胜任独裁官赋予他们的角色。事实上，他们做出了一个推卸责任的致命决定，向一位年轻的指挥官求救，指望他来挽救元老院，而这位指挥官甚至连元老都不是。此举严重背离了苏拉改革的全部目标。这位年轻指挥官就是"伟大的"格奈乌斯·庞培（Gnaeus Pompeius Magnus）。庞培是前执政官之子。公元前83年，他通过征募3个军团支持苏拉登上了政治舞台。庞培非常有效地利用了军队，也因此获得了"少年屠夫"（adulescentulus carnifex）的诨名。庞培代苏拉出征西西里和阿非利加之后，又说服苏拉允许他举行凯旋仪式，并享有"伟大的"这个绰号（庞培试图按照自己心仪的方式来举行凯旋仪式，但牵引战车的大象卡在了城门处，以致仪式未能顺利进行）。庞培时年仅25岁，与后来的对手米特里达梯都有成为第二个亚历山大大帝的雄心壮志（庞培有一尊大约制作于公元前55年的大理石胸像传世，其发式实际上就模仿了希腊化时代的亚历山大大帝雕像）。此时，元老院授予庞培一项特别指挥权以镇压雷必达。至于庞培如何向元老院施压以获得这项权力，我们不得而知，但将统率部队的权力授予一个似乎有着无边无际的野心之人，显然是一个草率的决定。①

庞培的经历已经表明，他并不是一个易受管控之人，但同样表明他是罗马最有能力的人之一——他精力充沛，在必要时可以冷酷无情，又具备出色的行政能力。庞培在迅速地平定雷必达的叛乱后，率军前往西班牙。但塞多留是一个难缠得多的对手。庞培陷入了经年累月的苦战。直到公元前72年，塞多留被一位敌对的指挥官暗杀后，庞培才迅速平定了西班牙。庞培刚回到罗马，元老院便让他去镇压另一场叛乱。这场叛乱是由色雷斯角斗士斯巴达克斯（Spartacus）领导的起义。斯巴达克斯的起义取得了巨大成功。公元前72年，罗马的两位执政官都被这支由7万名奴隶（大多从农村征召）组成的大军击败。斯巴达克斯把这些奴隶训练成了一支具有战斗力的军队。如果他能够更为有效地约束这支队伍，或许还能取得更大的胜利。但在公元前71年，罗马派出了至少6个军团前来镇压，斯巴达克斯的队伍被击溃。起义最终以一场令人作呕的曝尸示众告终，6000

---

① 参见：Robin Seager, *Pompey: A Political Biography*, Oxford, 2012。这是一部得到公认的庞培传记。

名起义者被钉死在从罗马到卡普亚的道路两侧，而卡普亚城正是这场起义的策源地。

随着秩序的恢复，庞培回到罗马，并像此前一样要求元老院授予他镇压奴隶叛乱的荣誉。事实上，给予起义者最后一击的是一位较庞培更年长、背景也更为显耀的权贵——马库斯·李锡尼乌斯·克拉苏（Marcus Licinius Crassus）。克拉苏不满这个年轻的野心家先他一步向元老院邀功。克拉苏也不可能被庞培忽视：他拥有大量的财富，其中大部分是在苏拉统治时期横征暴敛获得的；他还在元老与骑士等级的商人中间建立了一个关系网。庞培认识到克拉苏可为己所用，于是两人同意一同出任公元前70年的执政官。他们都保留了军队，以确保元老院对此默不作声。

这是表现庞培的野心和傲慢的又一个例子。他甚至从未担任过财务官，更不用说在元老院占有一席之地，然而他充分利用元老院对自己的敬畏与感激之情，令元老院同意他可以不受这些要求的制约。当庞培作为元老院会议的主持人落座时，他不得不按照一个学者朋友——作家瓦罗（Varro）——特别为他编写的指导手册行事。庞培和克拉苏开始撤销苏拉的改革举措，恢复保民官的传统权力，允许骑士等级重新参与司法审判，保证陪审团中非元老阶层者占多数。这些举措受到广泛欢迎，令庞培在民众中的声望不断增长，然而它们对庞培赢得元老院的信任没起到任何作用。

庞培卸任执政官后便退出了政坛。我们只能猜测其背后的动机，即便是他的密友也不解其中的缘由。庞培一定认识到他在元老院中不受欢迎，而且他也不愿费心培植各种政治关系，但若想在罗马政界发展，这样的关系网就变得十分重要。他不愿被这些琐事纠缠，他可能预感到，只要耐心等待，新的危机总会爆发，而他则是唯一一个可以收拾局面的人。庞培的决定很快被证明是正确的。米特里达梯再次在东方挑起事端。

公元前74年，本都邻国比提尼亚的国王尼科美德将王国赠予罗马。米特里达梯对罗马向东扩张感到愤怒，遂入侵比提尼亚。元老院指派公元前74年的执政官卢基乌斯·李锡尼乌斯·卢库鲁斯（Lucius Licinius Lucullus）率军反击。卢库鲁斯取得了巨大成功，迫使米特里达梯退出比提尼亚。卢库鲁斯又入侵本都并且占领了两座重要的城市，但他的军队随即在亚美尼亚陷入了苦战。亚美尼亚国王提格兰（Tigranes）是米特里达梯的女婿兼盟友。最后，卢库鲁斯认识到亚洲地区需要长期的稳定，因此抑制了骑士等级对当地的过分盘剥，减轻了苏拉执政时期强加给亚洲诸城的重担。这些举措导致了他的失势。在罗马，那些利益受到卢库鲁斯损害者发起了一场反对他的政治运动，大部分的指责都落在他劳师远征却未能消灭米特里达梯上（卢库鲁斯没有深入安纳托利亚的群山中追击米特里达梯是十分明智的）。庞培毫无疑问与这些反对派有联系。

但更为迫切的问题是海盗泛滥所引发的混乱。海盗引发了地中海东部地区的大动荡，甚至阻断了罗马的粮食供应。对罗马这样一座动荡不安的巨型城市来说，这是一个重大威胁。当时的海盗如此猖獗，以至于胆敢深入内陆地区劫掠。他们曾洗劫希腊的神庙，还烧毁了奥斯提亚港的一部分，甚至在一次对意大利本土的劫掠活动中，成功地俘虏了罗马的两名大法官。罗马亟需一位掌控局面的人物。由于元老院强烈反对再次授予庞培指挥权，保民官加比尼乌斯（Gabinius）就在公元前67年向平民大会提出一个法案——从卸任的执政官中挑选一人来担此重任。所有人都明白这个法案就是为庞培而设的，自然受到了来自元老院和其他保民官的激烈反对。然而，一旦该法案通过，受到任命的就是庞培，他被授权指挥一支由500艘战船、12万步兵和5000骑兵组成的大军。庞培的指挥权覆盖整个地中海及其所有岛屿，并向内陆延伸80千米。

庞培摆脱了元老院的束缚，完全没有辜负人民对他的信任。地中海被划分为13个区域，每个区域由一位军团长负责指挥。海盗被向东驱逐，罗马的重要主产地——撒丁岛、西西里岛以及阿非利加——摆脱了海盗的控制。在3个月内（当时的人们都认为至少需要3年），地中海的海盗就被庞培压制在他们位于奇里乞亚的据点内。海盗问题已经得到了有效控制。即便是庞培的政敌都为他的功绩所折服。因此当公元前66年庞培担任征讨米特里达梯的指挥官时，并没有引发太大的反对（与上一次获得指挥权的情形一样，实际上是由平民大会授予的）。庞培再次被授予广泛的权力：他在亚洲履职期间，有宣战、媾和以及签署任何必要的政治协定的全权，但这些决定必须在他回到罗马后得到元老院的追认。

统帅权不仅可以挽救国家，还能被用来树立个人权威、积累财富。庞培决定将自己手中的权力发挥到极致。他解除了卢库鲁斯的统帅权（卢库鲁斯愤怒地指责庞培，说他就像一只不劳而获的秃鹫），并以漫天要价的方式回绝了米特里达梯的和谈请求，因为尽快结束战争只会让庞培无利可图，让他丧失攫取个人荣誉和财富的机会。米特里达梯被向北驱赶到博斯普鲁斯海峡，而亚美尼亚则被庞培降为罗马的附庸。在公元前64—前63年的战事中，庞培吞并了叙利亚。叙利亚是塞琉古王国最后的遗存，当时已经被亚美尼亚国王提格兰占据。庞培率军继续南下。在犹地亚，他经过3个月的围攻占领了耶路撒冷。虽然庞培没有动耶路撒冷的金库，但他执意闯入了圣殿的至圣所。此举是对犹太教信仰的公然亵渎。犹地亚地区成为罗马的附庸，最后在公元6年被罗马帝国正式吞并。这时传来了穷途末路的米特里达梯自杀的消息。

至此，庞培可以随心所欲地规划东方的未来了。他建立了3个新的行省。奇里乞亚行省从罗马控制的沿海地区一直向内陆延伸，其西部与亚细亚行省接壤。公元前58年，罗马人从埃及手中获得塞浦路斯岛，该岛也被并入该行省。叙利亚行省的版图则包括塞琉古王朝的旧都安条克城（Antioch），其边界沿着海岸线向南延伸，囊括了腓尼基城市推罗和西顿，并向内陆延伸至幼发拉底河。幼发拉底河对岸就是帕提亚帝国，因而叙利亚行省就成为庞培的规划中为数不多的软肋之一，非常容易受到帕提亚人的入侵，特别是当帕提亚的国王们认为受到庞培或其他罗马将领冒犯的时候。比提尼亚-本都行省位于黑海的南岸，由尼科美德和米特里达梯的王国合并而成。庞培将比提尼亚-本都行省划分为11个区域，每个区域设立一个中心市镇，以方便管理。上述行省的东部与一系列缓冲国接壤，其中包括科尔基斯（Colchis）、科马基尼（Commagene）、犹地亚和亚美尼亚。这些国家须向罗马交纳贡赋。

这是一项巨大的成就。庞培不仅使被征服的东方地区得以稳定，而且对整个地区进行了行政规划，为罗马提供了大量的税收和贡赋，而他也获得了巨额财富（军事胜利常常能带来大量财富，因为法律没有对指挥官为自己攫取财富做出任何限制）和政治声誉。大量人员和地区现在都自认为是他的附庸。不足为奇，元老院和其他许多人都对庞培返回罗马感到惴惴不安。只要他不遣散军队，他就不会受到任何挑战。罗马的共和政治就是已经变得这么脆弱。

西塞罗与喀提林阴谋

庞培不在罗马期间，那里事实上已经爆发了另一场政治危机。在众多竞选公元前63年的执政官的人当中有一个叫卢基乌斯·塞尔基乌斯·喀提林（Lucius Sergius Catilina）。接下来的故事在撒路斯提乌斯（公元前86—约前35年）的《喀提林阴谋》一书中有着生动的记载。这部著作不但是最早的罗马史书之一，并成为学习拉丁语必读的经典。喀提林出身于一个并不知名的贵族家庭，但他与当时许多人一样，从苏拉的大迫害中受益。公元前1世纪60年代初，喀提林被控敲诈勒索，直至公元前64年，才被允许竞选执政官。竞选失败后，他于公元前63年再度参选（竞选公元前62年的执政官），并提出取消一切债务的竞选口号。他希望，庞培对东方的征服可以为无产者购买定居的土地提供资金。怀有各种不满情绪的群众受到了喀提林的吸引。他们中包括挥霍无度的贵族和破产的农民。当他再次竞选失败后，传言说他那些愤怒的追随者正在伊特鲁里亚酝酿武装暴动。

公元前63年成功当选的执政官中有一个是马库斯·图利乌斯·西塞罗（Marcus Tullius Cicero），他可能是罗马有史以来最有天赋且多才多艺的演说家和文学家。公元前106年，西塞罗生于罗马郊外的阿尔皮努姆（Arpinum）。那里也是马略的故乡。年幼的西塞罗前往罗马学习法律，他曾在军队中短暂服役，但很快就返回了罗马，开始了自己的辩护律师生涯。有才华的人从来不会缺少机会。苏拉大肆没收土地，制造了大批心怀不满的地主，与此同时，罗马的持续扩张又使腐败和敲诈盛行。贿选在罗马已司空见惯。公民个人、国家都可以起诉这些不当行为，但通常沦为贵族家族之间的相互攻讦。由于案件是由陪审团裁决的，所以成功的关键在于能否用慷慨激昂的演讲左右他们的成员。西塞罗精通法庭演说技巧，善于把事实和煽情结合起来，以击败对手。

西塞罗在罗马初步取得成功后便前往希腊，花费了两年的时间深入学习雄辩术，以进一步开发其天赋。他回到罗马后名声越来越大。公元前75年，他成为首位没有10年服役经历的财务官。他在任职期间主要负责西西里行省的税赋征收。正是由于这段经历，公元前70年，西塞罗受人委托，起诉声名狼藉的行省总督盖尤斯·维勒斯（Gaius Verres）。此人在公元前1世纪70年代末在西西里横征暴敛。西塞罗的公开演说如此雄辩（至今读起来仍然如此），不但令维勒斯被流放，就连后者的辩护律师霍腾西乌斯（Hortensius，罗马当时最著名的律师）也一并名声扫地。西塞罗由此成为罗马的首席演说家。公元前66年，西塞罗当选大法官，公元前63年当选执政官。①

保卫国家是西塞罗作为执政官的职责，他也对这项工作抱有极大的热忱。多年的法庭生涯令西塞罗积累了操纵听众情绪的丰富经验，并且让他知道如何在人群中展现自己。他颇为戏剧化地在托加下穿着铠甲出现在元老院，并当面谴责喀提林。喀提林逃亡至伊特鲁里亚，其支持者已经在当地发动武装叛乱。西塞罗揭露了喀提林在罗马的5名同党，又在元老院的支持下将他们处死。喀提林接手了伊特鲁里亚叛乱的领导权，但不敌前来镇压的罗马军团，喀提林及其同党很快被消灭。

这是西塞罗人生中最辉煌的时刻。许多元老同意授予他"祖国之父"及"罗马新奠基人"的头衔。西塞罗不厌其烦地向旁人讲述这个故事（他曾就此事给庞培写了一封长信，但只得到冷淡的回应，这很符合庞培不喜欢别人出风头的作风）。从现在开始，他以资深政治家自居，认为自己肩负着指引国家走出这个动荡时代的特殊责任。但是人们的奉承并未持续很久。在许多元老眼中，西塞罗不过是一个政治暴发户，不仅如此，他还从未担任过军事统帅，因此他所获得的支持注定有限。更糟糕的是，随着亢奋情绪的消弭，有人开始质疑西塞罗处死罗马公民的行为是否正当，即指

---

① 有关西塞罗的传记，参见：Anthony Everitt, *Cierco: The Life and Times of Rome's Greatest Politician*, London, 2001; Elizabeth Rawson, *Cicero: A Portrait*, London, 1975. 二者都非常出色，后者特别关注西塞罗的哲学著作。

责西塞罗不经审判便处死那些在罗马被捕的阴谋分子。这个问题将来还会再次困扰西塞罗。

公元前62年完全笼罩在庞培凯旋的阴影中。没有人知道庞培返回意大利后会有什么诉求。庞培总能巧妙掩饰自己的情感，而他对宪制惯例的不屑又众所周知。庞培于12月在布伦迪西乌姆（Brundisium）登陆后，便遣散了自己的军队。这一举动让所有人大吃一惊，原因至今不明。或许庞培只是简单地认为，从这个时候开始他将作为一位资深政治人物在宪制的框架内主政罗马，所以一举一动都不能让别人挑出毛病。更有可能的是，他自认为已经拥有极高的政治声望，没必要再动用军事力量。庞培几乎是只身前往罗马。他希望元老院批准他的东方解决方案并颁布法律，允许他妥善安置自己的旧部。

庞培在罗马备受打击。他在元老院的首次演讲反响平平。事实上，在卢库鲁斯和小加图（Marcus Porcius Cato，小加图曾在北非的港口乌提卡［Utica］担任过总督，又被称为乌提卡的加图）领导下的元老院不愿与仍被他们视为暴发户的庞培为伍，更何况这个人曾经打破了所有被他们视为神圣的宪制惯例。再者，卢库鲁斯曾被庞培解除了统帅权，而小加图作为著名监察官老加图的曾孙同样以保守和顽固著称。（庞培试图通过迎娶其亲属家的未婚女子拉拢小加图，但遭到了冷淡的拒绝。）虽然庞培多次试图让元老院批准自己的东方解决方案，但始终无法如愿，已被他遣散的旧部也未分得土地。公元前60年，一位保民官试图推动一项土地法案，但当执政官梅特鲁斯（Metellus）召集元老反对该法案时，甚至这次尝试也以失败告终。只有公元前61年那次盛大的凯旋仪式才让庞培过往的辉煌得以短暂重现。

公元前1世纪60年代的政治体制概览

近年来，人们在罗马广场至提图斯凯旋门一带的考古发掘发现了一系列贵族豪宅的地基，其年代可以追溯至公元前1世纪中叶。关于每座豪宅的归属虽尚有争议，但一项研究确定了西塞罗、其弟昆图斯（Quintus）以及西塞罗的头号对手普布利乌斯·克洛狄乌斯（Publius Clodius）的宅邸。这些房屋的奢华装饰以及其中一座宅邸中的大面积奴隶生活区(大概可以容纳50名家奴),不仅显示了共和国晚期的贵族的富裕程度,也显示了他们如何使用宅邸进行宣传展示,以支持其政治野心。

上述发现支持了这样的观点:贵族对公职的角逐在公元前1世纪60年代至50年代日趋白热化。执政官和大法官(由保守的森都里亚大会选举)一直是每个胸怀大志者的目标,但是他们必须从较低的职位做起(由平民大会选举)。无论身处仕途的哪一个阶段,越向上攀登就会变得越艰难。不到一半的财务官有可能成为大法官;每8名或6名大法官中,只有2人能够当选执政官。那些竞选较低职位者也必须向选民卖力地推销自己。而在同盟战争后,选民的规模变得更大,其组成情况也更不稳定。同盟战争和苏拉所引发的内战令罗马充斥着大量的难民。竞选高级官职者会依照惯例在他们古老而辉煌的家世以及个人的军事成就上大做文章。此外,精彩的演说也开始具有更大的影响力,这也是"新人"西塞罗能够担任执政官的原因之一。群众也会响应那些愿意为他们花费金钱者。这就是为什么营造官的职位变得如此抢手的原因。该官职的责任包括举办赛事,而盛大的公共娱乐活动总是能够讨大众的欢心。在选举活动的背后,贿选现象日益普遍,这也成了竞选对手相互告发时常用的口实。①

罗马的政治生活中没有类似"党派"或"政纲"之类的概念,但必然会出现旨在迎合广大民众的政策。罗马公众推崇军事胜利,期待统帅称职(公元前2世纪末,民众的呼声让马略在罗马面临军事危机时屡次被授予统帅权)。民众珍视自己的权利,也珍视保民官对这些权利的捍卫,相应地,他们对元老院的权力疑虑重重。民众(尤其是退伍士兵)当然乐于支持那些能够为他们分配土地,或者那些在城市里能为他们更快、更便宜地提供谷物者。随着高级公职的竞选愈演愈烈,竞选者自然倾向于诉诸这些民众关注的问题。这样做的人被其对手冠以平民派(populares)的称谓,即"迎合民众者"。另一方面,那些希望维护元老院的传统权威、反对公民大会诉求者自称贵族派(optimates),即"最优

---

① 关于更多的内容,参见: Fergus Millar, *The Crowd in Rome in the Late Republic*, Ann Arbor, 2002。

秀的人"。

　　传统上，执政官卸任后可以在元老院中获得终生受尊重的地位。但从苏拉时期开始，执政官一般留在罗马履职，并在卸任后被派往海外。类似的海外统帅权可以由元老院或公民大会授予，但最重要的是，其任期可以延长。公元前1世纪70年代，梅特鲁斯·庇乌斯（Metellus Pius）连续9年在西班牙统兵，而卢基乌斯·卢库鲁斯在东方待了8年。这种特别统帅权为持有者获得军功与财富提供了更多的机会，同时也为指挥官打造一支依附于自己的忠诚军队大开方便之门。这些骄兵悍将最终成为共和国潜在的威胁。正如庞培在亚洲的作为所示，一旦指挥官在外统兵便可以在很大程度上自行其是，不受元老院的控制。只有当他返回罗马后，元老院才能拒绝批准他所做的决定，阻挠他安置旧部。但这样的阻挠于事无补。庞培返回罗马后，的确没有因受到元老院的掣肘而颠覆国家，但他的问题无论如何都必须解决。这也是庞培为什么要向一位新晋的执政官尤里乌斯·恺撒（Julius Caesar）寻求帮助的原因。

年轻的恺撒

　　尤里乌斯·恺撒可能是最为人所熟知的罗马历史人物。他的名字在后世的欧洲历史中演化为Kaiser（恺撒）或Tsar（沙皇），并被吸纳进西方历法中（July［7月］源于其名）。而他的遇刺更成为西方文化中最为生动的历史记忆。公元前100年，恺撒生于一个贵族家庭（该家族声称维纳斯是其始祖），但他的家族在他出生时既不显赫也不富裕。恺撒不得不凭借自己的努力出人头地，并毫不犹豫地这么做了。恺撒才华横溢、野心勃勃，还是一位出色的演说家（西塞罗曾形容他为"最雄辩的罗马人"）。恺撒最突出的品质就是处置手下败将时表现得非常宽宏大量。这在当时的指挥官中十分罕见。①

　　恺撒之所以能够从众多的竞争者中脱颖而出，是因为他一贯善于通过迎合民众来实现其野心。公元前69年，他在为姑母所做的葬礼演说中，

---

① 较为详尽的一部恺撒传记，参见：Adrian Goldsworthy, *Caesar: Life of a Colossus*, New Haven and London, 2006。

公开宣称要为民众的事业献身，而她的姑母正是在民众享有极高声望的马略的遗孀。公元前65年，恺撒担任营造官期间，将此前被苏拉从卡庇托山移走的马略的战利品重新搬运回来。恺撒通过大量的花销巩固了他在民众中的声望。这一努力令他在公元前63年竞选大祭司长时得到了回报。大祭司长一职具有极高的声望，可以终身任职，而且根据传统，只能由卸任执政官担任（神职人员的重要性日益提升，成了贵族热心角逐的最有声望的职位）。对还比较年轻的恺撒而言，这无疑是一大成就。随后，恺撒在公元前62年担任大法官。

恺撒在竞选中欠下了巨额债务。他最大的愿望就是获得海外的统帅权，并最终被派任为远西班牙行省的总督。为了躲避债主的纠缠，恺撒离开罗马前不得不请求克拉苏帮忙偿还债务。克拉苏现在非常善于通过借贷获取政治支持。恺撒到达西班牙后发起了一场战役，不费吹灰之力便将该行省的西部边界推进至大西洋沿岸。这是他首次品尝军事胜利的滋味。作为获胜的指挥官，他获得了大部分战利品。恺撒带着足够让他追逐下一个政治目标的财富回到罗马。他要成为公元前59年的执政官。这个时候，贵族派开始提防恺撒的野心，选举因此变得十分激烈。但同时拥有金钱和武功的恺撒已无法被阻止。贵族派唯一能做的，就是确保自己的候选人比布鲁斯（Bibulus）当选为恺撒的同僚执政官。

罗马共和国及其行省的治理

罗马人一直毫不犹豫地宣称，他们的征服都是正义的，他们也毫不掩饰地主张自己拥有统治其他民族的权力。维吉尔在《埃涅阿斯纪》第6卷中为罗马人对自己所肩负的天命的自信提供了正当理由：

> 我相信有的将铸造出充满生机的铜像，造的比我们高明，有的将用大理石雕出宛如真人的头像，有的在法庭上将比我们更加雄辩，有的擅长用尺子绘制出天体的运行图，并预言星宿的升降。但是，罗马人，你记住，你应当用你的权威统治万国，这将是你的专长，你应当确立和平的秩序，对臣服的人要宽大，对傲慢的人，通过战

争征服他们。①

这是一种理想化的帝国主义观念。罗马最初没有限制掠夺行为。罗马的选举体制使行省总督不可避免地通过搜刮行省来弥补自己在选举中的巨额花销,而个别总督远远不满足于此。西塞罗那篇控诉于公元前73—前70年担任西西里行省总督的盖尤斯·维勒斯的著名演说,不只让西塞罗声名鹊起,也让这位总督的不当行为引人注目。西塞罗如此描述维勒斯的恶行:

> 我[西塞罗]断言,在整个西西里,在这个富裕和古老的行省里,在这个曾经拥有许多富裕的城镇和家族庄园的行省里,现在已找不到一个银瓶不被他[维勒斯]觊觎,不管是科林斯式还是提洛式的;也找不到任何宝石或珍珠,任何金饰或象牙物件,任何青铜、大理石或象牙雕塑,任何带有图案的镶板或挂毯,不被他[维勒斯]垂涎。只要他喜欢,便会据为己有。

行省总督与骑士等级的包税人沆瀣一气的现象也十分普遍,即便只是为了在被起诉时获得支持他们的有价值的盟友。行省居民对罗马人的怨恨非常深,这从亚洲的希腊人响应米特里达梯的号召屠杀当地罗马商人的举动中可见一斑。公元前167年,罗马豁免意大利境内罗马公民缴纳直接税的义务,这让行省的居民更心生怨恨。

然而,罗马共和国纵容腐败的说法需要加以限定。维勒斯的横征暴敛之所以被载入史册,是因为他在西西里人要求公正的呼声下被成功地送上了罗马的法庭。铁证如山,即便维勒斯拥有颇具影响力的支持者,但仍在西塞罗的公开演说结束后被判处流放。在罗马,当然有人纵容帝国的盘剥,但也有人出于远见卓识或谨慎,认为肆无忌惮的掠夺是不道德的和自我毁灭的。这两派的关系日见紧张。公元前73—前70年,正值维勒斯在西西里行省担任总督期间,卢库鲁斯率军在东方征伐米特里达梯,并大力制止罗

---

① 引文摘自晏绍祥:《古典民主与共和传统》(上卷),北京大学出版社,2013年,第206页。——译者注

马骑士阶层在当地的不法勾当（这对他没什么好处，心怀怨恨的骑士阶层在罗马大肆诋毁他）。公元前59年，恺撒在担任执政官的第一年颁布了《关于搜刮钱财罪的尤里乌斯法》(lex Iulia de repetundis)，它是对现有各种规范行省总督行为的法律的汇总和强化。该法的许多条款涉及各种不同的问题，如贿赂、不公平地征收粮食、滥用地方特权和提出不合理的"招待"要求。任期结束后，行省总督应向行省和罗马分别提交一份账目报告。

庞培在这方面也有自己的贡献。他规定担任公职与担任行省总督之间必须有5年的间隔（即公元前52年的《关于行省官职的庞培法》[lex Pompeia de provinciis]）。该法打破了许多人靡费巨资竞选公职以便能在相继的行省总督任内横征暴敛、大赚一笔的如意盘算。但5年的间隔则意味着能够担任行省总督者会出现暂时的不足。在这部法律颁布的次年，即公元前51年，西塞罗被说服担任奇里乞亚行省的总督。尽管西塞罗颇不情愿地离开了罗马（他之后用他文雅的笔调写道，"我年轻时就已经认识到，对有能力在城市里熠熠生辉的人来说，所有行省的事务都是既乏味又肮脏的"），但当他在7月抵达奇里乞亚后，他还是决定做一名模范总督。他的当务之急是维持良好的社会秩序和安排公平而坚决的征税工作。他决定在公元前51年夏季剩余的几个月内展开各种必要的军事行动，在冬季处理司法事务。

西塞罗与其他行省总督一样，有副手（legate，指有代理权限者）协助工作。西塞罗的副手都是有经验的士兵，他委托他们去平定奇里乞亚和叙利亚的交界地带（他满心希望这些士兵的成功能够使他获得举行凯旋仪式的荣誉，但这个希望后来落空了）。用西塞罗的话说，剥削当地人的前任总督是"一只野兽"，他需要做大量的工作才能平息当地人的不满。事实上，西塞罗的大部分工作是调解征税人员和行省居民之间的冲突。当这些纠纷不涉及罗马公民时（涉及罗马公民的案件通常由行省总督亲自审理），西塞罗就尝试鼓励城市自行解决并整顿其财务状况。（有人要求西塞罗为罗马的角斗表演提供豹子，但是他回复称一只豹子都逮不到！）对绝大多数行省官员而言，行省就是一座不折不扣的金矿。这一点在西塞罗任期即将结束时表现得淋漓尽致。由于他将行省的财政盈余全部上缴罗马国库，招致了他的财务官——负责财政事务的副手——和其他副手的怨恨，因为他们一贯把这些财政盈余当作他们自己的合法津贴。

执政官与指挥官：恺撒对权势的巩固

各行省的有效、有原则的管理最终取决于罗马的稳定政局。至公元前59年，恺撒已经把自己标榜为一个非凡的人、一个以维护平民的福祉为己任的执政官与大祭司长。恺撒深知与庞培结盟的好处，因为他可以借助后者在民众中的号召力来达到自己的目的。克拉苏也被拉拢过来，尽管他注定不是一位容易相处的盟友。三人订立的协议无非通过相互扶植来实现各自的近期目标。对庞培来说，就是迫使元老院批准他的东方政策并为旧部分配土地；对克拉苏来说，就是要为自己的支持者争取更有利的包税合同条件，因为这些人在抱怨亚洲的包税权价格太高、无利可图；对恺撒来说，他希望卸任后可以被授予海外的统帅权，作为他利用执政官权力帮助庞培和克拉苏实现其目标的报答。

恺撒并没有让他的盟友们失望。他在元老院中提出了一个为庞培的旧部分配土地的法案。这是一个比较温和的方案：动用庞培在战争中获得的一部分财富向那些自愿出售者购买土地。然而，元老院并不支持恺撒的这一法案，这令他不得不向民众寻求支持。恺撒依靠聚集在罗马广场上的庞培旧部令平民大会批准了土地法案。之后恺撒又为克拉苏所代表的包税商群体修订了法律的一些条款。他还提出一个批准庞培的东方政策的法案。恺撒的同僚执政官比布鲁斯则一直以天象不利、不宜办公为由试图加以阻挠。这是完全合法的手段，即便身为大祭司长的恺撒也对此无可奈何，因此严格说来恺撒的许多法案是无效的。而一旦恺撒失去身为执政官或随后的指挥官所拥有的最高统治权，他将很容易受到贵族派的起诉。

然而恺撒无意改弦易辙。公元前59年4月，他提出一个更具挑衅性的土地法案：把坎帕尼亚地区的公地分配给2万名左右的公民，而这些人绝大多数是退伍士兵和城市贫民。实际上，庞培正在让自己的支持者在离罗马不远的地方安顿下来。当庞培迎娶恺撒唯一的女儿尤利娅后（两人的婚事本是一桩政治交易，但两人后来被证明是真爱），元老院对恺撒和庞培的下一步行动的恐惧加剧。许多人认为，恺撒和庞培在建立某种形式的独裁统治。庞培敏锐地察觉到了人们的不满。他惊恐地发现，剧院中的群众经常对他的名字报以嘘声，而他在元老院演讲时，元老多报以沉默。与此同时，恺撒在高卢和伊利里库姆（Illyricum）获得了统帅权，为期5年。这为他的飞黄腾达提供了良机（一位支持恺撒的保民官力促平民大会授予了他这一权力）。庞培又威逼元老院授予恺撒山北高卢行省总督一职。

庞培和恺撒的势力日益增强，这令许多元老感到不安，其中就有西塞罗。他在公元前59年3月初的一次法庭演说中大胆抨击了时局。我们无从得知西塞罗背后是否有众多的支持者，但庞培和恺撒为了抑制他，通过操纵选举扶持声名狼藉的贵族普布利乌斯·克洛狄乌斯当选保民官。克洛狄乌斯憎恶西塞罗，因为他之前被控渎神罪时，后者曾出庭作证。克洛狄乌斯担任保民官后，利用职务攻讦西塞罗进行报复，指控他不经审判就处决了喀提林的党羽。恺撒曾允诺保护西塞罗（恺撒事实上对西塞罗有某种钦佩之情），但遭到后者的拒绝。然而，事实证明，西塞罗孤立无援。他虽然不愿投向恺撒或庞培，但很快就变得很清楚的是，作为一个"新人"，西塞罗在贵族派中没有真正的地位。在喀提林阴谋中，他们利用他做傀儡，现在他们毫不犹豫地抛弃了他。尽管西塞罗事实上缺乏现在在政坛上生存所需要的刚毅与冷酷无情，他还是被智胜了。

一旦当上公元前58年的保民官，克洛狄乌斯很快证明他并非只是恺撒和庞培的傀儡。他为赢得城市平民的支持而特别制订了一个清晰的计划。在一部法令中，有两项尤为受欢迎的举措：一是向贫民免费派发粮食；二是恢复一度被取缔的各种行会（collegia），并再度允许这些组织自行运作。由于行会在当时的选举中已经成为贿选和恫吓的中心，所以在公元前64年曾被取缔。克洛狄乌斯利用自己的声望，在公民大会上通过一项法案，规定凡未经审判处决公民者都要被放逐。这项法案直指西塞罗。西塞罗发现，无论恺撒还是庞培都不觉得有义务支持他。西塞罗不可避免地将面临起诉，所以他决定在受到指控前主动自我流放到马其顿尼亚。西塞罗离开罗马后，克洛狄乌斯纵容自己的一伙暴徒洗劫了西塞罗在帕拉丁山附近的豪宅。

公元前58年，恺撒离开罗马前去履职。他在那里建功立业的机会极多，因为高卢各部落的叛乱此起彼伏。而且根据报告，他们中的一支——赫尔维提人（Helvetii）——正向罗马的领土迁徙。罗马人对汉尼拔以及辛布里人和条顿人的入侵仍记忆犹新，因此对来自北方的威胁尤为敏感，恺撒能够充分利用这种心理。恺撒征战9年后才返回罗马。公元前58年，赫尔维提人被打败，余部被迫向北撤到今天的瑞士境内。恺撒又在高卢各部落的普遍支持下，北上征伐一支越过莱茵河、深入高卢境内的日耳曼部落——苏维汇人（Suebi）。至公元前58年末，苏维汇人已被赶回莱茵河对岸。至此，恺撒在高卢站稳了脚跟，但他并没有在分配给他的行省中停留的打算。征服与掠夺以及随之而来的政治地位的诱惑实在太强大。一些高卢部落因为罗马势力的不断渗透而决心奋起反抗，例如居住在高卢西北部的比尔格人（Belgae）。另一些部落则卷入同周边部族的战争，也给了罗马可乘之机。次年，即公元前57年，恺撒几乎将整个高卢完全置于罗马统治之下。当捷报传到罗马时，全城为之轰动，甚至连元老院也认可了他的胜利，批准全城庆贺15日（元老院为庆祝庞培的胜利也不过最多批准全城庆贺10日）。

在元老院中，提议投票感谢恺撒的不是别人，正是西塞罗。公元前57年9月，西塞罗在庞培的不懈努力下返回罗马。随着克洛狄乌斯信心的膨胀，他开始将攻讦的矛头指向了庞培。迎回西塞罗是庞培维护自身权威的手段之一。元老院支持西塞罗回归政坛，罗马城以外的广大公民也是如此。毕竟后者没有理由对克洛狄乌斯产生好感，而且更欢迎一个以维护社会秩序为己任者被召回。因此当西塞罗抵达罗马时，受到了一些人的热情欢迎，尽管很明显他现在欠了庞培的人情。

现在是克洛狄乌斯被智胜了。他借助支持他的暴徒，其中包括许多逃亡奴隶，恫吓政敌。公元前57年11月，西塞罗在写给朋友阿提库斯（Atticus）的信中，生动地描述了罗马当时的氛围。西塞罗正在重建遭劫掠的宅邸，此举自然招致克洛狄乌斯的反对：

> 11月3日，一群武装暴徒赶走了我工地上的工人……他们用我工地的石头砸毁了我弟弟的宅邸，并付之一炬。这显然是克洛狄乌斯的授意……此前克洛狄乌斯便在煽动暴乱，他现在发了狂，只想把

他的敌人一网打尽，并在每一条街道上公开许诺给奴隶以自由。

公元前57年的另一位保民官米罗（Milo）组织了一队人马对抗克洛狄乌斯，但这只能让罗马城中的暴力活动不断升级，而元老院已无力采取有效的措施维持秩序。粮食短缺加剧了民众的不满，而这恰恰是克洛狄乌斯免费发放粮食政策的必然结果。看起来唯一能够挽救时局者就是庞培。西塞罗自流放地返回罗马后首次在公共场合发表演说，成功地敦促元老院把恢复粮食供应的任务授予庞培，尽管这一提议遭到了贵族派的广泛反对。然而，想让庞培用自己的军队完成这项任务的尝试失败了，而他本人则希望被授予统帅权，以帮助流亡的埃及法老托勒密·奥勒特斯（Ptolemy Auletes）复辟，但这一希望也落空了。由于庞培无法让粮食价格迅速回落，他开始在民众中失去支持。

这一切都对恺撒有利，因为这意味着庞培将继续依赖他的支持。大概出于这一原因，公元前56年4月，庞培同意北上前往卢卡（Luca），会见恺撒和克拉苏，以重新达成共识。卢卡位于恺撒治下的山南高卢行省。卢卡会晤达成的协议是，庞培和克拉苏将出任公元前55年的执政官。这一安排将确保他们在卸任后获得统帅权。作为回报，二人同意动用自己的影响力，延长恺撒在高卢的统帅权，因为现在这份分配的权力将于公元前54年结束。卢卡协议表明，元老院在很大程度上丧失了主动权，只能受制于那些手握兵权者。150年后，罗马史家普鲁塔克写到，这一时刻是个人意图摧毁政府的开始。恺撒甚至派一些部下以"休假"之名进入罗马，用恐吓的方式支持庞培和克拉苏成为执政官，甚至不必再伪装举行一场公开选举。在另一场公职的选举中，现场民众的情绪如此激动，以至于庞培满身是血地回到家里。西塞罗这样的温和派现在完全束手无策，只能充当庞培和恺撒的喉舌。西塞罗在公元前55年写道："还有什么比我们现在的生活更令人作呕，尤其是我的生活。若是我就公共事务畅所欲言，就会被认为是一个疯子；若是我说那些我不得不说的话，一定会被认为是奴隶；若是一言不发，则被当作降虏……你觉得我有多落魄，我现在就有多落魄。"随着元老院和温和派在政治上的影响力日渐式微，共和国历史的最后一幕即将上演。

专题6

来自共和国的声音

前面已经介绍了作为演说家和粉碎了喀提林阴谋的执政官的西塞罗,但他也是一位文雅的饱学之士,对罗马的政治体制思考良多。公元前55年,他创作了论演说的首部作品。次年,他便开始撰写他最知名的一部作品——《论共和国》(De Republica)。这部作品主要研究罗马的共和宪制,现今仅有残篇传世。《论共和国》以对话的形式写成,将背景设定在公元前2世纪20年代,表达了作者对理想化的过往的缅怀和哀叹。在西塞罗看来,在那个时候,罗马的政治体制中的各种组成元素——贵族政治、民主政治和君主政治——和谐共存。

西塞罗着手写作时,他那理想的世界已经不复存在。共和国就在西塞罗的眼前分崩离析。他不只为共和宪制的崩溃而忧心忡忡,也为自己在政治上的日益失势而愤懑不平。这些情绪可从西塞罗传世的800多封信件中观察到。这些信件反映了作者无与伦比的对时局的洞察。西塞罗的性格是爱慕虚荣与自我怀疑的混合体。他同时热爱和平,喜欢与书为伴(他在公元前59年4月的一封信中写道:"我如此热爱闲适的时光,深深沉溺于其中。所以我要么读书……要么坐下来数着波浪……")。这与他热衷获得公众认可形成了鲜明对比,令他的读者深深着迷。西塞罗经常在书信中点评时事,不难看出他对时局越来越失望。

在西塞罗传世的书信中,最常见的收信人是他求学时的朋友阿提库斯。现存的信件中还有许多封是写给弟弟昆图斯以及朋友布鲁图斯的。布鲁图斯后来成为杀害恺撒的凶手之一。阿提库斯（他得名于年轻时曾在雅典长期逗留）是一个富有且具备良好教养的人士，他有意远离政治，只关注学术和友谊。阿提库斯后来搬到罗马居住，发表了西塞罗的作品。西塞罗与阿提库斯不在一起时，可以毫无保留地给后者写信，并希望得到他的陪伴和建议。公元前49年，罗马内战爆发。在兵荒马乱的年月里，西塞罗对阿提库斯的依赖变得更加强烈。他在公元前49年3月写道：

> 我实际上没什么可写，因为我没有什么消息，而且昨天已经回复了你的所有来信。但是由于我的内心很痛苦，不仅无法入睡，而且醒着也很痛苦。我眼下就是在胡乱涂鸦，没有任何主题，只是想和你说话。这是目前唯一能让我解脱的事了。

西塞罗不仅关注自己的地位，也同样关注国家的命运。就气质而言，他是一位共和主义者，信奉罗马的古老自由。但他甚至在《论共和国》中也不得不承认，罗马需要一个强人来止住秩序的崩溃（西塞罗脑海中的这个人就是庞培）。然而，政治强人们往往以僭主的方式行事。在写给阿提库斯的另一封信中，西塞罗表露出他还在为何去何从而苦恼不已。冒着葬送整个国家未来的风险去反对一位僭主是否正确？在反对暴政的问题上，是责任重要，还是保全自己的身家性命重要？在不成为僭主的前提下，一个统治者应采取何种方式才能维持社会秩序？随着恺撒在公元前1世纪40年代建立起独裁统治，这些问题具有了新的紧迫性。

西塞罗的信件也因为记录了一个有教养的有闲人士的日常生活而别具一格。他决心在身边营造一种和谐、优雅的氛围。与许多其他精英人士一样，西塞罗在坎帕尼亚海滨拥有豪华的别野。在那里，他可以以一种仍未被罗马宅邸完全接受的方式展现希腊文化。西塞罗甚至拥有两处"希腊式"空间，一处以亚里士多德的吕克昂命名，另一处则以柏拉图的学园命名。营造良好的氛围对西塞罗而言十分重要。公元前54年，西塞罗在写给弟弟昆图斯的信中，谈到后者正在施工的新别墅：

我在你的马尼里安别墅中，发现［建筑师］狄菲鲁斯（Diphilus）的工作进展缓慢，即使以他自己的标准来说都是如此。他仍然完成了绝大多数工作，尚有浴池、回廊和鸟舍没有完工。我十分欣赏你别墅中那条铺有石板路的柱廊。当我看到廊柱之间宽敞的空间且立柱都经过抛光后，我意识到它看起来很庄严。最后的效果将完全取决于灰泥看起来要协调，我会确保这一点的。石板路面铺设得不错。我对一些花格镶板并不是很满意，所以命令他们更换了……我对园丁的工作颇为赞赏：常青藤覆盖了所有的角落，无论是墙面还是柱廊的空间；现在，那些希腊雕像看上去仿佛成了园艺家，向我们指出这一点并期待着我们的首肯。此外，浴池的水很凉，且布满了青苔……

或许不可避免的是，随着政治和家庭事务的发展，西塞罗陷入了失望之中。西塞罗与妻子特伦提娅（Terentia）的婚姻起初十分美满，但从传世的信件来看，随着时间的推移，两人间的感情逐渐淡漠，而他写给妻子的信件也变得越来越简短。当西塞罗发现妻子在乱花自己的钱时，便结束了这段维持多年的婚姻（"我的家庭事务和共和国一样糟糕"）。他写给阿提库斯的信件显示，这一家庭变故让他深感苦恼（"至少我的女儿和弟弟还爱我"）。特伦提娅似乎嫉妒西塞罗和女儿的亲密感情，然而女儿的经历也并没有给西塞罗带来任何宽慰。他的女儿图里娅（Tullia）经历了3次婚姻。她第一次嫁给了一个正直却短命的男人，第三次则嫁给一个纨绔子弟。公元前45年，图里娅死于难产。这对西塞罗是巨大的打击，尤其是在这个动荡的时代，政治生活已经无法给予他任何安慰。西塞罗之子马库斯也让他感到失望，沦落为罗马人尽皆知的酒鬼。然而，从西塞罗的信件中还可以清楚地看出，他并不是一个容易相处之人。西塞罗挑剔，喜欢自怨自艾，政治上经常摇摆不定。同时，他又表现出一种确凿无疑的，甚至可以说相当崇高的人道的一面。比如他反对在角斗表演中屠杀动物，对自己的释奴提洛（Tiro）关爱有加。提洛经常记下西塞罗口述的信件，并在西塞罗的新居中为他置办书籍。西塞罗还对自己所爱之人的离世十分介怀。西塞罗作为一个人类个体，陷入了一场他无法控制的政治动荡，并最终沦为其牺牲品，悲剧的是，他那些见多识广的笔友们也几乎都是落得如此下场。

与西塞罗同时代的诗人盖尤斯·瓦雷利乌斯·卡图卢斯（Gaius Valerius Catullus，约公元前84—约前54年），其诗作的风格与西塞罗的作品完全不同。卡图卢斯生于维罗纳（Verona）的一个富裕家庭，后来南下加入罗马那些时髦的文学小圈子。卡图卢斯和当时许多自诩"现代"的诗人一样，深受希腊文学熏陶，其传世作品中有对萨福和卡利马库斯诗歌的翻译。卡图卢斯在大量借鉴希腊的神话和诗歌格律的同时，也依靠自己的才华形成了完全属于自己的风格。在他那个时代，他以博学和构思精巧闻名。例如短史诗《珀琉斯和忒提斯的婚礼》(Wedding of Peleus and Thetis)，需要作者对希腊神话有深刻的理解才能将题材的冲击力完全发挥出来。作者最初的创作灵感似乎源于阿波罗尼奥斯的《阿尔戈英雄纪》。但是，他没有写伊阿宋和美狄亚这对不幸的情侣，而是描写雅典王子、英雄忒修斯和被忒修斯抛弃的阿里阿德涅（Ariadne，传说中被抛弃在纳克索斯岛）。作者以有力且动人的诗句讲述了这对情侣如何渐行渐远，以及阿里阿德涅最终被狄奥尼索斯所救（伦敦的国家美术馆中所展出的那幅提香的名作《酒神巴库斯与阿里阿德涅》[Bacchus and Ariadne]就受到了这首诗歌的启发）。①

然而，现代读者更多是被卡图卢斯对罗马共和国晚期那些"波希米亚式"小圈子的生活的描述所吸引。他的诗歌详细刻画了他身边那些行为古怪、自命不凡的同伴，以及他们之间的相互背叛。其中最著名的人物当属莱斯比娅（Lesbia），卡图卢斯深爱并最终失去的爱人。莱斯比娅的原型可能是克洛狄娅（Clodia），即放荡的普布利乌斯·克洛狄乌斯的妹妹。下面的诗歌详细描述了作者从一见钟情到被拒绝后的绝望的过程：

> 你问我要吻你多少个吻
> 才会满足吗，莱斯比娅？
> 只消看出产草药的昔兰尼，
> 从情欲旺盛的朱庇特显灵处到老巴托斯的神圣墓地之间，

---

① 对卡图鲁斯的介绍，可参见：Marilyn Skinner (ed.), *A Companion to Catullus*, Oxford and New York, 2007。

利比亚大沙漠有多少粒沙？
只消看偷窥人间私情的星星在静静夜空里睁着多少只眼？
对于我——狂热的卡图卢斯
要吻你这么多吻才能满足；
才能叫好奇的眼无法计数，
才能叫邪恶的舌无法施蛊。①

当卡图卢斯遭遇莱斯比娅的背叛时，他写道：

请给我的恋人捎个小小的
不好听的口信。
祝她同她的情夫们过得快活，
她可以同时拥抱三百人
而不真爱任何一个，不断耗竭
他们的元气；
叫她别再期望我昔日的爱情——
由于她的过错，我的爱意凋落，
像牧场边上的小花，被犁铧
从旁犁过。②

卡图卢斯笔下的世界是一个无情、世故且充满恶意的世界。卡图卢斯善于丑化他不喜欢的人（恺撒据说年轻时曾在东方有一段同性恋情，于是成了卡图卢斯讽刺的对象）。这是一个真正令人痛苦的时代，个人的情感和人际关系变得浅薄、转瞬即逝。这些发自个人的声音便是那个动荡年代的写照。

卡图卢斯是一位善于描绘转瞬即逝的恋情与炽热情愫的诗人，而同时代的另一位诗人则以对混乱的日常生活的超脱态度著称。他便是提图斯·卢克莱修·卡鲁斯（Titus Lucretius Carus，公元前98—约前55年），他

---

① 飞白译：《古罗马诗选》，广州：花城出版社，2001年，第43页。——译者注
② 同上，第46—47页。——译者注

是《物性论》(De Rerum Natura)的作者，这部著作对伊壁鸠鲁主义做了热情洋溢的描绘。实际上，我们对卢克莱修知之甚少。很明显他是伊壁鸠鲁的狂热崇拜者，所以《物性论》的绝大部分篇幅在赞扬伊壁鸠鲁把人类从迷信、宗教以及对死亡的恐惧中解放出来。有人公正地说，这是一首敌视宗教的诗，但却以宗教皈依者的姿态奉承伊壁鸠鲁！

> 是你第一个在这样的黑暗之中
> 高高举起如此明亮的火炬，
> 是你最先照亮了生命中的幸福目标，
> 是你引导着我，你，希腊人的荣光
> 循着你所留下的足印
> 现在我踏下坚定的足步……①

卢克莱修这部描述伊壁鸠鲁的原子理论的著作被描述为"最鲜有的文学成就之一，最为成功的科学题材教化诗"(亚历山大·达尔泽尔[Alexander Dalzell]语)。在诗的开头，卢克莱修首先嘲笑宗教以及宗教对道德责任的扭曲。他用阿伽门农献祭其女以保佑舰队能够扬帆起航为例，说明自己的观点（他在第5卷第1160行以下的诗句中进一步阐发了这一主题）。卢克莱修还从非神学的角度解释了生命的发展历程，认为世界上首先出现草木，之后从大地的子宫中诞生了第一批动物。这一观点仍然属于亚里士多德的自然发生说。

然而，尽管这个世界看起来是机械的，但即使在人类发展早期的野蛮时期，仍然有人类情感与友谊的一席之地。这也是伊壁鸠鲁学派崇尚的信条。《物性论》中，在科学解释和有时近乎神秘主义的对自然界的热情之间，始终存在着一种张力。卢克莱修甚至颂扬维纳斯是象征着繁殖和性感的创造性力量（需要记住，伊壁鸠鲁肯定神的存在，但认为神并不干涉人世，因而可以无视他们的存在）。卢克莱修描述了这个一片欢腾的世界：

---

① [古罗马]卢克莱修著，方书春译：《物性论》，北京：商务印书馆，1981年，第130页。——译者注

以太父亲投到大地母亲怀里的雨点消失了，
但是这之后金黄的谷穗就长出来，
绿枝就摇曳在树林间，
而树木自己也涨大起来，
载满了累累的果实；
这样，人类和动物就得到了食品，
这样，块垒的城市就充满了少女少男，
而茂密的林地就回响着新的鸟声；
这样，肥大而贪睡的家畜
就会在使人欢乐的牧场上舒展躺卧，
白色的乳汁就会从涨大的乳房滴下，
幼畜就用弱小的四肢在嫩草上跳跃……①

卢克莱修继承前人的原子论观点，将世界描述为完全是物质的，原子在其中不停运动与重组。他的看法与伊壁鸠鲁一样，认为肉体和灵魂是一体的，灵魂不能脱离肉体独立存在。这便是人们不应恐惧死亡，也必须抵制"迷信和祭司的威胁"的原因。灵魂既然脱离了身体便不会独立存在，那么之后就不会受到任何惩罚。

因此对于我们死不算一回事，
和我们也毫无半点关系，
既然心灵的本性是不免于死。
而正如对于那些过去的年代
我们并未感觉其中的痛苦，
当四面八方迦太基的大军涌集来厮杀，
整个世界被战争的可怕的怒潮所骇震
……

---

① 《物性论》，第14页。——译者注

> 当那使我们成为一个人的
> 身体和灵魂的结合已解散的时候,
> 说实话,那时候对于已不存在的我们,
> 就再没有什么事情能够发生……①

卢克莱修在第5卷靠后的地方赞扬了知识分子的力量,认为他们运用理性为人类带来了文明、航海、农业、法律、诗歌、绘画和雕塑等成果。

> 而理性则把他们升举到光辉的境界。
> 因为人们在自己的心灵中看见
> 它们一件一件地形成起来,直至
> 它们已经借他们的技艺而登峰造极。②

卢克莱修是个离群索居的人,他的个性完全通过其作品的力量加以展现。除了同为诗人的维吉尔,他生前似乎很少影响到其他人。维吉尔在《农事诗》(*Georgics*)中高度评价卢克莱修,而维吉尔这部作品本身是对大自然生命力的一首赞歌。由于卢克莱修的唯物主义很难与中世纪欧洲基督教的论调相容,所以他消失在了人们的视线之外。1417年,他作品的手稿在德国南部的一所修道院中被发现,卢克莱修才再次引起世人的关注。但是在那个时代,即便最杰出的文艺复兴人文主义者仍然自视为基督徒,所以在此后的100多年间,卢克莱修的影响力仍然微乎其微。直到1580年,蒙田在《随笔集》(*Essays of Montaigne*)中开始讨论卢克莱修。此后,他又被17世纪的原子论者大力推崇,并在科学家中产生持久的影响力。③

---

① 《物性论》,第173—174页。——译者注
② 同上,第350页。——译者注
③ 参见:Stephen Greenblatt, *The Swerve:How the World Became Modern*, New York, 2011;或 *The Swerve: How the Renaissance Began*, London, 2011。这本书以令人振奋且优雅的文风讲述了卢克莱修手稿被发现的故事,但其副标题显然有些文不对题。文艺复兴结束很久之后,卢克莱修的作品才变得有影响力。主书名指的是伊壁鸠鲁的理论,即下落的原子可以转向,从而与其他原子碰撞,形成新的物质实体。

第24章

共和宪制的倾覆

公元前55—前31年

恺撒与庞培：最终的摊牌

对庞培和克拉苏来说，退出政治舞台，与有教养的朋友一起享受生活是他们绝不会考虑的事情。他们都必须把公元前55年担任执政官的机会当作进一步掌握统帅权的跳板。庞培获得了出任西班牙总督的权力，任期5年。庞培为保住自己在罗马的影响力，仅派副手前去管理西班牙。这在当时绝无仅有。随后，他以训练为名，把新组建的两个军团留在意大利，迟迟不向西班牙开拔。同时，庞培通过在罗马兴建庞大的剧场来提高自己的声望。这座剧场是罗马的首座石质剧场，位于战神校场。它突破了一些罗马的传统理念（此前从未允许修建永久性的石质剧场），以至于要把观众席伪装成神庙的阶梯（今天依然可以根据地基上的一排排呈弧形的房屋辨认出这个遗址）。

公元前54年，庞培之妻尤利娅死于难产。这对庞培是一个巨大的打击。尤利娅之死也象征着他与恺撒正渐行渐远。他们现在开始积极争夺民众的支持。恺撒沿着庞培新建的剧场用大理石修建了供选举之用的巨大围场。他还计划向北大幅扩建罗马广场。恺撒不断地向罗马发送捷报。公元前56年，恺撒扫荡了布列塔尼半岛以及大西洋的沿岸地区。高卢现在十分稳定，恺撒得以在公元前55年与前54年两度跨海远征不列颠。恺撒的跨海远征是大胆的冒险，尤其是在公元前55年，当他的舰队被风暴摧毁后，远征险些以灾难收场。恺撒对挫折避而不谈，只刻意渲染跨越大洋的壮举。这些战报在罗马民众中激发了巨大的反响。

二人出尽风头，克拉苏显然无法与他们竞争，因此开始追逐军事荣誉。虽然克拉苏年过六旬，也没有指挥的经验，但他仍然决定率军远征帕提亚。自从庞培没有履行向帕提亚国王割让土地的承诺后，两国的关系便每况愈下，但这场战争并没有什么直接的原因。克拉苏率领7个军团深入内陆。公元前54年，他在美索不达米亚小胜帕提亚军队。公元前53年，他贸然东进，率军越过幼发拉底河，致使其部队陷入了帕提亚精锐弓箭手的包围。克拉苏率领的骑兵和步兵被压制了。普鲁塔克记录下罗马军队在被帕提亚人击败的最后几天的悲惨境遇。据载，罗马军队在撤回卡莱时被迫抛弃了4000多员伤兵。克拉苏的头颅作为战利品被凯旋者掷在帕提亚国王脚下。罗马最初的4万大军只有四分之一得以返回罗马的领地。

卡莱之役是罗马人最丢脸的战败之一，当罗马的混乱逐渐升级时，灾难的消息传了回来。罗马当时的政治体制混乱不堪，以致公元前53年的执政官选举直至7月份才得以举行。公元前52年的执政官选举亦被迫推迟。公元前52年1月，分别支持克洛狄乌斯和米罗的暴民在阿庇亚大道上大打出手。克洛狄乌斯受了伤，被抬进一座小旅馆，之后被米罗下令杀害。克洛狄乌斯的尸体被抬到广场上依惯例举行葬礼演讲。愤怒的民众开始激烈地反对米罗。克洛狄乌斯的尸体火化时，火势失控，烧毁了元老院及其附属的会堂。

在动荡的时局下，罗马民众开始呼吁委任庞培为独裁官。元老院陷入两难境地。若是妥协，元老院将把绝对权力授予一个他们害怕且不信任之人。为了挽回颜面，元老院另辟蹊径，宣布庞培可以自公元52年2月起担任唯一的执政官，直至当年8月选举产生另一名执政官。这种严重破坏罗马宪制传统的决策既令人惊愕，也再次表明元老院有多么依赖庞培。庞培上任后，立即着手恢复社会秩序。腐败行为与暴力活动被严令禁止。现在被庞培抛弃的米罗于公元前52年因谋杀克洛狄乌斯而出庭受审。审判时，法庭被庞培的军队及克洛狄乌斯的支持者震住了，以至于许诺为米罗辩护的西塞罗生平第一次方寸大乱，草草结束了自己的发言。米罗最终遭到了流放。(米罗事后致信西塞罗,为后者没有尽全力辩护表示感谢,不然他就没有机会品尝马西里亚的海鲜了。)克洛狄乌斯的众多支持者亦被定罪。公元前51年,执政官选举按照惯例如期举行。

庞培或许已经恢复了对罗马的控制,但他仍要与恺撒抗衡。恺撒事实上已遇上了麻烦。在经历了第一次战败后,高卢人开始重新集结力量并恢复了信心。公元前54年,一个来自北方的部落厄勃隆尼斯人(Eburones)将罗马的一个军团诱出营垒后予以全歼。恺撒不得不向庞培借调一个军团以弥补损失,并在山南高卢新征募了两个军团。高卢北部的部落叛乱一直持续到公元前53年。次年,又爆发了一场席卷高卢中部和西南部的规模更大的叛乱。这场叛乱由阿尔维尼部落的首领维钦托利(Vercingetorix of the Arverni)领导。维钦托利是首位能超越对部落的忠诚并团结所有高卢人保卫其自由的政治领袖。甚至连埃杜伊人(Aedui)这样曾与罗马结盟的部落也和其他没有面对罗马大军的部落一起加入了维钦托利的阵营。维钦托利力图切断罗马军队的粮食供给,令罗马人在高卢陷入孤立无援的境地,使他们更容易被击败。恺撒的指挥艺术和军团的纪律都经受了全面的考验。但最终维钦托利被罗马人逼入绝境,只能困守高卢东部的阿莱西亚(Alesia)高地。为了围困高卢人的据点,罗马人挖掘了长达数千米的沟壕,并修建了多座堡垒,之后又击溃了前来解围的一支高卢大军。维钦托利最终投降,并作为战俘被解往罗马(公元前46年,他先是在恺撒的凯旋仪式上游街示众,然后被绞死)。公元前51年,恺撒成功镇压了残余的反抗力量。至此,罗马帝国疆界首次扩张到地中海以外的地区。莱茵河成为罗马帝国新的北部疆界。尽管罗马后来几次尝试进一步扩张,但这一边界一直维持了400余年。

公元前51年,恺撒发表了记述高卢战争经过的著作《高卢战记》(*Commentaries on the Gallic War*)。《高卢战记》以第三人称视角生动地描述了罗马军团的征战及高卢部落的最后一搏。作为指挥官的恺撒在书中一贯身先士卒,并表现出高超的指挥艺术、冷静与果断的品质以及面对危机时的当机立断。毫无疑问,这部著作的主要面向对象是罗马公众,但与此同时,该书清晰、简练的语言风格不由得让人相信,书中对高卢战事的记载都是真实可信的。

恺撒尽管在民众中呼声很高,但仍然很容易受到贵族派的反击。我们不清楚恺撒会在何时结束其任期,甚至当时的人似乎也不清楚(法律授予恺撒统帅权,但并未明确规定任期),但任期结束后他将很容易被起诉,除非他继续掌握最高统治权,也就是说,继续在海外领兵或担任执政官。公元前50年,一场政治斗争爆发:贵族派试图结束恺撒的任期并令他不再拥有统帅权,而这一年的保民官、债台高筑的贵族派成员盖尤斯·斯克里伯尼乌斯·库里奥(Gaius Scribonius Curio)可能因为收受了贿赂转而支持恺撒,利用否决权阻挠任何不利于恺撒的法案通过。

尽管庞培仍继续担任西班牙行省总督,但其第三个执政官任期将在公元前52年末结束。庞培似乎希望能通过某种方式令恺撒依附于自己,以求在贵族派与恺撒之间维持平衡。然而,恺撒羽翼已丰,不可能再屈服于庞培的影响力。自恺撒获得高卢大捷后,任何对庞培的屈尊俯就都会有损他的尊严。至公元前50年,庞培似乎也开始意识到这一问题,但他仍然坚信自己能够在与恺撒的角逐中胜出。是年5月,庞培身患重病。痊愈后,他受到了来自公众的热烈祝贺,因此认定他不难从意大利各城镇中获得支持。他甚至相信了恺撒的部队正处于哗变边缘的报告。元老院为了以防万一,命令庞培和恺撒各抽调一个军团前往帕提亚边境,这令庞培的军事优势得到加强。庞培要求恺撒归还在公元前54年借调的军团,并让后者交出自己的一个军团。当帕提亚的威胁已消退的消息传来后,两个军团都被留在了意大利,庞培把它们当作自己的军团对待。

以上所有动向都加剧了危机。很明显,一场权力斗争已经在悄然进行,正如西塞罗指出的那样:"这是有史以来最大的一场争斗。伴随胜利而来的会是一连串的罪恶,必然会有一个暴君出现。"西塞罗此时正为投靠哪一方而焦虑。公元前50年快到年底时,保民官库里奥担心自己卸任后面临不测,于是倡议恺撒和庞培一同交出统帅权。平民大会以绝对多数通过这一动议,但并未就交出统帅权的时间做出明确规定。年末,有关恺撒即将向罗马进军的流言四起。公元前50年12月,两位执政官主动找到庞培,询问他能否保卫罗马城免于恺撒的攻击。庞培表示同意,于是与贵

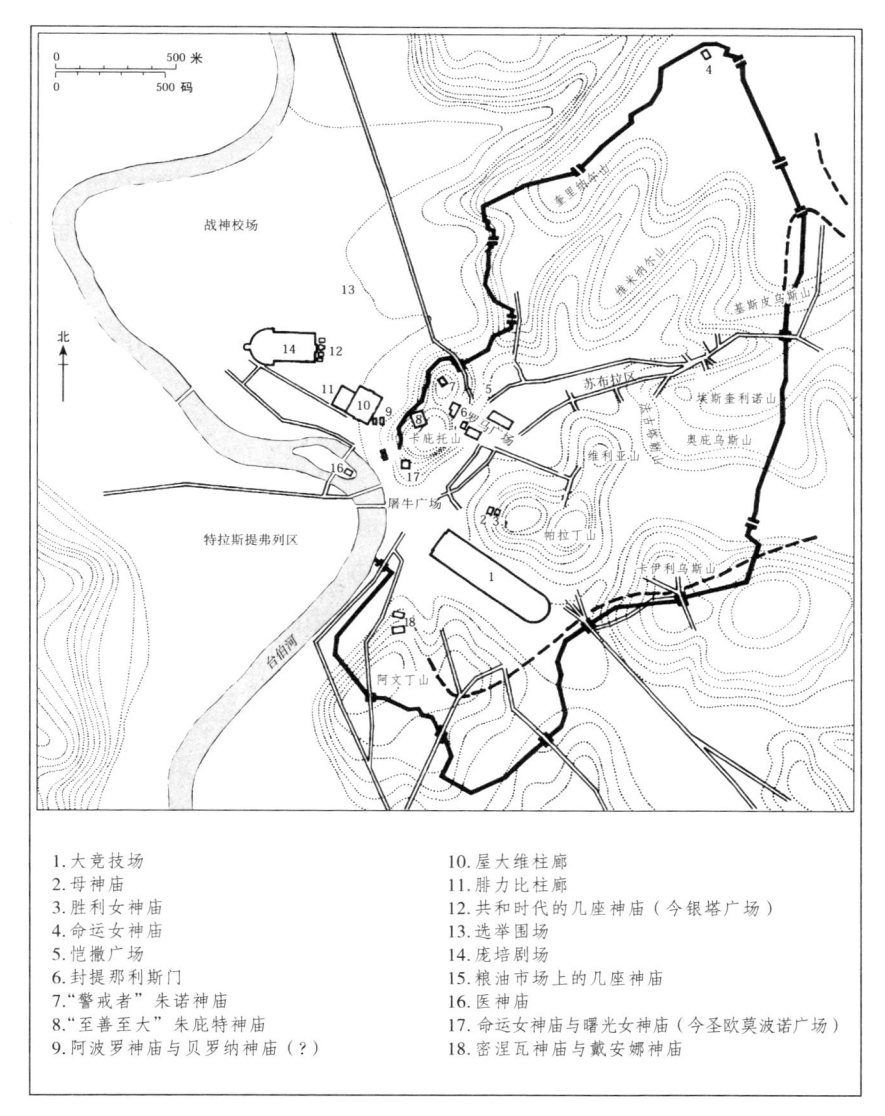

1. 大竞技场
2. 母神庙
3. 胜利女神庙
4. 命运女神庙
5. 恺撒广场
6. 封提那利斯门
7. "警戒者"朱诺神庙
8. "至善至大"朱庇特神庙
9. 阿波罗神庙与贝罗纳神庙（？）
10. 屋大维柱廊
11. 腓力比柱廊
12. 共和时代的几座神庙（今银塔广场）
13. 选举围场
14. 庞培剧场
15. 粮油市场上的几座神庙
16. 医神庙
17. 命运女神庙与曙光女神庙（今圣欧莫波诺广场）
18. 密涅瓦神庙与戴安娜神庙

地图11　公元前52年时的罗马城。广场与附近的卡庇托山是民众的政治活动中心。元老院会议和平民大会都在这个相对狭小的区域里召开，重要的审判也在此进行。因此也不难理解，共和时代晚期的政治局势为何会变得如此不稳定，而有效的演讲又为何能产生出乎意料的效果。森都里亚大会则在城墙外的战神校场召开。

族派结成同盟以保卫共和国。公元前49年1月1日，恺撒在一封写给元老院的信中建议他和庞培都应该放弃统帅权。现在已经与庞培结盟的贵族派自然不会同意，并且不顾与恺撒交好的保民官的反对，试图逼迫恺撒解散其军队。7日，元老院通过一项紧急决议，号召所有官员保卫罗马城。恺撒若要维护自己的尊严，现在已别无选择，只能先发制人。公元前49年1月10日，他率军渡过了一条不起眼的小河——卢比孔河（Rubicon）。这是山南高卢与意大利之间的界河。按照法律规定，恺撒只能在卢比孔河以北行使其最高统治权，所以恺撒事实上是在向共和国宣战。①

内战

恺撒一旦采取了主动，就没有理由会拖延了。共和国的保卫者可以召集驻扎在意大利的两个军团，之后还可以调动仍由庞培合法统率的西班牙行省的7个军团。恺撒必须要赶在西班牙的军团返回前占领意大利。恺撒在向南进军的过程中几乎没有遭到抵抗。经过前些年的动荡后，罗马人早已习惯了逆来顺受。庞培及其支持者惊恐地发现，没有发生对他们有利的反抗。3月，执政官和庞培率领共和国的军队撤离了意大利。从战略上看，这一决策无疑是正确的，但在心理层面或许并非如此。庞培的实力不只来自东方（庞培在公元前1世纪60年代征服东方期间培植了大量附庸），还有其治下的西班牙。此外，贵族派还牢牢地控制着西西里行省和阿非利加行省。庞培希望通过撤退能够尽可能地拉长恺撒的交通线和供给线，从而使恺撒的军队濒于崩溃。

结果，庞培坚持了不到18个月。公元前49年夏，恺撒消灭了庞培的西班牙军队，并令盘踞在西西里岛和撒丁岛的贵族派望风而降。不过，恺撒在阿非利加经历了很大的挫折。那位收受恺撒贿赂的保民官库里奥率领4个军团入侵阿非利加。他发现自己不仅要面对庞培的部下，还要对付努米底亚国王尤巴（Juba）。尤巴佯装败退，毫无军事经验且鲁莽冲动的库

---

① Tom Holland, *Rubicon: The Last Years of the Roman Republic*, London, 2003; Erich Gruen, *The Last Generation of the Roman Republic*, Berkely and London, 1974. 前者是一部以明快的节奏叙述那段动荡岁月的佳作，深受读者欢迎，后者以更冷静的方式强调共和制度的韧性。

里奥被诱入沙漠地区。结果库里奥被杀，其绝大多数军队也被消灭。恺撒暂时与阿非利加失之交臂。

这样恺撒与庞培的决战就变得至关重要。此时，庞培正在马其顿尼亚地区训练军团和骑兵。恺撒的快速行军和奇袭起到了效果。虽然亚得里亚海已被庞培的舰队封锁（舰队由恺撒的宿敌比布鲁斯统领），但恺撒仍率领2万名步兵和600名骑兵于仲冬时节渡海进入伊庇鲁斯，完全避开了庞培舰队的袭击。这是相当冒险的军事行动，特别是因为军队在希腊几乎没有粮食供给。两个月后，庞培试图冲破恺撒在他和他的海军基地狄拉奇乌姆（Dyrrachium）之间修建的防御工事，给恺撒规模较小的军队造成了重大伤亡，使后者的这次军事行动几乎以灾难告终。恺撒凭借其出众的领导才能迅速重整旗鼓，最终于8月在希腊北部的法萨卢斯（Pharsalus）将庞培的军队逼入绝境。虽然庞培的兵力远超恺撒（4.7万人对2.4万人），但仍被恺撒重创。庞培一方阵亡1.5万人，2.4万人被俘。庞培首先逃往莱斯沃斯岛，他的妻子和幼子塞克斯图斯（Sextus）也藏身于此。随后他携妻儿逃往埃及。庞培一定期望能得到埃及人的帮助。因为当时的埃及法老托勒密十三世（Ptolemy XIII）的父亲全赖庞培的帮助，才得以在公元前55年复辟，并为此指定罗马人民担任其子的监护者。然而，庞培一踏上埃及的土地，便被埃及当局下令杀害。这些人很清楚，现在必须讨好的人是恺撒。恺撒随后抵达埃及，当埃及人献上经过防腐处理的庞培首级时，他为此流下了眼泪。

恺撒在埃及逗留了7个月。埃及名义上仍是独立王国，由21岁的女王克莉奥帕特拉及其15岁的弟弟托勒密十三世共治，但两人矛盾颇深。托勒密及其廷臣和将军们曾一度占据上风，迫使克莉奥帕特拉逃往叙利亚，并在那里组织军队反对其弟。然而，她是一个令人敬畏的对手。现存的克莉奥帕特拉肖像没有证实她是一个传统意义上的美人，但她一定极富魅力和智慧。她是首位通晓埃及语的希腊化埃及统治者（据说她一共通晓9种语言），并参加埃及的宗教仪式。得知恺撒大胆地在亚历山大里亚的王宫中居住后，她敏锐地抓住了这个机会，命人把自己卷在地毯中偷偷送入王宫。她很快便成了恺撒的情人。恺撒与克莉奥帕特拉一起抵抗托勒密支持

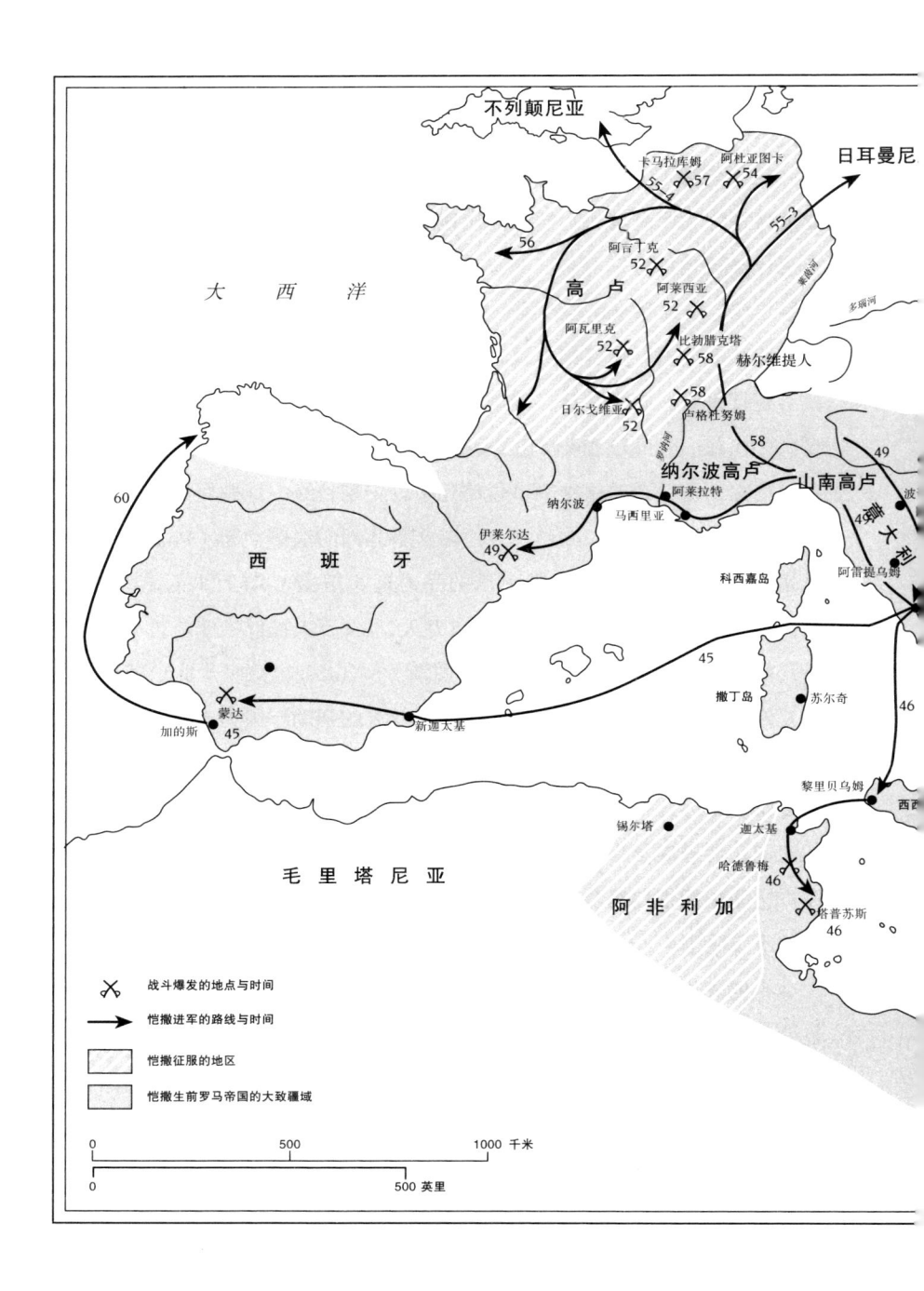

地图图例：
- ⚔ 战斗爆发的地点与时间
- → 恺撒进军的路线与时间
- ▨ 恺撒征服的地区
- ▦ 恺撒生前罗马帝国的大致疆域

主要地名标注：
不列颠尼亚、日耳曼尼、大西洋、高卢、纳尔波高卢、山南高卢、西班牙、毛里塔尼亚、阿非利加

战役与地点：
卡马拉库姆 55-4、阿杜亚图卡 54、阿言丁克、阿莱西亚 52、阿瓦里克 52、比勃腊克塔、赫尔维提人、日尔戈维亚 52、卢格杜努姆 58、阿莱拉特、纳尔波、马西里亚、伊莱尔达 49、阿雷提乌姆、科西嘉岛、撒丁岛、苏尔奇、新迦太基、蒙达 45、加的斯、锡尔塔、哈德鲁梅 46、迦太基、黎里贝乌姆、塔普苏斯 46

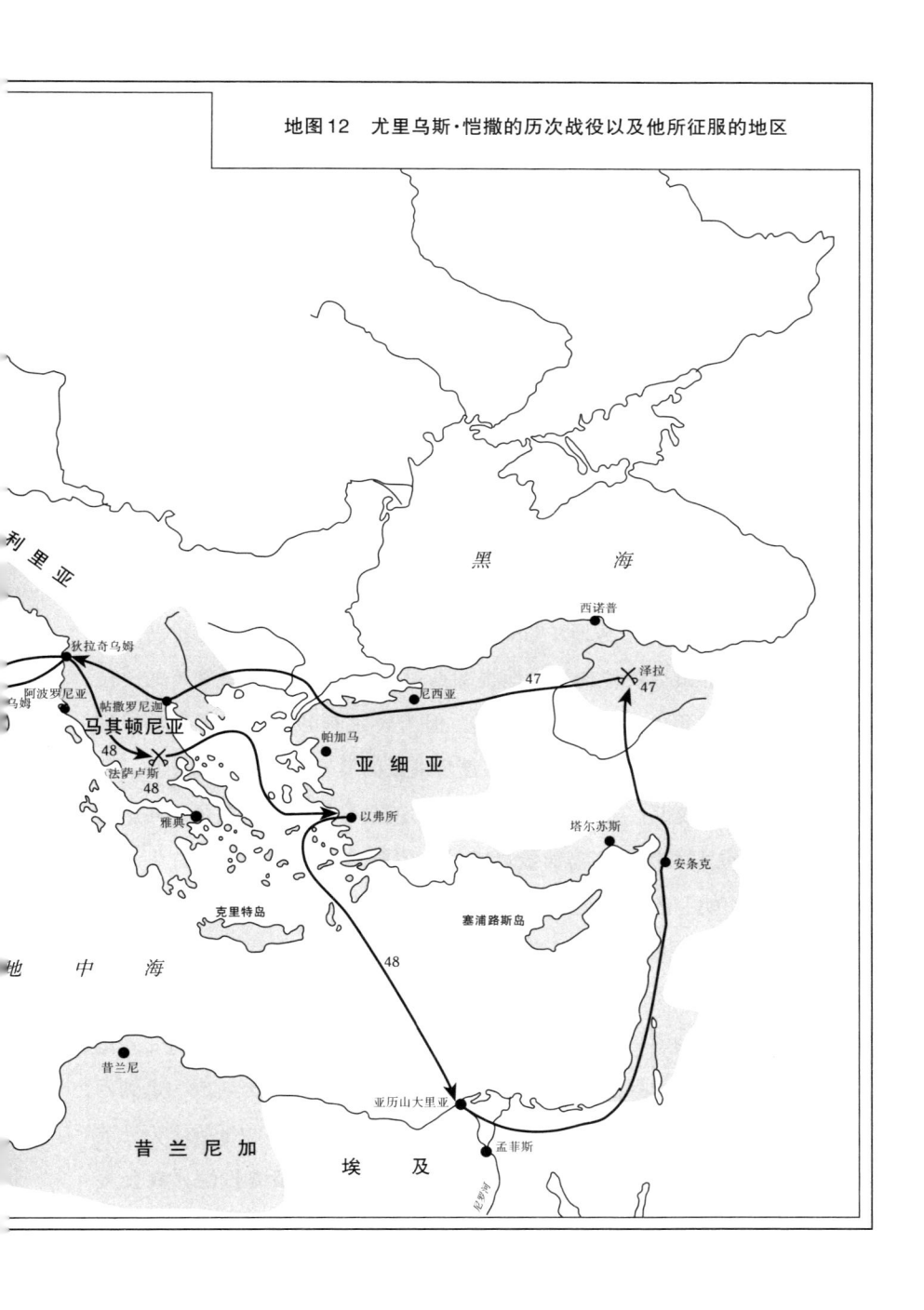

地图12 尤里乌斯·恺撒的历次战役以及他所征服的地区

者的围攻（在恺撒试图烧毁敌人船只时，大火烧毁了著名的亚历山大里亚图书馆的一部分）。不久，叙利亚的罗马军队便赶来支援，救出了恺撒等人。恺撒最终打败了托勒密，拥立克莉奥帕特拉为埃及唯一的统治者。传说恺撒和克莉奥帕特拉一同畅游尼罗河。克莉奥帕特拉后来宣称为恺撒生下了一名男婴。男婴被取名为恺撒里翁（Caesarion）。①

然而，罗马的内战仍未结束。公元前47年4月，恺撒再次踏上征途。他取道小亚细亚返回意大利。在这里，恺撒获得了一生中最为轻松的一次胜利：在本都的泽拉（Zela），他一举击溃米特里达梯之子法纳塞斯（Pharnaces）的部队。（"我来，我见，我征服。"他简明扼要地说）庞培在亚得里亚海的舰队也被一并摧毁。恺撒回到罗马后短暂逗留，于公元前47年末出征阿非利加。这个地区仍被庞培的余党和旧元老贵族势力牢牢控制着。集结在这里的军队由昆图斯·梅特鲁斯·西庇阿（Quintus Metellus Scipio）和提图斯·拉比努斯（Titus Labienus）指挥。昆图斯是罗马著名的西庇阿家族的最后一位传人，而提图斯·拉比努斯则是恺撒麾下的一位军官，在高卢战争中一直被委以重任，但于公元前49年投靠了庞培。他们之中还有小加图，他是正在被恺撒逐步摧毁的罗马保守势力的化身。这又是一场精彩的战役。虽然恺撒自登陆之初就要为如何给一支足以匹敌敌方14个军团的大军提供军需而绞尽脑汁，但随着他积聚了一切有生力量（马略的老兵殖民地为恺撒提供了一定的帮助），他向他的敌人发起了进攻。公元前46年4月在塔普苏斯（Thapsus）的最后一场战斗是一场大屠杀。小加图自杀，成了消亡的共和国的神圣殉道者。普鲁塔克对小加图慨然赴死的描写感动了一代又一代读者（包括美国的一些国父）。西庇阿试图向西逃往西班牙，但在面临被捕时也选择了自杀。拉比努斯成功逃到西班牙，并与盘踞此地的庞培之子格奈乌斯联合起来做最后的抵抗。公元前46年末，恺撒抵达西班牙。这场短暂却又残酷的战争最终以恺撒在公元前45年3月的蒙达（Munda）之战中获胜而告终。拉比努斯和格奈乌斯双

---

① 克莉奥帕特拉的传记数量众多但佳作寥寥。可参见：Joyce Tyldesley, *Cleopatra: Last Queen of Egypt*, London, 2008; Lucy Hughes Hallett, *Cleopatra: History, Dreams and Distortions*, London, 1991. 后者迷人地展示了人们在各个时代对克莉奥帕特拉的阐述方式。

双殒命。罗马的旧秩序灭亡了。

恺撒对新政治方案的探索

恺撒现在必须寻找新的政治解决方案。内战期间，恺撒曾在罗马短暂逗留。随着逐渐取得对帝国的控制权，他开始寻求更大的政治权力。公元前49年，恺撒自命为独裁官，并利用该职位的权力来确保自己当选公元前48年的执政官。执政官一职始终是恺撒希望获得的职务。恺撒最初仅短期担任独裁官，但公元前46年他把这一职务的任期延长至10年，公元前44年又成为终身独裁官。这公然打破了惯例——独裁官是国家在紧急情况下短期授予的一个职位——但现在恺撒永久地获得了它的所有权力，包括凌驾于所有官员之上的权力以及免于受保民官否决的权力。公元前46年，恺撒再度当选执政官，自此之后从未卸任。恺撒一直担任着大祭司长一职，并且为了加强他对罗马宗教生活的影响力，又在公元前47年成了鸟卜师（augur）。

恺撒在公元前46年所获得的一系列权力，是在塔普苏斯之战大获全胜的消息传至罗马后，由一个狂热且善于逢迎的元老院授予的。元老院允许恺撒举行至少4次凯旋仪式。为了掩饰他仅仅是内战胜利者这一事实，每一次凯旋仪式都以征服异族——征服高卢人、埃及人以及击败法纳塞斯和努米底亚国王尤巴——的名义举办。公元前46年9月，盛大的凯旋仪式轮番上演，并以一系列角斗表演收场（由于角斗只能是为了纪念死者而举办，因此恺撒举行的角斗表演是为了纪念女儿尤利娅）。同时，恺撒为新广场与新会堂举办了揭幕仪式。上述建筑始建于公元前54年。落成庆典上，每位市民都可获得现金和一定数量的谷物和橄榄油。

事实上，恺撒在追求希腊化君主的威仪，但他又尽可能地避免任何神化自己或把"王"（rex）这个能引起强烈感情的称号用到他身上的企图。恺撒面临的问题仍然是如何维护自己在政治中的新角色，同时彻底清除旧的政治秩序，并维持国家的稳定。他开始着手解决罗马社会中存在的不法行为和紧张局面。公元前48年，一个为了公平解决债务问题的系统得以建立。他通过取缔行会来抑制罗马城内的骚乱。他还通过减少免费领取粮食的公民家庭来解决罗马城中的贫困人口问题。同时，他在海外建立了新的殖民地。大约有8万名罗马居民被说服移居行省，从而在各行省中形成了稳定的罗马文化中心。恺撒将罗马公民权授予各行省中那些忠于罗马的群体。行省的赋税不再假手包税人，而是直接由罗马官吏征收。恺撒也着力解决司法审判过程中的贿赂现象。传统罗马历法一年有355天，每隔一年要增加一个有22天或23天的闰月。在亚历山大里亚的天文学家索西根尼（Sosigenes）的建议下，恺撒将每年定为365天，每4年多加1天（直到需要进一步加以改善，该历法一直沿用到公元16世纪）。

以上举措均没有解决恺撒在国家中的地位这一核心问题。恺撒日益被认为是一个专制主义者。反对势力开始壮大，尤其是元老院中的那些世家贵族，他们认为元老院中充斥着恺撒想要奖励的人，他们中的许多是军官或来自行省的人。人们对恺撒态度的转变，从西塞罗的身上可见一斑。内战时期，西塞罗曾为选择哪一方而苦恼，最终他投靠了庞培。庞培被打败后，西塞罗只能听任恺撒发落。但恺撒对他仁慈而体贴，这也是恺撒最吸引人的品质。西塞罗曾抱有一线希望，认为恺撒的统治最终能建立起他梦寐以求的稳定统一的共和国。公元前46年末，西塞罗在元老院的演讲中称赞恺撒的慷慨和弥合国内分歧的能力。然而，尽管西塞罗对恺撒的为人一直敬佩有加，但随着后者的公开行为越来越帝王化，他不可避免地对令人窒息的政治生活感到幻灭。西塞罗在女儿图里娅死后，向朋友塞维鲁·苏尔皮基乌斯（Servius Sulpicius）吐露了自己的悲佐与绝望：

> 现在，我已无法借公务来逃避家庭的伤痛了，因为公共事务中已经没有可以慰藉我的东西。而在此之前，我带着公共生活中的失意回到家中时，总能够在家中寻找到慰藉。现在，我既无法回到家庭，也无法投入公共生活。家庭无法慰藉我对自由的共和国感到的悲痛，而公务也无法弥补我在家中感到的悲痛。

庆幸的是，西塞罗尚能发奋治学。在失意的时候，他着手将希腊哲学著作译成拉丁语，以方便那些不谙希腊语者阅读。西塞罗具有一种在罗马传播希腊文化的使命感。他对他的读者说："几乎每个民族都阅读希腊文学，但拉丁文学只在本国境内有人阅读。我们必须承认，传播范围很窄。"这其中也夹杂着个人动机。在现已佚失的《慰藉》(Consolatio)一文中，西塞罗尝试通过其他人的类似经历来探索他的情感，以求抚平自己内心的伤痛。西塞罗在生命最后阶段所创作的作品主要涉及认识论（《学园派》）、生命的终极目标（《论至善与至恶》）、诸神的本质（《论神性》）以及道德哲学（《论义务》）等。另有一些论老年、友谊的短篇。许多概念很难被直译成拉丁语，所以西塞罗不得不创造词汇来表达。拉丁语中的qualitas（品性）、essentia（本质）、moralis（道德）等词都是首次出现在他的著作中。西塞罗的散文文风博雅且用词准确，成为后世的典范。西塞罗也是意大利人文主义者崇拜的英雄。（参见第36章）

在哲学论著中，西塞罗的语气理智而超然。他从不想自成一派，他的治学方法是怀疑论式的。他主张以理性反击迷信，同时他也对任何事物是否存在确定性表示怀疑。如果西塞罗还推崇某个哲学学派的话，那一定是斯多噶派哲学，因为这个学派强调忍耐以及为了全体的福祉而投身于公共生活。西塞罗相信某种超自然的存在，但认为罗马的传统神明以及从埃及和东方等地传入的各种神明无外乎人类的创造物，只有轻信者才会被吸引。然而西塞罗从未对宗教仪式在罗马生活中占据的中心地位表示过丝毫的质疑。他认为宗教仪式与广场上那些喧嚣的政治活动一样，是罗马社会生活中必不可少的组成部分。

在恺撒生命的最后几个月里，西塞罗从公共生活中消失了。虽然有人认为西塞罗参与了刺杀恺撒的阴谋，但没有直接证据可以证明这一点。当恺撒未来的野心越来越引起人们的警觉时，刺杀者的阴谋酝酿了出来。元老院继续授予恺撒各种荣誉，例如终身独裁官，以恺撒的名字重新命名7月，允许他在公共场合使用镀金的座椅和凯旋仪式上才穿戴的长袍。在一次节庆中，有人把一顶王冠放在了恺撒的膝上。恺撒当年的同僚执政官马克·安东尼（Marcus Antonius）试图为他戴上这顶王冠，但是恺撒把它扔进了人群。恺撒可能仅仅是被公共生活中的各类仪式激怒了。当来自元老院的代表试图给恺撒增添新的荣誉时，他甚至都不起身。公元前44年初,他的精力被一项更适合他的任务所占据——他计划在东方发起一场重大战役。

我们很难知道恺撒如何看待自己的地位,以及他是否对自己的统治者身份有明确的概念。在生命的最后几个月里,他似乎被自己是神的想法所吸引(与亚历山大大帝相似)。在东方,恺撒已经被称为神(亚洲某地颂扬恺撒是"阿瑞斯和阿芙洛狄忒的后代")。这在当时并不罕见,但不寻常的是恺撒接受了为他兴建一座神庙的建议,并任命安东尼为他的弗拉门祭司(flamen)。对普通的罗马人更具挑衅性的是,加诸恺撒的暗示着王权的荣誉和饰品不断增多。在这一点上,恺撒的行为非常模棱两可。有些人认为,公众如若进一步表现出拥他为王的热情,就会鼓励他宣布自己为国王,而另一些人则坚称恺撒从未想挑战最神圣的共和观念——免于王室暴政荼毒的自由。或许恺撒对困在这两种对立的期许中感到厌倦,所以计划前往东方,以逃避国内的纷扰。

然而,对许多贵族精英而言,自由的观念是神圣不可侵犯的。即便它无法为罗马提供另一种维护政治稳定的清晰方案,但仍是一个具有号召力的战斗口号。一群心事各异的密谋者因此在自由的大旗下集结起来。为首者是信奉共和理念的卡西乌斯(Cassius)和布鲁图斯。他们都曾是庞培的支持者,后来得到了恺撒的宽恕。其他人卷入这场阴谋则更多是因为与恺撒的个人恩怨。他们的阴谋保护得很好。当恺撒按计划到庞培剧场旁边的大厅中参加元老院会议时,一个密谋者作为代表,手执一份请愿书匍匐在恺撒脚下,然后向下拉扯恺撒的托加,使后者无法自卫,其他密谋者趁机蜂拥而上,用匕首猛刺恺撒。公元前44年3月15日,就在恺撒即将前往东方的3天前,恺撒倒在了庞培雕像的脚下,因流血过多而死去。(恺撒的尸体在罗马广场被火化。直至今日,在假定举行火化仪式的地点仍可以看到恺撒的崇拜者们留下的鲜花。)

恺撒的身后事

密谋者宣称,他们刺杀恺撒旨在保卫共和国的自由。现在已经变得明显的是,他们宣称的自由实际上是贵族派的自由,早已丧失了民众的支持。密谋者们因此并没有获得民众的拥护，不得不逃往卡庇托山避难。他们之后与另一位执政官安东尼以及恺撒的支持者达成了一项妥协方案：独裁官一职被废除；凶手们获得赦免；作为对恺撒派的补偿，恺撒执政时期制定的所有政策均被确认，内战时期的作为也不会再遭到起诉。西塞罗出面主持了双方的和解。然而，当恺撒的遗嘱公布后，人们得知他早已将自己的花园献给罗马城，还要向每个公民派发一定数量的金钱。民众对密谋者的怒火再次被点燃，卡西乌斯和布鲁图斯被迫离开罗马。莎士比亚的戏剧《尤里乌斯·恺撒》便再现了这令人难忘的一幕。

在恺撒的骑兵指挥官雷必达的支持下，安东尼开始掌控时局。但令他失望的是，恺撒生前已经将自己18岁的甥外孙屋大维收为养子并指定为继承人。屋大维尽管面对来自其家人要求他远离政治的压力，仍然前往罗马宣示其恺撒继承人的身份。他很快开始招揽士兵，获得了一些成功。西塞罗再次离开书斋，开始他在罗马政治舞台上的最后演出。他自以为可以讨好屋大维，利用他对抗安东尼日益增强的势力。此时，安东尼已经确保卸任后将拥有山南高卢和山北高卢的统帅权。西塞罗在元老院中发表了一系列抨击安东尼的演说，并把这些演说称作自己的《反腓力辞》。这显然是在向他的偶像德摩斯梯尼那一系列怒斥马其顿国王腓力的演说致敬。西塞罗的计谋是让新任执政官和屋大维获得一项特殊的统帅权，以反对安东尼。

这个计划适得其反。安东尼的确在山南高卢的战事中失利，但两位执政官同时阵亡，而屋大维则借机控制了8个军团。屋大维不仅拒绝放弃统帅权，而且向罗马进军，从蒙受耻辱的元老院处获得了执政官的头衔。这一年，屋大维19岁。他现在抛开了长辈们的庇护，独自率军北上，会见安东尼和雷必达。三人手中一共有45个军团。他们在公元前43年11月建立了"后三头同盟"。当时已经无人敢发表异议。他们瓜分了帝国西部的土地，掌握着制定法律和任命官员的大权。平民大会在军队的包围下于罗马广场举行集会，批准了三人对共和国的清盘。元老院允许屋大维组建自己的军队，又承认他为执政官，再次自掘坟墓。

接下来的事令人不快。三位新统治者皆受过恺撒的恩惠，因此现在抓住机会除掉他们各自的敌人以及恺撒的敌人。对他们来说，占领意大利的土地以安置自己的大量士兵是头等大事。三人拟出了一份公敌名单，上面列出了300名元老和2000名骑士，其中执政官等级的公敌只有1人——西塞罗。西塞罗得知后，就是否逃跑犹豫不决。一片慌乱中的西塞罗很快被抓获，并遭斩首。普鲁塔克的《希腊罗马名人传》中记载了西塞罗生命中的最后一幕（临近被捕时，大群的乌鸦围在西塞罗身边鸣叫），令人回味。安东尼还残忍地下令将那双写下《反腓力辞》的手砍下，与其首级一并钉在罗马广场的讲坛上示众。对古罗马最伟大的演说家以及欧洲自由人文主义之父来说，这是一个离奇的结局。

雷必达留在意大利维持秩序，屋大维与安东尼率兵前往东方，他们的目标是布鲁图斯和卡西乌斯。公元前43年，二人被元老院授予马其顿尼亚和叙利亚的统帅权。他们拥有19个军团的兵力，但仍然无法与后三头同盟更大的军力抗衡。公元前42年秋，希腊的腓力比爆发了一系列战斗，布鲁图斯和卡西乌斯被安东尼打败，之后双双自杀（屋大维在这场战争中无所作为，以至于多年后仍被取笑为懦夫）。至此，后三头同盟的敌人只剩下庞培之子塞克斯图斯·庞培。他拥有一支舰队，盘踞在西西里，并自封海神之子（the son of Neptune）。

塞克斯图斯·庞培并不是唯一一个宣称自己是神的后裔的人。公元前42年1月，元老院追认恺撒为神。恺撒死后，其遗体火化处逐渐成为人们膜拜恺撒的圣地，而彗星的出现被这些人认为是新神祇抵达天界的证据。屋大维积极地利用恺撒的地位，自称神之子（divi filius）。

后三头同盟之间现在已经没有了好感。雷必达很快遭到了排挤。为了抑制屋大维，安东尼把帝国的西部留给了他，也把在意大利安置退伍士兵以及剿灭塞克斯图斯·庞培这些麻烦一并推给了屋大维。当屋大维没收了他需要的土地并消灭了他的对手后，安东尼做出了回应，试图在意大利登陆。如果不是双方的士兵都如此厌恶战争，两人极有可能在公元前40年9月就爆发大战。三人在布伦迪西乌姆达成了瓜分帝国的新协议：屋大维控制自伊利里亚行省以西的地区，而安东尼控制自马其顿尼亚以东的地区，雷必达继续留在后三头同盟中，统辖阿非利加。这一协议缓和了局势。诗人维吉尔在《牧歌》(*Eclogues*)第四首中描述了一个和平的新时代的来临,并称和平将会因一个新生儿的降临而获得巩固。后世的基督教作者认为这个婴儿是指耶稣,但维吉尔指的很可能是马克·安东尼和屋大维的妹妹屋大维娅所生之子。

三头之一雷必达很快失势。公元前36年,雷必达参与了剿灭塞克斯图斯·庞培的最后一战,但后来不明智地试图挑战屋大维,后者在这场战斗中没有那么成功。然而他的军队在遭遇屋大维后不战自溃,他也不得不投降。屋大维本着仁慈的态度,保留了雷必达在恺撒死后便一直担任的大祭司长一职。雷必达在阿非利加平静地度过了人生最后的24年。

安东尼对垒屋大维:共和国最后的角逐

屋大维与安东尼在公元前1世纪30年代初都在忙于巩固各自的权力。虽然屋大维与其他人一样对意大利的动荡负有责任,但他开始以平和且热衷于复兴罗马传统价值观的面目示人。屋大维出生于阿尔巴山附近的维利特莱城(Velitrae)一个富裕地主家庭。这使他十分清楚,稳定是外省居民的诉求以及多年的企盼。此外,屋大维还展现了高超的宣传能力。他将自己与理性和秩序之神阿波罗联系起来。阿波罗的图腾之一是蛇,于是便出现了屋大维之母因蛇受孕的传言(亚历山大大帝的母亲奥林匹娅斯也有类似的传说)。帕拉丁山上那座相对简朴的屋大维宅邸已被发现,它与一座壮观的阿波罗神庙相连。

为了强化罗马传统的价值观,屋大维含蓄地批判东方文化对罗马的腐蚀。在这一点上,安东尼的所作所为对他有利。腓力比之战后,安东尼获得了东方行省的统帅权。他努力恢复罗马对各附庸国的控制。其中一个附庸国就是埃及。埃及女王克莉奥帕特拉谋杀了自己的弟弟,巩固了自己的王位,并把4岁的儿子恺撒里翁立为共治者。公元前41年,安东尼传唤克莉奥帕特拉至其驻地。于是她乘坐着一艘载满黄金、弥漫着东方香料的气味的豪华驳船出现了,完全盖过了安东尼的风头(普鲁塔克在《希腊罗马名人传》中生动描述了克莉奥帕特拉与安东尼相会的这一幕,它也成为莎士比亚创作《安东尼与克莉奥帕特拉》这出戏剧的直接灵感来源)。与简朴的恺撒不同,安东尼崇尚奢靡之风,自然拜倒在女王的裙下。公元前41年冬,安东尼和克莉奥帕特拉在亚历山大里亚共度时光。克莉奥帕特拉还为他生下了一对双胞胎。很难厘清促成两人关系的因素。毫无疑问,女王的美貌与浪漫的异国情调吸引了安东尼,但他必然也对埃及的财富垂涎已久。对克莉奥帕特拉来说,罗马的支持对维持其王国至关重要,她早已准备好向当时的各路强人献媚。(无论两人的关系究竟如何,都不是稳定持久的。从公元前40至前36年,他们分开了4年的时光,也正是在此期间,安东尼与屋大维的姐姐结婚。)

威胁罗马帝国东部稳定的主要力量是帕提亚帝国,毕竟帕提亚是罗马邻国中唯一一个秩序良好的国家。公元前39年,帕提亚入侵叙利亚,甚至一度占领耶路撒冷,但终被罗马击退。现在,安东尼计划向帕提亚发起大规模进攻。他此时已把怀有身孕的屋大维娅送回了罗马,并与克莉奥帕特拉旧情重燃。公元前36年,战争爆发。这场战争以罗马人惨败告终,安东尼被迫撤退。此役安东尼损失了2.2万名军团士兵,占其总兵力的三分之一。

安东尼无法从屋大维那里得到任何支援,所以他自此更加依赖克莉奥帕特拉。公元前34年,这对情侣在亚历山大里亚举行了一场盛大的仪式。他们并肩坐在黄金宝座上。克莉奥帕特拉装扮成伊西斯女神的模样。恺撒里翁被宣布为恺撒真正的继承人(明显是针对屋大维),与其母一道成为埃及与塞浦路斯的共治者。安东尼此前已将盛产木材的奇里乞亚沿海地区赠予克莉奥帕特拉。(今天的埃及仍然像2000年前那样缺乏木材。)安东尼和克莉奥帕特拉所育的3个孩子——一对双胞胎和一个已经2岁的儿子——均被宣布为东方各行省的统治者。安东尼并没有加冕为王的打算,但这一消息在公元前33年传到罗马后,为屋大维提供了抨击安东尼的口实。屋大维谴责安东尼甘受克莉奥帕特拉这个野心勃勃的妇人的摆布,并声称克莉奥帕特拉要用东方的堕落侵蚀罗马的传统美德。屋大维更居心叵测地公布了安东尼的遗嘱,其中显示安东尼死后要与克莉奥帕特拉一同安葬在亚历山大里亚。为了强调自己与之不同,屋大维着手在进入罗马城的要道旁为自己修建了一座巨大的陵墓(现已残破不堪),无论沿着台伯河还是弗拉米尼乌斯大道（Via Flaminia）都可以看到。虽然仍有一部分罗马人支持安东尼，但屋大维赢得了这场宣传战的胜利。安东尼也把自己与一位神祇——狄奥尼索斯——联系起来。这同样被屋大维抓住大做文章。虽然狄奥尼索斯在东方被认为是统治者的榜样，但罗马人仅仅将之看作一个放纵与堕落的神祇。屋大维利用了这一点，收到了回报。意大利各省对屋大维的支持激增，令他获得了足够的威望，可以剥夺已经许诺给安东尼的公元前31年的执政官一职。所以当克莉奥帕特拉与安东尼渡海前往希腊时，该举动被认为是对罗马的入侵，而屋大维作为当年的执政官必须对此做出回应。

最后的决战就许多方面而言都是索然无味的。屋大维和安东尼都集结了大量军队。安东尼拥有30个军团和500艘战船，而屋大维也拥有400艘战船。双方在希腊北部西海岸的亚克兴（Actium）海岬遭遇。屋大维的军队成功地切断了安东尼与伯罗奔尼撒半岛的联络，而安东尼只能试图率领自己的舰队突围。这一尝试失败后，他与克莉奥帕特拉抛弃军队，逃回埃及。屋大维收编了安东尼的部队和战船，一年后，他率军抵达埃及，占领亚历山大里亚及托勒密王朝的国库。安东尼自杀身亡，克莉奥帕特拉用毒蛇毒死了自己，这一幕成为西方历史中最令人难忘的死亡场景之一（普鲁塔克再次记录了这一幕）。恺撒里翁后来被谋杀。最后一个希腊化王国——埃及——落入罗马手中。正如贺拉斯在《歌集》中所写的，载歌载舞的欢庆时刻到来了。屋大维在亚克兴建造了一座俯瞰大海的巨型纪念碑以纪念这一胜利。这座纪念碑的残片直到20世纪90年代才被发现。残片上有表现屋大维在罗马庆祝胜利的浮雕。

共和国倒台的原因

从政治角度观察，在罗马共和国最成功的时期，元老院的权威获得了共和宪制下其他参与者的尊重和服从。从公元前3世纪至前2世纪初期，即使元老院的法定权力有限，但由于它一直以能干和稳定著称，所以元老院在决策过程中始终占据着主导地位。不幸的是，元老院的光环很快便因自身的无能和政治上的愚钝而消失。随着罗马的扩张，行政管理以及国防的要求不断提高，导致国内社会冲突日益加剧，穷人与富人、罗马人与同盟者之间的矛盾不断激化。面对这些挑战，元老院束手无策。例如面对格拉古兄弟，元老院回之以暴力而非远见卓识。同时，至关重要的是，元老院并不垄断强制权力，也就难免受制于那些垄断强制权力者，即那些在任或任期被延长的执政官、大法官。例如庞培这类不是元老者，也能掌握兵权，元老院就变得无能为力了。元老院之所以继续存在，是因为宪制的惯例仍然惊人地强大。当共和体制已岌岌可危时，庞培也没有推翻元老院，即便他完全有能力这样做。

然而，在公元前1世纪50年代，宪制传统开始面临新的压力。罗马的民众从未平静过，他们的公民大会选举官员和批准各种立法。事实上，所有能够来到罗马的公民都能选举主要官员。然而，不断扩大且不稳定的公民群体（公元前90年之后，同盟者也获得了投票权）为诸如克洛狄乌斯之类善于操纵民意的阴谋家煽动叛乱提供了可乘之机。公民大会成为一个喧嚣的场所，罗马人很容易被花言巧语所迷惑。虽然这并非一种典型意义上的雅典式民主，但是民众的确因为元老院权威的日渐式微而变得更加激进。元老院在当时的政局中被逐步边缘化，不得不依靠其宿敌庞培来对抗罗马街头的骚乱以及野心勃勃的恺撒。恺撒自发迹伊始，便通过操控民众的骚乱为自己谋取利益。①

最终，更具胆识的恺撒赢得了胜利。当他率军跨过卢比孔河时，他可以声称自己作为一个罗马人必须捍卫其尊荣不受威胁。然而，恺撒实际上只是利用他的权位获得了独揽大权的机会而已，而这一逻辑的终点也无外乎建立独裁统治，只要他能成功地战胜敌人。罗马悠久的共和传统所倡导的自由观念极大地限制了建立个人独裁统治的可能性，所以即便是恺撒本人可能也不清楚应以何种形式推行专制统治。就恺撒而言，他既无法以另一种政体取代共和政体，也无法违背其宽宏大量的品性，对他的敌人和那些仍然鼓吹自由者斩尽杀绝，结果就是他的遇刺以及随之而起的新

---

① 关于共和国末年纷乱的罗马政坛，参见：Fergus Millar, *The Crowd in Rome in the Late Republic*, Ann Arbor, 2002。本书强调包括元老院在内的当时的各类政治集会都在罗马城中心的一个有限区域内举行并互相监视。

一轮权力斗争。罗马共和国的自由观念在腓力比的战场上受到了彻底的挑战。自此之后，罗马的政治斗争只是改朝换代而已。胜利者屋大维许诺，除了恢复共和国以外他没有别的野心，而共和宪制和各种机构和惯例将继续存在。支离破碎的元老院和饱受战乱之苦的罗马人已经准备好接受这个承诺。

专题 7

共和时期的罗马妇女

　　生活在共和国末年的罗马人，对罗马早期的生活高度理想化：那时的罗马人专心务农、敬畏神明，无论战争还是和平时期都对国家保持着忠诚。罗马也有理想化的妇女形象。作为农民和士兵的妻子，女性应该是勤劳、节俭的主妇以及未来公民的母亲。妇女最值得珍视的品德是贞洁（pudicitia），即忠贞与多子两大品质的结合。贞女（univira）指的是一生只与自己的丈夫发生性关系、丈夫死后也不改嫁的妇女。卢克莱提娅可能是这一理念最好的诠释者。她在被罗马最后一个国王塔克文之子强奸后，宁可自杀也不愿背负不贞的耻辱苟活。罗马人同样期待妇女对男性保持绝对的忠诚。罗马人的邻居萨宾人的妇女便是典范。萨宾部落女子曾被罗马人强掠为妻，但是当她们的亲族在下一年试图营救她们时，她们怀抱着她们的"罗马"孩子出现在双方面前，劝说入侵者放下了武器。通常情况下，罗马人与伊特鲁里亚人一样，对妇女在公共场所抛头露面并不像希腊人那般在意。罗马妇女可与丈夫一同进餐，甚至主持男女一同参加的宴会。

　　在罗马军队经历坎尼会战的毁灭性打击后不久，元老院通过了《奥庇乌斯法》（lex Oppian）。该法律禁止妇女穿着华服，尤其禁止妇女乘坐马车招摇过市。之所以制定这样的法律，是因为当时许多男人不在罗马城中，或者在战争中被杀，所以妇女在社会生活中开始变得更加大胆。上流社会的妇女开始编织自己的关系网。根据某些记载，这些妇女聚集起来为国家的安危举办祭祀仪式。最初，这部新法似乎受到了尊重。但随着布匿战争取得胜利（公元前201年），丈夫们开始返乡，这部法律开始受到非议。在这种情况下，似乎已没有必要继续限制妇女。公元前195年，罗马妇女举行反对《奥庇乌斯法》的示威。她们封锁了街道和通往罗马广场的入口，宣称妇女也有权分享国家与日俱增的财富。

时任执政官的老加图通过大肆宣扬传统的罗马妇道来反对来自东方的有害影响。他认为奢靡的生活方式会腐蚀罗马人的纪律性，而这种纪律性本可以约束妇女安守本分。他指责妇女"天性放纵"，永远欲壑难平，并讥讽那些不断满足妇女要求的男人。加图的反对者认为，罗马的战争英雄们应该让他们的妻子光彩照人，这也是展示他们自身地位和荣誉的方式。最后，《奥庇乌斯法》被迫取消。为表示庆祝，罗马的妇女们身着盛装在城中游行。

此时，罗马的炫富现象十分常见。波里比阿描述了大西庇阿的遗孀埃米利娅（Aemilia）的生活方式：

> 当埃米利娅离家参加妇女游行时，她已经习惯盛装出席这样的场合。毕竟在丈夫的权势如日中天时，她一直是最适合与之分享荣誉的女人。除了高贵的个人形象和装饰精美的马车，她的篮子、杯子、祭祀用品都是用金银制造。在这样的仪式场合中，她的这些东西都被拿出来一一展示。不仅如此，她身边还簇拥着与之地位匹配的大量男女随从。

罗马开始出现独立性很强的妇女，而科尔内莉亚——大西庇阿和埃米利娅之女，格拉古兄弟之母——便是代表。至公元前1世纪，少数贵族妇女亦接受了良好的教育，比如庞培的第五任妻子科尔内莉亚。据普鲁塔克说："这位年轻的妇女，除了美丽和年轻，还有很多吸引人的品质。她精通文学、几何学，会演奏竖琴，还是哲学课程忠实和聪敏的听众。"

婚俗的变化是妇女生活态度转变的写照。爱情在当时的婚姻中根本不扮演很重要的角色，在贵族中，将近30岁的男子迎娶刚刚成年的女孩的现象十分常见。在婚姻中,政治方面的考量十分重要,因为贵族家庭需要通过联姻维持联盟关系。庞培迎娶恺撒的女儿尤利娅就是一个典型的例子,当然据说两人从最初的政治联姻发展为真爱,但结局悲惨——公元前54年,尤利娅死于难产。婚姻的主要目的是延续家族的香火。根据卢克莱修的说法,忠诚的妻子在与丈夫进行性生活时要躺着不动,因为这是最佳的受孕方式。对性生活来说,成功怀孕是第一位的,而妓女在任何情况下都不愿意怀孕。卢克莱修认为,她们可以在做爱时更主动,而且她们和嫖客更享受做爱的过程。

在罗马的早期历史中,最常见的一种婚姻形式是"处于夫权下"(in manus)。新娘父亲将新娘及嫁妆一并交到新郎的手(manus)上,放弃对新娘的所有责任。最初,嫁妆可能是土地,新娘带来的土地成为夫家的田产,两人一同耕种。若丈夫去世,遗孀及孩子会完整地继承土地,以维持生计。另一种婚姻形式是"无夫权"(sine manu)。这种婚姻形式允许妇女仍然作为娘家的一员,因此妇女的继承权不会发生转移,即便是另嫁他人。妇女的丈夫始终不具有对妻子的合法控制权。到公元前1世纪,无夫权婚姻成为主流的婚姻形式,至于原因我们并不完全知晓。虽然妇女可以继续拥有一位监护人——这位监护人来自她的家庭成员,对她的事情负责——但她在处置自己的事务上有一些独立性。妇女可以从事现金交易,拥有财产与继承遗产。

妇女同样对自己的嫁妆也保留了一定的控制权。丈夫应当保证嫁妆的完整,若是妻子怀疑丈夫因财务上的不当举措而使自己的嫁妆存在风险,甚至可以起诉丈夫。在丈夫死后,嫁妆被归还妻子,即使这意味着土地要被重新分割,将妻子那份抽出。在妻子死后,根据惯例,嫁妆留给孩子继承。如果男方与女方离婚,男方必须返还妻子的嫁妆。例如,西塞罗与妻子特伦提娅(Terentia)离婚时,由于经济上捉襟见肘,无法支付前妻嫁妆。西塞罗迅速迎娶了一位非常年轻的富有女孩——普布里利娅(Publilia),但这次婚姻仍以离婚告终。至公元前1世纪,离婚更为普遍。离婚行为已经洗去了大部分污名(之前离婚在很大程度上是因妻子的不忠)。夫妻不和作为离婚的理由已经足够。

因此，有一些证据表明，即便在男性主导的社会中，妇女仍然可以保持一定独立生活的空间。同样清楚的是，妇女确实参与了家庭的决策。一项对墓葬铭文的研究表明，其中列出的名字集中在一个较小的而非较大的家庭群体中，女性的名字排在男性家族远亲之前。母亲应该就女儿的婚事安排给出建议。此外，西塞罗在一封信件中记载了他的朋友布鲁图斯在刺杀恺撒后召开了一次家庭会议，实际主持会议的人似乎是布鲁图斯之母塞维利娅（拉丁语称这种形式的家庭会议为consilium，字面意思是"咨询"）。

很明显，罗马人确实认为婚姻是男女的相互陪伴，应满足彼此的情感需要。再一次地，大多数相关证据来自墓志铭。尤其是一些释奴，在去世后多在墓志铭上炫耀自己获得的新身份。墓志铭的传统表达方式使人很难理解，但其中蕴含的个人情感表明，婚姻通常是非常幸福的。（一位丈夫在妻子的墓志铭中写道："读到这个的人，去阿波罗浴场洗浴吧，就像过去我和妻子常做的那样。我希望我仍然可以去。"）还有一篇较长的铭文，可以追溯到公元前1世纪末，学界一般称之为《图里娅赞》（*Laudation Turiae*）。这篇铭文中，丈夫历数妻子的美德，以及在内战动荡时期所展现出的关怀与忠诚。这位妻子由于不能怀孕，甚至提议与丈夫离婚，但丈夫拒绝了她的提议。比起另一个能给自己生儿育女的人，他更愿意和她在一起。[①]

一个世纪之后，小普林尼怀着真挚的感情给他年轻的妻子卡尔普尼娅（Calpurnia）写信：

> 你难以想象我有多么想你，因为我爱你，更因我们还不习惯分离。我整夜躺在床上，脑中尽是你的身影；在白天，在我曾经与你一起度过的时间里，我的双脚不自觉地——它们确实如此——踏入你的房间；然后我转身离开，心底涌出悲伤，就像一个痴情者驻足在空荡荡的门阶上。

---

① 有关悼词的简要讨论，可参见：Judith Evans Grubbs, "The Family", chapter 16 in David Potter (ed.), *A Companion to the Roman Empire,* Oxford and New York, 2006, 313–16。

有少数女子从未体会过这些情感,她们便是6位维斯塔贞女(Vestal Virgins)。维斯塔贞女由大祭司长在罗马名门望族中未到青春期的女童中选拔。她们被要求保持30年的童贞,以照料广场上的灶神维斯塔女神神庙的圣火。维斯塔贞女理论上没有家庭,她们拥有管理自己财富的全权:可以立遗嘱,在不需要监护人的情况下处置自己的财产。虽然她们在罗马广场上拥有宅邸,但并不完全与社会脱节。她们具有很高的社会地位,出席节庆和观看演出时有特别预留的座位。有足够的证据表明,维斯塔贞女关心国事,有时甚至试图干预政治。当西塞罗考虑如何处置喀提林的党羽时,维斯塔贞女宣布神庙中的圣火熊熊燃烧,并将之解读为神明支持采取坚决的行动。奥古斯都则将自己的遗嘱交给维斯塔贞女保存。另一方面,维斯塔贞女若是失贞,将以活活埋在地下的棺椁中的方式被处死。

妇女们有自己的节庆和崇拜仪式。例如在"阳刚的"幸运女神(Fortuna Virilis)的祭祀仪式上,妇女献上香、一杯掺了蜜的牛奶、罂粟籽,之后一起到男子的浴池洗澡。奥维德声称,该仪式使男人看不到女伴身体的瑕疵。在12月初,妇女举行良善女神(Dona Dea)的祭祀仪式时,男人们被暂时禁止踏入举行仪式的房屋。这一宗教仪式源于东方。显贵公民的妻子与维斯塔贞女一同受邀,参与并主持仪式。恺撒的宅邸举行这一宗教仪式时,肆无忌惮的普布利乌斯·克洛狄乌斯试图假扮成女乐师混入其中。他的出现玷污了整个仪式,所以维斯塔贞女不得不重新组织祭祀。即便妓女也有自己的宗教仪式。她们会在维纳斯神庙举行祭祀活动。

婚礼也有自己的仪式。与男子不同,罗马女性并没有成年礼这样的仪式,因而她们的婚礼似乎满足了这一功能。新娘在被迎亲的队伍带离自己的家前,要祭献儿时的玩具,再前往等待她的新郎的家。新郎家还有欢迎仪式,新婚夫妇双手相牵坐在躺椅上,在这些环节全部完成后,二人才进入洞房。

许多妇女在共和末年都有过特别痛心的经历。特别是公元前1世纪,她们的丈夫常年在外征战,家庭的田产遭到大规模破坏。对许多人来说,已经很难为孩子创造一个安全的家。妇女还要经历怀孕和分娩的磨难。西塞罗爱女图里娅的经历表明，即便是贵族女性也要承受各种挑战。图里娅的前两次婚姻未生育儿女，其第一任丈夫去世，第二任离婚，第三次婚姻同样不幸，其丈夫经常跟随恺撒在外作战。图里娅30岁时生了第一个孩子，但这个男孩很快夭折。图里娅45岁时再次怀孕，但死于难产，所生下来的男孩也在一个月后夭折。当时的妇女大致每1000人中有10至15人死于难产。许多孩子在产后夭折。若是一个男孩能够存活并长到20岁，人们普遍预期他能够活到55岁。

图里娅肯定是当时数十万在动荡时代遭受苦难却没有被记录下来的妇女和儿童中的一员。还有一些妇女过着放荡的生活。有文献记载卡图鲁斯和他对放荡的克洛狄娅的"爱"。翁布里亚诗人普罗佩提乌斯则露骨地描述他与辛西娅（Cynthia）的曲折爱情，以及在奇怪的时间发生性爱。（"我们过去常在街角缠绵，我们的身体水乳交融，而我们的斗篷则能驱散人行道上的寒意。"）这些妇女深知，她们具有性吸引力，并且乐于嘲笑她们倒霉的情人。辛西娅对普罗佩提乌斯说：

> 所以，你终于来找我，只是因为另一个女人把你赶了出来、拒之门外。你昨夜和谁同眠？昨夜属于我吗？看看你黎明时分悄悄回来的样子，一团糟。你让我度过的那种夜晚，你要是能过一次，那该多好啊！我坐在织机前，试图晚些再睡，然后感到厌倦，弹了一会儿里拉琴。

辛西娅非常精明，也很有手段，把自己描述成一位织女和女乐师，以此向读者证明自己是一位懂得女红和音律的好妻子。奥古斯都在整饬社会风化的过程中，曾试图恢复传统的婚姻礼仪，坚持要让人看到自己的妻子里维娅（Livia）在家中织布。因此，尽管罗马共和国晚期世风日下，但传统的家庭观念依旧存在。吉莉安·克拉克在《古代晚期的妇女》[①]一书中指出，即便在罗马帝国晚期，古代家庭传统依旧存在。

[①] Cillian Clark, *Women in Late Antiquity*, Oxford, 1993.

第25章

奥古斯都与罗马帝国的建立

诗人维吉尔在其《农事诗》第一首中，请求罗马的上古诸神允许屋大维这位"年轻的君王"挽救这濒临毁灭的世界。而现实中，维吉尔的家乡曼图亚（Mantua）就在共和末年的内战中变得满目疮痍。自公元前90年的同盟战争以来，意大利经历了几次分裂的时期，其中，公元前49年至前31年几乎是持续不断的内战。屋大维似乎有能力为帝国带来和平。他不但拥有一支由60个军团组成的大军，而且他能够利用埃及的财富以及整个帝国的赋税来维护这支军队。然而，这仍然不足以保证罗马的稳定。这么多部队的忠诚不可能永远得到保证，尤其当没有新的敌人可供他们征服，或他们的指挥官具有野心时，更是如此。因此当务之急是尽快遣散并妥善安置绝大多数的士兵。

屋大维与元老们的关系尚不明确。即便许多元老要么在法萨卢斯战役中丧生，要么在公元前43年沦为所谓的公敌，但残余的元老贵族仍然以自由的捍卫者自居，反对任何威胁要建立独裁统治或王朝者。元老们有很多方法可以使屋大维的地位不那么稳固。虽然他拥有军事指挥官的光环，但并非高枕无忧。屋大维因为在腓力比一战中的表现而一直被指怯懦，而亚克兴之战无非是一场不足以服众的胜利。为此，屋大维不得不通过强调他在公元前1世纪30年代末的巴尔干战事中所获得的统帅（imperator，军队赠予获胜指挥官的荣誉称号）称号，以提升自己的形象。他甚至把这一称号作为自己名字（praenomen）①的一部分，并演化为英文中的emperor（皇帝）一词。公元前29年，为进一步提升他作为指挥官的形象，屋大维举行了3次盛大的凯旋仪式，分别庆祝他在巴尔干、亚克兴和埃及取得的胜利。

不管屋大维是不是一个称职的军事指挥官（他在公元前26年的西班牙的下一次战役只不过获得了短暂的胜利），他在政治领域无疑是一个出色的操盘手。在之后的数年中，他致力于同元老们达成一个一劳永逸的解决方案，在早已陷入崩溃的共和宪制向君主制转变的同时，继续保留共和的理念和机构。屋大维从不使用比princeps（第一公民）更尊贵的头衔。这一头衔在共和时期就已存在。后来，他又获得元老院的批准，成为"奥古斯都"（Augustus），并被赋予了一揽子权力，而事实证明，他的继任者也获得了皇帝的地位。②

屋大维的性格

屋大维的志向与自信，在他正式踏入混乱的罗马政坛时便已有所展现，当时他刚18岁。但与因为狂妄自大、放纵不羁而30岁出头便去世的亚历山大大帝不同，屋大维是一个极度自律的人。他生性较为保守，这不仅是性格使然，也与他在罗马城外的一个外省小城中长大有关。罗马史家苏维托尼乌斯记载，奥古斯都生活简朴，日常饮食以奶酪和橄榄为主，他位于帕拉丁山的宅邸装修也十分简单。近年来对奥古斯都宅邸的考古发掘佐证了苏维托尼乌斯的记载。房屋中有些隐蔽的房间使用简单的几何风格马赛克镶嵌画装饰，装饰比较考究的房间主要用来处理政务（这些房间原有的马赛克地板很久以前就不见了，但墙壁上精致的绘画得以保留）。当这处宅邸被证明属于奥古斯都后，毗邻的一座神庙就可以被推断为是奥古

---

① 罗马人的姓名采用三名法，即"名"（praenomen）＋"氏"（nomen）＋"姓"（cognomen）。所谓的"名"，即父母在孩子出生时取的名字。罗马人的"名"只有有限的十几个，而且后来只有家人或者密友才会使用。——译者注

② 关于奥古斯都的可靠的传记，参见：Anthony Everitt, *The First Emperor: Caesar Augustus and the Trrumph of Rome*, London, 2006. 关于奥古斯都时代的方方面面，参见：Karl Galinsky (ed.), *The Cambridge Companion to the Age of Augustus*, Cambridge, 2005。

斯都最钟爱的神祇阿波罗的神庙。考古学家在神庙遗址中幸运地发现了阿波罗神像的残片。据记载，这座雕像应矗立在神庙的入口处。这就是我们对奥古斯都的居家生活的了解（宅邸遗址今已对外开放）。

在公共场合，奥古斯都除非身旁有密友或幕僚陪伴，总会与他人保持距离，甚至十分敏感。据苏维托尼乌斯记载，奥古斯都所谓的放荡行为总是出于国家利益的考量（他与有夫之妇保持暧昧关系主要是为了刺探其丈夫的政治动向）。虽然他在晚年时确实更喜欢年轻女子，但没有证据表明奥古斯都是个好色之徒。尽管看起来他与第二任妻子里维娅发展出了某种真挚的感情，但他对妻子始终有所保留。里维娅与奥古斯都是政治联姻，在婚前已经怀有前夫之子。

总之，奥古斯都有些工于心计，甚至有些冷酷。按照苏维托尼乌斯的记载，据说奥古斯都临终时对家人说了一句演员在谢幕时常说的一句话："如果我演得好，请为我鼓掌，并用整齐划一的赞美送我下台。"似乎很明显，奥古斯都在大多数公开场合中的举动都是为了达到效果而经过精心设计的。但也有一些例外，比如当公元9年3个军团在日耳曼森林中被全歼时，或当他开始注意到女儿尤利娅混乱的私生活时，他真实的情感才会因某种程度的精神崩溃而宣泄出来。此外，奥古斯都也可能十分迷信。

"再造"共和

公元前29年屋大维返回罗马后，当务之急就是消除元老们对于他会成为军事独裁者的疑虑。屋大维迅速遣散了约10万名士兵，并自费购买土地安置旧部，资金则主要来自被他列为私产的埃及国库。裁军政策十分精明，一方面让退伍的老兵与奥古斯都之间建立起依附关系，另一方面又避免了增加新的赋税或没收土地。直到公元6年，屋大维才将安置退伍士兵的责任移交国家。这一政策的顺利推行本身就是行政治理的一项重大成就。奥古斯都在和平时期建立了一支由28个军团组成的常备军，总兵力为15万人。这支军队的规模之后虽然有所增减，但在整个公元1世纪的大部分时间里仍是罗马帝国军事力量的标准编制。公元前28年，似乎是为了杜绝那些把他推向权力巅峰的各种残酷事件再次发生，屋大维宣布大赦，并废除内战时期颁行的各种不公正法令。公元前28年铸造的一枚钱币印证了屋大维的举措。钱币的一面是戴着桂冠的屋大维，并刻有"统帅恺撒，神之子，第六次任执政官"的铭文；背面是屋大维身着公民托加担任高级官员的形象，刻有"他复兴了罗马人民的权利和法律"的铭文。屋大维，这位年仅34岁、雄心勃勃的后起之秀，已经在为自己创造一个资深政治家的新角色。

公元前27年1月，屋大维在其亲信与幕僚的支持下，做出一个惊人的决定，公开宣布恢复罗马共和体制的时机已经成熟，所以他将把一切权力交还元老院。实际上，屋大维要求元老院重新回归其传统角色。此举十分精明。元老们深知，若没有屋大维，他们将无法维持罗马的社会秩序，屋大维也明白这一点，所以他们必须有所回馈。一场经过精心策划的政治表演开始了：双方都煞有介事地根据共和国的惯例行事，权力貌似只是被暂时授予了屋大维，但实则永久性地转移到了他的手中。根据庞培遥领西班牙总督的先例，屋大维被授权治理叙利亚、奇里乞亚、塞浦路斯、高卢和西班牙10年。由于现存的大部分军团都在这些行省中驻扎，屋大维巧妙地令自己成为罗马的最高军事指挥官。至于其他行省，仍处在罗马共和国的治理下，其总督由元老们抽签产生。几天后，元老院授予屋大维新的称号——奥古斯都，屋大维就是以这一名号载入史册的。"奥古斯都"这一称号给人以威严和虔诚的感觉，屋大维采用这一头衔有助于增强其权威。然而更重要的是，他一直担任着执政官，并连任至公元前23年。这一做法无疑打破了共和传统，也容易引发那些试图担任执政官的元老们的怨恨。

在感到自己的地位安稳后，奥古斯都便离开罗马前往高卢和西班牙展开长达3年的征战。但在公元前23年初他回到罗马，并患了重病。这场重病导致的一个结果是，奥古斯都于7月辞去执政官一职。这是一个明智的决定，令奥古斯都从繁重的行政工作中解放出来，同时为有志担任执政官的元老提供了机会（在此之后，罗马形成这样的惯例，每年都要选举数位执政官，以便使更多人分享这个职位带来的荣誉）。作为回报，元老院授予奥古斯都超越同执政官的权力（imperium maius），令他比其他同执政官享有更高的权威。与传统上同执政官拥有的权力不同，该权力并不会随着奥古斯都返回罗马而失去。

授予奥古斯都保民官的权力同样影响深远。奥古斯都此前可能就已被授予保民官的职权（学术界对奥古斯都何时获得以及具有何种权力有争议），但现在这些权力得到了巩固。与其他保民官一样，奥古斯都有权召集元老院会议、平民大会，并有权提出议案、对自己不赞成的事项行使否决权。他还能接受任何罗马公民的申述，也如其他官员一样，有权坚持要求自己的命令得到服从。被赋予保民官的全权，使奥古斯都成了人民权利的守护者。在此之后的几年中，奥古斯都在罗马民众中极受欢迎。当他卸任执政官时，群众误以为他要将所有权力移交给元老院，于是发生了骚乱。为了安抚群众，从公元前22年到前18年，奥古斯都不得不在政坛上扮演多重角色，包括履行监察官的某些职责。在他的众多职权中，最为重要的是监管粮食供应。公元前1世纪50年代，庞培曾占据此职位。公共秩序的稳定与否直接关乎皇帝的存亡，所以奥古斯都之后的历任皇帝都亲自主持首都的粮食供应。

公元前17年，奥古斯都认为罗马的政治秩序已经稳定，于是举办世纪赛会（ludi saeculares）。根据一则西比拉预言（Sybilline prophecy），传统上这一盛典每隔110年举办一次，以庆祝罗马从危机中复兴。三天三夜的庆典由一系列的祭祀、赛会和戏剧演出构成。这些活动为奥古斯都增添了更多的荣誉。奥古斯都极为尊重传统的罗马宗教生活，委托制作了自己在祈祷时或戴着面纱祭祀的肖像。公元前12年，奥古斯都出任大祭司长，该职位是罗马祭司之首（奥古斯都允许雷必达一直担任大祭司长直至其去世，这表现了他一贯谨慎的特点）。奥古斯都竖起一个巨大的日晷来庆祝他的新身份，其遗迹现在已被发现。这座日晷也是奥古斯都时代罗马城中最迷人的建筑群之一。

日晷效仿埃及的形制，其正中央竖着一个从埃及运来的方尖碑作为晷针（该方尖碑建造于埃及法老普萨美提克二世统治时期，已被发现，现矗立于罗马的蒙特奇特利欧广场［Piazza Monteitorio］）。整个建筑群的设计十分精妙。在奥古斯都的生日那天，方尖碑所投射的阴影正好指向另一座罗马著名建筑——和平祭坛。公元前13年，元老院为庆祝奥古斯都从高卢和西班牙凯旋而下令修建和平祭坛。19世纪时，考古学家发现了祭坛的残片（20世纪30年代，在墨索里尼的资助下完成了大部分后续发掘工作）。和平祭坛的浮雕中，就有奥古斯都及其外孙在前去祭祀的游行队伍中的形象。和平祭坛具有重要的价值，它表明奥古斯都及其家族已被元老院视为"第一家庭"，完全融入罗马的政治和宗教生活中。与所有最精美的罗马雕塑一样，祭坛上的浮雕出自希腊工匠之手，充分展现了古典艺术的静穆优雅。相较于浮夸的希腊化风格，奥古斯都更推崇这种朴素的风格。

奥古斯都认为自己有责任成为罗马家庭生活的表率（虽然奥古斯都追求里维娅的方式并不值得称道）。他似乎致力于扭转共和末年罗马上层社会家庭生活中的道德败坏风气。公元前18年，通奸成为一项罪名，但实际上仅仅针对妇女。丈夫应该揭发妻子的不忠并起诉她，如果他不这么做，他自己可能会因为靠妻子卖淫生活而被起诉。外邦人也可以检举通奸者，这给了告密者大显身手的机会。奥古斯都还倡导婚姻，奖励生育，限制无子嗣者继承财产。此项举措必定是为了复兴那些因内战而人丁凋敝的名门望族。

奥古斯都被授予的最后一项荣誉是国父（Pater Patriae）称号。据奥古斯都本人说，这一称号对他意义最重大。公元前2年，元老院是在群众的强烈呼吁下授予奥古斯都这一项荣誉的。据说，当获得这一头衔时，一向自制的奥古斯都竟流下了热泪。

在形式上，奥古斯都的权力基础是共和时代的各种政治传统，只不过元老院和罗马人民毫无保留地将这些权力授予了他。就权力的集中和任期而言，奥古斯都已经超越了共和时代的任何一人。除此之外，奥古斯都还具有权威，仅凭个人魅力和威权就足以取得这种地位，而不必依靠正式授予他的权力。事实上，奥古斯都控制着政府运作，能够影响官员的选举，并监督着每一个行省的总督，甚至包括那些由元老院管辖的行省。他还是帝国全部军事力量的指挥官。罗马不再有第二个独立的决策中心，元老们几乎是在不经意间放弃了他们在罗马政治生活中的主导地位。自此，第一公民（这是奥古斯都更喜欢的头衔）成为一切政治活动的中心（"第一公民"本是荣誉头衔，并无实际权力，是后世的头衔"领袖"［Duce］

和"元首"[Führer]的前身）。

无论奥古斯都实际掌握了多少权力，他始终谨慎认真地与元老们打交道。他知道他们很在意被正确地称呼，以及元老们是多么期待他能够莅临其家族的庆典活动。为了提升元老院的威望，他提拔出身高贵、资产丰厚和品性正直者担任元老（担任元老的最低财产资格是100万塞斯特斯，这对许多贵族而言不值一提），剔除那些行为不检者。元老的总数被降至600人，但根据共和传统，元老们继续把持着大多数高级职务，包括行省总督与军团指挥官。在任何涉及元老院的公告中，奥古斯都总是小心翼翼地强调他们的作用。埃及是个例外。埃及被视作奥古斯都亲自征服的行省，是皇帝大部分个人财富的来源。除非得到皇帝的明示许可，任何元老不得访问埃及。奥古斯都委任一个骑士等级出身者代表自己治理埃及。

奥古斯都在行使他的正式权力时也很谨慎。公元前7年，他向昔兰尼发布的指令就颇具代表性。他声称这些命令会一直有效，"直到元老院经过深思熟虑，或是我本人找到更加合适的解决方案为止"。然而，对奥古斯都来说，直接给总督写信逐渐成为惯例，不久，各个城市和行省也开始越过元老院，直接向皇帝申诉。对东方行省的居民来说，这是很正常的事情，因为早在几个世纪前他们就已习惯向君主陈情。奥古斯都也被加入到当地的帝王崇拜体系中，成为当地居民祈祷的主要对象。在埃及，奥古斯都的雕像被放置于神庙中，与古埃及的法老和托勒密王朝的君主无异。

罗马帝国西部各行省没有君主制的传统，因而更需要人为推动帝王崇拜，方式通常是通过建造壮观的神庙。例如，公元前12年，高卢行省首府卢格杜努姆（Lugdunum，今里昂）修建了一座献给罗马和奥古斯都的神庙，其他地区也有这类神庙。法国尼姆（Nimes）保存完好的方形神庙（Maison Carree）就是奥古斯都为缅怀两位被他收为养子的外孙而建。他一度有意让他们成为自己的继承人。

如第20章所述，希腊化时代的君主传统上用他们的首都来展示他们的统治，如亚历山大里亚和帕加马城。在罗马，奥古斯都承袭了这一传统。在公元前1世纪的政治动荡中，罗马城变得破败不堪（诗人贺拉斯宣称，由于罗马人忽视了诸神的庙宇，于是神明便挑起内战报复罗马人）。

恺撒曾计划为罗马建设新的广场。奥古斯都返回罗马后，首先实施的便是这个计划（奥古斯都从未忘记，正是作为神圣的恺撒的后人，他才有了入主罗马的机会）。接下来，按照《奥古斯都功德碑》(Res Gestae，这篇铭文记录了奥古斯都一生的成就，镌刻在为他本人及其家族所修建的巨大的陵墓上）的记载，他着手修复了82座神庙。正是在这之后，他才真正开始为自己营造奥古斯都广场。在奥古斯都广场的中心，坐落着"复仇者"马尔斯（Mars Ultor）神庙，战神马尔斯被描绘为要为奥古斯都的养父报仇。马尔斯神庙建于公元前2年，并成为展示罗马帝国武功的主要场所。神庙中还供奉着从帕提亚迎回的军旗。每当要宣战时，元老院就会在神庙前的广场集会（广场的大部分，包括入口，至今仍深埋在帝国广场大道[Via dei Fori Imperiali] 的下面）。

奥古斯都的上述活动离不开马库斯·韦伯芗·阿格里帕（Marcus Vipsanius Agrippa）的协助。阿格里帕是奥古斯都的生死之交与左膀右臂，主持修建了罗马的万神殿，还建造了罗马的首座公共浴池。至奥古斯都去世前，罗马城中心的绝大部分区域都矗立着各种新建筑。奥古斯都因此不无炫耀地说道，罗马已经从一座砖石建成的城市转变为"一座用大理石建成的城市"。建筑、雕塑、城市的装饰都得到精心的设计，旨在突出罗马复兴的新气象，展现共和时期的辉煌，彰显罗马作为世界征服者的气魄。在奥古斯都广场，罗马的历史通过两组雕像向世人炫示：一组雕像表现奥古斯都的历代祖先，包括传说中的埃涅阿斯；另一组表现的则是罗马共和时代的英雄，包括罗慕路斯。这两组雕像分别陈列在广场两侧的柱廊中，包围着奥古斯都本人的雕像，其军功被刻在广场中央的一个大型驷马战车的雕像基座上。[1]

奥古斯都为自己塑造的形象远不止这些。1863年，在奥古斯都之妻里维娅位于罗马郊外"第一门"（Prima Porta）地区[2]的别墅遗址中，人们

---

[1] 参见：Paul Zanker, *The Power of Images in the Age of Augustus*, Ann Arbor, 1988。这是一部介绍奥古斯都如何使用艺术作为宣传手段的经典论著。

[2] 此地位于罗马市中心以北12千米处，紧邻弗拉米尼乌斯大道。"第一门"这个地名源于通向里维娅别墅的引水渠。这条引水渠横跨弗拉米尼乌斯大道，道路便从引水渠的拱券下穿过，如同穿越城门一般，并成为抵达罗马城的象征。——编者注

发现了一尊精美的奥古斯都立像。里维娅在奥古斯都死后便一直在此隐居。这尊雕像应该只是一件复制品。原作可能是一尊公元前20年后铸造的青铜塑像。这尊大理石复制品可能是里维娅在多年后制作的，要么是为了收藏，要么是为了纪念亡夫。这尊雕像是奥古斯都作为统帅的形象，身着戎装，右臂向上举起，仿佛正向军队演讲或是庆祝胜利——应是指对帕提亚人取得的胜利。雕像的面容年轻，表现的应该是奥古斯都在公元前27年成为皇帝后不久的形象。传统上，罗马政治家一般被塑造为中年人或老年人的形象。但奥古斯都显然打破了这一传统（罗马共和时代早期的传统雕像并不掩饰面部的任何缺陷），雕像的相貌显然以希腊古典时代常见的方式被理想化。这座雕像体态匀称，也体现了如公元前5世纪希腊雕塑家波吕克雷图斯所提倡的理想人体比例。雕塑家还用奥古斯都脚边骑着海豚的维纳斯之子厄洛斯（Eros）的形象来隐喻奥古斯都所具有的神圣血统。厄洛斯和海豚都是裸着的，与身着胸甲和军装的奥古斯都形成了鲜明对比，它们通常象征着人物具有英雄或神明的身份。

国父这一称号反映了奥古斯都不仅在罗马，而且在意大利也拥有至高无上的地位。罗马迫切需要一段稳定的时期来对半岛进行整合。罗马对意大利的统治仍然相对薄弱，各地的地方忠诚仍然十分强大。意大利在公元前1世纪的内战中饱受战乱摧残。军事强人为安置退伍老兵而没收土地的情况反复上演。仅在内战后期，便有不少于16个主要城市被夷为平地。直到公元前42年，位于意大利北部的山南高卢才被正式并入意大利，而意大利南部的希腊城市仍然保持着固有的文化。在他宏大的建筑计划中，奥古斯都把目光投向了罗马以外的意大利其他地方。他修复了意大利的道路和桥梁，特别是重要的弗拉米尼乌斯大道。弗拉米尼乌斯大道连接着罗马与阿里米努姆（今意大利里米尼市）。为确保主要道路的畅通，奥古斯都还沿着重要路段修建哨所。他鼓励新建或重建城镇。在众多新城镇中，奥斯塔（Aosta）和都灵（Turin）的作用是巩固罗马对丰饶的波河平原的控制。它们仍被视作边防重镇，因为当地仍然被认为易受到来自北方的入侵。

奥古斯都从未忘记自己的行省出身，他决心把意大利各地的豪族吸纳到罗马的政府中。这不仅是为了发掘优秀人才,也是为了削弱罗马贵族的势力。意大利人在帝国的首都受到欢迎,他们成为雄心勃勃的元老或骑士,被授予治理帝国的重任。军队被证明是意大利一体化过程中不容小觑的促进力量。罗马军团只能从罗马公民中征募士兵,这在当时就意味着罗马的兵员绝大部分来自意大利和海外的公民殖民城市。事实证明,居住在意大利北部的凯尔特部落是最好的征兵基地之一,服兵役是让他们融入罗马的生活方式的绝佳手段。同时,战争的结束为意大利的乡村地区带来了繁荣。大概没有任何地方能够像意大利那样,从奥古斯都的统治中获益如此之多。所以在贺拉斯和维吉尔的诗歌中,最为常见的主题之一就是歌颂社会秩序恢复后出现的和平与丰收。意大利的稳定为拉丁语的持续传播提供了良好的环境。拉丁语因此从意大利半岛的各种方言中脱颖而出,成为一种通用语,并逐渐取代许多方言。

奥古斯都认识到建立职业化军队的重要性,这支军队必须忠诚于国家,有健全的服役条件和退伍安置办法。公元前13年,奥古斯都规定,军团士兵的服役期为16年,每名士兵每年可领取900塞斯特斯。公元5年,军团士兵的服役期被延长至20年,退役后可获得大约1.2万塞斯特斯的遣散费。越来越多地,向士兵发放一笔钱而非分配土地,成了标准的安置方式。从公元6年开始,遣散费的发放由专门的金库负责。奥古斯都出资1.7亿塞斯特斯设立了这一金库,之后又对罗马公民课以5%的遗产税和1%的交易税来维持其运作。为了支援各军团,奥古斯都使从各行省的非罗马公民中征募士兵的辅军正规化。在大多数情况下,辅军的士兵沿袭当地的军事传统与作战技巧,例如箭术或骑术。为鼓励行省居民参军,辅军士兵连同其家人在他退伍后都将获得罗马公民权。

近卫军(Praetorian Guard)是军团中的精锐部队。在共和时代,马略、恺撒、安东尼等将领都曾组织过私人卫队。但奥古斯都组建了一支更加正规化的亲兵卫队。它包括9个大队,每个大队有6个百人队,总计5400人左右。近卫军有3个大队驻扎在罗马城内,其余6个大队则驻扎在罗马周边的城镇。近卫军由骑士等级的近卫军长官(Praetorian Prefects)指挥。近卫军士兵的军饷比军团士兵的更高,每年可获得3000塞斯特斯,且只需服役16年。作为罗马周边唯一的精锐武装，近卫军在政局动荡时期能发挥至关重要的作用，例如皇帝死后无明确继承人的时刻。近卫军的常规职责包括护卫皇帝，无论他身处罗马还是在外征战。此外，近卫军也会在某些情况下负责维护罗马城内的秩序。

奥古斯都与罗马帝国

罗马帝国的疆域远超罗马和意大利。在东部地区，罗马帝国仍与一系列附庸国比邻。内战时期，这些附庸国一度追随安东尼。因此，奥古斯都的一项首要工作就是巡视东方，以获得各附庸国的效忠（公元前22—前19年）。这些附庸国逐渐被罗马帝国吞并。更东边，就是不受罗马帝国控制的帕提亚，也是当时唯一能够与罗马抗衡的国家。克拉苏、安东尼的失败足以证明帕提亚人有多么难对付。奥古斯都的一个重要成就是与帕提亚帝国达成协议，并通过军事恫吓，迫使帕提亚帝国在公元前20年交还缴获的罗马军旗。奥古斯都之后又建立了独立的亚美尼亚王国，作为罗马与帕提亚之间的缓冲国。这次交涉被当作一次胜利在罗马帝国境内大肆宣传，并发行了大量刻有下跪的帕提亚人献出军旗图案的第纳瑞斯银币。在著名的"第一门"奥古斯都立像的胸甲上，也装饰有帕提亚国王将罗马军旗献给一位身着戎装者的图案，周围的图案也都以世界在罗马治下获得和平作为主题。

在西方，罗马帝国的控制力仍然有限，例如西班牙的一些地区就仍未被平定，即使罗马人早在200年前便已在名义上控制了整个伊比利亚半岛。其他地区，例如高卢，仍未出于税收目的而将之合并。奥古斯都解决了所有这些问题。西班牙被奥古斯都以残暴的方式平定，同时恺撒征服的高卢地区被合并为3个行省。阿非利加行省的南部边界也趋于稳定，这是一项重要的成就，因为这个地区与意大利、西西里和埃及一道成为罗马粮食的主要供应地。

罗马帝国的北疆自巴尔干半岛延伸至日耳曼地区，一直未划定明确的边界。这里是罗马帝国最易受攻击的地区。当地部落形形色色，既有凯尔特人，也有一些日耳曼部落，还有起源于亚洲的萨尔马提亚人

（Sarmatians）。这些部落独立意识强烈，也能对罗马的进攻予以坚决抵抗。究竟是征服上述部落，还是将之统统挡在边界之外，成为困扰罗马长达4个世纪的问题。公元前17/16年，日耳曼部落越过了莱茵河。这条大河曾是恺撒征服行动的终点。奥古斯都亲自前往北疆组织防御，并由此揭开了持续数年的沿北疆争战的序幕。公元前16年至前15年，阿尔卑斯山区被征服，从而加强了罗马对多瑙河沿岸地区的控制，并使莱茵河地区与帝国东部建立起较好的联系。公元前12年至前9年，罗马初步平定了巴尔干半岛上的诸部落，建立了达尔马提亚（Dalmatia）行省和潘诺尼亚（Pannonia）行省。与此同时，罗马大军越过莱茵河，向易北河挺进，大概在公元前9年实现了这一目标。

然而，罗马的统治远称不上高枕无忧。公元6年，潘诺尼亚行省发生大规模叛乱。罗马军队经过4年的苦战才平息了这次叛乱（史家苏维托尼乌斯认为，这次战争是继布匿战争以来罗马历史上最艰苦的战争）。公元9年，正当战事已经基本结束之际，罗马统帅瓦卢斯（Varus）率领3个军团进入今德国西北部地区征收贡赋，却遭遇日耳曼人的伏击，全军覆没。这是骇人听闻的耻辱。在奥古斯都统治时期，再没有任何坏消息能对奥古斯都造成如此巨大的打击。这3个军团从未被重建，其番号也不再使用。（塔西佗生动地写道，7年后，罗马士兵对当地发动袭击时再度经过这片森林，发现地上散布着死亡士兵的森森白骨。灾难发生地条顿堡森林 [Teutoberger Wald] 现在立有一块纪念碑。）这次惨败后，罗马不得不撤回莱茵河一线，并驻扎不少于8个军团的兵力来守卫这一永久性的边界。奥古斯都在遗言中警告其继承者不要试图进一步扩张。除了始于公元43年的征服不列颠，最终于公元105年至106年征服达契亚（Dacia），以及吞并附庸国，罗马帝国此后再没有增加永久性的领土。

奥古斯都时代的诗人

对奥古斯都这样一个精明的政治家来说，担任艺术赞助人是不容错过的好机会。奥古斯都很幸运地赞助了一些伟大的作家。贺拉斯和维吉尔就是那个时代最伟大的两位诗人。事实上，他们在任何时代都堪称伟大。

他们早在亚克兴战役前便已闻名罗马。二人那时都是一个文学圈子的成员，受到梅塞纳斯（Maecenas）的资助。梅塞纳斯出身于伊特鲁里亚的贵族家庭，是屋大维的挚友。亚克兴战役后，贺拉斯和维吉尔这两位个性独立、思维敏锐的诗人与他们的赞助者和统治者之间，形成了一种复杂的关系。屋大维一定期待两位诗人折服于自己的丰功伟业，并用他们的诗作为自己增加荣光。

贺拉斯的全名为昆图斯·贺拉提乌斯·弗拉库斯（Quintus Horatius Flaccus），生于公元前65年。他的父亲曾是奴隶，在贺拉斯出生前已获得自由，并且有足够的财力让他天资聪慧的儿子接受当时最好的教育。贺拉斯先后在罗马、希腊求学。然而，他的政治生涯最初并不顺利。他在腓力比之战中加入了布鲁图斯一方，反对屋大维和安东尼。但他又是幸运的。屋大维取胜后，宣布大赦布鲁图斯的支持者，贺拉斯因此得以返回罗马，担任财务官的秘书。自此之后，贺拉斯的才学为梅塞纳斯所赏识，获得其提拔和支持，成为职业诗人。梅塞纳斯还将萨宾山区的一处农庄赠送给贺拉斯，贺拉斯通过自己的作品使这处幸福的乡村隐居之所被人们永远铭记。[1]

与其他罗马诗人一样，贺拉斯醉心于希腊诗歌。希腊诗歌对这位诗人的影响可以说已经渗透到其血液之中。贺拉斯是诗人中的诗人，对创作诗歌的艺术着迷，随着他的创作的成熟，这一点变得更加明显。在贺拉斯最早的作品中，创作于公元前1世纪30年代的《讽刺诗》（Satires）是以对话的形式写成。这些作品已经蕴含了诗人在之后的诗歌创作中反复吟咏的主题：友情或爱情中的欢愉与困惑、如何在宁静的乡村生活与喧嚣的城市生活之间取舍、如何在个人的独立与赞助人的资助之间寻求平衡。在公元前29年发表的《长短句集》（Epodes）中，贺拉斯进一步阐述了上述主题，但使用了一种更为沉重和复杂的方式。贺拉斯的最高成就是《颂歌集》（Odes，大概在公元前23年结集发表），它由一系列短诗

---

[1] 参见：Peter Levi, *Horace: A Life*, reissued London, 2012。这是一部生动的传记。更全面的关于贺拉斯的论文，可参见：Stephen Harrison (ed.), *The Cambridge Companion to Horace*, Cambridge and New York, 2007。

构成，套用希腊韵律，每一个词要么押头韵，要么对仗。《颂歌集》的写作技巧成熟，文辞洗练，因此其中许多诗歌至今都难有令人满意的翻译。

对译者来说，最大的挑战常常是卷1的第五首诗歌。在这首诗中，贺拉斯描述他在寡廉鲜耻的情人庇拉（Pyrrha）那里"沉了船"，并想知道现在谁正在向她大献殷勤：

> 怎样的清瘦男孩催促着你的爱意，
> 在玫瑰花帷里，在泛滥香水中，在你
> 迷人的凉亭下？为谁，庇拉，
> 你挽起了那金黄的头发，
> 简洁而雅致？哎，他将多少次哀哭，
> 因为诺言成空言，因为神不再佑护，
> 风刮暗大海时，他将多惊愕，
> 这样的景象，何曾设想过？
> 现在他迷恋你的快乐，你黄金的光华，
> 相信你永远不会旁顾，永远钟情于他，
> 全不知风的反复无信。
> 你粼粼海面俘获的人，
> 多么天真悲惨！至于我，请看庙墙上
> 这祭献的画板，我浸透咸水的衣裳，
> 它作证，已经挂好，那是
> 留给伟大海神的还愿礼。①

《颂歌集》涵盖广泛的主题，从特别个人的话题——对死亡的恐惧、作为诗人感到的满足甚至光荣、友谊的本质——到公共话题，例如庆贺奥古斯都的成就等。在某个层面上，贺拉斯的生活似乎如诗歌所表现的那样舒适、恬淡。他喜欢将宁静的乡村和淳朴的乡民与繁华喧嚣的城市生活做

---

① 《致庇拉》，[古罗马] 贺拉斯著，李永毅译注：《贺拉斯诗选：拉中对照详注本》，北京：中国青年出版社，2015年，第13页。——译者注

对比，但从相当有限的几个方面探索了个人感受的每一个细微之处。贺拉斯是一个感性的人，他享受性、美酒、艳阳和沃野，但在其诗篇的字里行间仍透露出他的种种焦虑：对自己是否为社会所接受的怀疑、对自己与赞助人的关系的怀疑——一个才华横溢的诗人却要依靠富人的资助。贺拉斯终身未婚。

贺拉斯与奥古斯都的关系十分复杂。奥古斯都没有什么密友，却对贺拉斯嘘寒问暖，甚至邀请他担任自己的秘书（这种关系反映了奥古斯都的平易近人，即使他已经拥有了至高无上的地位）。贺拉斯拒绝了奥古斯都的美意。贺拉斯敏锐地意识到有必要保持他作为诗人的正直，即使他同时也认识到目前的生活得益于奥古斯都建立的稳定秩序。贺拉斯仅在《颂歌集》第三卷中，允许自己毫不难为情地鼓吹奥古斯都的统治。但即便如此，他仍然隐晦地暗示了权力的不稳定，这是他从未远离的一个主题。公元前17年，贺拉斯最终同意为奥古斯都举办的世纪赛会创作《世纪之歌》（Centennial Hymn），并亲自在公共场合朗诵。这一诗篇歌颂了罗马的伟大复兴：

> 海上和陆上，我们强大的兵力
> 和罗马的战斧已让米底［帕提亚］震恐，
> 西徐亚和傲慢的印度也急于获知
> 我们的命令。
> 忠诚、和平、荣誉、古时的纯洁
> 和久遭冷落的勇武已经回返，
> 吉祥的丰饶神也重新出现，她的
> 羊角已盛满。①

贺拉斯在公元前8年去世，他将所有财富遗赠给了奥古斯都。

贺拉斯的诗歌生动地展现了一个善于交际、才华横溢的人靠自己的

---

① 《贺拉斯诗选：拉中对照详注本》，第69页。——译者注

智慧生活的敏锐感悟，但与他同时代的诗人维吉尔则是一个性格腼腆、不善交际的人。（维吉尔名字的正确拼法应是 Vergil，来自其拉丁文原名 Vergilius，Virgil 是中世纪开始出现的误拼。当然，这两种拼写方式目前都被接受。）维吉尔生于公元前70年，似乎来自曼图亚周边的一个富裕家庭。该地区在内战时期饱受蹂躏（腓力比战役后，维吉尔家族的土地似乎被没收，用于安置老兵）。这段战乱经历有助于解释维吉尔诗歌中所具有的情感强度，以及他对稳定的重要性和重建秩序需要做出牺牲的坚定信念。

维吉尔与许多具有天赋的行省居民一样，深受罗马文化的吸引，并在罗马完成了教育。他的首部诗作《牧歌》于公元前38年左右发表。与当时的许多罗马诗人一样，维吉尔沿用了希腊诗歌的体例。具体而言，《牧歌》借鉴了田园诗的开创者希腊化时代诗人忒奥克里托斯的风格。作为一部田园诗，《牧歌》用田园的宁静反衬战火的威胁。这一主题在维吉尔的第一部重要作品《农事诗》中得到了进一步发掘。《农事诗》创作于作者加入梅塞纳斯的小圈子之后。

《农事诗》与当时流行的诗作不同，它是一组长诗，分为4卷，总计2000多行。《农事诗》貌似是一本用韵文写成的教导农民耕作的手册，但其主旨则大异其趣。维吉尔在内战即将结束时创作该诗（《农事诗》完成于公元前29年）。他与众多意大利人一样，对和平的渴望已经压倒一切，因而诗中弥漫着对新崛起的政治强人屋大维的种种期待（"这样的时代肯定会到来……农民弧形的犁将翻过腐朽的长矛，沉重的锄会碰到空洞的头盔，为偶尔被扰动的坟墓中巨大的骨骸而目瞪口呆"）。在《农事诗》中，农耕生活的辛劳、春种秋收的按部就班、丰收后朴实的欢愉，无不仰赖于和平。《农事诗》对农业生活的描写令人联想到神话时代的罗马，那时在罗马居住的主要是农夫。维吉尔认为，耕作可能是与变幻莫测的大自然进行永无休止的战斗，但也创造出道德高尚的人，而这些人正是使社会稳定的中坚力量。为了宣扬这一观点，维吉尔采用了浪漫主义的手法。他笔下的农夫远非人们印象中那种因终日劳作而累得直不起腰的典型农民形象：他们似乎充满无穷的活力，关心土地的收成，甚至日常的田间劳动都可以让他们意兴盎然。

《农事诗》在长度和呈现主题的强度上开辟了新的天地，但维吉尔的杰作还在后头。《埃涅阿斯纪》创作于公元前29年至前19年，是维吉尔巅峰时期的作品，也是一位诗人碰巧以最优秀的作品收尾而未因为年迈而才思枯竭的罕见案例（事实上，这部作品并未完成，而且由于奥古斯都的直接干涉才得以保存，但它立即成为一部经典，以及罗马学校中的必读著作）。维吉尔要面临与贺拉斯同样的问题。他深深感激奥古斯都重建了社会秩序（并且唯恐这一秩序受到破坏），但作为一名艺术家，他不愿意仅仅为了颂扬新政权而丧失独立性。在完成《农事诗》后，维吉尔的雄心是创作一部史诗。新史诗的主题明显离不开屋大维的崛起和胜利，但维吉尔深知，若要阐发这个主题就不能不粉饰权力斗争野蛮残忍的一面，因此最好的方式就是以古喻今。于是，维吉尔最终选择特洛伊英雄埃涅阿斯作为主人公。他根据自己的目的改编了传说，讲述了埃涅阿斯在特洛伊城陷落后，历经千辛万苦穿越地中海最终抵达意大利的经过。途中，他还经历了一场与迦太基女王狄多轰轰烈烈的爱情。在经过一系列血腥的争斗后，埃涅阿斯终于开创了自己的家族，而这个家族日后将建立罗马城。这个故事的引人入胜之处在于，收养奥古斯都的尤里乌斯家族自称是埃涅阿斯的后代，因此它间接地颂扬了当时的统治者奥古斯都。

《埃涅阿斯纪》有意模仿荷马史诗。第一部分中，流浪的埃涅阿斯呼应了《奥德赛》；第二部分中的战争描写则与《伊利亚特》相呼应。《埃涅阿斯纪》是一部大胆的作品，尤其是出自一个认为希腊在所有技艺上领先（该诗第六卷那几句脍炙人口的诗句明白无误地说明了这一点）的人之手。这部史诗让维吉尔将其才华发挥到了极致。《埃涅阿斯纪》的伟大之处不仅在于其恢弘的气势和优美的语言，更在于描述人类直面命运与权力时的勇气。罗马被众神赋予使命，只能一往无前建立自己的帝国。维吉尔敏锐地捕捉到了背井离乡的埃涅阿斯的悲痛和孤独、在狄多的怀抱中感到的慰藉，但他在众神的意志和使命的驱动下，最终抵达危机四伏的意大利海岸。埃涅阿斯为了在意大利立足，不得不经历一场又一场残酷而又血腥的战斗。维吉尔可以自由地描写战争的悲惨与浩劫，对失败者给予无限的怜恼。倘若他直接讲述奥古斯都的是非功过显然无法拥有这样的创作自由。然而，一切都已结束，秩序已经建立，而罗马的崛起也得到了预言。在诗歌中，埃涅阿斯来到冥世，见到了未来的屋大维："这千真万确就是他，就是你经常听到要归在你名下的他——奥古斯都·恺撒，神之子，他将在拉丁姆……重新建多少个黄金时代……"①这则"古代"预言现在已经应验。维吉尔表达了他的敬意，并表达了他对未来的希望，但他在创作的独立性上没有做出任何妥协。②

这个时代还有其他重要的诗人。例如，普罗佩提乌斯和提布鲁斯（Tibullus）。他们都认为诗歌是表达男人与欲望和占主动权的女性所强加的痛苦做斗争的最佳方式。但该统治时期的第三位重要诗人则更加年轻，他就是普布利乌斯·奥维德·纳索（Publius Ovidius Naso）。奥维德来自和平且富裕的意大利中部地区，该地区在内战中几乎未受波及。内战结束时，奥维德只有12岁。作为行省富裕家庭中的一员，他可以自由地在一个比贺拉斯和维吉尔所知的社会安定得多的社会里生活。奥维德前往罗马学习雄辩术时，他似乎要走上一条传统的晋升之路。他的父亲希望他日后成为元老院的一员。③

然而，奥维德最大的爱好是文学创作。他把文学作为毕生的事业，成了一名作家。他从来没有像贺拉斯和维吉尔那样致力于帝国的建设，结果他成了一个更自由、更无拘无束的诗人。奥维德发表的第一部作品《爱情三论》（Amores，发表于公元前20年左右）探究大都会年轻情侣的放纵生活。他们一起去看比赛和戏剧，经历着青涩爱情的痛苦、快乐和挫败。《爱情三论》是一首挽歌（挽歌这一名称来源于诗歌的韵律，在古典时代，挽歌表达的主题很多，并不仅局限于它今天所表达的"哀悼之歌"），为后

---

① ［古罗马］维吉尔著，杨周翰译：《埃涅阿斯纪》，北京：人民文学出版社，2000年12月，第161页。——译者注
② 近年来广受赞誉的译本，参见：Sarah Ruden, *The Aeneid*, New Haven and London, 2008。对维吉尔的更宽泛的研究视角，参见：Charles Martindale (ed.), *The Cambridge Companion to Virgil*, Cambridge and New York, 1997。
③ 对奥维德的全面评述，参见：Philip Hardie (ed.), *The Cambridge Companion to Ovid*, Cambridge and New York, 2002。

世确立了这种体裁的标准。

奥维德的代表作品是《爱经》(*The Art of Love*,大概成书于公元前1年)。这是一部由一个愤世嫉俗且极度厌世的诗人完成的作品,主要教导男人和女人如何利用各种花招诱惑心仪的异性。奥维德写道:"你头脑里想的第一件事应是,如果手段得当,你能追求到每个单身女子。鸟儿很快在春季里失声,蝉儿也可能在夏天蛰伏,猎狗会对野兔置之不理,但只要男人温和地引诱,就能俘获女人的欢心。"《爱经》接下来阐述的"堕落"主题,充满了罗马社会日常生活的各种细节,比如各种令女人更加漂亮的手段、梳头的技巧,以及合适的情人礼物等。

奥维德热衷于发掘新的表达方式,而希腊神话为他提供了丰富的灵感。公元2年左右,奥维德开始创作《变形记》(*Metamorphoses*),讲述从创世到他所生活的时代所发生的各式各样的故事。这些故事的主题是各类角色如何随着历史不断演化,其形体不断幻化为新的形式,从人变成动物或植物。所以,尤里乌斯·恺撒在他的笔下最终从人变为神,这暗示着奥古斯都也将成为神。然而,这些诗歌字里行间反映的则是世事无常的悲观论调。这仍然是一个令人焦虑不安的世界。《变形记》是一部极具开创性的作品,使奥维德在整个中世纪仍备受推崇。①

奥维德时而敏感,时而玩世不恭,但他更是才华横溢并随时准备开创新风格的诗人。随着政制的巩固,奥维德准确地反映了作家群体中与日俱增的不安感。他最终激怒了奥古斯都。他的"罪名"不得而知。毫无疑问,奥维德在奥古斯都试图维护更严格的道德准则的时候,宣扬妇女的性解放,自然不为统治者所喜(这并不妨碍奥古斯都兴建的许多公共建筑成为约会的场所),但还有其他一些更严重的罪行,可能涉及政治方面的异议。公元8年,奥古斯都单独召见奥维德,然后将他流放到遥远的黑海地区。奥维德远离了一切他所喜爱的事物——罗马上流社会的边缘群体,甚至还有他的第三任妻子。奥维德从未被允许返回罗马。公元17年,他在

---

① 《变形记》为一些经典神话的现代演绎提供了灵感,参见:Roberto Calasso, *The Marriage of Cadmus and Harmony*, London and New York, 1993; Ted Hughes, *Tales From Ovid*, London and New York, 1997。

完成哀叹自己时运不济的最后一组诗歌后去世。(企鹅经典图书系列收录了彼得·格林[Peter Green]的优秀译本。)

《奥古斯都功德碑》

奥古斯都在晚年时对一生取得的成就做了总结,即所谓的《奥古斯都功德碑》(*Res Gestae*,意为"所取得的成就")。这是一篇鼓舞人心的政治宣传。它不仅评价了奥古斯都的统治,而且为后世的皇帝提供了明君的范本。这些铭文不但镌刻在奥古斯都陵墓前的青铜匾额上,也同样镌刻在各地为他所建的神庙中。目前保存得最好的版本是希腊语与拉丁语对照版,镌刻在安纳托利亚中部安卡拉市(Ancyra)附近的一座献给奥古斯都和罗马的神庙的墙壁上,可能是当地的总督在奥古斯都去世后所刻。近来,人们在萨尔底斯也发现了该铭文的片段。①

虽然在希腊-罗马世界的许多城市中,镌刻于石材上的铭文随处可见,但没有在重要性上能与《奥古斯都功德碑》等同的。该铭文可能是在奥古斯都授意下完成的。奥古斯都善于将自己的武功与他在装饰罗马城、修复神庙、举办赛会和角斗比赛、改进供水设施等方面的慷慨一并记录下来。他将自己塑造为世界征服者,与亚历山大大帝比肩。但他又强调,与亚历山大不同,他还征服了西方,因此他或许已超越了亚历山大。接下来,奥古斯都又强调自己于公元前28年至前27年如何主动将权力交还元老院,从而复兴了共和国。不过这篇铭文也在字里行间不断宣称奥古斯都同时开辟了一个新纪元。这个主题在奥古斯都时代的艺术作品中被大肆宣扬。然而问题是帝国的稳定能否维持。

继承人难题

奥古斯都的权力由元老院授予,可终身保有。然而当时并不存在所谓的帝国宪法,因此从理论上来讲,共和国可以在他死后恢复。然而至奥古斯都去世的公元14年,即亚克兴战役的45年后,元首制在罗马已经根

---

① 关于《奥古斯都功德碑》的译文及完整评注,参见:Alison Cooley, *Res Gestae Divi Augusti: Text, Translation, and Commentary*, Cambridge and New York, 2009。

深蒂固，共和国已成为历史。事实上，奥古斯都在去世很早之前便已经在尝试按照君主制的方式指定继承人。然而，他坚持从家族成员中选择继承人，这意味着他要经常面对早夭的问题。他将希望寄托在唯一的女儿尤利娅身上。为了生下外孙，他可以毫无顾忌地干涉女儿的婚姻。公元前23年，尤利娅被迫再婚，嫁给了奥古斯都的左膀右臂阿格里帕，而阿格里帕的年龄足以让他当尤利娅的父亲了。短期内，这桩政治联姻似乎满足了奥古斯都的期望。两人生育了3个儿子。奥古斯都在很长时间内都把两个较大的男孩视为继承人加以培养，即盖尤斯·恺撒和卢基乌斯·恺撒兄弟（Gaius and Lucius Caesar）。然而，公元4年，这两个孩子双双夭折。另一个孩子阿格里帕·波斯图穆斯（Agrippa Postumus，生于公元前12年，当时阿格里帕已去世）被奥古斯都认为不适合担任继承人，后来可能被谋杀。

公元前11年，尤利娅在奥古斯都威逼下接受了第三次婚姻，嫁给提比略。提比略是奥古斯都之妻里维娅与前夫所生之子。这次婚姻并不成功。尤利娅与提比略没有子嗣存活下来。为了逃避不幸的婚姻，尤利娅频频出轨，引发了一系列的丑闻，最终导致她被其父奥古斯都流放。奥古斯都在第二个外孙死后，被迫收养提比略为养子，并指定他为继承人。为显示提比略作为继承人的特殊地位，他被授予保民官之职（这成了皇帝指定继承人的惯常方式）。到公元14年奥古斯都去世时，提比略作为继承人的地位已无可争辩。然而，提比略早已意识到自己并非奥古斯都所中意的人选。他当时已经年过半百，只是出于责任感才即位的。

罗马帝国的权力继承过程仍是不明确的。多数皇帝试图让权力在其家族中传承，因此从亲属中选拔继承人。他们也可以采取另一种方式，即把家族中的女性成员嫁给所中意的候选者，然后再将之收为养子。当然，皇帝也可以直接收养青睐的候选者。如果一个皇帝被推翻或被谋杀，便有机会出现一个新的王朝。以上这些权力继承方式在之后的数个世纪中都出现过，但皇帝统治的观念得以完整地传承，即帝国的权力最好集中于一人之手，所有人都向他效忠，他能够协调各方面的资源有效地防御和管理帝国。

奥古斯都在去世前深受多年的病痛折磨。当最终的时刻到来时，有关接班的一切都尽在掌握之中。公元14年8月，奥古斯都于诺拉去世（就像7月的写法是为了纪念恺撒一样，8月［August］的写法是为了纪念奥古斯都）。火化后，奥古斯都的骨灰被安葬在陵墓中，并举行了盛大的仪式。当时一位元老宣称他看见奥古斯都的灵魂从火中升腾而起。元老院随后宣布奥古斯都成了神，荣升罗马诸神之列。元老院在决议中写道，奥古斯都的神圣性来自"他对整个世界极大的恩惠"。

第26章

罗马帝国的巩固

公元14—161年

奥古斯都通过创立新的政治体制为罗马帝国带来了和平与稳定。但这样的稳定是以牺牲共和时代的自由、元老院和公民大会的传统权力以及由贵族家族出身的官员把持的政府为代价的。它的危险是，这种新的体制可能蜕变为专制暴政，在随后几代统治者那里，确实发生了这种情况。然而，罗马帝国始终没有出现另一种体制，所以罗马的帝制几乎不间断地延续到1453年君士坦丁堡陷落。这无疑是衡量奥古斯都的成就的一个标准。

苏维托尼乌斯与塔西佗

关于罗马帝国早期政治的发展，主要有两大史料来源——塔西佗和苏维托尼乌斯的作品。苏维托尼乌斯出身骑士等级，全名是盖尤斯·苏维托尼乌斯·特兰克维鲁斯（Gaius Suetonius Tranquillus），生于公元70年左右。塔西佗是元老，全名是普布利乌斯·科尔内利乌斯·塔西佗（Publius Cornelius Tacitus），生于公元56年，死于117年之后。两人写作的时间均在公元2世纪初。当时的皇帝图拉真（Trajan）相较于之前的"暴君"图密善（Domitian）更加宽容，给予他们更多的创作自由。苏维托尼乌斯现存最著名的作品是罗马皇帝的传记集——《罗马十二帝王传》（*On the Lives of the Caesars*，从恺撒至图密善）。在每一位罗马皇帝的传记中，他均沿用同一种写作模式：早期生活-政治生涯-外貌体态-私人生活。在为几位早期的罗马皇帝作传时，苏维托尼乌斯可以接触到宫廷档案（他一直担任皇帝的秘书,直至被哈德良免职),此外他还不加考证地援引大量传闻和回忆材料。由此一来,这部作品成了一部可读性很高的小故事的合集,但其真实性值得商榷。

另一位更杰出的史家是塔西佗。作为一名元老,塔西佗的政治生涯始于韦斯帕芗时期,但他在"暴君"图密善治下生活的经历无疑决定了他对过去的态度。塔西佗缅怀共和时代的自由,并把罗马皇帝统统视作这种自由的破坏者。他就以这样的视角记录了公元1世纪的历史。不过,他也意识到了书写任何一种历史都存在的潜在问题。他在《编年史》中谈道:"有人对自己所听到的一切都深信不疑,有的人通过虚构篡改真相,随着时间的推移,这两种歪曲历史的方式都变得越来越极端。"这可能是塔西佗提出的一个观点,即"歪曲"是一个政府失去了与群众的联系而变得隐秘所导致的直接后果。"真相"迷失在当权者的阴谋中。[①]

塔西佗最早的作品是颂扬其岳父阿格里古拉(Agricola)的传记。此人曾担任不列颠尼亚行省总督。塔西佗认为阿格里古拉受到了图密善的背叛。塔西佗之后的作品《日耳曼尼亚志》是关于日耳曼各部落的研究。虽然塔西佗对日耳曼部落日常生活诸多细节的记载已经为现代考古发掘所佐证,但这部作品仍是为了道德说教,用"有德性的"日耳曼人来反衬罗马人的"堕落"。[②] 塔西佗的《历史》主要记载公元69年至96年的历史,但仅有第一部分存世。他的《编年史》记载了公元14年至68年的历史(虽然大部分同样散佚)。塔西佗在这两部著作中,有意让自己与罗马保持距离,而且认识到并非所有人都愿意接受罗马帝国的统治。

塔西佗的作品具有强烈的道德教化色彩。他特别专注于探究专制统治所造成的种种问题,尤其是那些设法在专制统治下生存的"优秀的"人。古希腊史家中,修昔底德的风格与塔西佗最为接近。塔西佗决心揭露恶人的恶行并褒扬英雄,这使他的著述引人入胜、意义深刻。正如罗纳

---

① 塔西佗的较可靠的传记,参见:Ronald Mellor, *Tacitus*, New York and London, 1993。在更为宽泛的视角下对塔西佗的研究,参见:A. J. Woodman, *The Cambridge Companion to Tacitus*, Cambridge and New York, 2009。

② 有关《日耳曼尼亚志》对文艺复兴时代以来的欧洲的影响,参见:Christopher Krebs, *A Most Dangerous Book*, New York, 2011。

德·梅勒在其对塔西佗的研究中所指出的那样，"若其他古代作家是在检视战争（荷马）、爱情（奥维德）、痛苦（索福勒克斯）、宗教（欧里庇得斯的《酒神的女祭司们》）对人类心灵的影响，那么塔西佗则另辟蹊径，窥测专制统治对人性的扭曲……"在他敏锐的观察下，即便奥古斯都也难逃尖刻的分析：

> 他以奖金利诱军队，他的廉价粮食政策则是针对平民的诱饵。诚然，他用"和平"这一大礼博得了每个人的青睐。之后他开始逐渐架空并篡夺了元老院、官员甚至法律的职能。没有任何反对意见。战争或合法的谋杀已经消灭了所有有独立精神的人。苟且偷生的上层分子发现，奴颜婢膝才是成功之道，无论在政治上还是经济上……

提比略

塔西佗和苏维托尼乌斯关注皇帝的个性以及他们与身边的人的关系，没有对这些整个地中海世界的统治者做出客观公允的评价（尽管塔西佗在他的早期作品中表明，他对罗马帝国权力界限之外的政治也很关注）。这尤其影响了塔西佗对提比略的描绘，他对提比略多冷嘲热讽，正如他对待奥古斯都一样。事实上，提比略是那个时代杰出的统治者，也是奥古斯都潜在的继承人中最老练的人。提比略曾在北方边境经受战火的考验，还受命从帕提亚人手中迎回克拉苏在卡莱战役中失去的罗马军旗。这也是奥古斯都时期一次重大的外交胜利。提比略是一位优秀的管理者，对人具有出色的判断力。他认识到帝国需要和平与稳定。维持较低的开支、任命称职的将领和管理者、惩处逾矩之人，将成为维持奥古斯都所开创的基业的关键。即便塔西佗也承认，在即位之初，提比略的各项任命和对帝国的监督都是合理的。提比略长达23年的统治，是巩固奥古斯都的基业的关键阶段。[1]

---

[1] 关于本章内容的出色介绍和概括，参见：Martin Goodman, *The Roman World, 44B.C.-A.D. 180*, London and New York, 2012。有关该时期更为详尽的考察（至公元337年），参见：David Potter (ed.), *A Companion to the Roman Empire*, Oxford and New York, 2006。有关提比略的研究，参见：Robin Seager, *Tiberius, 2nd edition*, Oxford and New York, 2005。

奥古斯都的去世导致莱茵河畔驻军的哗变，士兵们显然希望乘机改善待遇，但哗变很快被平息。除此之外，提比略的继位都很顺利。提比略已经拥有保民官的权力，并且能够通过自己的权威召集元老院会议。令人吃惊的是，早已习惯在共和宪制框架下行事的元老们，很顺从地接受了皇帝的权力由其儿子或养子继承的原则。本来在共和体制下，所有官员都由选举产生。元老院承认尤里乌斯-克劳狄乌斯（Julio-Claudian）家族为统治家族，表明罗马国家权力的性质发生了根本性转变。（提比略生于克劳狄乌斯家族，这是罗马最古老的家族之一。他后来被奥古斯都收养，成为尤里乌斯家族的一员，王朝因此得名。）公元14年，塞浦路斯的居民向提比略宣誓效忠时，是在向皇帝及"其整个家族"宣誓。

然而，提比略当时已经55岁了。他一直很有活力，大部分时间在军营里度过，与那些在罗马城中享受安逸生活的元老贵族从未融洽相处过。提比略似乎并不情愿在半百之年包揽奥古斯都的所有权力。他似乎很愿意与元老院分担治国的重任。元老院举行会议授予他罗马皇帝的权威时，他有些犹豫，元老院则感到被回绝了。没有奥古斯都的亲和力与权威，罗马皇帝这一角色的模糊性暴露无遗。提比略从未找到令元老院满意的相处方式。终其统治期间，提比略与元老院的关系颇为紧张，甚至很糟。

至于一如既往期待"面包和竞技"的罗马居民，对提比略也没有太大好感。提比略不愿将资源浪费在娱乐活动上，群众于是转而支持提比略的侄子日耳曼尼库斯（Germanicus）。他被奥古斯都隔代指定为提比略的继承人。日耳曼尼库斯一直在日耳曼边境征战，希望能为瓦卢斯报仇。从长远来看，日耳曼尼库斯的战争徒劳无功。提比略认为，罗马帝国应致力于维护边疆稳定，而非扩张，于是在公元16年召回日耳曼尼库斯。日耳曼尼库斯回到罗马后，举行了盛大的凯旋仪式，进一步巩固了他在群众中受人爱戴的地位。提比略随后派日耳曼尼库斯前往东方，整饬当地的各附庸国。公元19年，日耳曼尼库斯在安条克城去世。很多人开始相信，提比略暗中授意当地总督毒死了他。当日耳曼尼库斯的骨灰被迎回罗马时，提比略为了避免引发群众的歇斯底里，拒绝参加葬礼，这反而令公众觉得他是做贼心虚。

新的继承人是德鲁苏斯（Drusus）。作为提比略的亲生儿子和备受青睐的继承人，德鲁苏斯在公元23年不幸去世。丧子的悲痛，加上提比略此时患上严重的皮肤病，可能令他越来越不愿意在公共场合露面，于是他在公元26年退隐到卡普里岛（Capri）的一座行宫中，离群索居。提比略实质上已经退位。苏维托尼乌斯写道，"他任由国家事务随意发展，既不填补骑士等级官职的空缺，也不再委任高级军职或是行省总督"。苏维托尼乌斯详细记录了传闻中的提比略晚年的荒淫生活，但是那些由提比略挑选、陪伴他在卡普里岛隐居的亲信似乎都非常受人尊敬。

元老院显然已经没有任何主导权，罗马出现了权力真空。这一真空被塞扬努斯（Sejanus）填补了。近卫军长官塞扬努斯仅是骑士等级，但他的背景不可小觑。他的父亲曾是埃及总督，他也与名门望族有联系。若塔西佗的记载可信，那么塞扬努斯就是一个野心家，为了独揽大权可谓不择手段。塞扬努斯将意大利半岛事实上唯一的军事力量——近卫军——集中驻扎在罗马近郊的一处军营内。他清除异己，为其同党谋求行省总督的职位。提比略信任塞扬努斯（"我辛劳的朋友"，提比略在一个场合中曾如此描述塞扬努斯），令他在公元31年的几个月内担任其同僚执政官。这年年末，提比略发现塞扬努斯正在密谋取代他，便果断地采取了措施。提比略致信元老院，公开谴责塞扬努斯。那些在塞扬努斯得宠时极力巴结他的元老们毫不犹豫地宣布与之划清界限。同一天，塞扬努斯及其家族成员被处死。这个家族被从历史中彻底抹去。为规避法律中禁止处决处女的条款，行刑者在绞死塞扬努斯之女前强奸了她。

提比略现在已经70岁了。他的衰老和离群索居，以及由于继承人问题一直未得到解决而令他对任何谋求权力者充满猜忌，他在生命中的最后几年变得越来越阴郁，甚至恐怖。处死塞扬努斯的两年后，其同党仍在被陆续处决。在宗室中，日耳曼尼库斯的两个儿子和寡妻阿格里皮娜（Agrippina）被处死或自杀。提比略最终指定他的侄孙、耳曼尼库斯唯一存活的儿子盖尤斯，以及他的孙子、德鲁苏斯之子提比略·格美鲁斯（Tiberius Gemellus）为共治者（现在已经可以肯定，继承人必须在皇室家族中挑选）。公元37年，提比略去世，享年77岁。罗马人闻讯后欢呼雀跃。毫无疑问，提比略那令人沮丧的晚年岁月完全遮蔽了其历史功绩。

意大利的繁荣

意大利是罗马帝国良好治理的最大获益者。罗马不列颠学院（British School at Roma）对伊特鲁里亚南部地区的田野调查表明，当地在公元1世纪时是点缀着舒适的农舍和富裕阶层的别墅的乡村。得益于宜人的气候、优良的火山灰土壤，坎帕尼亚一直是意大利最富庶的地区之一，尤其受到人们的青睐。20世纪60年代，英国考古学家莫利·科顿（Molly Cotton）经过精心发掘，在卡普亚附近的圣罗科（San Rocco）发现一处农舍的遗址。该农舍在奥古斯都统治时期被扩建为一座富丽堂皇的别墅，又在公元1世纪时加盖了一间大浴室。随着商业机会的增加，当地的经济基础也发生了改变。这里新出现了许多压榨橄榄油的作坊和制瓦作坊（当我参加此处的发掘工作时，曾负责清理那些用于储藏田野产物的储物罐［dolia］）。这种情况似乎在意大利大部分地区十分常见。由于向帝国新平定的地区出口橄榄油、葡萄酒、陶器等商品的机会增加，当地的农业发展受到了刺激。[①]

随着富裕的土地所有者巩固了他们在日益扩张的市场中的优势地位，意大利的财富分配可能愈发变得不均。传统的元老贵族阶层显然是帝国统治最重要的受益者，这可能也是他们在政治上保持静默的一大原因。小普林尼（约公元61—113年）的书信就为我们提供了一个年代稍晚但极具代表性的例子。小普林尼拥有大片好田产（收成好的年景，仅他在翁布里亚的田产就能带来40万塞斯特斯的收入）。虽然他忙于公务，经常出庭、管理国家金库、担任鸟卜师，最终在公元2世纪初成为比提尼亚-本都行省的总督，但他仍然有充足的时间管理田产、享受优雅的田园生活、体验乡间的宁静与美景、在别墅中阳光充足的角落读书或给朋友们写信。小普林尼对科莫湖（Como）周边的地产特别有感情，这是他的家族世代传承的产业。尽管和要好的朋友塔西佗一样，小普林尼也被图密善吓到了，但他在书信中呈现出来的精英阶层的政治生活更加美好。小普林尼在书信中从

[①] 参见：Tim Porter, *Roman Italy*, London, 1987。该书仍有重要的参考价值。

不涉及塔西佗详细描写的那些荒诞且残酷的宫闱秘事、而是书写他对第三任妻子卡尔普尼娅（Calpurnia）的真挚柔情。对小普林尼来说，书信是一个利用闲暇增进友谊与爱情的世界。在小普林尼与皇帝图拉真的通信中，双方始终保持着相互尊重的语气。

和所有财富迅速增长的时代一样，旧统治阶级的经济地位受到那些新富者的挑战。一位名叫佩特罗尼乌斯（Petronius）的元老在其小说《萨蒂利孔》（*Satyricon*）中对这些新富者极尽嘲讽。在该作品传世的片段中，中心人物是特里马尔奇奥（Trimalchio）。此人生来是奴隶，在一场奢华的盛宴上吹嘘自己如何同时满足了主人夫妇的性欲从而获得自由，并与皇帝一同继承了主人的财富。他幸运地把握住商机，从而有了足够的资金投资土地，因此能够模仿贵族的生活模式。但事实上，他与名门望族的世界格格不入。特里马尔奇奥喜欢四处炫耀，以羞辱自己的奴隶为乐，并吹嘘要建一座宏伟的陵墓让世人铭记。这个人物以夸张的方式表明，极少数人可以获得丰厚的收入（目前尚无确切的史料反映大众的生活情况，例如佃农或小土地所有者，他们的生活无疑是困难的，即便是在这个相对繁荣的时期）。

卡里古拉

提比略的继承者是盖尤斯，他的绰号是卡里古拉（Calligula）——"小军靴"。这个绰号源于他在孩童时便与他颇受欢迎的父亲日耳曼尼库斯一同在军营中生活。卡里古拉的性格更像特里马尔奇奥而非小普林尼。卡里古拉继承了皇帝的权力，成为罗马帝国唯一的统治者，并在一日之内被元老院授予全部权力。这表明，一旦认识到没有其他继承人时，元老们是多么乐于默然接受权力的移交（提比略·格美鲁斯只被授予荣誉头衔，但不出一年便被边缘化，并遭到暗杀）。

元老们很快对他们热情支持卡里古拉感到后悔。卡里古拉只有24岁，还未经受过考验。例如，他没有成功统率军队的经验。但现在他突然拥有了皇帝那巨大且没有经过严格界定的权力，以及大量的财富（据说有23亿塞斯特斯的财产）。他清楚地知道，作为罗马皇帝必须拥有某种影响力，因此开始肆意挥霍，一年内便花掉了大部分遗产。一个非常具有代表性的

地图13（a） 罗马帝国西部领土

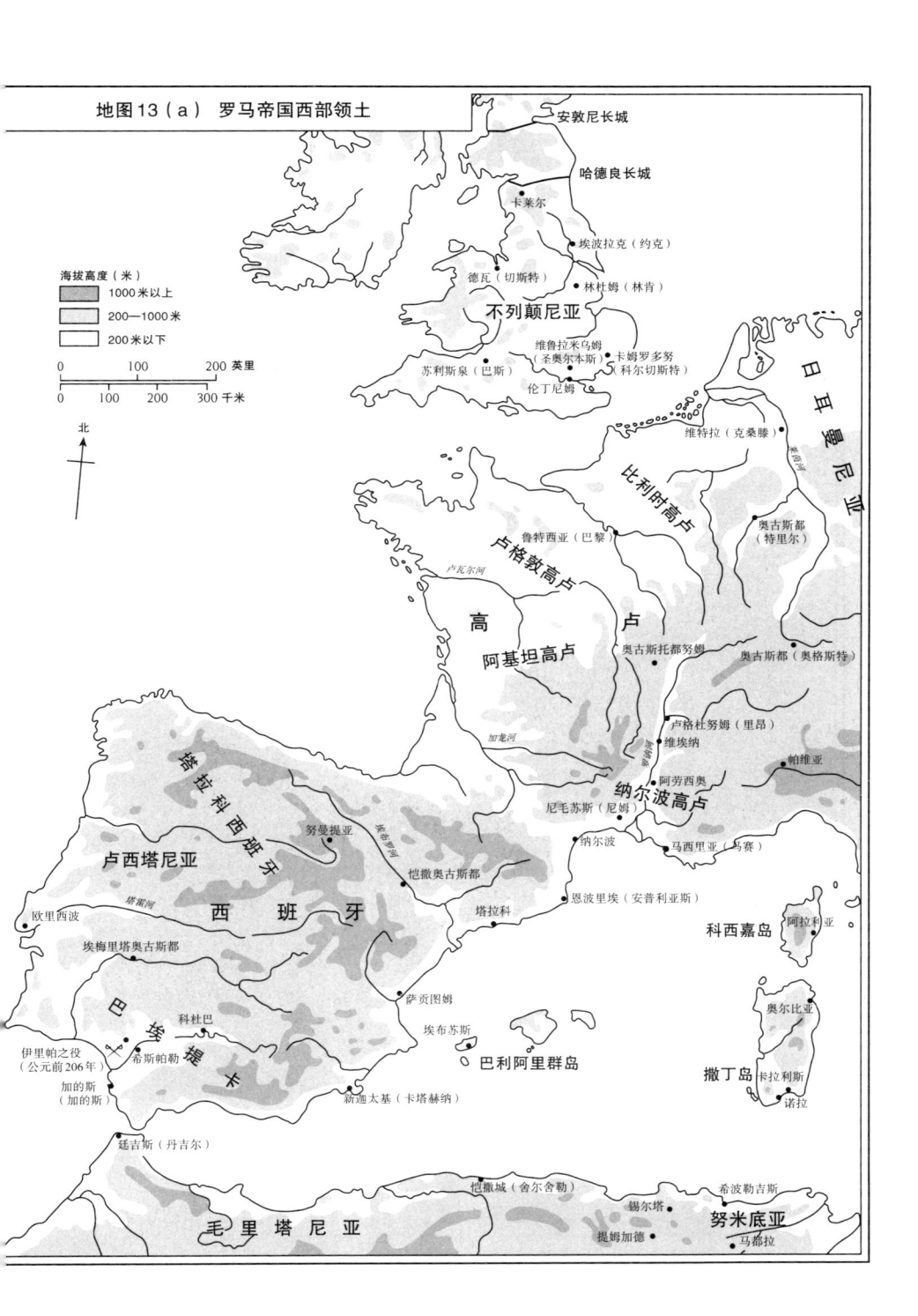

海拔高度（米）
- 1000米以上
- 200—1000米
- 200米以下

0　　100　　200 英里
0　100　200　300 千米

北

安敦尼长城
哈德良长城
卡莱尔
埃波拉克（约克）
德瓦（切斯特）
林杜姆（林肯）
不列颠尼亚
维鲁拉米乌姆（圣奥尔本斯）
卡姆罗多努（科尔切斯特）
苏利斯泉（巴斯）
伦丁尼姆
维特拉（克桑滕）
日耳曼尼亚
奥古斯都（特里尔）
比利时高卢
鲁特西亚（巴黎）
卢格敦高卢
奥古斯都（奥格斯特）
高
阿基坦高卢
卢
奥古斯托都努姆
卢格杜努姆（里昂）
维埃纳
帕维亚
阿劳西奥
纳尔波高卢
尼毛苏斯（尼姆）
纳尔波
马西里亚（马赛）
恩波里埃（安普利亚斯）
科西嘉岛
阿拉利亚
塔拉科西班牙
努曼提亚
埃布罗河
恺撒奥古斯都
卢西塔尼亚
塔拉科
西班牙
塔霍河
奥尔比亚
欧里西波
埃梅里塔奥古斯都
撒丁岛
卡拉利斯
巴
埃
斯
提
卡
科杜巴
萨贡图姆
伊里帕之役（公元前206年）
希斯帕勒
埃布苏斯
诺拉
加的斯（加的斯）
新迦太基（卡塔赫纳）
巴利阿里群岛
廷吉斯（丹吉尔）
恺撒城（舍尔舍勒）
锡尔塔
希波勒吉斯
毛里塔尼亚
提姆加德
努米底亚
马都拉

地图13（b） 罗马帝国东部领土

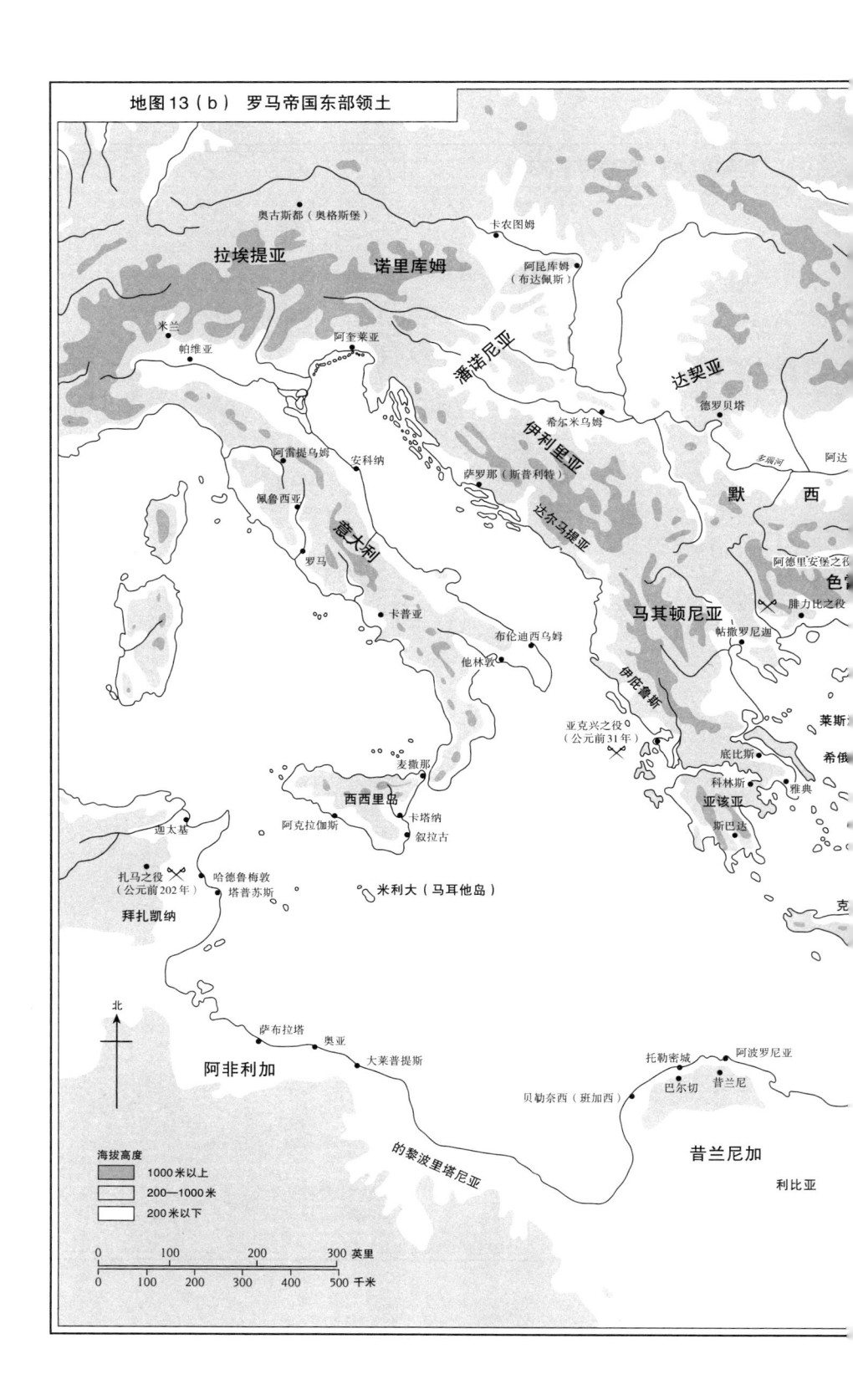

- 奥古斯都（奥格斯堡）
- 卡农图姆
- 拉埃提亚
- 诺里库姆
- 阿昆库姆（布达佩斯）
- 米兰
- 帕维亚
- 阿奎莱亚
- 潘诺尼亚
- 达契亚
- 德罗贝塔
- 多瑙河
- 阿达
- 阿雷提乌姆
- 安科纳
- 希尔米乌姆
- 萨罗那（斯普利特）
- 伊利里亚
- 默西
- 佩鲁西亚
- 意大利
- 达尔马提亚
- 罗马
- 阿德里安堡之役
- 色
- 卡普亚
- 马其顿尼亚
- 腓力比之役
- 布伦迪西乌姆
- 他林敦
- 帖撒罗尼迦
- 伊庇鲁斯
- 亚克兴之役（公元前31年）
- 莱斯
- 希俄
- 底比斯
- 科林斯
- 雅典
- 亚该亚
- 麦撒那
- 西西里岛
- 卡塔纳
- 斯巴达
- 阿克拉伽斯
- 叙拉古
- 迦太基
- 扎马之役（公元前202年）
- 哈德鲁梅敦
- 塔普苏斯
- 米利大（马耳他岛）
- 拜扎凯纳
- 克
- 北
- 萨布拉塔
- 奥亚
- 大莱普提斯
- 托勒密城
- 阿波罗尼亚
- 贝勒奈西（班加西）
- 巴尔切
- 昔兰尼
- 阿非利加
- 的黎波里塔尼亚
- 昔兰尼加
- 利比亚

海拔高度
- 1000米以上
- 200—1000米
- 200米以下

0 100 200 300 英里
0 100 200 300 400 500 千米

黑　海

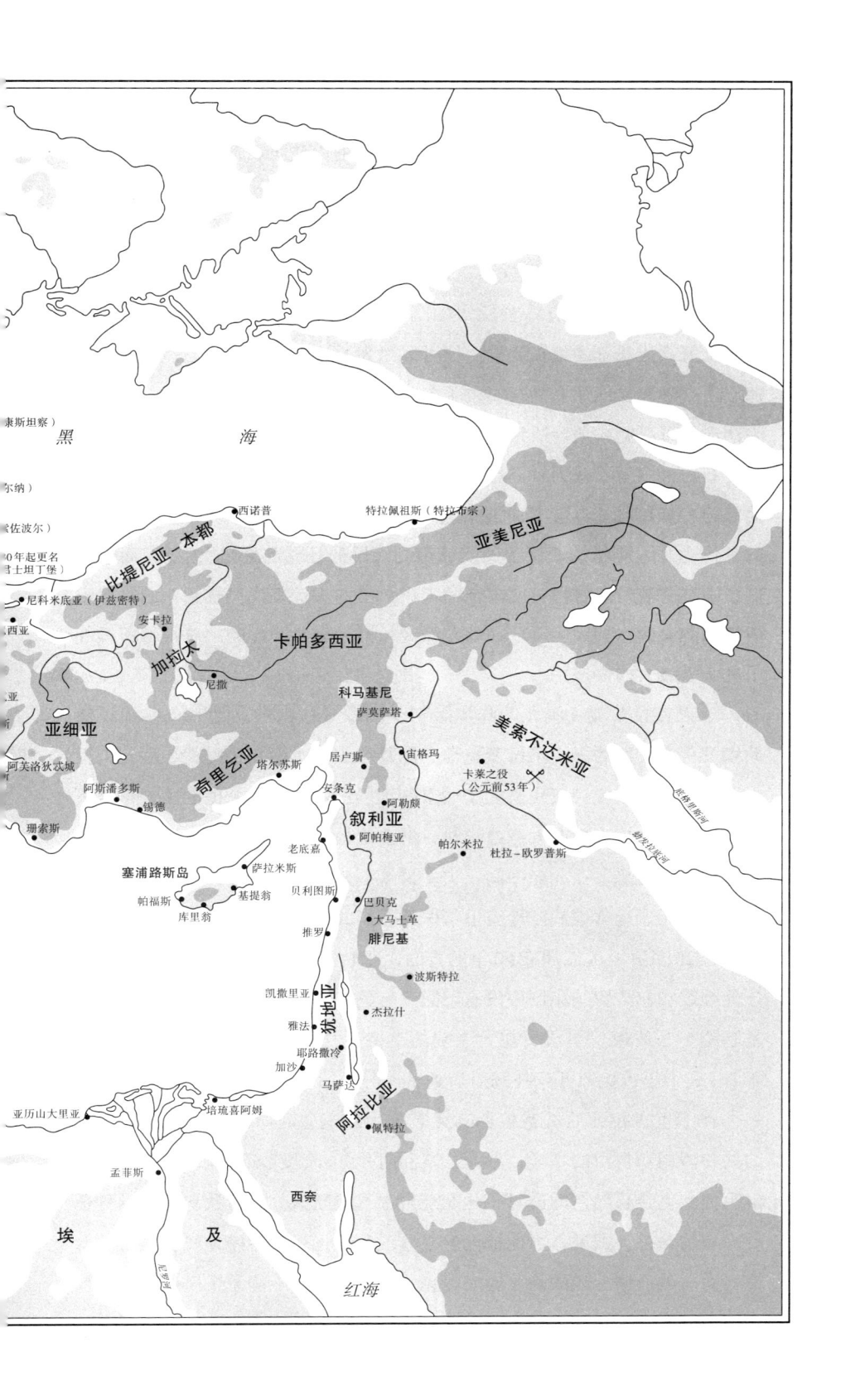

比提尼亚-本都
西诺普
特拉佩祖斯（特拉布宗）
亚美尼亚
尼科米底亚（伊兹密特）
安卡拉
加拉太
卡帕多西亚
尼撒
科马基尼
亚细亚
萨莫萨塔
美索不达米亚
奇里乞亚
塔尔苏斯
居卢斯
宙格玛
阿芙洛狄武城
卡莱之役
阿斯潘多斯
安条克
（公元前53年）
锡德
阿勒颇
珊索斯
叙利亚
阿帕梅亚
帕尔米拉
杜拉-欧罗普斯
塞浦路斯岛
老底嘉
萨拉米斯
帕福斯
基提翁
贝利图斯
巴贝克
库里翁
推罗
大马士革
腓尼基
波斯特拉
凯撒里亚
雅法
杰拉什
犹地亚
耶路撒冷
加沙
马萨达
阿拉比亚
亚历山大里亚
佩特拉
培琉喜阿姆
孟菲斯
西奈
埃
及
红海

事例是，卡里古拉建造了一座长达3罗马里的跨越贝亚湾（Bay of Baiae）的舟桥，似乎只是为了证明这并非不可能。他的那些宠臣，比如一位战车驭手，可能突然被授予了多达200万塞斯特斯的赏赐。

　　卡里古拉之所以做出这些荒唐行为，并不仅仅因为他还不成熟。他的性格反复无常，并有一种反常的幽默感。有记载显示，他喜欢控制他人，以侮辱或残忍的处罚为乐。他可以"为了让人们体验死亡"而把人杀掉。还有一次，他命人鞭打一位著名演员，并要求行刑者下手慢一点，因为这样他可以更久地聆听演员用美妙的歌喉发出的尖叫。卡里古拉的权力不受制约，以至于认为自己已经超越了凡人。提比略曾拒绝西班牙居民为他修建神庙的请求（据塔西佗转述，提比略曾说："我是个凡人，我履行的是作为凡人应尽的职责……能够得到人民的怀念已经足矣。"），而卡里古拉则喜欢装扮成各种神明。他命人用自己的头像替换奥林匹亚的一尊宙斯神像的头颅，并因为下令在耶路撒冷圣殿中放置同样的一尊雕像而激起了犹太人极大的愤怒。

　　卡里古拉荒诞、铺张的作风最初受到罗马民众的欢迎。这些娱乐活动以及一些巨额的开支不可避免地会惠及穷人。然而在钱财耗尽后，卡里古拉试图征收新税。新税落在了城市贫困居民的身上，令他的民望迅速下降。当卡里古拉出现在大竞技场时，群众因他毫不体恤民间疾苦而对他表示出极大的憎恶。在元老中间，失望情绪蔓延得更加迅速。卡里古拉蔑视元老院。元老经常被武断地安上叛国的罪名并被迫自杀。这个倒行逆施的人现在20多岁，可能还有50年的寿命，很快，事情变得很明显，不可能让他继续掌权。罗马宪制中没有废黜皇帝的方法，所以唯一可行的方法便是暗杀。一些近卫军成员在元老院的支持下开始拟定暗杀计划。公元41年1月，卡里古拉离开竞技场后遭到密谋分子的袭击，身中数剑而死。

　　在卡里古拉死后的空位期，元老院中还能暂时听到罗马贵族阶层对旧共和体制和自由的呼唤。然而，共和时代如今已经不可能恢复了。当近卫军拥立克劳狄乌斯即位时，元老院再次选择默认。克劳狄乌斯是日耳曼尼库斯的弟弟。据说，当他被近卫军发现时，正战战兢兢地躲在皇宫的窗帘后面。无论这一说法是否属实，克劳狄乌斯迅速冷静下来。他赏赐了近卫军，后来这在近卫军那里成了惯例。有了近卫军的支持，加上他的身世背景，已足以确保他继承皇位。

克劳狄乌斯

罗伯特·格雷夫斯（Robert Graves）的小说——《我，克劳狄乌斯》（*I, Claudius*）和《"神明"克劳狄乌斯》（*Claudius the God*）（德里克·雅各比[Derek Jacobi]后来在根据这两部小说所改编的著名电视剧中出色地演绎了克劳狄乌斯一角）——使克劳狄乌斯这个人物深入人心。克劳狄乌斯可能自出生起就罹患脑瘫，无法正常控制肢体。当他不得不在公开场合讲话时，会口吃。但他的思维没有受到这些身体问题的影响。在一个公开露面如此重要的时代，他的家人有意让他远离公众视线。不过作为一种补偿，他也因此发展出对学术的广泛兴趣。克劳狄乌斯较之此前的任何一位罗马皇帝都更清晰地了解罗马的发展历程，也似乎有自信比前几任皇帝做得更好。①

克劳狄乌斯的弱点是在元老院和军队没有核心的支持力量。元老院觉得克劳狄乌斯是被强加给他们的，军队也从未接受过他的指挥。他尽力修复他在元老们心目中的地位，并经常在元老院中发表演讲。但他怀疑元老们的能力。他决定吸纳高卢行省的地方豪族进入元老院。这项颇具长远眼光的政策招致很多守旧的元老的憎恨。克劳狄乌斯与元老院的关系并不融洽，甚至一度剑拔弩张，也出现了一些针对他的阴谋。在他统治时期，共有35名元老被处死。

军队为克劳狄乌斯提供了一个更令人满意的机会。作为罗马皇帝，他可以通过征服战争获得荣誉。征服不列颠已经被讨论了数十年。恺撒的经验表明，罗马帝国的首次跨海远征恰如后世的火箭发射那样引人瞩目。这场远征还有一些更加务实的原因。虽然不列颠的许多部落酋长已经同罗马缔结了外交关系，甚至以罗马钱币为模板发行了自己的钱币，但不列颠各个部落之间经年累月的争斗已经威胁到了罗马贸易路线的安全，以致不列颠的谷物、皮毛和铁器无法顺利经过英吉利海峡运往莱茵河沿岸的驻

---

① 有关克劳狄乌斯的优秀传记，参见：Barbara Levick. *Claudius*, New Haven and London, 1990。

军。另外，罗马一直担心不列颠会出现一个统一各部的酋长，在西方对抗帝国。这次远征可以稳定不列颠南部地区，巩固对当地的统治，还可以用战利品弥补卡里古拉执政时期挥霍所造成的财政亏空。凡此种种，特别是克劳狄乌斯的政治需要，使这次入侵颇具吸引力。

罗马高效地征服了不列颠南部。公元43年，4万罗马大军渡过英吉利海峡，很快就控制了不列颠南部地区（克劳狄乌斯虽然没有军事经验，但有任命称职指挥官的过人天赋）。从罗马远道而来的克劳狄乌斯亲率一队战象，令人印象深刻，又适时亲率部下进入卡图维勒尼人（Catuvellaunian）的首都卡姆罗多努城（Camulodunum，今科尔切斯特市［Colchester］），并在这里接受了11个战败的不列颠部落首领的效忠。与提比略一样，克劳狄乌斯并不是特别钟情于将自己神化，但是他确实允许部下在科尔切斯特为自己修建了一座神庙，为被罗马打败的不列颠各部落提供一个情感和忠诚的寄托之处。这座神庙的地基依然完好地保存在后来征服不列颠的诺曼人在科尔切斯特修建的城堡下面。

不列颠各部落的投降，已经足够让克劳狄乌斯回到罗马举行一场豪华的凯旋仪式。在胜利的狂喜中，他出生于公元41年的小儿子被更名为不列颠尼库斯（Britannicus，"不列颠征服者"的意思），罗马在全帝国还发行了宣布这一胜利的钱币。与此同时，不列颠的战事仍在继续。20世纪30年代，英国考古学家莫蒂默·惠勒（Mortimer Wheeler）爵士通过对多塞特郡梅登堡（Maiden Castle）周边的一些乱葬坑的考古发掘，声称可以回溯罗马军队对凯尔特人的据点发起最后总攻的过程。这些乱葬坑中埋葬的就是死于罗马士兵手下的土著。

克劳狄乌斯执政13年。在此期间，帝国的政务变得更加复杂。除了不列颠，罗马帝国又在毛里塔尼亚（Mauretania）地区新建了两个行省，而色雷斯和吕西亚也在此时被并入罗马版图。罗马皇帝成为占有大量财富者。那些没有继承人的人把他们的财产遗留给皇帝在当时已成为一种习俗，特别是那些受到过皇帝赞助的。梅塞纳斯和贺拉斯均将财富遗赠给了奥古斯都，皇帝在遗嘱中说，自己继承的财产总计14亿塞斯特斯。克劳狄乌斯并不觊觎更多的财富，而且禁止仍有亲属在世者将自己指定为遗产继承人。但即便如此，他手中的财富仍在不断积聚。于是出现了所谓的皇产，即从一位罗马皇帝传至另一位罗马皇帝的大量田产，即使政变上台者也不例外。与皇帝个人的私产不同，属于皇产的土地不可以被分割，而私产则可以自由处置。皇产包括各种田产、森林、矿山。这些产业的分布极广，由皇室的经管官（procurator）管理。它们不受行省总督的辖制，俨然成了国中之国。

随着上述趋势的发展，加之元老院在公共事务上日渐力不从心，促使克劳狄乌斯开始构建自己的官僚机构。虽然学界对这个机构具体如何运作存在争议，但它似乎包括4个部门，每个部门由一个释奴领导（由于克劳狄乌斯是这些人的护主，所以他们的忠诚可以得到保证）。一个部门处理皇帝的信件，一个掌管皇帝的私人财务，一个处理申诉和法律事务，最后一个掌管文档卷宗。自公元53年起，独立于行省总督、只向皇帝个人负责的经管官开始监管帝国各处的皇产。贤明的皇帝不断将自己的财富用于增进整个帝国的福祉。共和时代的国库（aerarium）中的资金逐渐被并入皇帝个人的金库（fiscus）中。现在仍不清楚这一过程的具体细节。

帝国官僚机构的发展壮大进一步削弱了元老院的角色。元老们发现，不得不通过释奴与皇帝打交道是一种耻辱，尤其当这些释奴借机中饱私囊时。克劳狄乌斯的内务总管那耳喀索斯（Narcissus）据说临终时挣到了4亿塞斯特斯的财富，是任何一个罗马人挣到的最多的财富。克劳狄乌斯将许多职责揽到自己手中，例如为罗马供应粮食、养护道路，以进一步打击元老的威望。此举延续了奥古斯都积极插手各种公共事务的趋势，但更依靠骑士等级而非元老监管这些事务。

克劳狄乌斯施政的重点之一是如何更有效地管理罗马城。至公元1世纪，罗马已发展成为一座拥挤不堪、熙熙攘攘，甚至危险的城市，拥有大约100万人口。前工业化时代的经济根本无法支撑如此巨大的城市。而为了保持罗马的活力并维持政治稳定，帝国的经济和行政管理都不堪重负。据估计，每年大约有20万吨谷物被运往罗马，其中一大部分要免费分配给城中的贫民。一些粮食来自意大利的富庶地区，如坎帕尼亚，绝大多数产自西西里岛、撒丁岛和阿非利加行省。公元前30年后，埃及也成为罗马粮食的一大来源地。皇帝还越来越多地从自己的地产中调拨粮食。皇帝通过委任粮食供给官（praefectus annonae，annonae 一词的意思是粮食供给）来履行为罗马供应粮食的职责。运输工作主要由私人承包。为了鼓励商人提供服务，克劳狄乌斯授予那些拥有大型船只、能与政府签订6年以上的运输合同的船主种种特权，其中就包括罗马公民权。

苏维托尼乌斯塑造的那个普罗大众眼中的克劳狄乌斯形象，无疑掩盖了他的上述政绩。在世人眼中，克劳狄乌斯是一个任由他那些不择手段、诡计多端的妻子们摆布的男人，无可避免地陷入各种宫廷阴谋中。克劳狄乌斯成为皇帝时已有50岁，选择继承人势必成为一个现实问题。克劳狄乌斯的亲生儿子不列颠尼库斯，公元41年才出生，从而让他众多年长的堂兄开始觊觎皇帝的大位。不列颠尼库斯的母亲梅萨里娜（Messalina）是克劳狄乌斯的第三任妻子。她知道，若是儿子无法成为继承人，自己也将被边缘化。她肆意地利用其姿色发挥政治上的影响力（有野心的女性在由男性主宰的罗马政坛上没有别的选择）。公元48年，她竟然与一位年轻的元老盖尤斯·西利乌斯（Gaius Silius）举行了某种形式的婚礼。这种行为只能被视为公然企图罢免克劳狄乌斯，而且彻底失败了。她最终遭到揭发并被处决。

克劳狄乌斯的第四任妻子是他的侄女阿格里皮娜，声望颇高的日耳曼尼库斯之女。从政治角度来看，这桩婚姻是精明的安排，巩固了尤里乌斯家族和克劳狄乌斯家族的关系，打击了觊觎皇帝大位的势力。另一方面，阿格里皮娜有自己的儿子，且比不列颠尼库斯年长3岁，很明显是不列颠尼库斯继承皇位的竞争对手。他取了一个无所不包的名字，叫尼禄·克劳狄乌斯·德鲁苏斯·日耳曼尼库斯·恺撒。阿格里皮娜似乎迅速地巩固了自己的地位，这或许是由于克劳狄乌斯的权势正在衰弱。她自称奥古斯塔（Augusta，Augustus 的阴性形式），作为重要人物出现在公共场合，她的形象还出现在钱币上。至少有一个罗马新殖民地以她的名字命名。她的主要目标在于安排尼禄成为继承人。公元52年，年方13岁的尼禄被授予成年的标志——成年托加（toga virilis）。就理论而言，他已经可以担任皇帝。不列颠尼库斯直到公元55年方能获得同样的地位，所以阿格里皮娜必须快速采取行动。公元54年10月，克劳狄乌斯去世，据说是因为吃了阿格里皮娜献上的毒蘑菇。年仅16岁的尼禄被宣布为皇帝。不列颠尼库斯距成年还差4个月，不能继承皇位。但他在达到14岁的法定年龄前，就在一次宴会上一命呜呼。尼禄宣称不列颠尼库斯死于癫痫。

尼禄

在传说中，尼禄是一个反复无常的暴君，但他对自己作为皇帝似乎确实有某种始终如一的看法，即使他的榜样是希腊化式的，而非罗马式的。尼禄可能想过一种极其奢华的生活，也乐于扮演文化赞助者的角色。他的确有点儿诗人和音乐家的天赋，也拥有对希腊艺术的真正兴趣。他推动了诗歌和散文写作的小规模复兴。该时期，一位来自西班牙的诗人卢坎（Lucan，公元39—65年）因《法萨利亚》（*Pharsalia*）这首讲述恺撒与庞培之间的内战的长诗而被后人所铭记。（与其他人一样，卢坎后来与尼禄交恶，最终被迫自杀，年仅25岁。）尽管如此，当时的罗马人仍然对东方的习俗存在偏见。公元60年，尼禄举办了一项希腊式赛会——尼禄节（the Neronia）。令更传统的罗马人惊讶的是，他亲自参加了竞赛，更令人尴尬地鼓励元老们也参赛。在罗马人眼中，问题更严重的是，尼禄不但缺乏军事经验，也毫无兴趣追求任何武功。维持军队的良好秩序只能依靠地方指挥官的主动性。[①]

在尼禄执政的最初几年，这倒不是什么太大的问题。克劳狄乌斯为他留下一个稳定且治理良好的帝国。尼禄得到了首席顾问塞内卡（Seneca）和近卫军长官布鲁斯（Burrus）的很好的服务。他们迫使阿格里皮娜离开了皇宫。塞内卡还在元老院发表演说，缓和了皇帝和元老们的关系。与尼禄之后的统治相比，这段时间后来被视为黄金年代。

塞内卡被后人视作罗马斯多噶主义最明确的倡导者。如前文所述，斯多噶学派认为，世界是一个共同体，四海之内皆兄弟；世界在一种主宰

[①] 有关尼禄的优秀传记作品，参见：Miriam Griffin, *Nero: The End of the Dynasty*, London, 1984; Edward Champlin, *Nero*, Cambridge Mass. & London, 2003。后者试图从一种更为同情尼禄的立场出发进行研究。

性力量的仁慈关怀下不断演进；个人既是这种力量的一部分，也受其支配；尽管个人无法控制这个框架，但他可以在帮助实现整个目标方面发挥作用。与伊壁鸠鲁学派不同，斯多噶学派认为个人有义务参与公共生活，要求个人在力所能及的时候维护道德秩序，在力不从心的时候忍受事态的发展。斯多噶主义因此十分契合罗马的传统价值理念：服务国家、不计个人得失、勤勉和敬畏天命。维吉尔笔下的埃涅阿斯就集中体现了斯多噶主义所宣扬的勇气、忠诚、坚定和虔诚等品德。

但斯多噶主义本质上是保守的家长制哲学。斯多噶主义主张善待奴隶，但从未以人类的兄弟情谊的名义建议废除奴隶制。然而斯多噶学派仍可以激发人们的反抗精神。共和时代斯多噶主义的代表就是小加图（公元前95—前46年）。他无所畏惧地为元老院和共和理想辩护，听闻恺撒推翻旧秩序后自杀。之后的斯多噶主义者主张反对那些推行专制统治、扰乱世界自然进程的暴君。尼禄和图密善都曾面对斯多噶主义者的反对（尽管人们长期以来一直在争论，这些人是因为自身是斯多噶主义者而反抗，还是变成了斯多噶主义者以下定决心反抗）。

斯多噶主义者可能会显得严厉而不屈不挠。塞内卡的重要性在于将斯多噶主义人性化（塞内卡在尼禄的统治下获得了巨额财富，并享受着权力，一些人因此认为他太具有人性了）。塞内卡著述颇丰，且并不限于哲学，其作品还包括诗歌、悲剧和科学论著（直到亚里士多德的著作被重新发现为止，他在科学领域的代表作《自然问题》[Naturales Questiones]一直是不容置疑的权威著作），甚至还有讽刺克劳狄乌斯的作品。塞内卡的哲学作品主要讨论诸如愤怒、宽仁及幸福的真谛。塞内卡与朋友卢基里乌斯（Lucilius）素有信件往来，其中有124封书信传世，他在这些信件中是最平易近人的。他通过轻松的对话来传达斯多噶主义思想，并将之与现实生活相联系，例如，卢格杜努姆（今法国里昂）毁于大火、日常生活中如何对待奴隶、如何应对大批民众造成的不良影响等。

塞内卡构建稳定政府的希望很快成为泡影。尼禄仍然年轻且经验不足，童年时代又饱受皇室家族内部病态的紧张气氛和相互倾轧的荼毒。他的一些行为仅仅是青少年的叛逆，例如深夜在罗马的大街上游荡。毫不奇怪，他开始对睿智的顾问丧失耐心（公元58年，塞内卡受到公开的责难，最尖锐的指责是他在鼓吹斯多噶哲学的同时为何能积聚这么多的财富）。尼禄的行为逐渐变得更加邪恶。公元59年，他在情妇波派娅（Poppaea）的唆使下决定谋杀母亲。他最初计划用一条会散架的船淹死母亲，却以一场闹剧告终。尼禄索性派人将她杀害。在某种意义上，这标志着尼禄的成年。但杀死在其生命中占有如此重要地位的女性无疑也给他留下了巨大的心理阴影。

恐怖的统治很快就开始了。尼禄的妻子屋大维娅，可能也包括布鲁斯，都成了受害者。塞内卡被解除权力，之后被迫自杀（无论塞内卡的生活方式如何，塔西佗笔下的塞内卡之死成为斯多噶主义者的典范，并成为后世西方艺术创作中的一个受欢迎的主题）。公元64年，罗马的大部分城区被大火焚毁。很快便有传言说是尼禄纵的火。几乎可以肯定，火不是尼禄放的，但是尼禄把罗马城内一小批讲希腊语的基督徒作为替罪羊，施以残酷迫害，从而进一步摧毁了他在民众心目中的形象。

尼禄为了修复被焚毁的罗马城中心地区，决定建造一座巨大的宫殿——黄金屋（Domus Aurea）。黄金屋占据了整个罗马城中心，宫殿大门前矗立着尼禄的巨型雕像。尼禄通过令货币贬值来支付建造宫殿的巨额花费。威格斯（Wags）评论道，为了给这座巨大的宫殿腾地方，罗马市民将不得不搬到维伊去，当然，除非它只盖到了维伊！黄金屋内部装修十分豪华。据苏维托尼乌斯记载，黄金屋内"所有的物件都是镶金的，用宝石和贝壳装饰；餐厅的镶板用象牙制成，可以移动，餐厅还有飘过花香和香水香气的开口"。壁龛中装饰着从希腊掠夺的雕像，其中包括掠自帕加马的《垂死的高卢人》。墙壁上绘有精美的壁画。这些壁画保留至16世纪，并启发了文艺复兴时期艺术家们的灵感。这些艺术家沿绳索下到阴冷黑暗的废墟中临摹壁画（图拉真在黄金屋的废墟上兴建了一座皇家浴场）。

到目前为止，罗马帝国中央政府的松懈控制正在各行省产生影响。大约在公元60年，一名经管官在不列颠的麻木不仁导致艾西尼（Iceni）部落在其首领布狄卡（Boudicea）的领导下揭竿而起。被摧毁的科尔切斯特城的灰烬在考古发掘中仍可以看到。罗马只有通过疯狂的镇压才重新掌控了局面。公元62年，一支罗马军队再度被帕提亚羞辱。经过这次实力展示，两国最终达成折中方案：亚美尼亚作为罗马与帕提亚之间缓冲国的地位得以稳固，但罗马被迫承认帕提亚的王子梯里达底（Tiridates）担任亚美尼亚国王。各地的叛乱中，最激烈的当属公元66年的犹太人起义。一位依靠波派娅的裙带关系而当上总督的希腊人在当地倒行逆施，终于引发了犹太人的反抗。在之后持续数年的镇压中，可能有100万犹太人遇难。时值亚美尼亚国王梯里达底前往罗马接受尼禄册封，这场惨烈的行省动乱于是被盛宴和赛会所遮蔽。尼禄将罗马在东方事实上遭遇的挫败展示为一场胜利。在帝国东部，尼禄被称为"救世主"。

在罗马，尼禄受到的压力与日俱增。发生了多起针对他的阴谋，许多德高望重的元老都牵涉其中。但尼禄最终挫败了这些阴谋，在此过程中也清洗了许多优秀的管理者。当时最有能力的指挥官、塔西佗心目中的英雄多米提乌斯·科尔布罗（Domitius Corbulo）不仅成功地保卫了日耳曼边境，并在亚美尼亚发起了一场战役，一举恢复了罗马在东方的威望。尼禄日益嫉妒科尔布罗的成就，在公元67年命其自杀。同时被杀的还有其他3位行省总督。尼禄必定是觉察到自己因缺乏军事经验而不堪一击。侵占他人财富亦是尼禄掀起政治迫害的动机。据说，他处决了阿非利加行省的6位巨富以没收他们的土地和财富，阿非利加地区半数的土地尽归他所有。

可能是为了逃避充满敌意的气氛，尼禄决定启程前往东部，希望在那里能够找到知音，以满足自己对掌声的渴望。公元67年一整年，尼禄都在希腊各地巡行，并为了参加那些古老的赛会而更改其举办时间以配合自己的行程。无论是作为赛车驭手、演说家，还是竖琴演奏家，他都能毫无悬念地从那些吓坏了的裁判手中接过冠军的奖励。尼禄的希腊之旅是滑稽可笑的，但他是首位对希腊文化感兴趣的罗马皇帝，这或许也标志着希腊人开始认同罗马帝国（见专题8）。尼禄返回罗马时，满载着各种优胜桂冠。值得注意的是，他把它当作一场军事胜利来举行表演加以庆祝。这是对罗马政治生活中最负盛名的仪式的亵渎，军队中残存的忠诚肯定都是因此而被破坏的。

地方豪族也对尼禄的不称职怨声载道。这种不满又因尼禄通过增加税赋来筹措重建罗马城的资金而加剧。公元68年，高卢行省爆发了叛乱，其领导者是盖尤斯·尤里乌斯·文德克斯（Gaius Julius Vindex），他是一位罗马化的凯尔特贵族，也是卢格敦高卢（Gallia Lugdunensis）行省的总督。文德克斯谴责尼禄已经威胁到了罗马的传统的尊严："尼禄劫掠整个罗马世界，消灭元老院的菁华，行为放荡并杀害自己的母亲，甚至无法维持皇帝的尊严与体面。"文德克斯随后与西班牙地区的一个行省总督塞尔维乌斯·苏尔皮基乌斯·加尔巴（Serius Sulpicius Galba）建立了联系。加尔巴时年71岁，被他的部队誉为统帅。据苏维托尼乌斯记载，尼禄获悉叛乱的消息时，恰逢其母的周年祭日。若立即采取行动，尼禄或许可以摆脱困境：文德克斯的部队面对莱茵河军团时一触即溃，而加尔巴麾下仅有一个军团（不过，加尔巴迅速招募了另一个军团）。然而，当尼禄为自己构建的虚幻世界坍塌时，他惊慌失措，不顾一切地企图前往东部，以为自己可能会在那里受到欢迎。元老院和近卫军（他们的辛劳再一次得到了丰厚的回报）倒向加尔巴，宣布其为新皇帝。正在郊区别墅中等待登船离开意大利的尼禄自杀身亡。

公元69年：漫长的叛乱之年

尼禄之死标志着尤里乌斯-克劳狄乌斯王朝的终结。尼禄在家族中没有直接继承人，皇帝的大位只能通过武力争夺了。专制统治已经成为一种既定的秩序，没有人能够提供其他政治制度，而元老院除了对事件做出反应，无计可施。加尔巴坐视自己的优势逐渐丧失。他缓慢地向罗马推进，又拒绝用金钱巩固自己的地位，并且几乎冒犯了每一个潜在的支持者。公元69年初，莱茵河军团叛乱，拥立下日耳曼行省总督奥鲁斯·维特里乌斯（Aulus Vitellius）为皇帝。在罗马，加尔巴的一位重要支持者马库斯·萨尔维乌斯·奥托（Marucs Salvius Otho）在得知加尔巴决定立一个年轻的元老作为继承人后怒不可遏。奥托是卢西塔尼亚（Lusitania）行省总督，巧合的是，他还是尼禄之妻波派娅的前夫。他设法赢得了近卫军的支持，被拥立为皇帝，之后又指使近卫军在罗马广场刺杀了加尔巴。

两位针锋相对的军队指挥官为了争夺帝国的统治权而大打出手，这似乎成了共和末年的内战的重演。随着尤里乌斯-克劳狄乌斯王朝子嗣的断绝，已经没有其他任何方式可以决定皇位的继承人。奥托和维特里乌斯的冲突似乎也被塑造为"东方"与"西方"的冲突。维特里乌斯受到西班牙、高卢和不列颠的支持；奥托则控制着意大利、阿非利加和东方。这场内战很快便决出了胜负。维特里乌斯率军攻入意大利，于4月在克雷莫纳击败奥托。奥托自杀后，元老院例行公事地宣布维特里乌斯为皇帝。

这次轮到维特里乌斯挥霍自己的胜利了。除了莱茵河各军团，他从未从其他方面获得任何支持，令其他竞争者有机可乘。此人便是提图斯·弗拉维乌斯·韦斯帕芗（Titus Flavius Vespasianus）。韦斯帕芗出身一般，其祖父出生于意大利，曾任百夫长，父亲则在亚洲当包税商。尼禄曾委派韦斯帕芗镇压犹太叛乱，正是因为后者的行省出身使之不大可能成为对手。然而，韦斯帕芗已经拥有了一个成功的职业生涯：他最初在不列颠的战事中担任指挥官，后担任执政官，卸任后成为阿非利加行省的总督。韦斯帕芗最先被埃及行省总督拥立为皇帝，并且得到了多瑙河边境和叙利亚的驻军，以及他在犹地亚以及埃及的部队的支持。韦斯帕芗前往埃及，因为他知道可以通过威胁罗马的粮食供应来施加压力。

与此同时，驻扎在多瑙河沿岸的各军团率先发难，开始向意大利进军，并在克雷莫纳附近，也就是维特里乌斯当初击败奥托的地方，击败了维特里乌斯的军队。塔西佗详细描述了获胜的罗马士兵洗劫克雷莫纳城，这段描写足以媲美修昔底德。多瑙河军团随后继续向罗马进军。维特里乌斯和韦斯帕芗的支持者之间爆发了内战。擅长政治投机的近卫军现在选择支持维特里乌斯，最后被剿灭。随着韦斯帕芗的支持者——叙利亚总督穆奇阿努斯（Mucianus）——率军赶到意大利，和平得以恢复。鉴于韦斯帕芗有两个儿子，特别是长子提图斯（Titius）早已成名，穆奇阿努斯宣誓效忠韦斯帕芗。出现稳定的王朝现在成了可能。韦斯帕芗得到了元老院的承认，但他把埃及军队拥立他为皇帝之日视为自己统治的开端，表明他对元老院的作用一点也不尊重。在一项决议中，元老院谦恭地表示，承认韦斯帕芗之前所做的一切决定均具有法律约束力。

关于公元69年的政治斗争，最引人注目的可能是它们几乎没有动摇罗马帝国的制度。韦斯帕芗是一个篡位者，用塔西佗的名言说，他是"一位在罗马之外就任的皇帝"，却顺畅地融入了帝国的政治框架。元老院几乎毫不迟疑地把授予前任皇帝的各项权利——召集元老院会议、向元老们提出建议，以及向日益无实权的民众集会提名官员候选人的权利——统统授予了他。

弗拉维王朝诸帝

弗拉维王朝共有3位皇帝：韦斯帕芗（69—79年在位）及其两个儿子提图斯（79—81年在位）和图密善（81—96年在位）。他们代表了罗马帝国历史发展的一个新阶段，表明皇帝可以不必出身罗马的名门望族，完全仅凭借个人能力获得权力。韦斯帕芗没有让人们失望。他是继奥古斯都之后，首位能与形形色色的支持者、元老院、军队和罗马人民保持良好关系的皇帝。虽然韦斯帕芗性格冷峻、厉行节俭，但他清楚地知道什么才是这个帝国真正需要的——稳固的边疆、稳定的行省治理和不断扩大的公民群体以逐步培植臣民的忠诚意识。

尼禄的统治和公元69年的内战使罗马帝国动荡不安。在犹地亚，韦斯帕芗的长子提图斯血腥地镇压了犹太人的起义，并于公元70年攻陷耶路撒冷。犹太史家约瑟夫斯（Josephus）描绘了耶路撒冷城破后惨绝人寰的景象（在他的《犹太战记》[*The Jewish War*]中）。罗马军队的暴行与他笔下提图斯乃是良善之人的形象形成了无法调和的矛盾，即便有一些证据表明，罗马士兵的报复行为远远超出了提图斯原本打算施行的。帝国的西北部同样动荡不安，即不列颠尼亚行省与莱茵河沿岸地区。维特里乌斯麾下各军团的溃散使罗马在当地的统治受到极大的削弱，而且容易诱发叛乱。驻扎在莱茵河沿岸并从当地居民中招募的辅军集体叛逃，投到一个名叫尤里乌斯·奇维里斯（Julius Civilis）的日耳曼人麾下。这个尤里乌斯鼓动当地贵族建立一个所谓的"高卢"帝国。他的动机今人已不得而知。结果，这个帝国只是昙花一现。韦斯帕芗派出8个军团平息了这场叛乱。这些军团随后移师不列颠，征服了北部强大的布里甘特人（Brigantes）后，又向西深入威尔士群山中。1世纪70年代初，今日的约克、切斯特和卡莱尔得以建立。

正是在韦斯帕芗和图密善统治时期,帝国沿日耳曼边境建立了永久性的防御工事(1世纪80年代,上日耳曼行省和下日耳曼行省正式设立),确定了边界。考古学家已经能够勾勒出罗马帝国为了改善莱茵河流域与多瑙河流域之间的艰险地段的交通,而将其控制区域从莱茵河不断向北和向东推进的过程。罗马人修建了一条穿越森林的界墙(limes),每隔五六百米就修建一座瞭望塔。瞭望塔之间则修建有小型堡垒。到90年代——如果不是更早的话,全部工程完工。这条界墙由辅军在罗马军官的监督下修建。这些辅军部队都是70年代初奇维里斯叛乱后罗马官员重新组建的。

边境稳定后,罗马的军事力量逐渐从不列颠和莱茵河流域向多瑙河一线集结。这里面临着达契亚人(Dacians)的威胁。达契亚人在多瑙河以北的特兰西瓦尼亚平原上世代务农,还在平原北部的喀尔巴阡山脉开采铁矿、金矿和银矿。达契亚人中一位自信的首领德凯巴鲁斯(Decebalus)统一了当地各部落,并且表明自己对罗马的力量毫不畏惧。德凯巴鲁斯的威胁使不列颠总督阿格里古拉暂时放弃了征服苏格兰的计划。在泰河(Tay)岸边的英赫图梯(Inchtuthil)修建的一座木质堡垒被遗弃了(考古证据表明,是在公元88年左右遗弃的)。公元85年至92年间的某个时候,不列颠行省的4个军团中的一个移防至多瑙河前线。塔西佗在《阿格里古拉传》中将这次撤退描绘为揭露图密善的专横的事例。但是在别处存在重大隐患的情况下征服苏格兰高地显然并不可行,图密善的决定无疑是明智的。公元88年,图密善发起对德凯巴鲁斯的战争,迫使他成为罗马的附庸国王。

韦斯帕芗以厌恶奢靡闻名,但是他的政治直觉告诉他什么时候花钱是合理的。在他执政时期,罗马现存的最大古建筑遗址斗兽场(Colosseum)开始兴建。罗马斗兽场是罗马人兴建的最大型的建筑。大多数角斗场可同时容纳大约1.5万至2万名观众,也有一些可容纳3万人,比如北非的蒂斯德鲁斯(Thysdrus,今杰姆[El Djem])和维罗纳两地保存完好的角斗场。罗马斗兽场最多可供5万人同时观看比赛,把它们都比了下去。这座建筑在许多方面都很了不起。罗马斗兽场兴建在尼禄为其黄金屋所挖掘的一座人工湖的位置上,虽然已过去了2000年,其地基仍无沉降的迹象(韦斯帕芗收回尼禄在罗马所占的土地，将这些土地归还给那些声称拥有这些土地者；他还建造了一座和平神庙以纪念犹太战争的胜利，并将黄金屋中的艺术品悉数转移至这座神庙中）。罗马斗兽场能够让成千上万的观众快速进出，也包括作为牺牲品的角斗士和野兽。罗马斗兽场的建造工作组织得非常有效，从构想到落成仅用了10年。提图斯举办了为期100天的角斗表演来庆祝其落成，其中一次就杀死了5000多头动物。（展示慷慨被证明是提图斯短暂统治的典型特征。面对罗马的一场灾难性的大火、庞贝与赫库兰尼姆因维苏威火山爆发而毁灭、瘟疫在意大利肆虐，他在抚慰人心方面表现得格外慷慨。）[1]

至公元1世纪，角斗士的打斗是所有赛会的主要项目。角斗源于共和时期，是葬礼仪式的一部分。罗马人似乎认为，死者的灵魂需要活人鲜血的抚慰，而一场角斗可以提供所需的鲜血。角斗逐渐变得更加讲究排场，成了有抱负的政客所赞助的各类公共娱乐活动中的内容。奥古斯都时代，即便在罗马以外地区举办的各类娱乐活动，也开始与皇帝的慷慨施惠相联系，成为皇帝的赞助的重要部分（毫无疑问，部分原因是为了防范其他有野心的贵族抢他的风头）。罗马斗兽场落成之日，提图斯安排了3000名角斗士同场竞技。图拉真为庆祝达契亚战争胜利，举行了为期123天的表演，总计1万名角斗士参加。除了角斗士，角斗表演还持续需要野兽——老虎、犀牛、长颈鹿、猞猁和鳄鱼——越稀奇越好，这样就可以上演更多的人与野兽的怪异搏斗（这种形式的角斗被称为狩猎表演［venationes］）。

角斗士的世界是一个异于常人的世界。多数角斗士都是死刑犯，在角斗场上被杀不过是另一种形式的死刑。还有一些角斗士是战俘和奴隶。角斗士需要接受角斗士主人（lanista）系统化的训练。这些主人可能是退役角斗士。角斗士有很多种类：重装角斗士（murmillo）全副武装，携带长盾，佩戴有面罩的头盔，持一柄短剑；渔网角斗士（retiarius）几乎不穿盔甲，手持渔网和三叉戟；"色雷斯人"（Thracian）手执圆盾和弯刀。获胜的角斗士会成为名人，而且有可能凭借自己的格斗技艺获得赦免，即便严格说来

---

[1] 参见：Mary Beard and Keith Hopkins, *The Colosseum*, Cambridge and London, 2005。

他们在比赛中失败了。所以他们可以通过一场又一场的比赛开创一番事业。角斗士不仅勇气过人,还笼罩着雄性魅力的光环,因而很多普通罗马人被这一职业所吸引,以致法律禁止元老和骑士自降身份成为角斗士。①

大赛车场位于皇宫所在的帕拉丁山南麓,最初由伊特鲁里亚人建造,用于战车竞赛,但今天已经完全被废弃,成为人迹罕至之地,很难想象它在公元105年时所具有的最终形态的样子。据记载,赛车场长600余米,宽140米,能够容纳15万观众,是邻近的罗马斗兽场观众容量的3倍。曾担任行省总督的元老小普林尼写道:"成千上万的成年人竟然像孩子一样,热衷于观看赛马拉着载有御手的战车奔跑,一遍又一遍,真令我感到惊讶。"但罗马人的确热衷观看战车比赛。每个比赛日通常会举办24场比赛。按每辆战车需要4匹马拉动、每场比赛需要48匹马计算,整个比赛日就需要马匹1150匹之多。赛车比赛对马匹的需求量很大,以至于成群的野马被带到赛车场,以满足皇帝的需要。赛道紧密,加之战车由4匹马牵引,令战车竞技成为一项危险且极具观赏性的运动。正如罗马社会生活的方方面面,赛车竞技的过程也高度仪式化。赛前有抬着神明雕像的游行队列,比赛结束后要为获胜的驭手举行庆祝仪式。赛车驭手与名扬角斗场的角斗士都是罗马社会中妇孺皆知的名人。

角斗比赛以及各种赛会不仅仅是一种公共娱乐表演,也同样是一种政治集会。既然公民大会已经失去了权力(公元1世纪后,再无平民大会召开的记载),那么各种赛会就成为皇帝可以直接接触群众的场合。人们期待皇帝出席各项赛事(在大赛车场中,皇帝在帕拉丁山的边缘有一个包厢)、关注赛事的过程,并听取人群的各种抱怨。而在决定场上受伤角斗士的生死时,皇帝无疑是在行使他的绝对权力。正如基思·霍普金斯(Keith Hopkins)所指出的那样,"这是在一日之内反复地在世界的征服者罗马公民面前,以一种戏剧化的方式展示统治者的权力"。

皇帝们履行这项职责的热情程度各不相同。奥古斯都总是以正确的方式一丝不苟地出席,因为他知道恺撒曾因在包厢中批阅公函而招致了坏

---

① 关于角斗士的更多细节与插图,可参见:E. Kohne and C. Ewigleben, *Gladiators and Caesars: The Power of Spectacle in Ancient Rome*, Berkeley and London, 2000。

名声。奥古斯都实际上十分喜欢赛会。提比略对各种赛会毫无兴趣，仅将出席视作履行职责。卡里古拉观看赛事时，常因观众对角斗士的关注超过了对他自己的关注而发脾气。另一方面，克劳狄乌斯由于太热衷赛事而被认为有失皇帝的体面。

韦斯帕芗与之前的克劳狄乌斯一样，让骑士等级更加广泛地参与帝国的行政管理，但是他似乎没有冒犯敏感的元老。骑士阶层是一个庞大的社会群体，来自与元老具有相同财富和教育背景的土地所有者群体。因而他们对既有秩序不会形成威胁。骑士作为行政管理者，在社会层面较之释奴更容易为地方权贵接受，他们的才能也得到了很好的利用。这一过程会在接下来的几个世纪中持续推进。韦斯帕芗在提拔骑士等级时与元老院维持了和谐的关系，但图密善完全没有他父亲那么敏感，而是炫耀自己对骑士等级的任用，甚至允许骑士审判元老。这不过是图密善招致元老阶层敌意的诸多方面之一。图密善天性妄自尊大，喜欢被称作"主及神"。他还为自己谋得了终身监察官一职。由于监察官负责审查元老资格，这项权利被图密善用来剔除自己不喜欢或有所忌惮的元老。图密善对犹太教和基督教之类的外来宗教信仰特别警惕，而他日益增长的专制作风同样激起了那些深受斯多噶主义熏陶的元老们的反对。这样的皇帝更受军队的拥护，罗马城外的帝国得到了很好的治理，但在罗马，反对图密善的情绪变得越来越激烈。心怀不满的元老、近卫军长官与图密善的一些家庭成员策划了刺杀皇帝的阴谋。公元96年9月，图密善在帕拉丁山上为自己兴建的宏伟宫殿中遇刺。元老院欢欣鼓舞地下令抹除公共建筑上一切有关图密善的记载。

图拉真：模范皇帝

密谋者足够精明，指定一位名叫马库斯·寇克乌斯·涅尔瓦（Marcus Cocceius Nerva）的元老继位。年迈的涅尔瓦出身无可挑剔，虽政绩平平，但是性格温和，从不树敌。元老院认为涅尔瓦值得信任，能够处理好与元老院的关系，可以在图密善末年的恐怖统治之后提供一个稳定的时期。涅尔瓦成功做到了这一点。他颇具亲和力，不张扬，在其短暂的统治期内，致力于稳定国家的财政，恢复皇帝与元老院、意大利人民之间的良好关系

（他减轻了意大利人民的税收负担）。他的时日无多，但明智地选择了一位强有力的继承者，将之收为养子，并在公元98年1月去世之前任命其为共治者。在没有合法继承人的前提下，收养男性继承者的确是重要的一步，但这并不妨碍那些拥有子嗣的皇帝倾向于建立王朝。

这位新任皇帝就是马库斯·乌尔比乌斯·图拉真努斯（Marcus Ulpius Traianus），史称图拉真。对罗马统治集团来说，图拉真家族并不陌生，因为图拉真之父曾任执政官和叙利亚总督，但是他并非出身于意大利，而是已在西班牙定居多年的罗马人。图拉真的即位标志着选择罗马皇帝的范围进一步扩大，而且这一选择再次被证明是非常合理的。图拉真一直被后人称颂为皇帝的典范，中世纪的统治者更将之视作效仿的榜样。图拉真把对皇帝的敬拜与对罗马传统神明的敬拜结合在一起。他把为人类福祉永久劳作的赫拉克勒斯树为自己的榜样，但也允许自己和朱庇特共同出现在发行的钱币上。在他统治期间，各地修建的朱庇特神庙同时也成了皇帝崇拜的场所。①

图拉真被任命为皇帝时，正在担任上日耳曼行省总督。有意思的是，他又在日耳曼逗留了一年多才返回罗马即位。表面上看，他在巩固边疆，但也可能是为了提升自己作为军事指挥官的声望，因为武功在当时似乎是一位成功的皇帝必不可少的（拥有武功的皇帝可以在元老中获得威望，并能获得军队的支持，从而有效地遏制各种潜在的挑战）。这也标志着，皇帝的政务不必再汇集到罗马城处理。图拉真还象征着皇帝亲自统兵御敌的时代的到来。公元98年至99年冬，图拉真再次回到北方。公元101年，他对达契亚发动了战争。

身为元老的小普林尼与其他元老一样，对图密善深恶痛绝，为图拉真这位新皇帝欢欣鼓舞。他曾如此称赞图拉真办事效率高：

> 我们看到他如何满足行省的愿望，甚至满足个别城市的要求。他乐于聆听他们的请求，从不拖延回复。他们迅速在他面前出现，又迅速退散，最终，皇帝的大门不会被一群被拒之门外的大使包围。

---

① 参见：Julian Bennett, *Trajan: Optimus Princeps*, London, 2001。

图拉真与时任比提尼亚-本都行省总督的小普林尼之间有一封著名的书信，反映出图拉真对最小的细节的关注。在回答一系列问题时，图拉真没有表现出不耐烦的样子，他孜孜不倦地干预城市的事务，解决它们的争端，指导它们如何安排各自的政务。图拉真事实上成了一个大家长，而体现这种关怀的最著名事例，是他在意大利设立抚养贫困儿童基金（alimenta）。农民可以5%的利率向皇帝金库申请贷款（通常的利息是12%）。所获利息被存入一个特定账户，用于为贫困家庭的儿童购买口粮。

图拉真是罗马帝国最后一位大规模开疆拓土的皇帝。他征服了多瑙河以北的达契亚王国，之后又进攻帕提亚帝国，为帝国增加了两个新行省。图拉真发动战争的目的可能是为了追求武功。然而，这两个王国的确对罗马造成了威胁，这使图拉真有发动战争的正当理由。达契亚国王德凯巴鲁斯仍然要报复在图密善统治时期所受到的屈辱，大概没有哪个罗马皇帝能够对他坐视不理。公元101—102年、公元105—106年，图拉真先后发动了两次达契亚战争。第一次达契亚战争以休战结束。第二次战争中，达契亚人被彻底击败。德凯巴鲁斯的王宫被摧毁，他本人也被杀死。他的头颅被图拉真当作战利品带回罗马，在凯旋仪式上公开展示。从达契亚王国掠得的大量金银财宝，使人回忆起共和时代的那些伟大的征服。征服达契亚的一系列场景——在多瑙河上架桥、攻击达契亚的首都、罗马军队扎营——被一一雕刻在至今仍然矗立在罗马的图拉真纪功柱上，为后人留下有关罗马军事活动的最生动的画面，但也突出了图拉真作为获胜的统帅的形象。公元106年，达契亚被纳为行省，特兰西瓦尼亚平原很快便吸引了大批定居者。

在东方，图拉真于公元106年将纳巴泰（Nabataea）并入帝国，成为新行省阿拉比亚，从而巩固了边境。纳巴泰人是阿拉伯人的一支，垄断了阿拉伯沙漠地区的没药、乳香和香料等奢侈品的贸易，并因此致富。他们的首都佩特拉城（Petra）一直是古代最迷人的城市之一。佩特拉坐落于峡谷之中，邻近亚喀巴（Aqaba）与地中海港口加沙（Gaza）之间的主要贸易商路。纳巴泰人的国王亚哩达四世（Aretas Ⅳ，公元前9—公元40年在位）最初是罗马的附庸。他在佩特拉多彩的岩壁上雕凿出一系列令人叹为观止的建筑。这座城市还拥有发达的水利系统，可以将当地有限且不规律的降水引向水库。

公元110年，罗马与帕提亚就亚美尼亚问题再次爆发争端，从而为入侵帕提亚提供了很好的借口。图拉真向帕提亚开战，究竟是受到了征服达契亚的鼓舞以追求更辉煌的武功（如史料中所描绘的），还是小心翼翼地瞄准了罗马的另一个敌人，仍有争议。在战争的早期阶段，图拉真节节胜利，占领了亚美尼亚王国，将之纳为一个罗马行省。之后，图拉真把罗马的势力范围扩展至美索不达米亚，并向南一直延伸至波斯湾，还在此建立了一个新行省。与其他罗马指挥官一样，图拉真的榜样是亚历山大大帝，当公元116年帕提亚战事结束时，他的大军已抵达幼发拉底河的入海口，据说他眼含热泪地说道，继续前进他就能比肩亚历山大了。然而现实不允许他这么做：新吞并的土地动荡不安，帝国其他地区也不稳定——不列颠部落叛乱、犹太人起义、多瑙河下游各行省发生动乱。不管怎样，图拉真罹患重病，在公元117年去世。

哈德良

图拉真的继承人哈德良（117—138年在位）在历史上备受争议。哈德良是图拉真的表侄（通过联姻，他又成为图拉真的甥外孙女婿）。他宣称图拉真在病榻前正式指定自己为继承人。哈德良无疑是图拉真最青睐的助手，曾任执政官、叙利亚行省驻军的指挥官（哈德良在图拉真死后立即赐予叙利亚军团双倍的奖金）。然而，元老院在听闻此消息后感到震惊。之前没有任何一位皇帝在意大利以外去世，而且许多人认为这是一场政变，尤其当其他有资格继位者被一一清除后。我们不知道哈德良与这些人的死亡是否有关，但此类传闻显然无助于恢复哈德良在元老中的声誉。哈德良在位期间一直与元老院不睦。①

还有其他的原因导致哈德良与元老院的关系始终紧张。哈德良是一

---

① 参见：Anthony Birley, *Hadrian: The Restless Emperor*, London and New York, 1997。这是一部一流的著作。

位才华横溢、不安现状的人。他的性格决定了他不可能被人彻底了解。"善变、难以琢磨、薄情、仿佛生来能评判善意,通过某种形式的做作克制自己的激情,特别善于隐藏自己的嫉妒、忧郁、放荡不羁的性格,乐于炫耀而不知节制;假装自我节制、和蔼、谦和,极力掩饰他对荣誉的渴望……"这是一个显然被哈德良激怒的人对他的评价。毫无疑问,哈德良愿意远离罗马。在位的21年中,他有超过12年的时间在行省度过。在首都停留两三年后,他在外巡视了5年。哈德良的足迹遍布高卢、日耳曼边境、不列颠、西班牙和毛里塔尼亚等地,最后在希腊逗留了2年。希腊是哈德良最喜欢的地区。公元126年,哈德良回到意大利,公元128年至134年再度赴行省巡视。这次巡视的地区包括希腊、埃及和巴勒斯坦。当他的挚爱安提诺乌斯(Antinous)在尼罗河溺亡后,哈德良颁布敕令,宣布安提诺乌斯应被当作神明膜拜。全国范围内出现了数以千计的安提诺乌斯雕像,作为皇帝痛失爱人的永远纪念。在巴勒斯坦,哈德良重建了自公元70年起就被废弃的耶路撒冷城,将之变为一个罗马殖民地(犹太人因罗马人将其宗教圣地变成殖民地而再次发动起义,也再次遭到罗马人的血腥镇压)。

哈德良给后人的印象首先是一位建造者。他在罗马修建万神殿和自己的陵墓(今天的天使堡[Castel Sant' Angelo])。他在罗马郊外的蒂沃利(Tivoli)修建的豪华庄园尽情展现了他的东方品味(参见专题9)。不仅如此,他还在帝国各地资助建筑项目。许多城市,特别是东部地区的城市,从中获益匪浅(哈德良在不少于150个城市中资助了200多个项目)。正是由于他的慷慨,雅典得以打造全新的城郊景观。总之,他的资助对于希腊各行省进一步融入罗马帝国起到了关键作用。许多哈德良雕像的胸甲上,往往有两位胜利女神为戎装的雅典娜加冕的浮雕,而雅典娜就站在一条正在哺育罗慕路斯和雷穆斯的母狼的背上,这很能说明问题。[①]

然而,哈德良不仅仅是一个建造者和文化的倡导者。他认识到罗马帝国有些过度扩张,所以当务之急就是停止扩张,建立一条稳固的边防

---

① 参见:M. T. Boatwright, *Hadrian and the Cities of the Roman Empire*, Princeton and London, 2000。该书详细介绍了各地的建筑计划。

线。哈德良即位后迅速放弃图拉真在东方征服的地区（可能就是这件事冒犯了密谋反对他的元老），并首次在边境上修建连绵不绝的防御工事。一道木栅在莱茵河流域与多瑙河流域之间的地区建成，之后则是哈德良最为著名的工程之一——哈德良长城。长城横贯不列颠北部，起于东海岸，止于西海岸。哈德良的守土固边政策给军队造成了明显的影响：军队的角色更加受限，并有导致士气下降的危险。哈德良意识到了这个问题。现存的文献记载，他巡视军队并要求军队定期演习以维持军纪。

哈德良经年累月的巡行引发的一个后果是，政策的制定更加不受元老院的影响。当皇帝常驻罗马时，那些更敏感的皇帝会与元老院合作。一般的流程是，皇帝勾勒出想要的政策，然后经由元老院同意。该程序维持了元老院参与政策制定的假象（当皇帝不在罗马时，元老院继续自己做出决定）。但是在哈德良统治时期，直接来自皇帝的决定也开始被认为具有法律效力。皇帝的此类决定被称为敕令。查士丁尼下令编纂的《学说汇纂》中就收录了多项哈德良的敕令。皇帝处理的事务范围很广，而元老院已经不能再声称在公共生活的某些方面具有排他的权力。塔西佗的一句可能具有讽刺意味的评论很好地总结了这一点："居于最高位者迅速达成一致时，元老院中的长篇大论还有什么意义？既然政策不是由缺乏经验的民众决定的，而是由一个极其聪明的人决定并只由他一个人决定，那公开集会上无休止的长篇大论又有什么必要？"共和时代的公职于是逐渐徒有其表，其主要职能是费力的慷慨捐助和举办赛会。哲学家爱比克泰德这样写道：

> 一个人若想成为执政官，就必须放弃睡眠，四处奔波，亲吻男人的手……给许多人送礼物，为某些人送日常代币。然而收获是什么呢？无非是12捆棍棒［指执政官的12名扈从所持的法西斯］，主持三四次审判，在赛车场举办赛会，用小篮子分发饭菜。

当然，这些职位仍十分重要，是当选行省总督和军团指挥官的垫脚石。

哈德良的胸像有一个十分明显的特征，即他的耳垂上有褶皱。直到最

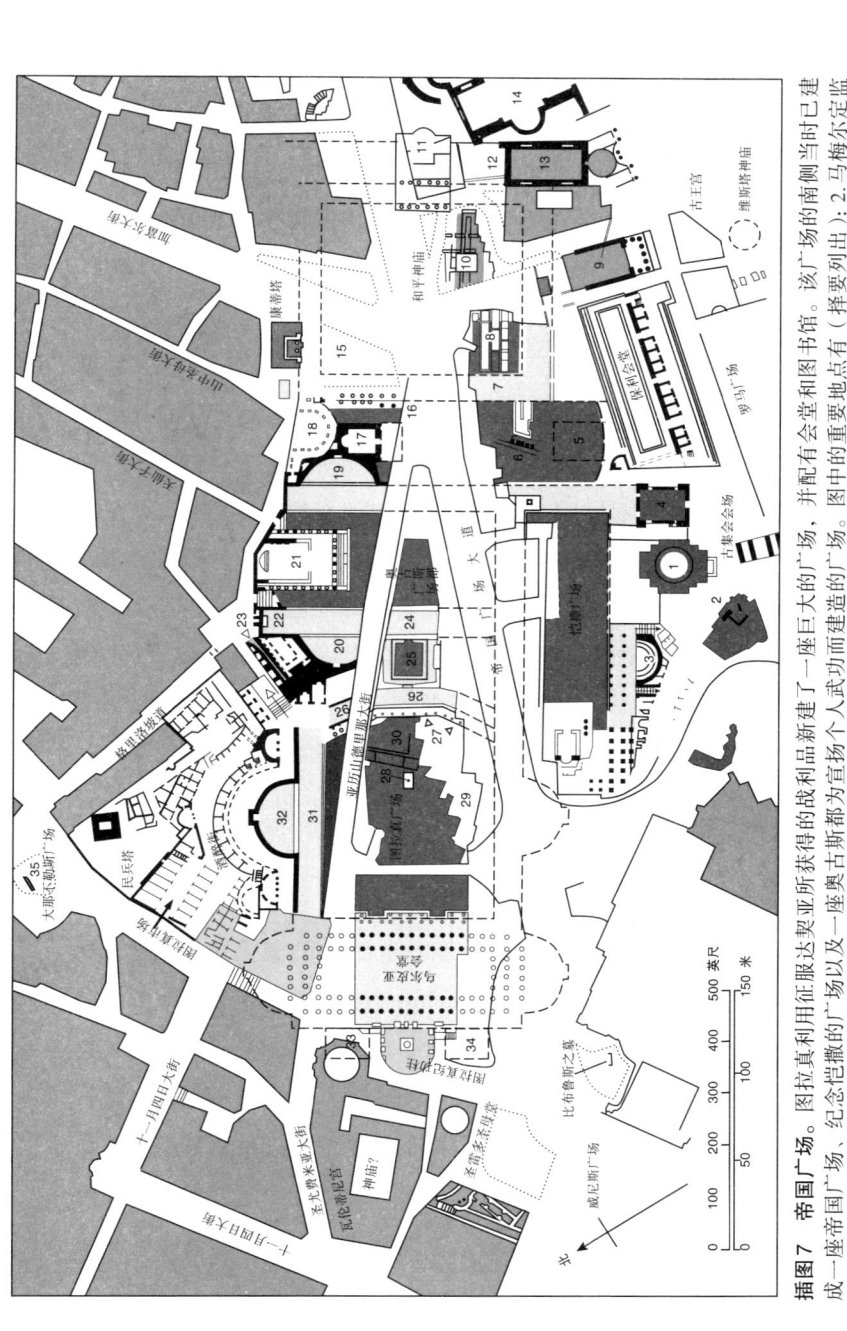

插图7 帝国广场。图拉真利用征服达契亚所获得的战利品新建了一座巨大的广场,并配有会堂和图书馆。该广场的南侧当时已建成一座帝国广场,纪念恺撒的广场以及一座奥古斯都为宣扬个人武功而建造的广场。图中的重要地点有(择要列出):2. 马梅尔定监狱;4. 元老院;9. 神圣安东尼神庙(140年);17. 奥古斯都神庙;19、20. 密涅瓦神庙;12、15. 和平神庙的庭院和主殿(落成于75年,重建于2世纪90年代);21. "复仇者"马尔斯神庙;31、32. 图拉真广场的半圆形室外阶梯式座椅与柱廊;33、34. 图拉真图书馆。

近，这一特征才被确认为心脏病的一种体征。哈德良在生命的最后两年中无疑经历了健康状况的持续恶化。他此前挑选继承人的计划全部失败，因此只能通过收养一位素有声望的元老来解决继承问题。此人便是后来担任皇帝的安敦尼·庇护（Antoninus Pius）。为了从长远角度保证皇位的继承，哈德良命令安敦尼收养两个有前途的年轻人。他们将在公元161年成为共治者（即马可·奥勒留［Marcus Aurelius］和卢基乌斯·维鲁斯［Lucius Verus］）。这一次，这些继任都是顺利进行的，元老院和军队均无异议。

哈德良与他的继承者安敦尼·庇护（138—161年在位）差异极大。安敦尼的家族来自高卢的尼姆，其父亲和祖父都曾出任执政官。安敦尼继位时已是半百之人，担任过亚洲的总督以及哈德良的顾问。安敦尼统治时期唯一一次有关战争的记载是对苏格兰发起的不成功征服（所谓的安敦尼长城建于哈德良长城以北，但20年后被废弃）。安敦尼一直在罗马居住，"就像蜘蛛占据着蛛网的中央一样"，一位观察者如此评论。他一直推行专制而仁慈的统治。安敦尼的养子奥勒留在《沉思录》（Meditations）一书中高度评价他的统治："没有一个地方出现野蛮、残忍或动荡的迹象，每项事务都被这位从容不迫的统治者安排得井井有条。这个世界没有纷乱、秩序井然、强盛且持续繁荣。"

贤帝

这个时期出现了一个贤帝的典范。罗马皇帝马可·奥勒留的顾问马库斯·科尔内利乌斯·弗隆托（Marcus Cornelius Fronto）列举了奥勒留的职责："更正法律中的不公；向各地发送信件；用威吓抑制异族的君主；通过敕令遏止行省总督的不法，表彰善举，镇压叛乱，威慑鲁莽之徒。"

这些都是一些日常性的职责。一位皇帝的绝大部分精力都用在了化解军中将领与行省总督间的明争暗斗上，这一现象在如此广袤的帝国中不可避免。皇帝只有通过自己的威望，表现出洞悉一切却超然于外的态度，才能成功地向冲突各方施加恰当的压力。这一切必须通过皇帝在公共场合的举止建立起来。公元100年，小普林尼在献给当选为执政官的图拉真的颂词中谈到了克制（abstinentia）的重要性。例如，原则上来讲，皇帝享有绝对权力，但他应该认识到这一权力不能被滥用。根据奥古斯都确立的传统，皇帝必须保持共和国时期所珍视的价值仍然得到珍视的假象，而现在这确实只是一种假象了。皇帝应该关注那些自古以来享有威望者的感受，例如元老，并且确保他们与骑士成为行政管理职位的首要人选（克劳狄乌斯任用释奴，冒犯了元老和骑士等级）。皇帝不可失去自控力。关于这一点，后世有一段非常有名的记载：君士坦提乌斯二世（Constantius Ⅱ）在公元357年首次造访罗马，虽然眼前的景观明显让他不能自已，但是旁观者也注意到，他一直在努力克制自己的惊讶。相反，若是一位皇帝在公共场合有过度的情绪反应，将是不可原谅的。

一系列表现马可·奥勒留战胜日耳曼部落的精美浮雕描绘了一个理想化的皇帝形象。这组浮雕创作于公元2世纪70年代末。有3组现保存于罗马的保守宫（Palazzo dei Conservatori），另外8组则被用在了君士坦丁凯旋门上。这些浮雕表现了皇帝的不同职责。有一组浮雕展现了奥勒留在罗马举行凯旋仪式；另一组则表现的是他准备在卡庇托山上的神庙（这座神庙现存唯一的图像）献祭。其他浮雕反映了马可·奥勒留对被击败的敌人给予宽大处理，以及向贫民分发救济品。我们还可以看到奥勒留向军队发表演说、主持正义，以及在离开一座城市或发动一场战役前主持宗教祭祀。这些浮雕的质量很高，表明帝国非常重视宣传，一如奥古斯都、图拉真、哈德良所做的那样。这些职责的履行就构成了皇帝个人的公民美德（civilitas）。

军队希望皇帝成为"自己人"，分担战争的艰辛并适当地奖励他们的胜利。小普林尼赞扬图拉真能够记住士兵的名字、他们的英勇之举以及他们受过的伤。虽然也有例外，例如卡里古拉和克劳狄乌斯。皇帝若是想获得某种尊重，必须担任某种形式的军事指挥。卡里古拉可能不在意这些，但是克劳狄乌斯尽了最大的努力去捏造自己作为征服者的形象。若无法树立这种形象，就总会有手握重兵的将领趁机攫取权力，正如韦斯帕芗在公元69年的内战中所做的那样。然而，从现在开始，随着哈德良下令改变政策导向，罗马帝国军事战略的着眼点从扩张转向防御。可以说，从这个时期开始，皇帝只有在不开战会丢面子的时候才会率军出征。

罗马皇帝的名字常常被与传统的罗马众神联系在一起。在阿非利加行省，当地神庙供奉着卡庇托神庙中的3位罗马神明——朱庇特、朱诺和密涅瓦，还有皇帝的名字，这很常见，同时被献给神圣的奥古斯都（或其他皇帝）和罗马也很常见。皇帝的名字逐渐融入所有重大的宗教仪式中，被用于保佑国家的安全。到公元3世纪，位于罗马帝国最东端、幼发拉底河畔的边防重镇杜拉-欧罗普斯城（Dura-europus）的驻军所编订的日历中，节日主要由皇帝的即位纪念日、军事胜利纪念日和封神庆典纪念日构成。[1]

---

[1] 有关这部分内容的经典介绍，参见：Simon Price, *Rituals and Power: The Roman Imperial Cult in Asia Minor*, Cambridge and New York, 1984。

专题8

阿芙洛狄忒城的塞巴斯提昂神庙

公元前1世纪的罗马内战迫使帝国东部的众多希腊城市加入相互对立的阵营。位于今天土耳其南部的阿芙洛狄忒城特别地幸运。如名称所示,阿芙洛狄忒城中有一个膜拜希腊爱神阿芙洛狄忒的圣所,该神相当于罗马神话中的维纳斯。尤里乌斯·恺撒宣称自己是维纳斯的直系后代。当他在公元前48年战胜庞培后,阿芙洛狄忒城便成功地利用这项遗产厚颜无耻地向恺撒投诚。作为回报,恺撒也给予该城不少好处。恺撒死后,他的侄孙屋大维,即后来的奥古斯都,接受了该城的效忠,并成为这座城市的护主。随后,皇帝给予阿芙洛狄忒城更多的资助,令这个小定居点在公元1世纪经历了一次重大的扩张。幸运的是,当地拥有丰富的大理石资源,令阿芙洛狄忒城的雕塑技艺开始驰名罗马帝国(在罗马城和阿非利加行省的大莱普提斯[Leptis Magna]都发现了该城工匠的作品)。

塞巴斯提昂(Sebasteion)神庙由当地的两个名门望族出资修建,将罗马皇帝视作救世主(Sebastos)加以崇拜。神庙在奥古斯都的继承人提比略统治时期开始修建,其中一部分在克劳狄乌斯统治时期的一场地震中遭到破坏并得到重建,大概在尼禄统治初年(1世纪50年代)竣工。这几个皇帝均来自尤里乌斯-克劳狄乌斯王朝,所以神庙旨在膜拜该王朝的皇帝。此举显然延续了几个世纪以前的希腊化时代的崇拜模式,但语境已完全不同——当地现在处于一个来自西方的势力范围覆盖整个地中海沿岸的帝国的治下。

这座建筑有一个入口通道，即一条长90米的带有立柱的通向神庙的封闭通道。希腊神庙通常矗立在一块很大的神圣围地内，神庙前设有一个祭坛。在罗马皇帝们为了自我增荣而在罗马修建的大型纪念建筑群——皇家广场——上，更为典型的是一条柱廊通往一座神庙。恺撒和奥古斯都在罗马修建的广场拥有相同的布局，它们应该是在塞巴斯提昂神庙开始修建前就建造完毕了。由于出资建造该神庙的两个家族（我们在每一个中都发现了两兄弟的名字）似乎不是罗马人，所以他们或者他们聘请的建筑师一定造访过罗马并获得了设计灵感。塞巴斯提昂神庙是奥古斯都时代以来，西部的拉丁文化与东部的希腊文化相互交流与融合的极佳例证。

塞巴斯提昂神庙最令人惊叹的特征是柱廊墙壁上的180组浮雕。当神庙毁于地震时，这些浮雕随之脱落，被深埋于泥土中，很多得以保存至今（这些浮雕今天保存在阿芙洛狄忒城新建的博物馆中）。浮雕的内容涵盖方方面面的"帝国"主题，但最主要的是妥协与合作，即作为希腊城市的阿芙洛狄忒城拥护罗马人的统治。希腊文化和罗马文化在这里实现了融合。浮雕中的皇帝被刻画为半人半神的形象，他本人及其家族被塑造为一个横跨地中海的帝国的保卫者，抵御蛮族的入侵。因此浮雕中充斥着各种反映征服、繁荣生活与仁慈统治的场景。这一纪念建筑表明，希腊人已经成为罗马帝国的合作者，因为罗马皇帝的形象已经融入希腊神话中，特别是在那些主要表现奥林波斯诸神故事的浮雕上。

那些在浮雕完成之前就已经去世的罗马皇帝被表现为裸体的形象，以显示他们已进入诸神之列。他们被尊为获胜者。克劳狄乌斯于是以不列颠尼亚征服者的形象出现，而不列颠尼亚被人格化为一位被俘的妇女，向这位皇帝表示臣服（事实上如前文所述，克劳狄乌斯不过是在他的将军打败不列颠各部落之后，接受了它们的投降）。再者，尼禄在浮雕上以亚美尼亚的征服者的形象出现，或被描绘为亚美尼亚的征服者，但亚美尼亚事实上非常强大，可以保持独立的地位。此外，皇帝还是和平的缔造者。在有关奥古斯都的浮雕中，他不仅征服了蛮族，更是定居的土地和可安全通行的海洋的统治者。

或许最吸引人的，也是技术上最精湛的一组浮雕（仿佛专门作为展品设计的），展现的是尼禄的母亲阿格里皮娜为儿子加冕的场景。阿格里皮娜是奥古斯都的曾外孙女，克劳狄乌斯的侄女与第四任妻子。她因此将儿子尼禄带进了皇室的核心圈。在阿芙洛狄忒城一系列表现皇帝的浮雕中，只有在这一件上皇帝非但没有赤身露体反而身着戎装。但尼禄穿的鞋子是元老所穿的风格独特的鞋子，所以在这里，他的军事身份和民事身份巧妙地结合了起来。阿格里皮娜左手拿着一个巨大的聚宝盆，象征着成功的皇帝统治带来的丰裕。但颇为尴尬的是，尼禄弑母的传闻必定在当时传得沸沸扬扬，而他死后又被元老院除名毁忆（damnatio），这件浮雕因此被摘下，充作铺路的石板。在另一组描绘尼禄的浮雕上，其面部也遭损毁。

紧挨着描绘皇帝的浮雕的是描绘众神的浮雕。半人半神的英雄赫拉克勒斯通常作为强大领袖的象征，出现在6组浮雕中。酒神与放纵之神狄奥尼索斯出现在5组浮雕中。有3幅表现阿波罗，其中一幅把他与他在德尔斐的神谕所联系在一起。还有其他以传统神话为主题的浮雕，包括列达与天鹅、特洛伊之战中的埃阿斯与卡珊德拉、半人马与拉皮斯人等。这里展示的是传统神话题材，皇帝与它们联系在一起，以反映他们的神圣地位（使他们更容易在东方的希腊文化地区被接受）。然而，南柱廊东端的一系列浮雕将塞巴斯提昂神庙与罗马人，尤其是与恺撒的家族紧密联系在一起。浮雕通过表现埃涅阿斯从特洛伊逃往意大利，以及罗慕路斯、雷穆斯与喂养过他们的母狼，来展现罗马的建立。自然，这里也有表现阿芙洛狄忒的浮雕：一组浮雕描绘了阿芙洛狄忒生育小爱神厄洛斯，另一组浮雕则表现人格化的罗马为人格化的阿芙洛狄忒城戴上桂冠。

浮雕中表现的被罗马征服的蛮族共有13个，皆是被奥古斯都征服的部落和民族，以及西西里、克里特和塞浦路斯三岛。它们都被人格化为女性的形象，非常醒目，最初在它们下面的基座上还刻有它们的名字，同时参照其地理位置自东向西排列，以展示皇帝如何保卫所有的边界，无远弗届。所以位于最西侧的浮雕表现的是居住在西班牙北部的加莱西亚人（Callaeci），然后就是阿尔卑斯山以北以及多瑙河沿岸的一些部落，甚至还有黑海地区博斯普鲁斯人（Bospori）部落。地中海最东端的犹太人

（Judaei）、阿拉伯人（Arabi）和埃及人（Aegyptii）同样位列其中。这些浮雕展现了罗马征服的地区所具有的文化多样性。

在鼎盛时期，塞巴斯提昂神庙一定是一个令人惊叹的建筑群。最重要的是，它展现了一种正在形成的新关系所造成的影响。通过它，阿芙洛狄忒城居民被给予了一种强有力的有关其现在所属的帝国以及这个帝国的领土范围、统治者、神话的叙述。这起到了作用。在之后的几百年间，小亚细亚各敌对城市间的敌意已经减弱，开始集中精力修建壮丽的建筑物。拥有希腊世界中最大且仍旧状况良好的运动场的阿芙洛狄忒城，是其中最繁华的城市之一。（详见第29章）

第27章

帝国的治理与防御

塔西佗在《阿格里古拉传》中,想象一位不列颠酋长向其部民讲了以下这段话,把塔西佗的冷嘲热讽推到了极致:

> 那些[罗马人]踩躏世界的强盗!陆地已经被他们糟蹋得干干净净,他们现在又要到海上来抢劫了。如果他们的敌人是富足的,那他们就贪得无厌地掠夺敌人的财物;如果他们的敌人是贫穷的,那他们就千方百计地把敌人置于他们的魔爪之下;东方也好,西方也好,哪儿都不能使他们感到餍足。全人类中也只有他们对于无论贫富的人都怀着迫切的贪心。去抢、去杀、去偷,他们竟把这些叫做帝国;他们制造一片荒凉,却称之为和平。

维持统治

正如塔西佗所承认的,罗马帝国最终是靠武力建立与维持的。然而控制如此庞大的帝国绝非易事。罗马经过近200年才最终征服西班牙,甚至表面上看起来平静的行省仍可能爆发叛乱,例如公元前66年的犹太人起义。这场起义以屠杀罗马在凯撒里亚城的驻军为开端,迅速蔓延到整个巴勒斯坦地区。起义又因为犹太人强烈的民族认同感和贫富矛盾而愈发惨烈。至公元70年提图斯彻底攻占耶路撒冷时,战争大概造成100万犹太人伤亡。被活捉的叛乱分子被投到东部地区的竞技场中(600名精壮者被分到罗马的竞技场），圣殿中的财宝被作为战利品带走了（一些战利品在提图斯凯旋门的浮雕中得到了描绘，至今仍看得见，其中就包括七枝烛台）。余下的犹太起义者仍继续据守山巅堡垒马萨达（Masada）直至74年。根据约瑟夫斯的记载，剩余的起义者最后集体自杀。今天在马萨达要塞周围，仍然遗留着罗马人精心挖掘的堑壕以及一圈军营的遗迹，它们显示了罗马人在作战和镇压叛乱时使用的手段和决心。犹太人的第二次起义爆发于公元132年至135年，同样遭到了罗马的残酷镇压。公元2世纪初的哲学家普鲁塔克在面对一些争吵不休的希腊城市时，提醒他们的居民"罗马士兵的军靴随时都可以踩在他们头上"。

镇压犹太人起义反映出罗马人早年的铁腕传统并没有消失。从官方做法来看，帝国的治理手段日趋平和。刑罚受到法律的规范与约束。在行省中，只有总督有权判处死刑，但罗马公民仍有向皇帝申诉的权利，因为皇帝担任着保民官的角色。正因如此，大祭司该亚法（Caiaphas）必须说服行省总督本丢·彼拉多（Pontius Pilate）将耶稣钉死在十字架上，而身为罗马公民的保罗则可以行使向皇帝上诉的权力，被解往罗马听候发落。不过，所有的证据都表明，暴力在罗马的日常行政管理中司空见惯。塔西佗和苏维托尼乌斯的作品中都记载了卡里古拉和尼禄面对臣民时的妄自尊大，而提比略和图密善的皇帝生涯也以恐怖统治告终。至于非罗马公民，他们在面对罗马官吏的肆意妄为时束手无策。且有证据表明，行省总督会为了安抚某些施压群体而随意判处死刑（可以从这个背景审视彼拉多对耶稣的审判和行刑），抑或仅仅是为了清理人满为患的监狱。①

死刑并不仅仅被用来清除不受欢迎的人，而且起到了震慑旁人的作用。十字架刑可以让受刑者当众缓慢死去。在竞技场中大规模公开处决罪犯，早已成为一种制度化的公共展示。塞内卡曾在某日造访角斗场，正值一批最新的罪犯被处死：

> 所有的矫饰都被放在一旁，这就是简单而纯粹的杀戮。格斗者

---

① 参见：David Mattingley, *Imperialism, Power and Identity:Experiencing the Roman Empire*, Princeton and London, 2010。该研究著作指出，罗马的统治，尤其是在西部地区的统治，被过度理想化了。

没有丝毫的保护，身体完全暴露在另一个格斗者的打击下，因此两人都肯定能伤到对方。现场的大多数观众喜欢这样的打斗胜过常规的角斗表演。应观众的要求，杀死对手者会继续战斗直至被杀，他们会让优胜者留下来等待另一场屠杀。因此，对任何一个格斗者而言，其结局只有一死。

杀一儆百的观念在罗马人的头脑中根深蒂固。与古代世界的大多数社会一样，罗马非常暴戾，但罗马人实践其暴戾的方式比大多数社会更高效。罗马帝国在最初的征服中，往往挑出一个城市施以严惩，以恫吓其他城市，令它们快速投降。罗马人还用同样的办法维护国内秩序。例如，一个奴隶若是谋杀了自己的主人，家里的所有其他奴隶习惯上都要被处决。公元61年，富裕的罗马城长官卢基乌斯·佩达尼乌斯·塞孔都斯（Lucius Pedanius Secundus）被他的一名奴隶杀害。根据规定，他所拥有的400名奴隶都要被处决，包括女奴和儿童。这一消息传开后，大批群众开始抗议。元老院也针对此事展开辩论。从元老盖尤斯·卡西乌斯·朗吉努斯（Gaius Cassius Longinus）的发言中，我们可以发现罗马人是多么保守和僵化。塔西佗的记载如下：

> 对于比我们更有智慧的人们曾经考虑过的事情，难道你们还有兴致呶呶不休地加以论证吗？……只有用威慑的办法才能制服这一群乱七八糟的渣滓。但是你们会说，一些人会无辜而死啊！正是这样。要知道，一支战败的军队，有十分之一的人要受到笞死的刑罚，而勇敢的士兵也不是没有被抽中的可能啊。任何重大的惩戒都会有一些不公正的地方——但是这种表现为个人的损害的不公正的情况，是可以通过全体公民的受惠而得到补偿的。

他的观点在元老院占据了上风。400名不幸的奴隶被带到了执行死刑处，近卫军被叫来挡住抗议的人群。根据罗马人迫害基督徒的文献记载（见第31章），鞭笞和拷问嫌疑人很常见。在阿普列尤斯（Apuleius）的小说

《金驴记》（公元2世纪的作品）中，他笔下的主人公卢基乌斯被怀疑犯有谋杀罪，便遭受了各种刑具的折磨，包括拉肢刑具和炙热的火炭，以迫使他交代同案犯。

行省治理

在《奥古斯都功德碑》中，奥古斯都吹嘘"他将整个世界置于罗马人民的治下"。总体而言，在经历了共和国时代许多腐败的行省管理者之后，皇帝们的确在行省建立了一种更加稳定的治理体制。塔西佗在《编年史》中写道：

> ［奥古斯都的］新秩序在各行省也颇受欢迎。元老院和人民在那里的统治却由于权贵之间的倾轧和官吏们的贪得无厌而得不到信任；法制对于这些弊端也拿不出什么有效的办法，因为暴力、徇私和作为最后手段的金钱早已把法制搅得一塌糊涂了。

公元1世纪时，奥古斯都、提比略、克劳狄乌斯以及韦斯帕芗这些更尽责的统治者，尤其强调行政工作的公正廉洁，并惩处那些压迫百姓的总督。在日常生活中，一个优秀的皇帝是一名管理者，倾听民众的申诉，应允或婉拒民众的请求，让城市之间的明争暗斗不致失控，并下令停止那些浪费金钱的建筑项目。例如，尼西亚城就在图拉真的命令下，停止修建一座地基不断下沉的剧场。实际上，在承平时期，确保现行体制平稳运行要远比各种巨大的改革重要得多。①

皇帝的合法权力的发展是稳定的帝国治理的内在条件。这些权力都是从共和国时期的罗马官员那里继承下来的。因此，皇帝有权颁布法令，宣布具有普遍效力的法律，比如公元212年卡拉卡拉下令授予治下所有臣民罗马公民的身份，或公元249年狄西乌斯（Decius）强制所有人参与献祭。敕令是皇帝针对某些具体法律问题的裁决，虽然并不是对所有案件都

---

① 相关内容的介绍，可参见：part III, "Administration", in David Potter (ed.), *A Companion to the Roman Empire*, Oxford and New York, 2006。

有约束力，但开始具有法律效力。到罗马帝国晚期，皇帝的敕令和裁决被收入法典，如《狄奥多西法典》(Codex Theodosius，公元438年)和《查士丁尼法典》(Codex Justinian，公元534年)。

自奥古斯都以降，更容易受到攻击的边疆行省（138年时有22个）与所谓的元老院行省（138年时有10个）被做出了区分。前者的总督通常由元老出任，由皇帝直接任命，充当皇帝的特使，任期一般是3年；后者的总督则是从具有足够资历的元老中抽签任命的（这些元老被授予同执政官权力）。骑士也可以出任皇帝的特使，埃及总是任用一名骑士（被称为prefect，该头衔正式用于被授予军事指挥权的人）治理，以提醒人们这是奥古斯都的私产。出任高级职位的骑士官员的薪俸很高。元老虽然能得到一笔可观的津贴，但他应该为了荣誉履行自己的职责。那些在诸如犹地亚之类的小行省担任总督、在皇帝直辖的行省中负责征税，或者负责监管皇产的骑士等级官员都被称为经管官（在皇帝直辖的行省中常被称为财务经管官）。由于皇产分布广泛，经管官若是遇到暴乱，可请求各行省总督派兵支援。

行省总督的属员非常少。以亚细亚行省总督为例，仅有两三名资历较浅的元老协助总督处理日常的司法事务。此外，行省总督还有随从、信使、书吏和一名护卫，而护卫负责缉拿罪犯。此外，总督还可以选择一些朋友陪伴，或是让他们协助管理，如果他们有管理技能的话。以上大概是行省总督的全部属员。财务官的职权是独立的，主要负责收缴上缴中央政府的税款。财务官在罗马选举，通过抽签分配到各行省。担任财务官是一个人仕途的开端。据说，行省总督与财务官的关系有如父子。贤明的皇帝会关注这些官员，提拔能力出众者（参见佩蒂纳克斯[Pertinax]的职业生涯）。罗马帝国初期，高级行政官员的数目不超过150人，平均每一人统治大约40万臣民（罗马帝国鼎盛时期人口数量大致在6000万至6500万之间）。

解决帝国公务主要依托道路和海路。修建道路最初的动机是军事需要，为军团平叛提供方便。但是道路一旦修成，便成为连接帝国境内各地人民的纽带。这些道路按照标准流程修建。硬化的路面之下是用碎石与夯土构成的三层路基。要保证路面和路基不被破坏，良好的排水系统必不可少。罗马人通过在道路两侧挖掘排水沟渠和铺设有弧度的路面来排水。(这些道路真的保持得很久。我曾在我的家乡萨福克郡[Suffolk]进行过一次考古调查,那里有一条沿山坡而建的罗马道路。在山顶进行发掘后,人们发现这条路在修建近2000年后保存得十分完好。)在罗马帝国境内旅行相当便捷。公元69年,一位急使从位于日耳曼边境的美因茨(Mainz)出发前往罗马,仅用9天便走完了1500千米的路程。公元43年,克劳狄乌斯横跨高卢前去"征服"不列颠,平均每天要前进90千米。如前所述,对着急赶路的人来说,海面的情况更难以预测,因为风向和天气的变化太大了。

在一个新行省,总是有一个施加秩序的关键时刻。在此期间,管理不善再加上贪婪攫取就会造成灾难。公元60年,不列颠的艾西尼人的起义就很能说明问题。他们位于英格兰东部的家园名义上处于罗马的统治下。他们的国王普拉苏塔古斯(Prasutagus)在遗嘱中将自己的遗产赠予罗马的统治者(尼禄),可能是希望他的臣民和后代在他死后能够得到公平的对待。但当地的罗马官员不这么看,他们将这一赠予解释为战败者的投降。罗马人开始四处掠夺,普拉苏塔古斯的遗孀布狄卡遭到鞭笞,她的女儿受到罗马人的凌辱。这成为起义的导火索。其他"不曾因奴役而失去斗志"的部落(塔西佗语)马上揭竿而起。愤怒的起义者首先进攻了皇帝崇拜的中心——卡姆罗多努(今科尔切斯特市),接下来是伦丁尼姆(Londinium,今伦敦)和维鲁拉米乌姆(Verulamium,今圣奥尔本斯[St Albans])。伦丁尼姆可能是当时不列颠尼亚行省的主要行政中心。据塔西佗记载,总计有7000多名罗马人及本地人被杀:"不列颠人既不收容俘虏也不把俘虏卖为奴隶,他们更不在战时进行其他任何交换。他们迫不及待地杀死、绞死、烧死和磔死敌人。"过了一段时间,罗马总督苏维托尼乌斯·保利努斯(Suetonius Paulinus)才集结起罗马军团,凭借严明的纪律彻底击败了只能算作一群乌合之众的不列颠武士。他又开始扫荡不列颠人的聚落。考古学家在一些地区,例如科尔切斯特、萨默塞特郡的南卡德伯里(Cadbury),确定了罗马人破坏的地层。罗马帝国通过制造"荒凉"确实带来了和平。考古证据显示,当这些地方重建时,出现的多为民用建筑而非军用建筑。①

　　罗马并未在凯尔特人居住的不列颠尼亚行省建立集中性的税收体系。相比之下，当迦太基的帝国被罗马接管后，原有的征税体系被保留。这也成为一种惯例，只要当地原有的征税系统被证明行之有效。埃及当地的税收系统十分复杂但历史悠久，原本输送到法老宫殿的尼罗河河谷的物产现在被直接运到罗马皇宫，很容易加以利用。通过研究现存纸草文献，可以一窥罗马征收赋税的效率。在亚细亚行省的首府以弗所，一则尼禄时期的铭文表明，罗马沿用了两个世纪前帕加马国王所建立的税收系统。征税有一定的灵活性。亚细亚行省的城市遭受地震后，提比略豁免了这些城市5年的税赋。位于日耳曼边境的弗里斯兰人（Frisians）以牧牛为业。对他们来说，以皮革缴税显然比钱币更切合实际，而皮革也可以被立刻转运至军队。

　　一个行省的秩序一旦稳定后，就会进行人口普查。人口普查的目的是为纳税评估提供依据。例如，公元6年，犹地亚成为罗马行省后，邻近的叙利亚行省总督奎里尼乌斯（Quirinius）随即前往该地区评估纳税基础。（《路加福音》显然把这次人口普查误与耶稣的诞生联系在一起，事实上加利利地区在耶稣诞生时尚未成为罗马的行省，收税的是希律王以及之后他的儿子希律·安提帕[Herod Antipas]，而非罗马当局。）人口普查时，罗马当局离不开当地人的协助。地方统治阶层因此被赋予汇总各类信息的责任。若是某行省没有现行制度可以因循，罗马就推行两种税目——向个人征收的人头税，包括他们的劳动力（罗马公民可豁免人头税）以及向个人财产征收的财产税。

　　公元3世纪的法学家乌尔比安（Ulpian）记载了罗马征收财产税的流程。每一处农庄都必须被命名，注明它与邻近田产和村镇的相对位置，还要注明土地用途、可耕种土地的面积、橄榄树、葡萄树的数量，草场和牧场的面积。房屋和奴隶人数也同样要记录在册。然后据此计算税收的总额，并越来越频繁地由城市的官员负责征收。大多数行省每10年进

---

① 有关不列颠尼亚行省的研究，参见：David Mattingley, *An Imperial Possession: Britain in the Roman Empire*, London, 2006；Charlotte Higgins, *Under Another Sky, Journeys in Roman Britain*, London, 2013。前者以全新的视角审视罗马帝国中的不列颠尼亚行省。

行一次人口普查，埃及行省每14年一次，在那里有大约300份财产声明幸存下来。共和时代臭名昭著的包税人从历史记录中消失，但他们的后继者也不大可能更受欢迎一些。意大利以及行省中的意大利殖民者仍可豁免人头税和财产税，这是依靠对外掠夺抵消公共开支的共和时代的遗存。这种豁免直至戴克里先时期才被取消。

当时还有其他名目的税收。奥古斯都推行的遗产税，可能仅向罗马公民征收，专门用来安置退伍士兵。还有对商品交易征收的间接税，税率一般为2%—2.5%，通常由皇帝的奴隶征收。此外还有1.5%的销售税。上述税收非常不受欢迎。尼禄曾为彰显其慷慨而试图取消上述赋税，最终他被说服，认为国家无力承担这样的税收损失。

罗马的税收制度具有易于管理的优势，而且无需太大的维护成本。罗马的税收一般是以第纳瑞斯征收的，但也有实物形式。赋税上缴国库后，根据各地的需要统一划拨。这种办法可以用富裕行省的资源支持那些比较贫穷的行省。例如，用亚细亚和埃及的赋税来维持不列颠的花销巨大的永久驻军。罗马帝国居民总体的经济负担可能不重。东方各行省上缴的谷物总量大致与塞琉古时期持平。这个税收制度的弱点是缺乏弹性，以及税收水平相对较低。由于罗马帝国税收的70%用于维持军队的运转，当面对突如其来的危机时，比如边疆地区遭到进犯，军事行动所需要的大量额外支出会令整个系统不堪重负。临时性的额外征税自然极易引起民众的不满（尼禄时代不断增加的行省税赋成为引发反尼禄起义的一个原因）。直到戴克里先在公元4世纪初期重组财政体系，才建立了更为有效的税收制度。之前的皇帝在面临困境时，往往降低钱币的成色或鼓励各军团直接向当地居民征收粮食和补给。

行省总督的权力范围和与他的职位相关的任何具体职责，通常是在他离开罗马赴任前便已经规定好了。行省总督在其管辖的行省内，可以列出自己优先考虑的各种事项。维护当地社会秩序稳定是行省总督的核心职责。乌尔比安很好地总结了这一点：

> 一个尽职尽责的优秀行省总督，务必以维护行省的和平与安宁为目标。只要他能铁面无私地在行省中捉拿作奸犯科者，这个目标

就不难达到。他应当捉拿那些犯下渎神、剪径、绑架和盗窃的罪犯，并依据其罪行施以恰当的刑罚。他还应当严惩那些窝藏罪犯者，因为没有他们的包庇，那些劫匪是藏不住的。

在某些情况下，需要出动军队维持社会秩序，但到了公元2世纪，主要都是小规模的刑事案件。一些城市被指定为巡回法庭的所在地。巡回法庭的建立会带来大量的申诉者、请愿者以及各种依附者，也自然会带来大量潜在的商业机会，所以许多城市都急切地争取这样的地位。这类城市会被划定一个司法管辖区。在某些地区，罗马当局则秉持因地制宜的原则。例如，罗马当局在叙利亚行省的东部地区建立村落群，然后从这些村落中选择一个——阿帕达那（Appadana）——作为当地的司法中心，并给它取了一个希腊名字"尼亚波利斯"（Neapolis，即"新城"之义）。罗马帝国通过授权市民组织市议会实施自治来争取民心，而市议会的成员可以获得罗马公民身份作为奖励。尼亚波利斯的地方官员与其他城市一样，被要求在行省总督前来视察时，将当地所有罪犯集中交予总督发落。虽然行省总督可以下令对存疑的案件进行全面的调查，但通常迎合当地的民意，许多案件似乎未经充分的审理就定罪了。（耶稣的案例就是一个这样的例子。不但耶稣遭鞭笞几乎是理所应当的，行省总督彼拉多在对他被判十字架刑时也没有表示反对。）

当普通公民认为对自己有利时，可以根据罗马法律将民事案件直接提交行省总督做出裁决。埃及行省发现的一份文献显示，一名总督在3日内收到了不少于1804份的请愿书。罗马法的使用逐渐变得更加流行，特别是在涉及不同城市或相反法律体系的时候。罗马法有精心设计的程序，对成例的运用又使罗马法具有某种稳定性。一些城市的宪制规定，对于现行法律没有涵盖的领域，应当根据罗马民法审判。在一个长期无法审结的案件中（213—237年），弗里吉亚的两个村落就如何分担为国家官员所提供的交通服务而争执不下。前后3任经管官（这两个村落均位于皇产的边界之内）都没有解决这一争端。这两个村庄的代表显然充分了解帝国司法体系的运作，清楚法律由成例构成的原则，以及民事案件的当事人有向更高级别官员申诉的权利，如果是罗马公民，还可以直接向皇帝上诉。该案

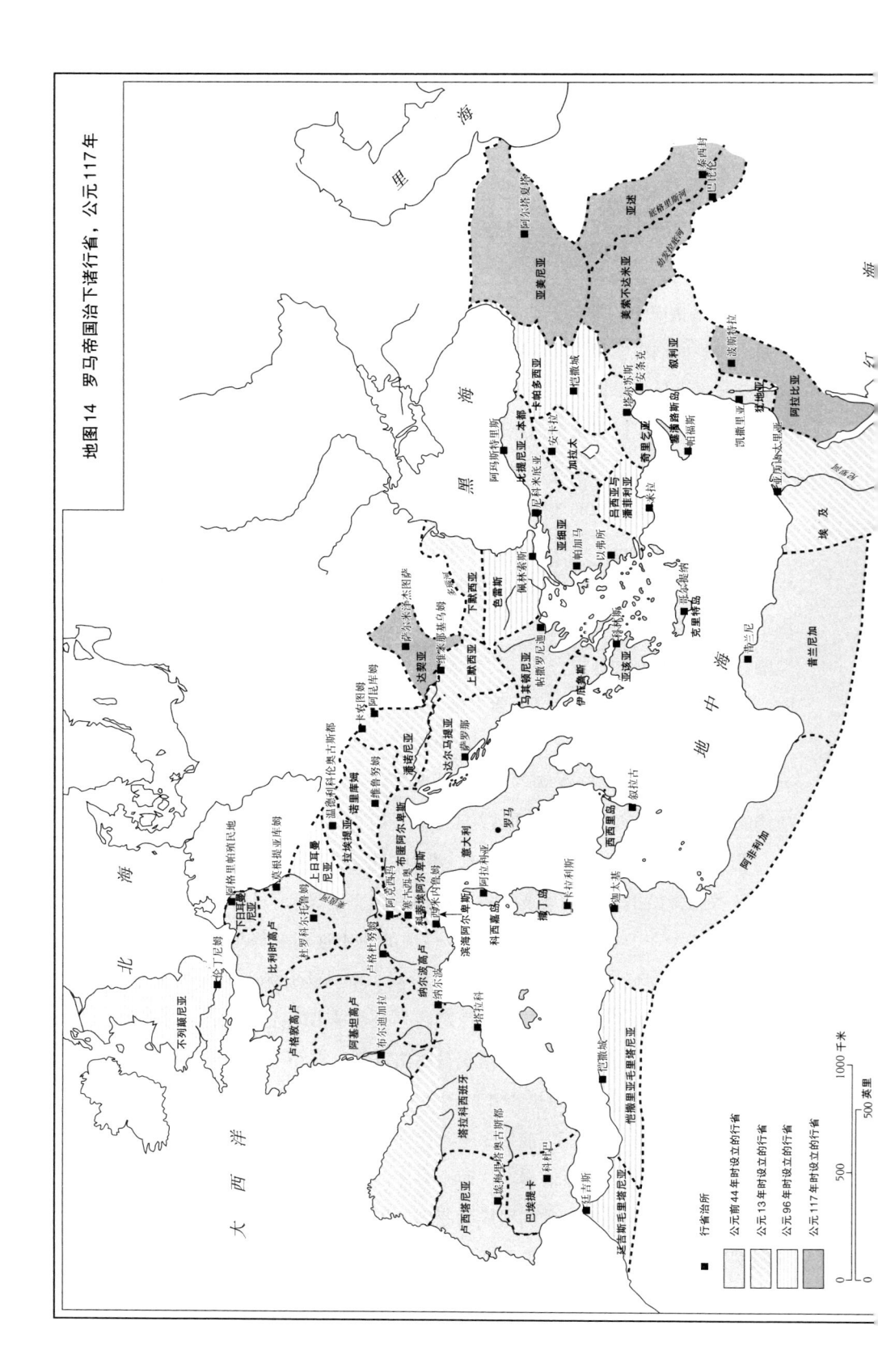

地图14 罗马帝国治下诸行省,公元117年

件中，较小的村落指控较大的村落欺负它。当这个村落胜诉后，它请求当局委派一名士兵保护自己不受邻村的欺压。

除了依据罗马颁布的各种成文法以及成例，行省总督也可以自行创制地方法律。当总督身处距罗马两个月行程的偏远省份，面对只有在当地才能遇到的问题时，创制法律不可避免。然而，他仍然会与皇帝交流。在小普林尼与图拉真的著名通信中，时任比提尼亚行省总督的小普林尼就多项事务请示图拉真。这些事务包括：如何处理基督徒的问题、如何处置试图混入军团当兵的奴隶、是否需要着手修建一条连接海洋与湖泊的运河，以及皇帝认为到多大年龄才能加入地方议会。图拉真在谦逊的回复中指出，行政治理应该从当地人民的利益出发，并尊重当地的传统。

在小普林尼两年的任期内，他向图拉真请示的事项总计40件。其中许多看起来微不足道，但可以想见，在更多的日常事务上，他都是自己拿主意的。盲从轻信的行省总督经常在不知不觉中卷入地方的权力争斗。有人怀疑，小普林尼经常被地方豪强相互控告的情况所困，这种情形很难解决。一旦皇帝颁布正式的敕令或是元老院通过一项决议，行省总督便会用铭文将之公布于众，这也是行省总督逃避指责的方式。这些铭文不仅是永久性宣示罗马权力的手段，也为皇帝所关注的个人形象的宣传提供了一种手段。安卡拉附近发现的《奥古斯都功德碑》铭文便是典型的例子，它很可能是行省总督下令刻写的。

尽管罗马人对他们的统治权力充满信心，但很难找到任何与帝国意识形态相关的证据。总督或皇帝没有什么想要引导他们的臣民走向的愿景。取而代之的是，他们依赖那些愿意维护稳定制度的人与罗马当局的自然融合。在罗马维持和平的几个世纪里，它一直在起作用，直到帝国面临的外部压力表明，很难轻易地防御幅员如此广阔的地域。即使到了那时，事实证明，政府结构仍有一定的弹性，这使它能够重新把重点放在维持帝国的生存上。（参见第30、32章）

边界

埃里乌斯·阿里斯提德斯（Aelius Aristides）在赞颂罗马帝国的演说中指出，罗马帝国的居民安全地生活在戒备森严且无法攻破的边界之内。

这是误导。边界的概念经过了一段时间才确立起来。在共和时代，征服世界的思潮盛行，限制罗马帝国的扩张的想法从未被阐明过。直到奥古斯都统治时期，鉴于征服日耳曼部落所面临的困难和失利，才让这种观念首次出现。提比略进一步完善了边疆政策，而且罗马帝国的边界自此开始趋于稳定。在奥古斯都之后，不列颠和达契亚是仅有的两个被征服和占领了很长时间的新地区。图拉真大概曾梦想像亚历山大大帝一样，再次征服东方，但是他的继任者哈德良认识到，若军队都被派往遥远的地方征战将无法维持对广袤的帝国的控制。于是他停止扩张，并且开始巩固边疆，其最为著名的举措就是建造横跨不列颠北部的长城。

公元2世纪，罗马帝国的版图扩张到极致，实际上有长达几千千米的边界需要保卫。自莱茵河河口到多瑙河河口，边界线便长达2000千米。北非各行省边境线的总长度是上述长度的两倍。罗马帝国东部边疆仍然存在大量的附庸国，没有建立一道防线的必要。直到公元1世纪吞并卡帕多西亚、纳巴泰和科马基尼，公元2世纪吞并帕尔米拉（Palmyra）和奥斯若恩（Osrhoene）之后，才出现一条较为清晰的边界（亚美尼亚仍是罗马和帕提亚之间的缓冲国）。黑海至红海间最短的陆上行军路线也有3000千米。

有时候罗马帝国把诸如山川河流之类的天然屏障作为边界，有时候边界线穿越空旷的沙漠或林地。很明显，这些边界线都不能驻军保护，而且罗马也不是特别想和外界隔绝。罗马人需要奢侈品——来自巴尔干地区的琥珀和皮毛、来自中国的丝绸、来自东方的香料以及非洲内陆的黄金。巴里·坎利夫（Barry Cunliffe）认为，罗马帝国最大的需求是奴隶——大概每年需要14万名奴隶才能维持帝国的正常运转——所以必须要与帝国以外的地区保持联系。事实上，除了某些冲突地区，罗马帝国的边界都是可以自由出入的。即便是用来分隔帝国与化外之地的边境防御工事哈德良长城，虽然极为精巧且完整，也是为了让商人在罗马的监管下进出而设计的，他的主要目的可能就是更有效地控制这种出入。[1]

---

[1] 对哈德良长城的研究，参见：Alistair Moffat, *The Wall: Rome's Greatest Frontier*, Edinburgh, 2008; David Breeze, *Hadrian's Wall*, London, 2006。前者对哈德良长城有生动的描述，后者附有遗址的复原图以及地图等内容。

这并不意味着罗马帝国没有沿边界线修筑防御工事。刚刚提到的哈德良长城便是最著名的案例，但日耳曼地区也筑有界墙，它最初是一条由瞭望塔监视的军用道路。哈德良时期，在此基础上修建了连绵不断的木栅栏，它的防御能力得到了进一步的增强。阿非利加则主要依靠壕沟和瞭望塔来保卫盛产谷物和橄榄油的地区免受游牧部落的劫掠（但游牧部落从来没有构成真正的严重威胁，在长达4000千米的边界线上，包括辅军在内，罗马的兵力仅有4.5万人）。东方地区没有修建正式的防御工事，但修建了从帕提亚边境往回延伸的道路。因此，若有战事需要，罗马军队可迅速向前线集结。

实际上，保卫帝国所依赖的并非防御工事，而是混合使用外交手段与武力威慑。土著部落可以用金钱和奢侈品，或者向他们提供特别的保护收买。酋长们的子嗣会被送往罗马，在皇帝的家户中接受"教化"后返回自己的部落，他们有望成为罗马人民长久的朋友。罗马人还在部落之间挑起争端，从而使他们无法联合起来反对罗马帝国。塔西佗像往常一样，一针见血地指出："如果这些部落不能对我们保持友好，但愿他们彼此仇视起来。"罗马帝国的北部边界之所以频频告急，主要是因为当地各部落间的关系错综复杂、变化无常。而且自公元2世纪末以来，它们之间的矛盾越来越大，仅靠外交手段是不够的。从理论上说，与帕提亚打交道更为容易，因为它是一个中央集权国家，罗马只需与一个统治者谈判。①

军队

随着罗马帝国边界趋于稳定，军队的角色也发生了变化。开疆拓土已成为历史，而军队现在需要经年累月地驻防于某一地。奥古斯都把罗马军队的总兵力维持在15万人左右。公元1—2世纪，罗马军队的规模一直维持在28—30个军团。他们沿着罗马帝国防御较为薄弱的边境地区驻扎。公元前23年，莱茵河沿岸部署了8个军团。但随着当地的形势逐渐稳定，4个军团似乎便已足够。沿多瑙河往东，则是罗马帝国防御最为薄弱的区

---

① 参见：Philip Parker, *The Empire Stops Here: A Journey along the Frontier the Roman World*, London, 2009。该书对罗马帝国的边境做了一次颇具个人色彩但又颇为博学的考察。

域，公元150年时那里驻扎着10个军团，即整个帝国三分之一的兵力。有8个军团沿东部边界驻扎，3个军团在不列颠尼亚行省，2个军团驻守北非。因此半数以上的军团被部署在多瑙河至幼发拉底河一线。这也是罗马城作为指挥中心却变得越来越边缘化的原因。所以公元4世纪时，君士坦丁才会选择在希腊城市拜占庭，也就是这一轴线的支点上建造新都君士坦丁堡。在西部地区，罗马北部的梅狄奥拉鲁姆（Mediolanum，今米兰）、特里尔（Trier）等城市开始成为帝国的陪都。①

军队也是一个庞大的官僚机构，因此大量有关军队日常生活、实际兵力以及作战行动的记录保存了下来。军队为加入者提供了具有明确发展前景的职业生涯。而且随着公民权的扩大，罗马军队的兵源逐步扩大，毕竟公民身份是加入罗马军队的主要条件。希腊人从不热衷于参军。至公元2世纪末，军队中意大利人的数量也很少。罗马军队的兵员主要来自高卢、西班牙、叙利亚和巴尔干，后者在帝国后期尤为重要，提供了一批悍将。罗马军团现在能从其驻防的地区征募士兵，而非必须等待意大利的兵员。罗马士兵的待遇不错，也有明确的服役期，尽管有时也有人抱怨，士兵在服役期满后仍要继续服役。在特殊情况下，皇帝会向士兵发放奖金。士兵在服役期间不能缔结合法的婚姻是军旅生活最受诟病的一点，但事实上士兵在服役期间与女子建立稳定同居关系的现象十分普遍，而且他们的男性后代也被视作可招募的公民。塞维鲁执政时期（193—211年），士兵终于被允许结婚。

满编时，每个军团的兵力应为5000名步兵和120名骑兵（文多兰达简牍显示，因借调、疾病、逃役或休假等原因，部队的战斗力明显不足）。步兵全副武装。他们的头盔用青铜打造，内有铁质衬里，并穿戴胸甲。他们携带两杆标枪，可以在短兵相接前投出，短剑则用于肉搏。罗马军团军纪严明，理论上训练也从不间断。弗拉维乌斯·维盖提乌斯·雷纳特斯（Flavius Vegetius Renatus）的那本关于军事训练的手册虽写于公

---

① 对罗马军队的概述，参见：Simon James, *Rome and the Sword: How Warriors and Weapons Shaped Roman History*, London and New York, 2011; Nigel Pollard & Joanne Berry, *The Complete Roman Legions*, London and New York, 2012。

元4—5世纪,但其内容提到了更早的时代的情况,总结了军队战斗力的基础:

> 罗马人征服世界的奥秘无外乎长期的军事训练、严明的军纪以及实战的磨炼。罗马人如何以寡击众,迎战蜂拥而至的高卢人?身材不高的罗马人又如何敢于对抗那些高大的日耳曼人?而西班牙人无论是在数量还是力量上都要强于我们……我们无论是在智识上,还是在技术上都要落后于希腊人。然而,通过精选兵员、传授我已提到的那些战争法则、日复一日的军事训练、为应对行军途中或战场上所遭遇的各种突发状况进行的反复操演,以及对懈怠者进行严厉的惩处,我们战胜了上述各个民族。掌握军事知识有助于在战斗中培育勇气。没有人会在烂熟于心的事务面前畏首畏尾……

在公元前27年被奥古斯都划归皇帝管辖的那些行省里,罗马军团通常驻扎在边境或离边境不远的地区。因此,皇帝是罗马军队事实上的最高统帅。而当边疆发生危机时,皇帝被认为应该领军亲征。在一些情况下亲征只具有象征意义,例如克劳狄乌斯亲征不列颠。在其他情况下,统治者本人——例如弗拉维王朝的皇帝——就是军人出身,在军营里可能比在其他地方更自在。马可·奥勒留是一位即位前既没有任何军事经验,也没有假装要非常认真地担任最高指挥官的皇帝的典型例子。如前文所述,士兵们总是特别尊敬那些能与他们同甘共苦的皇帝,而在整个罗马帝国时代,武功对皇帝的地位都很重要。

每个军团都由一位已达到大法官地位的元老指挥。与皇帝一样,他可能不具备任何军事经验,但一位有能力的元老无论在民政还是军事上都能独当一面。到了公元3世纪,随着罗马帝国受到的压力日益增大,指挥权开始越来越多地被交给那些战场经验更丰富的人。这些人中有很多出身于骑士等级。军团指挥官麾下有6位将校,均为青年,多出身于骑士等级,他们中的一些人会寻求晋升元老阶层。职业军官是从军队中一路爬上来的百夫长。以资历划分等级,最资深的百夫长被称作首席百夫长(primus pilus）[①]。首席百夫长有很大的权威和丰富的经验，因此其薪金也十分可观，足以保证他在退伍后跻身骑士等级。在一个继承而来的身份地位仍很重要的社会中，军队是实现社会流动的一个主要渠道，可以让一个人仅凭借功绩便可获得受人尊重的社会地位。公元2世纪上半叶的一个典型代表人物是昆图斯·罗利乌斯·乌尔比库斯（Quintus Lollius Urbicus）。他是阿非利加行省的小城提狄斯（Tiddis）当地一个柏柏尔小地主的儿子。他一直担任军官，并因此走遍了帝国的山山水水。他首先在小亚细亚服役，后前往犹地亚，参与镇压公元132—135年的犹太人起义。在被委任为不列颠尼亚行省总督前，他一直在莱茵河与多瑙河一线服役。担任总督后，他曾在苏格兰境内征战。最后，他成了罗马城长官。相较于平凡的出身，他的一生无疑是非常成功的。

随着公元1、2世纪状况的变化，军团开始在基地安营扎寨，通常是建造以标准化的模式布局的石堡。调动最不频繁的军团大概是第三奥古斯都军团（Legion III Augusta）。该军团从公元前31年至公元238年，一直在阿非利加行省的边境驻守（该军团200多年间一直以今天阿尔及利亚境内的拉姆贝西斯［Lambaesis］为基地，当地也因此成为目前世界上保存最为完整的罗马军营遗址）。聚落通常围绕这些军团的兵营发展起来。代表罗马文化的浴池和竞技场开始出现，而整个建筑群会对当地经济产生巨大影响。随着时间的推移，军团与当地的城镇融为一体，甚至从当地征召士兵。地方政府也会寻求军团的技术支持，请他们担任工程师、测量员和建造者。杜拉-欧罗普斯城位于帝国东部边境，城中的浴池和竞技场即由士兵们建造。

长期驻防可能会导致军纪涣散。公元165年，卢基乌斯·维鲁斯收到了一份报告，其中投诉驻防叙利亚的某军团士兵经常在营区外游荡、酗酒，甚至不习惯携带武器。早些时候，哈德良在摒弃扩张战略后，就已经认识到军队可能会出现这些问题。据说，他巡视各行省，视察了所有的驻军和营垒。狄奥·卡西乌斯（Dio Cassius）的记载如下：

[①] 字面意思为"第一标枪"。首席百夫长负责指挥军团中最为精锐的第一大队，也负责整个军团的日常管理。——编者注

> 他亲自查看和调查了一切，不仅是营地的常规设施，如武器、器械、战壕、城墙和栅栏，而且还包括每个人的私人事务，无论是在服役的士兵还是军官——他们的生活、营房和习惯——他在许多情况下改革和纠正了变得过于奢侈的生活习俗和安排。

这种持续的监督对于维持罗马帝国防务的良好状况十分重要。不过，无所事事同样容易滋生懈怠情绪。军团与敌人正面交锋时所向披靡，所以他们总是一厢情愿地期待敌人会乖乖地与军团正面交锋。到了公元3世纪，诸如拥有机动灵活的骑兵的帕提亚军队，可以击败行动缓慢的军团。罗马军团也不擅长攻城。公元2世纪90年代，塞普蒂米乌斯·塞维鲁耗时3年才攻陷当时已成为孤城的拜占庭，就很能说明问题。

自奥古斯都统治时期开始，帝国越来越倚重辅军。辅军士兵从当地的非罗马公民中招募，每个作战单位的兵力为500或1000人。辅军的训练强调作战技术，例如箭术或骑术，这些都是罗马军团的重装步兵所缺乏的。高卢、色雷斯和西班牙是辅军的重要兵源地。最初，辅军由本族的指挥官统领。后来辅军逐渐融入罗马军队，由骑士等级的军官指挥。罗马当局会给他们发放定额军饷，并许诺授予退伍士兵公民权。辅军可以扮演各种角色，实际上，辅军士兵具备更多样化的技能，这意味着对辅军的运用可以比军团更加灵活。行军时，辅军担任先头部队开路并负责掩护两翼，以保护笨重的军团免受攻击。至公元1世纪末，辅军已具备相当的独立作战能力。公元83年的格劳庇乌斯山（Mons Graupius）之战是阿格里古拉远征苏格兰时最重大的一场胜利。这次战斗完全由辅军承担（优点是不计入军团的伤亡人数）。在和平时期，辅军主要承担边境沿线的保卫工作。例如，他们负责守卫哈德良长城。退役后，辅军士兵会获得一块由罗马政府颁发的铜牌作为服役的证明。就考古学者所发现的铜牌的数量而言，它们一定被辅军士兵视若珍宝。

吸纳地方精英

在相对稳定的这几个世纪里，罗马帝国发生了一个通常被称为罗马化的进程。这个词在最宽泛的意义上描述了罗马文化与当地文化的融合，并暗示着罗马文化开始占据主导地位。罗马式城市或乡间的罗马式庄园开始成为帝国境内的许多地方精英生活的中心。这是不争的事实，但也不能据此认为当地文化不再对他们产生任何影响。以埃及和希腊为例，当地的文明比罗马的更为古老，并且仍然保持着某种文化优越感。在东方地区所谓的第二次智者运动（Second Sophistic）中，希腊文化也在公元2世纪出现复兴，似乎主要是对罗马化做出的一种回应。（见第29章）我们一定不要认为所谓的"罗马的"是一成不变的。罗马文化已经深深融入了各种希腊文化的元素，而两种文化的交流在罗马帝国的历史中一直占据重要的地位。因此，罗马文化和各地文化的互动必然不存在固定的模式，每一个地方都有所不同。考古发掘也表明，罗马化延伸到了罗马帝国疆域之外，使帝国后期罗马人和蛮族之间的文化冲突远没有原本可能的那么强烈。[1]

罗马帝国的繁荣得益于它获得了地方精英的效忠。地方精英开始意识到，其地位不仅依赖于罗马人所提供的安全保障，而且可以因此而提高。行省社会的生机勃勃，部分原因在于务实的罗马皇帝深知，他们必须授予地方精英一定的自由才能促进繁荣。在公元2、3世纪的希腊，人们意识到当地精英可以从罗马统治中获得很多好处，由此感到的震惊得到了最为雄辩的阐述。希腊演说家埃里乌斯·阿里斯提德斯在公元150年左右发表的一篇歌颂罗马的演说中，详述了希腊各邦因其臣属地位所获得的种种好处：

> 你的臣民享受着无比喜悦的放松，满足；从烦恼和痛苦中解脱出来，并意识到他们以前是漫无目的地向着空气挥拳。其他人不知道也不记得他们曾经统治过哪些领土……几时曾存在过如此之多的内陆和海滨的城市？……它们曾经如此彻底地先进便利吗？……往

---

[1] 有关罗马化，可参见：Janet Huskinson (ed.), *Experiencing Rome: Culture, Identity and Power in the Roman Empire*, London and New York, 1999, 本书对稳定的地方治理在文化交流上的促进作用进行了有价值的讨论；Greg Woolf, *Becoming Roman: The Origins of Provincial Civilization in Gaul*, Cambridge and New York, 1998; Andrew Wallace-Hadrill, *Rome's Cultural Revolution*, Cambridge and New York, 2008。

昔的帝国不仅统治者十分无能，而且它们所统治的民族无论在人口数量上还是在素质上都无法与你领导的这同一批民族相提并论……现在，所有希腊城市在你的治下欣欣向荣……这些城市中所有的纪念碑、艺术品以及装饰物都是你的荣耀……城市之间所有的明争暗斗都已消弭，但它们竞相让自己的城市尽可能地美观与富有吸引力。

这篇著名的演说意在强调罗马帝国中不同的社会地位（埃里乌斯是复兴希腊演说术的领军人物之一，见第29章）。他接着说道，"你将帝国所有的民众分为两个等级。你让各地那些更有修养、出身更好、更有影响力者成为罗马公民；余者是依附者和顺民"。这是十分关键的一点。罗马的确成功地与行省的地方统治精英联合在一起，一同维护秩序，共同面对来自社会下层的威胁。即便在公元66年的犹太人起义中，那些较为保守的犹太当权者仍然选择站在罗马一方。

从公元2世纪起，社会地位较高的罗马公民与其他人形成了更为正式的区别，并受到法律的保护。罗马公民于是被划分为较尊贵者（honestiores）与较卑贱者（humiliores）两个阶层。较尊贵者包括元老、骑士、地方官员以及退伍士兵。他们的案件可能会被优先处理，而且在受审前可免于囚禁之苦。相比之下，社会地位不高者即使作证也要经受例行的拷问。被定罪的较尊贵者一般是遭流放，而地位低贱者则动辄被钉上十字架或投入角斗场（对普罗大众而言，奴隶和自由人之间的区分才是最严格的，也是最重要的身份差别）。

罗马帝国的城市

如果想要找到一个最能体现共同价值观的地方，那正如埃里乌斯·阿里斯提德斯所强调的，必定是城市。当然，在地中海世界，这个观念不是罗马人创造的。而在征服迦太基、希腊、埃及和近东之后，他们统治了大量的城市，其中很多都拥有辉煌的过往。然而，有一些罗马城市是作为帝国控制体系的一部分而故意建立的。首先是殖民地（colonia）。殖民地是军团士兵的驻地或退伍老兵聚集形成的城镇，往往出于战略考虑而设立，尤其是那些在罗马征服意大利和建立帝国的阶段所建立的。殖民地为退伍士兵分配了土地，因此这些士兵具有保卫它的动力。许多殖民地都建立在那些荒凉的处女地（在阿奎莱亚博物馆中，收藏着一块纪念公元前181年罗马人首次犁出殖民地边界的青铜匾额）。但也可以在已有城市的基础上建立。例如，今天位于法国南部的尼姆城，在罗马时代是尼毛苏斯奥古斯都殖民地（Colonia Augusta Nemausus），便是建于阿雷科米契人（Arecomici）的市镇基础之上。至帝国时期，殖民地一词意味着较高的地位，因此皇帝可以把殖民地的地位作为一种荣誉的标志授予一座城市。例如，韦斯帕芗曾授予犹地亚的行政中心凯撒里亚城殖民地的荣誉。希律王建立该城时，犹地亚还未成为罗马帝国的一部分。

除了殖民地，还有自治城市（municipium）。该词最初用来指代作为罗马同盟者的居民自治群体，但后来也成了皇帝可以授予的地位标志。在自治城市之下的是共同体（civitats）。它指的是具有独立地位的社区，其成员不具有罗马公民身份，通常基于当地的民族群体建立。共同体不必依城镇而存在，而在帝国中晚期很少有共同体没有城镇中心。另外还有被通常译作"村镇"的行政单位威库斯（vicus）。但一些较大的威库斯规模已不输于城镇。这个术语可以被用于指代城市中的一个区域——罗马城就有自己的威库斯。威库斯在罗马帝国中没有正式的地位，仍然从属于地方行政中心。然而，常常在一些想要让自己的忠诚得到正式承认的地方贵族的要求下，威库斯可以被升格为拥有由罗马制定的宪制的自治城市。

西班牙城镇伊里尼（Irni）为今人提供了威库斯如何成为自治城市的范例。奥古斯都授予该城自治城市的地位，并授予其居民拉丁权和一部具有罗马特色的宪制。宪制对很多细节做出规定，包括地方长官选举、地方议会运作，以及征税、征发当地劳动力和司法审判的程序。任期结束后，地方长官将成为罗马公民。随着时间的推移，自治城市无论其起源如何，都将成为罗马帝国不可分割的组成部分。

塔西佗对不列颠尼亚行省的城市化进程不无嘲讽，他的岳父阿格里古拉当时就在那里担任总督：

> 为了使一群分散的、野蛮而好战的居民能够由于舒适而安于平静的生活，阿格里古拉对于修建庙宇、公共场所和住宅都予以私人的鼓励和公家的资助。他奖励那些勤勤勉勉的，痛斥那些游手好闲的；因此，居民不再是被迫服役，而是以自动的竞争来响应他的鼓励了。他使酋长的儿子们都接受通达的教育。……因此，这些从来不接受拉丁语的居民现在居然学习罗马人滔滔不绝的辞令来了。而且，他们也以穿着罗马人的衣裳为荣，穿托加之风大为流行。他们逐渐为一些使人堕落的器物设备如柱廊、浴池和风雅的宴会所迷惑。所有这些正是他们被奴役的一种方式，而他们却愚笨地把这些东西称为"文化"。

塔西佗的观点可能代表一些老于世故却又愤世嫉俗的罗马人的立场。但这一过程的确有助于培植地方精英的忠诚。至于某个家族融入罗马帝国行政系统的具体过程，可以参考高卢贵族埃波特索罗维狄乌斯（Epotsorovidius）的后裔的经历。在恺撒征服高卢后，埃波特索罗维狄乌斯的儿子成为罗马公民，并把恺撒的名字（表明他们的公民权拜护主恺撒所赐）与他的高卢名字连在一起，成为盖尤斯·尤里乌斯·阿格多莫帕斯（Gaius Julius Agedomopas）。经过两代人之后，这个家族完全罗马化，拉丁语成为他们更喜欢使用的语言。第四代传人盖尤斯·尤里乌斯·鲁弗斯（Gaius Julius Rufus）成为卢格杜努姆城（今里昂）举行崇拜罗马和奥古斯都的仪式的祭司，并在军中担任工程官（praefectus fabrorum）。他的财富使他足以捐献两座精美的罗马式建筑：一座是坐落在里昂的圆形竞技场，另一座是为其家乡梅狄奥拉鲁姆-桑托努姆（Mediolanum Santonum，今桑特市［Saints］）兴建的凯旋门。

伴随着地方精英进入城市管理部门，被授予罗马公民权的范围不断扩大。罗马公民享有一定的地位与特权，包括参与市政管理、加入罗马军团或者享受罗马法的保护。罗马公民最外在的标志就是有权穿托加。直到公元212年卡拉卡拉颁布敕令，授予帝国所有臣民（奴隶和一些类别的释奴除外）罗马公民权之前，被授予公民权的多是个人。例如，在辅军服役的士兵或参与城市管理的官员可获得罗马公民权，其后嗣可承袭。一个被释的奴隶也可以获得罗马公民权，只要他的主人是罗马公民。一个社群也可以被集体授予公民权（罗马人授予某一社群拉丁权的情形更为常见；获得拉丁权的社群可以与具有相似地位的社群贸易和通婚；韦斯帕芗曾向西班牙地区的400多个城市社群授予拉丁权）。

至少在皇帝看来，罗马公民权的普及能够要求公民承担共同的义务。这在国家面对巨大压力时尤其重要，所以人们会看到，像狄西乌斯这样的皇帝坚持要求全体罗马公民参与献祭（这也向基督徒这类拒绝向异教神明献祭的群体施加了巨大的压力），试图通过膜拜传统神明来强化民众对罗马帝国的忠诚。

狄西乌斯之所以提出这样的要求，盖因罗马传统信仰伴随罗马统治的扩张而传播。西班牙的殖民城市乌尔索（Urso）的宪制（1世纪下半叶）显示，当地膜拜的神明、宗教仪式、祭司制度均因袭罗马，而且就像在其他地方一样，皇帝崇拜同样无处不在。事实上，帝国越来越多地要求皇帝崇拜要在城市的宗教信仰中占据中心地位。在军中，正如杜拉-欧罗普斯出土的公元3世纪的日历所显示的，皇帝崇拜在公共仪式中占据主导地位。然而，一旦当地接受了对罗马神明的正式承认（通常是通过在广场上建立一座神庙），其他神明也就能得到包容。基督教教父德尔图良（Tertullian）如此写道，"各个城市和行省都有自己信奉的神明：叙利亚崇拜阿斯塔特，阿拉比亚行省崇拜杜沙拉（Dusares），诺里库姆行省崇拜贝利努斯（Belenus），阿非利加行省崇拜塞里斯提斯（Caelestis）"。这些地方神明的地位取决于他们的声望和他们所属的文化。即便是最见多识广的罗马人也被古代希腊的崇拜所吸引。在厄琉西斯，皇帝和元老也申请参加当地的秘密仪式。在军队中，士兵在公开表明尊重皇帝崇拜的同时，也可以保留对某些神明的个人崇拜。

由于罗马或希腊神明可以吸收地方神明的属性，这种文化融合得到了进一步的巩固。公元2世纪的罗马作家琉善在《论叙利亚女神》一文中，记录了前往希罗波利斯（Heropolis）的朝圣之旅。旅途中，朝圣者在神庙中偶然发现了赫拉的神像。"当你注视赫拉时，她同时呈现出多种样貌。

就整体而言，她的确是赫拉，但她同时又是雅典娜、阿芙洛狄忒、塞勒涅、瑞亚、阿尔忒弥斯、复仇女神、命运之神。"公元2世纪的柏拉图主义者凯尔苏斯（Celsus）写道："无论我们称之为至上的宙斯还是宙斯，抑或称之为阿多尼斯、塞巴斯（Saboath），或像埃及人那样称之为阿蒙，或像西徐亚人那样称之为帕帕伊欧斯（Papaeus），都没有区别。"利比亚有一座供奉宙斯的神庙，出人意料地赋予了宙斯沙漠商旅保护神的角色。在高卢，人们可以找到几十个以当地神名为后缀的马尔斯的例子。战神最初的属性实际上可能会随着吸收当地神明的威力而得到扩展。虽然地方的神明林林总总，但常常会有一位神明的地位被提升至其他神明之上，即所谓的单一主神教，还有人提到过一位至高神（Theos Hypsistos）。

正如塔西佗所言，"从来不接受拉丁语的居民现在居然学习罗马人滔滔不绝的辞令来了"。对许多人来说，罗马化包括熟练地掌握拉丁语。如前所述，近年来英国考古中最出人意料的发现，就是在文多兰达发现的大量木牍。这些薄木片上有用墨水写的文字，因浸泡在水中得以保存。文多兰达是公元1世纪晚期由辅军驻防的一座堡垒，距未来修建的哈德良长城不远。这些文献包括购买军需的资金申请报告、兵力报告、士兵与家属间的通信，甚至还有主妇们为了安排一次生日聚会而给对方写的信件。驻扎于此的辅军士兵不是土生土长的不列颠人，他们主要来自高卢北部地区，而笔迹的多变说明识字很普遍。尤为有趣的是，这些高卢士兵的信件是用拉丁口语写成的，并且使用了很多军中俚语。目前仍有一些文字无法释读，但其中的许多书写符号与庞贝遗址墙壁上所发现的拉丁语涂鸦类似，二者相隔的时间不过数年，甚至与埃及发现的公元3世纪纸草文献所使用的拉丁语也类似（也使用文多兰达发现的"古罗马"草书体书写）。这些臣民都来自同一个帝国，但有着截然不同的背景，他们以明显一致的方式使用他们的第二语言拉丁语。讲希腊语的东部地区也出现了类似的情况。本书将在第29章中加以阐述。

第28章

罗马帝国的社会经济生活

财富与身份

罗马一直是一个等级森严的社会。奴隶与自由人的区别是最基本的等级区分。但正如第27章所述，在自由民之中，还有较尊贵者和较卑贱者的进一步区分。元老、骑士等级凭借其社会地位而成为较尊贵者，日益庞大的地方市政议员群体（decuriones）也属于这个群体。最初，这是授予殖民地和自治城市中的议会成员的一种地位，名义上一座城市要有100名议员。与元老和骑士等级一样，地方市政议员的候选者也需要具备一定数量的财产，且在当地享有较高的声誉。随着时间的推移，地方市政议员成了一个世袭的阶层，但这一身份所承担的各种义务相当繁重，因为税收工作（地方市政议员在征收各种赋税的过程中扮演着相当重要的角色）和维持城市运转的工作变得越来越繁重。

仅凭自身才干也有可能晋身骑士等级甚至元老等级。这一点在军事压力剧增的公元2世纪末变得尤为重要（参见第30章）。在哈德良及安敦尼·庇护安定的统治时期，大多数的行省总督出身于传统的精英阶层，但马可·奥勒留已经开始从出身不彰者中选拔人才，只要他们能平息行省的动乱或者应对帝国突然受到的袭击。于是，释奴之子佩蒂纳克斯以百夫长开启自己的职业生涯，凭借才干脱颖而出，受到了恩庇并历任多个军中要职，最终引起了皇帝的注意。获得提拔后，佩蒂纳克斯参与了对帕提亚的战争，并转战不列颠,之后前往巴尔干地区,最后来到意大利担任罗马城长官。虽然上述职位都是由骑士等级出任的,但佩蒂纳克斯最终被拔擢进入元老院,担任了一次执政官。卸任后,他返回巴尔干地区,出任更高一级的指挥官。不足为奇的是,据说守旧者对佩蒂纳克斯的平步青云出离愤怒。事实上,他一生中最为严峻的挑战还没有到来。

即使每个等级都有财产方面的要求,但是人们只能通过一些常规的方式展示财富。穷奢极欲的生活方式可能会遭到公开的鄙视,就像家财万贯的斯多噶派哲学家塞内卡所做的那样,而粗俗地炫富也会招致人们的嘲笑。在佩特罗尼乌斯的《萨蒂利孔》中,粗鄙招摇的特里马尔奇奥就是受到嘲笑的一个经典的文学形象。为自己家乡的城市慷慨解囊是可以被接受的。某个凯尔苏斯家族成员曾为以弗所捐赠了一座雄伟的图书馆,这个凯尔苏斯曾在公元120年担任执政官。尽管这座图书馆所藏的1.2万卷图书早已不见踪影,但其外立面矗立至今。另一种方式是为城市举办赛会。在日常生活中,大人物应该拥有一座敞开式的豪宅,以使他人可以看到他的财富,而非把它们关在大门后。同样在以弗所,近年的考古发掘发现了所谓的"排屋"式贵族宅邸,其中包括多间餐厅,根据来访用餐者的身份进行分级。一个人有多少随从是他地位高低的重要标志。公共场所中的一些习惯也可以强化社会地位的差异,比如在剧场中为不同等级所预留的座席区域。

护主和门客的关系是罗马社会的核心。这反映了在一个等级森严的社会中,若无法得到地位更高者的庇护,很难有什么前途可言。在马提亚尔(Martial)和尤维纳利斯的诗歌中,门客总以卑微的形象示人。为了糊口,他们不得不在护主面前谨小慎微。然而,一些描述更有同情心地看待其中涉及的个人因素。所以,对于自己支持竞选官职的一个名叫尤里乌斯·纳索(Julius Naso)的门客,元老小普林尼有如下描述:

> 纳索结交朋友,经营友谊。对于我,他一旦相信自己的判断,就把我挑出来当他的朋友和榜样。当我在法庭上辩护或讲解时,他满心关怀地支持我;他总是兴致盎然地等着读我那些刚写出来的无足轻重的作品。

护主也可通过扶持门客来提高自己的声望。小普林尼接下来描述了他在等待尤里乌斯·纳索参选某个职位的投票结果时的心情:"我整颗心都悬着,因希望而焦虑,因害怕而激动;我不觉得自己像一位卸任执政官。因为我仿佛又一次变成了一位候选人,竞选我曾担任过的所有职位。总而言之,若是纳索成功获得他角逐的职位,荣誉是他的;若是落选,那就是我遭到了拒绝。"护主-门客关系见于罗马社会各个层面,皇帝也有各类依附者,一如富裕的元老和地方权贵。它是如此根深蒂固,以至于进入基督教时代后,教会的主教们成了新的护主(请求皇帝豁免他们座下神职人员的赋税),在某种意义上,他们也是门客,选择"主保圣人"(patron saint)在末日审判的"审判庭"上代表他们。

即便护主-门客关系让一些人的日常生活不再那么难以忍受,但对罗马帝国的普罗大众来说,这仍是一个冷酷无情的世界。就罗马城自身而言,贫富之间的巨大鸿沟在公元1世纪晚期的两位诗人——马提亚尔和尤维纳利斯——的作品中得到了生动的描绘。马提亚尔来自西班牙,于公元64年左右抵达罗马,尤维纳利斯是拉丁姆人。(马提亚尔有数卷《隽语集》[*Epigram*]传世,而尤维纳利斯以《讽刺诗集》[*Satires*]闻名。)他们的诗作都描绘了罗马拥挤的街道、破败的民居以及从屋顶掉下来砸中行人的瓦片,还有城市中令人抓狂的喧嚣。马提亚尔写道,拂晓前,面包师的吵嚷声就会把你从晨梦中吵醒,随后是学校教师的教书声,而城市中一整天都充斥着铜匠叮叮当当的敲打声、钱币兑换商手中钱币的叮当作响、祭司抑扬顿挫的吟咏以及乞丐的喋喋不休。尤维纳利斯则写道,富人能够到处自由活动,因为他们有高大的轿夫抬着软轿帮助他们穿过人群。穷人不得不在泥泞中跋涉,相互推挤践踏,动辄诉诸暴力。他们的房屋不过是用薄木板搭成,很容易失火或倒塌。只有富人才能买得到安宁——一座花园,以及众多仆役提供的安全和尊严。

文学作品亦提供了一些关于罗马帝国东部地区日常生活的细节。例如福音书勾勒了一幅公元1世纪巴勒斯坦地区社会生活的生动画卷(见第31章)。阿普列尤斯的《金驴记》反映了公元2世纪中叶帝国东部地区的社会状况,它也是现存唯一一部完整的拉丁语小说。我们对阿普列尤斯的身世知之甚少。据说，他出生于阿非利加行省的马都拉城（Madaura），似乎曾游历北非各省，讲授哲学。《金驴记》取材于先前的一则希腊故事，讲述一个叫卢基乌斯的人在色萨利旅行时变成驴的传奇经历。卢基乌斯只有通过咀嚼玫瑰花才能变回人形。故事的大部分内容都是在讲述卢基乌斯寻找玫瑰花的冒险经历。他最终被一个伊西斯女神的庆典所吸引，在那里发现了他需要的玫瑰花。变回人形后，他成了伊西斯女神秘仪的门徒。《金驴记》是一部杰出的小说，特别是在作者对语言的非凡运用这一点上（该书现已有古典学者萨拉·鲁登［Sarah Ruden］的译本，广受好评）。

福音书与《金驴记》均描述了东部地区脏乱的小镇及其周边乡村的生活。这里并不富庶，因此也不存在任何奢靡之风。那些较富裕的居民也只有在浴池或奴隶与仆役的服侍中寻得些许惬意。当地并不缺少各种聚会——婚礼、夜宴以及节日庆典。《金驴记》的第一部分内容就发生在小城希帕塔（Hypata）。该城的居民以极大热情参与当地的喜神节庆典，并拥入剧院围观对卢基乌斯的模拟审判（卢基乌斯此时仍是人形）。

然而这些消遣难掩生命的脆弱、无处不在的疾病与贫困。老普林尼（23—79年）曾在《自然史》中罗列了千奇百怪的药方（"山羊粪与老酒调和可治肋骨骨折……把狼的右眼用盐水卤过并穿起来佩戴在身上，可治愈感冒复发"），充分说明时人并不了解疾病，以致多数病症无法得到有效治疗。这也解释了为什么当时的人严重依赖巫医术士。《金驴记》中比比皆是使用巫术的情节（故事的发生地色萨利便是巫术咒语的发源地），而福音书的记载则表明，各种成功治愈的故事很快就会传遍当地。日常生活中同样充斥着暴力。在《金驴记》中，希帕塔当地豪强家族的青年会在凌晨时分四处游荡，寻找旅客进行恐吓。那些有钱人则把财物藏匿到房屋中央一个更加坚固的房间中，不但要锁上大门，还要派门僮看守。城外的道路上盗匪横行。当局一抓到嫌疑犯就立即拿出刑具审问。

尽管日常生活中充斥着各种危险，但从表面上看，仍有凌驾于一切之上的秩序。各地都有官员及罗马驻军。当局的确试图伸张正义，但对那些制造麻烦的嫌疑人毫无任何同情，刑罚极其残酷。在加利利或色萨利地区，长途旅行还是可能的，而使徒保罗在罗马帝国东部地区的活动范围很广。沿途有客栈招待旅客。若有机会被引见给当地名流,也能受到热情款待。帝国各地开始形成共同的文化背景。总之,罗马帝国各地的社会确实存在某种形式的凝聚力,即使非常有限(贺拉斯曾对穿越意大利半岛的旅行有生动的描述,见其《讽刺诗集》1.5)。

我们对那些贫困的自由民或边缘人群的生活状态知之甚少。他们大多以土地为生,作为无地的雇工、佃农或者自耕农,极易受到季节和气候波动的影响,饥荒必定司空见惯,而由于城市过多地吸纳了余粮,很可能加剧了饥荒。对雇工来说,每天4塞斯特斯可能已是当时的最高工资了,大多数情况只有3塞斯特斯甚至2塞斯特斯。发现于达契亚行省银矿的一则铭文记载,矿工的日工资是伙食费加1.5塞斯特斯。庞贝发现的一些物价记录显示,1塞斯特斯可购买2千克小麦,而1阿斯(即四分之一塞斯特斯)可购买1个盘子、1盏灯或一定量的葡萄酒。在西班牙某些地区,1阿斯是浴场的门票价格。这表明当时的工资水平虽然不高,但足够一个全职的劳动者维持生活。不过,大多数的工作都有季节性,且不可预测,而劳动者只能在市场等待,如福音书所说的那样,希望找到一个主人雇佣自己。另一个不容忽视的问题是,生活必需品的价格波动极大。物资短缺时,小麦价格可涨到正常价格的6—7倍。

奴隶制

> 人法中最重要的划分是:所有的人,或者是自由人或者是奴隶。在自由人中,有些是生来自由人,有些是解放自由人。那些出生就自由的人是生来自由人。那些摆脱了法定奴役地位的人是解放自由人。[①](《盖尤斯法学阶梯》)

前面提到的劳动者都是自由人,但在一个贫穷且尽管秩序有了一些全面改善却仍然缺乏安全感的世界中,很难判断自由的概念意味着什么。

---

① [古罗马]盖尤斯著,黄风译:《盖尤斯法学阶梯》,北京:中国政法大学出版社,2008年,第3页。——译者注

奴隶制是这个世界不可分割的一部分。在意大利，奴隶数量随着战争不断增加。基思·布雷德利在其《罗马奴隶制与社会》①一书中指出，在罗马早期，奴隶都是被击败的敌人，胜利者有权处死他们，但选择留其性命，所以为奴相当于死缓。在罗马人的意识中，战败者也是卑贱的。所以就此而言，罗马人可能认为，奴隶生而为奴，或者是因为不幸而变得低贱的（需要指出的是，事实上一部分奴隶的文化素养高于他们的罗马主子，尤其是那些来自希腊世界的奴隶）。

基于历史原因，奴隶制在意大利仍是最盛行的。按照文献记载，罗马在每次战争胜利后俘获的奴隶都成千上万（公元前167年，罗马征服伊庇鲁斯，俘获奴隶达15万）。这可能有所夸大，但罗马帝国的扩张肯定改变了意大利社会的性质。一项评估表明，至公元前1世纪末，意大利约有200万—300万奴隶，约占人口的35%。现存的零散且不充分的证据显示，大城市奴隶的分布密度是乡村的两倍。当然，在东部希腊世界，奴隶制在许多个世纪中一直是其文化的组成部分，但罗马的冲击无疑扰乱了传统的奴隶供应途径。同时，罗马的征服令大量希腊人口史无前例地变成了奴隶。来自罗马治下埃及地区的证据表明，奴隶最终占人口的11%。在西部的大多数地区，奴隶制并不那么普遍。例如，不列颠有关奴隶制的史料较少，而在被恺撒征服之前曾为罗马提供奴隶的高卢，人们只在城市中发现了奴隶的痕迹。

在这个时代，几乎没有证据显示罗马或希腊世界的奴隶制曾受到过质疑。一些斯多噶主义者提倡奴隶应被视为人。塞内卡在他的一封信中写道："如果你愿意，请铭记，你称之为奴隶者，和你来自相同的种子，与你一样生活在阳光之下，像你一样呼吸，也经历着你所经历的生死……你可以轻易地把他视为自由人，正如他也可以轻易地将你视为奴隶一样。"然而，这无非是一种谨慎的、父爱式的人道主义，对奴隶制本身并无关注。

《新约》的教诲也没什么不同。其中一则名为"懒惰的奴隶"的寓言（《马太福音》25: 14–30）令我们一窥耶稣是如何看待奴隶制的："一个

---

① Keith Bradley, *Slavery and Society at Rome*, Cambridge, 1994.

人要往外国去"，于是将自己的家业委托给他的奴隶们经营（《新约》中的doulous在希腊语中是"奴隶"之意，不过有趣的是，该词经常被误译为"仆人"，从而模糊了自由的仆人和奴隶之间的本质区别），但有一个奴隶并未让主人的财富有所增加，所以耶稣认可将这个奴隶"丢在外面黑暗里，在那里必要哀哭切齿了"。耶稣所提到的这种惩罚，是对待家户中的奴隶的通常做法吗？在《约翰福音》8:34中，耶稣将奴隶与罪联系起来。《以弗所书》（成书于公元1世纪下半叶）的作者轻易地将奴隶制迁移到一个新的语境中："你们做奴隶的，要惧怕战兢，用诚实的心听从你们肉身的主人，好像听从基督一般。不要只在眼前事奉，像是讨人喜欢的，要像基督的仆人，从心里遵行神的旨意。"基督教的自由只存在于来世，而非现世。①

奴隶制在经济上几乎没有合理性。在一个大多数人都非常贫穷的社会中，在有需要时雇佣临时工不比购买一个奴隶并使他经年保持健康贵。如果说奴隶社会是指其经济依赖于奴隶制才能维持，那么罗马就不是一个奴隶社会。西班牙的银矿可能大量使用奴隶开采，但高卢地区的很可能就不是如此。若没有奴隶，罗马经济的任何一个领域都不会崩溃。相反，正如基思·布雷德利所指出的那样："所有者获得的社会和经济效益，来自他对人力资产拥有几乎无限的控制和强迫能力。"在奴隶提供的各种服务下，这种控制不仅使所有者的生活变得更加轻松惬意，而且强化了他作为一个自由的并因此受到社会尊重的个人的地位。特里马尔奇奥在举行宴饮的过程中，经常玩弄奴隶的情感：他时而承诺释放奴隶，时而以暴力威逼。他这样做是在故意展示他新获得的权力。

罗马对待奴隶的态度必定是由其庞大的数量，以及共和时期大规模奴隶起义的教训——公元前130年的西西里奴隶起义、公元前73年的斯巴达克斯起义，参与这两次起义的奴隶均有7万多人——所决定的。此外，可能是出于绝望或受到误导而相信可以获得自由等原因，奴隶发起小规模

---

① 基督教与奴隶制之间的关系，参见：Jennifer Glancy, "Slavery and the Rise of Christianity", chapter 21 in Keith Bradley and Paul Cartledge (eds.), *The Cambridge History of World Slavery*, i: *Slavery in the Ancient Mediterranean*, Cambridge, 2011。

的暴动或谋杀冷酷的奴隶主的事件时有发生。当主人被一名奴隶杀死后，他家中所有的奴隶都要被处死，这种习俗再度反映了罗马人对奴隶反抗的极度恐惧，以及如何一贯运用恐怖手段处置这一问题。公元2世纪中期，皇帝开始推行一些人道主义政策。哈德良禁止奴隶主阉割奴隶，也不得为在庄园务工的奴隶戴镣铐；安敦尼·庇护对拷打奴隶做出进一步的限制，但仍没有有效的方法来约束有这种倾向的奴隶主的残暴行为。这种残暴行为到底可能有多么可怕，可参见西塞罗经手的一场官司。在这场官司中，西塞罗提到一位名叫萨西娅（Sassia）的女主人试图逼迫一个奴隶诬陷她的儿子谋杀他的继父。按照当时的惯例，这名奴隶当众受到拷问，以便让他说出"真相"。萨西亚并没有得到想要的"供述"，于是催促拷问者更加凶残地拷打这名奴隶，以致围观者再也受不了这种折磨，不得不强迫她下令停止拷打。

古罗马农学家科路美拉（Columella）在其《农业志》（1世纪中叶）中指出，奴隶天生爱撒谎，因此必须时刻受到监视。他顺便提到，奴隶主白天应让奴隶戴镣铐劳作，晚上则将他们关在牢房中。这些做法在下个世纪中被哈德良下令禁止。科路美拉一定是针对大量使用奴隶的情形而提出上述建议，比如在农场或矿山。在这些地方劳动的奴隶的待遇是最糟糕的。

在家庭中，奴隶的地位更为模糊。位于罗马城外拉比卡纳大道（Via Labicana）附近的斯塔提利乌斯（提比略·斯塔提利乌斯·托罗斯［Tiberius Statilius Taurus］曾是奥古斯都麾下的将领）家族的墓地中，也发现了大量曾为该家族服务的奴隶和释奴的墓室，可以反映出奴隶为家庭提供的服务的范围。他们的身份包括私人侍从、理发师、奶妈、保姆、家庭教师、医生和按摩师，甚至还有一个常驻的产婆。此外也有充当纺纱工、织布工、印染工、漂洗工和鞋匠的奴隶，为主人一家置办衣物，还有奴隶担任管理家庭财务支出的会计和秘书。当主人们出行时，还有轿夫和来自日耳曼的侍卫。贵族甚至用奴隶在他们捐赠给罗马城的圆形竞技场中维持秩序。很难相信在奴隶与主人之间不会产生某种不断增强的情感或忠诚的纽带，因而奴隶们会在主人的家族墓地中获得墓室，仿佛主人承认这些奴隶是家族不可分割的成员。一个安定且管理有方的家庭的确能够为奴隶提供一种更好的生活，远比那些在街头和农场上讨生活的人惬意。（5世纪初有一个有趣的例子，基督教苦修者小梅拉尼娅［Melania the Younger］为信仰而放弃了所有财产，并释放了她名下的4000名奴隶。但奴隶们强烈抗议，因为他们害怕自己被丢到劳动力市场上自生自灭。）虽然奴隶的婚姻不受法律保护，但奴隶私下结合并孕育后代的情况十分常见（斯塔提利乌斯家族墓地的铭文中就有提到），许多奴隶主对这种所谓的"家庭"睁一只眼闭一只眼，因为与从外面买来的奴隶相比，他们更喜欢那些生而为奴者（科路美拉也提到了在农业奴隶这种全是男性的群体中，女性能够起到教化作用）。

然而，从未有一种保障手段能使奴隶免于暴力、虐待和性骚扰。奴隶的子女可以被与父母分开，单独出售。我们不能假设《金驴记》中那位主动追求"英雄"卢基乌斯并与他享受鱼水之欢的女奴福提斯（Fotis）有代表性。各种形式的性虐待一定十分常见。特里马尔奇奥就夸口说，他因为同时满足了男主人和女主人的性欲而获得自由。尽管在评估奴隶数量的问题上还存在问题，甚至还有解放奴隶的可能，但罗马的奴隶制远比印度洋的阿拉伯奴隶贸易与大西洋的奴隶贸易更为普遍，这也让我们从另一个角度对罗马"文明"的本质有了更为清醒的认识。[1]

解放奴隶与释奴

罗马奴隶制与希腊奴隶制的区别是，罗马的奴隶可获得自由，且他们的后代可成为罗马公民。因此，在那些具有罗马公民身份的人很少的地方——这在公元1世纪仍是常态——我们如果遇到一位中等社会地位的非意大利裔罗马公民，那么他极有可能是一名释奴的后代。这也可能是使徒保罗享有罗马公民权的原因。毕竟在公元1世纪的小亚细亚，即便当地的精英也没有几个人拥有罗马公民权。[2]

解放奴隶的观念在罗马社会中由来已久，可上溯至公元前5世纪的

---

[1] 关于罗马奴隶制方方面面的精彩讨论，参见: chapters 11 to 19 in Bradley and Cartledge (eds.), *The Cambridge History of World Slavery*, i: *Slavery in the Ancient Mediterranean*。

[2] 杰罗姆·墨菲·奥康纳（Jerome Murphy O'Connor）在其保罗传记中提出了这一观点。

《十二铜表法》。奴隶主可以在官员的见证下或以遗嘱的方式宣布授予奴隶自由。此外，如果奴隶主同意，奴隶也可以为自己赎身，只要他能用自己的积蓄给予奴隶主足够的补偿。然而到了奥古斯都时期，罗马立法限制奴隶主通过遗嘱释放奴隶的数量。拥有30—100名奴隶的奴隶主，释放的奴隶不得超过总数的四分之一；拥有百名以上奴隶者，释放的奴隶不得超过五分之一。只有一小部分奴隶通过解放获得了自由，而那些在主人活着时获得自由的奴隶往往是那些赢得了主人尊重的人。西塞罗的释奴提洛与前主人之间存在深厚的感情。释奴同样面临一些始终存在的限制，例如在婚姻对象的选择上（释奴之间通婚十分常见）以及个人财产的处置方面，但释奴的后代则享有完全的罗马公民权。

大多数释奴与原主人一直保持着密切联系，并在原主人的扶持下开始新的生活。这些释奴常常成为城市中的商人和手工业者，甚至死后也会葬入原主人的家族墓地。相应地，他们的原主人也同样期待释奴会忠于自己。这就解释了为什么克劳狄乌斯如此广泛地任用释奴。然而，传统的罗马人对释奴社会地位的上升与财富的增长甚是恐慌。佩特罗尼乌斯在《萨蒂利孔》中塑造的特里马尔奇奥这一人物，便是这种心理在文学中的经典反映。早在700年前，希腊诗人塞奥戈尼斯就已经声称无论多少财富也买不到高贵。这种观点又在当时的语境下再次出现。塞内卡惊恐地记录了一位前主人登门拜访其释奴，却被这位傲慢的释奴拒之门外。然而罗马人是一个信奉实用主义的民族，在危急关头并不重视出身。贺拉斯的父亲是释奴，而儿子贺拉斯最终成了奥古斯都的密友。哲学家爱比克泰德生于小亚细亚的奴隶家庭（1世纪中叶）且跛足。然而，在获得自由后，他花了很多时间与罗马权贵打成一片，晚年时甚至可能被引荐给了哈德良。而后来成为罗马皇帝的戴克里先极有可能就是一个释奴，或至少是释奴之子。

土地与生计

我们确定无疑地注意到，与过去相比，我们对这个世界的开发更加深入，各方面也有了更多的收获。我们能够获得、了解、运用世间万物；令人心悦的乡村迫使人尽皆知的沙漠退去，犁沟驯服了森林，畜群驱散了野兽……大片沙地中播下了种子，岩石中辟出了道路，沼泽地被排干，城镇的数量和以前的房屋数量一样多……到处都有民宅、人群、城市和生灵。（拉丁教父德尔图良，约公元210年）

农业毫无疑问是罗马帝国的经济支柱。整个罗马帝国时期，地中海地区的"旱作农业"经济和以往一样，以橄榄和葡萄为主，辅以谷物和提供肉、奶、皮革、毛织品的猪、绵羊、山羊和牛等牲畜。在欧洲北部，光照时间有限，土壤更黏重，完全不适于种植橄榄，而葡萄仅能在个别适宜地区种植。这里的主要农作物是谷物和蔬菜。在很多地区，传统的混合种植模式并没有发生变化。以埃及为例，一直延续着数个世纪前的传统种植模式。皇帝（埃及是皇帝的"个人"行省）不鼓励任何可能威胁到余粮供应的经济发展，因为埃及的粮食是皇帝得以维持罗马和帝国其他地区政治稳定的基础。东部的城镇与它们的腹地之间早已建立起稳定的联系，没有打破这种现状的任何理由。在不列颠，自铁器时代起就行之有效的耕作系统基本上完好地保留了下来（随着耕作效率的提高，田垄变得更长）。不列颠始终以谷物种植为主，早在被罗马征服前便已将富余的谷物出口到欧洲大陆。不过，罗马为不列颠带来了葡萄（随着气候变暖，不列颠如今再次适于种植葡萄）以及今日菜园内常见的作物——芦笋、甜菜、卷心菜、胡萝卜和芹菜——的种植技术。

因此，长达几个世纪的稳定的罗马统治确实产生了影响，即使没有达到德尔图良所说的程度。然而这种"进步"并不容易被量化，主要因为描述长期趋势所需的各种证据过于支离破碎。关于意大利的农业，有一些文献史料：公元前2世纪老加图的《论农业》以及公元1世纪科路美拉的《农业志》。这两部作品都是指导手册，专门针对那些试图开拓当地市场的大地产所有者（书中有很多关于针对市场加工商品和管理奴隶的内容），只提供了有限的相关信息，即使关于意大利的也是如此。小普林尼的叔叔老普林尼编撰的《自然史》虽然并不限于意大利，但其描述的内容很不系统。通过田野调查以及对庄园遗址的分析研究，考古学家正越来越多地为农业发展提供了重要证据。

这些研究积累了大量证据，表明农民作为一个整体，从罗马治下的和平——罗马长达几个世纪的稳定统治——中受益良多。在正常年景，他们可以不间断地持续劳作。对希腊农业和罗马农业进行比较研究后发现，罗马人较之希腊人更热衷于改造地貌为己所用。对花粉与聚落形态的分析显示，耕地的数量在增长，而公元1世纪的人口数量比此前的1000年或此后的500年都高。也有证据表明每单位土地的作物产量有所提高。沿着一条轴线——从帝国的东南部向西北部——人们可以发现各种对生产技术的改进，其中包括铁制工具和螺杆挤压机（主要用于榨油）的广泛应用。金属工具的普及应用尤为重要。例如在长柄镰刀的普及应用过程中，就出现了专门为马匹和牲畜越冬储备干草的草场。铧式犁最早出现在公元3世纪，其犁铧为铁制，不但耕犁的土层更深，还可以翻动土壤，从而释放出更多的养分。铧式犁在阿尔卑斯山以北地区的黏重土壤上尤其有用。在多年稳定的耕种过程中积累起来的如何最大限度地发挥任一块土地的潜力的知识，和提高生产力同等重要。①

庄园

尽管我们无法对整个罗马帝国在几百年间的情况做出概括，但中型或大型的田庄似乎越来越多。这些由佃农、奴隶或自由劳动力耕种的田庄以牺牲较小的农场为代价发展起来，尽管后者仍然构成了绝大多数的农业宅地。这些田庄支撑着罗马在各行省的影响力的象征——庄园。"庄园"是一个宽泛的词语，既包括罗马富豪在那不勒斯湾营建的豪宅，也包括遍布各行省的舒适农舍（对乡间的庄园最生动的描写出自小普林尼的书信[参见《书信集》第2卷，第17封信]）。

行省中的农庄要想够得上"庄园"的标准，必须具备罗马化的特征，要么体现在建筑设计中，要么体现在装饰风格上。这种罗马化的过程通常

---

① 关于此处及下文讨论的主题所涉及的复杂证据的最新检视，参见：chapters 20 to 27 of *The Cambridge Economic History of the Greco-World*, ed. Walter Scheidel et al., Cambridge, 2007。

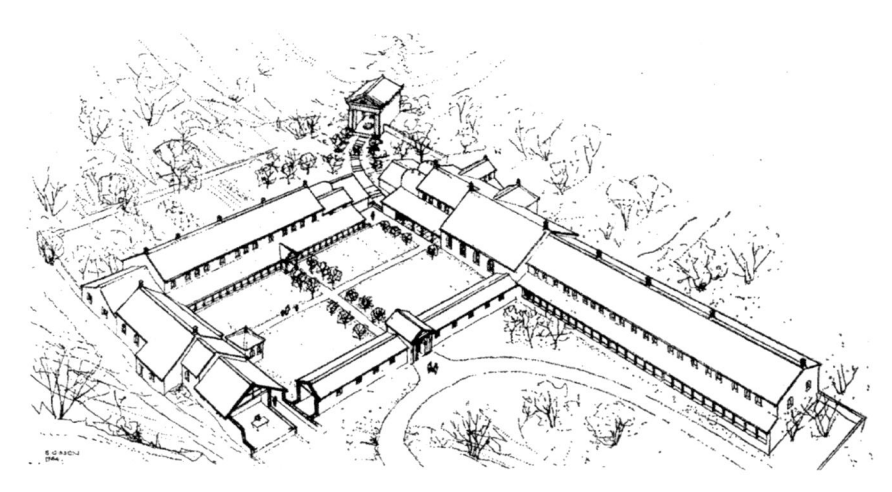

插图8　不列颠切德沃思的罗马庄园，建于公元300年前后。这是罗马式庄园一个很好的例子，有一个舒适的家庭住宅和封闭式庭院，旁边是一个开放式的庭院，可用于打理田庄的各种事务。

是循序渐进的，有时可以通过考古发掘来追溯。传统的农舍可能仅是一间人畜共享的大屋（意大利南部地区直至20世纪仍在用牲畜粪堆取暖）。后来房屋的主人与牲畜的居所分离，这是向庄园迈出的第一步。然后，主人修建起居室和卧室，把自己与工人区分开来。如果家道持续兴旺，各种奢华设施——浴池、供暖系统、游廊、马赛克装饰画和壁画——便逐步添加。最后，大宅的正立面要背对农场，并以门廊装饰。大的庄园会不断扩建房舍，进而形成封闭院落或花园，使其家庭成员在相对隔绝的情况下享受庭院的惬意。这些改进都是首先从意大利传来的。田野调查表明，罗马帝国时期的庄园在那些富庶的地区分布尤为广泛。以近年来对法国北部索姆河谷地进行的一项调查为例，那里发现了不下1000处的庄园遗迹。这一过程通常首先发端于西部地区，在被罗马征服后的一代或两代人间——例如在高卢，庄园的出现始于公元前1世纪末，在不列颠则不早于公元2世纪末（不列颠尼亚行省的庄园在公元4世纪时才进入鼎盛阶段，但也仅占所有已发现农庄遗址的2%）。

　　修建庄园需要工匠、建筑工人、泥水匠、瓦匠以及镶嵌马赛克的工人。通常，庄园主人还会购置所有象征罗马文明生活的物件，包括玻璃制品、银器和精美的萨米亚陶器（terra sigillata）。这些陶器具有赭红色的光泽和凸起的花纹（由于考古学家可以根据陶器的风格来推断其年代，所以在遗址中发现陶器是十分重要的）。这反映了庄园与当地商业中心之间的联系，也进一步证明了庄园拥有剩余农产品可供出售，以购买这些货物。毫无疑问，庄园与那些城镇中心存在着经济上的共生关系。例如，不列颠的情况表明，几乎所有的庄园都距离城市不超过半日的行程。法国考古学家米歇尔·庞西什（Michel Ponsich）追溯了西班牙瓜达基维尔河（Guadalquivir）谷地的庄园与当地城镇的各种联系：庄园生产的产品被运往附近的城镇，之后可能顺流而下来到出海港（在直布罗陀海峡附近），后装船运往不列颠、高卢乃至地中海东部地区。①

城市与经济

罗马帝国治下的绝大部分城市依靠当地的农业收成来维持生计，这些收成要么直接用于出售，要么从精英阶层的土地转移至建筑项目中（公元2世纪的医师盖伦提到，若时逢饥荒，来自城市的暴民会将周边乡村洗劫一空）。一些河港或海港直接受益于"罗马治下的和平"给帝国带来的贸易增长。虽然如亚得里亚海北部的阿奎莱亚可以通过转口贸易（与北欧的贸易）获得巨大的财富，但仅依靠贸易或手工业便可以自给自足的商业城市在当时仍闻所未闻。今天，人们仍然能够在已被发掘出来的阿奎莱亚码头遗址上漫步，观看当年船只停泊卸货的地点。伦敦的泰晤士河沿岸以及莱茵河沿岸的维特拉（Vetera，今德国克桑滕市 [Xanten]）也发现了罗马帝国时期的大型码头。

没有哪个城市的经济地位的维持比罗马更依赖人为因素。在奥古斯都时代，罗马的城市人口已逾百万。罗马不单纯只是行政中心，还扮演着多重角色。它是帝国的一扇橱窗，城内的纪念建筑深植于古代的宗教仪式，引发后人对伟大的皇帝与众多胜利的回忆。为了满足反复无常的市民

---

① 有关庞西什的观点，参见：Kevin Greene, *The Archaeology of the Roman Economy*, London, 1986。有关不列颠庄园的研究，参见：part IV of David Mattingley, *An Imperial Possession: Britain in the Roman Empire*, London and New York, 2006, "The Rural Communities"。

的需求，罗马每年需要进口大约19万吨谷物。小麦比营养价值较低的大麦更受欢迎。橄榄油也很重要。被丢弃的装橄榄油的双耳瓶仍然堆积在台伯河岸边，形成了陶罐山（Monte Testaccio），数目据说有6500万个。虽然罗马城通过私人事业供应，所需的余粮最初来自意大利和西西里，但皇帝实质上逐渐控制了整个粮食供应过程，甚至将其私人地产上的剩余产品输往罗马。作为皇帝的私产，埃及通过向农民征收实物税的方式越来越多地将谷物输给罗马（亚历山大里亚因此成为帝国境内最重要的出口中心）。

伴随着如此多的粮食从地中海彼岸输往罗马，寻找承运商变成了一个大问题。如前文所述，克劳狄乌斯推行了一项切实可行的办法：有能力每年至少承运70吨小麦且能与国家签订6年运输合同的船主，均可获得公民权或被豁免赋税。哈德良统治时期，谷物商人还被豁免了其他公共义务。罗马城设有全权管理粮食供应的官员——粮食供给官，任皇帝在开发奥斯提亚港方面也发挥了重要作用。奥斯提亚最初是台伯河沿岸的河港，随着罗马城粮食供应的增大，已不能满足如此之多的大型船只的停泊需求。因此在克劳狄乌斯及图拉真在位时期，奥斯提亚附近修建了一座新港——波尔图斯（Portus），它最终成为各种商业活动的中心。至公元2世纪中叶，奥斯提亚城的人口增至5万，主要由商人、船主、行会会员和辅助文书工作人员构成，这使奥斯提亚成为罗马帝国境内鲜有的"中产阶级"城市之一。奥斯提亚的行会广场（Square of the Guilds）有反映城中主要行业人员的马赛克镶嵌画：制绳商、制革商、木材交易商、船主，甚至还有一位大象进口商的相关记录。对奥斯提亚进行航拍后，人们发现有一条沿着台伯河走向的运河通往罗马，显然是为了防止通往罗马的运输线发生交通堵塞而修建的。

罗马这样的城市与其他地方的本地经济的关系，可以通过北非一探究竟。北非通过向罗马出口粮食和其他产品帮助罗马养活其市民。罗马在吞并了迦太基及其附庸国后，便勘测了土地并将之分割成小块。通过调查遗留的罗马界石，人们发现罗马在当地修建了长达19 200千米的道路。与其他地区一样，在北非，财富的源泉仍然是农业，主要作物是橄榄和谷物。与今天相比，那时北非的冬季降雨更丰沛，夏季的气候更稳定，因此农作物产量较高，农民也有较多的剩余产品。如今作为一座罗马城市得到重建的迦太基与饥饿的罗马隔着地中海,只有很短的航程,因此成了连接奥斯提亚的港口(那些来自迦太基的船主在奥斯提亚当地的铭文中都很有名)。此外,北非也是大理石的重要产地(产自努米底亚的斯米苏[Smitthu]地区的带有红色和黄色纹路的大理石尤其受罗马青睐,万神殿采用的就是这种石材)。自公元前2世纪起,北非的陶器便已销往罗马各地。

流入北非的财富带来的总体效果是刺激和维持了大量的城镇。当地的城镇是古代腓尼基城市、罗马军团驻地、罗马公民殖民地与地区商贸中心(这些城市多被授予自治城市地位)的大杂烩。在今天的突尼斯北部,那时有200多座城镇,相互之间的平均距离仅有10千米。北非城镇的人口一般在5000至1.5万之间,另有10余座城市的人口在2万以上(重建的迦太基城人口可能达到了10万,大莱普提斯可能达到了8万)。这些城市的遗址以及它们的剧场、神庙(通常祭祀罗马神明朱诺、朱庇特和密涅瓦)、凯旋门和城门,至今仍散布在那里,乃是罗马人成功地创造了一种共同的帝国文化的有力佐证,即便这样的繁荣完全建立在罗马的人为"拉动"上。①

位于那不勒斯湾的庞贝城则是依托农副产品贸易而兴旺发达的小型港口城市的绝佳代表。公元79年8月,庞贝毁于维苏威火山的大规模喷发。庞贝的绝大部分都被厚厚的火山灰所覆盖,从而为我们还原这座城市社会经济生活的种种细节提供了宝贵资料,是一个极好的个案。②

庞贝的财富拜坎帕尼亚周围的乡村所赐,主要来自葡萄酒和橄榄油。到公元1世纪中叶,当地的羊毛加工也成了一个不断发展的行业,来自萨莫奈高地的原毛在城市中进行处理。作为当地海岸线上最重要的港口(由于海岸线后退,庞贝今天已经不位于海滨),庞贝是将这些货物运往地中海世界的理想场所,比如法国就发现了来自庞贝的装葡萄酒的双耳瓶。庞

---

① 参见:Susan Raven, *Rome in Africa*, 3rd edition, London and New York, 1993。这部著作仍是很好的介绍,而菲利普·肯里克(Philip Kenrick)对利比亚境内的遗址提供了最新的检视。
② 参见:Mary Beard, *Pompeii: The Life of a Roman Town*, London, 2008; Paul Roberts, *Life and Death in Pompeii and Herculaneum*, London, 2013; Joanne Berry, *The Complete Pompeii*, London and New York, 2007。

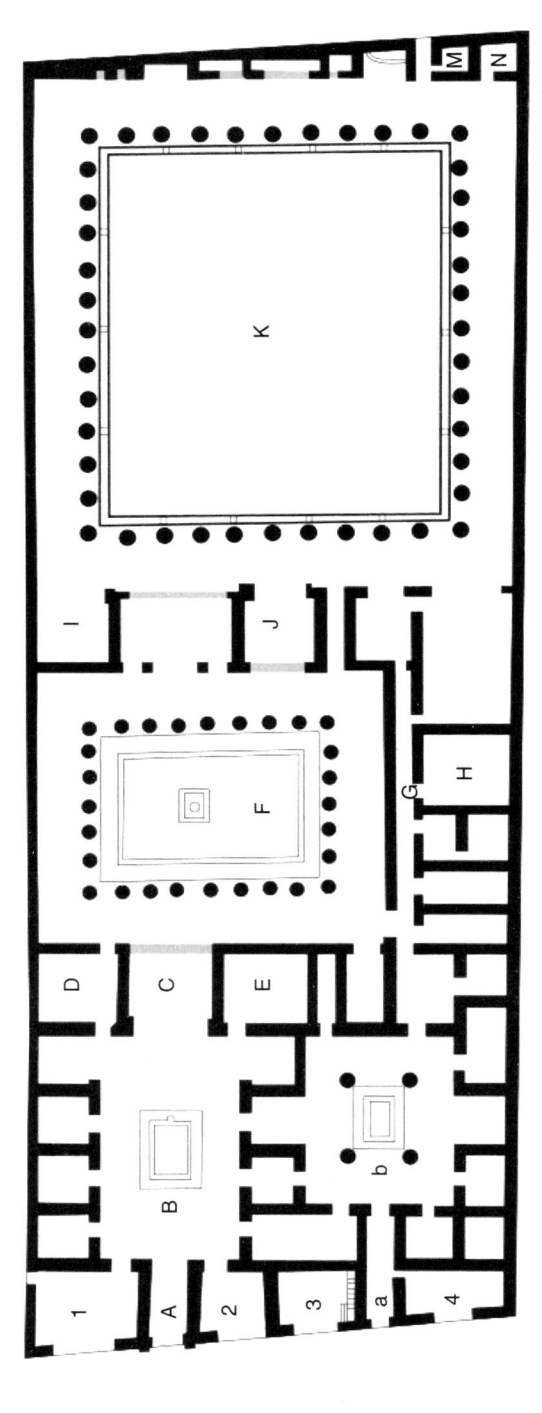

宅邸的前端为店铺（1—4）。正门（A）铺有马赛克镶嵌画，访客由此人会。工作室（C）与主人象面。工作室正对着柱廊（D和E），其创作于公元前100年）——就位于这两个餐厅之间，其商品质会令一些人的祖先应该多加过这场战斗。该宅邸还有一个与众不同之处，第二个中庭（b）的周围设有仆人的住处和一个侧门（a），走廊（G）可使仆人在府邸中前后穿行时不打扰主人。厨房设在房间H。第二座柱廊（K）占地面积更大。在后园丁旁设有门房（M）与园丁的住所（N）。

插图 9 庞贝遗址中的"起舞的农牧神之家"。该宅邸发掘于 1830—1832 年，是迄今为止庞贝遗址中发现的最大的宅邸，占据了整整一个街区。其建造年代可追溯至公元前 2 世纪，并保留了当时最初的华丽装饰。

贝的商业一定同样受益于附近的豪华庄园，因为这些庄园需要建筑材料和其他用品。庞贝有哪些手工业主要由当地市场可以提供的农产品决定。例如制陶业，主要以生产双耳瓶为主，以满足出口葡萄酒、橄榄油和其他当地农产品的需要。不过在庞贝被毁灭的时候，有一些迹象显示庞贝的传统出口市场开始萎缩，因为各行省开始种植葡萄和制陶。庞贝遗址中发现了一箱在火山喷发前不久自高卢南部进口的红色釉光陶器，表明庞贝与其他地区之间的贸易关系发生了逆转。总之，没有任何地方能像庞贝这样，可以从食品铺、酒馆和妓院的遗迹中，为我们提供有关罗马帝国行省城镇日常经济生活的各方面细节。（现在仍有很多谜团没有解开。比如酒馆柜台中嵌着一些储物罐，其内壁并没有上釉，因而不能盛酒。那么这些储物罐里装的是什么？实际上人们在其中发现的唯一的农产品是核桃！）

如果北非展示了一个大区域如何从介入罗马和更广泛的地中海经济中受益，那么罗马军队也造成了自己的经济影响。士兵的报酬相对优厚，而且单一一个驻地可能就有数千人，例如莱茵河沿岸的维特拉。据估计，罗马帝国北疆周边农场的农业剩余产品仅能满足军团一半的粮食需求，因此为商人们提供了有利可图的商业机会。军营附近杂乱无章的各种小镇中发现的证据显示，许多商贩是从远方被吸引来的。在莱茵河、多瑙河沿线的营垒遗址中，人们发现了大量产自意大利、高卢等地的奢侈品与精美餐具的遗存，还发现了来自东方的香料和充满异域风情的埃及玻璃制品。军团官兵的家属多在军营附近的城镇中居住，有些时候士兵退役后也会继续在这些城镇中生活。虽然一些城镇似乎逐渐发展出了自己的政府形式（还有官员），但它们通常仍受军营管制。有些时候，军团会在这些小镇布防，但有时也会将这些小镇夷为平地以防叛乱分子将之作为基地（例如维特拉就在尤里乌斯·奇维里斯叛乱期间被破坏）。

贸易路线

过去的30年间，地中海中发现的古罗马沉船数量大幅增加，其中许多已经得到考古发掘，但所发现的证据很难解释。毫无疑问，粮食是海上运输的最大宗商品。然而，当一艘满载粮食的船只沉没后，粮食散落，空船在沉入海底后会在海流的冲击下四分五裂。至今尚未发现过运粮船的残骸。另一方面，运输大理石和双耳瓶的船只会带着货物一同沉入海底，船体因为货物的重量而得到保护，所以仍然留在原地等待被重新发现。自公元2世纪始，显然是因为各城市大型建筑项目的需要，携带大理石的沉船数目达到了一个新的高峰，但已发现的沉船数目开始下降。因此有人认为，除了大理石，海上贸易开始衰落。但是也有证据显示，双耳瓶开始被木桶取代，而木桶在船只沉没后不久即解体，只留下船体本身暴露在恶劣的环境中。所以已探明沉船数量的下降并不一定是贸易衰落的迹象。

公元前150年以后，罗马船只的吨位一直在稳定增加，共和时代已经出现450—500吨的大船。例如公元前100—前90年间的阿尔本加沉船（Albenga shipwreck）即属上述吨位。该船从意大利出发航向高卢南部港口。船上约有1万只双耳瓶装着不少于26万升的葡萄酒。众所周知，高卢人对美酒一向出手阔绰，所以这本应是一次获利颇丰的投资，但一切都化为了泡影。有足够的证据表明，公元前100年至公元200年间，罗马较大的船只可装载300—500吨的大理石或双耳瓶。运粮船的吨位必定更大。亚历山大里亚、迦太基以及波尔图斯都有一流的港口设施。有学者估计，当时运粮船吨位最大者可达1000—1300吨。公元2世纪的作家琉善曾提及一艘名为伊西斯（Isis）的船，吨位达1200吨。当然，在发现确凿的证据前，这些数据都只是推测。

双耳瓶是一种到处可见的储物罐，可盛酒、橄榄油、鱼类产品等货物，甚至可用来盛坚果和果脯。有足够的证据表明，在共和时期，大量用双耳瓶盛装的葡萄酒被销往高卢。在公元1—2世纪，双耳瓶越来越多地被用于盛装咸鱼和鱼露（garum）——一种用鱼发酵而成的气味浓烈的酱料。当时贸易的范围可以通过腌制作坊的分布状况来评估。这些作坊都在那些有大量渔获的地点，捕获的数量远远超过当地人的消费需求。公元50—200年间，西班牙南部及北非地区的腌制作坊的鱼类产品产量在稳步增加。公元1世纪下半叶，布列塔尼地区开始出现一个新的加工区，当位于波尔马克（Polmarc'h）的罗马世界中已知第二大腌制工场开始投入生产后，产量在公元150年后激增。铭文表明，老牌产商都是从地中海周围的工场搬来的。当然，一般来讲，商船不可能仅运送一种商品。那艘被命名为旺德尔港二号（Port Vendres II）的沉船，曾在公元1世纪40年代沿着西班牙海岸线驶向高卢，准备在罗讷河或意大利的一个港口卸载货物。该船装载的商品似乎分属11个商人。双耳瓶中装有葡萄酒、橄榄油和鱼露，其他货物有较小的装饰品，如玻璃制品、精美的陶器和金属器皿，以及锡、铜、铅等原材料。

由于只有极少一部分人能够消费上述商品，所以就总体而言，这些小巧的奢侈品在市场中所占比例相当小，即使具有更广泛受众的银器也是如此。盖有印章的双耳瓶表明当时的市场更青睐来自某些特定产区的优质商品——产自意大利南部的红葡萄酒（标有酒庄的名称和年份）、贺拉斯和卡图卢斯最爱的醇厚的费乐纳斯白葡萄酒、西班牙的鱼露以及巴埃提卡（位于远西班牙行省）的橄榄油。织布业也有自己的行业中心——西西里和马耳他，那里生产最奢侈的布匹。老普林尼在《自然史》中谈到，最好的亚麻产自西班牙东部地区，意大利境内的两处产地紧随其后。

罗马帝国的贸易当然不仅局限在地中海区域。象牙来自非洲东部地区（取道努比亚），香料和没药来自阿拉伯行省，琥珀来自波罗的海沿岸。罗马帝国的商路也向东延伸，直至印度。19世纪时，印度半岛发现的罗马钱币数量越来越多。尽管最初仅仅被当成有趣的玩物，但现在足以表明流入印度的银币数量在奥古斯都及提比略时期达到顶峰（常常被打上新的标记当作当地钱币重新使用）。钱币、黄金、酒和橄榄油构成罗马主要的出口商品。印度东部沿海城市阿里卡梅杜（Arikamedu，位于今天的本地治里市[Pondicherry]附近）是一座天然良港，虽坐落于海滨，但可以从内陆经水路抵达，因此发展成了印度的转口贸易中心。考古发掘发现了粮仓、双耳瓶以及公元1世纪的阿雷提乌姆陶器（Arretine ware）。运送香水、香料（主要是胡椒和豆蔻）、象牙、宝石和来自中国的纺织品的船只跨越阿拉伯海后抵达亚历山大里亚城，再从那里运往各地。目前只有公元2世纪中叶的一艘从印度返回罗马的船只留下了相关记录。记录说这艘船装载的货物的价值相当于2.3万吨小麦。当船只在埃及靠岸时，对这些商品进行再加工的船主和众多工匠可以获得丰厚的收入。许多运往罗马城的货物被存储在台伯河沿岸的大仓库（horrea）中。罗马无疑是个繁忙的商业城市。老普林尼在著作中列举了用于书写的9种不同的纸张、12种李子和市面上出售的27种亚麻布。据推测，《启示录》第8章中列举的那些随着巴比伦的毁灭而消失的商品，灵感就来自罗马城内出售的各种奢侈品。①

公元1世纪时，许多商品是面向整个罗马帝国的市场生产的，但本地商品逐渐可以与这些舶来品相媲美，这可能是造成公元2世纪时地中海贸易明显衰落的一个原因。意大利中部的阿雷佐（Arezzo）是萨米亚陶器的原产地。这里的黏土特别优质，成为一大出口陶器产地。后来，新的生产中心在高卢出现，首先是卢格杜努姆，接着是高卢南部地区。通过分析沉船中的双耳瓶可知，公元1世纪时，西班牙和高卢的萨米亚陶器变得更加重要。在法国西南部的拉格劳费森克（La Graufesenque）发现的窑每次可烧制多达3万件的高级陶罐，产品销往整个西欧，并远销北非沿海城市。从坑中堆满的残次品可以看出这些作坊对高品质的追求。从这个时期开始，本地的手工业产品偶尔才会进入周边诸省以外的市场。一个例子便是公元2世纪以后的阿非利加制陶业所取得的惊人成功。阿非利加的陶器出现在了地中海东部，甚至黑海地区。公元3世纪时，高卢的布匹和服饰风格风靡意大利。

行省手工艺的兴起意味着现在许多原材料在运往目的地后才会得到加工。旺德尔港沉船中的铜、锡和铅应该是在高卢或意大利开采出来的。坎帕尼亚的卡普亚周边地区尤以产铜、银闻名。帝国设在里昂的铸币厂使用的是采自西班牙的铅和银。奥古斯都、提比略和尼禄时代发行的银币均含有来自不列颠的铅。大理石被切割成粗略的形状，随着时间的推移这些形状变得标准化，这样人们就可以直接从采石场订购柱身、柱首，甚至是侧面雕刻有花环和装饰性布幔的石棺。这些订购品的表面仍很粗糙，因为任何细微的雕饰在运输过程中都有可能损毁。一些尚未完工的神庙，如小亚细亚地区的迪迪玛的神庙，墙面一直没有抛光。一尊标准的立像，无论是裸体还是身着托加，躯体也不是完整的，以便当地买家根据自己的需要

---

① 有关进一步的讨论，参见：Claire Holleran, *Shopping in Ancient Rome*, Oxford, 2012。

安装头雕。总体而言，工艺流程正变得更加复杂。

只有一种帝国经济？

人们就商业对整个罗马帝国的经济和社会所产生的影响一直争论不休。摩西·芬利在《古代经济》[①]一书中认为，商业贸易在罗马帝国社会经济发展中的作用十分有限。他指出，整个地中海盆地的农业经济的产物是统一的，因而区域间开展贸易的动力很小。另外，运输成本也是制约商品交换的另一因素，因为长途运输提高了商品的价格，远超本地产的同类商品。（这就解释了在罗马帝国的安定时期，行省的橄榄油制造业、酿酒业、制陶业发展为什么可能会威胁到意大利等传统的产业中心。）芬利还指出，商人的社会地位始终低下，一旦赚了钱，他们就倾向于投资田产。促使他们进行商业活动的，不是金钱的诱惑，而是旨在获得投资土地、担任公职或施惠于民众的资本，从而寻求自身社会地位的提高。芬利总结道，推动商品流动的力量并非来自市场，而是来自国家，因为国家为了维持帝国的组织结构、军团以及罗马城这样具有特殊地位的城市的正常运作，必须保证粮食和其他必需品的供应。

芬利的理论现已受到学界强烈的质疑。虽然农村的剩余产品可能很少，且不可预测，但有证据表明，它们的确在当地的市场中获得了交易。钱币在各地广泛流通，也有证据显示，当时的商业借贷与融资十分活跃。如果没有大量的小规模贸易，人们就不可能在这么多的不同背景下发现钱币。即便是普通的家庭也能买到精美的陶器和玻璃制品。瓦房正以一种前所未见的方式开始普及。

与芬利所构想的图景相比，当时的人们展现出远为丰富的独创性和创新性。各种考古发现不断地扩展我们对这些发展的认知，而它们展示了帝国的统一是如何促进新技术的传播的。人们在耶路撒冷发现了目前已知最早的玻璃吹管，可追溯至公元前1世纪上半叶，但到公元1世纪时，该技术已传遍整个帝国，使每个人都可以用上玻璃器。据斯特拉波记载，一

[①] Moses Finley, *The Ancient Economy*, Berkeley, 1973.

枚铜币便可买到一只玻璃杯。

　　汲水装置最早出现在埃及（公元前1300年时肯定出现了），并在希腊化时期进一步成熟。随着埃及被并入罗马，这些装置开始广泛传播，例如人们在伦敦就发现了这类装置，最早可追溯到公元63年。在伦敦发现的汲水装置主要用于从深井中大量汲水，可能是为了满足附近的浴池与城中圆形竞技场的需要。该装置的形制十分独特，这表明一旦这项技术为罗马人掌握，务实的罗马人便会因地制宜加以改进。公元前3世纪的亚历山大里亚城就出现了由畜力驱动的水车，罗马人同样对之加以改造，用于下冲式水力磨。水车在公元1世纪以后十分重要。考古发掘以及对水车的复原显示，它往往配有齿轮，并已经推广到帝国全境，反映出罗马人具有高度的创新性和灵活性。碾碎谷物是它们最重要的功能，但有证据显示，罗马人用水力锯木和粉碎矿石。由于文献记载中几乎没有提及水力装置，而事实上这类装置是提高生产水平的基础，因此现在有人对它的广泛使用提出了质疑。①

　　罗马帝国缺乏的是关于经济发展的愿景，也没有形成财富增长本身就是目的的想法。然而当时确实存在令各种经济活动兴旺发达的条件。无论是哪个阶层（特别是释奴）还是个人，只要能够把握"罗马治下的和平"所提供的机会，都可以大展身手。在罗马世界，由于自然环境的影响，农业生产总是会受到限制，但收成仍然有稳步增长的空间。罗马人的技术确实在进步，许多技术也得到了广泛应用，即使生产水平从未像18世纪的工业革命那样实现质的飞跃。简而言之，帝国的经济模式并非只有一种，而是两种并存：一种由国家供应罗马城及军团的需求驱动，一种则由自由的经济活动驱动。

---

① 关于这些技术发展的全面讨论，参见：John Peter Oleson (ed.), *The Oxford Handbook of Engineering and Technology in the Classical World*, Oxford, 2008。

专题9

作为建造者的罗马人

奥古斯都时代的地理学家斯特拉波曾赞扬希腊人擅长将他们的城市与环境精妙地融合起来，用那些天然的港口和风景衬托建筑之美。相比之下，他认为罗马人更务实：他们主要是道路、高架引水渠、排水管道的伟大建造者，如果有需要的话，他们也会建造港口，比如奥斯提亚的港口。事实上，除了纯粹的实用功能，罗马建筑还有许多用途。罗马艺术的研究者越来越多地欣赏罗马建筑的美学品质。例如喷泉不仅是城市水源，也为长长的街道增添一抹亮色，更令其捐献者的慷慨得以为后世所铭记。罗马人在建筑外墙上大量使用花大价钱从地中海对面的阿非利加艰难运来的大理石，并不是出于建筑结构的需要，而是为了让建筑成为一座不朽的丰碑。所以，任何关于作为建造者的罗马人的研究都既要考察建筑的建造问题与功用，还要了解是谁出资建造了这些建筑、他们希望从中得到什么，以及建筑的视觉效果。罗马人无疑对和谐与完美的比例有着敏锐的目光。维特鲁威（Vitruvius）就强调，建筑必须引人注目："当建筑物的外貌优美悦人，细部的比例符合于正确的均衡时，就会保持美观的原则。"①

城市通常是罗马文明的焦点、行政管理中心和征税点。这里是地方精英聚集的地方，而且，正如许多建筑上的铭文自豪地宣称的那样，他们

---

① 关于罗马建筑的总体介绍，参见：Jean-Pierre Adam, *Roman Building: Materials and Techniques*, trans. Anthony Mathews, London and New York, 2005; Mark Wilson-Jones, *Principles of Roman Architecture*, New Haven and London, 2000。

作为捐赠者在这里相互竞争。毗邻的城市也为争夺更高的地位而竞争。公元1世纪末，高卢南部的尼姆城和阿尔勒城（Arles）似乎展开了一场竞争，因为两城都试图通过修建更加宏伟的圆形竞技场来压过对手的风头。

我们可以通过研究一座殖民地的发展轨迹来了解罗马人如何建设一座新城市。埃梅里塔奥古斯都殖民地（Colonia Augusta Emerita，即今西班牙西南部的梅里达市）是公元前25年为了安置在奥古斯都麾下征战西班牙的退伍老兵而建立的城市。在那之前，它只是一个小聚落。第一步，也是至关重要的一步，就是修建一座横跨阿纳斯河（Anas）的大桥，将它与道路网连接起来。接下来，城市的建设计划开始全面实施，在建造城墙的同时也辟出了今后用作广场的空地。一座用于膜拜皇帝的神庙很快建成，奥古斯都及其女婿阿格里帕都有所捐赠——阿格里帕捐赠了一座剧场，而奥古斯都出资修建了一座圆形竞技场。

仅仅用了9年，这处殖民地便提升为卢西塔尼亚行省的首府。至公元50年，有3条高架引水渠为全城供水。与罗马城中心不断增加的皇帝广场一样，此地最初的广场与一个新广场连接起来，事实上第二个广场的形制似乎模仿了罗马城的奥古斯都广场。该城决心向世人展示其不断上升的地位，为了在城市中心地区腾出空地而拆除了私人住宅，并在此又修建了一座广场，且配有门廊和高大的正门。广场上竖立着许多雕像。特别是一组反映埃涅阿斯自特洛伊流亡意大利的雕像，使这座新城融入了罗马神话体系中。至公元75年，埃梅里塔奥古斯都殖民地的发展历程成了罗马帝国行政治理的一个注脚，并成为其他城市可以效仿的范例。设立殖民地一般属于国家行为，其主要捐助人通常是皇室成员而自治城市的地方精英则会发起他们自己的建筑计划。[1]

如果罗马式建筑有一个发源地的话，那么这个地方既是不罗马城，更不是希腊，而是坎帕尼亚沿海各城。这些富庶的城市沿着罗马以南的那不勒斯湾分布。几个世纪以来，这条遍布良港的海岸线深受东方文化的影响，其文化发展水平在许多方面较拉丁姆地区更先进。正是在这个地区，

---

[1] 若想要更多地了解罗马城市的发展，参见：Jonathan Edmondson, "Cities and Urban Life in the Western Provinces of the Roman Empire", in D. Potter (ed.), *A Companion to the Roman Empire*, Oxford, 2006。

出现了那种典型的罗马式石质建筑——圆形竞技场、剧院（罗马式的），而罗马的市场、浴池、长方形会堂等建筑类型也几乎可以肯定源自这里。当地还是那种带有中庭以及由廊柱围起来的封闭式花园的典型罗马房屋的发源地。

其中在概念上最明显受到希腊文化影响的便是长方形会堂。它是一座长长的大厅，两边各有一条有柱廊的过道。这一建筑形式最初可能源于意大利南部的希腊城邦，但人们在庞贝古城广场附近发现了一个非常早（公元前2世纪初）的例子。公元79年，庞贝古城因维苏威火山喷发而被掩埋，这为我们提供了一个细致研究坎帕尼亚城市中建筑发展的机会。庞贝虽然深受希腊人影响，但早在公元前5世纪就被萨莫奈人占领。公元前2世纪至公元前1世纪初期，庞贝已建成绝大多数城市建筑，包括剧场、一个圆形竞技场、浴池、市场等。庞贝城中的两个公共浴场出现的时间比罗马城中任何一个浴场都要早一个世纪。而且直到公元前55年庞培修建剧场（当时不得不伪装成一座神庙），罗马城中还没有一座石质剧场；在斗兽场落成（公元80年）前，罗马城中也没有一座石质圆形竞技场。即便是像庞贝这样的坎帕尼亚小城，其居民也早在罗马居民之前享受到了精致的生活。

当然，至公元前1世纪，罗马广场周边已经出现了一批大型公共建筑，包括神庙、元老院会堂、官署和为公共集会修建的大厅，此外还有市场和大型仓廪。然而直到奥古斯都统治时期，罗马城才从一座砖石建成的城市转变为一座用大理石建成的城市。自该时期起，皇帝的资助成为罗马建筑发展的重大动力。只有皇帝才拥有对建筑施加重大影响的资源和政治需求。另一方面，帝国稳定的统治也促进了罗马建筑在帝国境内的传播。来自希腊世界的城市规划传统与罗马帝国统治者施加的刺激相结合，加上帝国稳定的统治所带来的繁荣，创造出一种典型的罗马式城镇。它有着网格化的规划、中央广场，以及围绕广场而建的各种公共建筑。

这种新型风格的城镇的出现，要部分归功于一位名叫维特鲁威的建筑师，他曾负责建造了亚得里亚海沿岸城市法诺（Fano）的一座大型长方形会堂。他在《建筑十书》(*De Architectura*)中提出了优秀建筑的标准——"坚固""适用"和"美观"。"坚固"通过构筑坚实的地基、选用适合建筑结构的材料来实现;"适用"要求建筑空间具有"合适的朝向、合理的分配和舒适的布局",并且要通行无碍。维特鲁威还开出了一份一座体面的罗马城市所必须要有的建筑和配套设施的清单。其中必不可少的设施包括:石板路以及排水渠、供水用的高架引水渠(尤其是供应城中的私人浴室或公共浴场)、圆形竞技场和剧场、广场、神庙、供公共事务使用的长方形会堂等;城市要修建城墙,在某些情况下是为了自卫,但更多的时候是作为市民引以为傲的标志;城市的中心应该修建具有纪念意义的拱门,并竖立杰出公民及捐赠者的雕像。意大利的许多城市很快便建成了所有这些建筑。

大型城市依赖有效的供水系统。罗马先民们最早饮用台伯河河水。但到了公元前4世纪末,罗马人不得不寻找其他水源。虽然引水渠并不是罗马人的发明(更古老的引水渠见于波斯以及公元前7世纪的亚述),但这是罗马的建筑家们自己制作的一种建筑形式。阿庇亚引水渠(Aqua Appia)是罗马的首条高架引水渠,兴建于公元前312年,全长17千米。随着罗马城的发展,工程师们开始深入罗马周边的坎帕尼亚寻找水源。例如,公元前144年修建的马尔西亚引水渠(Aqua Marcia)长92千米,将罗马东部山区的泉水引入城中,据推测每小时的运水量达100万升。如何确保水流稳定地从高处流向低处是工程师面临的挑战。马尔西亚高架引水渠的落差为260米,平均每354米高程下降1米,因此必须规划引水渠的路线以保证高程均匀下降(罗马建筑师已经能够使用虹吸系统让水从一处高地流向略低的山谷中)。留存至今的大型高架引水渠的遗存给人们留下了引水渠大部分构筑于地上的印象,例如用上千个拱券结构把水导向罗马的克劳狄乌斯引水渠、尼姆附近壮观的嘉德水道桥(Pont du Gard)、塞哥维亚(Segovia)的双层引水渠(至今仍为该城提供部分用水)。事实上,罗马人尽可能地在地下铺设输水管道,从而保证水源的纯净或防止敌人投毒。全长92千米的马尔西亚引水渠的地面以上的部分仅有11千米。而水流通过嘉德水道桥后,则会在地下管道中继续流动50千米。引水渠需要经常性的巡护,以防止管道渗漏。因此在帝国时期,皇帝专门组织了一支由奴隶组成的施工队维修引水渠。①

典型的引水渠，如果位于地表，全部都架设在拱券结构之上。拱券结构并非罗马人的发明。它最早运用于东方文明的泥砖建筑中。古希腊人更喜欢直线形的设计，因此规避拱券结构。但到了公元前4世纪，就连他们也准备在城门上使用拱券结构。自公元前3世纪初起，有这类结构的城门在意大利中部开始出现，之后设计拱门便成为罗马建筑师必备的本领。罗马人知道，石拱门较之希腊式的石过梁结构能够承载更大的压力，从而能够使更大的跨度成为可能。拱券结构的一个最典型的例子便是凯旋门，这是一种皇帝为纪念他们获取的胜利而建造的公共建筑。最古老的凯旋门可追溯至奥古斯都时期（现存最古老的一座凯旋门至今仍矗立在意大利的里米尼市，建于公元前27年）。提比略的凯旋门建于公元26年，是一座有着大量精美装饰的三联拱门，位于法国南部的奥朗日（Orange），以纪念他成功镇压高卢的一次叛乱。在罗马城，提图斯建造了一座纪念他征服耶路撒冷的凯旋门（这座凯旋门用混凝土建成，表面铺着产自彭特利库斯山的大理石）。位于罗马的塞维鲁凯旋门（建于公元203年）是另一个精美的范例。凯旋门作为罗马帝国主义的象征迅速向整个帝国扩散，而帝国东部和北非诸行省特别热衷于这种建筑形式。

罗马等城市面貌的转变得益于一种加强形式的混凝土的发展，它使用火山灰和石灰的混合物作为砂浆。这种混合物早在共和国晚期就开始出现，但经历了两代人的反复试验，才分离出最好的石灰品种，并摸索出正确的配比。例如，相对于早期伊特鲁里亚及罗马的混凝土所普遍使用的砂石，火山灰的一个特点是用它调制的砂浆在水下可以凝固，因而可以用于桥梁和港口工程的地基。在建墙时，罗马人用砂浆黏合石材。修墙的一种典型方法是，铺设一层用木板包起来的石头，接着倒入砂浆，待砂浆干燥后，再在上面铺第二层石料，如此往复。墙体完工后，墙面上会铺设带有图案的石头。在建造较大的建筑时，随着建筑物高度的上升，填充的石材的重量会减轻。

---

① 参见 A. Trevor Hodge, *Roman Aqueducts and Water Supply*, 2nd edition, London, 2002。

新的混凝土提供了一种完全不同的建筑方法，使用这种方法，封住一定的空间而非仅仅建造一个结构体成了可能。当时只有罗马帝国的皇帝才拥有足够的资源，让这种可能性在一系列现在开始遍布罗马的公共建筑上变为现实。

穹顶的概念可能受到了波斯帝国阿契美尼德王朝的王帐华盖的启发。但早在公元前1世纪，那不勒斯湾巴亚城（Baia）的浴场建筑群就已经使用了穹顶结构。更为成熟的设计出现在尼禄于罗马大火之后修建的黄金屋上。黄金屋采用了当时坎帕尼亚海滨地区著名的豪华庄园的风格，但尼禄将这一风格移植到罗马城的中心区域。黄金屋具有革命性的设计体现在宫殿东翼的中央大厅，在那里有一个穹顶从一个八角形的底座上升起。从中央大厅向外辐射的是一系列有拱顶的房间。整个东翼通过穹顶上的圆形开口以及周围房间墙壁上高悬的窗户采光照明。这一设计在有效利用空间和光线方面具有真正的革命性。

这种创新在图密善时期获得进一步发展。公元1世纪末，图密善为自己建造了穹顶式宫殿。这座宫殿的遗迹至今仍矗立在罗马的帕拉丁山上。和尼禄一样，图密善试图建造一座能够彰显自己帝王威仪的宫殿。奥古斯都宫（Domus Augustana）是一座宏伟的建筑，有两个壮观的外立面：一个俯瞰着大赛车场的赛道，一个俯瞰着罗马广场。这座宫殿的选址十分尴尬。为了让宫殿能够在具有高差的地表上矗立，需要构筑大面积的地基。宫殿中有宽敞的公共房间，如果没有混凝土是建不成的，特别是皇帝在举行仪式的场合展示自己的皇室大厅（Aula Regia）。这个大厅可能有30米宽，盖有木屋顶。与大厅相连的长方形会堂有一个跨度超过14米的混凝土拱顶。整座宫殿集精心设计的拱顶、穹顶、半穹顶结构于一身，但宫殿的外形仍是传统的矩形。

图拉真统治时期，对达契亚的大肆掠夺为他在罗马另一个建筑项目提供了资金。图拉真决心通过兴建一个包括广场、图书馆、市场大厅的建筑群直接造福罗马。图拉真所建的广场和图书馆，其设计较为传统，坐落于埃斯奎利诺山和卡庇托山山脚下经过平整的区域。图拉真纪功柱的柱身用描绘他征服达契亚的带状浮雕装饰。纪功柱高达40余米，标志着地表被削低了多少。市场不得不建设在图拉真纪功柱的后方,并为此削平了部分山体。这需要卓越的想象力和专门的技能。图拉真的建筑师大马士革的阿波罗多洛斯(Apollodorus of Damascus)是个东方人,他充分利用了当地破碎的地形,令处于三个不同水平面上的建筑群浑然一体,并且每个水平面周边的斜坡上都建有台阶和入口。(图拉真广场虽然一直被视作商业中心,甚至是购物中心,但我们仍不清楚其真正的功能。)同样,如果没有混凝土,该广场便无法建成。图拉真广场建筑群主要是为民众服务,因此不像下方的罗马广场及其周边建筑那样一味追求宏伟壮丽,而是精致和典雅的。

罗马城内的修建工程在哈德良时期达到顶峰。与图拉真一样,哈德良重视罗马的过去。他按照传统的形制,在罗马为图拉真修建了一座神庙。哈德良还模仿奥古斯都陵墓的形制,在台伯河岸边为自己建造了一座陵墓(即今圣天使堡)。而在修建供奉世间一切神明的万神殿时,罗马人对混凝土的运用达到了炉火纯青的地步。万神殿矗立在奥古斯都的左膀右臂阿格里帕修建的一座神庙的基础上,但哈德良谦逊地保留了位于神庙正立面顶部阿格里帕的名字。万神殿的设计看起来很简单,就像一面加上了一个巨型穹顶的大鼓。但在此后的1000多年间,万神殿穹顶一直是世界上最大的穹顶,直径达43米。问题是如何支撑如此巨大的穹顶的重量。

为解决这个问题,穹顶随着高度的不断增加而选用材质更轻的石料并不断减小壳体的厚度,因此穹顶壳体厚度自基部向中心逐渐变薄。穹顶壳体在基部厚达6米,但在穹顶中心开口处仅为150厘米。此外,穹顶内部有为进一步减轻重量而开凿的凹槽。建造者高超的技艺还体现在,万神殿的穹顶是一个半球体,但以这个半球体的圆心画圆,圆周恰好通过地面的中心。按照原始的设计,万神殿的门廊要高得多,但要把每根可能有100吨重的立柱从埃及整体运往罗马在当时颇不现实,于是不得不改用重50吨的立柱。(希腊人一般是用数段石材拼接成廊柱,而罗马人倾向于使用整方石材打造廊柱。)万神殿矗立至今(在公元7世纪被改造成一座基督教教堂而被幸运地保留下来),是罗马建筑的最高成就。

哈德良还因为蒂沃利的私人庄园(118—134年修建)而为后世所铭

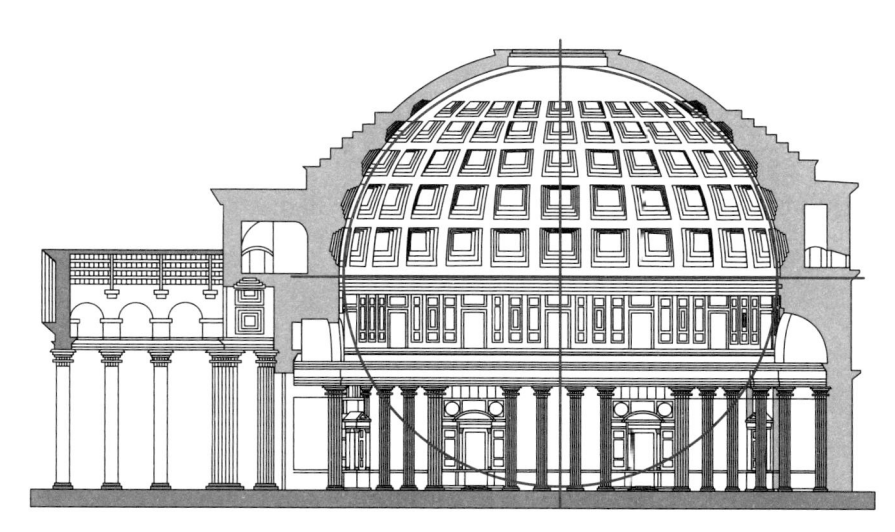

插图10　万神殿剖面图。罗马的工程师们建造了一个大约15英尺深的坚固的圆形地基，而后在上面分三层建起一道直径142英尺的围墙。正好在这个数字的一半高的地方，他们建造了一个巨大的木质框架，并在上面一层又一层地浇筑混凝土穹顶。随着穹顶高度不断增加，其宽度逐渐减小，以便使重量保持在可控的范围内。此外罗马人还通过开凿花格镶板进一步减轻穹顶的重量。参考同时期的其他建筑，花格镶板上起初可能装饰有玫瑰花饰。万神殿的穹顶在此后的几个世纪里，一直是世界上最大的无筋混凝土穹顶。其比例十分协调，由地板至穹顶正中眼洞窗的高度恰好与该建筑的直径相等，因此万神殿的内部空间实际上是一个完美的球体。

记。这座庄园是罗马世界中已知最大的庄园，与18世纪流行于英国的乡村庄园一样，周围是风景优美的环境。整个庄园是建筑上的新品位和这些新品位所需的技能的盛大展示。围绕着喷泉、水池或瀑布建造的一系列建筑中，设计者大量使用拱顶、穹顶以及几乎每一种曲面结构设计。有一些显然模仿哈德良在东部所见到的建筑，例如他将雅典的柱廊和尼多斯的阿芙洛狄忒（即罗马女神维纳斯）神庙"搬到"了自己的庄园中。廊柱与走廊还装饰着古代雕塑的复制品。哈德良的庄园向公众展示了这位皇帝卓尔不群的艺术品位。

在图拉真造福罗马的众多举措中，有一个规模庞大的浴场建筑群。虽然罗马城之前就建有浴场（尼禄与提图斯都曾在罗马建过一些），但图拉真兴建的这座浴场成了整个帝国模仿的样板。位于浴场中央的是冷水浴池。由于混凝土的应用，当时可以建造带拱顶的大型浴池。洗浴者从冷水浴池出来后，再前往提供温水或热水的小型浴室。浴场远非仅仅是洗浴场所。罗马人将希腊式健身房也纳入浴场建筑群中，因此在冷水浴池的两头设有健身场馆，以及图书馆、艺术馆乃至商铺。浴场不仅能满足罗马人的卫生需要，也是满足社交、求学甚至性需求的场所（许多妓女经常光顾浴场）。公元1世纪时，罗马并不禁止妇女和男子一同沐浴。不过那些珍视自身名誉的妇女通常只会光顾独立的浴室。男女共浴不可避免地让丑闻层出不穷，哈德良最终不得不规定男女分开洗浴。在一些大城市的浴场，将男女洗浴时间错开已成惯例。男子被安排在一天最热的时候——下午——沐浴。

帝国后期在罗马建造的皇家浴场是所有浴场中规模最大的。建于公元212—216年的卡拉卡拉浴场占地面积达2公顷，再加上周边设施，总建筑面积达到了20公顷。这座大浴场可供1500人同时洗浴。为整个浴场建筑群供水的蓄水池建在浴场的后方，蓄水量达1800万升，足以供应冷水浴池的用水。（暖水浴池和热水浴池的水会定时更换。50个烧水用的锅炉每日需要消耗10吨木材。）戴克里先浴场的规模甚至更大（建于公元298—306年，用时之短反映了施工效率之高）。该浴场巨大的中央大厅后来被米开朗琪罗改建为天使与殉教者圣母大殿（Santa Maria degli Angeli），留存至今。其8根巨型支柱的表面至今仍装饰着当年从埃及开采的大理石。马克森提乌斯浴场的中央大厅高达35米，始建于公元307年，后由君士坦丁完成。没有什么能像浴场那样让普通的罗马公民感到自己是一个令人自豪的帝国的一分子。浴场也成为行省罗马化的一部分。在西部地区，浴场是全新的事物。人们在北非的大莱普提斯和提姆加德（Timgad），以及莱茵河畔的边境城市特里尔都发现了大浴场。而不列颠的苏利斯泉（Aquae Sulis，今英国巴斯市）的浴池则依靠当地温泉供水。

也许罗马人不会因为他们的建筑的美观被后世所铭记，而是因为他们在处理材料上的大胆自信以及建筑的庞大规模。这给了后世灵感。当罗马帝国基督教化后，长方形会堂成为最流行的教堂建筑设计风格，而有些人认为查士丁尼在君士坦丁堡建造的圣索菲亚大教堂就受到了万神殿和马克森提乌斯浴场的启发。18世纪末，威尼斯建筑师皮拉尼西（Piranesi）制作了真实或想象中的罗马建筑的版画。他由于坚持认为罗马建筑较之希

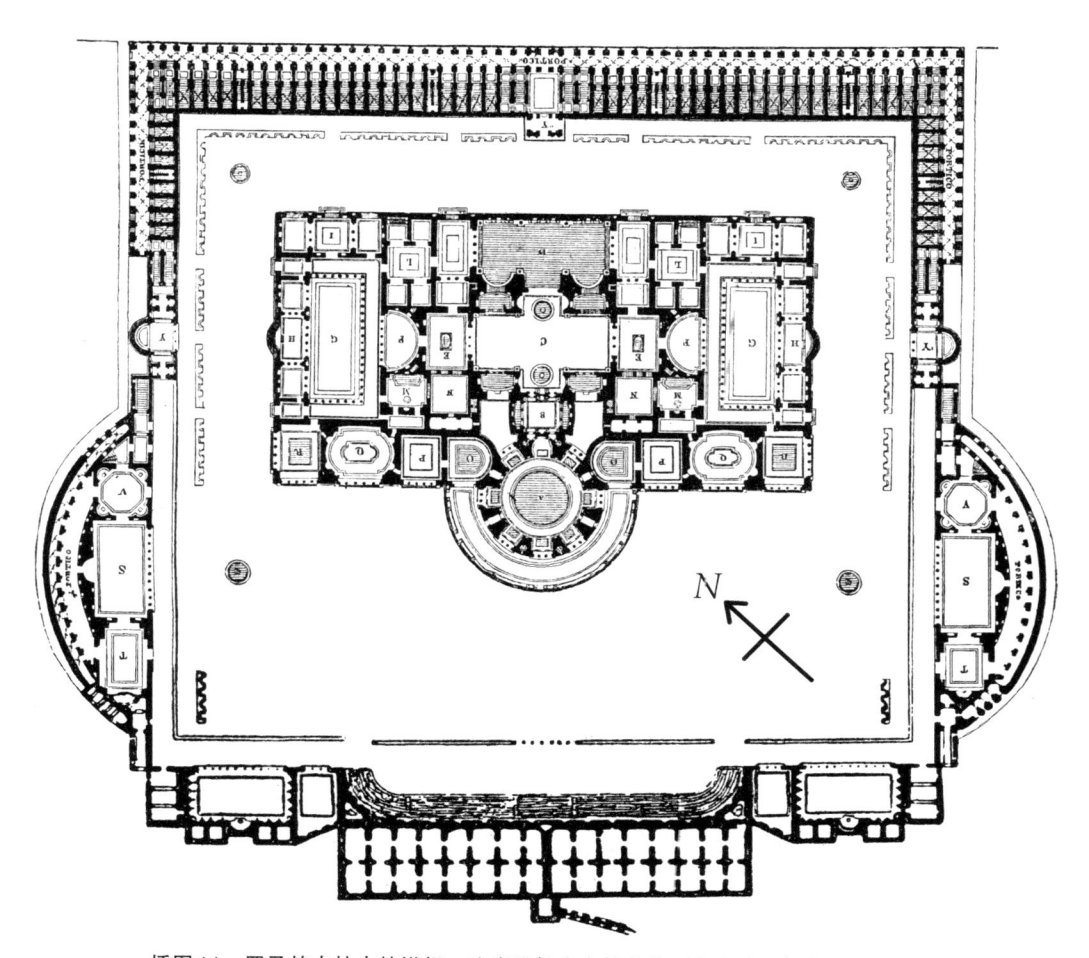

插图11　罗马的卡拉卡拉浴场。这座浴场由卡拉卡拉下令兴建，但直到3世纪20年代才完工，体现了公元3世纪帝国工程的宏伟壮观。浴场规模巨大，可同时容纳1500人洗浴，而且大量使用大理石和青铜雕塑作装饰。中央的建筑群设有一座巨大的游泳池，洗浴者经此可前往中央的冷水池，之后前往圆形的热水池。浴场使用了大批锅炉来维持热水的温度，而使用玻璃窗可以利用阳光增加浴场内的温度。两侧的房间均为运动场和厅堂，法尔内塞公牛像就曾位于某个运动场的中央。浴场的周围还有一座朝向阿文丁山的雄伟大门和一座图书馆。该浴场最终在6世纪时被废弃。

腊建筑更富于创造力而使一些人感到震惊。但他启发了其他人，令拱券和穹顶设计在19世纪初期的建筑中重新出现，甚至远至北美大陆的华盛顿。即便进入20世纪，罗马建筑的影响仍然存在。例如法国蒂耶普瓦勒（Thiepval）的"一战"纪念碑就受到了凯旋门的影响，而纽约市宾州车站售票大厅则效仿了浴场的设计。

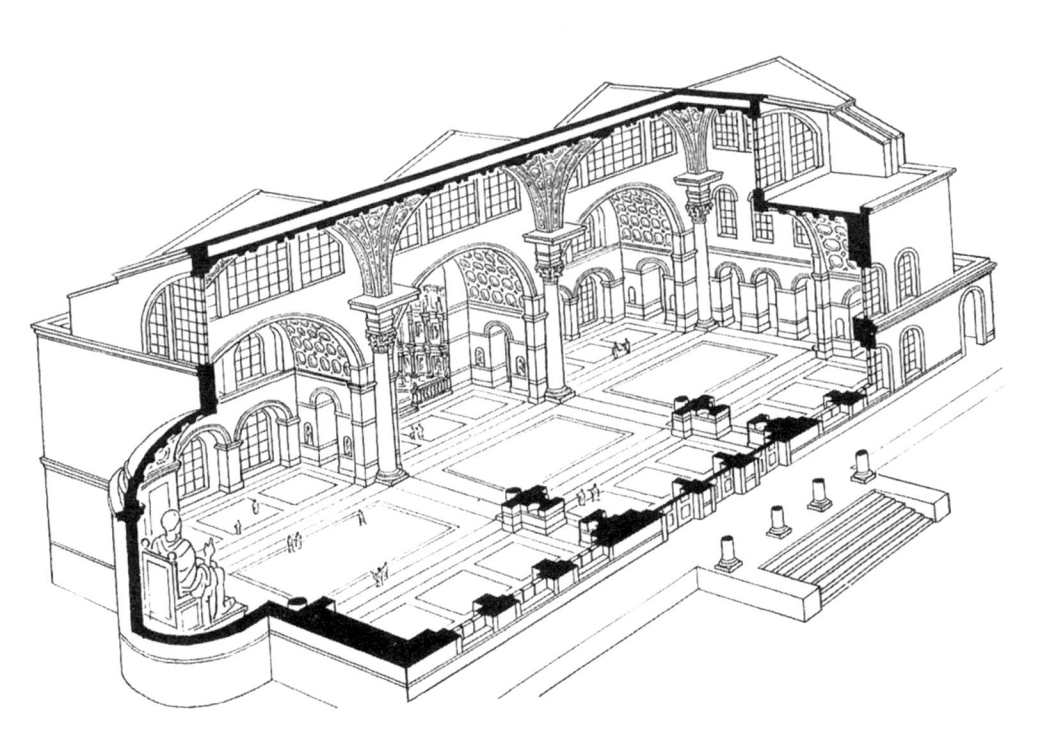

插图12 这座巨大的长方形会堂（在此以剖面图的形式再现）最初由马克森提乌斯开工建造。君士坦丁于公元312年战胜马克森提乌斯后将之完成。会堂的入口与贯穿罗马广场的圣道（Via Sacra）通过宽大的阶梯相连。在阶梯两侧矗立着4根斑岩巨柱。访客通过阶梯后会震惊于这座建筑宏伟的拱顶和华丽的大理石地板。现存于卡庇托利欧博物馆的君士坦丁坐像就曾安放于会堂的北端。847年，会堂的拱顶因地震而垮塌。

第29章

希腊文化的繁荣

在《罗马帝国衰亡史》一书中，爱德华·吉本（Edward Gibbon）哀叹公元2世纪时希腊文化的式微："诗人的名字几乎被人遗忘；雄辩家被智者［此处吉本的措辞具有贬义］取代……众多评论家、编纂者和评注者如乌云一般遮蔽了对知识的探索，随着天才的陨落，低俗的品位开始大行其道。"直到近年，人们对这个时期的希腊文化变得欣赏起来，才推翻了上述由来已久的不屑态度。

罗马人对被他们征服的希腊人怀有一种矛盾的心理。例如，在担任奇里乞亚行省总督期间，西塞罗无疑非常热衷于购买希腊雕塑与研究希腊哲学。但是他给刚刚被任命为亚细亚行省总督的弟弟昆图斯写信时，提到当时的希腊人远远不如公元前5世纪的先人：他们"欺骗成性、反复无常，漫长的奴役已让他们精于奴颜婢膝"。西塞罗承认，他仅仅是为了保持顺畅的人际关系而装出友好的样子。罗马总督常会盘剥他们的属民。亚细亚行省总督弗拉库斯（Flaccus）曾假借征剿海盗的名义向民众征收特别税，但从未建造一艘战船。他也向犹太人征税，但从未将所征税款送往耶路撒冷。那些前往罗马请愿的民众也被弗拉库斯在罗马的同伙驱逐。难怪希腊人对接受罗马的统治犹豫不决。

消除双方的互不信任需要时间。奥古斯都稳定的治理有助于修复这种信心。而像阿芙洛狄忒城（见专题8）这样的一些富有远见的希腊城市，已经意识到赢得罗马支持和资助的好处。当提比略拟在亚细亚行省修建一座用于皇帝崇拜的神庙时，有11座城市为之展开竞争，争先恐后地强调它们对罗马的忠诚（最后士麦那胜出）。尼禄访问希腊时，尽管他试图参与希腊各类节日竞赛的举动是可笑的，但可能也产生一些积极的影响。只有哈德良这样的醉心希腊文化者才能巩固罗马统治者和希腊之间的关系。公元124年，哈德良参加厄琉西斯秘仪，次年又在雅典大兴土木。他完成了庇西特拉图于公元前6世纪开始建造的巨大的宙斯神庙。哈德良还捐赠了一座宏伟的图书馆，并配有用产自弗里吉亚的大理石制成的100根廊柱。他修建了一条将帕尔纳斯山的泉水引入雅典的引水渠。接着，当宙斯神庙即将落成时，哈德良又增设泛希腊节（Panhellenion）以示庆祝。有古希腊传统的城市，大多数来自希腊本土，每隔4年便会在宙斯神庙的圣域内聚在一起，并参加模仿奥林匹亚赛会的竞赛项目。也是在哈德良治下，第一次有希腊人获得执政官的职位。

近东地区居民使用的语言十分庞杂。阿拉米语虽在当地广泛流行，但它的方言都十分独特，完全可以被视为各种独立的语言。奥斯若恩地区（今土耳其东南部地区）讲叙利亚语；远东边境地区帕尔米拉讲帕尔米拉语；纳巴泰人讲纳巴泰语；犹太人讲希伯来语和阿拉米语；埃及人使用通俗的埃及语，科普特语于公元2世纪开始出现。早在公元前300年，吕西亚语作为书面语言便已失传，而弗里吉亚语一直被土耳其北部沿海地区的居民使用，用希腊文书写。希腊语逐渐变得更加流行，自亚历山大东征以来，这种语言成为征服者和行政管理使用的语言。大流散期间散布各地的犹太人在公元前3世纪末把他们用希伯来语写成的宗教经典翻译成希腊语。当纳巴泰还是罗马附庸的时候，纳巴泰人在铭文中同时使用希腊语和纳巴泰语。至公元106年纳巴泰正式成为罗马帝国行省时，该地居民主要使用希腊语，仅在宗教仪式中继续保留纳巴泰语。在这个时代，凡是有志于取得一番成就者，必须掌握希腊语的读写。考古发现的埃及学校课本表明，荷马史诗等希腊作家的作品成为课程的主体。希腊语中的koine（共通的）一词即用来指代该时期出现的日常使用的希腊语。希腊史家波里比阿的作品、福音书以及圣徒保罗的书信都是用这种共通希腊语写成的。它还是希腊化时代的科学研究所使用的语言。①

第二次智者运动

然而，公元1世纪，希腊精英开始弃用共通希腊语，转而提倡传统的阿提卡方言。阿提卡方言是公元前5—前4世纪时雅典人使用的希腊方言。身为希腊人的自豪感的复苏，是推动这一风潮的动力。该时期的希腊知识分子乐于自称智者。其中一位学者斐洛斯特拉图斯（Philostratus，约公元170—250年）用一部《智者传》来描绘公元2世纪希腊文化的发展，并用第二次智者运动指称这个时代。这个运动赋予自己的任务是剔除共通希腊语中的拉丁语词汇，以净化希腊语，但这并不是一场反罗马的运动。许多智者都是罗马公民，并且很清楚他们作为精英，其生存从根本上讲仰赖罗马的权力。他们在博大精深的希腊文学和哲学遗产与那些崇敬希腊文化并愿意为之慷慨解囊的罗马富裕精英之间，寻找到了契合点。

这场运动也是针对各行省中初学希腊语者日益增加而发起的，它试图重申精英的身份。"教化"（paideia）是智者追求的目标。这个词在希腊语中指有教养者在教育、看法、礼貌等方面共享的一种生活方式。公元4世纪的希腊演说家利巴尼乌斯（Libanius）认为受过"教化"的年轻人"应该有德摩斯梯尼一样的灵魂［换句话说，就是要掌握传统的希腊修辞术］……以增进城邦福祉为己任；他应为刽子手的剑没有用武之地而鼓舞；他会捐助各种建筑为卫城添彩；他自始至终都是缪斯女神忠实的仆人"。简而言之，他将是一个见多识广的贵族，有点精英气质。

琉善虽然具有塞姆语族文化背景，仍成为第二次智者运动大潮的杰出代表。琉善生于公元120年左右，故乡是叙利亚的萨莫萨塔（Samosata）。他将自己描述为"穿亚述风格长衫（kaftan）"的"野蛮人"，因此不属于希腊文化背景。无论如何，他成功地掌握了当时备受推崇的阿提卡风格的雄辩术，甚至前往罗马帝国西部地区游历，受到了高卢人的欢迎，并据说发了财。琉善的创造力是无穷无尽的。他总是提出一个说

---

① 有关这个有趣的话题的全面考察，参见：J. N. Adams, Mark Janse, and Simon Swain, *Bilingualism in Ancient Society*, Oxford, 2010。

法，一两句话后又将之推翻。以讽刺天主教会闻名的16世纪学者伊拉斯谟（Erasmus）就对琉善推崇备至："琉善在其包罗万象的批判中展现了他惊人的技巧和手段，对整个世界嗤之以鼻，机智地将盐撒进每一个毛孔，随时准备对碰到的话题展开令人不快的抨击。"不仅如此，伊拉斯谟同样十分欣赏琉善作品中所流露出的严肃性。他说，琉善"既让荒谬寓于庄重，也能让庄重寓于荒谬"。西蒙·戈德希尔在《谁需要希腊》①一书中谈论琉善的杰出文章中指出，妓女的卧室中和皇帝的宫廷里都有可能找到他的作品。

琉善对他的"亚述人"出身以及自己需要在多大程度上融入希腊文化的问题很敏感。"教化"并不仅仅意味着掌握那些伟大的经典作品。如果想成为一名哲学家，连走路都要遵循正确的方式，不但要阳刚，还要神情严肃。琉善回忆说自己在拜访一位护主时使用了错误的问候语，感到非常尴尬。一些看客认为琉善一定是酒后失言，但事实上他的失态缘于无知。而他笔下的一位"哲学家"——很可能就是琉善本人——在首次参加罗马人的宴会时，按照错误的顺序品菜，且不知道如何正确地答谢他人的敬酒。琉善在一篇作品中虚构了一位西徐亚人游访雅典，并与梭伦讨论哲学。琉善写道，西徐亚人热得大汗淋漓，而真正的希腊人仍然泰然自若，因为希腊人常年在体育馆中锻炼，能够一直抵御炎热的天气。可见，对于来自希腊世界之外者，"成为希腊人"是一个艰巨的挑战。

由于希腊精英分子要通过使用阿提卡方言来与那些讲共通希腊语者相区别，所以需要在两种"语言"之间划定新的界限。那些出身高贵者很容易理解可被接受的阿提卡方言与共通希腊语的差异，但对琉善这样的外邦人来说就没么容易。所以他能够对出现的问题提出独到的观点。在阿提卡方言中，"tt"常被用来代替共通希腊语中的"ss"。琉善把这一现象比拟为一场官司："希格玛"（"s"）抗议"陶"（"t"）侵犯了它的地盘。在另一篇文章中，琉善嘲笑一个过分执着于阿提卡方言者，称他那晦涩的言语和矫揉造作的表述让人无法理解他。这个人只好请来一位医生，帮助他

---

① Simon Goldhill, *Who Needs Greek?*, Cambridge, 2002.

把所掌握的词汇全部呕吐出来。琉善以这种方式指出，一个人学习阿提卡语是为了自然地运用，而非炫耀。虽然琉善认为自己的希腊语有颇多不足，但数个世纪后，他的作品成为后世学习希腊语写作的范文。

"教化"需要认真地进行研究，而琉善讥讽那些收集了上百份手稿，甚至读了其中一些，却不能对它们做出批评的人。佢这似乎不适用于普鲁塔克（46—120年）。普鲁塔克生于彼奥提亚的喀罗尼亚城（Chaeronaea），家境富裕。他的绝大多数时光在家乡度过，也曾在德尔斐任祭司。他在雅典求学，并前往罗马讲学。普鲁塔克似乎完全接受了新的权力平衡，接受罗马作为希腊的统治者，同时坚持认为希腊文化更加成熟精致。他在《政治教谕》（*Political Precepts*）中建议同时代的精英分子接受罗马的统治地位（并在首都精心寻找护主），但不要在统治者面前卑躬屈膝。普鲁塔克十分了解罗马的精神，知道自卑只会换来更大的蔑视。

在前文提到的《希腊罗马名人传》中，普鲁塔克将罗马与希腊的历史人物进行比较（例如，演说家德摩斯梯尼与西塞罗，兵败西西里的尼西阿斯和同样在波斯丧师身死的克拉苏）。普鲁塔克不认为公元前3世纪之前的罗马人受过良好的教育（换句话说，即接受了希腊文化），并认为只有在那之后，他才能给予他们尊重。普鲁塔克笔下的希腊人有很多来自较早的古典时代，如伯里克利、阿尔西比亚德斯、吕山德，这是可以理解的，但他也写了罗马共和时代的许多名人。他真正感兴趣的是每个人的性格，对他来说，每个主题的道德属性要比传主是希腊人还是罗马人更重要。简而言之，他不是只支持自己的本土希腊文化。虽然普鲁塔克生活的时代要比他笔下的那些人物晚几个世纪，但他的作品风格非常直接，他所营造的历史氛围令人难以忘怀，这使他对历史人物的塑造令人信服。普鲁塔克善于准确地把握各种细节、营造高度戏剧化的死亡场景，例如西塞罗被谋杀，以及小加图、安东尼和克莉奥帕特拉的自杀。

普鲁塔克最著名的作品之一是《会饮录》（*Table Talk*）。在书中，普鲁塔克安排一群博学的希腊人和罗马人参加一场宴饮，并在席间讨论各种学术问题。作者本人亦在其列。在座的并非只有哲学家：其中至少有一位是卸任执政官，一位是亚该亚行省总督，而《会饮录》更是一部献给图拉真的亲信索西乌斯·塞奈西奥（Sossius Senecio）的作品。参与讨论的人从容不迫，话题也是开放性的，这既是新智者们所推崇的风格，也是各人"教化"水平的展现。书中讨论的主题相当广泛。例如，"为什么表层的油、中层的葡萄酒和底部的蜂蜜品质最佳"或"为什么女人很少上当，而老人极易上当""先有鸟还是先有蛋""犹太人膜拜什么神"。还有一些非常有趣："为什么女人不吃莴苣的中间部分"。后人猜测，普鲁塔克挑选的话题和虚构的讨论旨在炫耀自己的广泛兴趣。

《会饮录》一书最吸引读者的特色在于辩论的多样性：对自然现象的科学解释中又夹杂着神话式的解释；引经据典的同时又能从一些问题的荒谬之处取乐；医学、音乐、数学亦是书中涉及的主题。这种体例被称为"杂集"，即把具有不同背景的主题杂糅在一起，阅读时可以随意打乱顺序。老普林尼的《自然史》也属于此类文体，它在中世纪和文艺复兴时期尤其受欢迎。①

一旦追求"教化"者对大量古典作家的作品，尤其是索福克勒斯、修昔底德、色诺芬和柏拉图等人的作品进行了深入的研究，他就会需要进一步掌握修辞术。公元前4世纪的雅典演说家德摩斯梯尼和伊索克拉底是很好的老师。在公元2世纪，公开辩论的机会要远比古典时代的雅典少，但仍有很多场合可以彰显公开演说的价值。代表城市在皇帝、行省总督面前申诉，或在与邻邦的争论中辩论的需求是很重要的。必须以适当的演讲对任何到达一座城市的政要表示欢迎。婚礼、葬礼上以及在举办赛会前向众神和城市致敬时，也要发表正式的演说。然而，最大的动力或许来自依靠得体的语言、有效的陈述论点的形式，以及用新颖的方式阐发一个古老的命题，从同道中脱颖而出。例如，炫耀自己对古典时代雅典历史的了解是很常见的，但诀窍是以一种别出心裁的方式展现出来。

人们可以从普鲁萨的狄奥（Dio of Prusa）的演讲中探索如何使用公共演讲。狄奥（40—120年）来自比提尼亚行省，也称"金口"狄奥（Dio

---

① 更全面的讨论参见：F. Klotz and K. Oikonomopoulou (eds.), *The Philosopher's Banquet: Plutarch's Table Talk in the Intellectual Culture of the Roman Empire*, Oxford, 2011；对"杂集"这一文学体例的讨论，参见该书收录的特雷莎·摩根（Teresa Morgan）的论文。

Chrysostom），他生于一个富裕家庭，自幼接受了最良好的希腊式教育。与许多其他雄心勃勃的行省人一样，狄奥早年赴罗马发展。但在图密善统治时期，随着日益专制的统治，他与其他知识分子一同被逐出罗马，甚至被他的故乡普鲁萨禁止入内。他经历了数年的"隐居"，自称"穿着打扮已与流浪者无异"。他在罗马帝国各地漂泊，以智慧赢得尊重。

在更宽容的涅尔瓦和图拉真统治时期，狄奥重新声名鹊起。图拉真尤其对他礼遇有加。狄奥发表了一系列关于君主制的演说，至少有两次是在图拉真的面前。尽管狄奥接受君主制是最佳的政治制度，他也承认君主制可能会堕落为僭主政治（他十分清楚这一点），而行省总督也会横行不法。温文尔雅的图拉真应该不会被这种观点所冒犯，但狄奥似乎也是在向希腊听众演讲，他们总是对罗马滥用权力很敏感。狄奥的理想是在众神和人类之父宙斯治下实现自然和谐，该观念深受斯多噶主义的影响。他曾在斐狄亚斯建造的宙斯巨像前发表过演说。

然而，狄奥所憧憬的和谐仅是一厢情愿。狄奥返回家乡普鲁萨时，发现小亚细亚诸城的内部以及彼此之间矛盾重重。他得出了斯多噶式的循环已开始进入衰落期的结论。作为哲学家，狄奥以劝诫他人为己任。他有一篇向奇里乞亚行省首府塔尔苏斯（也是使徒保罗的出生地）的市民发表的演说。该城市与其他城市一样，陷入衰败，其内部也存在着尖锐的阶级矛盾。该城还以经常无端地向罗马抱怨其行省总督的统治而闻名。狄奥尖锐地指责塔尔苏斯的地方精英只关注自身利益，不允许穷人——此处指的是城内的亚麻同业行会的成员——分享特许经营权。他们的确有权在行省总督横行不法时提出控诉，但狄奥指出，他们好争讼的名声令其指控变得毫无意义。他们的罗马统治者也不会太关注他们与邻邦之间的各类琐碎的争执。狄奥甚至说这些争执"毫无意义"。他对当时为争夺主导地位而争吵的两个比提尼亚城市尼西亚与尼科米底亚（Nicomedia）也同样坦率。狄奥已被授予这两个城市的公民身份（城市向一些著名的诗人和演说家以及帮助过该城市者授予荣誉公民称号的情况很常见，或者为了讨好那些可能为该城捐赠的富人而授予其荣誉公民称号），这使他具有向公民发表演说的权利。狄奥回应道："头衔究竟有什么用？"他向观众指出，眼下的这些争论与古典时代希腊各邦所争执的话题相比实在不值一提，如果最好是摆脱罗马的统治，那么各城就需要团结起来，对肆无忌惮的行省总督形成有效的约束。

不足为奇的是，狄奥受到了非常广泛的关注。这里是他去世百年后斐洛斯特拉图斯为他做的颂词：

> 狄奥的演说自成一体，他发展了德摩斯梯尼和柏拉图的演说艺术，就像琴马可以调高乐器的音调一般；不仅如此，他的表达方式严谨且直截了当……虽然他经常指责那些放纵的城市，但他从未表现得刻薄或无礼，更像是一位用缰绳而非皮鞭驾驭烈马的御者。(《智者传》)

狄奥的这种方式也应该成为网络辩论者所效仿的榜样。

皮西迪亚和讲希腊语的东部城市

狄奥谴责的城市的背景各不相同，这一点可以通过检视皮西迪亚地区看出来。皮西迪亚坐落在托罗斯山脉中，该山脉从今天土耳其南部海岸延伸到安纳托利亚平原。公元前25年，皮西迪亚成为罗马加拉太（Galatia）行省的一部分。皮西迪亚地区有一座古城泰尔梅索斯（Termessos）。我们不清楚泰尔梅索斯的起源，但它的历史非常古老，《伊利亚特》中曾多次提及，称它是由同样神秘的安纳托利亚部落——索利姆人（Solyms）——建立的。泰尔梅索斯城地势险要，坐落在俯瞰山谷中交通要道的巨岩之上。公元前333年，亚历山大率军经过此地时强行通过山谷，并试图攻占这座城市，但即使是他最后也不得不接受它坚不可摧的事实。就算在今天，要爬上这座城市的防御墙也需要很长一段时间。这些城墙本身就是一项令人印象深刻的工程壮举。

泰尔梅索斯的居民充分利用自己的独立地位，谨慎地选择盟友。帕加马国王阿塔罗斯二世在泰尔梅索斯修建了一条柱廊，奖励该城对自己的支持。之后泰尔梅索斯又站在罗马一方反对米特里达梯，罗马元老院为此授予它独立地位（公元前71年）。因此在整个罗马帝国时期，泰尔梅索斯始终享有自治权力，并通过发行钱币来宣布这一事实。对这类城市来说，通常的情况是，希腊化时代的核心建筑在罗马帝国数个世纪的繁荣期间被改造了。哈德良授予泰尔梅索斯举办音乐庆典的权利，为感谢皇帝的恩惠，一座门廊被献给了他。公元2世纪，泰尔梅索斯新修了一条国王大街（King Street），自山下直通城市中心。山岭上那座希腊化时期修建的剧场具有开阔的视野，此时按照罗马风格重建。一位富裕的市民奥斯巴拉斯（Osbaras）还出资建造了一条可以与原有的阿塔罗斯柱廊相媲美的柱廊。几座罗马统治时期修建的神庙的基址保存至今。从蓄水池和一条引水渠的遗迹推测，泰尔梅索斯离不开稳定的供水，因此自公元5世纪的一场地震摧毁了引水渠后，城市似乎便开始逐渐衰落。

进攻泰尔梅索斯受挫后，亚历山大将他的愤怒发泄在位于其北部的城市萨伽拉索斯（Sagalassos）身上。他攻陷并劫掠了该城。然而该城很快重新焕发生机。虽然萨伽拉索斯城坐落于海拔1500米的崎岖山地上，但它俯瞰着一片肥沃的平原。罗马时代，公元前6年修建的塞巴斯特大道（Via Sebaste）途经该城，推动了城市的繁荣。它从此可以出口粮食、水果以及用本地黏土烧制的优质餐具。萨伽拉索斯因此一直忠于罗马。公元1世纪，市民中出现了首批罗马公民，而当地贵族很快出资兴建了一批纪念罗马统治者的建筑。至公元2世纪初期，它成为当地的中心城市。由于萨伽拉索斯位于内陆，又占据地势之险，其繁荣一直持续到公元4—5世纪。萨伽拉索斯受益于公元3世纪时的战事，它为停靠在海岸的罗马舰队提供了粮食。公元6世纪的地震和瘟疫最终令城市一蹶不振。坐落在高高的山坡上的剧场仍然保留着被地震破坏的痕迹。

目前，比利时的天主教鲁汶大学人员正在精心发掘萨伽拉索斯遗址。该遗址也值得一游，尤其是因为广场上的古代纪念建筑现在正在被重建。萨伽拉索斯在山坡上的位置很突出。城市南端的海岬上坐落着献给哈德良和安敦尼·庇护两位皇帝的一座巨型神庙，从极远处就可以看到。当时的罗马旅客可以沿着一条有柱廊的街道进入城市。这条街道兴建于公元1世纪，修筑于一段被填平的大裂缝之上，所以十分平坦。穿过一座门廊后，旅客就会抵达下市场。市场的一端是一座阿波罗神庙，可能建于奥古斯都时期。另一端是一座大型浴场，公元2世纪末又加盖了第三层。人们最近在市场废墟中发现了巨型哈德良雕像的头部。市场背靠一座图拉真时期修建的漂亮水景（Nymphaeum）。拾级而上，穿过一个食品市场和另一座哈德良时期修建的精美水景，就可以到达上市场。这座市场最初建于奥古斯都时期，同样背靠一座公元2世纪修建的水景。该水景如今已被修复，并重新出水。众多献给当地重要市民和纪念皇帝功绩的纪念建筑使这个市场成为一个仪式中心。最为精美的建筑或许是一座可以追溯到奥古斯都时代的英雄祠，它是献给一位无法确认的"英雄"的。其精美的饰带上有14个翩翩起舞的少女形象。萨伽拉索斯城还拥有一座图书馆，由当地一位市民于公元120年出资兴建，现已得到修复，游客可入内参观。

塞巴斯特大道从萨伽拉塞斯城外通过，一路向北抵达皮西迪亚的安条克城（Antioch-in-Pisidia）。如名称所示，这座城市在塞琉古王朝时期建立，是塞琉古一世在公元前3世纪时为纪念其父安条克所命名的一系列城市中的一个。塞琉古曾成功击败过加拉太的凯尔特人，但仍担心凯尔特人向南扩张至皮西迪亚，进而入侵沿海地区。由于皮西迪亚的安条克城是塞琉古王国战略防御体系的一部分，塞琉古将西边米安德河（Meander）河畔的马革尼西亚城的定居者迁至该城。罗马人同样认识到这座城市在战略上的重要性。奥古斯都于是指定它为安条克凯撒里亚殖民地（Colonia Caesarea Antiochia），并把那里的土地分给了退伍老兵。拉丁语也取代希腊语成为该城居民的主要语言。城市遗址中还发现了《奥古斯都功德碑》副本的残篇，只有拉丁语版本，这是对奥古斯都的永久纪念。城里还有一个犹太人社区。使徒保罗离开海滨城市佩尔格后曾造访过这个社区的会堂（参见《使徒行传》13: 14）。皮西迪亚的安条克城繁荣起来，兴建了各式各样的希腊-罗马式建筑，并最终成为该行省南部地区的重要城市。公元295年戴克里先重新划分行省时，皮西迪亚的安条克城成为新皮西迪亚行省的首府。该城的衰落可能与帝国晚期贸易路线的变迁有关，毕竟它深处群山之中。

仅仅以皮西迪亚地区这3个城市为例，我们就可以清楚看出讲希腊语的东部城市千差万别。各种群体杂居于此,为争夺地位明争暗斗,从不放过任何与罗马皇帝或行省总督接触的机会,并且极力美化自己,贬低对手。城市的资助者(被称为euergetism,"做好事"的意思)为城市捐献了大量漂亮的建筑。作为回报,城市则授予他们各类荣誉。一项法令如此写道:"在市议会和人民看来,最恰当的做法就是授予狄奥多罗斯一顶金冠,并在新体育馆为他修建一条柱廊,其中将竖立一尊他的大理石雕像。"

每个城市都希望通过举办节庆和赛会来炫耀,而这类活动也同样依赖富裕市民的资助。城市会不惜排场,沿用古代泛雅典娜节的模式举行盛大的游行,展示其兴建的体育场馆以及其他公共建筑。每个参加仪式的市民团体,包括祭司团或手工业行会,常常要奉献一头公牛作为祭品,这样就有足够的肉供每个人享用,这是任何庆典的关键组成部分。在吕西亚的奥诺安达城(Oenoanda),一位叫盖尤斯·尤里乌斯·德摩斯梯尼(Gaius Julius Demosthenes)的人为自己举办了一个庆典。每个官员或官员团体,以及负责祭祀皇帝和宙斯的祭司都被命令为仪式提供一头公牛。当地所有村庄被归为一组,要求提供两头公牛。邻近城邦也选派代表参加这一庆典,代表们根据地位的不同而享受不同的待遇。他们或是为豪华的排场惊叹,或对庆典中的任何纰漏讥讽奚落。

托勒密和盖伦

这仍是一个在智识方面取得重大成就的时代。一些伟大的人物能够脱离自己的家乡,展开最高级别的独立研究。这些学者中最知名者当数克劳狄乌斯·托勒密(Claudius Ptolemy)。公元127—141年,他在亚历山大里亚工作。托勒密的身世不为人所知。"托勒密"这一姓氏显然源于王族,但在当时埃及的希腊居民中十分常见,而"克劳狄乌斯"则是获得罗马公民身份的标志,可能是罗马皇帝亲自授予他的家族的。托勒密无疑出生于埃及,但他的家乡是亚历山大里亚还是其他希腊城市则不得而知。托勒密多才多艺,在音律、数学(提出新的几何定理)和光学(撰写最早有关光的折射的论文)等领域均有建树。他最伟大的成就来自天文学和地理学,他也是这两个领域的学术巨人。

在天文学领域，托勒密利用了来自巴比伦的资料和希帕卡斯的研究成果，但他也加入了自己的观察，并推动天文学研究达到了新的高度。他最终观测到48个星座中的1022颗星星。他的研究成果被收入他所著的《大汇编》(*Syntaxis*)中。此书后来被阿拉伯人称作《天文学大成》(*Almagest*)。该书以地球中心说开篇，然后继续发展对行星运动的早期解释。虽然托勒密与前人一样用地心宇宙模型做研究，但他显然并不拘泥于此——他在模型中又增加了一个偏心匀速点（equant point），每颗行星都绕着这个点旋转，通过这个点，可以解释更多已被观察到的天文现象。《天文学大成》标志着他与之前的研究的彻底决裂，尤其是它打破了早期观测结果在表面上的和谐。正如杰弗里·劳埃德所言，这部著作"非同寻常，因为它的数学论证非常严谨，所包含的想法范围广泛，所提出的结论也是全面的"。

在他的《地理学指南》(*Geography*)中，托勒密将"度"进一步划分为"分"和"秒"，坚持反复核查观测结果，并解决了如何在平面上呈现球体这一长期存在的问题。正如他在天文学上依赖希帕卡斯的研究一样，在地理学上，托勒密大量借鉴了差不多同时代人的推罗的马里努斯（Marinus of Tyre）的作品。马里努斯以规则化的纬线和经线来绘制某个地点，因此被誉为数理地理学之父。尽管托勒密对马里努斯的成果做出了某些修正，但他仍然十分愿意承认这位前辈的成就。然而伊斯兰世界对托勒密推崇备至则意味着马里努斯的著作和地图（据说他首次在地图中绘出了中国）被遗忘了。

事实上，托勒密的权威地位以及中世纪西方通过阿拉伯语译本对其学说的吸收并不总是一件好事。他的天文学理论在中世纪成为当时课程中一成不变的经典。如果不是哥白尼和16世纪一系列的地理发现对托勒密的地球中心说及其《地理学指南》形成了挑战，相关领域的研究或许根本不会有所发展。托勒密对自然科学领域所施加的最持久的影响是运用数学模型描述天体运动——"这一定是整个西方自然科学史中最具有重大意义的事件之一"（约翰·大卫·诺斯［John David North］语）。

盖伦（Galen，公元129—约200年）生于帕加马。他从医之前曾被寄予厚望的父亲送往当时多位重要的希腊哲学家那里接受教育（盖伦最早的行医经历之一是给受伤的角斗士包扎伤口）。盖伦在包括亚历山大里亚城在内的希腊诸邦游学后，前往罗马寻求发展，并在此度过了一生中的绝大多数时光，直至去世。盖伦所受的教育赋予了他在智识方面无与伦比的自信。他天生能言善辩，而他那些批判对手的长篇大论是现代学者了解许多现已佚失的著作的唯一途径。

　　盖伦是多产的作家和自我宣传家。仅以医学论著而言，现存的手稿约有2万页，涵盖人类健康的方方面面，令人震惊。盖伦在其作品中对前人的论著做了大量评注（遗憾的是，他对亚里士多德的所有评注都已遗失），而希波克拉底之所以受到后世如此高的评价，也主要因为盖伦对他名下的许多著作推崇备至。然而，盖伦的研究领域远不止于此。他是第二次智者运动中最优秀的思想家之一。他敏锐地意识到，希腊化时代科学研究的术语和方法都归功于共通希腊语，因此他决定继续使用共通希腊语作为表达手段。同时他也承认，对于任何试图宣示自己的地位者，阿提卡方言才是一种纯正的"精英"语言。他的这种想法、对词源的研究，以及他对词语使用的精确性的追求，使他成为一位重要的语言学大家，即便他是典型的精英："希腊语是最令人愉悦的语言……也是最适合人类的语言。你们若观察其他民族的语言中所使用的词语，便会发现一些词语的发音就像猪号、蛙鸣或啄木鸟叫声。"盖伦对知识的组织形式尤为感兴趣。近来有学者强调盖伦作为逻辑学家的重要性。我要再次引用杰弗里·劳埃德的评论："与任何时代或任何文化中的临床医生相比，盖伦可能都是独一无二的，因为他也是一位专业逻辑学家……反过来，在专门的逻辑学家中，他在医疗实践方面的能力和经验也是杰出的。"

　　盖伦是解剖的最积极倡导者，他喜欢炫耀自己的技能——"他的活体解剖是新智者式的知识展示与血肉横飞的罗马式景观的结合"（莫德·格利森［Maud Gleason］语）。盖伦在公共场所的表演可以被视作另一种形式的演说。尽管与亚历山大里亚的前辈不同，他不得不依靠动物做实验，但他驳斥了动脉容纳空气的传统观点。不过，他尚未认识到血液循环的原理，而是认为血液会穿过一些看不见的毛孔。尽管如此，盖伦能够对肝脏、心脏和大脑的一些功能做出描述，观察到胃在消化过程中的收缩以及消化道的蠕动。他在脊椎上做实验，试图找出脊髓的各部分与特定的运动功能之间的关系。他确实配得上"实验生理学之父"的称号。

2005年，一名在帖撒罗尼迦的一所修道院工作的法国学者发现了一部盖伦的新手稿。这部作品名为《论如何避免悲伤》(Peri Alupesias)，为我们讲述了一场令所有藏书者都不寒而栗的罗马大火。这场大火发生在公元192年的冬末，横扫了帕拉丁山，烧毁了那里的皇室图书馆，以及罗马广场上和平神庙里的图书馆。盖伦在离开罗马前存放在个人图书馆中以备保管的藏书也有许多被烧毁。盖伦为失去许多孤本医学典籍而悲伤不已，而其他图书馆同样损失了许多重要手稿，其中就包括亚里士多德、泰奥弗拉斯托斯、斯多噶学派的克里西普斯等人的孤本手稿。盖伦还提醒我们，提比略图书馆中所藏的纸草文献也未能得到很好的保存：由于潮湿，这些纸草粘在一起，已无法阅读。盖伦的这部作品生动地描绘了罗马各图书馆丰富的藏书，以及古代抄本与纸草多么容易受到潮湿和火灾的破坏。

在找不到事实或逻辑上的证据时，盖伦拒绝接受教条的观点。"宇宙是不是被创造出来的，宇宙之外还有没有什么东西，对于这些我只能说不知道。"（引自盖伦的《我的观点》[On My Own Opinions]）由于不可能发现地球的起源，因此这个问题不值得认真考虑。然而，基督徒认为盖伦对唯一的造物之力有着足够的信念，从而可以与基督教信仰相调和，并将其著作纳入中世纪的医学实践中（根据的是公元500年左右编纂的盖伦文集的一篇文章中的观点）。然而，盖伦那些创新的实验方法和严谨的逻辑论证被后世所遗忘，因为他本人成了重要的权威，其作品受到了盲目的追随。与托勒密一样，直到文艺复兴时期才有人开始重新观察人体构造并对盖伦著作的准确性提出质疑。但即便如此，他对医生们的影响力一直维持到了19世纪。之后，他逐渐被超越，他的作品被忽视了，直到现在，他才被公认为古代最卓越的头脑之一。盖伦传世的大量著作正在被缓慢地翻译，人们对其成就的钦佩也与日俱增。①

---

① 对盖伦的研究，参见：R. J. Hankinson (ed.), *The Cambridge Companion to Galen*, Cambridge, 2008; C. Gill, T. Whitmarsh, and John Wilkins (eds.), *Galen and the World of Knowledge: Greek Culture in the Roman World*, Cambridge, 2009。极好的盖伦传记，可参见：Susan Mattern, *The Prince of Medicine, Galen in the Roman Empire*, Oxford and New York, 2013。

第30章

危机中的罗马帝国

公元161—313年

罗马与各行省,皇帝与元老院及地方精英之间的平衡十分微妙。最重要的是,这种平衡仰赖于和平。事实上,罗马帝国面对战争和外敌入侵时尤其脆弱。罗马帝国绵长的边境防御体系并不是为抵御大规模入侵而设计的,而条条道路从那里延伸到那些富裕而又没有城墙保护的城市。罗马帝国的军团现在已习惯驻扎在固定的营地,部署需要一定的时间,尤其是需要长距离行军的话。罗马帝国的臣民长期享受着相对较低的税收水平,但应对危机所需的大量资源很难在短时间内轻易筹措到位。[①]

危机四伏

罗马帝国所要面对的各种危机主要来自两个方面。首先是来自欧洲北部的部落。罗马把那些散居在莱茵河河谷与多瑙河河谷之间,北至北海与波罗的海,最东至维斯瓦河的诸多民族称作日耳曼人。罗马人早已认为日耳曼人不可能被纳入帝国中。经验表明,日耳曼人所居住的森林密布的地区是不可能被征服的。取而代之的是,罗马与他们建立了各式各样的关系。在罗马提供的补贴的担保下,他们大多数与之建立了和平、贸易和外交的关系。即使有时冲突在所难免,精明的皇帝往往会推行分化瓦解的策

[①] 想要了解危机中的罗马帝国,参见:David Potter, *The Empire at Bay, ad 180–395*, London and New York, 2004。

略，而非冒险直接对抗。结果，许多日耳曼人在某些方面开始接受罗马文化，并在某些技艺上与罗马人一样娴熟，比如金属加工技术。日耳曼人缺乏有效的中央集权管理制度，但在某些方面，他们的生活水平可能并不比帝国的许多地区低很多。罗马化并不局限于帝国境内。

然而，欧洲东部和北部的社会在公元2世纪和3世纪时发生了重要的变化，尽管这些变化今天仍然难以厘清。难点在于，相关的罗马文献提到相对有组织的部落对罗马帝国发动了大举进攻，但考古证据就其能给出的融贯的解释表明，罗马帝国漫长的边境线两侧发生了范围广得多的互动，而其中许多似乎并不具有破坏性。这些地区的人口可能有稳定的增长，并出现了往往具有扩张倾向的新部落群。公元3世纪中叶，哥特人（Goths）在黑海地区兴起。传统观点认为，哥特人是来自斯堪的纳维亚半岛的单一族群。但近年的研究表明，他们可能是由多个迁移的民族与东日耳曼的诸部落以及黑海地区土著部落相互融合的产物。哥特人这一称呼并不是指代一个族群，而是那些哥特首领设法将之锻造成一支战斗力量的人（读者在本书后面看到这个术语时应牢记这一点：效忠哥特首领的不同部落群体可能会随着时间的推移而变化）。哥特人在黑海周边地区聚集资源，最终成为威胁小亚细亚和巴尔干地区安全的一支强大的力量。在东南欧，他们与萨尔马提亚人发生了冲突。萨尔马提亚人是来自亚洲的游牧部落，在匈牙利平原定居。他们最终不敌哥特人，被迫向罗马边境迁徙。

在该时期，新日耳曼文化也在更北方的地区形成。其中之一为普热沃斯克文化（Przeworsk culture）。该文化出现于公元2世纪晚期，发源于维斯瓦河与奥得河之间的地区，因其武士墓葬中有丰富的随葬品闻名。另一支发源于维斯瓦河下游的欧克斯威文化（Oksywie culture）远比一般的日耳曼部落军事化程度更高（日耳曼部落间的战事通常是低水平的，且具有季节性），而且有人认为，他们是围绕俘获和交易奴隶组织起来的。尽管仍然存在争议，但有些证据表明这些文化具有扩张性。欧克斯威文化后来被维尔巴克文化（Wielbark culture）取代，后者自波罗的海地区迁徙至今天的乌克兰。考古证据表明，同时期一个新部落在维斯瓦河以西的易北河河岸兴起，即勃艮第人（Burgundians），而欧克斯威文化/维尔巴克文化的发祥地现已变得荒芜。大约同时，另一支日耳曼部落汪达尔人（Vandals）出现了。他们可能是普热沃斯克文化的继承者。所有这些将不同的族群与特定的文化联系起来的尝试都需要非常谨慎地对待：对部落首领的效忠极易发生改变，而武士群体的分裂和重组也通常不会留下任何考古痕迹。

这些族群的出现和扩张使罗马边境附近的日耳曼部落承受的压力与日俱增。它带来的一个后果就是迫使那些较小的零散族群联合为更大的部落。这一过程大概开始于公元3世纪初期。中日耳曼各部落组成了被称为阿勒曼尼人（Alamanni，意为"所有人"）的部落联盟，并在公元213年首次见诸史书。稍晚的时候，法兰克人（Franks）出现在莱茵河下游，撒克逊人（Saxons）在北海地区形成。日耳曼人似乎变成了更老练的战士，可能是得益于他们在罗马军中服役的经历。他们最初使用的短剑对罗马士兵是无效的。现在，他们开始使用较长的双刃剑，更容易刺穿敌人的盔甲。还有证据表明，日耳曼人中出现了技巧娴熟且配备重箭头的弓箭手，足以对付身披重甲的罗马士兵。日耳曼人第一次可以满怀信心地面对罗马人。随着来自北方的压力越来越大，罗马帝国的财富和土地变得更加诱人。至公元3世纪中叶，在撒克逊人、法兰克人、阿勒曼尼人、萨尔马提亚人、哥特人以及其他较小部落的轮番侵袭下，罗马帝国的北部边疆脆弱不堪。虽然上述部落入侵的规模有限，且主要以劫掠为目标，但必然引发了巨大的恐慌情绪（这就是为什么罗马的消息来源可能夸大了它们的原因）。若放任不管，帝国可能将逐渐瓦解。

应对这些威胁所涉及的战略问题相当多。帝国的边境线过于漫长，很难在全线组织起有效的防御。只要来自北方和东北方的压力继续存在，以及边境外各族群不断重组，即使是击败日耳曼人的一次大胜也无法给帝国带来长久的和平。罗马人尝试了各种策略，从正面交锋到与个别部落缔结条约，或用金钱收买。罗马人有时还跨越边境，在日耳曼人的土地上驻扎部队，以提前阻止敌人可能的入侵。罗马也允许一部分日耳曼人在帝国境内定居，并期待他们能为了保卫自己的土地与其他入侵者作战（同时为罗马军队提供部队）。但这些策略都不是一劳永逸的解决方案。

不走运的是，罗马帝国还需面对来自东方的新威胁。公元2世纪60年代至90年代，罗马对帕提亚的战事相对成功，但这是因为帕提亚帝国已经衰落。当时的帕提亚帝国不仅面临东边的贵霜（Kushan）帝国的威胁，还面临着内部的解体，因为帕提亚的政策是依赖拥有自己的军队并自己控制财政的地方诸侯。公元3世纪初，帕提亚末代君主阿尔达班五世（Artabanus V）被一个叫阿尔达希尔（Ardashir）的人推翻。此人是波西斯行省南部的一个小国的国王，而那里也是阿契美尼德王朝的发源地。阿尔达希尔自称阿契美尼德王朝后裔（但他也宣称自己是萨珊王的后代，并把国号定为萨珊 [Sasan]）。公元226年，他仿照大流士和薛西斯，在底格里斯河畔的泰西封城（Ctesiphon）加冕为"万王之王"。萨珊波斯是一个极具民族主义色彩的政权，致力于清除各种包括希腊人在内的来自外族的影响，同时复兴传统的琐罗亚斯德（Zoroaster）教。可怕的沙普尔一世（Shapur I）继承了阿尔达希尔的王位（240—270年在位），他是罗马几个世纪以来最强大的敌人（几乎比肩汉尼拔）。沙普尔多次大败罗马人，原因在于他对罗马军团及其保守的策略——能够快速调动部队和使用复杂的围城作战方法——有仔细的研究。沙普尔将萨珊波斯帝国的版图扩展到亚美尼亚和格鲁吉亚，甚至还有这样一种说法：沙普尔的野心是恢复阿契美尼德王朝的传统疆域，将其边界推进至博斯普鲁斯海峡对岸。这或许是再次被受到威胁的罗马人夸大的一则流言。

马可·奥勒留

直到公元3世纪中叶，罗马帝国才取得了一些成功，设法保卫了自己。公元161年安敦尼·庇护去世后，权力的继承十分平稳。安敦尼的侄子及女婿马可·奥勒留与卢基乌斯·维鲁斯一同被安敦尼收养。实际上，他们早已被哈德良隔代指定为继承人，所以自幼接受了良好的教育，以适应未来的统治。（马可·奥勒留与其导师弗隆托之间的通信流传至今。）虽然马可·奥勒留已经学会了宫廷生活的礼仪，但从未被授予任何军事指挥权，因而他在即位之初颇为倚重维鲁斯，后者的身上似乎有一股军事行动所需的冲劲。但维鲁斯有负奥勒留的重托。公元161年，帕提亚人入

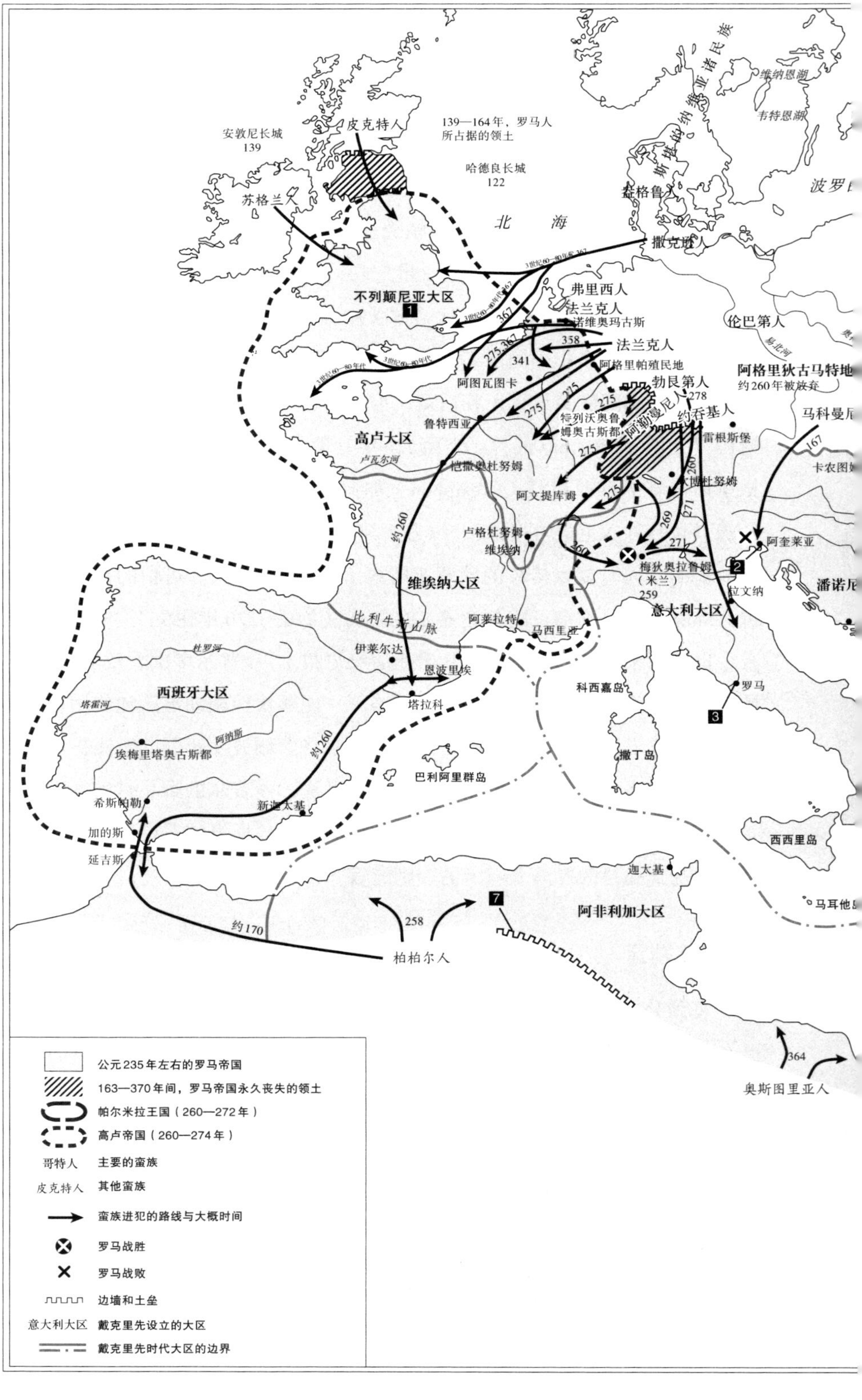

安敦尼长城
139
皮克特人
139—164年，罗马人所占据的领土
哈德良长城
122
苏格兰人
北海
斯堪的纳维亚诸民族
维纳恩湖
韦特恩湖
波罗的
勃格鲁人
撒克逊人
弗里西人
法兰克人
诺维奥玛古斯
伦巴第人
不列颠尼亚大区
法兰克人
阿格里帕殖民地
阿图瓦图卡
勃艮第人
阿格里狄古马特地
约260年被放弃
阿勒曼尼人
约吞基人
马科曼尼
特列沃奥鲁
姆奥古斯都
雷根斯堡
鲁特西亚
高卢大区
卢瓦尔河
恺撒奥杜努姆
卡农图姆
阿文提库姆
坎博杜努姆
卢格杜努姆
维埃纳
阿奎莱亚
梅狄奥拉鲁姆
（米兰）
潘诺尼
维埃纳大区
拉文纳
意大利大区
比利牛斯山脉
阿莱拉特
马西里亚
伊莱尔达
杜罗河
恩波里埃
塔拉科
罗马
西班牙大区
塔霍河
科西嘉岛
阿纳斯
埃梅里塔奥古斯都
撒丁岛
巴利阿里群岛
希斯帕勒
新迦太基
加的斯
延吉斯
西西里岛
迦太基
马耳他
阿非利加大区
约170
258
柏柏尔人
364
奥斯图里亚人
公元235年左右的罗马帝国
163—370年间，罗马帝国永久丧失的领土
帕尔米拉王国（260—272年）
高卢帝国（260—274年）
哥特人 主要的蛮族
皮克特人 其他蛮族
蛮族进犯的路线与大概时间
罗马战胜
罗马战败
边墙和土垒
意大利大区 戴克里先设立的大区
戴克里先时代大区的边界

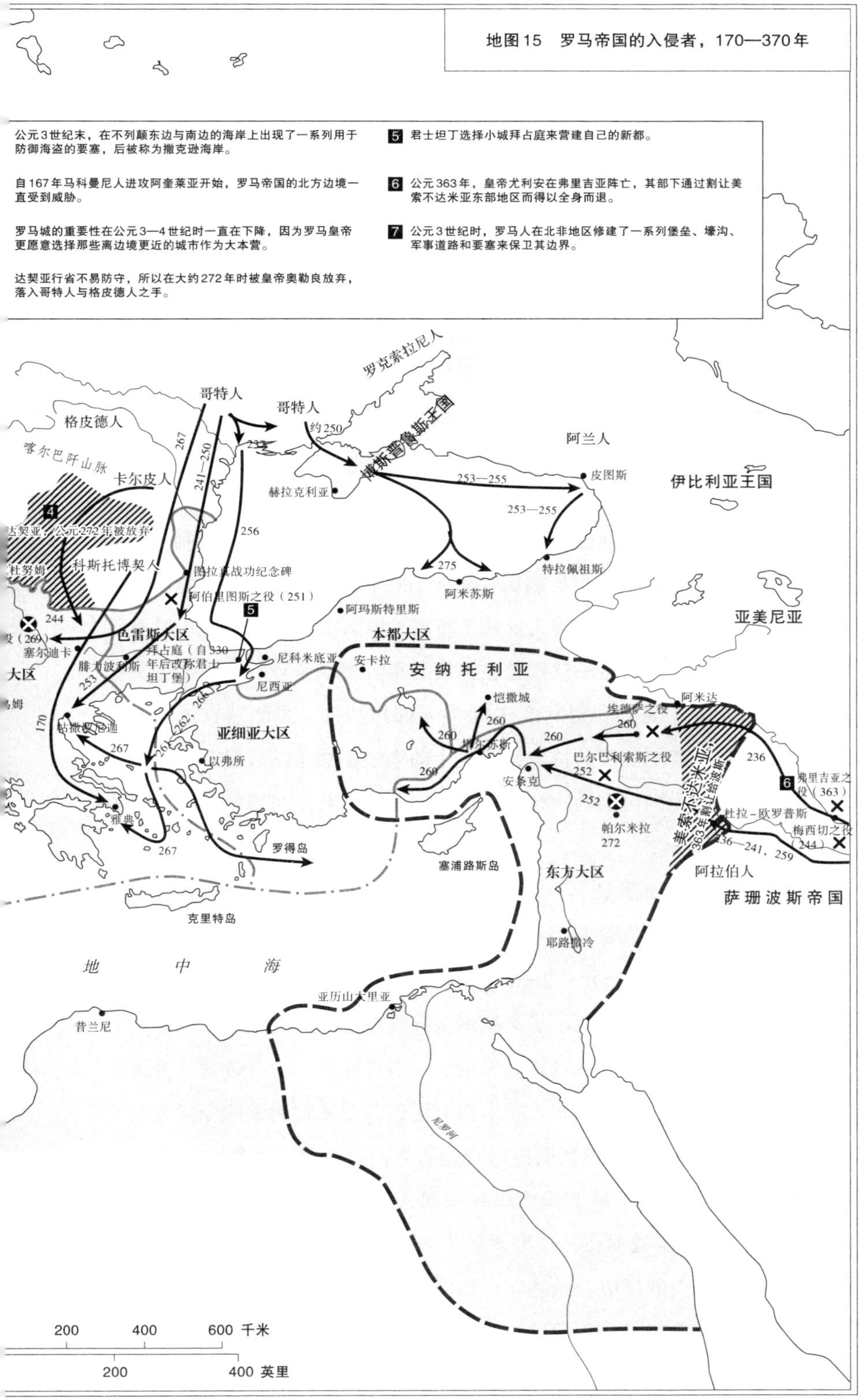

地图15 罗马帝国的入侵者，170—370年

公元3世纪末，在不列颠东边与南边的海岸上出现了一系列用于防御海盗的要塞，后被称为撒克逊海岸。

自167年马科曼尼人进攻阿奎莱亚开始，罗马帝国的北方边境一直受到威胁。

罗马城的重要性在公元3—4世纪时一直在下降，因为罗马皇帝更愿意选择那些离边境更近的城市作为大本营。

达契亚省不易防守，所以在大约272年时被皇帝奥勒良放弃，落入哥特人与格皮德人之手。

5 君士坦丁选择小城拜占庭来营建自己的新都。

6 公元363年，皇帝尤利安在弗里吉亚阵亡，其部下通过割让美索不达米亚东部地区而得以全身而退。

7 公元3世纪时，罗马人在北非地区修建了一系列堡垒、壕沟、军事道路和要塞来保卫其边界。

侵，维鲁斯被派往东方，但仅仅是十分艰难地击退了敌人。当公元166年战争最终结束后，返还的士兵把瘟疫带回了罗马帝国。与此同时，卡蒂人（Chatti）、马科曼尼人（Marcomanni）和夸地人（Quadi）等日耳曼部落趁罗马帝国北方边境兵力空虚时袭击了帝国。

公元169年，维鲁斯在北部边境去世。尽管欠缺军事经验，奥勒留毅然担负起保卫帝国的重任，而他在位的绝大多数时光都是在多瑙河边境度过的。入侵者深入罗马帝国腹地：一股日耳曼人劫掠了意大利北部，另一股甚至劫掠了雅典附近的厄琉西斯城的古代神庙。奥勒留率军反击，获得了一些胜利。公元175年，奥勒留已死的流言导致一个名叫阿维狄乌斯·卡西乌斯（Avidius Cassius）的人在东部自立为帝。奥勒留不得不离开边境镇压叛乱，从而丧失了他已获取的优势。幸运的是，卡西乌斯被刺杀，奥勒留重新获得了主动权。当奥勒留在公元180年去世时，不仅边境保持完好，而且在马科曼尼人和夸地人这两个重要的日耳曼部落的土地上驻扎了罗马军队。罗马帝国显然不仅仅是在消极防御。奥勒留死后，为纪念其历次胜利，罗马城中竖起一根高度达50多米的纪功柱。虽然这根纪功柱上的浮雕不如图拉真纪功柱的精美，但也生动描绘了战争的残酷和凯旋场景（纪功柱现在仍矗立在圆柱广场［Piazza Colonna］上，其顶部的使徒保罗立像系后世所加）。

在奥勒留的《沉思录》一书中，我们可以一窥他的个性。马可·奥勒留把日常的所思所感在征战间隙用希腊语记录下来，从未有发表的打算。《沉思录》共12卷，在公元172—180年间完成。尽管书中充斥着传统的斯多噶哲学思想，但其内容展示了奥勒留全神贯注于自己的思想，似乎很少受到外部事件的影响。后人对《沉思录》一书褒贬不一。有读者认为该书内容令人厌烦、多愁善感，其无所不在的忧郁和对死亡的关注令读者颇为压抑。另一些人则被马可·奥勒留对身边所有的生命是一个统一体的感悟（"所有的事物都是以某种方式交织在一起，因而万物都对彼此有重要的意义"）所感染，也被他在一个邪恶的世界里践行善举的努力所感动。他更毫不在意周围人的反应，始终在行动中表现出人类的善良和尊严。对元老阶层来说，奥勒留是完美的皇帝，尤其是，罗马世界现存的为数不多的几尊巨型青铜雕像之一就是他骑在马背上的雕像。(这尊雕像之所以能够传世,盖因后人把它当成了基督徒皇帝君士坦丁的雕像。自公元16世纪以来,该雕像一直矗立在卡庇托山上的卡庇托利欧广场上,受到了污损,于是在经过精心修复后它被妥善保存起来,现在矗立在原址的是一件复制品。)

在马可·奥勒留去世三年前,他就委任儿子康茂德(Commodus)为共治皇帝。通过这种做法,他重申了罗马皇帝渴望建立王朝的传统。然而,奥勒留的崇拜者们认为,这一决定是他人生中唯一的败笔。根据公元2世纪80年代到229年这段历史的见证者元老狄奥·卡西乌斯的记载,康茂德是"罗马人最大的诅咒,任何瘟疫和罪行都无法与之相比"。(遗憾的是,只有通过拜占庭时期的概述,我们才能知道狄奥的详细描述的一丁点儿内容。)康茂德放弃把罗马的统治延伸至边界以外的努力,缔结和约之后返回了罗马。虽然他事实上赢得了和平(主要归功于那些果断的行省总督,以及用土地换取日耳曼人提供兵役服务的政策),但广受诟病。康茂德体魄强悍,身形健美,沉迷享乐。他的亲信大权独揽,宫廷中阴谋盛行。安敦尼努力营造的虔敬家风被一扫而空,取而代之的是康茂德试图将自己塑造为神明。他自视为赫拉克勒斯的化身,但并非像图拉真那样把自己塑造成造福世人的英雄赫拉克勒斯,而是那个已完成功业并且可以与朱庇特比肩的神明赫拉克勒斯。康茂德的肆意妄为令他在军队、元老院乃至自己的家族中都鲜有支持者,最终在公元192年被刺杀。

塞普蒂米乌斯·塞维鲁

康茂德在罗马被谋杀后,直接的继任者是佩蒂纳克斯。佩蒂纳克斯在马可·奥勒留手下曾有令人印象深刻的作为,因此一定带着一些那一段统治时期已褪色的光环。他时年66岁。他的高龄决定了他不过是一位过渡性人物,一如公元98年的涅尔瓦。但佩蒂纳克斯仍旧精力充沛,在其3个月的统治期内,致力于惩治腐败与奢靡之风。他触动了近卫军和康茂德骄奢的家户的既得利益,在担任皇帝仅3个月后便遭到杀害。佩蒂纳克斯宣布的继任者是一个叫尤利亚努斯(Julianus)的人。但他在即位之初就受到民众的反对（人群冲入大赛车场，通过占据场中专属元老阶层的座位来表达不满）。罗马因此一度陷入了权力真空。虽然尤利亚努斯仍是名义上的皇帝，但任何能够获得军团支持的人都可以在各行省发动政变。

多瑙河沿岸的上潘诺尼亚行省（Pannonia Superior）总督塞普蒂米乌斯·塞维鲁（Septimius Severus）就是那个人。他出生于阿非利加行省的大莱普提斯，麾下的各军团是他的主要支持者，但他很快得到了来自故乡阿非利加和莱茵河沿岸驻军的支持。不列颠尼亚行省的总督阿尔比努斯（Albinus）是一个潜在的竞争对手。塞维鲁授予他"恺撒"的头衔，暗示他将成为塞维鲁的继承者，从而暂时稳住了此人。塞维鲁开始向罗马进军。与在公元69年的内战中如出一辙，元老院果断抛弃尤利亚努斯。此人也被谋杀了。塞维鲁受到了盛大的欢迎。他奉承元老院，设计迫使近卫军缴械，并用自己军团中的人取代了近卫军。由此形成了这样的传统：近卫军士兵由皇帝亲自挑选（近卫军甚至伴随皇帝亲征）。塞维鲁现在能够宣布自己是佩蒂纳克斯的正统继承人了，大约10年前他曾在叙利亚为佩蒂纳克斯效力。佩蒂纳克斯被宣布为神，在罗马广场享受了精心设计的"葬礼"（葬礼上以蜡像替代佩蒂纳克斯的遗体）。

塞维鲁与佩蒂纳克斯一样出身行省，后来通过在帝国各地担任军职向上升迁，并一直保持着特有的布匿口音。塞维鲁具备出色的军事和政治技巧，是实干家与机会主义者的结合体。然而塞维鲁所能做的，也是任何一个果断的指挥官都能做到的，所以叙利亚行省总督派斯森尼乌斯·尼格尔（Pescennius Niger）也乘机自立为帝。忠于塞维鲁的军团向东开拔，在公元194年打败并杀死了尼格尔。此役发生的地点距离亚历山大大帝打败大流士的伊苏斯古战场不远。塞维鲁随后从罗马出发，接过了指挥权，并在收编了尼格尔的军队后继续向东挺进，企图增加帝国帕提亚边境上的领土。这场新的征战被阿尔比努斯打乱。阿尔比努斯发现塞维鲁已经指定自己的儿子为继承者，于是他自立为帝并率军穿过高卢行省。他在卢格杜努姆郊外兵败身死。接着，塞维鲁通过劫掠城市、大规模没收土地，进一步巩固了他在帝国西部的地位。

塞维鲁深知将无情与慷慨相结合的重要性。为收买民心，他大施捐赠，并模仿奥古斯都举办极其奢华的世纪赛会。公元203年，他在罗马修建了一座大型凯旋门，是罗马仅有的3个基本保存完好的凯旋门之一。塞维鲁统治时期发行的钱币常铸有这样的图案：他站在用不少于6匹马牵引的凯旋战车上（皇帝通常使用4匹马），其子安东尼乌斯（Antoninus）和盖塔（Geta）站在他的身旁，彰显了他的王朝野心。公元198年，安东尼乌斯（他更广为人知的名字是"卡拉卡拉"，得自他穿着的凯尔特式连帽斗篷）被任命为共治皇帝，年仅9岁。然而，"行省人"塞维鲁与元老院一直不睦，但他现在已经不需要改善双方的关系了，因为此时元老院的无能已经暴露了出来。

事实上，塞维鲁的兴趣在别处。他表明，只要有坚定的领导，帝国就不会失去活力。公元197年，塞维鲁再次远征帕提亚帝国，劫掠了其境内多座重要城市——塞琉西亚、巴比伦以及首都泰西封。虽然之后战局陷入了僵局，但塞维鲁在美索不达米亚北部又为罗马帝国增添了两个新行省，并把罗马帝国的疆界推进到底格里斯河一线。公元207年，帝国极西的不列颠北部的部落掀起了叛乱。塞维鲁病痛缠身，仍然率领儿子卡拉卡拉和盖塔亲征。盖塔监管不列颠（此时他被任命为共治皇帝），卡拉卡拉随父亲展开了一场精心策划的战役，以征服哈德良长城以北的苏格兰部落，当它们抵抗时，又将其消灭。罗马营地，特别是泰河（Tay）岸边的卡尔波（Carpow）营地的考古遗迹表明，罗马计划通过海路供应维持其占领。

公元211年，塞维鲁在约克去世。苏格兰的战事因为塞维鲁的儿子们急于返回罗马巩固权力而偃旗息鼓。塞维鲁展示了无情和精明的领导在保卫帝国方面所能取得的成就。他的统治标志着罗马的权力平衡发生了重要的转变。马可·奥勒留与元老院联署各类官方文牍，而塞维鲁没有这么做。他的顾问大多数来自东部。随着罗马城地位的不断下降，行省居民比意大利人更受青睐，士兵也凌驾于平民之上。东部的许多城市，尤其是那些支持塞维鲁击败派斯森尼乌斯·尼格尔的城市，被授予"殖民地"的头衔，以表示获得了皇帝的青睐，这提高了它们在行省中的地位。随着近卫军现在长年伴随皇帝左右，近卫军长官一职变得更加重要，在其军事角色之外，逐渐具备了行政和司法职能。皇帝去世时，他将证明自己是举足轻重的角色。士兵的薪金得到增加，也可以合法结婚。军队出身者现在更加容易晋升。据说塞维鲁给儿子们遗言是："愿你们兄弟和睦相处，让士兵们都发财，不要管其他人。"这话不无道理。

因此，即便没有采取任何措施来改革僵化的军团结构，这肯定是一个更加军事化的帝国了。然而，塞维鲁打败帕提亚帝国后，也给罗马帝国添加了长期的问题。图拉真曾经像塞维鲁一样通过吞并罗马与帕提亚之间的缓冲国来扩大帝国的版图，但他的继承人哈德良在政治上足够精明，恢复了这些地区的独立。这一次，塞维鲁把罗马的边疆直接暴露在极具侵略性的萨珊波斯帝国面前。他对武功的追求令他忽视了这场战争所带来的政治后果。

塞维鲁对故乡大莱普提斯进行了大规模重建。他修建了一条从一座新港（由于该地海岸受到严重侵蚀，因而新港很快淤塞）一直通往市中心的有柱廊的大道。大道在抵达哈德良时代修建的浴场建筑群后改变了走向，转弯处修建了一座两层高的大型水景。大道的尽头是一座崭新的大型广场。与该城原有的广场不同，这座广场被封闭在拱形墙壁后面。一座供奉塞维鲁王朝统治者的神庙依墙而建，对面则是一座长方形会堂。来自阿芙洛狄忒城的雕刻家被派到这里，完成这些建筑上的华丽装饰。另外还有一座引人注目的新剧场。

城内两条主要街道的交会处被一座凯旋门所占据。这座建筑由市议会投票赞成修建，但由皇帝出资。凯旋门的外墙至今仍屹立不倒。这种形制的凯旋门被称为四向拱门（quadrifrons）：4根呈正方形排列的立柱上架着4座拱券，从而构成两两相对的4座拱门，人可以骑车或步行从中穿过。整个建筑为穹顶结构，饰带描绘了元首与他的叙利亚妻子尤利娅·多姆娜（Julia Domna）、当时已经被立为继任者的两个儿子以及象征胜利女神的各种符号。通过罗马和胜利女神的人格化形象，这位阿非利加出身的皇帝与帝国的首都联系了起来。对塞维鲁形象的描绘也有所创新：塞维鲁把脸从人群中移开，向前凝视着围观者。画面中，他的形象比其他人略微大一些。这是把皇帝提升为"超人"（superhuman），最早地昭示了后来的拜占庭艺术的一个特征。与康茂德一样，塞维鲁试图将自己刻画为神明的同伴，但他显然更加成功。在其人生中的许多关键时刻，塞维鲁声称看到了神圣的预兆，甚至宣称他是在神明的帮助下取得战争胜利的。

卡拉卡拉以及之后的塞维鲁王朝皇帝

塞维鲁晚年时逐渐认清了卡拉卡拉反复无常的个性。有记载显示，他甚至考虑过除掉卡拉卡拉。塞维鲁去世后，卡拉卡拉与更受欢迎的盖塔相互憎恶，两人在同一座宫殿中建立了独立的家户。公元212年，盖塔被诱骗至其母亲的居所，因此没有侍卫保护，被卡拉卡拉的手下刺杀。之后大概有2万名盖塔的支持者被处决。卡拉卡拉宣称自己是出于自卫而杀死盖塔，并发起了一系列感恩活动，感谢他从捏造的袭击中获救，以表明这一点。盖塔的名字被从一切公共建筑上的铭文中抹除（最典型的例子是，塞维鲁凯旋门上的盖塔的名字也被凿掉，痕迹至今可见），他的肖像被破坏，刻有盖塔形象的钱币也被回收。有一则文献描述卡拉卡拉明显是以没有受到应有的尊重为借口下令屠杀亚历山大里亚的居民，这证实了他的傲慢与残暴。

卡拉卡拉本人一直活到公元217年。是年，他在近卫军长官马克里努斯（Macrinus）的授意下被谋杀。虽然卡拉卡拉并非伟大的统帅，但他能在北方边境的战事中与士兵同甘共苦，故而赢得了一些人气。卡拉卡拉在罗马修建了一座巨型豪华浴场，其遗迹尚存。他的另一项值得一书的事迹，是在公元212年颁布《卡拉卡拉敕令》（constitutio Antoniniana），将罗马公民身份授予帝国境内所有居民（奴隶和某些释奴除外）。史家狄奥·卡西乌斯颇不以为然地写道，卡拉卡拉此举无非是为了让所有人都必须承担只由公民缴纳的税款，比如遗产税。但更有可能的是，该法令是他在为了掩饰谋杀弟弟的罪行而掀起的疯狂运动中，企图制造一种共有的感恩的感觉。

塞维鲁王朝一直维持到公元235年。卡拉卡拉死后，以性格正直、深谙法律闻名的骑士等级人物马克里努斯的统治十分短暂。塞维鲁家族很快就依靠卡拉卡拉的表外甥夺回了统治权。此人还精明地为自己取名马可·奥勒留·安敦尼。新皇帝背后的支持力量是他的外祖母,尤利娅·多姆娜的妹妹。她宣布新任皇帝是卡拉卡拉的私生子。这位新皇帝是东方太阳神的信奉者,因此人们用这位神明的名字来称呼他——埃拉伽巴卢斯(Elagabalus)。他的信仰已经到了痴迷的程度。埃拉伽巴卢斯穿着产自中国的丝绸,头戴黄金饰物出现在人们面前。当时风传他在同性恋关系中是被动的一方。在罗马,保守派对这种展示"波斯风格"的奢华和性感感到尴尬,而当埃拉伽巴卢斯宣称自己信仰的神取代朱庇特成为"众神之父"时,他们感到出离愤怒。其结局自不待言。公元222年,埃拉伽巴卢斯被外祖母杀死。她用一个名叫塞维鲁·亚历山大(Severus Alexander)的13岁外孙取代了他。埃拉伽巴卢斯所膜拜的神明也被驱逐出罗马。亚历山大的统治维持了13年,表明仍有一部分人忠于塞维鲁王朝。但一场与东山再起的波斯人无果而终的战争以及阿勒曼尼人对罗马边境的蹂躏,终令这种忠诚受到侵蚀。塞维鲁·亚历山大在公元235年被部下杀害。

公元3世纪中叶的危机

亚历山大被杀后,罗马帝国进入一个最为动荡不安、记录最不完整的时期之一。该时期的文献资料匮乏,往往只是后来拜占庭学者整理的消失的历史著作的摘录。所以我们只知道罗马人在这50年间(234—284年)同时面临日耳曼人和波斯人的大举进攻,但各种细节不甚了了。我们可以通过研究那些被窖藏的钱币(假设这些钱币是因战乱而被埋藏起来的,可以根据其中发行年代最晚的钱币来大致推断窖藏的年代)、破坏程度以及防御工事或城墙的建造来获得一些信息,但仍难以厘清事件的顺序。

这些年间至少出现了18位皇帝可以声称自己是合法的,平均每位皇帝的统治时间仅有两年半。如此频繁的更迭不难解释。由于幅员辽阔的罗马帝国遭遇多线作战,所以任何时刻都有多支军队在外征战,它们的指挥官可能会碰运气夺取权力,甚至宣布自己为皇帝,以使自己作为领袖受到更多的尊重。相对应地,士兵们为了获得更多的战利品也有很强的动机拥立他们的指挥官为帝。军队不同派系的将领之间也有权力斗争,有数位皇帝都死于自己部下之手。另一些则在抵御外敌入侵时战死。

事实上，3世纪的危机既是一场外部危机也是一场内部危机。帝国制度所固有的脆弱性在军事压力下暴露无遗。敌对皇帝相互对抗所耗费的资源和对抗入侵敌人所使用的一样多。为求生存不择手段以及一切以战事为先，使篡夺权力的将军疏远了闲适的元老阶层和怨恨资源被转移到军队的罗马平民。皇帝的坚韧和决心在他们的胸像上得到了生动的描绘，它们是最令人印象深刻的罗马雕塑。例如现藏于梵蒂冈博物馆的"阿拉伯人"菲利普（244—249年在位）的胸像，或罗马卡庇托利欧博物馆中的图拉真·狄西乌斯（Trajan Decius，249—251年在位）的头像。

公元3世纪30年代，日耳曼人再次进犯，但规模较之前要小，很快便被一位粗犷的色雷斯出身的新任皇帝马克西米努斯（Maximinus）击退。马克西米努斯的真正威胁来自罗马：元老院中仍有塞维鲁王朝的支持者。这些人利用了阿非利加一位名叫戈尔狄安（Gordian）的行省总督领导的抗税起义。戈尔狄安册封自己也叫戈尔狄安的孙子为恺撒。马克西米努斯迅速南下镇压，但因为御下过严，在公元238年的兵变中被杀。同年，戈尔狄安那个尚未成年的孙子成为帝国唯一的皇帝（即戈尔狄安三世）。

戈尔狄安不可避免地极度依赖军事强人的支持，其中最突出的一位就是安纳托利亚人提迈希修斯（Timesitheus）。虽然罗马帝国在多瑙河一线一直遭受袭扰，但更具威胁的萨珊人在其英明的君主沙普尔的指挥下，对罗马帝国的边境城市发起了大规模进攻。公元243年，他们激起了戈尔狄安的大规模反击。戈尔狄安可能战败了——反正他因为某些原因而率军撤退到美索不达米亚北部，并在公元244年春被心怀不满的部下所杀。仓促间，近卫军长官"阿拉伯人"菲利普被拥立为皇帝。他向波斯人支付巨额的赔款后，便火速返回罗马巩固其地位。菲利普携戈尔狄安三世的遗体回到罗马，声称这位少帝死于疾病，并应被追认为神明。这是一种掩人耳目的做法，且不仅仅是为了掩盖戈尔狄安之死的真相，更是为了掩盖导致他被害的那场惨败。

菲利普向波斯支付巨额赔款后，在故乡舍赫巴（Chahba）大兴土木，将之重新命名为腓力波利斯（Philippopolis），并通过庆祝建城1000周年来恭维罗马，然后他就没钱了。他取消了对北方部落的补贴，由此引发了多瑙河沿线的叛乱。该时期的史料首次较为笼统地提到了一个被称为"哥特人"的族群。皇位继承这个悬而未决的问题再次浮出水面。皇帝不得不下放指挥权，但这只会产生更多渴望权力的将领。狄西乌斯便是其中之一。他来自多瑙河沿岸的伊利里库姆行省，拥有十分出色的履历，历任执政官、行省总督、罗马城长官。他现在受命镇压某个军团的叛乱，而狄西乌斯的成功令他被自己的部队拥立为皇帝。缺乏军事经验的菲利普在与狄西乌斯的战斗中阵亡（公元249年）。

狄西乌斯试图通过要求所有人都向帝国的"祖神"献祭，并品尝祭祀所用的食物和酒水，来强制帝国保持某种形式的统一性。这算不上苛刻的要求，帝国的大多数臣民肯定毫不犹豫地接受了这一仪式。参与者似乎被给予了相当大的回旋余地，可以按照他们希望的方式选择献祭的神明。由于有准确的人口普查名单，参与者可以得到核查，并在遵守规定参与仪式后获得一份凭证。虽然目前没有证据表明狄西乌斯有意针对基督徒，但是强迫不膜拜偶像的基督徒参加祭祀仪式无疑令所有基督徒面临艰难的良心抉择。有些人参加了祭祀仪式，有些人花钱购买凭证，还有人不但公然拒绝参加祭祀，甚至还很高兴地表现出来，这使他们面临迫害。尽管狄西乌斯具有行政治理的经验，但他从不是一个成功的指挥官，结果他于公元251年在抵抗哥特人及其他部落的战争中阵亡。当时这些蛮族似乎已经深入罗马帝国腹地。在这场几乎没有留下任何记录的惨败中，成千上万训练有素的罗马士兵可能与他们的皇帝一同丧命了。

狄西乌斯之死直接带来了混乱。公元252年，波斯人掠夺了叙利亚，可能还联合了一些不满罗马统治的叙利亚人。这些叙利亚人认定罗马帝国已经不能保卫他们的安全。即便是罗马帝国东部的大城市——安条克城——也被洗劫了。当地社群开始认识到他们只能自己保卫自己了，于是开始修建防御工事或组建地方武装。皇帝既分身乏术，也没有办法消除下放指挥权会使获胜的将军发起挑战的风险。

自公元253年开始，罗马帝国的权力为瓦勒良（Valerian）及其子伽利埃努斯（Gallienus）所掌握。瓦勒良是一个来自意大利的保守贵族、一个老派人物。他已经年过六旬，但行事果断。他把遏制萨珊波斯的进犯当作首要任务,并且暂时做到了这一点,但随后他移师日耳曼边境,然后又回到了东部。与此同时,伽利埃努斯被派往莱茵河一线维持秩序。

瓦勒良痴迷于帝国的整齐划一,他颁布了另一项要求祭祀诸神的法令。与狄西乌斯不同,瓦勒良将基督教徒作为目标,尤其是主教,有多人被处死。公元260年,瓦勒良的统治以灾难告终,他与沙普尔谈判时被掳。沙普尔为了羞辱高傲的瓦勒良,让他充当上马用的脚凳。瓦勒良在囚禁中死去。沙普尔在一系列宏伟的岩石浮雕中宣扬了萨珊人的胜利。这位君主羞辱了过去几代罗马皇帝:戈尔狄安被沙普尔的马踩在脚下,"阿拉伯人"菲利普恳求沙普尔将自己释放;瓦勒良双手被缚,立在那里听候胜利者的发落。

公元3世纪五六十年代是一个持续动荡的时代,因为入侵者前所未有地深入罗马帝国。公元260年,阿勒曼尼人一路南下,直抵米兰(即罗马时代的梅狄奥拉鲁姆)城下,后被伽利埃努斯击败。(大致从此时开始,米兰的重要性以及罗马作为防御意大利大本营的种种不足首次开始显现。)公元259—260年,另外一些日耳曼部落洗劫了高卢行省东部地区,并南下至地中海沿岸。有些团伙甚至深入到西班牙和毛里塔尼亚行省。公元267年,此前名不见经传的赫鲁利人(Heruli)组建了一支由500艘船组成的舰队进犯希腊,并洗劫了雅典。该部落之后便彻底消失在历史中,充分说明此类劫掠大军是多么转瞬即逝。战火中,雅典的阿格里帕剧场和希腊化时代的柱廊被毁,幸存民众在残垣断壁间仓促修建了一道新城墙(今遗迹尚存)。雅典再未恢复昔日的繁华。

伽利埃努斯精力充沛。尽管面对一系列的入侵,他仍能在公元3世纪60年代使帝国中心地区维持了六七年的和平。他很明智地与埃及和北非保持密切联系,以维持粮食供应。他也认识到迫害基督徒会有多么适得其反,因此他们的信仰自由现在受到了尊重。伽利埃努斯在军事上的一项创新是组建了一支专门的骑兵部队,并与步兵结合,能够更为机动灵活地处置各种紧急情况。此时,将领中元老等级出身的人物已经消失——才能比出身更重要。

至关重要的是,伽利埃努斯也明白,通过划分指挥权可能能更好地保卫帝国。这一看法由他麾下的一名将领波斯图穆斯（Postumus）引起。波斯图穆斯曾是莱茵河地区的军团统帅，在公元260年被军队拥立为皇帝。波斯图穆斯很快便控制了帝国北部边境，并以特里尔为"首都"，其势力范围向南延伸至阿尔卑斯山山口。波斯图穆斯完全可以像以往的篡位者一样进军意大利，推翻伽利埃努斯的统治，但他突然开始犹豫不决。他可能是希望在此之前能巩固自己在西部地区的统治，并确实赢得了驻扎在不列颠和西班牙的军团的支持。即便如此，波斯图穆斯仍未进军意大利，而是满足于建立一个如罗马帝国一样运作的"高卢帝国"。波斯图穆斯可能并非仅依靠军团进行统治，还依赖当地贵族的支持。他们主要关心的是保护自己的财产。他们可能向他提供了他生存所需的税款，条件是他留在那里保卫他们。事实上，波斯图穆斯在对抗日耳曼人的战争中取得了辉煌的战绩，以致日耳曼人在公元263—271年间没有再制造任何麻烦。虽然波斯图穆斯的"帝国"是对罗马帝国中央集权传统的冒犯，但它提供了一个可以模仿的范例。伽利埃努斯认识到，波斯图穆斯政权可以分担其压力，因而任由其存在，直至公元265年方试图将之削平，但未成功。伽利埃努斯被谋杀后，其继承者克劳狄乌斯二世（Claudius Ⅱ，公元268—270年在位）继续容忍着波斯图穆斯及其继承者的存在。"高卢帝国"一直存在到公元274年，才被后来的皇帝奥勒良（Aurelian，公元270—275年在位）削平。

与"高卢帝国"在同一时期获得独立的是帕尔米拉。它是罗马帝国东部边境的商贸重镇，其遗址仍然是罗马帝国遗址中最令人难以忘怀的。公元18年，帕尔米拉成为叙利亚行省的一部分，但仍由依赖东方贸易的地方贵族家族统治，它们一直保持着独立的身份。其国王奥登纳图斯（Odaenath）在公元260年成功袭扰了回国途中的萨珊波斯军队，伽利埃努斯准备让他全权负责东部的防务。伽利埃努斯显然认为这是在罗马帝国帝制内正式任命一位高级总督，但奥登纳图斯按照波斯习俗宣称自己为"万王之王"，又册封其子瓦巴拉苏斯（Vaballathus）为继承者。奥登纳图斯控制了叙利亚、巴勒斯坦和美索不达米亚的大部分地区。在奥登纳图斯那位令人敬畏的遗孀芝诺比娅（Zenobia，可能在公元268年谋杀了奥登纳图斯)的统治时期,"帝国"兼并了埃及与小亚细亚的大部分地区。这是自希腊化时代结束以来最大的"希腊"王国。芝诺比娅似乎自视为另一个克莉奥帕特拉,但她的下场也并不比克莉奥帕特拉好多少。公元217年,她宣布未成年的瓦巴拉苏斯加冕为奥古斯都,罗马人开始镇压她。随着芝诺比娅的军队节节败退,一个又一个城市重新回到了帝国的怀抱。帕尔米拉在公元273年重新被罗马控制,而芝诺比娅得以在奥勒良的凯旋仪式上幸存,并作为一位罗马贵族的妻子给他生了孩子,在罗马似乎过着体面的生活。遗憾的是,我们对这位令人敬畏的女性知之甚少。

危机的影响

这场持续动荡所造成的影响难以量化。通过对现存的皇帝对臣民申诉的回复数量就可看出,政府和臣民之间的关系不可避免地发生了某种程度的崩溃。卡拉卡拉统治时期(211—217年)流传至今的这类文书有240份,塞维鲁·亚历山大统治时期(222—235年)有453份,说明当时的政府仍然运转正常。"阿拉伯人"菲利普统治的5年间(244—249年),仅有81份文书传世;伽利埃努斯统治时期(260—268年)有10份;268—275年间共计8份。虽然文献能否保存下来的原因有很多,但存世文书数量稳步下降这一趋势本身肯定就很能说明问题,这或许表明罗马帝国的臣民认为已经无法从皇帝那里寻求帮助了。

这场危机对经济造成的影响更难以量化。不断增长的军费所导致的一个重要后果就是钱币成色的下降。马可·奥勒留曾将银币含银量降低四分之一,塞普蒂米乌斯·塞维鲁和卡拉卡拉则把银币的成色降得更低。到了伽利埃努斯时期,当时常用的"银币"含银量仅为2%。事实上,这种做法的后果可能没有人们想象的那么严重,因为硬币的面值仍然与支付高级官员的薪俸所使用的金币挂钩,而银币则被接受为兑换代币,就像今天的硬币几乎没有金属价值一样。即便如此,囤积含银量较高的银币仍然划算。这个问题在奥勒良试图进行货币改革时开始浮现。

修建防御墙的行动反映了这个时代的动荡不安。科林斯地峡、雅典和罗马(由奥勒良修建)都修建了城墙,而一些小城市的城防建设直到3

世纪末甚至更晚的时间才完成。总体而言,当时城市中的其他建筑项目很少,且鲜有赞助者的铭文传世。即便如奥林匹亚这样的重要地点,公元270年后也是如此,即使奥林匹亚赛会仍在召开。那些充斥着雄伟建筑的大城市,对城市的管理者来说,维护它们变得日益力不从心,蛮族入侵可能仅仅是让新建筑项目难以为继。另一方面,特里尔、米兰和西里乌斯(Sirius,位于巴尔干半岛)等城市则成为新的防御和行政管理中心。总体而言,帝国东部的许多城市比西部的更有复原能力:尽管遭受了萨珊波斯的两次洗劫,安条克城仍得以幸存并再度繁荣起来。

还有其他因素在起作用。"瘟疫"——可能是天花——首次见于公元165年的文献,从帝国东部的军营蔓延至整个帝国。公元250—275年是罗马帝国另一段晦暗的时光,那些受瘟疫影响最严重的地区人口锐减。还有记载提到农民为了逃避税赋而大量逃亡,埃及的许多村庄因此荒废。对乡村地区的考古发掘表明,该时期庄园的面积变得更大,这反映出投机者乘机购买土地。据4世纪的记载,一些地主的巨大财富就来自这种手段,可能表明财富正在从城市流向奢华的庄园。农业就整体而言在这个动荡的世纪里并未受到严重破坏。位于多瑙河上游的潘诺尼亚行省尽管易受蛮族入侵,但似乎仍然从与东方新建立的贸易关系中受益。在那里,建造庄园的潮流贯穿了整个世纪。相对安全的内陆行省仍然保持了繁荣:小亚细亚腹地的经济发展就几乎未受到战乱的影响,北非的橄榄油产量出现了增长,西班牙也维持着繁荣。

尽管皇帝如走马灯一样更换,但罗马帝国仍然表现出惊人的自我调适能力,这也是学者们不愿过分夸大危机的原因。无论皇帝如何声称,都没有尝试在宪制框架之外行事。他们在钱币上的形象无一例外承袭了罗马皇帝的传统形象。他们使用过去的神圣头衔,大多数都祈求古代罗马诸神的眷顾。奥勒良在罗马举办了一次盛大的凯旋仪式,呼应了罗马前几个世纪中所举行的那些。罗马皇帝对黎民的庇护也一直存在。百姓向皇帝申诉时,仍按照传统的表述方式书写诉状。

或许吊诡的是,罗马帝国具有自我调适能力的一个标志,是地方文化的复兴或新地方文化的出现。罗马帝国的统治使地方文化一度受到破坏，首先是通过罗马的征服，其次是通过来自意大利的商品。随着罗马的胜利所带来的影响逐步消退，各地的文化开始恢复自信。例如，在凯尔特人居住的地区，对骑手的女神埃波纳（Epona）的崇拜重新出现，一些罗马城市重新使用凯尔特语命名。在其他地区则首次出现了使用当地语言创作的文学作品，例如埃及使用的科普特语（一种在埃及流行的语言，但使用希腊字母书写）和叙利亚语。这两种语言也是记录基督教文献的重要媒介。这个时代的地方经济也出现了复兴。以传统手工艺品陶器为例，其生产开始本地化，因而各地与意大利的贸易联系不再紧密。公元3世纪时各地的混乱局面可能在事实上鼓励了地区手工业的发展。地方所表现出的活力毫无疑问是帝国重整旗鼓的重要因素，也反映出帝国文化与地方文化之间呈现出一种稳定而持久的动态平衡。

罗马人夺回了主动权

罗马帝国最大的政治弊病就是军队随时准备拥戴自己的指挥官为皇帝，而一旦皇帝无法达到他们的预期就将之杀掉。公元268年，伽利埃努斯被一些军官杀害。这些军官可能恼怒于伽利埃努斯默许"高卢帝国"和帕尔米拉割据政权的存在。伽利埃努斯的继承者骑兵统帅克劳狄乌斯二世曾大败"哥特人"，从而为罗马赢得了数十年的和平。但是在公元270年，他在位于巴尔干的大本营希尔米乌姆（Sirmium）感染瘟疫去世。

克劳狄乌斯二世死后，一连串皇帝继续致力于恢复对帝国的控制。他们多出身于巴尔干地区（这里已成为罗马的主要兵源地）。他们对帝国的忠诚表明，罗马帝国在整合治下的各民族为共同目标奋斗方面是何等成功。这些皇帝中的第一个是奥勒良。他是一位励精图治的统治者，以统一分崩离析的帝国为己任。奥勒良击退了阿勒曼尼人的一次入侵，并如前所述，将"高卢帝国"和帕尔米拉重新并入罗马帝国的版图。奥勒良放弃了达契亚行省，沿着多瑙河一线构筑了新的防线，从而使帝国的边界更为合理。奥勒良十分幸运，因为波斯帝国在沙普尔死后不再那么富有侵略性。为了恢复日益认识到自己的城市的脆弱的罗马市民的信心，奥勒良为罗马城修建了一堵巨大的城墙。该城墙的大部分至今尚存。当帝国恢复统一后，他用从帕尔米拉掠夺的财富举行了盛大的凯旋仪式，并在仪式上公开展示女王芝诺比娅与"高卢帝国"的末代统治者泰特里库斯（Tetricus）等战俘。奥勒良的另一项举措则不那么成功。他发行成色更足的钱币来代替前任们发行的金币。此举无疑是强化罗马帝国已重新统一的观念的政治举动。但新金币与原有银币之间的兑换比率被打破了，以致在埃及这样的地区出现了严重的通货膨胀。

公元275年，奥勒良被害，凶手可能是一名愤懑不平的军官。奥勒良当时在军中颇受尊敬，所以他的死令士兵们十分愤怒。凶手不得不逃走。在经历了几个月的权力真空后，奥勒良的一位支持者普罗布斯（Probus）继承了皇帝之位。普罗布斯通过一系列的军事胜利和妥协（包括招募日耳曼人加入罗马军队），进一步成功抵御了日耳曼人。为了恢复遭受战火破坏的边境地区的农业生产，普罗布斯将大批被击败的蛮族迁徙至那些地区。公元282年，普罗布斯被他的部下杀害，卡鲁斯（Carus）即位，他成功入侵了萨珊波斯。但仅仅一年后他就在征战中死去，据说是遭雷击身亡。上述几位皇帝在位时间短却建树颇多，但罗马帝国若想重组资源以求长期生存，就需要一段时间进行巩固。

卡鲁斯是首位没有向元老院寻求正式承认的皇帝（他的继承者沿袭了这一做法）。这是一个意义重大的时刻，标志着罗马帝国的皇帝已不再有任何离开前线赶回罗马的必要。卡鲁斯通过委任诸子为恺撒、副手和继承者的方式来巩固自己的权力。他的长子卡里努斯（Carinus）被授予管理意大利与西方行省的权力。次子努梅里安（Numerian）则随父亲征讨萨尔马提亚人，之后又进攻波斯。卡鲁斯死后，努梅里安即位。但当大军从两河流域开拔时，人们发现努梅里安死在自己的肩舆中，而近卫军长官卢基乌斯·阿佩尔（Lucius Aper）的嫌疑最大，他很快受到了亲卫队队长戴克里斯（Diocles）的挑战。

戴克里先

戴克里斯的身世已不可考，但他可能于公元243年出生在达尔马提亚城镇萨罗纳（Solona），距斯普里特（Split）不远。据传他是释奴，或至少是释奴的儿子。暂不论他的出身，他的性格与此前那些巴尔干半岛出身的皇帝一样，令人不禁联想到共和时代的传统罗马人——自制力强、生活俭朴，对自己的各项能力充满自信，甚至有些傲慢。公元284年11月，阿佩尔被召至尼科米底亚，在全军将士面前被获得士兵一致拥戴的戴克里斯亲手处决。戴克里斯自立为奥古斯都，并在6个月后打败卡里努斯，成为罗马帝国唯一的统治者。他改名为戴克里先。

罗马帝国在应对3世纪时的"危机"的过程中已经取得一定成就，但戴克里先即位时仍然有许多问题未得到解决，因此有理由认为，他的统治很可能像之前的那些皇帝一样短命。然而，戴克里先幸运地维持了20年的统治，而且他建立的军政体制在罗马帝国的西部地区延续了200余年，在东部地区则久远得多。戴克里先的许多改革只是对其前任所制定的各种临时措施进行系统性的整合，但他表现出了极大的决心和卓越的组织才能。

戴克里先首先要解决的是权力继承问题。在这方面，他可能受到了瓦勒良和伽利埃努斯的共治以及"高卢帝国"和帕尔米拉的影响。他认为，与人共同承担统治帝国的重任更好。公元286年，他任命同样出身于巴尔干半岛的将领马克西米安（Maximian）为奥古斯都，但显然比他低一等。作为一种信任的标志，马克西米安被允许建立自己的宫廷，甚至颁布敕令，但这个新方案奏效了，他们的关系也维持住了。马克西米安的首要目标是麻烦的篡位者卡劳西乌斯（Carausius）。此人被戴克里先授权主持沿海地区的防务，但在公元286—293年成功夺取了高卢行省和不列颠尼亚行省。卡劳西乌斯的主要力量是他的舰队，这是马克西米安无法与之抗衡的。直到戴克里先指定两位更年轻的指挥官君士坦提乌斯（Constantius）和伽列里乌斯（Galerius）为恺撒后，二人中军事经验非常丰富的君士坦提乌斯才能够北上迎战卡劳西乌斯。卡劳西乌斯最后被自己的部下杀死。

被戴克里先任命为恺撒的君士坦提乌斯和伽列里乌斯分别被指定为戴克里先与马克西米安这两位奥古斯都的继承者，形成了所谓的四帝共治制（Tetrarchy）。这一制度通过4个家族之间相互联姻得以巩固。（有一尊生动诠释四帝共治制的雕像传世：雕像中每一位皇帝都一只手搭在同伴肩上，另一只手握着剑柄。公元1204年第四次十字军东征期间，这尊雕像被从君士坦丁堡掠至威尼斯，镶嵌在圣马可大教堂的蔷上）。虽然罗马帝国仍是一个单一的政治实体，但4个人都有自行其是的空间。戴克里先统治东部地区，马克西米安统治意大利和阿非利加，君士坦提乌斯统治不列颠和高卢，伽列里乌斯统治多瑙河沿岸各行省。4个新权力中心也随之出现，分别是莱茵河附近的特里尔、意大利北部的米兰、多瑙河边境的希尔米乌姆和小亚细亚的尼科米底亚。就帝国治理的实际需要而言，罗马的政治地位大幅下降，尽管戴克里先在唯一一次访问罗马时，修建了一个巨大的浴场建筑群，并用红砖为元老院修建一座新会堂（至今犹存）。这不过是对元老们的一种抚慰，他们并没有采取任何措施来支持他的权力。

公元3世纪90年代，四帝在国内外取得了巨大的成功，镇压了日耳曼人，解决了各地趁着战乱妄图称帝的叛乱分子，而伽列里乌斯在经历了一些挫折后，终于在公元298年大败波斯。波斯帝国在沙普尔死后便再未恢复元气，被迫向罗马赔款并割让底格里斯河以西的土地。这令波斯军队之后的任何进犯都可以被罗马迅速发现并击退。罗马帝国的东部边境迎来了几十年的和平。

上述胜利以及内战的消弭意味着统治者可以更高效地利用资源来保卫帝国。考古发掘表明，边境一线开始发起一项庞大的建筑项目，建造了大批复杂的堡垒和路障。城墙现在开始设置突出的塔楼和更少、更窄的门户，额外的堡垒被用来增强防御。不列颠南部海岸的波切斯特（Portchester）"城堡"保存完好的围墙就提供了一个很好的例子：墙体厚达3米，高6米，有20个堡垒。它们当初曾被两道壕沟环绕。此前，罗马帝国境内从未出现过如此坚固的防御工事。

如果帝国要更强大，那么更有效地利用其税基是至关重要的。当国家急需资源时，只能通过征用当地产品来满足这一需求，这是一种随意和令人深恶痛绝的方式。戴克里先发展出一种新机制：首先对每块土地的产出而非其面积进行估算，然后统一换算为一种名为尤格（iuga）的财政单位，并将之作为征收赋税的依据，这个值将在5年内保持不变，直到再次进行统计。罗马帝国首次出现了财政预算。现存的零星证据主要来自叙利亚和埃及,显示更高效的征税方式导致了当地社会的动荡。财政负担仍主要落在穷人身上,富裕阶层则可以申请各式各样的豁免。

传统上,行省的总督也同时指挥该省的驻军。戴克里先推行一项政策,将行省总督的兵权剥离,这种做法可能始于4世纪初。行省的数量被增加了一倍。每个行省中都有一位负责民政的总督、一位负责军务的军事统帅(dux)。这一政策的目的可能是为了让民政部门能够更加专注于如何有效地征税,无须为军务分神。这一体制在后来君士坦丁统治时期得到巩固——军事命令通过将军(magistri militum)传达给军事统帅,民事指令则通过现已失去传统军事角色的近卫军长官传达。中央和行省之间还增设一个新的行政层级——大区(diocese),共计12个,分别由12个代理官(vicar)管理。各种法律条文可以帮助新的行省总督施政。戴克里先也越来越依赖那些从中央发出的敕令来进行统治。随着行省总督和地方官员适应了他们的新角色,这套新制度慢慢稳定了下来,一直保持到公元5世纪西罗马帝国灭亡为止。

军队的许多需求以实物的形式满足,但仍有一些需要采购,而士兵的军饷也以现金形式发放。因此保证稳定的货币供给便十分必要。戴克里先以特有的方式实现了这一点。公元293年,他设计了一套以重5.20克的纯金币和低面额的纯银币为基础的货币体系,清除了地方货币的所有痕迹,取代了贬值的硬币。君士坦丁继承戴克里先的做法,发行了一种重量更轻(4.45克)的金币——苏勒德斯(solidus)。这种金币被拜占庭帝国一直使用到11世纪。然而,罗马仍然大量发行铜币(很大程度上似乎是为士兵们提供了零用钱),这意味着自奥勒良时代出现的通货膨胀根本没有得到遏制。戴克里先再一次以他特有的方式在全帝国掀起一场改革运动来遏制通货膨胀。

公元301年的《限价敕令》(Edict of Prices)是一份有趣的文件。这份文件列出了形形色色的商品的建议最高价格,还规定了手工业者和劳动者应该获得的最高工资。例如,排污工人每天可得25第纳瑞斯;娴熟的抄写员每抄写100行文字也可得25第纳瑞斯;修辞学教师可向每名学生收取250第纳瑞斯;开蒙教师可向每个男孩收取50第纳瑞斯。不同档次的小麦、鱼类、葡萄酒和橄榄油均各有标价。可载重600磅(约合272千克)的骆驼每英里的运费不得超过8第纳瑞斯;驴子的运费则是4第纳瑞斯。元老的鞋每双100第纳瑞斯,贵族的鞋每双150第纳瑞斯,骑士的鞋每双70第纳瑞斯(罗马传统的身份标志仍然存在)。戴克里先试图控制每一桩交易的细枝末节,然而当时并不存在真正意义上的货币经济,所以其努力注定是要失败的。按照充满敌意的基督教作家拉克坦提乌斯(Lactantius)的记载,人们纷纷把货物囤积起来,结果导致物价飞涨。甚至连死刑和流放也无法吓倒投机者,限价法令很快沦为一纸空文。

戴克里先组织军队的方式一直备受争议。军队无疑自公元2世纪起开始膨胀,总人数可能达到35万至40万。史料中记载了一些新组建的军团,但其中一些可能只是因为原来的每个军团的规模缩小了才出现的。(戴克里先时代的军营遗址表明,当时的要塞至多可容纳1000名士兵,远少于之前的5000名士兵。)这将使对它们的调动更加灵活(也使以当地资源供给它们变得更容易),但它们是如何部署的仍是一个谜。有观点认为,部署在边境的小股军队的主要作用是拖延敌人,以便更多的机动部队从后面冲上来。但是这一观点并未得到考古证据的支持。

戴克里先认识到皇帝的权力不能仅仅依靠军事力量。之前的皇帝曾将自己与神明联系起来(例如,康茂德与赫拉克勒斯、奥勒良与太阳神)。但对出身卑微的人而言,如何将自己与神明联系起来却是一个问题。萨拜因·麦科马克在其《古代晚期的艺术与庆典仪式》①一书中考察了留存下来的献给皇帝的颂辞,认为正是他们获取的成功可以用来表明他们是众神的宠儿(这令人联想到品达那些赞美运动员成就的诗歌)。选择哪位神明也很重要。鉴于埃拉伽巴卢斯的失败,戴克里先做出了精明的选择。他自称朱庇特之子,而把赫拉克勒斯与马克西米安联系起来。赫拉克勒斯的惊人功业使他成为解放世人的大救星,所以马克西米安发行的钱币上通常有赫拉克勒斯勇斗多头怪物许德拉的图案,后者象征着罗

---

① Sabine MacCormack, *Art and Ceremony in Late Antiquity*, London and Los Angeles, 1981.

马的众多敌人。

皇帝现在已经发生了变化。随着仪式变得越来越重要,他只不过是一名高级官员的伪装就破灭了。皇帝时刻宣示自己的至高无上,不可接近。后来有文献(公元6世纪的卡帕多西亚的约翰[John the Cappadonica]的《论官职》[On Office])记载,戴克里先是"首位头戴宝石桂冠的皇帝,衣服和鞋都以宝石装饰,一副帝王做派,实事求是地讲是僭主做派"。不过,这套新仪式不是戴克里先发明的。在一个描绘奥勒良接见日耳曼人代表团的著名场景中,奥勒良身着紫色长袍,坐在宝座上,四周有士兵拱卫,他的指挥官骑在马背上,皇家旗帜排列在他的身前。这一排场显然经过了精心布置,之后日耳曼人才被允许来到皇帝面前。戴克里先也身穿紫袍,乞援者在发言前要手执他的长袍并亲吻之。

从现在开始,皇帝被视为威严或静穆等美德的化身。谒见厅经过精心的设计,用来彰显皇帝的威仪,而廷臣们用繁复的仪式使面见皇帝的过程变得无比困难。他的回复会得到官员的反馈。绘制于公元1200年的《波伊廷格地图》(Peutinger Map)可能是罗马帝国时代遗留下来的唯一一幅地图的复制品,呈现了中兴的罗马帝国的版图。原地图可能摆在戴克里先(或四帝中某一人)身后。① 随着皇帝与传统罗马神明之间的联系日趋紧密,那些拒绝接受传统仪式者越来越受到怀疑。戴克里先在统治时期的最后几年中大肆迫害基督徒,伽列里乌斯在帝国东部以极大的热情执行了迫害。

公元305年,戴克里先退位,并说服不那么情愿的马克西米安与自己同时退位。戴克里先的这些改革举措若不是得到他的继任者君士坦丁的进一步巩固,很可能会失败,但它们是实质性的改革。因此,公元4、5世纪并不像人们所认为的那样,仅仅是一个衰败的时代,而是罗马帝国政府重新焕发活力并朝着新方向发展的时代。当时帝国的政治宣传提到"整个世界的复兴"。彼得·布朗写道,"公元4世纪上半叶远非古罗马帝国令人神伤的尾声,远非为支撑一个注定灭亡的社会而进行的短暂而不成熟的尝

---

① 参见: Richard Talbert, *Rome's World: The Peutinger Map Reconsidered*, Cambridge and New York, 2010。

地图

区域标注
大西洋
不列颠尼亚大区
第二不列颠尼亚
下不列颠尼亚
弗拉维恺撒不列颠尼亚
上不列颠尼亚
第一不列颠尼亚
伦丁尼姆
夫恺撒不列颠尼亚
下日耳曼尼亚
第二日耳曼尼亚
第二比利时
比利时高卢
第一比利时
特里尔
阿格里狄古马特
高卢大区
第二卢格敦高卢
上日耳曼尼亚
第二阿基坦高卢
第一阿基坦高卢
阿基坦高卢
第一格敦高卢
塞夸尼亚
格莱埃
阿尔卑斯
第二拉埃提亚
河畔诺里库姆
诺里库姆
维埃纳大区
卢格敦高卢
第一拉埃提亚
莱利亚
威尼提亚－希斯特里亚
内陆诺里库姆
加拉埃西亚
诺维姆波普利
纳尔波高卢
第一纳尔波高卢
提奇奥拉努
波河
阿奎莱亚
潘诺
西班牙
杜罗河
塔霍河
第一纳尔波高卢
滨海阿尔卑斯
科蒂埃阿尔卑斯
利古里亚
弗拉米尼亚
皮西努姆
卢西塔尼亚
塔拉科
托斯卡纳－翁布里亚
罗马
萨莫奈
迦太基
阿纳斯河
科西嘉岛
巴埃提卡
撒丁岛
坎帕尼亚
意大利大区
西西里岛
卢卡尼亚-布隆特
西班牙大区
卡塔纳
廷吉斯毛里塔尼亚
恺撒毛里塔尼亚
塔比毛里塔尼亚
瑟塔努米底亚
努米底亚
迦太基
同执政官辖区
恺撒毛里塔尼亚
米里提纳努米底亚
拜扎凯纳
阿非利加大区
阿非利加
的黎波里塔尼亚

图例

亚细亚
- - - - 塞维鲁王朝时期的省界

开罗
······ 戴克里先统治时期的省界

● 戴克里先统治时期各主要铸币厂

阿非利加大区 戴克里先时期所建立的大区

0 ———— 1000 千米
0 ———— 500 英里

地图16　戴克里先时代的行省与大区，公元4世纪初

试,而是一个见证了罗马帝国厚积薄发的时代"。这在很大程度上都要归功于戴克里先。

君士坦丁的崛起

戴克里先与马克西米安同时退位后,按照前者精心设计的权力继承制度,君士坦提乌斯和伽列里乌斯成为奥古斯都,两位奥古斯都依次任命了两位新恺撒。然而,该制度几乎马上就瓦解了。公元306年,君士坦提乌斯去世。他临死前不是让一位恺撒继承其权力,而是安排不列颠和高卢的军队拥立其子君士坦丁为恺撒。与此同时,马克西米安之子马克森提乌斯(Maxentius)在罗马自立为帝。他的崛起得益于戴克里先征收重税所引发的动乱。至公元308年,至少有7位相互敌对的皇帝在争夺权力。戴克里先曾希望把才干作为选择奥古斯都继承人的标准,但它已经被家族传承的回归所取代。

君士坦丁将成为最后的胜利者。他野心勃勃,意志坚定,根本无意与他人分享权力。君士坦丁不得不把自己的谱系追溯至曾大败哥特人的克劳狄乌斯二世。如果他自己不是一位出色的将领,那么这一切都不会有什么太大的意义。公元312年,君士坦丁在意大利击败阻截他的敌军,并向被马克森提乌斯占据的罗马进军。这两位争夺帝国西部统治权的对手在位于罗马城北部的台伯河上的米尔维安桥(Milvian Bridge)狭路相逢。这是一场决定性的战斗。马克森提乌斯和他的部下被困在台伯河边,结果溃败时不得不涉水逃命。被压死或溺死的人很多,其中就包括马克森提乌斯本人。

君士坦丁以胜利者的姿态进入罗马。元老院随即决定为他兴建一座凯旋门。这座凯旋门至今仍然矗立在斗兽场附近。这座凯旋门的装饰风格比较驳杂,许多装饰物都是从其他皇帝兴建的纪念建筑上拆卸下来的。这些装饰物似乎是专门从那些"贤帝"建造的纪念建筑上挑选出来的,特别是图拉真、哈德良、马可·奥勒留时期兴建的建筑。元老院大概是借此将君士坦丁与这些贤帝联系起来。凯旋门上新旧浮雕的区别十分明显。其中有一组取自奥勒留凯旋门的嵌板,奥勒留在上面扮演正义和慷慨的裁决

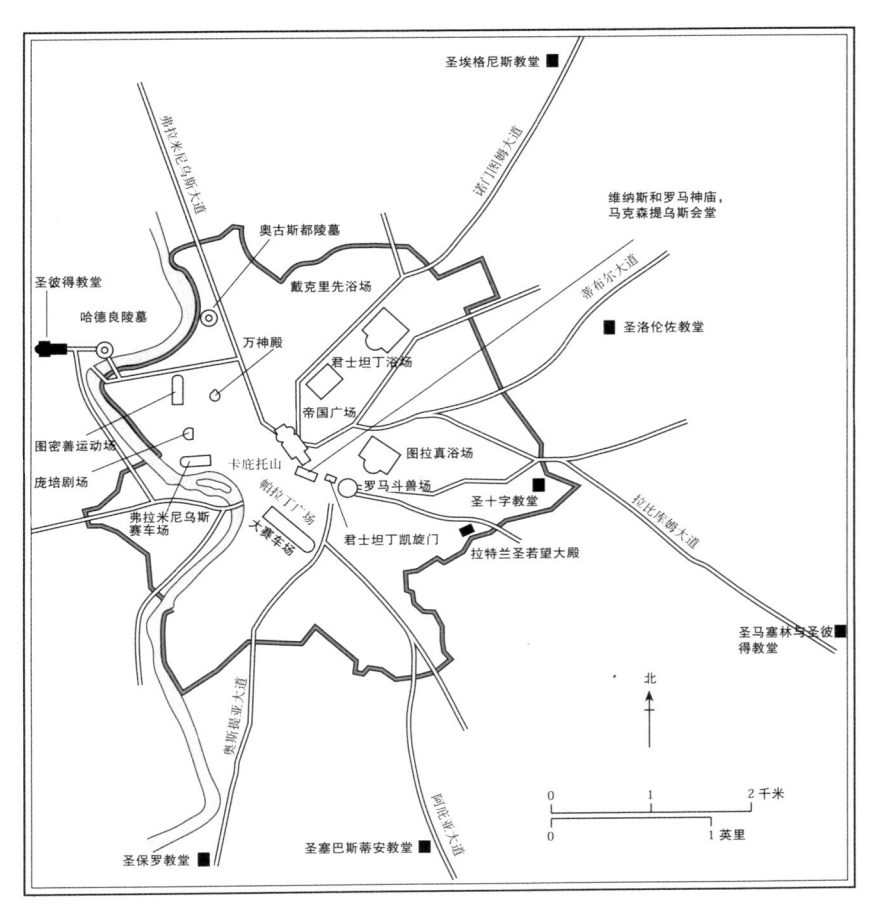

地图17　君士坦丁去世时的罗马，公元337年。请注意君士坦丁兴建了大批传统建筑，例如浴场建筑群、凯旋门与马克森提乌斯会堂。这些建筑均位于旧城区中心位置，而他兴建的基督教教堂则位于城市边缘那些早已归皇室所有的土地上，如拉特兰大教堂（后来的拉特兰圣若望大殿）与圣十字教堂。这表明了君士坦丁的决心：既要大力赞助基督教，又不冒犯信奉异教的传统主义分子。其他较早的教堂（圣彼得教堂、圣洛伦佐教堂）都建在殉教者的下葬处。

者，身边环绕着请愿的臣民。相比之下，在新雕刻的嵌板中，君士坦丁虽然也被塑造为相同的形象，但他严肃地端坐在御座上，目视前方聚集在一起的请愿民众，他们的大小仅是皇帝的一半，并且抬头凝视着他。这是大莱普提斯的塞维鲁凯旋门上的姿态的进一步发展。君士坦丁凯旋门标志着一种全新的帝王艺术形象的出现：皇帝被塑造为半神，不再与他的人民在一起。

凯旋门上的铭文将君士坦丁的胜利归于"神明的启示以及他本人心灵的高贵"。与公元3世纪时期的埃拉伽巴卢斯、奥勒良、戴克里先一样，皇帝被与一个神祇联系起来。但元老院并没有具体说明是哪一位神明。在君士坦丁凯旋门的浮雕中，有君士坦丁向狄安娜女神献祭的场景，但在君士坦丁头上还出现了太阳神的象征。事实上，从公元310年左右开始，太阳神似乎一直是君士坦丁最钟情的神祇，也许部分是因为"战无不胜的"太阳神（Sol Invictus）在巴尔干地区的官兵中尤为受欢迎。直到公元321年，君士坦丁才发行印有"战无不胜的"太阳神的形象的硬币。

然而，米尔维安桥之战最重要的遗产是君士坦丁宣称自己经历的一个异象或梦（相关的记述十分混乱），并把自己的胜利与基督徒的上帝的支持联系起来。之后，罗马帝国的基督教政策发生了根本的逆转。公元313年，君士坦丁与李锡尼乌斯（Licinius，自公元308年起成为帝国东部的奥古斯都）联合发布《米兰敕令》，宣布"任何人都不应被剥夺信仰神明的自由，不论是基督徒的神明，还是其他任何他认为适合自己的神明；所以只要我们本着自由的心灵，虔诚地膜拜至高的神明，神明便会如往常一般赐予我们种种仁慈与恩泽"。这一不同寻常的宣示可以被解释为罗马人的宗教宽容传统达到了顶点，现在甚至已被扩展至基督教。从这个意义上说，《米兰敕令》标志着西方历史上的一个重要的转折点。为更好地理解这一敕令的重要性，有必要回顾基督教的早期历史。

第31章

早期基督教社群

公元33—313年

公元313年,《米兰敕令》颁布。而此时基督教已经在罗马帝国传播了近300年。罗马帝国对待基督教充其量就是漠不关心,但有时则积极地加以迫害。公元1世纪以后,传入希腊、罗马的宗教信仰大多起源于东方,基督教同样如此。基督教信仰的核心是对耶稣的崇拜。耶稣在巴勒斯坦的加利利地区生活和传教,提比略皇帝统治时期被罗马当局判十字架刑。(耶稣这个名字来自阿拉米语中的人名约书亚[Yeshua],而基督[Christ]一词源于希腊语中的Christos,表示"救世主"或"受膏者",在基督教信仰传入希腊世界后才开始使用。)

这是一个令人兴奋的学术领域,传统的研究方法和解释在未来几年可能会受到挑战,因为考古学与文献的结合给基督教的成长过程提供了一幅更微妙的图景。在传统叙事中,基督教的兴起"不可阻挡"并取得了"胜利",近些年来,圣经学者们对挑战这种说法的著作的态度明显变得更加宽松,也更愿意接受基督教信仰无可置疑地具有多样性的看法,因为在面对不同的文化和语言环境时,它或者被动地融入或者主动做出自我调适。基督教在与地中海不同的文化对峙或妥协时,采取了许多不同的形式。尽管许多较为传统的历史著作仍把基督教的传播描绘为一个顺畅、稳定且不可避免的过程,但这一观点与史料并不相符。会众在一些地区有很多,但在另一些地区则不然。保罗在书信中所提到的许多早期基督教社群早已消失得无影无踪。他们也不是一直在遭受迫害,虽然在3世纪中叶和4世纪早期，罗马皇帝瓦勒良与戴克里先都发动过宗教迫害，但在他们之间则是一段漫长的相对宽容的时期。然而，尽管有这样一段和平的时期，教派分歧自公元3世纪末起就非常大，以至于基督教史家尤西比乌斯（Eusebius）声称戴克里先的宗教迫害乃是上帝对基督教徒的惩罚（参见其《教会史》第8卷开篇部分）。

同时代的史料

在古代史中，很少有哪个研究领域会像第一个世纪的基督教史那样，其相关日期、对文本的解释和事件本身充满如此激烈的争论。与有关古代世界的各个方面的记载类似，记载耶稣生平的史料十分不足。同时期的非基督徒史料很少提到基督教，仅足以使我们确定当时的确存在一位名叫耶稣的拉比（耶稣在当时是个常见的名字），他在公元30年左右被犹地亚的罗马总督本丢·彼拉多下令处以十字架刑。基督教会最古老的一批文献是使徒保罗的六七封书信，写于耶稣受难的二三十年之后。信中并未提及耶稣的生平，保罗也没有见过耶稣。现存的4部福音书据传分别由使徒马可（Mark）、马太（Matthew）、路加（Luke）和约翰（John）用希腊语撰写（英语中Gospel［福音］一词源于盎格鲁－撒克逊语的godspell，希腊语原文的意思为"喜讯"），其创作时间虽比保罗书信晚几十年，但任何一部都显示其作者对保罗书信一无所知。《马可福音》可能成书于公元70年后不久（因为其作者似乎知道耶路撒冷在那一年陷落）;《马太福音》与《路加福音》则成书于公元85年左右;《约翰福音》成书于公元90年至100年间。（直到公元180年，生于士麦那的里昂主教伊里奈乌［Irenaeus of Lyon］才第一次将这4部福音书与4位使徒的名字分别联系在一起。）对于耶稣的回忆起初通过口耳相传或有关其教诲的记载。但随着时间的流逝，当年的目击者们相继去世，显然已不大可能为福音书的作者提供直接而准确的描述。前3部福音书显然使用了相同的史料，但经过各自作者的不同演绎而形成了不同的面貌。因而这3部福音书被合称为同观福音（Synoptic Gospels），即"经同一双眼睛观察所得"的福音书。《约翰福音》则基于一种更加复杂巧妙的神学立场来检视耶稣的生平，其记载亦具有一定的历史准确性,因为它所提到的耶路撒冷周边的一些地名近来已得到考古证据的印证。

耶稣本人操阿拉米语。耶稣的家乡加利利几乎无人知晓希腊语。耶稣最早的门徒当中也无人来自精通希腊语、水平能达到新约文本的程度的社会圈子。这便带来了一个重要的问题:希腊语新约的撰写者们在处理阿拉米语文献时,可能删去或增加了哪些内容。此外,福音书原本就是为犹地亚地区之外的受众创作的。传统观点认为《马可福音》完成于罗马,不过现代学者更倾向于认为其完成于叙利亚,马可对加利利的地理并不熟悉。《马太福音》可能完成于罗马帝国叙利亚行省的首府安条克城,这座城市也是最早出现"基督徒"这一称谓的地方。《约翰福音》的受众可能是一个由耶路撒冷逃亡到小亚细亚沿海城市以弗所的基督教社群。至于《路加福音》完成于何处,其受众为何人,学术界目前尚无共识(它是写给一个名叫西奥菲勒斯[Theophilus]的人的)。

福音书的首要创作目的并不是为后世留下一部传记或一段历史记载,其中对事件的叙述我们要谨慎对待。它们是为了强调耶稣具有特殊的重要性,以便将他与古代世界中充斥着的圣人及其崇拜区分开来。因此,它们的首要任务是通过一系列故事确立耶稣的地位。在这些故事中,耶稣为童贞女所生,经历了"变容"(上帝自己似乎承认了耶稣的地位的那一刻),并展现了种种神迹。耶稣的死亡与复活也得到了特别的强调,重点在于他所担负的使命——身为无罪之人却被判处死刑,又以某种方式战胜了死亡,从而宣告了上帝救赎的信息。福音书还有意将耶稣塑造为犹太人渴望已久的弥赛亚。为实现这一目的,耶稣的生平可能遭到了篡改,以符合《希伯来圣经》中的预言。例如《马太福音》最初几章概述了耶稣的诞生及其早年生活,并频繁回顾早先的预言。《马太福音》中的耶稣形象实际上更接近于那些一心想引导犹太人获得救赎,却遭到同胞反对的"古代"犹太先知。

福音书中的"史实"究竟是在何种程度上服务于上述需要和压力的,学术界存在着巨大的争议。近年来,学术界更趋向于接受耶稣这个人物的历史真实性,但也更加强调其犹太人背景。随着学术界对公元1世纪时犹太世界的理解日益加深，尤其是死海古卷（Dead Sea Scrolls）的发现，令该背景变得更加突出。①

耶稣的生平

依据基督教传统，耶稣诞生于大卫王的故乡——伯利恒（Bethlehem），其母为玛利亚。玛利亚的丈夫名叫约瑟。耶稣自称通过约瑟继承了大卫的血脉。然而《路加福音》的记述却耐人寻味，将玛利亚的受孕与圣灵（Holy Spirit）的力量联系在了一起，耶稣由此成了"上帝之子"。耶稣的家族定居于巴勒斯坦北部加利利地区一个名叫拿撒勒的村落，他的许多受众因此都将他视为纯粹的加利利人，认为他与伯利恒毫无干系（《约翰福音》7: 41–42）。某些学者认为耶稣其实降生于拿撒勒附近的一座也叫伯利恒的繁荣城镇。为了把耶稣的降生与救世主预言联系在一起，他的出生地就被转移到了另一个伯利恒。耶稣30岁时才开始布道，他此前的生活则鲜为人知。他这个年纪若未成婚在当时会显得不太正常，但福音书没有提过这一点。无论如何，当耶稣开始布道时，他抛弃了他的家庭（《马可福音》3: 31–35）。

当时加利利地区一直被罗马的附庸国王统治。耶稣在公元前4年左右降生时，统治者是希律王，之后不久是其子希律·安提帕。也就是说，耶稣在世时，加利利从未正式成为罗马帝国的行省。希律·安提帕自行征收赋税并维持当地的秩序。而反映当地受到希腊人或罗马人影响的考古证据十分有限。犹地亚地区于公元6年成为罗马的一个行省。因此，耶稣只有自加利利南下犹地亚时，才算踏入了罗马帝国的领土。

尽管加利利地区比较富庶，也没有完全与世隔绝，但居住在南部耶

---

① 基督教的早期历史是一个过于庞杂的领域，基督徒、犹太教徒与不可知论者彼此之间以及各自内部都存在着许多矛盾和分歧，很难描绘一幅融贯的图景。读者若有意拓展这方面的知识，参见：Paula Fredriksen, *From Jusus to Christ*, 2nd edition, New Haven and London, 2002, 该书兼顾学术性与可读性，讨论了关于那个难以捉摸的人物"历史上的耶稣"的形成所涉及的各种问题；Christopher Rowland, *Christian Origins*, 2nd edition, London, 2002, 该书分析了耶稣的犹太人背景；Larry Hurtado, *How on Earth did Jesus Become a God? Historical Questions about Earliest Devotion to Jesus*, Michigan: Grand Rapids, 2005, 该书一反其他学者的意见，主张当时的人们早已接受耶稣是一个具有神性的人物。

路撒冷城的那些受教育程度较高的犹太人，仍然对加利利人充满歧视，因为加利利人以粗鄙闻名。(《约翰福音》第7章充分刻画了犹地亚地区对外乡人耶稣的排斥。) 那是一个动荡不安的时代：支持希律的权贵阶层滥用权力，还可能兼并穷人的土地、干涉传统的生活方式。耶稣对穷人的不幸做出了回应。公元27年左右，耶稣在接受了当时广受欢迎的一位四处巡游的布道者"施洗者"约翰（John the Baptist）的洗礼后，开始了自己的布道生涯。耶稣是一名富有魅力、讲话直率的布道者，通过以日常生活为内容的寓言故事教诲众人，因而在穷人和受压迫者当中深受欢迎。耶稣不同于法利赛人（Pharisees）等虔诚的犹太教派，只会一味强调要恪守犹太教律法《托拉》（Torah）。耶稣更符合哈西迪（hasid）传统中能够治愈疾病、驱除魔鬼和赦免罪的圣人。而"罪"被认为是一切犹太宗教学说的基础。《马可福音》尤其强调，耶稣所行的神迹源于他对世人的怜悯。

然而，耶稣传道的启示性力量是相当大的。相较于犹太世界中传统的上帝形象，耶稣口中的上帝更加关注世人的疾苦。耶稣预言上帝及其天国即将降临人间，届时上帝会给予穷苦者特殊的关怀。耶稣祛除疾病的神奇能力和他传递的紧迫信息开始四处传播，人们于是纷纷赶来聆听他的布道。按照传统的说法，他的追随者中有12人与他格外亲近。此数可能呼应了以色列人的12个支派。总而言之，上帝之国即将降临在耶路撒冷的消息传开了。耶稣本人带领其追随者前往耶路撒冷，参加逾越节的宴饮。这一年可能是公元30年。尽管他们带着巨大的期望来到耶路撒冷，但此次朝圣之旅显然以灾难告终。

按照罗马治理各行省的惯例，犹地亚当地的精英阶层被保留了下来。罗马任命的行省总督在犹地亚被称为长官（praefectus），他通过犹太教的大祭司实行统治，甚至不常驻耶路撒冷，而是住在沿海的凯撒里亚的一座希律王的豪华宫殿里。他只有在逾越节等重大节庆时才会率领卫队前往耶路撒冷，以防有人借机聚众闹事。本丢·彼拉多于公元26年被罗马皇帝提比略任命为犹地亚总督。他对当地传统的漠视令犹太人愤懑不平。公元18年被任命为大祭司的该亚法在这一点上不亚于彼拉多。他知道，如果在彼拉多面前表现得过于顺从，会激怒自己的同僚祭司乃至全体犹太人，但他明白自己的地位取决于彼拉多的支持。为了生存，该亚法必须在两者之间维持微妙的平衡，但他证明自己具备无与伦比的政治技巧——他把持大祭司之职直至公元36年，是有记录以来担任此职时间最长者。

面对着耶稣及其加利利追随者在一年当中最紧张的时刻到来，该亚法决定采取行动。耶稣对祭司的等级制度发起了直接的挑战，他必须得到有效的处理。按照罗马法律的规定，只有总督才有权做出死刑判决，因此该亚法必须说服彼拉多，让他相信耶稣对罗马的统治构成了威胁。祭司们指控耶稣自命为"犹太人的王"，这不仅是对祭司的等级制度的挑衅，也是对罗马主权的挑衅。彼拉多可能经过了一番犹豫，但最终还是同意下令将耶稣钉死在十字架上。这种行刑方式不仅侮辱受刑者的人格，还使之在死前承受长时间的痛苦，在整个帝国内被广泛用于处决那些社会地位较低的罪犯。该亚法可能担心激起民愤，因而并未兜捕耶稣的追随者。根据福音书的记载，他们可以自由拜访耶稣的埋葬地。但该亚法还是设法让彼拉多派军队把守耶稣的坟墓。

耶稣的追随者们因他的死而解散了，尤其是因为他以如此屈辱的方式被处决。（直到数百年以后，基督徒才描绘被钉在十字架上的耶稣形象——已知最早的是西奈半岛圣凯瑟琳隐修院［St Catherine's Monastery］中一幅作于公元8世纪的画像。）然而，从绝望之中升起了希望。犹太文化中早已存在"复活"（resurrection）这一观念。最早提及耶稣"复活"的，是使徒保罗的书信。尤其在《哥林多前书》（成书于1世纪50年代中期）中，保罗把"复活"视作耶稣在死后由肉体向灵体（spiritual body）转变的过程——"所种的是血气的身体，复活的是灵性的身体"（《哥林多前书》14：44）。保罗还认为，那些忠于基督者会在死后经历相同的转变。保罗写道："我们不是都要睡觉，乃是都要改变……这必朽坏的，总要变成不朽坏的；这必死的，总要变成不死的。"保罗声称曾有"基督复活"的种种异象，但他从未提到耶稣的墓穴是空的。

福音书成书于保罗去世很久之后，重点描述了耶稣的肉身再度出现，不仅能随意现身和消失，还能穿越紧闭的大门。耶稣肉身的显现持续了40天，之后在众门徒的注视之下飞升而去（《使徒行传》1：9）。福音书的创作背景已无法详细考证，但《马可福音》对耶稣复活的记述是公元2世纪时才加入的，最早的《马太福音》和《路加福音》的成书年代距耶稣受难已有50余年，而且对第一批目击者的各种描述也有所不同。对历史学家而言，这显然不足以证明一具尸体复活了。（即使在福音书中，复活也不是耶稣独有的。根据同观福音的记载，希律就曾认为耶稣乃是重生的"施洗者"约翰。）很难说对肉身复活的信仰在多大程度上是基督教社群建立的催化剂。它显然并非唯一重要的因素。《希伯来书》的成书时间早于福音书。以之为代表的一些早期基督教文献只提供了一种对耶稣升入天国陪伴上帝左右的复杂描述，《腓立比书》中的赞美诗（2: 5–11）则对耶稣复活只字未提（《希伯来书》只在13章20节中提及耶稣的复活）。①

然而，仅凭对耶稣的记忆、耶稣复活的传说以及使徒的个人魅力，尚不足以支撑早期的基督教社群的建立。圣餐礼无疑是一项重要的仪式，其主旨是通过分享耶稣的"体血"来"感恩"。早期基督教徒相信，参与此仪式可以使自己向保罗所说的灵体转变。保罗在写给腓力比城的基督教徒的书信中，声称耶稣将"按他能使一切屈服于自己的大能，改变我们卑贱的身体，相似他光荣的身体"（《腓立比书》3: 21）。公元2世纪初，士麦那的主教依格那修（Ignatius, bishop of Smyrna）把圣餐礼称为"长生不老的良药与解毒剂，使我们不至于死亡，在耶稣基督中永生"。圣餐礼仪式以及肉身转变为灵体的承诺，可能为早期基督教社群提供了凝聚力，保障了这些团体的存续。此外，用水净化新加入者的洗礼仪式，对于巩固一个具有排他性的团体同样具有重要意义。（可能最早成书于公元60年至80年的《十二使徒遗训》[*Didache*] 已经记载了洗礼的仪式。）或许最重要的是，相较于异教对死后世界的单调的描绘，加入基督教即可得到永恒拯救的观念显然形成了鲜明对比。

保罗经常在书信中使用基督（"受膏者"或"弥赛亚"）这个词，所以这个词的使用显然属于基督教崇拜的早期发展。弥赛亚降临并解放犹太

---

① 若想对"耶稣复活"这一问题有更多的了解，参见：Geza Vermes, *The Resurrection*, London, 2008。关于保罗书信与福音书对于耶稣复活的不同记述的研究，参见：Alan Segal, *Life after Death: A History of the Afterlife in the Religions of the West*, New York, 2004。

人的信念一直是犹太教信仰的一部分，但犹太人认为弥赛亚应是一位凯旋（以及运用武力获得权力）的君王。耶稣的生与死很难给他这样的地位，他不太可能在有生之年自称弥赛亚，因为他这样做会被当局抓获，认为他是对犹太（和罗马）权威的潜在威胁。然而，耶稣可以被视为另一种意义上的弥赛亚，通过自己的苦难救赎世人（令凡人从自己的罪中得到解脱）。（大卫的《诗篇》[Psalms]中某些作品即为"受难的救世主"这一主题开了先河。）从这个意义上来说，耶稣标志着上帝与凡人的关系有了一个崭新的开端——基督教徒与上帝订立了"新"约，取代了《希伯来圣经》中的"旧"约。

促使人们接受耶稣为弥赛亚的动力并不是基督教所独有的。1947年在耶路撒冷以东的死海西北岸，一群牧童闯入库姆兰（Qumran）附近的一个洞穴，发现了一堆写有文字的羊皮卷轴和纸草手稿。它们便是最早被发现的一批死海古卷。此后，更多的手稿被陆续发现，并揭示出一个属于艾赛尼派（Essene）的犹太人团体的生活。该教派拒绝耶路撒冷举行的崇拜仪式。其信徒结为数个小社群，在荒野之中过着隐修生活，并严格遵守犹太教律法。他们共享财产，可能信奉独身主义，而且强烈认同自己是穷人。他们也自视为一个享有特权的群体，是上帝的选民，他们正在等待一位将迎来上帝之国的弥赛亚。与此同时，艾赛尼派孜孜不倦地研究经文，寻找弥赛亚降临的预言。（从现存的死海古卷中，人们已经了解了大量有关《希伯来圣经》形成的知识。）目前学术界尚未发现库姆兰的艾赛尼派社群与基督教有直接联系，但两者的相似之处却不胜枚举。例如死海古卷的某个残篇提到人们正在等候"正义的导师""将被宣布为神的儿子，他们将称他为至高神之子"，这不禁令人联想到《路加福音》第1章32—35节。这些古卷表明，基督徒并不是唯一一个认为自己是等待上帝降临的享有特权的民族的人。①

早期基督教社群以及使徒保罗的传教活动

耶稣最亲近的门徒留在了耶路撒冷，并努力地维持社群不受破坏。

---

① 参见：Philip Davies et al. (eds.), *The Complete World of the Dead Sea Scrolls*, London and New York, 2002.

彼得是基督教的早期领袖，他曾是一名渔夫。据《马太福音》记载，耶稣挑选彼得担任其宗教运动的第一任领袖。然而，到公元40年，社群的真正主导者似乎是耶稣的弟弟雅各。此时的基督教社群仍很弱小，其首要任务是保持团结，静待耶稣所预言的上帝降临。最早皈依基督教者多为说希腊语的犹太人。不久之后在耶路撒冷以外的大城市的犹太人社群中都出现了小规模的会众，例如大马士革和安条克城。这些大都市的犹太会堂传统上吸引外邦人（gentile，即非犹太人）参加其仪式。耶稣的故事可能正是通过这些"敬畏神的"人流传至外邦人的世界的。

上述状况起初并未产生什么影响。耶路撒冷的基督教社群以彼得与雅各为领袖。此二人囿于犹太人背景，坚持认为耶稣仅拯救那些接受割礼且遵守犹太教饮食禁忌者，因此拒绝未接受割礼的外邦人加入教会。打破这一禁忌的是早期基督教最杰出的人物之一。保罗是一个说希腊语的犹太人，出生于奇里乞亚的塔尔苏斯，并拥有罗马公民权。（杰罗姆·墨菲·奥康纳［Jerome Murphy O'Connor］在其撰写的保罗传记中指出，考虑到时代背景以及保罗的出生地，保罗可能是释奴的后代，所以才会有罗马公民权。）他来到耶路撒冷受训成为拉比。保罗起初和法利赛人一样，并不信任耶稣，甚至参与过对基督教徒的迫害。但他在由耶路撒冷向北前往大马士革的途中见证了异象，于是信了耶稣。

保罗又过了至少3年才第一次接触到耶路撒冷的基督教社群。与社群的领袖们相比，保罗可能年轻得多（他可能迟至公元10年才出生），且从未见过耶稣。保罗在写给早期基督教社群的书信中几乎没有提过耶稣是一个历史人物。（尽管学术界尚未充分达成共识，但一般认为真正出自保罗之手的书信只有《罗马书》《哥林多前后书》《加拉太书》《帖撒罗尼迦前书》《腓立比书》以及比较简短的《腓利门书》。《新约》中所收录的归于其名下的书信可能完成于公元1世纪晚期。）然而，保罗对耶稣的身份及其教诲坚信不疑。在保罗看来，耶稣就是基督，前来拯救那些对他寄予信仰的人，无论奴隶还是自由人、男人还是女人、犹太人还是希腊人，只要信仰耶稣就能得到拯救。因此，保罗强调的是信仰，而不是死板地遵守犹太律法。他的许多书信（特别是《哥林多前后书》）都关注的是，当信徒们在摆脱僵化的道德规范的约束后，不得不制定一套与他们对耶稣的信仰相适应的行为规范时所产生的问题。

保罗坚持认为，未接受割礼的外邦人也可以成为基督教徒。他极力反对耶路撒冷基督教社群限制外邦人的态度。保罗在同意通过外邦人教会为耶路撒冷教会筹集经费后，他才如愿以偿。双方最终达成了广泛的共识：耶路撒冷的领袖们继续向犹太人布道，而保罗则负责领导面向外邦人的传教活动。即便如此，两个教会之间的关系仍十分紧张。不久，保罗告诉加拉太基督徒他与彼得在安条克城爆发了一次公开的争吵。彼得起初准备与外邦人一同进餐，但当来自耶路撒冷的犹太基督教徒加入会餐后，他便不准备进餐了。保罗被彼得的行为激怒了，因为他认为彼得无权要求外邦人信徒按照犹太人的方式行事。

保罗与早期基督教社群的活动在《使徒行传》中有所描述。《使徒行传》可能是在公元85年之后由路加撰写的，接续《路加福音》。路加是一个受过良好教育的希腊人，继承了修昔底德的历史写作传统，而且可能亲历了自己笔下的某些事件。路加可能没有可供参考的文字资料，人们相信路加也像修昔底德一样，依据自己笔下主要人物的性格以及讲话场合来杜撰演说词。这导致一些学者谨慎地看待《使徒行传》的历史真实性。（著名学者菲利普·卢梭［Philip Rousseau］曾评价《使徒行传》"生动但不可靠"。）《路加福音》的内容更加广泛，作者试图把基督教的故事融入世界历史的背景之中，而且与其他福音书的作者相比，路加更详细地展示了他所具有的关于罗马世界的知识。例如，他对保罗在前往罗马途中遭遇海难的描述，本身就是相当宝贵的史料。直到250多年以后，尤西比乌斯才撰写出另一部同样详尽的教会史。

保罗是《使徒行传》的中心人物，正是他的活力和信仰改变了年轻的基督教社群。他经由加拉太抵达小亚细亚，再辗转前往马其顿和希腊，沿途传教，在生命的尽头甚至到了远在西边的罗马（根据传统说法，他在罗马殉教）。他发展出第一批基督教徒，并不知疲倦地竭力让他们在信仰上维持统一。即便如此，保罗的影响也不可被高估，安条克、亚历山大里亚和罗马城当地的基督教徒社群的建立均与保罗无关，而没有证据表明加拉太各城市的基督教社群幸存了下来，尽管它们收到过保罗热情洋溢的书信。《新约》中的某些书信尽管成文于保罗死后很久的公元1世纪末（例如《以弗所书》《歌罗西书》《帖撒罗尼迦后书》以及所谓的牧函［pastoral letters］），但仍被归于保罗的名下，这表明保罗的影响力经久不衰。后来，奥古斯丁与马丁·路德分别在罗马天主教与新教中拥护保罗，从而确保了他至今在基督教中占主导地位。

从神学角度讲，保罗重新强调了"信仰"的关键作用，他尤其谴责异教哲学家的"空洞的逻辑"，因此可以说奠定了基督教信仰与希腊理性思维传统之间的冲突。此外，保罗对性，尤其是对同性性行为的厌恶比耶稣明显得多（耶稣更强调婚姻关系的神圣性，而非对性行为本身的厌恶）。耶稣似乎不太重视行使其权威，但保罗的安全感要差得多，部分原因在于保罗与分散在各地的收信人没有直接联系，并总是担心当自己不在时信徒们会迷失方向。保罗强调基督教中的权威的重要性，这一理念在公元4世纪变得颇具影响力，因为教会当时需要巩固自身的地位。

保罗把人性描绘为内心之中的斗争，同样对基督教造成了巨大的影响。他在《罗马书》中写道："我是属乎肉体的，是已经卖给罪了。因为我所作的，我自己不明白；我所愿意的，我并不作；我所恨恶的，我倒去作……我也知道在我里头，就是我肉体之中，没有良善。"前文已经提及，这种内心挣扎的感觉是柏拉图灵魂观所固有的。到了4世纪，柏拉图与保罗关于内心斗争的论述结合在了一起，提供了一种特定的关于罪的基督教式病理学概念——原罪（original sin），它是奥古斯丁从保罗书信中提炼出来的。

到了公元2世纪，外邦人基督教社群已成为基督教的主流，而自从公元70年耶路撒冷圣殿被毁，该城的基督教社群便已经萎缩。基督教与犹太教分离的过程充满了曲折，而且两种信仰之间的界线常常是不稳定的。基督教徒与犹太人一样只信仰并崇拜唯一一位神祇，且两者都坚信信仰这一教义者都是被神选中之人。若无这样的凝聚力与排他性，很难想象基督教后来取得的成功。犹太人会堂中的长老也为基督教的牧师树立了榜样，而犹太教反对偶像崇拜的戒律也被保罗移植到了基督教中。两种信仰有着共同的伦理传统。犹太人重视贞洁以及家庭生活的稳定。他们看望病人，帮助穷人，有时也像库姆兰的社群那样共享财产。早期的基督教徒延续了上述传统。公元2世纪的神学家德尔图良曾说道："我们基督教徒共享妻子以外的一切……"

某些基督教徒认为《希伯来圣经》与耶稣信仰不相容，所以应被摒弃。公元140年左右由黑海抵达罗马的马西昂（Marcion）就是此类观点的代表。然而《希伯来圣经》还是被保留了下来，并因为某些篇章被解读为提及了耶稣的降临而备受重视，例如《以赛亚书》，于是它最终成了基督教的《旧约》。众所周知，《旧约》至今仍然是基督教《圣经》不可或缺的一部分。然而《旧约》中的上帝与犹太民族间保持着排他性的关系，且尤为强调与上帝为敌者必将遭到毁灭，所以《旧约》中的上帝形象显然与耶稣所宣扬的那个更温和且平易近人的上帝形象格格不入。

吸纳了《希伯来圣经》以及其中那些可以追溯到创世的关于上帝与凡人之间的关系的故事，令基督教有了可以讲述的"过去"，这恰恰是基督教所缺少的。在一部成书于2世纪50年代的有趣的著作《与犹太人特来弗对话录》(*Dialogue with Trypho the Jew*)中，一个从撒玛利亚（Samaria）地区的某个罗马殖民地迁徙至罗马的名叫尤斯丁的人，在学习了各流派的希腊哲学后最终皈依了基督教，并与一位名叫特来弗的犹太教拉比就这些问题进行了辩论。特来弗否认《圣经》曾预言基督的降临，指责基督教徒曲解了原文。但尤斯丁则反驳道，犹太人的确曾受到上帝的恩惠，但它如今已经转移到了基督教徒身上。尽管尤斯丁没有试图影响或诋毁他的对手，但他仍对犹太教抱有强烈的敌意。这种敌意最早可能见于保罗的《帖撒罗尼迦前书》，但在成书于公元130年左右的《巴拿巴书》中得到了进一步的发展。这封书信宣称犹太人已经背弃了上帝，因而其经文应被剥夺。公元2世纪后期，萨尔底斯主教迈利托（Melito）指责犹太人通过参与钉死耶稣而弑神，由此建立了《反犹太人》(*Adversus Judaeos*)中的传统。这部针对犹太人的论战文集许多个世纪以来一直是基督教意识形态的一部分。

早期基督教社群

有关早期基督教社群的记载少之又少。教徒们在私人住宅或与这些住宅相连的厅堂中集会。①但历史学家拉姆齐·麦克穆伦在《第二教会》②一书中指出，有大量的宗教活动其实是在殉教者的墓地周围举行的。人类自古以来就在墓地举行丧葬仪式或纪念性的聚餐，异教的仪式此时被借用来向基督教的圣徒和殉教者表达敬意。麦克穆伦由此推断，一个更受欢迎的教会在城市的城墙外出现并蓬勃发展，也许还吸引了那些被更成熟的城市基督教社群所忽视的乡村群众。麦克穆伦认为，乡村信徒可能占基督教徒的95%，而随着考古人员继续对早期基督教徒的墓葬进行发掘，这个群体很可能会被赋予更突出的地位。

无论举行仪式的地点是家庭教会还是墓地，基督教传播开来。后世的基督教作家认为，上帝专门创造了拥有广泛贸易路线的罗马帝国，以便让基督教更易于传播。罗马帝国的开放性确实有助于解释早期基督教徒社群在地理上的广泛分布。小普林尼曾任比提尼亚-本都行省（今土耳其西北部）的总督。他写给罗马皇帝图拉真的一封信流传了下来。信的内容是向图拉真请示如何处置当地基督教徒，这清楚表明基督教在公元2世纪初已传播到了如此远的地方。在小亚细亚、叙利亚、埃及和利比亚的北非沿海地区，分布着众多基督教社群。来自帝国不同地区的讲希腊语的移民基督徒也在罗马形成了一些不同的会众——直到公元380年，希腊语一直是罗马举行礼拜仪式使用的语言。（罗马从最早就只有一个由一位主教［即教宗］领导的单一基督教教会，这种想法是在公元2世纪得到发展的。③）目前尚无证据表明在公元180年之前存在说拉丁语的基督教会。富有活力而直率的德尔图良在迦太基创作了基督教历史上最早的拉丁语作品，他也由此被誉为最早的拉丁神学家。简而言之，早期的教会基本上都说希腊语。

早期基督教社群广泛分布于各地，显然会影响教义的统一。一则最晚形成于公元150年的传说称使徒彼得在罗马城殉教，并被埋葬在了城墙外的梵蒂冈山上。由此，有些人认为罗马应该被赋予某种至高无上的地

---

① 参见：Wayne Meeks, *The First Urban Christians*, New Haven and London, 1983。
② Ramsay MacMullen, *The Second Church*, Atlanta, 2009.
③ 参见：Peter Lampe, *From Paul to Valentinus: Christians at Rome in the First Two Centuries*, Minneapolis, 2003。

位,但这永远不会落实。基督教信仰的基本要素显然仍处于变化之中,不同的社群则奉不同的文本为圭臬,比如只把某一部福音书奉为经典。然而,在里昂担任主教的希腊人伊里奈乌在著作中提出了在帝国范围内建立统一教会的设想。他于公元180年撰写了《驳异端》(Adversus Haereses),该书现在被视为阐述基督教正统教义的基本著作之一。

伊里奈乌的基督教历史叙事始于亚当时代,并把基督降临人世作为新约(New Covenant)订立的标志。他强调基督对世人的教诲全部集中在四福音书中,而且也只存在于四福音书中。(由于当时的教徒们相互传阅着各种各样的基督教早期作品,因此这是形成权威的《新约》正典的重要时刻。)基督所传递的信息必须被世世代代保存下来,直至末日审判的到来,伊里奈乌认为,这些教诲只能经由使徒、他们所圣化的主教们,以及从一代主教到下一代主教一直传袭下去。这便是所谓的使徒统绪(apostolic succession),也就是由主教负责保存基督教的核心教义。然而,总有一些异端分子试图使伊里奈乌的教会偏离预定的方向,因此这些异端必须受到抵制。(异端一词在希腊语中写作haeresis,本义为"选择",但在基督教语境下逐渐变成了"错误的选择"。)简而言之,教会应"只有一个灵魂、一颗心,用一个声音来宣告、教导、实践这些东西,就如同她只有一张嘴"。①

伊里奈乌所设想的统一教会在之后的两百年中都未能实现。与此同时,基督教社群在社会中仍属边缘群体。他们抵制异教的神明以及官方举办的仪式(因为这些仪式总是包括向众神献祭的环节),这使得基督教徒始终游离于社会公共生活之外。此外,基督教徒常常在公众视野外举行敬拜仪式,批评者因此指责基督教徒"在阴暗的角落里嘀嘀咕咕"。慕道者只有经过为期3年的严格学习才能接受洗礼,并参与整个崇拜仪式最核心的部分——圣餐礼。关于基督教徒食人肉并聚众淫乱的传闻不可避免地流传开来。但有限的证据表明,基督教徒具有更高的道德标准,尤其在性行为方面。此外,他们反对罗马人弃婴的做法,并组织起照料社群成员的

---

① 相关概述参见:Jaroslav Pelikan, *The Christian Tradition: The Emergence of the Catholic Tradition, 100–600*, Chicago and London, 1973。

系统，尤其是无人赡养的寡妇。在公元3世纪中叶的罗马城，教会救济了1500多个穷人。50年后，安条克城的教会亦为3000多个穷人提供了食物。早期基督教的禁欲主义倾向似乎特别吸引贞女和寡妇。

基督教徒十分重视葬礼。他们遵循着犹太人的习惯，把遗体保存起来，而不举行火葬。在罗马城的周围，基督教徒在质地松软的石灰岩中挖出一条条隧道，然后在两侧的岩壁上开凿出用于存放遗体的壁龛。阿庇亚大道附近的一处早期基督教墓地隧道被用希腊语命名为"大坑旁边"，该称谓最终演化成了今天的英语中的catacomb（地下墓穴）一词。公元2—3世纪，随着基督教社群在罗马城中不断壮大，该词被用于泛指罗马城周边的数百条隧道。如今，地下墓穴成了观光胜地，也是早期基督教艺术的宝库。墓穴中的绘画取材于《旧约》与《新约》中的著名场景。例如约拿（Jonah）逃脱鲸腹或但以理（Daniel）逃脱狮穴是常见的《旧约》题材，强调的是上帝具有解救信徒于危难的力量。很多壁画描绘约拿在鲸鱼腹中停留3天却毫发未伤地出现的场景，正如基督在墓中停留3天后复活。壁画中对耶稣的刻画尤其有趣，异教艺术传统为耶稣作为"好牧羊人"（Good Shepherd）或"公义的日头"（Sun of Righteousness）等形象提供了模式。甚至在某处壁画中，耶稣在升天时竟乘着太阳战车。在另外一些壁画中，耶稣和异教英雄俄耳甫斯（Orpheus）一样能用里拉琴安抚野兽，寓意耶稣能为信徒带来安宁。①

当时一名反对基督教的哲学家凯尔苏斯于公元180年左右撰文攻击基督教，这既源于他对基督教本身的不信任，也源于他的社会优越感。他在文中提到基督教徒当中有不少鞋匠、洗衣工以及梳理羊毛的工人，并由此认定基督教只适合最无知的人、奴隶、妇女和儿童。然而，学术界近来认为，早在教会形成之初，就有较富裕者加入教会，其中一些人甚至把自己的私宅用作集会场所。随着时间的推移，越来越多具有较高社会地位者皈依了基督教。伪经《雅各原始福音书》（*Protoevangelium of James*）成书于公元2世纪，记述了童贞玛利亚的童年，它声称玛利亚的

---

① 想要进一步了解基督教艺术的相关知识，参见：Robin Jensen, *Understanding Christian Art*, London and New York, 2000.

父亲约雅斤（Joachim）"格外富有"，这是一个早期基督教如何"提升"玛利亚社会地位的有趣例子。(《雅各原始福音书》在中世纪变得非常流行，经常被作为壁画的题材。)

然而我们不可高估早期基督教所取得的成功。到公元250年，基督教徒可能只占罗马帝国总人口的2%，在帝国西部或北部边疆基本没有基督教徒。此外，基督教徒此时还未与异教徒彻底划清界限，对基督教的皈依未必能是永久性的。用希腊语写作的神学家奥利金（Origen）指责埃及的主教们以权谋私，而德尔图良似乎完全退出了迦太基的教会机构。许多基督教社群不可避免地走向了失败，成员四散。公元3世纪以及公元4世纪初，教会所面临的一大难题就是如何处理那些因受到迫害的威胁而抛弃教会者。

基督教与希腊哲学传统

凯尔苏斯对基督教发起攻讦时，曾批评基督教徒无知而轻信。到了公元2世纪末，受过教育的基督教徒开始认真对待上述指责。当时的基督教徒已经在与诺斯替主义者（Gnosticist）进行论战。诺斯替运动在公元2世纪时达到顶点，其信徒主张，人类的灵魂虽被囚禁在了血肉之躯中，但人类可以通过获得灵知（gnosis）使灵魂得到解放。在诺斯替主义者看来，基督从未在尘世存在过，且只是上帝和凡人的中介之一。因此，诺斯替主义代表着一种更加超脱的态度，其文本所反映出的理念也颇为有趣，但诺斯替主义者最终迷失在荒诞的幻想与异域神话当中。诺斯替主义者从未建立起教会组织，而且他们的思想过于晦涩，难以形成任何一种统一的神学体系，亦难以支撑任何制度性结构。[①] 此外，孟他努主义（Montanism）是公元2世纪时的另一个颇具影响力的教派，兴起于安纳托利亚。该教派主要依赖神授的预言，其主要倡导者是孟他努与另外两名女性——普里斯卡（Prisca）和马克西米拉（Maximilla）。此三人自称是在代圣灵发声。该流派同样遭到了受过更良好教育的皈依者的抵制，后者开始为教义寻找更加

---

① 对诺斯替主义的相关介绍，参见：Karen King, *What is Gnosticism?*, Cambridge, Mass., and London, 2003。

符合理性的基础。因此，希腊世界的基督教徒开始根据自身的需要改造希腊哲学。

公元1世纪是柏拉图主义复兴的时代。（公元1—3世纪的柏拉图哲学通常被称为中期柏拉图主义［Middle Platonism］，以区别于后来由普罗提诺［Plotinus］及其追随者所倡导的新柏拉图主义［Neoplatonism］。）对中期柏拉图主义者而言，柏拉图所谓的善是一种至高的实在，其存在超越了人类的思维。人类可以领会善的实质，但唯一的途径是通过严谨的理性思考和深刻而透彻的冥思来探索善为何物。对善的理解有助于人类了解物质世界的意义与价值，因为善给宇宙带来秩序、推动着宇宙的持续演进。中期柏拉图主义者把善称作theos。该词还可被翻译为"神"，而柏拉图的理型被这些哲学家视为神的思想。（自此以后，善以大写字母开头，表示它被提升为一种至高无上的精神力量。）

柏拉图的某些作品开始影响基督教思想，其中就包括《蒂迈欧篇》（*Timaeus*）。这篇对话探讨了创世的问题。柏拉图认为所谓的创世本质上是为混沌带来秩序的过程。《创世记》的开篇即可照此方式解读，比如"殉教者"尤斯丁在《第一护教辞》（*First Apology*, 10.2）中写道："上帝基于至善，从混沌中创造了万物。"然而，公元2世纪时，亚历山大里亚的巴西里德斯（Basilides of Alexandria）等基督教思想家开始抵制这种说法，认为此说使上帝的角色受到局限，贬低了上帝的威能。由此出现了另一套想法，称上帝"从虚无中（ex nihilo）创造了万物"，从而赋予上帝作为造物主的合适的地位。后一种学说在基督教信仰中逐渐占据了统治地位，并持续至今。

尽管柏拉图思想在以上例子中遭到了抵制，但中期柏拉图主义开始向基督教徒的作品渗透。亚历山大里亚的克莱门（Clement of Alexandria）曾在公元190—200年撰写了一批著作，试图向潜在的皈依者证明，基督教徒在思想上很好地与异教徒保持一致，对希腊哲学并不恐惧。克莱门认为，柏拉图与柏拉图主义者不仅已经抓住了上帝的本质（他说可能是通过阅读《希伯来圣经》），而且表明可以运用理性证明上帝的存在。从这个意义上讲，哲学家成为把异教徒引向基督的启蒙教师。然而，克莱门也承认信仰的重要性，认为精神只有扎根于信仰的土壤才能获得进一步的升华。信仰与理性的结合，巧妙地回应了凯尔苏斯之流的指责。这些异教学者曾指责基督教的基础无非是糊里糊涂的激情和轻信。（另请参阅本章最后有关普罗提诺的内容。）

然而柏拉图主义者从未提到过基督。基督教主张，"神/善"通过某个诞生于某个特定时间与地点的人物的行为来影响人类历史的进程，无论他是否是神。但此观念对柏拉图主义者而言是陌生的。基督教徒只得设法把基督加入他们所吸纳的柏拉图主义原则中。其中一种观点首先由《约翰福音》阐述，后来被亚历山大里亚的教会接受。该观点认为耶稣代表着逻各斯。逻各斯是由希腊哲学家（尤其是柏拉图主义者和斯多噶学派）提出的一个概念，被用来描述他们认为作为创世的一部分而形成的理性的力量。逻各斯是一个十分复杂的概念，出现在多种语境中。也正是由于其广泛的适用性，为神学家提供了足够的灵活性。（如今英语中一般把它翻译为 Word［言］，实际上遮蔽了这个词在希腊语中的丰富含义。）例如，逻各斯被描绘为理性的力量，凡人凭借它可以理解神圣的世界，从这个意义上讲，逻各斯成为连接尘世与神圣世界的桥梁。基督也可以被描述为逻各斯——上帝以凡人的模样创造了基督，使之来到这个世界上，充当上帝与凡人的媒介（某处文献将之称为上帝的"大使"）。即使有了上述说法，上帝与基督的关系仍有一些方面没有得到解答。某些信徒追随约翰的脚步，把基督视为逻各斯，但他们接着必须确认，到底基督具有与圣父相同的本质，是上帝不可分割的一部分，还是与圣父不同的实体，而二者的关系就如同凡间的父子？"殉教者"尤斯丁极力主张后一种观点，他认为尽管耶稣最初应该就是上帝，但圣父与圣子的关系就如同用一把火炬点亮另一把火炬，二者是相互分离的。德尔图良追随尤斯丁的观点，也认为作为逻各斯的耶稣仅是上帝的一部分且从属于上帝。

迦太基是说拉丁语的帝国西部的第二大城市。在这里，善辩好斗的德尔图良（约160—约240年）并未对希腊哲学表现出太多热情。他喜欢直言不讳，语言丰富多彩，似乎在很大程度上是为效果服务的。（有研究者在分析过他的作品后，认为他应该是律师出身。）他声称，人人都应信奉基督，因为基督教所讲述的故事是如此荒诞不经；而耶稣复活的故事之所以可信，就是因为它是不可能的。德尔图良继而指出，哲学家不仅不能照亮通往基督信仰的道路，反而会催生异端邪说，例如他认为诺斯替主义就受到了柏拉图的启发。德尔图良对亚里士多德的批判尤其尖锐，并指责后者四处挑起争论。在德尔图良看来，亚里士多德的辩证法毫无用处，不过是"建立再推倒"而已。在一次著名的演说中，他质问听众："雅典与耶路撒冷何干？［柏拉图的］学园与教会何干？"德尔图良由此代表了庞杂且多元的早期基督教神学当中的一派——他们抬高信仰而贬斥理性，而其传统可以追溯到保罗对"智慧人的智慧"的抵制。

在早期神学家当中，最博学聪慧者当属奥利金（184—254年）。此人生活简朴，相传其父殉教的举动对他造成了巨大的影响。奥利金把一生都献给了圣经研究。他四处收集不同版本的《旧约》，把它们并列在一起，进行比较和注释。《六文本合参》（*Hexapla*）便是其辛勤研究的成果，并在此后的数百年里一直被视作圣经文本考据的最佳工具书。（如今仅留少量片段。）对于把基督解释为逻各斯的工作，奥利金也做出了重要贡献。在奥利金看来，上帝最初所创造的灵魂全都具有与上帝同等的善，但这些灵魂逐渐厌倦了对上帝的崇拜，不再统一于上帝，所以堕落至物质世界。因此人类必须得到救赎，并在善的方面回归本源，恢复与上帝的最初的统一。但如何实现这一点呢？奥利金认为，幸运的是，有一个灵魂从未堕落，始终对上帝怀有崇敬之情，并同逻各斯结合，在童贞玛利亚的腹中化为了肉体，从而成为耶稣。由此可见，耶稣是上帝救赎人类的工具，那些堕落到肉体中的灵魂可在耶稣的启示下经历漫长的攀爬，重新回到上帝的身旁。

奥利金的另一个重要观点是他追随柏拉图的脚步把世人分为了两类：能够抓住善的实在的少数人（柏拉图称这部分人为卫士［Guardians］）和受到感官诱惑的大众，后者缺乏抓住善的实在的责任感，对他们来说，强调信仰的重要性至关重要。奥利金曾写下这样一段深受柏拉图影响的文字："有鉴于信仰的问题被反复提起，我必须做出答复，我们承认信仰对于大众是十分有益的，也承认对于那些不能舍弃一切来追求理性的人，我们必须传授他们无须经过其理性思辨的信仰。"奥利金认为少数精英把信仰强加给多数人是合理的。这开创了一个令人不快的先例。

在奥利金看来，作为圣父的上帝与作为逻各斯的基督存在区别，因而在尼西亚公会议（Council of Nicaea）上受到驳斥，这使他成了众矢之的。奥利金认为上帝的爱能救赎每一个人，甚至包括撒旦，所以便无须地狱来容纳那些不可救药的恶人。到了公元4世纪末，哲罗姆（Jerome）和奥古斯丁等神学家极力鼓吹没有得到上帝救赎的人将在地狱接受永恒的折磨，于是奥利金及其追随者的不那么令人生畏的观点被取代了。公元533年，奥利金被君士坦丁堡公会议定为异端。

基督教神学家接受柏拉图主义具有重要意义。柏拉图始终认为，有少数人可以通过理性领悟永恒的真理，抓住比这个瞬息万变的世界中的任何真理都更"真实"的真理，并将之强加给社会上的其他人。该观念为教会的权威提供了依据：柏拉图所谓的少数人可以等同于教会的领导层或由主教所组成的委员会。此外，柏拉图贬斥那些使灵魂耽于享乐者，这也契合了许多基督徒的苦修主义倾向。柏拉图还认为现世的美丽或庄严乃是天国的投影，此观点后来为教会建造气势恢弘的教堂建筑提供了理论依据。简而言之，没有柏拉图主义作为支柱，基督教神学是不可想象的，虽然柏拉图的原始学说从未得到实践，但最终它们将以其被吸收的形式，通过公元4世纪时由国家建立的制度化教会传承（详见下文第33章）。

虽然过程缓慢且充满挫折，基督教社群间的凝聚力正逐步形成。有意接受洗礼的人都必须接受圣父上帝、圣子耶稣基督、圣灵和耶稣的死而复生。（圣灵指上帝在尘世中的行为，通常是治愈疾病、祛除邪恶或以普通人为媒介传达预言，同时圣灵也是使玛利亚受孕的工具。）教会逐步对各种宗教文献进行编辑和整理，从而形成了由《旧约》和《新约》构成的《圣经》（英语中Bible［圣经］一词源于希腊语单词biblia，意为"诸书"），尽管决定哪些早期基督教文本应当被收录入《圣经》花费了大量的时间。现代人所读的《新约》直到4世纪中叶才定型。未被编入《圣经》的文本逐渐被遗忘，或在某些情况下被宣布为异端邪说。绝大多数此类文本已彻底散佚。

然而此时的教会中仍未出现最高领袖。安条克城、罗马城、亚历山大里亚城的主教在当地都享有某种主宰地位，有权任免较小城市的主教，尽管他们之间仍然极力拒绝向对方屈服。重要城市迦太基（该城于公元前146年被毁后又被罗马人大规模重建）的主教西普里安（Cyprian）提出了一种更理想化的组织模式。此人是新兴主教阶层当中的代表，家世显赫，却毅然决然地舍弃了异教社会将会赋予他的种种荣誉。248/249年，皈依基督教仅3年的他被当地信众推举为主教。在西普里安看来，主教的身份就如同罗马帝国在当地的行省总督，而异端分子则如同叛乱分子。他在著于251年的《论教会的合一》（De Unitate）中认为教会的行动应基于所有主教的共识，任何一名主教都不能凌驾于其他主教之上。在他看来，只有教会拥有传授基督教诲的权威，教会之外再无真基督徒。西普里安写道："不以教会为母的人，必没有上帝为父。"在这种定义中，教会声称对所有基督徒拥有独一无二的权威，这对基督教的未来产生了巨大的影响，当然，它与希腊-罗马世界迄今所知的任何宗教权威观念都是一种根本性的断裂。

然而，无论西普里安如何阐述教会的权威，他都无法确保将之付诸实践。当宗教迫害来临时，西普里安的理念暴露出了许多实际问题。他认为任何脱离教会者所接受的洗礼已作废，只有这些人表现出完全的悔改，才能被重新接纳。西普里安的上述立场似乎赢得了广泛的支持，直到公元253年司提反（Stephen）当选罗马主教。此人是最早宣称罗马主教作为彼得的继承人具有至高无上权威的教宗之一。司提反不仅认为背教者之前的洗礼仍具有效力，他对至高权威的主张也令他与西普里安之间爆发了激烈冲突。罗马主教是否有权强制各个行省的主教接受教义？这个问题在当时并未得到解决，因为司提反于257年去世，而西普里安亦于次年为捍卫信仰而被处决。然而此次论战表明，教会内的终极权威的归属问题仍然悬而未决。

宗教迫害

导致西普里安被处决的宗教迫害发生在罗马皇帝瓦勒良在位期间。这场悲剧也凸显了基督教社群在当时极不安全。早在公元64年，基督教徒就曾被尼禄当作罗马城大火的替罪羊。尼禄充分利用了大众对基督教徒的不信任。这种不信任一方面源于他们的东方人身份，另一方面则由于他们举行宗教仪式的地点总是很隐秘。然而罗马帝国的统治者并没有针对早期基督教徒采取统一行动，更未在全国范围内下达反基督教的敕令。某些被视为麻烦的基督教徒只会被交给行省总督按惯例惩处，以维持当地的社会秩序。但图拉真亦曾向小普林尼建议，总督无须特意搜捕基督教徒，对那些已经背教者更无须多虑。

尽管公元2世纪的罗马皇帝对基督教徒持漠不关心或敌视的态度，但并没有引发宗教迫害。例如哈德良皇帝曾下令，只有当基督教徒被揭露积极策划反对罗马政府时才有必要采取行动，而诬告基督教徒者将会受到起诉。到公元2世纪中叶，罗马城的基督教徒群体基本未受到骚扰。另一方面，马可·奥勒留皇帝则更为公开地表现出对基督教的敌视。卢格杜努姆城的官员于177年向他请示如何处置当地的基督教社群。皇帝的答复是：凡放弃基督教信仰者就地释放；拒不放弃者，若是公民则斩首，若不是公民则投入竞技场。尤西比乌斯在《教会史》中描述了一个由外乡迁来的基督教社群遭到兜捕的悲惨结果。在被处死的48人中，一个名叫白郎弟娜（Blandina）的女奴因其勇气而格外引人注目。据说她的死在其他基督教徒中引发了巨大的殉教热情。在他们看来，与升入天国永享至福的保证相比，痛苦却短促的死亡似乎不值一提。

殉教行为本身明显包含着十分复杂的心理学元素。特别是在北非地区，有迹象表明当地的基督教社群中弥漫着愿意为信仰而死的集体狂热，还有一些人竟在殉教者的感召下皈依了基督教。德尔图良简明扼要地说道："殉教者的血乃是教会的种子。"一名教徒究竟是应该把殉教当作进入天国的通行证，还是应该保持低调以躲避迫害，成为早期基督教社群内的众多分歧之一。实际上，这反映了教会中两类教徒之间更深层次的裂痕：一类人希望向罗马社会妥协并继续生活在这个社会之中，但另一类人则把基督徒视为与众不同的族裔，并认为目前的生活只是过眼云烟。

在与早期基督教有关的令人动容的史料中，有一本女殉教者留下的狱中日记，事实上这也是古代女性所留下的最重要的史料之一。日记的作者名叫佩尔佩图阿。后来她与自己的女仆菲力西提（Felicity）于203年在迦太基的竞技场中殉教。佩尔佩图阿的父亲曾绝望地试图说服她放弃信仰，尤其是她产下的女婴还未断奶。但她在狱中表现得十分坚定，甚至成了其他基督教徒狱友的领袖。相传，佩尔佩图阿在竞技场中亲手把角斗士的利刃抵在自己的喉咙处，庄严地迎接死亡。可以说，殉教这种极为特殊的语境使女性成了领袖，但在教会的日常活动中，女性显然没有机会染指这类角色。

公元3世纪到4世纪初，对基督教徒的迫害达到了极致。但即使如此，迫害活动也不是一直持续的。当罗马帝国在战场上频频失利、人们公认众神正在抛弃罗马时，拒绝向众神献祭的基督教徒必然成为众矢之的。狄西乌斯皇帝曾要求所有罗马公民必须献祭，但并未提及基督教，尽管当时有许多基督教徒因为公开拒绝献祭而被处死。瓦勒良在位时，各地的主教成了宗教迫害的首要目标。但在伽利埃努斯及其后继者的统治下，基督教徒又度过了40多年相对平静的生活。公元3世纪末，越来越多具有较高社会地位者皈依了基督教，甚至传说戴克里先的妻子也对基督教持同情态度。此外，主教们正在变成当地的知名人士，管理着规模庞大、组织良好的社群，并在会众中发放救济品。他们通过这些举措填补了因传统社会组织衰落而留下的空白。

戴克里先及其继位者伽列里乌斯于303年至312年发动了规模最大、手段最残酷的宗教迫害，而基督教在罗马军队中的传播似乎是此次事件的导火索。敕令由皇帝从陪都尼科米底亚发出，并下令拆毁全国的教堂、烧毁所有经书、剥夺高级神职人员的特权。此后，另一份敕令要求逮捕各地教会的领袖。这是罗马帝国对一个不仅正在向军队渗透，也正在向官僚队伍乃至皇室成员渗透的社群的最后一搏。在罗马军团外，是否严厉镇压基督教徒主要取决于各地总督的积极性，因此许多地方的基督教社群完全躲过了迫害。君士坦提乌斯似乎忽视了这些敕令，而伽列里乌斯热情地执行了它们，并在公元305—311年间重新发起迫害。与此同时，还有许多证据表明各地的总督纷纷与基督教徒寻找妥协方案，以避免流血。然而这种随机性质的宗教迫害还是令人感到恐惧，尤其是在官方的纵容下，许多地方出现了暴民用私刑加害基督教徒的现象。尤西比乌斯曾生动地描述了各地基督教社群受到的不同方式的袭击以及各种处决方式。拉克坦提乌斯是同时代的另一位基督教作家，他预言上帝为了报复这些暴行必将降下可怕的惩罚。

然而，迫害适得其反，务实的皇帝们意识到了这一点，甚至伽列里乌斯也在311年收手了。身患癌症的他现在叮嘱基督教徒"为了我们的健康和帝国的安全而向他们的神祈祷"。伽列里乌斯从未补偿他对教会财产所造成的破坏，但他的态度发生了巨大的转变。伽列里乌斯去世后，新任奥古斯都李锡尼乌斯在与基督教和解的道路上又前进了一步，尤其是在向"至高无上的上帝"祈祷后，他于313年战胜了其竞争对手马克西米努斯。313年的《米兰敕令》更把基督教的上帝与军事胜利以一种以前无法想象的方式联系在一起。

后记：普罗提诺

普罗提诺（205—270年）是3世纪最杰出的异教哲学家，把对他的介绍附在讲述基督教的章节后可能显得有些怪异。但前文已经提到过，柏拉图主义认为超越物质的另一个世界远比物质世界更有价值，这就使基督教神学从出现之日起就总是与它有联系。和前文提到的中期柏拉图主义一样，所谓的新柏拉图主义也是19世纪创造的术语，用来描述柏拉图学说的后期发展。普罗提诺是新柏拉图主义最重要的代表人物。他是一个出生在埃及的希腊人，并能轻易接触到柏拉图、毕达哥拉斯、亚里士多德以及斯多噶学派的著作。他甚至计划前往东方研究印度哲学（但未能成行）。他最终作为一名哲学家在罗马城安顿了下来。尽管他的课程面向罗马城的所有居民，但显然更受有教养的精英阶层的青睐。波菲利（Porphyry）是普罗提诺最忠诚的学生，他不但记录了老师的生平，还编辑和整理了其作品（他把普罗提诺的全部作品汇编为《九章集》[Enneads]——全书分为9集，每集均收录6篇文章，共计54篇作品，于公元301年发表）。

柏拉图主义始终认为理念有等级之分，并认为灵魂能够通过理性思维的练习达到更高的认知水平。尽管普罗提诺从未把自己视为一个原创型

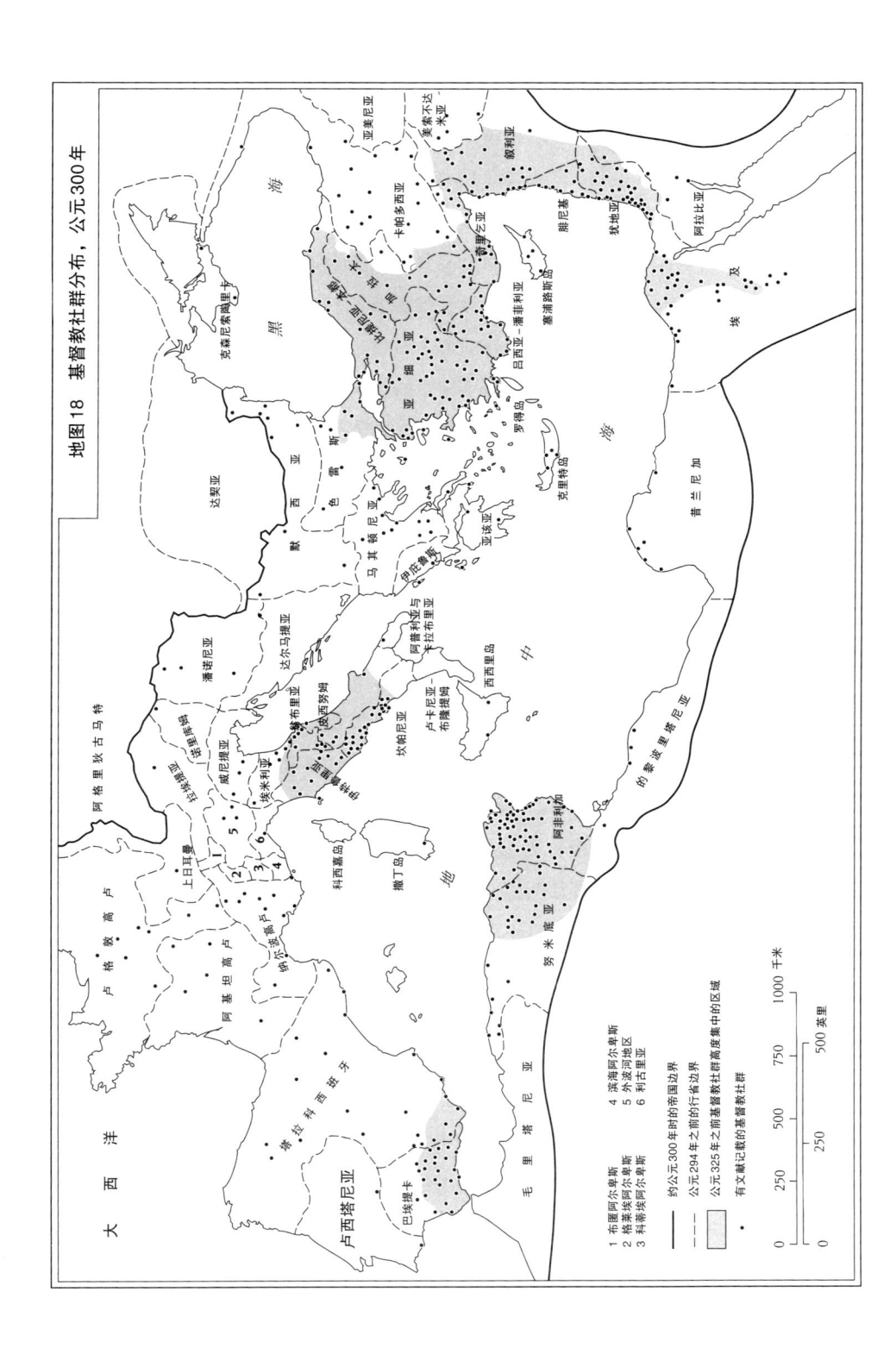

地图18 基督教社群分布，公元300年

思想家，并自视为传统的柏拉图主义者，但他却为这个已有600余年历史的哲学学派注入了新的活力。相较于先前的柏拉图主义者，普罗提诺更清晰地为"太一"(the One)、"心智"(Intellect)与"灵魂"排定了高低顺序。他认为，包括植物在内的所有生物都具有灵魂，天然具有追求更高层次认知的欲望。但存在的最高形态实际上又要求灵魂为了探寻心智而断绝一切世俗的欲望。新柏拉图主义因此既具有很强的禁欲主义色彩，又特别强调内省的必要性。普罗提诺在他所处的那个时代也是个典型的异教徒，他摒弃了通过祭祀之类的传统仪式来追寻神意的做法。

普罗提诺认为，"心智"由柏拉图所谓的全部理型或理念构成，代表着对纷繁复杂的物质世界的简化。因此，达到"心智"阶段就获得了平和和理性，并洞悉世间所有的理型都是彼此联系的一个整体。但人们还能超过这个阶段上升到"太一"的境界。"太一"是第一原则，自有本有，无须任何解释。"太一"位居一切等级秩序的顶点，任何低级阶段所具有的复杂性在"太一"之中都不复存在，但与此同时"太一"又是世界上一切复杂性的终极来源。"太一"流溢出其他低级概念，同时又不使自己受到任何损失，其过程曾被普罗提诺比作太阳不断发出光芒，实际上没有做任何超出其存在本身的事情。把握"太一"的独特性本身就是一种神秘的体验。普罗提诺曾写道："当处于这种状态时，即使拿诸天的王国来换，灵魂也不会舍弃当下的状态；因为再没有比'太一'更美好的存在。"尽管波菲利自称在陪伴普罗提诺时后者曾4次进入这种更高的境界，但普罗提诺本人却认为"太一"终归是不可知的，也许更容易用它不是什么来加以描述。

波菲利后来对基督教发起了非常猛烈的攻击，以至于教会禁绝了其全部著作。那么柏拉图主义与基督教传统的共通之处究竟何在？与之前的柏拉图主义者一样，普罗提诺认为在非物质的终极真理与尘世的求知者之间，无须耶稣基督之类的人物充当媒介。阿里乌派(Arianism)主张圣子耶稣从属于圣父上帝，此观点可能与新柏拉图主义的等级体系相协调。但阿里乌派以及从属论学说在4世纪时受到谴责，所以这条路实际上被堵死了。学术界必须回溯基督教与新柏拉图主义发生接触的那一刻，以寻找其他可能的答案。

4世纪50年代，新柏拉图主义主宰了雅典的哲学学园，一些教父正是在此接触到普罗提诺的著作的。尼撒的贵格利（Gregory of Nyssa）是当时最博学的神学家，已经被一种神秘的方法吸引到了对上帝的体验中，他似乎吸纳了普罗提诺关于"太一"（用基督教的术语来说就是"上帝"）的终极体验的说法。此外，一位被称为伪狄奥尼修斯（pseudo-Dionysius）的神学家发展了普罗提诺有关"太一"不可知的观念，用上帝不是何物来描述上帝，形成了所谓的否定神学（apophatic theology）。

4世纪80年代，普罗提诺的学说传播到了米兰。该城是当时罗马帝国西部最重要的城市。当地一位杰出的修辞术学者马里乌斯·维克托里努斯（Marius Victorinus）首先将其著作翻译成了拉丁语。米兰的主教安波罗修在自己的著述中引用了普罗提诺的著作。神学家奥古斯丁在由柏拉图主义者向基督教徒转变时，进一步阅读了普罗提诺的著作（至于他读了哪些作品还存在争议）。可能正是通过普罗提诺，奥古斯丁领会了永恒的上帝或"太一"的重要意义、向内心寻找上帝的必要，以及万物只有从上帝那里获得它们的存在的情况下才会存在的信念。奥古斯丁与普罗提诺的分歧在于灵魂的本质是否完美。在奥古斯丁看来，灵魂由于背负着原罪已经堕落，只有上帝的恩典以及基督的榜样才能使灵魂重归完整。尽管有这种分歧，但正是通过普罗提诺，奥古斯丁意识到了柏拉图主义的价值。在他看来，柏拉图的思想不仅为人们提供了一条通往基督教的途径，更为许多宗教理念提供了智识层面的论证。柏拉图主义在很大程度上是通过奥古斯丁的权威在西方基督教中保持影响力的。

第32章

君士坦丁及其后继者

君士坦丁与基督教

讲述罗马帝国历史的著作通常会把戴克里先与君士坦丁放入不同的章节中,以彰显后者是罗马帝国第一位信奉基督教的皇帝。无疑,若无罗马帝国的支持,基督教始终只会是一种少数群体所信奉的宗教。因此可以说,君士坦丁对基督教的宽容与积极支持,的确是西方历史的一个重要转折点。然而,这种转折中也有很大的连续性。君士坦丁与李锡尼乌斯仍在因袭戴克里先的政策。正是在这一时期,戴克里先新设立的行省治理系统在文献中首次被记录为有效运作的。作为奥古斯都,君士坦丁与李锡尼乌斯在各自治下的领土上颁布法律,并相互承认对方具有相似的权利。尤其是在公元324—337年君士坦丁成为唯一的皇帝时,他维持并巩固了戴克里先的改革成果。

尤西比乌斯的《君士坦丁传》是研究君士坦丁生平的主要史料,但仅仅依照它把君士坦丁解读为一个皈依的基督徒可能是一种误读。君士坦丁直到临终前不久才接受了洗礼(这在当时其实是普遍现象,许多人都推迟洗礼,希望受到净化的灵魂在死前不会受到罪的污染),而且他的多数谋士并不是基督教徒。君士坦丁有记载的演说、法令以及他对教义的理解都极少提及基督(发表于324年或325年的《对圣徒的演说》[*Oration to the Saints*]的确是一个是例外)。没有迹象表明异教徒对君士坦丁的皈依表示反对，这说明他们并未将此举视为严重的冒犯。

我们由此可以认为君士坦丁对基督教的态度在本质上是实用主义的。他故意利用米尔维安桥大捷作为一个跳板，消除了过往的宗教迫害政策，并将有凝聚力的基督教社群整合起来，为国家服务。君士坦丁的皈依只是个人行为，他本人可能并不想大肆宣扬。他肯定不想随基督教徒一道公开抵制其他异教。任何虔诚的基督教徒都无法容忍《米兰敕令》对于其他宗教的宽容，而君士坦丁也没有放弃传统的宗教崇拜。在统治末期，他下令在弗拉米尼乌斯大道上为其家族修建了一座大神庙，并资助戏剧和角斗表演进行庆祝。最引人注目的是，君士坦丁仍在钱币上将自己描绘为太阳神，君士坦丁堡落成仪式上使用的君士坦丁雕像也是如此。

此外，君士坦丁绝不允许教会干预自己的统治。相传他曾如此警告一群主教："你们只是教会中人的主教，而我可能是由上帝任命的管理教会之外所有人的主教。"君士坦丁的许多法令"是以基督教徒与异教徒都能接受的中立的一神论语调写成的"（J. W. 里波舒伊茨［J. W. Liebeschuetz］语）。（雷蒙德·范·丹近来在其《君士坦丁的罗马革命》①中亦认为，君士坦丁主要是一位罗马皇帝，而不是一个基督徒皇帝。）

无论君士坦丁的动机如何，他对基督教的支持使这个宗教受到了人们的尊重，并获得了继续传播的保障。此时，基督教徒不仅可以自由活动，还进一步得到君士坦丁各方面的有效帮助。教士被免除纳税与担任地方议会成员的义务（当时地方议会成员的工作极为繁重，导致担任神职者激增）。修建教堂能得到政府的资金支持，加之主教可以收到不少捐赠，因而某些教堂会众变得格外富有。在罗马城和巴勒斯坦地区，皇帝及其家人兴建了首批大型基督教建筑。君士坦丁将位于拉特兰（Lateran）的旧宫殿的一部分土地献给了教会，为罗马城建造了一座主教座堂（cathedral），即今天的拉特兰圣若望大殿（St. John Lateran）。他还在梵蒂冈山上据称是使徒彼得安息之地的地方建造了圣彼得大殿（St. Peter's Basilica，basilica 本是一种为罗马公共生活服务的传统多功能大厅，现

---

① Raymond van Dam, *The Roman Revolution of Constantine*, Cambridge, 2007.

在被改建为教众的集会场所）。尽管这两座教堂并没有保存下来，但罗马城内至今仍完整保留着两座建于5世纪的精美的大教堂，即圣母（Santa Maria Maggiore）大殿与圣撒比纳（Santa Sabina）大殿。前者以华丽的马赛克镶嵌画为装饰，后者则以精雕细琢的柏木大门著称。大门嵌板上的内容显示了《旧约》与《新约》之间的联系，而其中一幅表现耶稣受难场景的浮雕是最早表现这一主题的艺术品之一。画面中的基督双臂张开，两侧站着与他被一同处决的犯人，但基督身后没有出现十字架图案。这表明当时的人们对于表现基督受苦的场景仍感到犹豫。

殉教者此时受到了极大的重视，纪念他们的节庆充斥着教会的历书，而纪念他们的场所也成了朝圣的中心。北非城市泰贝萨（Theveste）的主教亚历山大曾欣喜地表示："那些长眠者一度从我们的视线中隐去，如今则矗立在基座上熠熠生辉，他们头顶的桂冠绽放出欢乐的花朵……来自各地的基督教徒，无论老幼，都快乐地跨过神圣的门槛，吟诵着他们的礼赞，张开双臂欢呼基督教的信仰。"与此同时，君士坦丁之母海伦娜（Helena）于326年造访了巴勒斯坦，并分别在橄榄山（Mount of Olives）和伯利恒着手修建纪念耶稣生平的建筑。耶路撒冷城中的圣墓教堂（The Church of Holy Sepulchre）则是君士坦丁本人下令修建的。该教堂据说建造在耶稣的安息之地上。据记载，早在333年，便有朝圣者造访这些圣地（所谓的《波尔多朝圣记》[Bordeaux Pilgrim]是现存最早的文字记录）。出身良好的西班牙修女埃格里娅（Egeria）的日记有片段保存至今，记录了她公元384年的朝圣之旅，并表明，只要有官方的帮助，意志坚定的朝圣者可以到达埃及、犹地亚和加利利那些偏僻的地点。

埃格里娅在日记中曾如此描述圣墓教堂："教堂装饰之瑰丽简直难以用语言形容，目光所及满是黄金、珠宝和丝绸……你无法想象教堂中的蜡烛、香烛、油灯以及其他用品的数量与重量……一切都超出了语言所能描述的范围，而这座雄伟的建筑本身也是如此……"教堂中满是"[君士坦丁的]帝国所能提供的黄金、马赛克镶嵌画和贵重的大理石"。雄伟的建筑、华美的装饰以及围绕着殉教者的圣所的神圣光环，上述元素造就了所谓的"空间的基督教化"（Christianization of space,

由最近去世的罗伯特·马库斯［Robert Markus］提出）。尽管上帝在理论上是无处不在的，但实际上，一旦礼拜者进入教堂，似乎就会格外接近上帝。

直到最近，研究教会建筑的著作才开始注意到，之前曾被描述为"潜伏在角落里躲避日光的一撮人"的基督教徒，为当时教堂中的金质灯具、闪闪发光的马赛克镶嵌画和奢华的穹顶做了最为彻底的辩护。多米尼克·简斯在《古典时代晚期的上帝与黄金》[1]中探讨了这种改变是如何发生的：从《旧约》中找出若干相关的文字，如果需要进一步的神学辩护，教堂可以被视为对天堂应有的样子的苍白模仿。（此处再次表现出了柏拉图主义的强大影响。）多数主教（并非所有人）都默许教堂接受布施，某些主教甚至趁机为自己建起雄伟的教堂，例如米兰的安波罗修。然而，突如其来的财富必然引发严重的问题。崇尚苦修的基督教神学家哲罗姆曾如此抱怨道："人们把羊皮纸染成紫色，把黄金熔铸成文字，把古代手稿当作珠宝精心装饰，而垂死的基督则赤身裸体躺在教堂的门口。"

当然，很少有教堂像帝国首都的大殿那样雄伟壮观。在英国利文斯通（Livingstone）发现的由3间房屋组成的教堂肯定更有代表性。尽管尤西比乌斯曾表示，皇帝的支持"让虚伪之徒潜入教会"，但基督徒此时在帝国各个地区仍是少数群体。此外，各地的教会仍保持着很大程度的独立性，既无统一的教义，也无解决其他各种争端的有效办法。从这个意义上说，在当时的罗马社会中，基督教仍是一股松散的势力。然而随着君士坦丁之后的几位皇帝带头巩固教会，这种情况将会改变。（研究古典时代晚期的伟大学者彼得·布朗警告说，使用"教会"这个词具有误导性，因为它忽视了每个教会彼此之间的独立性，以及即使在罗马陷落的几个世纪后基督教仍具有的多样性。也许只有在中世纪罗马天主教的语境下，才可以使用这个词。）

---

[1] Dominic Janes, *God and Gold in Late Antiquity*, Cambridge, 1998.

阿里乌教派之争

基督教在其传播过程中，根据不同的文化背景采取了不同的形式。由于"基督教的"教士被免除了纳税的义务，并被赋予了一些特权，于是大量的社群纷纷声称自己信仰基督教，向君士坦丁及其后继者申请豁免特权。政府为了保护税基，被迫牵头制定基督教正统教义。早在313年，君士坦丁就不得不在北非两个相互竞争的基督教派别中选择一个给予特权。其中一派因其主教名为多纳图斯（Donatus）而被称作多纳图斯派（Donatists）。该教派自视为"真"教会，因为他们面对历次宗教迫害时都没有屈服。其对手则由那些在宗教迫害中一度放弃信仰但后来要求重新回归教会的基督教社群组成。君士坦丁将争端移交给了一个由主教组成的委员会，并亲自列席会议。多纳图斯派受到了谴责，其抗诉亦被皇帝驳回。君士坦丁从实用主义的角度出发，偏袒那些顺服的、向政府妥协的教派，疏远顽固对抗帝国的多纳图斯派。自此开始，基督教社群的独立性受到了国家的挑战。君士坦丁甚至发动了针对多纳图斯派的迫害，直到321年才有所放松。但多纳图斯派在北非仍然保持着旺盛的生命力，直到5世纪初才被其他基督教派别摧毁。①

尽管多纳图斯派引发的论战尚未触及教义，但在4世纪20年代，帝国东部各教会间爆发了一场关乎教义的大论战。当时君士坦丁开始统治帝国的东部地区，而那里的人口中也拥有更高比例的基督教徒。此次论战的焦点是基督与圣父的关系。其中一方主张基督从最初便是上帝的一部分，而另一方则认为，上帝是在后来的某个时刻用与上帝不同的实体创造了基督。后一种观点被称为圣子从属论（Subordinationism），不但获得了以奥利金、德尔图良为代表的早期基督教传统的支持，而且福音书中也能找到支持从属论的文字（"父是比我大的"，《约翰福音》14: 28）。亚历山大里亚的神父阿里乌（Arius）极力为从属论声辩，所以阿里乌教派以"曾有［一段时间］他［逻各斯］不存在"为口号，认为基督的地位介于造物主与被创造者之

---

① 这次教派分裂与斗争的详细经过，参见：Brent Shaw, *Sacred Violence: African Christians and Sectarian Hatred in the Age of Augustine*, New York and Cambridge, 2011。

间，基督既不完全是神，也不完全是凡人。在此需要强调一点，阿里乌是此理念的代言人而非提出者，而所谓的阿里乌教派常被用来泛指被归入从属论范畴的形形色色的观点，哪怕某些观点从未得到阿里乌本人的支持。（正统基督教徒对阿里乌尤其深恶痛绝。）①

阿里乌受到了其主教亚历山大的挑战，该问题因此浮上了水面，后者认为圣子的存在是永恒的，因而不存在创造圣子的行为（其口号为"永远的上帝，永远的圣子"，与阿里乌针锋相对）。这场争端很复杂，在皇帝于公元380年颁布敕令谴责阿里乌教派后，后来的正统基督徒粗略地夸大了双方的分歧。就神学而言，当时的教会无疑没有为某种能被各方所接受的观点创造出一套神学术语。然而，君士坦丁关心的是，这种分歧会危及他利用教会支持其统治的设想。在未能迫使各方放弃成见后，他主动召集了一个由主教组成的委员会，以调解各方的纷争，最终在尼西亚召开了一次规模空前的宗教大会。之所以选择尼西亚，是因为这里靠近君士坦丁在帝国东部的大本营尼科米底亚（新都君士坦丁堡仍在修建中），这样他就可以出席会议。

召开于公元325年的尼西亚公会议是教会召开的第一次大公会议。出席大会的主教总计达220名，大多来自教义争论最为激烈的帝国东部地区。（罗马城位于主要讲希腊语的基督教世界的边缘地带，其主教未出席此次大会。）大会的具体经过如今已无法考证，但可能正是在君士坦丁的推动下，此次大会宣布了基督"与父一体"的教义，事实上谴责了阿里乌教派的观点。君士坦丁的意图明显是要结束这场纷争，他从未对教义争论的细枝末节表现出任何兴趣，而在短期内，他取得了成功。仅有阿里乌和另外两名主教反对大会这一决议，而他们的抗议招致了更加不幸的结局：君士坦丁动用手中的权力流放了这两名主教。此举第一次表明，拥有全权的罗马皇帝已经承担起了维护基督教教义的责任。事实上，或许由于此次纷争的性质，它不可避免地没有得到解决。"阿里乌教派"，实际上是所有接受从属论的观点，在罗马帝国东部仍保持着强大的影响

---

① 关于阿里乌的详细介绍，参见：Rowan Williams, *Arius, Heresy and Tradition*, revised edition, Grand Rapids, Michigan, 2002。

力，而君士坦丁似乎把维护基督教的统一视为压倒一切的目标，故而没有进一步谴责该教派。君士坦丁本人甚至对阿里乌教派也表现出了一定的同情，事实上，临终前为他主持洗礼的也是一名阿里乌教派的主教。

君士坦丁堡的建立

君士坦丁在取得米尔维安桥大捷后，决定承认李锡尼乌斯为帝国东部的奥古斯都。双方在米兰会面，通过联姻成为盟友，并共同签署了所谓的《宽容敕令》(the Edict of Toleration，即《米兰敕令》)。李锡尼乌斯迎娶了君士坦丁同父异母的妹妹。两位奥古斯都同意立各自的儿子为恺撒。家族世袭又回来了，但君士坦丁野心勃勃，希望他的家族能够胜过对手的家族。于是他不断扩大与李锡尼乌斯的分歧，导致双方很快便兵戎相见。李锡尼乌斯于317年初战败失利。他虽然保住了性命，但治下的领土大幅缩减。他与君士坦丁之间的和平勉强维持到公元324年。李锡尼乌斯在这一年再次战败（并于次年死去），君士坦丁于是成为罗马帝国唯一的皇帝。

表面上，建造新都君士坦丁堡（该城在此后的1000多年中始终是拜占庭帝国的首都）是为了纪念君士坦丁的胜利，但其背后有一个强大的动机，那就是要建立指挥帝国东部防务的大本营。已有数百年历史的古城拜占庭坐落在一个海岬之上，俯瞰博斯普鲁斯海峡，是一个理想的地点。该地距离多瑙河前线与幼发拉底河前线都相对较近，而且与东西方的陆路交通均十分便捷（但通往西方的陆上通道易遭受外来入侵的袭扰）。该城在金角湾（Golden Horn）拥有一座极好的避风港。由于该城一直控制着进出博斯普鲁斯海峡的通道，因而可以得到海路的供应。

君士坦丁堡的规划参考了四帝共治时期各位皇帝的都城及其宫殿以及毗邻宫殿的赛车场（hippodrome）。城中的大批雕塑则掠自希腊世界（一如之前的征服者们为罗马掠夺希腊的雕塑）。君士坦丁还在此设立了罗马帝国的第二座元老院，并向其居民（许多人来自埃及）发放免费口粮。这些举措都表明君士坦丁堡远非一座陪都。君士坦丁堡像罗马城那样，自市中心向西分布着7座"山丘"，而且也像罗马城那样被划分成14个区。城中的赛车场直接参照了罗马的大赛车场，其皇室包厢镶满了宝石。330

年，君士坦丁正是在这个包厢中宣告了新都的落成。然而，该城不仅能使人联想到埃涅阿斯与罗马城的建立，还能使人联想到该城附近的特洛伊——城中最著名的宙克西帕斯浴场（Baths of Zeuxippos，现已消失）便装饰有大量取材于特洛伊传说场景的浮雕。然而，人们难免会有这样的印象，即在建城的诸多动机中，很重要的一个是君士坦丁的自我美化——城市广场中央的立柱上矗立着君士坦丁的巨型雕像，雕像的头部在阳光的照射下熠熠生辉。直到337年去世，君士坦丁在新都君士坦丁堡度过了余生的大部分时光。

有趣的是，在营建君士坦丁堡时，君士坦丁对兴建教堂的工作并不重视。可能他营造新都的动机之一，就是要让这座城市独立于古代基督教的主教辖区。圣使徒教堂（Church of Holy Apostles）是唯一一座在君士坦丁去世前完工的教堂，同时也是他的陵寝。这位皇帝俨然成了"第十三位使徒"。这种颇具挑衅意味的宣示进一步佐证了，作为皇帝的君士坦丁如何决心按照自己的方式解释其所青睐的宗教。君士坦丁直到晚年仍与异教保持着联系。在为悼念君士坦丁而发行的钱币上，这位被迎往天国的皇帝的形象与其信奉异教的前任们并无不同。新都的第一批基督教教堂被献给"智慧"（圣索菲亚大教堂至今仍保持着其6世纪时的样子）与"和平"（Eirene），这类措辞无论基督教徒还是异教徒都能接受。直到5世纪，君士坦丁堡才成为以基督教为主的首都，或某些文献中所谓的"第二耶路撒冷"。

君士坦丁的后继者与帝国的防务

君士坦丁于337年去世后，他的三个儿子分别继承了帝国的一部分。兄弟三人均为基督教徒。君士坦丁二世继承了帝国的西部，君士坦提乌斯继承了东部，阿非利加、伊利里亚和意大利等中部各省则由最年幼的君士坦斯（Constans）统治。三人为了巩固地位剪除了许多近亲，但当君士坦丁二世为了扩大自己的领土而于340年入侵意大利时，他也被杀了。君士坦斯则于350年死于篡位者马格嫩提乌斯（Magnentius）发动的政变。次年，君士坦提乌斯在穆尔萨之战（Battle of Mursa，穆尔萨位于今克罗地亚境内）中击败了马格嫩提乌斯，但双方均损失惨重。历史学家欧特罗庇乌斯（Eutropius）曾如此评价这场战争："原本能够征服任何敌人并保卫帝国安宁的大批部队就此灰飞烟灭了。"在这场战斗之后，原本被君士坦提乌斯征募来助战的阿勒曼尼人开始在高卢为所欲为。

事实是，帝国面临的根本问题——来自北方和东方的外来威胁以及居高位者的频繁更换——仍然存在。君士坦提乌斯作为唯一的皇帝实行统治，直到361年才去世。他虽然证明了自己是一位恪尽职守的统治者与指挥官，但缺乏保卫帝国所需的才干与魅力。他把绝大多数时间都花在了帝国的东部地区，因为萨珊波斯的国王沙普尔二世（Shapur Ⅱ）正在大力向美索不达米亚发动袭击。这意味着罗马帝国北部的防务受到了忽视，尤其是高卢，频频遭到洗劫。日耳曼人此时首次能够攻占城市。君士坦提乌斯于355年任命其年轻的堂弟尤利安（Julian）为帝国的恺撒，负责高卢的防务。尤利安出人意料地证明了自己的军事天赋，指挥军队大胜法兰克人和阿勒曼尼人。高卢这才得到了喘息之机。360年，大批罗马军队沿着高卢的边境驻扎下来，使高卢边境恢复了往日的和平。

与此同时，君士坦提乌斯仍在东部苦战，并试图把尤利安的一部分军队调往东部。结果这些部队于360年起事，拥立尤利安为皇帝。尤利安此前半心半意地发誓效忠于君士坦提乌斯，但他实际上野心勃勃，因此乘机向东进军。君士坦提乌斯恰好在两军交战之前去世，尤利安自动成为罗马帝国唯一的皇帝。尤利安是罗马帝国最后一位异教徒皇帝，甚至曾试图恢复帝国的传统宗教。然而他的统治仅维持了18个月。363年，他鲁莽地率军攻入波斯帝国，但随即受挫，并在撤退途中被一伙身份不明的袭击者（很可能是波斯人）杀死。

尤利安的继任者是一位信奉基督教的军官。此人名叫约维安（Jovian），在敌国的领土上被部下仓促拥立为皇帝。急于求和的他被迫接受了屈辱的条款，把罗马帝国东部边境的大片领土割让给萨珊波斯。罗马帝国长久以来在东部的优势化为乌有，而这也标志着罗马帝国由盛转衰。约维安在率军返回君士坦丁堡的途中病逝。出生于潘诺尼亚行省的瓦伦提尼安（Valentinian）又被拥立为皇帝。瓦伦提尼安（364—375年在位）可能是最后一位担得起"大帝"称号的罗马皇帝。此人虽然态度粗暴甚至蛮不讲理,而且完全不能容忍其权威受到任何挑战,但他是一名出色的战士——他在帝国北部边境接连取胜,并且平息了不列颠和北非等地的反叛。考古证据表明,他沿着莱茵河、多瑙河以及由边境通往内陆的交通要道修建了要塞防御系统。这可能是罗马帝国的边界最后一次受到有效的保卫。瓦伦提尼安任命其弟瓦伦斯(Valens)为帝国东部的皇帝,但此人缺乏足够的能力与经验。

评估罗马军队在4世纪时的规模与战斗力是一项浩繁的工作。尽管罗马帝国边境可能比以往更加依赖骑兵和更坚固的防御工事,但其总兵力可能并不比百余年前的塞普蒂米乌斯·塞维鲁时期大很多。倘若频繁颁布的兵役法令可作为参考依据,那么此时罗马军队似乎在募兵方面遭遇了巨大的困难,成年男子不再愿意把一生的大半时光花在远离家乡的地方。应对方法之一是从边界另一侧的蛮族那里招募士兵。罗马军队中具有日耳曼名字的军官日渐增多可以佐证这一点。这样一支罗马军队究竟具有多大的保卫帝国的热忱如今已不可知,但此举的弊端开始清楚地显现出来。瓦伦斯于378年惨败于哥特人之手。这场失利虽然对罗马帝国而言可能并不致命,却是帝国失去凝聚力的征兆。①

阿米阿努斯·马尔切利努斯

阿米阿努斯·马尔切利努斯(公元330—约395年)是罗马帝国最优秀的史家之一。正是由于他,我们才能对公元354—378年的历史了解得如此详细。马尔切利努斯虽然是出生于安条克城的希腊人后裔,但他为我们提供了一个很好的例子,说明了罗马帝国如何向希腊人灌输了对罗马理念的忠诚。他退伍后在罗马城度过了余生,并用拉丁语写作。他对罗马的过去心向往之,常拿共和时代的节俭习气与他在城中观察到的显贵的腐化堕落做对比。他生动地描绘了这些人的财富和腐败,尤其对他们在大群奴隶的簇拥下招摇过市的丑态刻画得入木三分。

阿米阿努斯的记载始于公元96年,承接塔西佗的《历史》结束的时

---

① 对公元4世纪罗马军事力量的讨论,参见:Simon James, *Rome and the Sword*, London, 2011; David Potter, *The Roman Empire at Bay, AD 180–395*, Oxford and New York, 2004。

间。然而，该书的前几卷已彻底散佚。留存至今的部分则从公元354年开始叙述。这部作品以作者的亲身经历以及当时的其他文献为基础，以非基督教的视角，为我们提供了对这个以政治存续为首要目标的帝国到目前为止最好的观察。除了提供丰富的细节，该作品在许多方面堪称一部杰作。阿米阿努斯像塔西佗那样，生动再现了一种从一个拥有绝对权力的人身上散发出来的恐怖气氛，而且在全书的结尾部分为我们描绘了罗马社会面对蜂拥而至的"蛮族"部落时的绝望心态。这种情绪早在罗马帝国于378年在阿德里安堡（Adrianople）之役中惨败前就已经蔓延开来。

因此，在阿米阿努斯生活的那个世界里，当权者承受着巨大的压力，他们的反应往往是恶毒的。阿米阿努斯尤其厌恶君士坦提乌斯。他注意到，正是此人在位时，腐败自上到下到处蔓延。例如在潘诺尼亚行省，一个名叫普罗布斯的官员为了讨好皇帝而在辖区内强行征税，以致穷人有时会沦落到自杀的地步，而富人们也被迫搬家以躲避他的压榨。这番景象是4世纪的罗马帝国给今人留下的普遍印象，当时的罗马统治者变得愈发独断专行，但很难说阿米阿努斯的叙述完全真实。前文提到过，罗马帝国的统治自古以来就偏袒精英阶层而忽视平民，并对胆敢冒犯政府权威者严惩不贷，但阿米阿努斯记载的上级欺凌下属的现象肯定是新出现的。

帝国的行政治理

2世纪时，罗马帝国的治理主要由行省总督及其幕僚负责。这些官员总数不过几百人。然而到4世纪时，帝国的政府组织已发生极大变化，担任各色职务的大批官员聚拢在皇帝身旁，而他现在很享受成为宫廷中心的感觉。官僚集团的膨胀始于君士坦丁时期，他似乎急于用按等级划分的职位和头衔来奖励潜在的对手。此后政府的规模继续膨胀。有人估计，到4世纪晚期，各级官吏已达3万至3.5万人。城市生活此时日趋衰败，市政议员也逐渐丧失了为城镇服务的意愿，在政府任职成了最确定的获得地位的方式。对这些职位的竞争鼓励了买卖职位的行为，新的庇护模式也随着有权有势者帮助门客获取官职而出现。随着政府的组织架构变得越发复杂、许多官员逐渐远离皇帝的视线，腐败似乎也蔓延开来。李锡尼乌斯曾于317年向某个行省的公民大会下达如此命令：凡是通过"被收买的选票"获得官职以逃避为城市服务的职责的市政议员将被解职。

行政中枢的官吏数量激增使皇帝的重要性更加突出。有趣的是，一方面，罗马皇帝在理论上成了半神，几乎享有绝对权力；但另一方面，皇位又越来越成为罗马士兵的玩物，例如尤利安、约维安、瓦伦提尼安等皇帝均由军队拥立。尽管皇帝们纷纷把尚且年幼的皇子早早任命为帝国的恺撒乃至奥古斯都，期待他们有朝一日能继承帝位，但仍难以遏制觊觎皇位者或权臣的影响。帝国的存续取决于拥有一个能干且精力充沛的皇帝，从而能够调动资源和人力保卫帝国，但这在很大程度上取决于运气。

尽管上述弊端传统上被视为罗马帝国在下个世纪衰亡的原因之一，但很难说罗马帝国的政府在4世纪时缺少活力。许多当时的法律条文得以留存至今。大量法规订立的目的就是为了维持帝国的税源，把帝国的臣民禁锢在其所从事的职业上。而享有免税权利的职业，如教士、城市议员，乃至军人，均具有严格的限制条件。许多行业的从业者则被要求子承父业，并不得自由迁徙。隶农（colonus）日益被紧紧束缚在其所租种的土地上，倘若他们迁徙到其他庄园，则该庄园的主人就要承担他们的人头税。在极端情况下，隶农的处境与当时仍大量存在的奴隶相差无几。尽管此时的政府可能依然保持着活力，但许多文献表明行政系统正在被内耗所摧毁。尤其是，君士坦提乌斯为了维持自己的地位，甚至会鼓励这些明争暗斗。

如果说罗马帝国失去了对哪个领域的控制，那就是传统的精英阶层。这些城市精英本来就承受着压力，这种压力又因为作为人才聚集地的宫廷的扩大而加剧了。国家拼命想让他们留在原地。此外，随着帝国逐渐基督教化，尤其是随着主教们开始得到各种特权，仍信奉异教的城市无疑感到沮丧。例如某个著名异教徒哀叹道："这座城市所有的神庙都将倒塌，这座城市的宗教也将终止，我们的敌人将起来攻击我们，我们的城市必将消失，而你们现在看到的一切荣耀都将成为过去。"另一股强大的反抗势力是大地主。4世纪时，他们的势力在帝国西部变得越发强大。由于帝国西部的皇帝往往驻跸于米兰，自古以来聚居于罗马城周边地区的元老阶层现在特别有势力。元老们保持着传统的生活方式，通过礼物与其他礼节来维持彼此之间的关系，并维持着传统的异教崇拜。许多证据表明，自4世纪中叶开始，他们开始逃避纳税义务，事实上剥夺了罗马帝国急需的资源。这也是导致罗马帝国在接下来的一个世纪中越来越依赖蛮族部队的原因之一。（见下文第33章）

证明帝国全面繁荣的证据是不明确的。帝国西部的教会和许多大地主显然比以往更富有（教会得益于豁免赋税与某些崇尚苦修的贵族所捐赠的财产）。北非的城市欣欣向荣，不列颠岛上的庄园也迎来了最富裕的时期（英国现存的罗马时代马赛克镶嵌画大多出自这个世纪）。然而，也有许多史料表明当时人们抱怨赋税过于沉重，且传统上当时整个帝国被描述为在税吏与兵士的索求无度下苦不堪言的景象。但这可能就是以前没有发现的史料最终为我们描述的景象。

边境压力

事实上，问题可能不在于政府愿意坐以待毙，而在于入侵者不断施加压力。与萨珊波斯的战争一直在持续，但处于可控范围之内，因为萨珊波斯是一个中央集权的帝国，可以与之谈判，尽管仍有包括双方君主的野心在内的其他因素阻碍了和平的实现。然而，罗马帝国对北部边境的控制则困难重重。尽管瓦伦提尼安设法稳定了帝国的边防线，但375年他本人却在与强硬的日耳曼人谈判时死于中风。瓦伦提尼安之子格拉提安（Gratian）继承了帝位。此人8岁时便被父亲立为奥古斯都，即位时也只有16岁。（与此同时，瓦伦提尼安另一个年仅4岁的儿子也被军队拥立为奥古斯都，即后来的瓦伦提尼安二世。帝国对强有力的统治者的实际需求与皇帝维持王朝延续的决心已经不是第一次发生冲突了。）

格拉提安与其叔父瓦伦斯共同执政。他们此时正面临哥特人的大举入侵。而一个一直不为人知的民族匈人（Huns）在东方出现。匈人是一支游牧民族，可能因为中亚草原的经济剧变而被迫向西迁徙。阿米阿努斯描述匈人是"四处自由流动的蛮族，被野蛮的激情吞噬，掠夺他人的财产"，这是最淋漓尽致的写照。哥特人被匈人无助地赶向罗马帝国边境，很快一大群难民挣扎着渡过了多瑙河。

瓦伦斯把哥特人的到来视为为兵力紧张的罗马军队招募士兵的良机。但当地士兵非但没有有序地组织征兵,反而非常鄙视新来的人。根据某些文献的记载,有些罗马军官用狗作为食物与哥特人的部落首领交换青壮年充当奴隶。愤怒的哥特人脱离了罗马人的控制,并在色雷斯四处劫掠。瓦伦斯只得由君士坦丁堡出发,率军前去镇压。但在公元378年8月9日的阿德里安堡之战中,罗马军队被数量占压倒性优势的哥特人重重包围,根本无法发挥其所擅长的机动战术。结果近万名精兵战死,占参战部队的2/3。瓦伦斯本人亦死于阵中。

此次惨败常被视为罗马帝国历史的转折点,因为自此开始罗马人丧失了抵御入侵的主动权。这种说法可能是夸张的。罗马军队在此前的几十年里已经在蛮族入侵的压力下疲于奔命,这次惨败不过是让不断衰落的罗马帝国进入新的阶段。然而,罗马人与蛮族的关系却发生了显著的改变。382年,格拉提安任命精明强干的西班牙将领狄奥多西(Theodosius)接替瓦伦斯,二人开始共治罗马帝国。狄奥多西与哥特人缔结合约,允许哥特人在罗马帝国治下的色雷斯地区定居,而作为回报他们要向罗马帝国提供部队。哥特人在罗马帝国享有特权地位。他们不仅被免除纳税的义务,哥特士兵能够在自己的首领手下服役。尽管此前也存在类似的妥协,但这是罗马帝国第一次丧失对境内某块领土的有效控制。短短几年之后,哥特人再度开始迁徙,并在寻找新家园的过程中造成了极大的破坏。

383年,篡位者马克西穆斯(Maximus)在帝国西部起兵谋反。格拉提安在平叛时被杀。其弟瓦伦提尼安二世继承了帝位。由于狄奥多西的姑息,马克西穆斯后来又攻入了意大利,迫使瓦伦提尼安二世出逃。狄奥多西趁机率军扑向西方,并于388年在阿奎莱亚击败并杀死了马克西穆斯。瓦伦提尼安二世被狄奥多西架空,后者实际上成了帝国唯一的皇帝,直到395年去世。此后,帝国被狄奥多西的两个儿子瓜分——阿卡狄乌斯(Arcadius)统治东部,霍诺留(Honorius)统治西部。罗马帝国此后便再也未能恢复统一。

第33章

基督徒皇帝

寻求神学共识

教会此时虽然得到了君士坦丁的支持，但仍比较弱小。君士坦丁的儿子们身为基督教徒，但仍对异教持宽容态度。(历史学家们依然使用"异教"［paganism］这一术语指代一切非基督教信仰，但这个术语的隐含意义不公平地贬低了广泛的信仰，其中许多是高度复杂的。)而且罗马皇帝仍保留着大祭司长的传统头衔，并继续为神庙提供资金。颁布于342年的一项法令禁止破坏神庙，以保护传统的娱乐以及与神庙有关的"古代享乐的庆典"。基督徒君士坦提乌斯政府中的异教徒官员人数与20年后异教徒皇帝尤利安政府中的人数一样多。

只有到了4世纪50年代，君士坦提乌斯才开始坚决打击"向神献祭或膜拜［异教］诸神形象"者，随后又颁布法令取缔占卜活动——皇帝们总是对那些准备预测皇位继承人的人抱有戒心。然而，即使是这场运动也有其局限性。357年，君士坦提乌斯巡视罗马城时意识到异教崇拜在当地仍具有顽强的生命力（阿米阿努斯在其最著名的段落中对此有所记述，提到这位皇帝在第一次看到气势恢弘的罗马城时几乎难以自持），因此没有去触犯元老们的特权，也没有去干扰神庙的收入。尽管罗马城的异教崇拜活动在4世纪末时并不像人们过去认为的那么活跃，但考古证据表明当地的神庙直到4世纪80年代还得到了修缮。

教会自身也处于混乱之中。尼西亚公会议虽然在幕后操纵下有了一定的结果，但越来越多的人认识到，尼西亚信经关于本体同一（homoousios）的说法不仅在圣经中无据可循，还与早期教父的论述相违背。君士坦提乌斯决心效仿其父，敦促教会在教义方面达成一致，以团结各个基督教社群。他于359年召集帝国东部与西部的主教分别举行了一次会议。这两次会议的与会者又于次年在君士坦丁堡举行了一次宗教大会。尽管这场已持续两年的神学论战异常激烈，但君士坦提乌斯却未采取任何行动以平息争论。阿米阿努斯说得很好，他认为君士坦提乌斯"用荒唐的迷信搅乱了简单直白的教义，只制造了争吵而非共识，甚至是更多的争端"。最终，君士坦提乌斯使论战双方暂时达成了妥协——双方共同宣布耶稣与天父本体相类（homoios），并一致谴责尼西亚信经中的本体同一之说，批判此说"不为大众所熟悉，从而引发了不安，而且圣经中并不包含该信条"。这无疑反映了尼西亚信经乃是君士坦丁在325年强加给教会的人为本质，但本体相类说不是一个可以得到持久支持的选择，尤其是因为君士坦提乌斯在基督徒中的威望远逊于其父。①

君士坦提乌斯的继任者尤利安也使公元360年的决议受到威胁。尤利安虽由基督教徒抚养长大，但其直系亲属大多死于基督徒皇帝之手，这对他造成了极大的冲击。基督教的教义之争使他进一步放弃了对这个宗教仅存的幻想。阿米阿努斯写道："昔日的经历使他相信，对人类来说，没有任何野兽像基督徒对待彼此那样危险。"尤利安因而又"皈依"了异教。一位名叫利巴尼乌斯的演说家曾如此歌颂这位皇帝："您迅速抛弃了自己的错误［基督教］，从黑暗之中脱身而出，用真理取代了无知，用真实代替了虚假，用我们古老的众神取代了那个邪恶的神祇以及那些崇拜他的仪式。"尤利安宣布，基督教徒从即刻起只能在教堂中传播教义。

尤利安还是一名知识分子和哲学家。他之所以反对基督教，既基于对基督教教义的拒绝，也基于他个人对基督教作为一种被争执撕裂的信仰的经验。尤利安于公元362—363年撰写了一篇《反加利利人》（Contra

---

① 近年来对这场神学论战最优秀的论述，参见：R. P. C. Hanson, *The Search for the Christian Doctrine of God: The Arian Controversy 318 – 381 AD*, Edinburgh, 1988。

Galilaeos），分析了《圣经》当中的自相矛盾之处，对基督教展开了猛烈的批判。他认为一个多元化的帝国需要用不同的神代表它众多不同的文化和传统。（他坚持这项政策，鼓励犹太人在耶路撒冷重建圣殿，但这种支持因一场大火而化为泡影，令基督徒大为快慰。）然而，对尤利安而言，剖析经文是一回事，寻找某种基督教的替代物令帝国围绕它重新团结在一起则是另一回事。更何况尤利安本人未能表现出皇帝应有的威严。他在公开场合总表现得冷漠而固执己见。他的宗教观念庞杂且不自洽，是高深的哲学思想与对异教献祭活动的个人狂热的大杂烩，而当时许多异教徒都拒绝了这样的献祭。尤利安虽然仍然很有魅力，但他无法扭转基督教的发展。

约维安上台后，基督教徒的特权得到恢复。罗马帝国此后也再未出现过异教徒皇帝。教会的发展重新回到正轨。它的影响力越来越多地建立在有个性、有权势的人领导的强大的主教辖区的出现上。此外，教会还获得了巨额的财富，其中大部分是虔诚的教徒捐赠的地产。与此同时，主教被赋予了司法权（例如他们能下令解放奴隶），而且在发放救济品的工作中常常扮演重要的角色。行政管理才干是至关重要的，因此主教常常在传统的统治阶级中选拔。在某些情况下，接受任命的主教甚至尚未受洗入教。①

374年至397年担任米兰主教的安波罗修是这类主教的典型，而且可能是当时最有影响力的主教和布道者。安波罗修原本是意大利北部地区的一名能干的总督。米兰的教会因主教的继任人选争执不下，遂决定邀请他出任主教之职。安波罗修接受了洗礼，并很快适应了这一新角色。他接受了尼西亚信经，无视360年所确立的本体相类决议，并表明他不仅仅是一名合格的管理者。在24年的任期里，他针对异教、异端（尤其是阿里乌教派）以及道德败坏的行为发起了一场又一场论战。381年，安波罗修在阿奎莱亚的大教堂里主持了一次重要的宗教会议。此次会议看似要与参会

---

① 关于这个时代的主教的研究，参见：Claudia Rapp, *Holy Bishops in Late Antiquity: The Nature of Christian Leadership in an Age of Transition*, Berkeley and London, 2005; Peter Brown, *Power and Persuasion in Late Antiquity: Towards a Christian Empire*, Madison, 1992。

的阿里乌教派的主教展开平等对话，但在安波罗修精心安排的谴责下，阿里乌教派的主教被吓得屈服。（这几十年中的论战常被认为是围绕着阿里乌教派展开的，这里也遵循这一惯例，但许多与尼西亚信经相抵触的宗教观念与阿里乌并无关联。阿里乌始终只是一名圣子从属论的代言人，而这一学说在当时流传颇广。）

安波罗修坚持认为，确立正统教义、树立道德标准是教会的责任，而政府则有为教会提供支持的义务。安波罗修首先从年轻的皇帝格拉提安入手，成功说服对方放弃了大祭司长的头衔。罗马元老院里此时仍矗立着胜利女神的雕像。安波罗修围绕着神像的存废问题与元老们展开了激烈论战，并最终说服格拉提安，使之不顾异教徒元老的反对下令将神像移除。此事轰动一时。此外，安波罗修对于推动圣髑崇拜亦发挥了巨大的作用。386年，在发现了所谓的普罗塔修斯（Protasius）与杰瓦修斯（Gervasius）二位殉道者的遗骨后，安波罗修不仅把二人的遗骨陈列在了自己的主教座堂，还把遗骨的一部分分发给了其他他希望留下深刻印象的人。例如二人的"血和泥土"被作为礼物赠给了鲁昂主教维克特里修斯（Victricius），浸有殉教者鲜血的"尘土"被赠给了附近布雷西亚的主教高登提乌斯（Gaudentius）。安波罗修通过此举把过去互赠礼物的古老传统带入基督教世界中，这有助于让教徒们认为殉教者的一小块遗骨即蕴含着殉教者的全部灵性力量。很快，各地的教会纷纷开始收集令人印象深刻的尘土和骨头碎片。①

尤利安去世后，君士坦提乌斯未能解决的关于圣父与圣子的关系的争论又重新出现了。由于论战各方都缺乏切实可靠的依据，所以无法说服任何人。而经文、传统、各种神学流派的教义与希腊哲学也无法让各方达成任何共识。在帝国西部地区，教徒们普遍接受尼西亚信经，认为圣父圣子具有统一的神性。但在帝国东部地区，辩论更加激烈和多样。所以，在这个神学辩论仍然自由繁荣的时代，各种"阿里乌教派"观点可分为3类：第一类教徒追随激进的神学家优诺米（Eunomius），强调圣

---

① 对安波罗修的动机的讨论，参见：Neil McLynn, *Ambrose of Milan: Church and Court in a Christian Capital*, Berkeley and London, 1994.

父与圣子互不相同;另一类教徒则坚信圣子与圣父"在实体上相似""由相似实体构成";最后一类信奉尼西亚信经,坚信圣子与圣父"同质"。皇帝瓦伦斯(帝国东部的皇帝,公元364—378年在位)对此次论战一直持放任态度,只要论战本身仍处于可控范围之内。然而,尼西亚信经的狂热支持者却为这位皇帝贴上了"阿里乌分子"的标签,并认定瓦伦斯在阿德里安堡兵败身死就是上帝对他姑息异端的惩罚。

在帝国东部,对捍卫尼西亚信经最富热情者当属亚他那修(Athanasius,约公元298—373年)。此人是亚历山大里亚的主教,作风强硬且脾气暴躁,因而他对阿里乌教派的攻击也主要是通过粗野的谩骂而非理性的批驳。真正为尼西亚信经提供智识层面论证的共有三位神学家,他们均出身于小亚细亚的卡帕多西亚地区,被后人合称为尼西亚教父(Nicene Fathers)。此三人分别为凯撒里亚的巴西流(Basil of Caesarea)、拿先素斯的贵格利(Gregory of Nazianzus)和尼撒的贵格利。这三位神学家均精通辩论之道,而且具备深厚的传统哲学功底。凯撒里亚的巴西流就曾提出,在钻研圣经前必须充分掌握哲学知识。由于尼西亚公会议仅提出了一个圣父圣子同质的原则(只是提到了圣灵),所以这三位尼西亚教父将圣灵整合进了三位一体(Trinity),即上帝、耶稣、圣灵具有相同的本质和各自独立的位格。

如果要解决圣父与圣子的关系所引发的不同教派间的论战,没有皇帝的支持是不可能的。正是狄奥多西做出了支持修订过的尼西亚信经的决定。此人的西班牙背景使他早早接受了尼西亚信经的原则,而当他病入膏肓时,也是由一位支持尼西亚信经的主教为其施洗的。380年1月,刚被提升为东部皇帝不久的狄奥多西就颁布了一项法令,命令所有教徒都必须"在奉圣父、圣子与圣灵具有同等的威严、信守神圣的三位一体的前提下,尊圣父、圣子与圣灵是唯一的神",而拒绝承认此原则者都是"痴人和疯子",将"背负异端分子的恶名",并将成为政府的敌人和上帝的报复对象。狄奥多西也像尼西亚教父那样比尼西亚信经走得更远,把圣灵纳入了三位一体的观念,但同时又开创了罗马帝国历史上的另一个先例——第一次强调了某种特定的信仰为非法。

380年11月,狄奥多西在进入君士坦丁堡时为自己举办了一次盛大的入城仪式，之后他召集他所知道的赞同尼西亚信经的主教于次年举行宗教会议。由于当时帝国西部不在狄奥多西的治下，因而到会的150名主教全部来自帝国东部。此次会议上再次爆发了激烈论战（主持会议的君士坦丁堡主教拿先素斯的贵格利被迫辞去了主教之职）。与会者最终接受了狄奥多西提出的原则，而其他形形色色的观点均被禁止，并把"阿里乌教派"的"痴人和疯子"逐出了教会。此次斗争的失败者当中还包括众多的"蛮族"。他们在阿里乌教派居主导地位时皈依了基督教，此时却发现自己被划为了异端。此次会议还宣布君士坦丁堡具有仅次于罗马城的地位，而该城在基督教城市等级秩序中不过是一个新贵，这无疑突显了狄奥多西决议所具有的政治本质。安条克城、亚历山大里亚城等古老的基督教城市则由于该决定遭受了巨大伤害。

狄奥多西支持这一信条的部分动机可能是为了巩固一个信奉"正统"教义的罗马帝国，以反对作为"异端"的"蛮族"。但罗马皇帝们对教义中关于耶稣具有人性一面的强调仍深感不安，毕竟耶稣当初是被一名罗马总督当作"犹太人的王"处死的，因而耶稣成了罗马皇帝的对手。（《使徒行传》17章14节提到聚集在帖撒罗尼迦的群众高呼："这些人都违背恺撒的命令，说另有一个王耶稣。"）然而，若把耶稣的地位提升为神，则有助于避免这个问题。更重要的是，4世纪80年代的谴责异端之举是基督教神学发展史上的一个转折点，"正统"与"非正统"之间的界限从来没有被如此严格地界定过，更何况这种两分法还得到了帝国法律的强化。君士坦丁堡公会议（The Council of Constantinople）的与会者都是承认尼西亚信经的东部省份主教，因而这是一场精心安排的大会，但它后来还是被宣布为大公会议。狄奥多西在推动会议进程中起到的关键作用在基督教会的记载中被抹掉了。①

基督教帝国的巩固

388年，狄奥多西在前往帝国西部讨伐马克西穆斯的途中，于米兰见

---

① 参见：Charles Freeman, *AD 381: Heretics, Pagans and the Christian State*, London, 2008。

到了安波罗修。安波罗修很快就向他展开了攻势。狄奥多西此前曾谴责过卡利尼库姆城（Callinicum）的一个基督教社群，因为这个位于幼发拉底河岸的社群洗劫了当地的一座犹太会堂。狄奥多西下令把会堂恢复原样。但安波罗修坚持认为皇帝不该下令修复一座拒绝承认基督的宗教设施，并迫使皇帝收回了成命。390年，狄奥多西似乎直接下令或默许了对帖撒罗尼迦城中一些叛乱者的屠杀。安波罗修于是威胁要革除皇帝的教籍，并迫使皇帝忏悔。（尽管狄奥多西的退让可能是一种精明的危机公关，但此事却被后世的教宗视为教权高于政权的先例。）

于是，狄奥多西成了安波罗修想要的那种基督教皇帝。正是在狄奥多西在位期间，越来越多的宗教派别被定为异端。这位皇帝还于4世纪90年代初颁布了一系列迫害异教的法律，此举可能受到了担任政务总管（magister officiorum）的狂热基督教徒弗拉维乌斯·鲁菲努斯（Flavius Rufinus）的煽动。也正是在这一时期，已有近1200年历史的奥林匹亚赛会被勒令停办。在埃及，狂热的修士大肆破坏那些古老的神庙。亚历山大里亚附近的塞拉皮斯神庙（Serapeum）是古代世界最雄伟的神庙建筑群之一，391年被摧毁。在北非，狂热的基督徒自发治安员袭击了异教徒的聚居地，肆意嘲讽传统的信仰。卡利尼库姆事件的处理结果仿佛令迫害犹太人的行为得到了官方支持，而"金口"圣若望等基督教布道者则令矛盾进一步激化。犹太人于5世纪初被禁止担任官职。395年，狄奥多西去世。安波罗修在米兰发表了悼念皇帝的精彩演说，向其听众宣称，如此虔诚的基督教徒皇帝无疑将与上帝一同"永享光明与安宁"。

由此，教会与罗马帝国之间正在形成一种新关系。普瓦捷（Poitiers）主教奚拉里（Hilary）是尼西亚信经最坚定的支持者之一。当被问及对各位皇帝的看法时，他曾如此回答道："他［皇帝］不会通过把你们［基督教主教］投入监狱而给你们自由，而是［现在］把你们请入宫殿、礼遇有加，让你们成为他的奴隶。"尽管安波罗修在与狄奥多西的较量中明显占据了上风，但教会此时却变成了政府的奴仆，引发了奚拉里等许多基督徒的公开谴责。政府开始越来越多地使用主教维持秩序，而主教也因为默认这一角色而获得了丰厚的回报。阿米阿努斯·马尔切利努斯曾如此描述罗马街头的主教："兜里揣满了贵妇们赠送的礼物，出入以车代步，身着华服，其筵席之丰盛远胜君王。"正是如此穷奢极欲的生活促使许多主教反其道而行之，通过赞助公共设施（例如凯撒里亚的巴西流曾兴建麻风病人收容所）或力行禁欲主义，以重申其道德权威。彼得·布朗在其《罗马帝国晚期的贫困与领导地位》一书中阐述了主教们如何认识到"穷人"的需求。①

然而，与教堂中那些金灿灿的装饰物与华丽的马赛克镶嵌画相比，分配给穷人的资源简直微不足道。贵族出身的小梅拉尼娅可能放弃了她的财富，但她为了装饰贫困的北非城市塔加斯特（Thagaste）的一座教堂，献出了如此多的"金银财宝和珍贵的丝绸幕布"。周边城市的教堂也因此被迫与之攀比（在更为繁荣的2世纪时，它们也曾和民用建筑展开攀比）。在同时代的罗马城，教宗西斯笃三世（Sixtus Ⅲ，432—440年在任）受到皇帝的支持，于埃斯奎利诺山兴建了壮观的圣母大殿，一举把教宗的影响扩展至贵族势力的大本营。其中一幅精美绝伦的马赛克镶嵌画就表现了教宗所取得的胜利。西斯笃三世还献给这座教堂大批金质餐具，其中一个酒罐重达12磅（约合5.4千克）。（圣母大殿与黄金有不解之缘——16世纪时，该教堂使用来自南美的第一批黄金装饰其天花板。）随着时间的推移，教会收入的分配越发规范，其岁入被平均分为4份，主教本人得1份，其他全体教士得1份，教堂的修缮占用1份，最后1份用于赈济"穷人"，②虽然到底谁是"穷人"并不好说。

在许多情况下，教会对传统价值观和风俗采取支持的态度。君士坦丁的米尔维安桥大捷令上帝能带来军事胜利的说法更具说服力。到了公元4世纪70年代末，安波罗修能够宣称"率领大军走向胜利的，不是鹰徽，不是鸟类的飞行轨迹，而是你的名字，我主耶稣，和阁下"。值得注意的是，拉文纳的总主教小堂（Archbishop's Chapel in Ravenna，建于500年

---

① Peter Brown, *Poverty and Leadership in the Later Roman Empire*, Hanover, 2002. 这一主题在他的另外一部著作中得到了详细得多的讨论：Peter Brown, *Through the Eye of the Needle: Wealth, the Fall of Rome, and the Making of Christianity in the West, 350—550, AD*, Princetion and London, 2012.

② 关于此话题的详尽研究，参见：Peter Brown, *Through the Eye of the Needle*.

前后）里首次出现了耶稣被钉上十字架的壁画场景。建于4世纪末的罗马圣普正珍大殿（Basilica of Santa Pudenziana in Rome）的壁画中首次出现了"庄严基督"这一主题。耶稣在此类壁画中看起来像罗马皇帝，甚至可能是朱庇特。这些举措令基督教传统内形成某种张力：一方受到福音书的启发拒绝一切世俗地位和权力，而另一方则认为基督教本质上是自然保守秩序的一部分。[1]

最后的异教徒？

倘若各位读者能够读一读哲罗姆的书信、"金口"圣若望那辛辣的布道词，或者帝国东部破坏异教神庙的记载，那么大家一定能够感受到教会的咄咄逼人。类似的传统记载中还描写了以罗马城内古老的元老家族为首的异教徒如何向基督教展开反击，而冷河之战（Battle of Frigidus）则被视为异教徒彻底覆灭的决定性时刻。然而，学术界近来对基督教徒与异教徒的关系进行了更加细致的考察，尤其是罗马城内这两大群体的关系。阿弗里尔·卡梅伦在《罗马最后的异教徒》[2]中对上述问题给出了颠覆性的答案。虽然卡梅伦把讨论的范围仅局限于罗马城，但罗马精英阶层的田产和势力遍及帝国各地。卡梅伦指出，罗马城中的异教徒从未形成抵抗基督教的强大党派，而他们在4世纪晚期的"皈依"其实是为了保住自己的地位。卡梅伦写道："民众竞相加入教会，而贵族若想维持其地位，也得加入教会。在那里，他们的财富和人脉将使他们能延续其传统优势……罗马的异教是悄然消失的，而非轰然倒地。"

信奉基督教的民众与信奉异教的民众在当时究竟有何区别？此问题实际上很值得探讨。两者其实具有广泛的共同点。普通的基督教徒当时仍在参加异教的节庆，参与各种竞技，甚至沉溺于传统的迷信活动，从而令主教们备感沮丧（奥古斯丁也在其列）。某些基督教徒因在爱人的墓前以异教的宴饮仪式悼念死者而遭到安波罗修的谴责。5世纪40年代，

---

[1] 参见：Averil Cameron, *Christianity and the Rhetoric of Empire*, Berkeley and London, 1991。该书集中探讨了基督徒如何形成新的介入社会的方式。

[2] Alan Cameron, *The Last Pagans of Rome*, Oxford, 2010.

一批"基督徒"因在圣彼得大教堂的台阶上敬拜太阳而遭到教宗利奥一世（Leo I）的谴责。没有证据显示基督教徒与异教徒的婚俗有什么差别。信奉异教的元老普莱特克斯图斯（Praetextus）墓中的铭文如此描述爱妻保琳娜（Paulina）："心灵的伴侣，谦逊的看护者，贞洁的誓约，天赐的真爱与忠诚……都被这奉献的约定与婚姻的誓言结合在了一起，完美且和谐……"这与基督教徒对幸福婚姻的描述并无不同。

基督教徒家庭与异教徒家庭在蓄奴方面也没有什么差别。上文曾提到过，耶稣和保罗都把奴隶制视作生活的常态，尽管某些劝诫同样受到了斯多噶哲学的影响，承认奴隶与自由人具有相同的人性，据说这一点最终会在来世得到上帝的承认。主教虽有权解放奴隶，但没有证据表明他们比信奉异教的长官释放的奴隶更多。此外，教会法规往往明令禁止授予奴隶圣职。隐修院制度的倡导者约翰·卡西安（John Cassian）也把奴隶制视为天经地义之事。在5世纪20年代编写《要则》（De institutis coenobiorum）时，他曾告诫修士们必须把自己看成"家生的奴隶"，而修士对隐修院院长的顺从应超过奴隶对最严厉的主人的顺从。

不仅如此，"金口"圣若望、奥古斯丁等人的著作均延续了前人的观念（《约翰福音》8：34），主张为奴乃是对罪的惩罚。接受命运安排的奴隶常被用来比喻基督教徒对上帝的虔敬。尽管许多基督教家庭显然把善待奴隶当作一种道德义务，但在尼撒的贵格利（死于395年）之前，没有人抨击奴隶制本身。①

当时的艺术同样展现了基督教徒与异教徒的共同点。大教堂本身就是基督教徒对公共建筑进行的基督教化改造的产物。圆形陵墓则是另一个例子，它传统上用于安葬罗马皇帝。君士坦丁在君士坦丁堡为自己建造了一座圆形陵墓，其母海伦娜、其女君士坦提娜（Constantina）在罗马城的陵寝则留存至今（后者今称圣科斯坦萨教堂［Santa Costanza］）。圣科斯坦萨教堂（354年建成）原有的马赛克镶嵌画并未表现出太多的基督教元素。画面中随处可见丘比特、采摘葡萄的小天使和葡萄叶（表现耶稣向彼

---

① 奴隶制在基督教社会与异教社会的延续，参见：Kyle Harper, *Slavery in the Late Roman World, AD 275–425*, Cambridge, 2011.

得传法［traditio legis］的壁画是后加的）。最初的基督教公共艺术（与那些地下墓穴中的基督教艺术作品有极大区别）在表现基督教题材时充斥着各种异教的象征符号与母题。在罗马城发现的一口制作于4世纪中叶的石棺上，有些浮雕图案取材于耶稣用五鱼二饼喂饱5000信众的圣经故事以及圣彼得的奇遇，但另一些浮雕则表现了罗马神话中不朽的象征与逝者的保护神——卡斯托耳与波鲁克斯（Castor and Pollux）。埃斯奎利诺山宝藏（Esquiline treasure）中有一个精美的银质婚匣（制作于380年前后，现存于大英博物馆）。匣体上的基督教铭文围绕在根植于古典神话的浮雕旁，裸体维纳斯在画面中占据着显眼的位置。其他许多石棺在表现基督时也掺杂了桂冠之类的传统古典元素，或把基督刻画为异教的阿波罗，而圣母怀抱圣子的形象显然脱胎于埃及女神伊西斯与其子荷鲁斯。5世纪时，北非庄园的马赛克镶嵌画仍在堂而皇之地表现古典题材，而君士坦丁堡的查士丁尼宫殿中的壁画上同样见不到基督教的丝毫痕迹。

从这个意义上说，基督教与异教具有共同的文化背景。基督教艺术逐渐发展出自成一体的肖像和仪式体系。倘若读者在游览罗马时，从圣科斯坦萨教堂移步到与之相邻的圣埃格尼斯教堂，便会即刻发现两座教堂马赛克镶嵌画的不同。前者仍在表现田园风情，而创作于7世纪初的后者则更气势磅礴。彼得·布朗曾写道："圣埃格尼斯的形象傲然矗立于深不见底的黄金海洋里，俯瞰着由大理石立柱构成、有如蜂巢般精巧剔透的后殿。"即便异教题材最终被基督教题材所取代，但这一过程也远比传统叙事所描述的更加漫长，因为进入教会的大批基督教徒未曾想过要完全抛弃传统。传统的叙事总是津津乐道于基督教与异教间的文化冲突，以及基督教的最终"胜利"。但这一观点早已遭到摒弃。我们当然可以说异教徒接纳了基督教，然而这一过程也可以被视作基督教徒接纳异教世界的过程。①

禁欲主义的兴起

然而，并非所有基督教徒都能默默接受传统价值观。在许多基督教

---

① 关于这一时代艺术的发展，参见：Jas Elsner, *Imperial Rome and Christian Triumph: The Art of the Roman Empire, 100–450*, New York and Oxford, 1998。

徒享受尘世的生活和权力、出任主教或成为皇帝的顾问的同时，少数教徒把现世视为堕落之地，而教会新聚敛的财富更加深了他们的这一成见。对许多人而言，当时的教会已经背叛了其创立者的教诲。前文已经引用过了哲罗姆对教会腐化的批评，称基督赤身裸体躺在奢华教堂的门外。激烈的教义之争无休无止，许多教徒为此逃离了城市，以追求一种能够独自冥思的生活。

所以当时存在着一股避世的潮流。被称为"修士之父"的埃及人安东尼（Antony）据说享年100岁，并在沙漠里隐居了70年。（一部安东尼的传记被归于亚历山大里亚的主教亚他那修所作。这部传记成为为那些想要遁世的人提供了榜样的圣徒传记的开山之作。）在叙利亚，一些圣人爬上立柱的顶端，然后在成百上千充满好奇或虔诚的看客的注视下，在那里生活数年。不是所有人都能忍受不再与他人直接接触。在埃及，就出现了许多与世无争的社区。数以千计的普通人进入这些社区。他们大多是土生土长的乡民，日常生活只有祈祷和劳作。这些社区便是最早的一批修道院。隐修制度（monasticism）的创始人常被认为是一位名叫帕科缪（Pachomius）的修士。此人是一名退伍士兵，十分重视修士与其他神职人员的区别，并反复强调修道院里的修士应平等相处。在埃及之外的东方，凯撒里亚的巴西流（333—379年）是隐修制度最具影响力的倡导者。他坚信殷勤好客是隐修生活的基本要素。修士的聚落应该安贫乐道，并把所有剩余的产品送给穷人。巴西流在凯撒里亚城外建立了一座修道院。这是一个庞大的建筑群，设有一座医院和一座麻风病人收容所。

修士即使能成功逃避人际交往，终究无法摆脱自己的肉体。古希腊哲学家早就意识到了这一问题，并长期以来坚持认为肉体的欲望会阻碍他们对精神世界的探索。由此可见，禁欲主义并非基督教徒首创，尽管基督教徒比古希腊哲学家更关注性欲的问题。彼得·布朗在其《社会视角下的肉体》[1]一书中把基督教对性欲的关注追溯到了保罗那里，而且库姆兰等地的犹太教团体似乎也实践禁欲主义。到4世纪时，对性欲的关注已

---

[1] Peter Brown, *The Body in Society: Men, Women and Sexual Renunciation in Early Christianity*, 2nd edition, New York, 2008.

走火入魔，成为当时第一批隐士和修士所掀起的更广泛的抛弃肉体欢愉运动的一部分。许多教徒现在对性行为深恶痛绝。诸如埃及人希耶拉卡斯（Hierakas）这样的极端主义者，甚至怀疑天堂是否会接纳行夫妻之事的夫妇。教会则采纳了更加传统的观点——只有夫妻间的性行为是可以被接受的，而且只能为了生育孩子（或者像哲罗姆所指出的，生育更多的能将自己奉献给贞洁的人）。单纯以满足性欲为目的的性行为是不道德的。①

禁欲主义使女性的地位含混不清。一方面，根据夏娃的传统，她们被视为应当摒弃的诱惑。教父们就在其著作中不厌其烦地告诫读者，瞥见女性的肉体是何其危险！但另一方面，发誓守贞的女性可以获得她们那些耽于肉欲的姐妹所无法获得的某种地位。即便是对男女大防格外在意的哲罗姆，也不介意陪伴那些矢志侍奉上帝、潜心修行的贞女。少数女性会抛弃她们的财富，创办医院或修道院。这样的女性大多来自上层社会。上文曾提到过的小梅拉尼娅便是最著名的一例。她与丈夫一道把庞大的田产捐赠给了教会，还在耶路撒冷的橄榄山上建立了一个基督教徒社区。

基督教知识分子："金口"圣若望、哲罗姆与奥古斯丁

4世纪末至5世纪初，教会中涌现出了一批思想巨擘。这些人大多具有相似的人生轨迹——拥有深厚的古典学修养，成年后才皈依基督教，并用其深邃的思想为教会服务。他们中的许多人都把使徒保罗视为心目中的英雄，他在4世纪末重新获得了重要性。君士坦丁时期，人们只是在罗马城外相传为保罗殉道处修建了一座圣所加以纪念。但到4世纪80年代，它被扩建为城外圣保罗大殿（San Paolo fuori le mure）。在当时那个社会秩序与政治秩序正在逐渐瓦解的时代，保罗对权威的强调显得颇具吸引力。而且保罗也成为教会手中的批判武器，用以对付那些直到公元5世纪初仍在罗马保持着强大势力的异教精英分子。此外，对于更青睐禁欲主义的基督教徒而言，保罗对性的厌恶态度也颇有吸引力。保罗对奥古斯丁的影响尤其深远，以至于学者葆拉·弗雷德里克森（Paula

---

① 参见：David Hunter, *Marriage, Celibacy and Heresy in Ancient Christianity*, Oxford, 2006; Peter Brown, *The Body in Society: Men, Women and Sexual Renunciation in Early Christianity*, 2nd edition, New York, 2008。

Fredriksen）如此评论道，"许多西方思想都可被视为对奥古斯丁笔下的保罗所做出的回应"。

"金口"圣若望也是一位狂热推崇保罗的神学家。此人出身于叙利亚安条克城中讲希腊语的精英阶层。若望早年就是一名颇具天分的演说者，许多人都认为他会像其父那样成为一名律师或官吏，但他却在21岁时接受了洗礼，并在安条克城附近的山洞里过起了与世隔绝的生活。当他带着对奢华和自我放纵的厌恶再次出现在世人面前时，其健康已永久受损。任何贪婪与傲慢的迹象都会激起他的怒火。相传他会死死瞪着会众中衣着过于华丽的女士。但每当提及会众中的穷人时，他便一改其严厉的态度。他对富人的指责也颇受贫穷会众的欢迎。若望的布道词极为生动有力："当一个按照上帝的模样被造的人正在严寒中垂死挣扎时，你还会对你的排泄物如此敬重，以至于用银质夜壶来装它们吗？"关于保罗，若望对其听众说道："若我曾被认为是饱学之士，并不是因为我有头脑，而是因为我是如此地热爱保罗，我从未停止阅读保罗的著作。他教了我所有我需要知道的东西。我要让你们听到保罗已传授给你们的教诲。除此之外，你们什么也不需要做。"

尽管若望在50岁之前始终在安条克城任职，但他作为一名杰出的布道者的声望已传遍了整个帝国。然而传播保罗的教诲并不是若望唯一关心的事业。正是在这些年中，若望创作了8篇布道词，警告基督教徒警惕犹太教。创作它们的缘由似乎是犹太教在安条克城一直颇具影响力，而且有不少基督教徒乐于前往犹太会堂。若望对犹太教的谩骂已近于癫狂，这些布道词被翻译成了拉丁语，在帝国西部流传，并对中世纪西欧的反犹热潮起到了推波助澜的作用。

398年，皇室强迫若望接受君士坦丁堡主教之职。但这段经历令他不快。奢华的宫廷生活始终使他很不自在，独自进餐的习惯使他得罪了不少人，而他对神职人员放荡作风的旁敲侧击更为他树敌无数。亚历山大里亚的主教西奥菲勒斯一心要把若望赶下台（此人也对君士坦丁堡教权凌驾于亚历山大里亚城教权之上一直愤愤不平），而若望又由于激烈抨击皇后欧多克西亚（Eudoxia）的庸俗，使自己在宫廷陷入彻底的孤立，令西奥菲勒斯终于如愿。只有穷人依旧拥护若望，但因支持若望而发生的骚乱对于挽留这位主教毫无帮助。最终若望被流放至黑海沿岸的一个偏僻乡村，并于407年在那里去世。[①]

在"金口"圣若望的那个时代，基督教世界正分裂为说希腊语的帝国东部地区与说拉丁语的帝国西部地区。4世纪80年代，罗马城主教达马苏（Damasus）命令帝国西部的教会在仪式中改用拉丁语，因为此时在西部地区已经很少有人懂希腊语了。该事件颇具象征意义。由于希腊语的影响力在帝国西部逐步式微，东部教会教父们的作品从此再未传入罗马。奥古斯丁写给东部某人的一封书信得以留存至今。奥古斯丁由于希腊语水平有限，故而在信中恳请对方多送一些拉丁语译本来。

罗马城与希腊语基督教世界的遥远距离加剧了因语言而引发的隔阂。加之其帝国行政中心的地位被不断削弱，381年召开的君士坦丁堡公会议宣布"君士坦丁堡主教拥有仅次于罗马主教的荣耀，因为君士坦丁堡乃是新罗马"。这令罗马主教大为恼火。395年，罗马帝国在行政上被永久分割为东、西两个部分，这同样对教会的统一制造了巨大障碍。尽管东方与西方此时都还没有准备好承认这一事实，但两个截然不同的教会已经开始形成（当然，直到1054年，罗马天主教会才与东方正教会正式决裂）。

哲罗姆是最后一位对帝国东部与西部都熟悉的基督教思想家。他于347年左右出生在巴尔干半岛的一个基督教徒家庭，但12岁时前往罗马城学习哲学和修辞术。哲罗姆曾热衷于古典著作，但他有一次梦到上帝指责他对西塞罗的爱超过了《圣经》，并为此鞭挞他。此事对他的一生影响极大，令他立志不再阅读异教作家的作品（但他的书信中仍然充斥着各种古典著作中的典故）。

哲罗姆的一生充满了波折与苦难。他不停地四处奔波，过着一种禁欲的生活。彼得·布朗写道："对哲罗姆而言，凡人的躯壳乃是一座黑暗的森林，充满了野兽的咆哮，只有严守饮食的戒律，严格回避性的诱惑，才能制服这具躯壳。"哲罗姆写给论敌的书信极具报复性。他还勤于学习，在母

---

① 参见：J. N. D. Kelly, *Golden Mouth: The Story of John Chrysostom*, Ithaca, Now York, 1998。

语拉丁语之外熟练掌握了希腊语和希伯来语。正是他那广博的学识使他受到罗马主教达马苏的赏识。他先被达马苏聘请为私人秘书（382—384年），而后又受到委托把希腊语和希伯来语的《新约》和《旧约》译成拉丁语。

人们早就渴望能有一部统一而权威的拉丁语版《圣经》，因为当时流传于帝国西部的各种译本译文质量参差不齐。哲罗姆在完成这项任务时需要面对巨大的困难。他那吹毛求疵的性格以及旁人对新译本的怀疑使他在罗马城极为不受欢迎。达马苏一去世，哲罗姆就被赶出了这座城市。他在伯利恒的一座修道院中度过了余生的34年，《圣经》的翻译工作正是在此最终完成。哲罗姆的译本——《拉丁通俗译本》（Vulgate）——最初并未得到认可，但在8世纪时终于被教会认定为原文的权威拉丁文译本。该译本是早期基督教神学最伟大的成就之一，而且在之后数百年里，一直在天主教会中保持着无法撼动的地位。①

前文提到奥古斯丁曾致信友人索要希腊语基督教文献的拉丁文译本，这个友人就是哲罗姆。奥古斯丁于354年出生在今阿尔及利亚境内的塔加斯特。他在家族友人的资助下前往迦太基学习修辞术，最终被推荐为米兰城的代言人（city orator）。尽管奥古斯丁的母亲是一名基督教徒，但他本人却信奉摩尼教（Manichaeism）。摩尼教是一个以波斯智者摩尼（Mani）的教诲为基础的奉行苦修的教派，当时曾风靡整个帝国。然而，奥古斯丁在米兰遇到安波罗修后便找到了新的人生方向。奥古斯丁此前曾认为《圣经》过于肤浅，但同样经历了信仰转变过程的安波罗修设法让奥古斯丁改变了看法。奥古斯丁对普罗提诺的钻研也有助于他完善其神学思想。奥古斯丁的皈依经历了无数内心的诘问。但当他听到一个孩子叫他拿起手边的《新约》时，他打开书便读到了保罗的话："总要披戴主耶稣基督，不要为肉体安排，去放纵私欲。"（《罗马人书》13：14）于是刹那间，他发现自己在教会中找到了真正的归宿。他永远不再追求性欲的满足，并接受了洗

---

① 有关哲罗姆的生平与著作，参见：J. N. D. Kelly, *Jerome: His Life, Writings and Controversies*, London and New York, 1975。

礼（陪伴他多年且为他育有一子的伴侣亦被抛弃）。①

奥古斯丁在皈依和受洗之后返回了北非的故乡，勉为其难地出任了希波城（Hippo）的主教，直至430年去世。奥古斯丁的职务实在谈不上显赫，因为希波只是行省中一座还算繁荣的小镇，而行省内类似希波主教的职位尚有700余个。奥古斯丁随即开始了写作生涯。在其《忏悔录》中，他详细回顾了促使他皈依基督教的经历。这部著作讲述了一颗饱受折磨的心灵是如何寻找到绝对的安宁的，也是西方文学史上的第一部自传。奥古斯丁因循保罗的传统，自视充满罪，并在书中把自己描绘得一无是处。根据他在书中的记述，他一直饱受性欲的折磨，并被上帝隐约可见的力量压倒，尽管他花了一段时间才认识到这一事实：

> 我越出了你的一切法律，但不能逃避你的惩罚，哪一个人能逃过呢？你时时刻刻鉴临着，慈爱而严峻，在我的非法的享乐中，撒下了辛酸的滋味，促使我寻求不带辛酸的快乐。但哪里能找到这样的快乐？除非在你身上，主啊，除非在你身上，"你以痛苦渗入命令之中"，"你的打击是为了治疗"，你杀死我们是为了不使我们离开你而死亡。②

奥古斯丁开始接受这样的观念：罪人只有完全顺服上帝，上帝的爱才会降临。

奥古斯丁虽然更青睐隐修生活，但他同样关注教会里的那些普通会众的需求。与教会的大多数领袖相比，他更能理解普通教徒的世俗欲望。（例如，奥古斯丁承认性是婚姻固有的一部分。）由于他热衷于传播自己的思想（他有数百篇布道词流传至今），他获得了崇高的声誉。在余生中，奥古斯丁以其睿智的头脑思考了当时的一些重要神学命题。其中最著名的，当属自由意志的本质之争。他的论敌是可能生于不列颠的修士伯拉纠

---

① 关于奥古斯丁的生平，参见：Peter Brown, *Augustine of Hippo: A Biography*, Berkeley and London, 2000; Serge Lancel, *St. Augustine*, trans. Antonia Nevill, London 2002. 关于奥古斯丁的神学思想，参见：Carol Harrison, *Augustine: Christian Truth and Fractured Humanity*, Oxford and New York, 2000; John Rist: *Augustine: Ancient Thought Baptised*, Cambridge and New York, 1994.

② [古罗马] 奥古斯丁著，周士良译：《忏悔录》，北京：商务印书馆，1963年，第26页。——译者注

（Pelagius）。①

伯拉纠认为，人人都可以自由选择是否遵从上帝的意志。当然，他或她最好选择以基督为榜样，追求完美的生活。伯拉纠坚定地认为，自由意志对于追求圆满并无妨碍，所以他企盼着虔诚的基督教徒能够自行选择禁欲生活，这样就可以为自己获得救赎。另一方面，奥古斯丁发展了一种在他那个时代之前没有被鲜明地提出来的观点。这种观点认为，由于亚当和夏娃在伊甸园中犯下了罪，上帝已使所有人类负上了"原罪"，而且原罪会代代相传。耶稣从未提过原罪的说法，奥古斯丁的依据仅为保罗的一句话（《罗马人书》5: 12）。然而，罪的后果颇为严重。在奥古斯丁看来，一旦凡人沉溺于俗世的享乐，理性的力量便会被极大地削弱（柏拉图也会同意这一点），而能使凡人摆脱享乐的堕落的只有上帝的恩典。神恩的传递只能凭借洗礼、圣餐礼等圣事。但对凡人而言，无论其品行有多么端正，神恩都不是此人的应得之物，而是上帝对此人的赠礼。伯拉纠认为任何想要得救者都能得救，奥古斯丁向这种乐观的观点发起了直接挑战。

因此，奥古斯丁的上帝只会有选择性地拯救少数人。尽管最早的基督教徒确信他们能在天堂获得救赎，但现在无人能够肯定这一点了。这就产生了若干有待解决的令人不适的问题：行善者是否仍会被剥夺神恩？未得到神恩或从未受洗者将会如何？奥古斯丁的论敌曾质问，尚未受洗便夭折的婴儿会面临何种命运？奥古斯丁只得承认这些婴儿将因为原罪而得不到庇佑，他们永远不能进入天堂。与此同时，奥古斯丁还单独发展出了反对奥利金的观点，后者曾主张永恒的惩罚有悖于上帝的仁慈。奥古斯丁则极力宣扬地狱的存在，并认为地狱中的惩罚是严厉且永恒的，未领受神恩者将在地狱接受无情的惩罚。（奥古斯丁在《上帝之城》的最后几章中毫不留情地写出了他对上述问题的看法。）

5世纪初，只有在北非与奥古斯丁共事的少数其他主教接受他的原罪观。埃克拉农（位于今意大利贝内文托市［Benevento］附近）的尤利安（Julian of Eclanum,）是奥古斯丁的另一个论敌。此人指出，原罪观不可

---

① 此次论战的详情，参见：Peter Brown, *Through the Eye of the Needle: Wealth, the Fall of Rome, and the Making of Christianity in the West, 350–550, AD*, Princetion and London, 2012，chapters 19–22。

能成立，因为根据这种观念，人类的创造者仿佛不是仁慈的上帝而是邪恶的魔鬼。然而，在奥古斯丁的不懈坚持与强有力的学理论证之下（其论敌还指控他以高明的手段贿赂了某些大人物），罗马皇帝霍诺留坚持要求意大利的主教们接受奥古斯丁的观点。帝国西部的教会将之纳入官方教义。伯拉纠受到了谴责，而尤利安虽是当时最具魅力与智慧的主教，亦被剥夺了职务，不得不移居东方。在其他地区，无人支持原罪这个概念。这一概念从未在帝国东部传播（奥古斯丁只用拉丁文写作），也没有被任何其他一神教采纳。

在教会的历史中，伯拉纠论战的结果令人唏嘘。诚然，此人所主张的圆满生活可能超出了绝大多数信徒的能力，但关于自由意志在人类行为中的地位的神学争论是极其重要的，值得公开辩论。在奥古斯丁看来，曾短暂存在于亚当身上的意志自由在很大程度上已经被他的罪消灭了，因此自由意志的存在纯属猜测。神学家们本可以在这两种极端的观点之间找到一种中庸的解决之道，但奥古斯丁的专横及他对论敌的妖魔化使这种可能化为了泡影。实际上，神学论战的活力已被狄奥多西的敕令削弱了很多，而伯拉纠论战的结果对于通过理性辩论推动神学发展的想法变得毫无意义。

奥古斯丁的另一重要贡献是他让普世教会（Church）的概念更加明晰（在奥古斯丁看来，普世教会乃是真正代表全体基督教徒的唯一机构，这一观点被中世纪的天主教教会所采纳）。尽管加入普世教会并参与圣事被认为能够增加领受神恩的几率，但根据奥古斯丁的逻辑，加入教会者并不能保证得救，未加入教会者也不一定被剥夺得救的希望。然而，教会有确保那些希望加入教会并参与圣事者能够如愿以偿的义务。围绕这个问题，奥古斯丁与多纳图斯派（当时在希波城和整个北非地区仍占多数）展开论战。后者坚持认为，国家教会由于重新接纳那些在宗教迫害中放弃信仰者而遭受了致命的污染。多纳图斯派因此认为阻止自己的信徒加入教会是正确的。

为了反驳这一指控，奥古斯丁争辩说，教会的合法性并不取决于其成员的价值。由不称职的神父所施加的洗礼在上帝的眼中依然有效。他继而指责多纳图斯派的不妥协，称他们剥夺了那些可能有资格获得上帝恩典的人通过圣礼接受恩典的机会。奥古斯丁由此得出结论：多纳图斯派应被取缔，以便让其追随者回归普世教会这个真正的家园。他的观点得到了狄奥多西与安波罗修的赞同与支持。此二人均认为，受国家支持的正统基督教会有权处置异端。尽管奥古斯丁曾告诫，处置异端的手段要受到约束，但在中世纪以及欧洲宗教改革时期，他的话被用来当成宗教迫害的依据。[1]

公元410年，西哥特人（Visigoths）洗劫了罗马城。（见第34章）此事促使奥古斯丁创作了一生中最后一部重要著作《上帝之城》(The city of God)。尽管西哥特人对罗马的破坏并不严重（同样信奉基督教的西哥特人没有冒犯当地的教堂），但无疑造成了心理上的冲击，世界末日仿佛就像大家都知道的那样即将到来了。《上帝之城》的大部分篇幅是在指出传统的罗马宗教未能拯救这座城市，或能提供除了对国家的自我美化的任何东西。真正的"城"乃是上帝所爱的信徒的住所，是一个由大地一直延伸至天堂的社区。俗世的城市即使伟大如罗马，也只是上帝之城的苍白映射，所以应引导教徒一心向往上帝之城。就此而言，罗马城的陷落在上帝眼中是无足轻重的小事。奥古斯丁在《上帝之城》中戏剧性地打破了希腊-罗马的城市观念。在希腊-罗马语境下，城市是人类达到最高存在状态的背景环境。但在奥古斯丁眼中，城市不过是人们生活的地方而已，而普世教会可以希望在其中得到宽容。当谈及社会时，奥古斯丁给人的印象是一个保守派，不仅支持传统的社会等级和奴隶制，还对社会进步的可能性报以冷嘲热讽。对于教会与世俗统治者的结盟，奥古斯丁起到的作用可能要远远超过任何一位基督教思想家。正是这种结合导致福音书中那些较为激进的内容被逐渐淡化。

奥古斯丁对基督教神学产生了深远的影响。他的著作与布道词具有他人难以企及的透彻与庄重。他的思想渗透到了基督教思想的每一个角落。他的多数著作至今都能令其读者深受感动，例如《忏悔录》第9卷中记录的奥古斯丁与母亲的最后一次对话。奥古斯丁并非冷血的知识分子，而是一个能敏锐地察觉到自己的情感与感受的人。《忏悔录》记载了他为

---

[1] 参见：Brent Shaw, *Sacred Voilence: African Christians and Sectarian Hatred in the Age of Augustine*, Cambridge, 2011。

寻找上帝而经历的苦痛，每个人在读到这些片段时都很难不对他产生一丝同情。然而，奥古斯丁所传达的信息却又冰冷刺骨，例如神恩之外再无拯救，而且神恩不一定能通过"良好"的生活而获得。奥古斯丁虽在自由意志问题的论争中战胜了伯拉纠，但他只有在激烈的神学反驳之外动用同等强度的政治镇压手段，才能让反对者们噤若寒蝉。他鼓吹教会具有迫害异端的权力，并呼吁政府提供支持。能够坦然自若地阅读奥古斯丁著作的人，恐怕只有那些坚信神恩属于自己，并通过神恩令自己从肉体的欲望中解脱者。奥古斯丁的精神遗产至今仍存在争议，尤其是因为中世纪的教会赋予他极高的地位，这威胁到了福音书作为信仰和神学基础的优先地位。

结论：一个彻底蜕变的社会？

公元394年，罗马皇帝狄奥多西遇到了一位挑战者，即来自高卢的篡位者尤吉尼厄斯（Eugenius）。后者是一名异教徒，故而吸引了罗马城的许多重要元老加入其阵营。双方的军队在阿尔卑斯山脉的冷河遭遇，尤吉尼厄斯被打得落花流水。此战被当时的基督教徒视为其信仰的胜利。而来自阿尔卑斯山的狂风吹散了尤吉尼厄斯的军队，这被解释为上帝对战事的干预。

尽管两股敌对力量之间的战斗被戏剧性地加以呈现，但事实上，教会此时已经在很大程度上融入了罗马社会。君士坦丁及其后继者们已经把基督教与战争的胜利紧密联系在一起，而支持尼西亚信经的主教们成了颇有势力的大人物，并热衷于维护国家的权威。一座座雄伟的教堂拔地而起，与周围日渐破败的公共建筑形成了鲜明的对比。

然而，此时的世界已发生了改变。西马库斯（Symmachus）是一位异教徒元老，他曾请求皇帝格拉提安不要移除元老院里的胜利女神像，并且抗议道："我们在寻求真理时采用什么样的实际方式又有什么关系呢？探寻此等奥秘的途径并不只有一条……"这个问题现在确实事关重大。在狄奥多西于380年颁布的敕令中，国家第一次宣布已担负起定义何为"真理"（正确信仰）的责任。这是西方思想史的一个转折点。尽管希腊人和罗马人此前也会对渎神行为或不适宜的宗教狂热施加惩罚，但这只是一时的反应。人们从来不相信会发起一场有组织、有目的地削弱传统诸神的运动，需要在意的只是个别亵渎神灵者。正统神学思想自此成为更广泛的西方思想史的一部分，尽管这一点并不总是能被认识到。

在这个崭新的世界中，异端被视为上帝的敌人，他们时刻准备寻找正统神学理论的弱点发起进攻（按照奥古斯丁的说法，异端在任何情况下都会倾向于作恶）。教会常把异端比喻为许德拉，这种神话生物每被斩掉一个头便会再长出两个头，喻示着教会与异端的战斗将永无止境。沉湎于异端邪说者将永远在地狱之火中受煎熬，这种凄惨的命运在异教世界中闻所未闻。①

教会执着于消灭异教徒与异端分子，必然导致希腊-罗马世界多姿多彩的精神生活被窒息，任何精神方面的内容只能在基督教的语境下表达。基督教已经既是一种实践也是一种意识形态的表达。犹太人越来越受到孤立。尼古拉斯·德朗热（Nicholas de Lange）指出，对犹太人而言，公元4世纪标志着"一段漫长而悲惨的历史的开端"。

爱德华·吉本在《罗马帝国衰亡史》中将这种精神世界的萎缩归咎于基督教，但无论其文辞多么有魅力，这都是过于简单化的。4世纪的基督教可能与福音书中的基督教相去甚远，它已经转变成了经书的教义中永远不曾有过的东西——一个与帝国政府保持密切合作，并对"真理"做出了严格解释的威权组织。然而，若无此结构，当罗马帝国崩溃后，教会将无力为西部的基督教社群提供必需的秩序与凝聚力。这些不同形式的权威之间的冲突所形成的张力塑造了基督教后来的历史。

---

① 参见：John Casey, *After Lives: A Guide to Heaven, Hell, and Purgatory*, Oxford and New York, 2009。这部优秀的著作的开篇章节覆盖了古代的异教和基督教世界。

第34章

古典时代西方的崩溃

公元395—600年

公元395年,狄奥多西去世。他的两个儿子被宣布为皇帝,而罗马帝国则被划分为两个行政区,分别由这两位皇帝统治。这两位皇帝都很年轻:统治帝国东部的阿卡狄乌斯此时年仅18岁,统治西部的霍诺留更加年轻。在北方,伊利里亚的边界是帝国的分界线。大致从这里往东,希腊语取代拉丁语成为主要的行政语言。这提醒人们,罗马帝国尽管几个世纪以来在表面上是统一的,但仍是由两种截然不同的语言文化构成(当然,还有大量次要的语言文化)。伊利里亚被划归东部,这使君士坦丁堡占据了很大优势,因为该行省一直是帝国的一大兵源。

这种分裂由于其他因素而得到巩固:东部的经济以自耕农为基础,比西部的大地产经济更具活力;东部的防御体系更加完善,而且敌人比较容易对付;东部的日常行政事务仍以文官为主导,西部的政府则由军人主导;甚至或许是因为运气,东部的皇帝比西部的更加长寿,性格也更加坚毅。总而言之,罗马帝国从此再未统一。[1]

---

[1] 有关该时期的优秀介绍,参见:Chris Wickham, *The Inheritance of Rome: A History of Europe from 400 to 1000*, London and New York, 2009; Peter Sarris, *Empires of Faiths: The Fall of Rome to the Rise of Islam, 500–700*, Oxford and New York, 2011; Julia Smith, *Europe After Rome: A New Cultural History, 500–1000*, Oxford and New York, 2005。

西罗马帝国的"灭亡"

公元476年，只有80年历史的西罗马帝国便"灭亡"了。但当"灭亡"到来时，它本身并不是什么重大或意料之外的事件。至5世纪70年代，西罗马皇帝几乎已无力控制意大利以外的领土，而且只能依靠日耳曼将领指挥帝国所剩无几的军队。日耳曼将领奥多亚塞（Odoacer）废黜了还只是个孩子的西罗马皇帝罗慕路斯·奥古斯图卢斯（Romulus Augustulus，奥古斯图卢斯为"小奥古斯都"之意），但随即又与东罗马皇帝芝诺建立联系，并请求后者授予自己国父（patricius）的头衔（实际上是具有执政官身份的高级下属）。芝诺则希望拥立刚刚被逐出意大利的尤里乌斯·尼波斯（Julius Nepos）出任西部帝国的皇帝，故而迟迟没有回复奥多亚塞的请求。但尤里乌斯复辟未成便于480年死去，而奥多亚塞则巩固了他对意大利的统治，事实上控制了这个已经灭亡的帝国的最后一片领土。（据说罗慕路斯性命无虞，被废黜35年之后仍生活在意大利的私人庄园里。）

帝国西部的陷落攫住了后世的想象。爱德华·吉本在巨著《罗马帝国衰亡史》中把西罗马帝国的灭亡描绘为人类历史上的一次空前的浩劫，因此必须要给出某种特殊的解释。至少在英语世界中，吉本要为该事件给人留下此种印象负部分责任。（吉本并非只关注罗马帝国的西部，他的故事一直讲到1453年君士坦丁堡陷落为止。）吉本对基督教大加指责，认为基督教极大地削弱了罗马人的尚武传统，还通过鼓吹禁欲和隐修使罗马人对世俗事务漠不关心。吉本的观点使人不禁联想到公元6世纪时在君士坦丁堡生活的异教历史学家佐西姆斯（Zosimus）。后者认为，西罗马帝国灭亡的原因就是人们抛弃了向朱庇特神庙献祭的传统。然而他们都无法解释，为什么基督教化更彻底的帝国东部却能够幸免。

此外还有不计其数的试图解释西罗马帝国灭亡的理论。比如有一本书曾列出了大约500种相关理论。然而这些理论多数都先入为主地认定罗马帝国拥有某种神秘特质，比如道德上的优越性，所以理应免受历史变革进程的影响。这样的想法并不新鲜。高卢当地的一名权贵曾对狄奥多西说："你我都知道任何革命都无法推翻这个国家，因为罗马帝国注定要留在你和你的后代手中。"可以说，正是由于罗马的贵族与将领们一厢情愿地认定帝国不会灭亡，才未能提出保卫帝国的全新战略。

然而，任何一种解释都必须重视如下事实：帝国西部的边境，即从莱茵河至多瑙河一线，一直面临着压力。自公元2世纪60年代罗马人首次与马科曼尼人交战起，直到395年帝国被分割为东西两个部分，这种边防压力已经持续了200多年。令人惊讶的是，在此期间罗马军队成功地保卫了帝国疆域的完整（只有公元3世纪时曾主动放弃达契亚地区）。从3世纪末至4世纪初，帝国不断调集资源修建要塞并扩充军队。在戴克里先和君士坦丁统治时期，罗马帝国几乎得到了重生。现代学者们现在将这一时期称作古典时代晚期，重新认定这是一个颇具活力、成就斐然的时代。那种认为罗马帝国在戴克里先死后便走向衰亡的传统观点已然过时。

那么，4世纪末究竟发生了什么变化？

西罗马帝国的"哥特人"

公元4世纪70年代，由于匈人的出现，导致罗马史料中所谓的哥特人被迫穿越帝国边界。至382年，某些哥特部落已经获得了一定的独立地位。如前文所述，学者们越来越不愿意将哥特人视为任何种族意义上的一支民族。这个词最准确的用法，也许是指那些效忠于某位"哥特"领袖的众多民族。

公元4世纪80年代，上述哥特领袖中涌现出了一位名叫阿拉里克（Alaric）的杰出统帅，他成功赢得了迁往多瑙河以南的各个民族的支持。他的部众在传统上被称为西哥特人（以区别于当时仍生活在罗马帝国边界以外、多瑙河以北地区的东哥特人 [Ostrogoths]）。然而，他们若想要保持其独特性，就必须设法塑造自己的身份。所以当公元381年尼西亚信经被狄奥多西宣布为基督教的正统教义后，西哥特人仍坚持信奉阿里乌教派，除了通过这种方法来塑造身份，他们还拥有自己的语言（以及由基督教传教士乌尔菲拉 [Ulfilas] 为了翻译圣经而开发的一套哥特字母）。为了进一步保持其独特身份，哥特人还禁止与罗马人通婚。

阿拉里克的目标是通过外交或武力手段，为其追随者在罗马帝国境内取得一片永久定居地。当外交努力失败后，劫掠周边地区便成为他唯一的武器。395年，阿拉里克率领部众经色雷斯和希腊，闯入了巴尔干地区。倒霉的巴尔干诸省也成为阿拉里克向东罗马施压的一种途径。397年，东罗马帝国承认阿拉里克为伊利里亚的军事指挥官。但这一任命并未维持太长时间。402年，阿拉里克再次率部众踏上了迁徙的道路。他们这次的目标是意大利。

阿拉里克在意大利遇到的对手名叫斯提里科（Stilicho），此人在狄奥多西在位时曾做过军务长官。斯提里科虽有一半日耳曼血统，却娶了狄奥多西的侄女，后来又把女儿嫁给了年轻的皇帝霍诺留，这表明罗马人和日耳曼人之间的关系现在已变得多么复杂。他还声称狄奥多西在临终时曾将两个儿子托付给自己，换句话说他就是帝国的摄政。斯提里科企图把自己的影响力扩展至东部，特别是试图把罗马帝国重要的兵源基地——伊利里亚——转移到西部帝国。他的这些图谋不但失败了，还激怒了君士坦丁堡，从而进一步加深了帝国东部与西部之间的分歧。

公元402年，斯提里科在西罗马帝国的权势达到了顶点。当时霍诺留将其宫廷由米兰迁到了沼泽密布、易守难攻的拉文纳城。霍诺留实际上已经完全卸去了皇帝的军事统帅职能。自此之后，西罗马帝国开始由常常是日耳曼出身的军事强人主导，而皇帝则躲在深宫中享受锦衣玉食。难怪当时的士兵据说十分怀念瓦伦提尼安时代，因为这位皇帝一直与士兵们同甘共苦、并肩作战。

斯提里科与阿拉里克狭路相逢，并将之击退。但西哥特人的主力几乎完好无损，并可能在伊利里亚安顿了下来。然而，到了公元405年，斯提里科似乎意识到，他完全可以把西哥特人招至自己的麾下，甚至可以利用他们进入帝国东部。但在双方达成协议前，阿拉里克再次摆出入侵意大利的架势。407年，在斯提里科的游说下，元老院同意付给阿拉里克2000磅黄金（约合1吨），并承认他为罗马的盟军。阿拉里克与斯提里科的联合使东罗马帝国大为震怒。东罗马帝国此时充分认识到了野心勃勃的斯提里科所带来的威胁，又适逢阿卡狄乌斯于408年去世，导致皇位空缺。霍诺留本人并不想与"蛮族"哥特人妥协。在斯提里科的政敌的游说下，这位皇帝于408年派人刺杀了斯提里科，与阿拉里克的盟约自然也一并被撕毁。在这种反蛮族浪潮的鼓动下，当时罗马军队中为数众多的日耳曼官兵也遭到了屠杀。

由于阿拉里克与斯提里科的联盟已化为泡影，他现在只得摊牌。为了维持其威信，他迫切需要一个和解方案。由于霍诺留拒绝讨价还价，阿拉里克只得与留在罗马城中的元老院谈判，希望后者能向皇帝施压。谈判破裂后，阿拉里克于410年率部众攻入罗马并洗劫了这座城市。这是该城800年来第一次遭到洗劫。此事在整个罗马世界造成了破坏性的影响，远远超出破坏行为本身的重要性。其实罗马受到的破坏相对有限。罗马城从此丧失了永恒之城的光环。然而，阿拉里克从洗劫中一无所获。他似乎开始考虑率领部众前往阿非利加。阿拉里克在南下途中去世，其内弟阿陶尔夫（Athaulf）继承了他的位置，决定率领西哥特人北上前往高卢。

四分五裂的帝国

阿拉里克率领的西哥特人已经让西罗马帝国疲于招架，但北部地区爆发了更严重的入侵。406年末，汪达尔人、苏维汇人、阿勒曼尼人纷纷踏过莱茵河结冰的河面，大举入侵高卢北部地区。他们几乎未遇到像样的抵抗（居住在边境地区的法兰克人做了一些抵抗，以兑现他们代罗马人守卫边境的承诺），并迅速南下。罗马人则被迫将其大本营由特里尔转移到了高卢南部的阿尔勒。尽管不列颠也在遭受撒克逊人和其他部落的袭击，但当地的罗马驻军更惊愕于帝国防线的崩溃，因为高卢的沦陷就意味着不列颠已成了不设防的孤岛。这些军团于是决定自行其是，推举他们中的一员为皇帝，即君士坦丁三世。这位皇帝率军渡海前往高卢，发动了反击。在短期内，他取得了惊人的成功。君士坦丁三世在一定程度了取得了对高卢和西班牙的控制，409年，霍诺留暂时接受他为共治皇帝。

然而，君士坦丁三世以阿尔勒为中心的"帝国"未能维持太长时间，他在西班牙的指挥官们又拥立了一位皇帝，而不列颠离阿尔勒太远，难以控制。在不列颠，罗马帝国的行政体系业已瓦解而且再也未能恢复，铸币活动也于430年陷入停顿，城市生活处于一片萧条之中。苏格兰人、撒克逊人、盎格鲁人（Angles）、朱特人（Jutes）等形形色色的入侵者占据了这片土地，以后几百年中一直未能重新建立集中的统治。在高卢，日耳曼人的一支——勃艮第人——此时也闯入罗马帝国，并在特里尔以南的地区站稳了脚跟。君士坦丁三世的势力范围被压缩到了阿尔勒周边区域，最终被霍诺留新任命的军务长官君士坦提乌斯于411年生擒，并遭到处决。

西罗马帝国似乎从此时起便无力发起任何大型军事行动。罗马军队究竟出现了什么问题已难以辨明。编撰于公元395年之后某时的《百官志》（*Notitia Dignitatum*）是一本统计当时罗马帝国各类军事组织与政府机构的手册，帝国西部的一份抄本得以保存至今。按照《百官志》中所列出的西罗马帝国军事单位进行推算，纸面上的兵力尚有25万人，但实际兵力可能仅有6.5万人左右，可能在高卢和意大利各部署着3万人。这些军人可能大多都是日耳曼人。日耳曼雇佣兵在罗马军队服役的历史已有数百年。他们通过为罗马帝国效力而赚取金钱，并在服役期满后返回故乡。近来一段时间，被俘获的苏维汇人、萨尔马提亚人和勃艮第人被安置在罗马帝国境内，并必须服兵役。此时还出现了完全由法兰克人、哥特人组成，并由本族军官负责指挥的部队。（对比利时境内各罗马兵营附属墓地的发掘显示，4世纪末至5世纪初，军队中日耳曼士兵的比例在两成至七成之间。）日耳曼人此前已经证明了自己是忠诚善战的战士，但他们组成的部队在5世纪初却无法有效行动且难以控制。帝国当局不得不越来越依赖一项不令人满意的替代方案，即直接利用一个部落对抗另一个部落。例如，西哥特人先是被用来对付北方的勃艮第人，尔后又被派往西班牙对付汪达尔人。418年，他们在大西洋与图卢兹之间的阿基坦地区定居下来，成为罗马帝国的"联邦"王国。

这种新的安排事实上承认了这个位于罗马帝国境内的日耳曼王国，但其细节仍是不清楚的。沃尔特·戈法特在《蛮族与罗马人》[①]中指出，该王国境内所征收的一定比例的赋税被直接交给了日耳曼人，事实上剥夺了西罗马帝国的赋税收入。倘若这是真的，那么西哥特人在进一步蚕食帝国政府的资源的同时，还获得了一定的独立。麻烦在于，西哥特人

---

① Walter Goffart, *Barbarians and Romans*, Princeton, 1987.

并不满足于待在划定的边界之内，他们很快展开了进一步的扩张。苏维汇人的情况同样如此。他们本已定居在加利西亚地区（今西班牙西北部），也获得了联邦的地位，但在5世纪30年代也开始向西班牙腹地迁移。

与此同时，409年与苏维汇人一同进入西班牙的汪达尔人已经在西班牙南部安居。他们于429年再度开始迁徙。汪达尔人的首领名叫盖萨里克（Gaiseric），此人可能是所有日耳曼部落首领当中最杰出的人物。正是在他的带领下，该部落的2万名成年男子连同其家人，共计8万人，渡过了直布罗陀海峡，进入非洲。此举非常精明。这不仅因为北非土地肥沃，还因为意大利仍在征收此地的余粮。盖萨里克深知，控制了北非便可直接向帝国的中心施压。汪达尔人登陆后，迅速沿海岸线占领了许多重要港口（年迈的奥古斯丁于430年在希波去世，当时该城正在遭受汪达尔人的围攻）。435年，罗马被迫承认汪达尔人王国的联邦地位，但这并不能阻止后者继续扩张——迦太基于439年遭到洗劫，地中海西部的众多岛屿亦被盖萨里克占据。这些是帝国迄今遭受的最严重的失败，尤其是损失了此时迫切需要的资源。

"最后的罗马人"埃提乌斯

公元423年，霍诺留去世。军队拥立了一个名叫约翰的人即位，但东罗马皇帝狄奥多西二世对此表示反对，执意扶植年仅6岁的瓦伦提尼安三世为西罗马皇帝，实权则掌握在瓦伦提尼安三世的母亲加拉·普拉西提阿（Galla Placidia）的手中。加拉·普拉西提阿是狄奥多西大帝的女儿，其生平波折起伏：当西哥特人洗劫罗马时，她被掳为人质，并嫁给了西哥特人的首领阿陶尔夫；丈夫死后她返回罗马，又嫁给了霍诺留手下的军事强人君士坦提乌斯，生下了瓦伦提尼安三世。君士坦提乌斯于421年去世后，加拉·普拉西提阿携年幼的瓦伦提尼安前往君士坦丁堡避难，又从这里重返意大利。加拉·普拉西提阿是一个颇具手腕的女强人。在此后的10年里，军队的将领们始终不敢轻举妄动。然而，433年，她在与军务长官埃提乌斯（Aetius）的较量中落败，而后者成了西罗马帝国事实上的主导人物，并在接下来的20年间一直如此。

埃提乌斯在青年时代曾作为人质与匈人共同生活多年，并与匈人建立了良好的关系，甚至能从匈人当中招募自己的军队。埃提乌斯保卫罗马帝国所凭借的正是这支军队。他关注的目标很小，没有试图保卫或收复北非、西班牙、不列颠，甚至在422年默许皇帝与盖萨里克缔结和约。根据这份和约，瓦伦提尼安三世之女将嫁给盖萨里克之子胡内里克（Huneric）。埃提乌斯的当务之急是在高卢保住帝国的势力，当时西哥特人与勃艮第人已在高卢站稳了脚跟，他感到必须对这两个部落实施更有效的控制。埃提乌斯在遏制西哥特人方面取得了一些成功。公元439年，元老院为了感谢埃提乌斯"为罗马帝国收复高卢"而在罗马广场为他竖立了一尊雕像，只有它的基座保留到了今天。443年，埃提乌斯又大败勃艮第人，并把他们作为当时罗马帝国的第三个联邦安置在了日内瓦湖附近（毫无疑问，埃提乌斯希望他们在那里比在北方更容易控制）。

埃提乌斯成功的诀窍在于他能够源源不断地从匈人那里获得雇佣兵，而当时的匈人仍是一个规模不大且权力分散的族群。然而，匈人在5世纪30年代也经历了哥特人在半个世纪前所经历的社会转型，开始围绕着一个强有力的领袖团结起来。阿提拉（Attila）就是一个这样的领袖。自445年起，匈人在阿提拉的领导下，开始对帝国显现出更具侵略性的姿态。他们首先劫掠了巴尔干地区。东罗马皇帝狄奥多西二世不得不向匈人支付岁币才能让他们退兵。狄奥多西二世于450年去世后，新即位的皇帝马尔西安（Marcian）拒绝继续支付岁币，但匈人已把注意力转向了高卢。

匈人对高卢的入侵意味着埃提乌斯先前的战略构想彻底破产。他昔日最为倚重的盟友此时成了他的敌人，而他们所觊觎的地区又是自己决心要为帝国保全的领土。别无选择的埃提乌斯只得召集自己从前的敌人——西哥特人与勃艮第人，并联合其他日耳曼部落一同对抗匈人。451年，埃提乌斯的联军在卡塔隆平原（Catalaunian Plains，位于今法国香槟省特鲁瓦城以西）击退了阿提拉的进攻。然而，阿提拉于次年卷土重来，劫掠了意大利。他几乎未遇到任何抵抗。多个行省的首府遭到洗劫，阿奎莱亚也在此列。但阿提拉似乎因为受制于后勤而未能向罗马城发动进攻。（根据另一种说法,当时的教宗利奥一世凭借圣彼得现身的奇迹说服了阿提拉退兵。)453年,阿提拉去世,匈人随之陷入分裂,西罗马帝国侥幸逃过一劫。

埃提乌斯的战略此时已失效,他甚至无力保卫意大利。他的政敌现在看到了机会。埃提乌斯被瓦伦提尼安三世召至拉文纳的行宫后遭到处决,可能就是皇帝本人下的手。6个月后,忠于埃提乌斯的一些军官出于报复,推翻了瓦伦提尼安三世。这位皇帝的死标志着90年前由瓦伦提尼安一世建立的王朝结束了。

西罗马帝国的最后几年,公元455年至476年

把埃提乌斯称作"最后的罗马人"也许是一种恰当的描述,因为西罗马帝国正是在他主政的这20年间进一步走向分崩离析。帝国的存续此时仰赖一众形形色色、反复无常的日耳曼部落,而且它们也无意充当帝国的忠实盟友,尤其当他们的首领发现扩张机会时更是如此。罗马政府靠仓促而通常无效的外交协议维持运转。意大利变得特别容易遭受来自海上的袭击。而新即位的皇帝佩特罗尼乌斯·马克西穆斯（Petronius Maximus）为了巩固自己的皇位,令其子迎娶了瓦伦提尼安三世之女欧多西娅（Eudocia）。但欧多西娅早于442年便已被许配给了汪达尔国王盖萨里克的儿子。盖萨里克于是以此为借口,于455年派遣一支舰队再次洗劫了罗马城。458年,盖萨里克又占领了西西里。该岛作为罗马帝国的行省的历史此时已有近700年。

汪达尔人凭借其强大的舰队成为西罗马帝国最主要的威胁。帝国新任军务长官、高卢出身的贵族阿维图斯（Avitus）决心利用西哥特人入侵北非,西哥特人则趁机迁徙到了西班牙,而罗马帝国在当地的管理机构早已崩溃。此时,不列颠、西班牙、北非以及高卢大部分区域都已经脱离了罗马的控制。

455年,阿维图斯在佩特罗尼乌斯·马克西穆斯死后便自立为帝。然而,他在对付汪达尔人时屡战屡败,再加上他的高卢出身,使他在元老院得不到任何支持,汪达尔人是他们最主要的担忧。后来,具有一半西哥特

人一半苏维汇人血统的日耳曼将领李希梅尔（Ricimer）在一场海战中击败了汪达尔人。大喜过望的元老们立刻转而支持这位新出现的军事强人。李希梅尔与未来的皇帝、前军官马约里安（Marjorian）联手废黜了阿维图斯。

从456年至472年，西罗马帝国残存的领土实际上处于李希梅尔的控制之下。皇帝的废立完全取决于李希梅尔。这些皇帝一旦丧失后者的支持便会遭到废黜或谋杀。马约里安于461年被处死，原因可能是他试图与汪达尔人议和。其继任者塞维鲁也于465年去世。他可能是被李希梅尔毒死的。467年，李希梅尔看到了与东罗马帝国结盟的好处。他于是为了在抵御汪达尔人时能够得到来自东部的支援，接受了君士坦丁堡提出的皇帝人选，拥立安特米乌斯（Anthemius）为西罗马皇帝。然而468年东罗马帝国对汪达尔人发起的一场远征以惨败收场。这也宣告了李希梅尔与安特米乌斯的关系彻底破裂。安特米乌斯躲进了罗马城的一座教堂寻求庇护，但被人从教堂内拖了出来，遭到处决。安特米乌斯于是成为李希梅尔的又一个牺牲品。472年，李希梅尔死后，西罗马帝国对意大利以外的领土事实上已经永久失去了控制。

东罗马皇帝芝诺此时试图拥立自己提名的尤里乌斯·尼波斯为西罗马皇帝。然而，尤里乌斯·尼波斯很快就被赶回达尔马提亚行省，也就是他原本担任军务长官的地区。他所任命的军务长官欧瑞斯特把自己的儿子罗慕路斯·奥古斯图卢斯扶上了皇位。476年，正是这位皇帝被日耳曼将领奥多亚塞废黜，成了西罗马帝国最后一位皇帝。

西罗马帝国的最后岁月，基本上就是一段帝国行政系统逐渐走向彻底崩溃的历史。正如前文所述，许多地区的行政系统完全被日耳曼部落接管，另一些地区的行政系统则逐渐萎缩并最终消失。在欧吉庇乌斯（Eugippius）为圣徒塞维里努斯（Severinus）所作的传记中，描述了帝国在诺里库姆行省（Noricum）的统治如何走向最终的崩溃。5世纪70年代时，该行省的各大城市中仍有罗马军队驻防。但在某一天，当地的军队未能按时收到军饷。某支部队派遣了一名代表前往意大利催要军饷，但再无音讯，这支部队便自行解散了。其他部队也相继解散。边境实际上自此无人防守，日耳曼人随即控制了这片地区。

与新世界妥协：罗马文化在公元5世纪末的延续

随着原有的行政系统的崩溃，各地区的民众开始不得不接受日耳曼统治者。沃尔特·戈法特曾认为此过程比较和平，但近来的研究越来越难以支持戈法特一派学者的观点。在许多地区，尽管这种接受已持续了数十年，也并未爆发大规模的骚乱，但贸易网络的崩溃和乱军的劫掠引发了严重的经济衰退。据文献记载，名为巴考底帮（bacaudae）的农民武装曾在乡村地区四处抢劫。布莱恩·沃德–珀金斯在《罗马的衰亡与文明的终结》①一书中指出，政府系统的崩溃常会带来灾难性的后果，尤其是技术的倒退。不列颠受到的影响尤其严重。当地的生活水准甚至倒退至罗马征服之前。在高卢北部地区也发生了类似于不列颠的很能说明问题的变化：当地原有的种植业被畜牧业所取代。农民的安居乐业必须以社会安定为前提，而在乱时，牧民则可以赶着牲畜四处迁徙。

意大利同样面临着严重的经济衰退。港口城市奥斯提亚早在公元350年便开始衰退。当其剧场的墙壁上出现裂缝后，居民们只得用名人雕塑的基座来填补，这充分表明该城早已丧失了自豪感。卡西诺山（Monte Cassino）附近的庄园经济似乎早在5世纪初便已崩溃。到6世纪时，台伯河上已不再有任何船只来往。从奥斯提亚港至罗马城的奥斯提亚大道（Via Ostiense）据称已完全被野草吞没。罗马城的人口在6世纪时急剧减少，从世纪初的10万人左右锐减到了世纪末的三四万人。只有西班牙南部、高卢南部、意大利沿海地区和北非沿岸尚能维持经济的正常运转，甚至继续铸造钱币。上述地区仍保持着与君士坦丁堡的贸易往来。贸易的衰退不仅意味着消费品的减少，也意味着文化交流的中断。随着帝国的分崩离析，欧洲各地陷入了前所未有的孤立。②

高卢贵族西多尼乌斯·阿波里纳里斯（Sidonius Apollinaris）不仅具有

---

① Bryan Ward-Perkins, *The Fall of Rome and the End of Civilization*, Oxford. 2005.
② 参见：Michael McCormick, *Origins of the European Economy*, Cambridge. 2002，该书第一部分分析了与贸易形式转变有关的考古证据。

深厚的古典文化修养，而且精明务实。他的信件生动展现了像他这样的人如何在这个时代生存。西多尼乌斯是阿维图斯的女婿，在今法国奥弗涅地区（Auvergne）继承了一座美丽但略为偏僻的庄园。他过着地主的生活，还与这个阶层的大多数人一样成了一名主教。西多尼乌斯于470年出任克莱蒙（Clermont）的主教，因为加入教会现在是罗马贵族维护其社会地位的唯一手段。475年，当克莱蒙遭到西哥特人的围攻时，西多尼乌斯指导市民布防，而在献城投降后又竭力培养与新领主的关系。西多尼乌斯精明地认识到，西哥特人能帮助他抵御其他日耳曼部落的侵袭。为了维护与西哥特人的关系，他甚至准备去拜访他们的国王狄奥多里克（Theodoric）①，陪他玩双陆棋。但驻扎在西多尼乌斯庄园里的日耳曼人的外表和举止令他难以接受。

来自日耳曼法律条文（脱胎于罗马法典，见下文）的一些零星证据反映出当时有多种土地分配方式：日耳曼移民直接侵占土地；在土地所有者和新来者之间强行分割地产，将2/3的地产分配给"蛮族"；默许侵占土地，随着时间的推移，最初的罗马所有者会迁出。高卢境内的众多皇产则被墨洛温王朝诸王原封不动地接收。正如西多尼乌斯的经历所表明的，必定是由土地所有者来协商他们所能达成的最好的交易，通常是利用一批新来者保护他们的庄园免受下一波侵袭。倘若新政权能向那些新占据土地者征税，可能就会减轻原来拥有这些地产的地主的负担，也让他们有理由不再对自己的损失耿耿于怀。某些贵族在蛮族首领身边找到了新的位置：他们要么担任其顾问，要么在一两代人的时间内转变成为保卫新政权抵御敌对国家的武士。那些准备妥协者总能生存下去。

西多尼乌斯的经历也提醒我们，教会的管理架构仍完好无损。教会的地产规模庞大，足以养活那些神职人员。由于神职人员被豁免赋税和兵役，所以从不缺乏矢志献身于上帝者。法兰克人之王希尔德里克（Childeric）曾说道："我们的国库已经破产，我们的财富全被转移到了教会，只有主教才真正握有权力。"主教维持着社会管控的基本设施，而教会则是唯一

---

① 该名在日耳曼语中意为"民众的统治者"，因此西哥特、东哥特、法兰克的多位国王均取此名，且彼此生活的时代相去不远，望读者注意不要混淆。——译者注

能为民众提供福利的机构。在高卢和意大利，教会收入的1/4被指定用于赈济寡妇和"穷人"。在5世纪和6世纪，各地涌现出一批由教会开办的福利机构，例如医院、孤儿院以及供朝圣者住宿的招待所，教会的这种作用在接下来的几个世纪里将一直持续下去。①

这还是一个被圣髑崇拜主宰的时代，到处都在流传各种关于神迹的传说。奥古斯丁本人的经历便生动地诠释了这一转变。他在刚刚皈依基督教时（385年）对所谓的神迹嗤之以鼻，但到了公元5世纪20年代，他已经完全接受了这种现象（《上帝之城》的结尾部分就有所表露），甚至在他的教区居民不宣传他们的治愈情况时斥责他们。瓦莱丽·弗林特在《魔法在欧洲中世纪早期的兴起》②中指出，教会为了在信奉异教的普罗大众中树立权威，对当时在欧洲流行的各种异教"魔法"持放任态度，甚至将之化为己用。以勃艮第国王贡特拉姆（Guntram，561—592年在位）为代表的一些国王纷纷自称具有展示神迹的能力。这种通过神迹来证明王权神授的传统，在法国一直延续到了19世纪初。

教会作为凝聚社会的重要力量得以存续，罗马法也是如此。教会一直使用罗马法（法兰克人的法典曾提到"教会按照罗马法运作"[ecclesia vivat iure Romano]）。罗马帝国东部和西部所共同取得的最后一项成就实际上就是狄奥多西二世（408—450年任东罗马皇帝）于438年颁布的法典。该法典收录了自君士坦丁以来历代皇帝所颁布的法律，并在整个罗马帝国境内施行。许多日耳曼君主也依据该法典治理其"罗马人"臣民。西哥特国王阿拉里克二世于506年对该法典进行删节，用来治理自己的臣民。东哥特国王狄奥多里克也于500年在意大利颁行了该法典。颁行法典既能彰显统治者的威望，也让罗马的法学家们在蛮族宫廷中获得了一席之地。颁行罗马法还使这样两个重要观念得以延续：其一是政府有责任为个人伸张正义，其二是个人权利应受到保护。然而，这也意味着罗马社会的其他

---

① 参见：Peter Brown, *Through the Eye of the Needle: Wealth, the Fall of Rome, and the Making of Christianity in the West, 350–550 AD*, Princeton and London, 2012。该书最后几章探讨了教会在这方面的发展。

② Valerie Flint, *The Rise of Magic in Early Medieval Europe*, Princeton, 1991.

一些特征，比如奴隶制，也得以在法律的支持下延续。在大庄园里，奴隶或那些被剥削到足以被认为是奴隶的人的数量可能还有所增长。奴隶也是可以向地中海东部地区出口的商品。[①] 直到1102年，英格兰才第一次禁止奴隶贸易。

尽管教会的管理职能有助于维持城市生活，但地中海西部的绝大多数城镇此时只剩下了空壳。在帝国西北部，它们实际上在公元400年以后就不复存在了，货币亦随之退出流通，人们再次回到了以物易物的时代。阿奎莱亚等城市逐渐走向了衰落（在452年被阿提拉洗劫后）。一道在6世纪50年代仓促修建的高墙仍然矗立在大教堂周围，将它与被废弃的城镇隔开。大教堂内部壮丽的马赛克镶嵌壁画制作于4世纪，后来逐渐被灰土覆盖（也因此完整地保存至今）。其他城镇则退化为仅供当地农民进行交易的小型集市、供士兵战时驻扎的临时兵营或供难民躲避动乱的设防庇护所。卢格杜努姆的城区面积在鼎盛时期曾达到160公顷，但到6世纪时已萎缩到20公顷。尽管各城市可能仍在继续建造主教座堂，但高卢的法兰克人更偏爱在罗马人的庄园里建造小教堂。教堂的周围便会逐渐出现一个个村落。大型聚落集中于日耳曼国王的宫廷所在地或者修道院的附近。这是一个乡村的世界，人们的视野必然逊于前人。

狄奥多里克与意大利的东哥特人

狄奥多里克（493—526年在位）的东哥特王国主要统治意大利地区。该王国最能展现罗马人与日耳曼人如何共同生活。"东哥特人"一般指那些滞留在帝国边界以北、受到匈人支配的哥特人，与370年前后越过边界逃入罗马帝国境内的西哥特人相对。

人们同样不清楚东哥特人在多大程度上是一个明确界定的群体，但可以肯定的是，他们在5世纪中叶阿提拉的帝国崩溃之后，由多瑙河以北迁入罗马帝国。到484年，他们已在新领袖狄奥多里克的领导下联合了起来。他们已与西哥特人一样坚持信奉阿里乌教派，其语言也有助于他们维持一

[①] 参见：Michael McCormick, *Origins of European Economy*, Cambridge, 2002, chapter 9。

种有别于罗马人的身份。狄奥多里克早年曾在君士坦丁堡当过10年的人质（461—471年），并受到了一定的古典文化的熏陶。东哥特人占据了色雷斯，继而对东罗马的都城构成了潜在威胁。488年，东罗马皇帝芝诺为了自身的安全，把狄奥多里克引向意大利去对付奥多亚塞，并许诺事成之后狄奥多里克可以继续统治意大利。奥多亚塞在长期困守拉文纳后，最终向狄奥多里克投降，但他与家人仍难逃一死。狄奥多里克成了意大利最有权势的人物。当芝诺去世的消息传来后，狄奥多里克便被部下拥立为意大利国王，在位达30余年。

狄奥多里克麾下的日耳曼男丁据估计有10万人之多。综合考古证据与文献史料，东哥特人主要在意大利的东北部定居，可能是为了抵御来自北方的其他日耳曼部落，以保卫狄奥多里克新建的王国。狄奥多里克步步为营，不断巩固着自己的权势，堪称是这个时代中由军阀转型为国王的典型，但他的地位仍依赖于其军事实力。（后来的查理曼也是这样的典型。）狄奥多里克于505年接管了潘诺尼亚行省和军用通道，以抵御来自东方的反击。507年，西哥特人在武伊勒（Vouille）被法兰克王国击败，位于普罗旺斯的西哥特王国次年便土崩瓦解。狄奥多里克乘机吞并了该省，之后又于511年吞并了西哥特人在西班牙的领土。狄奥多里克还与勃艮第人和汪达尔人联姻。他的宫殿一度成为举办各种盛大仪式的场所与文人学者汇聚的中心。

狄奥多里克的"罗马人"臣民多达400万人，因此与他们和谐共处至关重要。事实上，狄奥多里克对古典文明表现出了极大的同情，他在占领普罗旺斯后曾致信当地的"罗马人"居民："……拜上帝所赐，你们古老的自由已被召回，请换上合乎礼仪的托加，摒除头脑中的野蛮与残忍，因为在我们公正的统治下，人们不应依照异族的风俗生活。"他还鼓励罗马人用罗马法解决内部纠纷。他本人对罗马城抱有极大的兴趣，甚至修复了城中的一些建筑，并允许元老们维持其地位与声望。尽管此时的罗马城与西罗马境内的其他城市一样破败不堪，但该城那古老的自豪感却复苏了。公元500年，狄奥多里克造访罗马城，城中再次举办了赛会。他还为当地的3500个穷人发放了一个月的口粮。罗马帝国历代皇帝的形象也被"罗马不可征服"（Roma invicta）的铭文以及母狼哺育罗慕路斯与雷穆斯的图像所取代。

总之，狄奥多里克很快赢得了罗马人的尊敬（某些人甚至把他与图拉真、瓦伦提尼安这样的名君相提并论）。一大批颇具影响力的人物在狄奥多里克的宫廷中充任高级官员，例如学者卡西奥多罗斯（Cassiodorus，此人的书信是研究狄奥多里克统治时期重要的史料来源）、元老西马库斯（4世纪时的那个异教徒西马库斯的后代），以及西马库斯的女婿——哲学家、元老波爱修斯（Boethius）。尽管东哥特人信奉阿里乌教派，并为此备感自豪，但狄奥多里克仍对正统派保持宽容，也对教宗表现出极大的尊重。在狄奥多里克的都城拉文纳，两个教派的教堂比肩而立，但这两座奢华的建筑也表现出两个教会之间的明争暗斗（就像幸存下来的形成鲜明对比的"正教"和"阿里乌"浸礼堂所表现出来的一样）。阿里乌教派中也不乏具有深厚文化修养的知识分子。该教派在拉文纳的教堂如今被称为新圣阿波利纳莱圣殿（San Apollinare Nuovo），其中有精美的马赛克镶嵌画保存下来，还有一部精美的福音书抄本（Codex Argenteus，"银色抄本"）也留传至今。

东哥特人与罗马人的差异随着时间的推移而逐渐消失。不出一代人的时间，许多东哥特人就由武士变成了地主，一些人取了罗马式的名字，皈依了基督教正统教派，并与罗马贵族联姻。某些哥特人甚至用拉丁语与卡西奥多罗斯保持书信往来。到了6世纪，作为一个群体的东哥特人消失了，显然是被人口占绝对多数的罗马人同化了。狄奥多里克的王国则在他去世后不久便在拜占庭入侵造成的混乱中覆灭了。

波爱修斯与卡西奥多罗斯

古典文化正是在这样的大环境下才得以传承和延续。在狄奥多里克统治意大利时期，波爱修斯是一名重要的知识分子。此人出身于贵族世家，其家族出过两位罗马皇帝和一位罗马主教。波爱修斯年轻时便才华横溢。他的生活可以清晰地划分为两部分——侍奉狄奥多里克和哲学研究。波爱修斯的一大成就就是把亚里士多德论述逻辑学的全部著作译成了拉丁语。当中世纪的西欧对希腊人的知识一无所知时，正是波爱修斯的努力使亚里士多德的名字依然有人知道。波爱修斯曾希望继续翻译柏拉图的《对话录》，以展示这两位哲学家的著作是可以调和的，但他于524年以叛国罪的罪名被捕。在狄奥多里克核准了一个设在罗马城的法庭所做出的死刑判决后，波爱修斯被乱棍打死。此事常被视为狄奥多里克的一大污点，毕竟他一直以礼遇罗马贵族闻名，而人们已难以搞清波爱修斯受到指控的历史背景与具体内容。

正是在狱中等待死亡降临时，波爱修斯完成了其传世之作——《哲学的慰藉》(*The Consolation of Philosophy*)。即使该书的语调是宗教式的，但仍是一部纯粹的哲学著作，因为书中丝毫未提及基督或基督教（相反，他在书中插入的一首诗中歌颂了阿伽门农、奥德修斯和赫拉克勒斯的伟大功业）。按照书中的描写，在囚室中辗转反侧的波爱修斯接待了一位神秘的来访者。而他与这位精神矍铄的老妪的交谈不禁使人联想到柏拉图的《对话录》。《哲学的慰藉》的思想背景也是柏拉图主义式的。波爱修斯在老妪的引导下，认识到有一种超越眼前的苦难的更高的"善"的存在。这本书探讨的一个重要主题就是至善的存在与变化无常的命运之间的矛盾。个人必须使自己超越日常生活中的不义，这样他才能与"善"稳定地结合在一起（这里有普罗提诺的影子）。《哲学的慰藉》的行文相对简单直白，与中世纪经院哲学那种错综复杂的辩论形成了鲜明的对比，这使它颇具吸引力，成了欧洲中世纪最受欢迎的书籍之一。但丁曾声称，当他深爱的贝阿特丽齐（Beatrice）去世后，正是这部《哲学的慰藉》为他带来了慰藉。

一个世纪前，奥古斯丁在其《论基督教教义》(*De Doctrina Christiana*)一书中指出，古典教育，尤其是语法与修辞方面的训练，对每个基督教徒都至关重要，这主要有助于他们更好地理解圣经。卡西奥多罗斯（480—约585年）是狄奥多里克手下最杰出的"罗马人"官员，他显然会完全赞同奥古斯丁的观点。他取法于古希腊人，认为"七艺"——语法、逻辑、修辞、音乐、几何、算术、天文——为进一步研究神学提供了最好的训练。卡西奥多罗斯在50多岁时告老还乡，回到了家族在意大利南部维瓦里乌姆（Vivarium）的庄园，并在当地建立了一座属于自己的修道院。他在这里大量搜集基督教与异教的手稿，并鼓励僧侣们抄写它们。他甚至为此而编写了一部《正字法》（*De Orthographia*）来帮助他们解决文本方面的困难。诸多拉丁语作家的作品由此得以保全并流传至今，其中还有一些希腊语作品，例如尤西比乌斯的《教会史》以及盖伦和希波克拉底的医学论著。在世俗教育不断衰落的时代，传授异教古典文献却成为教会教育体系的一个组成部分，这在一定程度上要归功于卡西奥多罗斯。

卡西奥多罗斯去世之后，人们的视野逐渐变得更加狭窄，最终只有拉丁语教父的著作才会得到搜集和整理。例如，可敬的比德（Bede，672—735年）在诺森布里亚（Northumbria）拥有一座当时被公认为非常重要的图书馆，但其藏书中几乎不包括任何一位古典作家的著作，甚至可能连维吉尔的《埃涅阿斯纪》的抄本都没有。康斯坦茨湖上的赖兴瑙岛上的修道院图书馆的821份图书目录所列出的415份抄本中，除了维特鲁威的《建筑十书》和维吉尔的《农事诗》与《埃涅阿斯纪》（还包括波爱修斯的作品），再无其他任何古典著作。其余的许多世俗作品也大多与罗马法有关。12世纪时，柏拉图的著作只有《蒂迈欧篇》尚有人知晓，亚里士多德的名字也只是通过其一部或两部逻辑学著作才被人们了解，他的《政治学》直到1260年左右才有了拉丁文译本。古典作家的作品浩如烟海，但存世的只是沧海一粟。有鉴于此，所谓的修士曾致力于保存古典文化遗产的论调实在是站不住脚。现存的作品可能大多出自查理曼的宫廷。

法兰克王国

当狄奥多里克在意大利建立起朝廷时，其他日耳曼部落也成功地建立了王国。早在4世纪时，法兰克人就被罗马人用来守卫莱茵河一线。他们曾于406—407年帮罗马人抵御蜂拥而至的日耳曼入侵者。430—440年，法兰克人定居于图尔奈（Tournai，今属比利时）与康布雷（Cambrai，今属法国）之间的地区。1653年，图尔奈的居民发现了法兰克人早期的一位"国王"希尔德里克的陵墓（他死于481年左右）。希尔德里克的遗体周围堆积着大量金银和一件华丽的披风，两把巨剑的剑鞘上嵌着石榴石，还有各种王室用品。后来的墨洛温王朝就得名于希尔德里克的父亲墨洛维（Merovech）。

希尔德里克的儿子名叫克洛维（Clovis，约466—511年），正是此人使法兰克王国走上扩张的道路。他把阿勒曼尼人赶回上莱茵地区，并大力处置与他敌对的国王。他最精明的一招是在506年左右率部皈依正统教会，这一时刻后来被大肆宣扬为法国历史的开端。当时许多"罗马"人受信奉阿里乌教派的勃艮第人和西哥特人统治，克洛维的举动为他立刻赢得了这些人及其主教的认同与支持，也赢得了信奉正统教派的东罗马皇帝的青睐。克洛维之后率军攻入阿基坦，并于507年在武伊勒击败并杀死了西哥特国王阿拉里克二世。克洛维可能于511年去世，他此时已经为一个受到正统教派支持的更加庞大的法兰克王国奠定了基础。

法兰克王国此后两百年的历史混乱不清。帕特里克·吉尔里在《诸民族的神话》①中指出，19世纪的一些史学家在民族主义的影响下，开始复兴法兰克人、日耳曼人和其他欧洲民族的传说，认为这些族群在5世纪时便已经拥有明确的民族身份认同。吉尔里展示了这种观点是多么过于简单化（而且极易被19、20世纪的种族主义分子拿来鼓吹所谓的古老的"纯洁"的法国或"纯洁"的德国）。实际上，当时所谓的法兰克"国王"可能大多为一介武夫，不过暂时获得了各个族群的效忠而已。因此，法兰克人的历史应该被叙述为控制一片特定领土的一系列首领的历史，而非法兰克民族身份认同形成的历史。克洛维死后，王国被他的4个儿子瓜分，尽管他们可能一直保持着相对和睦的关系。533—548年，克洛维的孙子提乌德伯特一世（Theudebert Ⅰ）再次将各国统一了起来，形成了强大的集权统治。此人于534年消灭了勃艮第王国，又于546年从东哥特人手中夺取了普罗旺斯。他在向莱茵河以北地区扩张的同时，还向南越过阿尔卑斯山攻入意大利。在欧洲的历史上，西欧各民族第一次共同生活在某个政治实体之内，而莱茵河也不再是其他民族阻挡"日耳曼人"的天然屏障。

提乌德伯特处心积虑地为自己营造一种罗马帝王的排场。他在阿

---

① Patrick Geary, *The Myth of Nations*, Princeton, 2003.

尔勒的赛车场主持赛会，仿铸东罗马金币苏勒德斯（最初由君士坦丁铸造），并在其上用自己的头像与头衔取代东罗马皇帝的形象。提乌德伯特去世之后，法兰克王国曾一度分裂，但在克洛维的曾孙克洛泰尔一世（Chlothar I）的统治下，于558年再度实现了统一。此后，在克洛泰尔二世（584—629年在位）与达格伯特（Dagobert，629—638年在位）的统治下，法兰克王国逐渐成为西欧最成功的王国，成功地利用了墨洛温王室血统的优势。该王国的许多法律文献都被保存到了今天，尤其是那些涉及保护教会的法律。

西班牙的西哥特人与北非的汪达尔人

西班牙境内的西哥特王国不得不忍受东哥特人的吞并和拜占庭的攻击（见下文）。西班牙半岛四分五裂，因此各地的土地所有者掌握着权力，直到6世纪末才再次出现强大的中央集权政府。雷奥韦吉尔德（Leovigild，569—586年在位）凭借军事手段统一了半岛的大多数地区，并最终于585年击败了苏维汇人的王国。但他此时面临着一个一直没有解决的问题，即信奉阿里乌教派的西哥特人与占人口多数的正统教派信徒间的分歧。雷奥韦吉尔德在去世前可能已经有意皈依正统教派，但真正迈出这一步的则是其子雷卡雷德（Reccared，586—601年在位）。雷卡雷德于589年把主教们召集到了托莱多（Toledo），不仅宣布了皈依的决定，而且与教会结成了同盟，希求国家能与教会一同巩固这个王国的政治统一。此举表现了西哥特国王的权威被人民接受得有多好。在意大利，东哥特人与罗马人的区别虽然随着时间推移而逐渐消失，但有趣的是，直到7世纪时统治者仍在沿用哥特式的名字。这可能表明哥特人在当时属于精英阶层。

重获统一的西哥特王国和法兰克王国一道成为欧洲当时最为稳定的国家。该国与拜占庭治下的地中海东部地区恢复了有限的贸易往来，让其境内本已陷入衰败的众多城市，尤其是那些沿海城市，重新焕发了生机，其中就包括今天的马赛、巴塞罗那。西哥特王国在文化方面也颇有建树。其最重要的学者当属伊西多尔（Isidore），他曾于600—636年担任塞维利亚主教。此人对当时的政治生活产生了重要影响。他提出了一套基

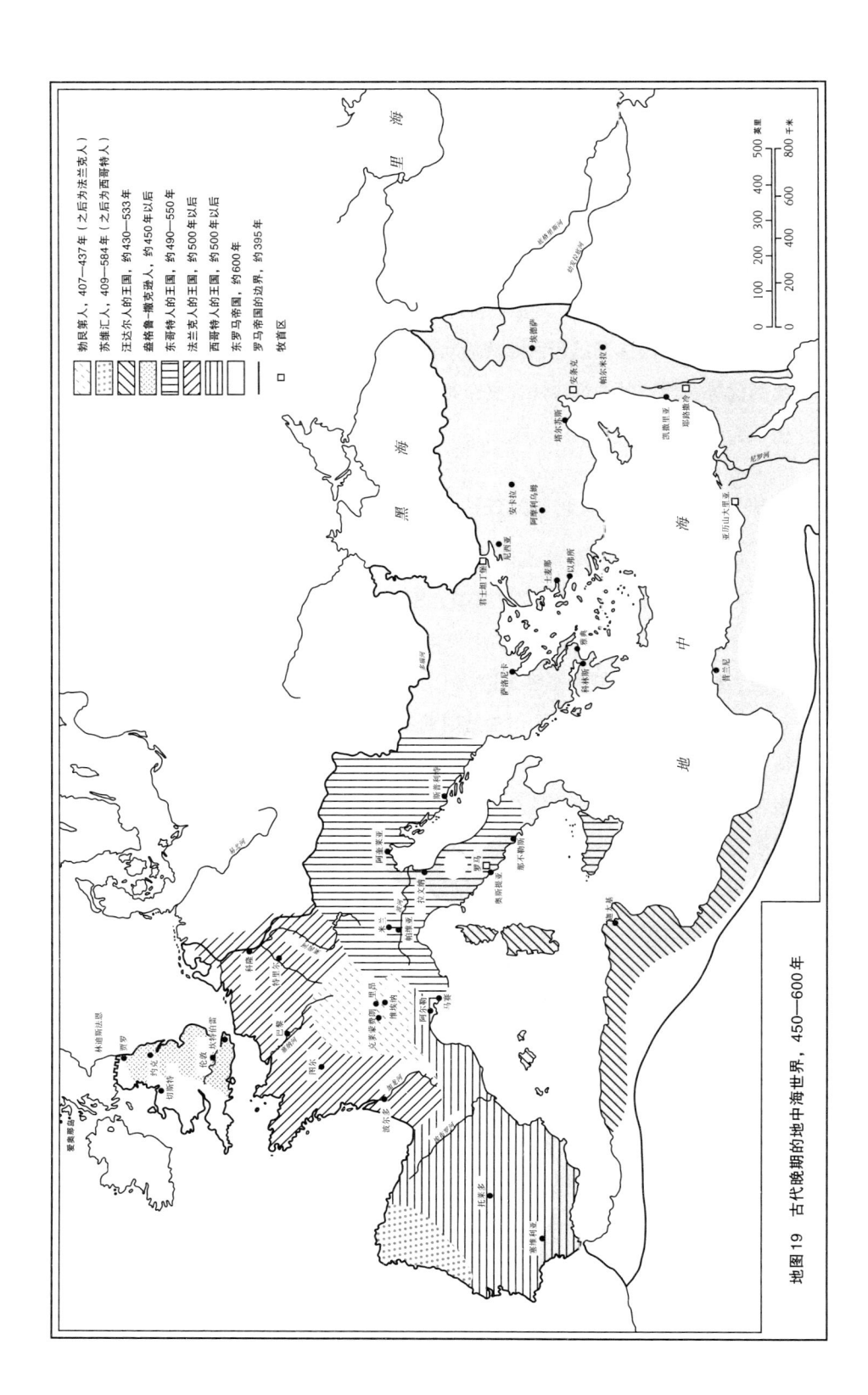

图例:
- 勃艮第人，407—437年（之后为法兰克人）
- 苏维汇人，409—584年（之后为西哥特人）
- 汪达尔人的王国，约430—533年
- 盎格鲁-撒克逊人，约450年以后
- 东哥特人的王国，约490—550年
- 法兰克人的王国，约500年以后
- 西哥特人的王国，约500年以后
- 东罗马帝国，约600年
- 罗马帝国的边界，约395年
- 牧首区

地图19 古代晚期的地中海世界，450—600年督教王权理论，认为统治者必须通过其信仰来证明其统治的合法性。但伊西多尔的学术贡献也同样巨大。为了更准确地掌握拉丁语词语的词义，他广泛收集先前的语言材料，编写了一部20卷的鸿篇巨制——《词源》(*Etymologies*)。伊西多尔认为，对基督教徒而言，阅读异教作家的著作总胜过对他们一无所知。他因此坚决倡导对教士进行古典文化教育。他也像意大利的卡西奥多罗斯那样，积极抄写和整理古代手稿，把古典学识作为教育体系的一部分。西班牙的古典教育水平因此远胜其他西欧国家。然而，古典文化的消亡已经成为一种趋势，诚如伊西多尔所言，古典作家有如远方地平线上的青山，就连按照年代进行排序都已不可能。

与上述两个欧洲王国相比，地处北非的汪达尔王国更加动荡不安。汪达尔人于439年征服北非后就切断了对意大利的粮食供应，从而给了西罗马帝国致命一击。他们之后又组建了一支强大的舰队，迫使5世纪的拜占庭皇帝们给予他们足够的尊重。汪达尔人在北非主要以领主的方式进行统治。他们通常只驻扎在沿海各城中，极少与当地人接触。作为阿里乌教派信徒的汪达尔统治者，不但没收了地主的田产，还与当地的基督教徒——无论他们是奥古斯丁的追随者，还是属于多纳图斯教派——爆发了激烈的冲突，致使日耳曼人与罗马人之间不存在任何和解的可能。当地的一名主教维塔的维克多（Victor of Vita）不无夸张地记录了基督教徒的悲惨境遇。他们的命运引起了东罗马帝国，尤其是在君士坦丁堡的皇帝查士丁尼（527—565年在位）的关注。查士丁尼之所以会在533年进攻北非，可能既是为了解救受压迫的基督教徒，也是为了最后一次尝试光复西罗马帝国，即使后者有些不合时宜。这次行动取得了令人震惊的成功。他之后又于535年对意大利发动了进攻。

6世纪晚期的意大利

查士丁尼从信奉阿里乌教派的哥特人手中收复意大利的努力并不成功（具体经过请参阅下一章）。查士丁尼曾希望在坚持基督教信仰的前提下复兴地中海西部地区的古典文明，但战争的结果往往适得其反。东罗马帝国对意大利的进攻导致了当地元老贵族阶层的消失。许多元老只是因为被哥特人怀疑为叛徒就遭到灭顶之灾。547年，东哥特国王托提拉（Totila）占领了人口已锐减至3万人左右的罗马城，抄没了元老院的金库。许多元老带着能带走的一切逃离了罗马。东哥特王国的末代国王泰亚斯（Teias）屠杀了300名作为人质的元老家族的孩子。作为元老阶层财富来源的庄园经济似乎也是在这一时期消失的，毫无疑问，旷日持久的战争使其遭到彻底破坏。元老院于6世纪80年代停止集会。正是在这些年间，罗马城首次被视为一座破败的城市，城中雄伟的纪念碑纷纷垮塌，化作一片废墟。

然而，在这段动荡的岁月里，拉文纳的诸多教堂却能安然无恙。拉文纳虽然自402年起就成了西罗马皇帝的驻跸之所，但直到狄奥多里克在位时才完全具备了首都的风范，直到东罗马帝国于540年控制该城。这些教堂因其马赛克镶嵌画而气派华贵。尤其当拜占庭帝国东部的大量宗教艺术作品因8世纪的圣像破坏运动而损失惨重时，拉文纳的这些壁画就显得更加弥足珍贵。马赛克镶嵌画最初只被用来装饰地板，但自5世纪开始被越来越多地用于装饰墙壁和拱顶。马赛克嵌片以一定的角度嵌在一起，营造出一种微微发光的视觉效果。

拉文纳现存最古老的马赛克镶嵌画发现于加拉·普拉西提阿为自己建的陵寝里，但她并未在此下葬。墓中的马赛克镶嵌画延续了希腊化时期的风格，基督被描绘为立于羊群中的一名安详的牧羊人。490年，狄奥多里克在王宫中建造了一座小教堂，以纪念"救世主"基督（Christ the Redeemer，这座教堂后被改为纪念拉文纳的第一位主教阿波利纳莱［Apollinare］）。教堂的墙壁全部用马赛克镶嵌画作装饰，其中包括现存最古老的表现福音书题材的全景壁画。教堂的巨大天窗为教堂内部提供了充足的光线。该教堂如今被称为新圣阿波利纳莱圣殿，仍保持着传统的大教堂形制，而稍晚建成于克拉塞的圣阿波利纳莱大教堂（San Apollinare in Classe，位于拉文纳的克拉塞港）虽然是一座东哥特人的教堂，但建筑风格没什么不同。这座教堂始建于公元6世纪30年代，其精美的马赛克壁画（尤其是圣阿波利纳莱和羊群在一片苍翠的树林中的场景）仍是早期基督教建筑最和谐的内部装饰之一。

圣维塔教堂（San Vitale）的风格则截然不同，颇为个性化。这座教堂由东哥特人于6世纪20年代开工建造。其主体结构呈八角形，建有穹顶（这一设计主要受到当时君士坦丁堡的教堂建筑风格的影响，至今留存的还有圣谢尔盖和巴克斯教堂），此外还配有祭坛和门廊。教堂内部的空间则被一系列层层叠加的立柱和券门所分割。查士丁尼于548年征服意大利后，又为这座教堂增添了一些马赛克镶嵌画，从而令整座建筑更加优美、浑然一体与宏伟。教堂中还有著名的描绘查士丁尼与妻子狄奥多拉（Theodora）向基督献礼的肖像，但它们只是融入教堂建筑的众多图像和符号中的一小部分。

554年，查士丁尼终于在意大利取得了一定的胜利，并试图以东罗马官员为骨干，在当地重建帝国的行政架构。此举随即引发当地饱受战火践踏的民众的强烈不满。无论如何，在教会提供的管理架构之外，不会有什么管理架构能起作用。然而，在这一点上，由于查士丁尼在三章案（Three Chapters）中谴责那些倾向于聂斯脱里教派（见第35章）观点、承认基督具有不同于神性的人性的宗教文本为异端，从而引发了绝大多数意大利教士的不满与抗议。

到5世纪时，罗马主教虽然自称圣彼得的继承人，并因此在整个教会享有某种权威，但在规范教义方面没有任何影响力。基督教世界主要是希腊人居住的地区，解决教义之争的几次大公会议要么在君士坦丁堡（381年、553年）召开，要么在更往东的地点举办，例如尼西亚（325年）、以弗所（431年）和卡尔西顿（451年）。这些会议的主导者是东罗马皇帝，而不是主教。皇帝不但是这些大公会议的召集人，而且把决议以敕令的形式颁行全国。由于基督教此时已是国教，皇帝们与主教们一样关心教义的统一。倘若没有帝国权威的支持，想要解决这些错综复杂的神学争论是不可想象的。

罗马城与东方相对隔绝，加之自身又处于衰败之中，因此其影响力受到了制约。再者，如米兰的安波罗修这样的意大利主教，同西罗马皇帝保持着密切的私人关系，所以他们对统治者施加的影响要远比徒有虚名的"永恒之城"主教大得多。451年，所谓的《利奥大卷》（tome of Leo）在卡尔西顿公会议上被当众宣读（教宗本人并未到场）。这虽然标志着"罗马第一次在规范教义方面发挥了决定作用"（朱迪斯·赫林［Judith Herrin］语），但罗马所宣称的至尊地位在此次大公会议上也受到了挑战，因为与会者重申了公元381年的决议，承认君士坦丁堡的地位仅次于罗马。这令利奥一世大为恼火。553年，查士丁尼主持召开第二次君士坦丁堡公会议，其议程就完全不受罗马的影响。

590年，新任罗马主教格里高利一世（540—604年）获得祝圣。此时说希腊语的东部地区看似仍将继续主导基督教教义的规范工作。格里高利曾在君士坦丁堡生活多年，对东部地区在教义方面的权威也表示了理解，因而东罗马皇帝必定以为格里高利是个可以控制的角色，但这种期望随即就化为了泡影。格里高利是一名罗马贵族（曾担任过罗马城长官），他的出身决定了他是一个旧派的贵族。他对这座城市的感情和关注依然强烈，他的仁慈也毋庸置疑——他常用自己庄园的谷物接济罗马城的饥民。尽管格里高利曾在君士坦丁堡长期居住，但并不精通希腊语。他代表着西部地区新兴的教士文化：对拉丁古典作品的研习与虔诚朴素的基督教信仰相结合，但前者始终要服从后者。据格里高利回忆，他最快乐的时光是在罗马城中一个由他本人创立的社区里做一个修士的日子。

格里高利无疑是罗马帝国西部地区所产生的最伟大的精神领袖之一。随着他身处的社会日渐分崩离析，格里高利产生了一种活在"末日即将来临的日子中"的急迫感。他认为当务之急是恢复基督教在道德上的正直，而4世纪以来的报复性论战和流入教堂的大笔财富已经让基督教面临着道德危机。（8世纪的盎格鲁-撒克逊教会史家比德曾写道，"当其他教宗醉心于建造教堂并用金银装饰它们时，［格里高利］最关心的是拯救众生的灵魂"。）格里高利深知中庸之道对于教牧工作的巨大价值（他在其最著名的著作《司牧训话》［*Liber Regulae Pastoralis*］中对此做出了阐释）。支持《本笃会规》（Rule of Benedict）的也正是他。与4世纪时盛行的极端禁欲主义相比，该会规更加温和，把合理的规章制度作为维持修道院安定和充满友爱的手段。但格里高利在其《屈尊》（*Condescensio*）一文中提出，最理想的教牧方式应该是"既对个人的境遇感同身受，又要从全局着眼"。这是一种理想的结合。他对《本笃会规》的支持可能是中世纪基督教史中影响最为深远的举措。

格里高利坚持教宗的权威，绝不妥协。他利用东罗马帝国对罗马城鞭长莫及的事实，顽强地走上了一条定义西方基督教世界本质的道路。格里高利认为，罗马主教与其同僚应成为基督教欧洲的领导力量，而其座下各主教则应成为各自基督教社群的领袖。教会的权威源于4部福音书和4次大公会议（分别在尼西亚、君士坦丁堡［381年举行的第一次会议］、以弗所、卡尔西顿召开）。但格里高利坚持"若无使徒管治教区［罗马］的权威与首肯，任何［会议的］决定都毫无约束力"。尽管有关教宗权力的复杂神学依据大多源于奥古斯丁，但最终还要依靠格里高利宣称的直接从使徒彼得那里继承的权力。

中世纪教宗制的基础由此奠定。由于西部教会的主要成员不再能够使用希腊语（奥古斯丁就是一个例子），西部与传统上讲希腊语的基督教中心日益隔绝，再加上双方在教义上的分歧不断扩大，教宗制的基础得以进一步巩固。到了公元7世纪，随着罗马主教辖区的两大劲敌——安条克主教辖区与亚历山大里亚主教辖区——相继被阿拉伯人征服，罗马主教辖区的地位再一次得到提升。至此，人们可以公正地说"罗马主教辖区是蛮族占据的西方中唯一的孤立的宗教中心"（罗伯特·马尔库斯语）。

然而，在6世纪末，几乎无人能预见教宗将在整个欧洲享有至高无上的地位，因为此时的罗马城与世隔绝，不过是被几座教堂环绕的一片废墟。6世纪70年代，伦巴第人（Lombards）南下攻占了多座意大利主要城市。格里高利只能与欧洲其他地区保持着非常微弱的联系。他派往英格兰的传教士在当地大获成功，使盎格鲁-撒克逊人皈依了教会，尽管那些好战的盎格鲁-撒克逊小国的统治者把基督视为一位战神。接受教宗权威的过程颇为漫长（7世纪的爱尔兰传教士圣高隆班［St Columban］仍认为，如果某个主教有权在教会中行使最高权力，那么这个主教只应该是耶路撒冷主教）。但格里高利的统治期无疑是基督教历史的一个转折点，因此非常适于作为本章的尾声。

格里高利以及追随他的主教们的贡献，尤其在于让古典拉丁语作为中世纪及以后的教会法律和管理所使用的语言。帝国的民众当中还流传着一种更加通俗化的拉丁语。（813年，召开于图尔［Tours］的一次主教会议决定，布道应使用乡村罗马语［rustica romana lingua］，也就是通俗拉丁语［colloquial Latin］，而据推测，仪式的剩余部分仍使用古典拉丁语）。在伊比利亚半岛、意大利、法国、罗马尼亚等罗马人占多数的地区，各种拉丁语方言最终演化为如今属于罗曼语族的各个语种。上述地区与北方那些日耳曼语逐渐成为主要语言的地区存在着一条明显的分界线。该分界线从6世纪一直维持到了今天，并不断提醒着每个人——罗马帝国固然早已崩溃，但其遗产在欧洲延续至今。

历史学家应该始终对发现连续性很敏锐。然而，中世纪早期的百姓生活与古典时代的有着极大的不同。当世俗的国王努力维护其权威时，教会凭借密布欧洲的主教网络巩固着自身的权威，这些主教很多都是昔日的罗马贵族。在很大程度上，基督教在政治上成功迎合了那些正在崛起的王朝与这个时代四处弥漫的军阀心态：基督在现在主要是一个保佑作战胜利的武士，与罗马人的战神并无太大区别。基督教再次吸收了异教的价值观，而非彻底将之摒弃。

然而，与罗马人的宗教信仰形成鲜明对比的是，基督教越来越专注于为复生做准备，而圣徒则由于可以在最后审判的法庭上充当代理人而令圣徒崇拜开始兴起。圣髑成为声望的重要象征，为那些在这个危机四伏的世界中奋力保卫自己的身份的城市提供了护佑。取材于圣徒事迹与圣髑神迹的基督教新神话体系取代了内容充满活力的异教神话体系。这是一个崭新的世界，与旧世界相比同样引人入胜，但大相异趣。①

---

① 参见：Charles Freeman, *Holy Bones and Holy Dust: How Relics Shaped the History of Medieval Europe*, New Haven, 2011, 该书讲述了圣髑崇拜在公元300年之后如何兴起的故事。

第35章

拜占庭帝国的出现

东部地区的文化复杂性

395年，年轻的皇帝阿卡狄乌斯继承了罗马帝国东部的半壁江山，其领土在地理和文化方面都非常复杂。东罗马帝国的领土不仅包括多瑙河流域的各个行省，如希腊、巴尔干半岛和伊利里亚地区，还包括地中海东部的埃及、小亚细亚、叙利亚、巴勒斯坦地区。拉丁语仍通行于军事、法律等领域，查士丁一世（Justin Ⅰ）和查士丁尼等皇帝也都出身于拉丁文化居主导地位的地区。在君士坦丁堡的宫廷中，廷臣和法学家也在继续使用拉丁语。然而，帝国的行政管理却使用希腊语，自亚历山大征服起，希腊语就开始在东部普及。亚历山大里亚以及帝国第二大都市安条克城的居民都说希腊语。这两座城市作为托勒密王朝与塞琉古王朝的故都，均为自己拥有比君士坦丁堡更悠久的历史与更丰富的希腊文化遗产而感到自豪。

尽管希腊语在城市以外的地方得到了传播（甚至在乡村地区发现的碑铭通常也使用希腊文书写），但从3世纪开始，地方文化变得更为突出。由于基督教是一种十分重视文本的宗教，所以涌现出大量运用少数群体的语言创作的基督教文学作品。叙利亚语曾被用于创作各种形式的基督教作品，例如圣徒传记、布道文、教会史等。希腊语文本被译为叙利亚语，反之亦然，叙利亚语文本还被译为亚美尼亚语、格鲁吉亚语，甚至在更晚的时代被翻译成阿拉伯语。在巴勒斯坦地区，犹太教的拉比虽通晓希腊语，却用希伯来语讨论，用阿拉米语进行日常交流。在埃及，出现于3世纪末的科普特语实际上就是一种用希腊字母拼写的埃及语，成为基督教会与当地讲埃及语的大众的沟通媒介。许多埃及人都通晓希腊语和科普特语这两种语言。在阿拉伯人于7世纪征服埃及之前，科普特语变得越发普及。各地教会在语言上的差异妨碍了基督教教义的统一，也令神学论战中的各种细枝末节变得更加令人困惑。

然而，尽管帝国东部地区在文化上非常复杂，但仍骄傲地把自己视为罗马帝国的继承人。直到奥斯曼土耳其人于1453年攻陷君士坦丁堡之前，当地居民始终自称罗马人（Romaioi）。事实上，在这一地区出现了一个自成一体的帝国，并作为一个拥有多元文化的实体存续了上千年。这不得不说是一项惊人的成就。爱尔兰历史学家威廉·莱基（William Lecky）曾在1869年如此评论这个帝国："已经可以对拜占庭帝国盖棺定论：在迄今曾经存在过的一切文明形式中，拜占庭帝国无疑是最龌龊也是最可鄙的。"这一极端的论断如今早已被推翻。实际上，在1000多年的历史中，这个帝国在面对周边民族和其他帝国的轮番进攻时展现出了顽强的生命力。与此同时，一个富有学者风范的精英群体在君士坦丁堡存续了数个世纪。尽管拜占庭帝国的原创性文学相对较少，但正是通过其学者对希腊文本的精心抄写和保存，柏拉图、欧几里得、修昔底德、索福克勒斯等人的大部分作品才得以流传至今。在1453年之前，君士坦丁堡仅于1204年被十字军攻陷过。颇具讽刺意味的是，十字军洗劫了城中无比珍贵的圣髑，并声称希腊人是异端，不配拥有这些东西。

君士坦丁堡与基督教皇帝

只要意大利仍在罗马帝国统治之下，君士坦丁堡就不可能成为帝国真正的首都。但是，君士坦丁堡成立了元老院，可以选举两名罗马执政官中的一人，并按照罗马城的模式建立了自己的输粮系统，这就确保了一旦帝国西部的政府陷入崩溃，君士坦丁堡便自然成为罗马的继承者。君士坦丁堡最初没有基督教建筑，但381年的第一次君士坦丁堡公会议却宣布该城主教的地位仅次于罗马城主教。这一决议冒犯了罗马和亚历山大里亚，但赋予了君士坦丁堡基督教之都的地位。这一地位也随着城中收藏的圣髑数量稳定增加而得到巩固。419年，首位殉教者司提反（Stephen）的遗骨以隆重的仪式被迎入君士坦丁堡。皇帝们也搜集了大量与基督受难有关的圣髑。狄奥多西二世的姐姐普尔喀丽亚（Pulcheria）则是童贞圣母的虔诚信徒，尽管该形象吸收了城中很多异教女神的特征。普尔喀丽亚本人亦被封为圣徒。①

君士坦丁堡作为帝国东部行政中心的身份，因狄奥多西二世的漫长统治（408—450年在位）而得到巩固。城市人口稳步增长，狄奥多西二世还为了保卫这座巨型城市而建造了多道城墙。这些城墙是最宏伟的古代建筑遗迹之一。皇帝首次把城中的大皇宫（Great Palace）作为自己的永久居所，而宫廷仪式成了这座城市中的生活的一部分。这些仪式中，尤其以皇帝在大赛车场中接见民众声势最为浩大。这座赛车场由君士坦丁兴建，毗邻皇宫。由于角斗士竞技此时已退出了历史舞台，赛车运动便成了罗马人的主要娱乐活动。但赛车比赛也具有严肃的政治意义：当皇帝在赛场上露面时，群众可能会称赞他，也可能会嘲笑他。群众也被卷入政治生活中，特别是在紧张的竞赛气氛中。两个派别——蓝党和绿党——拥护两组对立的车队，给城市生活带来剑拔弩张的气氛。一些皇帝也因为对大众的情绪做出误判而引发了大规模骚乱。

4世纪时，君士坦丁时代的历史学家尤西比乌斯提出了一套基督教王权理论：上帝规范宇宙的秩序，令万物处于和谐之中；皇帝作为上帝在人间的代表，则负责规范社会秩序，使万民和谐相处；人间的秩序是宇宙秩序的一种映射。君士坦丁的后继者们在5世纪时所秉持的意识形态正是这套理论。狄奥多西二世统治时期，皇室的形象因为普尔喀丽亚而进一步神圣化。普尔喀丽亚在其弟狄奥多西二世即位后（当时年仅7岁）为自己冠上了奥古斯塔的头衔。在狄奥多西二世去世后，她又嫁给了其继任者马尔西安（450—457年在位），仍旧维持着自己的地位。上帝所选择的唯一的统治者——罗马皇帝——对东正教会一直都很重要。这与西部的情况形成

---

① 参见：Vasiliki Limberis, *Divine Heiress: The Virgin Mary and the Making of Christian Constantinople*, London and New York, 2012。

了鲜明对比——像格里高利这样的罗马主教决心巩固自己不受国家控制的权威。

马尔西安去世时没有子嗣，担任军务长官的日耳曼人阿斯帕尔（Aspar）为其指定了继承人，即利奥一世（457—474年在位）。罗马帝国虽然经历了数百年的皇帝统治，但仍未形成安排皇位继承的固定程序。皇帝可以由军队或日耳曼将领来提名。君士坦丁堡的主教此时已正式改称牧首（Patriarch），利奥一世则是第一位由牧首加冕为帝者。整个加冕仪式在赛车场中的"人民"的见证下完成。利奥一世从长远出发，为减少帝国对"蛮族"部队的依赖，转而从附近的山地民族伊苏里亚人（Isaurians）当中招募士兵。事实证明，此举也存在着弊端。伊苏里亚人长期以来一直因为无视法律而受到排斥，并在3世纪的危机中造成了很大的麻烦（"文明开化"的君士坦丁堡市民甚至有用石块袭击伊苏里亚造访者的习惯）。即便如此，利奥一世仍将女儿阿里阿德涅（Ariadne）嫁给了一个伊苏里亚军事首领芝诺。后者于474年继承了利奥一世的帝位。在芝诺统治时期，帝国极其动荡。他不仅要面对敌对的伊苏里亚派系的挑战，还要在色雷斯面对来自哥特人的新一波压力。也正是在他统治时期，帝国丧失了对西部的控制。

芝诺于491年去世。其遗孀决定了下一位皇帝的人选，即已经61岁的廷臣阿纳斯塔修斯（Anastasius）。此人出身于讲拉丁语的世界的边缘地带——伊庇鲁斯，原本是一名优秀的行政官员，曾在埃及任职。阿纳斯塔修斯迎娶了阿里阿德涅，并通过粉碎伊苏里亚人的势力巩固了自己的皇位。他用行动证明自己是一位虔诚的信徒，有史料称他为"好皇帝、关爱修士之人、穷人和受苦人的保护者"。总而言之，他是一位真正的基督教皇帝。在信仰方面，阿纳斯塔修斯虽深受一性论（Monophysitism，详见下文）的吸引，但并不愿把自己的信仰强加于人。然而，他的信仰有悖于正统教义，而且他对东方各行省尤其是对叙利亚的偏爱也冒犯了君士坦丁堡的人民，因为后者总是希望皇帝偏爱他们。

阿纳斯塔修斯最令人瞩目的成就是为帝国稳步积累了大笔财富，黄金从巴尔干和亚美尼亚源源不断地流入帝国，而6世纪时的苏丹也为帝国带来了大批黄金。

自君士坦丁开始铸造的金币苏勒德斯由于币值稳定，几百年来一直在流通。1磅黄金可铸造72枚苏勒德斯金币。阿纳斯塔修斯去世时，帝国的国库储备有3.2万磅（约合14.5吨）黄金。这笔财富说明这个尚属繁荣的帝国有一个高效而稳定的行政管理系统。尽管反映帝国繁荣的经济状况的史料支离破碎，但考古研究表明，沿着叙利亚的石灰岩丘陵地带出现了一个欣欣向荣的橄榄种植区，还有迹象表明，叙利亚的豪兰（Hauran）、巴勒斯坦的内盖夫（Negev）等地区因人口增长而有大片土地被开垦为耕地。即使在帝国的西部崩溃后，贸易仍沿着埃及和北非至君士坦丁堡的轴线继续发展。甚至远在瑞典和乌克兰都有苏勒德斯金币出土。相传这种金币在当时的斯里兰卡远比波斯银币更受欢迎。由此可见，相较于公元400年时，公元600年帝国的经济活动水平并不逊色。①

当时的经济繁荣是通过有效地巩固行政管理系统来实现的，现在已经衰败了的市镇议会被弃之不顾，权力转移到了行省总督手里。那些历经古典时代的城市也像帝国西部那样陷入衰落与崩溃。许多史料都提到城市生活正在丧失活力。例如凯撒里亚的巴西流曾在4世纪末感叹道："如今我们不再开会，不再辩论，广场上不再有睿智者聚集，不再有什么东西能使我们的城市名扬四方……"像阿芙洛狄忒城这样的经常遭受地震的城市在4—5世纪时尚有能力修复地震造成的破坏，但到7世纪时已经丧失重建所需的资源与意志，任由建筑化为一片废墟。11世纪时，威尼斯的船长们从这些毁弃的古代城市废墟中把无人问津的立柱运回家乡。其中一些至今仍装饰着威尼斯城中奢华的大教堂——圣马可大教堂。相应地，教会的影响力与日俱增，其自身就成了大地主。

帝国的赋税制度一直欠缺公平且十分严苛。元老们被免除了某些赋税，而最沉重的负担落在了农民肩上。据记载，抗税者或遭受鞭笞，或被投入监狱，其子女则被卖为奴隶。凭借这套严苛的制度，剩余产品（可折

---

① 对公元7世纪拜占庭帝国经济情况的优秀概述，参见：John Haldon, "Economy and Administration: How Did the Empire Work?" and Kenneth Holum, "The Classical City in the Sixth Century", chapters 2 and 4 in Michael Maas (ed.), *The Cambridge Companion to the Age of Justinian*, Cambridge, 2005。

算为黄金）被源源不断地转化为供养军队与政府机构的资金。君士坦丁堡的市民也仍然能得到免费的粮食供应，这些粮食中的大部分来自埃及。

帝国的防务

帝国政府最沉重的财政负担是防务开支。在战时，防务开支甚至能占财政预算的3/4。东部帝国一直暴露在持续不断的军事威胁之下。君士坦丁堡本身固然固若金汤，但沿多瑙河流域往西的各行省却并非如此，它们先后遭受过哥特人、匈人、保加尔人（Bulgars）、阿瓦尔人（Avars）、斯拉夫人等民族的蹂躏。然而，不像西部，帝国东部的防御政策从没有受到外族人的控制。公元400年君士坦丁堡发生的一场暴动足以说明问题。当时城中的驻军由哥特将领盖纳斯（Gainas）指挥。此人野心勃勃，似乎有意成为东罗马的斯提里科，但君士坦丁堡的居民成功发动了暴动，击败了驻军，盖纳斯也被杀死。皇帝吸取了教训，不敢让军事强人染指盖纳斯的职位。因而东罗马宫廷始终保持着一种文官气质，而非武人作风，并同时使用外交和战争的手段。

可能也正是因为如此，东罗马帝国对待蛮族的策略始终缺乏指向性和连贯性。狄奥多西曾于397年与西哥特人的首领阿拉里克达成了协议，但不久之后又撕毁了协议。类似的情形后来再度上演：狄奥多西二世于443年用重金（6000磅黄金，约合2.7吨）收买了阿提拉率领的匈人，但狄奥多西二世去世之后，继任的马尔西安却拒绝继续支付剩余款项。东罗马的皇帝足够幸运，因为在上述两个例子中，蛮族最终都扑向了西方，并对帝国的西部施加了压倒性的压力。东部无力向西部伸出援手。东部虽曾于468年出兵干涉北非，但以惨败告终。此后，东罗马帝国又于476年坐视奥多亚塞废黜西罗马皇帝的行径。奥多亚塞后来虽被东哥特人的首领狄奥多里克推翻，但绝非因为东罗马皇帝发挥了什么作用。恰恰相反，东罗马帝国由于无力在自己的领土上除掉狄奥多里克，只好把祸水引向西部，听任狄奥多里克在意大利为所欲为。

东罗马帝国还一直面临着来自东方的威胁。萨珊波斯仍拥有强大的实力，且具备强烈的文化优越感（波斯人自视为太阳，而把罗马帝国视作月亮)。尽管两国此时都无意征服对方,但局势仍然剑拔弩张。两国在美索不达米亚一直存在边界纠纷。再往北一些,自古以来就位于两大帝国间缓冲地带的小国亚美尼亚早在4世纪初就已成为基督教国家,并不断向罗马帝国靠拢,从而加剧了这两个帝国间的不信任。而且波斯人一直对当年被迫承认亚美尼亚拥有自治权耿耿于怀,并试图再次把自己的文化与宗教强加给这个国家。

波斯人也和罗马人一样承受着来自北方游牧部落的巨大压力,尤其是匈人的。黑海东南角的拉齐卡(Lazica)因此成了另一个亚美尼亚。波斯人担心游牧部落会从这里威胁里海沿岸的肥沃土地,而罗马人则担心波斯人会从这里向黑海周边地区渗透,进而危及君士坦丁堡。双方在边境地区的摩擦不断,还竞相收买那些边境部落,令彼此之间的不信任有增无减。但由于从未爆发大规模的武装冲突,罗马帝国东部各行省得以如上文所述,在5—6世纪时长期享受着某种程度上的和平与繁荣。

基督教在东罗马帝国

尽管狄奥多西一世曾坚决打击异教,但东罗马帝国许多地区实际上仍信奉着异教,只是逐渐吸纳了基督教。在5世纪的雅典,如普罗克勒斯(Proclus)这样的柏拉图主义者仍能开办学园并举行各种异教仪式,其中就包括对古希腊医药之神阿斯克勒庇俄斯的崇拜,其神庙此时也仍在正常运作。直到6世纪,雅典的哲学学园才最终被查士丁尼关闭,哲学家们亦流落到了波斯。[1]

然而,希腊的古典文化此时已经陷入颓势。至4世纪末,体育馆已彻底在希腊世界消失。书籍的使用明显减少,教会领袖肆无忌惮地辱骂"哲学家"以及希腊的经验主义思想传统。在这一点上,基督教将自己与更古老的前科学思维传统联系在了一起,当然,这种思维在日常生活中一直占主导地位,而保罗对"智慧人的智慧"的攻讦也为这种蜕变提供了支持。各地的神庙或被意志坚定的主教下令关闭,或遭到狂热修士的破坏,而狄

---

[1] 参见:Chapter 5, "The Closing of the Athenian Schools" in Edward Watts, *City and School in Late Antiquity Athens and Alexandria*, Berkeley and London, 2006。

奥多西于4世纪90年代初颁布的法令则为上述行动提供了法律依据。在亚历山大里亚，基督教徒与异教徒间的暴力冲突愈演愈烈，双方均把对方的行为视作对其宗教信仰的攻击。与此同时，具有悠久历史的法老时期埃及的文化也最终被扼杀。菲莱岛上的伊西斯神庙于536年被关闭，卡尔纳克神庙的浮雕与壁画被人用灰泥遮盖，而建筑本身则被改建成了修道院。教会史学家尤西比乌斯欢欣鼓舞地说道："看看上帝的基督赐予了我们什么样的祝福，福音书中他的那些教诲甚至让埃及人的灵魂从如此漫长的盲目中获得拯救，令绝大多数埃及人摆脱了昔日的疯狂……"

基督教的传播与对异教文化的吸收密不可分。在城市里，正是主教们继承了旧时精英阶层所承担的职责。和西部一样，东部的主教大多出身于传统的统治阶层，拥有"教养"，即有闲的精英阶层所应具备的文明开化的行为方式，并把人际关系本身作为一门艺术。主教一旦当选便会终身任职，所以可以把自己打扮成典型的贵族。主教们的宅邸现在建于城市的中心，并且变得越来越金碧辉煌，甚至与当地总督的官邸不相上下。这些意气风发的建筑工程不禁使人想到了2世纪时希腊城市中的那些（甚至可能还建了浴场和桥梁）。主教们作为教堂的建造者，用大理石和马赛克镶嵌画作装饰，这与基督教明确赋予他们的救贫济困的角色之间仍然存在紧张关系。若举止不够得体，主教极易受到攻击。君士坦丁堡主教"金口"圣若望在应酬交际方面十分笨拙，所以尽管他得到了穷人的热情拥护，但还是与宫廷闹翻，并于405年被免职。

旧式城市管理机构的消亡也使主教担负起了维持秩序的责任。他们当中的一些人被任命为城市法官（defensor civitatis）。所以在431年的以弗所公会议上，安条克城主教以忙于镇压骚乱为由为自己的迟到开脱。安条克城的另一位主教在给同事的信中写道："像你这样的主教有责任约束并减少暴民们的任何不受管制的行为。"有时，主教们甚至要保护自己的城市抵御成群的修士抢劫。到6世纪时，许多城市都希望当地的主教能够出面监管城市的财政，或者期待他们能代表城市向皇帝提交该城对行省总督的控告。主教还受到鼓励在道德方面监督世俗的行政机构。

出土于埃及南部的文献能让我们一窥教会与政府间的关系。当时来自努比亚的袭击使大批民众沿着尼罗河向北逃亡，沦为难民。一位名叫舍努特（Shenoute）的修道院院长用院内的粮食赈济难民，长达3个月之久。帝国当局承认他的做法，并豁免了这座修道院所有土地的赋税。在更南方的边境地区，主教赛伊尼的阿比翁（Apion of Syene）恳请皇帝派遣更多的军队保卫其教堂与人民。请愿书被辗转送至狄奥多西二世手中，并在得到皇帝的亲自批复后，转给在埃及南部指挥军事行动的将领实施。上述两个事例中，教会的倡议都得到了国家的回应。

381年的君士坦丁堡公会议虽然通过了新的正统教义，但难以强制推行。形形色色的"阿里乌教派"仍具有强大的影响力。许多拥有地方基督教敬拜传统的社群①也拒绝接受远在天边的皇帝所颁布的敕令。教会又围绕着基督的本质展开了新的论战。尼西亚信经强调了基督具有神性，被确立为正统教义，但它又引发了另一个问题：耶稣在何种程度上与圣父同质，从而能够调和他的神性与人性。428年出任君士坦丁堡主教的聂斯脱里（Nestorius）认为，基督是神性与人性同时存在于同一具躯体内的一个人。聂斯脱里倾向于强调基督的人性，例如，他认为基督是作为一个人在十字架上受刑的（否则基督到底要经历什么才能拯救我们？）。聂斯脱里的观点遭到亚历山大里亚主教西里尔（Cyril）的激烈反对，后者认为基督尽管以人的形态显现，其神性也是第一位的。（此次教义之争因亚历山大里亚对君士坦丁堡地位提升的怨恨而进一步激化。）西里尔强调基督神性的观点后来被称作一性论。与这场争论交织在一起的是一个有关耶稣之母玛利亚的正确头衔的附加问题。西里尔及一性论者希望教会宣布玛利亚为圣母（theotokos）。聂斯脱里虽更倾向于将之称为人母（anthropotokos），但准备接受一个折中的称呼——基督之母。

由于接受被皇帝认定为正统教义的人能够得到免税待遇和庇护，这些神学争论也因此加剧了。教义之争很容易蜕变为对资源的争夺。拿先索斯的贵格利曾对某两位主教间的冲突做出如此评价："灵魂问题只是借口，控制……赋税才是其目的，后果就是让整个世界陷入可悲的混乱。"这些

---

① 许多碑铭显示，这种情况在安纳托利亚地区尤其突出，参见：Stephen Mitchell, *Anatolia: Land, Men and Gods in Asian Minor*, 2 volumes, Oxford, 1995。

争端可能会扰乱帝国的良好秩序,这也是皇帝们力主制定一种能被普遍接受的正统教义,并热衷于用宗教会议的方式解决争端的原因。431年,以弗所公会议承认玛利亚为圣母(以弗所一直被认为是玛利亚度过余生的地方),由此含蓄地谴责了聂斯脱里。(有趣的是,以弗所原有一座巨大的狄安娜神庙,该神庙似乎就是在此时拆除的,狄安娜有着不亚于玛利亚的地位。)被西里尔排除在大会之外的聂斯脱里被迫终生流亡,其著作也被狄奥多西于435年下令焚毁。然而这场论战并未就此结束。新任亚历山大里亚主教狄奥斯库若(Dioscorus)在449年召开的第二次以弗所公会议上,把一性论强加给与会的各位主教,因此这次会议立即被罗马城的教宗利奥一世谴责为"强盗会议"。

实际上,帝国政府并未过多地干预这两次会议。但新任皇帝马尔西安却从中吸取了教训,于451年再次召开了一次宗教大会,会议地点定在与君士坦丁堡隔海相望的卡尔西顿。被誉为"新君士坦丁"的马尔西安亲自主持了大会的关键议程,并让大会的进程处于帝国官员的严密控制之下。此次大会最终宣布,基督同时具有神性和人性(这一表述来自利奥),在同一个不可分割的人体内。此结果其实与聂斯脱里最初的主张十分接近。作为向西里尔的支持者做出的让步,玛利亚的圣母头衔得到确认。

卡尔西顿信经受到了西部地区的欢迎(至今仍是西方各个教会的正统教义)。尽管教宗利奥一世未出席此次会议,但会议显然采纳了他的许多观点,并承认罗马教宗拥有凌驾于所有主教之上的至尊地位。然而,他对确认君士坦丁堡主教应该是仅次于罗马主教的第二权威感到恼火。亚历山大里亚和安条克的主教同样不喜欢这个决定。

教会内部的其他冲突同样旷日持久。卡尔西顿公会议的妥协立场使双方的极端分子都受到孤立。有一个宗教团体受到叙利亚东部城市埃德萨(Edessa)的神学家的启发,继续强调基督具有独特的人性。(他们有时被称为聂斯脱里派,但他们对基督的人性的强调已远远超过了聂斯脱里本人的主张。)最终,该教派成立了独立的东方亚述教会(Assyrian Church of the East),其支持者大多生活在波斯境内。该教会成功存续了数百年,甚至设法于13世纪前往遥远的中国传教。与此同时,在埃及和叙利亚,大批一性论的追随者继续坚持其信仰，另行组织了独立的科普特教会和叙利亚正教会。

卡尔西顿公会议造成了教会的分裂，皇帝用一个统一教会团结人民的计划亦随之破产。论战过程充斥着暴力与恐吓，各方丝毫没有妥协的意愿。一性论的追随者尤其不肯妥协，而任何试图与之和解的举动又会激怒西部地区的教会。它为东、西方的基督教会最终于1054年彻底决裂奠定了基础，而这种分裂的局面一直延续至今。

查士丁尼

阿纳斯塔修斯于518年去世，来自巴尔干半岛的宫廷卫队指挥官查士丁继承了帝位。他是一个年近70岁的讲拉丁语的老兵。他自己几乎不识字，收养了富有学识的外甥查士丁尼为继承人。后者于527年顺利继承了帝位，就这样开启了古代晚期最令人难忘的一段统治时期（527—565年）。查士丁尼继承了一个稳定而繁荣的国家，但西部的损失一直困扰着它，特别是因为它已落入信奉异端的部落的控制之下。他有一个愿景，即收复帝国故都以及西部任何能被收回的领土，通过复兴罗马帝国来将自己的荣誉提升到新的高度。他要让罗马帝国重新统一在正统基督教的旗帜之下，因此要消灭信奉阿里乌教派的各蛮族王国。查士丁尼渴望创造历史，但尽管他治下的那个帝国是繁荣稳定的，它却长期承受着来自东方和北方的压力，以及更难以预料的地震、干旱、瘟疫等自然灾害。查士丁尼的雄心壮志很有可能最终只是削弱了帝国。学术界至今仍在讨论这位皇帝需要为帝国的衰落承担多少责任。把过错全部归咎于查士丁尼显然有失公允，皇后狄奥多拉对他的影响同样不可小觑。这个美丽、世故且无比自信的女人原本只是他的情妇。

查士丁尼的法典

查士丁尼的第一项"伟大"成就是编纂罗马法法典。罗马法经过500多年的发展已过于庞杂，囊括了历代皇帝颁布的敕令与法学家们的见解，令法律条文当中存在大量矛盾或不明之处。对查士丁尼而言，建立一套基于罗马法传统、自洽的法律体系，对于巩固自己的权威以及维护帝国的长治久安均具有重要意义。528年，查士丁尼开始着手编纂法典，由学识渊博的官员特里波尼安（Tribonian）具体负责。查士丁尼的法典包括3个部分。第一部分名为《法典》（Code），是历代皇帝所有敕令的汇编。从此以后，法庭只依据《法典》的条文进行审判。《法典》的第一版于529年面世，但现存最早的版本是颁布于534年的第二版。第二部分名为《学说汇纂》（Digest），对法学家们的司法意见进行了编辑和整理，把300万字的材料凝练成为一部100万字的著作。

《学说汇纂》象征着查士丁尼决心按照罗马式的原则而非希腊式的原则令帝国在行政治理方面实现整齐划一。该著作还有意识形态上的考虑，即把皇帝尊为一切法律的终极来源。因此官僚系统当中那些不满查士丁尼者抱怨他是潜在的暴君。查士丁尼禁止他人再对《学说汇纂》评注，以避免出现新的歧义，因此在使用它时也不得再做进一步的解释（但可以被翻译为希腊语）。为使司法人员正确运用《法典》与《学说汇纂》，特里波尼安又为学习法律的学生编撰了教科书，即查士丁尼法典的第三部分——《法学阶梯》（Institutes）。《学说汇纂》与《法学阶梯》均颁布于533年，最初全部以拉丁语写成，但之后收录的法律均使用希腊语撰写。这既表明拜占庭帝国正在转变为一个希腊语国家，也说明帝国的法律并非一成不变，而是为了应对新的挑战而不断改进。

令人感到奇怪的是，这部彰显皇室权威的巨著如今仅存一部6世纪时期的抄本，于1070年在意大利被人发现（现存于佛罗伦萨的劳伦齐阿纳图书馆）。那些新兴的城邦立刻意识到了法典的重要性，尤其是《学说汇纂》在意大利各城邦格外具有影响力，因为这部著作承认了财产权的概念与法律面前人人平等的原则。它之后又成为法、德、南非等国法律传统的一部分。

尼卡暴动

查士丁尼为了集权与简化行政部门而任用了一批酷吏，其中最著名的是卡帕多西亚的约翰（John the Cappadocian）。此人虽然受教育程度有限，但意志坚定，对达官显贵毫无畏惧。5世纪时，贵族大地产的数量出现了显著增长。这些大地产所有者把税务部门肆意玩弄于股掌之间，甚至获得了监督征税工作的特权！约翰动手摧毁了他们所享有的免税特权，以及他们与官员之间的紧密关系。主教们被进一步授权向君士坦丁堡检举本地的腐败案件，而行省总督则被命令不得向当地豪强低头。继续公然对抗约翰者甚至可能被处以羞辱性的鞭刑。与此同时，约翰还精简了行政人员，甚至打破君士坦丁创立的传统，将一些文职和军事职位合并。

不出所料，约翰的严苛引起了专业人士阶层的不满，加之532年君士坦丁堡因食物短缺而动荡不安，令支持他们的民众与日俱增。通过鼓励蓝绿两党将长久的敌意集中在对方身上，竞技场中的暴力冲突本来规模有限，但当当局决定绞死两党支持者各一人时，两党却联合起来反抗政府（并以"尼卡"［Nika］为口号，意为胜利）。骚乱蔓延至全城。政治观念仍十分传统的民众甚至试图推举出另一位皇帝。查士丁尼的意志出现了动摇，解除了约翰与特里波尼安的职务，并亲临赛车场的皇室包厢接受民众的指责，但这些举措全都无济于事。若非皇后狄奥多拉用她那句名言——"皇家的紫袍同样也适合作裹尸布"——坚定了他的决心，查士丁尼可能早已狼狈逃离君士坦丁堡。最终贝利萨留（Belisarius）、纳尔塞斯（Narses）等将领率领部队对距皇宫咫尺之遥的赛车场发动突然袭击，制造了一场骇人听闻的大屠杀，可能有3万名市民因此丧生。查士丁尼获救了。

此前从未有哪位罗马皇帝像查士丁尼这样野蛮地镇压首都民众。这次经历必定令他警醒。尼卡暴动与他次年下令远征北非之间是否有关联，如今已难以考证。查士丁尼虽对军事了解不多，但对战争却并不陌生。在他即位的最初几年，他的帝国便与波斯在边境地区展开了一系列战斗。战火由北方的拉齐卡一直延烧到南方的阿拉伯半岛。同一时间，他还在多瑙河边境指导了一场防御战，并在黑海沿岸与匈人爆发了冲突。由于上述战斗并未对帝国造成太大压力，于是光复西部、"拯救"遭受阿里乌教派迫害的正统派信徒的雄心占据了上风。早在532—533年，查士丁尼便与波斯新国王霍斯劳（Khrusro）缔结了所谓的《永久和约》（Eternal Peace）。在一大笔贡金的担保下，它让查士丁尼可以放手西进。或者因为查士丁尼在镇压尼卡暴动之后开始自以为无所不能，或者他需要用胜利博取民心，无论动机如何，他已经做好了在北非和意大利发动战争的准备。

北非与意大利的战事

鉴于帝国于468年遭受过惨败，查士丁尼的顾问们警告他进攻北非的汪达尔人是一次风险极高的军事冒险。但战争的结果却证明他们的恐惧毫无道理。查士丁尼的将军贝利萨留率领1万名步兵和5000名骑兵在突尼斯湾登陆。由于帝国事先在撒丁岛煽动暴动，因此那里吸引了许多汪达尔人的军队。两场战斗过后，汪达尔人对北非的控制便土崩瓦解，这个民族也很快消失得无影无踪。这再次表明了他们在当地的统治根基非常薄弱。（有一种推测是，被击败的汪达尔人逐渐被吸纳进了征服者的军队。）汪达尔人的国王盖利默（Gelimer）被解往君士坦丁堡，并在一场颇具共和国遗风的凯旋仪式中被游街示众。北非居民曾一度感到欢欣鼓舞，但随即发现自己迎来了一个说希腊语的政府，双方颇不协调。沉重的赋税和游牧部落的袭扰阻碍了北非各行省恢复繁荣。其经济状况直到公元7世纪才有所改善。7世纪末，阿拉伯人征服北非，终结了东罗马帝国对当地的控制。

查士丁尼因为北非的捷报而倍受鼓舞，遂于535年试图进军意大利。尽管他的动机——消灭阿里乌教派、光复西部罗马帝国——与之前相同，但意大利的情况却与北非迥然不同。东哥特人顽强抵抗，当地居民也对来自东部的说希腊语的"拯救者"摇摆不定。而且，拜占庭军队虽仍由贝利萨留率领，但兵力只有征服北非时的一半。种种因素使这场战争持续了近20年。在形势最危急时，贝利萨留被围困在罗马城中（哥特人切断了罗马城的引水渠，最终致使城中的浴场被关闭），直到另一支仅有5000人的拜占庭部队逼近了东哥特王国的都城拉文纳，贝利萨留才得以解围。经过艰难的谈判，拉文纳于540年开城投降，但双方并未达成任何永久协定，而且意大利北部各城市仍在后者的统治之下。战火很快重燃，而此时查士丁尼正面临波斯人在帝国东部边境造成的压力。直到554年东罗马帝国才取得战争的最终胜利，但意大利北部随即又遭到了伦巴第人的入侵。伦巴第人赶走了东罗马军队后，在波河河谷建立了自己的王国，并一直维持到了744年（今日意大利北方的分离主义者的主张就是对这段历史的一种呼应）。东罗马帝国在意大利仅保有罗马城和拉文纳，以及两城之间的一条狭长地带，此外还有零星分布于各地的一些城市和堡垒。史家普罗柯比（Procopius）详细记载了伴随战争而来的大范围的饥荒。查士丁尼光复罗马帝国西部的努力对他矢志保卫的社会造成了巨大破坏。此后，除了在西班牙干涉西哥特人的一次内战，这位皇帝再未在海外进行任何军事冒险。

凯撒里亚的普罗柯比

在反映查士丁尼早期统治的史料当中，内容最全面的作品出自普罗柯比之手。此人的家乡凯撒里亚（位于巴勒斯坦）是一座大都会，分布着大量基督教和犹太人社群，在6世纪时是著名的教育中心，而海滨地区的考古发掘显示，它也是繁荣的贸易城市。普罗柯比虽出身于信奉基督教的精英阶层，但其早年生活不为人知。527年，他突然登上历史舞台，成为查士丁尼麾下最杰出的将领贝利萨留的幕僚。普罗柯比追随贝利萨留东征西讨，得以亲历东方、北非以及意大利的战事（536—540年）。542年，普罗柯比来到君士坦丁堡，并在此度过了余生当中的大部分时光。他可能曾于546—547年重返意大利，但他由于失去了皇帝的青睐而可能再未担任其他官职。普罗柯比的作品应该都是554年前写成的。

普罗柯比有3部主要作品传世。其中最重要的当数《战记》（*The Wars*），主要记述了查士丁尼在东方、北非、意大利的战事，并详细记载了军队编制、战斗经过和相关人物。书中大部分内容都来自第一手材料。普罗柯比师法修昔底德，他对君士坦丁堡瘟疫的记载不禁使人联想到修昔底德笔下的雅典瘟疫。而普罗柯比也像修昔底德一样，其作品的吸引人之处来自他对重大事件的生动描述。该书的开篇即具备了一切引人入胜的要素，比如作者心目中的英雄——贝利萨留——摧毁汪达尔王国后返回君士坦丁堡欢庆胜利。然而在之后的几卷中，波斯人洗劫了安条克城，君士坦丁堡爆发了瘟疫（见下文），意大利的战事陷入僵局，作者的乐观精神逐渐褪去，对帝国政策的幻灭感越来越强烈。普罗柯比和他那个阶层的大多数人一样，天生对皇帝的野心与专制统治抱有怀疑（他甚至曾把查士丁尼比作著名的暴君图密善）。他的不满日积月累，并最终在《秘史》（Secret History）之中得到了彻底的宣泄。该书可能完成于550年左右（比《战记》略早），是普罗柯比最为著名的作品，其中充斥着对查士丁尼的刻薄批评（他在一定程度上也批评了贝利萨留），但后世读者更津津乐道于书中对皇后狄奥多拉早年作为马戏团女演员的放荡生活的描述。普罗柯比当然从未打算在查士丁尼在世时发表其《秘史》，这与他的第三部作品《建筑》（The Buildings）形成了鲜明对比。《建筑》是一部露骨的歌功颂德之作，可能同样完成于6世纪50年代初，热情洋溢地赞美了皇帝兴建圣索菲亚大教堂以及其他教堂（但也有大范围的防御工事）的丰功伟绩。

普罗柯比在写作时有意恪守希腊古典文学传统，根据自己的创作意图选择使用批判或歌颂的既定模式。当代学者阿弗里尔·卡梅伦曾对普罗柯比的作品进行解构，其研究结果表明这3部作品在上述传统中具有内在的统一性。普罗柯比的目标读者是精英阶层的少数人，这些人熟知这些创作规则，不会像后世读者那样困惑于这3部作品之间的明显差异。然而，此传统也对普罗柯比的作品形成了约束，它们主要关注世俗的历史。神学论战在当时极为普遍，而精神信仰也是查士丁尼控制民众的重要手段，但普罗柯比却对宗教着墨不多。[①]

普罗柯比的另一大缺陷是视野狭隘。当他记述尼卡暴动时，参与暴动者在他眼中就是一群乌合之众。这一看法或许是他所属的那个社会阶层最正常不过的反应，但显然令他难以把此事置于某种有机的政治框架中加以分析。此外，普罗柯比对于查士丁尼的疑虑是可以理解的，但他过于放大了这种心态，从而无法真正理解其发动战争的动机。上述缺陷进而暴露出了普罗柯比著作的一个整体性缺陷，即他无法构建起历史事件间的因果关系。他把胜利归因于上帝的青睐和领导者的个人品格，而在记述失败

---

① 参见：Averil Cameron, *Procopius and the Sixth Century*, London, 1985。

时，例如波斯人在540年将安条克城夷为平地，他只能不知所措地发表关于命运的陈词滥调。即便如此，普罗柯比仍不失为一位重要的史家。甚至可以说，他的著作作为史料极为出色，对查士丁尼的统治的生动描写能使每位读者过目难忘。尽管此后又有一两位史家续写他的作品，但他可谓古典史学传统的最后一位代表。此后的史书完全是从基督教的视角书写的，圣经于是成为过去的事件的史料的主要来源，而上帝则成为推动历史事件发展的动力。

圣索菲亚大教堂

尼卡暴动对君士坦丁堡造成了巨大的破坏。城市中的仪式汇合地点梅塞大道（Mese）两侧的许多公共建筑物都被摧毁了。在这些化为废墟的建筑当中就有圣索菲亚大教堂（字面意思为"神圣智慧大教堂"）。该教堂兴建于君士坦丁时期，历来是皇帝与牧首在教会重大节庆时会晤的场所。查士丁尼踌躇满志地想要重建该教堂，并使之成为基督教世界中最令人惊叹的奇迹，即使这种表面上的虔诚与他作为皇帝利用这个机会进一步产生影响的决心是分不开的。重建后的圣索菲亚大教堂至今仍巍然屹立于伊斯坦布尔，无疑是现存最伟大的古代建筑之一（只有雅典的帕特农神庙和罗马的万神殿可与之比肩）。大教堂的主体结构是一个由4座大型柱墩支撑的巨型圆顶，柱墩之间则用拱券结构相互连接。现在的穹顶最高处距地面55米（最初建成的穹顶曾发生崩塌，563年重建）。连接柱墩的拱券结构与穹顶之间的空间使用球面三角形结构加以填充，以便更好地支撑穹顶。这样的结构让拱券下方的空间可以被自由利用，所以在东西两个方向上各建造了一个半穹顶以填充这些空间。东侧的半穹顶被扩建成一座半圆形的后殿，西侧的半穹顶则被设置为入口，并与一座开放式回廊相连，南、北两侧的拱券被融入了双层拱廊结构。在古代，整座教堂被大理石（教堂的前厅还有残存的痕迹）和马赛克镶嵌画覆盖。

圣索菲亚大教堂没有确切的先例。有些研究者从中发现了来自罗马的影响，认为该教堂是罗马广场附近的马克森提乌斯会堂的中央大殿与万神殿的穹顶相结合的产物。另一些研究者则认为其先例来自波斯。教堂的设计者是特拉勒斯的安提莫斯（Anthemius of Tralles）和米利都人伊西多尔（Isidore of Miletus）。后者是一位物理学家，专研拱顶与穹顶。人们显然期望他们能够拿出具有原创性的设计，而查士丁尼本人对他们的设计最感兴趣。他们安放穹顶的方法新颖，并在结构工程方面为拜占庭人做出了最重要的贡献。

圣索菲亚大教堂所营造出的空间感与神秘感及其无与伦比的奢华，令当时的参观者目眩神迷。普罗柯比称教堂的穹顶仿佛高悬于空中。另一位早期的仰慕者诗人"示默者"保罗（Paul the Silentiary）有感于教堂内

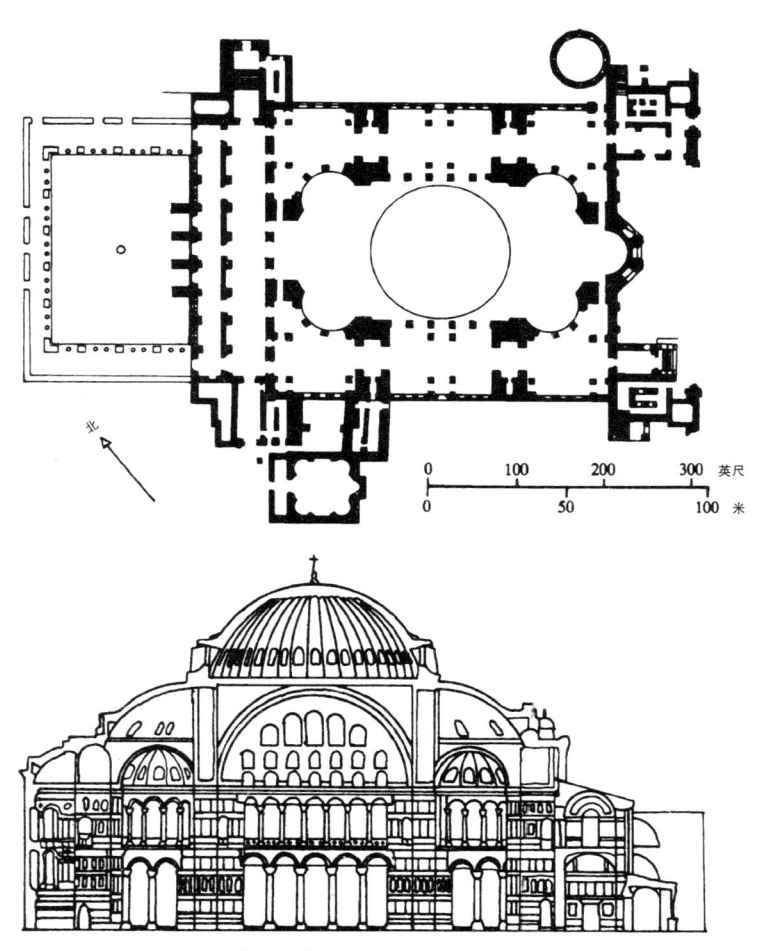

插图13　君士坦丁堡的圣索菲亚大教堂，建于532年至537年。从其平面图和剖面图中可以看出其设计的气派与复杂程度。普罗柯比曾描述，巨大的穹顶犹如高悬于天空。

充沛的光线，提笔写道："平静而晴朗的天空欢喜地向所有人敞开，驱散了笼罩灵魂的迷雾，圣光照亮了一切。"即使这座建筑如今已失去了很多装饰，却仍能令每一位游客惊叹。相传查士丁尼在视察该教堂时曾说道："所罗门，我已将你超越。"这不是毫无道理的。奥斯曼帝国最伟大的建筑师希南（Sinan）也曾为该建筑的雄伟壮丽倾倒。

查士丁尼在君士坦丁堡及整个帝国境内兴建了无数教堂，圣索菲亚大教堂只是其中之一，甚至可能并不是最具影响力的那一座。君士坦丁堡有一座圣使徒教堂。该教堂的主体结构呈十字架形，在"十字架"的中心和四臂各建有一座穹顶。威尼斯的圣马可大教堂便受到了该教堂的影响。近期对更早的圣波吕欧克图斯教堂（Church of St Polyeuctus，建于6世纪20年代）的考古发掘显示，它预示了圣索菲亚大教堂的雄伟壮丽。同时期的教堂还有帕罗斯岛的百门教堂（Church of the Hundred Gates），以及狄奥多拉在以弗所兴建的一座大教堂。查士丁尼兴建的其他建筑，有些使用了方形穹顶，有些则沿用了会堂的传统形制。坐落在西奈山山脚下的防御墙后的埃及圣凯瑟琳隐修院得名于亚历山大里亚的一位著名的女圣徒。相传她在殉教之后被天使带到了此处。这座修道院令人惊叹的教堂就是会堂式建筑，此外，叙利亚边境地区也散布着一些较小的会堂式教堂。拉文纳的圣维塔大教堂尤其是查士丁尼的一大成就（就建筑本身而言，这座教堂与更早的君士坦丁堡的圣谢尔盖和巴克斯教堂有异曲同工之妙），一幅描绘一众侍从簇拥着皇帝本人及皇后狄奥多拉的马赛克镶嵌画是该教堂的一大荣耀。

查士丁尼的晚年

在《建筑》一书中，普罗柯比给予查士丁尼营建的防御工事的篇幅比教堂要多（但考古证据表明，这些防御工事的营建工作其实大多始于阿纳斯塔修斯在位时期），这表明帝国持续面临着军事压力。尽管帝国在北非和意大利取得了辉煌的胜利，但在540年之后却遭遇了一系列的惨败，令之前的胜利黯然失色：波斯人对帝国第二大城市安条克城造成了毁灭性的破坏（安条克从此再未恢复昔日的繁荣）；色雷斯先后遭到匈人、保加尔人和斯拉夫人的洗劫；意大利的战局急转直下。此外，后来反复爆发的腺鼠疫首次爆发。此次瘟疫最先起于埃及，而后扩散到了叙利亚和小亚细亚，并最终于542年传播到了君士坦丁堡。有一种理论认为，印度尼西亚的喀拉喀托火山（Krakatoa）的大爆发导致了全球气候恶化——世界许多地区的树木年轮在530年至550年间生长异常可以佐证这一点——由此引发的饥荒导致当时的民众免疫力低下，更容易受到传染。仅凭考古证据难以推测此次瘟疫究竟对帝国造成了怎样的冲击。但据估计，疫情最严重的城市可能丧失了1/3乃至半数的人口。尽管帝国的人力资源和士气可能因瘟疫而遭受巨大打击，但也为幸存者带来了一些意料之外的好处。一份皇帝的敕令指责当时工匠索要的工钱是平常的2至3倍。

有一些证据表明意大利的战事曾一度受到疫情的影响，这使帝国在6世纪50年代重新夺回了主动权并取得了一些更加引人注目的胜利。561年，拜占庭与波斯缔结了一份为期50年的和约。该和约承认了拜占庭对拉齐卡地区的控制。意大利的战事也已于50年代达成了令皇帝心满意足的结果。只有北方边境令帝国束手无策——保加尔人、阿瓦尔人和斯拉夫人蜂拥而至，不但深入希腊，有时甚至会兵临君士坦丁堡城下。正是在这一时期，希腊各城市陷入长期的衰落。斯拉夫人和阿瓦尔人于582年袭击了雅典，斯巴达、阿哥斯等古城被废弃，科林斯的居民则躲进了科林斯卫城。对付这些民族的唯一办法就是使他们互相牵制，于是帝国在6世纪中期开始利用外交手段在他们中间制造敌意。例如，君士坦丁堡于557年隆重款待了一个阿瓦尔人使团，双方签约结成了盟友。这些阿瓦尔人继续征服了多瑙河以北的多个部族，尽管他们后来反过来向帝国索要更多的津贴。

皇后狄奥多拉于548年去世。查士丁尼此时已66岁。一般认为，他此后不再过问政事，而是专注于宗教。（有人将他与夜以继日在埃斯科里亚尔修道院的办公室辛勤工作的西班牙国王腓力二世做对比。）他的得力助手特里波尼安和卡帕多西亚的约翰皆于542年去世。当时瘟疫正在君士坦丁堡蔓延。这位皇帝此后无疑越来越沉湎于宗教仪式，而君士坦丁堡俨然成为一座巨大的舞台，随着皇帝的一举一动在上演着五光十色的宗教庆典。然而6世纪50年代查士丁尼在北方的外交活动表明，他仍牢牢掌握着决策权与外交事务。

查士丁尼投身宗教事务之后便再未抽身离开，并决心一劳永逸地解决围绕着基督的本质展开的论战。然而，统一教义的工作受到来自一性论教派的阻力，该教派在帝国东部各行省仍十分强大。早在6世纪30年代，查士丁尼就曾试图使一性论教派当中的温和分子回归正统教会。他满怀希望地对（东方教会宣扬的各种）"聂斯脱里主义"展开了新一轮谴责，以为这样可以让一性论教派团结在自己身边。他还指出，有3位5世纪时期的主教的作品具有聂斯脱里教派色彩，因此也应予以谴责。这便是所谓的三章案。然而，451年的卡尔西顿公会议已经洗清了这三位主教的异端嫌疑，因此对这三人的任何谴责都将动摇此次大会的权威。

但查士丁尼还是于553年在君士坦丁堡再次召集会议，以期解决上述问题。在查士丁尼的威逼下，出席此次大会的主教们接受了皇帝对这些文本的解读。此次会议的结果正如学者朱迪思·赫林所评价的那样，是"政治图谋与皇权干涉的一次空洞的胜利"，并令西部的教会大为恼火，因为那里的主教们坚信，皇帝无权因一时的心血来潮而废止卡尔西顿公会议的决议。东（东正教）、西（天主教）方教会朝着决裂的方向又迈进了一步。一性论教派不仅未与君士坦丁堡达成和解，反而促使它们继续发展自己的教阶体制。还有一个人也成了553年君士坦丁堡公会议的牺牲品。他便是早期基督教最伟大的神学家之一——奥利金。他因其柏拉图主义的立场和对地狱之火的否定而被斥为异端。[①]

拜占庭帝国的出现

许多学者把拜占庭帝国出现的时间追溯到君士坦丁的时代，因为他把基督教与罗马帝国取得的成功结合在一起，并把君士坦丁堡定为帝国的新都。（君士坦丁堡建在希腊城市拜占庭之上，Byzantine则得自该城的名称。）另一些学者则把查士丁尼的统治视作历史的转折点。到6世纪晚期，东罗马帝国已由古典时代过渡到了拜占庭时代，此时的世界已被基

[①] 参见：Patrick Gray, "The Legacy of Chalcedon: Christological Problems and their Significance", chapter 9 in Michael Maas (ed.), *The Cambridge Companion to the Age of Justinian*, Cambridge, 2005。

督教主宰，被敌人困扰的专制国家努力维持着希腊文化。拉丁语在查士丁尼去世之后便逐步退出了历史舞台。629年是一个标志性的时刻，希拉克略（Heraclius，610—641年在位）正式把自己的皇帝头衔由拉丁语的imperator改为了希腊语的basileus。此时各种官衔也是希腊语的，比如最高武官此时是strategos，最高文官则是krites。

至此，帝国变得更具基督教氛围。各城市几乎把全部资源都用于建造基督教建筑。查士丁尼于535年在其位于达契亚行省的故乡设立了一座城市，即查士丁尼第一城（Justiniana Prima，位于今斯科普里市附近）。该城建有1座主教座堂和7座大教堂，却仅有1座较小的浴场。基督教的礼拜仪式以及为之伴奏的音乐成了文化的重要组成部分。当时兴起一股宣扬上帝的不可知性的思潮。一位被称作伪狄奥尼修斯的神秘主义作者的著作把这一思想展现得尤为淋漓尽致。人们最初认为此人是保罗的追随者，但当今学术界推测他生活在公元500年左右。伪狄奥尼修斯认为，神的存在远远超越人类理性的猜测："那些揭示神的智慧的真理是神秘的，对普罗大众而言，是神圣的、不可言明的、不可触及的。"

自此以后，理性在把握基督教信仰中那些"不可言明的奥秘"方面不再重要。查士丁尼对君士坦丁堡的居民发出警告，城中频发的地震喻示着上帝的愤怒，为了平息上帝的怒火，人们需要过一种更为有德的生活。直到1000年后，人们才认为地震可能是由自然原因造成的。圣像在社会各个阶层越来越流行。所谓的圣像即基督、圣母或各种圣徒的画像，通常绘制在木板上。最受人尊敬的一些作品被认为"并非出自凡人之手"，且具有引发神迹的能力。626年，君士坦丁堡遭到敌人的围攻。当地人于是当着敌军的面举着各种圣像游行，围着城墙举着圣母玛利亚的肖像。君士坦丁堡最终化险为夷。

随着领土的缩小与对外联系的减少，拜占庭统治者的视野变得越来越狭隘，整个帝国也变得越来越封闭。与此同时，帝国遭到了来自北方和东方的无情攻击。7世纪初，不仅多瑙河边境的防御彻底崩溃，波斯人也取得了最为辉煌的一次胜利，一举攻克了耶路撒冷和亚历山大里亚。小亚细亚遭到洗劫，甚至君士坦丁堡都岌岌可危。然而，当希拉克略篡夺帝位之后,帝国令人震惊地大举收复失地,并让萨珊波斯濒临崩溃。庆祝胜利的方式也不再像一个世纪前的贝利萨留那样举办一个罗马式的凯旋式,而是把真十字架(True Cross)的一块残片送还光复后的耶路撒冷。当希拉克略身穿皇帝的华服走近耶路撒冷时,城门关上了。只有当他谦卑地脱到只剩内衣站在门前时,大门才奇迹般地重新开启。由此可见,甚至皇帝现在也必须在上帝面前保持谦恭。

然而,希拉克略刚刚庆祝完毕,从南方就来了一场完全出乎意料的攻击。阿拉伯半岛的沙漠里一直散居着许多游牧部落。他们共享一种由诗人和说书人在他们中间传播的丰富多彩的语言,但他们的资源不足以建立一个稳定的国家。然而也正是由于没有国家,他们才能够被共同的目标团结在一起。来自古莱什(Guraysh)部落的穆罕默德就为他们提供了这样一个目标。他于610年前后开始在故乡麦加(Mecca)传教。此地毗邻红海,北距拜占庭帝国边境1600千米。穆罕默德以《古兰经》(Koran)的形式把真主的启示传达给人类,该启示即人们必须服从于真主的意志,并通过吉哈德(jihad)实践真主的启示("伊斯兰"的称谓即源于"服从"一词)。

尽管吉哈德常被翻译为"圣战",但该词在表达"使用暴力"的同时,也具有"保持身份或启示"的含义。622年,穆罕默德及其支持者向北迁徙(hijra)到了麦地那(Medina)绿洲,以寻找新的安居之地。此次迁徙标志着伊斯兰历法的开始,也把穆罕默德及其追随者转变为一个拥有武装的政权。他们创造了他们自己的历史(其方式类似于基督教徒对《希伯来圣经》的挪用),自称为亚伯拉罕(伊斯兰教中称之为易卜拉辛)的真正后裔。对于同样十分崇敬亚伯拉罕的基督教徒和犹太人而言,穆罕默德及其追随者难以归类。据说,希拉克略当着阿拉伯使团的面如此评论道:"这个民族就好像夹在白昼与夜晚之间的黄昏,既无阳光照耀,又不完全笼罩在黑暗中……因此他们既不会被基督的圣光照亮,也不会被偶像崇拜的黑暗笼罩。"

632年,穆罕默德去世。在其继任者阿布·伯克尔(Abu Bakr,632—634年在位)与欧麦尔(Umar,634—644年在位)的带领下,穆斯林向北

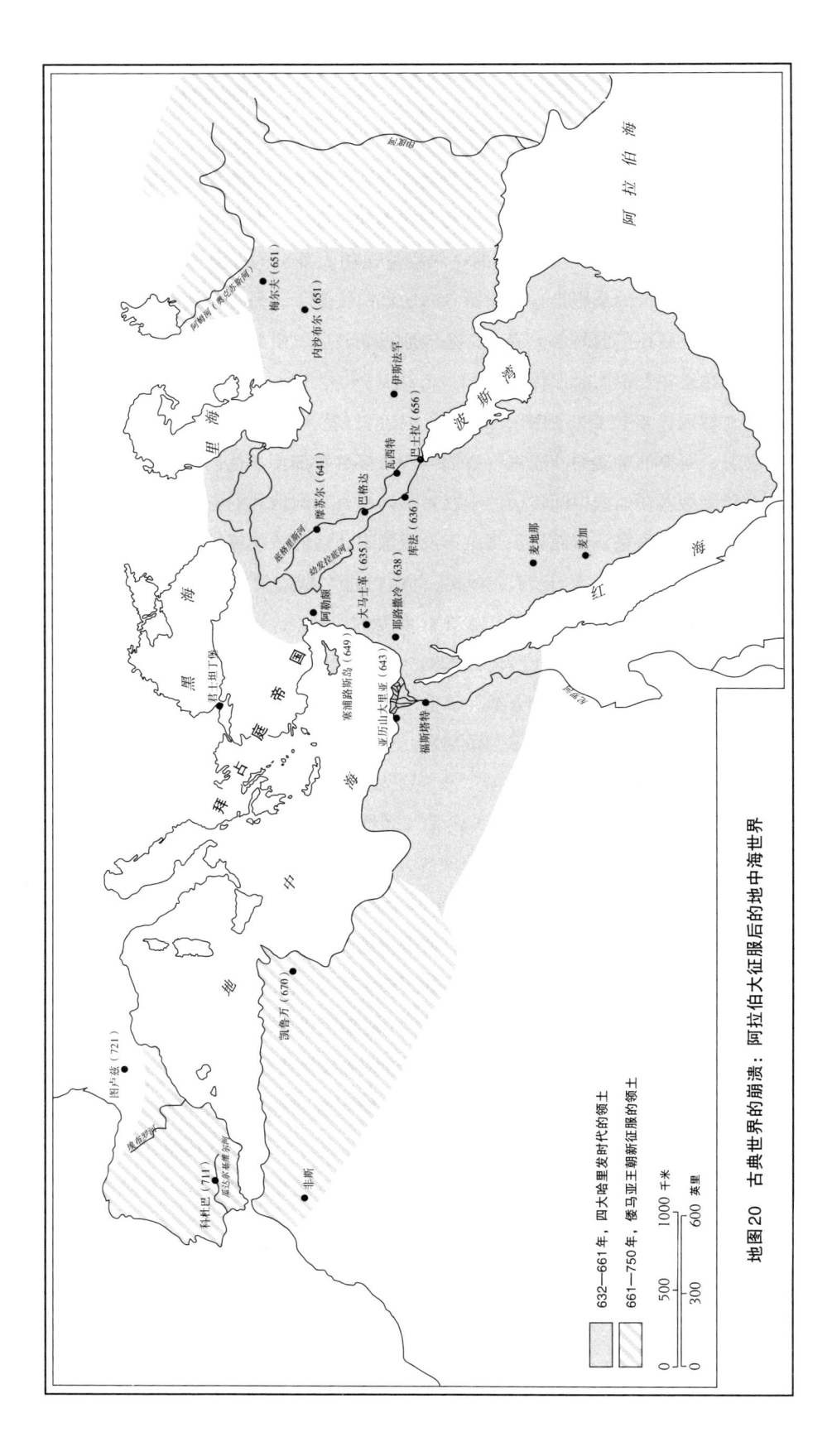

地图 20 古典世界的崩溃：阿拉伯大征服后的地中海世界

方发动了一系列闪电战。游牧部落善于作战和快速移动,但在受到挑战时往往会后退。伊斯兰教的不同之处在于,它给了阿拉伯人一种凝聚力很强的共同体(乌玛)意识,他们在征服后能够保持这种意识。然而,拜占庭帝国大片领土的丧失令人震惊。皇帝们虽从波斯手中收复了南方各行省,但没有足够的时间恢复当地的秩序。当地占主要人口的一性论信众仍然对君士坦丁堡试图强加正统教义的举措感到愤恨。犹太人由于基督教政府的迫害日益加剧,不仅毫无理由效忠于政府,甚至可能对入侵者表示欢迎。

  阿拉伯人迅速占领了拜占庭帝国南部各个行省。636年,拜占庭军队在雅穆克河(Yarmuk)战败,令整个叙利亚与巴勒斯坦完全暴露在了阿拉伯征服者的面前。萨珊波斯在不久之后也被倾覆。642年,亚历山大里亚向阿拉伯人投降。阿拉伯人在此后的百余年里沿着北非的海岸线继续扩张,不仅清除了拜占庭在北非的统治,还渡过了直布罗陀海峡。直到733年"铁锤"查理(Charles Martel)在普瓦捷取得胜利,才扼制了阿拉伯人的扩张势头(扩张过程中还消灭了西班牙的西哥特王国)。与此同时,拜占庭帝国不仅丧失了3/4的税源,还需要面对一种前所未见的挑战,但本书必须就此收笔了。

第 36 章

古典文明的遗产

意大利那不勒斯的考古博物馆拥有一些稀世珍宝，其中大多被陈列在该博物馆装饰一新的长廊里。一楼最显眼的位置被留给了一组著名的雕像——法尔内塞藏品。亚历山德罗·法尔内塞（Alessandro Farnese），即后来的教宗保罗三世，热衷于收藏各类古代艺术品。他于 16 世纪 40 年代不断设法增加自己的收藏，上述雕像便是他的藏品。这组雕像共计 300 余件，大多出土于卡拉卡拉浴场，余者要么来自罗马城的其他遗址，要么原本为其他贵族的私人收藏。这些收藏中包括已知最大的古代雕像——《法尔内塞公牛》（Farnese Bull），以及公元前 5 世纪时雅典的"解放者"哈尔摩狄奥斯和阿里斯托革顿青铜雕塑现存哇一的复制品、《法尔内塞赫拉克勒斯》（Farnese Hercules）、一件充满情色意味的维纳斯雕像和一些皇帝的胸像。

法尔内塞藏品的独特之处在于，与同时代其他类似的收藏相比，它们从未出现流散的情形。这些藏品在 18 世纪前一直被陈列在法尔内塞家族的罗马豪宅中（今法国大使馆），并于 1731 年传至法尔内塞家族最后一位继承人埃丽莎贝塔·法尔内塞（Elisabetta Farnese）手中。她后来成为西班牙国王腓力五世的王后。其子西班牙波旁王朝国王卡洛斯三世还兼任着两西西里王国的国王。正是卡洛斯三世把法尔内塞家族的藏品由罗马转移至两西西里王国的首都——那不勒斯。这些雕像许多制作于 2 世纪。罗马人用大理石复制了五六百年前的那些古典时期的希腊青铜雕像。由此可见，2世纪时，希腊古典艺术对于受过良好教育的罗马人而言仍具有巨大的魅力。即使到了16世纪，这些艺术品仍能唤起人们相同的热情。

这股热情发端于1506年。当时人们在罗马城的埃斯奎利诺山发现了著名雕塑作品《拉奥孔》(Laocoon)。该作品取材于古希腊神话。相传拉奥孔及其两个儿子因为警告特洛伊人提防木马计而被两条来自海中的巨蛇绞杀。米开朗琪罗曾在发掘现场看着雕像出土。《拉奥孔》立刻被誉为古典艺术的巅峰之作，尤其是因为它有幸被老普林尼在他的《自然史》中特意提到。这座雕像随即被时任教宗的尤里乌斯二世（Julius Ⅱ）据为己有，至今仍是梵蒂冈博物馆的镇馆之宝。（一般认为《拉奥孔》制作于公元前1世纪末，但也可能是年代更古老的雕像的复制品。）

就在拉奥孔雕像在埃斯奎利诺山重见天日时，建筑师多纳托·伯拉孟特（Donato Bramante）正在罗马城内的另一座山丘贾尼科洛山（Janiculum）上建造一座文艺复兴时期最为精致的古典主义风格建筑。这座建筑由西班牙国王斐迪南五世与王后伊莎贝拉共同委托建造，其坐落之处据信为圣彼得殉教的地点。建筑落成后被命名为坦比哀多礼拜堂（Tempietto），是一座令人赏心悦目的杰作。坦比哀多礼拜堂的设计风格深受附近的马克鲁斯剧场（Theatre of Marcellus）以及台伯河畔屠牛广场（Forum Boarium）上的赫拉克勒斯神庙等古罗马建筑的影响，其立柱顶端设计有楣构（entablature），之上才是穹顶。坦比哀多礼拜堂虽然很小，但它立刻被认为是一件杰作。在其落成70多年之后，仍被另一位建筑师安德烈亚·帕拉第奥（Andrea Palladio，1508—1580年）评价为丝毫不逊色于古代作品的建筑。用立柱支持穹顶这一设计风靡整个西方世界，从伦敦的圣保罗大教堂（St Paul's Cathedral）到华盛顿的国会大厦皆是这种设计。

由此可见，法尔内塞的藏品开创了一个时代。当时的学者开始对古典的光环充满热情，以至于试图以新的形式再现它，并在古代废境中寻找埋藏的宝藏。还有其他重要的时刻即将到来。在那不勒斯考古博物馆，游客若沿着巨大的楼梯走上二楼，便能见到来自赫库兰尼姆古城"纸草别墅"的一组奇妙的藏品。该别墅得名于其图书馆中的大批烧焦的纸草卷轴。别墅附近的维苏威火山于公元79年猛烈喷发，火山灰掩埋了存放卷轴的箱子。发掘者于1752年发现了这些箱子，并从中获得1800多个纸草卷轴。再无其他古代图书馆能有幸被保存至今。研究人员对这些烧焦的卷轴进行了有限的研究，发现至少有一部分手稿是哲学著作，尤其是伊壁鸠鲁学派的著作，而其中一些就出自伊壁鸠鲁学派学者加大拉的菲洛德穆（Philodemus of Gadara）之手。这位哲学家曾在公元前80年左右造访罗马。通过对该图书馆的全面研究，现代人无疑会对古典文献具有新的认识，并了解罗马精英是如何看待和收藏它们的。（一个名为菲洛德穆计划的研究小组至今仍在致力于解读并出版这些作品。）

发掘者起初只能通过通风井和地下坑道抵达这座被深埋于地下的别墅，他们很快就发现该别墅异常奢华。别墅主人的身份如今已众所周知。此人即恺撒的岳父——卢基乌斯·卡尔普尔尼乌斯·皮索（Lucius Calpurnius Piso）。尽管该别墅至今仍只有少部分区域得到了发掘，但18世纪的发掘者们经过精心勘测，已完全掌握了其建筑布局。（这些资料甚至足以帮助美国的工业大亨保罗·盖蒂在美国的加利福尼亚州精确复制一座别墅，用以陈列自己收藏的古玩。）其台基与门廊沿着那不勒斯湾的海岸线延伸，并装饰着精美的雕像，其中许多是青铜的。这位生活在公元前1世纪的主人再次展现出对古典时代希腊的向往。别墅中有许多得自雅典的哲学家与政治家的胸像，在别墅中不那么正式的区域里，陈列着许多羊人或舞女的雕像。

此时，罗马和佛罗伦萨是英国贵族青年游学的主要目的地。他们渴望在此探索意大利辉煌灿烂的历史，并以这种得体的方式结束自己的求学生涯。西班牙波旁王朝的国王们小心翼翼地守卫着那不勒斯的藏品，并带着文艺复兴时代的寻宝心态，决意把庞贝与赫库兰尼姆的文物牢牢握在自己手中。（这也意味着大部分考古发现得以被留在原址展示，或送入那不勒斯的考古博物馆。）但是，赫库兰尼姆和庞贝的发现，以及公元79年被掩埋的城市和别墅仍有许多区域尚待探索（今天仍是如此），再次激发了世人对古罗马世界的热情。约翰·温克尔曼（见专题3和下文）

的发掘报告更是起到了推波助澜的作用。该报告可谓开创了以科学方法从事考古发掘的先河,尽管他所提出的考古方法直到百余年后才真正开花结果。

后世对古典世界的接受是一段极为丰富多彩的历史,即使要揭开几个世纪中相互冲突的所有不同的影响和反应是极其困难的。尽管西罗马帝国在5世纪便已崩溃,但罗马帝国的遗产并未彻底消失。罗马时代的道路仍可通行,城市依然屹立不倒。罗马城只是缓缓地化为了废墟,但万神殿、斗兽场等伟大的建筑仍大体完好。西欧各国的君主出于各自的目的而采用了罗马法,甚至依据他们所认为的罗马皇帝的举止做派行事。法国19世纪的著名历史学家欧内斯特·勒南(Ernest Renan,1823—1892年)甚至提出,意大利根本不曾经历过中世纪,罗马帝国灭亡后,古典文明只是在它衰落的地方获得了新生而已。

然而,此观点太过笼统。罗马的经济活力早已丧失,人们的生活水准大大降低,就相关史料证据而言,许多方面仍旧处于"黑暗"之中。从帝国的崩溃中获益最多的是教会。主教和修道院的财富与影响力与日俱增——至9世纪时,欧洲有1/3的土地归教会所有。罗马帝国崩溃后,查理曼是第一位功业卓著的世俗君主,他于800年被教宗加冕为神圣罗马帝国皇帝,然而他沿用了罗马皇帝的许多服装、标志。查理曼把自己视为学问的庇护者,并挑选一些古代文本进行抄写与保存。考虑到当时抄写书籍所用的材料是羊皮纸,必须宰杀大量的牲畜,所以僧侣们选择集中抄写基督教文本,从而使基督教作品在早期修道院的藏书中占压倒性的多数。因此古典文本的存续应该归功于查理曼,而非教会。①

欧洲贸易的复兴首先集中出现于意大利北部的一些城市共和国:先是沿海的威尼斯、比萨、热那亚,之后扩散到了佛罗伦萨等内陆城市(佛罗伦萨在13世纪才开始成为重要城市)。这些城市若要维持繁荣就必须塑造一种身份认同,以团结市民对抗教会和神圣罗马帝国皇帝。作为查理曼的继承者,这些雄心勃勃的皇帝总想把意大利北部控制在自己

---

① 参见:Rosamond McKitterick, *Charlemagne: The Formation of a European Identity*, Cambridge and New York, 2008, especially chapter 5 "*correctio*, knowledge and power"。

手中。那些城市的居民逐渐意识到，亚里士多德的《政治学》等著作以及西塞罗对共和国的种种论述契合了他们的诉求。至于新兴的城市中产阶级，尤其是那些律师，罗马法为他们提供了追求的理想。1070年，查士丁尼法典的孤本重见天日，这成了历史的重要转折点，因为该法典成为市民们保护其财产权和个人权利的指南。帕多瓦的马西利乌斯（Marsilius of Padua）针对教会与皇帝对意大利北部地区的垂涎，于1324年撰写了《和平的保卫者》（*Defensor Pacis*）一文，为城市共和国的主权做了精妙的辩护。这部作品受到亚里士多德《政治学》的极大影响。根据佛罗伦萨编年史作家维拉尼（Villani）的记载，至14世纪30年代，当地有五六百名男童学习拉丁语。当地负责经办基础法律事务的公证人，也负责指导这些学生的学业。他们利用古罗马时代的著作学习历史、政治、法律、修辞、道德哲学等课程，以培养正直的市民。当时所谓正直的市民既要通晓基本的罗马法，又要善于辩论，还要通过学习西塞罗的著作熟悉共和主义政治学说。

尽管当时对古典文本的研究具有很强的功利性，但对古典世界本身的推崇也开始复苏。中世纪最重要的诗人但丁于1317年发表了诗作《神曲》（*Divine Comedy*）。在诗中，作者在古罗马诗人维吉尔的带领下探索了死后的世界。当时最具影响力的文坛领袖是彼特拉克（Petrarch，1304—1374年），此人虽出身于托斯卡纳地区的阿雷佐，却流连于探索各地的修道院图书馆与古代城市的废墟，尤其是罗马的。彼特拉克最大的收获是发现了西塞罗写给阿提库斯的书信，使西塞罗的散文随即成为当时拉丁语写作的典范。彼特拉克还宣称罗马世界是道德真理的发源地，乃基督教的先驱。欧洲的人文主义就此诞生了。彼特拉克及其15世纪的追随者们认为，古典世界几乎在每一个领域都为后世做出了表率，无论是治国、作战、艺术创作，还是对"美好生活"的追寻。在15世纪末的意大利，某人若既未长期浸淫于古罗马重要作家的著作，也不会用西塞罗风格的拉丁语写作，就不能自称受过良好的教育。值得注意的是，文艺复兴时期的人文主义与基督教仍可以和谐相处，因为"虔敬"这样的古代价值观可以把二者联系在一起。图拉真等古罗马历史人物甚至被追认为荣誉基督教徒，而庇护二世（Pius Ⅱ，1458—1464年在位）等教宗也十分热衷于古典文化。

科卢西奥·萨卢塔蒂（Coluccio Salutati）是一位博学多识的人文主义者，他曾担任佛罗伦萨的政府文书长。他于1397年邀请希腊学者曼努埃尔·赫里索洛拉斯（Manuel Chrysoloras）到佛罗伦萨教授希腊语，令古典学的研究领域得到极大的拓展。希腊语早在8世纪初即在西欧绝迹，然而许多希腊语著作经阿拉伯人翻译为阿拉伯语之后传入西欧。阿拉伯人如狂风般征服了大片土地，但对于身为统治者的阿拉伯人而言，让其他民族皈依伊斯兰教并非当务之急。大批通晓希腊语的官吏服务于阿拉伯人，而希腊语碑铭也在阿拉伯征服后继续存在了相当长的时间。许多受过良好教育的阿拉伯人都醉心于当时尚存的希腊语作品。9世纪的阿拉伯学者阿布·哈桑·塔比斯（Abu al-Hasan Tabith）曾如此称赞说希腊语的异教徒："除了义人和信奉异教的君王，是谁让世界住满了人、建造了世间无数的城市？是谁建造了港口和堤坝？是谁证明了神奇的科学……正是他们炮制出治疗疾病的药物，而且也正是他们使这个世界充满了正确的生活方式和卓越的智慧。"正是以希腊语文本为基础，囊括医学和科学在内的阿拉伯哲学体系得以建立，这在当时的基督教世界是没有可能的。

公元9世纪，阿拉伯人使亚里士多德的作品重见天日，并对其中广博而连贯的思想大为折服。11世纪的伟大哲学家伊本·西拿（Ibn Sina，其拉丁名字阿维森纳［Avicenna］在西方更广为人知）全面吸收了亚里士多德的哲学思想，对后世影响深远。另一位重要的评注家伊本·鲁世德（Ibn Rushd，其拉丁语名字为阿威罗伊［Averroes］，1126—1198年）又作了进一步的补充。他们把亚里士多德奉若神明。在伊本·鲁世德看来，正是亚里士多德开创了逻辑学、自然哲学、形而上学这三个重要学科。亚里士多德之所以产生了巨大影响在一定程度上是因为他的作品被上述知识分子所接受，但正如科学史学者大卫·林德伯格所指出的，亚里士多德的影响同样"来源于亚里士多德的哲学体系与科学体系所具有的超乎寻常的解释力"。亚里士多德的学说显然是最优越的，精明的阿拉伯人明白这一点。

尽管基督教哲学早已吸收了柏拉图主义，但在当时的西方，《蒂迈欧篇》是柏拉图唯一传世的作品。（马尔西利奥·费奇诺［Marsilio Ficino］在科西莫·德·美第奇［Cosimo de' Medici］的资助下，于15世纪末把希腊文原稿翻译成了拉丁语。）因此，当亚里士多德的作品于13世纪被拉丁语学者重新发现时，他是没有竞争者的，"哲学家"一词很快被用来专指亚里士多德。然而，对教会的神学家而言，亚里士多德的著作比柏拉图的著作存在更多的问题。亚里士多德注重对物质世界进行经验式观察，这与教会所提倡的以灵修指导生活的方式大异其趣。亚里士多德对某些问题的看法也与基督教正统教义存在着直接冲突，例如宇宙的创造、灵魂的本质以及理性超越信仰的至高地位。巴黎大学最早注意到了亚里士多德著作的价值，但教会当局却在极力加以查禁。

一位多明我会的修士托马斯·阿奎那（1225—1274年）十分高明地把亚里士多德与天主教神学相互调和，从而将亚里士多德确立为最受推崇的知识来源，以及检验对自然世界的认识是否正确的准绳。尽管对亚里士多德的质疑早在16世纪即已出现，但直到17世纪他仍是许多知识领域的权威。研究亚里士多德的专家乔纳森·巴恩斯（Jonathan Barnes）甚至认为，"考察亚里士多德的知识遗产几近于撰写一部欧洲思想史"。尤其是他对生物学的影响，一直延续到了19世纪。

16世纪时，荷兰人伊拉斯谟（1466—1536年）对希腊语或拉丁语古典著作的学习和理解提出了新的方法。在他和许多优秀学者的推动下，欧洲受过良好教育的阶层已普遍接受了古典人文主义。（不同寻常的是，到目前为止，西欧还没有人读过希腊文原版的保罗书信——哲罗姆克制的拉丁文译本掩盖了它们的活力，其中蕴含的直截的紧迫感令人震惊。）崭新的方法与认识带来了勤于思考、勇于批判的生活态度。此时的人们取得了一项重要突破——他们终于认识到古典作家并非总是正确的。哥白尼虽仰慕托勒密的成就，但推翻了托勒密的地心说，开启了天文学革命。达·芬奇率先对人体进行了准确的解剖学观察。1543年出版了《人体构造》（On the Fabric of the Human Body）一书的维萨里（Vesalius）和其他一些达·芬奇的追随者则证明盖伦等古希腊权威经常对人体做出不准确的描述，而往日的医生全盘接受了这些错误。自然史领域也取得了巨大的进步。学者们不仅发现老普林尼的《自然史》充斥着各式各样的错误认识，还通过新采集的标本与不断的观察修正了泰奥弗拉斯托斯和狄奥斯科里迪斯有关植物的"权威"著作。16世纪的学者未必比他们的前辈更加聪明。随着怀疑论者的著述于16世纪末重见天日，当时的学者们开始使用在古代哲学中找到的工具去质疑传统的思维方式，无论它们是否源于古代权威。笛卡尔（1596—1650年）在探究认识的基础的时候，所凭借的方法完全符合怀疑论的传统。

至16世纪末，已出现了一整套更加成熟且固定的方法来研究古代世界。蒙田（Montaigne）的《随笔》（*Essais*）中充斥着各种古典作品的典故，这也展现了一个受过良好教育的头脑如何理解古代作家的作品，并加以创造性的使用。他痴迷于古罗马作家卢克莱修的作品。莎士比亚在创作历史剧的时候，其笔下的人物与情节也大量取材于古罗马的历史（例如《尤里乌斯·恺撒》《安东尼与克莉奥帕特拉》）。到了莎士比亚生活的年代，英语从拉丁语和希腊语中吸收了大量词汇，以至于英语常用词汇中竟有半数源自这两种语言。拼写英语词语所用的字母起源于近东，并在拉丁语世界中演化出最终形态。与英语相比，罗曼语族的各个语种从拉丁语受益更多。

尽管16世纪是属于大收藏家的时代，但此时的英格兰对古典艺术了解得不多。这种情况直到17世纪初才有所改善。喜好收藏的阿伦德尔伯爵（Earl of Arundel）当时从地中海地区购入大批艺术品。（这批藏品虽然很快便流散四方，但重要的古代希腊罗马雕像至今仍保存在牛津的阿什莫尔博物馆［Ashmolean Museum］）。当阿伦德尔伯爵游历地中海的时候，他带着一位名叫伊尼戈·琼斯（Inigo Jones）的年轻建筑师。他们很快就发现了时代稍早的建筑天才安德烈亚·帕拉第奥的作品。帕拉第奥起初只是帕多瓦的一名石匠，但慧眼识珠的吉安·乔治·特里西诺（Gian Giorgio Trissino）发现了帕拉第奥的天赋。特里西诺出身于毗邻帕多瓦的维琴察（Vicenza），是一名人文主义学者，正是他把帕拉第奥引入了古罗马建筑的世界。帕拉第奥很快便开始在一系列工程中展露出创新的意识。他先是为维琴察修复了破败不堪的市政厅（即如今的帕拉第奥会堂［Basilica Palladiana］），并为该建筑加上了一层古典风格的构架。之后他又设计建造了一系列的别墅和宫殿。他还为威尼斯设计了两座大教堂。帕拉第奥的设计灵感源自古罗马建筑师维特鲁威。后者的《建筑十书》是古代世界硕果仅存的一部建筑理论著作，受到了100年前的佛罗伦萨人文主义建筑师莱昂·巴蒂斯塔·阿尔伯蒂（Leon Battista Alberti）的拥护。帕拉第奥的《建筑四书》（*I quattro libri dell'architettura*）凝聚了他本人对建筑艺术的思考。该著作在古典主义建筑风格风靡全欧洲的过程中发挥了巨大作用。伊尼戈·琼斯把帕拉第奥的大批设计图纸带回了英国，成为推广帕拉第奥主义（Palladianism）的先驱。

至18世纪，古典主义建筑风格占据了至高无上的地位。当时的英国文人也自比为"奥古斯都时期的作家"（Augustans），并声称恰如奥古斯都时代标志着一个新的文学时代的开始，他们也开创了全新的文学风格。此时的英国贵族既过着安逸的生活，又频频参与政治活动，故而对古罗马诗人贺拉斯的诗作最为欣赏。有些人走得更远。爱德华·吉本痴迷于探索罗马帝国的崩溃，在流连于罗马的断壁残垣时构思了其《罗马帝国衰亡史》（于1776年至1789年以六卷本的形式出版）。吉本展示了把支离破碎的原始史料转化为扣人心弦的叙事的非凡能力，并把基督教描述为令更早时期的罗马人的理念腐化堕落的元凶。此书是启蒙运动历史上的最高成就。（甚至在20世纪60年代末，还有人建议我通过阅读吉本来改善写作风格！）

尽管雅典卫城的帕特农神庙早在14世纪时就常有游客到访，但此时的希腊尚处于奥斯曼帝国的统治之下，普通的西方游客无法抵达。在18世纪，最先抵达希腊的旅行者们纷纷记录下他们在当地的所见所闻。詹姆斯·"雅典人"·斯图亚特（James "Athenian" Stuart）于1762年出版了《雅典古物》（*Antiquities of Athens*）一书，并配有尼古拉斯·雷维特（Nicholas Revett）精心绘制的插图。该书在英国读者当中引发了一股膜拜古希腊建筑的热潮（爱丁堡曾深受这股潮流的影响，以至于有"北方雅典"的美誉）。约翰·约阿希姆·温克尔曼也正是在此时把希腊的古典时代理想化为艺术史上的巅峰时期,尽管他所参考的只是希腊雕塑的罗马复制品。意大利人则第一次对伊特鲁里亚产生了兴趣。由于当时人们对古典时代希腊的了解仍十分有限,所以从伊特鲁里亚人墓葬中出土的大量精美希腊陶瓶被当作了伊特鲁里亚人自己的作品。英国陶艺师乔赛亚·韦奇伍德(Josiah Wedgwood)对这些发现激动不已,他将复制这些发现的工厂命名为"伊特鲁里亚"。意大利学者马里奥·瓜尔纳齐(Mario Guarnacci)对伊特鲁里亚文明进行了更加成熟的研究,不仅在沃尔泰拉发掘了伊特鲁里亚遗址,还于1761年利用出土文物在当地开设了欧洲第一座公共博物馆。

由于温克尔曼的影响,18世纪成了新古典主义(neo-classicism)的时代,人们重新痴迷于古代希腊罗马的文化。这个时代的代表人物是安东尼奥·卡诺瓦(Antonio Canova,1757—1822年)。此人出身于威尼斯的一个石匠家庭,后来沉迷于雕塑艺术与古典文化之中,并于1780年受人资助移居到了正在复兴的古典主义的文化中心——罗马。卡诺瓦因为为教宗克里门特十三世与克里门特十四世设计的纪念建筑而声名鹊起,并以此为契机拓展到古典题材的创作。其创作于1787年的代表作《普绪喀在丘比特的吻下复活》(*Psyche Revived by Cupid's Kiss*)即取材于阿普列尤斯的《金驴记》。这件完美地融合了简约与柔情的杰作如今就陈列在巴黎卢浮宫。

然而,就在新古典主义被吸收进每一种艺术形式的同时,政治形势也发生了剧变。新生的美利坚合众国在摆脱英国的统治之后急需一部宪法,而美国革命的领导者们也像同时代的欧洲人一样,沉浸在古典知识中(托马斯·杰斐逊可能是其中最有成就的),因此他们顺理成章地从共和时代的罗马寻找灵感。西塞罗于是再次登上了舞台,成为这个时代最温文尔雅的政治评论者。最终的产物是各种共和主义伦理思想的混合,尤其是把为国效力视作公民最高美德的观念吸引了人们。但与此同时,他们也借鉴了亚里士多德与西塞罗都极力推崇的权力制衡模式,不仅把行政、立法与司法大权分别赋予了总统、国会和最高法院,还用古罗马的元老院称呼自己的参议院(Senate)。不久,华盛顿市也作为一座颇具古典主义韵味的城市拔地而起。

就在美国颁布宪法之后不久，另一个王朝轰然倒地。法国人原本就拥有最顶尖的古典主义学者，因此当1793年路易十六遭到废黜并被处决后，他们并不缺乏可资借鉴的模式。法国人用自由祭坛（Altar of Liberty）取代了教会的祭坛，祭坛上矗立着一尊卢基乌斯·尤尼乌斯·布鲁图斯（Lucius Junius Brutus）的塑像。正是此人杀死了罗马王政时代的最后一位国王。在雅克-路易·大卫（Jacques-Louis David）的画作《法国人民的胜利》（*The Triumph of the French People*）中，赤裸身体的战士象征着人民，驾驭着凯旋的战车碾过教士们所穿戴的服饰，前方的道路上还倒着一位已经死去的国王。罗伯斯庇尔也曾接受过良好的古典文化教育。他要建立一个柏拉图式的共和国，在其中，"自由"将由精英强加给人民。当法国人寻求新的教育模式时，斯巴达式的教育在他们看来完美融合了严苛的训练与强烈的爱国主义情操。在这个新生的共和国里，所有的节日都源于古典时代的典故。①

然而，在之后的10年中，古典主义传统也为另一些人提供了灵感。拿破仑把自己视为恺撒式的世界征服者，而他的第一个正式的政治头衔则是法兰西共和国第一执政（First Consul of France）。恺撒曾对实施专制统治心存顾虑，但拿破仑却没有这样的克制，于1804年举行了一场兼具古典时代与中世纪色彩的盛大加冕仪式，由第一执政摇身一变成了皇帝。

拿破仑醉心于把巴黎改造为"新罗马"。他在卡鲁索凯旋门（Arc du Carrousel）的顶端安放了古典时代仅存的一座驷马战车雕像。这座战车雕像是拿破仑从威尼斯的圣马可大教堂掠来的战利品。甚至巴黎的地下排水设施都参照了罗马广场下面的大下水道（Cloaca Maxima）。卡诺瓦被召到巴黎，为拿破仑创作具有古典英雄风格的裸体雕像。但该雕像在完成后却只为拿破仑引来了众人的嘲笑。（威灵顿公爵在击败拿破仑后把这座雕像带回了英国，至今仍摆放在伦敦的阿普斯利宅邸［Apsley

---

① 参见：Simon Schama, *Citizens: A Chronicle of the French Revolution*, London and New York, 1989.

House］的入口处。）

狂妄自大的拿破仑曾于1798年远征埃及，不过却留下了一项重要的文化成就。拿破仑终究是启蒙运动的产儿，他在远征军中组织了一支由167名专家组成的队伍，其中包括历史学家、艺术家、植物学家、工程师，他们的任务是调查和绘制当地的古代遗迹。身为外交官的艺术家多米尼克-维旺·德农（Dominique-Vivant Denon）率先于1802年出版了《航行于上下埃及》（*Voyage in Lower and Upper Egypt*），该书的出版预示着一个崭新的时代即将到来。这本书使读者如痴如醉，并引发了一股古埃及热，这很快就在当时的法国家具设计中表现了出来。从1809年到1828年，法国政府陆续出版了此次远征的官方报告——《埃及记述》（*La Description de l'Égypte*），就在该书最后几卷出版的同时，埃及学研究也取得了巨大突破——让-弗朗索瓦·商博良（Jean-Francois Champollion）通过罗塞塔石碑上用3种文字写成的铭文成功破译了古埃及的象形文字（当然还有其他一些资料作参考，但商博良主要依靠渊博的语文学知识取得了成功）。商博良此后于1828年造访埃及，并搜集到了足够多的新铭文，从而出版了有史以来第一部介绍象形文字语法的著作。

欧洲人开始大肆洗劫埃及的古迹，以满足他们对一切埃及文物的渴望。最终，法国人奥古斯特·马里埃特（Auguste Marriette）于1858年被任命为埃及文物保护部门的主管。此人虽曾把大批埃及文物走私到了巴黎，但在上任后便从偷猎者转变为忠于职守的猎场看守。他严惩盗墓贼，在开罗设立埃及文物博物馆，并为之四处搜罗藏品。由于英国考古学家弗林德斯·皮特里（Flinders Petrie，1853—1942年）的努力，对古埃及的研究成为一门系统性的科学，而不是为了帮助欧洲的博物馆寻找藏品。皮特里天资聪颖且心思缜密。他认为，对每一件出土文物进行描述具有重要意义，无论这一发现有多么不起眼。他还建立了一种根据文物的造型风格与出土地层进行排序的方法，以便让所有出土的文物都能被纳入他所建立的年代谱系。相较于皮特里那种枯燥的陶器分类收集，霍华德·卡特于1922年冬季取得了最令人瞩目的成就，发现了帝王谷中的图坦哈蒙王陵。卡特声称，当他透过门缝第一次窥视王陵内的藏宝时，"到处都闪耀着黄金的光芒",一股图坦哈蒙热随即席卷了全球。

正当世人的想象力被吸引至古代埃及时,普鲁士人却为古希腊研究奠定了基础。惨败于拿破仑之手令普鲁士人感到迫切需要依据新的原则对民族进行重塑。时任教育大臣的威廉·冯·洪堡(Wilhelm von Humboldt)提出:"只有在古希腊人那里才能找到我们应该坚持和弘扬的理想。"学者弗里德里希·奥古斯特·伍尔夫(Friedrich August Wolf)支持洪堡的观点,认为古希腊人代表着"真正的人性"。然而,伍尔夫坚持认为学习希腊语应该是一种强烈的体验,学生们不仅要沉浸在希腊语文本当中,还要熟知古希腊社会的方方面面,唯有如此才能理解其所阅读的内容与细节。上述工作都是为了塑造学生的道德,因为古希腊人将会教给他们何为自律、理想主义和高贵的品行。德国学术界很快领先欧洲,例如在乔治·艾略特(George Eliot)的小说《米德尔马契》(*Middlemarch*)中,性格内向的学者卡索邦耗费多年心血研究古典神话体系,却不知德国人在该领域早已遥遥领先。德国人严谨的研究方法逐渐取代了对古希腊浪漫化的崇拜。但这并不影响英国政府于1816年把帕特农神庙的大理石雕像运至英国,更不影响拜伦勋爵和他的追随者在希腊人于1821年宣布脱离奥斯曼帝国独立后,积极投身于这一事业。

英国也拥有一些重要的学者。乔治·格罗特的《希腊史》(出版于1846—1856年,共12卷)是当时最具影响力的著作之一。然而,牛津和剑桥的学术研究要远远滞后于柏林。英国人仍把注意力全部集中于古典文本,而牛津大学直到1890年才开设考古课程,还是一门选修课,因为心灵纯洁的绅士们从未想过要屈尊拿起铁锹亲自挖掘(或在稍后使用更科学的瓦刀亲自发掘),而19世纪的考古发掘实际上常常是雇佣大量当地人并组织他们进行实际的发掘工作。与此同时,英国的精英阶层希望把罗马作为管理帝国的榜样,而雅典的民主政治被英国人视为威胁。柏拉图的《理想国》是大学课程中的重要阅读材料,其对民主的批判被视为这种威胁的证据。格罗特本人也对雅典的奴隶制视而不见,并将他们的公民大会视为英国下议院的雏形(格罗特本人就是下议院议员)。

古典时代的各种事物现在随处可见。19世纪末,劳伦斯·阿尔玛–塔德玛（Lawrence Alam-Tadema）等英国艺术家正在为冰冷的大理石人体雕像注入活力。当某件作品把对性感的女性胴体的描绘置于某个古典世界的场景中时，聚精会神地欣赏这类作品也就成为一种风雅之事，而古罗马的浴场也成了呈现慵懒肉体的最佳场景。相比之下，皮埃尔·德·顾拜旦男爵（Baron Pierre de Coubertin）则把目光投向了古典世界更具活力的一面，于1896年创办了第一届现代奥林匹亚运动会。这项4年一届的盛大赛事可能是古希腊最伟大的遗产。

接下来，人类迎来了第一次世界大战。那些接受过古典教育的战士们最初都自视为荷马史诗中的英雄人物，但特洛伊城下既无满是泥浆的堑壕，又无倾泻弹雨的机枪，而战斗的血腥程度更不可同日而语。大多数"英雄"默默无闻地死去，各种形式的权威都受到了极大的冲击，其中也包括神圣的古典学教育。就在战争结束前夕，德国历史学家奥斯瓦尔德·斯宾格勒（Oswald Spengler）于1918年7月出版了影响深远的著作《西方的没落》（The Decline of the West），向以古希腊为世界历史中心的传统观念发起了挑战，并质疑苏格拉底、修昔底德乃至柏拉图等人究竟是否称得上伟大。

然而，很快就出现了罗马帝国的拥护者。在意大利，法西斯党的党魁墨索里尼于1922年掌握了政权。他决心重新唤起意大利人的男子气概，重建罗马帝国。墨索里尼下令在考古发掘过程中直接穿过中世纪的地层来发掘那些罗马帝国时代的纪念建筑。宽敞的帝国广场大道沿途各类古迹因此得以重见天日。墨索里尼还为新"罗马"突击队设计了许多无害甚至滑稽可笑的制服和徽章，但他的臣民们拒绝接受这种英雄式的刻板形象。意大利于1936年试图通过征服阿比西尼亚（即埃塞俄比亚）来恢复罗马帝国的疆域，墨索里尼的野心已暴露无遗。[1]

在希特勒统治下的德国，古代世界的回响同样不绝于耳。古罗马史家塔西佗在《日耳曼尼亚志》中曾如此写道："日耳曼民族从不与异族通

---

[1] 关于现代罗马人对昔日罗马的态度，可参见：Richard Bosworth, *Rome: The Whispering City*, New Haven and London, 2011；另外读者也可参见：Catharine Edwards (ed.), *Roman Presences: Receptions of Rome in European Culture, 1789–1945*, Cambridge and New York, 1999。

婚以免玷污自己，他们保持着血统的纯净和与众不同。"此话在纳粹分子耳中宛如天籁之音，这部著作被给予了极高的地位。在1943年出版的一个版本中，纳粹党卫军头子希姆莱亲自为之作序。德国女导演莱尼·里芬斯塔尔（Leni Riefenstahl）为纳粹拍摄的宣传片也不禁令人联想到古希腊那些裸体的英雄以及他们那健美的躯体。希特勒本人则欣赏将军事实力与爱国美德结合起来的斯巴达人。然而，1918年的历史再度上演，法西斯独裁者被打倒，所有不朽的建筑和密集的行军队伍都像理想一样成为多余的。

第二次世界大战结束后，人们对古代世界燃起了新的热情。虽然对希腊语和拉丁语的学习热情都极大地降低了，但由于小说、电影和旅行的影响，人们对往昔的兴趣有增无减。如今，我们也常常像前人那样，以一种理想化的形式再现古代世界，尤其是电影业需要竭尽全力吸引观众的注意力。[①]时至今日，古代地中海地区的伟大文明继续在许多层面上挑战着我们的想象力，尤其是把最前沿的科学技术应用到地中海世界的各种古代遗存时，令我们得以对这些文明具有更加准确的认识。想象力与学术研究未必总能融洽相处，但两者间的张力本就是认识古代世界必不可少的一部分，今后也会一直如此。

我们还面临着许多巨大的挑战。其中一个问题是如何保护那些已发掘的遗址。2010年11月，庞贝的"角斗士之家"（House of the Gladiators）垮塌。此事表明那些已有半个世纪未经认真维护的遗址正面临着严峻的危机。就在写下这段话的前一个月，笔者就在庞贝，痛心地目睹了原本计划参观的房舍被大量关闭。与此同时，对马尔库斯·诺尼乌斯·马克里努斯（Marcus Nonius Macrinus）豪华陵寝的发掘是近年来考古界最重要的事件。此人是一名杰出的将领，也是罗马皇帝马可·奥勒留的心腹（好莱坞电影《角斗士》把这个历史人物篡改得面目全非）。这座陵墓坐落在弗拉米尼乌斯大道旁，因被台伯河的淤泥覆盖而得以完好保存至今。然而弗拉米尼乌斯大道旁至今仍有大量古代墓葬没有得到发掘，

[①] 关于电影如何呈现古典世界，参见："Cinema" in Anthony Grafton et al. (eds.), *The Classical Tradition*, Cambridge, Mass., and London, 2010。

如今它们可能又要被淤泥掩埋。意大利在2011至2012财年的古迹保护预算被砍掉了两成，超过四成的考古遗址由于无力雇佣足够的人手而不再向公众开放。

这些国家现在虽然没有足够的资金，但至少还有保护文物的意愿——不仅有"我们的意大利"（Italia Nostra）之类的非营利性机构热心保护文化遗产，还会教育公众认识到历史的重要价值。当笔者正在撰写本书时，世界上许多地区的社会秩序已经瓦解，例如阿富汗、伊拉克、利比亚和叙利亚，当地文化遗产的处境岌岌可危——博物馆遭洗劫、遗址被盗挖、当地人有时甚至会出于宗教原因而刻意进行破坏。国际文物市场高昂的成交价格也使文物盗窃与走私难以被根除。

欧美的大博物馆早先因为能够轻易进入地中海与近东地区的古代遗址而获益匪浅。19世纪时，由于奥斯曼帝国的虚弱以及西方列强的蛮横，再加上私人捐助带来的巨大购买力，博物馆获取藏品的难度远低于现在。这些博物馆的许多藏品来历不明，因而也无法系统性地归还。由此可见，只要这些博物馆还在继续保护、展示与研究它们的藏品，就有充分的理由对任何索回宝物的要求持保留态度。

然而，笔者由衷地认为帕特农神庙的墙楣装饰应物归原主。我早在50多年前就在杜维恩画廊（Duveen Gallery）见过这些装饰，后来又常常在大英博物馆中欣赏它们。我实在无法想象大英博物馆在失去它们之后会是怎样一副光景。为什么一定要把这些文物归还雅典？部分原因单纯出自笔者个人的想法。随着时间推移，我越发欣赏古希腊文化的成熟与价值。西方智识生活的基因都来自古希腊的戏剧、哲学和美学，而帕特农神庙就是上述成就集大成者。该神庙的建造不仅展现了古希腊人的雕塑水平，也展现了他们那先进的观念。倘若这些装饰有朝一日能回到雅典卫城的博物馆，我将为此感到万分激动。

笔者还有一个更加务实的理由。我们应该采取一些手段以保持帕特农神庙的完整，而不是像现在这样维持一种支离破碎的状态，任凭该神庙的大理石雕像保存在伦敦。倘若这些流散在各地的残片能回到原位，定会让这一世界文化遗产恢复古代的风貌。当然，文物的索回国可以做出一定的补偿。大英博物馆在失去这些大理石雕像后将会腾出一大片展区，但我们或许可以期待希腊政府能够慷慨地提供其他展品来帮助伦敦的参观者对古希腊有更加全面的了解。这一期待应该可以用来为本书画上句号。

扩展阅读

在过去10年间，学界最重要的成果就是出版多部综述类丛书，其中收录的文章由各领域的权威撰写，从而使读者有机会通过简洁的归纳来一窥各种研究主题的大概。其中最优秀者的主编能够明智地挑选撰稿人，坚定地保持一贯的审稿标准，并力图全面涵盖所选定的主题。但问题在于这类丛书即使是平装本也价格高昂，而且人们常常不得不在多篇关于同一特定主题的论文中寻找最佳者。《布林茅尔古典评论》(Bryn Mawr Classical Review) 经常在线发布对这些导读与其他研究古代世界学术专著的书评，并且完全开放。这些在线书评非常深入，且以专业人士作为对象，但也会指出哪些丛书和论文对读者最有助益。

目前有4套系列丛书尤为值得推荐。《剑桥古代史》(*The Cambridge History Ancient History*) 已是传统的领军者，其第二版已于2006年以14卷本的形式出版，配套的图集亦即将面世。该丛书按年代顺序分述各个地区，但也是古代世界各个研究领域学术的集大成者。《导读》系列 (Companion Series) 同样出自剑桥。该系列既专注政治史——从罗马共和国到罗马的政治家与皇帝，例如奥古斯都、君士坦丁、查士丁尼，也包括荷马、索福克勒斯、贺拉斯、维吉尔等诗人，以及亚里士多德、柏拉图、普罗提诺等哲学家。(罗马作家的部分尤其出色，详见正文中的评论。)《布莱克威尔古代世界指南》丛书 (*Blackwell Companions to the Ancient World*) 出自牛津，最新的书目中已经列出60余种（读者可通过网络轻易获取）。在如此多的优秀作品中指出最佳者有失公允，但安德鲁·厄斯金（Andrew Erskine）主编的《希腊化世界导读》(*A Companion to the Hellenistic World*) 作为综述类著作的佼佼者，深深打动了我。尤其是，牛津大学出版社还出版了《手册》("Handbook") 系列丛书，不仅包括埃及、希腊和罗马研究的内容，还包括古代工程技术、海洋考古等重要的新学术领域。

人们在使用这些综述类著作时，想必会因为题材包罗万象而无所适从，同时某些著作在方法上略嫌陈旧，甚至有些在内容上还有惊人的断裂（可能是某撰稿人从未交稿！）或研究方法纷繁多变与撰稿人水平参差不齐。上述这些丛书如今都将注意力投入到古代晚期，该领域涌现了大量新学术成果。

《全书》系列（"The Complete"）是同类图书中的标杆，诸如马克·雷纳的《金字塔全书》(Mark Lehner, *The Complete Pyramids*)、托尼·斯波福斯的《希腊神庙全书》(Tony Spawforth, *The Complete Greek Temples*)、乔安妮·贝里的《庞贝全书》(Joanne Berry, *The Complete Pompeii*)。该系列图书由设在伦敦的泰晤士与哈德逊出版社（Thames and Hudson）出版。尤其是书中所提供的大量地图、平面图与线图对读者颇为有用。

至于古典文献的译文，哈佛大学出版社的《洛布古典丛书》(Loeb Classical Library) 刚于2011年庆祝了百年华诞，也是目前种类最齐全的古典译丛，并且采用了原文与译文对照的形式。整套丛书书目可从哈佛大学出版社的网站上下载。企鹅古典丛书（Penguin Classics）则只收录了知名度较高的古典文献。

从译文到考古遗址的测绘图和博物馆游记，许多资料都可以在线检索。举例来说，读者可以通过下列网站了解各主要古代文明：

www.Amarnaproject.com——包括埃及阿玛尔那遗址最新的考古进展，配有平面图、可下载的资料等等。

www.Sagalassos.be——小亚细亚地区保存最好的古希腊城市之一——萨伽拉索斯遗址的全部考古报告。

www.Ostia-antica.org——该网站提供了古罗马港口奥斯提亚遗址的所有信息。

关于古代世界的纪录片价值有限，因为某些主持人过于以自我为中心（观众看到的更多是主持人，而非他们所声称要讲述的古代文明），或者为了颠覆而颠覆。理查德·迈尔斯（Richard Miles）的《古代世界》（共计6集）避免了这些谬误，颇值得推荐。

精选的扩展阅读书目

（注意：以下作品是关于某些重要主题的综述，专业性更强的作品详见正文各处。）

通识类

Bahn, Paul, and Renfrew, Colin, *Archaeology, Theories, Methods and Practice*, 6th edition, London, 2012.
Beard, Mary, *Classics: A Very Short Introduction*, Oxford and New York, 2000.
Beard, Mary, *Confronting the Classics: Traditions, Adventures and Innovations*, London and New York, 2013.
Beard, Mary, and Henderson, John, *Classical Art: From Greece to Rome*, Oxford History of Art, Oxford and New York, 2001.
Bradley, Keith, and Cartledge, Paul(eds.), *The Cambridge World History of Slavery*, i: *The Ancient Mediterranean World*, Cambridge and New York, 2011.
Casson, Lionel, *Ships and Seamanship in the Ancient World*, Baltimore, 1995.
Casson, Lionel, *Libraries in the Ancient World*, New Haven and London, 2002.
Dunbabin, Katherine, *Mosaics of the Greek and Roman World*, Cambridge and New York, 1999.
Fantham, Elaine, et al. (eds.), *Women in the Classical World: Image and Text*, New York and Oxford, 1994.
Freeman, Charles, *Sites of Antiquity: From Ancient Egypt to the Fall of Rome, Fifty Sites that Explain the Classical World*, Taunton, 2009.
Harris, William, *Ancient Literacy*, Cambridge, Mass., and London, 1989.
Hornblower, Simon, and Spawforth, Antony(eds.), *The Oxford Classical Dictionary*, 4th edition, Oxford and New York, 2012.
Irwin, Terence, *Classical Thought*, Oxford and New York, 1988.

Kenny, Anthony, *Ancient Philosophy*, volume i of *A New History of Western Philosophy*, Oxford and New York, 2004.

Neils, Jennifer, *Women in the Ancient World*, London, 2011.

Scheidel, Walter, Morris, Ian, and Saller, Richard (eds.), *The Cambridge Economic History of the Greco-Roman World*, Cambridge and New York, 2007 (paperback edition 2013).

Spivey, Nigel, and Squire, Michael, *Panorama of the Classical World*, London and New York, 2004.

Talbert, R. J. A., et al. (eds.), *The Barrington Atlas of the Classical World*, Princeton and London, 2000. An App of the Atlas for iPad is now available.

古代近东

Bertman, Stephen, *Handbook to Life in Ancient Mesopotamia*, New York, 2003.

Collon, Dominique, *Ancient Near Eastern Art*, London, 1995.

Jacobsen, Thorkild, '*The Harps That Once...*', *Sumerian Poetry in Translation*, New Haven and London, 1997.

Kuhrt, Amélie, *The Ancient Near East, c.3000–330 BC*, 2 volumes, London and New York, 1995.

Leick, Gwendolyn, *Mesopotamia: The Invention of the City*, London, 2001.

Matthews, Roger, *The Archaeology of Mesopotamia*, London and New York, 2003.

Van De Mieroop, Marc, *A History of the Ancient Near East*, Malden, Mass., and Oxford, 2007.

埃及

Bard, Kathryn, *An Introduction to the Archaeology of Ancient Egypt*, Oxford and New York, 2007.

Bowman, Alan, *Egypt after the Pharaohs, 332BC–AD642*, 2nd edition, London, 1996.

Kemp, Barry, *The City of Akhenaten and Nefertiti: Amarna and Its People*, London and NewYork, 2012.

Lehner, Mark, *The Complete Pyramids, Solving the Ancient Mysteries*, London and New York, 2008.

Nunn, John F., *Ancient Egyptian Medicine*, Norman, Okla., 1996.

Robins, Gay, *The Art of Ancient Egypt*, revised edition, Cambridge, Mass., and London, 2008.

Shaw, Ian, *The Oxford History of Ancient Egypt*, 2nd edition, Oxford, 2003.

Strouhal, Eugen, *Life in Ancient Egypt*, Cambridge, 1992.

Szpakowska, Kasia, *Daily Life in Ancient Egypt: Recreating Lahun*, Oxford and New York, 2007.

Wilkinson, Richard, *Reading Egyptian Art*, London, 1992.

Wilkinson, Richard, *The Complete Temples of Ancient Egypt*, London and New

York, 2000.
Wilkinson, Richard, *The Complete Gods and Goddesses of Ancient Egypt*, London and New York, 2003.
Wilkinson, Toby, *The Rise and Fall of Ancient Egypt: The History of a Civilization from 3000 BC to Cleopatra*, London and New York, 2010.

青铜时代的爱琴文明

Fitton, J. Leslie, *The Minoans*, London, 2002.
Preziosi, Donald, and Hitchcock, Louise, *Aegean Art and Architecture*, Oxford History of Art, Oxford, 1999.
Schofield, Louise, *The Mycenaeans*, London and Los Angeles, 2007.
Shelmerdine, Cynthia (ed.), *The Cambridge Companion to the Aegean Bronze Age*, Cambridge and New York, 2008.

希腊

Boardman, John, *The History of Greek Vases*, London, 2001.
Brunschwig, Jacques, and Lloyd, Geoffrey (eds.), *Greek Thought: A Guide to Classical Knowledge*, Cambridge, Mass., and London, 2000.
Burkert, Walter, *Greek Religion*, Oxford and New York, 1991.
Cartledge, Paul, *The Greeks: A Portrait of Self and Others*, 2nd edition, Oxford, 2002.
Cartledge, Paul, *The Spartans: An Epic History*, London, 2002.
Cartledge, Paul, *Ancient Greek Political Thought in Practice*, Cambridge and New York, 2009.
Cook, R. M., *Greek Painted Pottery*, 3rd edition, London and New York, 1997.
Dillon, M., and Garland, L., *Ancient Greece: Social and Historical Documents from Archaic Times to the Death of Alexander*, 3rd edition, London and New York, 2010.
Erskine, Andrew, *A Companion to the Hellenistic World*, Oxford and New York, 2005.
Garland, Robert, *Daily Life of the Ancient Greeks*, Santa Barbara, Calif., 1998.
Hall, Jonathan, *A History of the Archaic Greek World, ca.1200–479 B. C. E.*, Malden, Mass., and Oxford, 2007.
Mee, Christopher, *Greek Archaeology: A Thematic Approach*, Oxford and Malden, Mass., 2011.
Mee, Christopher, and Spawforth, Tony, *Greece: An Archaeological Guide*, Oxford and New York, 2001.
Migeotte, Léopold, *The Economy of the Greek Cities: From the Archaic Period to the Early Roman Empire*, trans. Jane Lloyd, Berkeley and London, 2009.
Murray, Oswyn, *Early Greece*, 2nd edition, London and Cambridge, Mass., 1993, with updated commentary at <www.Oswynmurray.org>.

Neer, Richard, *Art and Archaeology of the Greek World: A New History, c.2500–c.150 BCE*, London and New York, 2012.
Ogden, Daniel (ed.), *A Companion to Greek Religion*, Malden, Mass., and Oxford, 2007.
Osborne, Robin, *Archaic and Classical Greek Art*, Oxford and New York, 1998.
Osborne, Robin, *Greece in the Making, 1200–479 BC*, 2nd edition, London and New York, 2009.
Pedley, John, *Greek Art and Archaeology*, 5th edition, Upper Saddle River, NJ, and London, 2011.
Price, Simon, *Religions of the Ancient Greeks*, Cambridge, 1999.
Robertson, Martin, *A Shorter History of Greek Art*, Cambridge and New York, 1981.
Spawforth, Tony, *The Complete Greek Temples*, London and New York, 2006.
Woodard, Roger (ed.), *The Cambridge Companion to Greek Mythology*, Cambridge and NewYork, 2008.

伊特鲁里亚人

Haynes, Sybille, *Etruscan Civilization: A Cultural History*, Los Angeles and London, 2000.

罗马

Beard, Mary, North, John, and Price, Simon, *Religions of Rome*, 2 volumes, Cambridge and New York, 1998.
Chevalier, Raymond, *Roman Roads*, Berkeley and London, 1976.
Claridge, Amanda, Toms, Judith, and Cubberley, Tony (eds.), *Rome*, Oxford Archaeological Guides, 2nd edition, Oxford and New York, 2010.
Coarelli, Filippo, *Rome and Environs: An Archaeological Guide*, Berkeley and London, 2007.
Cornell, T. J., *The Beginnings of Rome: Italy and Rome from the Bronze Age to the Punic Wars (c.1000–246BC)*, London and New York, 1995.
Goodman, Martin, *The Roman World, 44BC–AD180*, London and New York, 1997.
Huskinson, Janet (ed.), *Experiencing Rome: Culture, Identity and Power in the Roman Empire*, London and New York, 1999.
James, Simon, *Rome and the Sword: How Warriors and Weapons Shaped Roman History*, London and New York, 2011.
Kleiner, Fred, *A History of Roman Art*, "enhanced edition". Belmont, Calif., 2010.
Laes, Christian, *Children in the Roman Empire*, Cambridge and New York, 2011.
Mattingley, David, *Imperialism, Power and Identity: Experiencing the Roman Empire*, Princeton and London, 2010.
Mellor, Ronald, *The Roman Historians*, New York and London, 1999.
Miles, Richard, *Carthage Must Be Destroyed: The Rise and Fall of an Ancient Civilization*, London and New York, 2010.

Millar, Fergus, *The Roman Near East, 31BC–AD337*, Cambridge, Mass., and London, 1993.
Potter, David, (ed.), *A Companion to the Roman Empire*, Oxford and New York, 2006.
Potter, David, *The Empire at Bay, AD180–395*, London and New York, 2004.
Rosenstein, Nathan, and Morstein-Marx, Robert (eds.), *A Companion to the Roman Republic*, Oxford, 2006.
Shelton, Jo-Ann, *As the Romans Did: A Sourcebook in Roman Social History*, 2nd edition, New York and Oxford, 1997.
Swain, Simon, *Hellenism and Empire: Language, Classicism and Power in the Greek World, AD50–250*, Oxford and New York, 1998.
Wallace-Hadrill, Andrew, *Rome's Cultural Revolution*, Cambridge and New York, 2008.
Wiseman, T. P., *The Myths of Rome*, Exeter, 2004.
Woolf, Greg, *Rome: An Empire's Story*, Oxford and New York, 2012.
Zanker, Paul, *Roman Art*, trans. Henry Heitmann-Gordon, Los Angeles, 2010.

基督教

Brown, Peter, *The Rise of Western Christendom: Triumph and Diversity, AD200–1000*, 3rd edition, Hoboken, NJ, and Oxford, 2013.
Brown, Peter, *Through the Eye of the Needle: Wealth, the Fall of Rome and the Making of Christianity in the West, 350–550, AD*, Princeton and London, 2012.
Brown, Raymond, *An Introduction to the New Testament*, New York and London, 1996.
Cameron, Averil, *Christianity and the Rhetoric of Empire*, Berkeley and London, 1994.
Clark, Gillian, *Christianity and Roman Society*, Cambridge and New York, 2004.
Ehrman, Bart, and Jacobs, Andrew, *Christianity in Late Antiquity: A Reader*, New York and Oxford, 2004.
Esler, Philip (ed.), *The Early Christian World*, 2 volumes, London and New York, 2000.
Freeman, Charles, *A New History of Early Christianity*, London and New Haven, 2009.
Herrin, Judith, *The Formation of Christendom*, Princeton and London, 1989.
Lane Fox, Robin, *Pagans and Christians*, London, 1986.
Janes, Dominic, *God and Gold in Late Antiquity*, Cambridge and New York, 1998.
Jensen, Robin, *Understanding Christian Art*, London and New York, 2000.
Rowland, Christopher, *Christian Origins*, 2nd edition. London, 2002.
Spier, Jeffrey (ed.), *Picturing the Bible: The Earliest Christian Art*, New Haven and London, 2008.
Vermes, Geza, *Christian Beginnings: From Nazareth to Nicaea, AD 30–325*, London and New York, 2012.

古代晚期/拜占庭

(该时期有时可以追溯到最早的235年,直到查理大帝登基。我主要将时间限定为312—700年。)

Brown, Peter, *The World of Late Antiquity*, London, 1971.

Garnsey, Peter, and Humfress, Caroline, *The Evolution of the Late Antique World*, Cambridge, 2001.

Lenski, Noel(ed.), *The Cambridge Companion to the Age of Constantine*, Cambridge and New York, 2006.

Maas, Michael, *Readings in Late Antiquity: A Sourcebook*, London and New York, 2000.

Maas, Michael, *The Cambridge Companion to the Age of Justinian*, Cambridge and New York, 2005.

McCormick, Michael, *Origins of the European Economy, AD300–900*, Cambridge and New York, 2002.

Sarris, Peter, *Empires of Faith: The Fall of Rome to the Rise of Islam, 500–700*, Oxford and New York, 2011.

Smith, Julia, *Europe after Rome: A Cultural History, 500–1000*, Oxford and New York, 2005.

Ward-Perkins, Bryan, *The Fall of Rome and the End of Civilization*, Oxford and New York, 2005.

Wickham, Chris, *The Inheritance of Rome: A History of Europe from 400 to 1000*, London and New York, 2009.

文化遗产

Barkan, Leonard, *Unearthing the Past: Archaeology and Aesthetics in the Making of Renaissance Culture*, New Haven and London, 1999.

Fagan, Brian, *From Stonehenge to Samarkand: An Anthology of Archaeological Travel Writing*, Oxford and New York, 2006.

Finley, Moses, *The Legacy of Greece: A New Appraisal*, Oxford and New York, 1981.

Freeman, Charles, *The Legacy of Ancient Egypt*, New York, 1997.

Grafton, Anthony, et al., *The Classical Tradition*, Cambridge, Mass., and London, 2010.

Haskell, Francis, and Penny, Nicholas, *Taste and the Antique: The Lure of Classical Sculpture, 1500–1900*, New Haven and London, 1981.

Honour, Hugh, *Neo-classicism*, new edition, London, 1997.

Jenkyns, Richard, *The Victorians and Ancient Greece*, Oxford, 1980.

Jenkyns, Richard, *The Legacy of Rome: A New Appraisal*, Oxford and New York, 1992.

Joshel, Sandra, et al. (eds.), *Imperial Projections: Ancient Rome in Modern Popular Culture*, Baltimore, 2001.

Kraye, Jill, *The Cambridge Companion to Renaissance Humanism*, Cambridge and New York, 1996.

Marchand, S. L., *Down from Olympus: Archaeology and Philhellenism in Germany, 1750–1970*, Princeton and London, 1996.

Nauert, Charles, *Humanism and the Culture of Renaissance Europe*, new edition, Cambridge and New York, 2006.

Perry, Gill, and Cunningham, Colin, *Academies, Museums and the Canons of Art*, New Haven and London, 1999.

Potts, Alex, *Flesh and the Ideal: Winckelmann and the Origins of Art History*, New Haven and London, 1994.

Summerson, John, *The Classical Language of Architecture*, Cambridge, Mass., and London, 1996.

古代地中海各文明年代图表

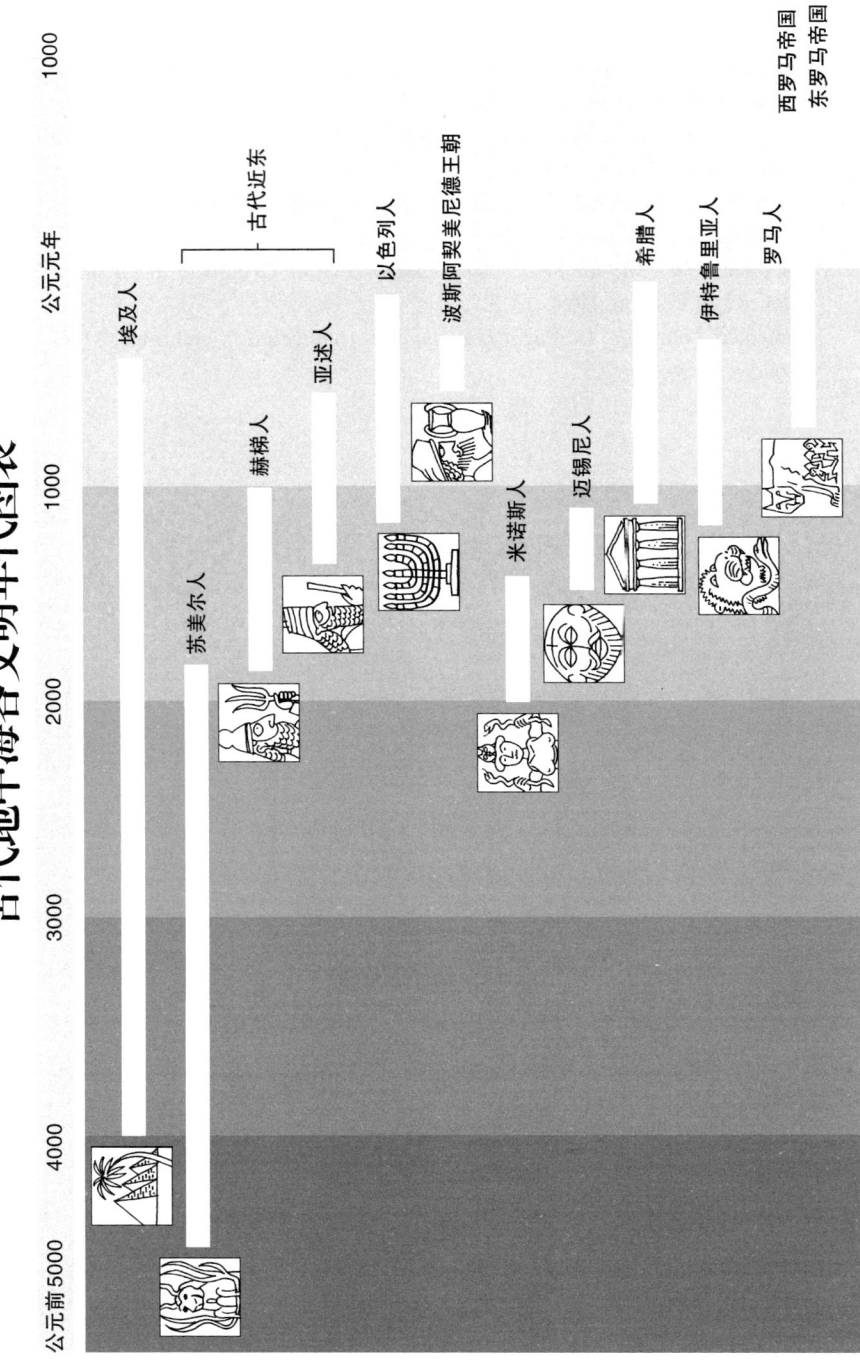

公元前 5000　4000　3000　2000　1000　公元元年　1000

- 埃及人
- 苏美尔人
- 赫梯人 ⎫
- 亚述人 ⎬ 古代近东
- 以色列人 ⎭
- 波斯阿美尼德王朝
- 米诺斯人
- 迈锡尼人
- 希腊人
- 伊特鲁里亚人
- 罗马人
- 西罗马帝国
- 东罗马帝国

大事年表[1]

公元前

埃及（公元前4000年至托勒密一世即位的年份，即公元前305年）[2]

4000	埃及主要农作物——二粒小麦、大麦、亚麻开始在尼罗河谷地广泛种植。
3600	涅伽达出现了城墙，表明埃及有发达的贸易路线。
3200	象形文字出现。
3000	法老那尔迈有记载以来首次统一埃及，开启了早王朝时期（公元前3000—前2613年），此时埃及的首都位于孟菲斯。
2650	法老佐赛尔在萨卡拉修建陵墓，建造了一座阶梯式金字塔，此为已知人类历史上首座石质公共建筑。
2613—2130	古王国时期，又称金字塔时代。
约2586—2256	法老胡夫于吉萨修建大金字塔。
2160—2055	第一中间期，中央政权陷入崩溃。
2055—1650	中王国时期，重新恢复稳定。
1650—1550	第二中间期，希克索斯人确立统治。

---

[1] 无法归入下表所列出的各文明的历史事件以楷体字表示。

[2] 对古埃及年代的考证会随着新证据的发现而不断修正，请读者注意下列年份只是大概的数字。

约1550—1070	新王国时期，埃及成为帝国，在努比亚大肆扩张并成为亚洲西南部的各个城市的霸主。
1504—1492	图特摩斯一世在位时期，埃及的疆域到达了幼发拉底河；他也是首位葬在底比斯附近的帝王谷的法老；工匠村在代尔麦迪纳出现。
1473—1458	女法老哈特舍普苏特统治时期。
1390—1352	阿蒙霍特普三世在位时期，埃及的国力达到了新王国时期的顶点；他在底比斯大规模修建神庙。
1352—1336	埃赫那吞在位时期，试图建立以太阳神阿吞崇拜为基础的新宗教；在阿玛尔那建立新都；新宗教未能生根发芽。
约1327	图坦哈蒙去世并被葬在帝王谷。
1279—1213	拉美西斯二世在位时期，他是古埃及最后的雄主。
1275	卡迭什之战，埃及与赫梯于叙利亚划定了两国的边界。
约1260	阿布辛拜勒神庙动工。新王国时期的埃及开始出现衰败的迹象。
1200	埃及等地中海东部国家受到海上民族的袭扰。
1060	内政的瘫痪导致代尔麦迪纳爆发历史上首次有记载的罢工；努比亚黄金资源枯竭；埃及丧失了亚洲的领土，退回到尼罗河谷地区的传统疆域内。
1060—664	第三中间期，埃及陷入割据状态。
727	库施国王皮安希短暂统一埃及。
671	亚述人洗劫孟菲斯。
664	亚述人洗劫底比斯，并与埃及建立起一种松散的臣属关系。
664—610	亚述人的傀儡普萨美提克一世在位时期，成功地使埃及摆脱了其名义上的宗主亚述的控制，并开创了塞伊斯王朝。该王朝因其位于三角洲的都城塞伊斯而

	得名。
约620	希腊商人在尼罗河三角洲的瑙克拉提斯建立贸易据点。
525	波斯人征服埃及。
462—454	埃及在雅典的支持下爆发了反抗波斯统治的暴动,但遭波斯镇压。
332	亚历山大攻入埃及导致波斯人对当地的统治结束,亚历山大里亚城于这一年开始建造。亚历山大死后(323)埃及处于托勒密一世的统治之下,并从此成了地中海世界的一部分。
270	一位名叫曼涅托的祭司编写了一份记录埃及各王朝的王表,他所提供的断代体系被后来的所有历史学家所遵守。
196	用三种文字刻写而成的罗塞塔石碑成为后世破译埃及象形文字的关键。

(与埃及有关的后续事件参见本表其余部分。)

苏美尔

4900—3500	美索不达米亚地区出现了第一批城市聚落,其中包括埃利都与乌鲁克,这标志着苏美尔文明的开端。
3300	最古老的书写符号楔形文字出现,人们使用尖笔将语素符号(代表词语的符号)刻写在泥板上。
3000	两河流域出现了已知最早的安装有轮子的车辆。
3000	两河流域的居民将铜与锡混合在一起,制造出更坚硬的合金——青铜。(所谓的青铜时代一直延续到约公元前1000年人类开始使用生铁)。
2500	乌尔城出现了所谓的"王室墓葬"。
2350	苏美尔城市拉格什的统治者乌鲁卡基那颁布了现存的最古老的法典。

2330	苏美尔人被人类历史上第一个有记载的征服者阿卡德的萨尔贡征服。
约2150—2004	苏美尔人重获独立,建立乌尔第三王朝;编撰史诗《吉尔伽美什》。
约2000	城邦混战以及游牧部落入侵两河流域南部,导致苏美尔文明崩溃。
1760	两河流域南部被巴比伦国王汉谟拉比征服;汉谟拉比洗劫贸易城市马瑞。被保存下来的该城档案为研究这一时期提供了的大量史料。巴比伦如今变成了两河流域文明的主要中心。
1800	双轮战车出现,使之后一千年的战争形态发生了改变。

赫梯人

1650	赫梯人在安纳托利亚高原中北部的哈图沙建都。
1650—1400	古王国时期。
1380—1345	苏庇路里乌玛一世在位时期,征服邻邦米坦尼,开启新王国时期。
1275	赫梯与埃及爆发卡迭什之战,两国之间正式划定边界。
1200	海上民族入侵导致赫梯帝国崩溃。
1500	迦南地区出现了世界上最早的字母系统(用一个单独的符号指代20个基本辅音中的一个),接下来的数个世纪里该地区发展出若干套字母系统。
1300—1000	腓尼基人发展出自己的字母系统,并于公元前9/8世纪时将之传入希腊。

亚述人

1900—1400	古亚述帝国时期。
1300	在阿达德尼拉里一世统治时期,中亚述帝国诞生,亚

	述人击败了赫梯人与米坦尼人。
1114—1076	在提格拉特帕拉沙尔的统治之下，亚述帝国扩张到幼发拉底河流域，甚至抵达了地中海；然而在提格拉特帕拉沙尔之后，亚述陷入衰落；此后亚述疆域有限但其王室仍得以延续。
900—850	亚述帝国在一系列好战的国王的统治之下实现了复兴；新亚述帝国出现。
745—600	在提格拉特帕拉沙尔三世、萨尔贡二世以及辛那赫里布等国王的统治之下，亚述帝国的版图囊括了塞浦路斯、安纳托利亚高原南部、巴勒斯坦以及叙利亚。
671	亚述人洗劫埃及古都孟菲斯。
664/3	亚述人直抵底比斯，迫使埃及臣服。
615—605	在巴比伦的打击之下，亚述势力崩溃；公元前605年的卡尔凯美什之战标志着亚述最终败于巴比伦国王尼布甲尼撒二世；亚述帝国从历史中消失。

以色列人

1200	埃及文献中首次提到以色列人，再无其他早于公元前9世纪的史料提到他们；以色列人可能在海上民族造成破坏之后定居迦南。士师时代。
约1000	大卫王可能的在位时期。
10世纪	迦南各城的重建可能佐证了关于以色列国王所罗门的记载。据《希伯来圣经》的记载，所罗门是一个伟大的建造者。
约924	以色列人分裂为两个国家：以色列王国与犹太王国。
745—722	以色列王国被亚述人消灭；犹太王国臣服于亚述。
627—605	犹太王国臣服于埃及。
605—562	巴比伦国王尼布甲尼撒二世在位时期，耶路撒冷被巴比伦攻陷；"巴比伦之囚"；以色列人首次对其宗教文

	本进行编辑与修订，形成了《希伯来圣经》，也就是《旧约》。
539	波斯国王居鲁士摧毁巴比伦王国，犹太人被允许返回家园。
332	亚历山大大帝摧毁阿契美尼德王朝统治下的波斯帝国，巴勒斯坦最终成为托勒密王国的一部分。
198	塞琉古王国从托勒密王国夺取巴勒斯坦。
167	马加比起义爆发。
63	庞培进入耶路撒冷，罗马成为巴勒斯坦的宗主。
约公元前4年	耶稣降生。
约公元30年	耶稣在耶路撒冷被钉上十字架。
约公元66—74年	犹太人爆发大规模起义，反抗罗马统治。

波斯阿契美尼德王朝

560—530	居鲁士在位时期，他建立了阿契美尼德王朝。
546	居鲁士征服吕底亚并令小亚细亚的爱奥尼亚城邦臣服。
539	波斯击败巴比伦并解放犹太人，后者被允许在阿契美尼德帝国内保持自己的身份。
525	居鲁士之子冈比西斯击败埃及法老普萨美提克三世并攻陷孟菲斯；埃及从此臣服于外来的统治者。
522	大流士发动了一场针对冈比西斯的政变，成为波斯的新统治者。
514	大流士率军渡过赫勒斯滂海峡，攻入色雷斯地区，与当地的西徐亚人作战。虽然这场战事无关大局，但波斯帝国开始染指欧洲。
499—494	小亚细亚的爱奥尼亚城邦反抗波斯统治，但遭到镇压。
490	波斯人对雅典和斯巴达发动远征，但在马拉松之役中

	被击败。
486	大流士去世,其子薛西斯继位。
480—479	薛西斯大举入侵希腊,但因在萨拉米斯海战以及普拉提亚之战中惨败,铩羽而归。
477—467	希腊人在雅典政治家客蒙的领导下,乘胜追击,解除了波斯人对爱琴海的威胁。
454	雅典人帮助埃及人反抗波斯,但被波斯挫败。
450	叙利亚地区爆发反抗波斯的起义。
449	波斯与雅典缔结和约的可能年份。
411	斯巴达得到波斯的资金援助,以重建海军。
401	在斯巴达将领吕山德的支持下,小居鲁士发动叛乱,试图推翻新王阿尔塔薛西斯二世,但以失败告终。
395—386	在波斯的挑唆下,希腊人之间爆发科林斯战争;波斯通过公元前386年签订的《大王和约》,重新获得了对小亚细亚爱奥尼亚城邦的控制并继续保持着对希腊的政治影响。
366—360	某些总督发动叛乱,意在夺取波斯王位。
336	马其顿国王腓力二世入侵波斯。
335	大流士三世继位;此人是阿契美尼德王朝的末代君主。
334—330	亚历山大征服波斯。随着大流士三世于公元前330年死去,阿契美尼德王朝灭亡。
	(与波斯有关的后续事件参见本表其余部分。)

米诺斯人

2000	克里特"王宫"文明的出现。
2000—1600	米诺斯文明的所谓"旧王宫时代"。
1628/1627	塞拉岛火山大喷发,爱琴海上的贸易城镇阿克罗蒂里被火山灰掩埋。

约 1600	克里特岛的王宫相继被毁，但随即得到更大规模的重建。
1600—1425	米诺斯文明的所谓"新王宫时代"。
1550	有证据显示米诺斯文明的商人与埃及三角洲地区的阿瓦利斯保持着往来。
1425	克里特岛的王宫再次被毁，可能是由于迈锡尼人的征服。

迈锡尼人

2200—2000？	操希腊语的原始部落抵达了希腊。
1650	迈锡尼地区首次出现竖井墓。这些墓被反复使用，直至公元前1500年左右。
1600—1400	希腊的迈锡尼军事领袖巩固了其权力；他们通过海外掠夺来维持其势力。
1400	迈锡尼人可能在这一时期占据了克里特岛。从意大利到小亚细亚沿海地区，乃至于埃及，都能发现迈锡尼人的踪迹。
1400	迈锡尼人把线形文字B作为一种音节文字加以使用（1952年，迈克尔·文特里斯破译了这种文字，并将之归入希腊语）。
1200—1100	迈锡尼文明崩溃，其原因有可能是多利亚人自北方南下。

公元前1100年之后的希腊

1100—800	所谓的"黑暗时代"。
1050—950	希腊人向爱琴海以及小亚细亚沿岸地区移民；希腊人首次使用铁器。
1100—825	在勒夫坎迪聚落发现的证据表明，希腊文化在黑暗时代仍得以延续；希腊与塞浦路斯岛建立贸易联系。

1050—900	雅典陶器摆脱了迈锡尼人的影响并发展出所谓的原始几何陶风格。
1000—750	腓尼基人作为商人活跃于整个地中海地区。传统上，公元前814年被认为是迦太基城建立的时间。
850	来自优卑亚岛的希腊人与腓尼基人以及近东地区的其他民族保持着广泛的贸易往来。
825	希腊人出现在奥龙特斯河河口处的阿尔米那。
900—725	雅典的几何陶时代。
776	传统上，这一年被视为首次举办奥林匹亚赛会的时间。
约775—750	来自优卑亚岛的希腊人以及近东地区的其他民族在意大利近海岛屿伊斯基亚设立了首个聚落——皮塞库萨埃。
753	传统上，这一年被视为罗马建城的时间。
750	希腊人借鉴和改造腓尼基字母，用于书写希腊语。这套字母传遍了整个希腊语世界。
750—700	传统上被归于诗人荷马名下的《伊利亚特》与《奥德赛》经过不断的编辑和整理，最终成形。
735	希腊人开始向西西里殖民；这一年科林斯移民建立了叙拉古。
725	希腊人在意大利沿海的库迈建立了一个聚落，以便能与伊特鲁里亚人直接贸易。
720	希腊人首次向意大利南部以及爱琴海北部的卡尔息狄斯半岛殖民。
730—680	卡尔基斯和埃雷特里亚之间爆发了勒兰托斯战争。这一事件标志着希腊旧式的贵族政治走向了终结。科林斯成了当时最强大的希腊城邦，也是科林斯陶器的原产地。
730—620	所谓的东方化时期，形形色色的东方文化元素渗透到

	了希腊文化中。
730—710	斯巴达征服美塞尼亚。
约700	赫西俄德创作《劳作与时日》以及《神谱》。
约700	希腊人首次抵达黑海地区；拜占庭城建立于公元前660年左右，但直到公元前650年才建立永久性聚落。
675—640	帕罗斯岛的诗人阿尔基罗库斯活跃的年代。
669	斯巴达在胡西阿埃之战中被阿哥斯击败，加之美塞尼亚的希洛人随后开始反抗，可能共同导致斯巴达走上了穷兵黩武之路。
自7世纪60年代起	首批希腊商人抵达埃及。到公元前600年时，埃及对希腊雕塑的影响已经明显可见。
657	库普塞鲁斯推翻了统治科林斯的贵族巴基斯氏族并成了当地的僭主。在此后的百余年间，僭主政体成了希腊城邦最常见的政府形式。
约640	斯巴达诗人提尔泰奥斯创作的诗歌反映了对城邦的忠诚开始被赋予重要意义。
630	来自塞拉岛的希腊人在北非的昔兰尼设立了殖民地。
621	雅典的德拉古法典未能缓解社会矛盾。
620—480	古风时代——希腊文化开始初露端倪。
600	来自弗卡埃亚的移民在今法国马赛建立了殖民地马西里亚。
600	吕底亚发行了世界上最早的钱币。这项发明在公元前595年传播到了贸易岛屿埃吉纳，又于公元前575年传播到雅典。
594	梭伦被任命为雅典的执政官并全权负责雅典的社会改革与政治改革。
585	传统上，米利都的泰勒斯成功预言了这一年的日食被视为希腊哲学的起点。泰勒斯的米利都追随者如阿那克西曼德以及阿那克西美尼，在之后的几十年间继续

	发展他的学说。
582—573	重要的泛希腊赛会相继出现。
580	腓尼基人与希腊人为争夺西西里岛上的控制范围而爆发冲突。
575—560	萨摩斯岛建造了赫拉神庙。这座神庙的设计可能受到了相似的埃及纪念建筑的影响。
约570	女抒情诗人萨福去世。
570	雅典制造了所谓的弗朗索瓦陶瓶;雅典再次成为制陶中心。
560	斯巴达在脚镣之战中被忒革亚人击败,导致斯巴达对邻邦采取更加温和的态度。
约550	麦加拉诗人塞奥戈尼斯作诗哀悼传统贵族价值观受到威胁。
540	伊特鲁里亚人与腓尼基人联合起来,将弗卡埃亚人从其刚建立不久的殖民地阿拉利亚逐出。
560—546	庇西特拉图历尽挫折,终于成为雅典的僭主。
546—510	庇西特拉图家族统治下的雅典崛起为希腊的重要文化中心和政治势力。庇西特拉图家族在卫城大兴土木,举办大泛雅典娜节,资助戏剧演出。庇西特拉图家族的统治延续到公元前510年,同年庇西特拉图之子希庇亚斯被推翻;斯巴达与此同时成为寡头政治的代表,联手雅典人推翻庇西特拉图家族。
525	毕达哥拉斯被萨摩斯岛流放后,活跃于意大利南部。
525	红绘陶器取代黑绘陶器成为雅典陶工的主要产品。现存最早的青铜雕塑出现在了雅典。青铜现在成了古希腊雕塑艺术家青睐的材料。
520—约490	斯巴达国王克里昂米尼在位期间,他那有所作为的对外政策在国内引发了危机,他本人也遇刺身亡。
509	罗马共和国建立。

508/507	克里斯提尼的改革措施为雅典的民主政治奠定了基础。
501	雅典人首次选举十将军。"将军"一职在公元前5世纪成了雅典最具权势的职位。
500	以弗所哲学家赫拉克利特以及埃利亚哲学家巴门尼德活跃的年代。
499—494	小亚细亚的爱奥尼亚城邦举兵反抗波斯统治;雅典和斯巴达都提供了帮助。这次暴动最终被镇压。
498	品达现存最早的诗作创作于这一年。公元前476年,他开始创作《奥林匹亚颂》;公元前470年,他开始创作《皮提娅赛会颂歌》;至少直到公元前446年,品达仍然活跃在诗坛。
493	地米斯托克利成为雅典执政官,在他的倡议下,雅典人开始在比雷埃夫斯建造港口。
490	波斯人对雅典与斯巴达发动远征,但在马拉松之战中被击败。
约490	克里托斯创作的雕塑标志着希腊的艺术风格由古风时代向古典时代过渡。
487	雅典的酒神节首次上演喜剧。
487	首次出现有关雅典施行陶片放逐的记载。
484	悲剧作家埃斯库罗斯首次在酒神节上夺奖。
482	雅典在劳里昂发现储量丰富的银矿,令地米斯托克利能够组建一支强大的舰队。
480—336	古典时代,传统上被视为古希腊的鼎盛时期。
480—479	波斯国王薛西斯大举入侵希腊,但在萨拉米斯海战以及普拉提亚之战中惨败;迦太基人进攻西西里失败。
477	提洛同盟建立,在雅典贵族政治家客蒙的领导下与波斯人继续作战;波斯的威胁被消除;斯巴达默许雅典的扩张。
475—450	奥林匹亚宙斯神庙上的浮雕成为现存最重要的古典时

	代早期艺术品。
472	埃斯库罗斯创作悲剧《波斯人》，一部罕见的以同时代事件为题材的剧本。
471	雅典的贵族派利用陶片放逐法流放了地米斯托克利。
470	纳克索斯在试图脱离提洛同盟后被迫重返联盟。
468	悲剧作家索福克勒斯在酒神节上获得优胜，成功挑战了埃斯库罗斯的地位。
465	萨索斯岛发生暴动，试图脱离提洛同盟，遭到雅典军队的镇压。
464	斯巴达发生地震，之后爆发了希洛人起义。客蒙率领雅典军队支援斯巴达，却遭到拒绝。
461	雅典爆发"民主革命"，利用陶片放逐法流放了客蒙，与斯巴达的关系也彻底破裂。
461—429	雅典民主派领袖伯里克利主政时期。
461—451	雅典与斯巴达之间爆发了第一次伯罗奔尼撒战争。公元前458年，雅典建造了长墙。公元前457年，双方军队在塔纳戈拉爆发激战。之后雅典人征服了彼奥提亚地区。
458	埃斯库罗斯创作剧本《俄瑞斯忒亚》。
455	欧里庇得斯创作了首个剧本。
454	雅典人在埃及遭受波斯人的重创；雅典将提洛同盟的金库转移到了雅典。
451	伯里克利立法规定雅典公民权仅被授予父母均为雅典公民者。
450	埃利亚哲学家芝诺通过一系列著名的悖论将巴门尼德的逻辑推至极致。
449	雅典与斯巴达有可能在这一年缔结了和约。
447—438	现存的帕特农神庙重建于这一时期，其设计与装饰似乎主要由雕塑家斐迪亚斯负责。

447	雅典人在科罗尼亚之战中失利,从而丧失了对彼奥提亚的控制。
446—445	斯巴达与雅典缔结为期三十年的和约。
约445	雅典颁布《币制法令》,要求提洛同盟成员必须使用雅典的度量衡。这个同盟实际上已经蜕变为"雅典帝国"。
443	雅典在意大利南部的图里伊设立殖民地,显示雅典对地中海西部地区的巨大兴趣。
441	索福克勒斯创作悲剧《安提戈涅》。
5世纪40年代	希罗多德的《历史》有可能创作于这一时期。
440—430	原子论者留基伯与德谟克利特认为,万物由原子构成;雕塑家阿哥斯的波吕克雷图斯提出了人体的理想比例。
440	萨摩斯岛举行暴动反抗雅典帝国,遭到镇压。
437	雅典在安菲波利斯建立聚落以开发色雷斯地区的木材与黄金。
433—431	雅典因支援克基拉反抗斯巴达的盟友科林斯,面临与斯巴达再次开战。雅典兴师动众处置波提代亚暴动,被斯巴达视作削弱其实力的一种策略。
431	第二次伯罗奔尼撒战争爆发;修昔底德的战争叙事在这一年正式展开;欧里庇得斯创作《美狄亚》;希波克拉底、苏格拉底以及普罗泰戈拉均活跃于这一时期。
431—430	伯里克利发表阵亡将士葬礼演说。
430	雅典爆发瘟疫,损失了大量人口。
430	斐迪亚斯在奥林匹亚完成了宙斯巨像。
430(或稍晚)	索福克勒斯创作悲剧《俄狄浦斯王》。
429	伯里克利去世。
428	柏拉图出生。欧里庇得斯创作悲剧《希波吕图斯》。

427	雷翁提尼演说家高尔吉亚造访雅典，引发了雅典人对修辞术的极大兴趣。
427	密提林暴动。雅典人在公民大会上就如何处置密提林进行了激烈辩论。
425—388	阿里斯托芬创作了一系列喜剧。
425	雅典人在斯法忒里亚俘获一些斯巴达人，打破了伯罗奔尼撒战争的僵局。底比斯人在弟利安之战击败雅典，粉碎了其控制彼奥提亚的希望。
424	斯巴达将领布拉西达斯攻占安菲波利斯以及雅典人在爱琴海北部建立的其他殖民城市。
420—400	巴撒埃兴建阿波罗神庙。
418	斯巴达在曼提尼亚之战中击败了阿哥斯和雅典，从而重新确立了对伯罗奔尼撒半岛的控制。
416	雅典击败米洛斯岛，并把该岛居民作为奴隶出售。
415	欧里庇得斯创作《特洛伊妇女》，批判野蛮的战争。
415	雅典远征军启程前往西西里。
413	雅典远征军在西西里全军覆没。斯巴达在阿提卡的德凯莱亚设立据点，重新夺回了战争主动权。
411	斯巴达人为了重建海军向波斯寻求帮助。
411	四百人大会接管雅典。雅典在次年恢复了民主政体。雅典人在海上数次战胜斯巴达人。
406	雅典海军在阿尔吉努撒埃获得胜利。公民大会就如何处置未尽力营救落海水手的将领爆发了激烈辩论。
406	欧里庇得斯与索福克勒斯相继去世。
405	欧里庇得斯的遗作《酒神的女祭司们》首次上演。
405	狄奥尼西乌斯一世成为叙拉古的独裁者，并在去世之前（公元前367年）始终把持大权，从而为希腊世界提供了一种崭新的政府组织模式。
405	阿埃戈斯波塔马之战，雅典海军被斯巴达将领吕山德

	彻底消灭。
404	雅典投降。斯巴达在雅典扶植"三十僭主",但不久之后即被雅典人推翻。雅典恢复了民主。
405—395	吕山德主宰爱琴海。在他的支持下,小居鲁士为争夺波斯王位而起兵,但兵败身死。吕山德也因此而声誉受损。希腊史家色诺芬率领希腊雇佣军逃离波斯,并在其《长征记》一书中回顾了此事。
399	苏格拉底因腐化青年的罪名被判处死刑。
396—347	柏拉图活跃时期。公元前387年,他创立了学园。
396—394	斯巴达国王阿格西劳斯为使小亚细亚的爱奥尼亚人摆脱波斯统治而作战;作为报复,雅典、底比斯与科林斯在波斯的援助下发动科林斯战争,共同对抗斯巴达。雅典人在波斯的资助下重建了长墙。
395	修昔底德发表《伯罗奔尼撒战争史》。
386	各方通过所谓的大王和约结束了科林斯战争。波斯借此重新获得了对小亚细亚的爱奥尼亚城邦的控制权,并维持了对希腊世界的影响力。
382	斯巴达人占据底比斯。
379	底比斯获得解放。为了与斯巴达相抗衡,雅典在次年组织了第二次雅典同盟。
375—370	伊阿宋在色萨利地区建立起个人的专制统治,这种政治模式与民主政治和寡头政治均有很大不同。
371	底比斯在留克特拉之战中彻底击败斯巴达,令后者再也未能恢复元气。此后10年间,底比斯成为希腊最强大的城邦。
367	亚里士多德加入学园。
362	随着底比斯领袖埃帕米农达阵亡,底比斯的势力迅速没落,但没有哪一个希腊城邦能够代替底比斯。
359	腓力二世成为马其顿国王,他迅速巩固了自己对马其

	顿尼亚以及周边地区的控制。
358—330	在阿斯克勒庇俄斯圣所兴建伊庇达洛斯剧场，这是现存最完好的古希腊剧场。雅典雕塑家普拉克西特列斯活跃的时代。他因创作阿芙洛狄忒女神的裸体雕像而名噪一时。
348	腓力二世洗劫爱琴海北部城市俄林土斯。这座城市的遗址为我们提供了有关于古希腊房屋的许多资料。
357—355	第二次雅典同盟瓦解。
356—352	腓力二世成为希腊中部地区的霸主，并招致雅典演说家德摩斯梯尼的猛烈抨击。
356	腓力二世之子亚历山大诞生。
347	柏拉图去世。亚里士多德离开雅典。他于公元前337年重返雅典，创立了自己的学园吕克昂。
340	雅典向腓力二世宣战。
338	腓力二世在喀罗尼亚之战中彻底击败雅典及其盟友的军队。希腊各城邦从此丧失了独立。希腊演说家伊索克拉底为这一胜利感到欢欣鼓舞，因为他长期以来一直在鼓吹希腊世界应当在一位领袖的领导下联合起来。
336	腓力二世向波斯发动进攻，但他本人在同年遇刺身亡。亚历山大继承了王位并迅速巩固了他对马其顿尼亚以及希腊各邦的控制。底比斯被夷为平地。
335	犬儒学派的哲学家第欧根尼据说在这一年与亚历山大于科林斯相遇，并让后者认识到放弃财产的重要性。
336-331	希腊化时代。希腊世界在这个时代分裂成了若干个王国，但更具共同性的希腊文化出现了。这是一个希望与焦虑并存的时代，最终以希腊世界并入罗马帝国告终。
335	大流士三世继承波斯王位。

334	亚历山大率军入侵波斯。格拉尼库斯河之战的胜利使他得以控制小亚细亚。
333	亚历山大斩断戈尔迪翁之结,并在伊苏斯之战中击败大流士三世的军队。
332—331	亚历山大取道叙利亚前往埃及。他宣称自己取代大流士三世成为埃及的法老。亚历山大造访锡瓦绿洲的阿蒙神庙,并因此更加坚信自己是神明之后。他在公元前331年建立了亚历山大里亚城。
331	亚历山大在高拉米加之战中大胜大流士三世,并乘胜夺取了巴比伦、苏萨以及波斯波利斯。次年,波斯波利斯的王宫被付之一炬。大流士三世被部下杀害,阿契美尼德王朝就此灭亡。
330—328	亚历山大在巴克特里亚与粟特陷入游击战。
326	亚历山大抵达印度,并在赫达斯庇河之战中取得了他人生中最后一场重大胜利。
325	亚历山大取道印度河以及莫克兰沙漠返回波斯中部。
324—323	亚历山大试图在他征服的领土上建立秩序,而他本人则变得愈发喜怒无常。
323	亚历山大在巴比伦去世。
322	亚里士多德在优卑亚岛去世。
323—276	亚历山大的后裔以及军官爆发了权力斗争。亚历山大麾下资深的骑兵将领佩尔狄卡斯和"独眼"安提柯未能维持帝国的统一。安提柯在伊普苏斯之战中阵亡。亚历山大帝国最终分裂成为3个比较重要的王国:托勒密家族统治的埃及,安提柯后人统治的马其顿和东方的塞琉古帝国。
321—289	"新喜剧"的倡导者米南德活跃的时代。
320	来自马西里亚的皮西亚斯首次环绕不列颠岛航行。
307	哲学家伊壁鸠鲁在雅典创立了自己的学园。

300	芝诺一派因常在雅典的大画廊集会，故被称作斯多噶学派。数学家欧几里得撰写了《几何原本》，为现代数学奠定了基础。托勒密一世在亚历山大里亚开设图书馆与博物馆。美塞尼亚的狄凯埃阿库斯绘制了首张世界地图。
290	埃托利亚同盟占据德尔斐，并在之后的70年间成为希腊中部最强大的政治实体。
约287	阿基米德在叙拉古出生，他被誉为最伟大的古代数学家。
281	亚该亚同盟建立，其成员均为伯罗奔尼撒半岛上的城邦。
280	伊庇鲁斯国王皮洛士率军渡海前往意大利，支援他林敦对抗罗马。罗马人首次与希腊世界发生直接接触。
279	德尔斐遭到凯尔特人洗劫。
约275	萨摩斯岛的阿利斯塔克提出日心说。
274—271	埃及与塞琉古围绕叙利亚的归属爆发战争。双方之后又为此多次交战（260—253，246—241，219—217）。
270	诗人卡利马库斯与忒奥克里托斯在亚历山大里亚活跃的时代。
263—241	欧迈尼斯统治下的帕加马王国迅速崛起。
3世纪60年代	卡尔西顿的希罗菲卢斯与凯奥斯岛的埃拉西斯特拉图斯率先通过实验研究人体的构造。
238	帕加马国王阿塔罗斯一世击败加拉太凯尔特人。帕加马成为希腊世界的重要城市之一。
235—219	斯巴达国王克里昂米尼在位时期，将部分希洛人补充到斯巴达军队中。
229—219	罗马人清剿伊利里亚地区的海盗。罗马人首次染指希腊世界。
223—187	塞琉古国王安条克三世在位时期。塞琉古帝国在小亚

	细亚的影响力有所恢复。公元前192—前188年间，他数次惨败于罗马人之手。塞琉古帝国再度一蹶不振。
221	腓力五世成为马其顿国王。
215	腓力五世联合迦太基对抗罗马。
214—205	罗马向腓力五世宣战，第一次马其顿战争爆发。罗马人与埃托利亚同盟结为盟友。
212/211	叙拉古城破，阿基米德被杀害。
206—185	上埃及地区摆脱托勒密王朝的统治。
200	数学家佩尔格的阿波罗尼奥斯活跃的时代。
200—197	第二次马其顿战争爆发，腓力五世在狗头山战败。
196	罗马将领弗拉米尼努斯宣布希腊城邦各邦获得"解放"。公元前194年，罗马军队撤出希腊。
196	孟菲斯的祭司为向托勒密五世谢恩，制作了所谓的罗塞塔石碑，并成为后人破译古埃及象形文字的钥匙。
191	罗马人在温泉关击败安条克三世。
189	安条克三世在玛格尼西亚被罗马人击败后，埃托利亚同盟被迫与罗马结盟。
179	腓力五世去世，其子珀尔修斯成为马其顿国王。
171—138	帕提亚国王米特里达梯一世在位时期，帕提亚摆脱塞琉古帝国取得完全的独立。
168	罗马人在皮德纳击败珀尔修斯，马其顿尼亚被分割为4个共和国。
168	安条克四世在入侵埃及时遭到罗马人的羞辱。
167	在犹大·马加比的领导下，犹地亚地区爆发反抗塞琉古统治的游击战争。
167	希腊史家波里比阿抵达罗马。
约160	帕加马王国建造宙斯祭坛。
148	马其顿尼亚在暴动被镇压后成为罗马的一个行省。
146	罗马人击败亚该亚同盟。科林斯被夷为平地。

141	在西门·马加比的领导下，犹地亚的独立得到了塞琉古的承认。
133	帕加马王国被遗赠给罗马，成为罗马的亚细亚行省。
92	罗马人与帕提亚人在幼发拉底河首次举行官方会晤。
88—85	本都的米特里达梯在亚细亚行省煽动各城市屠杀罗马公民，并宣称要把希腊各邦从罗马的压迫下解放出来。
86	苏拉攻克雅典，米特里达梯被迫撤退，罗马恢复对东方的统治。
74—63	卢库鲁斯与庞培在东方发动一系列战事，最终击败了米特里达梯，并消灭了塞琉古王朝。犹地亚也处于罗马人的统治之下。庞培重新划分了东方的各个行省。
55—53	克拉苏远征帕提亚，在卡莱全军覆没。克拉苏被杀。
48—47	恺撒扶植托勒密十二世之女克莉奥帕特拉七世登上埃及王位。
41	克莉奥帕特拉七世与马克·安东尼相遇，并成为其情妇。
36	马克·安东尼入侵帕提亚，铩羽而归。
34	安东尼与克莉奥帕特拉七世为盖过屋大维的风头，在亚历山大里亚城举行盛大仪式。
31	安东尼与克莉奥帕特拉七世的军队在亚兴克之战中被屋大维打败。
30	安东尼与克莉奥帕特拉七世相继自杀；埃及被罗马吞并。

伊特鲁里亚人

1200	伊特鲁里亚地区首次出现大规模农业耕作的迹象。
900	伊特鲁里亚凝灰岩高地上出现零散的村落。"威兰诺威文化"时期。

760	伊特鲁里亚人墓葬中的装饰品以及铁器开始增多,表明他们与东方的联系日趋紧密。随葬品的时代与皮塞库萨埃聚落建立时期相当(约公元前775—前750年)。
700	伊特鲁里亚聚落首次出现用凝灰岩修建的围墙。伊特鲁里亚人引入希腊字母。
700—550	有证据表明伊特鲁里亚人与希腊人以及其他东方民族之间有着广泛的贸易联系。伊特鲁里亚文明最强盛的时代。
约616	伊特鲁里亚人塔克文一世成为罗马国王。此后百余年间,罗马始终处于伊特鲁里亚文化的影响下,并汲取了诸多伊特鲁里亚文化元素。
600	伊特鲁里亚神庙的形制形成,被罗马人沿袭。
550	伊特鲁里亚人开始面临扩张中的希腊人的威胁,尤其是弗卡埃亚人。
540	伊特鲁里亚人与腓尼基人组成联合舰队击败弗卡埃亚人。
525	伊特鲁里亚人征服库迈的行动失败。
500	沿海贸易出现颓势,迫使伊特鲁里亚人在亚得里亚海北岸建立新的城市。与北欧凯尔特人的新商路开通,推动了"拉坦诺文化"的发展。
474	叙拉古的希耶罗击败伊特鲁里亚舰队。本世纪,伊特鲁里亚人在坎帕尼亚定居的痕迹被萨莫奈人完全抹去。
396	罗马人攻占伊特鲁里亚人的重要城市维伊。
295	罗马在森提努姆之战中击败伊特鲁里亚人等民族,控制了伊特鲁里亚地区。伊特鲁里亚人在意大利北部的贸易城市在罗马人和凯尔特人的压力下逐渐消亡。

罗马的崛起

10世纪	罗马的山丘上出现聚落的可能时期。
753	一般认为罗马建城的年代。自公元前8世纪中叶始，有证据显示罗马与外部世界的联系增强。罗马仍不过是诸多拉丁城邦中的一员。
616—579	一般认为的塔克文一世统治时期。罗马处在伊特鲁里亚人的影响下。
579—534	塞尔维乌斯·图里乌斯统治时期。他可能是拉丁人而非伊特鲁里亚人。他可能扩大了罗马公民群体，并将之整合入城邦。森都里亚大会和公民军队的建立（首个罗马军团出现）。
534—509	"高傲者"塔克文在位时期。罗马城中首次出现大兴土木的迹象。
509	罗马在驱逐国王后成为共和国。执政官以及其他高级官员取代了国王。
499	罗马在瑞吉鲁斯湖之战中击败拉丁社群，但不久后与之结盟，以对抗周边敌对部落。公元前5世纪，罗马与盟友经常同这些部落交战。
490—440	贵族时代。名门望族把持执政官一职，但平民要求分享权力的呼声不断高涨。
471	贵族承认平民大会的地位。
450	《十二铜表法》颁布，使所有罗马公民得以了解城邦的传统法律。
409	平民首次被允许出任财务官。
390	罗马被凯尔特人"攻陷"。
343	第一次萨莫奈战争爆发。
342	自该年起，执政官至少有一人乃是平民（直到公元前172年，第一次出现两名执政官都由平民担任的情况）。
340	随着罗马人打败拉丁人和坎帕尼亚人，拉丁战争结

	束。战后的协议使罗马人控制了拉丁姆和坎帕尼亚。
327	罗马在弗雷格莱建立新殖民地,引发萨莫奈人攻击。
327—304	第二次萨莫奈战争,罗马的势力首次扩张到意大利中部。
312	罗马修建了首条罗马大道——连接罗马与卡普阿的阿庇亚大道;修建首条高架引水渠——阿庇亚引水渠。
298—290	第三次萨莫奈战争,罗马人彻底击败萨莫奈人(公元前295年,森提努姆之战;公元前293年,阿奎洛尼亚之战)。
287	平民大会决议被认定具有法律效力。
280—275	伊庇鲁斯国王皮洛士登陆意大利,救援希腊城市他林敦。尽管他初期取得了一些胜利,仍不得不率军撤退。罗马在意大利南部建立了霸权。
264	罗马干预西西里事务,支援麦撒那的马麦尔提奈斯人,第一次布匿战争爆发。战场最初仅限于西西里。
260	罗马与迦太基首次爆发海战。罗马获胜。
255—249	在北非以及海战中相继失利后,罗马转为守势。
241	罗马在埃加迪群岛附近的海战中取胜,最终扭转战局。迦太基将西西里割让给罗马。
237	罗马从迦太基手中夺取了撒丁岛和科西嘉岛。
229—219	罗马把伊利里亚沿岸地区纳入其势力范围。
227	大法官(负责司法事务的高级官员)增至4人,其中两人负责治理罗马新占据的海外领土。
225	凯尔特人入侵意大利,在忒拉蒙之战中被罗马人击败。罗马随即大肆镇压意大利北部的凯尔特人。
221	汉尼拔开始统率驻扎在西班牙的迦太基军队。
218	汉尼拔占领罗马的盟邦萨贡图姆,引发了第二次布匿战争。
218	汉尼拔入侵意大利,在特里比亚河畔首次击败罗

	马人。
217	汉尼拔在特拉西梅诺湖之战中大败罗马人。
217—216	费边被任命为独裁官,尽量避免与汉尼拔正面交锋。
216	费边的建议被排斥,罗马人与汉尼拔在坎尼决战,全军覆没。汉尼拔控制了意大利南部的绝大部分地区。
215	马其顿国王腓力五世与迦太基结盟,导致罗马与腓力五世之间爆发了一场无关大局的战争(公元前214—前205年)。
212/211	叙拉古陷落,导致希腊艺术首次进入罗马。
211	汉尼拔向罗马进军,但未能如愿。他自此之后转入防御。
211—206	罗马军队在大西庇阿的指挥下在西班牙大获全胜。
209(或早得多)	李维乌斯·安德罗尼库斯把希腊史诗与戏剧介绍给罗马人。
204	大西庇阿入侵北非。汉尼拔被迫撤回本土。
204	普劳图斯(公元前204—前184年活跃)的戏剧首次上演。
202	罗马在扎马之战中获胜,第二次布匿战争结束。迦太基沦为罗马附庸。西班牙被罗马吞并。
202	法比乌斯·皮克托用希腊语撰写了首部罗马史。

罗马与地中海世界

202—150	元老院作为罗马的行政机关此时享有无上的权威。
202—190	罗马最后一次镇压意大利北部的凯尔特人部落。
200—197	罗马与腓力五世之间爆发第二次马其顿战争。战争以腓力五世在狗头山之役惨败而告终。
196	罗马统帅弗拉米尼努斯宣布给予希腊自由。
193—133	罗马为平定西班牙而发起一系列战事。
191	罗马人在温泉关击败安条克三世。

189	安条克三世在马革尼西亚被击败（公元前190年），埃托利亚同盟各城市被迫成为罗马的同盟者。
186	罗马举办首次希腊式赛会。元老院下令取缔酒神崇拜节庆。
184	老加图（公元前234—前149年）任监察官，向东方风气的腐化影响宣战。
约180	恩尼乌斯创作了以罗马历史为主题的史诗《编年史》。
180	罗马规定当选大法官和执政官的最低年龄。
179	腓力五世去世，其子珀尔修斯成为马其顿国王。罗马在皮德纳击败珀尔修斯。马其顿尼亚被划分为4个共和国。
168	安条克四世试图入侵埃及，遭到罗马人的羞辱。
167	希腊史家波里比阿抵达罗马。他撰写《通史》一书，记载罗马征服希腊的历史。
167	由于罗马在历次战争中所获颇丰，意大利被豁免直接税。
2世纪60年代	泰伦提乌斯的戏剧开始上演。
149	罗马设立专门审判行省总督的法庭。老加图发表《罗马史》。
148	马其顿尼亚爆发起义，遭罗马镇压后，成为罗马行省。大批战利品被掠往罗马。
146	罗马击败亚该亚同盟。科林斯和迦太基都被夷为平地。
139	一位保民官提出设立无记名投票制度。这一动议在平民大会上获得通过，并以法律的形式加以确认。这是民众对元老院的一次挑战。
136—132	西西里岛奴隶起义。
133	帕加马被遗赠给罗马，公元前129年成为罗马的亚细亚行省。
133	保民官提比略·格拉古推动改革，引发元老院支持者

	与民众爆发流血冲突。提比略被杀，但土地委员会得以继续运作。
125	弗尔维乌斯·弗拉库斯提议向同盟城市授予罗马公民权。
124—122	盖尤斯·格拉古任保民官。
121	元老院通过元老院决议，授权屠杀盖尤斯·格拉古的支持者，他本人也遭杀害。
121	纳尔波高卢（高卢南部）成为罗马行省。
111—110	与努米底亚开战（朱古达战争）。
107—100	马略先后6次当选执政官，结束朱古达战争，击败南下的日耳曼部落——辛布里人与条顿人。马略试图在意大利为旧部分配土地，失败后遭流放。
92	罗马人与帕提亚人在幼发拉底河首次举行官方会晤。
91—88	罗马与意大利同盟者之间爆发同盟战争。罗马授予波河以南的所有社群公民权。
88—85	本都国王米特里达梯六世煽动亚细亚行省居民屠杀当地的罗马公民，并试图让希腊摆脱罗马统治。苏拉因自己的兵权受到威胁而率军杀向罗马。
87—84	苏拉在东方征战期间，其政敌秦那在马略的支持下连续4年当选执政官，直至公元前86年马略去世。
86	苏拉攻占雅典，米特里达梯被迫撤退。罗马恢复了对东方的统治。
83—82	苏拉率军返回罗马，夺取权力，通过内战消灭其政敌。苏拉任独裁官直至公元前79年。他恢复了元老院的权力。
80—72	塞多留控制西班牙。元老院任用庞培，夺回了西班牙行省。
74	米特里达梯再次向罗马发难。李锡尼乌斯·卢库鲁斯奉命出征。

73—71	大批奴隶在斯巴达克斯的领导下起义。克拉苏与庞培恢复秩序。
70	克拉苏与庞培当选执政官。西塞罗发表抨击维勒斯的演说,一举奠定了他作为罗马最杰出演说家的地位。
67	元老院决议授予庞培全权,以彻底剿灭地中海的海盗。
66—63	庞培获得在东方的指挥权后,最终打败米特里达梯,终结了塞琉古王朝(公元前64年)。犹地亚受到罗马的统治。庞培重新划分东方各行省,建立比提尼亚、奇里乞亚与叙利亚3个新行省。
63	该年度的执政官西塞罗挫败了喀提林阴谋。恺撒当选为大祭司长。
62	庞培返回意大利并遣散旧部。
60	庞培、克拉苏与恺撒结成"前三头同盟"。
59	恺撒出任执政官。他把女儿尤利娅嫁给庞培。恺撒提出一系列有利于庞培和克拉苏的法案。
59—54	卡图鲁斯为"莱斯比娅"创作了一系列诗歌。
58—49	恺撒征服高卢,并著有《高卢战记》,记录这场战争。
58—57	在克洛狄乌斯的鼓动下,西塞罗被流放,后在庞培的帮助下重返罗马,并依附于庞培。
56	恺撒在卢卡与克拉苏、庞培会晤,重申了他们之间的协议。
55	庞培与克拉苏当选执政官。庞培获得了西班牙的统帅权,但委托他人代行,自己则留在意大利。
55	诗人卢克莱修去世。他的遗作《物性论》在死后发表。西塞罗创作了论演说的首部作品。公元前54年,他开始撰写《论共和国》。庞培剧场是罗马首座石质剧场。
55—54	恺撒远征不列颠。
55—53	克拉苏远征帕提亚,在卡莱全军覆没。克拉苏被杀。

54	尤利娅去世,标志着恺撒与庞培关系的破裂。他们均通过在罗马大兴土木来收买民心。
52	克洛狄乌斯在街头斗殴中丧命。庞培被元老院任命为唯一的执政官以恢复秩序。
52—49	恺撒试图确保手中的至高统治权不被剥夺,由此引发激烈的政治斗争。元老院与庞培结成同盟。
49	恺撒率军渡过卢比孔河,庞培退往东方。
48	恺撒在法萨卢斯之战中击败庞培。庞培在埃及被杀害。恺撒扶植托勒密十二世之女克莉奥帕特拉为埃及法老。
47—45	恺撒在阿非利加、东方和西班牙征战。
46	恺撒成为任期10年的独裁官,并举行了4次凯旋仪式庆祝其胜利。
45—44	西塞罗主要的哲学著作均创作于这一时期。
45—44	独裁者恺撒逐渐成为众矢之的,最终在公元前44年3月遇刺。
44	马克·安东尼控制罗马。西塞罗发表演说《反腓力辞》,大肆抨击安东尼。
43	屋大维作为恺撒指定的继承人,获得执政官一职,与安东尼、雷必达结成"后三头同盟"。在他们的授意下,西塞罗遭到杀害。
42	刺杀恺撒的凶手卡西乌斯和布鲁图斯在腓力比战败后自杀。元老院宣布恺撒为神。安东尼继续统治东方,屋大维统治西方。
42	山南高卢正式成为意大利的一部分。
41	克莉奥帕特拉与安东尼邂逅,成为其情妇。
38	维吉尔的《牧歌》发表。
36	安东尼入侵帕提亚,以惨败告终。
34	安东尼与克莉奥帕特拉在亚历山大城举行盛大仪式,

	试图压过屋大维的风头。
31	安东尼与克莉奥帕特拉的军队在亚克兴之战中被屋大维击败。
30	安东尼与克莉奥帕特拉双双自杀。埃及被并入罗马帝国的版图。
29	维吉尔完成《农事诗》。李维开始陆续发表自己撰写的罗马史。贺拉斯的《长短句集》发表。
27	屋大维"再造"共和。他被授予"奥古斯都"称号。公元前27—前22年,奥古斯都逐渐攫取了大部分的权力,在宪制上毫无疑问地成了罗马的主宰。
26—16	诗人普罗佩提乌斯创作《哀歌集》。
25	奥维德开始创作《爱情三论》。
24—23	贺拉斯的《颂诗集》前三卷发表。
23	奥古斯都卸去执政官一职,转而通过新授予他的各项权力巩固自己政治地位。维特鲁威完成《建筑十书》,该书成为罗马建筑领域最具影响力的著作。
20	与帕提亚达成和平协议,卡莱之役中失去的军旗被归还。
19	维吉尔去世。奥古斯都保留《埃涅阿斯纪》的手稿以便出版。
17	贺拉斯创作《世纪之歌》,标志着他已认可奥古斯都的统治。
12	奥古斯都成为大祭司长。
12—9	巴尔干半岛诸部落首次被平定,达尔马提亚行省、潘诺尼亚行省随之建立。罗马军队进抵易北河一线。
9	和平祭坛落成。
4	耶稣在加利利地区出生。
2	奥古斯都广场建成。奥古斯都被授予"祖国之父"的称号。

| 约 1 | 奥维德创作《爱经》。 |

公元后

2—4	奥古斯都在立储的过程中多次受挫,最终指定女婿提比略为继承人。奥维德创作《变形记》。
5—6	士兵服役期被确定为20年,国家开始承担安置退伍士兵的责任,罗马军队的地位由此得到巩固。
6—9	潘诺尼亚行省发生大规模叛乱,3个罗马军团在日耳曼森林被全歼。莱茵河逐渐成为帝国的边界。
14	奥古斯都去世。提比略作为尤里乌斯-克劳狄乌斯王朝的第一位元首顺利继位。
19	提比略指定的继承人日耳曼尼库斯去世。
23	提比略之子德鲁苏斯去世。
26	提比略在卡普里岛隐居。
约29—30	耶稣在耶路撒冷受难。早期基督教教会建立。
31	近卫军长官塞扬努斯因擅权被提比略处决。
37	提比略去世,终年77岁。盖尤斯(卡里古拉)继位。
40	耶稣的兄弟雅各成为耶路撒冷的犹太人基督教会的领袖,但保罗在非犹太人群体中传教的努力取得了更大的成功。
约42—54	流传至今的保罗书信是现存最早的基督教文献。
41	卡里古拉遇刺,表明罗马在宪制层面没有一种可以废黜无道统治者的途径。克劳狄乌斯成为皇帝。
43	克劳狄乌斯入侵不列颠,以巩固其地位。不列颠被纳入罗马帝国的版图。
43—54	克劳狄乌斯牺牲元老院的权力,发展出一套隶属元首的官僚系统。
49	克劳狄乌斯与未来的皇帝尼禄之母阿格里皮娜结婚。

	阿格里皮娜趁机巩固其权势。
54	克劳狄乌斯去世后,阿格里皮娜拥立尼禄即位。克劳狄乌斯的亲生儿子不列颠尼库斯暴毙。
54—59	在斯多噶哲学家塞涅卡影响下,尼禄初期的统治颇为稳定。
59	尼禄谋杀其母阿格里皮娜后,变得喜怒无常、不可捉摸。
60	不列颠发生布狄卡起义。
62	罗马受到帕提亚的羞辱。罗马被迫接受帕提亚所提名者统治两大帝国之间的缓冲地带——亚美尼亚。
64	罗马发生大火。基督徒被指为大火的元凶。尼禄在废墟上建造黄金屋。
65	塞涅卡自杀。
65—100	福音书与《使徒行传》编纂成形。
66	小说《萨蒂利孔》的作者元老佩特罗尼乌斯自杀。
66—74	犹地亚爆发大规模起义,遭到残酷镇压。
67	尼禄巡幸希腊。
68	高卢爆发反尼禄的起义。尼禄自杀。
69	"四帝之年"。加尔巴、奥托、维特里乌斯和韦斯帕芗相继成为皇帝。韦斯帕芗赢得最终的胜利,在位至公元79年。
70	韦斯帕芗之子提图斯洗劫耶路撒冷圣殿,将大批财宝掠往罗马,并在罗马建造凯旋门纪念这一胜利。尤里乌斯·奇维里斯发动叛乱,建立了昙花一现的"高卢帝国"。
78—86	阿格里古拉治理不列颠期间发动大规模战事。
79—81	提图斯统治时期。
79	维苏威火山爆发,摧毁了庞贝与赫库兰尼姆。《自然史》的作者、百科全书式的人物老普林尼死于火山

爆发。

1世纪80	罗马斗兽场落成并举办了盛大的庆礼。
81—96	图密善统治时期。图密善在帕拉丁山为自己建造了一座宫殿。
1世纪80年代	罗马加强莱茵河-多瑙河一线的防御，建立上日耳曼行省和下日耳曼行省，并修建大量要塞。图密善入侵达契亚，迫使其国王德凯巴鲁斯成为罗马的附庸。
85	耶路撒冷的犹太人基督教会衰落。基督教的未来将仰赖讲希腊语的非犹太人群体。
86—98	马提亚尔创作《讽刺诗》。
96	图密善在罗马遇刺身亡。元老们拥立涅尔瓦即位。
98	图拉真在涅尔瓦去世后继任皇帝。图拉真时期政治气氛更为宽松，促使塔西佗和苏维托尼乌斯创作有关公元1世纪的历史著作。小普林尼的书信集涵盖了公元97年至113年诸多事件。普鲁塔克的《希腊罗马名人传》同样创作于上述年代。
101—106	图拉真征服达契亚，利用所获得的战利品在罗马建设广场和市场。图拉真记功柱用表现这场战事的浮雕来宣传其武功。
110—117	尤维纳利斯创作《隽语集》。
114—117	图拉真入侵帕提亚，短暂吞并了亚美尼亚和美索不达米亚。
117	图拉真去世，哈德良继位。
117—138	哈德良统治时期。罗马帝国停止扩张，开始巩固现有边境。哈德良在各地巡视。他对希腊文化的热爱促进了地中海东部地区融入帝国。哈德良在罗马兴建万神殿，在蒂沃利兴建庄园，在不列颠北部兴建长城（公元121年）。
127—148	亚历山大里亚的托勒密活跃时期，他可能是最伟大的

	古代天文学家。
132—135	哈德良在耶路撒冷设立罗马殖民地,引发犹太人的大规模反抗。
138	哈德良去世。安敦尼·庇护继位。
138—161	安敦尼·庇护统治时期。一般认为罗马帝国在其治下达到极盛。
150	希腊人埃利乌斯·阿里斯提德斯的颂辞讴歌了罗马帝国统治的恩泽。他是第二次智者运动的领军人物之一。第二次智者运动复兴了古希腊雄辩术。生理学之父、当时最伟大的科学家盖伦亦活跃于这个时代。
约155	阿普列尤斯创作小说《金驴记》。
161	马可·奥勒留继位,卢基乌斯·维鲁斯成为共治者。后者艰难地击退了帕提亚人入侵。瘟疫自波斯传入罗马帝国。
168—175	多瑙河的战争以马可·奥勒留击退日耳曼入侵者告终。
172—180	马可·奥勒留撰写《沉思录》。
177	马可·奥勒留颁布法令,拒绝放弃信仰的基督徒将被处死。
180	康茂德在其父亲马可·奥勒留去世后继位。虽然边境的稳定得以维持,但康茂德的暴政不得人心,公元192年遇刺。
190—200	亚历山大里亚的克莱门认为希腊哲学对基督徒或有助益。
192—193	塞普蒂米乌斯·塞维鲁通过内战夺取了皇帝之位。军队的政治影响力得到进一步的巩固。
197	塞维鲁发动对帕提亚的战争,暂时将美索不达米亚并入帝国。帕提亚帝国在内外交困中走向衰落。
200年以降	日耳曼部落通过结成更大的部落联盟而壮大了实力(公元213年首次出现有关阿勒曼尼人["所有人"之

	意〕的记载）。
200年以降	拉丁神学之父德尔图良（逝于公元225年左右）以及最为杰出的早期基督教神学家奥利金（公元254年去世）活跃于这一时期。
203	塞普蒂米乌斯·塞维鲁的凯旋门在罗马落成。
203	佩尔佩图阿在迦太基殉教，留下了一部记录她作为基督徒的体验的日记。
208—211	塞维鲁在不列颠作战，后在约克去世。
211	塞维鲁之子卡拉卡拉与盖塔作为共治者继承大位。卡拉卡拉不久之后便杀害了自己弟弟盖塔。
212	卡拉卡拉颁布法令，赋予帝国境内所有自由民以罗马公民身份。
212—216	卡拉卡拉浴场在罗马兴建。法学家乌尔比安活跃于这一时期。
218—222	埃拉伽巴卢斯成为皇帝。他对太阳神崇拜的狂热激起普遍的反感，后遭暗杀。
222—237	塞维鲁·亚历山大统治时期。他是塞维鲁王朝最后一位统治者。
226	波斯统治者阿尔达西尔在泰西封加冕，萨珊帝国取代了帕提亚帝国。
234—284	"三世纪危机"。罗马持续遭受来自日耳曼部落和萨珊波斯帝国的入侵，皇帝频繁更迭。
244	普罗提诺定居罗马。他以柏拉图思想为基础，发展出新柏拉图主义。
249—251	罗马皇帝狄西乌斯掀起对基督徒的大规模迫害。
251	迦太基主教西普里安提出，教义应建立在主教们的共识之上。
253/254	萨珊人洗劫安条克。哥特人侵入以弗所。
260	萨珊人俘虏并侮辱罗马皇帝瓦勒良。

260—274	"高卢帝国"成为罗马帝国境内一大割据势力,帕尔米拉亦是如此。
267	赫鲁利人洗劫雅典。
270—275	奥勒良统治时期成为罗马帝国中兴的开始。他通过消灭高卢帝国和帕尔米拉使帝国重新恢复统一。
276—282	普罗布斯统治时期,帝国进一步强盛。
282	卡鲁斯成为首位不寻求元老院承认的皇帝。
284	出身于巴尔干的将领戴克里先成为皇帝。
286—293	"四帝共治"制度确立。帝国由两位奥古斯都和两位恺撒共同统治。特里尔、米兰、希尔米乌姆、尼科米底亚成为新都。戴克里先着手重整帝国的组织结构。
293	戴克里先试图通过发行新金币稳定货币。
297	罗马帝国大败萨珊人,为东部边境赢来和平。
298—306	戴克里先在罗马营造规模宏大的浴场。
301	戴克里先颁布《限价敕令》,试图遏制通货膨胀,但难以执行且收效甚微。
303—312	戴克里先及其继承人伽列里乌斯对基督徒发动最后一次大规模迫害。
305	戴克里先宣布退位,随即爆发权力之争。
312	君士坦丁在罗马附近的米尔维安桥之战中获胜,成为帝国西部的统治者。
313	君士坦丁和帝国东部的皇帝李锡尼乌斯共同签署《米兰敕令》,标志着基督教在罗马帝国全境获得了宽容。
约314—315	君士坦丁凯旋门在罗马落成。
324	君士坦丁击败李锡尼乌斯成为唯一的皇帝。他开始营造新都君士坦丁堡,并为首批基督教教堂提供物质支持。
325	君士坦丁主持基督教的首次大公会议——尼西亚公会议,谴责阿里乌派。

330	君士坦丁堡落成。
333—379	凯撒里亚的巴西流在世时期，他提出理想的隐修生活就是为穷人提供服务。他创办的隐修院设有医院和麻风病人收容所。
337	君士坦丁去世。权力为其3个儿子继承。
351	穆尔萨之战爆发，君士坦提乌斯成为唯一的皇帝。他统治的绝大多数时间都在边境与波斯作战。
356—360	君士坦提乌斯的堂弟尤利安恢复了帝国北部边境的秩序。
357	君士坦提乌斯造访罗马。此事因阿米阿努斯·马尔切利努斯的记载闻名。
361	尤利安在君士坦提乌斯去世后成为皇帝。这位最后的非基督教徒皇帝试图恢复异教信仰，但未能成功。
363	尤利安在与波斯的战争中去世。战争以罗马人的失败告终。
364—375	瓦伦提尼安统治时期，他可能是帝国西部最后一位有作为的皇帝。
374—397	米兰主教安波罗修成为反对异教与异端的急先锋。
376	哥特人为躲避匈人越过多瑙河。
378	阿德里安堡之战。帝国东部的皇帝瓦伦斯以及麾下大批精锐部队在与哥特人的战斗中被消灭。
378	阿米阿努斯·马尔切利努斯开始撰写罗马帝国的历史，但仅有记述公元354年至378年历史的数卷存世。
381	君士坦丁堡公会议谴责阿里乌派。
382	帝国东部的皇帝狄奥多西与哥特人签署条约，承认其在帝国治下享有独立地位。
4世纪80年代	哲罗姆开始用拉丁语翻译《新约》和《旧约》。他在去世前（420年）完成了这项工作。
385	奥古斯丁成为米兰的修辞学教师。他在《忏悔录》（创

	作于公元397—400年）中描述，正是这段经历使他皈依基督教。公元388年，他返回北非的故乡。公元395年，他成为希波城主教。
388—395	狄奥多西成为罗马帝国唯一的皇帝。这是罗马帝国最后一次统一。狄奥多西在安波罗修影响下，利用权力支持正统教派，抵制异端和异教。
4世纪90年代	"金口"圣若望在安条克传道。他在398年被任命为君士坦丁堡主教。
394	狄奥多西在冷河之战中击败信奉异教的谋逆者尤吉尼厄斯。传统观点认为，此役象征着基督教获得了最终胜利。
395	狄奥多西去世。他的两个儿子阿卡狄乌斯与霍诺留分别统治罗马帝国的东部和西部。

西罗马帝国，公元395—600年

395—423	霍诺留统治时期。他将自己的宫廷迁往拉文纳（402年），帝国面临军事强人的威胁。
402—408	军务长官斯提里科成为帝国西部的实际统治者。
406—407	汪达尔人、苏维汇人、阿勒曼尼人大举进犯罗马帝国西部。后果之一便是令罗马在不列颠和西班牙的统治崩溃。汪达尔人侵入西班牙南部。
410	阿拉里克洗劫罗马城。
413—426	奥古斯丁撰写《上帝之城》。
418	西哥特人在阿基坦建立政权，成为罗马帝国的"联邦"王国。
423—433	瓦伦提尼安之母加拉·普拉西提阿成为西部帝国的主政者。
425	拉文纳的加拉·普拉西提阿陵寝中发现当地最古老的马赛克镶嵌画。

429	汪达尔人在盖萨里克领导下侵入北非。
430	奥古斯丁在希波城去世，该城正在遭受汪达尔人的围攻。
433	加拉·普拉西提阿时代的军务长官埃提乌斯成为西部帝国的新军事统帅。他的主要目标是维持罗马对高卢的控制。
435	汪达尔人在北非建立的王国被授予"联邦"地位。
438	狄奥多西二世在帝国全境颁布法典。
439	汪达尔人洗劫迦太基。盖萨里克随后占据地中海西部各岛。
443	埃提乌斯打败勃艮第人后，授予其"联邦"地位。
445	阿提拉成为匈人领袖，大举进犯罗马帝国。
451	卡塔隆平原之战。阿提拉被迫撤退，但在452年再度入侵意大利。他于公元453年去世，其帝国也随之瓦解。
454	埃提乌斯因抵御匈人不利而受到猜忌，后遭暗杀身亡。
455	瓦伦提尼安死亡。罗马遭盖萨里克洗劫。
458	罗马的首个行省——西西里（设立于公元前241年）被汪达尔人占据。
458—476	军事强人擅权，导致西罗马帝国中央政府式微。
476	罗慕路斯·奥古斯图卢斯被废黜，一般认为这是西罗马帝国灭亡的标志。
约480—547	圣本笃生活的时代，他所制定的隐修会规开始对西方产生深远的影响。
493—526	东哥特首领狄奥多里克在意大利建立政权，其势力扩展到普罗旺斯和西哥特人占据的西班牙。
5世纪90年代	拉文纳开始兴建狄奥多里克的宫廷教堂——新圣阿波利纳莱圣殿。
498/499	法兰克国王克洛维皈依正统基督教。克洛维奠定了庞

	大的法兰克王国的基础。
6世纪20年代	拉文纳开始兴建圣维塔利斯教堂。
524	波爱修斯创作《哲学的慰藉》。他是最后一位古典拉丁作家，精通希腊语，他翻译的多部亚里士多德作品传世。
6世纪30年代	拉文纳的克拉塞开始兴建圣阿波利纳莱教堂。
533	查士丁尼成功征服汪达尔人控制的北非。
533—548	法兰克王国在提乌德伯特统治下，版图囊括了今天的法国与德国。
535	查士丁尼入侵东哥特人占据的意大利，但战事的进展远不如预期。
540	卡西奥多罗斯整理和抄录古典作品以及早期基督教手稿。
554	查士丁尼最终控制意大利。
569—586	雷奥韦吉尔德统治时期，西班牙再次统一。
586—601	雷卡雷德统治西班牙。他宣布皈依正统基督教，并建立起教会和国家的联盟。
590—604	教皇格里高利在西方不断鼓吹教皇的权威，从而奠定了中世纪教皇制的基础。
600—636	塞维利亚主教伊西多尔呼吁保留古典时代的知识。
640年以降	阿拉伯人征服北非和西班牙。
733	"铁锤"查理在普瓦捷遏制了阿拉伯人的扩张势头。

东罗马帝国，公元395—600年

395—408	阿卡狄乌斯在位时期。
400	君士坦丁堡爆发反对当地驻军的指挥官哥特人盖纳斯的起义。
408—450	狄奥多西二世在位时期。君士坦丁堡作为帝国东部首都的地位得到进一步巩固。皇帝被塑造为上帝在人间

	的代表的形象。
431	以弗所公会议宣布玛利亚为"圣母",从而弱化了耶稣的人性。
450—457	马尔西安在位时期。
451	卡尔西顿公会议宣布,耶稣集人性和神性于一身,且不可分割。但是关于耶稣本质的争论一直在继续。
457—474	利奥一世在位时期。他试图减少国家对外族部队的依赖。东西罗马帝国联合进攻占据北非的汪达尔人,以失败告终。
474—491	芝诺在位时期。这一时期东罗马帝国政局动荡,伊苏里亚人暴动,哥特人大举入侵。
491—518	阿纳斯塔修斯在位时期。这一时期政局稳定,经济繁荣。
518—527	查士丁在位时期。他曾是皇宫卫队的指挥官。
527—565	查士丁尼在位时期。他是查士丁的外甥,后成为其继承人。
536	埃及南部菲莱岛的伊西斯神庙被关闭,标志着埃及传统宗教的消亡。
527—534	《查士丁尼法典》颁布。
532	尼卡暴动几近推翻查士丁尼,后遭残酷镇压。
532—537	君士坦丁堡的圣索菲亚大教堂重建。
533	查士丁尼的将领贝利萨留征服汪达尔人占据的北非。
535—554	查士丁尼侵入并最终征服意大利。
540	萨珊人洗劫安条克。东罗马帝国瘟疫横行。
约547—554	普罗柯比撰写《战记》记叙查士丁尼发动的历次战争,他还撰写了《秘史》和《建筑》。
548	查士丁尼的皇后狄奥多拉去世。
6世纪50年代	斯拉夫人首次染指巴尔干地区。
553	君士坦丁堡公会议未能解决关于耶稣本质的争议。

565	查士丁尼去世。自此之后,这个他拼命维持的高度专制的基督教帝国一般被称为拜占庭帝国。
7世纪20年代	穆罕默德在阿拉伯半岛巩固了自己的势力。
610—641	希拉克略统治时期。他反击萨珊波斯帝国,使之几近灭亡。但拜占庭帝国几乎立即受到阿拉伯人的痛击。
632	穆罕默德去世。他的继承人阿布·伯克尔领导了对萨珊波斯帝国和拜占庭帝国的进攻。
636	拜占庭军队在雅穆克之战中惨败。阿拉伯人征服了叙利亚和巴勒斯坦。萨珊波斯帝国被阿拉伯人摧毁。
642	亚历山大里亚城落入阿拉伯人之手。
640以降	版图不断缩小的拜占庭帝国维持着独立,直至公元1453年君士坦丁堡被奥斯曼土耳其人攻克。

出版后记

塑造健康的历史观、普及历史常识，向有志于历史研究者进行学术启蒙，是历史工作者义不容辞的使命。《埃及、希腊与罗马：古代地中海文明》一书便提供了绝好的示范。本书作者查尔斯·弗里曼，不仅是一位出色的历史学者，也是一位资深的历史教师。他熟知如何将枯燥的历史知识与晦涩难懂的史学理论以一种潜移默化的方式灌输给自己的读者。作为一本面向历史爱好者以及历史专业学生的入门读物，《埃及、希腊与罗马》并不满足于讲述历史，而是以文学、艺术乃至建筑作为切入点，运用大量的篇幅，从文化与心态的角度深入剖析与解释古代的社会与文化。他还以深入浅出的方式，带领读者回顾了古典学的变迁与当代史学理论的发展，向读者介绍了大量最新的考古发现与最前沿的学术研究成果，从而为读者们上了一堂别开生面的学术启蒙课。更为值得称道的是，查尔斯·弗里曼在字里行间呈现出了开放、多元的历史观，以及谨慎求真的治学精神。上述特点令《埃及、希腊与罗马》无疑在同类作品中具备了指标性意义。

服务热线：133-6631-2326　188-1142-1266
读者信箱：reader@hinabook.com

后浪出版公司
2019 年 10 月

© 民主与建设出版社，2023

图书在版编目（CIP）数据

埃及、希腊与罗马：古代地中海文明 /（英）查尔斯·弗里曼著；李大维，刘亮译. -- 北京：民主与建设出版社，2020.2（2023.5重印）
书名原文：Egypt, Greece, and Rome: Civilizations of the Ancient Mediterranean
ISBN 978-7-5139-2896-0

Ⅰ.①埃… Ⅱ.①查…②李…③刘… Ⅲ.①埃及—古代史—通俗读物②古希腊—历史—通俗读物③古罗马—历史—通俗读物 Ⅳ.①K411.209②K125-49③K126-49

中国版本图书馆CIP数据核字(2020)第027678号

EGYPT, GREECE, AND ROME: CIVILIZATIONS OF THE ANCIENT MEDITERRANEAN, THIRD EDITION
by Charles Freeman
Copyright © Charles Freeman 2014
This edition was originally published in English in 2014.
This translation is published by arrangement with Oxford University Press.
Simplified Chinese edition copyright © 2020 Ginkgo (Beijing) Book Co., Ltd.
All rights reserved.
中文简体版权归属于银杏树下（北京）图书有限责任公司。

版权登记号：01-2023-1470

地图审图号：GS（2019）5866号

埃及、希腊与罗马：古代地中海文明
AIJI XILA YU LUOMA GUDAI DIZHONGHAI WENMING

著　　者	[英]查尔斯·弗里曼	译　　者	李大维　刘亮
出版统筹	吴兴元	责任编辑	王　颂
特约编辑	付　杰	营销推广	ONEBOOK
封面设计	许晋维	装帧制造	墨白空间

出版发行　民主与建设出版社有限责任公司
电　　话　（010）59417747　59419778
社　　址　北京市海淀区西三环中路10号望海楼E座7层
邮　　编　100142
印　　刷　北京盛通印刷股份有限公司
版　　次　2020年2月第1版
印　　次　2023年5月第6次印刷
开　　本　655毫米×1000毫米　1/16
印　　张　59.5
字　　数　857千字
书　　号　ISBN 978-7-5139-2896-0
定　　价　168.00元

注：如有印、装质量问题，请与出版社联系。